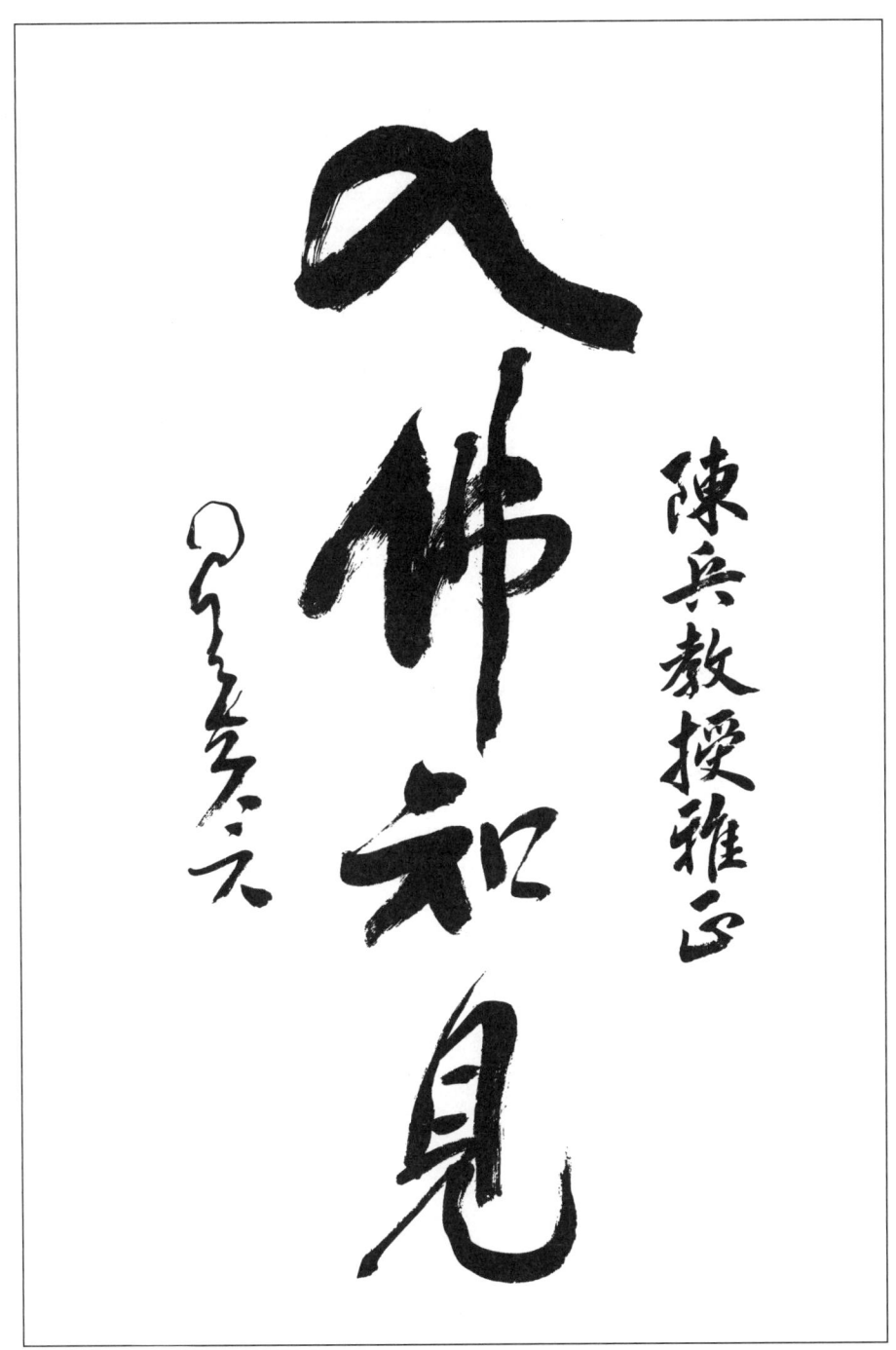

星云法师题词

陈兵教授与星云大师谈佛法（2003年）

陈兵教授与星云大师（2003年）

陈兵教授与赵朴初居士（1998年）

陈兵教授携夫人与佛光山法师合影（2003年）

陈兵教授与博士生们

陈兵教授在书院

陈兵教授在家中

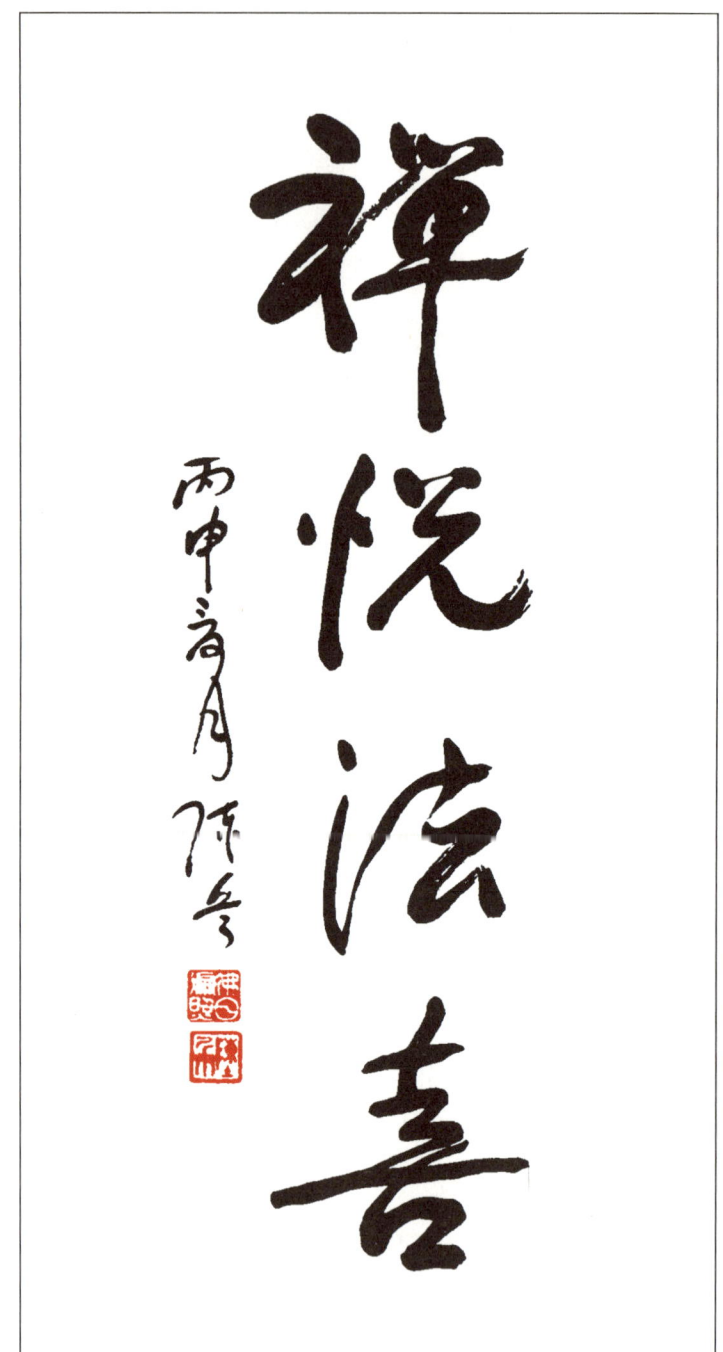

陈兵教授书法作品

大雄出世度沉沦，为日昇空破暗昏。法炬谁扶护尽倾心血报慈恩。

丙申冬月 陈兵

陈兵教授书法作品

陈兵教授书法作品

佛教心理学

陈兵 著

陕西师范大学出版总社

图书代号：SK16N1069

图书在版编目(CIP)数据

佛教心理学 / 陈兵著. —西安：陕西师范大学出版总社有限公司，2016.12
ISBN 978-7-5613-7832-8

Ⅰ.①佛⋯ Ⅱ.①陈⋯ Ⅲ.①佛教—宗教心理学 Ⅳ.①B94

中国版本图书馆 CIP 数据核字(2014)第 198294 号

佛 教 心 理 学
FOJIAO XINLIXUE

陈 兵 著

策划编辑	孙国玲
责任编辑	彭 燕
特约审稿	段新龙 牟成娟
装帧设计	观止堂_未氓
出版发行	陕西师范大学出版总社
	（西安市长安南路 199 号 邮编 710062）
网　　址	http://www.snupg.com
印　　刷	南京汇文印刷有限责任公司
开　　本	889mm×1194mm 1/16
印　　张	71.5
插　　页	8
字　　数	1080 千
版　　次	2016 年 12 月第 1 版
印　　次	2016 年 12 月第 1 次印刷
书　　号	ISBN 978-7-5613-7832-8
定　　价	380.00 元

读者购书、书店添货或发现印刷装订问题，请与本公司营销部联系、调换。
电话：(029) 85307864　85303629　传真：(029) 85303879

序 一

陈兵教授的大作——《佛教心理学》修订再版了，这是中国佛教现代研究的重要成果之一，值得庆贺。

在中国，以儒释道三教为主体结构的传统文化中，佛（释）教一直被定位为以"治心"为特点的一种文化，有所谓"以儒治世，以道治身，以佛治心"的传统说法。这里的"心"，主要是指佛教说的"贪、嗔、痴（无明）"三毒心。佛教的教义、理论，修行的实践、宗旨，常被概括为"戒、定、慧"三学，此三学的构建就是针对这三毒心，即所谓"以戒治贪""以定治嗔""以慧治痴"。所以，佛教中常说：学佛者须"勤修戒定慧，息灭贪嗔痴"。

围绕着治"贪嗔痴"三毒心，自佛陀以来，历代菩萨和高僧大德们，就此三毒心对人生命的影响、产生的原因、息灭的方法等问题，进行了广泛、深入、细致的探讨和分析。从理论到实践，建构了多种多角度的理论体系。如，在理论方面，从原始佛教的"五蕴""缘起（十二缘起）""苦集灭道（四谛）""因果业报""无常无我""涅槃寂静"等，到大乘佛教的"缘起性空""色空不二""诸法实相""破相显性"，以及"万法唯识所现""三界唯心所造""心生种种法生，心灭种种法灭""转识成智"等等，丰富多彩，细致缜密。在实践方面，从原始佛教的"八正道""三十七道品"等，到大乘佛教的"六度""四摄"，到中国禅宗"不离人伦日用""做本分事"的修行方法等等，适合不同群体、不同根器的人去实践、体证。诚如陈兵教授所言："在同时代乃至当今的百家之学中，若论对如实认识心灵、彻底净化心灵的重视程度和为此而付出的努力，佛教完全称得上天字号第一家。"（见本书第一章第一节）

20世纪以来，佛教治心的各种理论和方法，受到了西方一些心理学家的关注，他们从佛教典籍和禅修实践中寻找有助于解决心理问题的钥匙和医治心理疾病的方法。在当代西方心理学界也已出现了一批研究佛教心理学的大家，有了专门以佛教心理论为指导来进行心理治疗、咨询的机构。同时，佛教界也出现了一些重视以佛法医治心理疾病、解决社会心理问题的学问僧，一些佛学院还将"佛教心理学"列为一门重要课程。一些心理学学者也开始关注佛教心理学的研究、运用。应该说，充分发挥佛教治心方面的丰富理论资源和实践方法，是佛教为这个时代作贡献的重要内容之一。

但是，现今对佛教心理学进行的学术性研究及从心理学角度研究佛教，都还比较年轻，尤其是在中国学术界和佛教界，更是刚刚起步。大约十年前，普陀山的惟海法师撰写了一本《佛家五蕴心理学——佛家自我觉醒自我超越的学问》，专门探讨佛教五蕴理论在分析和治疗心理问题方面的意义和启发。当时，我还不认识惟海法师，他通过我的一位学生把书稿交给我，并希望我可以为此书写序。当我翻阅了书稿后，觉得这为当代佛教研究开辟了一条新的道路，值得鼓励，所以就草草写了一篇序，以资鼓励，作为推荐。

现在，放在我面前的陈兵教授的《佛教心理学》，是迄今为止中国学者第一部最全面、系统研究佛教心理学的专著。作者在"前言"中说，他希望本书能"作为一本佛教心理学的教材和普及读物，主要为佛教徒提供修行的辅导，为心理学工作者提供参照体系，为广大爱好佛学和心理学的读者提供了解佛教心理学和佛法的方便。"我想作者的这个愿望是达到了，我愿意郑重向读者们推荐，并代表读者感谢陈兵教授十多年来为佛教学术和实践研究作出的贡献。翻过我这篇浅陋的序言，去认真读这本内容丰富、史料详实的《佛教心理学》吧！

楼宇烈

2015 年 6 月

序 二

陈兵先生《佛教心理学》共有18章，80余万字。本书以自知其心、自治其心、自净其心为宗旨，从心开始，归纳佛教心理学的源流，彰显明心见性之道，弘扬佛教的心性智慧，形成一种"大心理学"的体系。

陈兵先生的佛教心理学，如他自己所说，是"以心性及明心见性的技术为（其）精髓"的。心性乃是人类心灵的本性，心灵的创造有关人类的未来与福祉。佛法作为人类古老的心灵智慧，通过与现代心理学的结合，必然成为沟通和直达人类心灵的捷径。我与陈兵先生相识多年。2006年，第三届心理分析与中国文化国际论坛在洗心岛畔举行，作为大会组织者，我邀请陈老师为数百位心理分析学者做关于禅宗与心理治疗的主题报告。记得陈老师的演讲题目是"《禅门锻炼说》中的禅宗教学法"。他准备了文稿，却几乎不看，随心而发，娓娓道来。演讲中人们不时能在他脸上看到一种富有童心的笑容，大家沉浸于其发自内心的喜悦，由衷感到禅者洒脱自在的风范。报告结束后，诸多资深心理分析师在走廊遇到他，都会侧身致意，尊称他为"master"（大师）。

其实，由于佛教语言的专业性，现场翻译的很多内容并不一定很准确，甚至省略了许多，但这竟然没有影响与会者对陈兵先生的感受。禅者心灵的感染力、东西方心灵沟通的超越性，就这样神奇地发生了。

当时，我曾与陈兵先生在洗心岛散步，他告诉我，近年来他一直在从事佛教心理学的研究和写作，著作已经基本成形，也给我描述了其《佛教心理学》的梗概。陈先生的话语触及我一个很深的情结——一段与恩师高觉敷先生有关的回忆。

我告诉陈兵老师，1985年，高觉敷先生主编了第一部《中国心理学史》，但其中并没有关于佛教与心理学的专门内容。我当时问高觉敷先生，为什么不把佛教与心理学专列一章呢，难道佛教与心理学没有关系吗？高觉敷先生说，不是没有关系，而是太有关系了（高觉敷先生与弘一法师是朋友，深悉法理，并曾撰写过宗教与心理学的论文）。高觉敷老师接着告诉我，尽管佛教与心理学关系密切，但遗憾的是，心理学界中难得有人胜任撰写这样内容的工作。高觉敷老师还补充了这样一句：我是怕我们心理学界的人写出来的内容让佛教界的人笑话。

正如"陈兵先生《佛教心理学》书评"中的描述："将古老的佛法在精深理解与准确阐释的基础上，与现代心理学整合，并提出立足于当代人心的完整的佛教心理学体系，是一件十分困难而极具挑战性的工作。这样的工作，非精通整体佛法与现代心理学的人能彻底荷担。"诚如所言，陈兵先生确乎就是当今可以荷担这一重任的不二人选。

佛教自诞生以来，绵延久远，及至今日，遂成南传、汉传、藏传三系佛法。其南传、藏传以系统踏实著称，有章可循，可逐步深入；具备华夏文明直觉悟性的汉传佛教，却是既博大精深，又空灵高妙，非有汉文化之底蕴及聪颖悟性，难以得其门径，入其堂奥。陈兵先生以一己之力，学贯汉传、藏传、南传三系佛教，对佛法精髓的理解不偏不执，一以贯之，全面而精到，深得赵朴老、隆莲法师和黄念祖老居士等老一辈佛教界耆宿大德之赞叹。

他自20世纪80年代以来在中国佛协《法音》杂志以佛日、重辉等笔名发表诸多文章，系统整理佛教教理，指导修行，对教俗二界产生深远影响。众多年轻人因之步入佛学殿堂，更有诸多佛子因而走出学佛误区，踏上真正修行之路。近年来陈先生又身体力行，汇三系佛法修行之精华于"普贤行愿法门"之一体，亲自指导、带领众多佛子闭关禅修，以期为佛教培养后继法门龙象，以荷担如来家业。有陈兵先生如此之真人，而后方有佛教心理学之真知也。

其实，世界范围内对佛教心理学的研究，算来也已有百年历史，之前之著述或偏重于某佛教宗派之学，或专述佛教心理学说的某一方面，相对于三系佛法的宏大而言，均显过于单薄。陈兵先生这部80万字《佛教心理学》巨著，一则"对散见于大量佛典中的各时期、各地区、各宗派有关心识的思想作了一番现代整合……忠实地概括全体佛教心理学思想的原旨，并作出使现代人比较容易明白的诠释"；二则"不囿于佛教某一宗派之学，而力图整合从古到今的全体佛法"；三则"引现代心理学证佛学、补佛学，引佛学补充、升华现代心理学"，乃是迄今为止第一次对佛教心理学所作的全面研究与介绍，终使与三系佛法相匹配的整体佛教心理学体系蔚然成形。

于是，便有了一种陈兵先生所称的"大心理学"。在著作最后，陈兵先生也引用了荣格在《〈西藏度亡经〉的心理学阐释》中的表达：若想直追心灵本源，便要有一种适合心灵的方式，深入到实相中有（心灵）领域之究竟性主题。实际上，荣格生前所读的最后一本书，正是有关中国禅宗教法之专著。他让秘书记下其读书的感受，也留下佛教与深度心理学相结合的契机。陈兵先生的《佛教心理学》，作为佛教与心理学相结合的杰出成就，能为深入探究人类心灵实相，治愈心理疾患，奠定更为坚实的基础；也使得佛法智慧通过心理学而融入生活，有助众生离苦得乐，获得救赎与解脱。古老的佛法因之历久而弥新，法轮常转，佛日重辉。

申荷永
2014 年 3 月 25 日于洗心岛

前　言

早在人类智慧初开的少年时代，人自身最为重要、最为奇妙，"日用而不知"的心灵"黑箱"，便吸引了东西方文明古国哲人智士的深切关注。大略与西哲苏格拉底、柏拉图等将对心灵的探讨列为重大哲学问题同时或更早，东方先哲也用其独特的方式探究心灵秘奥。创生于古印度并于后来覆盖了大半个亚洲的佛教，在心灵研究方面，成果尤为卓著，形成一家关于心理、心灵的精深博大的学说。在东方诸家之学中，佛教向以精研心灵、擅长治心著称。西方学者普遍将佛教看作一种具有宗教基础的心理学或"精神科学"，当代中国心理学家多将佛教视为一种"文化心理学"。

20世纪初以来，佛教心理学便引起了西方学者的重视，不少心理学家吸收佛教思想，从佛教中寻找解决心理问题的钥匙和医治心理疾病的灵丹妙药。在当代西方，佛教心理学已成为众多心理学派中具有独特地位的一家，出现了一批佛教心理学家，有了专门的佛教心理学研究、治疗、咨询机构。佛教界也越来越重视以佛法医治心理疾病、解决社会心理问题，呼吁佛教与心理学的整合，一些佛学院校将"佛教心理学"列为一门重要课程。社会需要佛法提供切实可行的治心良方，人们希望佛教法师充当心理医生的角色。佛法心理学化，成为现代、后现代佛教的一大特色。运用现代心理学的科学方法研究传统佛教思想，吸收现代心理学的成果丰富佛法，发展佛教心理学，以"庄严国土，利乐有情"，是佛教心理学在新世纪前进的方向，也是"佛法现代化"的最重要途径，是建设"人间佛教"的关键性措施。

对佛教心理学做学术性的研究及从心理学角度研究佛教，虽然已有了近百年的历史，出过一二十本专著，但其内容或者有显单薄，或偏重于某个佛教宗派之学、某一部佛教论典，或者专述佛教心理学说的某一方面，或专讲佛教心理学的通俗应用、临床治疗，尚缺乏对佛教心理学做全面研究介绍的专著。作为佛教第二故乡的中国，在佛教心理学方面的研究尚远远落后于西方和日本。

这本《佛教心理学》是作者申报的国家教委"九五"博士点基金课题的最终成果。从开始研究到完成书稿，用了足足11年时间，原稿100万字。本书从广大读者、心理学工作者掌握佛教心理学精华的主旨出发，删略原稿中学术考究及与西方心理学比较的文字，压缩到80万字，并使行文尽量具有可读性，可以作为一本佛教心理学的教材和普及读物，主要为佛教徒提供修行的辅导，为心理学工作者提供参照体系，为广大爱好佛学和心理学的读者提供了解佛教心理学和佛法的方便。

本书在前人研究成果的基础之上，从现代心理学和佛法的双重视角，对散见于大量佛典中的各时期、各地区、各宗派有关心识的思想做了一番现代整合，按其所涉及的重要内容和其间的逻辑联系分章，力图忠实地概括全体佛教心理学思想的原旨，并作出使现代人比较容易明白的诠释。不囿于佛教某一宗派之学，而力图整合从古到今的全体佛法。引现代心理学证佛学、补佛学，引佛学补充、升华现代心理学，并以心性及明心见性的技术为精髓，可以说是本书写作的特点。对古代佛教著述中较为薄弱而从现代心理学看来显得重要的问题，则尽量依据佛教义理进行必要的补充发挥。在论述、引证佛典时，尽量按历史顺序安排先后，以反映佛教思想演进的路线，不违学术的科学性。

作者本想使这本书成为既具学术性，又具实用性、可读性的佛教心理学教科书，但由于学力、精力、条件所限，只能关在书斋中对佛典文字做整理爬梳，基本上未能采用现代心理学研究应该采用的调查、个案、测试等研究方法，只是尽量引用了一些用这些方法研究的成果。在佛教传统的解行相应、止观双运修证上，个人所得也非常有限。总之，只能根据自己的条件，在佛教心理学研究方面做一些力所能及的工作，错误疏漏，在所难免，恳望方家批评指正。

佛教心理学的现代建设和现代研究，是一个需要多人从多方面长时间投入的重大课题，深切期盼时贤、后贤共同努力，贡献出更成熟、更实用的佛教心理学研究成果，化为广大众生自净其心的实践，使古老而常新的佛法，在促进人类心灵健康、精神升华及社会祥和、世界和平上，发挥其应有的作用。

本书写作过程中，承蒙星云大师资助，郑石岩、黄心川、黄夏年、林光明、尹立、依昱、满纪、郑志明、明尧、明洁、张利民、张蓉莲、王雷泉、程群等提供有关资料，王永会、罗同兵、哈磊、刘朝霞、何松、尹小曼、陈劲波、刘亚明、唐希鹏、宋道发、吴键、张海滨、颜冲等帮助使用电脑技术，任雅仙、殷延亮、汪洋、吴华、吴云鹏、刘媛媛等对修订版所引经文进行了认真核对，在此一并致谢。

本书于2007年9月由佛光山出版社在台湾出版繁体字本，分上、中、下三册。同时在广州浩宸文化有限公司祝勇先生等的努力下，由南方日报出版社出版简体字精装本，售出3000册。因为没能通过新华书店发行，许多想要看到它的人无法买到。这次再版，依六年来研究和修证的进展，修正了一些错误，增添的文字虽然不多，内容却十分重要。特此说明，并回向功德于一切关心、参与、支持此书出版的人，以及每位读者、批评者。

陈兵
2014年3月于四川大学竹林村

目录

第一章 佛教与心理学（绪论）

第一节 佛教对心的高度重视 …………………………………… (4)
一、佛法宗要——心之缘起 ………………………………… (4)
二、"一切法中，心为上首" ………………………………… (6)
三、"心理主义"的佛教 …………………………………… (9)

第二节 佛教心理学源流 ………………………………………… (11)
一、原始佛教心理学 ………………………………………… (11)
二、部派佛教心理学 ………………………………………… (13)
三、印度大乘心理学 ………………………………………… (17)
四、印度密乘心理学 ………………………………………… (19)
五、中国佛教心理学 ………………………………………… (20)
六、朝鲜、日本、越南佛教心理学 ………………………… (25)
七、近现代西方佛教心理学 ………………………………… (27)

第三节 佛教心理学的特质、价值和影响 ……………………… (29)
一、鲜明的出世间特性 ……………………………………… (29)
二、解行相应、止观双运的方法 …………………………… (31)
三、定散双究，染净同诠 …………………………………… (34)
四、正见为导及心灵哲学的发达 …………………………… (36)
五、佛教心理学的价值和影响 ……………………………… (37)

第二章　心——多功能多层次的集起（上）

第一节　"心"的名义 …………………………………………（43）
一、心、意、识 ………………………………………………（43）
二、"心"的类别及特性 ………………………………………（44）

第二节　受、想、行、识四蕴 ……………………………………（46）
一、受蕴——感受、情绪、情感、心境 ………………………（47）
二、想蕴——感知觉、想象 ……………………………………（50）
三、行蕴——造作、意志、自我意识 …………………………（52）
四、识蕴——心王 ………………………………………………（54）
五、四蕴的运作 …………………………………………………（55）

第三节　前五识：眼、耳、鼻、舌、身五识 ……………………（56）
一、前五识的分工 ………………………………………………（56）
二、前五识的特点 ………………………………………………（59）
三、前五识的染净及相应心所 …………………………………（60）

第四节　第六识：意识 ……………………………………………（62）
一、意识的作用 …………………………………………………（62）
二、意识的运作状态及种类 ……………………………………（67）
三、意识为染净迷悟的关键 ……………………………………（70）

第五节　第七识：末那识 …………………………………………（72）
一、"思量为性相"，作为意根的末那识 ……………………（73）
二、恒执内自我的染污末那 ……………………………………（74）
三、末那识的相应心所 …………………………………………（77）
四、关于末那识必有的论证 ……………………………………（78）
五、末那识为"染净依" ………………………………………（79）

第六节　第八识：阿赖耶识 ································ (82)
　　一、阿赖耶识的语义及别称 ································ (82)
　　二、阿赖耶识的摄藏功能 ·································· (84)
　　三、阿赖耶识所了境及相应心所 ···························· (86)
　　四、阿赖耶识的行相 ······································ (87)
　　五、阿赖耶识为染净之本 ·································· (89)
　　六、阿赖耶识的真妄 ······································ (91)
　　七、关于阿赖耶识必有的论证 ······························ (95)

第七节　第九识：阿摩罗识 ·································· (101)
　　一、真识、如来藏识、根本心、泥洹识、阿摩罗识 ············ (101)
　　二、作为佛等圣众清净心的真常心、阿摩罗识 ················ (102)
　　三、凡夫本具的真心、阿摩罗识 ···························· (104)
　　四、从结构论建立第九识 ·································· (105)
　　五、以真心为心的体性而立或不立第九识 ···················· (108)
　　六、从结构论反对立第九识 ································ (109)
　　七、关于第九识争议的评议 ································ (110)

第三章　心——多功能多层次的集起（中）

第一节　无记及不定心所法 ·································· (118)
　　一、遍行心所法 ·· (119)
　　二、别境心所法 ·· (121)
　　三、不定心所法 ·· (123)

第二节　善心所法 ·· (127)
　　一、唯识学十一种善心所 ·································· (127)
　　二、对善心所法的补充 ···································· (131)

第三节　不善心所法及烦恼的辨认 …………………………………… (138)
- 一、六大根本烦恼 ………………………………………………… (139)
- 二、随烦恼 ………………………………………………………… (144)
- 三、烦恼的种种归纳 ……………………………………………… (150)
- 四、对不善心所法的补充 ………………………………………… (154)
- 五、烦恼的特点与过患 …………………………………………… (157)

第四节　八十九心与百二十一心 ………………………………………… (161)
- 一、善心 …………………………………………………………… (162)
- 二、不善心 ………………………………………………………… (164)
- 三、异熟心 ………………………………………………………… (165)
- 四、唯作心 ………………………………………………………… (168)

第五节　百六十世间心与八十性妄 ……………………………………… (169)
- 一、《大日经》百六十世间心 ……………………………………… (170)
- 二、八十性妄 ……………………………………………………… (175)

第四章　心——多功能多层次的集起（下）

第一节　四分与三量 ……………………………………………………… (183)
- 一、诸识之四分 …………………………………………………… (183)
- 二、"量"——认识 ………………………………………………… (186)
- 三、现量 …………………………………………………………… (188)
- 四、比量 …………………………………………………………… (190)
- 五、非量 …………………………………………………………… (192)

第二节　分别与思惟 ……………………………………………………… (193)
- 一、三种分别 ……………………………………………………… (193)
- 二、其他诸种分别 ………………………………………………… (194)

三、审虑与寻思 ………………………………………………………… （196）

第三节　梦 ……………………………………………………………… （198）

　　一、梦的定义、性质与作用 …………………………………………… （198）

　　二、梦的种类及成因 …………………………………………………… （200）

　　三、梦兆与占梦 ………………………………………………………… （202）

　　四、梦与修行 …………………………………………………………… （205）

第四节　佛教心理内容说总论 …………………………………………… （211）

　　一、心识层次和心理内容的总结补充 ………………………………… （211）

　　二、心所法属性的检讨 ………………………………………………… （215）

　　三、人心的阴阳及运动规律 …………………………………………… （218）

　　四、心——奇妙的超巨系统 …………………………………………… （225）

第五章　心识与业的生起

第一节　心识生起的因缘（上） ………………………………………… （231）

　　一、入、处、界及三缘生识 …………………………………………… （231）

　　二、眼等五根 …………………………………………………………… （233）

　　三、意根 ………………………………………………………………… （234）

　　四、七、八二识之根 …………………………………………………… （239）

　　五、二十二根 …………………………………………………………… （241）

第二节　心识生起的因缘（下） ………………………………………… （243）

　　一、八识所缘境 ………………………………………………………… （243）

　　二、与根、境和合的识 ………………………………………………… （246）

　　三、四缘生识 …………………………………………………………… （247）

　　四、九缘、二十四缘生识 ……………………………………………… （250）

　　五、社会性认知形成的因缘 …………………………………………… （253）

第三节　一念心生灭的过程 ……………………………………（254）

　　一、九心轮 ………………………………………………………（255）

　　二、十七心刹那 …………………………………………………（258）

　　三、八十九心之十四行相 ………………………………………（260）

　　四、五心轮与四运心 ……………………………………………（262）

第四节　种子与现行 …………………………………………（265）

　　一、何谓种子 ……………………………………………………（265）

　　二、种子的特性 …………………………………………………（267）

　　三、种子的种类 …………………………………………………（268）

　　四、关于无漏种子的讨论 ………………………………………（270）

　　五、种子与熏习 …………………………………………………（274）

　　六、种现互生 ……………………………………………………（277）

第五节　从心起业，由业感果 ………………………………（281）

　　一、业的名义与种类 ……………………………………………（281）

　　二、由意起思，由思造业 ………………………………………（285）

　　三、从心起惑，由惑起业 ………………………………………（287）

　　四、业必感果，业能缚心 ………………………………………（291）

　　五、业由心造，心可转业 ………………………………………（295）

第六章　心、身、境不二论

第一节　从心身不二到依正不二 ……………………………（302）

　　一、心身不二 ……………………………………………………（302）

　　二、心境不二 ……………………………………………………（311）

　　三、心色不二 ……………………………………………………（314）

　　四、依正不二 ……………………………………………………（319）

第二节　三界唯识，万法唯心（上） ……………………………（323）

　　一、唯心之"唯" ………………………………………………（323）

　　二、业惑缘起论的唯心 ………………………………………（325）

　　三、随心所变的唯心 …………………………………………（329）

　　四、心生、心本、心主、心造、心变、心现 ………………（331）

　　五、阿赖耶缘起论之唯心 ……………………………………（334）

第三节　三界唯识，万法唯心（下） ……………………………（339）

　　一、如来藏缘起论的唯心 ……………………………………（339）

　　二、台、贤、禅诸宗真心性起论的唯心 ……………………（342）

　　三、万法唯心说的贯摄 ………………………………………（345）

　　四、超越唯心的唯心 …………………………………………（346）

第四节　心气不二 …………………………………………………（349）

　　一、心气乃生命之本、生死之根 ……………………………（349）

　　二、气为心识所乘、心识体性 ………………………………（353）

　　三、心气不二与内外二气 ……………………………………（356）

第七章　心之体性

第一节　《阿含经》及部派佛学的心性论 ………………………（365）

　　一、《阿含经》的心性本净说 ………………………………（365）

　　二、部派佛学的心性染净之争 ………………………………（366）

第二节　大乘心性论 ………………………………………………（371）

　　一、印度大乘经论中的心性本净说 …………………………（371）

　　二、自性清净心与心性本觉 …………………………………（380）

　　三、台、贤二宗的心性论 ……………………………………（393）

　　四、禅宗的心性论 ……………………………………………（396）

第三节 密教心性光明论··(401)

 一、"两部大法"的菩提心说··(401)

 二、父、母二续光明论··(407)

 三、大手印法心性论··(418)

 四、道果法、觉朗派的心性论··(423)

 五、大圆满心性光明论··(426)

第八章 认知之检讨

第一节 相、名、分别之虚妄··(435)

 一、相、名、分别··(436)

 二、"凡所有相，皆是虚妄"··(438)

 三、假名非实··(443)

 四、妄想分别之虚妄··(446)

 五、相、名、分别之正面作用··(449)

第二节 现、比二量的真与似··(452)

 一、现量的真似与直觉··(452)

 二、比量的真似与逻辑思维··(457)

第三节 正智与如如··(463)

 一、真实与真如··(464)

 二、二障净智所行真实与正智证如如····································(470)

第九章 自我与人格

第一节 何谓"我"··(477)

 一、"我"的语义··(478)

二、众生所体认的自我 …………………………………………（480）

第二节　五蕴非我 ……………………………………………（486）
　　一、五蕴皆非自主故非我 ………………………………………（487）
　　二、五蕴缘起故非我 ……………………………………………（489）
　　三、五蕴无常故非我 ……………………………………………（492）
　　四、从三世、一异等观察五蕴非我 ……………………………（494）

第三节　蕴中、离蕴皆悉无我 …………………………………（499）
　　一、五蕴中无我 …………………………………………………（499）
　　二、离五蕴无我及无"非即蕴非离蕴"我 ……………………（501）

第四节　假我、无我与真我 ……………………………………（503）
　　一、假我非无 ……………………………………………………（504）
　　二、无我与假我的中道观 ………………………………………（506）
　　三、对无我说质疑的应答 ………………………………………（508）
　　四、真我、大我 …………………………………………………（510）

第五节　从建立自我意识到无我、真我 ………………………（515）
　　一、自我意识及其形成 …………………………………………（516）
　　二、正确自我意识的建立 ………………………………………（520）
　　三、无我、真我与自我实现 ……………………………………（529）

第六节　人格的形成及分类 ……………………………………（534）
　　一、人格的定义及形成的因缘 …………………………………（535）
　　二、人格与动物习性 ……………………………………………（538）
　　三、十法界与十大类人格 ………………………………………（542）

第七节　理想人格的自我塑造 …………………………………（549）
　　一、人格唯是自塑成 ……………………………………………（549）
　　二、塑造理想人格之道 …………………………………………（552）

第十章　欲、爱、苦乐

第一节　佛教的人生欲望观 …………………………………… (561)
一、人类的需要、动机和欲望 ………………………… (562)
二、贪欲及其危害、起因 ……………………………… (567)
三、善法欲 ……………………………………………… (572)
四、贪欲与善法欲同出一源 …………………………… (574)
五、"以欲制欲"，以智化欲 ………………………… (576)

第二节　爱 …………………………………………………… (581)
一、爱的名义与种类 …………………………………… (582)
二、贪爱相种种 ………………………………………… (585)
三、贪爱生起的因缘 …………………………………… (589)
四、贪爱的特性与恶果 ………………………………… (594)
五、爱的正面作用 ……………………………………… (604)
六、贪爱的超越与转化 ………………………………… (608)
七、慈悲与法爱 ………………………………………… (615)

第三节　佛教苦乐观 ………………………………………… (620)
一、"诸受皆苦" ……………………………………… (620)
二、非圣财所生乐 ……………………………………… (626)
三、圣财所生乐、现法乐、后世乐、离欲乐 ………… (632)
四、涅槃乐 ……………………………………………… (635)
五、超越苦乐，以苦为乐 ……………………………… (638)

第十一章　老、病、死及宗教信仰心理

第一节　老、病、死亡心理
一、老年心理及老苦 …………………………………………（645）
二、疾病心理及病苦 …………………………………………（649）
三、死亡心理及死苦 …………………………………………（651）
四、自杀、安乐死心理 ………………………………………（658）

第二节　关怀老、病、死亡，战胜老、病、死苦 ……………（663）
一、关怀老、病 ………………………………………………（663）
二、佛教的临终关怀 …………………………………………（665）
三、以智慧战胜老、病、死苦 ………………………………（671）

第三节　宗教信仰心理 ……………………………………………（678）
一、宗教、信仰及其起源 ……………………………………（679）
二、怖畏、依怙、向上三种宗教心理 ………………………（682）
三、宗教信仰心理的特点、作用 ……………………………（689）
四、正信与迷信 ………………………………………………（695）
五、"信为道元功德母" ………………………………………（704）

第十二章　自治其心，自净其意（上）

第一节　以正见正志安心 …………………………………………（713）
一、树立正见正信 ……………………………………………（714）
二、胜进心、出离心、菩提心 ………………………………（716）

第二节　报恩心、责任心、慈悲心的培养 ………………………（719）
一、报恩心、孝顺心与责任心 ………………………………（719）

二、慈悲心的培养增广 …………………………………………（727）

第三节　以正戒约束心 ……………………………………………（731）

　　一、戒——防非止恶 …………………………………………（731）

　　二、菩萨戒、秘密戒及戒律治心的殊胜 ……………………（733）

第四节　以不放逸防护自心 ………………………………………（738）

　　一、守护根门 …………………………………………………（739）

　　二、恒自护心，八风不动 ……………………………………（741）

第五节　以方便对治调心 …………………………………………（744）

　　一、对治、转治等五法 ………………………………………（744）

　　二、明觉法 ……………………………………………………（747）

　　三、理情法与自我提醒法 ……………………………………（750）

　　四、念想法与"八念""十随念" ……………………………（752）

　　五、观想法与不净观 …………………………………………（755）

　　六、息念、转移、纵念、增益、升华等法 …………………（757）

　　七、接纳、命名、观察、提问等法 …………………………（760）

　　八、心理创伤的医治 …………………………………………（761）

第六节　喜舍与忏悔 ………………………………………………（764）

　　一、以喜乐滋养心 ……………………………………………（764）

　　二、以"舍"放松心 …………………………………………（769）

　　三、以忏悔清洗心 ……………………………………………（771）

　　四、以"七觉支"调节心 ……………………………………（776）

第十三章　自治其心，自净其意（下）

第一节　以禅定炼心 ………………………………………………（781）

　　一、修定的资粮与"加行" …………………………………（782）

二、身、心、息、食、睡的调和 …………………………………………（784）
　　三、入禅门径 …………………………………………………………（786）
　　四、修定的基本要点 …………………………………………………（795）
第二节　以智慧清净心 …………………………………………………（796）
　　一、彻净其心，必依般若 ……………………………………………（796）
　　二、四念处观 …………………………………………………………（800）
　　三、大乘诸法实相观 …………………………………………………（803）
　　四、随时随处可修的随自意三昧 ……………………………………（810）
第三节　以万行庄严心 …………………………………………………（811）
　　一、六度——佛教精神体操 …………………………………………（812）
　　二、利乐众生与四摄法 ………………………………………………（817）

第十四章　明心见性之道

第一节　明心见性的方法（上）………………………………………（824）
　　一、由止观门渐修见性 ………………………………………………（824）
　　二、由观心而见性 ……………………………………………………（825）
　　三、顿悟见性 …………………………………………………………（829）
第二节　明心见性的方法（下）………………………………………（838）
　　一、由修真如三昧而见性 ……………………………………………（838）
　　二、由参究而见性 ……………………………………………………（842）
　　三、由持名念佛与禅净双修而见性 …………………………………（848）
　　四、由修持咒观想等密法而见性 ……………………………………（853）
第三节　心性之印定 ……………………………………………………（856）
　　一、"以心传心"与活泼机用 ………………………………………（856）
　　二、"知之一字，众妙之门" ………………………………………（858）

三、以了义教印证 …………………………………………………（862）
　　四、以公案印证 ……………………………………………………（868）
　　五、以般若、涅槃之用及十问十门印证 …………………………（869）
第四节　解悟、证悟及悟修之顿渐 …………………………………（871）
　　一、禅宗之悟与修 …………………………………………………（871）
　　二、藏密之悟与修 …………………………………………………（875）

第十五章　定心

第一节　定心的层次与禅定境界 ……………………………………（879）
　　一、由散入定的初步进程 …………………………………………（879）
　　二、四禅八定 ………………………………………………………（882）
　　三、出世间禅定的修证 ……………………………………………（884）
第二节　定心的身心效应 ……………………………………………（887）
　　一、禅定的良性生理效应 …………………………………………（887）
　　二、"禅悦" …………………………………………………………（890）
　　三、禅定提高智商的效应 …………………………………………（892）
　　四、禅定提高情商及心理治疗的效应 ……………………………（894）
　　五、禅定的"发功"效应 …………………………………………（896）
第三节　禅定与神通 …………………………………………………（897）
　　一、由禅定修得的五种神通 ………………………………………（897）
　　二、由定发通 ………………………………………………………（899）
　　三、由定发通的原理 ………………………………………………（900）

第十六章　修行偏差的针治

第一节　禅病及其治疗 ………………………………………………（907）

一、生理性禅病的治疗 …………………………………………（908）

　　二、治修定"乱心病"方 ………………………………………（912）

第二节　修行者异常、变态心理的调治 ………………………………（921）

　　一、烦恼妄念增盛 ………………………………………………（921）

　　二、消极厌世，逃避退缩 ………………………………………（924）

　　三、封闭心理及人际关系障碍 …………………………………（927）

　　四、情绪过激与心理变态 ………………………………………（928）

　　五、相似神通、境界光影的错认 ………………………………（930）

　　六、神经质的罪疚感 ……………………………………………（932）

　　七、邪教痴迷者的治疗 …………………………………………（934）

第十七章　清净心

第一节　小乘道清净心的进程 …………………………………………（939）

　　一、七清净、十五阶梯、四预流支 ……………………………（940）

　　二、七贤位 ………………………………………………………（944）

　　三、四向四果 ……………………………………………………（947）

　　四、阿罗汉的清净心 ……………………………………………（952）

第二节　大乘道清净心的进程 …………………………………………（957）

　　一、菩萨十信、三贤、四加行位 ………………………………（958）

　　二、菩萨十地及佛果位 …………………………………………（960）

第三节　密乘道清净心的进程 …………………………………………（964）

　　一、破三妄执，即身成佛 ………………………………………（965）

　　二、无上瑜伽的即身成佛 ………………………………………（966）

第四节　佛陀的清净心 …………………………………………………（971）

　　一、原始佛典和小乘论典说佛陀清净心 ………………………（971）

二、大乘说佛陀清净心 …………………………………………………（976）

第十八章　佛教心理学的现代应用

第一节　心身疾病的佛教治疗 …………………………………………（984）
　　一、精神心理疾病的佛教疗法 …………………………………………（985）
　　二、心身病及生理性疾病的佛法治疗 …………………………………（995）

第二节　不良嗜好及病态社会心理的针治 ……………………………（1006）
　　一、不良嗜好的心理医治 ………………………………………………（1006）
　　二、病态社会心理的医治 ………………………………………………（1013）

第三节　心理健康与个人成长 …………………………………………（1017）
　　一、做一个心理健康的现代人 …………………………………………（1017）
　　二、管理情绪，提高情商心商 …………………………………………（1019）
　　三、人际关系智商的培养 ………………………………………………（1032）
　　四、提高"逆商"，安度人生难关 ……………………………………（1040）
　　五、无常、无住与心理应变 ……………………………………………（1043）
　　六、佛教与个人成长 ……………………………………………………（1045）

第四节　佛教管理心理学 ………………………………………………（1057）
　　一、领导者的自我修炼 …………………………………………………（1057）
　　二、佛教管理模式 ………………………………………………………（1061）

第五节　佛教与教育及智力开发 ………………………………………（1067）
　　一、教师的心理修养及师生关系 ………………………………………（1067）
　　二、佛教的教育方法 ……………………………………………………（1069）
　　三、智力提高及潜能开发 ………………………………………………（1072）

第六节　佛教心理学与文艺创作 ………………………………………（1075）
　　一、把握人心、表现性灵 ………………………………………………（1075）

二、空灵的艺术境界 …………………………………………（1076）
　　三、培养最佳创作心态 ………………………………………（1078）
　　四、启发创作方法 ……………………………………………（1080）
第七节　讲经说法与宣传心理学 …………………………………（1083）
　　一、应机说法 …………………………………………………（1083）
　　二、说法者应具的条件及说法讲演的技巧 …………………（1085）
第八节　罪犯改造及"事业法" …………………………………（1089）
　　一、佛教与罪犯改造 …………………………………………（1090）
　　二、"事业法"、法事及其他 …………………………………（1091）
第九节　佛法对科学心理学及现代文明的启迪 …………………（1095）
　　一、佛法对构建"大心理学"的启迪 ………………………（1095）
　　二、佛法对科学的启迪 ………………………………………（1098）
　　三、佛法对现代文明的启迪 …………………………………（1100）
主要参考资料 ………………………………………………………（1103）

佛教与心理学（绪论） | 第一章

心理学（psychology）的希腊语原意，为阐释心灵的学问。西方古代哲人研究心灵，用的主要是哲学思辨的方法，他们关于心灵的学说只是其哲学思想中的一部分，尚称不上近现代科学意义上的心理学。近现代科学心理学虽然用了psychology的旧名，但运用观察、实验、调查、测试、测量、问卷、访谈、个案、追踪产品分析等研究物质现象和社会问题的方法研究心理现象，要求根据精确的量度，尽可能科学地进行严密分析，用合乎逻辑和理性的、经得起公众考查的论据来解释，与古代哲学心理学性质颇有不同，通常被看做近现代科学中的一门。这门科学从19世纪末起成为显学，越来越发达，已分出200多门子学科和交叉学科。在20世纪62项人文社会科学重大贡献中，心理学占了13项，居首位，其成果对所有的人文社会科学都有巨大影响。

　　科学心理学一开始就力图使自己成为一门严格意义上的科学，但由于研究对象的特殊性和复杂性，其研究也带来了消极后果。那就是将人的心灵还原为动物或机器的还原论、机械论；将人的行为视为环境或遗传产物的决定论；有将心理学的研究范围仅仅局限于狭义的心理（指基本的心理结构和功能），而将自由意志、存在意义、信仰、灵感、神秘经验等高级精神现象排除在外的倾向。

从科学心理学建立伊始，就有人反对这种倾向，"现代心理学之父"威廉·詹姆斯（William James）就强调心理学的范围应是包括灵魂、宗教经验等在内的人类经验的一切现象，把心理学定义为"精神生活的科学"（1890）。爱因斯坦、奥本海默等物理学大师，也反对套用自然科学的原则解释人的生活和心理现象。当代超个人心理学及后现代心理学，不再把心理学视为一种科学，而将其看作关于整个人性的研究，以整合世界各种传统宗教、哲学的智慧，并将其纳入现代心理学的架构为使命，将历来主要为宗教特别是佛教所探求的超越经验、终极价值、存在、自我实现、本质、终极意义、自我超越、宇宙意识、日常生活的神圣化等，作为自己重要的研究对象。不局限于自然科学的方法，而是用多元化的方法包括佛教修行主要采用的禅定、观心、观无我等，开放地研究人的一切心灵经验。

从西方古代哲学心理学的角度来看，佛教中显然有相当成熟的心理学，其精深丰厚，乃西方古代诸家心理学所不及。佛教心理学理论奠基于、运用于修行实践，具有多种调控、净化人心的操作技术，其重真修实证的精神及实用性，与近现代科学心理学多所相通。在当代超个人心理学、后现代心理学看来，佛教的主要内容甚至可以说就是一门心理学。

第一节　佛教对心的高度重视

在佛法产生时代乃至当今的百家之学中，若论对如实认识心灵、彻底净化心灵的重视程度和为此而付出的努力，佛教完全称得上天字号第一家。

一、佛法宗要——心之缘起

众所周知，佛教乃三大世界宗教中最年长者。诞生于喜玛拉雅山南麓古印度迦毗罗卫国的悉达多太子，因切感人生生、老、病、死等痛苦，为觅得灭苦解脱之道而出家修行，证得洞彻宇宙人生真实本面的大觉，创立佛教，被尊称为释迦牟尼（释迦族的圣人）、佛陀（大觉悟者）。这一历史故事一直是各时域中的各派佛教共认的信仰基点。

悉达多太子"四门游观"，受老、病、死亡刺激而出家求道的因缘，便是一大现身说法，表明佛教的宗旨在于解脱人生诸苦，彻底解决人存在的根本问题——生死。在佛陀看来，人生的一切痛苦，一切心灵问题、生理问题、社会问题，归根结底，皆由生于人间，不容选择地禀受此不完美的生命形态、生存条件、心理活动模式所致。有生便有衰老、疾病、恩爱别离、怨仇相会、所求不得等苦；有生必有死，意味着人生幸福永远终结的死亡，成为人生不可避免的最大痛苦。于是"了生死"，被佛教看作人生的根本问题、头桩大事。此所谓"了"，有了彻（洞明）、了结（超出）二义。

据佛典记载，释迦牟尼自述他证得了彻生死的大觉，是通过在第四禅的寂定心中，运用"缘起法"如实观察自他生死苦恼的因果而致。缘起法（梵文 pratitya-samutpāda）因而被奉为佛教的基本原理、佛教徒皈依的"三宝"之中心"法宝"的宗要，被视为佛陀的"法身"（以真理、思想为不朽之身），有"见缘起即见佛，见缘起即见法"之说。所谓缘起法，指万有皆依一定条件生起的普遍法则，其内容在《阿含经》中常以"此有则彼有，此生则彼生；此无则彼无，此灭则彼灭"（或译作"缘是有是，此生则生""此起则起，此灭则灭"）一偈来概括。① 缘起法具体指作为佛陀基本教法的"四圣谛""十二因缘"法。四圣谛、十二因缘，都是运用"此生则彼生，此灭则彼灭"的缘起法则，从自心中去追溯造成生死苦恼的根源，寻求解脱诸苦、超出生死之道。四谛法将生死苦恼的根源归结于心中所起的贪、嗔、痴等烦恼（集圣谛）；十二因缘法从心理上一环环追究老病死忧悲苦恼产生的原因，将其根源最终上溯至自心的"无明"（对宇宙人生真实事理的痴暗无知）。通过修行戒、定、慧等正道（道圣谛），息灭烦恼、无明之因，则生老病死等苦果自然除灭，永恒安乐

---

①《增一阿含经》卷三十。

的涅槃自然现前（灭圣谛）。这一简明而又深奥的原理，被称为"染净因果"：心因不能"如实知见"宇宙人生的真实，被无明遮蔽、烦恼污染，造成诸苦交攻的生死苦果；以"如实知见"的智慧照破无明，"自净其意"，断灭烦恼，则永享常乐我净的涅槃净果。总之，苦与乐、生死与涅槃，唯由自心之染、净，所谓缘起法，终是心之缘起或心之染净因果。

西方学者称释迦牟尼为"第一个研究心理创伤与复原之道的伟大精神医师"，他既不堕入咒术迷信，也不陷入形而上思辨，而是集中于现实痛苦的心理学观察，其思维方式具有极为浓厚的心理分析色彩。其四谛、十二因缘说是一种精神医学模型、精神病理学、心理康复学。在当代西方心理学家看来，所有的西方心理治疗，其实都和以"为大医王治人心病"自任的佛陀立场一致，可以被看成是对自我为什么会痛苦和烦恼的原因的一种探索和治疗。

苦、集、灭、道四圣谛，被奉为释迦牟尼所说法及后世佛教诸乘诸宗诸派教义之纲宗，中国佛学家依据《大般涅槃经》之说，将佛教诸说总摄于生灭四谛、无生四谛、无量四谛、无作四谛四种四谛，四种四谛在理论上虽不无浅深、偏圆、渐顿之别，而皆不出心之缘起的大框架。乃至佛法的十二因缘、三法印、三十七道品等内容，皆不出一心。正如木村泰贤《人乘佛教思想论》所说：

佛教的根本精神，可以说在基于一心的缘起法则。

二、"一切法中，心为上首"

根据心的缘起法则，佛陀指出：造成生死苦恼和了彻生死的关键，唯是自心。《法句经·双要品》佛偈云：

心为法本，心尊心使。

谓心是产生、建立一切的根本，也是佛法的根本，世间万物中，心最为尊贵，具有宰制、驱使一切的力量。心有感知、思维、情感、意志等奇妙功能。是心这个主子，发起或善或恶的"业"——思想、言语、行为等活动，善恶业按自然的因果律运作，迫使众生承受或乐或苦的果报，无休无止地生了死，死了又生，轮回于天、人、鬼、畜生、地狱"五道"之中，饱受荼苦。被迫禀受既定的生命形态、种类、族姓、形貌，既定的生存环境、生存条件，非属自然，非出偶然，非关上帝神明，而是自心所造作，自业所感招。《正法念处经》卷五将能造业的心比喻为善于用笔墨颜料在纸帛上随意描绘种种图画的画师，这一画师"自业画作业果地分，种种异心"——不仅画出众生各自不同的形貌及其生存的环境，还画出众生的心理模式。心，还有创造心、制作心灵桎梏的奇特能力。大乘经典《华严经·夜摩宫中偈赞品》以一偈形象地表述了佛法的心要：

心如工画师，能画诸世间，五蕴悉从生，无法而不造。

心，是万有中最为神奇、最为玄妙、力量最大的东西，《五苦章句经》佛说"一切壮无过心"——什么东西都没有心的力量强大，心是世间第一大力士。《大乘本生心地观经·观心品》偈云：

心有大力世界生，自在能为变化主。

称心为具有创造世界万物之巨大能力的主宰者，喻心为能生长五谷花草树木的大地母亲，称为"心地"。

可悲的是，众生虽然无不拥有这个神奇的心，完全具足创造世界、主宰世界的本钱，却因不能自知、自宰其心，而使自心异化为强大的异己力量，被异己的无明烦恼心所宰制，反主为奴，被自心所起的无明烦恼奴役驱遣，入生死海中，受苦无已。《五苦章句经》佛谓"心是怨家，常欺误人"。《正法念处经》卷三佛偈说心为第一怨家，"心常烧众生"，就像开垦烧荒之火。《佛遗教经》佛言：

心之可畏，甚于毒蛇、恶兽、怨贼，大火越逸，未足喻也。

此所言心，指异化的无明烦恼心，此心乃迫使、诱骗众生受尽千辛万苦的罪魁祸首，是最为可怕的怨敌。欲图跳出苦海，永享常乐自在，只有制伏、主宰制造苦难的元凶——自心。《五苦章句经》佛言：

能伏心为道者，其力最多。

能通过修学正道，制伏、战胜心这位超级大力士，那当然是世间力量最大者了。佛陀自称："吾与心斗，其劫无数，今乃成佛。"佛被尊称为"大雄大力"，意谓能完全战胜、主宰自心的大英雄、大力士。

心虽然具有大力，最为重要，然而，却常被逐物不返的世人所忽视，佛教因而大声疾呼，高扬心的重要性，强调心为认识世界、改造世界、解决人生根本问题乃至人类文明根本问题的枢机和关键。《正法念处经》卷四十二佛偈云：

一切法行主，所谓彼心是；复以如是义，故得名为心。

谓心在一切现象中起主导作用，正因为如此，所以才叫作心。如实认识自心，被佛陀强调为认识世界的第一要务，《中阿含经·自观心经》中，佛陀教诫弟子应该"善自观心，善自知心"。《大般涅槃经》卷十八教诫菩萨应"善知心界，知心生界，知心住界，知心自在界"——善知心所依的因、知心如何生起、知心如何安住、知心如何获得解脱自在及解脱自在的因缘。大乘《胜天王般若波罗蜜经》卷二佛言：

一切法中，心为上首。若善知心，悉解众法……若能伏心，则伏众法。

《大乘宝云经》卷五也有类似的说法：

一切诸法，心为上首。若知于心，则能得知一切诸法。……不随于心，能为心师，以心师故，则能得为一切法师。若能于心得自在者，则于诸法而得自在。

高推心为万有中、佛法中的首要者，有如擒贼擒王，只要如实了知心这个最深奥、最复杂、能总摄一切的主枢者，便能如实了知万有的真实本面，如实了知一切佛法；只要制伏、主导自心，为自心之师而非为自心之奴，便能制伏世间的一切，能为主导一切的明师；只要能获得自主其心的自由，便能自由主宰一切，"得大自在"。物理学家阿米特·戈斯瓦米也说："当我们完全了解了自己，了解了我们的意识，我们也就同时了解了宇宙。"

甚至整个人间、世界的样相，也取决于心。《大乘本生心地观经》卷四云：

心清净故世界清净，心杂秽故世界杂秽。

《维摩诘所说经·佛国品》谓"欲得净土，当净其心，随其心净则佛土净"。这个人间之所以充满罪恶，污秽不堪，是因为人们的心被烦恼所污染，只要大家都净化、庄严自心，国土世界自然清净庄严。

大乘佛教所追求的终极目标——无上菩提（佛陀如实遍知一切之大觉），也终归是对自心的如实了知。心既然为生死升沉的枢机，则佛教所强调的超越生死之要——"如实知见"，当然应以如实知见自心为枢要。所谓无上菩提，是对万有真实本性如实的、圆满的觉知，而万有真实本性，即是自心的真实本性，是故只要集中力量研究自心，治理自心，如实觉知自心实性（心性），便会证得无上菩提。大乘如来藏一系的修持，唯以如实观心而知见自心为要。密乘要典《大日经·入真言门住心品》说得明白：

云何菩提？谓如实知自心。

说菩提大觉即是对自心的如实了知，观自心实性，乃证得大觉、即身成佛的捷径。

三、"心理主义"的佛教

以心为佛法枢机，极其重视对自心的研究、治理，是从原始佛教到大乘、密乘都一贯坚持的立场。《增一阿含经》中，佛以心为生一切法之"一法"。印度大乘如来藏学及中国天台、禅、华严、真言等宗，更以一心统摄一切，《大乘瑜伽金刚性海曼殊室利千臂千钵大教王经》卷二谓"一切法，即是一切有情心是也"。《大乘起信论》开宗明义：

所言法者，谓众生心，是心则摄一切世间法、出世间法。

谓大乘佛法即是总摄世间、出世间一切的众生心，此心能总摄大乘教义。永明延寿禅师《宗镜录》卷九十四云：

夫心者，为诸法总持之门，作万有真实之性，故称第一义谛。

称心为总摄一切佛法的要门，心即是万有实性（终极实在），即是第一真理、最高真理。

基于这种认识，佛教将了脱生死这一人生根本大事的解决，乃至大乘"庄严国土，利乐有情"的宏伟理想之实现，都落实、聚焦于对自心的认识、调伏、净化、庄严（美化）。佛教虽然不乏对物质现象的研究，但其所侧重显然在心理现象；佛教虽然志在改造、净化、庄严整个世界乃至全宇宙，但其着眼、着手处，无疑在改造、净化、庄严人心。佛教教义以心之缘起为纲宗，其理论探讨的重点在心，其三学、六度等修行之道，皆是调伏、净化、庄严自心的技术，其实质皆是修治自心。全体佛学，实际上可以看作专门究心、治心的"内学"。

从多元文化并行中承认佛教的擅长和功用为治心，乃中国古代社会人士对佛教的定位，宋孝宗"以佛治心"之言，集中表达了这种社会共识。梁启超在题为"佛教心理学浅测"（1922）的讲演中，说佛家所谓的法"就是心理学"，虽然现代欧美所讲的心理学和佛教所谓心识严格地说不能混为一谈，"但就学问大概的分类说，将说'心识之相'的学问认为心理学，并无过咎"；主张研究佛学"应该从经典中所说的心理学入手""研究心理学应该以佛教教理为重要研究品"。① 其《说大毗婆沙》一文谓欧洲近数十年来始渐成独立学科之心理学，印度在两千五百年前殆已大成，尤佛陀之后学"对于心理之观察分析，渊渊入微，以较今欧美人所论述，彼盖仅涉其樊而未窥其奥也"②。熊十力《佛家名相通释·撰述大意》认为：

佛家哲学，以今哲学上术语言之，不妨说为心理主义。所谓心理主义者，非谓是心理学，乃谓其哲学从心理学出发故。

其实，佛家哲学不仅从心理学出发，而且落脚于心理学所包括的心理治疗、心理卫生、心理健康。从心理学的角度，可以把全体佛学看成一门心理学，"佛教心理学"的大口袋，甚至可以囊括全部佛学，起码可以囊括佛学的主要内容。

三千多年来，世界各地的无数佛教人士，怀着了生死的终极关怀和虔诚信

---

① 梁启超：《佛学研究十八篇》，上海古籍出版社2001年版，第393—394页。
② 梁启超：《中国佛教研究史》，中国社会科学出版社2008年版，第326页。

仰，精勤修行，倾注全部心力，以独特的方法究心治心，在心灵研究方面积累了极其丰富的智慧成果。佛教心理学解答了近现代心理学所主要探讨的心灵结构、心理机能、心身关系、心物关系、梦之解析、行为、认知、自我、人格、爱、欲望、心理调控、情商逆商智商培养、心理治疗、自我实现、超个人等方方面面的问题，内涵甚为丰厚，可以分为二三十个学派，分出禅定心理学、潜能开发心理学、认知心理学、涅槃心理学、佛教艺术心理学等子学科。早在科学心理学诞生两千年以前，佛教心理学便详尽描述了直到现代精神分析派心理学方才关注的深层心灵世界，研究了现代人本主义心理学、超个人心理学着力论述的超自我实现、超个人问题，探讨了现代心理学界不久前才列入议题的禅定、气功、瑜伽、神通异能等超心理现象，至于佛教心理学所重点探究的心性问题，则尚未引起现代心理学的普遍重视。可以说，佛教心理学是一门古老的现代心理学乃至"超现代心理学"。

第二节　佛教心理学源流

佛教心理学创始于佛祖释迦牟尼，源出于释迦牟尼对自心真实的体悟，释迦成道后近五十年中说法的记录——佛经，被后世各时域中的各个佛教派别奉为圭臬。佛弟子们宗依佛经和师传，根据自身修行实践，对其进行阐释发挥。其学说受所在时域的政治经济、社会文化的制约、影响，不无发展衍变、分化融合。佛教心理学的流传发展，大略与整个佛教的历史进程同步。在印度，可分为原始佛教、部派佛教、大乘佛教、密乘佛教四大阶段。东南亚、中国、日本、朝鲜等地的佛教心理学，各有其本土风格和发展历程。

一、原始佛教心理学

学界共认的原始佛教或根本佛教，指释迦牟尼在世时至其灭度后约百年间保持着佛陀淳朴教风的佛教。这一时期的佛教，注重修行实践，较少理论玄谈。释迦佛用质朴简洁的语言，向弟子们反复宣讲善恶因果、四谛、十二因缘等法，其言教后来主要结集为南传五部《尼柯耶》（包括北传《阿含经》《义足经》及《本事经》等）和一些戒律。

《阿含经》中的多数，都是围绕"自净其心"的轴心而"转法轮"（说法），多与心理学相关。《阿含经》特别重视对造成众生生死苦恼的种种烦恼垢心的省察分析，列举了三求、四取、四系、四漏、四暴流、五盖、七结、八魔军、九结、十结、十六心垢、二十一心秽等数十种有害的染心，追究了这些染心产生的因缘，解析了从染心发起恶业乃至污染社会的心理运作过程，强调心为众生染净的关键，教诫比丘众"当善思惟，观察于心""当善观察，思惟于心"，具体讲述了伏心制心、改造染心的种种方法——守护根门、四念处、四正勤、五根、五力、七觉支、八正道及四无量心、四禅、四无色定、三三昧等禅定，及由修禅定所开发的神通、智慧。属《杂阿含经》的《治禅病秘要法》列举了治疗禅定修习中所发生的身心疾病之种种方法，为禅病心理疗法的重要专著。汉译《中阿含经》中的《增上心经》《念经》《自观心经》《心经》等，强调应不随染着心走，应心随智慧，于见色闻声之际，应以智慧观察，不染着于地、水、火、风、空、识"六界"，止息贪欲，修习四念处、七觉支等，降伏、断灭烦恼。汉译《本事经》卷二、卷五说，应观察、觉了自心，调御自心，令不生烦恼，"八风"不动。《阿含经》中的佛陀言教，形成一套次第井然、可操作性很强的心理净化体系。

佛陀灭度后，佛弟子们笃行佛陀遗教，保持着佛陀在世时的教风，教团内部见解一致，"诸法一味"，无有争议。

传为佛弟子舍利弗造（一说执大藏造）的《阿毗达磨集异门足论》《舍利弗阿毗昙论》、目犍连造（一说舍利弗造）的《法蕴足论》、迦旃延造（一说目犍连造）的《施设足论》四种"阿毗达磨"（无比法、论），引证了不少佛所说法，将《阿含经》中有关心理的思想系统化、条理化，是以后部派佛教诸论典之根本。

二、部派佛教心理学

佛灭百年后，佛教僧团内部因见解、师承、种族、地域等原因，开始分裂，进入部派佛教时代，盛行期约五百年。先后共分出 18 个或 21、24 个部派，后来这些部派归于上座部、正量部、大众部、说一切有部四大系统。各部派尤其是四大系统，各有自家的三藏教典，各自宗依教典对教义做了精致、烦琐的整理、组织、阐释、发挥。对心理现象，部派佛学从原始教典出发，做了更为深入的论述，在心的相状、心性染净、随眠（潜在的烦恼）与心相应与否等问题上存在分歧，并在互相争议中深化了各自的学说。

上座部原流传于北印度，公元 7 世纪以后在印度逐渐消踪，唯余传至锡兰岛的南方上座部，传遍整个南亚、东南亚，成为今斯里兰卡、缅甸、泰国、老挝等地区的主流佛教，称"南传佛教"，为诸部派中唯一传续至今者。上座部十分重视研究心理现象，注重禅定修持，该部所属化地部有"禅思入微，究畅幽密"之誉。上座部以主张"心性本净，客尘所染"著称，设立"有分心"（南方上座部）、"穷生死蕴"（化地部）等细意识以解释轮回业报及烦恼的伏断等问题。

上座部论典一般都专章论述心理现象，讲解禅定、观心等修持方法。上座部诸论的主要宗本《舍利弗阿毗昙论》论述五蕴、十二入、十八界、业颇为详悉，卷二十七《绪分假结品》从通观世间染心和出世间净心的视角，分析各种人的一切心理状态、心理功能、心理活动，共列举出 146 心，主张"心性清净，为客尘染"。后来南方上座部尊奉《法聚论》《人施设论》《分别论》《界说论》《双对论》《发趣论》《论事论》七论，认为前六论出于佛口亲说。七论中都论述心，如《法聚论·心生起品》，以占全书一半的篇幅，讲述了三类 121 心及其所属心所有法（略称"心所法"），被看作一部心理学专著。《人施设论》分 10 类论述人类的心理现象。《双对论》第二品《蕴双论》论五蕴，第七品《随眠双论》论烦恼，第八品《心双论》论心之生灭。其他论典中也都有论述人、蕴、心所缘、定、神通、业等有关心识的内容，《发趣论》论心理现象尤多。优波底沙（约公元3世纪）造《解脱道论》、觉音（约5世纪）造《清净道论》、阿耨楼陀（约11世纪）造《摄阿毗达磨义论》，为总摄南传上座部教义的三大重要论著，此外还有不少阐释经论的著述。《清净道论》按戒、定、慧三学的次第展开论述，定、慧二学在全书23品中占21品之多，对各种禅定的修法和禅定开发的神通等功用阐述甚为详悉；慧学所摄《说蕴品》将89心的作用分为14种。被称为南传佛学入门之钥的《摄阿毗达磨义论》开首两品专讲心，将心分为121心和52种"心所"，最后第九品讲修心而臻解脱的止、观二法，中间还有专讲调摄心、观察心的《摄路分别品》，专讲色法（物质现象）的只有一品，全书的结构和内容明显以心理现象的研究为主，可看作一本心理学的专著。凯摩遮利耶（Khemācarya）的《名色概要》也是一本专论心的著作。今人菩提比丘编《阿毗达磨概要精解》，全书9章，前5章专论心、心所、心路过程、离心路过程之概要，第9章"业处之概要"论禅定。

当代南传佛教界人士颇有主要从心理训练的角度，用通俗的语言将传统的修持之道介绍给世人者，如泰国阿姜查法师（1918—1992）《静止的流水》《心灵的资粮》等系列讲述和录影、录音带，被译为多种文字，吸引了不少东西方人士。达摩难陀法师的《无忧无虑地生活》（1967）讲如何克服忧虑而快乐幸福地生活，此书在世界各地多次再版。阿姜查门下的美国禅师、心理学家杰克·康菲尔德（Jack Kornfield）著有《寂静的平湖》（台湾版）、《当代南传佛教大师》等，讲述南传佛教禅法。

从上座部的化地部分出的说一切有部（萨婆多部），出过法胜、胁尊者、世友、法救、妙音、觉天、僧伽罗刹、迦旃延尼子等著名大师。有部在大乘兴起后犹盛行于世，后来形成印度佛教四大宗之一的婆沙宗，为与大乘进行理论交锋的教内主要对手，大约在11世纪以后才逐渐衰绝。有部以擅长"禅数学"著称，"禅"指禅定，"数"指阿毗达磨（阐释、整理佛法的论典），其学风以对佛教义理的阐发与禅定修持并重为特色。该部留下来的论著不少，重要者有目犍连造《法蕴足论》、舍利弗造《阿毗达磨集异门足论》、迦旃延造《施设足论》、提婆设摩（约佛灭三百年间人）造《识身足论》、世友（佛灭五百年间人）造《品类足论》及《界身足论》，合称"六足论"。《识身足论》主要说六识、十种心、十二种心等，可谓一部心理学专著，《界身足论》亦以说心所法及四念住、四禅四定等修心的方法和进程为主要内容，所列举的心所法多达81种。迦旃延和提婆设摩，被认为应并列为佛教心理学的第一大师。迦多衍尼子（佛灭三百年间人）所造《发智论》，从《阿含经》中归纳出杂、结、智、业、大种、根、定、见八大论题（"蕴"），每一论题下又分若干小题（"纳息"）进行论述。其中，第一杂蕴、第二结蕴主要论述心、心所法，辨别烦恼，第四业蕴论述行为，第七定蕴论述禅定。长达200卷的《大毗婆沙论》，乃有部以胁尊者、世友为首的五百罗汉在迦湿弥罗（克什米尔）进行第四次佛典结集时集体撰述的大论，通过解释《发智论》，旨在统一有部东西两系的思想。此后，有法胜的《阿毗昙心论》，法救增补之，撰成《杂阿毗昙心论》。又有世亲宗本有部之义，取经量部之说，依《杂阿毗昙心论》撰成30卷《阿毗达磨俱舍论》，被视为小乘佛学圆熟的代表作，至今仍受汉藏二系佛教的重视，列为佛学院的重要教材。与世亲同时的有部论师众贤，特著80卷《俱舍雹论》（《阿毗达磨顺正理论》）、40卷《阿毗达磨显宗论》与世亲辩难，维护有部正统学说。

有部诸论基本上都是对佛教经典中零散的说法进行梳理、组织、阐释，形成纲目清晰、精致系统的教科书式的著作，其内容广涉三科、五蕴、四缘、六因、五果、禅定、智慧、圣果、破邪等各方面，以阐明由净化自心而臻解脱的理论和修习进程，无不包含心理功能、认识和行为的解析及净心、调心的技术等心理学内容，多数论典甚至可以说以心理学为主要内容。有部诸论把一切现象归纳为色法、心法、心所有法、心不相应行法、无为法五大类，凡67种（《品类足论》）或75种（《俱舍论》），认为这五类法作为构成万有的基本材料，是有其自体的，故名"说一切有"。五类法中，心法、心所有法属心理现象，心法有6种，心所法有27种或46种，《法蕴足论》列举心所法最为详尽，仅不善者就多达77种。有部不把"缠"（现行的烦恼）和"随眠"（潜在的烦恼）区分为二，分心为杂染、离染两种，主张除去杂染心而得解脱，反对心性本净说。

有部之学自汉末传入中国，影响甚大，被看作小乘的代表，东晋南北朝时有专究有部论典的"毗昙师""俱舍师"，撰有解释二论的《毗昙大义疏》（慧集）、《俱舍论义疏》（慧恺）等。有部专讲禅定的《修行道地经》（僧伽罗刹造）、《坐禅三昧经》、《达摩多罗禅经》相继译为汉文，安世高、觉贤等先后来华传授有部禅法，自后汉至南北朝，影响颇大。俱舍学还由入唐留学僧道昭、慧通等传入日本，形成日本佛教俱舍宗。

上座部分出的另一大派犊子部，从中印流传至西印，到7世纪时尚相当兴盛，后来衰绝。该部又分出贤胄、法上、正量、密林山四部，以正量部影响最大。犊子部的典籍大多失传，汉译中保存的《正法念处经》《三法度论》《三弥底部论》等，皆分派以后所出，其中有部分心理学内容。《正法念处经》是首次将心所法分类的佛经，经中多处论述心及修心的重要性。犊子部的主张主要与化地部对立，以说有"非即蕴非离蕴"的轮回主体补特伽罗而著称，引起其他部派尤大乘的批评，甚至被斥为背离了佛法无我论根本立场的"附佛法外道"。

四大部派之外，从有部很晚才分出的经量部（说转部），被视为7世纪时印度佛学四大宗之一（其余三宗为有部、中观、瑜伽），在心理学方面特有建树。经量部的前身为譬喻师，其实际组织者鸠摩罗多（童受）著述甚多，但皆已散佚。其弟子诃梨跋摩（狮子铠）所撰《成实论》，在中国很有影响，南北朝时有专研此论的"成实师"一系，有僧导、道亮、昙度、智藏、法云、慧琰等撰有此论的注疏一二十种。成实学还从大唐传入日本，形成日本佛教成实宗。《成实论》和会诸部派及大乘之说，发展了譬喻师之学，其观点多同经量部。该论承譬喻师传统，以一心法贯串四谛，对五蕴、心与心数、业、我的解说，见解独特，主张人、法二空，被中国佛教界看作从小乘向大乘过渡的代表作。经量部对譬喻师之学做了进一步发展，对心理现象的研究颇为精密，认为有微细的、一类相续的诸蕴能从此世转移到后世，其关于认识功能解析的"随界说""带相说""自证说",对大乘法相唯识学的形成起了重要作用。可惜该部典籍已失,只有从《顺正理论》《入中论》等书的引述,得知经量部心理学思想的概略。

与上座部对峙的大众部(摩诃僧祇部),起初流传甚广,后来在南印案达地方十分兴盛,称案达派,在大乘炽盛的 7 世纪还在流传,以后逐渐衰绝。该部以"勤学众经,宣讲真义"、长于经典的学习讲解著称,注重《增一阿含经》及解释此经的《分别功德论》。大众部的论书包括心理学方面的论述大多已散佚,只能从《异部宗轮论疏述记》等著作中一窥其心性本净、佛一刹那心了一切法等主张的纲目。

三、印度大乘心理学

大乘兴起于公元前 1 世纪,被近世学者们看作主要由在家信徒所掀起的新佛教运动。大乘批判部派佛教畸重个人解脱的倾向,树起"庄严国土,利乐众生"的大旗,号召将出世间的宗旨落实于深入世间济度众生的社会活动。大乘比被其称为小乘的部派佛学更为重视对自心的认识和净化、庄严,特别重视自心的正面功用和潜能的积极开发。在早期流行的《般若经》《华严经》等大乘经中,多处讲说心识本空本净,心与世界的关系及降伏、净化、庄严心的发菩提心、六度四摄等修行道。公元 2 世纪以后,大乘成为印度佛教的主流,大乘运动走向高潮。在佛学理论方面,大体分中观(空宗)、瑜伽(相宗)、如来藏(性宗)三大系。

中观一系渊源于龙树(Nāgārjuna),至 5、6 世纪时形成与瑜伽行派对峙的中观学派,并分为应成(随应破)、自续(自立量)两派。中观一系精研理论,著述丰富,其学主要宗依《般若经》,以诸法实相为核心,论证缘起性空之理。中观系之学虽未明确以心为核心,但也强调心为染净之本,十分重视对心的研究,其诸法实相"言语道断,心行处灭"的最终结论,实际上是对人心的认识能力、理性极限及潜在智慧研究的结果。在龙树佛学概论式的百卷巨著《大智度论》中，有许多对心的精彩论述，涉及心理学的多方面内容。

在佛教诸宗派中，瑜伽一系对心理现象的研究最为重视，其学以心识为核心。此系佛学源出于以禅观为主要修行实践的瑜伽师，源出他们在禅观中对自心的深细省察。瑜伽师宗奉《解深密经》《大乘阿毗达磨经》《楞伽经》《密严经》等经典，将一切总摄于心识，对心识的结构、层次、功能、染净因缘、心与世界的关系、转识成智的技术和进程等，做了精致深入的论述，主张"万法唯识"，其学因称"法相唯识学"。此学源出弥勒，由公元4、5世纪的无著（Asaṅga）、世亲（Vasubandhu）兄弟系统化，世亲后学形成瑜伽行派，出了十大论师，其中，难陀（Nanda）、德慧（Gunamati）、安慧（Sthiramati）等主无相唯识，陈那（Dignāga，约440—约520）、无性、护法（Dharmapāla，约6世纪中叶）等主有相唯识，有相唯识学在6、7世纪时成为印度最大佛教学府那烂陀寺佛学的主流。

法相唯识学的论著甚多，最重要者有弥勒（一说无著）《瑜伽师地论》《大乘庄严经论》、无著《摄大乘论》《显扬圣教论》《大乘阿毗达磨集论》《六门教授习定论》、世亲《唯识三十颂》《唯识二十论》《大乘百法明门论》、安慧《唯识三十颂释论》等，多数以心理学为主要内容。

瑜伽一系注重"因明"，无著、世亲各有对因明的论述，陈那进一步发展因明学，有《集量论》《因明正理门论》等因明学专著，后来有商羯罗主（约6世纪）撰《因明入正理论》，法称（Dharmakīrti，约6—7世纪）撰《正理滴论》《释量论》等专阐因明。瑜伽行派的因明学包括两大方面的内容：首先是对人的主观认识能力的研究，称"心明"或"心理"（或译"觉""知""了别"），属于认知心理学的范畴；其次是研究思维、推理和辩论规则的"因明"，主要属逻辑学。

中观、瑜伽两派后学，如清辩与佛护、月称与月官等，进行过长期论战，势同水火，论辩促进了双方学说的深化。后来，有寂护（静命，śāntarakṣita，约725—788）等调和两派之说，其学称"中观瑜伽"或"随瑜伽中观"。

如来藏一系，宗奉《楞伽经》《华严经》《胜鬘经》《无上依经》《不增不减经》《大法鼓经》《大方等如来藏经》《涅槃经》等经，以如来藏、法身或佛性为统一一切的染净之依，而如来藏、佛性终被指归于众生心之本性（心性），应属心理学研究范围的心性，乃大乘如来藏系佛学的宗要。如来藏系论著有马鸣《大乘起信论》、龙树《大乘法界无差别论》、坚慧《究竟一乘宝性论》等。此系在印度似乎未形成一个学派，所奉经典多同瑜伽行系所宗奉，然其理论视角、主张与瑜伽行系颇有不同。

四、印度密乘心理学

7世纪中叶以后，由大乘衍化而成的密教，渐成为印度佛教的主流和殿军。初期流传的密教称"真言乘"，以《大日经》《金刚顶经》为主经，被称为"胎藏界""金刚界"两部大法或"行部""瑜伽部"。《大日经》的哲学观立基于如来藏思想，《金刚顶经》则立基于唯识学。真言乘的论典有龙猛《金刚顶瑜伽中发菩提心论》等。真言乘极其重视心，《大日经》开首《住心品》列举160种世间心，以通过"如实知自心"超越世间心，证得出世间的净菩提心为疾速成佛的捷径。《金刚顶经》则以众生心潜具五种佛智，快速开发此五智为宗要。

7世纪末兴起的金刚乘密教"无上瑜伽"，也以观察自心体性（"明光"）而即身成佛为宗，从真妄一如的见地出发，重在以贪嗔为道，转烦恼为菩提，对染心、净心、深层心识和瑜伽修习中心的变化有其独到的解说。金刚乘主张心气不二，对身心关系尤其是身心深层的微细机制——细心、气脉明点有深入的研究，不仅重视修心，而且重视修炼心所乘或心识的生理、物质基础粗细身，其修心修身的技术颇为成熟精到。金刚乘所依的经主要有《集密》《胜乐》《喜金刚》等"续"（又译为"坦特罗"，梵文 tantra），论典有传为龙树的《五次等论》等。金刚乘中最晚流传的时轮金刚法（亦称"时轮乘"），相关著述最多，主要保存在藏文大藏经中。

五、中国佛教心理学

佛教创立后不久，即向印度四周广大地区传播，成为世界宗教。大略在两汉之际，佛教开始传入中国，经数百年的吸收消化，逐渐适应本土文化而形成具有中国特色的诸宗派。中国传统的儒、道等学，本来注重修心养性，受本土文化滋养、制约的中国汉传佛教，自然十分重视心，长期以应为心理学所摄的心性论为教义之核心，在心理学方面的成果极为丰硕。中国汉传佛教心理学的发展，与整个中国佛学同步，大略经历了三大阶段。

第一阶段从后汉至南北朝中期，为印度佛学输入、吸收、消化期。印度先后流行的小乘佛学、大乘经论包括中观、瑜伽、如来藏学等，陆续传入，被中国佛教徒所研习、实践，从对印度佛学不太准确的理解，逐渐进到对印度佛学全面、准确的把握和研究整理。由专门讲习某一种或几种印度经论，先后形成般若学六家七宗、涅槃师、楞伽师、毗昙师、成实师、俱舍师、地论师、摄论师、三论师等学派。其中，毗昙、成实、俱舍三家专研小乘论典，对心的解析较详。涅槃师专究大乘《涅槃经》，以佛性为探讨的核心问题，有道生（355—434）《泥洹义疏》、宝亮（444—509）《大般涅槃经集解》等著作。楞伽师以传习如来藏学要经《楞伽经》得名，源出禅宗初祖菩提达摩，其学以心性为宗。萧梁傅大士《心王铭》颂心性，其旨趣近楞伽师。地论师专研世亲《十地经论》（《华严经·十地品》的释论），着重论述如来藏与阿赖耶识的关系，分为相州南道、相州北道二系，主张有所歧异，有法上（495—580）《十地论义疏》、慧远（523—592）《大乘义章》等撰述。摄论师主要讲习《摄大乘论》，比地论师更为重视对心识的研究，宗承安慧，为中国法相唯识学的旧派或古学，其对心识的解析与后来的慈恩宗颇有不同。

从南北朝后期到南宋中叶，可谓中国汉传佛教心理学发展的第二大阶段，这是华化佛学形成和兴盛的时期。这一时期，天台、三论、禅、净土、法相、华严、真言、律、三阶教等宗派先后建立，多有通观全体印度佛学而独树一宗的佛学体系。诸宗之中，三论宗专门阐释发挥印度中观派之学，开创者吉藏（549—623）的《大乘玄论》总结当时诸家佛学，对佛性、心性问题论述颇为精要。华严宗依《华严经》立宗，其学以一真法界为核心，而一真法界终归为众生之心，是则此宗之学，实质上是对众生心之潜能的哲学探讨。净土宗注重信仰和实修，在宗教信仰心理的探讨方面有独到之处。律宗专究戒律，其"戒体"说关涉对行为的心理分析。真言宗（密宗）注重瑜伽实践，一行（673—727）的《大日经疏》对《大日经》中有关心识的内容阐释颇为详悉。诸宗中数天台、法相、禅三宗在心理学方面的建树最多。

天台宗之学源出慧文、慧思（515—577）、智𫖮（538—597）等祖师在禅观中对大乘经论所示诸法实相的体悟，主要源出中观学，以教（理论）、观（禅观）并重为特色，以观心为本宗教理与修行的枢机，建立了"一念三千""一心三智"等独特的理论和"一心三观""圆顿止观"等禅观法门。天台宗著述宏富，多数教理与禅观双谈。智𫖮《摩诃止观》、湛然《止观辅行传弘决》详悉阐明了本宗圆顿止观，智𫖮《观心论》、灌顶《观心论疏》、继忠《法智遗编观心二百问》、怀则《天台传佛心印记》等专讲观心，慧思《诸法无诤三昧门》《随自意三昧》、智𫖮《小止观》《释禅波罗蜜次第法门》《六妙法门》《四念处》等讲述大小乘各种禅定的修持，对隋朝以前的全部禅法进行了整理，其中多处讲解禅定心理。慧思在心性方面的主张颇具个性特点。

法相宗（唯识宗、慈恩宗）传述印度护法系唯识今学，此宗开山祖师——曾留学印度的著名取经高僧玄奘，回国后主要致力于译经，他以护法对世亲《唯识三十论》的注解为主、兼采其他论师之说"糅译"而成的《成唯识论》是法相唯识学的经典著作，玄奘对此论的讲解传授，由窥基笔录为《成唯识论述记》。窥基还撰有《成唯识论掌中枢要》《瑜伽师地论略纂》《唯识二十论述记》《大乘法苑义林章》等阐释唯识义理。其后学惠沼的《成唯识论了义灯》、智周的《成唯识论演秘》和《成唯识论枢要记》等，都是阐释唯识学的重要著作。玄奘的《八识规矩颂》是一篇概述心识要义的心理学专论，言简意赅，乃学习唯识学的重要入门书，后人有多种注疏。玄奘门人新罗僧圆测（613—

696）著有《解深密经疏》等，见解与窥基一系有所不同，形成法相宗的西明寺之学。

禅宗简称"禅"或"宗"，是最具中国特色的佛教，千余年来为中国佛教的主流和代表。禅宗又称"佛心宗"，意谓以直体佛心为宗旨，高唱"直指人心，见性成佛"，为专门的顿悟心性之学，有究明心性的独特参禅和教学方法，此宗又分为达摩禅、北宗、南宗、牛头宗诸系。南宗门下又分出沩仰、法眼、临济、曹洞、云门五宗及黄龙、杨歧两家，此宗虽标榜"不立文字"，其实也相当重视文字，积累了大量论述心性及记录参禅故事的文献资料，最重要者有传为菩提达摩述《少室六门》、惠能（638—713）《坛经》、净觉《楞伽师资记》、慧海《顿悟入道要门论》、希运《传心法要》、玄觉（665—713）《永嘉集》《证道歌》、宗绍《无门关》，以及灵祐、文偃、义玄、慧寂、文益、从谂、克勤等禅师的语录和《景德传灯录》《人天眼目》《古尊宿语录》《指月录》等"灯录"。唐释宗密（780—841）的《禅源诸诠集都序》从教理角度对中唐以前的禅宗进行了总结评述。五代永明延寿（904—975）的《宗镜录》百卷，"以一心为宗，照万法如镜"，以一心统摄全体佛学，融通诸宗教义与禅宗，乃中国佛教兴盛期的集大成之作，可看作一本佛教心理学的巨著。延寿的《唯心诀》《观心玄枢》也专论心性。禅宗人以心、心性为题的短篇有《心王铭》、僧璨（？—606)《信心铭》、牛头法融《心铭》、延寿《注心赋》、辩才净《师心铭》等。

自南宋后期至清末，可谓中国汉传佛教心理学发展的第三大阶段，这是由停滞走向衰落的时期。真言、法相、沩仰、云门、法眼等宗相继绝嗣，华严、天台二宗亦衰，唯禅门临济、曹洞二家及净土宗尚盛，义理之学无多发展，表现出诸宗融合、禅净双修、趋归净土之势。佛学思想进一步深入影响儒、道二家，渗透社会文化。阐发心识、心性的佛学著述，还在不断问世，重要者有德清《楞严通议》《心箴》《师心铭》、智旭《楞伽经义疏》、雪浪《相宗八要》、一雨《成唯识论集解》、真可《长松茹退》、传灯《性善恶论》、元贤《寐言》、王夫之《相宗络索》、钱伊庵《宗范》、戒显《禅门锻炼说》等。

19世纪末，衰迈不堪的中国佛教重现振兴气象。在由杨文会、太虚等掀起的佛教复兴运动中，传统诸宗皆有振作，几成千载绝学的法相唯识学盛景重现，与西方哲学、新儒学等并为一时显学。先后问世的唯识学专著，有太虚《法相唯识学》、梅光羲《相宗纲要》、欧阳渐《唯识抉择谈》、韩清净《瑜伽师地论科句披寻记》、唐大圆《唯识的科学方法》、刘洙源《唯识学纲要》、王恩洋《唯识通论》、熊十力《佛家名相通释》、印顺《唯识学探源》等。藏文唯识学文献《安慧三十唯识释略抄》《集量论》《释量论》等相继译汉，教界、学界的不少学者就唯识学的许多重要问题做了深入研讨，有些人还援用科学、近现代心理学的知识阐释唯识学，或将佛学其是唯识学的主要内容看作一门心理学。佛教复兴运动的领袖太虚特别重视佛教与现代心理学的关系，撰有《佛教心理学之研究》《心之研究》《梦》《心理革命》《佛学之心理卫生》《行为学与心理学》等文章十多篇，从佛学角度评论了西方心理学。著名学者梁启超撰有《佛教心理学浅测》。

此后问世的同类文章，还有濮阳朴《佛学与心理学》、唐仲容《佛教的心理学》等多篇。台湾郑金德《现代佛学原理》（1982）一书，从现代心理学的角度阐释佛学原理。郑石岩《清心与自在——佛法的心理学分析》等心理学系列丛书，依作者多年心理咨询的经验，讲述在现代生活中运用佛法调节心理的技术。另有马定波《印度佛教心意识说之研究》、星云《从心的动态到心的静态》、慧律《佛学心理学》《佛教心理建设》、依昱《知心、明心》《观心、开心》、李孟浩《佛教与心理治疗的对话》、冯学成《心灵锁钥——佛教心灵世界》（1995）、王米渠《佛教精神医学》、黄国胜《佛教与心理治疗》（2002）等佛教心理学著述。惟海法师的巨著《五蕴心理学》（2005）力图为心理学提供范式。台湾佛光山在美国建立的西来大学设有"佛教心理学暨咨商研究中心"（BPCRC，2000），以整合佛学与西方心理学，开展研究、教学、咨询为目的，发行有《佛教心理学暨咨商研究中心》期刊。

中国佛教的另一大系藏传佛教，自公元7世纪起从印度、中国汉地传入，经历前弘、后弘两大期，于后弘期（978年开始）形成噶当、宁玛（红教）、萨迦（花教）、噶举（白教）、格鲁（黄教）诸大派和希解、觉域、觉朗、霞鲁等小派，极其兴盛，并以西藏为中心传向蒙古、俄国、锡金、不丹、尼泊尔、中国汉地，近几十年来还西传欧美。藏传佛学保存和发扬了晚期印度佛学，以密教尤其是无上部瑜伽为精粹，其库藏和理论成果、实修经验极为丰富。

藏传诸派在理论上基本皆宗奉应成派中观见，对精究心识的法相唯识学也相当重视，藏文大藏经中保存了不少印度晚期唯识学、因明学的重要论典，如安慧《唯识三十颂释》，律天《三十颂释详解》、陈那《集量论释》、法称《释量论》《量决定论》《正理滴论》、释迦智《释量论详解》、辛底巴《成就唯识论》等约数十种，皆汉文大藏经缺译。承印度超戒寺学风，藏传诸派尤噶当派、格鲁派注重心明、因明，并将其列为学僧必修的基础课之一。藏地学者因明学著作不少，重要者有萨班·贡噶坚赞《正理藏论》、宗喀巴《因明七论入门》、贾曹杰·达玛仁钦《宝藏论》、根敦珠巴《释量论释》、普觉·强巴《因明学启蒙》、工珠·元丹嘉措《量学》等，其中皆论述思维活动规则。还有专门讲认识能力和认识方式，题名"心理"的著作多种，如隆多喇嘛《心理学概述》等。另有不少专讲修心的著作，如金洲大师传《修心七义》、朗日塘巴《修心八颂》、多罗那他《大乘修心七义讲义》等。

藏文大藏经中保存的数百种金刚乘无上瑜伽密典，绝大多数乃汉文大藏经所缺。无上瑜伽的哲学观基本属大乘如来藏系，以自性清净心或菩提心、明光为宗，以明见自性清净心为即身成佛之诀要。萨迦派"道果"，迦举派"大手印""大印合"，宁玛派"大圆满"等最高密法，见地大体相近，皆以如实观心而证悟自性明光为要。莲花生《大圆满直指教授》、米拉日巴《道歌》、冈波巴《道次第解脱庄严论》、玛久拉仲《般若波罗蜜多觉域派教法理义及秘诀精髓奥义心要》、隆钦饶绛巴《七宝藏论》、麦彭（弥旁）《大圆满直指心性注疏》、吉美·天培·尼玛（1865—1926）《转苦乐为觉悟之道》等著作，对自性清净心和顿见心性光明的观心诀要有精到的论述。八思巴《大乘要道密集》、宗喀巴《密宗道次第广论》《胜集密教王五次第教授善显炬论》、敦珠《大幻化网导引法》、贡噶《大密妙义深道六法》等，对心识深层的生理机制——气脉明点及心识、明光与气脉明点的关系、气脉明点修法等——有精审的论述。攘迥多吉的《甚深内义根本颂》在阐述身心之深层关系方面尤为精要。土观《宗教流派镜史》对诸派历史及教义的论述颇为精要。蒋贡康楚《知识总汇》是一部总括、融通诸派教义精华的百科全书式巨著。当代藏密瑜伽行者陈健民的《曲肱斋全书》中有大量关于密法理论、修持法要的论述。陈氏以英语讲述的《佛教禅定》一书，以数十年修持的体会为本，对从小乘至藏密的禅定法门作了系统切实的讲述。

20世纪60年代以来，一批西藏活佛、喇嘛传法于欧美，用西方文字写了许多阐扬佛法的著作，特别注重从心理学角度向西方社会介绍佛法。如东杜法王仁波切的《西藏医心术》一书，将宁玛派传统的修持法门作为心理治疗的技术，用通俗晓畅的文字介绍给现代人，被誉为"当代最伟大的身心科学巨著"。土丹却准法师的《开阔心，清净心》《告别嗔怒，步向安宁》等著述，讲述驾驭情绪的技巧，颇为切实。

六、朝鲜、日本、越南佛教心理学

佛教在中国落地生根后，即以中国为第二故乡，由中国汉地传往汉文化圈内的朝鲜、日本、越南等地，成为这些地区的主要宗教，并受汉文化和当地民族文化的影响，在心理学方面各有其发展。

佛教自公元372年开始，从中国陆续传向朝鲜半岛。中国佛教诸宗，几乎全部输入朝鲜，朝鲜的涅槃（始兴）宗、华严（圆融）宗、法相宗、禅宗（曹溪宗、太古宗）等，在佛学理论上皆颇多建树，出过玄光、慧灌、道登、神昉、元晓、憬兴、义湘、圆测、法朗、信行、明朗、无相、义通、义天、谛观、普愚等高僧，其中多数皆留学中国，无相、无漏、地藏、义通等还长住并圆寂于中国。在法相唯识学方面，朝鲜僧人著作颇多，重要者有圆测门人胜庄的《成唯识论决》《杂集论述记》，道证的《成唯识论要集》《因明正理门论疏》；曾游学窥基门下的顺景撰有《唯识论料简》《因明正理论抄》，道伦撰有

《瑜伽师地论记》；圆测再传弟子太贤撰有《瑜伽师地论古迹记》《摄大乘论古迹记》《成唯识论学记》《成唯识论决释》《瑜伽师地论纂要》等书共42部。义湘的《华严一乘法界图》、元晓的《华严经纲目》《华严经疏》《大乘起信论疏记》等，阐发华严哲学奥义，其中有些还传入中国。谛观的《天台四教仪》、义通的《光明玄赞释》等，为天台宗的要典。义天的《圆宗文类》探讨了天台、华严二宗争议的心性问题，是一部真常唯心论的重要著作。知讷的《真心直说》《修心诀》指示心性简明扼要，是很有影响的禅宗著述。

佛教自公元522年开始，从中国、朝鲜传入日本，不久即十分兴盛，在王室护持下成为日本的主要宗教。日本佛教起先为完全来自中国的三论、成实、俱舍、法相、华严、天台、净土、律、真言、临济、曹洞、黄檗等宗派，10世纪后出现具本土特色的日莲宗、净土真宗、时宗、融通念佛宗，至今尚有13宗56派，及创价学会、立正佼成会、妙智会等新兴佛教教团一二十个。

日本佛教十分重视理论建设和佛学研究，对中国传入的天台、真言、净土等诸宗教义皆有进一步的发挥、发展，有关心理学的著述甚多。在有部论典的注疏方面，重要著作有宗性《俱舍论本义抄》、湛慧《俱舍论指要钞》、快道《俱舍论法义》等。在法相唯识学方面，有普珠《唯识义灯增明记》、光胤《唯识论闻书》、普寂《成唯识论略疏》《摄大乘论释略疏》、藏俊《因明大疏钞》、珍海《八识义章研习抄》、清范《五心义略记》、真兴《唯识义私记》等有关心理学的著述。空海的《大日经开题》《金刚顶经开题》《十住心论》《即身成佛义》、济暹《大日经住心品疏私记》《发菩提心论私抄》、觉鍐《发菩提心论秘释》、重誉《十住心论抄》、宥快《十住心义林》等，对真言密教的心识、心性义有精细的阐述。普机《华严一乘开心论》、凝然《五教章通路记》、源信《一乘要决》、证真《天台真言二宗同意章》等，阐发了华严、天台二宗的心性说。日本的禅宗著述也不少，道元《普劝坐禅仪》《学道用心集》、道费《心学典论》、绍瑾《信心铭钩提》，及辨圆、湛照、慧晓、绍明、显日、一宁、疏石、梵仙等禅师的语录，对心性及明心见性之道的论述各有千秋。近人铃木大拙以用英语向西方世界介绍禅宗而著称，其《楞伽经研究》《禅的研究》《禅宗讲演》等多种著作，有国际性的影响。

日本学者从20世纪初开始，便受欧美影响，将佛教心理学作为研究课题，20世纪80年代以来成果更多，陆续出版的专著有佐佐木现顺《佛教心理学の研究》（1960）、井上圆了《佛教心理学》（1982）、橘惠胜《佛教心理之研究》、黑田亮《唯识心理学》、铃木大拙《禅与念佛心理学的基础》（1987）、秋重义治《禅の心理学》（1986）、冈野守也《唯识の心理学》《大乘佛教の深层心理学》（1990）等，这些著作多为对佛教某一派系有关心理之思想的学术性研究。此外，还有一些讲述佛教心理学通俗应用的作品。

早在公元2世纪末，中国学者牟融即移居交趾（今越南河内地区），为越南有佛教之始。此后不断有印度僧人来往于中、印、越弘传佛法，曾师事中国禅宗三祖僧璨的乌苌国（今巴基斯坦）高僧毗尼多流支于6世纪末从中国赴越南传法，以后又有无言通、草堂、天封等中国禅师赴越传法。越南佛教一直以禅宗为主，后来又禅净双融，出过不少禅师，有不少阐明心性和参禅方法的文字。当代越南一行禅师于1966年后定居法国，建立禅修中心"梅村"，传授禅定和心理训练技术，他用越南语、英语、法语写的《与生命相约》等80余种著作，用饱含诗意的现代语言宣讲佛法，尤其是佛教、禅宗调练心理之学，其书畅销欧美，已被译为30多种文字。

七、近现代西方佛教心理学

19世纪以来，一批西方学者开始研究佛教，在他们所写的不少介绍佛教思想的书中，如哈迪·斯彭斯《佛教入门》（1852）、皮舍尔《佛陀的生平与教义》（1906）、贝克《佛学——佛陀及其教义》（1916）、海勒《佛教禅定》（1922）、雅斯培《世界观的心理学》（1925）、孔兹《佛学——本质与发展》（1951）等，介绍了佛教的心理学思想。南传佛教经典《尼柯耶》《清净道论》、有部《俱舍论》、大乘法相唯识学的《大乘庄严经论》《成唯识论》等有关心理学的文献，陆续被译为西方文字，受到西方心理学家的青睐。随着心理学的日益兴盛，西方学者往往将佛教的精华看作心理学，从心理学出发介绍佛教，出现了德菲夫人《佛教心理学》（1914）、渥尔夫加格本《佛教之心理与伦理》（1921）等专著。

随佛教的稳步西传特别是20世纪60年代以来禅宗、藏密的风行，佛教心理学作为一种具超宗教性及实用价值的学说，被越来越多的西方人所关注，并从西方回馈东方。20世纪70年代以后，佛教心理学成为欧美佛教学术研究中最受重视的课题，研究多从西方心理学和心理治疗的角度着眼，出现了约翰逊（A.E.A.Johansson）《涅槃心理学》、傅里巴（Friba）《开心的艺术——佛教心理学的启示》、巴特彻罗尔（Stephen Batchelor）等编《觉悟的心理学》、约翰·威勒沃德《迈向觉悟的心理学》、R.L.金波《佛教心理学的应用探讨》、H.S.S.尼珊纳《佛教心灵治疗学》、杰克·安格尔《心理治疗和禅修的治疗目标：自我呈现的发展阶段》（1986）、马克·爱泼斯坦《没有思想者的思想：从佛教观点看心理咨询》（1995）、安·克莱因《佛教徒、女性主义者与自我的艺术》（1994）等成果。

佛教心理学与西方心理学的对话、比较与整合，近二十年来成为西方的热门课题。1980年以来，美国举行过多次佛教心理学的座谈会和研讨会。佛教与心理学家的对话记录，编有《心智科学》《揭开心智的奥妙》《情绪疗愈》《睡眠、梦与死亡》《佛教的神经质病理模型》等书。自佛教传入西方以来，欧美还陆续出现了一些皈依佛教甚至出家为僧，学习南传佛学、藏传佛学的"洋和尚""洋尼姑"，其中有的人如杰克·康菲尔德等，还身兼禅师和心理学家两重身份，做着整合佛法与现代心理学的工作。

佛教心理学在西方还从研究走向实用，出现了许多佛教心理咨询和研究中心，将佛教与西方心理学结合，提供心理健康方面的咨询服务，解决修行、坐禅中的各种问题，杰克·康菲尔德的《心灵幽径——冥想的自我疗法》（台湾版）、《狂喜之后》等，是总结这方面成果的代表性著作。

第三节　佛教心理学的特质、价值和影响

在当今世界诸家心理学的百花园中，佛教心理学是一株具有独特姿态、独特色香韵味的奇葩异卉，具有其独特的宝贵价值，影响极为深远广大。

一、鲜明的出世间特性

与诸家心理学以人类的通常心理现象——佛学称为"有漏心"者为研究对象，以应用于心理治疗、心理保健、教育、企业管理、商业广告、文艺创作等为目的，因而与世俗性不同，佛教心理学具有浓烈的出世间色彩。用佛教的尺度来衡量，诸家心理学皆属世间俗学或"世学"，只有佛教心理学方为出世间"圣学"。

佛学所谓出世间（梵文 lokottara），与通常所言"出世"含义不同，出（ttara）谓超越、超出，世间（loko）指有生灭、可毁坏、被污染者，不仅指人世间，而且包括人类之外的一切有生死、生灭的存在，《杂阿含经》卷九第231经佛言：

危脆败坏，是名世间。

同经第230经佛言：从六大感知门户生起乐、苦、不苦不乐三种感受，名为世间，明言世间乃某种心理状态。

从修行实践的角度，"世间"终被具体解释为有悖真实的邪知谬见、被污染的无明烦恼心，超出、脱离此等妄心，名为出世间，《坛经·般若品》偈云：

正见名出世，邪见是世间，邪正尽打却，菩提性宛然。

佛教研究心理现象，是从出世间、了生死，追求与生灭无常、诸苦交攻的世间相反的常乐我净之涅槃的明确目标出发，其有关心理的全部学说，都围绕出世间的轴心而转动，从详析心理活动之善恶、照察烦恼和业的生起、检验觉

知之真妄、讨论心性之染净、剖析自我之本空，到戒定慧等治心、观心的修行技术，无一不是紧扣出世间、了生死的主题而展开。严格地说，佛教的心理学思想，涵摄在其以出世间、了生死为中心的宗教教义体系中，为研究而研究的纯心理学专著，在浩如烟海的佛教典籍中并没有几种。我们设立"佛教心理学"，须从近现代心理学的概念着眼，将散见、内含于众多佛典中的心理学思想加以梳理、组织、整合、提炼。从其本旨和特质来讲，佛教心理学可以叫作"出世间心理学"。就出世间而言，以世俗利益为出发点和目的的现代心理学，确实无法与资深年久的佛学相比。

出世间的宗旨，使佛教心理学具有宗教性和超科学性，但却不能因此便说它不具科学性、世俗性或实用性。佛教虽以出世间为终极宗旨，但也包含世间的、世俗的内容。据《阿含经》载，过好世俗生活，获得"现法安乐"（现世的安乐幸福），为佛陀对在家弟子的重要教导。重视获得"现法安乐"，重视在世俗生活中运用佛法的人生智慧，以利乐众生、净化人心、庄严国土，乃佛教诸乘诸宗一贯强调的根本精神。按大乘佛教哲学，出世间与世间，本来不二，如实了知世间的真实本面，从而超越烦恼无明的染心，即是出世间之真义。《维摩诘所说经·入不二法门品》云：

世间性空，即是出世间，于其中不入不出，不溢不散，是为入不二法门。

大乘强调修行者必须深入世间，《华严经》卷三十四谓菩萨应"不舍一切世间事，成就出世间道"。同经卷四十四偈云：

心不离世间，亦不住世间，非于世间外，修行一切智。

喻如水中之月影，非内非外，非出非入，保持一种不离世间而又超越世间的心态。《坛经·般若品》偈云：

佛法在世间，不离世间觉，离世觅菩提，恰如求兔角。

强调出世间的菩提，只能在对世间特别是对人世间众生有漏心、染污心的如实觉知中求得。基于这种认识，佛教心理学将观察、研究诸家心理学共同研究的对象——人类普通的心理现象，将其作为基本课题，这使它具有心理学的资格，可与诸家心理学比较、对话。

佛教心理学既然以对常人的心理现象之如实了知为基本内容，当然也不无诸家心理学所具有的心理调节、心理治疗等世间的、世俗的功用。佛陀以善治众生心病的大医王自任，《华严经·普贤行愿品》以"恒顺众生"——为一切众生服务、令一切众生欢喜——为菩萨必须实践的愿行之一。各地佛教亦有关注现实人生、社会问题的传统。然而，因了生死的主旨和历史文化条件的限制，古代佛教心理学的擅长和成就，主要表现在出世间的一面，在心理研究的世俗应用上，相对而言较显薄弱。近现代佛教精英已经对此类薄弱环节和佛教的积弊进行了反省，力图重振佛陀"人间佛教"的入世精神，佛教心理学的世俗应用被作为实行人间佛教的重要方面，已有了不少理论和实践的成果。

佛教所追求的出世间，毕竟是人性深处的一种高级的需求，不容忽视。从当代心理学的趋势看，也未必没有朝出世间发展的可能，被称为"第三心理学"的人本主义心理学，即将类似涅槃的"高峰体验"等宗教性体验列为研究课题，以获得这种体验的自我实现为人生高级目标。自称心理学中第四势力的超个人心理学，更以超常的心理健康和超越自我的幸福为对象，重点研究超越个人中心、以宇宙为中心，主要属由禅定等宗教修炼达到的心理状态，与佛教的出世间和"诸法无我"之旨有同趋一轨之势。

二、解行相应、止观双运的方法

解行相应，是佛教所强调的学习佛法包括研究心理现象的基本原则。解行相应，意谓理论与修行实践结合，以正确的理论指导修行，使理论落实于修行，从修行中印证理论、得出理论；相应，意为契合、一致。就研究心理现象而言，解行相应，指在运用佛法观心、修行的实践中去研究心，自悟自证。佛教界一般认为，佛教经籍中所载和佛门代代相传的心理学说、究心修心之道，非假说设想，而是佛陀和无数佛弟子经如实观心、勤苦修行而证实的真理，堪作后人修行的指南，如中国近代著名佛学家欧阳竟无居士所说：乃"研究而后之结论"①。

后世的佛弟子们，一般都将佛陀及佛教界公认证得圣果的祖师大德的言教当作不可移易的定论，有如今人所认科学证实的公理，视其为检验真理的标准之一，称"圣言量"（圣人言教的准衡）。从宗教信仰和修持的角度来讲，确信"圣言量"的权威，自有其理由，如龙树《大智度论》卷三十八所言：

> 如人夜行险道，导师授手，知可信故，则便随逐。

了生死、出世间的终极托付、人生大事，需要可信赖的过来人指导，确信并遵行圣言，能使人有所凭借，避免误入歧途、重复劳动和有害的怀疑，当然也会产生固步自封之弊，更何况圣言只能让虔信者奉为真理，未必能获得不信佛教者的认同。

然确信圣言，并非佛教的根本原则，比确信圣言更为根本、更能体现佛法根本立场的是"法四依"中的"依法不依人"——唯以是否真理为准衡而不以是谁所说为依凭，及"依智不依识"——依靠如实证知的智慧而不依未必可靠的感知、知识。真理及证知真理的智慧，必须用理性作精审考察，更须经自己亲身实践体验，方为真实可靠。关于自心真实的智慧，尤须在自心上亲自下功夫研究体会。《阿含经》载，佛陀教诫弟子：不可轻信、盲从任何传统、权威、名人、耆德，即便是佛陀的言教，也不可因为是佛口亲宣而奉为教条盲目信从，应"依己为洲""依己为光"②，靠自己的智慧救度自己，用自心的智慧光明照亮宇宙。按这一原则，研究心理现象，自不应局限于"结论后之研究"，仅仅在佛陀言教的诠释考索上下功夫，而应以佛陀所用的合理方法在自心上用功参究，在如实观心、认真修治自心中去印证佛言，究明自心。

与诸家心理学相比，佛教研究心的方法甚显独特：主要采用禅思内求法。禅思，谓在禅定中或禅定的基础上思察，名为"止观"。止，谓长时间集中注意力于一聚焦点，令心湛寂不动，如止水无波。佛学认为在止的寂定专一心态

---

① 苏渊雷：《学思文粹》卷六，国民印刷所南京厂1948年版，第437页。
② 《长阿含经》卷一。

下,才能有很强的、堪以洞烛心灵秘奥的照察力。如《高僧传》卷十一所论:

> 然缘法察境,唯寂乃明,其犹渊池息浪,则彻见鱼石,心水既澄,则凝照无隐。

佛书中将未经修止入定的"欲界散心"比喻为风中的灯烛,光焰闪烁晃动,亮度不高而且容易被风吹灭。经过止观训练而达到禅定心,可排除内外一切干扰,高度凝集智慧力,观照自心,明察秋毫,冷眼旁观心理活动,照烛暗昧隐密的心识深层景观。禅定(止)必须与观(慧)合修,谓之"止观双运"。观,指用如实知见的智慧观察、思索、参究、观照,主要指观心。在定心中以智慧向内观心、究心,是佛教如实知自心、获得菩提觉智的捷径。在修习止观、入定观心方面,佛教有极其丰富成熟的技术,形成一家精深博大的禅学。

与佛教以省察自心、观心内求为主相对,现代心理学则以在实验室中和心理治疗中观测、研究他人的心理为主。近代结构主义心理学曾采用的内省法(introspection),也与自省其心的古代内省法不同,是研究受试者描述的心理感受。现代心理学界已抛弃这种方法,而主要采用观察、调查、个案研究、自我报告和问卷研究、观察行为、实验等研究物质和社会现象的方法,并与脑科学、人工智能结合,使用脑扫描仪、微电极技术、电子显微镜、计算机、脑电图等尖端科学技术手段和统计方法,用电脑信息技术来分析多种变量和大量资料,还与近亲精神测定学、精神生理学、精神语言学、神经心理学、认知科学等联手进行研究。

就用内省方法观察自心而言,近现代心理学无疑有其缺陷,在训练心的技术上显然不及佛教,多数心理学家缺乏禅定训练,只能用欲界散心或很浅的定心作研究,其观照的心力很有限。

而且,佛教之修观、观心,与近代心理学的内省法有质的不同,是运用佛教特有的智慧、哲学观,体究心的行相、体性,有理性分析及超理性的参究、默照、顿悟等多种方法、诀窍,禅宗还有特殊的教学方法,力图打破无明黑壳而证见心性光明,这些方法皆为一般心理学所或缺。

解行相应、止观双运的独特研究方法,使佛教徒得以几乎不受历史条件限制地洞察心灵秘奥，贡献出许多关于心灵的宝贵智慧成果。解行相应，可谓贵实践、重验证，与科学心理学的精神颇为相通；在观心修行中究明自心的内求方法，与科学心理学观察、实验的方法也不无类似之处。

当然，作为一种主要在古代社会流传发展的宗教学说，佛教研究心理现象的方法具主观性、个体性，主要靠修行者各自在瞑目打坐中去"自内证"，缺乏近现代心理学精密、客观的科学方法，未发明出现代心理学观测、试验所用的仪器，这使佛教关于心理的学说面目古旧，较多主观性、个体性，缺乏实验、统计数据，因而较少科学那样强迫人信服的力量。佛教徒们"结论后之研究"的态度，也限制了佛教心理学的发展。在科学心理学的研究方法日益现代化并被广泛运用的今天，佛教心理学的建设，除了运用传统的止观双运研究法外，还应采纳现代科学的精密方法，吸收科学心理学的成果和其他有关科学的成果，用科学方法对佛教心理学的遗产进行整理研究，随人类文化之进展而不断发展，使佛教心理学能起到净化现代人心的作用。

三、定散双究，染净同诠[①]

佛学不仅对诸家心理学所研究的通常心理现象——佛学称为"散心""染心"者，有精深细致的论述，而且还深入研究了诸家心理学几乎毫无研究的特殊心态——定心、净心。所谓散心、染心，指普通人——佛学谓之"凡夫"们的日常心理状态，其特征，一是散乱，念念生灭，波动不已，佛经中将其比喻为在树林中跳上跃下、躁动不停的猿猴，与经过禅定训练、湛寂不动的定心相对，称为"欲界散心"；二是此类心不离无明（对宇宙人生真实本面的无知），不离自我中心的立场，因而难免贪欲、嗔恨、嫉妒等种种"烦恼"的污染，与经佛法之修持而净化了的净心或无漏心（"漏"为烦恼之异称）相对，称为"染心""有漏心"或"妄心"。对染心之种类、缘起、因果及其如何有染有漏，

[①] 唐仲容：《佛教的心理学（上）》，载《法音》1990 年第 3 期。

佛典中作了极为细密的解析，有不少独到的见解，能帮助人们如实认识染心的害处，甚具心理学、伦理学的价值。

定心、净心尽管非一般人现有的心态，须经修行而证得，但对开发潜能、优化心理、超越生死，意义极其重大。佛教开辟出多种修习禅定而进入定心的法门，对证入禅定的次第及每一级的心理生理指标、主观体验、可能出现的偏差及对治方法等，在佛典中有详悉的论述。佛典中还论述了由禅定引发的各种神通、修得神通的方法及神通的机理。神通，指遥视、遥听、预知、意念传感、意念改变物体等超感知能力、超常能力，属超心理学（parapsychology）研究的对象。

至于由修行而净化心灵、出尘离染，更是佛学的核心内容。佛学开设出三学、八正道、三十七道品、六度等治理自心、净化自心之道，论述了心灵净化的进程和每一步的操作技术、证入指标，描述了心灵净化后安乐、自在、柔和、慈悲的境界，指出断灭烦恼、净化心灵便超出生死，心灵的彻底净化和圆满开发有三身四智、五眼六通、八大自在等不可思议的功用，能使人变革生命，成就佛果，获得无所不知的大智慧和绝对自由、永恒安乐，永无止息地利乐无量众生、庄严广大世界，创造巨大的生命价值。佛教关于净心的学说，描绘出一幅人类心理潜能开发的辉煌前景。

佛教所探究的心，虽然以地球人类的定散染净心识为主、为本，但并不限于地球人类之心，而广摄全宇宙一切心识现象。在谈到心的时候，佛书中一般都讲"众生心"，"众生"亦译"有情"，泛指从微虫、动物、鬼神、诸天到罗汉、菩萨等一切有情识者，这使佛教心理学中，包含有动物心理学乃至鬼神心理学、罗汉心理学、菩萨心理学、佛陀心理学等内容。正如冯学成《心灵锁钥——佛教心理世界》中所言：

　　佛教是一门涉及各种层次、各种发展阶段的全部宇宙生命的精神现象学。[1]

---

[1] 冯学成：《心灵锁钥——佛教心理世界》，四川人民出版社1995年版，第12页。

四、正见为导及心灵哲学的发达

佛教研究心理现象，强调以正见为指导，以正见观心而证得出世间的智慧，正见、智慧与对心理的研究密不可分。正见，指如实不谬的正确人生观、世界观，主要指以"缘起"为本的哲学观，这种哲学观认为一切现象皆依一定的因缘或条件而生起，是用理性思维从万象中概括出来的普遍法则，属朴素辩证法的基本原理。佛教认为缘起法则如实不谬，放之四海而皆准，不可能被证伪，强调以缘起法则如实观察一切的缘起、因果及实性，包括如实观察心。运用缘起法则观察心时，会发现心是一种依各种条件生起，具有多层次结构、多功能集合的缘起法，因为依条件而生起，无本有不变的"自性"，生已即灭，不可常住，故说心的体性（心性）本空。佛学指出：运用缘起法则如实观察自心的实性，尤其是在禅定心中运用缘起法则观心，是如实知自心的要道，如法深观，便可超越理性思维的极限，"证知"心的真实本性，获得如实知见万有终极真实的大智慧。

佛典中一再表明：证知心真实本性的智慧，是一种不可言说、只可"自内证"的主观体验，但也不妨假借语言文字逻辑外化为哲学观，于是便有了佛教诸宗诸派的数十家自成体系的深奥哲学，使佛教在世界诸宗教中以哲学发达著称，甚至被看作是哲学而非宗教。佛教哲学多分源出以正见观心的自内证体验，其学从心理现象的研究出发，主要依观心的修证而建立，对心理现象的哲学探讨和对心理学所涉哲学问题的论述自然十分精彩、丰富，讨论了心身、心物、心境关系，及心的认识能力、感知批判、理性极限、心性论等有关心灵的哲学问题，主张心身、心气、心色一体不二，具有"一念三千""一心四法界"等独特的心理全息论，心灵哲学（philosophy of mind）思想极其丰富。

佛教虽然有极其丰富的心灵哲学，但其哲学与普通哲学不同，不仅是一种对世界的理性解释，更是一种修行方法，用于修行、指导修行，因而具有超哲学的性质。佛教经论的内容被概括为教、理、行、果或见、修、行、果，其中教、理、见指佛教哲学或教理，行、修指修行体系和方法，果谓依法修行所得到的结果，教、理、见与行、修及果是密不可分的。

五、佛教心理学的价值和影响

佛教心理学年久资深，库藏极富，乃人类智慧成果中的无价珍宝，葆有超时域的恒久生命，从当今心理学和整个人类文化的角度看，有巨大价值。

佛教心理学的作用和价值，首先，主要表现在其出世间的特性上，用于解决了生死的人生终极关怀问题，数亿佛教徒的宗教生活、修行实践乃至世俗生活，有赖于佛教心理学的指导。

对不信仰佛教的人来说，知晓一些佛教心理学的知识，有利于调节心理、保持心理健康，提高情商、智商、德商、逆商、财商、心商、灵商等人生十商和精神境界、生活质量，获得极具参考价值的建议和启迪。佛教心理学对心理活动之善恶染净的划分，对深层心理世界的描述，对身心境及其深层不二关系的见解，对定心、净心、神通、出世间智慧的论述，对无我与真我的研讨，及其训练心、净化心、究明心性的完善技术，对人类揭破心灵奥秘，促进心理学、超心理学、心灵哲学、生理学、医学、人体科学、脑科学、思维科学、行为科学、社会生态学等研究人自身的学科之发展，对文学艺术的繁荣，对促进精神文明建设，乃至自然科学、人文社会科学的统合飞跃，具有重大的启发作用。佛教心理学对人心的深彻认识及其通过净化人心以改造世界、解决人类文明根本问题的路线，为整个人类文明的建设提供了深刻的启迪。

近三千年以来，佛教心理学广流寰宇，指导了广袤的佛教文化圈内无数佛教徒的宗教生活，为他们提供了信仰支柱、人生司南，抚慰了他们的痛苦忧患，满足了他们的心灵需要，提升了他们的精神境界，并对佛教流传地区社会的安定、文化的发展、民族性格的铸成，起了重大的甚而是决定性的作用。佛教心理学还施其影响于印度教、儒学、道教、苯教、神道教、基督教、伊斯兰教等，诸多内容被吸纳接受，推进了这些文化系统的思想建设。主要吸收了禅宗心性论的宋明新儒学（尤其是陆王心学）和全真、净明、清微、神霄等道教新派，其心理、心性说与禅宗面目相近。西藏本土的苯教，也是大量撷取佛教教义以编造自家的经典，其心理学说取自佛教尤其是宁玛派大圆满法者良多。佛教调心修定的技术，对基督教和伊斯兰教苏菲派等也不无影响，当代西方基督教人颇有提倡参照禅宗而重振"基督教禅"者。

佛教心理学于近代传入欧美后，其精深细密使西方哲人惊异不已。叔本华悲观主义哲学和尼采意志哲学，明显受古印度《奥义书》和佛教心理学思想的启发，叔本华、尼采对此毫不讳言，对佛学皆称颂备至。柏格森直觉哲学、胡塞尔现象学和存在主义等西方流行哲学中，都不时流露出受佛教心理思想影响的蛛丝马迹。物理学家马赫对感觉形成的分析，明显受惠于佛教诸缘生识等认知心理学思想，其重要说法颇近佛学。精神分析派心理学创建者弗洛伊德虽然未直接研读佛书，但早在他出生前，佛教唯识等学说便已被介绍到西方，被西方最早关注深层心理的莱布尼茨所注意，弗洛伊德的深层心理说未必不曾间接地受其启发。荣格的个人无意识、集体无意识更近佛学的阿赖耶识，荣格曾在《〈西藏度亡经〉的心理学》一文中说：

> 自从《中阴得度》出书以来，它一直是我常年不变的伴侣。我不但从此书中承受了相当多的刺激与知识，而且连许多的根本性的洞见也承自此书。①

他高推此书的内容"属于最高阶段的经验心理学"，与之相比，西方的哲学和神学"恐怕仍处在中世纪的、前心理学的形而上学阶段"，称赞佛教为所有宗教中最完美的。荣格从心理学角度研究过佛教和印度教的的曼荼罗、瑜伽、禅定以及道教的内丹，他对人的内在本性的重视，应当说受到佛教心性论的影响，他在《佛陀法语》短文中坦诚表示：

> 身为医生，我承认我从佛陀的玉旨纶音中深得启发，获益良多。

肯定佛陀言教给西方人提供了修炼内在精神生命的法门，可以弥补基督教

---

① [德] 荣格：《东洋冥想的心理学：从易经到禅》，杨儒宾译，社会科学文献出版社2000年版，第3—4页。

的缺陷，治疗痛苦和疾病。人本主义心理学的自我实现和超自我实现，也与佛教心理学有明显瓜葛，马斯洛常将自我实现者的"高峰体验"与佛教的涅槃相比。当禅宗最初在西方世界露面时，禅宗与心理学的比较成为西方心理学界探讨的热门课题，并举行过这方面的专门学术会议，其中，埃利克·弗洛姆的《精神分析与禅宗》、普洛戈夫的《禅的心理动力论》等文章，用精神分析心理学的观念对禅宗的实质作了心理学的解释，对禅宗的超宗教性和心理平衡、心理治疗功用予以高度评价。存在主义哲学家海德格尔谓禅宗说出了他想说而未能说出的思想。当代第四心理学与佛教的共同点更多。

佛教的禅定等修行方法，已经被西方心理学界作为一种治疗方法而普遍采用，超个人心理学还以禅定为主要研究方法之一。当代中国新出的一些心理学书中，也将气功疗法纳入心理治疗法系统，并有专门的"气功心理学"及同名专著出现，气功心理疗法和气功心理学，对佛教禅定调心的方法和机理有颇多继承。

随着心理学的日显重要和长足发展，佛教心理学必将受到心理学界及其他研究人自身的相关学科乃至全社会的进一步关注，对心理学等学科的进展发生更大影响。而心理学等科学的发展也正在促进佛教心理学的深化、现代化。

心——多功能多层次的集起（上） | 第二章

佛陀及其弟子们观察自心时，充分发挥人类独擅的理性思维之长，从缘起的普遍法则出发，将心看作一种依诸多因缘起灭的现象，如实观察心的缘起，解析集起心的各种因缘或条件、元素，及心的功能、内容，解剖心理结构，以图掌握心的机制和运作规律、根本性质，其方法很类似近代结构主义心理学。

第一节 "心"的名义

一、心、意、识

佛典中与色法（略当物质现象）相对而言，相当于今所言泛义的心、心理、精神、心智（mind）、心灵（heart）的"心"，一般为巴利语（梵语同）质多（citta）的意译，指具有认知、识别作用者，今译有注意、思考、思想、目的、意志、精神、知性、理性等意，又为五蕴中识蕴的同义语。南传佛学解释心的特性为识知目标，乃一相续不断的过程，有造作者（识知目标者）、工具（心所通过心来识知目标）、活动（识知的过程）三义。一说质多出于citara，其词根cit意为"思"（今译智、性、精神），ci意为积、集。《俱舍论》卷四释质多为"集起"之义，指集合眼、耳、鼻、舌、身、意六识而生起的现象或功能。大乘唯识学多解释质多为"集起""积集""积聚精要"，一般指具储藏、积聚一切种子功能的"心体"阿赖耶识。《摄大乘论》卷一云：

> 何因缘故亦说名心？由种种法熏习，种子所积集故。

与"心"大体同义、在佛典中用得最多的还有"意"与"识"。《阿含经》中，便将心、意、识三者并举。心，即质多；意，梵语末那（manas），意为思量，今或译思维，其词根ma为计量、测量义；识，梵语毗若南（vijñāna），意为了别，即具有认识、知道、识别、了达、鉴别之功能，《佛学今诠》解释为"具有鉴别能力之明觉"。以电脑为喻，心犹如电脑储存信息的功能及所储存的内容，意犹如电脑处理信息的功能，识犹如电脑接收和识别信息的功能。

部派佛学或认为心、意、识三者体一名异，或认为意和识是心某一方面的功能。大乘唯识学依据《楞伽经》等，以"心"为第八阿赖耶识，"意"为第七末那识，"识"为眼等前六识。又常以"识""心识"泛指心的全体，窥基《大乘百法明门论解》卷上总结"心"有六义：

1. 集起，指第八阿赖耶识。
2. 积集，指前七识。
3. 缘虑，谓能认识者，通指诸识。
4. 识，功用为了别。
5. 意，功用为思量。
6. 第八识名心，第七识名意，前六识名识，三者统称为心。

二、"心"的类别及特性

佛典中对心作了多种分类：

从功能着眼，有六识、八识、九识、十识之分，如《慈云经》说十种识，归纳为细相性识（深层心识）、根相性识（依眼等五根而起的前五识）、分离识（第六意识）三种识。

从心的运作着眼，如《大智度论》卷三十五分心为二种：一者念念生灭心，谓每一念生已即灭的心；二者相续次第生，指心在时间上的连续过程。"以相续次第生故，虽多，名为一心"——就每一众生的心来讲，虽然由许多生已即灭的心念组成，但因为其间有次第相续的关系，故叫作"一心"。

从真妄、染净着眼，有真心、妄心之分，如菩提流支译《大乘楞伽经唯识论》分心为两种：一者相应心，指与一切烦恼相结合的染污心；二者不相应心，谓"第一义谛常住不变自性清净心"，为佛等圣者证得的真心。

中国佛典总结印度经论中的说法，对心有多种分类。如唐慧沼《金光明最胜王经疏》卷二、宗密《禅源诸诠集都序》卷上各说4种心，明蒙堂《诫初心学人文跋》说5种心。三说所举心凡有5种：

1. 真实心，又称"自性清净心""真识""真心""如来藏心""真如心"等，指与本具真如之理契合一致的清净心。梵语应为干栗陀耶、纥哩陀耶（hṛdaya），汉译坚实心、真实心，梵语原为中性名词，具有精神、中心、核心之义。

2. 肉团心，即心脏，梵语应为汗栗驮（hṛd），指身中之心脏，被认为是心的住处，主要为密教所说。

3. 缘虑心，梵语质多（citta），指八识各缘自所了境的功能。

4. 积集心，统称八识，皆有积集功能故。

5. 集起心，又称积聚最胜义心，梵语质多耶（cetaya），唯指第八阿赖耶识。

汉译为心的梵语名词还有阿奢夜（āśaya），亦译阿世耶，意译大心、净心、自心、直心等，指精神、思想、意向、思考方式。

总之，汉语佛典中的"心"，为多种心理、精神功能的统称，大概可分真、妄及真妄和合三种或三个方面，真心为心的体性，妄心是以"缘虑"为主要功能的通常心理活动，真妄和合为阿赖耶识。三种心也可以统称为质多，净影慧远《大乘义章》卷一谓"一切识总名为心"。"心"在汉文佛典中常泛指真妄一切心。

心之为物，正可谓"具体而微""惟恍惟惚"，虽有神奇的作用，我人日用而不离，却又无形无相，难以捉摸，不能拿出来给人看，难以像物质现象那样用种种仪器来观测。正如《三藏理趣经》偈所言：

独行及远行，无身住根窟。①

谓心力用殊胜，独行无偶，无远不逮，隐藏在身内感知器官幽深黑暗的洞窟（相当于今所言"黑箱"）中，没有物质实体可以把捉。《正法念处经》卷四十二偈云：

心来不可知，心去不可识，

先无后时有，已有还复无。

心无有处所，和集不可得，

以无身体故，不可得捉持。

《瑜伽师地论》卷九十三谓心识"最极微细""当知其性难可识故，难可入故"，非人类肉眼所能观察，唯是圣者超越性的"慧眼"所知之境。古人云："鱼在水中不知水，人在心中不知心。"心的这种特性，给研究心理带来很大困难。好在心不仅有观察外物之能，还有向内省察自身的功能，佛教先圣们早就懂得利用心的这种功能省察、研究自心。

第二节　受、想、行、识四蕴

佛陀从缘起法则着眼，将缘起万有的基本元素或条件归纳为五种，称五蕴。蕴，巴利语为犍陀（khandha），意为积聚、类别，又译作"阴""众"

---

① 此句出自《胜集密教王五次第教授善显炬论》（法尊法师译），原文为："三藏理趣经云，独行及远行，无身住根窟，调伏难调心，能解脱魔缚。"

"聚"。五蕴，意谓五种东西的聚集，或说这五种东西能遮蔽自性光明、遮蔽万有真实本面，使人心痴暗不明，有如阴云晦暗，故名"五阴"。众生的五蕴，常与烦恼执着紧密联系，称为"五取蕴""五受蕴"，谓所感受、接受、禀受、执着为自己的五种东西。《阿毗达磨集异门足论》卷十一解释说：

> 若色等有漏，随顺诸取，于此诸色等，若过去未来现在，欲生时生，或贪或嗔或痴，或随一一心所随烦恼，名五取蕴。

五蕴中为首的色蕴，指地、水、火、风四大元素集合而成的有质碍的东西，略当于今所言物质现象，包括人的物质身体、生理现象，其余受、想、行、识四蕴皆属心理、精神现象，合称"名"（梵文 nāman），即名称、概念，意谓这四种心理现象无形无相，没有物质形式，只是就其作用而为其命名。名与色经常合称"名色"，为对五蕴乃至万有基本元素的进一步概括。

一、受蕴——感受、情绪、情感、心境

"受"（梵文 vedanā）的字义是"领纳"，谓心中之感受、领受，又译为"觉""痛""更乐"。受蕴，即各种受的集合，《杂阿含经》卷三第 61 经佛陀解释说：

> 谓眼触生受，耳、鼻、舌、身、意触生受，是名受受阴。

由眼、耳、鼻、舌、身、意六大门户开放，接触外境，内心领纳外境刺激而生起主观的感受，谓之受及受蕴。佛教诸论皆以"领纳"定义受，如有部《五事毗婆沙论》卷下释受为"领受所缘境义"，《清净道论·说蕴品》谓"把一切有觉受相的称为受蕴"，大乘《显扬圣教论》卷一谓受以"领纳为体，爱缘为业"——领纳是受的特性，对所领纳者发生爱或憎等，是受所引发的作用。

这种意义上的受，大体包括西方心理学所说的情绪（emotion）、感受、情感体验（feeling）、"心境"（mood）等，以直接体验所缘为特征。

受蕴是四蕴中内涵最为丰富的一蕴，人类的此类心理活动甚多，《杂阿含

经》卷十七分受为一受、二受、三受、四受、五受、六受、十八受、三十六受、百八受、无量受等多种。

二种受，为身受、心受。《大乘阿毗达磨集论》卷一解释：

何等身受？谓五识相应受。何等心受？谓意识相应受。

身受从眼、耳、鼻、舌、身五门的感觉所生，如眼见美景、耳闻妙音、鼻闻香气、舌尝美味、身触爱侣等所生快感，多属生理性情绪。就身受而言，现代心理学所说感觉的一部分，可以归于身受，如手被针刺了一下的疼痛感、热天凉风吹来时的凉爽感等外部感觉及饥、渴等内脏感觉。心受，则从第六意识的思维、忆念等所生，如满足感、得意感、成就感、道德感、荣誉感、理智感、美感、沮丧感、寂寞感等，多属社会性情绪。《法蕴足论》卷九以多种二分法分别诸受，如与贪欲等烦恼相联系的受称"有味着受"，没有烦恼生起的受称"无味着受"；有生有灭、有所污染的受称"世间受"，不生不灭、没有污染的受称"出世间受"。《瑜伽师地论》卷二就受的生起，说有异熟所生受、境界缘生受二种受：异熟所生受又名自性受，是一种先天的果报，是被动产生的，如在胞胎中时的感受、对环境的感受等；境界缘生受是六识主动缘现在境界而生，如主动欣赏音乐而感到愉快等。

三受，为乐受、苦受、不苦不乐受。领纳顺心之境，感到顺适、快乐、愉悦者为乐受，如眼见美景、耳聆妙音、鼻嗅花香、口尝美味、热触凉风、阅读佳作等，生起快感，心情适悦，是为乐受，相当于冯特所说愉快的情绪。相反，领纳逆心之境，接受不良刺激，如眼见垃圾、耳听噪音、鼻闻恶臭、口尝苦药、身触棘刺、阅读臭文劣作等，使人不快、痛苦、烦恼，是为苦受。领纳非顺心非逆心的中性境相，生起既非苦又非乐的感受为不苦不乐受，又称"舍受"，如上班路上眼见熟悉的街景，心中没有任何感受，即是舍受。证入第四禅及四种无色界定时超越苦乐的觉受也属舍受。

五受，为乐、苦、喜、忧、舍五种，乐受包括由感觉所生的快感和进入第三禅时深心流出的喜乐，喜受指三禅乐以下所有欣喜愉悦的感受，忧受指内心的愁烦不悦，舍受指不苦不乐的感受。五受中苦受唯属身受，喜、忧二受唯属心受，乐受兼有身心二受。

六受，又称"六受身""六受法"，指由眼、耳、鼻、舌、身、意六大门户接触各自所了境，所得的眼触所生受乃至意触所生受。

十八受，又称"十八意近行受"，指以意识为近缘，从眼、耳、鼻、舌、身、意六门所生的六种受，各分喜、忧、舍三类，合为十八种受。十八受各分为染、善二品，合为三十六种。染品谓有污染耽嗜，如贪财者中奖券时的狂喜；善品谓无贪染而有益，如佛教徒听闻佛法时的欢喜。三十六受各分过去、现在、未来，合为一百零八种受。

无量受，谓受的种类、相状极多，甚至多到无量，不胜枚举。

西方心理学对受蕴所包含的情绪，有多种分类，如愉快与不愉快的情绪（冯特），相当于乐、苦二受。粗糙与细致情绪，粗糙者相当于身受，细致者相当于心受。分离性与连接性情绪（阿德勒），前者包括愤怒、悲伤、厌恶、恐惧、焦虑，后者有快乐、同情、谦逊。或说人类最基本、最原始的情感为快乐、愤怒、恐惧、悲哀或惊、厌、哀、怒四种，动物基本情绪为喜、惧、怒、悲四种。或分人类情绪为快乐、惊奇、厌恶、愤怒、恐惧、悲伤六种（艾克曼），颇近中医喜、怒、忧、思、悲、恐、惊七情。或分人的基本情绪为愤怒、恐惧、悲伤、嫌恶、轻视、惊讶、愉悦、尴尬、罪恶、羞惭十大类，每类又包含许多情绪（艾克曼）。情绪量度有阈值、敏感度、强度、恢复时间等。

正如佛教所言，受的种类无量，人的情绪、感情极其丰富多样，除上所言，我们还可列举出快慰、狂欢、幸福感、满足感、激动、振奋、亢奋、紧张、吃惊、畏惧、忧愁、烦闷、悃、困乏、无聊、无奈、尴尬、寂寞、失落感，等等。

受蕴包括的受，不仅指对自己情绪的自我感知，也包括西方心理学所称移情或通情（empathy）——对他人感受的感知和共鸣，人与人之间情感的分享及情感的相互作用，对对方情感的情绪性反应。望云《感情·欲望·意志——〈精神的试析〉之二》一文指出：

受，不但能感受自己的苦乐忧喜，实际上也能感受别人的苦乐忧喜。

对众生苦乐的感同身受，是志士仁人先天下之忧而忧、菩萨发起大悲心的前提。

受蕴是人和动物之所以称为"有情"而判然有别于土木金石等"非情"之物的根本。有情，特别是人有多种多样的情，使人类的生活具有了价值，极其丰富，善的、高级的受，使人性放射出灿烂光明，世界具有温情暖意，道德、友谊、爱情、审美等得以建立。而苦受，则使人反省人生，产生获得救度、解脱的宗教需求，佛法四谛之第一"苦谛"，便是依受蕴而建立。

二、想蕴——感知觉、想象

想蕴，为眼等六种感知器官（六根）接触外境而产生的"想"之集合。"想"（梵文 sa-ṃjñā）的定义是"取像""取相"或"了像"，如《品类足论》卷一谓想乃"取像性"，《大乘五蕴论》卷一解释：

云何想蕴？谓于境界，取种种相。

《俱舍论》卷一亦云：

想蕴，谓能取像为体，即能执取青黄、长短、男女、怨亲、苦乐等相。

这里所说"像""相"大体同义，指影像、相状，即由视、听觉等所得关于认识对象的感知觉，取像、了像，谓心对这些感知对象的主动分别、认识，或体认所缘，此乃进一步形成"名言"或"言说"（概念、语言）的前提，论典中因而称想以"令心发起种种言说为业"（《瑜伽师地论》卷三）、"施设种种名言为业"（《成唯识论》卷三）——想的功能是形成概念、语言。想又名"知"，《增一阿含经》卷二十八佛言：

所谓想者，想亦是知。知青、黄、白、黑，知苦乐，故名为知。

此"知"，大略相当于现代心理学所言知觉。南传《弥兰陀王问经》说"知觉是想的特相"。有部《入阿毗达磨论》卷上解释说：

谓能假合相名义解，即于青、黄、长、短等色，螺鼓等声，沉麝等香，咸苦等味，坚软等触，男女等法，相、名、义中假合而解，为寻伺因，故名为想。

意谓对感知到的青黄长短、声香味触乃至男女等相形成了知，叫作想，想是进一步生起思维的前提。《清净道论》解释想为"想念"，指对所感知的对象生起"这是××"的概念，如小鹿看到草人后生起"是人"之想，木匠看见木料考虑如何加工。该论《说蕴品》谓"把一切有想念相的总括为想蕴"。《阿毗达磨集论》卷一说想的特性是"构了"——构画了别，由想构画认识对象相状、种类、性质等的作用，对所见闻觉知的感觉经验做进一步的处理、加工，形成概念，可用语言表述。如吃过苹果的大人一看到苹果，形成关于苹果的视觉之后，马上明白并能说出"这是苹果"，从看到到说出之间，已经经过了对多次看到乃至吃过苹果的经验之忆想识别，这便是"想"。现代心理学一般将知觉看作主动的、有选择性的构造过程，主动选择，当于佛学所言"取相"，"构造过程"一语，正当于《阿毗达磨集论》解释想之"构了"二字。

根据以上解释，佛学所说想，大略相当于现代心理学之感觉的大部分，及知觉（perception）、表象（image）、概念（concept），想蕴还可包括运用感觉、知觉进行的联想（association）、想象（imagination）、形象思维（imaginal thinking）、幻想（fancy）等心理活动。或曰：想蕴，指感知觉及以感知觉为工具进行的认知活动。

对于想，论典中有许多分类。《瑜伽师地论》卷五十五分想为两种：一是"随觉想"，指人类、诸天以语言表述的想；二是"言说随眠想"，指尚未有语言表达能力的婴儿和禽兽等的想。言说随眠，谓其语言能力处在潜伏状态，如婴儿或雏鸟等通过多次形象、声音、气味等感觉的辨认，认得他（它）的妈妈，却不能形成清晰的"这是我妈妈"的概念和语言。《阿毗达磨集论》卷一分想为6种：

1. 有相想，有形象、语言、规定性的一切想。
2. 无相想，没有语言的无想定、非想非非想定之想。
3. 小想，欲界之想。
4. 大想，色界广大之想。

5. 无量想，空无边处定、识无边处定中无量无边之想。

6. 无少所有无所有处想，无所有处定之想。

一般人通常的想都属于第一种有相想，后五种想皆是入禅定者的特殊知觉。

想蕴所包括的感知觉，是形成人类一切认识的基础。想，是进行思维，形成决定、思想、观念的前提。

想蕴所包括的想象、幻想、形象思维等功能，使人类具有设计未来、绘制理想蓝图、进行艺术创作等能力。佛教的修观、观想等修行方法，也是依靠想蕴的功能而设。

三、行蕴——造作、意志、自我意识

"行"（梵文 saṃskārā）的梵巴语原意，是"此是被形成者"或"依此而被形成"，意谓被某种具有形成作用的力量所决定如此。意译"造作"，指有目的、有意向的行为或活动，如人赶路，具有到哪里去的目的，称之为行。行蕴的行，主要指以"思"为首的有目的、有意向的心理活动。《杂阿含经》卷三第 61 经云：

谓眼触生思，乃至意触生思，是名行受阴。

将行蕴解释为由眼等六根六识接触外境后所生的"思"。思，指能发起语言、行为的意志、决定、主意，如看见商店里一件货物，经过仔细察看，断定其物美价廉后，决定购买，即是思。《清净道论》说行蕴"有发动组合的作用，以忙碌为现状"[①]。该论《说蕴品》谓"把一切有行作相的总括为行蕴"。《大乘阿毗达磨杂集论》卷一解释行是"造作"义，谓行驱动心发起造作的作用，造作或善、或恶、或非善非恶的业。

[①] 觉音：《清净道论》，叶均译，中国佛教协会佛教文化教育基金委员会印行 1981 年版，第 427 页。

最重要的思或行，是对自我的体认（我见）或自我意识，《杂阿含经》卷三第 57 经佛言：

> 愚痴无闻凡夫于色见是我，若见我者，是名为行。

最根本的自我意识或行，则是意识层面之下念念不停的我执。大乘唯识学将作为意识之根、执有内自我的第七末那识归于行蕴。《佛学今诠》解释行乃冲动、本能冲动或活动欲、生存欲。

思，仅是行蕴中最主要、最有代表性的一种心理活动，行蕴包括的内容还有很多。《俱舍论》卷一说，经中佛说思为行蕴，是因为思的造作能力最为强胜，故以之为行蕴的代表。《法蕴足论》《品类足论》等部派佛教论典和《广五蕴论》等大乘论典，皆分行蕴为心相应行与心不相应行两大类。心相应行蕴，谓属于心的触、作意、欲、念、轻安、定等所有心所法。心不相应行蕴，既不属于心理现象也不属物质现象，有无想定、灭尽定（两种止息了意识活动的禅定）、命根、众同分、生、老、住、无常、时、方、数、得、名身（名词）、句身（句子）、文身（字母）等。《阿毗达磨集异门足论》卷一谓"一切有情皆依行住""此寿命根说名为行"，众生生命之根本（命根）称为行，此寿命根即属于心不相应行，相当于密教所言持命气及明点。《大毗婆沙论》卷七十四谓行蕴广摄五蕴，广摄一切有造作的"有为法"，有为法必具的生、住、异、灭四相（"四有为相"）乃行蕴的特性。《大智度论》卷三十五说，佛或说一切有为法为行蕴，或说身、口、意三行——出入息为身行，觉观（寻伺）为口行，受、想为意行。此则为广义的行蕴。

行蕴的语义，与现代心理学的"意向过程"（包括意向、意志、动机、动作、行为等）基本相同，不过现代心理学将佛学中属于受蕴的情绪、情感也归于意向过程。阿德勒认为，人的精神是指向一个目标的运动力量之综合体，这些趋向目标的运动力量，或可云意志、造作，可归于行蕴。

总之，行蕴，可谓以自我意识为根本、在意志驱动下发起的一切心理活动。

行蕴使人具有自我感、意志和造作能力，是人进行一切活动、事业，乃至修学佛法的根本。

四、识蕴——心王

《阿含经》谓眼识、耳识、鼻识、舌识、身识、意识六种识，亦即心识的主体——心王，集合为识蕴（梵文 vijñāna-skandha）。《俱舍论》卷一释云：

各各了别彼彼境界，总取境相，故名识蕴。

说眼识等六识各自了别自己所了别的色等境相，总名识蕴。了别，当于今所言"识别"，包括意识层面及无意识层面的识别。《清净道论》谓"把一切有识知相的总括为识蕴"①，列举识蕴所摄的心理现象凡89种。如此，则识蕴与受、想、行三蕴及三蕴所摄心所法，便难以区分了。大乘法相唯识学则说识蕴除六识外，还包括六识底层的第七末那识、第八阿赖耶识。《大乘广五蕴论》解释：

云何识蕴？谓于所缘，了别为性。亦名心，能采集故；亦名意，意所摄故。……如是六转识，及染污意、阿赖耶识，此八名识蕴。

或只以心体第八阿赖耶识为识蕴。

总之，识蕴指心的基本了别功能，或曰：识蕴指心识接收和识别、处理信息的基本功能。

四蕴中，受、想、行三蕴皆是依识蕴的了别作用而生起的心理活动，识蕴为心法、心王，受、想、行三蕴为心所。

将心的功能归纳为受、想、行、识四蕴，与西哲康德的知、情、意三分说大体相近：想蕴与识蕴当于知（认识），受蕴当于情（情感），行蕴当于意（意志）。荣格以感觉、思维、感情、直觉四种功能为构成人心灵活动之"四象"，四象中情感属受蕴，感觉、思维属想、行二蕴，直觉属识蕴。当代心理学一般说人心有感觉、思维、情感、行为四大功能，也大略相当于受、想、行、识四蕴。

---

① 觉音：《清净道论》，叶均译，中国佛教协会佛教文化教育基金委员会印行1981年版，第417页。

五、四蕴的运作

四蕴，是对心识结构的解析，实际上，心是一个，四蕴是同时运作的。有部论师从修行着眼，认为五蕴同时，识蕴是心王，余四蕴为心所，"王、所相扶，同时而起"。经量部譬喻师鸠摩罗多师徒认为五蕴及心、心所法，只是意识的作用：心缘境第一刹那初了名识，第二刹那取像名想，第三刹那领纳名受，第四刹那已去造作名思，其余心所，皆是思的不同表现。①《成实论》从能生、所生着眼，认为心运作的次第是识→受→想→行→色：

识先了别，次受领纳，想取相貌，行起违从，色由行感。②

《大乘阿毗达磨杂集论》卷一则说五蕴运作时依次前为后所依：如其色相（色蕴）而领受（受蕴），如所领受而了知（想蕴），如所了知而思作（行蕴），如所思作随处了别（识蕴）。心之染污及清净的过程，也如是依五蕴之前后次第，在行蕴思心所之后，才有了染污。龙树则认为五蕴非一非异、非同时非前后。

五蕴的次序，实际上包含了佛教对心理活动进程的分析，包含了佛法"染净因果"的基本原理。

中国佛学更多从现前一念去观察五蕴，唐玄觉《禅宗永嘉集》说五蕴具足于一念：

谓历历分明，即是识阴；领纳在心，即是受阴；心缘此理，即是想阴；行用此理，即是行阴；污秽真性，即是色阴。

---

① 《俱舍论光记》卷五。
② 《摩诃止观》卷五。

第三节 前五识：眼、耳、鼻、舌、身五识

识蕴所摄的眼、耳、鼻、舌、身、意六识，其共同的功能虽然皆为"了别"，然了别的对象和了别功能各自不同。部派佛学以六识为一心的六大门户，喻如"六窗一猿"。六识中，前五识可归于一类，属同一层次。

一、前五识的分工

前五识相当于西方心理学的五大感觉（五感）功能：视觉、听觉、嗅觉、味觉、触觉。

眼识的功能是看或视，相当于视觉功能。眼识所了别的对象是"色"（梵文 rūpa），原意为被造成的形相，泛指具形相、有质碍、有生灭变化者，大略相当于物质现象。《瑜伽师地论》卷三定义曰："数可示现，在其方所，质量可增，故名为色。"——可以看得见、占有空间、有质量者，名为色。

眼识所了别的色境分三类：第一类"显色"，有青、黄、赤、白、烟、云、尘、雾、影、光、明、暗十二种，或加"空一显色"（天空）为十三种，多属现代心理学所说感觉刺激物。第二类"形色"，有长、短、方、圆、高、下、正、不正八种，或加粗、细为十种，大略属现代心理学所说空间知觉所了别的形状、大小、方位、对距离和立体的识别。第三类"（有）表色"，指取、舍、行、住、坐、卧、屈、伸等动作，表示于外、可以眼见者，属现代心理学所说运动知觉。眼识是五识中最重要者，现代心理学说人类所接收信息总量中的60%或70%由视觉窗口而来，视觉了别的色彩有色调（何种颜色）、明度（明暗感）、饱和度（颜色浓度）三种心理属性。

耳识的了别功能是听（古汉语曰"闻"），相当于听觉。其所了别的对象是"无见有对"（不可眼见而有实体）的"声"（音）。《入阿毗达磨论》卷上按

其来源分声为两类：一类发自"有执受者"——有情识的人类和动物说话、鸣叫、呼喊、歌唱、鼓掌等声；另一类发自"无执受者"，即无情识之物，如自然界的风声、雨声、流水声、海啸声、落叶声等。两类声又各分可意、不可意、非可意非不可意三种。现代心理学说常人所接收信息总量的30％通过听觉渠道获得，听觉了别的声音有音调（音高）、音强（响度）、音色（音质，音的特殊性，如不同乐器的不同声音）三种心理属性，人的听觉有辨别声音高低、远近及方向等的能力。

鼻识的了别功能是嗅或闻，相当于嗅觉，其所了别的对象为"无见有对"的"香"——气味。《瑜伽师地论》卷三定义：

> 离质潜形，屡随风转，故名为香。

离开原物，随风飘来，能嗅到而看不见的东西为香。《入阿毗达磨论》卷上分香为三种：能滋养身体、好闻的称"好香"，对身体有害、难闻的称"恶香"，非好非恶者称"平等香"。今发现，嗅觉所了别的气味，由芳香分子组成，被快速移动的空气分子每秒撞击10亿次以上而扩散。

舌识的了别功能是尝，相当于味觉，其经过尝、吞、吃、饮、舔、吮、受用而了别的对象为"无见有对"的"味"（味道）。舌所对味，《入阿毗达磨论》卷上分为甘（甜）、醋（酸）、苦、咸、辛（辣）、淡六种，颇近现代心理学所说人最基本的四种味觉：酸、甜、苦、咸。《瑜伽师地论》卷三列举一至十种对味的分类，诸如内味、外味、可意味、不可意味、非可意非不可意味、可嚼味、可啖味、可尝味、可饮味、可吮味、可爆干味、大麦味、粳稻味、小麦味、余下谷味、酒饮味、蔬菜味、林果味、酥味、油味、蜜味、甘蔗变味、乳酪味、盐味、肉味等。今说味觉所感受者，为溶解在唾液中的食物释放的化学物质：小分子、电解质、溶质之类。现代心理学发现味觉有四条规律：对比（"要想甜，加点盐"）、相抵（糖减轻酸苦味）、相乘（两种糖混合增加甜度）、变味（神秘果使舌头变味达3小时等）。

身识的了别对象称"触"——身体接触外物或由身体所得的种种感觉，亦属"无见有对"。《瑜伽师地论》卷三定义曰：

数可为身之所证得，故名为触。

可以由身体多次直觉感知到东西为触。身识，大略相当于西方心理学的躯体感觉，包括肤觉、动觉、内官觉。《大宝积经》卷一百一十说触的形成，所缘有光滑或不光滑、坚实或不坚实、执缚、增聚、乖违、和顺、俱生、和合、变异等。《显扬圣教论》卷一云：

> 触一分，谓身所行境，身识所缘，四大所造，可触物为体，色蕴所摄，无见有对性。

说身识所了别的对象，是地、水、火、风四大元素所构成的身体接触属于色蕴的"触一分"（所接触的部分）。

《大毗婆沙论》卷十三分触为滑性（柔软）、涩性（粗硬）、重性、轻性、冷、饥、渴、地大、水大、火大、风大十一种。《瑜伽师地论》卷三列举一至十种对触的分类，其涉及诸如可意触、不可意触、非可意非不可意触、摩触、捣触、打触、揉触、蚊虻风日蛇蝎触、食触、饮触、刀触触、冷触触、燸（暖）触、坚鞭触、流湿触、跳堕触、摩按触、身变异触、动触、饥触触、渴触触、乘触、衣触、床坐触、手触触、块触触、女触、男触、男女和合触等。修禅定气功时身内的气感，也是一种触，乃某种气刺激感觉神经而生。《瑜伽师地论》卷一及《显扬圣教论》卷一列举的触，合起来有地、水、火、风、涩、滑、轻、重、缓、急、冷、暖、饥、渴、饱、强（僵硬）、力（有力）、劣、弱、痒、闷、老、病、死、疲、息（呼吸）、粘、软、勇、怯，凡三十种，分为妙、不妙及非妙非不妙三类。

现代心理学详分身识为肤觉、动觉、内官觉或浅感觉、深感觉、内脏感觉三种：肤觉或浅感觉有触觉、压觉、温度觉等，包括软、硬、滑、粗、锐、钝、燥、湿、粘、腻、热、冷、痒等多种感觉；动觉或深感觉有筋肉感觉、轻重感觉、努力感觉、骨节感觉、摩擦感觉、移动感觉、方向感觉、旋转感觉、平衡感觉、竖立斜倾倒立感觉、眩晕感觉等；内官觉或内脏感觉有脏腑感觉、饥觉、渴觉、硬压觉、反胃感觉、排泄感觉、循环感觉、呼吸感觉、疝痛感觉、性觉等。虽然多数与《显扬圣教论》等列举的"触"相当，但要多出十余种。

现代心理学还发现：各种感觉在刺激中断后还可能持续一段时间，称"余觉"。各种感觉可以互相启动，如嗅到餐厅里飘来的香气会觉得舌头尝到美味、流出口水，头被碰痛时会觉得两眼发黑或眼冒金星等，此称"通感"或"联觉"。联觉还可以互相掩蔽，如拔牙时听音乐与噪音可以不觉疼痛。红、橙、黄等颜色引起温暖感觉，故称"暖色"；青、蓝、紫等颜色引起寒冷感觉，故称"冷色"。音阶CDEFGAB通常与红、紫、金黄、粉红、蓝、黄、绿七色相对应。动物心理学证明，其他高级动物像人类一样具有五识，其感知能力有的超过人类，如狗的嗅觉是人类的40倍。低级动物则不具足五识，如蛔虫等只有低级的触觉。人中也有佛经所说"诸根不具"，如盲人、聋子等缺乏某种感觉，或不具足前五识者。

二、前五识的特点

眼、耳、鼻、舌、身五识，分工明确，都只能了别自己所了别的境相，故名"各别境识"，《楞伽经》称为"现识"。《瑜伽师地论》卷一将前五识的作用归纳为六义，《成唯识论》卷七说前五识有五个共同特点，合起来看，前五识的特点有十一：

1. "俱依色根"，都须依物质性或生理性的眼等根（器官）而生起。
2. "同缘色境"，其所了别的对象都属于物质现象。
3. 唯了别自己所缘境而不能了别其他，如眼不能听。
4. 唯了别境缘独自具有的"自相"，而不了别与他物共同具有的"共相"。
5. "俱但缘现在"，唯了别现在而不能了别过去、未来。
6. "俱现量得"，其作用都是不藉语言的中介而直接显现，属"现量"。
7. "俱有间断"，皆待缘而生，生后必灭，作用不是常恒不断，只是有时才有。不注意、无意识、熟睡、休克等状态下，都没有前五识生起。《成唯识论》卷七说前五识不能思虑，唯"外门转"（了别外境），其生起须依仗诸多条件，所以，间断之时多，现行之时少。

8. 唯一刹那了别，一刹那之后，马上生起第六意识。实际上，人的心理活动，停留于为时短暂的"纯感觉"——前五识的时间并不多。

9. 就像于一镜中现一像或同时现多像，眼识等有时唯了一境，有时则同时可了多境。如人有时只注视眼前的某物，有时则可"眼观八面，耳听十方"。

10. "随意识之善、染及发业而转"，常在或善、或染污及造业的意识带动下活动，如为保养身体而听轻音乐、为一饱眼福去看美展、为科研而观察仪器等。

11. 能取爱及非爱的果，造业后能承受果报。如因眼识了色破坏绿色植物，要受眼识不见绿色的果报。

三、前五识的染净及相应心所

前五识是否有烦恼染污，诸部派有不同的看法，大众部、一说部、说出世部、鸡胤部、化地部等，皆认为眼等五识有染，亦有离染。说一切有部则认为眼等五识有染，无离染。只有犊子部认为"五识无染，亦非离染"。依《瑜伽师地论》卷一，应该说纯粹的前五识无所谓染污，前五识常随意识而有染污。五识之生起，一般只在了境的最初一刹那间，斯际尚无意识分别，亦无染心生起。唯识学家安慧认为前五识有法执、无我执，护法则认为前五识纯为现量，故无我、法二执，应该以后说为是。

据唯识今学，在51心所中，与前五识相应者共34个，《八识规矩颂》以两句七言偈颂概括：

遍行、别境、善十一，中二、大八、贪、嗔、痴。

谓作意、触、受、思、想五种遍行心所，欲、胜解、念、定、慧五种别境心所，信、精进、惭、愧、无贪、无嗔、无痴、轻安、不放逸、行舍、不害十一种善心所，六种根本烦恼中的贪、嗔、痴三种，二十种随烦恼中的无惭、无愧、掉举、昏沉、不信、懈怠、放逸、失念、散乱、不正知十种，皆与前五识相应。这说明从前五识的现量可以直接生起烦恼，蕅益《八识规矩直解·前五识颂》说：

> 五识缘境，则有自性分别任运起贪、嗔、痴，然犹无有随念、计度二种分别，所以不带名言，不执为外，仍名现量，同时率尔意识，亦复如是。

谓与前五识的现量及与其同时生起的率尔意识相应，便有天生的贪、嗔、痴等烦恼自然生起。其实，说贪等烦恼、随烦恼及善心所与前五识相应，多半应指从与前五识同时而生的五俱意识生起善或恶的心理活动。如眼见美食鼻闻其香而产生想吃的欲望（贪）时，已经五俱意识确认"这是美食"（想）。就此而言，如根本烦恼中的慢（傲慢）、疑（狐疑）、恶见（错误见解）三种，非必依了别色声等境的前五识生起，须经第六意识的分别、思考，故说不与前五识相应。

从五俱意识生起各种心所，可以一例说明：如一青年男子看见一位美女，引起注意（作意），其眼等感知机制进入注意观看欣赏彼女的工作状态（触），此际刹那间所见，才是纯粹的眼识等前五识，一般皆未曾注意到，也不会停留于此。之后，由眼识等所领纳此女的美色而感到悦意（受），断定此女美貌（想），决意一饱眼福（思），是为随眼识等而生起的五种遍行心所。因被彼女美色吸引而生起欣赏的欲望（欲），经观赏而确认"她极美"（胜解），目不转睛地欣赏而忘乎所以（定），不见彼女后脑海中还不时浮现她的情影（念），及时省察而决心忘记她（慧），是为随眼识等可能生起的五种别境心所。可能因欣赏美色而生占有她的爱欲（贪），也可能因曾被她拒绝而不想再看到她（嗔），被吸引及贪与嗔皆出于对色相本空的无知（痴），是为随眼识等而可能生起的三种根本烦恼。也可能发现自己被美色吸引及欣赏美色而自感羞愧（惭、愧），或对她的美色无动于衷（无贪、无嗔、无痴），或收摄眼根非礼莫视（不放逸），或舍弃对她的注意（行舍），或见其可爱的姿态而生起不打扰伤害她的善意（不害），或发现她是位佛教徒而产生对她及佛、法、僧的信向尊敬（信），或生起追求她或帮助她或离开她的勇气（精进），或因此而收摄身心、断掉烦恼获得身轻心安（轻安），是为随眼识等而可能生起的十一种善心所。

婴孩的心理活动，多依前五识而生起，如看见玩具注意观察（作意、触）并去摆弄（思），乃至玩弄不舍（贪），感到饥饿（受）而未及时喂奶则会发脾气（嗔）等，其眼中的世界只是许多感觉的碎片。成人依前五识而生起的遍行心所，是接触外境时所生一切心理活动的基础，纯依前五识生起欲等心所法的场合，主要发生在欣赏风景名胜、艺术作品、时装表演、歌舞戏曲，听音乐鸟语，及用餐、吃水果、饮水品茗、洗浴、性生活等个人感性生活中，常有意识及习惯、情绪等掺杂，一般不大注意。

第四节　第六识：意识

六识的第六种"意识"，与前五识颇有不同，别为一类，是人类心灵结构中最重要的功能。

一、意识的作用

"意识"（梵文 mano-vijñāna）的了别作用可谓之"知"，了别的对象为"法"。《品类足论》卷一解释说，意识是依其机制"意根"了别"法"的一种心识功能。"法"的梵语达磨（dharma）原意为维持，汉译"轨持"，谓具规定性而能被认识者，包括一切具体的、抽象的认识对象。《瑜伽师地论》卷三定义说：

> 遍能任持唯意境性，故名为法。

能保持特有的规定性，从而可以被认识的一切，统称为法。《法蕴足论》卷九列举意识所了别的"法处"凡数十种，《瑜伽师地论》卷三说意识所了为"法界"，略说有 87 种，广说有 660 种，分五大类：

1. 色法。除了前五识所了别的色、声、香、味、触之外，还有唯独意识了别的"六内处"（眼等六种内在的感知机制）及"法处所摄色"五种：极略色，物质最小单位"极微"；极迥色，分析虚空至极微；受所引色，即无表色——指眼不可见、非极微所成的色法；遍计所起色，意识构想的色法，如水中月、镜中花等；定果色，由禅定力变现的色声香味等境，如观想佛者看到的佛。

2．心法。眼、耳、鼻、舌、身、意六识，加第七末那识、第八阿赖耶识，包括阿赖耶识所藏的一切种子。

3．心所法。一切与心法同时产生的心理活动。

4．不相应行法。行蕴中不属色法又不属心法、心所法的无想定、灭尽定、命根、众同分、生、老、住、无常、时、方、数、得、名身、句身、文身（字母）等。

5．无为法。不依因缘、没有生灭的真如、涅槃，及湛然不动的第四禅、无意识的灭尽定等，多属宗教修持的理想境界。

这五大类法，包括了人类的一切认识对象。南传佛学分唯意识所缘境为六种：净色（体内的深层感知机制）、微细色（极微等）、心法、心所法、涅槃、名（概念）。

所缘极广、无所不了的意识，是六识乃至全体心识中最为重要、作用最为殊胜者，常被作为心之代表，《阿含经》中常说的心、意，多指意识，"意"多时是意识之略称。《楞伽经》等称意识为"分别事识"，意谓认识具体事物的功用。《中阿含经》卷五十八《大拘绨罗经》拘绨罗尊者言：

五根异行异境界，各各受自境界，意为彼尽受境界，意为彼依。

说前五识只能了别各自所缘的境，意识能了别前五识所有的所缘境，是前五识的所依，意谓前五识只有意识加入或在意识引导下才能形成认知。实际上，人类的前五识绝大部分时间都随意识走，与意识合一不分。《宗镜录》卷三比喻前五识随意识转，如歌舞之人恒随节拍转。上座部有所谓"一意识师"者，认为心只是一个意识，前五识都是这一意识的作用，如意识依眼根发生认识时，名为眼识。《大智度论》卷三十六云：

> 为是相续心故，诸心名为一意，是故依意而生识。

每个众生的意识相续不断，所以，心的整体可以叫作"意"，依意而生一切识，名为意识。

《识身足论》卷六言分别意识与前五识的功能说：眼识唯能了别青色，而不能了别"此是青色"；意识则既能了别青色，也能了别"青色"的名称及"此是青色"，并能了别"这是我""这是我的青色物品"等。如眼见路边一团土黄色在动，是为眼识，此时并不知道这动的土黄色是什么，经意识的观察、辨认等作用，才能形成知觉，知道是一只小狗，乃至它是什么种类的狗、是谁家的小狗等。意识未发达、不知道名称的婴儿，即使看到一团会动的土黄色，也不能知道那是什么、是谁的小狗、会不会咬人等。

《瑜伽师地论》卷一列举意识的作用有9种、15种，主要者有：

1. "分别所缘"。不仅了别前五识所缘境，而且了别唯独意识所了别的法处所摄色等。

2. 能了别自相也能了别共相。

3. "审虑所缘"，能对认识对象进行思考。

4. 能了别现在，也能了别过去、未来。

5. 能于刹那间了别，也能相续了别。同论卷五十一说，意识的了别"或顿、不顿"，有时是顿然即知，有时须经较长时间乃至很长时间的分别思惟而知。

6. 能作为因，发起等流（同类相续）识。如了知所听到的是某著名歌手的歌声后，注意继续去听。

7. 能引发其余诸识。如有意识地去看、听等而引发眼耳等识，分别自我而增强染污末那识，积集种子而增加阿赖耶识的内容等。

8. 能发起身业、语业。不但如前五识之随转（跟着境缘走），而且能转（主动发起）境缘，决定说什么、做什么，发起或染或净的一切业。《八识规矩颂》称意识"动身发语独为最，引、满能招业力牵"，谓唯有意识才具有发起身语二业（行为、语言）而招感业报的能力。

9. 能觉、醒，即从睡眠、昏迷、休克等状态中觉醒。

10. "能离欲"，主动修行持戒、坐禅等梵行；也能"离欲退"，虽然修习离欲梵行，因意志力薄弱或认识发生变化而退转。

11. 能断善根，由坚执邪见而作恶断善根；也能续善根，因悔过而使善根相续。

12. 能取爱、非爱的果报。一切果报，皆由意识所造、所承受。

冯特曾用"统觉"（apperception）指选择和构造内部经验的心理过程、意识注意的焦点，认为统觉把要素积极地综合为整体，是形成感觉、情感、认知、思维的基础。这种统觉，当属第六意识的功能。

就与心所法的关系而言，意识与所有的心所法相应，即能与所有的心所法配合，同时生起。唯识学认为，意识遍缘一切法故，不离我、法二执，分别所起烦恼，唯在此识。慢、疑、恶见三种根本烦恼，及忿、恨等十种小随烦恼，在第六意识分别的基础上才能生起。

总之，意识不仅了别世间实有的一切物质现象、心理精神现象、社会现象、文化现象，还了别未必实有、纯由意识构画制造的种种观念；不仅了别具体事物，而且了别抽象的概念、数、符号、观念等；不仅了别现在事，而且了别过去、未来事；意识最重要的功能，是不仅了别所了别的一切，而且了别能了别的心识自身，不仅了别显见的心理活动，还能了别隐秘的内在、深层心识；不仅能了别心的相状，而且能了别心性；不仅能了别一切生灭变化的"有为法"而形成知识，而且能了别第四禅，以及真如、涅槃等无为法而获得超越性智慧，是修行得定、发慧、如实知见自心乃至获得解脱自在的根本。

意识的作用还不止于了别而认知、形成认识，还有发起思维、想象、决意、创造等重大功用。《成唯识论》卷七云：

第六意识自能思虑，内外门转，不籍多缘，唯除五位，常能现起。故断时少，现起时多。

谓意识自己能思虑，既能向外了别外境，又能向内了别自心，其了别作用不需要诸多条件，除了睡眠、昏迷、入无心定、处胎等五种情况，时常运作，断绝的时间少。

意识又有"一切境识""广缘识""四住识""攀援识""巡旧识""波浪识""人我识""烦恼障识""分段死识"等别称，意谓此识所缘极广，常攀援外物，分别人我，生起烦恼，随众生一生的生命而活动。

意识虽然功用殊胜，多时现起，但也不是任何时候都在运行，在熟睡、闷绝、昏迷、休克、入无心定、处胎等时，皆停止不起。这几种意识缺失状态，称"无心位"，《瑜伽师地论》等称极重睡眠、极重闷绝、无想定、无想天、灭尽定为"五位无心"，即医学所谓"无意识""意识缺失状态"。《楞伽经》卷二谓"意识者，境界分段计著生"，谓意识各别了别一个又一个境界，在人死亡后，与此一期人生相联系的意识会消灭，故人们大都不记得前世。

佛学的意识，含义与现代心理学的意识（consciousness）相近，但也并非完全相同。现代心理学的意识，"其涵义系指个人运用感觉、知觉、思考、记忆等心理活动，对自己的身心状态（内在的）与环境中人、事、物变化（外在的）的综合觉察与认识"①，或曰"能把握客观对象之心机能"，包括了佛学所说意识及依意识生起的思、念、慧等心所法，含义较为宽泛。一般说意识由理智、态度、意志三者构成，包括事实和价值判断、目标和行为控制、观念、价值等内容，有目的计划性、主观选择性、自觉能动性、受社会制约性等特性，往往被作为人类的心理之代称。心理治疗和医学所说意识，则通常是狭义的，指人的清醒程度以及人对自身和外界的理解程度，这一意义上的识，含义与佛学的意识基本相同，可发生模糊、浑浊、朦胧、嗜睡、昏迷、谵妄、梦样等障碍，昏迷、熟睡一类"无意识"属佛学所说"无心位"。

---

① 张春兴：《现代心理学——现代人研究自身问题的科学》，上海人民出版社1994年版，第173页。

二、意识的运作状态及种类

意识的功能殊胜，运作状态有多种，《瑜伽师地论》卷三从不同角度，将意（主要指意识）分为一至十二种，如依有无语言的分别，分为两种：一是堕施设意，谓有人为建立的名言分别的意识；二是不堕施设意，指婴儿、动物等没有名言分别的意识。同论卷一所列举意识比其余七识作用殊胜的 15 点中，分别所缘、醉、狂、梦、闷、死、受生等，皆属意识的运作状态。《成唯识论》卷五等分意识为四种，《宗镜录》卷五十二分意识为 5 种，藏传佛学和南传佛学或分意识为 6 种。综合诸说，根据运作状态，意识大略可分为 5 大类：

1. 明了意识。

常人清醒时了了分明，分别所认知境物事的意识。又根据其与前五识的关系，可分为两种或三种：

第一种，"五俱意识"，谓与眼等五识同时而起、明了前五识所感知境物的意识，《大乘入楞伽经》卷五谓"意识与彼五识共俱，取于种种差别形相"，即指五俱意识。如眼见红玫瑰花时，眼识只能了别红色（显色）和花枝的形状（形色），仅此，并不能知道眼前所见的是什么，只有意识同时对所见物进行辨识，才能了知"这是红玫瑰花"，此了知即是五俱意识。

五俱意识又分两种，一是"五同缘意识"，与前五识同时而起，同了一境，如上所举眼见红玫瑰时了知"这是红玫瑰"的意识。《解深密经》卷一谓其与眼识乃至与耳、鼻、舌、身、识"俱随行、同时、同境，有分别意识转"，即是此识。二是"不同缘意识"，与前五识虽同时生起，所了却非同一境物，如眼见远处冒浓烟时，意识在想"谁家失火了"。

第二种，"五后意识"，虽不与前五识同时，却也不离前五识，在前五识生起之后相续而起，如听到窗外传来的歌声，聆听一阵之后，生起"这大概是哪位专业歌手在唱吧"的意识。

2. 独头意识。

不直接依前五识了别外境、独自生起的意识，亦称"不俱意识"。有散位独头、梦中独头、定中独头三种。

散位独头意识，简称"独散意识"，指意识不与前五识关联而单独生起的念虑，如回忆过去、想象未来及坐在家中想起单位上的工作等，乃我人每天不断生起的心理活动。

梦中独头意识，指做梦时的意识，如在梦中与人打架等。

定中独头意识，简称"定中意识"，指修习禅定进入正定后所起专一不散、澄明湛寂的意识，《宗镜录》卷五十五说定中独头意识能缘定境中的理和事，理指无常、无我等理，事指极略色、极迥色、定自在所生法处诸色，如修念佛三昧者在定中"心眼"明见并了知阿弥陀佛的意识及能了知过去未来的"神通"等。超心理学（parapsychology）研究的超感知觉（ESP），如传心术、超感视觉与预知、意念致动等，有称之为人潜在的第六感者，有认为属无意识的功能者，有认为属"意识改变状态"者，实则多可归于定中意识。

3. 狂乱意识。

非正常状态的意识，《瑜伽师地论》卷一举出二种：

醉，醉酒，是一种不完全自主或不同程度失控的非正常意识状态，吸毒时的意识也可归属此类。

狂，精神分裂等精神病患者的病态意识。

幻，幻觉，如患热病认青为黄等。《宗镜录》卷五十五说幻由眼等五根所起，"于五根中狂乱而起，然不与五识同缘"，虽然是视、听觉等，却不像前五识那样缘取实境。幻分为五种（幻视、幻听等），名"五乱意识"。

4. 假眠意识。

由他引发意识，即被催眠者的意识，所谓"假眠意识"，《瑜伽师地论》卷一说由摇扇、持咒、药物、威神（人格仪态的魅力及神通威力等）的暗示"而发昏梦"，而由此导致的催眠状态，与梦中意识尚有不同，类似梦中的丧失自主性，而又不同于睡眠，能接受催眠师的暗示，与佛学所言清明自主的定中意识也有不同，为一种特殊的意识状态，西方心理学也将其归于"意识改变状态"。

5. 临终意识。

人临死时的意识，佛学说与平时的各种意识不同，是一种"异熟识"（亦译"果报识"），乃成熟的果报，自然现起，不由自主。受生时的意识，也与此相类。

独头意识加五后意识，合称"不俱意识"。

现代心理学一般按运作状态分意识为焦点意识、边意识、半意识、无意识、潜意识、前意识六种。"焦点意识"（focal conscious），指全神贯注于某事物或某问题时清楚明确、专一不散的意识，大略可摄于佛学所说之明了意识与心所法中的三摩地（定）的共同运作。美国心理学家克瑞普纳将意识详分为20种：觉醒意识、做梦、睡眠、入睡、朦胧、过度警觉、困倦、狂喜、癔症、分裂、退行、沉思、迷离、遐想、白日梦、内部扫描、酒精和药物导致的木僵、昏迷、记忆贮存再现、致幻剂引起的扩展状态，后19种皆属"意识改变（转换）状态"，其中多数是《瑜伽师地论》等所列举过的。

吸取心理学的成果，在佛学五类意识之外，还可以补充边意识、半意识两种意识。边意识（marginal conscious），指对注意对象边缘的事物模糊不清的意识，如注意观赏池中的荷花时，对花边的荇草印象模糊。半意识又称下意识（subconscious），指在不注意或略微注意下的意识，如在宾客众多的酒会上只注意到少数几个人，对多数宾客的言谈举止不大清楚，所谓"鸡尾酒会现象"，即是半意识。前意识（preconscious）和潜意识（unconscious），则介于佛学所言意识与深层心识之间，可摄于佛学的阿赖耶识。

结合佛学与心理学的成果，可以将意识的状态或种类归纳为明了意识、定中意识、独散意识、梦中意识、边意识、半意识、假眠意识、狂醉意识、幻觉意识、临终意识、意识缺失（昏迷、休克等）状态11类。

三、意识为染净迷悟的关键

功能特别殊胜的第六意识，实际上是决定众生心理层次种种差别的主因，如动物的高等与低等之分、人的愚智之别，即主要取决于意识的发达程度。佛教尤强调意识为染净迷悟的关键，它能受污染而生起诸烦恼，为生死苦恼之本，也能生起智慧净化自心，是修行的本钱，着力清净、转化意识，被佛教诸乘诸宗作为修行之要。《识身足论》卷十一认为，前五识唯能受染污不能离染；唯有意识，既能受污染，也能离染而清净，唯有意识，能树立正见正智，认知真如、涅槃等无为法。大众部等也认为唯有第六识有染也能离染，萨婆多部（有部）等尤强调离染唯第六意识，大乘唯识学说只有意识的真现量可以缘涅槃等无为法。《楞伽经》卷二偈云：

如水大流尽，波浪则不起，如是意识灭，种种识不生。

就像海波因风吹动而起，所有能够造业的心理活动，尤其是所有能导致生死苦果的烦恼，皆由意识分别，经与意识相应的"思"心所的活动而生；即意识层下产生"我执"之本的第七末那识，乃由意识活动分别自我而形成；作为心体的第八阿赖耶识，也由意识活动造成的种子积累而表现为杂染。故而染污的意识活动若完全停息，则其余染污性的五、七、八识活动便自然停息，如同风止浪静，呈现出一片无生无灭的寂静境界。《大乘入楞伽经》卷六偈云：

意识若转依，心则离浊乱，我说心为佛，觉了一切法。

将染污性的意识完全转化清净，心便会摆脱烦恼的浑浊污染，转化为如实明觉的智慧，这种完全净化了的心，即是佛。

佛教诸乘诸宗的修行，都依靠意识上如实不谬的正见、正智修"观"，照破无明烦恼而获得解脱。佛陀"四谛"中"道谛"八正道，以意识上的"正见"为首。后面的正思惟、正语、正业、正命、正精进、正念、正定，亦无不以正确的意识为导首。大乘唯识学的修证次第，以用意识修"四如实观"，从而转意识为"妙观察智"为首。《瑜伽师地论》卷一谓诸识中只有意识具有离欲、深思熟虑的功能，堪作修如实观而证得真理的工具，贯彻俗智与真智，其余诸识皆无此功能。当意识被转成妙观察智时，末那识也随之转为平等性智。窥基《大乘法苑义林章·唯识章》谓古德（指地论师、摄论师及慧思等）有说用七识、八识修道的，"皆非正义，不可依据。若能观识，因唯第六"，强调修行解脱之因，唯在第六意识。

天台宗二祖慧思《法华经安乐行义》以新学菩萨于加行位观照五蕴、十八界等无我的心识"金刚智"为第七识，若观见五蕴等无有集散、名字、生灭，是时意根名为"圣慧"。实则其所谓金刚慧和圣慧，当指由深观而变为直觉（现量）的观照般若或妙观察智。《大乘止观法门》卷三说"以意识依止真心修止行"。《摩诃止观》卷五谓经中虽然说观察五蕴，但实修唯观心即可，有如"灸病得穴""当去丈就尺，去尺就寸，置色等四阴，但观识阴"。该论《辅行传弘诀》解释：于识蕴中，实则只观能生起烦恼、作为染净枢机的第六意识。怀则《天台传佛心印记》谓第六意识为见思之本、善恶之因，既是能观之体，又是所观之境，观此识时，未尝不是观七、八、九三层心识。

禅宗中人有认为本宗唯在第八识上用功、所谓"掀翻八识巢窟"者，实则即便能在第八识上用功，也只能从第六识入手，方有可能达到。所谓"明心见性"，按唯识学，只有（净化或转依的）第六意识，才有"明见"的殊胜功能。明紫柏真可禅师有云：

盖识虽有八，能检名审义，义精而入神，入神以致用者，皆第六识之事也。①

因为意识具有现、比、非三量，总摄心识，为通过修行转识成智之权柄，意识既转成智，加工不已，第七识自然转为平等性智；到成佛时，前五识及第八识自然一时顿转为成所作智及大圆镜智。

又，意识虽然念念生灭无常，却相续不断，故能修行直至成佛。《大般涅槃经》卷三十二云：

---

① 《紫柏尊者全集》卷二。

众生意识虽复无常,而识次第相续不断,故得如来真实常心。

就此而言,经中说意识为佛性。

第五节　第七识:末那识

《阿含经》等众多经论中反复宣讲的四蕴六识,属表层心理现象,其作用和活动显而易见,不难省察。在这些表层心识之下,有没有更深刻、更复杂、更隐密的心理内容?西方人直到17世纪,才提到意识之下有一种"心灵中更加内在的造型性力量",20世纪初,弗洛伊德才用比较科学的方法揭示了深层心理景象,创立精神分析心理学,弗氏将人类的整个意识比喻为一座露出海面的冰山,表层意识只是这座冰山露出海面的一小部分,深层意识就像这座冰山深藏海中的部分,乃这座冰山的主体。远在弗洛伊德之前两千多年,佛教便注意研究深层心识,描绘了意识冰山潜藏心海深层部分的隐密面貌。

《阿含经》多次讲到六识之下的深层心识,说有"意处"、名色以外的"识"、"取阴俱识"、灭尽定所依"灭界"、"阿赖耶",及"解脱心""涅槃识"等,实际上已经说到大乘经中所举的第七末那识、第八阿赖耶识,乃至作为佛清净心的第九阿摩罗识。部派佛学对此进行了讨论,建立了"意根""细意识""有分心""根本识""一味蕴""穷生死蕴""果报识""实法我""胜义补特伽罗""异熟果识""根本蕴""非即蕴非离蕴补特伽罗"等六识之外的深层心识,大乘经论中对深层心识进行了深入的阐发,并建立七、八、九三种识乃至第十识。

大乘经论中说,七、八等深层心识隐藏在表层意识之下,微细难见,不但常人无法觉察,即使坐禅入定,也难以看见。《楞严经》卷十说:坐禅入定,止息诸念,表层心识湛寂不动,犹如澄潭止水,其时深层心识仍活动不息,"如急流水,望如恬静,流急不见,非是无流"。《楞伽经》卷一等谓七、八等深层心识,唯是佛及"见道"以上的菩萨依其法眼所知见。

南北朝地论师、摄论师、天台宗智顗等，曾依据《十地经论》《佛性论》，以《解深密经》等所言的阿陀那识为第七识，天台宗二祖慧思以新学菩萨观真实的金刚智为第七识，曾被唯识今学批判，唯识今学以末那识为第七识，最为合理。

一、"思量为性相"，作为意根的末那识

末那（梵文 manas），义为思量，《阿含经》等译为"意"，今译"思考""思虑"。《入楞伽经》卷九据末那的词义说"思量性名意"，《唯识三十论》说：末那识"思量为性相"，谓思量是末那识的自性、本质。《成唯识论述记》卷一解释："思谓思虑，量谓量度"，并说此识"恒审思量"，谓其思量是深度的、恒常持续的，为意识底下的一种恒常进行、没有停息中断的深度思虑、计度，其恒审思量胜于其余诸识：第八识虽然恒常相续而非审思量，第六识虽然思量但有间断而非恒，前五识既无分别又有间断、故非恒非审思量，只有此第七识具有恒审思量的功能。又说此识"深而不断""行相深及相续"，是一种作用连续不断的深层心识。《瑜伽师地论》卷五十一说：末那识"若有心位，若无心位，常与阿赖耶识一时俱转"——末那识在人一生乃至轮回全程中，甚至在熟睡、昏迷、处胎、入无想定等无心（无意识）状态下，仍在不停地思量，与其底层的阿赖耶识总是同时运作。同论卷六十三说末那识"其性唯是隐没无记，任运而起"——无善恶属性，不假意识分别，于隐微处自然运作。

《大乘入楞伽经》卷六说"意具二种行"——末那识有两种活动。《摄大乘论》卷一宗依《阿毗达磨大乘经》，说末那识的作用有二，其中之一即：

与作等无间缘所依止性，无间灭识，能与意识作生依止。

意谓不间断地进行深度思量，这种思量是第六意识生起的所依、根本，称"无间灭意"（永不间断地灭了又生）或"行意"（属行蕴所摄的意），此为末那的"等无间"义。这种作用，属心识生起所须的等无间缘，即是意识所依的意根，亦称"意处""意界""意门"，说一切有部则只以它为刚刚过去的六识，

上座部论典中将其与前六识合称"七识界",意味意根是六识之外的第七识,大乘唯识学也认为其别为一识,《瑜伽师地论》卷六十三说:

> 即此末那,任持意识,令分别转,是故说为意识所依。

谓末那即是意识所依的根。它与第六意识的区别,是末那乃以自性思虑,或它的本性即是思虑,其"识"(了别)即是"意"(恒审思虑);或非识而为意,而第六意识依末那才有了别的作用,故为"依意之识",或非意而仅为识(了别)。作为意根的无间灭意,其性质为中性,非善非恶,可称"无记末那"。

末那识虽然以思量为性相,但其思量与意识明显清楚的思虑不同,其思量比起意识的思量要昧劣得多,不能进行寻伺推理等外向思维活动,不能向外了别外境,也不能了别六识自身,只是向它的底层或内核,思量阿赖耶识。《显扬圣教论》卷十七说末那识"恒缘阿赖耶识为其境界"。若问末那识从何生起,回答是,以阿赖耶识所藏的末那种子为因:

> 意者,谓从阿赖耶识种子所生,还缘彼识。

太虚《唯识三十论讲录》认为,末那以现行之赖耶为根本依,以赖耶所藏第七识种子为种子依。

二、恒执内自我的染污末那

《大乘入楞伽经》《摄大乘论》所说末那识的第二种作用或第二种末那,名"染污末那"或"染污意",指执着内自我,与身见、我慢、我爱、无明四种烦恼恒共相应、紧密联系的深层自我意识,它依无间灭意生起,是一切杂染的心识所依止。《瑜伽师地论》卷六十三云:

> 末那名意,于一切时执我、我所及我慢等,思量为性。

谓末那识常与四种自然而起的烦恼相应,"于一切时,俱起不绝",与善、不善、无记的诸心识同时运作而不相违。

与末那识同时而生、形影不离的四种烦恼为:

1. 我见(萨迦耶见、身见),谓执身心及属于我者为常一自我的自我体认或深层自我感觉，或曰自我确认、自我肯定。既执有独立非他的自我（人我见），则必执有自我之外的非我，此即"法我见""法执"。

2. 我爱，对所执自我的贪爱（自我贪爱），一种本能性的自我保护意识，相当于霍布斯所说生命自我保存的"自爱性"。

3. 我慢，一种本能性的自傲自大，抬高自我。

4. 不共无明（我痴），指不与贪嗔等烦恼共起、单独生起的根本无明，亦称"独行无明"，主要指对诸法无我真实之无知及违背。

与这四种"任运烦恼"恒常自然而起的染污末那，指内心深处根深蒂固的本能性自我意识。相对于心理学上的自我意识，所执内自我或称"原我"。太虚《真现实论》说，紧依阿赖耶识生命流，"恒有一自卫本能之生存意志与之潜现俱转，曰第七识"。这种深层自我意识，向外与六识紧密粘连，为六识一切活动生起的基础，为意根；向内与阿赖耶识紧密粘连，形成起执持根身作用、或被看作第七识的阿陀那识。《大乘密严经》比喻末那识之执取阿赖耶识为内自我"如磁石吸铁"，产生和增益我、我所执，使人不自觉地以自我为中心，并执着有自我之外的非我；又如一条两头蛇，向外紧紧咬住第六意识，向内紧紧咬住第八阿赖耶识。

末那识恒常不失的我执、我爱，可以看作使众生把自我和世界、他人分隔的原始二元分裂力量，及不自觉地维系个体生命和不断新陈代谢、自我复制的根本动力。《大乘密严经》卷上偈云：

身中暖触生，运动作诸业，饮食及衣服，随事而受用，

腾跃或歌舞，种种自欢娱，持诸众生身，斯由意功力。

说末那识住于身中，如幻变而成的野兽、树木等，虽然没有实体，却起着推动、维持身体生理活动、支配运动（神经）、产生体温的作用。这种作用，严格讲来应属阿陀那识，阿陀那（梵文 ādāna），意译执持、执我、执受，指心灵深处一种执受、维持个体生命，执有自我、具有自组织力的心识作用。摄论师、地论师以阿陀那为第七识，唯识今学以阿陀那为阿赖耶识的异称之一，实则具有执受功能的，应是染污末那与所执阿赖耶识的结合体。藏传密教也以末

那为最先产生并维持人生命的根本。

染污末那所恒审思量的，或其所缘的境，是认它底层的阿赖耶识为内在实常自我。《成唯识论述记》卷一云：

> 此第七识本质，即以第八为境，由似一常，似实我相，故缘第八。

谓第七识所缘的第八识，似乎具同一性，似为常恒不变的实我。《成唯识论述记》卷五说，关于第七识缘第八识起我、我所执，印度唯识十大论师的看法共有四家：

难陀认为，第七识恒缘第八识之体，执之为我，缘与第八识相应的心所，执之为我所（我所有的东西）。

火辨认为，第七识缘第八识见分，执之为我，缘第八识相分，执之为我所。

安慧认为，第七识缘第八识现行，执之为我，缘第八识相分，执之为我所。此识只起我执，不起法执。

护法批判前三家之说，认为第七识缘第八识见分，执之为（身内）我，亦为我所，非离我别有一我所。

印顺法师《摄大乘论讲记》据《瑜伽师地论》，认为末那识应是"缘一切种识的瀑流"，应以整个阿赖耶识为所缘境。① 整个阿赖耶识，包括此识见分和摄于此识相分的根身、器界，亦即作为认识对象的一切法。是则末那识不但是我执之本，亦应为法执之本。这种说法与火辨相近，在《楞伽经》《摄大乘论》中都可以找到依据。

染污意依无间灭意生起，与无间灭意结合为一而恒起我执，故说凡夫的第七末那识，通常皆指染污意。

末那识念念执我，虽然被看作根本无明、一切烦恼之根，但末那识自身的性质并不是恶的。《阿毗达磨大乘经》说末那识的伦理性质是"有覆无记"——有覆，谓能产生我执，引发烦恼，障蔽佛法；无记，谓其性质为中性，非善非恶。末那识的我执虽可生出烦恼，令人为损人利己而作恶，但非直

---

① 印顺：《摄大乘论讲记》，正闻出版社2000年版，第165页。

接生起，只有依第六识所起的烦恼才能产生恶业；末那识的我执也能使人为自我的利益或完善、实现自我而起善心，修德行善，当然它也并不能直接行善，善行须由依第六识所起善心所才能生起。末那识虽然执取实我，但它并不以自身为实我，而是执心识底层有一实我。

三、末那识的相应心所

关于末那识相应的心所，印度唯识论师有说为我爱等四根本烦恼和触、作意、受、想、思五遍行心所法，共 9 种（我见即是慧）者。华严宗法藏《华严一乘教义分齐章》卷三说，末那唯能起贪、嗔、无明、慢四种俱生烦恼。《成唯识论》卷四则认为与末那相应的心所共有 18 种，如《八识规矩颂》所概括：

八大、遍行、别境慧，贪、痴、我见、慢相随。

后四种贪、痴、我见、慢，即我爱、不共无明（我痴）、我见、我慢四种任运烦恼。

遍行，谓与一切心识相应的心所法，当然也与末那识相应：末那识在意识底层恒审思量，使心识与所思量的境——内自我结合，为"触"；恒常处于运作状态，为"作意"；念念确认内有个自我，为"思"；其认内自我常恒独一的觉知为"想"；领纳此内自我而产生自我感为"受"。

别境慧，谓属于别境心所法（只在个别情况下生起）的慧，指确认实有内自我，然是下意识或无意识的确认。

毫无疑问，末那识直接与以上 10 种心所法相应。

八大，指八种"大随烦恼"：掉举、昏沉、不信、懈怠、放逸、失念、散乱、不正知。这八种随烦恼，皆不受意识支配而无意识地生起，如坐禅者皆不想散乱、昏沉、掉举，而它们偏要生起；修行者不想放逸懈怠，而不由自主地放逸懈怠；不想失念（遗忘应该记住的东西）而总是失念；不信、不正知与染污末那相应，意谓它们是先天具有，而与之相反的正信、正知，则须通过后天的闻思，经意识思惟抉择而建立。

四、关于末那识必有的论证

末那识本来是佛教圣者由修证而开发的慧眼所见，它在意识之下运作，微细难察，如何说服未得慧眼者信其必有？《成唯识论》卷五依《摄大乘论》等，引据两种大乘经、列出6条理由论证，称"二教六理"。其所说理由，多数是引据《阿含经》和大乘经，证明末那识及其性质乃佛陀亲口所说，这在佛教因明学中称"圣教量"，即以圣人之言为真理的标准。这当然较难让佛教以外的人接受。论证末那识必有，只有从分析心理现象特别是瑜伽修行中的特殊心理现象，推知末那识存在的可能性，从《摄大乘论》6条理由中，我们可以举出3条：

1. 佛经中说，无想定与灭尽定这两种无心的禅定，皆停息了六识及随六识而生的一切心理活动（心所法），然前者系凡夫外道所入的世间禅定，后者唯有佛教中已断尽欲界烦恼的阿那含果以上的圣者方能证入。两种定的本质区别，在于灭尽定停息了染污末那的活动而无想定未能。若不立末那识，便难以说清两种性质不同的禅定之区别。

2. 佛经中说，无想天的众生，"一期生中，心、心所灭"，他们虽然没有六识及贪嗔等烦恼生起，定心寂然不动，但只是遮伏烦恼不令现起，并未断烦恼，尤其是烦恼之根——染污末那恒常执我的思量并未停息。如果不讲末那识，仅就现行的意识状态看，这类众生与断尽烦恼入了涅槃的佛教圣者便很难区分，然佛陀分明说这类众生是未断烦恼的凡夫。

3. 如果没有末那识恒起我执，当起善心及非善非恶的无记心时，心中并无贪嗔等烦恼，是则这时的心便应是清净无漏了，然诸经论皆说其为有漏，我人处于这样心理状态的场合也不少，但可以自己察觉这种心态并非佛法所言清净、解脱、开悟。那么，这不得解脱的不清净为何种烦恼？只有建立末那识的不共无明——我执，才能说明善心、非善非恶心为什么也是有漏心。

末那识的存在，只要冷静内省，详析心识，也可以直觉去体察。表层心理活动虽然念念生灭，千变万化，但意识深处那种与生俱来、朦胧而顽固的自我存在、自我保护意识，从幼至老，任何时候都不曾丧失，未尝变化，正是我人所认的最深自我，乃生起自我意识乃至一切意识的根。末那识持续不已的自我体认、自我挚爱，使众生下意识地保护、维护自己，其作用，可以从面临突如其来的危险时刹那间自然呈露的自我保护意志及以手护头等动作中去体认。大概是末那识的自我保护思量，产生下意识的自卫本能，使人在熟睡中虽会翻身而不致滚下床跌伤，使酣眠的母亲不会压伤她怀中的婴儿。太虚《唯识之名义》一文说：

> 至于睡最熟时，梦亦无有，则前六识皆无。但偶有虫咬及蚊刺时，即时身起盲动，用手搔爬，应知是乃尚有第七末那识执著有我故也。①

即便是低等到几乎没有意识的小小蛆虫，其保护自己、趋吉避凶的自我挚爱也相当明显。

五、末那识为"染净依"

《成唯识论》卷五引佛经偈云：

> 如是染污意，是识之所依，此意未灭时，识缚终不脱。

明确指出，染污末那，是前六识之所依，是使心被系缚及获得解脱的关键，末那识因此被称为"染净依"。末那识的俱生我执和俱生法执，即不共无明，是一切烦恼、一切有漏心的根株。佛经中说："异生善、染、无记心时，恒带我执"——众生凡动心起念，不论是起恶心、善心，还是起非善非恶的无记心，都以末那识的我执为基础，不离自我中心的立场。即便行善布施，也难以无所吝惜、毫无分别；即便信佛学佛，也不离求佛保佑我、我要成佛、我学佛比你学得好等的"我"。即便在非善非恶乃至无念头波动的无记心状态，或

---

① 太虚大师全书出版委员会：《太虚大师全书》第26册，宗教文化出版社2005年版，第171—172页。

坐禅入定甚至达最深的非想非非想处定，止息了一切觉知（非想），也还是有个细微的"我"在，故曰"非非想"（不是完全没有觉知），故不得超出三界。正是这个"我"，使人起惑造业，浮沉生死，不得解脱。印顺法师《摄大乘论讲记》说得对：

> 经中说"无我故得解脱"，并不是破除外道的我见就算完事。这还是不能解脱的；不使第七识执著第八识为内自我，这才是破人我见最重要的地方了。

佛教诸乘诸宗的修行，皆以断灭或转化染污末那为超出世间、见道开悟的关键。《阿含经》及部派佛学，以正智修观，如实正观五蕴、十二处、十八界，其中的意根、意处、意界，其实皆指染污末那。大乘唯识学更明确将染污末那与意识一起转成智慧为菩萨初见道。禅宗称七日结期参禅为"打七"，意思是要在这七天内打死作为生死根本的第七识。

染污末那的我见，是一种与生俱来的无意识自我意识，世间的持戒、禅定等修行，都不堪断除与末那识恒俱的我见等四种任运烦恼，即已经离欲、深入四禅八定、发五神通者，此四烦恼犹现行不绝，或暂伏而未断，非任何世间之道所能根除。即便证得无所有处定、非想非非想处定这两种高级无色界定，至多也只能减弱我见等四种任运烦恼，而不能断除或转化。只有依佛法修行到见道位，此四烦恼才一时顿断，暂不现行，然从现观出，还复现行，一直修到小乘阿罗汉位、大乘七八地菩萨，才永断无余。

永断染污末那，并非消灭了末那识，只是断了染污末那之念念以阿赖耶识为内在实常自我（人我执），因而，也必然执有"非我"的执着（法我执）。见道以上菩萨法空智现前之时，将末那识恒审思量的功能转化为"平等性智"——等视一切而不起自他、高下等分别的无意识智慧。《显扬圣教论》卷一谓末那识若断除与四种任运烦恼的相应，则于一切时思量自他平等。《成唯识论》卷四云：

> 能审思量名末那故。未转依位恒审思量所执我相，已转依位亦审思量无我相故。

修到成佛，末那识恒审思量的功能也并不消灭，只是将染污的思量有实我转化为思量真如之平等性智而已。

染污末那为众生命根，极其牢固难破，如萧平实居士所言："一切天主之威神合为一力，亦不能坏任一有情之意根。"[1] 而染污末那不灭，烦恼生死不已。

染污末那的转化，只能从意识下手，靠意识特别殊胜的思考、观察力量。染污末那识虽然隐微难睹、恒行不断，但因为其思量昧劣不明，常与意识粘连在一起，同时运作，故可用意识深观无我，同时俱断。犹如拔草，只要抓住草茎离根最近处，用力一拔，就可以连根拔出，其枝叶自然枯死。意识的俱生我法二执，即如草茎。《宗镜录》卷五十七云：

谓第七识是第六所依根，第六是能依识，能依识既成无漏，第七所依亦成无漏。谓第六入生、法二空观时，第七识中俱生我法二执现行伏令不起，故第七成无漏。

经云："意如刀剑锋，不能自割自"，意谓末那不能靠末那自己断除，必须依靠第六意识之思维观修，方能转变。

西方学说中，几乎没有与佛学末那识相当的说法。笛卡尔的名言"我思故我在"，乃深刻省察了自我意识者方能说出，但笛卡尔并未分清表层意识中明确的自我意识和表层意识下的深层自我意识（染污末那）。若自我只在于"我思"，那么当熟睡、晕厥、不思时，自我便应消失了，其实不然。《楞严经》卷九说，人在熟睡时，也非全无意识，对外界声音、冷热等刺激非无反应。弗洛伊德所说受唯乐原则支配，为生之本能（libido）、死之本能等无意识生物本能的"本我"（id），及艾克尔斯所谓先天的自我意识精神（实相当于基督教所谓灵魂），与佛学的末那识有些相近，然就直探自我的根源而言，佛学末那识要比本我和自我意识精神挖得更深，说得更详尽。

---

[1] 平实居士：《狂密与真密》第一辑，正智出版社有限公司2002年版，第230页。

第六节　第八识：阿赖耶识

末那识所恒审思量的第八阿赖耶识，在《阿含经》中已见提到。如唐译《本事经》[①] 卷三佛说"谓能除灭憍慢渴爱，害阿赖耶"；卷六佛言，当修行者出离无色界时，"灭阿赖耶，断诸径路"（截断轮回于三界之路）。《增一阿含经·如来出现四德经》[②] 中说：世间众生爱、乐、欣、喜阿赖耶，此阿赖耶，释为着落处、依处、窟宅、家、藏，指被执为内在自我的深层心识或心体。

到部派佛学，对深层心识的探讨，成为重大理论问题之一，建立了"细意识""有分心""根本识""一味蕴""穷生死蕴""果报识""实法我""胜义补特伽罗""异熟果识""根本蕴""非即蕴非离蕴补特伽罗"等六识之外的深层心识，以解释仅用六识说难以说清的轮回主体和随眠（潜在的烦恼）等问题。这些说法，虽然深化了对心识的认识，但其说较显粗糙，与诸法无我之佛法核心义较难调和，不足以圆满解释心识及轮回现象，互相之间也争议不决。后来，大乘唯识学依据《解深密经》《阿毗达磨大乘经》《楞伽经》《大乘密严经》等，用第八阿赖耶识来代替部派佛学所立细意识、有分心等，对此识做了精致的论述，建立了以阿赖耶识为根本的佛教理论——阿赖耶识缘起论。

一、阿赖耶识的语义及别称

阿赖耶（梵文 ālaya），亦译阿梨耶、阿黎耶、阿罗耶、阿剌耶等，梵语原意为仓库、储藏、窟宅、执着，真谛意译阿梨耶识为"无没识"，玄奘意译为

[①] 相当于南传《小尼柯耶》中的《如是语经》，西方学者认为它与《经集》《无问自说经》及一些戒律，属最原始的教典。

[②] 汉译《增一阿含经》中无《如来出现四德经》。《摄大乘论》以及《成唯识论》提到这部经，此处为转引。

"藏识",今有译为"仓库意识"者。唯识学说此名只限于阿罗汉、八地以下菩萨及一切凡夫众生位的第八识。

从不同的角度着眼,阿赖耶识有诸多别名:

1."第八识",简称"八识",可以贯通凡圣一切位。

2."本识",或译"根本识""普基识",谓为诸识之本,犹如大地为万物之本。还有最初(托生时)的心识之义。

3."宅识",众生的住宅、精神家园。

4."一切种子识",储藏着产生一切之种子的心识。

5."异熟识",今译"果报识",能造成并承受异时(来世)成熟的果报者。唯识今学说,此名只限于佛位以下一切凡圣的第八识。

6."阿陀那识"(梵文 ādāna),执持、执受生命者。

7."初刹那识",形成生命最初一刹那的心识。亦译"初一念识",《仁王般若经》卷上说,此识乃从最初一念到成佛前众生色心的"众生根本"。

8."不可觉知坚住器识",具有维持世界的功能而难以觉知的心识。

9."义识",实在的心识,或诸识之实体。

10.心(质多),阿赖耶识独得称为"心"。《瑜伽师地论》卷六十三说:

若就最胜,阿赖耶识名心。何以故?由此识能集聚一切法种子故。

在构成心的三大件中,只有阿赖耶识具有集起一切种子的殊胜功能,故最有资格独当本为"集起"义的"心"之大名。遁伦《瑜伽论记》卷二十解释,阿赖耶识独名为"心"之"集"有二义:一能集色等五蕴,二能集滋长(使习气增长)。

11."心体",诸识之体,心的本质、质料,犹如说身为人之身体。

12."识主",诸识之主、主体。

13."心王",诸识之王。

14."丈夫识",谓其力量强大。

15."无没识",谓其贯穿过去、现在、未来,没有消灭停息之时。

这些名称,表明了阿赖耶识具有多方面的功能。

二、阿赖耶识的摄藏功能

阿赖耶识的主要功能，《摄大乘论》卷上概括为"摄藏"二字，可谓精当。

摄，为统摄、包括义，谓此识不仅统摄所储藏的一切种子，而且统摄前七识，统摄心之全体，甚至统摄三界六趣的各种众生，统摄整个世界，为一切现象生起的所依，故得独称为心，谓之"所知依"，即一切认识对象之最终所依。此"摄"略有三义：

1. 阿赖耶识统摄前七识，前七识都可看作阿赖耶识的功能，为其"相识"（变现境相的功能）和"见识"（能认知的功能），阿赖耶识则为其"义识"（认识的实体）。《楞伽经》卷一偈将藏识比喻为大海：

藏识海常住，境界风所动，种种诸识浪，腾跃而转生。

其余一切心识活动，都是这藏识大海上因境界风吹而起的波浪，为大海表面的动相。《大乘入楞伽经》卷七偈谓"意从赖耶生，识依末那起，赖耶起诸心，如海起波浪"——末那识从阿赖耶识生，前六识依末那识起，前七转识都可以说是阿赖耶识所生。《大乘密严经》卷中偈云：

若离阿赖耶，即无有余识。譬如海波浪，与海虽不异，海静波去来，亦不可言一。

说阿赖耶识与前七识为非一非异的关系，《大乘密严经》卷下说："藏识为因，生于诸识"，藏识为前七识的依因，前七识有如车轮围绕车轴一样围着阿赖耶转，亦如众星捧月。

《瑜伽师地论》卷六十三分诸识为本识与转识二类，本识指阿赖耶识，转识指前七识，转，有转变、生起、运作、生灭之义。该论谓"阿赖耶识是所依，转识是能依"，被阿赖耶识所摄的前七转识及其他心理活动（心所），"譬如水浪依止暴流，或如影像依止明镜"。同论卷五十一、《显扬圣教论》卷十七说阿赖耶识作前七转识生起的两种因缘：一种为其种子生因，前七识皆以阿赖耶所藏种子为其生起的因。另一种为其所依止因，由阿赖耶执受眼等五色根，眼等五识依之而生；又由阿赖耶识得有意根末那，由末那为依止，生起意识。

2. 阿赖耶识还统摄众生的身体（根身）及其所依止的世界（器世界）。此识的执受作用，令一切有色根（生理性的器官）"无有失坏，尽寿随转"，还于死后转世之时，执取所受生者为自体而投生，"执受自体"，故又名阿陀那识。《大乘密严经》卷下说：

阿赖耶识与寿、命、暖、触和合而住，意住于此，识复住意。

又说阿赖耶识"摄藏诸种子，遍持寿暖识"，阿赖耶识与命根和体温结合在一起，起着维持生命、体温的作用，众生全身从头到足，"顿生或渐次，无非阿赖耶"。阿赖耶随众生生死流转，可谓贯穿过去、现在、未来的轮回主体，"藏识持于世，犹如线贯珠"。阿赖耶识还为"能持世间因"，世界是此识相分的一部分，依此识而显现、而维持，偈云：

依止赖耶识，一切诸种子，心如境界现，是说为世间。

阿赖耶随缘现境，就像随缘显现众色的摩尼宝珠。六识所见外境，皆为阿赖耶所变现。

3. 阿赖耶识还统摄一切众生，为众生相互之间发生关系的所依。《显扬圣教论》卷十七说：阿赖耶识"亦是一切有情互相生起根本，一切有情互为增上缘故"，如同千灯共照，光光交彻。

藏，被视为阿赖耶识主要的、代表性的功能，此识因而多被称为藏识，意谓此识是一个具有巨大储藏功能的心识大仓库。阿赖耶识所储藏者有二：

1. 一切心识活动及其结果。一切心理活动、行为语言等，皆形成种子，作为活动的结果，藏于此识中，又作为能再生起心理活动及其业报之因，被此识所藏。《楞伽经》卷一说"心名采集业，意名广采集"，谓藏识做着采集储藏业种子的工作，第七识的我执增长这种采集作用。《大乘密严经》卷下说，阿赖耶识随七识的运作及身口意的造业：

从此生习气，新新自增长，复增长余识，余识亦复然。

长劫的积累，致使众生阿赖耶中"习气如山积"，习气，即种子。《瑜伽师地论》卷六十三说，前七转识的熏习，能长养、增长阿赖耶种子，如同植物在地里落下种子，使来年的植物更多更繁茂。《显扬圣教论》卷十七谓转识作阿赖耶识的两种因：一于现法中长养七转识的种子，当转识生起时，与之同生同灭的种子熏习阿赖耶识，使后来的转识"转复增上，转复炽然，转复明了而得生起"。二于后法中为阿赖耶识得生而摄植彼种子，谓七转识的熏习，能给阿赖耶识中不断增添内容，引摄未来的阿赖耶识。

2. 诸众生摄藏此识以为自我。《入楞伽经》卷二说，意识分别自身、外境而起自我执着，产生我、我所执习气，储藏于第八识中，被末那识恒审思量，使众生无意识地执自我及所知见的境界为实有。

《成唯识论》卷二解释阿赖耶名藏识之"藏"有能藏、所藏、执藏三义，依次为因、果、自相三相。能藏，谓此识本具储藏功能，能执持诸法种子令不丧失，这是此识的主要功能，故名"一切种识"，此即因相。所藏，谓此识的储藏作用能令众生轮转生死，承受来世果报，是众生生命相续不断之本，故称"异熟识"，这是此识主要产生的果，即果相。执藏，谓此识具"藏"的功能，被末那识执为内自我，与杂染相互为缘，能摄持因果，这是此识的主要性质，即自相。

从今电脑及人工智能看，阿赖耶识的"藏"，除储藏种子之外，还应有处理所藏种子的作用，犹如电脑之处理所储存信息。阿赖耶识处理所藏信息的工作，应该说是严格遵循法界本具的因果法则，不讲情面，不受意识主宰。我人的身体、长相、生存环境等，都是阿赖耶识处理所藏而造成，在一定意义或一定程度上，阿赖耶识甚至可以说是命运的制造者、真正的创世主。

三、阿赖耶识所了境及相应心所

《瑜伽师地论》卷五十一、《显扬圣教论》卷十七说，阿赖耶所了别、所缘的境，有内、外二者：于内了别所执受的遍计所执自性妄执习气（种子），及五色根（眼等五官）、根所依处（意根）；于外了别无分别、于一切时无有间断的器世间相（世界），犹如灯焰生时，内执膏炷，外发光明。

《显扬圣教论》卷十七说,阿赖耶识与触、作意、受、想、思五遍行心所"恒共相应"。然与其相应的五遍行心所:

亦异熟摄,最极微细,世聪慧者亦难了故。如是心法,亦常一类缘境而转。

阿赖耶识之恒常触、作意、受、想、思,是一种自然功能,一种无意识地、机械地储藏、处理信息的工作,与表层意识明显可见的触等心所不同,非一般人的意识所能知觉。触、作意,谓其常处于接收信息的警觉状态,如常打开的电脑;受,谓接受信息刺激而起反应,其受只为不苦不乐的"舍"受;想,谓对所接收储藏信息相状的识别,如电脑之识别信息;思,谓对信息的处理,有如电脑运算处理信息。

阿赖耶识的了别作用,属因明学三量中的"现量",而且是一种顿了别、顿处理的现量,其运算速度极快,大大快于电脑。《楞伽经》卷一:

譬如藏识,顿分别知自心现,及身安立受用境界。

四、阿赖耶识的行相

行相(梵文 ākāra)指活动状况、特性、性质。经论中对阿赖耶识的行相多有描述,其特点大略有五:

1. 隐微难知。隐藏于内心深处,微细难知,《解深密经》卷一偈比喻说:

阿陀那识甚深细,一切种子如暴流。

谓此识是一种执持处理一切心识种子、恒常活动不息的深层意识之流,其势如同波涛汹涌、昼夜奔腾不息的地下暗河。《楞伽经》卷一说,微细的藏识之究竟,唯是佛及见道以上的菩萨依其智慧眼所知见,非外道凡夫及声闻缘觉所能觉了。《显扬圣教论》卷十七说阿赖耶识"缘境微细,世聪慧者难了知故"。《佛性论》卷三谓阿梨耶"依、隐为义"——是隐微难知的所知依。

2. 非有非无、非常非一,生灭相续,作用宛然。《大乘入楞伽经》卷六偈云:

> 我说如虚空，非有亦非无，藏识亦如是，有无皆远离。

说此识如同虚空，既非是有，也非是无。非有，谓没有可以见闻觉知的物质性形象、实体；非无，谓其作用显然是有。如《大乘密严经》卷中说，阿赖耶识"住于身"，弥纶周遍于内外诸世间，遍于一切，"运动于一切"，就像陶工做瓶子等用的轮，如油遍在胡麻，如盐中有咸味，如无常性遍于诸色，如沉香、麝香等散发香味，如日月舒光，如车之轮，虽起着重要的推动、创造等作用，而不可寻求、不可分别。《显扬圣教论》卷十七说：阿赖耶识"于所缘境念念生灭，当知刹那相续流转，非常非一"，它不是一个凝然不动的实体，而是一生灭相续的心识之流。用现代物理学的观念说，阿赖耶识可能是场态，或曰"无意识场"。

3. 贯通三世，一味恒转。《显扬圣教论》卷十七谓阿赖耶识"缘境无废，时无变易，从初执受刹那乃至命终，一味了别而流转故"。阿赖耶识了别的工作从人初生到命终，念念不断，没有一念停息，其储藏的内容虽然有异，而摄藏的运作从生到死没有差别，不断进行着接收、处理种子等工作，是动态的、连续不断的活动进程。此识与前七转识，善、不善、无记心所法及苦、乐、不苦不乐受三受"一时俱转"（同时运作），为七转识提供种子生因和依止因。阿赖耶识的运作不仅贯穿人的一生，还贯穿过去、现在、未来三世，贯穿全部轮回过程，没有暂时间断，即使在完全没有前七识活动的熟睡、闷绝、被麻醉、处胎、入无想定及灭尽定等无心位，也有阿赖耶在现行，起着维持生理活动的作用，此识离身，即告死亡。《楞严经》卷一所谓起管理"爪生发长，筋转脉摇"之生理活动作用者，即是阿赖耶识。

4. 性属无覆无记。无覆，谓其不障覆佛道，性属无为；无记，谓其非善非恶，属中性。阿赖耶虽然与前七识及其善、不善等心所共同运作，而不与彼同一所缘，故不应说与七转识等相应而成为善或不善性，亦不与七转识相违。犹如眼识与眼，虽然同时运作，非不相应，但不能说眼就是眼识，眼识就是眼。阿赖耶识是一无情的、公正的心灵电脑，是中性的。

5. 是多非一。阿赖耶识是一是多？是每一众生各自有一阿赖耶识，还是大家共同有一阿赖耶识？《成唯识论》卷一明确回答：

> 然诸有情各有本识，一类相续，任持种子，与一切法更互为因。

也可以说阿赖耶识亦一亦多：多，谓每个众生各自有其阿赖耶识，因为各自阿赖耶识所储藏的内容千差万别，故阿赖耶识非一；一，谓众生各自的无数阿赖耶识虽然内容不同，而具有共同的功能和性质，而且互相共为增上缘，互不相离，有千丝万缕的紧密联系。

总之，唯识学所说阿赖耶识，是在心理世界和物质世界深层"恒转如暴流"的一隐性的功能洪流，它默默地、永不停息地储藏和处理有关众生身心及其所依止的世界之一切信息，对于众生、世界何以如此，及众生生命的维持、世界的样相，起着极为重要的作用。其工作忙碌认真，公正无私，完全遵循规律办事，从不失职出错。太虚《真现实论》称阿赖耶识为"无始无终、流行变化、潜现相续之生命流"。

关于由阿赖耶识生起众生、世界一事，《楞伽经》卷四有偈比喻说：

> 心如工伎儿，意如和伎者；五识为伴侣，妄想观伎众。

整个心理进程犹如演戏，心（阿赖耶识）、意（末那）、前五识为合作演出者，第六意识的分别思维为观众。这与近代西方流行过的意识好像舞台、各种心理活动就像演员，既可出现于前台，又可退回无意识之幕后的比喻，甚为相近。

五、阿赖耶识为染净之本

为一切所依的阿赖耶识，是众生心受污染而起惑造业之根本，也是得以依法修行净化心识、获得解脱自在的根本。《大乘密严经》卷中云：

> 阿赖耶识恒与一切染净之法，而作所依。

阿赖耶识是众生杂染之本。杂染（梵文 saṃkleśa），与"清净"相对，为一切有污染、有生灭的"有漏法"的总称。《瑜伽师地论》卷五十一说：

> 阿赖耶识是一切杂染根本。所以者何？由此识是有情世间生起根本，能生

诸根、根所依处及转识等故；亦是器世间生起根本，由能生起器世间故；亦是有情互起根本，一切有情相望互为增上缘故。

谓阿赖耶识是众生被烦恼等有漏法污染的根本，因为它能生起众生的身体、感知器官和前七识，为诸众生所以出生、生存的根本，又是生起众生所依止的日月星球、山河大地等物质世界（器世间）的根本，还是众生相互之间能发生种种关系的根本。有阿赖耶识为因，才得以有众生的身心和所依止的世界，众生被无始以来的无明所蒙蔽，不知阿赖耶识变现根身器界的真相，在染污末那的驱使下，以自我为中心而生起有漏的善恶心，造有漏的善恶业，经阿赖耶识的藏摄作用，自造成三界六道的生命形态和感知方式，尝受种种苦果。《佛性论》卷三谓：阿梨耶者"是生死本"，能生诸见、烦恼、业、果报四种"末"。

阿赖耶识也是一切清净法——清净心、般若、菩提、佛果的根本。《大乘密严经》卷中比喻说，就像以火烧木，此火更烧余木，通过长期修行，辗转焚尽烦恼之薪，则轮回永息；众生以阿赖耶识所摄藏的无漏种子为因，发心修行，探求净化自心、解脱诸苦之道，以如实知见的智慧造清净的无漏业，由阿赖耶识藏摄，增长无漏种子，直到心识完全清净，转识成智，成就佛果。《显扬圣教论》卷十六说：唯有"心"才能"入现观"（见道，证真如），只有依止心，才可以断灭粗细烦恼。为什么？

心无常故，为智生因。有所缘故，与智俱时同取境界；待众缘故，智不常有。又心是粗重之所依故，性离我故。

此所谓心，当指阿赖耶识，因此，心既是烦恼所依，又生灭无常，为产生正智之因（指所藏智慧种子），依靠正智才能断灭烦恼，而正智须具足诸缘才能产生，并非常住。又，阿赖耶识所藏有漏种子虽然是生起烦恼之因，但阿赖耶识自身从来无我，没有主观意志，没有自我感和自我意识，故为证得无我之根本。

六、阿赖耶识的真妄

阿赖耶识是真心抑或是妄心，是有关修行的一个重大问题，因为所依佛经中的说法及修行者各自体验、对阿赖耶识内容的界定不同，这一问题直到今天尚有争议。大体而言，有认阿赖耶识为妄心、真心及真妄和合心 3 种见解：

1. 认为阿赖耶识属杂染的妄心。此有《阿含经》《解深密经》等经中的佛言为依据。《阿含经》中以阿赖耶识为应"断""害""灭"的生死之本，《本事经》卷三、卷七谓"害阿赖耶，断诸径路，证真空性""灭阿赖耶"。《解深密经》谓阿陀那识恒转如暴流，念念生灭无常，属有为法，当然不是真常无为的真心，而是生灭无常的妄心了。《瑜伽师地论》《显扬圣教论》《摄大乘论》等论，皆说阿赖耶识为杂染，入无余依涅槃者灭阿赖耶识。《显扬圣教论》卷十七将阿赖耶识与"转依"（佛的清净心，即阿摩罗识、自性清净心）相对比，说阿赖耶识无常、粗重烦恼所随、为烦恼产生之因，故是杂染。《摄大乘论》譬喻阿赖耶如幻、阳焰、梦、翳。护法系唯识学发挥无著思想，主张阿赖耶识性属杂染，经正观真如，证得唯识实性，才能逐步转为清净，名曰"转依"。这在经中颇多依据，如《华严经》卷六云：

诸佛菩萨自证悟时，转阿赖耶，得本觉智。

然这只是就阿赖耶识的所藏摄的内容而言，就功能说，护法系认为阿赖耶识唯现量故，只储存我法二执及烦恼的种子而自身无我法二执。天台宗智顗《金光明经玄义》卷上称：阿梨耶识"犹有随眠烦恼，与无明合"，是潜在的烦恼与无明隐藏之处，性属杂染，是菩萨修道所断，故名菩萨识。密教《大日经·入真言门住心品》以阿赖耶识为"无始生死愚童凡夫"所误执为实常自我的"我"相之一，意味阿赖耶识是杂染的。藏传密典中，亦多以阿赖耶识为杂染，如《觉现自现续》有云：

阿赖耶识执分别，种种迷识所染污，阿赖耶识无明法。

说阿赖耶识为凡夫染污的无明心，又称"昏昧迷茫识"。麦彭《大圆满直指心性》谓阿赖耶识不知真实，迷昧不明，非明觉不昧、能自见真实本面的"法身"。

世亲《唯识三十论》说阿赖耶识有三位：在凡夫及阿罗汉、八地菩萨以下的"有学位"，性属杂染，名阿赖耶识。在阿罗汉、辟支佛，及八地菩萨以上、佛地以下，断舍杂染的阿赖耶识之名，其时的第八识只名异熟识，以能摄持异熟果（宿世的果报身）为特性。到佛位，第八识转为清净，名阿摩罗识（无垢识）。

2. 认为阿赖耶识为真心。也有经言佛语为证，如《入楞伽经》卷七云：

> 阿梨耶识者，名如来藏，而与无明七识共俱，如大海波，常不断绝，身俱生故。离无常过，离于我过，自性清净。

说阿赖耶识即是如来藏——众生身中所潜藏的佛果功德，喻如胎中之王子、矿中之金、瓶中之灯。此识本性清净，非无常，本来无我，可谓真心。《楞伽经》卷四说，如来藏、识藏（阿赖耶识）"虽自性净，客尘所覆故，犹见不净"。《大乘入楞伽经》卷六甚至说阿赖耶识"离于能所取，我说为真如"。《大乘理趣六波罗蜜多经》卷十说："赖耶性清净，妄识所熏习"，当修行成佛证得圆镜智时，如日出云翳，其本有清净性完全显现。《大乘密严经》卷中云：

> 一切众生阿赖耶识，本来而有，圆满清净，出过于世，同于涅槃。譬如明月现众国土，世间之人见有亏盈，而月体性未尝增减。藏识亦尔，普现一切众生界中，性常圆洁，不增不减。

说阿赖耶"体净而无垢""坚固不动"，为"根本心"，不被习气污染，犹如水中月及莲花，虽不离水，而不为水所着，即是如来藏、密严佛土、大涅槃。该经卷下还比喻如来清净藏与众生阿赖耶"如金与指环，展转无差别"。该经还说，阿赖耶识虽然与能熏习的心境及其所储藏的一切染净种子恒常同时俱在，而"性恒明洁"，就像波涛虽然汹涌不息，大海则湛然常住，从不失其水的湿性。通过修行照破烦恼妄心，本来清净的心性便会全体显现。《金光明经》也有第八根本识即是真心之说，世亲《十地经论》据之说阿梨耶识为第一义心、自性清净心。地论师南道派勒那摩提、慧光等，依据此说，认为阿梨耶乃净识、如来藏、真如，即《楞伽经》所说三类识中的"真识"（汗栗驮），而以"妄识"为阿陀那识，以"事识"为前六识。天台宗慧思《随自意三昧》也认为阿赖耶即佛性、如来藏、自性清净藏，觉了诸法时名自性清净心，乃初心菩萨所用：

藏识者，名第八识，从生死际乃至佛道，凡圣愚智未曾变易，湛若虚空，亦无垢净，生死涅槃，无一无二，虽假名亦不可得，五根不能见，无言能空。

宗密《禅源诸诠集都序》卷上说："第八识无别自体，但是真心"，名乾利陀耶。唐译密教经典《金刚顶一切如来真实摄大乘现证大教王经》（属金刚界经）卷上云：

藏识本非染，清净无瑕秽，长时积福智，喻若净月轮。

属无上瑜伽部的《佛说大悲空智金刚大教王仪轨经》（《喜金刚本续》）卷三云：

唯一体性最上庄严，为阿赖耶，诸佛宝藏。

都说阿赖耶识乃真心。藏传佛教界也有依据某些密续，说阿赖耶识乃本性清净的心体，被无明烦恼所覆蔽而现为杂染者。

3. 认为阿赖耶识乃真妄和合心。此乃南北朝地论师北道派及摄论师的观点。地论师北道派创始人菩提流支所著《楞伽经疏》说，阿赖耶识有真、妄二义，真妄不曾相离，真心被妄心熏习而现为一切妄染法。《大乘义章》卷三说，地论师北道派分第八识为真、妄两种，真识名阿摩罗，妄识名阿黎耶。"佛性真心与无明地合为本识，名阿梨耶。"八识的生起，是依真识（阿梨耶）起妄识（阿陀那），依妄识起六事识（前六识），依意识起前五识。阿黎耶义译为"无灭"者，谓其"虽在生死，不失灭故"，其别名有"圣识""第一义识""净识（无垢识）""真识""真如识""本识"等，意谓此识中含藏无量佛法，自性真实不妄、清净不染，既是产生佛法的根本，又是产生世间一切虚妄现象的根本。真心与妄心相互依持，真心有体有用：本净真心为体，随缘隐显为用，用必依体，如波依水起。在汉传佛教界影响极大的《大乘起信论》分一心为真如、生灭二门，谓依如来藏（心真如）而有生灭心：

所谓不生不灭，与生灭和合，非一非异，名为阿梨耶识。

此识"能摄一切法，生一切法"，为摄持、生起世间、出世间一切的根本，这种功能出于其所具的觉和不觉二义。觉，谓此识之体即是绝对平等、无差别的"法界一相"或真如，亦即诸佛共证的法身，本来具有如实觉知宇宙真实体性的觉性，名为"本觉"。这种本觉使众生能够反思自身的存在，发心修善学佛，从"始觉""相似觉""随分觉"渐达"究竟觉"而成佛。不觉，谓由不能如实觉知真如之绝对唯一，"不觉心起，而有其念"，成为根本无明，由无明能见、能现、能取境界，起念念相续的"业识"（心动）、"转识"（能见相）、"现识"（能现色声等境界）、"智识"（能分别染净）、"相续识"（相续不断），这五种识统称为"意"。由这妄染的意的活动，"住持过去无量世等善恶之业，令不失故；复能成熟现在、未来、苦乐等报，无差违故；能令现在已经之事，忽然而念，未来之事，不觉妄虑"。总之，阿赖耶识尽管具有本觉，却因不觉而成为众生妄染的心识之本，具有处理和成熟善恶业报、令人不自觉地思虑过去未来的作用。其观点接近地论师北道派，故古今皆有人认为其乃地论师所造。

摄论师依印度安慧之说，也以阿黎耶为真妄、染净之和合。吉藏《中观论疏》卷七谓摄论师说第八识有真妄二义：有解性义是真，有果报识是妄用。圆测《解深密经疏》卷三说真谛依《决定藏论》立三种阿赖耶识：一为解性梨耶，谓能悟解佛性，为成佛之因；二为果报梨耶，以众生认识中的一切现象为所缘的对象，指能执持根身、缘起器界，做一切能认识的心识和所认识的世界之本；三为染污梨耶，缘真如境起四种错误的理解，为微细法执（执着本非实有者为实有）或无明之本。喻如藏有金的土，既有染污性的、很贱的土，又含藏有清净性的、贵重的金。众生的阿赖耶识只现染污性，如只见土而不见金；佛的阿赖耶识只现清净性，如土已炼成金。

藏传宁玛派也有阿赖耶识分三种之说：一是本元的、无始所依之阿赖耶，即如来藏、所依界；二是无记性阿赖耶，指能摄藏者，略同异熟识，通于凡圣；三是杂染的阿赖耶识，即唯识今学所言众生位的阿赖耶识。

藏传觉囊派《了义海论》等则认为，阿赖耶识乃世俗诸法之根，依他起性所依，然非最终极者，其根为胜义有、如来藏，因忽尔障垢生染，现为杂染习气所依托的阿赖耶识，属烦恼根、有为法，若转识成智，则恢复无为法本面。又说阿赖耶识有识、智之分，为染净之根、根之根，实即一如来藏分位所立假名，并没有从有为转无为的问题。其看法接近《大乘起信论》。

关于阿赖耶识真妄之三说，以第一、三说为妥当。第一说，是从心识结构论、事相的角度，判众生现实的阿赖耶识为杂染，这种说法的难点是如何解释无明烦恼妄心的根源，回答只能说本来就有，然从本体论看，本来就有者应该是真常、清净的，唯识今学的处理，是以本来真常者为真如理，以不如实知真如理为无明烦恼之本。此说符合从《阿含经》到多数大乘经论中的相关说法，唐宋以来，中国佛教界尤其是禅宗人讲阿赖耶识，通常都采用此说。

第二以阿赖耶纯为清净之说，立足于如来藏，然较难处理众生现实杂染的问题。此说依据的，只是《密严经》等个别如来藏系经典，这些经典中说阿赖耶识为真心或如来藏、真如，是从体性论的角度着眼，从这一角度，不仅可以说阿赖耶识是真如、本性清净，也可以说一切心识包括烦恼亦皆是真如，亦皆本性清净，《般若经》等经中即常作此说；但在事相上论，众生现实的阿赖耶识显然是杂染，只能说它潜在有清净性或体性清净，如金矿与金、金与金指环之喻，矿中虽然潜藏有金，指环虽然是金所制成，但需经提炼、制造，不能说现前的金矿就是纯金、纯金就是金指环。说阿赖耶识体性清净是对的，但若说它相亦清净，则显然不合理。《大乘入楞伽经》卷六说阿赖耶识为真如后，又说"转依离人、法，是则为真如"，意谓杂染的阿赖耶识净化之后才是真如。将未经净化的阿赖耶识误认为即是真如，在修行上可能会产生误导。

第三阿赖耶识真妄合和说，从本体论角度统合前二说，统一性与相、真与妄，提供了为何生起无明烦恼的解释，在理论上较显圆融。

七、关于阿赖耶识必有的论证

据《楞伽经》《显扬圣教论》等说，阿赖耶识隐密微细，乃佛教圣者由

"法眼"所见,非未见道得法眼的凡夫、外道甚至小乘圣者所能观察,如何能使未得法眼的众生相信确实有阿赖耶识?《瑜伽师地论》卷五十一、《显扬圣教论》卷十七、《摄大乘论》卷一皆列举8条理由,论证阿赖耶识"决定是有"。《成唯识论》卷三据之列举10条理由,论证阿赖耶识离前七识别有其自体,然皆系引据佛经特别是诸宗共认为佛说的《阿含经》。从分析心理现象以探究阿赖耶识的角度看,诸论中论证阿赖耶识必有的理由中,最重要者略有四点:

1. 就摄藏种子的功能知应有阿赖耶识。眼等前六识,皆分工明确,即生即灭,有时中断,无摄藏种子的能力,第七识唯缘内自我而无摄藏作用。若没有一个贯穿全部心理过程、摄藏信息的心识功能,则心理活动中那种可以观察、分析到的非自主性及心的染、净,各人心理素质天生的差别,便难以解释。烦恼,尤其是与生俱来、被认为是人性本具的烦恼,必有其因,方可遇缘而生,生已即灭,不会常驻不去。若没有阿赖耶识储藏杂染种子,烦恼从何生起?若没有阿赖耶识储藏烦恼种子,当一念烦恼自灭后,应永不再生烦恼,而其实不然。人多被情不受理控制所恼,有意断除烦恼的佛教徒,更常有欲断而不断,"斩不断,理还乱"的体验。反之,若没有阿赖耶识储藏善心、清净心种子,善心、清净心从何生起?若无阿赖耶识储藏清净种子,修行者偶起一念烦恼、恶心时,便不可能再生起善心、清净心,其实亦不然。有了阿赖耶识,心如何生起杂染烦恼,由谁受轮回、业报,及心如何由修行而臻清净、谁受善报、谁入涅槃,各人的心理素质为什么生来便千差万别等理论难题,都可以圆满解答。

2. 由执受作用知应有阿赖耶识。众生所禀受的物质身体,是被某种具精神性的、有生存意志的作用执受为载体、自体而维持其生命活动的活物,这个执受色身者究竟是谁?物质身体乃既定的异熟果,非身体自己所决定;眼等六根所生的六识,只能各了自境而无执受身体之能,只执内自我的末那识亦无执受色身的功用。执受色身令之成活物者,唯有第八阿赖耶识。

又,处胎未生之时,尚无前六识生起,必应有一种心识作用执受受精卵令之成长为婴儿,此与受精卵辗转相依的心识,只能说是阿赖耶识。经中说:

寿、暖、识三，更互依持，得相续住。

意谓寿命、体温（生命热能）、心识三大件互相依存结合为一体，使众生的生存得以延续，三者任缺一种，即告死亡。三者中的识，指的是哪个识？

又，在熟睡、闷绝、入无想定、灭尽定时，及今"植物人"、被麻醉失去知觉者，前六识皆中断活动，而寿命、体温并不失去，生理活动仍在维持，非同冰冷僵尸。此时与寿命、体温结合维持生命的心识，只有阿赖耶识。佛经中说众生生命的维持需要四种食物，第四种"识食"，指一种能执受生命、不断产生生的意志，担当此任者，只有阿赖耶识。

又，佛经中说：入了（受想）灭尽定的佛教圣者，前七识的一切活动完全停息，而体温尚有，身体并不死亡，生命活动还在维持，头发、指甲还在生长，这是因为有心识未离其身，部派佛学称这未离身的心识为"细心"，《大毗婆沙论》卷一百五十二谓"灭尽定细心不灭"。这未离身、在运作的细心，既非已停息的前七识，那就只能是阿赖耶识了。正因为有第八识在身，故说入了灭尽定（定，是一种心理状态）。这种入灭尽定者，在古代不乏实例，玄奘取经回国途中便曾亲见。

3. 从记忆功能知应有阿赖耶识。《楞严经》卷十云：

何因汝等，曾于昔年睹一奇物，经历年岁，忆忘俱无，于后忽然复睹前异，记忆宛然，曾不遗失。则此精了湛不摇中，念念受熏，有何筹算。

此念念受熏、难以自见的识阴，当指第八阿赖耶识。《成唯识论》卷一也说因有阿赖耶识故，得有忆识、诵习（学习）及记恩怀怨等事，以阿赖耶识的摄藏作用为记忆的根本。

4. 从轮回现象知应有阿赖耶识。佛教及印度教、道教等皆说众生生死轮回，受因果报应，众生禀受的物质身体，显然不能从今生带到来生；前七识皆念念生灭，更不能持续到来世。轮回及承受前生后世业报的主体，只能是阿赖耶识。《八识规矩颂》称此识"去后来先作主公"，是投生时最先来、临死时最后去的主人公。轮回虽然尚非科学所能确证，然有人具有宿命通、记忆前世等现象，心灵学已调查到许多例，濒死体验及死而复生者体验到死后心灵续存的案例更为多见，透露出轮回秘机的不少信息。只要认真研究此类现象，大概都会认同阿赖耶识可以对它们做出最佳的解释。

大乘佛教中，只有应成中观派后学只立六识而不立第八识，此系代表人物月称在其《入中论》中说："由业非以自性灭，故无赖耶亦能生"，从缘起绝无自性的角度否定实有阿赖耶识，判阿赖耶是佛为不了绝无自性者而施设的"不了义说"。从中观学的立场看，阿赖耶识虽然也是绝无自性（这一点也是唯识学所能承认的），但从世俗谛说，也没有必要去否定它，建立一个阿赖耶识解释业报、轮回、我与无我等问题，无疑比不建立更好，也更符合现代心理学、脑科学等的发现。太虚曾作《阅〈入中论〉记》（1943），批判此论破他"但为舌辩游戏，无当正悟"。

其他宗教的修行者，也曾多少窥见阿赖耶识，如印度教瑜伽行者所讲的内心最深处的"妙乐我"，及五层心灵的第三层能储藏觉知信息、作记忆储藏所的"记忆性无意识心灵"、第五层心灵最内核的"真理性无意识心灵"，伊斯兰教苏菲派五层心灵的第五层秘密（sirr），大概都接近阿赖耶识的某些部分。魏晋南北朝道教所说人身中能左右人心理活动的"三魂"和维持人生理活动的"七魄"，更可以看作是阿赖耶识的部分功能。《楞严经》卷九说识无边处定"唯留阿赖耶识，全于末那半分微细"，意谓此定以一点灵明意识缘广大无边的阿赖耶识为特征，末那识被抑制到只剩一半。更高的无所有处定、非想非非想处定，染污末那的执着作用当更小。一类经论中说阿赖耶识非外道及声闻、缘觉境界，应是指阿赖耶识的体性及究竟了知阿赖耶识而言。

阿赖耶识常被现代研究者用精神分析学的概念，称为"无意识"或"潜意识"。与佛教由修行得法眼直观阿赖耶识不同，近现代心理学通过分析人的心理和行为而窥探无意识的海下冰山。精神分析学主要从解析精神病、心理障碍、梦、"体语"、"脚语"、下意识的动作、表情和生理变化（如撒谎时的脸红、出汗等）、口误、笔误、无缘无故的心血来潮等窥探无意识，服饰、习惯、爱好、坐电梯的位置和姿势、握手的方式、常用物品、无缘无故浮现的念头及哼出的歌曲等，都可以成为窥探人无意识秘密的窗口。算命先生也常根据人无意识的姿势、动作来揣摩人的心思。弗洛伊德分心理过程为意识、前意识、无意识三大层次。前意识（preconscious），指介于意识与无意识之间、会浮现于意识表层的被压抑的心理冲动，又称"描述性无意识"。潜意识（subconscious）则指暂时不自觉察但容易进入意识的信息，包括所记忆的内容。无意识（nonconscious），指个人的原始冲动、本能欲望被压抑部分的储积，心理学界一般称之为潜意识（unconscious），而以无意识指意识对自身的生理活动和外在环境无所感知的情形。荣格分无意识为个人无意识、集体无意识，个人无意识基本同弗洛伊德的无意识，是一个心理经验、被压抑冲动及"情结"的储藏所；集体无意识则储藏着人类祖先长期进化过程中所形成的原始意象和"原型"——与生俱来的典型的理解模式，为个人的思维、情感、知觉、行为提供了一套先天的模式，颇近佛学所谓种子，显然受了佛学阿赖耶识的启发。前意识、潜意识、个人无意识、集体无意识，皆可看作阿赖耶识内容的一部分。

当代心理学家大多承认无意识的存在，认为无意识是各种情感的中心点、创造的源头，并利用无意识治疗疾病。一般说，人仅仅在5%左右的认知活动中有意识，其余大多数决定、行动、情绪、行为都决定于无意识。从心跳、耳边响起某种旋律、喜欢可口可乐、突然看见蛇胆战心惊、看浪漫电影手出汗，到与配偶结婚、配偶的表情会激起自己的爱欲或怒气、推购物车、驾车转过街角、理解有歧义句子，到决定不伤害一窝小猫等，皆决定于"适应性无意识"。

近十几年来脑科学、神经科学的实验，证明导致诸如移动一根手指之类自愿行为的大脑活动，几乎在意识到需要移动它半秒钟之前就开始了，说明"无意识"在意识之前进行筹划，人像木偶一样受无意识的操纵。无意识处理信息需要半秒，故人的反应不能与事件同步。利用大脑扫描技术对无意识的活动进行观察，发现大脑处理信息的大部分过程是在意识层面下由无意识自动进行的；人的判断可能受到已经存在于无意识中的潜在信息或神经编码的影响，如昏迷中的病人仍然能在无意识中分辨熟人的照片；神经系统在被认为属无意识的大脑皮质下区域产生恐惧、悲伤等情绪；大脑在未意识到的情况下识别文字。当代生理学认为：由大脑垂体分泌的激素物质控制的生物钟，归根结底由人的无意识控制，由起居习惯化而形成。人和动物经过多次强化刺激后形成的条件反射，也应以无意识的作用为依托。无意识还被运用于商业，如所谓"萨尔曼茨隐喻诱引术"（ZMET），便运用图画发现表达希望等情绪的隐喻，制造信息激发客户的无意识。

当然，至今所发现的无意识，只当于阿赖耶识摄藏功能的一部分。欲图完全通彻阿赖耶识的究竟，恐怕还得通过正观真如，开发能直窥阿赖耶识的"法眼"。按唯识学之说，只有到佛地，才能完全洞见阿赖耶识，并转此识为"大圆镜智"。具天眼者，或能见每人心脏部位有一如黄豆或指头大的明点，藏密说此即阿赖耶识或灵魂，其内有如芥子般大小的亮点即心性光明、如来藏或第九识，许多刹那生灭的黑白色微细点粒即善恶种子。此所见阿赖耶识，应只是阿赖耶识的见分，阿赖耶识的整体，应是以此见分或明点为核心，其整体大到甚至与宇宙同体的巨大心灵场。

有人称阿赖耶识为"宇宙性的电脑作用"，其储存、处理信息的功能与电脑确实相近。反过来也可以说，电脑处理信息的功能，以宇宙性的阿赖耶识为终极依据。现在看来，佛学所言阿赖耶识，非心非物而即心即物，是一种起储藏、处理一切心理、生理、物理信息的电脑意识作用，或曰场态无意识，是宇宙万有何以如此的最重要因素，古人多将这一因素归于天和神，今人多只见物质、大脑而忽略这一起最重要作用者。佛学将这种作用归于每一众生心，并阐述如何通过修行去证知其性相，值得珍视。从其作用讲，阿赖耶识藏摄信息的功能，亦应为一切物质起码是所有生物皆具有，现代科学发现，植物与动物（佛经所谓非情与有情）之间并无明显的界线，植物乃至有些金属，也有储藏信息、执受自体的能力。太虚《阿陀那识论》将一物与他物、此一微尘与彼一微尘之互不相碍，及章太炎所说矿物、植物有身识，也看作由阿赖耶识执持。当代科学界也有说细菌、人身中每一细胞乃至宇宙中每一微观粒子皆有心灵者。

第七节 第九识：阿摩罗识

多数唯识学经论中，皆说心由八种识构成。如《成唯识论》卷七谓"心意识八种，俗故相有别"——从世俗的认识惯例来说，心识有八种。但有些佛经中于八识之外还说涅槃心、真识、如来藏识、阿摩罗识等为清净离染的真常心，它究竟是第八识所转，还是八识底层的最深心灵构件第九识，或是心识的体性，在大乘佛教界至今仍是尚有争议的重大问题。

一、真识、如来藏识、根本心、泥洹识、阿摩罗识

《楞伽经》等经论中虽然有阿赖耶识即如来藏的说法，但又多处说阿赖耶识是应断灭的杂染法或生灭与不生灭和合，而如来藏是纯净无染、不生不灭的，阿赖耶与如来藏并非完全同一，如魏译《入楞伽经》卷七云：

如来藏识不在阿梨耶识中，是故七种识有生有灭，如来藏识不生不灭。

明言如来藏识非阿赖耶识。宋译《楞伽经》卷四云：

菩萨摩诃萨欲求胜进者，当净如来藏及识藏名。

以如来藏和识藏（藏识）为二。同经卷一以"真识"或"自真相识"为三种识之首，按后文之义并对照另外两个译本，虽然应指藏识的真相、真性，而一般从相用上讲的杂染或染净和合的阿赖耶，不大能称得起真识。经言：

转识、藏识、真相若异者，藏识非因；若不异者，转识灭，藏识亦应灭，而自真相实不灭。

谓七转识及第八藏识与真相识（即真识）非一非异，若异，则杂染生灭的藏识不能作为七转识的依因，依因必不生不灭故；若不异，则圣者灭七转识，其藏识亦应随之而灭，就完全没有心识了，实则其"自真相识"或真心不灭。这与藏识、转识非一非异、实常不灭的真识或真相、自真相识，也可以说为第

九识。《入楞伽经》卷九既说心意识八种，又说"八、九种种识，如水中诸波"。《大乘密严经》卷中也说：

心有八种，或复有九。与无明俱，为世间因。世间悉是心、心法现，是心、心法及以诸根，生灭流转，为无明等之所变异，其根本心，坚固不动。

如果立第九识，那只能是"真识"或坚固不动的"根本心"了。

又，《菩萨璎珞本业经》卷二，说有"泥洹识"，又名无为识、住识、无染污识，此识与有为的动识不同，常住不灭、不变易、不受染污：

虽身取灭度，住识不变易。

无染污识不为染污识。何以故？识性常住，亦不变易，无生灭著断。

此"无所猗""独无侣""无所在"，真常不易、独立无依的泥洹（涅槃）识、无染污识，见于《阿含经》，又名"解脱心""涅槃识""涅槃心""涅槃界"，也可说为第九识。

第九识，多名阿摩罗（梵文 amala）识，一作庵摩罗识、阿末罗识，意译无垢识、清净识、白净识、如来识，其名目见于《如来功德庄严经》《密严经》《楞严经》《金刚三昧经》等经。真谛译《十八空论》（《中边分别论》注释的一部分）、《决定藏论》（《瑜伽师地论·摄抉择分》异译）、《转识论》、《唯识论》、《三无性论》及玄奘译《大乘庄严经论》等，皆说阿摩罗识。

二、作为佛等圣众清净心的真常心、阿摩罗识

经论中所说阿摩罗识、泥洹识，多指诸佛及阿罗汉、菩萨完全净化、转化（唯识学称"转依"）了的清净心，如《如来出现功德庄严经》云：

如来无垢识，是净无漏界。

解脱一切障，圆镜智相应。

无垢识，即阿摩罗识，乃佛的清净心，又名如来藏心。《楞伽经》卷一谓离名、相妄想，以正智证如如时，名"成自性如来藏心"，此心实即阿摩罗识。同经卷三说佛的自觉圣智境界"超度一切心、意、意识"，超越八种识。《入楞

伽经》卷八云：

言刹尼迦者，名之为空阿梨耶识，名如来藏。无共意、转识熏习，故名为空。具足无漏熏习法故，名为不空……金刚如来藏，如来证法，非刹那不住。

谓如来藏又名空阿梨耶，性为无漏，乃佛所证，即阿摩罗识，非刹那生灭，具足无漏功德，故名不空。《金刚三昧经》更多说庵摩罗识：

诸佛如来常以一觉而转诸识入庵摩罗识。

觉本无生，离众生垢；觉本无寂，离涅槃动。住如是地，心无所住，无有出入，入庵摩罗识。

八识海澄，九识流净。

《楞严经》卷四说在佛果位上，菩提、涅槃、真如、佛性、庵摩罗识、空如来藏、大圆镜智七种，名异义同，"清净圆满，体性坚凝，如金刚王，常住不坏"。

阿摩罗识也可以通称已经断尽烦恼、转舍了阿赖耶识的阿罗汉、缘觉、八地以上菩萨的清净心，乃至初地菩萨初证真如的无分别智。《决定藏论》谓对治阿罗（赖）耶识而证阿摩罗识，此阿摩罗识，玄奘译《瑜伽师地论》中皆作"转依"——转舍杂染所依的阿赖耶识而转得清净所依的阿摩罗识。《三无性论》卷上云：

由分别性永无故，依他性亦不有，此二无所有，即是阿摩罗识……先以唯一乱识遣于外境，次阿摩罗识遣于乱识故，究竟唯一净识也。

谓由正观唯识，遣除乱识，离分别性（即遍计所执性）与依他起性，证真实性（圆成实性）的唯一净识，即是阿摩罗识，此清净心的证得，一般说在菩萨初地见道位。

摄论师所译印度大乘论典中，还有说阿摩罗识即是真如（梵文 tathatā）或实性、如如者，如《三无性论》卷上说阿摩罗识"独无变易，故称如如"。真谛译《转识论》谓由观唯识至"境识俱泯，即是实性，实性即是阿摩罗识；亦可卒终为论，是阿摩罗识也"。实性（圆成实性）、如如，即真如，指真实不妄、常恒不变的实在、本然。这两部论中所言即是真如、实性的阿摩罗识，指菩萨入初地见道时证真如、实性的心，"自性清净心"，"真如心""心真如""如来藏心""真心"等，实皆为其别称。《十八空论》卷一说：

> 阿摩罗识是自性清净心，但为客尘所污，故名不净；为客尘尽，故立为净。

无著造《大乘庄严经论》卷六云：

> 说心真如，名之为心，即说此心为自性清净，此心即是阿摩罗识。

此阿摩罗识，亦指佛菩萨证得真如的心。天台宗智顗《法华玄义》卷五也说第九识名为净识，乃无分别智、契无分别境而与真如相应的境界，名"道后真如"，指初地以上菩萨证得真如的净心。智顗《金光明经玄义拾遗记会本》卷上有云：

> 庵摩罗识，是第九不动识，若分别之，即是佛识。

阿梨耶识是第八无没识，即是菩萨识，阿陀那识是第七分别识，是二乘识，前六识是凡夫识。又"以照识性故，是庵摩罗识；照识如故，是阿梨耶识；亦照亦灭故，是阿陀那识"。

三、凡夫本具的真心、阿摩罗识

圣者们修行证得的阿摩罗识，是否乃凡夫众生所本具？如果说阿摩罗识非本具而为修得，那么它岂非有成为不离造作的有为法之嫌，岂能称得起"独无变易"的真如？独无变易的真如乃超越时空等因缘和一切二元对立的无为法，必定是本来具有，非经造作修为而成。《佛性论》卷二云：

> 若至果时，方言得性者，此性便是无常。何以故？非始得故。故知本有，是故言常。

如果说真如是本然之理，而诸经论皆说真如非依缘而起、生灭变易的眼等六识所能了知，亦应非念念执我的末那识和"恒转如暴流"、杂染的阿赖耶识所能证知，乃至"非智所知，非识所识""离心、意、识"。《大乘止观法门》卷一说，净心非缘虑所知，如眼不自见，凡夫分别净心"即如痴人大张己眼还觅己眼"。同论卷三说，见净心时，意识自灭，以净心非可见之法故，"定知意识不见心也"；"七识是我执识故，不能见心本寂"。前七识皆不能见真如，那么修行者究竟用哪个心识去证知真如而得阿摩罗识呢？如果众生不是本来潜具能证知真如的心识作用，又凭何去证得真如、阿摩罗识？真谛译《十八空论》说由正观唯识荡遣尽一切虚妄识心及其境界时，"唯有阿摩罗识清净心也""阿摩罗识是自性清净心，但为客尘所污，故名不净"，就像遮蔽蓝天的云雾被风吹散后，自有蓝天的本来面目显现。此说大有阿摩罗识乃众生心本来具有之意。

能证真如或即是真如的自性清净心，从绝对一元论的角度，应说一切众生本来具有，晋译《大方广佛华严经·如来出现品》即说：

> 无一众生而不具有如来智慧，但以妄想颠倒执著而不证得。若离妄想，一切智、自然智、无碍智，则得现前。

此言被大乘佛教如来藏系奉为一切众生皆具佛性、本觉真心的经典依据。具有一切智、自然智、无碍智的心，即自性清净心，也可看作第九识。

四、从结构论建立第九识

本来具有自性清净心及自然智等智慧，可以从两条思路去理解：一是从结构论的角度，将其看作心识的最深层次，即第九识。摄论师、地论师北道派等即持此说。

隋吉藏《中观论疏》卷七说：摄论师以八识为虚妄，立九识为真实，认为妄识至成佛时灭，若无第九识，何以论果？

唐代新罗僧圆测（玄奘之徒）的《解深密经疏》卷三谓真谛三藏依世亲门下唯识十大论师之一安慧之说，立阿摩罗识为第九识，作如是说：

> 第九阿摩罗识，此云无垢识，真如为体。于一真如，有其二义，一所缘境，名为真如及实际等；二能缘义，名无垢识，亦名本觉。

将能证真如的心名为阿摩罗识，所证的理名为真如，以真如为阿摩罗识之体，阿摩罗识则应为真如之用。并引《十七地论·菩萨品》（《瑜伽师地论·菩萨地》异译）中广辨阿摩罗识为九识为证。此第九识，即是正因佛性、如来藏。圆测《仁王经疏》卷中谓真谛总立九识：第一阿摩罗识以"真如本觉为性，在缠名如来藏，出缠名法身"。遁伦《瑜伽论记》卷十说：真谛三藏认为人法二空所显真如不是识体，不具能照的作用，"有本觉智，能缘平等理"，此即是第一净识（阿摩罗识）。唐摄论师道基《摄大乘义章》卷四云：

第一净识体是如如，真性本有，非始修智，不说断惑。阿梨耶识唯有净品闻熏种子，以是成就，不能现行照理断结。

认为护法系唯识学中，作为成佛之因的阿赖耶识中"正闻熏习种子"不能照察真如理而断烦恼，须有体是真如的第九净识，本来具有能照真如理的智慧——亦即"自然智"，若无第九识、自然智，则无成佛之理。

敦煌本《摄大乘论章》（唐灵润）卷一从一心二门论八九识，认为就世谛生灭门言，第八阿梨耶识名曰依他性，只立八识，不立第九净识；就第一义真如门言，摄净识入阿梨耶识，以内照同故，以识真如合前八识为九。故《无相论·无相品》谓：分别性永无，依他性亦不有，"此二无所有，即是阿摩罗识……故究竟唯一净识也"。凝然《华严孔目章发悟记》卷十五谓《无相论》《大乘庄严经论》"义含真妄，通说九识也"。①

地论师北道派也立第九识。隋慧远《大乘义章》卷三说，地论师北道派解释《入楞伽经》"八九种种识"之"九"有二义：一真妄合和以说九种识，妄识指前七识，真识分二，即阿摩罗及阿梨耶；二真妄离合以说九识，真识唯一，即本净阿摩罗识。真妄合和共八种识。从《大乘起信论》一心二门言，阿摩罗识即是心真如门，染净和合的阿黎耶识为心生灭门。

诸经论中一致说，真如超能证、所证的二元对待，在证知真如时，能证之心与所证真如一如不二，如《成唯识论》卷九所言："智与真如平等平等，俱

---

① 胜友俊教集：《华严孔目章发悟记》，引自《大日本佛教全书》第122册，大日本佛教全书刊行会1930年版，第371页。

离能取所取相故"，名证得真如。按此，则从主观能证知的角度，也是对修行者而言最为切近的角度，真如可以看作一种绝对清净的心，名之为阿摩罗识、真识、自性清净心、真如心、本觉等。真谛译世亲《唯识论》说有（与烦恼）相应心及不相应心两种心，前者包括心、意、识（亦即八识），后者名"第一义谛常住不变自性清净心"，可谓第九识。

天台宗湛然《法华玄义释签》卷五说阿摩罗识是第九识，本理无染，有阿摩罗识本来具有的意味。

唐法敏《释摩诃衍论赞玄疏》卷二据《大乘起信论》一心二门，说从生灭门言，以庵摩罗为第九识，而以庵摩罗所入为第十识，称"一切一心识"，出《法门经》。从真如门言，以生灭所入的"多一识心"为第九识，以真如所入的"一一识心"（一心一心识）为第十识。多一识心，谓每个众生各自有一个真心，一一识心，谓诸佛众生同一的真心。认为前九识皆不缘真如理，唯第十"一一识心"为真如门所依之体，"体能鉴用，照体独立"，能自缘真如理，又名"一心""俱非念""寂灭寂静念"。

密教《金刚顶经》及藏传密法等也立第九庵摩罗识，以五、六、七、八、九之五层心识与五方佛、五种佛智相配，第九阿摩罗识配中央毗卢遮那佛，表法界体性智（证知真如的智慧），表示众生心识本具毗卢遮那佛的法界体性智。又说能自见真如本面的本觉、法身与迷染的阿赖耶识不同，此本觉、法身，当为阿摩罗识异称。唐密还采用《释摩诃衍论赞玄疏》之说，以八叶心莲及中台之本尊含摄一切心主，为第九识，以摄十佛刹微尘数之一切心主（"一一识心"）为第十识，见空海《秘藏记》。

藏传密教又说众生本来具有心体光明（同自性清净心），为心识的最内核或最底层，被世间妄心遮蔽而不现。噶举派将心识分为三大层次，第二层细心，指与贪等80种本能性心理活动（"八十性妄"）相俱的一切心，相当于阿赖耶或阿陀那（第七识执受第八）识及其相应心所；第三层最细心，亦称"本来心""本元心"，指与本来空性相应、能证知真如的"明空不二"之心，相当于第九阿摩罗识。宁玛派所谓"大菩提心"，噶举派所谓"俱生智"，萨迦派所

谓"本元俱生智",觉囊派所谓"胜义有",实际皆指此心。陈健民《曲肱斋全集》(三)云:

> 密宗建立第九识,即如来藏识,此识即果位本具佛识,必至一切微细修垢完全清净,本来之如来藏全部圆满显现。

五、以真心为心的体性而立或不立第九识

本来具有真常心的第二条思路,是从本体论或体用论的角度,将真常心看作众生心所本来如是的体性。体,指"主质"、质料,如金镯、金耳环、金杯等金器皆以金为体。性,谓本来具有的或本然、本性、本体,一般是从本体论角度讲,有时也被理解为一种心理状态。从体性论角度讲的真心,可立或不立第九识。

隋慧远《大乘起信论义疏》卷上谓:"于一心中绝言离缘为第九识",为体;"随缘变转是第八识",第八识"摄体从用",为用。地论师北道派由此立第九阿摩罗识。《楞严经》通过层层辨析,说明众生本具"妙明真心""妙净明体""常住真心,性净明体""无始菩提涅槃元清净体""清净妙净明心""真心""妙明真精妙心",亦称"本元真如""如来藏",是发生见闻觉知之根本,而其自体又离见闻觉知。

从体用论的角度,也可不立第九识。地论师南道派及天台、华严、禅宗等,多从体、相、用的哲学角度,以真心为心的体性,妄心(八识)为真心的相用。地论师南道派立阿赖耶识为真常净识,此外别无真心,《大乘义章》卷三说该派认为《胜鬘经》之如来藏、《菩萨地持经》之"一心",皆指第八真心,此心乃正因佛性,为前七识之依持,相隐性实,能为妄本,住持于妄,真心为体,妄识为用,用依体起。这种真体妄用、从真起妄说,对天台、华严等宗的心性论颇有影响。《大乘止观法门》卷二谓一切凡圣唯以一心为体,此一心或如来藏,从体、相的角度可分为两种:一是"真如平等心",为体,即是一切凡圣平等共相法身;二是阿梨耶识,即是相。阿梨耶识复有两种:一者清

净分依他性，亦名清净和合识，即是一切圣人之体；二者染着分依他性，亦名染着和合识，即是一切众生之体。此二种依他性，其用虽别，而体融一味，唯是一真如平等心。同论卷一云：

> 即此心性能持、能现二种功能，及所持、所现二种染法，皆依此一心而立，与心不一不异，故名此心以为法身。此能持之功能与所持之气和合故，名为子时阿梨耶识也。依熏现法之能与所现之相和合故，名为果报阿梨耶识。此二识体一用异也。然此阿梨耶识中，即有二分，一者染分，即是业与果报之相；二者净分，即是心性及能熏净法，名为净分。以其染性即是净性，更无别法故。

因能藏、所藏、能生三义名此心为如来藏。同论卷三说真心即是本识之体，"本识之外，无别真心可得"，明确说真心非第九识。

六、从结构论反对立第九识

从结构论角度反对立第九识，以慈恩宗为代表，认为阿赖耶识是杂染的，必须经修行而转为清净的阿摩罗识。阿摩罗识与阿赖耶识非为两个，只是"分位"不同，为阿赖耶识的异称之一，是佛地或阿罗汉、菩萨被转化了的阿赖耶识。《成唯识论》卷三说：第八识在不同的分位有不同的名字，阿摩罗识者，"最极清净诸无漏法所依止故，此名唯在如来地（相续执持位）有""无垢识体无有舍时，利乐有情无尽时故"。窥基《成唯识论述记》卷一批评摄论师等立阿摩罗为第九识是错误的：

> 《楞伽经》中兼说识性，或以第八染净别开，故言九识，非是依他识体有九，亦非体类别有九识。

认为经中说九种识，只是将第八识分为染净二分，算作九识，并非说识实有九种。窥基《大乘法苑义林章》卷一谓：《入楞伽经》说九种识是"因果合说"，《大乘同性经》《无相论》说九种识则是真俗合说，"今取净位第八本识以为第九，染净本识各别说故"。圆测《仁王经疏》卷中谓玄奘只立八识，以言阿摩罗指第八识中净分。

慈恩宗也不认同地论师南道派的阿赖耶识即是真常净识说，认为阿赖耶乃杂染，只有修行圆满成佛时才转阿赖耶为真常净识。众生杂染的第八识为阿赖耶，菩萨在净化中的第八识名"空如来藏"，佛完全净化了的第八识名"不空如来藏"，即阿摩罗识。

至于成佛之因，慈恩宗说为阿赖耶识中本有的或寄附的无漏净种子，由净缘熏习增长，转识成智。《成唯识论》卷二云：

有诸有情无始时来，有无漏种，不由熏习，法尔成就。后胜进位，熏令增长。无漏法起，以此为因。无漏起时，复熏成种。

以哪个心证得真如而转阿赖耶为阿摩罗？按唯识今学的理论，菩萨入初地以上证得真如的心，是经正智观修而转化为妙观察智的第六意识，或加转为平等性智的第七识。

慈恩宗也反对以真如为第九识，而以真如为唯识实性，即人法二无我性。太虚《阿陀那识论》宗慈恩之义，说真谛立真如为第九识乃传释之错误：

真如为识之体性，识实性故，假名为识，理亦可通，但不应以庵摩罗名。考《如来出现功德经》颂文，庵摩罗固以名清净第八，不以指真如及可别名为第九也……真谛以庵摩罗为第九，则不是用遍一切法之平等真如性为第九，乃是别指第八净分以为第九，故不宜也。

今人萧平实在《略说第九识与第八识并存……等之过失》中，引经据典，列举立第九识之过失达190种。

藏传佛教也有不立第九识，即以阿赖耶识为本觉、如来藏者，也有说如来藏是阿赖耶识所转者。

七、关于第九识争议的评议

阿摩罗识或真心，蕴含的实质性问题是如来藏，亦即众生证知真如、成佛的根本依据和可能性，对佛教信仰的确立和宗教修持来讲至关重要。大乘诸学在解决这一重大问题时大略有三种思路：

1. 护法系唯识今学从结构论着眼，将成佛之因摄于真如理和阿赖耶识所寄藏的有为无漏种子，立八种识，说转阿赖耶识所知依而成阿摩罗识。其说严谨精密，其实践是有为的、革新式的，具经历长劫转识成智的积极精神，但其转识成智说有落于有为造作之嫌，亦难满足急求顿证者的需求。

2. 安慧系唯识学及中国摄论师等也从结构论着眼，而着重区分染净之因，立能证真如理者或阿赖耶识清净分为本具第九阿摩罗识，以解决证知真如的依据问题，但其所立阿摩罗识较难通过分析众生现前心识而确立，整个学说不及护法系严密。

3. 真常心系（天台、华严、禅宗、密教等）从体用论、体相论着眼，说心体或心识最深层有本具真心，将此真心等同于真如，持一体八用的九识说，或不以真心为第九识。其理论立足点高，超越了结构论的局限，修证是返本式的，适合急求顿证者的需要，指导实修易收顿悟之效，但也面临酣眠、闷绝时真常心何在等诘难，及由承当"本来是佛"导致放任或误认根本无明为真心等弊端。

三种说法，在大乘经中都各有其依据。作为用于建立信仰和指导修持的言说，各有其价值和所适应的对象，也各有长短，大概无必要做是非之辨。三种说法的共同点，是都认为众生现行的心识为杂染，而心识深处潜藏有清净不染的因素或可能性，使众生能证得无垢识；与诸法无我的真实相应，是证得无垢识（阿摩罗识）之要道。正如印顺《摄大乘论讲记》所说，真心、妄心（唯识今学）二派"所说明的事实是一样的，不过各依其一据点说明罢了。以妄心为主体的，有漏法的产生，很容易说明，而清净寄于其中，从虚妄而转成清净（转依），就比较困难了。以真心为主体的，无漏法的生起，很容易明白，而杂染覆净而不染，及依真起妄，又似乎困难了些"。

又，引起诸家争议的一大原因，实际上是对阿赖耶识的内容界定不同，处理成佛之因的方法有异：摄论师、慈恩宗皆以阿赖耶识为杂染，摄论师从果立因，以成佛之因为本具第九识，慈恩宗则从因望果，以阿赖耶识中寄附的无漏种子为成佛之因，以佛果地转依了的阿赖耶识为阿摩罗识；地论师南道派即因即果，以阿赖耶识为真心，不立第九识；地论师北道派以阿赖耶识为染净和合，故可立第九识，也可将第九识包摄于阿赖耶识中。

天台宗对第九识有独特的处理，智顗《妙法莲华经玄义》卷五以一人有三心为喻，评论地论师与摄论师关于第九识有无的争议说：若阿梨耶中有生死种子，熏习增长即成众生杂染的分别识；若阿梨耶中有智慧种子，熏习增长，即转依成道后真如，名为净识（庵摩罗识）。这是唯识学的说法。又用天台宗的"六即佛"义结合唯识学解释庵摩罗识，谓"庵摩罗识名无分别智光"，若阿梨耶识有此智慧种子，即是"理即"无分别智光，经过修行逐步开发，即六根清净"相似即"无分别智光、"分真即"无分别智光、"究竟即"无分别智光。以本具的第九识为阿赖耶识中的无分别智种子，又以其完全开发为佛果净心，调和了关于第九识的争议。

笔者以为：如果建立第九识，那么其功能主要是恒与真如相应或证知真如，其证知真如的智慧，应即是《华严经》所谓"自然智"，因明学所谓真现量。但此自然智非意识，而是无意识，这样就可以解答为什么在熟睡等无心位没有真心、自然智的疑问。密教说成佛时第九识转为法界体性智，此法界体性智，其实质毋宁说是以转为妙观察智的意识证知法界体性，故唯识今学不立法界体性智，而将证知法界体性之智摄于妙观察智中，即是根本、后得两种无分别智，及般若学所说三智①中亲证真如的一切智。

第九识还是阿赖耶识乃至一切法终极的所依，所谓法界体性者。如果不立第九识，那么只有将这种功能摄于阿赖耶识中，或为其清净分，或为其体性、真如。

诸家建立真心、阿摩罗识，都以确信佛已证得真心、阿摩罗识之果境为出发点，亦以此为真心、阿摩罗识实有的基本证据。至于此识是修得还是本有，

---

①三智：一切智、道种智、一切种智。一切智初证真如，道种智知差别，一切种智全知一切，唯佛具有。

实际上是从不同哲学角度，对同一佛果境界或证知真如的经验所做的不同解释。参禅开悟、修密法见道者，多认为真心本有，因为只有本来具有者才是真常不灭的。禅宗人说开悟如"云开日出相似"，日光本来常有，只是被云雾遮蔽而不显，云雾消散，本有日光自然显现。亲证真如或见性者，会感到意识底层有一真心亲证真如，其时意识可以起念，故知真心不是意识，乃本来具有的。唯识学则从众生现实的杂染心出发，说经过修行，令心与真如相应，转识成智，转妄心为真心，才放射出智慧光明，意谓真心乃修得，犹如金矿，须经冶炼才得黄金。

说本具阿摩罗识由除灭妄想而显（由修而显），与说阿摩罗识、真心是心与真如完全相应或"转依"时所得（由修而得），实质上并无太大区别。作为一种理论解释，由修而得说比较合理，因为现实是诸佛及任何人的真心、阿摩罗识，都是经修行而证得。真心本有、由修而显说，从体用论角度立论，只是一种哲学思辨的理，即便顿悟见道，一般也只是见到涅槃妙心，获得亲证真如体性的"一切智"或"法界体性智"，至多堪入涅槃，并不具备佛的多种功德智慧，禅宗人谓"涅槃心易晓，差别智难明"，须经长期修行，才可实际成佛。但作为一种参悟见性的工具，说佛果智慧本来具足，自有其特殊的功用，若不如此认识，心中始终保持与佛的遥远距离，则成为证悟的障碍。故第九识的建立，本质上是一种引导人信佛修行及参悟见性的方便。

如果要从哲理上论证真心、阿摩罗识必有或必能证得，则如《入楞伽经》卷九所言：

若无清净法，亦无有于染；以有清净心，而见有染法。

从"凡有对法，皆不相离"（《瑜伽师地论》）——一切互为矛盾关系者皆以对方为自己存在的条件之缘起法则看，既有现前杂染、生灭之妄心，则必应有清净、真常之真心、阿摩罗识，而且这真心、阿摩罗识，有佛及许多圣弟子的修证经验为据，任何人都可以通过如法修行去实验验证。故第九识、真常心，以信仰佛果境界为出发点，而终归须以各自修行的实践（可以看作超心理学的实验）去验证，不是哲学思辨和佛学研究所能解决的问题。

心——多功能多层次的集起（中） | 第三章

八识或九识"心法",只是心识主体的基本功能,在现实生活中,众生依八识心海,生起种种心理活动的波浪,被称为"心所法",乃人们心理活动的主要内容,具体的心理活动,大多是八识与一至数个心所法同时生起。经中比喻心与心所同时而起,如日与日光。

将心分为心王与心所,始于上座部及被大众部所奉、有"小乘华严经"之称的《正法念处经》。心所法,具称"心所有法",略称"心所"(梵文cittasaṃprayuktasaṃskāra),与八识"心王"相对应,指附属于心王、常依随心王而起的各种心理活动。《阿毗达磨集异门足论》卷三说:心所法"依止于心,系属于心,依心而转,扶助于心",与心同生、同灭、缘取同一目标、拥有同一依处。若八识如王,则心所如臣,臣属王所有,为王所统摄,故名心所,又名"心相应行法"(属心所摄的行蕴)。因其数数(多次)生起,为数众多,故名"心数"。《阿毗昙心论》卷一比喻说,如羸弱的病人需要由人扶起,心王需要与心所相伴而生。《成唯识论》卷五比喻,心王像绘画勾勒轮廓,心所则如设色填彩。

对治理自心及宗教修持而言,心所比心王更显重要。佛学研究心所法,主要从净化人心的社会教化和了脱生死的宗教修持出发,区分各种心所法的性质，辨清其中哪些是善的、清净的，能引起有益的后果，哪些是恶的、污染的，能引起痛苦及生死轮回的后果，以便断恶修善，灭除生死之根。

《佛说寂志果经》举出 16 种心，染净参半，两两对举。《正法念处经》卷三十三列举并一一解释了 50 种心所法，分为 4 大类。诸派论典对心所法做了规范化的分类罗列。有部《发智论》说 8 类 55 种心所，《杂阿毗昙心论》说 5 类 46 种心所，《大毗婆沙论》卷四十二列举 7 类 49 种心所，《俱舍论》卷四列举 6 类 46 种心所，南传上座部《摄阿毗达磨义论》列举 3 类或 7 类 52 种心所。大乘唯识学系《瑜伽师地论》卷一列举 53 种心所，《阿毗达磨集论》卷一列举 55 种心所，《百法明门论》《成唯识论》列举 51 种心所，皆分为 6 类。

另外，南传佛学的八十九心、一百二十一心，密教《大日经》的百六十世间心、无上瑜伽的八十性妄，也都是心理功能和状态的列举和分类。

现在看来，各派论典虽然从修行的角度举出了重要的心所法，但未必将佛经中提到或佛经中虽未提到而实际有的心理活动囊括无遗。诸家对心所法的分类，亦颇有分歧。太虚《真现实论》指出，各部心所法有"重新为审择之必要"。从佛经、西方心理学所列举及我人当下的心理活动看，人类心所或功能的数目，以密教《大日经》卷一所说世间心 160 种之数，人略符合实际。经中仅举出 59 种，略去百余，难道是为给后人留下科学研究及自省其心的空间？

第一节　无记及不定心所法

本书以唯识今学的心所法为本，综合诸经论及现代心理学之说，加以补充，按伦理属性，分为无记、不定、善、不善四大类心所法。

无记（梵文 avyākṛta），谓不可判定其善恶属性，记，为判断义。无记心所法包括诸论所说遍大地法、遍行心所法、别境心所法、通一切心心所法、大有覆无记地法、大无覆无记地法所摄诸心所，大乘唯识学分为遍行、别境两类。

一、遍行心所法

遍行（梵文 sarvatraga）心所法，指任何心理活动生起时都会与之同时而起的心识作用。唯识学解释遍行之"遍"有四义：一是一切时，不论过去、现在、未来，任何时候只要有心理活动便会有；二是一切性，善、恶、无记三种心生起时都会有；三是一切俱，八种识及其所有心所生起时都会有；四是一切地，三界任何层次、任何种类众生的心理活动生起时都会有。太虚《人生观的科学》（1924）认为亲证真如的阿摩罗识现起之时，遍行心所也是必有的。

唯识学所列遍行心所法只有5种：

1. 触（巴利文 phassa，梵文 sparśa）。意为接触，指心与境相接触，或心取开放态度接触外境，进入工作状态。《大毗婆沙论》卷一百九十七说触的作用是使"根、境、识同办一事，故名和合"（妙音语）。《成唯识论》卷三说：触使认知机制、认识对象和心识三者结合并加强了三者结合的力量，又依赖三者而生起，并具有生起其他心理活动的分别和变异的功能。触，譬如电脑打开，进入工作状态。

2. 作意（巴利文、梵文 manaskāra）。《成唯识论》卷三解释：

作意，谓能警心为性，于所缘境引心为业。

谓作意的作用是"引心"，使眠伏状态的心警觉，对外境或内心注意，将心引向认识活动，比喻为船上用以控制方向的舵。相当于现代心理学的注意（attention），如注意去看前面那个人的衣着，便是作意；有急事去办时虽然看见街上有很多行人，无意去注意，是有触而无作意。今说人的注意只能有一个聚焦点。汉译佛典中的作意，还有起心、思考（思惟）之义，如常见"如理作意"之作意，即指思考佛法之理。

3. 受（巴利文、梵文 vedanā）。即五蕴中属受蕴的受，内心领纳而生起感受。《瑜伽师地论》卷三谓受乃爱、恨等烦恼或情绪生起的所依，可以包括感觉之一部分及多种情绪、情感、心境。

4. 想（巴利文 saññā，梵文 saṃjñā）。即五蕴中属想蕴的想，指最基本的感知觉"取相"、辨认的功能。南传佛学将其比喻为木匠在木材上所作的记号。也可以包括多种心理活动。

《成唯识论》卷四说，受、想二心所，因"资助心强"，特名"心行"（心理活动或心的运作）。

5. 思（巴利文、梵文 cetanā 或 cintā）。为行蕴的主要内容，意为造作，指有意识、有目的决意、思考、抉择等心理活动，俗言"打主意"，即是思。《瑜伽师地论》卷三谓思所了别为邪、正、非邪非正之相，其作用是"发起寻、伺、身语业等"。《成唯识论》卷三解释说：

思，谓令心造作为性，于善品等役心为业，谓能取境正因等相，驱役自心令造善等。

说思能驱役心或对心下指令，令其所思外化为语言、行为、善恶等业。《清净道论·说蕴品》释思为"意志活动"，有发动组合、指导的作用，喻如大木匠能令自他的工作完成。《大乘成业论》卷一分思为三种：一审虑思，进行考虑，如看中商场里一件货物后考虑可不可以、需不需要买；二决定思，经考虑而做出决定，如决定买那件货物；三动发胜思或作事思，正在动身发语时的决意，如要买那件东西后向柜台小姐声言要挑选一下时的决意。思，是身、语、意三业的体，即是意业，是直接发动善恶业而令人被业力束缚的决定性因素，为一切心所法中最为重要者。

另外，南传上座部所立的遍一切心所法中的"命根"（梵文 jivitendrida）为属心所法的命根（另有属于色法的命根），称"名法命根"，指内心深处的一种生的意志或心理寿命，属于识蕴所摄，相当于唯识学所说阿陀那识的执受作用，应为第五种遍行心所法。大乘唯识学将其归于心不相应行法，不确。

南传佛学所列遍一切心所法还有"一境性"（巴利文 ekaggatā），意为心与目标结合为一、专心，接近大乘列入别境心所的三摩地，当包括短时间的专注。南传佛学认为一切心理活动生起时都有一境性的作用，亦不确。

二、别境心所法

别境心所法,与南传上座部的"杂心所"(巴利文 pakiṇṇaka-cetasika)为同语异译,与遍行相对应,指只在有些情况下才生起的无记性的心理活动,唯识今学所列有5种:

1. 欲(巴利文、梵文 chanda),意志、意欲、欲望、希求。《成唯识论》卷五释云:

云何为欲?于所乐境,希望为性,勤依为业。

说欲是对所喜爱、希望的事物生起希求之心,有发起努力、精勤的作用,是人们投入种种活动、事业,付出种种努力以成办种种事业的动力。对于所不乐意、反感者(可厌境)弃离的心,也应属于欲。

欲心所可以包括现代心理学所讲的兴趣、爱好、嗜好等。现代心理学的"意志"(will),指自觉实现确定目标的心理过程,其含义比佛学的欲要宽泛些。

2. 三摩地(梵文 samādhi),亦作"三昧""三摩提",意译"定""正心行处""等持"等,即《舍利弗阿毗昙论》所谓"定心"。《俱舍论》卷四等解释三摩地为"心一境性"——心专注一境或注意力高度集中、专注,今多译"专注"或"注意的稳定性"。《大乘阿毗达磨杂集论》卷一释云:

三摩地者,于所观事,令心专一为体,智所依止为业。令心专一者,于一境界,令心不散故。

禅定学一般说专注一境不散乱达15分钟以上方名三摩地。《成唯识论》卷五谓三摩地之令心专注不散,指心力随意高度集中的能力,"显所欲住即便能住,非唯一境",不一定集中于一个注意点。这种自如地高度集中心力专注不散的心境,一般来说是经禅定锻炼者方能达到,是获得智慧的基础,故曰"智依为业"。今发现,未经禅定锻炼的一般人集中精力最多25分钟。

3. 念（梵文 smṛti），与现代汉语中"念"的含义不同，大略相当于现代心理学的记忆（memory）和回忆。《成唯识论》卷五解释：

云何为念？于曾习境，令心明记不忘为性，定依为业。谓数忆持曾所受境，令不忘失，能引定故。

念的作用是对曾经经历、熟悉的境、物、人、事等明记不忘，念是修习禅定的依托。今说记忆有短期、长期、情绪、形象、语言等分别，以源于视觉线索的情绪记忆（如惊艳）最难忘记。人一次最多只能记忆 4 件事，记数字通常用 3 个或 4 个一组的方式，瞬间记忆只能记住 5—9 个数字。实验证明：记忆是光信号留在神经细胞网络上的印痕，传递信息时细胞会发出微弱的光。

4. 胜解（巴利文 adhimutti，梵文 adhimokṣa），确定的理解，指确认某种所理解的理或事而形成决定不移的认识。略当于现代心理学的理解（understanding）。《成唯识论》卷五谓胜解"于决定境，印持为性，不可引转为业"，印持，乃确认、把握义。《清净道论·说蕴品》将确定的、不动摇的胜解比喻为用做界标的石柱。

5. 慧（梵文 prajnā），指由思择而分别正误、真伪等的心理功能。《成唯识论》卷五解释：

云何为慧？于所观境，简择为性，断疑为业。

简择，谓比较选择、抉择，对所思考的问题形成确定的认识，这种认识有领悟所知、断除疑惑的功用。大体相当于儒家"四端"中的"是非之心"，及西方人所说通过选择能理解和认识的能力——"智慧"（intelligence）。慧所确认者未必是正是真，佛典中常有"劣慧""邪慧""染污慧"之语。

现代心理学十分重视而佛学讨论较少的心理功能暗示、催眠、移情、惊奇、好奇心等，可以归于别境心所法。

暗示（suggestion），指通过语言、手势、表情、体语、图画等各种含蓄的、间接的方式对别人心理和行为产生影响，被暗示即不加考虑、不加批判，不通过逻辑判断直觉地接受被灌输的某种指令、观念并做出相应的反应。分有意暗示、无意暗示、外界暗示、自我暗示、言语暗示、非言语暗示、个别暗示、普遍暗示、有效暗示、无效暗示等多种。环境和社会通过多方面对个人进行暗示，催眠术者用暗示使人进入假眠状态，修习禅定者常用自我暗示法，暗示已被作为重要的心理治疗法和自我锻炼方法。现代心理学将暗示和接受暗示归于潜意识，从唯识学看来，暗示别人是有意识，被暗示的前提，则是识撤除对暗示的防御而愿意接受暗示，自我暗示则是主动接受自己暗示，皆属意识的特殊运作状态。

催眠，是接受别人的暗示而进入一种睡意朦胧的"假眠"状态，淡化乃至完全失去自我意志，只知道催眠者允许的事情。在催眠状态下可以产生幻觉，发生人格转换，唤起消失了的记忆，抚平心理创伤。人可以被别人催眠，也可以自我催眠。佛教密法本尊法修行时自观为本尊（所崇敬的佛菩萨），实际上也可能产生自我催眠效果。

移情或认同，指对将要发生的事情的预见、推测，及社交中对别人感同身受的理解、体察，如看影戏时对演员的认同、看到别人身处险境时的紧张感及演员对所扮演角色心情的体验等。佛教的"慈悲无量心观"，即用移情心理功能体会别人的喜乐和痛苦。

惊奇，是一种经常发生的对某种意外信息的心理反应。按程度可分吃惊、惊讶、惊奇、惊愕等。

好奇心，是常人皆有一种对未知事物想要了解、接触的心理，无所谓善恶。

三、不定心所法

不定，谓其善、不善的性质随情况而不定。唯识今学所列不定心所法只有4种：

1. 寻（巴利文 vitakka，梵文 vitarka），寻思、思维、推度、推理，令心投向并全面地撞击目标。《成唯识论》卷七释云：

寻谓寻求，令心匆遽，于意言境，粗转为性。

寻，乃依思或慧两种心所法，以语言为工具进行推理、判断、研究、计算、构画等思维活动，它使心进入紧张工作状态而不得宁静。名为寻者，喻如寻找某物，东觅西求，以期发现，寻求未解决问题的答案。寻是较粗浅的思维活动，可能是善的（如寻思如何帮助人），也可能是恶的（如寻思如何陷害人）。

2. 伺（巴利文、梵文 vicāra），深度思察。《成唯识论》卷七解释：

伺谓伺察，令心匆遽，于意言境，细转为性。

伺与寻的区别，在于推度的深浅、寻浅、伺深。《法蕴足论》卷七谓"令心粗性是寻，令心细性是伺"，喻如打钟摇铃，粗声暂发如寻，细声随转如伺。又如鸟飞，鼓翼如寻，踊身如伺。伺，喻如猎人等待伺察猎物，虽不一定有明显的思维，意识深处却盘踞着一个悬念。

寻、伺二心所法，被南传上座部佛学归于"杂心所"。它们大体相当于西方心理学的"思维"。

3. 悔（梵文 kaukṛtya），一译"恶作"（厌恶已作），后悔之意。《成唯识论》卷七：

悔谓恶作，恶所作业，追悔为性，障止为业。

做了错事、说错了话而后悔属善，做了布施等好事而后悔吃亏则属恶，故有部、大乘以之为不定心所。

4. 眠（梵文 middha），睡眠。《成唯识论》卷七：

眠谓睡眠，令身不自在，昧略为性，障观为业。

这种心理状态虽然使人心暗昧不明，身不由己，且障碍出家人修习止观，可以说为恶，但必要的睡眠应属善。《现观庄严论》金鬘释云：分睡眠为两类，一是"心于境不自在转染污睡眠"为不善，如贪睡、嗜睡等；二是"与滋养身善随行眠"，为善，即必需的睡眠。《增一阿含经》卷三十一载：佛弟子阿那律因在听法时入睡被佛呵责，发奋不眠，致使失明，医师说阿那律需要睡，佛乃令阿那律睡，并告阿那律：

一切诸法由食而存，非食不存。眼者以眠为食。

禅宗人说"饥来吃饭困来眠",意味应随顺身体的自然需要,需睡便睡。现代医学认为,睡眠是一种保护性抑制、暂时性休息,适量的深度睡眠是消除体力疲乏和精神疲乏所必须的,睡眠有助于休整免疫系统,修补受损的细胞和神经,令其加速生长。充足的睡眠是增强记忆力的最好方法,酣眠有治病之用。失眠是一种危害健康的疾病,长期睡眠不足会使智力和运动能力下降,情绪不稳定,反应迟钝,增加患心血管病的危险,使人的衰老速度比正常人快2.5—3倍。三天三夜不睡觉会产生幻觉,判断力、思考力下降,甚至心悸、血压增高。但贪睡有害于身心,研究发现:睡眠时间短的人智商较高、较为成功。

《舍利弗阿毗昙论》所列"没心",谓昏沉睡眠、没有智慧、不能分别善恶之心,包括睡眠。

此外,《俱舍论》列入不定地法的"疑"(梵文 vicikitsā),属广义的怀疑,应列入不定心所法。唯识今学划归烦恼的疑,只是狭义的疑——对佛、法、僧的怀疑不信,这在佛教看来当然属恶,但对恶人的疑而不信和对错误说法的疑,应属于善。广义的疑,为解决难题所必需,可以带人进入真理。南传《增支部·伽罗摩经》佛教导伽罗摩人说:

对一件可疑的事是应当生起怀疑的。

禅宗讲"大疑大悟,小疑小悟,不疑不悟",适用于很多问题的研究解决。

经论中言及而未列入心所法,应补充进不定心所法者,可以举出5种:

1. 愿,愿望、期愿,可包括理想,经中说愿力为修行的动力,大乘常讲"发愿"、菩萨十大愿。善良的、符合客观规律因而具有实现可能的愿望、理想为善,虽然善良但不如理因而不可能实现的愿望、理想称为"空想",说不上善;只顾自己而损害他人及公众的愿望、理想为恶。

2. 畏,畏惧,是一种极其重要、常见的心理反应,中医七情中的"恐",属于畏惧。按其程度的轻重,有胆怯、畏惧、害怕、恐怖等分别。《华严经》卷五十四佛说众生有五种怖畏:不活畏(害怕生存有困难)、恶名畏(害怕身败名裂)、死畏(怕死)、恶道畏(怕死后堕入恶道)、大众威德畏(畏惧在众人面前丢人)。《华严经》卷三十六说有怕火烧、中毒、刀伤、水漂、烟熏五恐怖。人的畏惧还可举出多种。畏惧引起不良身心反应，妨碍能力的发挥，严重时可成为恐惧症，"无所畏惧"常被看作美德。然对应该畏惧者不能不畏惧，如不畏惧危险会导致伤身丧命，小孩不畏惧大人则难以教育。孔子说君子应有三畏。佛教以畏惧生死苦恼为学佛的动力，《大善权经》中佛自称"但以畏彼生老病死"而出家求道。

3. 做梦，意识的一种状态（梦中意识）。佛书说吉梦有益修行，现代生理学、心理学认为做梦有益，然噩梦使人不安，故称"恶梦"。

4. 厌恶，包括不乐、厌烦、厌倦、讨厌、反感等。经论中常说的"不乐"（不喜欢）、"厌"、"厌离"，一般指对世间事物的厌，《杂阿含经》卷一佛言"厌故不乐，不乐故得解脱"。净土宗强调"欣净厌秽"。"恶"则多指对他人的厌。对恶人恶事的厌恶属善，对善事的厌恶属恶。

5. 戏乐，见《瑜伽师地论》卷六十四等，游戏取乐的心理。或有益也可无益。

佛学未列入心所法而实际比较重要、可以列入不定心所法者还可举出羡慕、兴奋、振奋、竞争心、犹豫、难堪、幻想、勇敢等。

羡慕：想拥有别人东西的欲望，这种心理可以导致竞争意识、创新意识，属于善，羡慕别人非法而获的财富、虚荣等则不善了。

兴奋：一种常见的心理反应，因善事而兴奋属善，因恶事而兴奋属恶。兴奋强度大时为振奋。

竞争心：能刺激欲望、发起精进，对个人成就、经济发展等起着十分重要的作用，是社会心理学研究的重要心理之一。在佛法看来，这种心理可能有增益我执的不善作用，与不善心相联系的竞争心属不善。

犹豫：对应该决定的事犹豫不决为不善，对不该做的事犹豫不决为善。

难堪：一种难以做出应答的心理反应，可善可不善。

幻想：意识的一种运作，属想蕴，现代心理学认为它不一定符合客观规律，然有积极意义。幻想作恶及过多的幻想则有害。

勇敢：是敢于承担、进取的心理功能，是成就事业所需要的。勇，为儒家三德（智、仁、勇）之一。勇敢的衡量尺度俗称"胆量"，大胆略当于勇敢，胆小则为懦弱。以胆量、胆识、胆略为主要内容的"胆商"（DQ），被作为健康心理须具有的人生十商之一。做好事时的勇敢、胆大为善，做坏事时的勇敢、胆大，如所谓"贼胆包天"者，则为不善。

第二节　善心所法

善（梵文 kuśala），谓"顺益"——顺于真实之理、有益于自他今生、后世，亦即合理而有益的。或曰有益的、正面的，大略相当于儒家所谓的"义"。《瑜伽师地论》卷三释云：

略说善有二种义，谓取爱果义，善了知事及彼果义。

主要从所生结果之是否乐、可爱及出于明确的认识来判断善恶。大乘唯识学诸论，皆立 11 种善心所。

一、唯识学十一种善心所

1. 信（梵文 śraddhā），相信、确信，确切应译"正信"。《品类足论》卷一释信为"心澄净性"，指一种澄明纯净、没有不信掺杂的良好心态。大乘明确以信为符合佛法的正信而非信邪、迷信，《显扬圣教论》卷一解释：

信者，谓于有体、有德、有能，心净忍可为体，断不信障为业，能得菩提资粮圆满为业，利益自他为业，能趣善道为业，增长净信为业。

以信为有益于自他、使人能趋向善道和佛道的"正信""净信"，所信的对象须实有、有德、有能，不仅指信实理实事、信圣者，而且指自信心。这种确信须纯净无瑕，"深忍乐欲"（深沉坚固，欣愿希求）。信邪、迷信之信，在佛学中摄于属烦恼、不善心所的"恶见"。儒家五常之一的信，为诚信义，与佛学的信心所有别。

2. 精进（梵文 vīrya），一译"勤"，精勤不懈、勇毅不退，为懈怠的反面。《成唯识论》卷六谓精进"于善恶品修断事中，勇悍为性"，专指在断恶修善中的勇悍，有不疲懈、不畏难、不怕苦、不屈不挠、勇猛直前、坚忍不拔等义。经论中说精进有"无堕""有势（力量）""有勇""坚猛""不舍善轭"等内涵，有使所从事的善业圆满完成的作用。

3. 惭（梵文 hrī），对错误过失自感羞耻、惭愧。《大般涅槃经》卷十九谓"惭者，内自羞耻"。《成唯识论》卷六解释：

云何为惭？依自法力，崇重贤善为性……谓依自、法，尊贵增上，崇重贤善，羞耻过恶，对治无惭，息诸恶行。

谓自尊自贵，重道向善，靠自尊、见贤思齐之心及所认真理、正道的督促作用，对所犯的错误过失自感惭愧。

4. 愧（梵文 apatrapā），因错误过失而在别人面前感到羞愧，及因怕遭人轻蔑、讥笑、责备、处罚而羞愧。《大般涅槃经》卷十九谓"愧者发露向人""愧者羞天"。《成唯识论》卷六解释：

云何为愧？依世间力，轻拒暴恶为性……谓依世间诃厌增上，轻拒暴恶，羞耻过罪，对治无愧，息诸恶业。

与惭是靠自己的自尊和向善、向上之心对过错自感羞耻不同，愧，是靠他人及社会法律、道德、舆论、信仰等外力的约束监督，促使人因过错而羞愧。愧和惭都具有止息恶业的作用，但愧止恶的作用较惭要小，惭不仅止恶，还激励人向善、向上。

现代汉语将惭、愧连用，包括了佛学所讲惭与愧。惭、愧二心所，被佛陀强调为去恶修善的关键，看做人与禽兽的分界线、人性中最宝贵的东西，《本事经》卷四佛说一切善法皆"以惭与愧为其后助而不损减"。《佛遗教经论疏节要》载佛陀临终前教诫徒众：

惭耻之服，于诸庄严最为第一。惭如铁钩，能制人非法；是故比丘常当惭耻，无得暂替。若离惭耻，则失诸功德。有愧之人则有善法，若无愧者，与诸禽兽无相异也。

羞耻之心，为孟子所言"四端"之一，乃"义"之端倪。

现代心理学说惭愧的程度一般是：羞耻→愧疚→懊悔→耻辱→罪恶感→悔恨。

5. 无贪（梵文 alobha），没有贪图占有之心。《清净道论·说蕴品》说无贪以不贪求或不执着于所缘为特相，喻如水滴之于荷叶。无贪，不仅指不贪爱胶着人间的财色名位、饮食玩乐等世人多贪求不舍的东西，而且泛指对欲界、色界、无色界三界（即世间）的一切存在包括上生天堂长享净福、禅定之乐等皆不贪着，这种离贪的纯净心有使人自然行善的作用。

6. 无嗔（梵文 adveṣa），无愤怒怨恨之心。《成唯识论》卷六解释：

> 云何无嗔？于苦、苦具，无恚为性，对治嗔恚，作善为业。

对拂逆于己，使自己受到损害因而苦恼不快的人、事、物，不起忿恨怨怒及报复心，在受到打骂、陷害、诽谤、冤屈、不礼貌等情况下保持平静柔和的心态，叫作无嗔，这种心所有对治嗔恚、成就善业的作用。

7. 无痴（梵文 amoha），不愚痴，痴的反面。《成唯识论》卷六解释：

> 云何无痴？于诸理、事明解为性，对治愚痴，作善为业。

明白事理、懂道理，特别是明白佛法善恶业果、诸法无我的真理，知晓如何正确地生活，是为无痴，此乃发起一切善业的根本。《清净道论·说蕴品》谓无痴以通达如实性（真实）或通达无过为特相，如善巧的弓手射箭；"有照境的作用，如灯相似；以不痴迷为现状，如行于森林中的善导者"。

大乘唯识学称善心所中的无贪、无嗔、无痴为"三善根"，无痴，实为诸善根之根。

8. 轻安（梵文 praśrabdhi），略译"安"，安适轻快。一般指由修禅定而达到的心态。《成唯识论》卷六解释：

> 安谓轻安，远离粗重，调畅身心，堪任为性，对治昏沉，转依为业。谓此伏除能障定法，令所依止转安适故。

离疲乏、昏沉、燥动不安、沉重不适等不堪修道的身心粗重状态，身心调和，轻松舒适，堪以深入正定，即《俱舍论》卷四所谓"心堪任性"。南传上座部列入善心所的身轻安、心轻安、身轻快性、心轻快性，当于大乘所说轻安。身轻安（巴利文 kāyapassaddhi）指心平静，心轻安指心所平静，身轻快性（巴利文 kāya-lahutā）、心轻快性指心与心所不沉重，无昏沉、睡眠。

9. 不放逸（梵文 apramāda），放逸的反面，严格约束自己，不放纵松懈。《成唯识论》卷六解释：

不放逸者，精进三根，于所断修、防修为性，对治放逸，成满一切世、出世间善事为业。

依佛法精勤地断恶修善，以成就世间、出世间的善业，名不放逸。这一善心被强调为诸善之本，《杂阿含经》卷三十一第882经佛言：

譬如百草药木皆依于地而得生长，如是种种善法，皆依不放逸为本。

10. 舍（巴利文 upekkhā，梵文 upekṣā），一译"行舍"（属于行蕴而非受蕴的舍），舍谓舍弃，作为心所法的舍，指舍弃了注意、警觉、分别、紧张、情绪等的平静、放松的心理状态，近于当今心理学及气功学所说的"放松"，今多译"放松"。《成唯识论》卷六解释：

云何行舍？精进、三根，令心平等、正直、无功用住为性，对治掉举，静住为业。

行舍，是依托精进和无贪、无嗔、无痴，使心平等（平静无波）、正直、无作意、坦然放松，这种心理活动能对治心的起伏波动，使人进入寂静的禅定。南传佛学善心所中的中舍性（巴利文 tatramajjhattatā）基本同舍。

11. 不害（梵文 ahiṃsā），不伤害众生的善良心理，害的反面。《品类足论》卷三解释：

不害云何？谓于有情，不毁不损、不伤不害、不恼不触，不令堕苦。

《成唯识论》卷六谓不害"无嗔为性""悲愍为业"。这种不伤害、不损害众生、不愿给众生苦恼不乐的心理，以不嗔恨为本，能克服害心，有产生、滋长悲悯心的作用。

二、对善心所法的补充

《成唯识论》卷六在列举了 11 种善心所后指出，这 11 种之外的其他善心所，虽有种种名称，但其主体与 11 种善心所并无不同，故不将它们列入善心所，此类善心所有 15 种：

1. 欣，对所喜爱的对象不厌憎，是与欲心所共起的无嗔之一部分。相当于《中阿含经·教化病经》的"欢喜心"、《长阿含经·三聚经》佛说使人趋向涅槃的九法之一的"悦"，及现代心理学所说较为平静的愉快、快乐、愉悦、快慰，这种情绪状态被认为是保持身心健康的营养品。

2. 不忿，忿的反面，不愤怒。

3. 不恨，恨的反面，不怨恨。

4. 不恼，恼的反面，不凶狠暴戾。

5. 不嫉，嫉的反面，不嫉妒。

6. 厌，厌恶，指对恶的厌恶，是与慧心所共起的无贪的一部分。

7. 不悭，悭的反面，不吝啬。

8. 不骄，骄的反面，不骄傲。

9. 不覆，覆的反面，不掩饰过错。

10. 不诳，诳的反面，不欺诈。

11. 不谄，谄的反面，不谄曲。

12. 不慢，慢的反面，不傲慢。可摄于信或行舍或惭。

13. 不疑，疑的反面，对实有、有德、有能者不怀疑。可摄于信或胜解或慧。

14. 不散乱，散乱的反面，其体即是正定。

15. 正见，邪见的反面，正确的见解，和正知（正确的了知）都是慧所摄。

这 15 种善心中，欣、正见两种，应列入善心所。

根据南传佛学及其他经论，还可以补充15种善心所：

1. 喜（巴利文 pīti）。欢喜。南传上座部所立，归于杂心所，即《舍利弗阿毗昙论》所列"有喜心""喜处心"之喜。《清净道论·说地遍品》谓喜"以喜爱为相，身心喜悦为味，又满悦为味，跃喜为现起"，从欢喜的程度和持续的时间长短，分小喜、刹那喜、继起喜、踊跃喜、遍满喜五种，属一种激动状态，最高者相当于心理学所谓的狂欢。喜是修习四无量心观（四梵住）中"喜无量心"所必要的心理功能。佛教认为喜乐是有益身心、有价值的良好情绪，常说"法喜""法乐"。

2. 慈（巴利文 mettā，梵文 maitrya）。《大日经》百六十世间心之一，仁慈，常与悲、悯连用，其梵语原意由"友"演变而来，谓乐于给别人快乐，与儒家五常中的"仁"相近。可摄于不害，但与不害毕竟不同，《瑜伽师地论》卷八十四解释：

慈心者，为欲令彼得乐义故。

慈心是佛陀经常赞扬、极为崇重的一种善心，《本事经》卷二佛称"慈心解脱"于一切修福事业中"最为第一"，修慈心比其他一切福业的功德大16倍。对一切众生常怀仁慈，是佛陀的重要精神。《仁慈经》佛言：

犹如母亲用生命保护自己的唯一儿子，对一切众生施以无限的仁慈心。①

《增一尼柯耶·八集》佛说慈心有使人安眠、安稳醒觉、不做噩梦、受人喜欢、被神喜欢、受神保佑，及免除火、毒、武器伤害，再生于梵天界八大好处。无限扩大的"大慈大悲"，更是大乘的基本精神。佛书中慈常与悲连用，是修"四无量心"中"慈无量心"的基础。

3. 悲（巴利文、梵文 karuṇā）。南传上座部所立，悲悯众生之苦而欲救济之心。原意为痛苦，引申为对别人痛苦的感受、同情和欲救助之心。悲乃经中所常见，如《中阿含经·教化病经》说"悲心、哀愍心"，《正法念处经》卷四十三说"悲心"。俗所言怜悯心、同情心，儒家"四端"中为仁之端的恻隐之

---

① 《经集》，郭良鋆译，中国社会科学出版社1990年版，第21页。

心，皆可摄之于悲心所。《清净道论·说梵住品》谓悲以拔除众生之苦为相，以不堪忍他人之苦为味，见为苦所迫者无所依怙为基础。大乘分悲为凡夫悲、小悲、中悲、大悲等。悲是佛教诸乘所修"四无量心"中"悲无量心观"之本，大悲被强调为大乘之本、佛的基本心理，经谓"佛无一切心，唯有大慈悲"。《优婆塞戒经·悲品》谓菩萨六度"皆以悲心而作生因""一切善法悲为根本"。慈、悲的区别，是"拔苦曰悲，与乐曰慈"。

4. 随喜（巴利文 muditā）。略译"喜"，南传上座部所立，与杂心所中的欢喜之喜（巴利文 pīti）含义不同，指对他人的成功和喜乐的喜悦，即通常所谓"我为你高兴"、大乘经所言"随喜"之喜，为嫉妒的反面而非悲伤的反面。《佛学今诠》上册说随喜的定义为：

在看见别人为善、快乐、兴隆或成功之时，自己亦感到高兴。

喜也是佛教修习"四无量心"中"喜无量心"之所依。

5. 身柔软性（巴利文 kāya-mudutā）。南传上座部所立，指柔和安祥、易于调适、能接受教育批评的心态。这里的"身"指心所法的主体受、想、行三蕴。

6. 心柔软性（巴利文 citta-mudutā）。南传上座部所立，调心令不强不躁、柔和易治的心理功能。相当于《中阿含经·教化病经》及《大般涅槃经》中所举"柔软心"、《正法念处经》卷六十一所说"软心"。《清净道论·说五蕴品》谓身心柔软性"有寂灭身心的强情的特相，有破除身心的强情状态的作用，以不抵抗为现状"，有克服使心呈刚强难伏状态的我见、我慢的作用。

7. 身适业性（巴利文 kāya-kammaññatā）。或译"身适应性"，南传上座部所立，指能调控受、想、思等心所，令发起身语二业的心理功能。适业，谓适合于工作，《清净道论·说五蕴品》谓"身（受想行）的适业状态为身柔软性"。

8. 心适业性（巴利文 citta-kammaññatā）。或译"心适应性"，南传上座部所立，心能成功地把握所缘而发起身语二业的功能，相当于《中阿含经·教化病经》所谓"堪耐心"。《清净道论·说五蕴品》说身心适业性对治掉举、昏沉、睡眠、我见、我慢之外使身心不适业的诸因素，使人心如纯金般柔软纯净，能信乐于应信乐者，能顺利投入有益的事业。如人知晓吸烟有害而能自我控制对香烟的嗜好，不再吸烟，这种心理功能即是身心适业性。

9. 身练达性（巴利文 kāya-paguññatā）。南传上座部所立，受、想、思等心所的熟练状态。练达，谓功能健全。

10. 心练达性（巴利文 citta-paguññatā）。南传上座部所立，心识的熟练状态。《清净道论·说五蕴品》谓身心练达性有使心理健全的特相，有对治不信等过失的作用。身心练达性，盖指能熟练地调治自心、使心理健康的功能。通常所说某人有修养，这使他有修养的心理功能，便是身心练达性，这种功能是使人通过修行而净化心灵的保证。相当于现代心理学所谓"心理成熟"。

身心柔软性、适业性、练达性 6 种心所，大略指能自我调控心理令向善、向上的功能，这是人类心灵所具极为宝贵的功能，对佛教修行而言最为重要。

11. 身正直性（巴利文 kāyujjukatā）。南传上座部所立，使受、想、思等心所正直，无虚伪谄曲的心理功能。

12. 心正直性（巴利文 cittujjukatā）。南传上座部所立，使心识正直的心理功能。《清净道论·说五蕴品》谓身心正直性以身心正直为特相，有对治使身心歪曲不直的谄、诳等心理活动的作用。正直，谓正大光明、坦直不曲，离谄曲诡诈、欺诳吹牛等心理。略当于《成唯识论》所说"不谄"。

13. 离身恶行（正业，巴利文 sammākammanta）。南传上座部所立，不作身业恶行（杀盗淫等）的心理状态或心理功能。

14. 离语恶行（正语，巴利文 sammāvācā）。南传上座部所立，不作语业恶行（妄语等）的心理状态或心理功能。与《成唯识论》所言"不诳"相近。

15. 离意恶行。南传上座部所立，指不作恶的意业（杀、盗等邪思恶想）的心态或心理功能。《摄阿毗达磨义论》作"离邪命"（正命，巴利文 sammā-ājīva），指离不正的谋生（如渔猎酿酒等）而正确生活的心态或心理功能。《清净道论·说蕴品》谓离身语意恶行为"心的不向恶行的状态"，有摆脱恶行的作用。

此外，经论中还列举了许多未被摄于善心所法的善心，如《中阿含经·教化病经》佛言见道者的 8 种心，《瑜伽师地论》卷七十所言堪为闻修器的 5 种心，《大般涅槃经》卷十八所言菩萨应修的 44 种心，等等。其中，重要者有以下这些：

1. 悯。或曰"哀悯"，怜悯，一种同情心，与"悲"相近而不同。常与"慈"连用，见于多种佛经。如《增一阿含经》卷四十六谓"愍念一切"。

2. 乐。或曰安乐，愉快。《长阿含经·三聚经》所言使人趋向涅槃的九法之一。《大智度论》卷二十解释：

初得乐时，是名乐；欢心内发，乐相外现，歌舞踊跃，是名喜。譬如初服药时，是名乐；药发遍身时，是名喜。

乐与喜的区别是，乐较浅而平和，喜较深而激动。

3. 一向心。见《中阿含经·教化病经》，当指善的恒心，是成就一切事业所必须，可摄于精进。

4. 敬。或作"恭敬心"，见《瑜伽师地论》卷七十等，为伦理道德和宗教信仰所倡导的一种重要心理功能。《阿毗达磨发智论》卷二解释：

诸有敬、有敬性；有自在、有自在性。于自在者，有怖畏转，是谓敬。

谓敬是对有德者、长者、位高者等的尊敬之心。《法句经》卷一有"常敬长老者""尊敬于人"之言。《长阿含经》卷二佛言跋祇国七事有"上下相敬""敬顺师长""敬持戒者"。《华严经·入法界品》谓"一切化佛，从敬心起"。

5. 爱敬。或"敬爱"（梵文 preman 或 priya）。指对佛陀、真理、师长、父母、崇高理想的热爱、敬爱，此类爱被归于善心所之首"信"。《本事经》卷四佛说对父母应"以敬爱心，亲近而住"。《中阿含经》卷二十六《狮子吼经》谓"爱敬同道"。

6. 谦下心。谦逊、谦虚，是中国人所崇尚的美德，谦下也是多种宗教中圣人必备的品德，佛教亦甚提倡。《小诵·慈悲经》谓"且谦和驯服"，《小诵·吉祥经》谓"恭敬而谦逊"，《佛说孛经》以"谦虚上下"为国王可以安乐的八事之一。《瑜伽师地论》卷七十以谦下心为听闻修习佛法者应具有的五种心之一。

7. 感恩。一种情绪，由之产生报恩心，经中作"知反复"。知恩报恩，被佛陀列为人应起码具有的善心之一，《杂阿含经》卷四十七佛斥责不知报恩之人连野兽也不如。《小诵·吉祥经》谓"知足亦知恩"。"报答四恩"（父母、众生、三宝、国王）为佛教祝祷辞中的常用语。

8. 忠诚。忠顺、忠实。乃佛经中所肯定的一种善心，尤其是下属对上司、个人对所属团体的忠，《小诵·慈悲经》谓"应忠诚直率"，《佛说孛经》谓"为政得忠"。

9. 孝心。或云"孝顺心"，为多种佛经所提倡。《增一阿含经》卷十一教人"常当孝顺"，《佛说睒子经》言"至孝仁慈"，《佛说孛经》以"率民以孝"为国王可以安乐的八事之一。

10. 直心。正直、坦率之心，为佛所提倡，经中屡言"质直其心"，《小诵·慈悲经》谓"应忠诚直率"，《维摩诘所说经》谓"直心是菩萨净土"，《大般涅槃经》卷二十六谓"菩萨摩诃萨于诸众生作质直心"，同经卷十八所言菩萨应常修的"正直心""无谄曲心"基本同质直心。同经卷六说"义名质直，质直者名曰光明"，义有"如实"义，此意义上的"质直"即是常言"老实""诚实"。

11. 宽恕、恕。对别人缺点过错的宽恕、原谅、宽容。《中本起经》佛言"多悯善恕己"，《佛说孛经》以"恕己爱人"为国王可以安乐的八事之一。孔子特崇尚恕。今心理学以原谅为升华愤怒的技术，称宽容为不需投资便能得到的精神补品，"保持心理健康的维生素"。星云和尚"人生二十最"谓"人生最大的修养是宽容"。

12. 忍。梵语羼提，一译安忍，包括宽容、忍耐、承受力、包容性等。《舍利弗阿毗昙论》列有"忍相应心"，《小诵·吉祥经》谓"忍耐而恭顺"，《中阿含经·长寿王本起经》佛言"唯忍能止诤"，《正法念处经》教人"恒常怀忍不怒"。忍为人类极其重要的心理功能，是修习大乘菩萨道六度中"忍度"的根本。

13. 慈爱（梵文 sneha）。父母对子女的爱。

14. 友爱（巴利文 pema）。朋友之间的友爱。现代心理学所谓"友谊感"，属于友爱的情感体验。

15. 法爱（梵文 preman）。对真理和崇高理想的热爱、追求。

16. 信。守信、讲信用，儒家"五常"之一，为人所应有的善心。今商界甚倡导"诚信"。

17. 至诚心。极其诚恳，《观无量寿经》等所言，常作为信佛、念佛的法要，近于儒家所言"诚"。

18. 平等心。见《正法念处经》卷四十三，平等待人、无有分别的心。

19. 住心。稳定的心态。见《正法念处经》卷四十三。

20. 慰。庆慰。见《正法念处经》卷四十三。

21. 深心。经论中多次提倡的一种善心，指行善修道时一种全身心投入的心理状态，《十住毗婆沙论》卷十五解释：

> 深心者，大心、用心、爱心、念心。

另外，还有一些儒家、西哲、西方心理学所重视，而佛学未专门提到的正面心理功能，重要者如"辞让之心"、"良心"、责任心、上进心等，从许多佛经看，实际上对其也是肯定、提倡的。

"辞让之心"：儒家"四端"之一。有益于形成良好的人际关系。

"良心"：儒家和西哲康德等极其重视的先天道德本体，儒家或谓"良知"，佛书中很少提到。康德说良心是与人的存在结合、使人感到有威胁和敬畏的"内在判官"，是赋予我们判断力以检查思想是否道德的本能，与中国人一般所说良心的含义基本相同。弗兰克尔则认为良心是在每一种情境中直觉地发现意义的本能。

责任心：一种尽到应负责任的社会性心理。儒家认为此乃做人应有的心，现代心理学将其列为心理健康应该具备的重要条件之一。

这三种善心，佛典中虽然未标明，但从许多佛经的说法看，对其实际上也是肯定的。

对善心所之所以善、有益，现代心理学、心身医学等有不少试验研究的证据。乐观、开朗、友善、坦直、诚实、自信、勤恳、乐于助人、具正义感等佛学以为善的心理，被公认为有益于身体健康、延年益寿。当拥有慈悲、善良、欢喜、感恩心时，脑部、心脏有同步电流活动产生，使相关器官的运转更加有效，脑中会分泌出能使脑细胞活化、身体健康、心情愉快的皮质激素、脑啡肽、血清素、褪黑激素等化学物质，能增强大脑皮层功能和神经系统张力，提高抗病能力、免疫力，缓和压力与紧张，活化细胞，产生愉悦、轻松感，增强记忆力、耐力、创造力等。乐善好施时，大脑最基本的部分神经兴奋，使人感觉良好。心理学家杰尔曼等在长达70年的时间里对1537人进行心理测试，发现从少年时代就诚实、守信用、责任心强的人，比不够自觉、不够踏实的同龄人要多活2—4年。对80岁以上健康老人的调查结果表明：精神开朗、心胸坦荡、豁达乐观，对生活充满信心，对事业孜孜追求，对朋友无私奉献，对误解包涵宽容，是他们共同的心理特点。美国对10万名妇女进行了8年追踪研究，发现善良友好、乐观者心脏病发病率比常人平均低9％，死亡概率低14％。荷兰研究发现，心地善良的男人比心存恶念者活得长。

第三节　不善心所法及烦恼的辨认

不善，谓不合理、无益，与善相反，或曰负面的。《瑜伽师地论》卷三解释说：

不善法者，谓与善法相违，及能为障碍，由能取不爱果故，及不正了知事故。

不善心所法可以包括"不善大地法"（《正法念处经》《俱舍论》等）、"不善心所"（南传上座部）、"烦恼大地法"（《正法念处经》、有部等）、"染地法"（《正法念处经》）、"小烦恼地法"（有部），及唯识学所立"烦恼""随烦恼"。

烦恼，乃佛陀"四圣谛"中"集谛"所说生死苦恼之根，辨认烦恼，乃修行之首要。精析烦恼，乃佛教心理学之一大特长，是佛教心识结构、心理内容说的重心所在。

一、六大根本烦恼

烦恼（梵文 kleśa），又称"惑""缠""结""使"等，词根有折磨、使人产生痛苦义，为烦乱、污染身心令不得安宁清净之意。《注维摩诘经》卷二谓"恼乱群生，故名为烦恼"。《大智度论》卷七解释：

能令心烦，能作恼故，名为烦恼。

《瑜伽师地论》卷八说烦恼以"自然不寂静起"与"不寂静行相续"为其自性。

唯识今学分烦恼为根本烦恼、随烦恼两类，根本烦恼又称"本惑"，谓其为一切烦恼、不善心所的根本，是造作能感召生死苦果之有漏业的根本，有6种：

1. 贪（梵文 rāga），与占有欲相联系的贪爱、贪着、贪求之心，无贪的反面。《广五蕴论》解释：

云何贪？谓于五取蕴染爱耽著为性。

说贪以爱乐、染着为本，爱染的对象则广涉五蕴、三界中的一切，可分为欲贪（欲界之贪）色贪及无色贪（色界、无色界之贪）三种，不仅指对人世间财色名位等的贪爱希图，而且包括对天伦之乐、良辰美景、花鸟虫鱼、琴棋书画等乃至甚深禅定境界、禅乐、生天成仙等的贪着。《清净道论·说蕴品》谓贪以把持（执取）所缘为特相，有如捕猿的粘胶；有粘着的作用，如投于热锅的肉片；以不施舍为表现，如灯上的油垢；以爱乐能系缚人的东西为生起的近因。《瑜伽师地论》卷五十九说圆满的贪有五相：一有耽着心；二有贪婪心；三有饕餮心，不知满足；四有谋略心，算计如何占有；五有覆蔽心，不觉羞耻，不知过患。《释氏要鉴览》卷下谓"诸烦恼中，贪为最胜"，贪是诸烦恼中力量最大、最普遍者。

南传《摄阿毗达磨义论》分贪为8种，分别与痴、无惭、无愧、掉举、邪见、慢、嗔、悔8种不善心相应。大乘《大集经》卷三分贪为见净（可爱境缘）贪、受因缘贪、本因缘贪（生来的本性及宿世之因缘）三种。《胜天王般若波罗蜜经》卷一分贪欲为上、中、下三品：上品贪者，如贪爱异性，"若闻欲名，遍身战动，心踊欢悦，不观欲过，厌离不生，无惭无愧"；中品贪者，"若离境界，不恒生心"；下品贪者，"但共言笑，欲情即歇"。《佛说开觉自性般若波罗蜜多经》卷二说5种贪：寻求贪、遍寻求贪、分别贪、贪、大贪。《瑜伽师地论》卷五十五列举事、见、贪、悭、盖、恶行、子息、亲友、资具、有无有（对没有者及以后的贪求）10种贪。从时间上来说，贪的对象可遍于过去、现在、未来三世，同论卷十三谓"追恋过去、希慕未来、耽恋现在"，名为"藏护"。

《法蕴足论》卷九所说应断的77种法中，可以归于贪者有16种：非法贪，"于诸恶行深生耽著"；恶贪，贪占别人所委寄的财物，抵赖不予；染贪，具有染着的贪爱；着贪，执着的贪爱；耽，耽着；耽嗜，于自己所受诸欲深生贪爱；遍耽嗜，于他人所受诸欲深生贪爱；恶欲，为求取钱财故意显示、吹嘘自己；自希欲（显欲），以染污心表现自己；大欲，向大人物求取广大利养恭敬，不喜足，不知足；欲寻思，与贪欲相联系的思考算计；以利求利，贪得无厌，已经得到而进一步追求；研求，以逼迫的方式向人乞求；饕餮，贪吃；不死寻思，希求长生不死永享人间之福。

2. 嗔（梵文 pratigha），又译"恚"，无嗔的反面，憎恶怨怒，对不喜爱、拂逆于己的人、事、物排斥、反击、破坏的心理反应，包括各种程度的愠怒、生气、愤怒、恼火、憎恨、怨恨、仇恨等。《法蕴足论》卷六解释：

云何嗔恚盖？谓于有情，欲为损害；内怀栽杌，欲为扰恼。

谓嗔的特性是想要损害众生。《成唯识论》卷六谓嗔"于苦、苦具憎恚为性"，引起嗔的是所有的苦及其原因，不仅有他人和其他众生，而且包括自己、器物、社会、国家、宗教、思想见解等。嗔必令身心热恼不安，导致种种恶业。《清净道论·说蕴品》说嗔有如被击毒蛇的激怒的特相，有怒涨全身如毒遍全身或如野火烧身似的作用，嗔就像混了毒的腐尿一样可恶。《瑜伽师地论》卷五十五按嗔的对象，列举己身、所爱有情、非所爱有情、过去怨亲、未来怨亲、现在怨亲、不可意境、嫉妒、宿习、他见 10 种嗔，又略为（对）有情、境界及见（解）3 种嗔。同论卷五十九说圆满的嗔恚有五相：一有憎恶心；二有不堪耐心（不能忍耐）；三有怨恨心；四有谋略心，如算计如何损害别人等；五有覆蔽心，不觉羞耻。佛教十善戒以戒嗔为第八。《胜天王般若波罗蜜经》卷一分嗔为三品：上品嗔者，"愤恚若发，心昏目乱，或造五逆，若谤正法，及大重罪五逆之恶"；中品嗔者，"以嗔恚故而造诸恶，即生悔心"；下品嗔者，"心无嫌恨，但口呵毁，随生悔过"。智者《释禅波罗蜜次第法门》卷四分嗔为 3 种：非理（无端）嗔、顺理（对实）嗔、诤论嗔（于佛法自是非他）。今发现一般男性平均每周发怒 6 次，女性 3 次，感受性强而兴奋与抑制不平衡的人易怒，绝大多数发怒时间在 1 分钟到 48 小时，平均 15 分钟。

以普度众生为旨的大乘，更强调嗔乃害处最大、最难除去的烦恼，《大般涅槃经·梵行品》比喻嗔恚难除如守家狗、如画石。《楞严经》卷八谓"菩萨见嗔，如避诛戮"。寒山诗谓"嗔是心中火，能烧功德林""一念嗔心起，百万障门开"。菩萨戒以嗔为重戒，《大宝积经·优波离会》云：

贪心相应而犯戒者，其罪尚轻，若一嗔心而犯于戒，其罪甚重！

3. 痴（梵文 moha），愚昧不明，无痴的反面。《成唯识论》卷六解释：

云何为痴？于诸理事迷暗为性；能障无痴，一切杂染所依为业。

不明事、理，特别是不明佛法所讲因果业报和诸法无我之真实，谓之痴。《清净道论·说蕴品》谓痴以心的暗冥或无智为特相，有不通晓或覆蔽所认识对象自性的作用，以不正的行为或暗冥为其表现，以不如理作意为其近因。痴亦称"无明"，是一切烦恼和有漏业的渊源。《本事经》卷四佛言：

一切世间恶、不善法，皆以无明为其前导而得生长。

对无明的解释，经论中有广狭、深浅之别。《杂阿含经》卷九谓"无知者是为无明""愚暗、无明、大冥，是名无明"。《缘起经》卷一解释无明为对前际、后际、前后际、内、外、内外、业、异熟、业异熟、佛、法、僧、四谛、因等的无知。《俱舍论》卷十说不了四谛、三宝、业因果报，为痴，亦称无明，是一切烦恼生起的根本，分两种：与贪等根本烦恼同时生起者，称相应无明；单独生起者称不共无明。《胜鬘经》说不与烦恼相应、恒常单独生起者为"无始无明"。《成唯识论》卷五分不共无明为两种：属末那识生起者任何时候都在活动，称恒行无明；由意识生起者称独行无明。《大乘起信论》分无明为根本、枝末两种，根本无明指不达法界一相而忽然起念，是没有能所及心王与心所差别的最极微细的原始动心；依根本无明起枝末无明。天台宗称迷于中道之理、至成佛时才断尽的无明为元品无明，分无始、后品两种，凡42品，指微细的根本法执，即《胜鬘经》所谓"无始无明"、《大乘起信论》所谓"根本无明"。

4. 慢（梵文、巴利文 māna），傲慢。《成唯识论》卷六谓慢"恃己于他，高举为性""于德、有德，心不谦下"。自认为己胜他劣、己高他低，自高自大，轻蔑他人，这种心理称为慢。

经论中列举的慢有七种、八种、九种等不同说法。七慢，出《大毗婆沙论》卷四十三等。

第一，"慢"，自认比自己差的人强、与自己同等的人不相高下。

第二，"过慢"，自认比实际与己同等者强，与实际上强于自己者同等。

第三，"慢过慢"，自认为胜过实际上强于自己者。

第四，"我慢"，执五蕴为我（如我是某某明星）而起慢，此为诸慢的根本。《瑜伽师地论》卷九十五列举5种我慢：计我今如昔或不如昔、我身体好坏漂亮与否、我能力如何、我今美妙或不美妙、我今变异（大了、老了、变丑了之类）。

第五，"增上慢"，未证言证，未得谓得，未证得圣果、神通等而自以为证得，为诸慢中罪过最大者。

第六，"卑慢"，自认为跟实际比自己强得多的人差得不多。

第七，"邪慢"，实际无德而自认为有德。

《正法念处经》卷四十三说因色（身体、相貌）、财、生（出身）、服饰庄严、为王供养、妇女亲近、他妻乱心（被别人的妻女勾引）七种慢。慢使人愚痴，能导致苦果，《楞严经》卷八谓"菩萨见慢，如避巨溺"。

心理学家认为：傲慢的背后往往隐藏着自卑，而表现为自负、固执己见、敌意和以自我为中心。

5. 疑（梵文 vicikitsā），为狭义的怀疑，特指对佛、法、僧三宝及因果等真理的狐疑不信。这种疑令人远离佛法或虽信佛而难得实益。

6. 恶见（梵文 mithyādṛṣṭi），或作"邪见"，略同"恶慧"，指错谬颠倒、导致恶果的见解或世界观、人生观。《清净道论·说蕴品》谓邪见以不如理（不符合真理）的见解为特相，有执着的作用，"是最上的罪恶"。《成唯识论》卷六云：

云何恶见？于诸谛理，颠倒推度，染慧为性，能障善见，招苦为业。

由思维推理的错误，形成有悖佛法真理、本来真实的颠倒见解，这种见解误导人造作恶业，招来生死苦果，故称恶见。佛经中常说六十二见，皆属恶见，略说则有五类，称"五见"。

第一萨迦耶见（梵文 satkāya-dṛṣṭi），意译"身见"，于五蕴执有实常自我及属于我的东西（我所），或执身心、社会角色、才智等为我，或执身内有常住的灵魂、自我。此类身见，细说有 20 种或 65 种之多。《显扬圣教论》卷十五说萨迦耶见有 5 种：一不审事见，因未经认真思考而认五蕴为自我的分别我见；二遍行见，谓与染污意（末那识）相应的俱生身见，于凡夫位一切时常随行不舍；三增益事见，在五蕴上主观增加的不死之灵魂等我见；四无实事见，犹如小儿见幻化事；五于事怖见，如人怖畏自己所画的药叉。

身见虽为一切烦恼之根本，但并非即是发起恶业的烦恼，而且以身见为本也有可能发起善业，如为自我的利益而行善积德、为完善自我而修行等，《大毗婆沙论》将身见判为"有覆无记"，亦有其道理。

第二边见（梵文 antagrāh-adṛṣṭi），极端、片面、偏激之见，大略分两种：一是执身见所执自我将会断灭，如认为人死如灯灭之类的"断见"；二是执我及世界或上帝、物质、道等常恒不灭的"常见"。《楞严经》卷八谓"菩萨见诸虚妄偏执，如临毒壑"，此虚妄偏执即边见。

第三邪见（梵文 mithyā-dṛṣṭi），否认善恶因果及佛、阿罗汉等圣者的真实存在；或认为无前世、后世；或认为一切事物无因而生，自然如此；或认为世界有边、无边、上下有边四方无边、非有边非无边；或认为现前享乐即是涅槃；或认为入初、二、三、四禅是涅槃（"五现涅槃论"）；或认为自在天、大梵天等常恒不灭，为造物主；或迷信种种实际并非正道的修炼方法为可得解脱的大道。诸如此类，皆属邪见。《阿毗达磨发智论》卷七说：就广义言，五见皆可名邪见，邪，为不正确之义；就狭义言，则布施无善报、无佛及阿罗汉、善恶无报等见，名为邪见。邪见是造作一切恶业的主导，《本事经》卷二佛言：

由邪见故，令诸有情愚痴增益，颠倒坚固，垢秽随增，恶趣成满。

星云法师"人生二十最"谓"人生最大的错误是邪见"。

第四见取见（梵文 dṛṣṭi-parāmarśa），坚执自己所信从的各种恶见为最上真理，自是非他。

第五戒禁取见（梵 śīla-vrata-parāmarśa），执着实际上并不合理的戒规禁忌及持守这类戒规禁忌为殊胜，如认拔发、禁食、火烧、水淹、日晒、吃猪狗食、不吃盐、只吃三白（米、盐、糖）等为得道之途径，及不得仰视日月星辰等迷信禁忌，皆属戒禁取见。

恶见是一切恶行的先导，被强调为诸恶之本。《瑜伽师地论》卷十四云：

由恶见故，羞耻、慈悲、离诸恶行悉皆毁坏，无有羞耻，无有慈悲，广造众恶。

二、随烦恼

随烦恼，意谓随根本烦恼而起的次要的、害处较小的烦恼，多达 20 种，又分为小、中、大三类。小随烦恼，意谓其生起的场合较少，且各别生起，明显易察，有 10 种：

1. 忿（梵文 krodha）。暴怒。《成唯识论》卷六解释：

云何为忿？依对现前不饶益境，愤发为性，能障不忿，执仗为业。谓怀忿者，多发暴恶身表业故。

暴怒之下，失去理智，常表现为对所忿者拳脚刀杖相加的暴恶行为。

2. 恨（梵文 upanāha）。怨恨。《正法念处经》卷三十三谓"其心结缚，转成怨结，故名为恨"。由一时盛怒结怨，久久怀恨在心，难以忍受，这种怨恨心理有使人热恼不安的作用。与恨接近者为"怨"，程度较轻，常连用为"怨恨"。怨恨别人即是毒害自己，《楞严经》卷八谓"菩萨见怨，如饮鸩酒"。

3. 恼（梵文 pradāśa）。恼怒、仇恨。《成唯识论》卷六解释：

云何为恼？忿、恨为先，追触暴热，狠戾为性，能障不恼，蛆螫为业。谓追往恶，触现违缘，心便狠戾，多发嚣暴凶鄙粗言，蛆螫他故。

由忿、恨结怨成仇，旧恨难消，遇到新的拂逆之缘，便气恼不平，恶脸相向，粗言相加，凶狠残酷，有如被激怒的毒虫蛇蝎，欲伤害报复。

恼，还有忧烦和不接受教诲之意。《法蕴足论》卷九谓有过失而不受劝谏教诲批评的执取（顽固）性、难劝舍性、"心蛆螫性、心狠戾性"，总名为恼。《显扬圣教论》卷一谓因过错受到劝谏批评时"便发粗言，心暴不忍（接受）"为恼，有障碍善友的作用。《瑜伽师地论》卷八十四谓因事而"愁叹忧苦恼故，说名为恼"。

忿、恨、恼乃嗔心在前后三个阶段不同程度的表现，以恼为最深重。现代心理学所说可归于嗔类的情绪按强度依次为：反感，强烈的不喜欢；厌恶，其极端表现为深恶痛绝；厌恶再发展为愤怒；愤怒的心境得不到宣泄变成懊恼和屈辱，愤怒的极端程度为狂怒，屈辱的极端程度为恼怒。

4. 嫉（梵文 īrṣyā）。嫉妒。《成唯识论》卷六解释：

云何为嫉？徇自名利，不耐他荣，妒忌为性；能障不嫉，忧戚为业。谓嫉妒者，闻见他荣，深怀忧戚，不安隐故。

因为对自己的名利等看得过重，所以不能忍受别人的成功，看到、听说别人尤其是和自己同等之人的成功时，不禁妒火中烧，使自己忧闷不乐，不得安宁。嫉产生恨，也可归于嗔，是嗔的一种表现。嫉妒源于羡慕，常与占有、羡慕、自卑等结合，其实质为一种"我不如人"的深沉自我否定。

嫉妒自古以来即被看作大恶，被看作"灾星""腐蚀剂""恶魔""心灵上的肿瘤""绿眼妖魔"等，今西方心理学将其列为一种破坏性极大的仇恨心理，一种常见的、损人害己的心理疾病。嫉妒心理学说嫉妒通常是无意识的，同伴、同学、同事之间，兄弟姐妹之间，夫妻之间，父母与子女之间，都会产生嫉妒。父亲对女儿的恋人、母亲对媳妇特别容易嫉妒。心智不成熟的人，总是说"我""我的"的人，外貌亲切而内心冷淡的人、自己不认错的人、缺乏自信心的人、自卑感很强的人，都容易嫉妒。男性的嫉妒多表现得迂回曲折，如挑对手的小毛病等，被认为是可耻的，一般不愿承认；女性以多嫉妒著称，然常被认为情有可原，适当的嫉妒反而显得可爱。嫉妒从强度可分为"嫉羡"、"嫉忧"（认为自己的不安全感源于别人的成功而生怨气）、"嫉恨"三种。

5. 覆（梵文 mrakṣa）。掩饰、隐瞒过错。《瑜伽师地论》卷八十九谓"隐藏众恶，故名为覆"。遮掩隐瞒自己过错罪恶的结果，是使过错罪恶凝结胸中，担忧内疚，不得安稳。《即兴自说·布萨经》佛言：

过错若隐蔽，必招大烦恼；过错若公开，无忧无烦恼。①

《楞严经》卷八谓"菩萨观覆，如戴高山履于巨海"。

6. 悭（梵文 matsarya）。吝啬。《成唯识论》卷八解释：

云何为悭？耽著财、法，不能慧舍，秘吝为性；能障不悭，鄙畜为业。谓悭吝者，心多鄙涩，畜积财、法，不能舍故。

贪爱、耽着自己的财物、知识等而舍不得施舍，这种心理使人非理性地积蓄，成为吝啬鬼、守财奴。《清净道论·说蕴品》谓悭以隐秘自己已得、当得的利益，不与他人共有为特相，以收缩和吝啬为其表现，为"心的丑恶"。

7. 诳（梵文 sāṭhya）。欺骗心理。《瑜伽师地论》卷八十九解释：

为欺罔彼，内怀异谋，外现别相，故名为诳。

为获取名利而隐瞒、夸大真实情况，装出一副诚实可信的样子，图谋骗人以达其目的，这种诳骗心理往往使人以诈骗、拐骗等不正当的手段谋生，导致

---

① 方广锠：《藏外佛教文献》第五辑，宗教文化出版社1998年版，第93页。

犯罪。与诳常紧密连接的是"诈"。《楞严经》卷八谓"菩萨见诳，如践蛇虺""菩萨见诈，如畏豺狼"。

8. 谄（梵文 māyā）。谄曲不直，为"心正直性"的反面。《瑜伽师地论》卷八十九解释：

> 心不正直，不明、不显，解行邪曲，故名为谄。

为了达到某种目的，蒙蔽别人，伪装出恭敬谦和、亲切诚恳，或卑躬屈膝、娇媚可爱等姿态，花言巧语，曲顺人意，逢迎奉承，阿谀谄媚，这种阴险谄曲的小人心理名谄。

9. 害（梵文 vihiṃsā）。损害、伤害别人的心理，俗话所言"害人之心"，不害的反面。对众生没有悲悯和爱心，不怀善意，而怀损伤陷害的恶意，凶狠残忍，这种心理导致损害、迫害他人的种种恶行。

10. 骄（梵文 mada 又称为憍。憍，古同骄）。骄傲自满。《阿毗达磨界身足论》卷上说：

> 谓如有一作如是念，我具妙色、财、位、技艺、净命功德，形貌端严，众所乐见。由此因缘，便起骄傲、极骄傲、醉闷、等醉闷、胭眩、等胭眩。心踞傲性，是名骄。

由对自己的出身、容貌、才干、特长、财富、成就等的贪爱、染着、沉醉，骄傲自满，这种心理能增长贪嗔等烦恼。《经集·波修罗经》佛言"骄傲是失败之母"。《瑜伽师地论》卷二列举无病骄、少年骄、长寿骄、族姓骄、色力骄（因身体好而骄傲）、富贵骄、多闻（对佛法的广闻博通）骄七种骄。骄与慢的区别，是慢主要表现为对他人的轻蔑，骄则主要表现为自己内心的骄傲。与骄相近者称"傲"，《瑜伽师地论》卷八十九谓心怀高慢，对应该尊敬的圣贤心不谦敬，名为傲。《法蕴足论》卷九列傲为应断的 77 种法之一。星云和尚"人生二十最"谓"人生最大的失败是骄傲"。

"中随烦恼"之"中"，意谓中等程度，互相俱生，只有 2 种：

1. 无惭（梵文 āhrīkya）。惭的反面。不顾自尊和正理，对自己的过错大言不惭，谓之无惭。这种心理令人排拒贤善、不知改过迁善，有生长恶行的作用。

2. 无愧（梵文 anapatrapyā）。愧的反面。无视社会的法纪、道德、舆论等，不重贤善而重邪恶，对过失错误不知羞愧，名为无愧，严重的无愧即今所谓"无耻"，这种心理有生长恶行的作用。

《本事经》卷四，佛说一切恶都以无惭愧为后助而不损减，因为"恶法既生，由无惭愧，都无悔变，无悔变故，而不损减"。《大乘阿毗达磨杂集论》卷四谓"无惭无愧，于一切不善品中恒共相应"。《成唯识论》卷六说无惭、无愧二心所"俱遍恶心"——所有恶心生起时都有无惭、无愧与之同时生起。

大随烦恼，谓其最具普遍性，不仅互相俱生，而且在一切不善心与有覆无记心生起时都会与之俱生，有8种：

1. 不信（梵文 aśrāddha）。信的反面，指对有实、有德、有能的佛、法、僧三宝等的不相信。《成唯识论》卷六解释：

> 云何不信？于实、德、能不忍乐欲，心秽为性；能障净信，惰依为业。谓不信者多懈怠故。

对于应确信的真理等不信，不能认可承受、爱好追求，使人懒于求法修行，使心污秽，并能污染其他心、心所。被不信污染的心，如浑浊的污水不能映现真理之光明。

2. 懈怠（梵文 kausīdya）。怠惰疲懈，精进的反面。对断恶修善之修行懒惰，对污染之事（如作恶、追名逐利）的精进，都是懈怠。懈怠有滋长种种污染的作用。《正法念处经》卷五十九斥责放逸懈怠人"如狗等无异"，《华严经》比喻懈怠如钻木取火，未燃而止。

3. 放逸（梵文 pramāda）。放纵散漫，不严格约束自己，为不放逸的反面。《瑜伽师地论》卷八十九解释：

> 于诸善品，不乐勤修，于诸恶法，心无防护，故名放逸。

不能约束自心断恶为善、舍染求净，名为放逸，有增恶损善的坏作用。放逸，被诸经论强调为生死苦恼的根本，《正法念处经》卷五十七偈云：

> 一切诸苦树，放逸为根本。

4. 散乱（梵文 vikṣepa）。简称"散"，念头纷驰，不能专注，为修禅定的大障碍。《广五蕴论》云：

云何散乱？谓贪嗔痴分，令心、心法流散为性，能障离欲为业。

散乱的特性是不能专注所缘，障碍离欲和入定，有引发邪思的作用。散乱有五种、六种、十种之分。《六门教授习定论》卷一说五种散乱：

一为外心散乱，意识随逐外境驰动。

二为内心散乱，修禅定时内心自生种种散乱意念。

三为邪缘心散乱，由接触不正确的说法等动摇狐疑而生散乱。

四为粗重心散乱，因自我执着、我慢过重、计较我如何如何而生散乱。

五为作意心散乱，依外道或其他方法修定而引起散乱。

《大乘阿毗达磨杂集论》卷一增加"相散乱"，谓为名利而装出心定的样子，实际散乱。

5. 掉举（梵文 auddhatya）。心动荡不定。掉，谓左右摇动，举，谓上下浮沉，掉举，喻念头扰动，使心不寂静。《品类足论》卷三云：

掉举云何？谓心不寂静，心不澹泊，心不宁谧，掉动飘举，心躁扰性，是名掉举。

掉举尤指修禅定时由所缘境起联想忆念，不自觉地想起所贪爱、喜好的人、物、境、事，如思念亲属、想起往昔的乐事等。《广五蕴论》谓掉举"随忆念喜乐等事，心不寂静为性"。《清净道论·说蕴品》喻掉举犹如被风吹动的水波，如投以石而散布的灰尘。掉举大体相当于现代心理学所说无固定思考方向的"联想思考"或"愿望思考""我向思考"，或译"浮躁"。

关于掉举和散乱的区别，《大毗婆沙论》卷四十二比喻说，掉举如同把坐在床上的人拉起身，散乱则如强迫被拉起身的人向某处走；又，掉举如冷水从泉眼中流出，散乱如泉水流溢满池。散乱为心念较粗的躁动，掉举为心念较细微的躁动，《成唯识论》卷六说：掉举是在某一对象上使心念变动不定，散乱是使所缘的对象变动不定，二者在刹那间的表现虽同，但在相续中就会看出差异。

6. 昏沉（梵文 styāna）。昏沉蒙眬，虽未睡着、打盹而不清明的心理状态。《发智论》卷二谓身心的沉重性、不调柔性、瞢瞪愦闷、昏重性谓之昏沉。《清净道论·说蕴品》谓昏沉以不堪努力为特相，以心的消沉为现状。《成唯识论》卷六谓昏沉使心的功能低劣，不堪提起精神专注于所当为（尤其是修习止观），是昏沉的特点。《即兴自说·第四弥凯耶品·高慢经》佛言：

昏沉唯欲睡，必被魔罗擒。

7. 失念（梵文 muṣitasmṛtitā）。遗忘，忘记所应记住的东西。修习禅定时忘记专注所缘的一境，导致散乱，为入定的障碍。忘记正确的教诫和所守戒律等，则导致恶行。遗忘是现代记忆心理学研究的重要问题，一般将错误的再认和回忆也归于遗忘，意义较小、对生活和工作没有多大实用性的东西很容易忘记。动机不足、情绪不佳、不感兴趣而未加注意、漫不经心和过分紧张等，都容易造成遗忘。遗忘并不一定完全是坏事，可以看作对记忆的补充或对应该忘记的东西之无意识处理。

8. 不正知（梵文 asamprajanya）。对所观察对象的错误理解，主要指对戒律、道德规范、修行方法等理解有误，从而导致犯戒等行为。《成唯识论》卷六：

云何不正知？于所观境，谬解为性；能障正知，毁犯为业。

三、烦恼的种种归纳

诸经论中，烦恼、不善心有"毒""火""漏""惑""缠""缚""结""使""取""随眠""系""盖""垢""匿""尘劳""暴流""箭""轭""烧""炽燃""恼""常害""稠林""拘碍"等多带贬义的异称，并将重要的或同类的烦恼束为一组，以表示其重要性并便于记忆，有多种说法，若按数字递增顺序排列，重要者有以下这些：

1. 二惑：见惑、修惑，见《本事经》《舍利弗毗昙》等。见惑，为"见道所断惑"的略称，又称"迷理惑""分别起惑"，乃后天接受教育、社会文化影响，信仰宗教或自己总结生活经验而形成某种世界观、人生观，为人们言行的主导，迷于佛法四谛等真理，属意识上的见解、观念，依第六意识的分别计度而起，有身见等五种恶见加疑及慢之一分，与三界四谛相配共有88品（有部）或112品（唯识宗）；修惑，为"修道所断惑"的略称，又称"迷事惑"、"思惟所断惑"（"思惑"）、"俱生起惑"，与前六识的分别（思）和第七识的思量同时俱起，迷于事（心识了境的现实）而起，有贪、嗔、痴、慢、身见、边见六种，与三界、四谛相配共81品（有部）或16品（唯识宗）。修惑与生俱来，随思而起，故又称思惑。见惑于见道时顿断，修惑须渐次修道而渐断。

2. 二障：《俱舍论》卷二十五说为烦恼障、解脱障，前者指种种烦恼，障碍无漏慧的证得，导致三界生死；后者又名定障、俱解脱障，障碍修成禅定。唯识学以烦恼障、所知障为二障，烦恼障指以我执为本的烦恼，凡128品，障碍证得涅槃；所知障指以法执为本的诸惑，遮蔽所知的境界，障碍证得如实智慧、修菩萨道成佛，凡148品。

3. 两种烦恼：大众部说倒起烦恼（由颠倒认识而起的烦恼）及随眠烦恼（潜在的烦恼）两种烦恼。《胜鬘经》说住地、起两种烦恼，住地烦恼，指各种生存类型自然具有的烦恼，分为见一处住地、欲爱住地、色爱住地、有爱住地、心不相应无始无明住地五个层次，以无明住地烦恼力量最大，《佛性论》卷二说"无明住地为一切烦恼所依止处"；起烦恼，指前四住地遇缘对境刹那刹那生起的贪嗔等各种烦恼。

4. 二缚：相缚、粗重缚。相缚谓被所认识的诸相、名言所缚；粗重缚谓被潜伏的烦恼——随眠所缚，粗重，为随眠别称。

5. 三毒：根本烦恼中的贪、嗔、痴三者，诸经论皆强调其为烦恼及生死之本，将其作为烦恼的代表。又称"三缚""三随烦恼""三垢""三匿""三株杌""三常害"等。

6. 三惑：天台宗所立，三界内的见惑、修惑合称见思惑，为能感得三界生死的三界内的烦恼；三界外还有菩萨所断的尘沙惑、无明惑。尘沙惑指对修菩萨道所应了知的一切（如众生的过去、未来及根器等）的无知，因多如尘沙，故名。无明惑即最原始的无始无明、元品无明。

7. 三随眠：又称"三使"，乃大乘所说菩萨修行十地进程中所断之三类烦恼随眠：一是害伴随眠，指非俱生现行的较粗烦恼（分别所起惑）；二是羸劣随眠，谓与第六识相应之俱生烦恼，俱生指与身见同时而起的贪嗔等较细微的烦恼；三是微细随眠，指与第七识相应的微细烦恼。随眠，指潜伏的烦恼，唯识学解释为烦恼的种子，《瑜伽师地论》卷八解释：

一切世间增上种子之所随逐，故名随眠。

同论卷五十八谓烦恼的种子未断未害名随眠，亦名粗重，又，烦恼在不觉位名随眠。

8. 三系：欲系、色系、无色系，分别属于三界的烦恼，亦称三聚。系（巴利文 gantha），义同"缚"，《瑜伽师地论》卷八谓"难可解脱，故名为系"。或以贪婪、嗔恨、执着戒禁、执着己见之四种身系为"四系"。

9. 四取：取（巴利文、梵文 upādāna）为执取之意，《大乘义章》卷五谓"取执境界，说名为取"。四取为，一欲取，贪着欲界的色、声、香、味、触五欲；二见取，身见等恶见；三戒禁取，即恶见中的戒禁取见；四我语取，执自我为实。

10. 四漏：欲（界）、有（色界无色界）、见、无明四种漏，漏（梵文 āsrava）意为漏泄，有缺失、漏洞、染污之意，指各种能引生三界生死的烦恼。《瑜伽师地论》卷八谓"流动其心，故名为漏"，卷八十四"又能出生当来生故，说名为漏"。《大乘阿毗达磨杂集论》卷七谓"令心连注流散不绝，故名为漏"。不仅三界所有烦恼、不善心为有漏，即三界众生的善心，常依无明而起，亦属有漏。此四漏又称四轭（巴利文 yoga），意谓将众生牢牢套在痛苦里；又称"四瀑流"（巴利文 ogha），谓如力量巨大、永不停息的瀑布。

11. 五盖：贪欲、嗔恚、睡眠、掉（举）悔、疑，主要障碍修定，盖，谓如盖子，能遮蔽光明。

12. 五住地惑（烦恼）：《胜鬘经》说见一处住地（三界见惑）、欲爱住地（欲界思惑）、色爱住地（色界思惑）、有爱住地（无色界思惑）、（无始）无明住地五个层次的烦恼为五住地惑，前4种与心相应（属心理活动），无始无明住地不与心相应（非心理活动）。《菩萨璎珞本业经》卷下说生得、欲爱、色爱、无色爱、无始无明五种惑。无始无明又称元品无明、根本无明、不共无明。《成唯识论述记》认为无始无明惑指所知障种子。

13. 五毒：贪、嗔、痴、慢、嫉，密教所说。

14. 七结：欲（界）贪、有贪（对色界、无色界的贪爱）、嗔恚、慢、见（恶见）、疑、无明。结（梵文 saṃyojana），意为束缚，《大毗婆沙论》卷五十谓有系缚、合苦、杂毒三义，有"心结""情结"意，谓久久盘踞心中。七结处于潜在状态时称"七随眠"。

15. 八缠：无惭、无愧、昏沉、睡眠、掉举、恶作（悔）、嫉妒、悭吝。缠，谓纠缠，《瑜伽师地论》卷五十八谓"现行现起烦恼，名缠"。《大乘阿毗达磨杂集论》卷七谓"数数增胜，缠绕于心，故名缠"。又，烦恼在觉位（有意识）、现起时，名缠。一切烦恼皆有其缠，以上8种缠每天多次现行，故特立八缠。

16. 九结：七结再加上嫉、悭二结。一说为爱、恚、慢、无明、见、取、疑、嫉、悭"九结"。或七结加嫉、悭、戒禁取见，称"十结"。

17. 十使：身见、边见、邪见、见取见、戒禁取见、贪、嗔、痴、慢、疑，其中，前五种虽利，浅而易断，称"五利使"，后五种根深难拔，称"五钝使"。使，谓如古代衙门中的公差，随逐驱使犯人。

18. 十一心垢：见《舍利弗阿毗昙论》卷二十，为疑、不思惟、怖、悲、恶、睡眠、过精进、软精进、无能（心怯弱）、若干想、着色。

19. 十六心垢：见《阿含经》佛说，为不法欲（不合理的、非分的欲望）、嗔、忿、恨、覆、恼、嫉、悭、谄、诳、刚愎、报复心、慢、过慢、骄（憍）、放逸。

20. 二十一心秽：见《中阿含经》佛说，为邪见、非法欲、恶贪、邪法、贪、恚、睡眠、调悔、疑惑、嗔缠、覆（不语结）、悭、嫉、欺诳、谄谀、无惭、无愧、慢、大慢、慢傲、放逸。《增一阿含经》卷六说为嗔、恚害、睡眠、调戏、疑、怒、忌、恼、疾、憎、无惭、无愧、幻、奸、伪、谄、骄（憍）、慢、妒、增上慢、贪二十一种"心结"。

21. 九十八使：又称九十八随眠，见、修二惑每一烦恼各分下、中、上三品，与三界、四谛相配，共有 98 种。

22. 一百二十八烦恼：十使由迷执三界十二谛（每一界各苦、集、灭、道四谛），而有见所断烦恼 112 种，修所断烦恼 16 种，共计 128 种烦恼，略称"百八烦恼"。

《瑜伽师地论》卷八按状态及性质、轻重，分烦恼为七位。

一为随眠位，潜伏的烦恼种子。

二为缠位，现行的烦恼。

三为分别起位，意识思惟分别所起烦恼，即见惑。

四为俱生位，俱生烦恼，即思惑。

五为耎（软）位，下品，轻的、力量小的烦恼。

六为中位，中品，中等的烦恼。

七为上位，上品，深重猛利，有 6 相：由此烦恼能毁犯一切戒，能生于恶道，以特别活悦之心发起，由心志成熟者发起，烦恼所缘为父母佛菩萨等应尊敬者及贫穷孤苦等应慈悲救济者等。

今有分烦恼为三层次者：深层次潜伏性烦恼（巴利文 anusaya kilesa），即随眠；中层次困扰性烦恼（巴利文 pariyutthāna kilesa），俱生、分别起的现行烦恼，即"缠"；上层违犯性烦恼（巴利文 vītikkama kilesa），即能造业的上品烦恼。

四、对不善心所法的补充

对唯识学等所列举的烦恼、随烦恼等不善心所法，我们还可以从经论中补充多种：

1. 报复心。见《法蕴足论》卷九等，为《阿含经》佛说十六心垢之一。

报复心理，属嗔。这种心理导致陷害、挑拨离间、攻击、残杀、战争等恶行。《即兴自说·第四弥凯耶品·牧牛人经》佛偈云：

敌人对敌人，仇冤对仇冤，一方被伤害，报复必更残。

2. 刚愎。自恃己见，不接受别人正确的意见。《阿含经》中佛陀所说十六心垢和二十一心秽之一。

3. 不悔。作恶后不知改悔。《正法念处经》卷三十三谓"乐作众恶，作已欢喜，故名不悔"。

4. 坚。顽固坚持错误。《正法念处经》卷三十三谓"作诸恶业，执着不舍，是名为坚"。《大般涅槃经》卷十八所谓"坚硬心"，应即坚心。

5. 不调伏。心散乱不定。《正法念处经》卷三十三谓"心不寂静故，名不调伏"。

6. 不恭敬、不敬，对应该尊敬者态度不谦恭、不尊敬，属傲。见《法蕴足论》卷九等。

7. 怯懦。《经集》所说八魔军之一。

8. 无能，怯弱。《舍利弗阿毗昙论》所说十一心垢之一，与怯懦相近。

9. 奸。《阿含经》所说二十一心秽之一、《经集》所说八魔军之一。奸诈不直、不忠诚，即所谓"奸臣"之奸，可归于谄。

10. 诈、诡诈。怀有所图的染污心，为显示自己，表现出亲切态度，故作温言软语。见《法蕴足论》卷九。

11. 伪。虚伪不实。《阿含经》所说二十一心秽之一、《经集》所说八魔军之一。《法蕴足论》卷九所说应断77法之一的"矫""矫妄"，略同"伪"，释谓"心怀染污，为显己德，假现威仪"——为表现自己而装模作样。又，"现相"——为达到所求而装出庄严的模样，亦属于伪的一种表现。

12. 诤。《阿含经》所说二十一心秽之一，争论、斗争心理。

13. 幻。幻觉。《阿含经》所说二十一心秽之一、《经集》所说八魔军之一，意识的一种变态。

14. 怖。恐怖。《舍利弗阿毗昙论》所说十一心垢之一。

15. 悲。悲伤。《舍利弗阿毗昙论》所说十一心垢之一。

16. 忌。猜忌、疑忌、忌讳。《阿含经》所说二十一心秽之一。

17. 调戏。戏耍心理。《阿含经》所说二十一心秽之一。

18. 不忍。无忍耐力，以嗔报嗔，以骂还骂，以打还打。见《法蕴足论》卷九等。

19. 瞢愤。昏沉多眠，糊涂无智。见《法蕴足论》卷九。

20. 心昧劣性、心下劣性。自卑，自己轻蔑自己。见《法蕴足论》卷九等。

21. 抵突、粗重抵突。顶撞、作对等故意恼他之心。见《法蕴足论》卷九。

22. 愁。忧愁、焦虑。见《法蕴足论》卷九。《中阿含经》卷三十六谓"忧苦愁戚"。焦虑，为现代人最普遍的负面情绪之一。焦虑从轻到重，一般是惊觉→疑虑→忧虑→紧张→急躁→慌乱→焦虑。

23. 扰恼。烦乱不安，烦闷。见《法蕴足论》卷九。

24. 不和软性。不温和，不能与他人和睦相处的心理，见《法蕴足论》卷九等。

25. 不调柔性。不能调节自己的心理活动，为修行的障碍。见《法蕴足论》卷九。

26. 不顺同类。与同类背反、不能合作的心理，妨碍人际关系的和谐。见《法蕴足论》卷九等。

27. 忘恩负义。不知恩报恩的心理，经中又译作"无反复"，佛经说此类人不可交往，连畜生亦不如。

28. 忤逆。不孝顺父母师长的心理，佛经中列为恶。

29. 欺软怕硬。为牛马等畜生的心态，日莲《佐渡御书》谓"畜生之心，欺善怕恶"。

30. 惊吓、惊骇。中医"七情"之一，受惊吓伤肝胆，严重者将导致恐惧症、精神病等疾病。

根据现代心理学所说负面情绪，在佛典所列举的不善心所法之外，我们还可举出诸多不善心理：

焦急、悲伤、忧郁、无聊、慌张、烦闷、灰心、失望、沮丧、寂寞感、败兴感、压抑、伤心、痛心等情绪状态，可以归于受蕴，皆对身心有害。

恐惧、恐怖、紧张感等，为有害的心理反应。紧张，尤为导致现代人疾病的重要精神心理原因之一。

狂妄、轻蔑、冷漠、苛刻、无恒心、自我麻醉心理、赌博心理、空想、失眠等，佛教和现代心理学皆认为有害。

五、烦恼的特点与过患

关于烦恼运作的特点，《瑜伽师地论》卷七十说，若为烦恼所魅，有5种相，甚于被恶鬼所魅：

1. 烦恼不单行。"若为一烦恼所魅，必为无量烦恼所魅"。如因贪权位必然会对政敌生嗔恨、会对下属起骄慢、会贪色贪财、会坚持善恶无报的邪见、会对佛法狐疑不信，等等。如同论卷五所说：

又不善法能引诸胜不善法，谓欲贪能引嗔、痴、慢、见、疑。

2. 烦恼不可治疗。烦恼之心病，非物质性的一切灵丹妙药所能治疗。
3. 难可识别。"世聪慧者尚不能了"。
4. 烦恼非客，与生俱来。被认为是本性如此，西方心理学家多持此见。
5. 烦恼与一切众生共有，习以为常，不以为非。

同论卷五十八说，诸烦恼或缘事、缘境而生，也能缘烦恼而生，如对自己所爱者因爱生恨、因自己有烦恼而恨自己、因羡慕而生嫉妒等。诸烦恼皆能与自地（同一界）的一切烦恼辗转相缘，下地的烦恼还能缘上地的烦恼及事，如欲界之人既因贪财而嫉妒、恼怒、杀害，也可能贪爱追求色、无色界禅定，希望生天、一睹天女的芳容等；上地烦恼则不缘下地，如住于色界四禅中者不会贪爱女色。

关于烦恼与八识的关系,一般而言,烦恼、不善心,唯由六、七二识发起,《宗镜录》卷五十五云:

唯第六、第七有遍计分别故,即六、七二识有执也。

即由前五识生起的烦恼,实际上一般也由五俱意识发起。如"见色起意"起码是由意识确认所见"美色可餐"而起淫意。

关于烦恼的过患,尤其是在造成生死流转苦果方面的负面作用,经论中有许多论述。《瑜伽师地论》卷八说烦恼有无量过患,其中重要者如:

1. 烦恼生时,恼乱其心,令失去平静。

2. 使人于所缘境颠倒认识,如贪色者不能认识女色之不净只见其可爱、爱钱者不见金钱之无常等。

3. 令烦恼的种子增长坚固,令同类的烦恼相续成习。脑科学发现:一切令人快乐的刺激,在脑中的化学反应皆与吸毒成瘾有一致性,因神经递质多巴胺的作用,令大脑习惯于获得奖赏,不断强化整个连接,形成习惯,故坏习惯难改。

4. 由烦恼发起恶、不善业,自害、害他、自他俱害,能结出现在及后世的苦果,能令退失诸殊胜的善法,远离涅槃之乐。

5. 能令资财衰损散失,如因爱钱而赌博破财、因贪色嫖娼而破财丢官等。

6. 能令人在众人中、社会上失去威望、面子,乃至臭名远扬、遗臭万年。

7. 令人于临终时生大忧悔,死后堕于三恶道中。

佛教所说不善心所之不善,现代心理学也多有指陈,一般以愤怒、焦虑、抑郁为最危害身心的三大不良情绪,认为其有害于身心健康,导致各种身心疾病,也造成许多社会问题。对负面情绪于身心的害处,有不少通过定量研究得出的数据,颇有说服力。如身心医学研究证明:愤怒、焦虑、忧郁等消极情绪皆损害心脏,使血压升高、血管阻塞,加速老化,使免疫系统受损,记忆力锐减,易感冒,疾病恢复慢,并传染坏情绪给家人,造成"情绪污染"。

生气使心跳加快、血管收缩、血压升高,脑中分泌出过多的去甲肾上腺素,引起气喘胸闷、气逆咳嗽、胃黏膜充血、胃酸分泌过多、肠胃蠕动减弱,导致消化功能降低、神经衰弱、失眠、尿急尿频、心悸、血涌、哮喘乃至猝死，易使皮肤发黑、长色斑。发怒时气血上冲，头顶发热，易秃顶，甚至使头顶变尖，令脑细胞衰老加快。暴怒导致肝热，影响肺，肺热导致失眠，严重时可能造成肝内出血，形成血瘤。爱怒的孩子易患心脏病，年轻时脾气暴躁者中年后易患肥胖症、抑郁症，50岁以上者因发怒突发心脏病、中风的概率比常人高3倍。长期怀恨极易酿成肝癌等癌症。女性压抑怒气而死于心脏病、中风、癌症的危险会比男人高2倍。易怒、敌视他人、愤世嫉俗的人比沉着冷静、充满善意的人死亡的可能性要高出4倍，其中，患心脏病的可能性为一般人的5倍。生10分钟气会消耗3公里长跑消耗的体能，且身体会产生毒素，至少3天才能消除。20世纪30年代，科学家受英国伦敦一脾气暴躁妇女的乳汁毒死其婴孩的启示，对人呼出的气进行化学分析，发现人恼怒及忧郁伤心时的分泌物能使某种液体产生有害于健康的白色沉淀物，其毒性足以在12分钟内杀死一只豚鼠。

对所有的人都怀"不原谅"的"A型敌对心态"，有可能引发心脏血管病变等疾病。

长期忧郁，会导致激素分泌严重失调，容易罹患淋巴类、血管内皮系列的炎症，使脂肪和胆固醇沉积于冠状动脉，最终导致心脏病。

不安、紧张、恐慌时，脑中分泌过多的肾上腺素，会削弱血液白细胞中50亿"杀伤者"细胞的战斗力，导致高血压、溃疡、头痛、失眠等，诱发癌症。紧张促使细胞分裂素大量分泌，加速老化。

恐惧、悲伤时，血管收缩、阻塞，胃黏膜变白，胃酸停止分泌，会导致消化不良及脑、心脏、血管的病变。

沮丧、悲观、冷漠时，体内复合胺、多巴胺偏低。会导致肾上腺皮质醇的浓缩，有损控制和消除癌细胞生长的免疫系统，损害身心健康，使人未老先衰。科学家对6958人追踪研究40年，发现悲观组比乐观组死亡率高42%。

贪婪、贪财的结果，首先是得了钱财，损了健康，减了寿命。巴西一医疗机构对583名贪官和583名清官做了10年研究，结果发现60%以上贪官患高血压、癌症、脑出血、心肌梗死等，寿命比一般人短，而清官的患病率仅为16％。中国对16名平均41岁的贪官做跟踪调查，10年后发现15人得病，不少为癌症，死亡6人。就像有人说的："越是腐败，死得越快。"

嫉妒导致内分泌、心血管或神经系统功能失调，引来头疼失眠、高血压、郁闷心悸、胃脘不适等病。妒火中烧时，血压升高，心跳加快，肾上腺素分泌增多，免疫力下降。

懒惰懈怠，令人少活10年，懒得动脑使大脑退化，易得老年性痴呆。

烦恼超过半年不解，会让人缩短2—3年寿命。科学家对10万名女性多年的研究发现：负面情绪、恶念会引发高血压、高胆固醇。

《俱舍论》6类46心所法

大地法	受、想、思、触、欲、慧、念、作意、胜解、三摩地（10种）
大善地法	信、不放逸、轻安、舍、惭、愧、无贪、无嗔、不害、勤（10种）
大烦恼地法	痴、放逸、懈怠、不信、昏沉、掉举（6种）
大不善地法	无惭、无愧（2种）
小烦恼地法	忿、覆、悭、嫉、恼、害、恨、谄、诳、骄（憍）（10种）
不定地法	寻、伺、恶作、眠、贪、嗔、慢、疑（8种）

《大乘百法明门论》6类51心所法

遍行心所	作意、触、受、想、思（5种）
别境心所	欲、胜解、念、定、慧（5种）
善心所	信、精进、惭、愧、无贪、无嗔、无痴、轻安、不放逸、行舍、不害（11种）
根本烦恼心所	贪、嗔、痴、慢、疑、恶见（6种）
随烦恼心所	忿、恨、覆、恼、悭、嫉、诳、谄、害、无惭、无愧、不信、懈怠、骄（憍）、掉举、昏沉、放逸、失念、散乱、不正知（20种）
不定心所	恶作、睡眠、寻、伺（4种）

《摄阿毗达磨义论》3 类 52 心所法

通一切心所	一切心心所	触、受、想、思、三摩地、命根、作意（7 种）
	杂心所	寻、伺、胜解、精进、喜、欲（6 种）
善心所	遍一切善心所	信、念、惭、愧、无贪、无嗔、中舍性、身轻安、心轻安、身轻快性、心轻快性、身柔软性、心柔软性、身适业性、心适业性、身练达性、心练达性、身正直性、心正直性（19 种）
	离法	正语、正业、正命（3 种）
	无量心所	悲、喜（2 种）
	慧根	无痴（1 种）
不善心所		痴、无惭、无愧、掉举、贪、见、慢、嫉、嗔、悭、恶作、昏沉、睡眠、疑（14 种）

唯识今学八识与心所法之相应关系：

八识	相应心所
前五识	触、作意、受、想、思、欲、胜解、念、定、慧、信、精进、惭、愧、无贪、无嗔、无痴、轻安、不放逸、舍、不害、无惭、无愧、贪、嗔、痴、不信、懈怠、放逸、昏沉、散乱、失念、掉举、不正知
意识	所有心所
末那识	触、作意、受、想、思、我见、我爱、我痴、我慢、掉举、昏沉、不信、懈怠、放逸、失念、散乱、不正知
阿赖耶识	触、作意、受、想、思

第四节 八十九心与百二十一心

关于心理功能、心理活动、心理状态等心理内容，南传上座部有八十九心、百二十一心之区分。与心所法作为世间一般人的基本心理功能不同，八十九心、百二十一心则列举世间、出世间各种人（包括学佛修行者、圣者）的各种心理状态，对之进行分类。

八十九心和百二十一心，出于《法聚论》。据《清净道论》《摄阿毗达磨义论》，八十九心、百二十一心，皆识蕴所摄，分为四种、三大类。

四种，为欲界心、色界心、无色界心、出世间心（巴利文 lokuttaracitta）。欲界（巴利文 kāmāvacara），指不离饮食、睡眠、男女等欲或需要的众生界，与此界相应的心名欲界心，共 54 种。色界（巴利文 rūpāvacara），指超离了饮食、睡眠、男女等欲而尚有物质形态的众生界，与此界相应的心名色界心，共 15 种。无色界（巴利文 arūpāvacara），指超离物质形态、唯以心识存在的众生界，与此界相应的心名无色界心，共 12 种。欲界、色界、无色界合称"三界"（梵文 trayo-dhātavaḥ），又称"三有"，以生灭变异、生死轮回、众苦充满为特质，即是世间。超出世间、不生不灭、常乐无苦的心境为出世间心，共 8 种，或更详分为 40 种。

欲界心又分为善心、不善心、异熟心、唯作心四类。色界、无色界、出世间心只有善心、唯作心两类。

或将欲界善心及一切色界、无色界、出世间心合称"美心"（巴利文 sobhanacittani），凡 24 种。

下面主要依《清净道论·说蕴品》，以善、不善、异熟、唯作四大类为纲，分述八十九心。

一、善心

善心分为欲界、色界、无色界、出世间 4 种，共 21 心，其中欲界善心 8 种：

1. 喜俱智相应无行心，在正见引导下自觉地欢欢喜喜行善之心，这种心出于自觉自愿，非受人怂恿、劝说、诱惑，谓之"无行"（巴利文 asaṅkhārika），欢喜与正见同时生起，谓之"喜俱智"。如佛弟子自觉布施残疾人时的欢喜心。

2. 喜俱智相应有行心，虽以正见为导而欢喜行善，但非出主动，乃受人劝勉、怂恿等而起（有行）。如佛弟子应媒体呼吁而捐资助学的欢喜心。

3. 喜俱智不相应无行，非出于正见而主动欢喜行善之心，如不知供僧功德的幼童见父母供施僧人，也学着以食物供僧时的欢喜供养心。

4. 喜俱智不相应有行，非出于正见，受别人劝告、怂恿、动员而欢喜行善之心。

5. 舍俱智相应无行，正见为导，主动的、没有欢喜忧悲的行善之心。

6. 舍俱智相应有行，正见为导，没有欢喜忧悲，被动（在劝告之下等）的行善之心。

7. 舍俱智不相应无行，无正见指导，主动行善而无欢喜忧悲的心态。

8. 舍俱智不相应有行，非正见为导，被动行善而无欢喜忧悲的心态。如人经单位动员随众捐资救济灾区的心。

色界善心依四层禅定的五大功德（寻、伺、喜、乐、定），分为5种：

9. 与寻、伺、喜、乐、定相应的色界善心，指初禅定心。

寻、伺，谓思维，专注目标。喜属行蕴，为内心的激动，如疲惫的旅人见到绿洲时的欢喜。乐属受蕴，其心平静，如旅人冲凉饮水时的快乐。定相应，又译一境性（巴利文 ekaggata），即三摩地，专注目标而不动。

10. 超越寻的色界善心，指初禅和二禅之间的中间定，无粗的思维"寻"而尚有细的思维"伺"。

11. 更超越伺的色界善心，指二禅定心。

12. 更离喜的色界善心，指三禅定心，无激动的喜而有平静的乐。

13. 与舍、定相应的色界善心，指四禅定心，无喜乐。

无色界善心依四无色定的层次，分为4种：

14. 空无边处善心。定中不见自身，唯见无边虚空。

15. 识无边处善心。定中不见自身，唯见无边心识。

16. 无所有处善心。定中不见自身，唯见无所有。

17. 非想非非想处善心。定中不见自身，无粗的感知而有一点知无感知的微细感知。

色界、无色界善心为禅定中由浅到深不同层次的心态，也可看作心识的一种潜在功能。

出世间善心，指见道（实证诸法无我的真实）位以上的佛教圣者与诸法无我的如实智慧相应、证得涅槃的心，亦称"道心"（巴利文 maggacitta），按修证的层次分为 4 种：

18. 须陀洹（初果）道（善）心。
19. 斯陀含（二果）道（善）心。
20. 阿那含（三果）道（善）心。
21. 阿罗汉（四果）道（善）心。

二、不善心

不善心只属欲界，共有 12 种，分属贪根、嗔根、痴根 3 类，其中属于贪根者 8 种：

22. 喜（悦）俱恶见相应无行（贪），以邪见为导主动生起的欢喜作恶时的贪心。《清净道论·说蕴品》释云：

由"诸欲中作有过患事"等之方法，（说以）邪见为先（恶见相应），心生大喜（喜俱），于自性上锐利而不（由他人）所怂恿，（无行），心以享受诸欲，或见（闻、觉）之吉祥等见为真实时是第一之不善心生起。

例如，出于善恶无报的邪见，庆幸得意地贪污公款或诱奸他妻。

23. 喜俱恶见相应有行（贪），以邪见为导被动生起的欢喜贪占之心，如出于善恶无报的邪见，在人指使下贪污受贿。

24. 喜俱恶见不相应无行（贪），非以邪见为导，只起欢喜心，不由他人怂恿而主动生起的贪心，如人虽知受贿不对而见财起意受贿时的欢喜得意之心。

25. 喜俱恶见不相应有行（贪），非以邪见为导，受别人劝诱而被动生起的欢喜贪心。如人虽知受贿不对而在劝诱下受贿时的欢喜心。

26. 舍俱恶见相应无行（贪），以邪见为导，非喜非忧主动作恶的贪心。

27. 舍俱恶见相应有行（贪），以邪见为导，非喜非忧被动作恶的贪心。

28. 舍俱恶见不相应无行（贪），非邪见为导，非喜非忧主动作恶的贪心。

29. 舍俱恶见不相应有行（贪），非邪见为导，非喜非忧被动作恶的贪心。

属于嗔根的不善心有 2 种：

30. 忧俱嗔恚相应无行，怀忧烦不快而起的主动的、锐利的嗔恨心，如因怀恨而经考虑杀人、暴怒之下毫不思考杀人等。

31. 忧俱嗔恚相应有行，怀忧烦不快而起的被动的嗔恼心，如被雇用的杀手杀人时的狠心。

属于痴根的不善心也有 2 种：

32. 舍俱疑相应（痴），以非喜非忧的中性心态，由狐疑而生的愚痴，如对善恶因果怀疑不信、怀疑佛陀得道等。

33. 舍俱掉举相应（痴），以非喜非忧的中性心态，由注意力不集中而起的愚痴，如坐禅者因心念波动不定而不明诸法无我等。

三、异熟心

异熟心（巴利文 vipāka-citta）亦译果报心、报心，谓属既定的业报，是一种与生俱来的自然心理功能，虽然有善、不善之别，而与有意发起的善、不善心理活动不同，性属无记或不定，指"结生"（受生）、"有分"（处胎及无意识状态）、临终时不自觉的心理活动，对个人而言是被动的，这种心也分欲界、色界、无色界、出世间 4 种，欲界异熟心又分为善及不善两种，善异熟心分有因和无因两种。又按三界、出世间、有因无因等分为 6 类。

第一类欲界无因善异熟心，无因（巴利文 ahetuka），谓没有无贪、无嗔、无痴的善心所为因，属天生的心理功能，有 8 种：

34. 与舍俱行眼识（无因善异熟心）。

35. 与舍俱行耳识（无因善异熟心）。

36. 与舍俱行鼻识（无因善异熟心）。

37. 与舍俱行舌识（无因善异熟心）。

38. 与舍俱行身识（无因善异熟心）。

39. 与舍俱行的领受（无因善异熟心）。

40. 与舍俱行的有推度作用的意识（无因善异熟心）。

以上7种，皆属天生的六识功能，与非善非恶的舍心同时生起。如婴儿平静放松时的视、听、嗅、味、触等感觉及对所见物体的分别，今发现婴儿天生助人为乐，即是无因善异熟心。

41. 与喜俱行的有推度作用的意识。与欢喜心同时生起的意识。如婴儿高兴地辨认来客等。

第二类欲界有因善异熟心，有因，谓与无贪、无嗔、无痴的因相应或俱行，此类心也有8种：

42. 喜俱智相应无行（有因善异熟心）。

43. 喜俱智相应有行（有因善异熟心）。

44. 喜俱智不相应无行（有因善异熟心）。

45. 喜俱智不相应有行（有因善异熟心）。

46. 舍俱智相应无行（有因善异熟心）。

47. 舍俱智相应有行（有因善异熟心）。

48. 舍俱智不相应无行（有因善异熟心）。

49. 舍俱智不相应有行（有因善异熟心）。

这8种善心的名目与8种欲界善心相同，但它们不像欲界善心那样是主动或被动作意生起，而是缘受生、临死等时所对境不自觉地生起，有如映在镜中的面相，没有潜在的力量，而欲界善心则如自己的颜面，有潜在的力量。如修行有成者临终之际自然慈善欢喜，即是喜俱智相应无行善异熟心。

第三类欲界不善异熟心，皆属无因，有7种：

50. 与舍俱行眼识（不善异熟心）。

51. 与舍俱行耳识（不善异熟心）。

52. 与舍俱行鼻识（不善异熟心）。

53. 与舍俱行舌识（不善异熟心）。

54. 与舍俱行身识（不善异熟心）。

55. 与舍俱行领受（不善异熟心）。

56. 与舍俱行推度（不善异熟心）。

它们与无因善异熟心的区别，在于善异熟心只取好的及好的中性缘，不善异熟心则只取不好的及不好的中性缘。如人生来便能看见佛及临终时见佛来迎为善异熟眼识，生来能见鬼及临终之际见鬼为不善异熟眼识，老虎生来知肉味等为不善异熟舌识。

第四类色界异熟心，和色界善心同名，按深入禅定的层次，分为5种：

57. 寻、伺、喜、乐、定俱初禅异熟心。

58. 伺、喜、乐、定俱二禅异熟心。

59. 喜、乐、定俱三禅异熟心。

60. 乐、定俱四禅离异熟心。

61. 舍、定俱五禅异熟心。

色界善心是在修习禅定过程中经作意而生起的，而色界异熟心则是在投生、有分、临终时及生色界天后自然生起。

第五类无色界异熟心，与无色界善心同名，按禅定的层次分为4种：

62. 空无边处异熟心。

63. 识无边处异熟心。

64. 无所有处异熟心。

65. 非想非非想处异熟心。

它们与无色界善心的区别，与色界异熟心与色界善心的不同一样。

第六类出世间异熟心，为圣者的异熟心，亦称"果心"（巴利文 phalacitta）按果位分为4种：

66. 须陀洹果异熟心。

67. 斯陀含果异熟心。

68. 阿那含果异熟心。

69. 阿罗汉果异熟心。

这 4 种心也是在进入果定、投生和临终时不经修行作意而自然生起的。如阿罗汉转生的人不需修行生来自无烦恼，为阿罗汉果异熟心。

大乘《瑜伽师地论》卷六十六也说，临终时最后心念、结生时相续无间之心及此后的一切自性住心（生来如此之心）皆是异熟心，"于一切处当言唯是无覆无记"，无善恶属性，也不障碍佛道，如人饥饿思食、口渴思饮、困倦思睡、见到亲朋好友欢喜等心。

四、唯作心

唯作（巴利文 kiriya），谓只是发生作用而与业无关，不产生业报，非善非不善亦非异熟，纯属无记。这种心分欲界、色界、无色界三类，多数唯是佛与阿罗汉圣者之心。

第一类欲界无因唯作心，分为 3 种：

70. 舍俱五门转向心。

71. 舍俱意门转向心。

72. 喜俱阿罗汉笑心。

第二类欲界有因唯作心，根据与喜、舍及与智是否俱行、有行无行，分为 8 种：

73. 喜俱智相应无行唯作心（悦俱生笑心），以识知色、声等境并欢喜为特相，唯是圣者的心态，如阿罗汉看见枯骨等丑恶事物而感到好笑的心态。

74. 喜俱智相应有行唯作心。

75. 喜俱智不相应无行唯作心。如知是善业而自觉愉快布施。

76. 喜俱智不相应有行唯作心。

77. 舍俱智相应无行唯作心，直觉识知色、声、香、味、触五境的中性的自主意识，通于凡圣。如人瞥然耳闻响声而不起分别等心。

78. 舍俱智相应有行唯作心。如经人劝诱知是善业而愉快布施。

79. 舍俱智不相应无行唯作心，直觉识知色、声、香、味、触、法六境的中性的自主意识，有确定、转向的作用。此心亦通于凡圣。如人眼见晴空万里而明白"这天好晴朗"、看见熟人知晓是谁等心。

80. 舍俱智不相应有行唯作心。

第三类色界唯作心，按禅定层次分为 5 种：

81. 寻、伺、喜、乐、定俱初禅唯作心。

82. 伺、喜、乐、定俱二禅唯作心。

83. 喜、乐、定俱三禅唯作心。

84. 乐、定俱四禅唯作心。

85. 舍、定俱五禅唯作心。

第四类无色界唯作心，按禅定层次分为 4 种：

86. 空无边处唯作心。

87. 识无边处唯作心。

88. 无所有处唯作心。

89. 非想非非想处唯作心。

色界、无色界唯作心唯佛陀、阿罗汉有，其与凡夫色界、无色界善心的区别，是唯作心超越业力而完全自主，凡夫善心则不离业力、不完全自主。

百二十一心，是将八十九心中的四种出世间善心和四种出世间异熟心单独拿出来，各配以寻、伺、喜、乐、舍五种色界善心凡四十种，加上剩下八十一心，合计而成。

第五节　百六十世间心与八十性妄

佛教密乘对心识内容有自家独特的解析，以《大日经》百六十世间心及藏密八十性妄二说，最为重要。

一、《大日经》百六十世间心

密教《大日经·入真言门住心品第一之余》详说心相，分心为世间心、出世间心、菩提心三种，谓超过百六十世间心，出世间心即生。世间心，指凡夫众生或普通人的心理活动、心态，其中，不少相当于显教所说心所法，经中实际上只列举了60心的名目，并一一做了简略的诠释：

1. 贪心，"谓随顺染法"，即唯识学列为烦恼魁首的贪。

2. 无贪心，"谓随顺无染法"，即唯识学善心所中的无贪，以不跟着感觉、知觉走，不让心被色、声、香、味等尘垢污染为特性。然执着于"不贪"，见有能不贪的自我及所不贪的色声等，故属世间心。

3. 嗔心，"谓随顺怒法"，即三毒中的嗔。

4. 慈心，"谓随顺修行慈法"，希望他人快乐的仁慈之心。

5. 痴心，"谓随顺修不观法"，即烦恼中的痴。

6. 智心，"谓顺修殊胜增上法"，知晓修学特别殊胜的真理，是为善，然分别胜劣，故为世间心。

7. 决定心，"谓尊教命，如说奉行"，指遵奉师长教诫而躬行实践，乃一种确定的决意。此心虽善，而不离对师长和所遵教示的执着，非自证真实，故不出世间。

8. 疑心，"谓常收持不定等事"，为广义的怀疑、犹豫不决。

9. 暗心，"谓于无疑虑法生疑虑解"，对不应疑虑者如佛法等疑虑不决，其心被疑虑的阴云笼罩，暗昧不明。

10. 明心，"谓于不疑虑法无疑虑修行"，与暗心相反，对不应疑虑不信者（如佛法）确信无疑并信受奉行，心中有智慧的明灯照耀，此心虽善，因未离法执，仍属世间。

11. 积聚心，"谓无量为一为性"，指将多数（事理）总摄于一的归纳、概括等思维功能。

12. 斗心，"谓互相是非为性"，互相争论是非、分别高下、指责攻击的斗争心理。

13. 诤心，"谓于自己而生是非"，自己跟自己作对、冲突矛盾的心理。

14. 无诤心，"谓是非俱舍"，即庄子所谓无是无非、不争不执的心理，因有所舍，故属世间。

15. 天心，"谓心思随念成就"，像意念力极强的诸天神一样，心想事成，因不明真实，故仍属世间心。

16. 阿修罗心，"谓乐处生死"，阿修罗（梵文 asura），是一种德行、福报劣于诸天的战神，虽能行善持戒，而多嫉妒嗔恨，好与诸天争战。阿修罗心指贪爱权力财色而不知超出生死之心。

17. 龙心，"谓思念广大资财"，龙（梵文 nāga）为鳞甲类之长，以富有珠宝著称，龙心指贪爱财宝、争奢比富之心。

18. 人心，"谓思念利他"，以思念利他为人类心灵的特性，对人类或人性的看法可谓乐观，也有"不知利他（只知利己）便算不上人"的意味。今研究证明，人类有利他主义基因，婴儿即表现出助人为乐的倾向。思念利他固然是善，然不离自他实有的分别，故不出世间。

19. 女心，"谓随顺欲法"，指跟着人欲或情欲走的妇女心理。佛经中有言："女人多欲百倍于男子"，以多物质欲望、感情需求、情胜于理为女性心理特征。

20. 自在心，"谓思惟欲我一切如意"，希望自由自在的心理，这种希望在未完全实现时是一种并非真常的世间心。

21. 商人心，"谓顺修初收聚后分售法"，像商贾先屯积后分售、谋求赢利的心理。

22. 农夫心，"谓随顺初广闻而后求法"，像农夫先广种以期后多收一样，先求广闻博知而后实行的心理。

23. 河心，"谓随顺依因二边法"，河水总是要顺着两边的河岸而流淌，比喻思想好走极端，不是偏于这一面，便是偏于那一面，不顺中道。

24. 陂池心，"谓随顺渴无厌足法"，池湖须源源不断地注入活水，像干渴之人总觉得喝不够，喻渴求无厌足的心理。

25. 井心，"谓如是思惟，深复甚深"，像水井一样深不可测而狭隘的心理。

26. 守护心，"谓此心是实，余心不实"，像守护家珍一样唯重自心的封闭心理、自我保护心理。

27. 悭心，"谓随顺为己不与他法"，自私的吝啬心理，即随烦恼中的悭。

28. 猫狸心，"谓顺修徐进法"，像狡猾的狐狸伺机捕食一样徐缓小心、沉着老练的心理。

29. 狗心，"谓得少分以为喜足"，像家犬一样得一盆粗食便满足、得一根骨头便狂喜的心理。

30. 迦楼罗心，"谓随顺朋党羽翼法"，迦楼罗（梵文 garuḍa），意译金翅鸟，佛经说这种神鸟两翅宝石色，相去 336 万里，迦楼罗心喻好结帮拉派、广罗朋党之心，如迦楼罗鸟须靠极大的双翼始能自在。

31. 鼠心，"谓思惟断诸系缚"，像老鼠咬啮绳索等盲目破坏而不能持久不辍的心理，或像落入罗网的老鼠企图咬断捕鼠器而逃命的紧张心理。

32. 歌咏心，据《大日经疏》解释，为如从人学唱歌、复欲演唱给众人听的表演心理。

33. 舞心，"谓随行如是法，我当上升、种种神变"，指欲得超常能力、成为超人之心。

34. 击鼓心，"谓随顺是法，我当击法鼓"，击法鼓谓向大众演说佛法，击鼓心指像擂鼓一样教化、号召、鼓动广大众生之心，这种心未离对自他及法的执着时，为世间心。

35. 室宅心，"谓顺修自护身法"，如造立舍宅庇护自身般的防护自身之心，相当于今心理学所谓"自我防护"。

36. 狮子心，"谓修行一切无怯弱法"，像狮子为百兽之王，雄视左右，心无怯弱，胜过一切之心，这种心未离自高他卑、己强他弱之执，属于世间。

37. 鸺鹠心，"谓常暗夜思念"，像夜鸟一样夜间好思忆筹算的心理。

38. 乌心，"谓一切处惊怖思念"，像乌鸦一样对周围的一切常怀猜疑畏惧的心理。

39. 罗刹心，"谓于善中发起不善"，罗刹（梵文 rākṣasa），意译捷疾鬼，一种食血肉、行走迅疾的鬼，佛经说此类鬼虽能行善布施而其心凶恶残忍，《大日经疏》释罗刹心为视他人之善皆为恶的心理。

40. 刺心，"谓一切处发起恶作为性"，常追悔不安，有如被刺伤的心理。

41. 窟心，"谓顺修为入窟法"，入窟，指入仙洞龙宫获取灵丹妙药、仙女，怀此心而修其术称窟心，泛指意欲深入某堂奥获得珍宝或密法的心理。

42. 风心，"谓遍一切处发起为性"，像风一样遍处散动不定之心理，如遍信各种宗教、哲学而不能专一的心态。

43. 水心，"谓顺修洗濯一切不善法"，常忏悔罪愆、改过迁善之心，此心虽善，而不离染净之执，不出世间。

44. 火心，"谓炽盛炎热为性"，像烈火炽然般的高度热情，这种暴猛躁热之心多不能持久，所谓五分钟热度者，即是火心。

45. 泥心。

46. 显色心。"泥心"与"显色心"有同一解释："谓类彼为性"——泥心谓像泥团一样黏糊，不明了清楚之心，即俗言"糊涂"。显色，指青黄赤黑等颜色，显色心谓易随境缘而转变志趣、易受环境和别人影响之心，俗言"近朱者赤，近墨者黑"，即是显色心的作用。

47. 板（版）心，"谓顺修随量法，舍弃余善故"，像浮在水上的木板随量载物一样的心，指量力而为、选择一法修习而舍弃他法的心态。

48. 迷心，"谓所执异、所思异"，像迷路者认东为西一样颠倒迷乱之心。

49. 服毒药心，"谓顺修无生分法"，如被毒药毒死之人无回生之望，没有善、恶等心生起，所谓"哀莫大于心死"，心死即是服毒药心。

50. 羂索心，"谓一切处、住于我缚为性"，像被绳索捆住一样的拘执之心。

51．械心，"谓二足止住为性"，像两足被镣铐锁住不得行走、只能原地不动之拘碍心、机械心理。

52．云心，"谓常作降雨思念"，时常思念忧虑、抑郁，像阴云满天不得开朗轻快之心。

53．田心，"谓常如是修事自身"，像农夫精心经营农田一样，常好装饰自身之心。

54．盐心，"谓所思念、彼复增加思念"，像渴饮盐水、愈饮愈求一样，反复无穷、推度思念之心。

55．剃刀心，"谓唯如是依止剃除法"，指唯以剃除须发做出家僧尼为满足之心。按字面意义，可解释为割断联系、去除累赘之心。

56．须弥（弥卢）等心，"谓常思惟心高举为性"，须弥山为佛典所说世间最高大的山，等须弥谓与须弥山一样高大，喻自视甚高、所谓"老子天下第一"之心，属骄慢所摄。

57．海等心，"谓常如是受用自身而住"，像大海吞纳百川一样，想把一切胜事都归于一己之心。

58．穴等心，"谓先决定彼后变改为性"，像漏器不堪贮水一样，缺乏坚忍之志、容易退却变改之心。

59．受生心，"谓诸有修习行业，彼生心如是同性"，所修所行都是为了来世生于人间或天堂的信仰心理。

60．猿猴心，像猴子一样躁动不安的心。据《大日经疏》卷二，此心乃梵文本所缺，应补足。藏文本《大日经》则于第45泥心下加"浊心"为60心，浊心指像浊水一样不清净的心。

经称佛告秘密主（金刚萨埵）："一二三四五，再数凡百六十心"，意谓世间心相可列举出160种，所列60种，只是举其重要者而已。所举诸心，诸如慈心、疑心、斗心、无净心等，可看作心所法，为显教心所法所或缺，为对显教心所法的补充。有一些则是人心的种种表现。

二、八十性妄

性妄，一译"本性分别"，或作"本性"，谓天生的或人性中本具、遇缘时会自然生起的妄心，相当于唯识学所说众生阿赖耶识中所藏能生起俱生有漏心所法的异熟种子，近于南传佛学所说异熟心。妄，乃相对于真常不灭的真性或心体光明而言，与《大日经》的"世间心"同义。圣天《摄行论》等说有八十性妄，《辨业论》说修密法者于禅定中达"三空"之后生160种本性，宗喀巴《胜集密教王五次第教授善显炬论》卷十谓百六十本性是就昼夜各有八十性妄而言，此则八十性妄与《大日经》的百六十心，显然有渊源关系。八十性妄总摄于嗔、贪、痴三大烦恼，其中属嗔者有33种：

1. 无贪，又作"下离贪""离欲"，较浅的厌离贪爱之心。

2. 次无贪，又作"中离贪"，中等的厌离贪爱之心。

3. 极无贪，又作"上离贪"，极深的厌离贪爱之心。以上三种无贪有程度深浅之别，因出于对贪爱的排斥厌离，故属于嗔。

4. 意行，又作"意往""来"，对境起念生心，即所谓"计上心来"之"来"。或加"去"（"意还""意去"）为第5种，指省察内心。

5. 忧苦，又作"下烦恼"。

6. 次忧苦，又作"中忧苦""中烦恼"。

7. 极忧苦，又作"上烦恼"。三种深浅不等的忧苦，忧苦谓烦乱不安，相当于现代汉语的"烦恼"，极忧苦则当于焦虑。《胜集密教王五次第教授善显炬论》卷十解释：

忧者，谓离可爱境，内心热恼。

8. 寂静，又作"寂""解脱"，寂定安闲的心态，因系对不寂静的排拒，故属嗔。

9. 寻，又作"分别"，较粗的思考推度，即心所法中的寻。

10. 怖畏，又作"畏""下怖"。

11. 次怖畏，又作"中怖"。

12. 极怖畏，又作"大怖"。以上三种程度不等的怖畏，略当于胆怯、害怕、恐惧。

13. 贪求，又作"下爱"。

14. 次贪求，又作"中爱"。

15. 极贪求，又作"上爱"。以上三种从浅至深的贪爱，可看作对不可爱者的排斥（嗔）。

16. 近取，又作"取"（梵文 upadana），确认某认识对象实有而执取的心理。一般说四取。

17. 不善，谓"于善业犹豫"或"心志颓败"，不能行善。亦译"不祥"。一说以善或吉祥为第 18 种。

18. 饥，饥饿感、食欲。

19. 渴。现代心理学将饥、渴归于感觉中的内官觉。一说合饥、渴为第 19 种。

20. 领纳，又作"领受""下受"。

21. 次领纳，又作"中受"。

22. 极领纳，又作"上受"。以上从浅至深的三种感受，即五蕴、心所法中的受。

23. 作明者，又作"明了""了别"，意识明白清楚。

24. 明本，又作"明执"，确定的认识。

25. 妙观察，又作"分别"，深刻的认识。以上三种为程度不等的了别。

26. 不知惭，即心所法中的无惭。一作"惭"或"知耻"，为无惭的反面。

27. 无悲，缺乏同情心，对别人的苦无动于衷。一作"悲"，无悲的反面。

28. 悲悯，又作"哀悯""下慈"。

29. 次悲悯，又作"中慈"。

30. 极悲悯，又作"上慈"。以上从浅至深的三种仁慈心，即希望他人幸福快乐、解脱痛苦的心。

31. 老，心理老化。或以疑虑（怯惧不定）为第31种性妄。

32. 集蓄，又作"积蓄""收"，收藏、积蓄财物等的心理。

33. 妒，嫉妒，"谓于他荣，心生热恼"。即心所法中的嫉。

《胜集密教王五次第教授善显炬论》说以上33种性妄，是与"明"（禅定中初见法性的境界）相应的本性分别，灭此33心，才能证得"明"，或证得"明"时，33心自灭。

八十性妄中属于贪者共40种：

34. 较贪爱，又作"贪"，对尚未得到的东西之贪求。

35. 极贪爱，又作"遍贪""着"，对已得到的东西之贪着。这两种即是心所法中的贪。

36. 喜，又作"喜悦""下喜"。

37. 较喜，一作"中喜"。

38. 极喜，一作"上喜"。以上三种由可意境、事所生的欢喜、快乐，即南传上座部心所法中的喜。

39. 悦，又作"欢乐""踊跃"，所求满足后所生的欢乐、激动，可达狂喜不禁、手舞足蹈的地步。

40. 极乐，又作"极欢乐"，多次领受的欢乐。一作"胜变"，指突如其来的事物所引起的激动、惊喜等。

41. 希奇，又作"奇异""希有"，惊奇、珍惜。

42. 掉动，又作"掉举"，"谓见可意境其心散动"，即心所法中的掉举。一作"笑"，谓欢笑时的心态。

43. 憎，恶意排拒心理，本应属嗔，盖因其所憎为所贪爱者，故摄于贪。一作"如意"，指遂心如愿时的心情。一作"饱满"，满足。

44. 拥抱，又作"搂""相抱"，爱侣拥抱的本能及相抱时的激动心情。

45. 吻，又作"作吻"，爱侣接吻的本能及接吻时的心情。

46. 吸吮，又作"哑"，爱侣咂舌吮吸的本能及其时的心情。

47. 坚定，又作"固"，坚定不移之意志。一作"畏"（畏惧）。

48. 勤，即心所法中的精进。一作"依"，依赖心理。

49. 我慢，又作"骄（憍）"，即心所法中的"慢"，骄傲自大。

50. 业，又作"作功""作"，造作、创造、工作等心理功能。

51. 伴随，伴随他人的结伴心理、随从心理。一作"求"，希求，追求。一作"夺"，劫夺心理。

52. 力，又作"势力""势"，拥有权势、权力、力量，摧伏敌手的心理。

53. 勇悍，勇于承担善事、见义勇为之心。一作"乐"，发自内心的快乐。

54. 合欢乐，又作"下合喜""欢喜""俱生"，较浅的性生活喜乐。一作"踌躇""难行"，谓犹豫不决。

55. 合欢，又作"中合喜""中俱生"，中等程度的性交接之乐。

56. 极合欢，又作"上合喜""极俱生"，性高潮的喜乐。

57. 紧，紧张。一作"猛暴"，谓竞争之心。

58. 誉，对别人的赞誉及对赞誉的需要。一作"嬉笑"，谓游戏欲。或作"娇媚"，撒娇、取媚于人的女性心理。

59. 不睦，不和睦。一作"怨恨""仇怨"，怨恨心理，即心所法中的"恨"。一作"俱娇媚"，与其他心理活动同时生起的娇媚，如与嗔相联系的"娇嗔"。

60. 欲，欲望，即心所法中的欲。一作"善"，指作善事之欲。

61. 语明，又作"句显""明语""谛语"，明白真实地用语言表达心意的功能。

62. 真实，辨别真实的能力。一作"不实"。

63. 不真实，又作"不实""非真实"，辨别虚妄的能力。

64. 决定，意志极坚定。发誓。

65. 不取，不执着、不求取。一作"受生"，投生的心理。

66. 布施，施舍、帮助他人的心理。一作"给予者""给予他人"两种，前者指自认为给予者、施主的心理，执取自己；后者指施予他人的心理，执取他人。

67. 策励，又作"警策"，鞭策、鼓励、勉励。

68. 勇健，又作"英勇"，勇敢顽强、勇于战胜困苦、磨难、烦恼等的精神力量。

69. 无愧，一作"无惭"，即心所法中的无惭、无愧。

70. 慎，谨慎。一作"诳"或"狡诈"。

71. 毒，又作"恶"，谓持邪恶之见。一作"愁苦"。

72. 劣性，又作"不驯""不调"，难以调教、有如劣马难驯之性。

73. 欺诳，又作"不诚""曲"，不诚实，狡诈。

《胜集密教王五次第教授善显炬论》说以上属贪所摄的 40 种性妄，是与"善空"（"明"的增长）相应的本性分别，灭此 40 心，才能证得"善空"，或证得"善空"时，此 40 心自灭。

八十性妄中属痴者只有 7 种：

74. 中贪，中等程度的贪爱。一作"不清醒"，迷糊不清醒的心态。

75. 忘念，又作"失念""健忘"，忘失所应记住者，即心所法中的失念。

76. 错乱，又作"迷乱"，错觉、幻觉。

77. 不语，又作"默然""寡言"，不乐言谈的心理。

78. 恹嫌，又作"厌患"，厌恶、灰心丧气。一作"忧怖"（忧虑畏惧）。

79. 懈怠，懒惰不乐修善。

80. 疑惑，又作"疑悔""犹豫"，对正理疑惑不决。

《胜集密教王五次第教授善显炬论》谓以上 7 种属痴所摄的性妄，是与禅定中"三明"相应的本性分别，灭此 7 心，才能证得本来心性光明，或证得"三明"时，此 7 心自灭。

按八十性妄的理论，就一般人的心理及世俗的人性论角度说，人性是善恶兼具的。

心——多功能多层次的集起（下） | 第四章

第一节 四分与三量

法相唯识学把眼等诸识及其心所法的结构，分成一分、二分、三分或四分。关于诸识及其心所的基本认知作用，则说有现、比、非三量。

一、诸识之四分

如果说，八识或九识，是像掘井一样从心识表面往深处一层层纵向深挖的话，四分说则是像剥洋葱一样从外向里分析心识结构。这样分析的结果，在唯识十大论师那里凡有四种，唯识学界有"安、难、陈、护，一、二、三、四"之说。

先有难陀据世亲、无性的《摄大乘论释》，认为诸识及其心所有见、相二分，称"二分家"。"见分"，谓能知能见的功能，即认识的主体，也是能变的主体；既有能知能见和知见活动，必应有所知所见，这所知见的对象名为"相分",不离内在的见分,乃由见分变似外境。如眼等六识所了别的色、声、香、味、触、法六境,即是相分,称"影像相分",亦称"内相分",即一种在自心或脑中形成的影像。唯识学将山河大地等器世间也摄于阿赖耶识的相分,称"本质相分",亦称"外相分"。

安慧等承有部论典之说,认为诸识及其心所皆有能见能思的自体,名"自证分",亦名"自体分",即心识自体能见能知并能自知的功能,此功能即可摄心识之全体,不必再分,因称"一分家"。《成唯识论述记》卷一谓安慧认为菩萨以下的一切众生,心识自体即是自证分。如同将一条手巾结成兔子头的样子,有两只耳朵,然这两只耳朵并非各自实有自体,只不过是手巾所现。所谓见、相二分,乃依自证分变现,将它们认作实有自体,就好像把手巾结成的兔子耳朵认成真的兔子耳朵。一分说可引《厚严经》偈为证:

一切唯有觉,所觉义皆无,能觉、所觉分,各自然而转。

能觉即是见分,所觉即是相分,经谓所觉的相分没有其实体,能觉、所觉只是一"觉",此"觉"可理解为一切之自体——心识自证分。中观应成派后学不同意设立自证分,该派代表人物月称的《入中论》中认为没有自证分,也可以解释为什么有记忆的问题。

世亲弟子陈那于见、相二分外建立自证分,称"三分家"。自证,为自体证知之义,喻如我人能知自己头痛。心识自证分所证知的对象是见分,如我发现所用的电脑感染病毒,正考虑如何杀毒时,内心深处还有一种能直觉地感到自己正在思考怎样清除病毒的心灵内核,此内核既非所见的电脑(相分),亦非能见能知电脑感染病毒的见分,分明别有自体,此即自证分。比喻为一只蜗牛变生二角,既有二角,必有能生此二角的蜗牛自体。若无自证分自体,见、相二分无由得生,如无头则必无角。《成唯识论》卷二云:

相、见所依自体名事,即自证分。此若无者,应不自忆心、心所法,如不曾更境,必不能忆故。

谓自证分为见、相二分所依的心体,如果没有这个心体,人应不能回忆自己以前的心理存在和心理活动,就像从未见闻之境,必然无法回忆。

护法在陈那的三分上又加一"证自证分",称"四分家"。其依据出《佛地经论》卷三引亲光说:

> 定有见分照所照境,有自证分通照见分、证自证分,证自证分照自证分,故亦定有。若无如是三分差别,应无所缘,应不名智。

所谓证自证分,指心灵最内核的一种能自我证知自己存在的作用。当省知自己正在进行某种心理活动时,还可发现心灵最深处有一种能证知这种证知者,这唯有靠深度内省去自肯自认。《成唯识论》卷二论证证自证分之必有说:若没有证自证分,凭什么能证知自证分?自证分作为一种认知的结果,必应有能认知它者。自证分为能量,必应有其量果,这量果只能说是第四证自证分。见分向外,有时认识错误,不能作为能证知自证分者,证知自证分者,应是心识内核的一种直觉。又说证自证分可摄入自证分,自证分可摄入见分,一分、二分、三分、四分,都是分析心识的方便之说,四分,只是一心的作用。

《宗镜录》卷六十比喻心识四分说,犹如明镜,镜中像为相分,镜之明为见分,镜面如自证分,镜背如证自证分,"面依于背,背复依面,故得互证"。同书卷五十二说:疏所缘缘即为本质,能起相分,由相分起见分,见分起自证分,自证分起证自证分。

心识四分说也被印度佛教密教采用,唐不空译密教《大乘瑜伽金刚性海曼殊室利千臂千钵大教王经》卷七有云:

> 照寂证灭相分、见分,入自证分,达证自证分,得住寂灭心定,发根本圣行,趣道实性。

运用四分说于观心,像剥洋葱一样逐层剥去相分、见分、自证分,唯剩证自证分时,便能入寂灭心识活动的深定,乃至亲见真如。此经所言证自证分,相当于《楞严经》所谓离一切诸尘而有分别性的"真心"。

明《憨山老人梦游集》卷四十三《楞严通议补遗》(又名《楞严补注》)对心识四分有独特的解释,以藏识为自证分,阿摩罗识为证自证分,前七识的证自证分为见分,四大、虚空为相分;自证分即迷中本觉,证自证分即真如。《灵峰蕅益大师宗论》卷二则从天台宗的"十如是"着眼,从体、性、相、用四方面观一心之四分：

一切相分，皆是心影；一切见分，皆是心光；一切自证分，皆是心体；一切证自证分，皆是心性。光影妄，则体性亦妄，体性真，则光影亦真。

以心识内核能证知心识自体的自证、证自证二分为心之体性，谓此体性"终日在妄，终日恒真"，众生起烦恼惑业，只由见、相二分而无关心之体性。蕅益《占察善恶业报经疏》卷下比喻心识四分如镜光、镜中像、镜面、镜背，本觉、真如譬如镜铜，故名为真。其《楞严经文句》卷一解释经中所言"识精"通指八识自证分，"元明"总指八识所依一心，即证自证分：

然非分剖一心以为八个证自证分，亦非八识共只一个证自证分。良由心体离过绝非，不可思议。只此元明之体，遍在八识，八识各得其全，以为证自证分。

今人萧平实《楞伽经详解》第二辑则认为：见分为前六识，自证分为末那识，证自证分为第六意识，阿赖耶识没有证自证分，从来不自觉知自己的存在，只有用意识的现量去证知它。经云"心不自见心"，即是此意。

二、"量"——认识

量（梵文 pramāṇa），原意为测量所用的准衡、尺度，引申为认知、认识、知识，或认识之形式、过程、结果及判断知识真伪的标准，学界一般解释为"认识"。太虚《真现实论》解释说：

量是规矩、绳墨、准确、刊定之义，诸正确之知识概名曰量。

有关量研究的"量论"，为古印度多家宗教共同探讨的学问，婆罗门教正理（尼夜耶）派之学尤以量论为主题，佛教特别是大乘唯识学也十分重视量论，列为因明学研究的课题。一般将量分为三部分：

1. 能量或量者，指量知的主体，如量布用的尺。
2. 所量，被量知的对象，如尺所量的布。

3. 量果或量知，指量知的结果或了知其结果，喻如用尺量布时心中记数之知。

陈那《集量论》卷一谓境为所量，能量度境之心为能量，心了证境的作用为量果，是即能量心而为量果，如斧砍木、木断为果。并从因明辩论出发，认为只有新得的认识方属量，藏传因明学一般据此解释量或量觉为"新起无欺诳之了别"，即新得到的正确认识。因为已有（旧的）认识没有辩论、论证的必要，故不作为量。

《解深密经》卷五说由现量、比量、譬喻量、圣教量四量以成立令人觉悟的"证成道理"。譬喻量，即比喻，用同类事物来说明未明了的问题，如对没见过野牛者，用"很像家牛"向其说明。圣教量，亦称圣言量，指所信仰的圣人之言教，在佛教是指佛及其圣弟子罗汉、菩萨等的言教，因被认为是实证真理者之言，故看作一种真理的标准。龙树《方便心论》卷一说知识的依据（"知因"）有现见（现量）、比知（比量）、喻知（譬喻量）、随经书（圣言量）四种。《楞伽经》卷二云：

有三种量、五分论，各建立已，得圣智自觉。

此三种量指现量、比量、圣言量。后来，佛教因明学一般从认知能力和方式，说诸心、心所有现量、比量、非量三种量。陈那认为譬喻量可摄于比量，圣言量只能被虔诚的佛教徒信赖，不能作为举世共认的真理标准，故不用。在论证、辩论时只用现、比二量。

藏传因明学还分量为多种。如就名称言，分士夫量（如佛）、语量（用语言表达的真理）、智量（现、比二量）三种，智量又分由自决定（依自力能够形成确定认识）、由他决定两种，后者又分最初现量（如未见过电脑者初见电脑）、未注意现量、有错乱因现量（如幻觉）三种。又有现相由自决定、真实由他决定；总由自决定、别由他决定；现相也由他决定等三种量之分。

三、现量

现量（梵文 pratyakṣa-pramāṇa）之现，谓认识对象直接呈现于心中，不经概念、思维等符号工具的中介和加工。陈那《因明入正理论》卷一定义云：

> 现量，谓无分别，若有正智，于色等义，离名种等所有分别，现现别转，故名现量。

谓离名言分别而直接了知色等境相，名现量。窥基《因明入正理论疏》卷上解释说：

> 行离动摇，明证众境，亲冥自体，故名现量。

意谓能认识的心不动摇，不思虑，不分别，如镜映物般让所了境明现，直觉"照"境，谓之现量。现量有定中、散心二位，定心随所缘境皆为现量，散心只有亲得境的自体时方为现量。

《显扬圣教论》卷十一说现量有非思构所成、非不现见、非错乱所见三相，八识之中，眼等前五识及随之而起的明了意识（五俱意识）最初了境时，尚未起名言概念的分别和思虑计度，斯时感知对象的自相呈现于心中，即是现量。如瞥然瞭望窗外，见晴空万里，一片空明澄碧展现眼前，然未起"这天好晴朗""蓝天多美"等分别，是为现量。人在以轻松闲适的心情观赏风景、美术作品、聆听音乐、品尝佳肴、闻到花香及接受爱抚等时，科学家在观测时，常为现量感知。唯识学说前五识和第八识任何时候都只有现量了知，不仅凡夫众生如此，即断尽烦恼的圣者，也是这样。柏格森所谓"直觉"（intuition）即相当于现量。

现量所缘、所了别的，只是境缘的自相（独自具有的、本来的相状）。陈那《集量论》卷一云：

> 缘自相之有境心即现量，现量以自相为所现境故。

据《瑜伽师地论》卷十五、《集量论》卷一等，现量可分为6种：

1. 五根现量，由眼等感官所得眼等五识（五感）。

2. 意识现量，亦称意受现量，第六意识的现量，能直接认知对象，如看见一位朋友，不用去辨认和想其姓名等，心中立即会明白他（她）是谁，即是意识现量。

3. 自证现量，指各种心理活动发生时能自我证知的直觉，唯向内缘，实为心识四分中自证分的作用。

4. 八识现量，第八阿赖耶识的了知，任何时候皆为现量。

5. 定中现量，亦称瑜伽现量，凡夫在瑜伽、禅定中的真实体验。

以上5种现量，皆属凡夫众生的一般现量，称"世间现量"或因明之现量。

6. 真现量，或曰内明之现量、出世间现量、清净现量，佛等圣者的出世智所证的现量，这种现量与凡夫的现量有所不同，能如实证知绝对真实之本面，没有颠倒虚妄。陈那《因明入正理论》所说清净现量，则纯为世间现量，为因明之现量而非真现量。

隆多喇嘛《心理学概述》将"现"（直接显现）与"量"（正确的认识）分开，说现者未必都是量，如前五识现量了境的第二刹那、一切无分别判断识（直觉地判断）、一切见而未确定的前五识，虽然是现，而非现量。又分现量为自定、他定两类，自定（自己认定）现量包括：具见境功能现量，如见火能烧饭；具串习（多次重复出现、习惯）现量，如儿子看见其父即认识。他定（由他认定）现量分两种：一是见由自定、实由他定，如虽然看到远处有红色但无法判定是否起火；二是总由自定、差别由他定，如从远处看到树而无法确定是否为松树。

在法称及藏传因明学著作中，现量与"现识"有区别，现量为别，定义是"离分别新证不欺诳的了别"，是可以作为论据的因明现量；现识为总，定义是"离分别不错乱的了别"，是认识意义上的直觉，即是《显扬圣教论》等所言现量。

经量部、中观自续派、唯识学皆说，各种现量的共同特性是"离分别"——不凭借语言概念等人造符号,直接了境。中观应成派则从量为"不欺诳之了别"的定义出发,认为有分别识中也有现量,如"已决智"(已经形成的确定认识)。《明海论》谓"分别之量(比量)亦有现量"。太虚也认为极其熟悉、已经确定的理性认识(即"已决智")也可以是现量,其《真现实论》有云:

然真现量固不待推论而直觉,习之极熟之真比量亦不待推论而直觉(若佛陀之不有寻伺)。

如学过物理者不用思索便知苹果落地是因地心引力,汽车修理师仅凭车子发动的声音便可听出车子何处有故障,警察凭观察眼神便可判定人众中谁是罪犯,老于世故者凭一言半语便可知人料事,企业家凭直觉做出决策,思慧成熟的佛教徒不用思考便知诸行无常、诸法无我等等。太虚《人生观的科学》(1924)则说真现量并非直觉,所谓直觉,在凡夫位只是俱生而来意识及末那识心心所聚之似现量、非量,而"真现量如实智,是遍觉而非直觉"。

四、比量

比量(梵文 anumāna-pramāṇa),谓以形像和名言概念符号为工具进行思维而认识,比者比度,即推理、推知。《因明入正理论》卷一释云:

言比量者,谓藉众相,而观于义。

众相,谓现量感知并以名言概念诠表的一切,如、男、女、老、少、牛、马、猪、羊等;义(梵文 artha),谓名言所表的意义、对象、事物、实体,如见远处起烟而推知有火、见苹果落地而推知有地心引力等,即是比量。这种认知不同于现量如镜照物般的直观,必须以形象及语言等符号为中介,经过心所法中的思、慧、寻、伺、胜、念等的运作或心理学所谓思维,以形成认识。

比量所了别的,只是事物的共相(同类事物具有的共性、一般)。《集量论》卷一说"缘共相之有境心即为比量",如以正理推知色等无常,即属比量。

同论卷二说"比量之自性是有分别觉",有分别,谓以名言为工具。藏传佛学依法称因明学,从立论、辩论的角度,只以"自所依证因,新证不欺诳"的分别智(论据充分的新论点)为比量。

据《瑜伽师地论》卷十五、宗喀巴《因明七论入门》等,比量可分为7种:

1. 相比量,由所感知事物的相状推知,如见冒烟而推知起火、见面皱发白推知是老、由日月落了又出推知地球或日月在转动等。

2. 体比量,以现见的事物推知不现见及过去、未来之事物,或由过去推知现在、未来,如由自己风湿病在冬天加重推知所有人的风湿病都会在冬天加重,由过去有人修成阿罗汉推知现在、未来都有人修成阿罗汉,等等。

3. 业比量,亦称"物力比量",由作用、行为而推知其他,如由某处草木葱茏而推知其地有水、由某人无故送礼而推知有求于我等。

4. 法比量,由相邻相属的现象推知与其相邻相属者,如由生推知必有老、死,由属有为法推知其必有生、住、异、灭等。

5. 因果比量,谓由因推知果、由果推知因,如由吸毒推知其将会夭折,由乐善好施推知其将会生天,由善于经营推知将会发财、由已发财推知其善于经营等。

6. 世许比量,以世人公认、共见的现象为理由的推理,如据月中所见阴影说月亮里有兔子或有山脉。

7. 信解比量,以所信仰的圣教为依据的推理,如佛教徒依据佛言确认布施必得福报。

佛教诸家,都说比量仅是第六意识特有的功能,比量所知有正有误(似)。

比量的运作,大略相当于现代心理学的推理(inference),推理可分为按形式逻辑规则进行的归纳推理、演绎推理(逻辑推理)和仅凭经验诀窍而进行的捷径推理等。

五、非量

非量,又称"似量"(似是而非),谓不符真实的错误认识,或不是(作为正确认识的)"量"。《因明入正理论疏》卷上谓似现量和似比量皆属非量。唯识学说染污末那识对内在自我的计执,纯是非量。前六识现量和第六识比量,皆有似是而非的、理由不充足的、错谬的非量。《因明学启蒙》卷四从辩论及"非新得无欺诳之了别"的定义着眼,说非量有5种:

1. 已决智,包括第二刹那现量识(其所了为前一刹那境)、由现量及比量引生的已决智。前者已非真现量,后者无需论证、辩论,故判为非量。

2. 伺察识(分别意、思察),指执为正确而实际上不正确的认识,可分为无理由、与理由相违、理由未定、理由不能成立、虽有理由而未认真抉择五种。

3. 见而未定,虽然是现量所见,却未能形成确定的认识。法称以众生缘色等境的意现识及其自证分为见而未定的非量。

4. 疑,疑惑不定的认识,分有意义、无意义、等分3种疑。

5. 邪智,不正确的确定认识,分有分别(如认为人有灵魂等)、无分别(如幻觉等)两种。

关于三量与心识四分的关系,《成唯识论》卷二说:见分只缘相分为所量,或为现量,或为比量,或为非量;自证分只以见分为所量,证自证分只以自证分为所量,这两分都只有现量。略如下表:

心识	所缘	三量
见分	相分	现量、比量、非量
自证分	见分	现量
证自证分	自证分	现量

自培根以来,观察—归纳成为科学研究的主要方法,认为感觉是认识的唯一来源,正确的认识产生于对观察经验的合理归纳,这与佛学因明之依现、比

二量获得知识的路径大体一致,感觉即现量,归纳属比量中最重要的方法。

第二节 分别与思惟

有部佛学和大乘唯识学将诸识与其相应心所法的了别作用,归纳为三种、五种、七种、八种、十种、十二种等"分别"。分别(梵文 vikalpā, parikalpa),亦译思惟、计度。思惟,在古书中也作思维,谓对所认识的境相进行分别、思考,形成明确的认识,大略包括现代心理学的认知、思维。《瑜伽师地论》卷十三谓分别属想蕴。《入楞伽经》卷十谓分别唯是第六、七二识运作而成的功能,偈云:

意及于意识,是分别异名。

一、三种分别

《俱舍论》卷二等说 3 种分别,主要是从心识的认知功能而言的:

1. 自性分别。直接了知认识对象的自体或自相,又分为两种:一种叫"任运分别",非出主动的寻求,心随境而转,对前五识所得的相,形成认知意义上的确定认识,自然了知所见所闻等境而不起思察计度,如确认桌上所放之物为花瓶、听到窗外鸟鸣声心中明明白白知晓鸟儿在叫等,这是前五识、五俱意识及触、作意、想等心所法共同运作的结果;另一种是了境出于主动寻求或了境后起主动寻求和寻思,如听到鸟鸣后注意聆听,起"是谁家养的鸟,叫得这么好听"之念,或有意去欣赏一幅油画时发现此画某处有败笔等。

2. 随念分别。念,为记忆,随念分别,谓回忆、联想过去之事而起思考分别,如看见桌上的花瓶后想起曾经打破了的那个值钱的花瓶、回想起昨天顶撞了老师觉得有失礼貌等。诗云,"去年今日此门中,人面桃花相映红,人面不知何处去,桃花依旧笑春风",便是一段随念分别。

3. 计度分别。经推理、判断，形成有价值观、真理观意义上的确定认识，如认为桌上的花瓶是一件很美的工艺品、是外在于我人的实物等。或对不现见者及过去、未来进行思索、构画，又分两种：一种是主动的寻思，如考虑明天去郊游带不带雨伞，做来年的工作计划等；另一种是非主动寻思，如忽然想起远方的亲人，思惟其是否安康等。《成唯识论》说六、七二识都有这种分别，第七识的计度分别，谓其不自觉地分别内在自我。

人和许多动物皆有或潜在有预感能力，已为当今许多心理学家所承认。预感多由奇怪的梦和幻觉而来，有时表现为一种焦虑不安的情绪，或为一种类似灵感的直觉，多属偶然，不自觉地出现，多模糊恍惚，但肯定在第六意识层面，非无意识，是直觉而非逻辑推理，多属非主动寻思的计度分别。

藏传因明学也有三种分别之分，见宗喀巴《因明七论入门》等：

1. 唯见总名分别，只知名称，如仅知电脑之名而不知电脑为何物。
2. 唯缘总义分别，如虽然看见电脑而不知它叫什么。
3. 见总名总义分别，如已知电脑者对电脑的认识。

前两种分别，是尚未熟练语言的儿童的思维方式。第三种分别，为思维后所得的认识。

二、其他诸种分别

对于分别，大乘经论还有多种分类，如《大乘入楞伽经》卷三说十二种凡夫妄计实有自性的分别（一译"妄想"）；《瑜伽师地论》说五种、七种、八种分别；《摄大乘论》说诸识的分别作用为十种分别；《显扬圣教论》卷七说学佛修行进程中应该思考、学习的戒定慧三学等详细内容为十二种分别；宗喀巴《因明七论入门》从四个角度区分"分别识"（同分别）为多种。总结诸说中思维意义上的分别，重要者略有 24 种：

1. 言说分别。分别种种语言及美妙音声，形成概念。见《大乘入楞伽经》卷三。

2. 所说（事）分别。分别语言所表示的实事。

3. 无相分别。直觉思维，已经熟练及婴儿等未掌握语言者的分别。无相指不以语言为工具。

4. 寻求分别。进行推理、思考。

5. 伺察分别。进行反复地、深度的思考。

6. 差别分别。对所感知对象各自所具种种不同性质、相状等的思考。

7. 总执分别。对所认识对象总体上的思考、把握，包括概括、归纳，如将众多有生命者归为"动物"一类、将无数株树木总称为树林等。

8. 我分别。计度此身心为自我，分别其他人所认的自我。

9. 我所分别。分别财产、妻子、儿女、声名等乃属于我的东西。

10. 领纳分别。对所起苦或乐等感受的分别。

11. 财（利）分别。分别事物的价值。

12. 爱分别。分别某些事物、境相是净妙可爱的。

13. 非爱分别。分别某些事物或境相是不可爱的、丑恶的、令人厌憎的。

14. 爱不爱俱相违分别。对既非可爱又非不可爱的中性事物的分别。

15. 自性分别。与前自性分别不同，指分别所认识者有其决定如此的自性（本来具有的实体）、实体。

16. 因分别。分别事物产生的原因。

17. 见分别。树立世界观、人生观意义上的见解。

18. 于他义增益分别。在实境上附加主观成分。

19. 分别隐密义。思维尚未了解的意义，又分为执论据、比量、忆念、从现在的欲望生起四种分别识。

20. 虚妄分别。颠倒、错误的认识。

21. 实义分别。符合真实本面之认识。

22. 缚解分别。思考因何受束缚及如何解脱。

23. 染污分别。以染污的烦恼心进行的分别。

24. 无染污分别。以清净无染、离烦恼的心进行的能如实知见之"出离分别",或与信等善心相应的"善分别",或以非善非恶的无记心所进行的行住坐卧、工巧技术、神通变化等分别。

种种分别说明,人类心识尤其第六、七二识与其相应的触、受、想、思、念、寻、伺等心所法共同运作,有多种认识功能:

1. 能以直觉了别现前境事。

2. 能超越时间追忆过去、构画和预见未来,超越空间分别当前不现见的境物和事情。

3. 可以用语言为工具进行思维,分别语言所表示的实事。

4. 分别常出于自身匮乏性的需求,被烦恼所污染而带有情绪性。

5. 可以思考事物产生的原因、条件及关系。

6. 分别自我及我所。

7. 可以建立价值观、世界观,反省自身的不自由,寻求解脱之道。

8. 可以分别形而下者,也可以分别形而上者。

9. 不仅常带着染污的烦恼心进行情绪化的分别,也可以离染污心而进行如实的分别。

三、审虑与寻思

《阿毗达磨发智论》卷二所谓"虑",与今心理学的思维(thinking)最为相近,论谓虑乃"称量、筹度、观察"——进行比较、思考、观察、研究,其作用是思,属意业,"虑者慧",由思虑而形成确定的认识"慧",为虑的成果。周密的思考称"审虑"。今心理学所说的思维,所运用的表象、概念、符号、词语、记忆、信念、意向等功能,相当于佛学的相、名、念、信、行;思维形成对事物概括的、间接的反映,正是佛学所言"了别共相"。

相当于思维的分别,亦称"寻思",主要运用思、念、慧、寻、伺、胜解等心所的功能,以语言文字为工具,有"符号之舞蹈"之称。《瑜伽师地论》卷五说:寻、伺以不深推度的思和深推度的慧为体性,依名身(词)、句身

（句子）、文身（字母）所表示的"义"为所缘，其行相（运作）是即于此所缘寻求、伺察。同论卷一分意识审虑所缘为三种：一如理所引，如实地思考，如思考佛法；二不如理所引，不如实的、颠倒的思考，如邪见者的思考；三非如理非不如理所引，无所谓如实不如实的思考。

佛教以擅长思虑为人类的特征，《大毗婆沙论》卷一百七十二说"以能用意思惟观察所作事故"，得名为"人"。《俱舍论颂疏论本》卷八谓"多思虑故，名之为人"。思维，在佛教修行中占有极其重要的地位，被强调为获得智慧的必经途径，佛法的智慧，乃先由听闻佛法而得"闻慧"，再经"如理作意"（思维）而得"思慧"，最后经修行实践而证得超越性的"修慧"。唯识学说修观以获得智慧，在加行位必修名、义（事）、自性假立、差别假立四种寻思，以比量思惟推求名言所表的一切法皆无自性，才能得四种如实智，现证真如（见道）。

佛教思维的方法既有严谨的比量，也重直觉领悟、顿悟。中观学有排除二边的思考法，属辨证思维方法。禅宗有特殊的思维方法——参究。

现代心理学认为：思维可以说是使人类称之为人类的最重要心理功能，是人类文化大厦尤其是科学大厦的建筑师。现代心理学、思维科学分思维为多种，或分为抽象思维、形象思维、灵感思维、特异思维、情感思维、社会思维6种，抽象思维用概念、判断、推理，遵循逻辑规则进行，可归于"法比量"；形象思维主要用表象进行，可归于"相比量"；灵感思维往往靠外界某种原型突然触发"顿悟"，佛教参禅者触境遇缘"发机"顿悟，如灵云见桃花而悟、香岩锄地时以砾石击竹闻声而悟、洞山睹水而悟等，亦属此类；特异思维指用超感能力或佛教所谓神通进行的思维；情感思维是对自身的情感进行加工及调控的过程，佛教治心、净化心的修持，便是一种情感思维。此外，还有我向思维、唯实思维、复制性思维（佛教徒对所闻义理进行的思考观修即属此类）、创造性思维、直觉思维（佛教徒的解悟、证悟及禅师之间的机锋应对即属此类）、辐合思维、扩散思维、侧向思维、定程序思维、捷径式思维、辨证思维、形而上学思维、中道思维、模糊思维、问题式思维、求异思维、隐喻思维等区分。

观察、想象、抽象、模式认知（找到或创立新方法）、形成模式类比、躯体思维、感情投入（将自己设想为所研究的对象）、层次思维、模型化（将复杂事物简化为模型）、游戏中的创造力、转化、综合，被称为天才的12种思维工具。

科学上的发明和文艺上的创造，往往成就于灵感和顿悟，大多是长期思维某一问题，突然在某种触机或启发下达到顿然的突破，被认为是在长期思考的基础上经显意识、潜意识沟通而产生的创造性意象或突发性的思维。以对事物本质的顿悟能力、直觉思维能力为内容的"灵商"（SQ），乃健康心理须具有的人生十商之一。佛教诸乘诸宗说见道、成佛必是刹那之间的顿悟，是长期以理性思维观修的结果。禅宗人刹那间顿悟则多是长期参究心性的结果，喻如水到渠成、瓜熟蒂落。

第三节　梦

梦，是人类心理体验中一种极为神秘奇特的现象，据统计，人生平均约四年在做梦，一生共做十五万个梦。自古以来，梦便引起人们探讨研究的兴趣。反对占卜、咒术等迷信行为的佛教，对梦和梦兆却相当重视，佛陀曾多次讲述梦，为人解释梦兆，以梦为主题的佛经有《阿难七梦经》《八梦经》等八九种，其他经论中还有不少说到梦。梦，是佛典中出现频率很高的一个词语。对梦的性质、作用、因缘、种类和征兆等，佛教颇有深入研究，有不少独特说法。

一、梦的定义、性质与作用

佛教主要数说的梦，指醒后能清晰记忆的梦，弗洛伊德谓之"显性梦境"。梦尽管虚幻，却也是真实的心理体验，故有部佛学认为其属"实有"。

南传《弥兰陀王问经》中，有龙军罗汉为弥兰陀王解释梦的专节，说做梦非在醒时也非在沉睡时，在昏沉与尚未入于无知觉状态、半醒半睡的中间阶段，进入轻微的"猴睡"时，才会做梦。

《善见毗婆沙律》卷十二说一切梦皆性属"无记"，非善非恶，因而皆不受果报，僧尼戒律中不以梦中杀、盗、淫等为犯戒。《阿毗达磨发智论》卷二则认为应该说梦中会有福（善）、非福（恶）或非福非非福增长。比如梦见布施助人，说明此人在醒觉时具有正见，常做布施助人的善事，形成习惯，梦中自然会布施行善；若梦中常行善布施，会促使醒时也行善布施，因此，说梦中行善会增长善。反之，若醒觉时常作杀、生、偷、盗等恶业，自然会梦见自己杀生偷盗；常梦见杀生偷盗，也会促使醒时杀生偷盗。梦，可以看作觉醒时心思的相续，一种活动相续不断，自然会增长。

大乘《大般若经》卷四百五十一《梦行品》中，记叙了舍利弗、须菩提、弥勒关于菩萨梦中入定、梦中造业是否有实际作用问题的一场讨论，一方面肯定梦中修行、造业有作用；另一方面破除对实有的执着，认为无论梦中和觉醒时，其性质都是空无自性。

大乘唯识学认为，梦中所造业与清醒时所造业的性质和果报不同，《唯识二十论》说"心由睡眠坏，梦、觉果不同"——做梦时意识被睡眠所破坏，非清醒、正常，其力量羸弱，因此，梦中造业即便有果报，其招感果报的力量也要比清醒时所造业的力量小得多。比如我梦见杀了某人，与醒时实际杀人显然是两码事，没有人会控告我犯杀人罪。但梦作为一种意识的活动，未必完全没有实际作用、完全不引起果报，梦中惊恐，身体会出冷汗，梦中性交，往往会有"梦遗"，说明梦中意识能引起非自主神经的反应。如果在梦中死亡，其梦境能决定死后的去向。《大般涅槃经》卷七迦叶菩萨问比丘梦行淫犯戒否，佛答不犯戒，但做淫梦说明潜意识中有性需求，故作为比丘，"若梦行淫，寤应生悔"。

科学研究发现：梦有缓解心理冲突、调节身心、增进健康、延长寿命等积极作用，梦是一种学习过程，可缓解白天的恐惧和困扰。梦对大脑的发育起关键性作用，无梦未必是好事，痴呆人的睡眠无梦期长，并多短寿。

二、梦的种类及成因

《善见律毗婆沙》卷十二据不同成因，分梦为四种；《大毗婆沙论》卷三十七说做梦有五因缘；大乘论典《大智度论》卷六举出梦之五因；《瑜伽师地论》卷一列举了做梦的七种原因。总结诸说，梦的成因略有10种：

1. 身中四大不调，如身中火大过多（相当于中医之火重）梦见火及黄色、赤色之物；水大过多（相当于中医之湿重）梦见水及白色之物；风大过多梦见飞行虚空及黑色之物等。又如梦见飞腾、山崩及被群贼、恶兽追赶，皆属四大不调所致。

2. 疾病，各种疾病，如风病（神经病）、胆汁病、痰病等，皆可以导致与之有关的梦。

3. 过度疲倦。

4. 昏昧不清（如打盹）、想象黑暗，及无所事事、过于放松。

5. "食所沉重"，吃得太多或消化不良。

6. 过度思虑，强烈的思考、希求、疑虑等意识活动在梦中的延续，即所谓"日有所思，夜有所梦"，此类梦称"想梦"。

7. "曾更念"，过去的经验、记忆再现于梦中，此类梦称"先见之梦"。如曾遭受不幸者会在梦中重现恐怖场景。

8. "由当有"，未来将要发生的事情提前现于梦中，此类梦称"先兆梦"。

9. "他所引发"，如被别人以摇扇、轻拍、念咒等方法催眠，或服用安眠、迷幻药物，或被有神通力的人诱导催眠。

10. 天神圣贤等通过梦启示人，给以引导、教诫、警告，或令知未来之事等，此类梦称"天人梦"。

此外，《楞严经》卷四还谈到睡觉时周围的环境刺激能影响梦而成为梦的原因，如有人熟睡中，家人在舂米，其人梦中会听见击鼓或撞钟，说明"其形虽寐，闻性不昏"，心识并没有完全停止活动。

密教对梦有特殊的解释。宋译《大方广菩萨藏文殊师利根本仪轨经》卷十二从阴阳和四大的角度释梦，说一夜四等分中，初分所梦属阴，梦境多现白色，属阴所变；第二分所梦属阳，梦境多现红色，属阳所变；第三分所梦属风，梦境多属风所变；前三梦俱非吉祥，只有第四分（黎明时）所梦为真实。

密乘无上瑜伽则从内在微细生理机制气、脉、明点的角度解释梦的成因。《甚深内义根本颂注》据《文殊根本经》，说意识依第八识引动染污持命气行意，表现为梦，意（末那识）与命气若行至头顶，则梦见诸天及飞腾等；意与命气若行到心以下密处（会阴）等处，则会梦见三恶道相、低坡、悬崖、黑林、住于黑房中等；意与命气若行于身体中段诸脉之前后左右，则分别梦见四洲大地；意与命气所住之脉大，则所梦境大，所住脉小则所梦境小。命气行于右鼻孔为死相，会梦见连续向南走。《大幻化网导引法》说人在醒觉时，上身一切气摄于额间，下身一切气摄于脐间，七转识现起。当上身一切气摄于喉间，下身一切气摄于密处时，则进入梦境，其时第八识、第六识的习气引动第七识，持命气维持意识，形成梦中错乱之意识。迦（噶）举派《明行道六成就法》解释梦的成因说：人若过于疲劳，则所梦复杂，且多重复；若身心感受剧烈忧苦恐怖，则多梦而醒后即忘记；若过于沉寂消极，则无梦；若因营养不良或缺乏锻炼而体质不佳，则梦中常惊醒，醒后忘失所梦。密教书还说，睡姿、呼吸、情绪、幼年的经验、最近的行为等，都可以是梦的成因。清明的梦境大多在黎明时出现，修行者因放松身心或清楚觉照也会出现清明的梦境。

总的看来，佛学所说梦的成因，大略有生理原因（四大不调及疾病）、心理原因（惊恐、忧虑、思念等）、环境影响、他力加持四大因缘。其中，第四种他力加持，是佛学独特的说法。佛经中还说梦魇或由魔鬼的骚扰而致梦，也是一种他力加持，有念诵真言以消除梦魇惊扰之法。

今研究发现，做梦是在"慢波睡眠"阶段，是脑中各个神经中心受到电刺激的结果，从脑电波可以测定是否做梦。做梦时大脑前额皮质几乎不工作，而控制情感和记忆的神经区域活跃。前额皮质越是被压抑，梦的内容就可能越是生动离奇。3—4岁很少梦见自己，其梦属无规律的弥散紊乱思惟。5—6岁能说出梦中故事而自己非主角，8—9岁才在梦中当主角。梦通常由黑白灰三色组成，彩色者占小部分。最长的梦不超过40分钟。精神分析学认为：如果某种重要情感在白天被抑制，它必然会在夜间潜入梦中，梦是无意识的表现，是人格原型寻求和谐平衡的尝试。无意识在梦中常以隐喻、借喻等形式表现。无意识和意识之间有一堵墙，梦中的语言可以从此渗透、过滤、解密。梦是一种象征性的语言，像寓言、神话故事、朦胧诗。真正懂得了梦就真正懂得了自己。或说梦是记忆垃圾的碎片在潜意识旋涡中的随意组合，其产生有宣泄、惯性、脑神经元的兴奋强度非同步化、张力平衡（一部分神经元紧张而一部分休闲）等原因。

从佛教唯识学看，梦大多是阿赖耶识中储存的意象信息在睡眠的特定情况下，由迷昧不清的梦中意识游戏组合创作而成，梦的形成与做梦时的身心状况和环境等因素有关，梦的成因复杂，未必都是人格原型寻求和谐平衡的尝试，多是迷乱意识的拙劣的、荒唐的作品。

三、梦兆与占梦

古人早就发现，有些奇特而清晰的梦是一种征兆，可以占知身体状况和将要发生的事，圆梦，成为古代一种普遍流行的方术，中国历代占梦书多达二十余种。

佛教对梦兆持肯定态度，佛陀多次为人占梦。佛经中说梦，主要是讲奇特的梦预兆重大事变，对具有征兆性的梦之破译，主要采用直接象征的解释法。如《阿难七梦经》讲佛侍者阿难夜得七大恶梦，醒后回忆，"心惊毛竖"，禀告于佛，佛一一解释：

梦日欲落、自己顶戴须弥山而行，预示佛将灭度，阿难在佛灭度后将承担为佛弟子们讲说佛经的重任；

梦水中火燃，预示将来众比丘违反佛的教诫，因供养而争斗；

梦猪从粪池中出，撞倒旃檀树，预兆将来比丘不守佛戒，饮酒迷乱，诽谤阿罗汉；

梦狮子身中有虫食狮子肉，预兆将来没有外道能破坏佛教，只能由佛弟子们自毁佛教；

••••••••••••

《佛说给孤长者女得度因缘经》卷下载佛言：往昔哀愍王得十梦，迦叶佛为之逐一解释，皆预兆未来之事，如梦见有一头大象自窗牖中出，身虽得出，尾被窗碍，预兆将来释迦牟尼佛灭度后，有众多信徒出家学佛，而身虽出家，心犹贪恋世俗名利，不得解脱；梦见有一匹白色棉布，十八人争夺而布不破，预兆将来释迦牟尼佛灭度后，佛弟子们分裂为十八个部派。

这种解释，与其说是占梦，无宁说是借占梦说法，教导弟子，警诫后人。《增一阿含经》卷五十一载，舍卫国波斯匿王夜梦十事，醒后"大用愁怖，惧畏亡国"，招集公卿大臣、婆罗门师等占之，有一婆罗门祭司释为国王、太子、王妻死亡之兆，谓只有杀太子及王妃，才能禳解。波斯匿王听从其妻建议，请教于佛，佛说其梦非恶，而是将来后世的预兆，如梦三釜罗列，两边釜满，中央釜空，两边釜沸气相交而不入中央釜中者，预兆后世人民不供养自己的亲属，不亲近穷朋友而亲近富贵者，与富贵人礼尚往来，互相馈赠。梦马口吃草，马尻（臀部）也吃草者，预兆后世大臣官吏既食国家俸禄，又剥削老百姓，"赋敛不息，下吏作奸，民不得宁，不安旧土"。梦黑牛从四面群来，吼叫欲斗、当合未合者，预兆后世国王、官吏、人民皆目无法纪道德，"贪淫嗜欲，蓄（畜）财贮产，妻子大小皆不廉洁，淫妷饕餮，无有厌极，嫉妒、愚痴，不知惭愧，忠孝不行，佞谄破国"，致使风雨失时，飞沙折木，蝗虫为害，稻谷不熟。梦大陂中央水浊、四边水清者，预兆后世此地臣不忠、子不孝，不敬长老，不信佛法，不顾礼义，而周边诸国臣忠子孝，尊长敬老，信乐佛法。梦大溪水流波赤色者，预兆后世诸帝王兴兵挥师，互相攻伐，血流成溪。

如此说法，显然是借占梦进行教化，向当政者宣扬伦理政道，劝诫世人行善修德。对波斯匿王来说，这也是一次心理治疗，经称他听佛释梦后，"心中欢喜，得定慧，无复恐怖"，回宫后罢黜以前借占梦进谗言的大臣和婆罗门祭司，遵行佛陀教诫，率民信佛，大作布施，"国遂丰乐"。

佛经中记录了一些占梦应验的事实，如《佛本行经》等载，佛母摩诃摩耶夫人梦见六牙白象从她右胁而入，占梦师谓据神仙诸天的典籍，其梦为必生圣子之兆，夫人果然怀胎，后来生下佛陀。《摩诃摩耶经》载，佛陀逝世前，摩诃摩耶夫人得须弥山崩、四海水竭等五大恶梦；佛弟子七比丘于同一夜分别梦见所坐方石中央破裂、泉水干竭、树叶零落、坐垫倾毁、地陷、山崩、王薨、日月坠落，凌晨咨问佛大弟子摩诃迦叶，认为是佛将入灭的征兆，果如其言。《后分涅槃经》卷下载，摩竭陀国阿阇世王也于佛陀入灭之夜做了月落、星陨、地出烟气、天现七彗星、天火坠地五大恶梦。这说明，情境不同而寓意相近的梦，可以预兆同一事件。

现代科学证明，经常做噩梦提示身体有某种隐匿性疾病，常常是某些显性疾病的先兆。据梦境预测将要病的部位，往往比医生诊断提前几天、一个月乃至一年。

《甚深内义根本颂注》说黄昏、半夜、黎明三时分别为胃、胆、风三种疾病的作用炽盛之时，会各依其病缘显现为不同的梦境：

若有胃病，则梦见水血、白地、白衣、女人、大象、珍珠、白银，其梦相坚固，多现房事；

若有胆病，则梦见火红色或黄色衣服、黄金、黄土、披红黄衣之出家众，其相多傲慢而坚固，必生恐怖；

若有风病，则梦见青色或兰灰色物、黑鸟飞空、骑马等，心多清净，梦相时隐时现。

关于梦兆的原因，南传《弥兰陀王问经》解释说：人在醒觉时，心是活动、开放、自然、无束缚的，兆相难以来临。这就像有人欲保守秘密，会避开开放、自然、愚蠢及不守密之人，天机不会莅临清醒者心之焦点。在封闭、迟钝、不活泼的梦之心态下，天机才有可能莅临。能预兆来事的"天机"，诸论多说出于天人神明的加持启示，实际上未必完全如此。按大乘八识说，阿赖耶识是一个超越时间，贯通过去、现在、未来的大仓库，其中不仅储藏着今生乃至前生宿世的经历，可能在意识被动状态下以伪装的形式再现于梦中，形成"曾更梦"，而且储藏有未来的异熟种子，可能经处理而以象征、隐喻等方式先现于梦中，形成能预兆未来的梦兆。

自古及今，占梦一直被许多人相信，反映了人们把握自己、预知未来的愿望。占梦常被认为是迷信，事实恐非尽然。史籍中记载有大量梦兆应验的例证，生活中也不难体验有些梦的征兆作用。梦特别是荣格所谓梦的系列，能反映人的潜意识，一些梦能作诊断隐性疾病的根据，这已是大量临床医疗经验证明了的结论。梦本属无序的、迷乱的意识活动，恍惚迷离而非真实。梦兆带有很大的偶然性。梦的象征表现方式因人而异。研究自己的梦兆方式，是一件对于认识自己而言有意义的、有趣的事。如果千人一式按《周公解梦》之类去占梦并确信所占，或盲目地轻信占梦师，当然易陷于迷信，甚至会导致恶果。《长阿含经·梵动经》（南传《长部·梵网经》）中，佛将不可诵解梦书、不可为人解梦列为比丘不可违犯的大戒之一。占梦，对一般人而言，大概只宜于作为一种游戏，其结果应只供参考。

四、梦与修行

在佛教中，梦与修行有颇为密切的关系。佛教从修行出发，对梦颇为重视，犹如精神分析学从治疗出发，十分重视析梦。

1. 梦提供了窥视自己阿赖耶识的窗口。

储藏、压抑在阿赖耶识中、在醒觉时难以觉察的烦恼，会在梦中浮现，通过梦境，可以判断净化自心、自主其心的程度及修行的阶位，发现自己隐藏的烦恼症结。有无梦、梦境如何，是鉴别烦恼多少、修行进度、是否入定和证果乃至成佛的一个标准。《善见毗婆沙律》卷十二说，处于欲界的凡夫众生和阿罗汉、独觉等圣者，都会做梦，只有色界、无色界众生和佛没有梦，佛虽然也有睡眠，但睡眠时与觉醒时无异。《庄子》有云，"至人无梦"，此至人，在佛学看来当属常入色界、无色界定的人。

梦中是否能修行，被作为检验修行境界的一大标准，《小品般若经》卷七佛告须菩提：菩萨乃至梦中亦不贪着三界及声闻辟支佛地，不行十不善道，常行十善道，观一切法如梦而不取证；或梦中见佛处高座说法，大众围绕；或自见其身处虚空为大众说法；或见自身放大光明、觉已念三界如梦等，是不退转菩萨相。古人说：静中功夫十分，动中只有一分；动中功夫十分，睡梦中只有一分；睡梦中有十分，生死临头又只有一分。禅宗、大手印法以"睡梦中做得主"为开悟见道的加行，高峰回答其师"睡梦中做得主么"之问曰"做得主"，师再问，"无梦无想时主人公在什么处？"不能答，继续参究多日，才得开悟。净土宗以白天念佛不辍梦中亦念佛不间断为成就念佛三昧而决定往生净土的保证，明紫柏（真可）问信徒："汝念佛常间断否？"答："合眼睡时，便忘记了。"紫柏震威呵斥：

合眼便忘，如此念佛，念一万年也没干！汝自今后，直须睡梦中念佛不断，方有出苦分。若睡梦中不能念佛，忘记了，一开眼时，痛哭起来，直向佛前叩头流血，或念千声，或念万声，尽自家力量便罢。如此做了二三十番，自然大昏睡中，佛即不断矣。①

《大手印导引显明本体四瑜伽》以梦境为检验修行进程的标准之一，四级十二品瑜伽，梦境各有不同，从梦极清楚并开始能保持明体而有时迷昧，逐渐进到梦中明体不失，全无迷昧，乃至无梦。

2. 梦兆可以占知修行进度。

对佛教徒修行过程中特有的具预兆性和能反映修行进程的梦，佛典中颇有解说，这是佛教占梦法中特有的内容。如《过去现在因果经》卷一载，佛自言其宿世为善慧比丘时，得五个奇梦，请教于普光佛，佛言：

梦见卧于大海，表示尚居生死海中；

---

① 〔明〕德清阅《紫柏尊者全集》卷八《法语·示念佛》，X73，第210页上。

梦见枕须弥山，表示已出生死大海；

梦见海中一切众生入于自己身中，表示将广度众生；

梦见手持太阳，表示将以智慧光明普照一切；

梦见手持月亮，表示将以清凉佛法化导众生，令离热恼。

《出生菩提心经》《法华经·安乐行品》《大乘四法经》等说：

梦见莲花、伞盖、月亮、佛像等佛法之象征物，梦见佛说法、自己说法、自己闻法开解证入乃至受佛记未来成佛、自己在山林幽静处修菩萨道、自己八相成佛，表示修行者诸事吉祥；

梦见月堕井中、月现浊泉、浓云遮月、烟尘蔽月，表示有障碍获得智慧的"法障"；

梦见堕于险难之处、在崎岖曲折的道路上及迷失方向而惊怖，表示有业障；

梦见毒蛇扰乱、群兽恶声、被贼所困、身蒙尘垢，表示有烦恼障；

梦见大仓库中充满众宝、清水池中众花齐放、得白净棉布、诸天神持伞盖覆护，为将得陀罗尼（总持佛法的智慧）之兆；

梦见佛以手摩顶、佛坐莲座、白鹅飞翔空中、童女持花授予，为将得三昧（禅定）之兆；

梦见日出、月出、莲花开、大梵天王庄严闲静，为即将见佛之兆。

《小品般若经》卷六佛告须菩提：若菩萨乃至梦中不贪着三界及声闻辟支佛地，观一切法如梦而不取证，或梦中见佛处高座上说法，大众围绕；或梦见自见其身放光，处虚空为大众说法，觉已念三界如梦，"乃至梦中不行十不善道，乃至梦中亦常行十善道"，是阿惟越致（不退转）菩萨的标志。

《大通方广忏悔灭罪庄严成佛经》卷下说忏悔者若做五种梦，表示五逆罪消灭：梦见欲渡大河上大桥行、人与洗浴或天雨及身、入沙门大会中坐、入塔寺中见庄严佛菩萨像、自得果实而食。《大宝积经》卷十五，佛为金刚催菩萨广释大乘行者一百零八种梦相，各表示修行的阶位或修行过程中的问题。《达摩血脉论》说参禅者若梦见光明出现过于日光，或寂静园林中行住坐卧眼见光明，或梦见星月分明，表示见到或即将见到自性光明；梦若昏昏犹如阴暗中行，表示自心烦恼障重。

密乘对占梦更为重视，《佛说七俱胝佛母心大准提陀罗尼经》说持咒修密法者，若梦见诸佛、菩萨、圣僧、诸天女，或梦日月、莲花、好花果、国王、着黄衣白衣沙门，或梦自己腾空、登高山、渡大海、浮江河、上楼台高树、乘狮子白马白象、升狮子座，或梦自己洗浴、剃发、吃白物、吐黑物、吞日月，或梦斗败黑色粗汉及劣马水牛等，皆为业障消除、将得修法成就的征兆。《大幻化网导引法》分梦为善恶两种：梦见佛菩萨及清净国土等而感欣悦者为善梦，梦见野兽、恶鬼、怨敌、水火等而怖畏者为恶梦。传为莲花生所授的《空行教授》说修学无上密法者有五种将得成就之梦兆：

见佛菩萨与自己无别；见佛与己无二；见己为本尊无前后；见一切佛菩萨向己敬礼及供养；及梦见一切佛传授开示甚深法。

又，屡梦自己赤身，为清除习气之相；梦攀梯升天为入道之相；梦见骑狮象为登地之相；梦见神祇微笑为得授记之相。冈波巴《菩提道次第论》说若梦呕吐毒物、秽食、脓血，或梦排泄不净，或梦饮食牛乳、见日月光明、行于空中、大火燃烧，或梦护法守者、僧众积聚法会，或梦登山、攀甘露，或梦大象、水牛、王室宫殿，或梦登狮子座、听经说法，皆是罪业消灭之兆。

此类解释，基本不出直接象征的范围，黑物、烟尘、浊水、险难、毒蛇、恶兽、盗贼、尘垢等黑暗的、污染的、艰难的梦境，象征烦恼、障碍；佛菩萨、诸天、国王、日月、莲花、白棉布、清池、好花等庄严、光明、清净的梦境，则预兆吉祥、智慧、成就。

3. 求梦及改变恶梦的咒术。

大乘和密教还有祈祷佛菩萨、"梦王"求梦兆之法。《大方等陀罗尼经》卷一说欲修方等陀罗尼法，须先归求祈祷祖荼罗等十二梦王，示以得神通飞行、佛像塔庙、大众聚会、乘白象渡河、神明着净洁衣骑白马、骑骆驼上高大山、上高座读般若经、在树下升坛受戒、陈列佛像请僧设供、开花树、入禅定、大王带剑游行、国王为己浴身涂香净衣、王夫人乘车入水见蛇等吉兆之梦，得见一种，才可以传修方等陀罗尼法。汉传佛教有祈梦信仰，福建福清石竹山、仙游九鲤湖、连江白云寺等被看作祈梦胜地，常有人祈求梦兆。

藏密有梦示度母法、观音祈梦法、文殊祈梦咒、扎擦巴比丘祈梦法等求梦兆之法。如观音祈梦咒云：

唵 么则勒 梭哈 木哈呐 梭哈 耽德勒 梭哈

先须诵满1万遍，用时于观音像前设供，诵咒108遍，对一碗清水吹一口气，用水洗脸，祈愿毕，入睡，即可于梦中得到预兆启示。文殊勇士祈梦咒为：

唵 他巴那 布夏泽呐 曼多罗 梭哈

亦须先诵满1万遍，临睡前诵108遍，同时对木香吹气，用之擦脚底，据说便可于梦中得到预兆。密教还有求得吉梦的"求梦咒"和禳解噩梦的咒语，如禳噩梦的夜神咒、焰光佛母总持咒、狮面佛母禳灾咒、十四字真言等，后者云：

阿嘎萨玛拉杂夏 大拉萨玛拉呀 帕

若不记得梦，观想喉轮红色"阿"字或印堂处白色透光球放白光，有清明意识的作用。

若得噩梦，密教有转变之法。唐译《成就梦想法》说立坛供养佛眼、文殊、妙幢等菩萨及北斗、九曜、二十八宿等天神众，诵钩招咒及祈祷词，复诵真言108遍，可"常得好梦，能知善恶之事"。若以咒加持饮食7遍，食者得吉梦，"唯除思梦忙想来梦也"。咒云：

唵阿昧罗吽佉左咯

除恶梦咒云："唵，瑟置哩，迦椤嚕跛吽欠，萨嚩呵。"以命木作人形，书咒加持7遍，3日后，将木人置山野或河边，则"不祥消灭，心神安乐"。又以白线作索21结，用以系身，则"噩梦不应"。

藏密有法云：若做极恶之梦，醒后急起，反披上衣，念珠反向计数，诵咒21遍或108遍，祝愿，"将此恶兆回遮至魔障之上"，同时击掌数下，噩梦即解。这大概主要是用自我暗示消除噩梦带来的恐惧感和心理包袱。

《西藏医心术》依密教的古老传统说：噩梦是释放心理能量的自然方式，无须介意，若连续做噩梦，应观察其乃自心所造，并无伤害，不可惧怕，以想象的禅定之光或心性之光将其转化为安祥喜悦的梦境。

4. 如梦之喻及"梦定""梦观法"。

梦，是佛学描述万有实相的最恰切的比喻，为大乘观察诸法实相的"十喻"和"十缘生句"之一。就梦而观实相，大概是梦在修行上的最大价值。《金刚经》偈云：

一切有为法，如梦、幻、泡、影。

如梦，谓一切现象、全部人生旅程乃至生死轮回的实质，是自己心识的变现或游戏，并没有人们所执为实在的东西，在梦中时自觉一切是真，醒后方知是黄粱一梦。认梦为真实，是一切痛苦的根源。"人生如梦"，是古今中外无数人发自内心深处的感叹。《西藏医心术》说：

人生就像一场梦魇，只要还认为梦是真实的，我们就是它的奴隶。

执着万有有其真实的自性，被喻为"梦中说梦"。佛陀之大觉，即觉悟一切如梦的真实，如人从迷梦中觉醒，发现梦境是一场空，是一场心识的游戏。不仅人生如梦，万有如梦，生死轮回如梦，一切有为法如梦，即涅槃、成佛、度化众生等无为法，亦皆如梦。《圆觉经》卷上谓"生死涅槃，犹如昨梦"。《华严经·入法界品》云：

知一切佛与我心，悉皆如梦。

同经《十忍品》以"知一切世间悉同于梦"为菩萨十忍中的第六"如梦忍"。太虚《唯识观大纲》说：

梦中之心，凡夫心也；梦中知梦之心，菩萨心也；梦觉之心，佛心也。虽然三种心境，仍是一心所现。盖梦中之境唯心所现，觉中之境亦唯心所现，是以梦中之心即觉时之心，众生之心即佛之心，心、佛、众生，三无差别。

大乘有以观如梦为门径的禅定，《华严经·十忍品》谓"住于梦定者，了世皆如梦"。藏传密法的"梦观法"即是一种梦定，为迦举派等所传"那洛六法"之一，其法于临睡前在心中观想表"无生"义的白色梵文或藏文"阿"

字，上迭至头顶又降下，渐渐放松，然后入睡，着意训练在梦中保持心性明体，将白天的观照力与梦境结合，观梦觉一如、万有如梦，然后训练控制、转换梦境。修习功深，可以自主梦，随意制造梦。

第四节　佛教心理内容说总论

一、心识层次和心理内容的总结补充

如果采用九识说，则人心可看作五、六、七、八、九识五个层次，五个层次的心王各擅其能，各与若干心所法相应，构成一多层次、多功能、立体的、动态的心识结构，可大致如下：

心王	作用	了别对象	三量	所属心所
前五识	感觉	色、声、香、味、触（相）	现量	遍行、别境、善、贪、嗔、痴、八大随烦恼、二中随烦恼
意识	感知觉	法（相、名、无为法）	现量 比量 非量	所有心所法
末那识	执受	阿赖耶识	非量	遍行、我爱、我痴、我见（慧）、我慢、八大随烦恼
阿赖耶识	藏摄	种子、根身、器界	现量	遍行
阿摩罗识	证	真如	真现量	超一切心心所，为一切心心所体性

佛学的多层次心识说，对西方心理学颇有影响，除了荣格的无意识说明显深受佛学阿赖耶识说启发外，略晚于弗洛伊德的阿萨乔里（R. Assagioli），分潜意识为低、中、高三个层次，低层潜意识解决人内在的心理冲突，中层潜意识为人格不断转变、提升提供动力，高层潜意识为直觉与灵感的发源地，为许

多高层次的心理功能、精神能量的所在地。三层潜意识,明显与佛学的七、八、九识相对应。当代超个人心理学家们,更多参考、吸收佛教深层心识说,对精神分析派的无意识或潜意识说进行发展改造。如格罗夫绘制成一种包括三个宽阔领域的意识地图,在第三超个人领域,可能经验到包括"普世之心"或"大写的心"、宇宙空间等许多灵魂经验,与佛教等世界主要精神传统的主题是吻合的。肯·威尔伯的《意识谱》一书中,提出以心为体的宇宙模式,将心灵的结构分为四层二元分裂:最表层是自我分裂为假面与影,相当于佛学之假我、俗我;第二层是意识分裂为自我与身体,略同佛学五蕴,亦称"化身";第三层为生物体分裂出主体(有机体)和客体(环境),相当于佛学的正报与依报,亦称"报身";最深层是心灵的唯一世界,类似佛学如来藏学的真常心,威尔伯用佛学的"本觉""法身"等概念称呼这一绝对的心灵。

结合佛学和现代心理学的意识、无意识、潜意识说,我们可以列出一个更为细密的心识层次结构图:

前五识	纯感觉
明了意识	注意而明了的五俱、定中、焦点、独散意识
梦中意识	不太明了、不太自主的意识
边意识	未集中注意、不大明了的意识
半意识	略微注意而不明了的意识(下意识)
末那识	深层自我意识、意根
前意识	将会浮现于意识表面的被压抑冲动
潜意识	暂时潜在而容易上升到意识表层的无意识
个人无意识	被压抑进无意识的欲望、情结
集体无意识	储藏人类认知"原型"等的仓库
阿陀那识	执受根身、维持生理活动的"命根"
阿赖耶识	储藏、处理一切种子的心体
阿摩罗识	真常清净心体或无漏种子

以上诸识,可以看作从浅至深的13个层次,第1层至第5层为意识表层,

其中明了意识、梦中意识、边意识、半意识4层为意识的4种状态，后3种实为意识的不明了状态，以可以全部或部分地回忆起来为共同特征；第6层末那识到第13层阿摩罗识为无意识领域，其中第7至12层前意识、潜意识、个人无意识、集体无意识、阿陀那识、阿赖耶识，皆可摄于阿赖耶识；最底层阿摩罗识可以看作阿赖耶识的体性或所藏摄的无漏种子。图表如下：

表层意识	前五识		纯感觉
	意识	明了意识	五俱、焦点、定中、独散意识
		梦中意识	非清醒、自主意识
		边意识	未集中注意的半明了意识
		半意识	略微注意的非明了意识
深层意识	未那识		深层自我意识，意根
	阿赖耶识	前意识	将会浮现意识表面的无意识
		潜意识	易浮现于意识表面的无意识
		个人无意识	被压抑进无意识的欲望
		集体无意识	人类认知原型的储藏所
		阿陀那识	执受根身的命根
		阿赖耶识	储藏处理一切种子的心灵电脑
		阿摩罗识	证知真如的本觉心体

佛学讲心识层次，只属其世俗谛、"安立谛"，是一种顺应世间认识方式而设的"假说"。十三层次心识及其相应心所，其实只是一个。《荣格心理学纲要》指出，必须把心灵作为在其自身内部的一个一元系统来看待，佛法也认为心是一体，常说"一心"。从佛法的真实谛、胜义谛而言，心非一非八非九亦非十三，毕竟不可言说，如太虚《唯识三十论讲录》所言：

真胜义者，法即真如，平等一味，超过数量，非一非异，心言绝故，识且无识，八安有八！

关于心识的作用、功能和运作状态，我们按《大日经》的百六十心之数，总摄各家心所法和八十九心、百六十心、八十性妄，取舍补充，举出人心的

160种基本功能和基本运作状态，分为受蕴、想蕴、行蕴、识蕴四大类，每类按性质分为遍行无记、别境无记、不定、善、不善五类，列表如下：

	遍行	别境	不定	善	不善
受蕴	受	饿、渴、激动、移情、惊奇	悔、畏、厌、慕、兴奋、紧张、害羞、得意、戏乐、振奋	乐、信、惭、愧、放松、欣、喜、轻安、慈、悲、随喜、尊敬、敬爱、慈爱、友爱、安静、庆慰、宽恕、满足、同情、惜、感恩	苦、忧、贪、嗔、忿、恨、恼、嫉、烦、空虚、无聊、悲伤、焦急、怯懦、焦躁、闷、疲乏、疼痛、恶心、狠心、冷漠、寂寞、沮丧、惊骇
想蕴	想	念、慧、怀疑、胜解、想象、分析、抽象、归纳、比较、计算、领悟、灵感、顿悟	寻、伺、幻想	正见、正智	邪疑、邪见、边见、失念、不正知、不信、幻觉、错觉、失望
行蕴	触、作意、思、我见、我爱、我慢、我痴	欲	誓愿、竞争、坚持、鼓舞、自我意识、内疚、犹豫、难堪	精进、舍弃、不放逸、忍、恒心、诚、良心、守信、上进心、责任心、自信、谦虚、辞让、自律、自控、创造、遵守、报恩、佩服、利他心	慢、骄（憍）、害、懈怠、放逸、欺诳、谄曲、自卑、上瘾、轻蔑、忘恩负义

(续表)

	遍行	别境	不定	善	不善
识蕴	末那命根、藏识、阿摩罗识	眼识、耳识、鼻识、舌识、身识、意识、边意识、半意识	睡眠、梦、被催眠、焦点意识、独散意识	三摩地、清醒	散乱、掉举、昏沉、沉没、醉、悯、昏迷

太虚《真现实论》曾将最重要、基本的心所法归纳为22个：感受（受）、感想（想）、感触（触）、作意、思虑（思）、忆念（念）、定志（三摩地）、慧择（慧）、悟解（胜解）、欲望（欲）、忠信、悔改（悔）、忍耐、惭愧、慈恕、惠舍（舍）、贪吝（贪）、嗔恚（嗔）、痴迷（痴）、矜慢（慢）、疑惑（疑）、忽忘（失念），分属受、想、行、识四蕴。本书试列最重要的基本心所法26个如下：

受蕴：苦、乐、忧、舍

想蕴：想、念、慧、寻伺、信、疑

行蕴：作意、欲、慈悲、随喜、精进、惭愧、贪、嗔、嫉、慢、懈怠、诳、谄

识蕴：定、痴、散掉

二、心所法属性的检讨

对直接关涉佛法修证的各种心理活动，从断恶修善的视角进行列举分判，是佛教理论家们所做的一项重要工作。有部、南传上座部、大乘唯识宗的心所法，对佛经中列举的多种善、恶、无记心做了整理分类，各有长短，太虚《真现实论》曾一一做过评论。

对各种心所的分类，尤其是善恶之判，是从佛学所谓"世俗谛"（世间的、相对的真实）的角度，只是大体而言，并非绝对如此。不少心所，即便从世俗谛看，也难以断言其绝对善或恶，这是诸家心所法在分类上出现歧异的原由所在。

如唯识宗列为根本烦恼的贪，佛典中一般认为是恶，贪着财色名位固然是烦恼，但对佛法、知识、技术的贪着便未必不善，热爱属贪，对祖国、事业、佛法、真理的热爱则为善。嗔恨、愤怒是恶，但对自己过失的恼恨、嫉恶如仇之嫉、恨铁不成钢之恨，未必不是善，古人言"文王一怒安天下"，现代心理学认为，在适当情况下发泄怒气有益于健康，有排解悲伤郁闷之效，据此设有泄怒疗法。马斯洛说愤怒和攻击性作为一种对基本需要受挫时的本能反应，可以说为中性，健康者的愤怒是对不公正、剥削、侵犯等的反应，采取了果断的、自我肯定的、自我保护的、正当义愤的、同邪恶做斗争等形式，为善；而不健康者的愤怒和攻击则可能带有恶意、暴虐、跋扈、残忍、盲目破坏的性质，为恶。《俱舍论》大概因此将贪、嗔归于不定地法。

又如忧、愁是不善，现代医学证明忧愁、焦虑对身体极有害，但仁人志士"先天下之忧而忧"之忧，便不好说是不善了。惭愧，是善，但心理学家说当为本不该由自己负责的过错或无力控制的事情而愧疚时，愧疚感也会产生负面的作用。不害，固然是善，但对恶人、罪犯、害虫的不害，便可能造成恶果。喜乐，是善，有益身心，但盗贼行窃成功之喜、小人得志之喜、幸灾乐祸之乐，便不好说是善。骄傲是人格缺陷，但为集体、民族、国家而骄傲而自豪，便不能说是恶了。现代心理学认为骄傲也有促使人进步的正面作用。遗忘应该记住的东西（失念）是不善，但遗忘仇恨罅隙和不愉快的事情则有益健康，现代心理学认为遗忘没必要记住的东西是正常记忆所不可缺少的。忍耐，是善，是力量，但强忍、超限度忍耐，强忍不哭，强制怒气，压抑情绪，久之会降低身体免疫力而患癌等疾病，便是恶了。恐惧多属不善，可能使人逃避、不满、仇恨甚至得病，但往往会保护人避开危险的情境。紧张，是一种应激反应，乃导致现代人身心疾病的重要原因，但医学证实：追求紧张的努力状态，对人的机体是有益的，不求上进、单纯平稳对人的机体反而有害。

即便纯粹属善，在佛法看来，对未断烦恼的凡夫而言，也只是"有漏善心"，有漏善心不离无明、痴，不离我爱等根本烦恼，或多少掺杂有恶，喻为"杂毒饭"，如施舍捐献，往往不离获得美名佳誉或更大福报的贪心，帮助别人，常出于需要时得到别人帮助的考虑，若获得福报，往往能增益我执和贪心。

心所法，实际上说明人性问题。佛学的人性论，是世俗谛、真实谛二谛的统一，从世俗谛言，佛学的观点与告子、罗洛·梅等的善恶兼具论大略相近，其心所、心相说表明：人心既有诸多善的功能，也有诸多不善、恶的功能，既有慈悲、智慧、信仰、精进、勇健等美好、光明的一面，也有毒害、贪婪、嫉妒、骄慢、谄曲、恼恨等丑恶、阴暗的一面，善恶并具，或人心乃善恶矛盾的统一体，可谓佛学世俗谛意义上的人性观。

与诸家哲学和心理学唯有世俗谛意义上的人性论、性善论等不同，佛学更重视从真实谛观人心、人性。从真谛言，应该说人心、人性是超越善恶的，因为善恶体性不二，本来是空，空即是菩提，也可以说是至善。不仅善乃至善，即贪、嗔、痴等烦恼、恶，也因本性空故，即是菩提。《维摩诘所说经·菩萨行品》云：

八万四千诸烦恼门，而诸众生为之疲劳，诸佛即以此法而作佛事。

对众生是不善的烦恼，在佛菩萨皆用作济世度人的"方便"。大乘《诸法无行经》卷下偈云：

贪欲是涅槃，恚痴亦如是，如此三事中，有无量佛道。

若有人分别，贪欲嗔恚痴，是人去佛远，譬如天与地。

说贪嗔痴即是道，其中有无量佛法，若仅从世俗谛分别烦恼及道，将二者看作对立的，不见佛法的真谛，是为远离佛法。天台宗从诸法实相不二的见地，说恶乃众生本性所具，名"性具"，只有以本宗所谓圆满佛法（圆教）的中道观，通达善恶的实相，方名为真正的善。智𫖮《摩诃止观》卷二谓"善恶无定"，如诸不善心所法为恶，善心所为善，然以善心行善，人天报尽，还堕三途,已复是恶。故善恶皆是恶,乃至二乘之自度、菩萨之慈悲兼济,亦如毒器贮食,"当知生死涅槃俱复是恶",唯有圆满的佛法名为善:

  唯圆法名为善,善顺实相名为道。背实相名非道。若达诸恶非恶,皆是实相,即行于非道通达佛道。若于佛道生著,不消甘露,道成非道。

  智圆《请观音经疏阐义钞》卷二甚至说"性中之恶,恶全是善"。

  密教无上瑜伽更说贪嗔痴慢嫉"五毒"的体性即是五方佛所表心本具的智慧、慈悲、方便。密教的诸多本尊如千手观音,可以看作人心理内容的形象化表述:那慈悲、威怒的多个脸面,表示人心是善恶统一体,执净瓶、杨枝、拂子、刀剑等的千手,表人心具诸多功能;而或善或恶的诸多心理功能,在菩萨如实正观善恶本空的慧眼中,都可以超越善恶而用作救难济人的慈悲、方便,或曰皆为至善。《西藏医心术》以藏密的观点说:

  究实而言,情绪既非善亦非恶。

三、人心的阴阳及运动规律

  从中国传统的阴阳观念,可以把人心看作一个阴阳相激荡的太极图。今发现气功态中大脑左右半球脑电图极像阴阳鱼组成的太极图。佛教密教的有些经典中,也以阴阳解释人心,如宋译《大方广菩萨藏文殊师利根本仪轨经》云:

  贪为阴,嗔为阳,痴为风及杂乱极杂乱相。

  此阴阳,当为印度教"日月"的汉译。无上瑜伽密更多以阴阳释人心,以慈悲、智慧为阴(月),嗔恨、精进为阳(日),或以贪为阴为水,以嗔为阳为火。说日月水火,自不如阴阳概念确当。无上瑜伽本尊曼荼罗中,实际表示心之功能的本尊,分为寂静尊、忿怒尊两类,前者属阴,后者属阳,都是自心本具阴阳两种功能形象化的表现,如五方佛变为金刚兮鲁迦等五金刚,五方佛母变成金刚忿怒自在母等五忿怒母。又,每一寂静、忿怒本尊,皆为男女双身,称"佛父佛母",意味人心是阴阳的统一体,人心的每一种功能皆分化为阴阳。

  从心理动力说看,若据佛教无上瑜伽,基本心灵动力只有阴阳二力,阴性

（月）动力为体内生命能量凝聚体明点白菩提（白大）的功能，阳性动力（日）为体内明点红菩提（红大）的功能，众生在无明迷昧下以自我为中心，由明点生业气，阴性心理动力乘业气表现为以贪为首的阴性烦恼，阳性心理动力表现为以嗔为首的阳性烦恼。阴性烦恼以吸摄（当于易经所言"翕"）占有为性，阳性烦恼以排拒破坏（当于易经所言"辟"）为性。诸佛菩萨以如实知见的智慧为导，其阴性心理动力表现为慈悲、智慧，阳性心理动力表现为精进、方便。脑科学发现，从脑中相关区域的活动看，思维（阳性）与情绪（阴性）表现出一定的对抗性。

人类的心理动力和心理活动既然落入后天的阴阳界——欲界，则与阴阳界的一切现象一样，必然受阴阳互动规律的制约。从阴阳互动关系看，人心的活动，略有4条重要规律。

1. 阴阳互根互转规律。

善与不善、阴性与阳性的心理活动，皆非独立存在，而皆与其对立面共存，谓之"阴阳互根"。阴性和阳性的心理活动，尤其是情绪、欲望，皆可能因受挫及过度等原因而互相转化，走向其反面，如因爱生恨、由慕生嫉、乐极生悲、信仰导致狂热、成功滋生骄傲、尊敬产生傲慢、自尊导致自卑等。

今心理学发现人的各种感情皆具有两极性，等级越高，出现的心理斜坡越大，容易向相反情绪转化，名"心理摆规律"。俗话说，爬得越高，摔得越痛。如成功的喜乐越大，失败时的悲苦也越大；聚会的欢喜越大，散场后的悲凉感也越大；情人、亲人之间爱得越深，当情变、冲突时所生仇恨亦越深。

2. 阴阳平衡规律。

阴阳平衡，被中医作为保持身体健康的要点，其实也是保持心理健康之要。无忧虑、压抑、冲突的阴阳平衡心态，最有益健康，若阴性的烦恼贪欲等过重，会使人心理阴暗，形成阴险贪婪型人格，滋生纵欲、贪污、盗窃、谋害等罪恶。阴性的抑郁过度则导致抑郁症等疾病，严重者以自杀了结。阳性的烦恼嗔恨、嫉妒等过重，会形成凶暴型人格，伤害他人，导致打斗、报复、杀人害命、战争等罪恶，也会伤害自身，引起肝癌、狂躁型精神病等疾病。

即便是正面的、阳性的善，或中性或不定者，若过分而"阳亢"时，也会成为不善，导致负面结果，情绪方面尤其如此。如父母慈爱子女是善，但当慈爱过度成为溺爱时，便对子女的健康成长有害；惭愧悔过是善，但过度而成为愧疚、罪恶感、悔恨时，便可能有害；轻度的惊，是一种中性的心理反应，但受惊过度而成为惊慌、惊恐、惊骇时，便随程度的加深而害处也越大，中医以受惊过度为导致疾病的原因之一；快乐是善，但快乐过度而成狂喜时，则有乐极生悲甚而导致精神病乃至致命的危险，如范进中举、笑死牛皋之类，研究证明，过分欢乐会像脑部受击一样中断人的思维，有损推理和解决问题的能力；精进修行是善，但若精进过度，会伤害身心，导致疲懈、灰心、不信，如佛弟子阿那律比丘因精进不眠而失明，佛弟子二十亿耳比丘急求证果精进用功，多日未能开悟，于是失去信心，欲还俗，佛陀乃以弹琴为比喻教导他，如琴弦绷得太紧会断，太松会发音低沉，须松紧适度，方出雅音，修行亦如是：

精进太急，增其掉悔；精进太缓，令人懈怠。是故汝当平等修习摄受，莫著，莫放逸，莫取相。①

又，即便是一般属有害的负面情绪等心理活动，也可能受阴阳平衡规律的驱动，成为走向正面的动力，如人可能因痛苦而追求解脱、因贫穷而努力奋斗、因挫折而振奋精神等。即作为现代人心理疾病重要病因的压力感，也不一定完全是坏的，适当的压力是促使人努力的动力，如星云《佛陀真言》（中册）所说：

有压力才会激发潜力，有压力才会成长，才有前途，好比篮球，打它一下，它就跳得很高。②

又，阴阳两大心理动力，不但须以智慧为导引向善、至善，而且善心也应该阴阳平衡发展，才会健康心灵、完善人格，乃至圆满实现自性功德，成就佛果。小乘人片面发展空的智慧（"偏空"），结果只有以"灰身灭智"住于无余

---

① 《杂阿含经》卷九。
② 星云：《佛陀真言》（中册），上海辞书出版社2008年版，第162页。

依涅槃为归宿，不能开发心性慈悲精进济世度人的功用，也不能清除习气，圆满人格。佛教一再倡导的慈悲，虽然美丽，也只是心灵善性中阴性的一面，需要与阳性的一面——精进——同时增长，才能使心理健康，若偏于慈悲一面，容易导致懦弱及病态慈悲，太虚大师曾言：

> 有慈悲而无雄力，每易流于畏葸懦弱。①

若阳性的一面片面发展，阳刚之气太盛，则会导致刚愎、傲慢、狂妄，及进攻性、破坏性强等不健全人格，如前所言，精进太盛亦会产生负作用。

又，若心中善与恶、人欲与道德等两极尖锐冲突，失去整体平衡，内心的破裂结构无法弥补，往往导致人格的分裂与心理障碍、精神病，使阴阳两极平衡、和谐乃至冲突化解，遂成为修行及心理治疗之要。西方心理学家运用的"反推疗法"——帮助患者揭示他心中对立的两极，达成整合，实际上即是根据阴阳平衡规律而设。

又，人的心理平衡若在社会生活中被打破，会不自觉地补偿以求达到平衡，如常被迫卑恭的太监、下官、下人会在地位更低的人面前表现出特别的倨傲，饱受婆婆压迫的媳妇在做了婆婆后往往会压迫其儿媳，年轻时贫穷者做官后容易贪财，等等。

3. 阴阳消长互补规律。

心理活动的阴阳，也遵循阴阳消长的规律：阳性的力量强大，能使阴性力量缩小，反之，阴性力量强大，能使阳性力量缩小，即阳长阴消、阴长阳消。善的、无漏的阳性、纯阳性心理活动强大，具有使不善的、有漏的阴性心理活动缩小的力量；不善的、有漏的阴性心理活动强大，则具有使善的、无漏的阳性、纯阳性心理退缩的力量。研究证明，经常进行乐观、祥和、感激、快乐的正向、积极思考，亦即阳性心理活动，会使负向思考的神经系统退化，形成正向的心理素质和人格。经常负向思考，挑剔、怀疑、恐惧、悲观，亦即阴性的

---

① 太虚大师全书出版委员会：《太虚大师全书》第24册，宗教文化出版社2005年版，第400页。

心理活动，会使正向思考的神经系统退化，形成负面的人格。

若以表层意识领域的心理活动为阳，表层意识之下的无意识心理运作为阴，则被压抑进无意识的欲望、冲动等情结，犹如阴中藏阳，道教名曰"真阳"（具有上升力量的阳），会顽强地往上浮现，精神分析学发现它们会在梦中、语言行为等中用象征、伪装、自我防卫等曲折方式获取补偿，若不得补偿和释放，则可能导致精神病、心理障碍、心理变态。拉希莱提出"大脑均势"说，认为大脑具有整体性工作特点，某一区位的损伤可以由另一区位弥补，他将此原理运用于心理治疗，如以怨恨治疗相思病等，这其实即是阴阳互补。

佛教徒全心投入修行，在持戒、断恶行善、观心、持咒、念佛、参禅等过程中，不仅被戒律和信念、咒语、佛号、定心、话头等压抑进无意识的欲望、冲动会顽强地泛起、露面，即无始以来的烦恼种子也会从阿赖耶识大海中泛起，形成种种挥之不去、驱之还来的杂念及不对境亦自起的烦恼，藏密名修禅定中出现的这种情况为"自生妄念定""自生烦恼定"。若不能以般若智慧观照处理而转化，强行压抑，则容易导致心理变态，表现为种种"魔事"，严重者会疯癫乃至丧身失命。对此，佛门有不少解释和正确处理的教诲，如《憨山老人梦游集》卷二《答郑崐岩中丞》说：

至若工夫做得力处，外境不入，唯有心内烦恼无状横起，或欲念横发，或心生烦闷，或起种种障碍，以致心疲力倦，无可奈何，此乃八识中含藏无量劫来习气种子，今日被工夫逼急，都现出来。此处最要分晓，先要识得破，透得过，决不可被他笼罩，决不可随他调弄，决不可当作实事。

当修行者未证得堪断烦恼的般若智慧时，虽然用属于闻思慧的正见持戒、修定、对治烦恼，但至多只能"伏"烦恼，"伏"者，压抑不令现起也，既然压抑、压制，则难免进入无意识成为"真阳"，还会顽强地上升。近今佛教徒中，能达见道位获堪断烦恼的智慧者，已属罕见，一般修行好者，只能伏住烦恼，这样伏的结果，当然免不了心理精神出毛病。一般心理疗法，相当于佛教所谓"对治"法，只能起到伏烦恼（负面情绪）的作用，难以完全解除人的一切心理疾患。

又，当意识表层的自我意识及欲望受挫折时，人常会无意识地进行"自我防卫"以保护自己，自我防卫的方式有转移、压抑、投射（将不被社会认可的欲念加诸别人）、反向（以相反的行为表现）、退化（以幼稚的方式表现）、否认、歪曲、幻想、隔离、抵消（以象征性的事情抵消不愉快）、文饰、推诿、幽默、内射、补偿、转嫁、回避、合理化（如"吃不到葡萄说葡萄酸"）、利他、升华等。

弗洛伊德认为自我防卫的目的是维持本我、自我、超我的平衡；在佛学看来，种种自我防卫，是以末那识的俱生我执及"我爱""我慢"为本，由阿赖耶识中的种子为因，自然生起的自我保护反应。自我防卫是阴阳激荡力量支配下的无意识补偿，亦属"真阳"的力量所驱动，具非自主性，当事人一般不能自觉，其表现多具有自欺欺人的性质，颇为滑稽可笑，然也不无宣泄负面情绪以平衡心理的作用，其中积极的防卫利他与升华（如将情欲升华为宗教虔诚）则属"真阴"（具有滋养作用的阴），能将压抑的情结、负面情绪提升、转化为对自他和社会有益的行为。不少人信仰佛教，往往出于遭受挫折之后的升华，是一种自我防卫，这种防卫只能作为信佛的因缘，难以激发起强大持久的道心，在得到补偿后容易退惰，须明白认识，将信仰建立在更高层次的如实觉悟之上。修行中必须看破、撤去一层层的自我防卫，清净的本性、真我才会显现。

又，从两性心理看，男性属阳，心理特点是阳刚，多占有欲、给予性、进攻性；女性属阴，心理特点是阴柔，多需求欲、依赖性、顺从性，《大般涅槃经》卷九言"其女人者，淫欲难满"。因皆偏于一面，故皆求互补，男人需要女人的温从，女人需要男人的有力，这种需要支配着男女之间的爱情心理，人言：自古英雄爱美人（应补曰：美人爱英雄）。男人虽然有力，然即便有力到能征服世界，也常被女人的温存所征服，道教言："水能灭火，阴能伏阳"。阴不能伏阳，便有被阳所摧伏的危险，女不能伏男，便有被男人抛弃之虞。爱情之有无深浅久暂，决定于两性心理阴阳的吸力，婚姻的美满与否，决定于两性心理是否阴阳平衡，保持和谐。

4. 趋归无极规律。

道家讲无极而太极，太极生阴阳，阴阳相激荡，合为一太极，阴阳平衡即太极，太极终是无极。无极，可以解释为虚无、空。物理学发现正负电子相遇即释放出很大能量而湮灭，正是阴阳相交而太极无极。禅定瑜伽修习者、修道者在进入忘我的太极无极状态时，会有极其宁静、快乐、超时空的心灵体验，斯际内气生起，具有强大能量，道教内丹名曰真气、元气、先天一气，藏密名曰智慧气。

心理活动趋归无极，意谓阴阳两大心理动力的互动中，表现出一种趋归无极的势向，《微精神分析学》一书中从人追求性高潮等，认为人有趋归心理"虚空"的本能，虚空乃产生一切心理活动和万有的本元。其所谓虚空，名曰"无极"，用阴阳相荡太极而无极的原理最好解释，然最究竟的"无极""虚空"，应是佛教的自性空、涅槃寂静。

不仅性高潮，从常人追求惊险刺激之失去自我，酒人追求醉酒的晕乎，瘾君子追求过瘾的"飘"，禅定瑜伽修炼者追求进入极其放松、平静、忘我的深定（"舍"），都表现出向虚无、无我、空或无极的趋归。马斯洛研究发现，达到自我实现的人，都有忘我、极乐的"高峰体验"，这种高峰体验，应是阴阳两大心理动力极其和谐时出现的太极无极状态，一般发生在潜能完全开发、理想完全实现、心理健康、品德高尚的成功者身上。

趋归无极的极点，是佛教，佛教的出发点——对世间苦的厌离超越——说明：阴阳激荡、被烦恼所缠缚的迷昧人心，必然不离种种苦，必然不得平衡宁静，只有如实知见，深观无我、空之真实，断除或转化心中阴阳激荡而生的烦恼及烦恼之根无明（太极），超出二元对立的阴阳界、三界（色界、无色界可看作纯阳界，仍然不离阴阳），与本来空性相应（一致），才能超出世间而证得涅槃常乐。涅槃，被描述为寂静、寂灭、不可言说、不可思议，应是究竟的、真正的空、无极。几千年来无数求道者之追求永生，无数佛教徒之追求涅槃，正是人心趋归无极规律的明证。其信仰和求道的动力，源出于根本心理动力，受其趋归无极规律的支配。

真正的无极——毕竟空，具有消融一切的巨大力量，阴阳两种心理动力、一切烦恼妄执，一旦与无极的空性相应，则如雪落洪炉，化为慈悲、智慧、精进。佛教强调，唯有与空性完全相应的般若智慧，才堪以永断烦恼，或转烦恼为菩提。

四、心——奇妙的超巨系统

心识的现行，多是八识与多种心所法的同时运作，多种心所法的共同运作，形成多种综合性的新功能，是人类生存和创造文化的动力和工具。

学习，乃思、念、想、寻、伺、慧等心所法的共同运作，学习使人类获得并传承知识。佛书常说的"修习""诵习"及得闻、思、修三慧，即是一种学习。

理性认识，胜解、念、慧、寻、伺等心所法的共同运作，使人能通过思维或"理性"获得对世界的理解，佛教徒所得闻思慧，也是一种理性认识（道理极成真实）。

研究，也是胜解、念、慧、寻、伺等心所法加上疑心所法的共同运作，使人认识未知世界，建立科学大厦。佛教徒观察自心，也是一种研究，《楞严经》即多处说对自心"揣摩研究"。

意志，作意、思、欲、精进等的共同运作，形成西方心理学所谓的意志，是人实现目标的动力。

创造力，作意、思、欲、精进，加上属于想蕴的想象，共同运作，并在实践（业）中研究，形成发明创造的功能。

修行，或曰修习，其实质是自治其心，修正自心及行为，靠的是作意、胜解、念、慧、寻、伺、精进、惭愧、悔过、正知、不放逸等心所法的共同运作，以获得如实知见的般若智慧，彻底净化、美化、自主其心。《大乘阿毗达磨杂集论》卷十二云：

修习者，谓欲、勤、策、励、勇猛不息、正念、正知及不放逸。

《荣格心理学纲要》认为"必须把心灵作为在其自身内部的一个一元系统来看待",佛学虽然未必明确提出运用系统论的方法观察心识,实际上隐含着用这种方法观察的智慧成果。

佛学的心识结构、心理内容说揭示:人心,是一种机理极其复杂精妙、功用极其繁多神奇,多水平、多层次、多序列的集合体或超巨系统,具有明显可辨的感觉、认知、思维、记忆、情感、意志、理想、信仰等殊胜功能,能借相、名分别向外认识世界,向内省察自心;具有幽微难睹的执受个体生命、储藏处理信息的深层机制;具有堪以体证绝对真实(真如)的本觉及可能性;具有自我认识、自我调制、自我净化、自我超越的超级功能。人心能随缘出生数以百计的心理活动,发起语言行为,不停地创造、破坏、自缚、自解,力图认识世界、认识自己、改造世界,演出一幕幕悲欢离合、惊险曲折、威武悲壮的人生话剧,塑造出伟大、高尚、贤良、超脱、平庸、卑劣、凶残、险恶、柔弱、刚强等种种人格形象,创作出美丑相映、善恶交争、不断发展进化的世间万相和人类文明。人心,可谓世间最为灵妙之物,为吾人生命之主宰与价值之所在,甚而可称作世界之灵魂。

人心虽然是具有众多奇妙功能的超巨系统,有能统一全体的功能,但凡夫无明迷昧的"妄心",并未开发起码是未能完全开发这种潜在的功能,其心识活动大多是散乱无序的,正如今脑科学等研究所发现,人脑中充满的是各种杂乱无序的信息活动,找不到一个"一元"的统摄者。人的意识活动多时为独散,心常被无明遮蔽,被烦恼扰乱,活在情感与理智、自我与他人和社会、内心与外界的不断冲突中,造种种无益、有害于自他和社会的有漏业,为业力所系缚,不能如实认识自心,不能把握、主宰自心而获得自由。佛教揭示了众生心的这种杂乱无序,指出欲图自净其心,"得大自在",须得一种足以统摄心这个巨系统全体的"一元",这一元,即是如实知见的般若智慧,即是统一心的心王心体——自性清净心,谓之"一心"。明见自性清净心,心才真正成为无阴阳激荡、烦恼浊乱,而具足不思议妙用的一元超巨系统(一心)。

佛学的心识结构和心理功能说,对解决当代科学、哲学界争论的人脑与电脑、心灵与人工智能的区别问题，很有启迪价值。当代认知心理学将人脑乃至人的心灵比喻为一台电脑，有"人是世界上最先进的带病毒计算机"之说。"计算机"比喻的确加深了人类对自己心理活动特别是认知、思维的理解，而人的心理结构也在为人工智能的发展不断提供启示。与佛学的心识内容说相比，电脑的智能，大概只属心所法中的想、思、寻、伺等功能的一部分，缺乏受、行及受蕴、行蕴所摄百十种心理功能。或曰，情感、创造、随机性为人脑与电脑的根本区别。电脑，充其量只是人某些心识功能的延长和放大，是思维、计算机器，是"非情"而非"有情"。佛学所说心理结构中能认识自心、反省人生、创造文化等功能，大慈大悲的情感，如实知见宇宙人生本面乃至获得解脱、涅槃的智慧，就更非是电脑所能具有了。

心识与业的生起 | 第五章

佛学不仅详析心灵结构、心理内容，而且从缘起论着眼，解析诸识和各种心理活动生起的因缘（条件）及过程，说明从心意如何生起身语二业（言语、行为）。研究这些问题，主要目的是弄清生死之因——烦恼与有漏业——的来龙去脉，以便把握自心的动向，从起心动念的源头处着手修行，止恶行善，断灭烦恼。

第一节 心识生起的因缘（上）

从缘起论看，诸识及其所属各种心所，都非自然本有的实体，而是因缘和合的"有为法"——依一定条件而生、有生有灭的现象。诸识生起的因缘，有六入、十二处、十八界及三缘、四缘、五缘、九缘、二十四缘等说法。

一、入、处、界及三缘生识

六入、十二处、十八界，是各种佛书中常见的名相，都是从认知论角度，解析心识生起的因缘。

六入，又作"六处"，为"十二有支"之一，谓外境色、声、香、味、触、法"六尘"从眼、耳、鼻、舌、身、意六大门户进入（内心），形成眼等六识，称眼入、耳入、鼻入、舌入、身入、意入；或眼等六根与色等六境互相涉入而生起眼识等六种识及其所属心所。

十二处，又作"十二入""十二入处"，处（梵文 sāyatana）谓出生、养育心与心所的处所，《大乘阿毗达磨集论》卷一谓"识生长门义是处义"。眼等六根为内六处，色等六境为外六处，眼识等六识依内外六处而生起，谓之十二处。十二处中的眼处等，指现在已有的感知机制。

十八界之"界"（梵文 dhātuka）有因、种类、种子、保持自相差别（任持）、摄持因果性（种性）之义，眼界等六根界加色界等六尘界、眼识界等六识界，合称十八界，即十八种能生起、总摄一切现象的基本要素。界与根、境、识并不全同，如眼根、眼处只指现有的视觉系统，眼界则不仅指现有视觉系统，而且包括在胎中、卵中尚未形成而可能形成视觉系统者，包括视觉系统形成的因，即唯识学所谓种子。

六入、十二处、十八界以不同的方式说明，眼等六识及心所法的生起，是根、境、识三缘和合的产物，质言之，根、境、识乃心识生起所依的三大因缘。《大乘密严经》比喻说：

譬如有人置珠日中，或因钻燧而生于火，此火非是珠、燧所生，亦非人作。心、意、识亦复如是，根、境、作意和合而生。

用凸透镜凝聚日光生火或钻木取火为比喻，说明心识不是仅从感知器官六根或所缘的六境生，亦非单独生起，而是根、境和心识作意结合而发生的作用。如眼识的产生，今已知是由物体表面反射出的光刺激视网膜，数百万杆细胞（负责感受光等）和锥细胞（负责分辨颜色）将光刺激转变成电神经讯号，以类似电脉冲的方式，分两条线路将信息传送到脑上丘体和视觉中枢进行处理，而后形成眼识。从光亮入眼到大脑识别，须五百分之一秒。光即是色尘，视网膜及杆细胞、锥细胞、视觉中枢构成眼根，处理信息并形成视觉者，即是眼识。

二、眼等五根

根（巴利文 indriya），梵语原意为机能、能力，有如草木的根，具有吸收养分，维持植株生命、出生枝干茎叶的重要机能，乃生起其余一切的根本。生识三大因缘中的根，指能生起眼等六识及其相应心所的根本——感知器官、感知机能，相当于现代心理学的感知系统，有眼、耳、鼻、舌、身、意六根。《大乘广五蕴论》解释根有最胜自在、主、增上三义，谓六根是生起六识的主体，在形成认识中起着特别重要的作用。六根为生起众生有染污性的烦恼妄情之根本，故称"六情根"；又为接收外境信息的六大窗口，称"六窗"。南传佛学称心境交往的管道为"门"（巴利文 dvāra），有眼等六门。

六根中，前五根有明显可见的物质性生理器官，称"五色根"。《杂阿含经》卷十三佛言：眼、耳、鼻、舌、身五内入处乃"四大所造净色，不可见有对"，谓前五根是一种肉眼不可见然而实际存在的微细物质或内在精微生理机制。有部佛学分眼、耳、鼻、舌、身五色根为扶尘根（扶根尘）和胜义根两部分。

扶尘根，谓在感知中起扶助作用的物质器官，即肉眼可见的眼睛、耳朵、鼻子、舌头、身体。《俱舍论》卷二说五色根在眼等"肉团"内部有极微细的机构，眼根在眼星（珠）上傍布而住，形如香荽花；耳根在耳穴内旋环而住，形如卷桦皮；鼻根在鼻额内背上面下，形如双爪甲；舌根在舌上，形如半月；身根遍布全身，形量如身。《楞严经》卷二说六根皆以"清净四大"为体，眼根形如葡萄，耳根形如新卷叶，鼻根形如双爪下垂，舌根形如初月，身根形如腰鼓。

胜义根，又称"正根"，意谓功能殊胜、在感知中起主要作用的五根，它们以扶尘根为依处，然非肉眼可见的粗显物质感官，乃是以地、水、火、风四大元素所造的极其微细、唯圣者净天眼可见的"净色"为体的内在或深层感知机制，唯识学称为"净色根"。护法系唯识学说净色根为五根的主体，南传佛学也认为眼等前五门为五根中的净色，难陀则认为眼等五根只有种子，别无净色。

或解释净色根为感觉神经及大脑中的视觉等中枢。今发现，大脑是真正的感觉器官、胜义根，五种感官接受的图像、声音、触觉等信息传入后，作为电信号由感觉神经传递到大脑中丘脑，转至前脑皮层感觉中心，被放进根据以前经验和记忆制定的感觉框架中，经辨别、分析、综合等工序，才形成感觉。只有嗅觉不在大脑中继站丘脑停留，直达前脑皮层，无需中转、过滤。用电流刺激大脑中具整合视觉、听觉、触觉等反应能力的部位，感觉会发生变化；静脉注射葡萄糖，可在口中产生甜味。这说明感觉乃大脑感觉中心接受电流、化学刺激后形成，大脑感觉中心为感觉的胜义根。

三、意根

第六意识所依之意根，《阿含经》一般说为心识，如《杂阿含经》卷十三第 322 经佛言：

> 意内入处者，若心、意、识，非色，不可见、无对，是名意内入处。

说一切有部等据此认为，意根是一种能产生意识的精神性机能，非物质性的器官，具体指前一刹那的意识灭后，能不间断地生起后一刹那意识的"等无间缘"或"无间灭意"（生灭不停、持续不断的意识之流）。经量部世友论师等，则依据经中灭尽定者识不离身之言，立一"细心"或"细意识"为意根。《沙门果经》有"心识靠依处而生起，系属于依处"之言，南传佛学解释为意界与意识界唯依"心所依处"生起，说意根有心法、色法两种，心法指意界，即有分心，又称"意门"（巴利文 manodvāra）、有分意界（巴利文 manodhātu）；色法指心脏，名"心所依处"（巴利文 hadaya-vatthu，心处）或"心色"（巴利文 hadayarūpa）。《发趣论》说"依靠该色，意界及意识界得以生起"，注疏确定心脏里心室的血为一切心的依处色。《清净道论》谓意界及意识界所依止处在心脏中,"依止血液而存在"①,依靠业生的四大及命根色而维持。当代帕奥禅师《智慧之光》说,若借助禅定之光去辨明在心脏中的心所依处,就可以看见明亮的有分心,认为作为意根的有分心与心所依处色,在心脏中的同一处。心处由"心色十法聚"(由四大、颜色、香、味、食素、命根、心色组成的色聚)的非明净色聚组成。

大乘唯识学唯以第七末那识为意根。《瑜伽师地论》卷五一说,犹如眼等五识依眼等五根生起,意识依止末那,"由此末那为依止故,意识得转",未说意识有物质性的根,《成唯识论》卷四谓不可说色为意识所依,"意非色故"。

大乘经中,亦非绝无物质性的意根之说,如《楞严经》卷四讲意根时说:

> 由生灭等二种相续,于妙圆中,粘湛发知,知精映法,揽法成根,根元目为清净四大,因名意思,如幽室见。

谓由生灭相续的认识对象,从妙圆真心中粘起觉知之本,揽取意识认识的对象"法尘",形成以清净四大(肉眼不可见的精微物质)为体、有思量作用的意根,此意根的形状像暗室中的感知觉,这与今人将意识称为"黑箱"颇相近。此意根暗室究竟在身体上的哪一个部位,经中没有说明。

科学研究证明,产生意识、感觉、情绪等,主导语言、动作、行为的器官是脑,这已是现代人所尽知的常识,有许多观测实验及临床治疗的证据,可谓铁证如山。脑科学、脑医学的研究成果,在不断揭示着脑、意识的机密:人脑中,140亿个神经元构成比全球电话网络复杂1400倍的神经网络,为世界上最复杂的电路板,突触为其间信使。丘脑管意识,脑干主管呼吸、心跳、体温、睡眠等基本生理功能,小脑主管运动、平衡。意识主要是大脑的功能,大脑右半球负责形象思维、情感,左半球负责逻辑思维、语言。包含1000亿个细胞的大脑皮层,为高级思维中心,其每个细胞生有1000—10000个突触,约100万亿个连接,9144万米神经线路,构成复杂的神经网络,相邻细胞互相激励,

---

① 觉音:《清净道论》,叶均译,中国佛教协会佛教文化教育基金委员会印行1995年版,第413页。

协调工作。大脑皮层分为6个相似层，分别负责视觉、听觉、触觉、平衡、运动、情感、认知等，脑顶叶前面管运动、后面管感觉，枕叶管视觉，颞叶管听觉，前额叶管专注，扣带回管专注解锁，海马区域管记忆，颞顶联合区（额叶和顶叶交界处）右边与自我感觉联系密切，各种感觉汇集于此经处理形成统一的整体感（自我身体感）、注意定向、对他人的信念之反应等。前额叶为控制人反应的幕后主脑，负责计划、组织，主管社交行为、情感、认知。前额叶、颅叶与推理思考相关，脑岛及前扣带皮层区与直觉型思考相关，顶叶负责对感官信息进行综合理解，边缘系统控制情绪。负责语言、手臂动作、面部识别的模块相对固定。大脑额叶前部外侧皮层右侧，有"自私开关"，能抑制对性、金钱等的强烈冲动。学习欲望源于大脑线条体。女性大脑中连接两半球、负责传递信息的胼胝体大于男性，主管情感的右脑和主管理智的左脑联系紧密，故处事时常情感与理智并用而易动感情，男性则多受理智支配。控制意识领率的开关，是中脑的上行兴奋系统"网状激活系统"（RAS），向大脑皮层做弥散性投射。

大脑工作的实质，属于神经物理学研究的脑电活动和属于神经化学研究的化学反应。脑电活动是人生命的标志，甚至可看作意识的本质，人即使在睡眠中，也有脑电活动，可以脑电图测定意识的活动状况，脑电图停止，即告死亡。脑电波按震荡频率的不同，分为4种：δ波只在深睡时出现；θ波在浅睡时出现；α波标志清醒；β波标志激动和亢奋。根据脑电波扫描，可以制造出窥探人内心、检测人所思所想及情绪的仪器。

就脑神经网络电活动产生意识和思想、进行思维而言，人脑与电脑非常相似，感官接受信息刺激后，通过沿着神经纤维运行的神经脉冲，以每秒250公里的速度传入脑中，进行处理，犹如电脑对输入的信息进行处理。电脑乃对人脑的模拟，它装进人的想法，便具有了人的智能。将电脑某些器件如微电极芯片植入体内，安装进人脑，成为"新的中枢神经元"，即所谓的"人机联体"研究，正在不断发展，已可用于排除犯罪嫌疑人、恢复听力视力及减少癫痫患者发病次数等。通过观测脑电图，掌握人意识活动的"神经生物反馈"技术，可以帮助人调节脑电波，治疗癫痫、抑郁症、失眠等，疗效颇佳，被称为"绿色疗法"，还可用于航天员、运动员心理训练及禅定修习。"穿颅磁刺激"刺激脑神经，改变脑电波，可治疗抑郁症、加快思维活动、提高创造力、消除幻觉、消除疲劳。只是自我意识如何产生、神经元如何协调行动，目前还不大清楚。有言曰："我的思想不是细胞，但没有了脑细胞，我的思想也就停止了。"

大脑活动时会分泌多种化学物质，刺激神经，分泌的物质不同，会产生不同的情绪和心理状况，如多巴胺会使人感到愉快并上瘾，由神经垂体释放的加压素和催产素与萌发男女之情密切相关，松果体分泌的褪黑素促进睡眠，但过多则使人抑郁。脑中分解多巴胺的一元胺氧化酶B越少，多巴胺流动越强，会使人追求刺激，热衷冒险。大脑乙酰胆碱不足会产生功能障碍，尤其会使记忆力减退。脑中神经递质分泌不足，导致焦虑。脑体液酸碱度与智商有关，酸性时智商低，碱性时智商高，被称为"智力水平的化学标记"。服用或注射麻黄素、可卡因、苯乙胺等精神刺激剂，使大脑产生化学变化，可以使人兴奋。通过药物刺激改变、调节脑中化学活动，可以有效地治疗多种精神心理疾病。

从脑科学看，心理治疗、智慧提升、社会教育、罪犯改造，乃至佛教修行断烦恼等，都有望通过脑电、脑化学技术解决。

脑的重要作用，佛经中也非绝无指陈，如《中阴经》佛偈云：

人命在于头，灭如灰土尘，百草树木根，拔去不复生。

头既然为生命之本，也暗示它为心识之本。《大般涅槃经》卷一云：

头为殿堂，心王处中。

明言心王（六或八识）包括意根在头部。后世佛教著述未能阐明，可能是随顺当时印度人一般观念的缘故，然亦非绝无言说，藏密即说产生智慧的明点"白菩提"（白大）主要住在脑中，并有观想脑中特定部位、做脑手术以开发智慧神通的密法。

然而，说大脑为唯一意根及意识纯为大脑的作用，则不能应答当今尚健在的数十个"无脑人"的挑战。洛博发现，塞非尔德大学有一学生脑重仅为正常人的 1/10，头颅内主要充满脑脊液，而为优等生。美国女人蜜雪儿，出生时仅半个脑，左脑损毁，而记忆力超强。一名法国男性公务员脑室充满脑脊液，脑组织薄如纸，而智商达 75（一般人为 85—100）。六世达赖仓央嘉措秘传中，记有他于理塘见一无头而活的植物人，美国也发现过无脑而会笑的男孩。诺贝尔脑科学奖得主艾克尔斯证明，切除大脑皮质的一半并不影响意识，他据此认为：自我意识精神是先天本有的。他所谓自我意识精神，当于佛教所言由末那识执阿赖耶识为内自我而成的阿陀那识或基督教所言灵魂。

说末那识为意根，就八识说而言，自有其不容否认的理由：表层意识确以深层的自我意识等为其根株、基座，这是不难内省到的。意识的最终根源不仅仅是脑，还可能是某种本有的精神性实体，这是当今脑科学权威艾克尔斯等多年研究的结论。当代超个人心理学家也不同意仅仅把意识、心灵归结为脑的作用，他们根据超个人的经验，认为意识先于任何具体表现，是无限的、永恒的，怎么能将这种无限而永恒的意识归结为有限而短暂的脑？唯识今学的末那识为意根说，对科学进一步解开意识之谜，不无启发意义。

至于上座部等以肉团心为意根之说，起码触及了心脏与意识的关系，也颇有参考价值。近十几年来，中国科学家通过对气功态下心电与脑电的研究，发现心脏与脑之间除供血关系外，还表现出频率相关：当脑电波 α 波频段由进入气功态而能级增高时，心电波的能级也相应增高，而且与左额并走，在 $α_2$ 频段达到极大，表现出同步选择区域、选择幅度及频率等特征。"这就意味着心脏对于大脑的思维过程来说，不仅提供了能源，而且提供了最优势频率，因此很可能又提供了信息源。"①

肉团心还暗示着胸中可能还有尚未发现的心理基础。最新研究成果表明：人腹部还有"第二大脑"——能产生神经递质血清基的复杂神经网络，能无意识地存储身体对所有心理过程的反应，且能在需要时将这些信息调出并向大脑传递。

---

① 吴邦惠主编：《人体科学导论》（上），四川大学出版社 1998 年版，第 336 页。

心灵的中枢或根基在心脏部位,是佛教诸宗修行成就者依法眼所见,南传佛教修行者说意根有分心位于心所依处,有明亮的光,藏密修行者、禅宗开悟者有见阿赖耶识、心性光明乃肉团心中的明点者,还有天生能见这种明点者,这明点大概是"识大"与"本来气"(某种根源性生命能量)的结合体,它提供给脑这个心识机器以动力,犹如电流提供动力使电脑开动而工作。明点离体,即告死亡。这明点可以从世俗谛意义上看作灵魂,西藏喇嘛即颇认可此说。这起根源性作用之明点及识大,乃近现代科学的一大盲点。心唯是脑的作用及由此得出的人死断灭论,学友胡孚琛先生认为是19、20世纪人类认识的最大谬误,可谓高见。

四、七、八二识之根

关于第七识、第八识,唯识学未说有物质性、生理性的根。《显扬圣教论》卷十七谓由阿赖耶识故得有意根,意谓阿赖耶识为末那识之根。《摄大乘论》说"藏识恒与末那俱时转",又说"藏识恒依染污(意)",意谓第八识以第七识为所依的根,或曰七、八二识相互为根。《成唯识论》卷四谓"第七、八识,无别此(色根)依,恒相续转,自力胜故",认为七、八二识从无始以来相续不断,力用殊胜,为前六识之所依。又说:

第七意识俱有所依,但有一种,谓第八识。藏识若无,定不转故。

谓第七识必须与第八识同时生起,以第八识为其所依的根,同时又以第八识为其所缘的境。至于第八识所依的根,则为第七识,论云:

阿赖耶识俱有所依,亦但一种,谓第七识。彼识若无,定不转故。

唯识学论典中,虽然未明确说阿赖耶识有物质性、生理性的根,然在人身亦未必无其依处或住处。如《瑜伽师地论》卷一说心识(阿赖耶)最初托处,名肉心(心脏),死时心识也从此处最后离身,暗示心脏为阿赖耶识所依处,南传佛学明说心所依处在心脏。

按大乘如来藏学说,生灭杂染的阿赖耶识,应以本有真常的如来藏心为所依的根或因、依处。《大乘起信论》云：

> 依如来藏，故有生灭心，所谓不生不灭，与生灭和合，非一非异，名为阿梨耶识。

谓第八阿梨耶识依本来不生不灭的真常心如来藏而有，是则如来藏心可看作生起第八识的根。若以如来藏心为第九识，则应说第九识为第八识之根。至于第九识，则以自己为根，称"根之根"——一切根所依的最根本的根，或按无上瑜伽的说法，应以"不坏明点"或"离戏明点"为根。

密教更明言心脏为产生心体（阿赖耶识或真实心）之处所，《大日经疏》卷四谓有汗栗驮（梵文 hṛd）者，意译肉团心，即是心脏，乃真实心住处，密教将其观想为八叶莲花，此花在满月轮（代表真实心）之上，表示真实心或如来藏心住于肉身心脏中。密教曼荼罗中，一般皆在月轮上八瓣莲花内布列诸本尊的形相或真言梵字，以表示真实心具有诸多清净无碍的功德。无上瑜伽说阿赖耶识、心体光明皆住于心脏，《胜集密教王五次第教授善显炬论》卷四说：

> 心之主要所依，即是心脏。

无上瑜伽一般说末那识乘持命气，住于心间或脐下三脉交结处。《甚深内义根本颂》谓"染污意为命气体"，反过来说，染污末那应以持命气为根。阿赖耶识住于心间中脉内如黄豆大小的"都帝"（和合）中，以不坏明点为体，最根本的所依真心或明光，为此明点内核一芥子大的明点，被脉结缠缚包裹而不现，然可由定心或法眼看见。或说阿赖耶识住于脐下，《甚深内义根本颂自注》云：

> 脐下由母所得明点，名为短"阿"字，"阿"字之中住有第八识，及其所依大命气充满，中空如虚空。

以不坏明点为体的阿赖耶识，可以看作一场态无意识或无意识场，明点应仅为其中心，其作用力可波及外界乃至全宇宙，使其住于心脏中者，乃阿陀那识的执受作用，或末那识的自我中心凝聚（翕）之作用。

按现代脑科学的研究成果，应该说脑中有七、八二识的根或根的一部分。当代脑科学以脑脊髓为意识器官，交感神经（非自主神经）为潜意识器官，其所谓潜意识、无意识，可以看作阿赖耶识的一部分，看作阿赖耶识处理、执受根身的功能。

不仅脑为阿赖耶识的一部分，人的腹部乃至全身，都应看作阿赖耶识的根。今发现：人腹内也有复杂神经网络，构成"腹脑"。腹脑会对喜悦、痛苦等情感产生作用，能分析成千上万种化学物质，发现毒素向大脑发出警告信号，使身体自然做出呕吐、痉挛、排泄等排毒反应。心理过程与消化系统紧密相连，有言曰：心理活动其实是人全身的合作活动。遗传基因，也可以看作阿赖耶识的一部分或阿赖耶识所藏种子，对心理活动模式起着一半以上的作用，今发现 T 基因越多，人就越急躁易怒。人类具有的利他主义基因发生在 11 号染色体上。

当代器官移植手术发现：在心肝移植成功者中，有 1/10 的受植者兴趣、性情出现变化，表现出本人原来没有而是所移植心脏所有者的某种习性，如原不酗酒者，在移植了酗酒成性者的心脏后，也开始酗酒；原不喜欢妻子者，在移植了多情者的心脏后，变得极其多情，每天都要给他妻子写情书。这说明有一种具有长期及短期记忆的神经细胞在心脏中工作。甚至在移植了肝脏的人中，也发现有此类情况。这应说明：阿赖耶识中的习气种子，不仅储藏于心间明点中，而且储藏于"肉团心"甚至肝脏中，或者说，心脏乃至肝脏，乃至每一个细胞，皆是阿赖耶识的一部分。

五、二十二根

《阿含经》等经中还说，眼等六根之外，有男根等十六种根，合称二十二根。余十六根为：男根、女根、命根、忧根、苦根、喜根、乐根、舍根、信根、精进根、念根、定根、慧根、未知当知根、已知根、具知根。

男、女二根，指两性性器官和性机能，为性心理所依的根。《品类足论》卷十八说男女二根非蕴、处、界所摄，非智所知，非识所识，意谓它们是一种微细不可见的内在机制。南传佛学说男女二根有生理性的根，名"性根色"

（巴利文 bhavārūpa），微细，存在于全身五根及心脏中，盖即性激素之类。现在发现性机能不仅决定于性器官及性激素，还在脑中有相应机制。

命根（梵文 jīvitendriya，巴利文 jivita），为维持众生寿命的根本。《品类足论》卷一、《舍利弗阿毗昙论》卷五皆说"寿"名命根，《俱舍论》卷五云：

命根体即寿，能持暖及识。

以寿为体的命根，起着维持体温和心识的重要作用。寿，按《瑜伽师地论》卷五二解释，乃维持有一定期限的个体生命之根本。有部和大乘唯识学诸论，都以命根为不属心理现象的"（心）不相应行法"之一。《大毗婆沙论》卷二十七认为众生的命根只有一物，如一人只有一个心。南传佛学分命根为属色法的命根色和属心所法的"名法命根"两种，皆为各种心所法生起时的必要条件，属于色法的命根只在业生色聚里，身中有三种非明净色聚含有命根。无上瑜伽密则说命根色乃出生时禀自父母精血的"持命气"。

忧、喜、苦、乐、舍"五受根"，为自然产生忧等五种感受和情绪的心理基础。具忧、苦二根，为一般凡夫的特征，喜根为二禅的特征，乐根为三禅的特征，舍根为四禅以上的特征。从唯识学来看，五受根是阿赖耶识中能生起忧苦等感受的种子，属心理功能。从藏密的心身不二论看，五受根应该各有其气脉的物质或生理基础，有物质性的根。如进入禅定，身中应该有色界、无色界的四大或气脉，如道教内丹所谓先天元精元气者，为其根。今脑科学发现脑中有"快乐中心"，即是乐根。又说吝啬、自私、侵略等，皆有基因基础，可以遗传，可谓产生烦恼的根。

信、精进、念、定、慧"五善根"，为自然产生信等五种善心的心理基础，在修行到一定时候才会发生。按唯识学，它们是由修行积累的心识种子储藏于阿赖耶识中，可谓自然生起正信等的根，也应有其气脉的生理基础。

未知当（欲）知根、已知根、具知根称"三无漏根"，为产生无漏心的心理基础。未知当（欲）知根指见道之前一种爱好佛法四谛、能策励人为解脱而精勤修行的心理功能；已知根指已见道者自然如实了知四谛的心智；具知根指断尽烦恼的无学圣者自然如实知见的清净心。在唯识学看来，三无漏根是阿赖耶识中积累的无漏种子。

二十二根说明：感受、性心理、善心和无漏心的产生，都须依特定的根，质言之，人心或人性中有产生各种情绪、善心和清净心的物质性、生理性和精神性的根。

第二节　心识生起的因缘（下）

一、八识所缘境

根、境、识三缘中的境，指心识感知、认识的对象，因其犹如灰尘，能遮蔽真实、污染人心，又称为"尘"（梵文 viṣaya）。眼等六识所对的境，为色、声、香、味、触、法六境或六尘。第七末那识了别的境，为第八阿赖耶识。第八识了别的境有三种：一为种子境，能生世间、出世间一切法的种子；二为根身境，众生具眼耳等诸根的身体；三为器世间境，山河大地等众生所依止的物质世界或自然界。

关于八识所缘境，唯识宗据《瑜伽师地论》卷七二"本性相、影像相"之说，分为本质尘、影像尘两种。本质尘，谓有其外在于前六识见分的本质、实体。影像尘，谓非境的本质而为境的影像，《宗镜录》卷五十五释云：

影者，流类义，像者，相似义。即所变相分，是本质之流类，又与本质相似，故名影像。

影指影子，像指水中、镜中所映现的物像，影、像虽非人、物之实体、本质，却从本质而来，与本质相似。影像尘为前六识了别的对象和前六识的相分，本质尘则属第八识相分。如我人所见日光为强烈刺眼的白光，此白光为影像尘，是日光的本质（尘）刺激我人肉眼后形成的具主观性的影像，虽非日光本质，而不离、相似于日光本质。据物理学的知识，日光的本质尘应为光或电磁震荡。

玄奘分八识所了别境为三类，以一偈总摄：

性境不随心，独影唯从见，带质通情本，性种等随应。①

据《成唯识论掌中枢要》等解释，偈中所言有三类境。

1. 性境。实有其境，或认识对象有其自性、自体，这种自性、自体对能认识的主观意识而言，是客观外在的，故曰"不随心"。为前五识、五俱意识和第八识现量了别的对象或相分，包括前五识了别色、声、香、味、触的最初率尔心所缘境，定心所缘实境，无分别智所缘的真如，散位独头意识初刹那缘色等五尘。《成唯识论掌中枢要》卷上解释性境之"不随心"有三义：

一是性不随，其性质唯属无记，不随能缘之心或善或恶的性质而改变其无记性，各自恒守其自性，或曰具客观性、外在性；

二是种不随，从自己的种子而生，不从能缘见分的种子生；

三是系不随，其本来所属的界地（三界、五地）不随能缘之心而改变。

又谓"诸真法体为性境"，缘性境时，"色是真色，心是实心"。真色，谓有物质实体。实心，指非妄执分别构画，非幻觉、梦及迷乱意识。又说性境有实用、从自种子生、仗质（仗托有实质者）、现量所证、不随心五种性质。

太虚《唯物科学与唯识宗学》分性境为二：一是一切法真如性境，为转识成智时无分别智所了；二是一切法自相性境，前六识、第八识及其心所法现量所了。

2. 带质境。谓兼带本质，《成唯识论述记》卷七解释：

能缘之心，有似所缘之相名带。

能认识的心了别一个有似所缘的对象，叫带质，意谓此类境的本质是被能认识它的心所带起。"带"有三释：古唯识师解释为心心所法变起相分似于本质的相状，乃"双带"；玄奘解释为心心所法挟带亲所缘缘体（或相分或真如），名"挟带"；今人解释为心心所法由自体行相变似所缘缘（或相分或真如

---

① 窥基：《成唯识论掌中枢要》卷上，第620页。

或疏所缘缘）相状而生，名"变带"。①《成唯识论述记》卷七解释"带"有二义：虽然是有，但与其真实不同，只是"似有"，此名"似带"；这专指第七末那识认阿赖耶识的见分为内自我的本质，若末那识不去认阿赖耶见分为内自我，阿赖耶见分虽有其体，但不是"内自我"，故说"内自我"的本质是被末那识带起的，此名"挟带"。《成唯识论了义灯》卷一说第七识缘带质境时"有所仗质而不得自性"，所认自我与本质的自性并不相同，此相分性质和种子都不定。第七识缘第八识见分境时，其相分一半与本质同种子生，一半与能缘见分同种子生。从本质生者，指阿赖耶识见分，性属无覆；从能缘见分生者，指末那识执阿赖耶见分为内自我，性属有覆，此执为一切烦恼的根本，故说"通情本"（遍为一切烦恼妄心之本）。

广义的带质境，可以包括一切对自心的内省。《宗镜录》卷六十八云：

带质者，即心缘心是。

散位独头意识……若缘自身现行心、心所时，是带质境。

认为带质境之"质"，指非物质的心识，第六意识在省察自己的心理活动时，其省察的对象也属带质境。同书卷三六说带质有两种：一真带质，以心缘心，如第七识缘第八，第六识缘其余识；二似带质，"心缘色故，即此所观带彼质故，通似带质"——唯带实质的一部分，经意识构画而成者，唯是第六意识及其心所法所了，如夜间误认绳子为蛇等。广义的带质境，甚至可以包括众生意识"遍计所执"的一切，即见桌子、天地、人物等，因为所见实属人造的语言符号"意言境"，只是相似于本质，故亦可归于似带质境。太虚《覆王弘愿居士书》说：真带质境，第六、第七两识皆有之，"而吾人日用中所明了者，则但第六意识一分，其属于第七末那者，自是深隐不易明了"。明了意识中所明了的诸现行心及心所，即是意识所缘之真带质境，如脚痛时所领受之痛觉。修行者虽深观唯识，"若现前尚少存所缘以为唯识性者，必未能真住唯识性，

---

① 王恩洋：《广四缘论》，见《中国佛教与唯识学》，宗教文化出版社2003年版，第396页。

而真住唯识性时必智都无所缘也"。

3. 独影境。没有本质、实体，唯由自心变现的认识对象。独，谓离开实有而独自生起；影，谓影像，即带主观性的图像或符号。唯是心识见分所分别，与见分从同一种子而生，没有实体、实用，故曰"独影唯从见"。《宗镜录》卷六十八解释说：

> 独者单也，单有影像而无本质，故相名独。

此类境只是第六意识分别的对象，又分为有质、无质两种。有质独影境，即第六识缘五根现境时，托质而起，故其相分与见分同种而生，亦名独影境，如听见鸟鸣时所起"叫的大概是画眉鸟"的意识。无质独影境则纯属意识构想，并无实体，如分别龟毛兔角、回忆过去、想象未来、画家构思画面、物理学家思考微观粒子等。太虚《唯物科学与唯识宗学》说独影境略有二：一为妄情妄执境，如执某种原质为实体等；二为随念分别境，念过去未来及假想之境等。

玄奘偈第四句"性种等随应"，谓心在缘三类境时，境的类别、属性及种子随认识情况的不同而不定，不好截然断定。心缘三类境有一类、二合、三合等差别。一类，指纯粹缘各别三境时，性质确定，如根本智缘真如只是性境，意识缘龟毛兔角只是独影境，末那缘第八识见分只是带质境。二合，谓二类境并存，如前五识所缘五尘是性境，也有说是带质境，意识思考过去、未来的自我时是独影境，也可以说是带质境。三合，谓三类境并存，如第八识缘定果色（如观想所见佛相）时，心王所缘为性境，心所所缘为独影境，而以第六识所变定果色为本质尘，故也可以说是带质境。

二、与根、境和合的识

根、境、识三缘和合中的识，指具认知了别作用的八识心王。按唯识今学的说法，三缘和合中的识，指八识的见分，根和境都是八识的相分，其中五根和性境、本质尘为第八识相分，带质境为第八识见分或第八识全体，独影境为第六识相分，影像尘为前六识相分。

识虽然作用奇妙，却无形无相，不可眼见。《大宝积经》卷一百二十云：

此识微细，不可色见，无有诸根，亦不相离。

同经卷一百一十又云：

识不在于眼等之中，若识在于眼等之中，剖破眼等应当见识。

不可能从物质性的感知器官中解剖出一个精神性的心识，但也绝不是没有心识。识之不可见，犹如生盲不见日月昼夜。识之运作，犹如人持明镜自见面相，若离开镜，面相不现。若无识的关键作用，纵有根、境，亦不能形成认知。如刚死之人，根、境乃至其 DNA、基因俱在，然无所知。身内诸根中虽然找不到一个可以剥离出来的识，而有生命活动、能遇缘生识，不能离开住在身中的诸识。同经卷一百二十比喻说：识王住于身城，犹如国王住于京城，人死则识弃身而去，犹如失国之王弃城而去。

《楞严经》中，将识作为构成世界的七大元素之一，称"识大"，该经又立有"觉大"，为能直觉的基本功能。密教也立识大，为六大（地、水、火、风、空、识）之一，六大之说，可以溯源于《中阿含经·度经》。脑科学等用研究物质现象的方法，至今尚未发现这不可见而起着重要作用的识大，这是不能揭破心灵之谜、导致人死断灭论的根本原因。

三、四缘生识

《本事经》及有部等诸论、大乘诸宗，都说一切有为法的生起，须仗因缘、等无间缘、所缘缘、增上缘四种缘，心识的生起，当然也应具此四缘。

1. 因缘（梵文 hetu-pratyaya），因、主因，能生起心识的主体或主要条件。有部以心识活动的持续为心识生起的因缘，《大毗婆沙论》卷二十一说：

一刹那心心所法，引起次后刹那同类心心所故，立为因缘。

即前一刹那的心为后一刹那同类心的因缘，大乘唯识学以此为等无间缘。《楞伽经》卷一说现识、分别事识各有其因：

不思议熏，及不思议变，是现识因。

取种种尘，及无始妄想熏，是分别事识因。

这里的"因"，即四缘中的"因缘"。不思议熏，谓心识具有的一种奇妙的熏习作用，能使以前活动成为产生以后活动的因；不思议变，指心识变现感知对象的一种奇妙作用，这两种作用是现量识生起的因。取种种尘，指心主动执取感知到的色声香味等境；无始妄想熏，指无始以来形成的认知习惯、认知程序，这两者是认知、思维等生起的因。不思议熏、不思议变和无始妄想熏，唯识学皆解释为阿赖耶识的作用，两种熏，即阿赖耶所藏摄的自类名言种子。

2. 等无间缘（梵文 samanantara-pratyaya），相续不间断的心识之流。等，谓同等、同类；无间，谓没有间断。《大乘阿毗达磨杂集论》卷五谓"中无间隔。等无间故"，名等无间缘。《成唯识论》卷七解释：

等无间缘，谓八现识及彼心所，前聚于后，自类无间，等而开导，令彼定生。

意谓八识的活动无间隔地为后一同类心识的生起让路并引导，前一念谢灭，为后一念的生起腾出位子并起开导作用，便是后一念的等无间缘。如放电影，须前一格画面过去，后一格现起，不断移换。众生有漏的八识都能做同类有漏后识的等无间缘，其中有漏的前五、第八识还能做无漏的前五、第八识之等无间缘（成佛），有漏的六、七二识能做同类无漏心识的等无间缘（菩萨从加行位到见道），（修道位菩萨）无漏的六、七二识，也能成为同类有漏心识的等无间缘（从真心起欲界心念等）。

3. 所缘缘（梵文 ālambana-pratyaya），认识对象，诸心、心所所缘的境。《成唯识论》卷七解释所缘缘为：

谓若有法，是带己相，心或相应所虑所托。

谓所缘缘是八识及其所属心所认识和依托的、带有自相的认识对象。"带己相"之"带"，有二义：一是者变带，谓能缘心（见分）变起似本质之相分而缘，此所缘为假境。所谓假境，乃实境之影子，第六意识所缘，落于比量。如明镜映物，本来无心，才知妍丑等，现量即谢，落于比量。二是挟带，谓能缘之心（见分）亲挟境体而缘，此所缘之境为实境，如前五识自然现量而缘，不带名言；根本智缘真如时，亦亲挟带真如体相而缘，不变相分。

所缘缘分亲、疏二种，《成唯识论》卷七云：

> 若与能缘体不相离，是见分等内所虑、托，应知彼是亲所缘缘。

亲，谓与能缘的心、心所关系亲密，不可分离，是心识的见分、自证分、证自证分所缘、所依托而生起了别者，没有离能缘之心的实体。亲所缘缘包括八识的相分即影像尘与种子，及作为心识内省对象的见分、自证分、证自证分。见分缘相分、见分缘自证分、证自证分缘自证分、根本智缘真如，皆是亲所缘缘。

> 若与能缘体虽相离，为质能起内所虑、托，应知彼是疏所缘缘。

疏，谓与能缘的心心所见分、自证分、证自证分关系疏远，在能缘的心识见分之外有其实体，但它作为本质，能成为见分等了别和依托的对象。此疏所缘缘亦名本质、外所虑托，能起相分，包括所了别的性境、本质尘（极微）和前六识所认识的外在世界（第八识相分）、其他众生的身心。众生的前五识、第七识生起时必仗疏所缘缘，第六识、第八识不一定依托疏所缘缘。

疏所缘缘不能被前五识直接了别，必须由前五识、五根与疏所缘缘变起亲所缘缘，如一切物质现象的实体极微（微观粒子）非人肉眼所能见，《观所缘缘论》谓"极微于眼等识，无所缘义"，只有变起一个眼识等能亲缘的有形相的"影像"，才能被认知。

4. 增上缘（梵文 abhipati-pratyaya），前三缘之外，对心识生起具特殊作用的条件。增上，为特别、殊胜之义。《成唯识论》卷七解释：

> 增上缘，谓若有法，有胜势用，能于余法或顺或违。

有强大力量和作用、对心识生起起障碍或助成作用的条件，名增上缘。心识生起的增上缘甚多，《瑜伽师地论》卷三说有眼等诸根、助伴法（触、作意等心所），能取可爱、不可爱果报的善、不善心等，其中主要者为诸根。眼等五根为前五识必须的增上缘，末那识（意根）为第六识必须的增上缘，五俱意识则须以五根和意根为增上缘，前六识任何时侯都与其各自所依的根同时起作用，其所依的根因而称为"俱有依"。

《楞伽经》卷一说眼识生起的因缘有四：一是"自心现摄受不觉"，不觉知所见的色境是自心所变现；二是"无始虚伪过色习气"，无始以来了别色境的熏习，即阿赖耶识中了别色境的名言习气种子；三是"计著识性自性"，执心识有如镜映物般的自性；四是"欲见种种色相"，即想见色境的欲望。耳、鼻、舌、身四识的生起，皆类眼识。当前五识生起时，意识出于无明，同时了别种种差别相，为五俱意识生起的因。

四、九缘、二十四缘生识

大乘唯识学还有九缘生识之说，据《成唯识论》卷二至卷五，九缘为：

1. 空，无遮蔽阻隔，荡然无碍。空，还可释为空间，包括距离、范围，前五识只能了别一定距离内的信息。

2. 明，光明，日月之光、灯烛之光等，眼识之生起必具。

3. "俱有依"，根，与五识同时的所依的眼、耳、鼻、舌、身五根，或加男根、女根、命根等。

4. "彼所缘"，境，认识对象，色、声、香、味、触五境，应加第六识所了别的法尘。

5. 作意，心处于警醒、注意的运作状态。

6. 根本依或种子依，诸识乃至一切现象所依的根本——阿赖耶识。

7. 染净依，第七末那识，为心受污染及净化的根本，又为意根。

8. 分别依，具殊胜分别作用的第六意识，为思维等认识活动之所依。

9. 种子，阿赖耶识所摄藏的一切种子。

八种识中，唯眼识之生起需具足九缘：若仅根境识三缘具足，而无光明，如在漆黑夜色和暗室中，亦不能睹物；虽有光明，而视线被墙壁等遮挡，也不能见；纵有空、明，若眼根缺损，如盲人不能视，色盲不辨色；若诸缘具足，只缺作意，亦不生眼识，如熟睡者有目不睹，不留心者视而不见。耳识的生起，不需要光明，需其余八缘具足。鼻、舌、身三识的生起一般说只需除空、明之外的七缘。意识的生起，一般说需除空、明、根之外的六缘，且不需色、声、香、味、触五境和作意也能生起独头意识，但意根应为不可或缺之缘。七、八二识的生起只需作意、根本依、染净依、种子四缘，实际上七、八二识是恒常作意、工作不息的。

南传佛学依《发趣论》，说心识生起所依之缘多达24种：

1. 因缘，起使所生心识稳固的作用者，指贪、嗔、痴三根本不善心所及不贪、不嗔、不痴三根本善心所。

2. 所缘缘，六识所缘的六尘境。

3. 增上缘，有两种，极为尊敬、珍爱、渴望的所缘能支配缘它而生起的心，为所缘增上缘；欲、精进、定、观四法能支配心识与之同时生起，为俱生增上缘。

4. 等无间缘，前一念灭后能没有间隔地导致后一念即刻生起，义同唯识学。

5. 相续缘（无间缘），灭后能导致下一念按定势相续生起的念，与等无间缘含义基本相同。

6. 俱生缘，导致与其同时生起的缘。

7. 相互缘，心与心所、心所依处与心等互相为条件而同时生起。

8. 依止缘，作为依止的缘，如心与心所互相为对方所依止的条件，六根为七识界依止的条件。

9. 亲依止缘，心识生起所依最直接的条件，如极可爱之物为生其贪欲的所缘亲依止缘，生病为愁苦懒惰的自然亲依止缘。

10. 前生缘，心识生起之前已经有的条件，如眼等六根为七识界的前生缘，色等五境为眼等五门心路进程的前生缘。

11. 后生缘，资助及增强在它之前生起的心识之缘，始于今生第一个有分心。

12. 重复缘，灭后能导致与其同类的心识更强有力的生起之缘，如学生反复温习功课,能使他们对功课更加熟悉。

13. 业缘,思心所(意业)能引导其他心所生起,为俱生业缘;过去、现在的思能导致结生及后世的果报,为异刹那业缘。

14. 果报缘(异熟缘),能产生将来成熟之果报的心理活动,它们能使与其同时生起的心、心所被动、不活跃,如熟睡时的有分心、不致力于觉知目标的眼等五识。

15. 食缘,维持生命的4种食物。

16. 根缘,二十二根,分3种:眼等五净色根称前生根;色命根(维持生命的物质基础即女根,男根,命根);二十二根中其余15种属心、心所法的根称俱生根。

17. 禅那缘,使心专注于目标之缘,由禅定而生。

18. 道缘,作为使心识成为达到特定目的地之道的缘,如八正道是达到善趣及涅槃之道缘,杀盗淫妄是达到恶趣的道缘。

19. 相应缘,导致所生心识与之同生灭、同一目标、同一依处之缘,如心所是心王的相应缘。

20. 不相应缘,与所生心识属不同种类、犹水与油掺和的缘,如受生时的心所依处是果报心识的俱生不相应缘,六根是七识界的前生不相应缘。

21. 有缘,资助心识生起或与心识同时存在而资助其继续存在的缘,分俱生、前生、后生、段食、色命根五种。

22. 无有缘,灭后能给予其他心识随之生起的心念。

23. 离去缘,其离去给予其他心识随后生起的心念,与无有缘含义相同。

24. 不离去缘,与有缘含义相同,谓心识生起时不能离开者,也有俱生、前生、后生、段食、色命根五种。

关于感觉、知觉等心理活动生起的条件尤其是生理机制,现代科学有至为详悉的说明,许多地方都要比古老佛学讲得更清楚。但现代科学仅注重感知分析器、外界信息及其关系,而忽略在形成感知的诸条件中起极其重要作用的心识,故难以完全揭破感知之谜。物理学家王季同在《佛法省要》中论述这一问题时指出，假定视神经把见物时眼睛这一端的化学变化传到脑中的那一端是一种物质作用：

> 然而这种物的作用传到脑中枢后，如何能终于导出一种属于心的观念来？这问题无论如何找不出一个圆满的解释。

直到今天，这一问题尚未解决。与此相关的人的感知与机器人的"感知"本质区别何在，也就不容易说清楚。就此而言，佛学的三缘、四缘等生识的思想，对于进一步揭示感知的秘奥，未必没有启发价值。

五、社会性认知形成的因缘

佛教论述诸缘生识，着重从认知心理学的角度，举出六识生起的重要条件。人是社会动物，其心理活动多数是社会性的，社会性认知当然也首先由以上所举诸缘生起。如人在社会生活中对别人的认知，主要通过观察别人的仪容、表情、言谈、举止、行为、习惯等而得，也不出根、境、识三缘和合及四缘生法乃至九缘生识的范围。认知的途径，只能是以眼等六识了别色等六尘：眼观其身体、仪容、服饰（显色、形色）、表情、手势、举止行为（表色），耳听其言语、音调（声尘），鼻嗅其体味（香尘），乃至触摸（触尘），所了属性境。表情、手势、声调、肢体语言等表色、表业，是通过眼识等窥探他人内心的窗口。别人的理想、幻想、梦境等属独影境，只有听其自述及观其行为而推知。

佛教经论中主要谈到的社会性认知所依因缘，为亲近善知识而获得正见，亲近邪师、恶友则会堕入邪见。《增一阿含经》卷四十六佛言：

> 若人本无恶，亲近于恶人，后必成恶因，恶名遍天下。

亲近善知识，被强调为获得正见之首要增上缘。《瑜伽师地论》卷三六所列举诸烦恼生起的二十种缘中，如寻思、亲近恶友、闻不正法、不正作意（思维）、失念（忘记正念）等，特为不正确的社会性认知生起的因缘；反之，亲近善友、闻正法、如理作意、正念，则是正确的社会性认知形成的因缘。实则来自家庭、学校、群体、职业背景、大众传播媒介等社会环境的信息，包括别人的思想、人类的一切文化成果等，皆应是我人社会性认知、形成社会性心理的所缘缘乃至增上缘。作为生活在社会群体中的人，其知觉模式还受时代、地域、身份、利益、性别、教养等社会文化因素的影响。马克思主义认为"社会存在决定社会意识"，一般人的社会性认知，总是难以超越其社会存在的制约和局限。

第三节 一念心生灭的过程

佛学不仅从空间维度着眼，解析心识生起的诸因缘，而且从时间维度着眼，研究一念心生灭的活动过程。从时间维度看，心识是由相续不断、生灭不已的无数个"念"的浪头组成的滚滚长河。"念"，为心识的基本单位，其内容为一个念头的生灭或一个最小的心理活动的片断，其时间大略可短至不足一秒。《仁王般若经·观如来品》说：

一念中有九十刹那，一刹那经九百生灭。

《俱舍论》卷十二谓壮士一疾弹指经 65 刹那，则一刹那的时值略当 0.013 秒，一念略经 0.78 秒。一念也被作为表示短暂时间的单位，或作为刹那的异称。实际上，佛书所言作为心理活动片断的一念，多非有精确的时值，《大般若经》卷三四七即说一念为一食顷，介于须臾（约 48 分钟）与一时（几分钟）之间，略当吃一顿饭的时间（20 分钟左右）。我人一个念头的闪现，有时可短至不足一秒，有时也可延续二三十分钟甚至更长（如深思一个问题）。

南传上座部佛学将一念心生灭的过程叫作"毗提"（巴利文 vīthi），意译"路心"或"心路过程""心轮"，即心所走的路、心理活动的过程。分析一念心生灭的过程或"路心"，旨在弄清当下一念烦恼妄心如何生起，并从中寻找清净心，这是攸关修行理论与实践的极为重要的问题。马尔科姆·格拉德威尔《眨眼之间：无意识思考的力量》一书也强调：瞬间判断和第一印象都是有缘由并受到操纵的,一闪念有着与长时间理性分析同样的价值。

关于一念心生灭的过程,有上座部的九心轮、十七心刹那和十四行相等说,及大乘的五心轮说。

一、九心轮

九心轮,谓一次心理活动分九段,如车轮转动一次。九心轮说见于萧梁僧伽婆罗译《解脱道论》卷十,后来窥基在《成唯识论掌中枢要》中所述九次第,译名略有不同:

	《解脱道论》	《成唯识论掌中枢要》	新译
1	有分心	有分心	有分心
2	转心	能引发	五门转向心
3	见心	见心	五识
4	所受心	等寻求	领受心
5	分别心	等贯彻	推度心
6	令起心	安立	确定心
7	速心	势用	速行心
8	彼事心	返缘	彼所缘心
9	有分心	有分	有分心

依《成唯识论掌中枢要》卷三解释,九心轮的含义有以下内容:

1. 有分心(巴利文 bharanga-citta)。有分,谓存在的基础,生命不可或缺的条件,《解脱道论》译"夹心"。《成唯识论掌中枢要》解释:

且如初受生时,未能分别,心但任运缘于境转,名有分心。

如初生婴孩般无知,只会自然随意注意外境而没有分别的心态。南传佛学认为即是《阿含经》中所说"意界""意门",它刹那生灭而又相续不断,即便在无梦熟睡时也在活动,乃未经发动的心体,即"本性心"。藏传《大手印九种光明要门》也以初生婴儿在未吃母乳之前的心态为体认心性光明的门径之一。在刚醒、入睡前，及打喷嚏后、受惊、突然腹泻、极度疲劳等念头突断时，有分心也会呈现，有称为"心理虚空"者。

2. 能引发（巴利文 paññcadvārāvajjana，转心、根门转向）。或译"五识引发"，谓将引发前五识。释云：

> 若有境至，心欲缘时，便生警觉，名"能引发"。

起认识外境的意欲并对外境注意，为遍行心所中的触与作意的运作。无性《摄大乘论释》卷二说能引发者唯是意识，前五识为其所引发。

3. 见心（巴利文 cakkhuviññāṇa，五识）。或译"眼识等"，生起见色闻声等前五识，是对所了境的现量直觉，属前五识的活动。一说此轮一定有识、触、（舍）受、想、思、一境性、命根、作意 8 个心所法。唯识学等说斯际所了境为性境，能了心为真心。

4. 等寻求（巴利文 sampaṭicchana，所受心、领受）。

> 既见彼已，便等寻求，察其善恶。

对见心的五识进行思察，判别其善恶、损益、美丑等。等，谓相等，等寻求，指同一内容的思察活动。等寻求的实质，是领纳、处理外境信息刺激，形成知觉。应是思心所的运作。

5. 等贯彻（巴利文 samtīraṇa，分别心、推度）。形成对所了别境的善恶等性质的判断。无性《摄大乘论释》卷二谓等贯彻"得决定智安立，是能起语分别"，形成以语言为符号所表示的概念（想）。

6. 安立（巴利文 voṭṭhapana，令起心、确定）。释云：

> 而安立心，起语分别，说其善恶。

进一步形成可用语言表述的关于所了别境的性质、价值等的确定认识，当于心所中的决定思。

7. 势用（巴利文 javana，速心、速行）。由确定的认识发出言语动作的指令。势用，谓具发语动身的力量和作用，因能迅速变成言行，故名"速行"，当于心所中的动发胜思。速行心的善恶，取决于能否"如理作意"。若不清晰之所缘，速行心之后即沉入有分心。

8. 返缘（巴利文 tadārammaṇa，彼事心、彼所缘、记录心）。语讫事毕，重新审思所说所做。

9. 有分心。一次心理、认识活动或一念终结，心又复归原先未起念时的空白心体，准备下一个九心轮的运转。

从心所法的角度看，九心轮是从有分心依次生起触、作意、受、想、思，由"动发胜思"到"发语动身"，结束言行后又返回有分心的心理运作过程。

关于九心轮，《阿毗达磨义摄醍醐疏》中举有一例以说明：如有一人在芒果树下午睡，为（1）有分心；枝上果熟，落地有声，惊醒午睡之人，为（2）能引发心；其人张目见地上落果，为（3）见心；其人拾取落果察看，为（4）等寻求；继续观察，嗅其香味，审察落果是否新鲜可食，为（5）等贯彻；断定落果新鲜，熟透堪食，为（6）安立；决定食用此果，为（7）势用；食果时咀嚼品味，食毕回味，认为"这芒果真好吃"，为（8）返缘；食毕又躺下继续午睡，为（9）有分心。

在生活中，人未必每起一念都具足九心轮。南传佛学据所缘的时间，将心路过程分为四种时分：

1. 空时分，只有有分心波动，如刚起床后心无所思；

2. 只出现到第六"确定"的时分，如看到路上走过一人，确认那是个生人而别无所念；

3. 到第七"速行"出现的时分，如路上确认走过来的是熟人后决定打招呼；

4. 到第八"彼所缘"也出现的时分，如前打招呼后想"这人近来瘦多了"，"彼所缘"只有在所缘非常大及意门所缘明显时，才会生起。

又，九心轮主要是对前六识的心路过程而言，纯粹第六意识的"意门心路过程"，南传佛学把一般人或欲界意门心路过程分为两种：

1. 随五门心路过程后生起意识（五俱意识），随起心刹那，明确识知所缘，分七步：（1）随五识生起"彼随起意门心路过程"，缘取五根所缘境；

(2) 整体地识知该所缘；(3) 识知所缘的颜色等；(4) 领会所缘的实体；(5) 识知所缘的实体；(6) 领会所缘的名称；(7) 识知所缘的名称。

2. 独立的意门心路过程，分六种：(1) 根据以前直接体验的；(2) 根据以前直接体验再加推测；(3) 根据听说的；(4) 根据听说的再加推测；(5) 根据所识知（相信、观念、观照、觉悟等）的；(6) 根据所识知的再加推测。

至于广大心（禅定）与出世间心（四道四果心）的意门心路过程则有不同，无清晰与不清晰所缘之分，其心路过程为：

有分波动——有分断——意门转向——遍作——近行——随顺——种性——安止（禅定）速行心或四道四果心。

安止结束后，沉入有分心，不会有彼所缘。即作意后即刻住于定心或道（向）心、果心，事过即了，不像一般人那样品味追忆，出定后住于无念的有分心。初学者证得的第一次安止及每一次神通速行心，只生起一次，随即沉入有分心。出世间四道心之生起，只维持一心识刹那，随后有 2—3 个果心生起，过后沉入有分心。或说道心（见道时的心）短到不足一秒。证入灭尽定时，非想非非想心只生起两次，之后入灭尽定。从灭定出来时，生起阿那含或阿罗汉果心一次，此心灭后，沉入有分心。

二、十七心刹那

南传佛学将一念心的过程分为生、住、灭三刹那，称此三刹那为一"心刹那"，十七心刹那为一色法之"寿"（略当细胞的生存时间），其为时极其短暂，在眨眼间即有几十亿个心识生灭，每个心识刹那还可以再分为生、住、灭三时。一念九心轮凡经十七心刹那，若按一念约经 0.78 秒计，十七心刹那最短略经 13.26 秒。据《清净道论》《摄阿毗达磨义论》，十七心刹那为：

1. 有分心。

2. 有分心起。有分心发动，转向认识活动。

3. 五识引发。当于九心轮第二能引发，为"作业意界"（由意根发起作意，令五识运作)。

4. 见心。形成眼等五识。

5. 领受(等寻求)。见心、领受两种为"异熟意界"，即作为异熟果(与生俱来的)的心理反应。

6. 推度。为"无因异熟意识界"，即无贪嗔痴之因、作为异熟果的、自然的意识活动。

7. 安立。为"无因作业意识界"(无无贪、无嗔、无痴为因的、主动的意识活动)。

8—14. 势用。作欲界善、不善、无记身、语业，有了善恶等属性。

15—16. 返缘。为"四无色异熟蕴"(异熟的受、想、行、识)。

17. 有分心。

一念心生，依所对境缘等的不同，并非皆须具足九心轮十七刹那。前五识所了别的境，按其对人吸引力的大小，分为极大、大、小、极小四类。以前述《阿毗达磨义摄醍醐疏》所举午睡人食芒果为例，其人所对熟透、新鲜的落果属极大境。如果境缘的吸引力不太大，不能生第八(第15—16刹那)返缘心，为大境，如前人午睡中被惊醒后发现地上的落果不大新鲜，咬了一口(势用)后觉味道不佳，放下芒果，倒头又睡(有分心)。若境缘吸引力较小，连第七势用心(第8—14刹那)也不能生起，为小境，如午睡者被惊醒后发现地上的落果腐烂不堪食用(第六安立心、第七刹那)，倒头又睡(有分心)。若境缘的吸引力极小，连第六安立心也不能生起，为极小境，如午睡者被惊醒后发现不过是一根枯枝被风吹落(第五分别心、第六刹那)，倒头又睡(有分心)。

又，九心轮十七刹那，只是就欲界前五识及与之俱起的五俱、五后意识之生起而言。欲界独散意识的生起，则无须具足九心轮，只经：(1)有分心；(2)意门引发；(7)势用；(8)返缘；(9)有分心。凡五轮十刹那。第一轮有分心，又可分为过去有分、有分动、有分断三心，这是四无色异熟蕴(作为异熟果的受、想、行、识)之有分心生起心念的普遍过程。过去有分，谓从过去相续至当下的有分心；有分动，谓从有分心生起活动；有分断，谓有分心暂时中断而代之以作意等心理活动。

欲界独散意识的生灭过程，例如有人清晨起床后（有分心），想起今天得早一点去开会（意门引发），决定赶快用早点（势用），用完后回味咖啡放糖太多（返缘），之后回复无念状态（有分心）。

色界、无色界心及出世间心的生灭过程，与欲界心的九心轮十七刹那颇有不同。

三、八十九心之十四行相

南传佛学还说世间、出世间的八十九心有十四行相。行相（巴利文 ākāra）一译"作用"。十四行相实际上是从心理活动进程角度分析心识作用，讲人从生到死心理活动的基本过程。据《清净道论·说蕴品》，十四行相为以下内容：

1. 结生（巴利文 paṭisandhi），受生。由前世所造业力尤前世临终时所现业的牵引，投生于特定的界地、种类、环境中，投生刹那间的心称结生心（巴利文 paṭisandhicitta）。结生心分四种：若将生于恶趣，结生心为不善果报舍俱推度心（如自然畏惧自己会堕入恶道等）；若将生于欲界善趣，结生心为八大果报心、善果报舍俱推度心（如自然向往生天等）；若将生于色界，结生心为四禅果报心；若将生于无色界，结生心为四无色界果报心。色界、无色界果报心，谓临终时自然住于色界、无色界定中。

2. 有分。由结生心决定，在结生心灭后紧接着有 16 个有分心生起，然后生起 1 个意门转向心及 7 个有欲（贪着新生命）的速行心。有分心无念而有体，连续不断地生灭，在处胎、酣眠中也不间断，起着保持生命之流不中断的作用。只要没有心路过程，有分心就会不断流下去。

3. 转向。无念的有分心波动，转向有念，接触外境而生起好像是有分心息灭而唤起认识注意的"唯作意界"和"舍俱无因唯作意识界"两种心识活动。

4—8. 见、闻、嗅、尝、触了别色等五境，生起眼等五识及善、不善的十种（眼识等）异熟识（天生的感觉模式），如人闻到水果气味自然感觉香，天生色盲人视红为紫等。

9. 领受。领纳前五识而生起善或不善异熟意界（天生的、自然而有的意识模式），如闻到水果香味知道自然去注意等。

10. 推度。对意界所领受的色声等境进行思考推度，如对所知水果进行好坏、品种等辨别。

11. 确定（安立）。于前所推度的境起中性的确定认识、明确判断，如确定那是熟透了的蟠桃，味极甘美。

12. 速行（势用）。于前确定（善恶损益等）境，生欲界善或不善等五十五种心，如决定买或偷那蟠桃。

13. 彼所缘（返缘）。像暂时逆流而行的船，对前所缘极大的境再作了别审察，生起八种有因欲界异熟心和三种异熟无因意识界。如回味所吃蟠桃的甘美而自然生起再吃它的愿望，种下贪吃它的种子，或临终时自然回忆起蟠桃甘美，特别想吃蟠桃。

14. 死。即临终最后一念的心，称死亡心（巴利文 cuticitta），与结生心一样，共有十九种异熟心：

那一生（有）之中最后的有分，因为是从生（有）而灭，故称为"死"。①

十四行相中的结生心、有分心及死心，又称"离心路过程心"，意谓它们不经九心轮的转动过程，是一种业报，自然而起，不由自主。一生中的结生心、有分心、死亡心相同，缘取同一目标。

按南传九心轮、八十九心十四行相说，人一生的心理活动，是一个从相续不断的有分心不断对境起念生心，生起能造业、感受异熟果的善、恶等心所和异熟心，由很多九心轮滚动而行进的流变过程。《阿毗达磨义摄》谓有分心"乃似河流，不断而转，及其尽时，以坠落力，成坠落心，复入于灭"，

---

① 觉音：《清净道论》，叶均译，中国佛教协会佛教文化教育基金委员会印行1995年版，第425页。

其后复如车轮，依次流转不已。《八十九心的十四作用与心识活动》一文比喻：

> 有分，是像流水而相续不断的；诸心，则如波涛而起伏不定。心生则有分之流断，心灭则沉入有分。①

南传上座部的有分心，有部等不予认可，大乘唯识学则以阿赖耶识解说有分心的作用，认为有分心即是阿赖耶识的"密意说"，然有分心的内容要比阿赖耶识简单得多。

四、五心轮与四运心

大乘唯识学关于一念心生起过程的分析，要比南传上座部的九心轮简略一些。《瑜伽师地论》卷一说前六识的生起，历五个次第，后世称"五心""五心轮"：

1. 率尔心。又作"率尔堕心"，率尔，为忽然、突然之意，谓心境瞥然相触，外境信息进入眼等五大窗口，形成最初的感觉。相当于九心轮之有分、能引发、见三心。如我抬头瞭望窗外，见一片绯红扑入眼底，是为率尔心。此心猝然而起，性属无记，尚未有善恶等分别。上座部分别论者等即以此心为本性心。或只是一识缘境，如眼见一片绯红；或二至五识同时缘境，如乍到一旅游景点，一时间眼见青山绿树，耳听水声鸟语，鼻闻花草清香，身感清凉舒适等。属前五识现量的率尔心，一般为时极短，刹那间便会有分别意识生起。

2. 寻求心。意识对前所了境主动分别、思察，形成知觉，当于九心轮等寻求、等贯彻二心，《瑜伽师地论略纂》卷二说：

> 一刹那五识生已，从此无间，必意识生。

如我见窗外一片绯红后，意识立即寻思"是什么花开了"，即寻求心。此

---

① 《摄阿毗达磨义论》，叶均译，中国佛协印行1986年版，第116页。

后或流于散乱，或转向别的对象，如我见窗外绯红知是花开后，马上又注意传来的鸟鸣声。

3. 决定心。由寻求（思）而形成确定的认识，当于九心轮第六安立（确定）心。《瑜伽师地论》卷三说，寻求心后，若不散乱，必定生意识中第二决定心，由寻求、决定二心，意识分别境界，形成知觉。如我经仔细观察后，判定窗外新开的是紫薇花。知觉一般用语言来表示，今发现：人从看到形相、形成概念、搜索词语到形成语言，须700毫秒。这一过程大体相当于从率尔心到决定心。

4. 染净心。由确定的认识所起或染或净、或善或恶的心念和决意。如我判定紫薇开花很美后，想去折几枝来观赏，为染（贪、盗）心、不善心；想花木美化环境而起爱惜保护之意，为善心或净心。此为第六意识及贪、无贪等心所的活动，当于九心轮第七势用心。论云：

决定心后，方有染净。

决定心，是第六意识的作用，故一般而言，烦恼是依意识分别至决定心方才生起。《瑜伽师地论》卷六十六解释有漏法为"意世间、法世间、意识世间"，意味染污的心只是由末那、意识及其所了法尘而生。但也有染净心可从前五识生起之说，如同论卷三说由前五识所起染净心，唯由"先所引"（已经形成的心理定势），如好色者一见到美女的倩影即刻起大饱眼福之意，拜金主义者"见钱眼开"，虔诚的佛教徒一看见佛像便会起敬仰之心等。此可谓眼识随（已经形成习惯）的意识转，或已成习惯的意识引生有漏的眼识。

5. 等流心。等流，谓同类相续。如我确认紫薇花很美，能美化环境，形成从此不会改变的认识，此后看到紫薇自然作如是想，及考虑在楼下栽两株紫薇等。

率尔等五心，是前六识生起的具足次第，我人生心起念，未必都具足五心，有时可能只起五心中的前四、前三、前二乃至前一心。如我眼见窗外一片绯红，可能不起分别而又埋头写作，则只起率尔心；也可能经观察寻思（寻求心）而确知是紫薇花开（决定心），而不起染净心、等流心。五心中，率尔心多仅一念，后四心每每多念相续。

天台宗将一念心生的过程划分为"四运"，亦称"四相"：未念、欲念、念、念已。运，为动、载之义。《摩诃止观》卷二云：

> 未念名心未起，欲念名心欲起，念名正缘境住，念已名缘境谢。

未念和念已时，虽然无心，但非毕竟无念，如人在未做事时，只能说未做事而不能说没有人，若定无人，后来谁做事？"因未念故得有欲念"，故未念时非绝对无心。念已，则如人做完事，不能说没有人。若言念已心识永灭，则成断灭见。这种意义上的未念、念已，正相当于九心轮的第一和第九有分心；欲念，则相当于九心轮第二转心（能引发）；念，相当于九心轮第三见心到第八返缘心，及五心轮的五心。智者《请观音经疏》谓如眼见色时，初一念时是独头无明，一念转即与相应无明共起，或爱或瞋或无记。此"一念转"即四运心之第三"念"，唯此念与烦恼等有漏心共生共灭。

心路进程虽然可以分为九心轮、五心轮、四运心、十七刹那，实际上运作的速度很快，从触境到生起染净心，在一刹那间便可完成。南传《泡沫譬喻经注》说，在一眨眼间、一闪电间，也可以生起许多心路过程。有部论中说有电光喻心、漏疮喻心，速度都很快。电光喻心，顾名思义，指像闪电一样突然出现、迅即消失的心，常指见道时的净心。漏疮喻心，指迅速即生烦恼，如一触即怒等。心意，可以说是世间运动速度最快者，其速度有时可超过光速，如太阳光射到地球需8分钟，而人的意念想到太阳则不到一秒；从地球到西方极乐世界的距离大于从地球到太阳的距离百千亿万倍，而观想熟练者可"屈伸臂顷到莲池"。《本事经》卷二佛感叹：

> 我观世间，无别一法，速疾回转，犹如其心。所以者何？是心于境，速疾回转，世出世间，无可为喻。

第四节 种子与现行

种子与现行互为因果，是大乘法相唯识学对心识生起因缘的独特解说。

一、何谓种子

作为唯识学所说生识四缘中第一因缘的种子（梵文 bija），系以植物的种子为喻，任何植物，莫不以自己的种子为因而出生，同理，一切心理现象，乃至宇宙万有，皆应各自从其种子生起。种子之名，出《杂阿含经》，经中曾以根、茎、节、自落、实五种种子比喻"取阴俱识"（与五取蕴同时运作的深层心识），植物的种子必须有地大为本、水大滋润，才能"生长增广"，如同取阴俱识以"四识住"为本，"贪喜四取攀缘识住"为缘而生长增广，暗示阿赖耶识执藏种子。《正法念处经》卷三十一偈云：

诸心之种子，心集业难知。

说心识的种子积集产生业报的情况，隐微难知。化地部、大众部、经量部等对种子义做了发挥，化地部认为"穷生死蕴"（贯彻整个生死历程的微细身心）藏有能生色、心的种子。大众部等认为"烦恼力强，无始久习，熏成种子，别有体性，心不相应"①。经量部认为色法、心法互为种子、互相熏习，种子能从现在延续到后世，该部因主张此义而称为"说转部"。《异部宗轮论疏述记》说：

经量部亦名说转部者，此师说有种子，唯一种子，现在相续，转至后世，故言说转。

《大毗婆沙论》卷六十说分别论者（属上座部）认为潜在的烦恼"随眠"

---

① 《俱舍论记》卷十九。

是现行的烦恼"缠"的种子。立足有部而采经量部之说的《俱舍论》卷四云：

> 何法名为种子？谓名与色，于生自果，所有展转邻近功能。

谓种子是心理、物质现象所具有的一种能产生自己的果的功能，从果的角度讲，能产生它的最近的因叫作种子。

大乘唯识学将部派佛学的种子说进一步精致化，作为阿赖耶识摄藏的主要内容。阿赖耶识大仓库因为有容纳一切种子的海量，因名为"一切种子识"。大乘《大方等大集经》卷九云：

> 一切有为，识为种子。

《瑜伽师地论》卷五十二谓"非析诸行，别有实物，名为种子，亦非余处"，种子并非是在现前的心、物之外别有实体，只是就万有的因果相续，将能生现在果的因叫作种子，现在的果，对于未来的果而言，又成了种子。在现在的果中，寻觅与果相异之种子的实体，虽然了不可得，但种子确是现在之果得以生起并如此这般的因，与果不相杂乱，就像从谷子和麦子的芽、茎、叶中尽管找不到其种子，但谷和麦的芽、茎、叶确从其种子而生。《摄大乘论》卷一谓并非别有实物住在阿赖耶识中，叫作种子，种子亦非不异阿赖耶识，然阿赖耶识有能生种子功能，故名一切种子识。《成唯识论》卷二解释：

> 此中何法名为种子？谓本识中亲生自果功能差别。此与本识及所生果不一不异，体、用、因、果理应尔故。虽非一异，而是实有。

谓种子是阿赖耶识中能亲自生起自果的种种功能，与所生果及阿赖耶识非一非异，而是实有其作用的。当然，此实有是就"世俗谛"而说的相对的实有，非绝对实体（真如）的实有。从体用、因果的角度看，阿赖耶识为体，种子为用，种子为因，现有一切为果。同论卷七又解释说：

> 种子者，谓本识中善、染、无记诸界、地等功能差别，能引次后自类功能，及起同时自类现果。

种子是阿赖耶识中能生起善、恶、无记性质的三界中一切现象的功能，它们能引生后来的同类功能，又能生起与之同时的现前自类果。种子属阿赖耶识相分所摄，见分恒以之为了别的境。种子又称"习气"（梵文 vāsanā），指多次、长期的活动或习染所遗留的一种势能或惯性力量，具有决定事物、行为现状的潜在力量，如今所言"流氓习气""军阀习气"者，喻如酒喝完后酒瓶中遗留的酒气。

总之，种子是一种潜在的功能、势能、习气，而非一种实物。欧阳渐因称种子为"力"，非色非心，遍于宇宙而无尽，无长短大小之分。今有解释种子为"能"者。有净天眼者或见种子为心间如豆大明点中的微细粒子，生灭不已，分黑白二色。

二、种子的特性

《摄大乘论》卷一归纳种子的特性为六点，称"种子六义"，据《成唯识论》卷二解释，种子六义为：

1. 刹那灭，"谓体才生，无间必灭"，出生后没有间隔停息，即归消灭，并非常住不变的东西。

2. 果俱有，"谓与所生现行果法俱现和合，方成种子"，种子与其所生的果同时存在，非一前一后，亦非相离，只就能作出生现在之果的因，才能叫作种子。

3. 恒随转，"谓要长时一类相续，至究竟位，方成种子"，虽生已即灭，而能长时间功能相续，不到成佛，不会消灭。

4. 性决定，"谓随因力生善恶等功能决定"，其善恶等性质决定如是，决定具有出生同类性质果的功能，不会杂乱。如谷种子是谷种子，麦种子是麦种子，谷种子不会变成麦种子，麦种子也不会变成谷种子。

5. 待众缘，"谓此要待自众缘合，功能殊胜，方成种子"，种子的生果功能虽然不会消灭，永远储藏于阿赖耶识大仓库中，但要出生果，必须具备所需的诸条件，否则无论时间多长，也不会生果。如谷、麦的种子须土壤、阳光、水分、温度等合宜，才能出生谷苗、麦苗。

6. 引自果，"谓于别别色心等果，各各引生"，各种子只能引生其各自的果，不能一种子引生多果，也不会多种子引生一果。如一粒谷种子只能引生一株谷苗，一粒麦种子只能引生一株麦苗。《瑜伽师地论》卷二说种子若今生未生其果，或来生后世因缘具足时必生自果，"虽经百千劫，从自种子一切自体复圆满生"，由此使众生不能解脱业力的束缚。

关于心理种子的六义，可举一例：如我初次吃荔枝时，咀嚼品味，深感此果好吃，从而在阿赖耶识中种下认识荔枝并觉其好吃的种子，此好吃之感与其种子生已即灭，为刹那灭义；当下一次看到荔枝时，会自然知道此是何物、好吃并产生再吃的欲望，是乃初次吃荔枝的种子所生之果，此果与其种子同时而现，是为果俱有义；初次食荔枝的种子虽然早就消失，但即便过了很长时间，也不会完全消灭，当再次碰到荔枝时，还会起作用，是为恒随转义；吃荔枝的种子只是吃荔枝的种子，不会变成其他种子，是为性决定义；吃荔枝的种子虽然恒在，但必须在我有食欲、有荔枝的条件下才会起作用，是为待众缘义；吃荔枝的种子只能引生再吃荔枝之果，不会引生吃面条、抽烟等其他的果，是为引自果义。如果是从未吃过荔枝的人，便不会有认识荔枝并认为其好吃的种子，当他初次看到荔枝时，只可能起好奇心，决不会有确认荔枝好吃而想吃的心理。初次吃荔枝而觉得难吃的人，再次看到荔枝会自然起此物难吃的想法。同理，初次碰到一个人，如一位男士新结识一位小姐，两人互有好感，世人称之为有缘或前世有缘，这"缘"，便是双方阿赖耶识中的情爱种子。

三、种子的种类

种子从不同角度，可以分为多种。

从作用而言，有异熟、名言两种种子。异熟种子，亦称"业种子""有分熏习种子"，谓已造善、恶业能感后时果报的种子，或曰功能性种子，由第六识的活动熏习生长，此类种子"有受尽相"，果报酬毕而灭。名言种子，或称"名言习气种子""无始时来种种戏论流转种子""等流种子"（产生同类果的种子），是决定认识方式、生起名言概念的种子，或曰经验性种子，由前七识的认知活动熏习而生，其所生果通八种识，此类种子"无受尽相"，能不断熏习而产生新的名言熏习种子，决定认知方式。《成唯识论》卷八又分名言种子为表义名言习气、显境名言种子两种。

从种子的来历，可分为本有、新熏两种。《瑜伽师地论》卷二：

又种子体，无始时来相续不绝，性虽无始有之，然由净、不净业差别熏发，望数数取异熟果，说彼为新。

说种子分本有、新熏两种。后来护月认为一切种子皆属本有，难陀、胜军认为皆属新熏。护法系唯识学综合二说，认为一切种子皆有两类：一类属本有，亦称"本性住种""谓无始来异熟识中，法尔而有生蕴、处、界功能差别"①，指阿赖耶识中自无始以来便具有的各种能生起身心世界的功能；另一类属始起，亦名"新熏种子""习所成种"，谓无始来，"数数现行熏习而有"，指七转识及其心所、所造业多次熏习而成。

从染净角度，种子可分为有漏、无漏两种。有漏种子，谓不离无明、烦恼，能出生一切世间的生死、生灭之现象者。《瑜伽师地论》卷二说有漏种子"随所生处自体之中，余体种子皆悉随逐"，如我人欲界身中，藏有包括色界、无色界的一切有漏种子，色界、无色界众生的阿赖耶识中也不无欲界有漏种子。有漏种子又分善、烦恼、异熟三类，属烦恼所摄者亦名"随眠"，异熟（天生自然如此者）及其余无记性所摄者又名"粗重"。无漏种子，谓能出生出世间的涅槃、佛果者，此乃众生所以能学佛修行、解脱成佛的根据。

按界系，种子可分为心心所法种子、色法种子、无色法种子三类。心心所法种子，指八识及其心所法活动形成的种子。色法种子，指形成物质现象的种子，包括形成有色根（感知器官）的有色根种子及其他色法种子。无色种子，指入无色界定及生无色界天的种子。因为心心所法种子随逐有色根，故入灭尽定、无想定等无心定者，出定后还会生起心识；因为诸色种子随逐心识，故无色界众生还得生于下界。因为欲界众生身中有色界、无色界的种子，所以经过

---

① 《成唯识论》卷二。

修习禅定，可以证入色、无色定。

按所变现，种子可分为共相、不共相或有受生、无受生两类。《摄大乘论》云：

共相者，谓器世间种子；不共相者，谓各别内处种子。共相即是无受生种子，不共相即是有受生种子。

共相，谓众生共同变现享用或各个众生所变现享用中与其他众生相共同者，此类种子不投胎转生，故称不受生。据《成唯识论述记》卷三解释，共相种子又分两种：一为共中共（共相中之共相），如变现日月、山河等人类和其他众生共享的自然界之种子；二为共中不共（共相中的不共相），如变现属于私有的田地、住宅、衣物等，虽然大家共见而只有物主可用的种子。不共相，谓只能供一己所用，此类种子随逐众生投胎转生，故称受生，也分两种：一为不共中不共，如变现只可自己使用的眼等感知器官净色根的种子；二为不共中共，如变现自己的身体、容貌及别人可见的眼耳口鼻等扶根尘的种子。依佛法修行对治种子时，只有不共相种子被消灭，共相种子"为他分别所持"，不消灭而转染为净。如有人修成阿罗汉，他原来所生活的世界和他的身体相貌都还依旧。

四、关于无漏种子的讨论

作为解脱、涅槃等无漏法的无漏种子，对佛教而言十分重要，在一切众生是否皆有本有无漏种子、无漏种子何指、藏于何处等问题上，诸论师看法有别。

关于无漏种子的讨论，始于部派佛学，经量部即认为"异生位中亦有圣法"，《异部宗轮论疏述记》释谓"即无漏种，法尔成就"，意谓众生身心中潜藏有本有的无漏种子。大乘经中，更说有无漏种子，如《楞伽经》卷四云：

刹那者，名识藏，如来藏意俱生，识习气刹那；无漏习气非刹那，非凡愚所觉。

无漏习气，即无漏种子，它们与刹那生灭无常的阿赖耶识及其所藏有漏种子不同，是不生灭的、非凡夫所能觉察的，故称"金刚种子"。《大乘本生心地观经·报恩品下》云：

众生本有菩提种，悉在赖耶藏识中。

《瑜伽师地论》卷五十二则以无漏种子为真如，认为"诸出世间法从真如所缘缘种子生"，不从阿赖耶习气积集种子生。真如所缘缘，即以真如为所知境，其种子即无漏种子，非阿赖耶所藏。依在证得真如上的有障或无障，区分众生为两种种性：本来没有毕竟障碍真如所缘缘种子，即有无漏种子者，称"无漏本住种性""般涅槃法种性"，简称"有种性"；有绝对障碍证得真如者，名"不般涅槃种性"，简称"无种性"，亦可说为无无漏种子。同论卷二十一、卷三十五谓无漏种子又名"无漏界""无漏性""种性"，分两种，一名"本性住种性"，其种子"从无始世展转传来，法尔所得""附在所依（阿赖耶识）"；二名"习所成种性"，乃由熏习而得，此为有为无漏种子。具无漏种性者，即便过去现在未发菩提心，也有将来发起乃至成佛的可能性。无此种子者则不论遇缘或不遇缘，"毕竟不能得般涅槃"，不能发心修行成佛。

《摄大乘论本》只以"正闻熏习"（听闻佛法）为证得无漏法的因种，即有为无漏种子或"习所成种性"，不立本有无漏种子，谓有为无漏种子"从最清净法界等流正闻熏习种子所生"：

此闻熏习，随在一种所依转处，寄在异熟识中，与彼和合俱转，犹如水乳，然非阿赖耶识，是彼对治种子性故。

最清净法界，即真如别名，正闻熏习无漏种子从听闻此法而生，分上中下三品，是佛证得法身、声闻证得解脱身的种子，与杂染的阿赖耶相违，非阿赖耶所摄，只是寄附在阿赖耶识中，"是出世间最清净法界等流性故，虽是世间，而是出世心种子性"——闻熏习无漏种子即便是闻思慧，属世间心，但因为它从出世间的真如而来，与真如同一性质，故为能证得真如的出世间心之种子。

据吉藏《中观论疏》卷四，摄论师认为六道众生因本识中有六道种子，故生六道。从清净法界流出十二部经，起正闻熏习，附着于本识，闻熏习渐增，本识渐减，至真解成就时，本识则灭。依本识中不可朽灭的"解性"，成佛报身。自性清净心即是法身佛，解性与自性清净心常合，当成佛时解性与自性清净心完全相应一体。故法身常，报身亦常。按此，摄论师依《摄大乘论》所立无漏法之因有三：

1. 寄附于第八识的正闻熏习种子，为成佛化身之因；
2. 第八识中的解性（本觉），为成佛报身之因；
3. 本有自性清净心，即庵摩罗识，为成佛法身之因。

三因中第一正闻熏习种子为有为无漏种子，第二解性、第三自性清净心，为无为无漏种子。

地论师的看法与摄论师相近，《大乘义章》卷三说于六识中所修善行，熏于本识，本识中的佛性真心，名为解性。解性受净法熏成净种子，净种成已，熏于无明，无明转薄，于变起的六识中，善行转胜，如是辗转乃至究竟成佛。唐华严宗三祖法藏《入楞伽心玄义》的说法接近地论师：以藏识习气海中有带妄之真名本觉者为无漏因，以多闻熏习为增上缘，也可以闻熏与本觉、解性合为一无漏因。

护法系唯识今学则认为，真如乃无为无漏，只是人法二空无我之理或唯识实性，无所谓种子，也无所谓熏习，无漏种子仅指有为无漏——众生现实能学佛修行的因。有为无漏种子分三种：一是生空无漏种子，能做接受我空之见而修学小乘道的因；二是法空无漏种子，能做接受一切法空之见而修学大乘道的因；三是二空（我、法二空）种子，能做成就佛果的因。

决定每一众生学佛成道之可能性的有为无漏种子，是否为每一众生本具（本有），印度唯识师看法不一，护月认为一切众生皆有本有无漏种子，难陀、胜军等认为无漏种子皆新熏而成，护法系唯识今学则认为只有一部分众生才具有有为无漏种子，无漏种子是此类众生能学佛并见道证果之因，通过听闻佛法、依法修行，熏习本有无漏种子，令其增盛，直至见道。在见道后的修道位中，无漏种子会通过修行之熏习，不断增长。

护法系唯识学依《入楞伽经》《瑜伽师地论》，按有为无漏种子的有无，将众生分为五种"种性"（梵文gotra）：一为定性声闻。二为定性缘觉。这两种种性者只可能深厌生死、求自寂灭，修小乘道而证得阿罗汉、辟支佛果。三为如来乘定性（菩萨定性）。能修学大乘道、证得佛果。四为不定种性。根机不定，修学小乘、大乘的可能性都有。五为无性。不具有修学出世间法的可能性。

按此，依《瑜伽师地论》等发挥的护法系唯识学，不认为一切众生都有成佛的现实可能性，这与高唱一切众生皆有佛性、皆当成佛的《涅槃经》等和大乘如来藏学说形成矛盾，双方就此问题长期争论不已。

实际上，如来藏系或性宗，是以真如为成佛的可能性（佛性），因一切众生皆具真如，故说一切众生皆有佛性、皆当成佛，是从理的角度讲佛性，此佛性为无为无漏、理佛性；而唯识学也承认一切众生皆具真如，《瑜伽师地论》卷五十二说"一切皆有真如所缘缘故"——一切众生皆有真如，故可说皆有无为无漏种子。《成唯识论》卷十谓真如理"一切有情平等共有"，即是"本来自性清净涅槃"。据此，玄奘门下的圆测在其《解深密经疏》卷四主张"一性皆成""五性皆有佛性"，"无姓有情亦得成佛"，认为经论中有"无种姓"的说法，只是就根未成熟时而言，只是暂时无佛性，并非永远。窥基《妙法莲华经玄赞》卷一则分佛性为理佛性、行佛性，认为《胜鬘经》等所说的如来藏指理佛性，一切众生皆具；行佛性则或有或无，《善戒经》《地持论》中说有种姓、无种姓，乃依行佛性说，"谈有藏无，说皆作佛"。在以一切众生皆具的真如为成佛之因即无为无漏这一点上，性、相二宗的看法实际一致，其分歧只在以真如为理及以真如为行上。

从宗教修持、佛法弘扬的角度讲，说一切众生皆有佛性、皆有本有无漏种子，比说只有一部分众生才有无漏种子或佛性似乎更为善巧。实际上，依相宗的种子新熏义，便可弥补五种性说而给予一切众生以学佛成佛的可能性：有漏种子可新熏而成，乃显而易见，人类未必有迷恋电脑的本有种子，但现代人中有不少电脑迷，无疑会新熏成迷恋电脑的种子。有为无漏种子也应如此，既属有为，便可依缘而生，通过佛法之强大增上缘的影响，即使是前世没有正闻熏习所形成的本有无漏种子者，也完全有可能新熏成有为无漏种子。

唯识学认为，有漏种子因烦恼惑业而增长，可以通过智慧修学而减少，乃至完全消灭，因为有漏法乃因缘所生，本性无常，会由其产生因缘的被消灭而消灭，就像众生吃下去的食物会被消化。无漏种子则不能被消灭，而能通过修学佛法令其增长，因为无漏法本性不可灭，即便是仅仅听闻佛法这样具有为性的无漏法之因种，也与有漏法不同，具无漏法的性质，《华严经》比喻为"食少金刚，终竟不消"，在诸缘具足时，必将结出无漏的佛果。

五、种子与熏习

形成始起种子的"熏习"（梵文 vāsanā）是佛书尤唯识学的一个重要概念。《楞伽经》卷一说二种熏，熏即熏习。《摄大乘论》卷上解释说：有如苣胜（一译苣藤，即芝麻）以香花熏其种子，榨成油，其味带有花香，种子与香花虽然皆灭，然所榨之油受花香熏染，香味仍在。又如贪爱某物的人，其贪爱之心虽然念念消灭，而能熏习成贪爱某物的习惯。时常听闻佛法的人，其所闻法及闻法时的思考虽然念念消灭，但其心会受到佛法的熏陶，能记住所闻的佛法。阿赖耶识之被熏习，道理也是如此。不是说阿赖耶中别有实物名叫种子，然阿赖耶识有生种子的功能，名一切种子识。阿赖耶受熏而生无量差别的杂染法，如同用染器染衣，衣上出现各种花纹。世亲《摄大乘论释》卷二解释：

谓即依彼杂染诸法俱生俱灭，阿赖耶识有能生彼诸法因性，是名熏习。

说阿赖耶识虽然与烦恼等有漏的心理活动同时生灭，却有能再生起烦恼等有漏的心理活动的因，叫作熏习。熏习，盖以用香料熏衣、久之衣上留香等，比喻心理活动、行为等能熏染人心，形成能决定心理、行为模式的势能和力量。心识之"内种"必由熏习而有。

《成唯识论》卷二解释，能熏习、所熏习各具四义，故名熏习，所熏四义为：

1. 坚住性。能保持习气，令其同类相续，不改变性质，才是所熏。

2. 无记性。非善非恶，不管是善是恶，一律容纳不拒，方为所熏。若善的熏染力量极其强大，不能容纳恶，便非所熏，如佛陀完全净化了的阿赖耶识（阿摩罗识），便"唯带旧种，非新受熏"。

3. 可熏性。具开放性而非坚实密闭不受熏染。

4. 与能熏共和合性。与能熏的（心理活动等）同时同处，不即不离，才能被熏习。

具备以上4种性质、能被熏习的，只有第八阿赖耶识。能熏四义为：

1. 有生灭。非常住不变，才能有生长习气和熏染的作用。

2. 有胜用。具认识、造业等殊胜作用，才能引生习气。

3. 有增减。有增有减，才能摄持习气。如佛果、真如不增不减，便不能熏习。

4. 与所熏和合而转。与被熏的阿赖耶识同时同处，不即不离，才能熏习。

具备以上4种性质、能熏习阿赖耶识者，唯前七识及其所属心所。《摄大乘论本》卷二引经中偈云：

言熏习所生，诸法，此从彼，异熟与转识，更互为缘生。

所谓熏习，即是前七识的活动不断在阿赖耶识田地中落下种子，形成能生起一切现象的因，就像各种植物不断结成种子，落在土壤中，做生起新的植物的因。《成唯识论》卷八云：

此虽才起，无间即灭，无义能招当异熟果，而熏本识，起自功能，即此功能说为习气。

当下的心理活动和身口二业虽然刹那即灭，没有能招感将来异熟果报的实体，但能熏习阿赖耶识，产生感招将来果报的功能，这种功能便叫作习气。

有漏种子的熏习作用，《摄大乘论》分为名言熏习、我见熏习、有支熏习三种。三种熏习又称三种习气，熏习的结果为三种种子。据《成唯识论》卷八解释，三种熏习或三种习气的含义为：

名言熏习有二：表义名言熏习，乃第六意识以语言为工具的认识活动，熏习而形成具有提供既定或先验的认知、思维模式作用的种子；显境名言熏习，为前七识了别境相的活动，熏习形成具有提供既定感知模式作用的种子。

我见熏习，"谓虚妄执我、我所种"，即坚执有常住自我、不改自我中心立场的种子。分俱生（与生俱来）和分别（思考）两种。

有支熏习，"谓招三界异熟业种"，指所造有漏业熏习成能做招感来生受用的异熟果报之因的种子。有支，谓三界（生存）之因。有支熏习分为有漏善、恶两类，有漏善业熏习感招可爱异熟果，使人生于人间、天上；恶业熏习感招不可爱异熟果，使人堕于地狱、畜生、饿鬼三恶道。

三种熏习，形成表义名言、显境名言、我执习气、业四种种子。

如来藏学要典《大乘起信论》也讲四种熏习义：

一者净法，名为真如。二者一切染因，名为无明。三者妄心，名为业识。四者妄境界，所谓六尘。

这四种熏习，总归为染、净二熏。染法熏习者，指无明、妄心、妄境界三种熏习。依真如而有无明，由无明熏习真如而生妄心，妄心又熏习增长无明；由妄心分别而现色、声、香、味、触等妄境界，妄境界又熏染妄心，令心执着于境，造种种业，被业力所缚而轮回生死，受种种苦。真如熏习，有体用二义：自体相熏习者，谓真如"无始世来，具无漏法备，有不思议业，作境界之性"，其不可思议的力量能使众生厌生死之苦追求涅槃，自信自身有真如，必能成佛；用熏习者，谓已得解脱的佛、菩萨怀救度众生的悲愿，于无量劫来与众生结缘，成为引导、帮助众生修行的殊胜增上缘，与众生对佛菩萨的信仰结合，令众生得以学佛修行，趋向解脱。与相宗一样，该论认为杂染法从无始以来熏习不断，经修行至成佛则完全断灭。该论说真如净法之熏习永远不会断，则为一些唯识学者所不许，他们认为真如乃无为法、理，不应受熏。如慧沼《成唯识论了义灯》卷三谓"真如常法，不是持种，故非法因"，不能做生起无漏法的因、种子。双方的分歧在于一则仅以真如为本然如是的理，一则不仅以真如为本然如是的理，更以真如为本来与真如相应的绝对"一心"或心识结构的一部分。实际上，无为法、理，也未必便不可具有能熏习的作用和力量，《瑜伽师地论》卷五十二说有能生出世间法的真如所缘缘种子；《成唯识论》

卷十说真如理"具无数量微妙功德",可以包括能熏习的功德。

六、种现互生

《成唯识论》将一切有为法之体归于种子、现行二法。现行（梵文 abhi-saṃskāra），亦称"现行法",意为实现状态或现前显现,指现在所进行的心理活动、行为及现前的一切。相对于种子而言,现行为种子的实现状态,种子则为现行得以实现的因。《成唯识论》卷七解释:

现行者,谓七转识及彼相应,所变相、见、性、界、地等。

说现行包括前七识及其所属心所和它们所变现的相分、见分,及善恶无记性的三界一切现象。种子与现行互为因果,互为因缘,互熏互生。种子与现行的密切关系,有种生现、现生种、种生种三义。

种生现（种子生现行）,谓一切现实的心理活动、语言、行为及所认识、所受用,皆非无因自然,凭空而有,是由其因或种子生起。各类众生为何禀受各自不同的认知、生存方式？牛羊为什么生来便会吃草？婴儿为什么生来便会吃奶？男女到一定年龄为什么就会产生爱情？为什么甲只会爱乙而非爱上别个？同样是人,甚至生存于同一家庭的兄弟姐妹,甚至孪生兄妹,其习性、爱好、智商、情商等为什么会有差别？为什么有些儿童从小便表现出惊人的天才？遇到同样的对象和问题时,不同的人为什么会有不同的心理反应？这一切,除了自然界、社会、文化等外缘的影响,必应各有其因,此因终归为各自阿赖耶识仓库中的种子。

只要认真反省,不难发现我们的心理反应方式,是被内心深处的一种力量决定的,且往往与理智和道德信条相悖,具有某种不自主性。情与理、人欲与天理的冲突,自古以来便折磨着无数哲人、宗教徒乃至平民百姓的心灵。柏拉图因而将灵魂分为理性、激情、欲望三个互相矛盾的部分。道教说人有三魂：一名胎光,令人心清净；二名爽灵,令人机谋多虑；三名精魅,令人嗜欲贪睡。三魂本属身外的阴曹地府,意谓人的心理活动具外在性、不自主性。西方心理学家发现：生命和性对人类的激情性吸引、坠入爱河、嫉妒、饥渴、对血的恐惧、害怕蛇和高处的怪物、在陌生人面前羞怯和猜疑、服从权威、崇拜英雄、统治顺服者、疼痛和哭泣、欢笑、乱伦禁忌、婴儿看见家庭成员时的微笑、分离焦虑、母爱等，尽管有文化因素参与，但也是被建构、固化于我们生命中的，基本上是预先编码的，这编码者是谁？码编在哪里？

佛教唯识学以各自阿赖耶识仓库中的种子来解释这些现象，说一切现行者必以其种子为因方能生起。当然，种子只是可能生起现行的因，其成为现行，必须具足所需诸缘，缺一不可。如我人藏识仓库中虽然生来都有表义名言种子，但初生婴孩并不会用语言表义，只有长到两三岁，通过学习才逐渐会使用语言。男女藏识仓库中虽然都有性爱种子，但只有到了生理上性成熟，情窦打开后，才会有性的需求。视力正常者都有了别色境的眼识种子，但只有光、空、作意等九缘具足，才会目有所见。若无种子为因，则现行便成了无因之果，违背了缘起法则有其果必有其因的规律，也难以解释清楚人类的心理现象，特别是难以说清儿童天才、孪生兄弟姐妹性格差异等现象。

现生种（现行生种子），谓前七识现行的活动，虽念念生灭，但念念都会结成种子，落于八识田中，不断熏习阿赖耶识，令阿赖耶识中已有的种子功能增长，还可以新熏成种，给阿赖耶识仓库中增添新内容。《大乘入楞伽经》卷三云：

意识分别境界，起执著时，生诸习气，长养藏识。

习气，即种子，长养，即熏习。久熏成习，便有决定人心理活动模式的巨大力量。如初次抽香烟而感到香烟有味，下次看到香烟时，会自然产生再抽一次试试看的欲望，这欲望便以初次抽烟觉得有滋味（受）形成的种子为因。若多次抽烟，则抽烟的种子增长成习，形成难以戒除的烟瘾。我人数十年来浸泡于花花世界中，日日为声色名利所诱引，贪这爱那，追求不已，在自己的八识田地中不知种下多少贪爱世间的种子，自然会成为来世不自觉地再受生于此世间的因。

种生种（种子生种子），谓无始时来所积集的无量无数的种子，皆贮藏于阿赖耶识大仓库中，为阿赖耶识所摄藏，每一种子虽然皆刹那灭，而前灭后生，同类功能相续不断，这种同类相生，称为种子生种子。《成唯识论》卷二说：

种子前后自类相生，如同类因引等流果。

种子生种子，就像同类的原因产生与其性质属于同类的结果。等流，意谓同类相续。种生种为异时因果关系，称"种类"。

关于种现互生，《成唯识论》卷二据《摄大乘论》的比喻，说种子、现行、熏习三者辗转相生，因果同时，就像灯芯产生灯焰、灯焰又燃烧灯芯，又如同三捆芦苇相互依靠才能直立。又说："能熏生种，种起现行，如俱有因得士用果"，种现互生，其实是同时同处发生，为"俱时因果"关系。

此外，现行还有直接生现行的作用，《成唯识论》卷八：

现起分别，展转相望，容作三缘，无因缘故。

谓现行的心理活动可以做别一心理活动产生的所缘缘、等无间缘、增上缘。如我现在思考种子问题，为下一念考察这观点正确与否的所缘缘。而众生自他之间又可以互相提供对方心理活动生起的所缘缘、增上缘。如人类的心理活动为心理学家研究的对象（所缘缘），圣者的慈悲感动人、骗子的谎言被人猜疑等。

种现互生，使心理活动具有了自行"增益"的性质，就像种子所生的植物能自行生长繁殖，《大乘阿毗达磨集论》卷三解释：

增益者，谓前际修善、不善、无记法故，能令后际善等诸法展转增胜，后后生起。

心理活动的这一重要性质，使众生不由自主地陷入烦恼的污泥中难以自拔，也提供了积极行善修德可以自塑美好人格乃至修行解脱的可能性。

种生现、现生种、种生种、现生现说明，我人的心理活动，是种现互生、种种续生、现现互生、多层次的立体流动进程，这种进程比原野上各种草木由种子生植株、由植株生种子的情况要复杂得多。现行的心理活动模式和特性，受往昔所形成的种子制约规定，本来便具有相当程度的不自主性、外在性，使人天生有种种人欲妄情，再加上人间种种邪见的熏染、诱惑的吸引、恶友的教唆等强大外缘的影响，难免滋生各种烦恼，为有害于身心的贪婪、愤怒、紧张、压抑、忧愁、嫉妒、灰心等不良情绪所困扰、折磨，难以保持健康的心理、养成高尚的情操，享受应有的人生幸福。不少人由烦恼增盛而堕落，自铸成阴暗、险恶、凶残、冷漠、贪婪的丑恶心灵，成为危害民众和社会的恶人。这当然与各自阿赖耶识中的种子密切相关。

然阿赖耶识中的种子，也无非是自己所种，责任终归还在自己。佛教认为，人的心理活动模式作为一种异熟果报，有一定程度的被动性，但也具有更大程度的自主性、主动性。今研究发现：在决定人类善恶行为的诸因素中，属于阿赖耶识种子所生的异熟果报的遗传基因起40%的作用，那么还有60%的自主性。人皆禀有思、慧、胜解、精进等作用殊胜的心理功能，完全可以用理性、智慧和意志自控其心，以理制情，以道德胜人欲，自我熏习成美好的心灵。家长、教师、宗教师、社会文化等可以教育、帮助人们树立正见，熏习成健康心理、完善人格。阿赖耶中的有漏种子，可以由修习佛法，用种种方法不令其烦恼种子遇缘生恶果，以如实知见的智慧将其舍弃、制伏、消灭或转化，使善、无漏的种子增长。《瑜伽师地论》卷五十一说，损伏有漏种子的途径有三：

1. 远离损伏。知晓、厌离染污的过患，决心离染，出家修行。

2. 厌患损伏。由修不净观等，厌患诸欲。

3. 奢摩他损伏。由修习禅定，证得正定，以定力及超过欲乐的禅悦损伏烦恼。

正见及常行善法，也可以损伏不善种子，邪见及常行不善则可以损伏善种子。

损伏，只是压伏有漏种子不生现行，不能消灭、永断烦恼种子，当然也不能消灭善种子。只有以佛法的出世间正见修观，或参禅见性，证得与真如相应的智慧时，才能永断一切三界染污种子。同论卷二说，断烦恼而转依的小乘圣者，"于一切善、无记法种子，转令缘缺"而不现行，入无余涅槃，连一切善、无记种子也被损害，不感将来的异熟果；大乘菩萨则"转得内缘自在"，令其出生善法以利益众生。

用西方宗教哲学、伦理学的观念来讲，佛教认为人有自由意志和自己为自己负责的个人责任。每一念现行的心理活动，不仅造成当前现见的结果，而且具有熏习自己阿赖耶识，决定将来心理模式、心理定势乃至生死升沉的重大作用，关系自己今生后世的切身利益和解脱生死的究竟利益，不可不慎。威廉·詹姆斯说得好：

播下一个行动，你将收获一种习惯；播下一种习惯，你将收获一种性格；播下一种性格，你将收获一种命运。

此言揭示了行为与性格、命运的连锁关系，颇符合佛教种现互生说的精神。

种现互生说提醒佛教修行者时刻观照自己的心理状态，把握自心，警觉烦恼的露头乃至烦恼种子的发动和新生，以智慧照察潜藏的烦恼种子，自宰其心，止恶修善，将杂染、无序、非自主的凡夫型心理模式逐渐熏习成智慧、清净、自主的圣智型心理模式。

第五节　从心起业，由业感果

佛学讨论心识如何生起，主要目的在弄清造成众生生死苦恼的直接原因——"业"——生起的因缘。业，音译羯摩（梵文 karma、巴利文 kamma），意为造作。业是古印度各宗教共同数说的一个极其重要的范畴，佛教对之极为重视。业力因果，是佛学"世俗谛"的主要内容。

一、业的名义与种类

《大毗婆沙论》卷一百一十三以三义定义业：一为作用，谓必有作用；

二为持法式，谓能作佛教徒的行为规范；三为分别果，谓据之以分别可爱或不可爱的果报。与耆那教等以所有身口意的造作为业、认为所有的业都决定引生果报不同，佛学所谓业，主要指有意识（"有心"）发起，会引生必然果报的行为、语言、决意，无意识（"无心"）或非故意造作的言行，如走路时无意间踩死虫蚁、不自觉地哼唱歌曲等，佛学认为不会引生果报，不属于业。《成唯识论》卷八云：

> 能感后有诸业，名业。

谓能招感将来果报的业，才是佛学（主要）所说的业。

佛学从不同的角度，分业为多种。

从造业的处所，一般分业为身、语（口）、意三业。身业指身体的动作、行为，语业指语言及写文著书念咒歌咏等，意业纯属心理活动，主要指遍行心所中的"思"，即思考、决定。

从业的有无外在表现，分业为有表、无表两种业。（有）表业又称"作业""教业"，能表现于外，使别人知晓，诸如对人说话、发表文章、出版著作、歌唱表演、工作做事、表情、手势、叹息等。无表业又称"无作业""无教业""无表色"，指虽未表现于外让人看见，而实际有造作、有作用的业，具体指由持戒、作恶等强烈善恶业而形成的一种能决定言行的作用，大略相当于习惯。无表业分三种：一为律仪无表，由持戒、修定而形成，有自然督促人止恶修善的作用；二为不律仪无表，由恶习形成，具有促使人自然作恶的作用；三为非律仪非不律仪无表，由中性的行为所形成。有部认为无表业的本体为在身内形成的一种物质机制（色法），大乘唯识学认为无表业属心理现象（心法），即是种子。

从造业之心是染是净的角度，分业为有漏业、无漏业两大类。有漏业，指凡夫众生以未离烦恼、我执之有漏心造作的、必然引生异熟果报的业。众生所造善业、不动业尽管有益于自他，然而总是不离烦恼的根本，痴或无明，不离自我中心的立场及对三界的贪爱，故亦属有漏，必然会引生三界异熟果。如尽职尽责，往往是为自己生活得好或出于求取名利权位的需要；行善布施，往往本于获取自己进天堂永享净福之门票的信仰；练功坐禅，不出使自己身体强健及享受气功快感、获得神通异能等目的。总之，其造业的心和所感果报皆不出世间，不离烦恼无明，故名有漏。无漏业，指已断烦恼我执的圣者以离染的无漏心所造作的、无异熟果报的业，亦称"非黑非白无异熟业"。佛典中通常所论述的业，主要是有漏业。

从伦理性质的角度，有漏业分为善、恶、无记三类。以善心造作、对自他有益而合理的为善业，又称"安稳业""白业"；以不善心造作、对自他有害而不合理的为恶（不善）业，又称"不安稳业""黑业""罚业"；以非善非恶的心所造中性的业为无记业，佛学认为这种业不引生果报，对之论述较少。佛学主要论述善恶两种业，这两种业又可分为三种：欲界之恶（不善）业，其性质纯属不善，引生不好的异熟果，名"黑黑异熟业"。色界、无色界的善业，其性质纯属善，引生好的异熟果，名"白白异熟业"；欲界之善业，常与我执等烦恼混杂，引生的异熟果亦好坏相杂，名为"黑白黑白异熟业"。无漏业称"非黑非白无异熟业"。

从业所感果报的角度，业又有福、非福、不动三业之分。能招感幸福果报的称福业，即善业，又称"顺乐受业"；能招感不幸福果报的称非福业，又称"顺苦受业"；坐禅入定，令心寂然不动，能感得色界、无色界的果报，称不动业。

据造业时"思"的不同，分业为故思业、不故思业两种。"故思业"（"故作业"）乃经过思考故意所造，《大乘阿毗达磨杂集论》卷七说故思造业有五种情况：受他人教敕、受他人劝请、无知、根本执着、颠倒分别。故思业又依思的强弱分为两种：积极、强猛者力量强大，称"增长业"，意谓其力量会自然增长；消极、微弱者与不故思业合称"不增长业"，意谓其不会增长。《瑜伽师地论》卷九说不增长业有十种：梦中所造、无知所造、无故思所造、非猛利非多次造、狂乱时所造、失念（失忆）时所造、非乐欲所造、业属无记性、造已悔改、以正道对治而损害的恶业。"不故思业"（"不故作业"），谓非故意所造。

从个体与群体的角度，分业为不共业、共业。唯某一个体所造而独自所受报的业为不共业，群体共同所造而共同受报的业为共业。还可以分出不共中共业、不共中不共业及共中共业、共中不共业。《佛学今诠》将共业与不共业分为七个圈，从最外层向中心依次为：极共业圈（一切生物）、大共业圈（人类）、国族共业圈、各别共业圈（集团）、不共业圈（家庭）、极不共业圈（夫妇）、最极不共业圈（个人）。业力圈之范围越大，越是难以转变。

业还有多种分类，如《舍利弗阿毗昙论》卷七说思、思已、故作、不故作、受、非受、少受、多受、熟、非熟等162种业。《瑜伽师地论》卷九十六列举业差别49种。《显扬圣教论》卷十九说身、语、意、福、非福、不动等13种业。南传佛学依时间、功用、性质分业为三大类12种：依业报成熟的时间，有急效业（今生受报，不报即失效）、缓效业（来生受报，如被他夺而不受则失效）、无定期效业、已失效力业，或现生受业、次生受业、无尽业（在无尽轮回中因缘具足时必成熟）、无效业（无缘成熟）4种；依功用，有能生业（起为有支即隐失）、能持业（扶持前一业）、能消业（能使前二业无效）、能毁业（能拔除正造及待发之业）；依性质，有极强业、近死业（死时现起受生之强业）、习惯业、累积业（无始所积）4种。

能引生果报的有漏善恶业，最重要者为佛典中常讲的十善十恶。十善业为：

1. 不杀生，不杀害有情识的众生，积极的方面为以仁慈心护生、放生，解救生命。

2. 不偷盗，偷盗亦译"不与取"，谓在物主不同意的情况下擅取他物，包括抢劫、偷窃、贪污、挪用公款、收受贿赂、强占勒索等。不偷盗的积极方面，是廉洁、施舍。

3. 不邪淫，即不淫乱，不发生为国法民俗所不许可的、非时非处非过量的不正当两性关系，积极的方面是贞洁自爱。

4. 不妄语，不说假话骗人，积极的方面是常说真话、实话。

5. 不两舌，不挑拨离间，积极的方面是常作和合语。

6. 不恶口，不出恶言伤人，不说粗话、脏话、刻薄语、令人嗔恼语，积极的方面是常作温和悦耳语、文明礼貌语、文雅典则语、人所乐闻的美言爱语。

7. 不绮语，不讲废话、夸张不实及描摹渲染色情的话，不制造、宣传、出售黄色作品，积极的方面是常作对人有益的语言、符合真理的语言。

8. 不贪欲，不贪求别人的财物，非分不苟取，不取不义之财，积极的方面是常思利他，乐于施舍。

9. 不嗔恚，不生气发怒，不怀恨结怨，不嫉妒恼害，积极的方面是常怀慈悲欢喜。

10. 不邪见，不持无因果业报、无前生后世、无佛陀罗汉等见解，积极的方面是坚持正见。

与十善业相反，杀生、偷盗、邪淫、妄语、两舌、恶口、绮语、贪欲、嗔恚、邪见则为十恶业。最重的恶业是杀母、杀父、杀阿罗汉、破坏僧团、出佛身血等"五逆"或"五无间业"。

善恶业皆根据轻重，分为下、中、上三品。

二、由意起思，由思造业

心乃造业之本，是《阿含经》中佛陀所一再强调的。《正法念处经》卷二十偈云：

心能造作一切业，由心故有一切果。

《华严经·夜摩宫中偈赞品》谓"诸蕴业为本，诸业心为本"。《本事经》卷一佛言：

业自性者，谓或思业，或思已业。

谓思是业的自体，思本身就是业的一种（意业），身、语二业，皆以思的外化或实现为实质，由思发起，故称"思已业"。《增一阿含经》卷五十佛言：

三业之中，意业最重，人的所行，先意念，然后口发，然后身行杀盗淫等。

《佛说兴起行经》卷下谓身之杀盗淫三业及口之妄语等四种业，"皆系意钉"——像绳索被系于意的钉子上，"意不念者，身不能独行"。《正法念处经》卷三偈云：

行法意在前，意有力速疾，先意动转已，则能说能行。

此所谓能发起身、口二行，有力、速度很快的"意"，主要指意识的运作——"思"。思，具有颁发言行指令的作用，人凡说话做事，莫不先有内心的考虑、思索，从"审虑思"进到"决定思"，形成确定看法，然后有"动发胜思"，将思考之决定付诸言行。南传《增支部》佛言：

我说为业的即是思，因为由于它的意愿，人们才会通过身口意造业。

《大智度论》卷三十三谓"从思生故，得名为业"。身、语二业的实质，甚至可归结于意业或思。

从一念心生的进程看，由心境相接触进行认识，到九心轮的第七安立心，五心轮的第三决定心，才形成确定的认识（决定思），之后才有能作言行指令的决意（动发胜思），即九心轮之第八势用心、五心轮之第四染净心。《中阿含经》卷二十八《蜜丸喻经》佛言：

缘眼及色生眼识，三事共会，便有更触，缘更触便有所觉，若所觉便想，若所想便思，若所思便念，若所念便分别。

一念心生，基本依五蕴的次第：先根、境、识三缘和合生触，次生受，次生想，次生思，次生念，然后生起能生烦恼惑业的分别。《瑜伽师地论》卷一说意识发起身语意业的过程是：先有发起业的审虑思，次生发起业的意欲（决定思），次起功用（动发胜思），次随顺功用而生起身中能造业的风（力量），从此发起身语意业。《俱舍论》卷三十说身业生起的过程为：

从忆念引生乐欲，乐欲生寻伺，寻伺生勤勇，勤勇生风，风起身业。

谓由忆念、乐欲、寻思而生的勤勇（决意），为人行为的近因，忆念、寻思、勤勇，即是思。由勤勇产生身体的动作而造身业。如人从看见商店里一样货物到购买的过程大略是：经过观察比较（忆念），对那样东西感喜欢（乐欲），考虑该不该买（寻思），决定购买（决意），然后有购买的动作（风起身业）。购买之身业是思的结果。

《优婆塞戒经·业品》分业造作的过程为三：一方便，做准备；二根本，专心造业；三成已，造业后回忆所为，欢喜不悔。如男女偷情，幽会拥抱等为方便，上床达性高潮为根本，事毕后追忆"那次好销魂"为成已。《大乘阿毗达磨杂集论》卷五说杀生等业可从五门分别其相：第一为事，已成事实；第二为意乐，出自自愿；第三为方便，造业所需的条件、前奏；第四为烦恼，造业时的情绪；第五为究竟，造业的结果。这五条，甚至可以作为法官判别犯罪行为的标准。

三、从心起惑，由惑起业

佛典中主要数说的有漏业，悉皆由"惑"而起，从心起惑，由惑起业，由业感苦，惑、业、苦三者恶性循环，如车轮转动不已，乃佛学对众生生死流转因果的集中概括。《大智度论》卷五谓烦恼、业、苦三事"展转更互为因缘"。《成唯识论》卷八云：

> 生死相续，由惑、业、苦。

惑（梵文 kleśa），谓迷惑不觉，特指不知佛法之真实事理，与"无明""痴"相近，或为妨碍真实觉悟的一切心识作用之总称，常用作烦恼的别名，所谓"发业润生，烦恼名惑"。

诸惑尤见、修二惑，是我人造作有漏善恶业的驱动力和亲因。见、修二惑中，作为世界观、人生观的见惑，是一个人造业的主导思想和言行的出发点。具有高尚的人生理想，以奉献人类、服务众生为怀的人，其言行必然高尚。深信善恶必有报应的人，自然能止恶行善，即便偶起恶念乃至做了恶事，也能自感惭愧，改过迁善。而杀盗奸欺、违法乱纪的罪犯、恶人，一般都抱持善恶无报、无前生后世及金钱万能、物质实有不虚的邪见、边见，及极端个人主义、享乐主义的人生观。信奉邪戒禁者，会做出自饿、自淹、有病拒绝吃药、自焚等无益有害之事。

诸业因中，与生俱来、与思俱起的修惑，即贪、嗔、嫉、慢等烦恼，乃驱使人造作有漏善恶业的直接原因（亲因）。《杂阿含经》卷十六第454经佛言：

缘种种界，生种种触；缘种种触，生种种受；缘种种受，生种种想；缘种种想，生种种欲；缘种种欲，生种种觉；缘种种觉，生种种热；缘种种热，生种种求。

因心识开放，接触外境，依次生起种种受、想、欲、觉（认知），由确定的认知，使心发热（热恼不安），因发热而求（追求）。如某少年因确认某位少女很可爱而热恼追求，许多人确认金钱必需、有用而求财。使人发热追求而造业的烦恼，主要是贪。《本事经》卷一佛谓"业因缘者，谓诸贪爱"。《大般涅槃经》卷三十七分析众生造业的原委说：

业因者，即无明、触，因无明、触，众生求有。求有因缘，即是爱也。爱因缘故，造作三种身、口、意业。

如拼命赚钱，乃至巧取豪夺、贪污受贿、抢扒偷窃、伪劣假冒、贩卖毒品、赌博、诈骗等恶行，无一不是因为贪爱钱财；发动侵略战争，屠城掠地，殖民贩奴，也是出于对土地、资源、劳动力的贪占之欲；追求异性，乃至通奸、偷情、强暴等，是出于贪爱异性或好色；嗜烟酗酒，是因贪爱烟酒，大吃大喝，是因贪爱美食；整天玩乐，是因贪爱玩乐；沽名钓誉，是因贪爱名望；钻营买官，是因贪爱权位。至如因爱好艺术而喜歌舞书画，因爱工作而精勤工作，因爱事业而勤恳敬业，因爱家庭而精心持家，因爱国而为国捐躯等善业，也无不出于对艺术、工作、事业、家人、国家等的热爱。即平民百姓劳动工作，挣钱养家，维持生活，从根本上说，也无非出于对生活或人生的贪爱。由贪爱还会产生吝啬、嫉妒、仇恨等烦恼业因。因为妨碍、不利于自己得到所贪爱的东西，才会嗔怒嫉恨，乃至因此而打骂嘲讽、陷害杀伐；因为伤害了我所珍爱的我的尊严、利益、声望等，才会愤怒仇恨；因为妨碍我得到我所爱的美人、权位，才有情敌、政敌之间的嫉恨倾轧、明争暗斗。

若依佛法的十二因缘法进一步追究，则依贪爱生善恶等业——即"行"，行，终以无明为因，无明，是造有漏业的总根源。张澄基《佛学今诠》解释行

（梵文 saṃskāra）为"一种必须要去行动的本能冲动"：

业力之起因，乃是众生心中潜意识中之本能的生存欲及活动欲（unconscious-will），由此俱生盲目的意欲之鼓动而形成的。①

无明（梵文 avidyā），为愚痴不明真实事理之义，即是根本烦恼中的痴。即便以信、无贪、无嗔、不害、欢喜、慈悲等善心造善业，也多不离根本烦恼中的痴，不离对诸法无我之真实的无知。大多数众生一生的所作所为，大概都以执身心等为自我的身见、我爱为根本立场。《维摩经》中，文殊菩萨与维摩居士六番问答，讨论善、不善孰为本，结论是：善、不善以身为本；身以欲贪（欲界贪爱）为本；欲贪以虚妄分别为本；虚妄分别以颠倒想为本。虚妄分别、颠倒想，即是不如实的认识，即是无明。《中论·观法品》云：

是诸烦恼业，皆从忆想分别生，无有实。诸忆想分别，皆从戏论生。

戏论（梵文 prapañca），指用名言表示的非如实的认识，此认识由忆想分别——念、想、寻伺等诸心所法的运作（思考）而形成。《瑜伽师地论》卷三十六《真实义品》说，贪嗔痴等烦恼依身见我慢而生，身见我慢则依"分别戏论"——不符真实的认识而生。

至于什么是真实事理，佛学诸家有深浅不同的解释。一般而言，对善恶因果和一切现象缘起无我的真实无知，为能作有漏恶业根本起因的无明。如走私、贪污等恶行，其根本原因是以为只要做得巧妙，便可逃过法网，不相信必得恶报，虽精于作奸取巧，却愚于因果报应之真理。一切有漏业，终归以迷昧于诸法无我真实的我执、法执为根源。我执，又称"人我执"，谓执身心、社会角色及属于我的东西为真实自我；法执又称"法我执"，谓执所认识的物质财富等一切现象为实有，或物质等离心识而实有自体。我、法二执的厚薄，与恶业的大小成正比，造作重大恶业者，如杀人、抢劫、贪污、盗窃等罪犯，追究其犯罪原因，无一不是因太过于自私（我执特重）及把钱财物质权位等看得太重（法执特重）。一般而言，我法二执深厚，太自私及将钱财名利权位看得

---

① 张澄基：《佛学今诠》（上册），慧炬出版社1973年版，第80页。

太重的人，容易做出损人利己的种种恶行，其人格较为卑劣低下。而多做利他济世之善业者，其我法二执一般较为轻薄。

大乘性宗则以不觉真如常一不动为能生起有漏业的最终原因无明，《大乘起信论》云：

> 以依不觉故，心动，说名为业。

此即天台宗等所谓的根本无明、无明惑，《胜鬘经》所说无明住地，是一种迷昧黑暗、缺乏如实知见之智慧的先天蒙昧状态。

关于能引起有漏业的诸烦恼惑生起的因缘，《大乘阿毗达磨杂集论》卷四说有三因：

> 谓烦恼随眠未永断故，顺烦恼法现在前故，不正思惟现前起故，如是烦恼方乃得生，是名缘起。

烦恼之依因，是心识仓库中潜藏的烦恼种子（随眠）；烦恼生起之缘，是能生起烦恼的境和事，如可爱的东西、财物、权位等；烦恼之近因，是不正思惟——不正确的作意、思考。《瑜伽师地论》卷八归纳烦恼生起的因缘为6种：

1. 所依，指阿赖耶识中储藏的无明、烦恼种子。

2. 所缘，所认识、接触的人、物、境、事。

3. 亲近，亲近父母、师长、朋友等，接受其影响。

4. 邪教，接受某种不正的教育、教唆、教义、劝诱、社会影响等，形成不正确的人生观、世界观。

5. 数习，由反复多次的言行而形成作恶的习惯。

6. 作意，对某事物的注意及对境临事时的考虑、决定，具体指"非理作意"（不符合真理的思考）。艾利斯的"ABC情绪理论"认为，人对刺激情境的信念、认知，是引起情绪反应的直接原因。

总之，能作业因的诸惑，是以本人阿赖耶识中的种子为因，在社会生活中受家庭、学校、亲友、宗教、社会文化等的影响，由本人的言行习惯所左右，由当事时的作意、思考而生起。人的语言行为，一般说来会由所依、所缘等因缘而形成一定的模式，但也有可能做出不符合其行为模式的事，如聪明人也可能因一念之差而说错话、做错事，惯偷在某些场合也可能不偷。善业有时也可能出自恶心，如为掩盖包庇自己的过错或为出名而慷慨捐献等。恶业有时也可能出于善心或无意，如好心做坏事及误杀之类，谓之"业颠倒"。

四、业必感果，业能缚心

业，作为一种有意识、有目的的造作，具有力量、作用，称"业力"。佛法说业力极为强大、复杂、神秘，与众生数量、龙力、禅定力、佛力并称五种"不可思议"，"业力不可思议"，乃佛典中多处强调的格言。《大智度论》卷五引经言：

业力最为大，世间中无比。

业虽然是人有意识地造作，但一经造出，便会成为一种不依造作者意志而转移的异己力量或自然力量，转而成为束缚人承受苦乐、流转生死、不得解脱自在的绳索，称为"业缚"；业力是无情的、中性的、自然的，为一种循自然法则运作的作用力，因称"业天"；业力的强大、不可思议，主要表现在其作为一种强因，必然会按其自身本有的、自然的缘起法则、因果规律，产生其果报，称"业报""业果"；业的果报不但决定造业者现在所承受的一切，而且能决定造业者未来、临终、死后、来世的去向，称"业道"。

业力运作的规律，主要是张澄基先生所谓"同类相应"，即什么因生什么果，善有善报，恶有恶报，犹如种瓜得瓜，种豆得豆，不会错乱。此外，还有自作自受、报通三世等法则。《瑜伽师地论》卷九等分业因所生的果报为5种（五果）：

1. 现法果，亦称"果报果""士用果"，指现前或今生现世便见成效、便得受用者。如努力学习现得知识技术，闻思佛法能启迪智慧，做工务农得产品收获，热心助人、服务公众不仅使他人受惠，也使自己觉得充实、愉快，获美名佳誉、好人缘等。《瑜伽师地论》卷七说听闻正法思考修学、学习工巧技术等，感得现世报。同论卷九说以增上"无顾欲解"（意欲与看法）不顾恋自身及财物，及上品慈悲欲解、净信欲解、知恩报恩欲解之心，造作利他、救济、供养等善业者，得现法果。

若造杀、盗、淫、骗等恶业，则如《中阿含经·大品痴慧地经》中佛陀所言，其身心现前要受三种忧苦，一者遭人责骂、轻蔑、离弃；二者遭国法责罚处置；三者心中常怀忧惧，怕被人揭发、处罚，思想包袱沉重，不得轻松安然。《大集经》卷三十一说，作恶者现在得四种果报：一恶名远闻；二亲友远离；三得大重病，死时饮食不下，见恶境相；四财货被火烧贼劫。《瑜伽师地论》卷九说，以增上（特别大）的有顾心（顾恋自身及财物）、损恼心、憎害心、弃恩心造作恶业，尤其造五无间等重业，得现法果。造杀人等恶业者，有自害、害他、自他俱害、身心忧苦等过患。自害者，由此身败名裂，或身陷囹圄。害他者，破坏他人利益、断送他人幸福，祸及其妻儿父母。自他俱害者，或遭仇家报复，致使彼此俱伤。身心忧苦者，正造业时心怀嗔狠恶毒，或怒火中烧，或担惊受怕，造业之后畏惧忧愁，令身心不安，往往会导致疾病。

当今科学研究也提供了一些现法果报的证据。如美国密歇根大学对2700人14年的跟踪研究表明，经常行善者免疫系统功能十分健全强大，善行使大脑分泌出天然镇静剂，令人内心温馨，烦恼解除，坦然愉悦，有助于增强免疫功能，恶行则反之。哈佛大学研究者让学生看一部关于美国一妇女终身在印度加尔各答救助穷人和残疾人事迹的纪录片，发现学生唾液中免疫球蛋白A的水平明显增高。另有研究表明，人说谎时体内神经细胞受到振荡，会分泌一种荷尔蒙，加速心跳和呼吸，使血压上升，白血球数下降，抵抗力降低，导致高血压、头痛、溃疡、失眠等疾病。

2. 等流果，又称"习气果"，指善恶业一旦造作，必然会在自己阿赖耶识中落下同类种子，成为能决定以后言行和心理活动的因，会驱使人不由自主地再次、多次重操旧业。如偷窃过一次者，多会第二次偷窃；杀过一次人者，容易再度杀人。多次重复，便会形成难以更改的习气、习惯。

3. 异熟果，来生后世成熟的果报。若力行十善，坐禅修定，临终得以生天，长享快乐；若能敦伦尽份，尽到做人的责任，并热爱生活，死后得以再生为人。若行杀人、偷盗、抢劫、贪污、淫乱、诈骗等恶业，一生索取多于贡献，为害大于为善，死后会堕于地狱、饿鬼、畜生三恶道中，长期受苦；即便再生为人，还须受短命多病、被杀、贫穷、妻不贞洁、残废、盲聋、所说不为人所信受、缺乏亲友、常被诽谤等"余报"（一说此为增上果）。

4．增上果，指善恶业行所感招的生存环境及对生存环境的影响。

5．与他增上果，指个人的言行对他人带来的后果。如英雄模范的美好言行，能起良好的榜样示范作用，带动大众学习效仿，经论中说佛菩萨、圣王能令无量众生安乐；子女犯法，令其父母兄妹心中忧苦，脸上无光；一人过错，能损害其所在单位的声誉、利益；等等。实际上，人是社会性的存在，人们的业互相影响，别人的业能影响自己，自己的业也能影响别人。

从时间上讲，业果有现报、生报、后报三种报应方式。现报，谓当下或今生受报，即现法果；生报，谓死后、来生受报，属异熟果；后报，谓在遥远的他生后世才会受报。果报成熟的早晚，由其所需因缘是否具足而定，因缘不具足则暂不受报，是故世间往往见有好人不得好报、恶人不见恶报的现象。但不论果报成熟的时间拖得多长，只要造了业因，便没有不受报的道理。《大宝积经·佛说入胎藏会》偈云：

假使经百劫，所作业不亡，因缘会遇时，果报还自受。

佛经中说业报成熟时，即便以大神通力上天入地、钻山潜海，也不可能逃脱。所造业不亡、必受果报的原因，是业尤其是与其他众生相关的业，必定会在自他的阿赖耶识中留下种子，种子虽念念灭而作用恒随转，成为一种自然的力量，必然会按照自然力量所遵循的因果法则，成熟果报。就像千年的古莲子，只要种在塘泥中，还会发芽出苗，开花结果。

佛法的因果论，合理解释了一切果报，既否定一切无因无果的无因自然论、断灭论，也否定将一切归于前世所造业的宿命论。《显扬圣教论》卷十说：果报的原因非一，或有果报唯以宿世业为因，如生于恶趣及贫贱人家等；或有果报乃杂因所生，如从事官宦、农、商、盗窃等，有获得富乐者，有劳而无功者；或有果报唯以现在业为因，如听闻正法如法修行、修学知识技术、运动舞蹈等。

按佛学之说，也并非所有的业都必然受报。非善非恶的无记业和非故意或非有意造作的"不故作业"，不必受报。《中阿含经·业相应品·思经》佛言：

若不故作业，我说此不必受报。

必然受报的，只是有意造作的善恶业，此类善恶业，又根据轻与重、增长与不增长、定与不定等区别，其果报亦各自不同。最重的业称"增上业"或"猛利极重业"，必感极重果报，而且受报的时间较近。《瑜伽师地论》卷九说这种业有六相：一为加行，以极深重坚固的善心或恶意为动机；二为串习，多次重复，成为习性；三为自性，业本身性质极重，如杀人、贩毒、谤佛等重大恶业，救人、无私奉献、精勤学佛等极重善业；四为事故，谓造业时的表现，如以刀连刺人数十下而致死等；五为所治一类，谓一向所作，一贯所作，多年不改者；六为所治损害，如能痛改前非之类。定业，指必定受报者，其必定又有时间、果报俱定和报定时不定、时定报不定之别。《优婆塞戒经·业品》云：

何因缘故名果报定？常作无悔故，专心作故，乐喜作故，立誓愿故，作已欢喜故，是故是业得果报定，除是之外悉名不定。

只有具备上述四个特点的才是必受果报的定业，其余不定业，缘合方报，缘不合未必受报。《涅槃经·师子吼菩萨品》说："一切众生不定业多，决定业少。"

又，结果与动机不同的"业颠倒"及无意中所造成的恶果，如误杀，据《瑜伽师地论》卷九说虽有杀生而无杀生罪，"然有杀生种类杀生相似同分罪生"，意谓这类业与故意所造杀业结果虽同而果报不同，不受故杀的果报，但毕竟造成了重大恶果，也要受与故杀相似的部分果报。

有漏业所感招的果报，从公与私的角度可分为两种：一种是同类众生或多数人所共见共享，如某地区的自然、社会环境，是在该地区生活的所有人共同受用的，此类果报由该地区人共造或各人所造业中的共同者——"共业"所感；另一种是个人独自受用的果报，如个人的先天禀赋、疾病等，此类果报由"不共业"所感。使人生于何种种类、地区、时代，由"引业"或"牵引业"

"总报业"所决定；同类众生之间个体的差别，由"满业"所决定。《阿毗达磨杂集论·决择分中谛品》说有的业可牵引来生一世的异熟果，有的业可牵引来世多生的异熟果，有的异熟果由一业所感，有的异熟果由多业所感。人一生多造下许多能牵引未来异熟果的业，佛经说一念受千生，其中重业、多次惯习的业、临死时现前的业、最初所引的业，先成熟果报，能决定死后的去向。

总之，业的力量巨大无比，业的作用神秘奇妙，不可思议。业是众生命运的主宰者，是众生心理素质、心理模式、心灵桎梏的制造者，业不仅带给众生现前的苦乐辛酸、悲欢荣辱，而且决定众生死后的去向和他生后世的际遇。业还是世界的创造者，是真正的造物主，《华严经·十回向品》偈云：

一切世间之所有，种种果报各不同，莫不皆由业力成。

不仅众生现前受用的身体、容貌、智商、情商等禀赋，乃自己宿世所造业的产品，即大家共依的日月星球、山河大地等生存条件，也是共业所感招，至于田园舍宅、道路水渠、高楼大厦、车辆机器、衣物器具等，更明显是人类现在所造业的直接作品。

五、业由心造，心可转业

业虽有束缚、牵引自心的巨大力量，遵循铁的因果规律运作，但终归由心发起，终归为心的活动、心的功用，一切业报，终归为心的果报。如《法句经》佛陀偈所言：

中心念恶，即言即行，罪苦自追，车轹于辙。

中心念善，即言即行，福乐自追，如影随形。

念恶念善，乃心的活动。业力不可思议，终归是心力不可思议。心不仅能造业，而且还具有把握业、操纵业的理智（慧）、意志（勤）等功能，有如实认识业之因果本末的智慧，有比业力更为巨大、更不可思议的自制其心及转移业、消除业的能力。

由心起惑、由惑起业的过程及九心轮、五心轮说明：我人对境遇事时的心理反应，虽然以宿世的异熟心为起点，受作为宿世异熟果的既定的家庭、社会环境、遗传基因等因素的影响，具有一定程度的被动性、非自主性，但大部分的业，从触境到发起，须历经转心、见心、等寻求、等贯彻、安立或率尔心、寻求心、决定心，经"思"的抉择考虑，才付诸实现。重大的业多经较长时间的反复思考，方才决定。而思，具有很大程度的自主性，完全可以发挥理智和意志的作用，选择对自他有益的善业而行之，制止恶习之因种而不令其成为现行。如果说业报似一台电脑，则人心便像能操纵电脑键盘的手。以正确的信仰、见地，高尚的理想为主导，自制其心，诸恶不作，众善奉行，完全可能成为自心的主人，自造美好的心灵、幸福的人生。在真正把握了佛法精髓的佛教徒看来，一切唯取决于当下一念，当下一念创造现在、未来。当下一念做得主宰，则能主宰自己的命运。

业，虽然力量巨大，却是因缘所生，没有其常住不灭的实体，其性本空，缘起故、空故，具有可以创造因缘转化业的可能性。佛教的全部修行、解脱，皆立足于此原理。若业有实体，其性非空，便没有了修行解脱的可能性，因为众生所造业无始、无量，如《大般涅槃经》卷四十佛言：

若以断业因缘力故得解脱者，一切圣人不得解脱。何以故？一切众生所造本业无始终故，是故我说修圣道时，是道能遮无始终业。

该经中佛甚至说，若言一切业皆必定得果报者，"当知是人非我弟子！"《优婆塞戒经·业品》说：

如有修身、修戒、修心、修慧，定知善恶当有果报，是人能转重业为轻，轻者不受。

即宿世所造的重大恶业，乃至要堕入无间地狱长劫受苦的杀父母、罗汉等"无间业"，也可通过至心忏悔，及造作重大善业的强缘，遮止乃至消灭其果报。《大毗婆沙论》卷九十九引佛经偈云：

若人造重罪，修善以除灭，彼能照世间，如月出云翳。

说行善能灭重罪，同论卷一百一十四引佛言：

一切业皆可转故，乃至无间业亦可令转。

《杂阿含经》记载有杀人不眨眼的外道鸯掘魔罗经佛陀教化，放下屠刀、证得阿罗汉果的故事。然若造重大恶业，也非随便忏悔一下便能灭尽业报，《十住毗婆沙论》卷六引佛言：

> 我不言忏悔则罪业灭尽，无有报果；我言忏悔罪则轻薄，于少时受。是故忏悔偈中说，若应堕三恶道，愿人身中受。

如《长阿含经·沙门果经》载，佛接受杀父篡位的阿阇世王忏悔，王去后佛告比丘，若阿阇世王不杀父，即当于此座上得法眼净（见道）。今自悔过，罪咎损减，已拔重咎，但不能证得道果了。《阿阇世王问五逆经》等说，彼王命终虽入地狱，犹如拍球，很快当生四天王宫。

佛学大讲因果报应的旨趣，在于教人掌握因果法则，止恶行善，解脱业力的束缚，获得心灵的自在。《彻悟禅师语录》说得好：

> 业由心造，业随心转。心不能转业，即为业缚；业不随心转，即能缚心……唯业所感故，前境来报，皆有一定，以业能缚心故；唯心所现故，前境来报，皆无一定，以心能转业故。若人正当业能缚心、前境来报一定之时，而忽发广大心，修真实行，心与佛合，心与道合，则心能转业，前境来报，定而不定。又心能转业，前境来报不定之时，而大心忽退，实行有亏，则业能缚心，即前境来报，不定而定。

如果不能如实认识业的因果本末，以理智和智慧自主其心、自主其业，则心灵必定会为自己造作的业力枷锁所系缚，命运会为自己所发动而异化了的业力所主宰，生命甚至会为自己所制造的业之机器所粉碎。这是佛陀及其弟子们苦口婆心一再劝诫世人的金玉良言，无论在哪个时代，大概都具有现实意义。

心、身、境不二论 | 第六章

佛学从缘起论出发，对心灵哲学乃至多家哲学共同探讨的重大问题——心身、心境、心色（物）、主客关系，进行了深入的论述，主张心身不二、心境不二、心色不二、心气不二、依正不二、自他不二。不二，有统一于一体互不能离，及体性是一，超越区别、对立之义。《大乘义章》卷一释云：

言不二者，无异之谓，即是经中一实义也。一实之理，妙寂离相，如如平等，亡于彼此，故云不二。

不二，是指对立双方乃至宇宙万有的真实本性悉皆同一，没有差别。万有之真实本性，即是缘起，心身、境及心色、心气、依正、主客等，皆互相缘起，其体性无异，同为一真如或一真法界、一心，名为不二，亦名"中道"。不二、中道，为佛法的最高原理和方法论。

身、心、境不二论所蕴含的心身、心境、心物、主客、人与自然等关系，攸关生命本质、认识根源、宇宙模式等古今中外多家哲学所探讨的重大问题，与当代生态学的人天观和人体科学的人体超巨系统说牵涉甚深。

第一节　从心身不二到依正不二

佛学从哲学角度，以缘起法则深入探讨了心身、境的密切关系，以期说明心识的本质和作用。

一、心身不二

心身关系，可以说是人类先民理智初启时期便开始考虑的一个重大问题，是最为古老、贯穿全部西方哲学史的中心问题之一。对这一问题的解答，有主张灵魂与肉体各有其实体、势不两立的身心二元论，及主张灵魂是身体机器部件的机械唯物论等诸说，长期诤讼不已。18世纪以后，随科学之发展，心身问题在西方以生理与心理及心理与物理的关系问题而被研讨，20世纪以来更集中于意识与大脑关系的研究。心身关系是当代哲学、心理学、生理学、脑科学、心身医学等学科共同关注的问题，为现代心理学的四大争论焦点之一。

佛学对心身关系问题论述甚多，大略认为心身不二，相互依存，而心识的作用特别殊胜，为主为枢。身（kāya）的梵巴语意为"群体"，说明身体是多种因素的组合体。《杂阿含经》将众生的存在看作五蕴即身心的和合，及名色与识互相依赖有如三捆芦苇相互依靠始得竖立之喻，表明了佛法看待心身关系的基本立场。佛经中说众生（主要指人类）的生存是心、命、寿或寿、暖、识三者的结合，暖，即体温（生命热能），寿，谓生存的期限或有一定期限的生存。《中阿含经》卷五十八《大拘絺罗经》大拘絺罗尊者答舍黎子问，谓"意者依寿、寿者依暖"（意识依寿命而存在，寿命依体温而维持），寿与暖紧密结合，犹如因油因炷故得燃灯。《佛般泥洹经》卷上云：

命随心，寿随命，三者相随。

命即命根，一种维持生命活动的本原动力（生命能量或藏密所谓"持命气"），决定寿，常言曰"寿命"。"命随心"（生命随心识走），有心识为生命根本的意味。《八识规矩补注》卷下引经云：

> 寿、暖、识三，更互依持，得相续住。

谓人的存在是寿命、体温、心识三者的结合，身心互相依存，一体不二。《施设足论》认为使人维持生命的出入息（呼吸）"由心力转（推动）"，死亡时无心，故出入息断绝。大乘佛学更强调心身不二，心识为生命的主宰者，《大宝积经》卷一百一十云：

> 识者是身之主，遍行诸体，身有所为，莫不由识。

肉体为精神、心灵的载体或物质、生理基础，乃显而易见，被世间多种学说强调，佛教对此亦不否认，经论中多处说心识依根身方得生起，六根为产生六识的根、处所。《大般涅槃经》卷二十四谓一切凡夫众生身心皆不得自在，或心随于身，或身随于心。心随身，谓心跟着身体走、被身体束缚：

> 云何名为心随于身？譬如醉人，酒在身中，尔时身动，心亦随动；亦如身懒，心亦随懒；是则名为心随于身。又如婴儿其身稚小，心亦随小；大人身大，心亦随大。又如有人身体粗涩，心常思念欲得膏油润泽令软，是则名为心随于身。

心被身体限制，名心随身。《瑜伽师地论》卷一百云：

即由如是所执受色或时衰损，或时摄益，其心心所亦随损益。

说心理受肉体的制约和影响，肉体若衰老或受损害，心理亦随之衰老或受损害；肉体若由善于调养而获益，心理也随之获益。若营养充足，锻炼得法，合理补益，使身体健康，心理之活力也随之增强，青壮年生理机能旺盛，心理上进取心、竞争心理等也多较老年人强盛，人言"少年气盛"。《入楞伽经》卷五偈谓"老、小诸根冥，不能生智慧"——感知器官未发育健全的幼儿和已衰老的老人，不能产生智慧。若营养过剩及服用激素等，使身中的内分泌发生变化，能增强性欲，使性心理乃至性格脾气都发生变化。《楞严经》卷八说葱、蒜、韭等五种辛菜，"熟食发淫，生啖增恚"，禁止僧尼及修大定者食用，无疑是认识到了五辛中含有助性欲等物质成分。重视修身炼气以助修心的藏传密教，对身体于心理的影响甚为注重，有诀云"身调则气调，气调则心调"，认为体内各种元素的平衡，是心理平衡的基础。

今医学研究提供了大量身体影响心理的数据，如体内碳水化合物不足会令神经系统能源不足，使人情绪低落，郁郁寡欢，而碳水化合物充足，使血糖长时间维持在一定浓度，可令人心情平静；糖类摄入过多使人无精打采、胡思乱想、易激动、性情多变；缺钙时会使神经系统兴奋，难以宁静、有耐心，易失眠、健忘；缺乏维持神经系统能量代谢的维生素 B_1 令人情绪沮丧，缺乏维生素 B_2 会情绪暴躁，易激动，缺乏维生素 B_6 易得抑郁症，缺乏与神经鞘的合成有关的维生素 B_{12} 会思维能力下降、感觉障碍、精神错乱，缺乏维生素 B_3 即烟酸（尼克酸）会引起痴呆、思维混乱，缺乏维生素 C 令人无恒心，注意力不集中；热天吃肉多，动物蛋白摄入过剩，或吃得太油腻，血液中脂肪太多，会使脑中色氨酸含量减少，令人烦躁、暴躁；体内镁充足可减少压力激素的过度分泌，镁被称为"抗压力营养素"；体内钠太多会促进紧张，令情绪难以安宁。女性体内血清素较多，故较能抑制急躁，显得和气温顺；男性体内去肾上腺素较多，故较急躁，易激动。妇女月经期间，因内分泌和神经系统的影响，会产生不适感，情绪易激动，绝经初期多有忧郁、烦躁易怒、注意力不集中等心理变化。男人在更年期因体内激素等的变化，也会产生类似妇女经期及绝经初期的心理变化。

躯体疾病还有可能导致精神失常，称"症状性精神障碍"。如细菌性、病毒性疾病，及肝性脑病、肺性脑病、肾性脑病、甲状腺机能亢进、糖尿病等疾病，能导致意识模糊、嗜睡、淡漠、幻觉、烦躁、焦虑、抑郁、躁狂、痴呆、昏迷、情绪不稳、急躁、易激动、敏感多疑、妄想、情绪低沉等精神症状。

心身不二的另一面，是身体的生理活动依赖心识的作用而得以维持，心理、精神可影响、制约生理。佛典中更为强调心识对身体的重要作用，认为心识是身体得以维持的根本。

《大集法门经》说"一切众生皆依食住"，须不断吸收各种需要的东西来维持自己的生命，所需食物和进食方式有四种，称四食。四食中，只有第一种

"段食"是物质性的饮食，后三种皆属心识活动。"一切众生皆依食住"，含有一切众生皆以心识活动为生存的必要条件甚至为生存的实质之意味。第二种"触食"的实质是"吃"悦意的感觉。《识身足论》卷十一说：眼等五识所了境若可意，了别此类境时生起可意的触、受、想、思，"由此便能长养诸根，增益大种"，若所了境为苦，则"减损诸根，破坏大种"，若所了境非苦非乐，则"非养非损"。说明可意的境所生愉快的感受，是身体上诸生理机制的营养，而不可意境所生不愉快、苦的感受对身体不利、有害。第三种"思食"的实质是"吃"悦意的表象、概念等。《瑜伽师地论》卷九十四说有气力、喜乐、于可爱事专注希望三者"长养诸根大种"，心理上的喜乐、对人生的热爱眷恋及理想、对未来的希望，是维持生命活动不可或缺的精神食粮。第四种"识食"，指内心深处一种生的欲望、不断摄取的欲望，即佛学所谓阿陀那（执受）识，此识不仅在意识底层默默地进行着处理心识活动信息（种子）的工作，而且在默默地进行着处理有关生理活动信息的工作，为色身得"活"，具有生命、按一定规则新陈代谢的主管者和动力源。

从十二因缘看，投胎之"识"是形成身体之本，《瑜伽师地论》卷一说心识（阿赖耶）最初托胎，与父母精血合和为一，名羯罗兰（凝滑）位，此羯罗兰色"与心、心法安危共同，故名依托，由心、心法依托力故，色不烂坏"。同论卷一百在指出心、心所随所执受色损益的同时，又指出：

由心、心所住持力故，其色不断、不坏、不烂。

谓心识、心理活动乃色身的"住持"，起着维持身体生理活动的关键性作用。同论卷五十七说"由体增盛及缘现在未来生故，识复长养诸根大种"——因为有心识的住持和资养，物质身体才成为有生命的活物而不致烂坏死亡。色身与心识，有如一对安危与共的密友，从不分离。《增一阿含经》卷五十一佛言：若人命终，其身根、舌根俱在，为何身口不能有所说，因为没有了心。这说明心比身体重要。唯识学甚至认为身体是心识所造，乃至唯是心识之"相分"。大乘如来藏学则认为真如心乃维持生理活动之本，身、心皆以真如心为体。《楞严经》谓身心皆"妙明真精妙心中"所现物。《坛经·定慧品》谓真如自性为色身生命的根本：

> 真如自性起念，非眼耳鼻舌能念，真如有性，所以起念，真如若无，眼耳色声当时即坏。

此所谓真如，指自心佛性，或曰真心、妙明真精妙心。

佛经中还指出，心理活动会引起生理的反应，尤其激烈的情绪能立即引起表情、面貌乃至动作、呼吸、心跳等身体变化，情绪的延长会影响身体，如《大般涅槃经》卷二四说：

> 愁恼之人身则羸悴，欢喜之人身则肥鲜，恐怖之人身体战动，专心听法身则怡悦，悲泣之人涕泪横流。是则名为身随于心。

身随心，谓身体跟着心走，随心之变化而变化。健康轻快的心态使身体也健康轻快，《华严经》卷六十一谓"心清净故身清净；身清净故身轻利"。《瑜伽师地论》卷六十六说，贪嗔等烦恼的先行，是使所执受的色（身体）发生变异的原因之一，忧苦愤怒能损害色身，轻安喜乐能饶益色身。《楞严经》卷八有云：

> 因诸爱染，发起妄情，情积不休，能生爱水。是故众生心忆珍馐，口中水出；心忆前人，或怜或恨，目中泪盈；贪求财宝，心发爱涎，举体光润；心着行淫，男女二根，自然流液……诸爱虽别，流结是同。

爱染贪着，性属向下，有如往低处流的水，贪染之心能出生"爱水"，当即引起流出涎水、泪水、精液等生理变化。今发现，情场失意时的"心碎"会引起与摔伤同样的身体疼痛且更为痛楚。心理上的"想"还能直接引起生理反应，《楞严经》卷三在谈到想蕴时说：

> 譬如有人，谈说醋梅，口中水出；思踏悬崖，足心酸涩。

前者说明语言可引起对感觉的回忆而发生那种感觉实际产生时的生理反应，"望梅止渴"的故事，就是根据想象能直接引起生理反应的功能而设计。后者说明想象能引起对所想事的感受而产生所想事实际发生时的生理反应，即巴甫洛夫学说名之为"条件反射"者，语言和想象，成为引起条件反射的信号。

长期的心理活动,则能决定容貌气色,《正法念处经·观天品》云:

心清净故,血则清净,血清净故,颜色清净。

谓心灵之纯洁,能通过血液的净化而使人容貌端正、脸色白净光润。反之,心灵污秽肮脏,能使人容貌丑恶,面色灰暗。经论中说天生长相好、人见爱乐,是前生忍辱、柔和、谦逊有礼的业报,所谓"今生人见欢喜者,前世见人欢喜故"。相貌丑陋、人见不喜,则是前世多嗔恨、骄慢无礼的业报。这可从当下的情绪引起的生理、相貌变化而推知,如耕云《幸福之道》所言:

你发了脾气之后,再去照照镜子,那里面根本不是你,是魔鬼。生气之后,祥和没有了,呼吸和心跳改变了,吃东西的味道、走路的姿势、说话的声音都不一样了,办事的效率降低了。

林肯说人四十岁后应对自己的相貌负责,今说四岁后即应对自己的相貌负责,意谓习惯的表情、心理活动能影响相貌。今发现相貌与情绪有很大关系,情绪直接影响肤色,心情愉快使人容光焕发,情绪不佳使人面色灰暗、多皱纹,缺乏关爱易生雀斑,心情烦乱易长青春痘。

佛学还说,心理失调可导致生理疾病,缩短寿命。《佛说医经》所举引起身中"四百四病"的十种主要病因中,忧愁、嗔恚二因纯属心理原因,淫佚(纵欲)也与心理相关。《摩诃止观》卷八说由烦恼所起的杀、盗、淫、妄语等恶业,导致相应的五脏、五根病。按唯识学,所有疾病终归为具主管生理活动能力的阿赖耶识所制造,是阿赖耶识这位公正无私的"地下工作者"对储入的有害信息按因果法则进行处理的结果。比如以细胞恶性增生为实质的癌、恶性肿瘤,病根显然在负责细胞生长的阿赖耶识。

科学研究提供了许多心理影响生理的证据,如情绪变化引起心跳频率增加、胃肠蠕动等生理变化,主要影响脑、脊髓、自律神经、经络,情感的生化物质会流布全身每个细胞,影响身体各部位的功能。抑郁、愤怒、紧张等负面情绪往往导致多种身心疾病。精神压力大可导致呼吸性碱中毒,使得机体呈碱性,加速细胞老化9—17年。激动使肌肉僵硬,手足痉挛,头晕,胸闷。紧张促使细胞分裂素大量分泌,产生自由基,加速细胞老化。抑郁症可侵蚀体内骨头，令骨质流失，易骨折。任何强烈的积极或消极情感，如狂喜、惊吓，可使心脏衰竭，可能导致猝死。药物的疗效与心情有关，信任医生、自信心强、乐观者疗效较好，反之则差。

美国著名精神医师大卫·霍金斯20多年的临床研究发现：不同的意识和精神状态，有其不同的身体振动频率及相对应的能量指数。同情、理解、善心增强意志力，使身中粒子振动频率增高，有益身心健康；邪恶念头及负面情绪则使粒子振动频率降低，导致身心疾病。觉悟时振动频率对应的能量指数最高，可达700—1000能量级，安详极乐时为600，宁静喜悦时为540，爱与崇敬时为500，理性谅解时为400，宽容原谅时为350，希望乐观时为310，勇气肯定时为200，骄傲轻蔑时为175，愤怒仇恨时为150，恐惧焦虑时为100，忧伤懊悔时为75，冷漠绝望时为50，罪恶谴责时为30，羞愧耻辱时为20。

佛学还以禅定修习中由自控意念而导致的呼吸、脉搏、心跳等的变化，证明心理可影响、反馈于生理，生理依赖于心理，甚至可以说生理是为心理服务的。在禅定修习中，当心从散乱动荡渐渐趋于寂定时，呼吸亦随之逐渐减慢。若进入一念不生、湛如止水明镜的第四禅，呼吸亦随心波之止息而停止。《成实论》卷十三云：

随心细时，喘息亦细，四禅心不动故，出入息灭。

如人疲极负重上山时喘息粗，休息时则呼吸微细。四禅止念不动的心力能令呼吸停止。禅定若进一步深入，达到无所有处深定时，脉搏、心跳亦停止，生命活动的节奏变得极为缓慢，然非死亡。

佛学说心可转身的一个物质性的证据，是舍利子。修行好的人死后火化时往往烧出坚固的结晶物，称舍利子，意译坚固子，有红白绿黑诸色，如珠如粟米如珊瑚等形状，还有肉身不坏的"全身舍利"，如今日尚存的惠能、金地藏、憨山等的真身。释迦牟尼佛的舍利现存有数十处，颇有不可思议感应者。《金光明经》说舍利乃戒定慧熏修而成，密教解释舍利乃"明点"（精气）所化，起码是多年严持不淫戒而使肉体或生理发生某种尚不好解释的变化之表征。

心身虽然缘起不二，但两者的作用并非完全平等，心识的功能特为殊胜重要。心识不但是身体之主，是身心关系中的主要方面，而且具能动性，不一定完全随身而转，有主动地、有意识地转变、改造身体的妙用，这可谓心身关系中最为重要的一面。《大宝积经·粪扫衣比丘品》云：

> 由心净故得身净，非身净故得心净。

心理的净化，可使身体清净，而不是通过净化身体便可使心灵净化。乐观向上，坦荡诚实，宽容忍让，看得破，放得下，没有任何心理负担、精神压力，肯定心宽体壮，无诸疾患，气宇轩昂，相貌慈善安详。但身体清净、健壮，心灵未必也清净、健康，俊男美女心灵未必都美。身强体壮，未必心理健康、道德高尚，而身体不健全，心灵、精神却未必不健全，重病患者，往往有不失高尚精神、坚强意志的，残疾人中，颇有身虽残而志、智不残，为社会做出巨大贡献者。从肉体上下手，炼体制气，导引按摩，锻炼得法，虽然不无祛疾健身、延年益寿之效，却不一定能收净化心灵的效果。功夫深了，身体好了，往往我慢增长，贪心膨胀。欲图净化心灵，只有从心灵这个主枢者着手，心灵净化了，附带必生健身美容之效。佛教之修持，便主要从修心见性下手，《大般涅槃经》卷四十谓调伏身体"先当调伏其心，不调伏身"。

有些道教人士称佛教"修性不修命"，然佛教亦非绝对不管身体、不修命，佛陀有不少关于养生健身、祛疾治病的切实开示，古德强调"身安则道隆"，诸家禅法皆以调身调息为必须注意的要点，密教无上瑜伽对修身炼气更为重视，有似道教内丹之"性命双修"。

身心关系，近代以来在心理学、医学和其他科学领域，主要在心脑关系上讨论，脑科学在这方面提供了大量脑决定心的证据，一般据此确认为：心，不过是脑这块特殊物质的功用。但也有不少心亦作用于脑的证据，如思考、情绪等心理活动，引起大脑耗氧量增加，主管区域血流及放电增加，可用FMI摄像机拍到。磁共振成像图显示：焦虑时相关大脑区域呈现一种花纹，血流增加、代谢加强、温度升高，愤怒时更明显。创意和挑战可以刺激多巴胺和皮质醇分泌，使大脑纹状体发生变化，使人产生满足感。经常面临挑战，脑细胞会长出树枝状体的新突起。感受到心理、情感、生理压力时，脑中皮质醇分泌，鼓舞情绪。用脑能促进突触成熟,活化多次的脑神经细胞比活化次数少的更容易被激活,故脑子愈用愈发达,不用则退化,若不动脑,大脑新生细胞会很快衰亡,促使脑早衰。无论在哪个年龄段,大脑皆可锻炼加强,学习及禅修,可以使脑专管专注的额叶区域变大,神经细胞分支突触增加。学习可以使脑中海马状突起更新,学习第二语言可使脑中灰质和白质增厚,高强度脑力活动可提高大脑神经元结构和功能。禅修能激活与积极的情绪体验有关的额叶皮层,双侧杏仁核区活动减弱。资深佛教徒禅修时,大多神经活动同步协调,其γ射线的波幅比健康常人大。冥想过程中,脑区域性血流加快,前扣带回层与前额叶皮层外侧区脑电波变化明显。

从佛法看,心与脑的关系是不二:心不离脑,须依脑为根发生功用,但心并不完全是脑,脑不能离心,离心则马上坏死。脑,甚至可以说即是心,是阿赖耶识的一部分,但阿赖耶识不只是脑。

从脑科学或心脑不二的角度看,佛教所谓修行、修心,实质上可以看作对脑功能进行自我改造。修行所要净化、断除、转化的种种烦恼、妄执,终归由脑中先天固有及后天习惯形成的有漏型反应机制所决定,作为每一妄念、妄执、烦恼生起之因的种子,主要是大脑神经网络固化的活动模式,它们使人在对境处事时,不自觉地进行虚妄不实及错谬的认知,生起烦恼,由烦恼造作有漏业。修行,其实是用如实知见的正智为导,去改造脑中的有漏型反应机制,将邪见改造为正见,将烦恼转化为菩提,将无明转化为明。而这能改造、转化、净化有漏反应机制的正智及寻伺、精进等功能,乃至修行证得的妙观察智等,也终归是一种脑电活动。这种脑电活动的改造,修行者可以自我感觉到。

心识为主为枢,对身体的反馈作用和心能转身的殊胜特性,往往被世人忽视。这大概与心识无形无相,看不见、摸不着,而身体则有实物可抓摸的性质有关。中西医学,历来以医治躯体疾病为主,基本上治身不治心。世俗文化,尤其是商业社会中的世俗文化,具有重身轻心的严重偏向。佛学强调心身不二、心为主枢、心能转身,对于针治时弊,特具现实意义。

二、心境不二

心境（尘）关系，即认识主体与认识对象的关系，主要关涉认识论，是哲学史上长期争辩的重大问题，有先验论、反映论等多种主张。从缘起论出发，视内心与外境相互不离，是佛陀的根本立场。《正法念处经》卷六十七说，六识为内法，六境为外法，内心与外境互为因缘，比喻为如影随身：

> 是内外法互相因缘，譬如飞鸟，游于虚空，随其所至，影常随身。内外诸入，亦复如是。若一切身，一切内法增长，心亦增长。心为一切法之因缘，各各相因而有诸法。

强调心为一切法的因缘。大乘唯识学对认识的机制、心境关系论析极为精密，主张识与尘境缘起不二，乃至摄外境于内识，立唯识无境，谓外境不离内识，乃内识变现，属心识相分所摄。不仅前六识所了别的六尘（亲所缘缘）乃外境信息与自己根识相互作用而"变带"起的影像尘，是一种相似于外境的、带有主观性的感知符号，不能离却自己根识能变能带的作用；即所了别的境相实体（疏所缘缘），虽有离前六识的自体，也不离心体，属阿赖耶识相分所摄，终不离识，甚至即是心识。

以万有为一真如心所现起的大乘性宗，更强调心境一体不二。《楞严经》卷五云：

> 由尘发知，因根有相，相、见无性，同于交芦。

能知见的内心与所知见的境相，各无自性，互相缘起，犹如三捆芦苇互相依靠而得竖立。《占察善恶业报经》云：

> 此妄心无自相故，亦依境界而有，所谓缘念觉知前境界故，说名为心。又此妄心与前境界，虽俱相依，起无先后。

谓心依其所了别的境，与境同时生起。天台宗《大乘止观法门》卷二则谓"相无自实，起必依心"，境相亦非实有，必依心而起。华严宗法藏的《华严经义海百门》说：

> 尘不自缘，必待于心；心不自心，亦待于缘。

这句话中的后一句所表达的心不离境义，人们大概都可以认同：只要是有所思，有所念，便必有所思、所念的对象——尘或境。即便是不直接对境时所起的独头意识，也还是有其了别的尘或境，如回忆旧事、构画未来，总不离旧事、未来的相状境况，不离其所生活的现实世界；即便坐禅入定，也还是有所了别的境相，如入无所有处定，"无所有"便是其所了别的境，属第六意识所对的"法尘"。从我人一生的无数心理活动中，欲觅一没有所了别对象者，实在是了不可得。

上面引文中的前一句话"尘不自缘，必待于心"，则与主张世界客观外在于人类意识的实在论相左，较难为常人所理解。《华严经义海百门》说：

> 若执尘、心为二，遮言不二，以离心外无别尘故。

谓说心境不二，尘必待心，是针对世人认尘境离心实有的执着而言。应注意，这里所说的"尘"，是指由色、声、香、味、触、法六尘所构成的认识对象，并不等同于今人所说"客观世界"，只是具有主观性的经验世界。六尘必须经过眼、耳、鼻、舌、身、意六大门户，经六识的感知才能成立，离了主体的六识，六尘及其构成的经验世界便无从产生。如《宗镜录》卷五十一所言：

> 心无自性，因境而生；境无自性，因心而有。

大乘性宗不仅说心与尘互不相离，而且从本体论的角度，说六尘依一真如本心或一真法界而现起，《修华严奥旨妄尽还源观》云：

> 尘无自体，起必依真。

真谓真如，即是一心，故六尘境相唯是一心所现，《华严经义海百门》即说"尘唯心现"。不仅尘唯心现，能认识六尘的六识，也唯此一心所现，故言不二。

藏密本尊曼荼罗中，将眼、耳、鼻、舌四识、四根与八大菩萨相配：眼识为地藏菩萨，耳识为虚空藏菩萨，鼻识为观世音菩萨，舌识为金刚手菩萨；眼根为弥勒菩萨，耳根为除盖障菩萨，鼻根为普贤菩萨，舌根为文殊菩萨。又以眼等四识及其所对色等四境配四佛父、四佛母：眼所对色为金刚庄严母，耳所对声为金刚歌音母，鼻所对香为金刚花鬘母，舌所对味为金刚舞母；身识为阎曼德迦金刚，所对触为马头金刚。八大菩萨分表佛性的功德，四识四根即八菩萨，具有根与识一体不二，皆为同一佛性功德的意味。佛父佛母，合表心识本具阴阳不二之佛性，识为佛父，境为佛母，有识与境一体不二之意味。

贝克莱将世界看作感觉的复合，固然主观，与佛学的唯识唯心义颇为不同，但若离却感觉的复合，人类便无从认识世界。物理学家马赫认为：我们感知到的世界是感觉要素的复合体，它并非离能感知的自我（身体及心理）而独立，心理的变化能通过身体影响世界。物理学家海森堡指出：科学所观测的并不是自然本身，而是折射着我们的探寻方法、专被我们询问的自然，主体与客体、外在世界与内在世界的习惯性划分是错误的观念。人对外界的知觉乃外界信息刺激经主观的心理运作而形成，乃现代心理学的结论，说明境相（唯识学所谓亲所缘缘、影像尘）依心识而生。皮亚杰提出发生认识论，强调认识乃积极主动的"建构"。

心理学家还发现了一些心与境相缘起、境影响心的事例：色彩能影响人的情绪、思维方式。如红色能激起急于取胜和焕发青春的力量，但接触过多会使人焦虑、疲劳；蓝色使人感到安宁和满足，可以消除紧张，治疗冬季抑郁症；淡绿蓝色能引起安全、自尊感；绿色有帮助消化和使人镇静、消除疲劳与消极情绪的作用；红绿交织使人觉得强壮、可靠、坚毅；黄色能加强思维能力；金黄色易造成不稳定情绪；橙色能增加食欲；黑色使人抑郁、消沉；奶油色使人宁静；粉红色能使狂暴者平静；带点蓝色的白光使人头脑清醒。声音的频率和节奏能在人体内产生谐振，直接影响人的脑电波、心律、呼吸节奏等，从而影响人的心理。如昂扬的号子可减轻疲劳，紧张的军号能激励斗志，愉快的音乐令人愉悦，强度不高的噪音使人疲倦、烦躁不安，强烈噪音使人肌肉紧张、注意力涣散，记忆力、理解力、思维能力降低，表现出攻击性、多疑、易怒等症状。花香能提高记忆力，臭味使人烦躁难受。好的环境可使用脑效率提高15%到35%，就此而言，美化环境，是调节人们心理、提升智慧、美化人心的重要工作。

三、心色不二

心身、心境关系，从本体论的角度观察，便会导向佛学所谓的心色关系，相当于西方哲学史上长期诤讼不决、被认为是哲学核心问题的心物关系。

与西方哲学史上唯物、唯心、二元论诸家均有不同，佛学看待心色关系的基本出发点，是心色缘起不二，这是佛教诸宗共同论述的重要思想。佛学常将缘起世界、众生的要素归纳为色、受、想、行、识五蕴，五蕴再概括为名色，名属心，色属物，五蕴、名色的概念，意谓心色不二。《中阿含经·度经》中佛陀将宇宙要素归纳为地、水、火、风、空、识"六界"，亦称"六大"——六种普遍于一切的基本元素。六大中地、水、火、风合称"四大"，乃古印度多家哲学所立的物质基本元素，佛学也说一切色法由四大集成，为四大所造。四大的性质依次为坚、湿、暖、动，有物质形态和物质运动状态的意味。《长阿含经·坚固经》佛言：有比丘向诸天王问地、水、火、风四大由何永灭，皆不能答，佛为答曰：

> 此灭四大灭，粗细好丑灭，于此名色灭，识灭余亦灭。

"此"指识，经言原意为：若灭却造成产生痛苦的四大肉身之根本原因——心识，则地、水、火、风四大等亦灭，有心识与四大缘起不二的意味。空大，指没有质碍的空间，又称虚空，略当于今物理学所言物理真空、宇宙空间。空大虽无物质属性，在佛学看来其实也是物质，是物质的一种形态，《楞伽经》卷一谓"虚空是色，随入色种"——空大渗透于一切物质。识大，指心识作用。六大终归为心色二大，六大并举，说明心色不二。

南传佛学说构成人身体的色法有地、水、火、风、颜色、香（气味）、味、食素（巴利文 ojā，由食物供给的营养），或加命根与眼净色为十种色。色法生起之因有业、心、时节（热能）、食素四种，其中业生色乃由善恶等业生起，有八不离色、五净色、二性根色、命根色、心色、空界凡18种，人投生时只有此色。业其实是心的发动，故业生色终归是心生色。心也能直接制造"心生色",除无色界果报心,其余心识生起时皆会制造出八不离色、五变化色、声音、空大等15种心生色。心生色由"心生色聚"(略当分子、细胞)构成,心生色聚由地、水、火、风、颜色、香、味、食素八种色法构成。人吃下的食物,在业生色的消化之火作用下被消化吸收,变成食素八法聚(业生色聚)遍布全身。在其助力下,业生色聚、心生色聚和时节生色聚里的食素,能自行制造出十代、十二代甚至许多代的食素八法聚,供给人身体的需要。一日所食可制造食生食素八法聚维持七日,支持业生、心生、时节(温度)生色聚及继起的食生色聚中的食素。修习各种止观,使心识处于止、观、道、果心时,能在身内产生许多代心生食素八法聚,都能制造心生色,引起生理上的良性变化。这种心生色具有光明,成为心所缘的"禅相"。心生色聚中的火大,能在体内体外制造许多代的时节生食素八法聚,其制造的"时节生之光",可由定慧之力,向身外扩散,表现为放光。经中常说佛菩萨放光,所放就是这种由定慧心所生的光,此光可谓心色不二之光。禅定中具有光明的心生色,当是色界四大,或道教内丹学所谓先天气、元气。庄子说"虚室生白",即空虚的定心产生白色的光明,按南传佛学当属近分定(初禅未到地定)以上境界。

大乘中观学说心色缘起,皆无自性而空,毕竟空,为心色共同的本性,故言不二。

大乘唯识学说色不离识,唯是识变,为阿赖耶识的相分,心色俱以八识心王为所依,属心识的见、相二分,故言不二。《瑜伽师地论》卷五十四说,由四大的打触、润泽、熟、燥等作用,令众生身色变异而生;而心所造业力,能产生四大种,后随彼力,色变异生;又胜定心亦可先生四大,然后造色变异而生。同论卷三说色聚(构成物质的极小单位)随定心而转。《大乘阿毗达磨杂集论》卷六说,色等"由心执受故""等心安危故""随心转变故""是心所依故",可由"心增上生故"(由定心产生)、"心自在转故"(由神通或解脱心自在转变,所谓"心能转物,即同如来"),应该说色心不二。

大乘性宗说心色皆是一真如心所现,皆以一心为体性,故言不二。《大乘起信论》云:

从本已来，色心不二。一切色法，本来是心，实无外色。

此所谓"心"，指作为万有体性的心真如、一真法界。《楞严经》卷三通过种种推论，说明地、水、火、风、空五大都没有其本有的实体，空、无我，虽然"寄于诸缘"，而非因非缘，亦非自然，其终极体性皆为本无生灭的如来藏（真如心）：

如来藏中，性色真空，性空真色，清净本然，周遍法界，随众生心，应所知量，循业发现。世间无知，惑为因缘及自然性，皆是识心分别计度，但有言说，都无实义。

众生所见的五大色法，乃是如来藏本具的"性地""性水""性火""性风""性空"（能现为地、水、火、风、空的功能）随众生所造业及业力所感的认知方式而现，不离众生的心识，此乃五大色法的实质。世间不知这一实质，或以为五大、物质是因（如基本元素等），或以为五大、物质是缘（客观的认识对象），或以为五大、物质是自然本有的，其所计度的因缘、自然性，都只是徒有言说而已，并非真实。所谓如来藏，即是众生现前一念心的体性——"妙觉明体"或"妙明元心""真心"。

天台宗智𫖮《四念处》卷四谓"今虽说色心两名，其实只一念无明法性十法界，即是不可思议一心具一切因缘所生法"，当下一念即是"一心"全体，具足全宇宙之一切，一切唯是一心，故曰：

色心不二，不二而二，为化众生，假名说二耳。

湛然《十不二门》以色心不二为十大不二门之一，谓"色心体绝，唯一实性"——心和色同以一诸法实相为体，故不二。

禅宗也说心色不二。马祖道一禅师谓"凡所见色，即是见心。心不自心，因色故有"[1]。心动则色起，心有碍则色有碍。《古尊宿语录》有云：

你一念心疑，被地来碍；你一念心爱，被水来溺；你一念心嗔，被火来烧。你一念心喜，被风来飘。

---

[1]〔元〕念常集《佛祖历代通载》卷十四，T49，第608页下。

宋延寿《观心玄枢》谓"色本性即心自性""心本性即色自性"。其《宗镜录》卷九十二云：

心该色末，色彻心原，心色一如，何非何是？

说心色本是一体，心能包摄色，色的终极体性即是心的终极体性（一真法界）。同书卷三十说，因色心即是法性之色心，本来不生不灭、本来解脱，故至成佛，也非无色，而如《大般涅槃经》所言，获"色解脱涅槃"，有"真善妙色"湛然常安住，为其妙心之体。

日本真言宗之学以地、水、火、风、空、识六大为宇宙本元，倡"六大缘起论"，认为尽宇宙一切众生、佛、世界，皆为六大所构成，六大互相缘起，一体不二。六大再归纳为心色二大，识大又称心大，地、水、火、风、空合称色大。空海《即身成佛义》云：

四大等不离心大，心色虽异，其性即同。色即心，心即色，无障无碍。

谓色不离心，心不离色，心色同一本体，皆具本体无所障碍的性质。重誉《密宗要诀抄》云：

一切显形表色，皆具空大识大。

一切色心，本是一体，心必具色，色必具心。

由心色一体出发，得出了一切色法都具有心识因素、凡心识皆具有物质的结论。

藏密无上瑜伽的三层身心说，也有心身不离、心必具身的意味。这是一种值得注意的哲学观。如果不把心仅仅理解为意识，而理解为唯识学所说具有多种功能的八或九识的话，那么使一切物体保持一定相状的信息处理者、植物生长的执受者，应该说也离不了一种起码是类似阿赖耶识的作用。

藏密还从心气不二出发，说心识乘气而生乃至其本质是气或光，心意的活动，为可由定中意识眼看见的光，人动一念即放一光，依据此光可以判断出他人的心思，颇有心识活动的本质是某种不可见光的意味。研究此类现象的心理学家认为：心灵是众多功能形成的系统，伴随其更迭的生灭，必有对应的信息波生灭；心灵发射一信息波，也会产生一个认知；心灵发射的信息波，还会影响外界信息场；信息波作为一种具一点频率的震荡，应有可由天眼看见的肉眼不可见光。

心色不二，今云物理心理统一，为许多科学家所认同。物理学家马赫说：

心理的东西和物理的东西之间决不存在不可逾越的鸿沟，也不存在内部和外部。①

量子物理学的"测不准原理"，暗示着在微观层次，心物不可分离，一旦受机械和肉眼的观察即起变化，E.威格纳认为是粒子与意识心灵之间相互作用的结果。物理学家沃尔夫认为：也许意识并不只存在于我们的皮肉之内，也存在于一种延伸的场中。

现代科学证明，生物与非生物、植物与动物之间，并没有一条明显的界限，如绿色海蛞蝓被认为可能是动植物界的交叉。植物甚至也有感情、记忆，波兰科学家研究发现植物可记忆存在光线中的信息并做出反应，对可助其产生免疫力的红、蓝、白色光特别敏感。树木花草在曾破坏过它的人经过时，会战栗不安，植物还会释放有害化学物质向虐待它的人"报复"。曝光的胶卷、计算机、有些金属也有"记忆"。日本江本胜博士的研究证明：水能感应声波、心波而产生结晶，感谢、快乐、关爱使水分子产生美丽结晶，仇恨、嫉妒、压力使水结晶丑陋不堪，水能读各种文字，理解各宗教的祈祷唱诵。这些现象，暗示一切色法皆具识大，或曰一切物质皆具心识因素。或曰：意识在脑的微观层次出现，微观粒子有记忆力，能区分、识别与其有纠缠关系的粒子，不受时空限制，说明粒子具有意识，意识乃物质的基本属性。反过来说，一切心识，皆应具有物质基础，这是现代心理学认识心理现象的基本路线。如摄入的铝蓄积于脑中，能导致老年性痴呆；缺乏维生素 B_1、B_{12}、B_6 及铁，会使人脾气变坏；高压线和强电流通过的电器之电磁辐射，使人记忆力下降、头疼、失眠等等。

---

① [奥] 马赫：《感觉的分析》，洪谦、唐钺、梁志学译，商务印书馆1986年版，第238页。

根据量子物理学、心灵学等的研究成果，整合东方佛教等精神传统的智慧，一些西方思想家提出心物一体的宇宙模型。如《微精神分析学》认为物质和心理同以虚空为根本，物质虚空与心理虚空互相延续，正确的精神分析方法应该同时涉及天文学和心理学。拉洛兹认为宇宙的实体非一非二，是一两极的单一"真空零点场"，一极为物理极，一开始就有，一极是精神极，一开始仅仅潜在地有。精神极存在于具有或大或小实现程度潜能的所有事物中，通过与进化着的物理极的相互作用而实现其潜能。由有机体留下的痕迹与粒子系统留下的痕迹一样，都是永恒的，在真空中迭加积累。一切有机体、细胞甚至分子、原子、基本粒子，都有某种形式的精神体验，其清晰程度与其进化水平相一致。这一理论可以解释超心理现象等许多宇宙之谜，证明佛教所说轮回及解脱是完全可能的。[①]

弄清物理、心理的深层关系，尤其是搞清深层心识和微观物质的关系，是揭示宇宙和心灵之谜、使科学飞跃的突破口。佛法的色心不二论，在这方面具有宝贵的启迪意义。玻尔、奥本海默、海森堡等物理学大师都发现：现代物理学与东方佛教等宗教哲学在宇宙观上有着惊人的相似性。

四、依正不二

身、心、境三缘中，根身与心识为众生生命的主体，从作为一种业报、异熟果的角度，称为"正报"，尘、境乃主体正报所依止，或依正报而有，称为"依报"，当于客体。《菩萨璎珞本业经》卷上云：

若凡夫众生，住五阴中，为正报之土；山林大地共有，名依报之土。

针对世间学说多将主体与客体割裂、认为自然界客观外在的偏执，佛学尤大乘佛学，高谈依正不二。《华严经·光明觉品》偈云：

---

① [美] 欧文·拉兹洛：《微漪之塘：宇宙中的第五种场》，钱兆华译，社会科学文献出版社2004年版，第350—352页。

众生及国土，一异不可得，如是善观察，名知佛法义。

谓善于观察众生（正报）与国土（依报）一体不二，非一非异，是为善知佛法之要义。从佛教诸家共认的业感缘起论看，众生所依止受用的国土世界，为生活于这个世界上的众生所造的业感得的增上果，其美丑净秽等相状，由造业的主体所决定，当然离不开能造业的正报——众生。众生的心识活动和行为，可以直接引起依报气候等的变化，《长阿含经》卷二十《世记经·忉利天品》佛言：

云有雷电，占谓当雨，而世间众庶，非法放逸，行不净行，悭贪嫉妒，所见颠倒，故使天不降雨。

说世人邪见、悭贪、嫉妒、淫乱，导致天不降雨。《增一阿含经》卷二十六佛告梵志：

人民之类所行非法，便有雷电霹雳自然之应，天降雹雨，坏败生苗……使神祇不祐而得其便，或遭困厄，疾病著床，除降者少，疫死者多。

世人作恶，招致冰雹、瘟疫等灾害，与道教、儒家的天人感应说相近。经中说，行十善等善业，能感得自然环境优美清净，气候温和，草木丰茂，瓜果甘美；反之，若作十恶等业，则感得四大衰微、恶风暴雨、烂臭败坏、土地不平无七宝、多有石沙荆棘恶刺、气候失调、五谷瓜果不得成熟等恶劣环境。《华严经》卷七十二说，末世五浊起时，众生因不修十善、专作恶业，任情起见，非法贪求，"以是因缘，风雨不时，苗稼不登，园林、草树一切枯槁，人民匮乏，多诸疾疫"。《优婆塞戒经·业品》云：

是十善业道因缘故，一切众生内外之物，色之与命，皆有增减……众生初修十善业时，得无量命，色香味具，因贪嗔痴，一切皆失；是十恶业道因缘故，时节、年岁、星辰、日月、四大变异。

人类的行为对环境的直接影响，乃显而易见，如滥伐滥耕造成水土流失、气候恶化、水旱频仍；工业发达造成环境污染，种种公害，尤其是温室效应，成为今日威胁人类生存的一大严重问题。至于人欲横流、道德沦丧导致的社会生存环境的恶化，则更为明显。这也可以说是一种现法果。

另一方面，依报自然界也影响正报众生的心理，《大集经》卷四十九《月藏分》佛言：

以地精气不损减故，众生精气不损减；众生精气不损减故，正法甘露精气住不损减；正法甘露精气不损减故，众生心法作善平等增长。

谓大地的精气，与生活在地面上的众生的精气密切相关，大地精气不损减，则产生智慧的"正法甘露"不损减，使众生的善心增长。至于人们的见地、世界观等社会性认知的形成，更与社会环境密切相关。

大乘唯识学从结构论的角度，将国土世界等依报摄于主体的阿赖耶识之相分，为此识所藏共相种子所变，共相种子由共同的业所形成，业由心造，故依报不离正报，制造、决定正报。大乘性宗说众生与国土，皆是唯一真如心现起故依正不二。《十不二门》云：

依正既居一心，一心岂分能所？虽无能所，依正宛然。

谓依正二报同以一心为体故不二，虽然体性不二，而依缘现为主体客体，主客宛然为二。当代一行禅师《活得安祥》中说：大自然是我们的一部分，森林是我们体外的肺，炮弹、非正义、武器等是我们嗔恨心的外化，因为"环境就是心，心就是环境"。

从依正不二思想看，作为每一众生认识对象和生存环境中重要部分的其他众生，包括他人和动物，对每一众生而言，构成其社会生存环境，实际上也应摄入依报。众生互相依存，互相缘起，人类社会中的每一成员，其生存都不能离了父母师长的养育教导、其他人的劳动服务，离不开整个社会。别人，尤其是与自己生活在一起的家人、亲朋、同事，作为社会环境，对自心也有重大影响。个人的情绪，对他所喜欢、同情的人以及周围的人具有传染性。从华严宗的法界大缘起说看，整个宇宙、全人类和其他众生皆互相缘起，一即一切，一切即一，牵一发而动全身，互相不可分离，而又同以一心为体，可谓同生共体。《十不二门》即以"自他不二"为十大不二之一。太虚《革命当从革心起》说人类乃至一切众生的阿赖耶识互遍相通，故"一个人的好坏，可以影响到一切人类，一个人的精神不安，亦能影响到大众的不安"。此可谓"正正不二"。

多门科学成果在不断提供依正不二的证据。研究发现：遥远的日月，与地球人类的心理也颇有关系。如太阳黑子剧增时，人们神经系统的功能、阅读能力、记忆力会明显降低，精神病人病情会加重，交通事故频发。在日、月引力最强的朔日（月黑日即农历初一）、望日（月圆日即农历十五）及其前后各一日，不仅人的多种疾病容易加重，人的情绪也易不稳定，容易过度悲伤、烦躁、愤恨、绝望，自杀、吵架、离婚、械斗、暴力等恶性事件的发生率明显高于其他时间。[1] 满月之夜"狼人"增多，暴力事件是平时的两倍，有解释说是如月球引力引起海洋潮汐那样，引起水占70%的人体中之"生物潮"，从而导致人亢奋激动，脾气暴躁。妇女在经期情绪的变化，更与月球的吸引力有关。季节、气候也影响人的心理，如秋易沮丧，冬易嗜睡，天气阴沉、细雨霏霏，使人情绪低落，常年阴冷易使人患抑郁症。气压降低，使人焦躁不安，自杀的人增加。人的思维能力、想象力、创造力在春天最高，秋天次之，寒冬和炎夏偏低。气温超过35摄氏度，日照超过12小时，湿度超过80%时，烦躁、情绪低落等情感障碍率明显上升，攻击行为、暴力犯罪增加。摄氏20摄氏度为最佳用脑温度，低于10摄氏度时解决问题能力差，高于35摄氏度时大脑耗能增大，易烦躁发怒。大风带来焦虑，心率加快，会使人有遭受攻击的感觉。大脑需要氧气和空间，空气好、整洁明亮的空间使人头脑清醒，光线太强则使人烦躁，太弱降低思维能力。空气污染严重的地方，儿童智商偏低。

主体与客体统一，为不少科学家所认同，如量子力学之父薛定谔认为主体和客体是一体的，其界限本来就不存在。爱因斯坦说个人觉得自己仿佛与世上其他生命分离是意识上的幻觉，这幻觉造成了囚禁我们的监狱，我们应将自己从这牢狱中释放，扩展我们的了解与悲悯，去拥抱世上一切生命与自然之美。生物学家J.洛夫洛克认为生物圈及其物理环境系统本身是一种非常协调的生命有机体。生态学家福克斯认为在存在的领域中没有严格的主体和客体划分，人类世界与非人类世界之间实际上也不存在任何分界线。

---

[1] 刘新亭主编：《大病大难预测》，中医古籍出版社1998年版，第53—72页。

从依正不二、自他不二的哲学观出发，佛法重视人与自然界、人与社会、人与自心三大关系的和谐，提倡以同体共生的情怀利乐众生，爱护动物，戒杀放生，保护林木花草，注重社会公益，教诫佛教徒带动众生共同修善积德，净化自心，净化社会，营造良好的生存环境。大乘菩萨道尤以"庄严国土"为最高理想，誓愿将全宇宙净化、庄严为富足、安乐、美丽、祥和的净土。在今天这个生态环境严重破坏、生态保护日益引起人类重视的时代，佛学的依正不二、自他不二思想，具有深刻的现实意义。美国环境学家罗尔斯说《华严经》因陀罗网的比喻，可以使人们很好地进入"大地伦理"的思维模式。

当代超个人心理学家等从整合生态学与佛教等精神传统智慧的角度，提出深层的天人一体论。如欧文·拉兹洛《微漪之塘：宇宙进化的新图景》认为心念的波动，从个人到家庭、社会、世界乃至宇宙，莫不息息相关。我们心中所进行的一切，都在量子真空零点场中留下痕迹，大脑所传递的信息延伸到基于真空的全息场中的波传播，这个场将我们的心灵与宇宙的其余部分微妙地连接起来，使大脑可以无须借助眼耳等器官接受来自全息场的信息，也可以使自己的意念对他人乃至社会环境直接发生作用。

第二节 三界唯识，万法唯心（上）

从身、心、境缘起不二，心为主枢的起点出发，必然走向一切唯心的结论。"万法唯心"于是被看作佛教哲学的旗帜，为千经万论所讲述。《大乘入楞伽经》卷一称万法唯心为佛法的第一真理——"第一义谛"。

一、唯心之"唯"

唯心（梵文 citta-mātra），一译唯识、但心、随心量、随心应量、自心所现分齐。唯心之"唯"（梵文 mātra），又译要素、量、但、但有，与现代汉语中"唯一""唯有"义之"唯"，含义并非尽同。《大乘法苑义林章》卷一解释此"唯"有简持、决定、显胜三义。

简持，即抉择、显示，谓分别邪正，破邪显正。说唯心唯识，从根本上讲，是针对世人畸重外物、忽视内心，认为外境与心识无关的偏执，特意强调心识的重要性，以唤起世人的注意。《杂藏经》偈云：

> 如世有良医，以妙药救病，诸佛亦如是，为物说唯心。

谓佛陀高唱唯心，是针治众生逐物昧心之弊病的良药。《成唯识论》卷二谓"为遣妄执心、心所外实有境故，说唯有识"，讲唯识，旨在破除心外有实境的偏执。

"唯"字的第二义决定，谓肯定确实如是，说明唯识、唯心乃本然如是的真实。

"唯"字的第三义显胜，谓强调功用的殊胜。说唯心唯识，旨在凸显被世人忽视的心识之重要、奇妙的作用，显示心识为主为枢，乃众生沉沦生死及解脱成佛的关键。《品类足论》卷六称心为"增上法"，意谓其作用极其殊胜、重要。窥基《百法论》云：

> 一切法中，识用殊胜，推识为主，故首心法。

心识在一切法中作用最为殊胜、重要，起主宰或主导作用，故说心识为首。《大乘法苑义林章》卷一云：

> 识者心也，由心集起彩画，为主之根本，故经曰唯心；分别了达之根本，故论称唯识。

谓心是造业的主体、根本，所以经中说万法唯心；心的了别作用是分别、认识的根本，故唯识学论典中多说三界唯识。一般来讲，唯心，通言染心、净心或真心、妄心，唯识（梵文 vijñapti-mātratā）则多就染心、妄心而言。唯识，亦译唯心，今译"唯了别"或"唯表别"，实则"识"的释义和功能即为了别。

太虚《新的唯识论》解释唯识之"唯"，有"非余""不违""无外""无别""不离"五义。

佛经中及佛教各宗派所讲的唯心唯识，具有不同的义蕴，大略有心作心造、一切由心、一切依心而立、一切从心而生、心为法本、心为自性、体是一心、唯心所变、唯识所现、唯是一心等多种说法。中国佛学大德对此做过精审系统的研究整理、判释发挥，如天台宗依其藏、通、别、圆四教的"判教"法，分佛经中的唯心说为四大类；华严宗依其五教、十宗说判释经论中的唯心义为五类、十重；印顺法师的《唯识学探源》将大乘唯心说归纳为由心所造、即心所现、因心所生、映心所显、随心所变五义。论证万法唯心的角度，有业惑论、生命论、认识论、结构论、本体论等不同说法。概略而言，佛教诸乘诸宗所说的唯心唯识，主要有业惑缘起论的唯心、阿赖耶缘起论的唯心、如来藏缘起论的唯心三大体系。

二、业惑缘起论的唯心

业惑（一作业感）缘起论的唯心，主要从生命缘起、染净因果的角度着眼，通过追溯众生生死苦果的原因，强调众生现前所受用的根身、器界及生老病死等果报，皆是自业所感招，而业由心起，心之染净，为生死轮回、涅槃解脱的主枢，故说唯心。此即印顺法师所谓"由心所造"之唯心义。这是从《阿含经》到后世佛教诸乘诸宗一致宣说的思想，可谓佛法万法唯心义的根本。

佛陀的基本教法四谛、十二因缘，将造成众生生老病死等苦果的原因归结于自心所起的烦恼、无明，说明由惑起业，由业招苦，惑、业、苦三者循环不已，如车轮转动不停，奔驰于三界六道，这车轮的轴，便是自心。《华严经·十地品》谓"十二缘分，是皆依心"——心是十二因缘所依的根本。

《增一阿含经》中，佛陀强调"心为法本，心尊心使"，心所以为本为尊，能驱役众生，是因为众生自心生起善恶之念，发起善恶之业，招来或乐或苦的果报。《本事经》卷一佛言：

诸有业果，皆缘心意，一类有情，心意所使，行如是行，履如是道。

谓意（意念）为前导，与烦恼同时生起，造作有漏业，招致轮回苦果，就像制陶器的轮子随工人的手而转动。《佛说阿难分别经》谓"善恶之事，自由心作"。《正法念处经》卷六十一谓"一切善、不善法，心为根本"。《分别功德论》卷三谓"善恶之本，皆心所为"。《大般若波罗蜜多经》卷二谓"若善若恶皆由心起"。《大乘宝云经》卷五谓"唯心造业，若善、不善，唯心轮转，无暂休息"。龙树《大乘二十颂论》谓众生于生死法中"作善不善业，感善不善生"。

心所造的善恶业，决定了众生的形类、相貌和苦乐升沉。《杂阿含经》卷十第267经佛言"彼畜生心种种故色种种"——各种动物的形类千差万别，是由其心意之不同所致。同理，人的美丑贵贱愚智寿夭之差，乃至六道众生种种差别，也应由各自的心意所造，就像画师用种种色彩在白纸上随意画出种种图画，所谓"心取地狱，心取饿鬼，心取畜生，心取天、人，作形貌者，皆心所为"①。《大乘宝云经》卷五谓"心能尽作一切世间种种色像"。《正法念处经》卷五谓"心业画师，业作众生"，这个画师画出三界五道五种彩色画衣；心如伎儿（演员），演出无始无终生死轮回之种种戏剧；心如弥泥鱼，漂流生死河；心如烧荒之火，焚烧众生。《十善业道经》中，佛告海龙王：

一切众生心想异故，造业亦异，由是故有诸趣轮转。龙王！汝见此会及大海中，形色种类，各别不耶？如是一切，靡不由心造善、不善身业、语业、意业所致。

心，可谓众生命运的主宰者，力量极为强大。驱使众生起惑造业、受苦受乐者，非天帝鬼神，非物质力量，非偶然机遇，唯是自心。《增一阿含经》卷四十八佛说"众生长夜为心所缚，不为豪族所缚"。《正法念处经》卷二十七偈云：

心常为导主，如王行三界。

一念常不住，行处不可知，常无有形色，将人至何所。

---

① 《五苦章句经》。

无形无质、难以捉摸，而常做三界向导的心，带人去到他并不一定想要去的地方。

从生命的形成看，现在的五蕴身心"名色"从心识入胎而生，因心识离身而灭。《中阿含经》卷七《大拘絺罗经》谓"因识便有名色……识灭名色便灭"。《大乘显识经》卷上将识之运转往来比喻为虽然无色无形而能发动万物、显众殊状的风大，众生死时，识运受想行，舍弃肉体，至别处受生，就像风吹花香飘至远处，"如是从识有受，从受有觉，从觉有法，遂能了知善与不善"。犹如画师作画，画出来生后世的图景。《成唯识论》卷八云：

生死相续由内因缘，不待外缘，故唯有识。

以众生生死流转的根源唯在自己心识，非由外部条件所决定，为说万法唯识的重要理由。

心不仅决定众生各自的命运，而且有决定世界的巨大力量。《杂阿含经》卷三十六第1009经佛陀偈云：

心持世间去，心拘引世间，其心为一法，能制御世间。

南传《增支部》中此偈今译为："世间被心所引导，被心所牵引，受生起之心所左右。"《中阿含经·心经》佛言"心将世间去"，《阿毗达磨顺正理论》卷七谓"心导世间"。心，有牵引世界、控制世间的巨大力量，是唯一具有制御世间殊胜作用的统御者，为世间之首要。

心还具有奇妙的创造能力，是世界的创造者，是真正的"造物主"。不仅生于何道何处，禀受何等形貌，乃自心所造，自业所感，即所依止受用的器物、国土、生存环境，也终归是自心所造，共业所感。《胜天王般若经》卷二谓"种种世间皆由心造"，《华严经·十地品》谓"三界虚妄，但是一心作"，同经卷七偈云：

随心造业不思议，一切刹海斯成立。

又说"始从一念终成劫，悉依众生心想生"，就像画像乃画师所作，"如是一切刹，心画师所成"。一切世界、国土皆心的作品。《瑜伽师地论》卷二说"四大所成，恒相续住"，似乎客观外在、长劫存在的世界，也由业所感，感器世界的业"决定能引劫住",使世界长劫久住,不因所居众生的死亡而消失改变。

心不但能受烦恼污染,驱使众生轮回三界六道,也能自我净化,依法修行,从而解脱众苦,超出生死,得大自在。是则染净、升沉、苦乐之枢机,唯是自心。《中阿含经·心经》佛言:

> 心为染着,心起自在。

是心使众生染着,是心使众生解脱自在。佛及圣弟子的解脱,唯在于以智慧令自心不随染着,而令心随己。南传《相应部》佛谓"众生由于内心的污染而污染,众生透过内心的净化而净化"。《本事经》卷五佛言:

> 心杂染故有情杂染,心清净故有情清净,是故杂染、清净二法,皆依止心,从心所起。

不知染净唯心因而不知守护自心的人,没有主心骨,他的言行必然是随心所欲,跟着烦恼走,这种人不能分辨哪些事对自他有利,哪些事对自他有害,不能分辨善恶,更不能约束自己依法修行,因而也不可能证得涅槃解脱,就像没有瓦片覆盖的楼台厅堂,其椽、柱、梁、墙壁、门窗等皆难免被风雨淋湿朽坏,又如村落附近的池沼被来往人畜污染,其水浑沖垢秽,无法看到水底的砾石、水中的游鱼。《苏婆呼童子请问经》卷中云:

> 由心清净,获得人天殊胜快乐;由心杂染,便堕地狱乃至傍生、贫穷之苦。

从修行解脱的角度,当然应强调一切唯心,引导众生重视心这个枢机,守护自心,行善修道,修心明心,做自心的主人。

《华严经》卷七说,不仅众生个体心的染净唯心,即世界的染净,也由心所决定,可由心创造理想世界:

> 染污众生住故,世界海成染污劫转变;修广大福众生住故,世界海成染净劫转变。

佛自受用的庄严净土,乃由佛的清净心所造。若无量诸众生悉发菩提心,"彼心令刹海,住劫恒清净"。因此,净化自心,乃净化社会、净化世界、庄严国土的关键,《维摩经·佛国品》"欲得净土,先净其心,随其心净则佛土净""随其心净则一切功德净",成为指导大乘佛教徒建设美好社会的指导思想。

业感缘起论的唯心所造、一切由心义,仅着眼于众生的生死、染净因果,没有涉及宇宙结构和万有本质、本体等哲学问题,未否定外境、物质世界的实有,从哲学上看,实际够不上本体论、一元论的唯心论,有心物二元论的倾向。华严宗称这种唯心为"愚法声闻教"(小乘)所立,只是"假说一心"。

三、随心所变的唯心

印顺法师所谓"随心所变"的唯心,指从认识论角度考察六识所知见的境相非实,随心而变。经论中论证这一道理的理由略有六:

1. 同一对象,有的人认为可意,有的人却不以为然。如《顺正理论》引《摩建地迦经》中佛言:

一色于一有情为可意境,于非余故。

《大毗婆沙论》卷五十六举例说:比如有一盛装美女来到人群中,她的子女见之爱敬,好色之徒见之生贪,仇人冤家见之起嗔,情敌见之生嫉,修不净观的人见之生厌,离欲之人见之生悲悯心,阿罗汉见之如睹木石。这位靓女本无所谓美丑、可爱不可爱,美丑、可爱与否,随人而变,只是人们各自的主观分别。"由此故知境无实体""能系结(系缚人的烦恼)是实,所系事是假"。

2. 同一对象,在不同众生那里生起的苦乐等感受有别。如《摩建地迦经》佛言,常人触到火都会感到烧灼之痛,而患癫病者接触火时,却不感疼痛而感舒服。《阿毗达磨顺正理论》卷五十三据此得出结论:

由分别力苦乐生故,知诸境界体不成实。

苦乐等感受由众生的主观分别而生,非由境生,故境相非实。

3. 同一境物,因与观察者的关系及观察者心境的不同,会现为不同的境相。《大智度论》卷四十三举例说,如有一人,恨他(她)时看他(她)很丑,当嗔怒心息、喜爱心生时,又看他(她)很美,若起傲慢,看他(她)很卑贱，听人说他（她）有德有才，又生起尊敬之意。可见诸法"无有定相，随心为异"，有如无色透明的水晶球，本身没有固有的颜色，而能随其周围的东西映现出各种形色。

4. 同一事物，在具不同感知机制、感知方式的不同类众生心中，会表现为不同的相状、性质，具有不同的功用，经中有一偈说明：

天见宝严池，人见为清水，鬼见为猛火，鱼见为窟宅。

此偈义被称为"一水四见"，意谓在我们人类看来是清水的东西，在天神们看来是宝石水晶，在鱼看来是供其优游的广阔天地和居住的屋舍，在鬼看来是燃烧的烈火。此偈所言现象，乃具神通者以天眼所见，证明众生认识中自以为如实反映的境相，其实是根、境、识三缘和合的产物，并非事物本具的实相或本来面目。众生所认识的境相随心而转，带有主观性，如现代心理学所言，是外界信息刺激通过感知器官在心理上形成的主观映像。

5. 达定慧俱解脱的大阿罗汉、菩萨等圣者，及成就禅定者，能以意念随意转变大地土石等物，如点石成金之类。《瑜伽师地论》卷五十四说有威德的定心可变现出有实物的境色，说明境物并非实有，随心转变，乃至心可造境造色。《成唯识论》卷七，称明了这一道理的智慧名"随自在者智转智"，为唯识无境四种智中第四"随三智转智"之第一智。

6. 证得根本无分别智的见道位菩萨等圣者，当其无分别智现起时，众生认为实有的山河大地人物等境皆悉不现，空无所有。龙树《大乘二十颂论》云：

若是心轮能停转，便见一切法消灭，是故诸法俱无我，是故诸法皆清净。①

此偈前两句或译为："若灭于心轮，即灭一切法"。以修行者心灭则法灭的体验，证明心乃出生一切法之因。明了这一道理的智慧称"随无分别智转智"，

---

① 转引自巫白慧：《印度哲学——吠陀经探义和奥义书解析》，东方出版社2000年版，第346页。

为唯识无境四种智中第四"随三智转智"之第三智。

以上论据，从逻辑上讲，只能证明境随心转，心可造境，尚不足以说明一切唯是心识，因而也仍属"假说一心"。

四、心生、心本、心主、心造、心变、心现

经论中的唯心，还有心生、心本、心主、心造、心变、心现等义。

心生、心本，意谓一切法依心而生起，以心为根本、所依（依因）或第一因，印顺法师谓之"因心所生"之唯心。如《过去现在因果经》佛告频婆娑罗王：

此五阴身，以识为本，因于识故，而生意根，以意根故，而生于色。

就众生的五蕴之身而言，身以识（阿赖耶识）为本，识初生意根（末那识），由意根产生物质身体。心识，为产生五蕴最根本的因，故谓之本。《大乘入楞伽经》卷二谓"心所见无有，唯依心故起"。《大集经·贤护分》卷二谓"今此三界，唯是心有"。《华严经·十定品》偈谓"知心如幻，出生一切诸法境界"，比喻心如同魔术师一样，能变现出一切事物。《大智度论》卷八偈比喻说：

诸法如芭蕉，一切从心生。若知法无实，是心亦复空。

谓心为生起万有的本因，有如芭蕉树，茎叶花果，皆从树心而生，树心为芭蕉生长、繁殖的根本。龙树《大乘破有论》云：

世间无实，从分别起，此分别故，分别心生，由此心为因，即有身生。是故有身行于世间。

世间的一切依分别（最初的主客二元分化）为终极因而生起，由此根本分别为因，生起众生六识分别妄心，以分别妄心为因而生起身体，由依根身而起的种种妄心，才形成众生认识中的一切。无论是根本的分别，还是六识的分别，都是心的作用，心为一切现象生起的依因、终极因，故说唯心。

又，心为染与净、系缚与解脱、生死与涅槃之本，故说心本，如《正法念

处经》卷二十偈云：

> 心为系缚、解脱本，是故说心为第一。

《苏婆呼童子请问经》卷中谓"一切诸法，以心为本"。智𫖮《法华玄义》卷八分心本为语本、行本、理本三义：因为语言由心的思、觉发起，故心是语本；因为诸行由"思"心所而发动，故心是行本；因为佛法实相之理先由心研究思考，最终以心证得，故心为理本。

心主，谓心为一切法的主要者、主宰者、枢机，《华严经》卷十三偈云：

> 世间所见法，但以心为主，随解取众相，颠倒不如实。

谓世间所认识的一切，皆以心为主，因为它们都是依众生执取之心而建立。《大乘本生心地观经》卷四云：

> 我佛法中以心为主，一切诸法无不由心。

此所谓由心，指世界、众生的染净唯由于心，故佛法以心为主要，为染净缚解的枢机。

心造，亦作"心作"，谓一切皆是心所制造，《妙法圣念处经》卷四偈云：

> 世及出世间，一切由心造，犹如工画师，巧善皆成就。

谓世间、出世间的一切，皆是心这个高明画师的作品。《华严经》卷六十五谓"三界虚妄，但是一心作"，说三界是一心所制造。《大智度论》卷二十九依《摩诃般若经》解释说：

> 三界所有，皆心所作。何以故？随心所念，悉皆得见。

主要从心境缘起及认识形成的角度，说世间一切都是心的作品，心中起念（心识作用的发动，即作意、受、想、思等），有生起认识中之现实的奇妙作用。反言之，心中起念是世间（人们认识中）一切现象生起的主因。能造作一切的，是心所起"意"（心的运作），《摩诃止观》卷二谓"穷诸法源，皆由意造"。

心变，谓由心变化、变现而成。《大般若经》卷四百六十七有云：

> 诸行如幻，虚妄不实，不得自在……唯是虚妄分别所起，一切皆是自心所变。

谓一切生灭变化的有为法，皆以众生虚妄分别的认知而生，是自心所变现。

心现，谓一切法依心映现，犹如明镜中映现万物，即印顺法师所谓"映心所显"的唯心。《大乘入楞伽经》卷三云：

> 见一切法如实处者，谓能了达唯心所现。

同经卷四偈谓"能取、所取法，唯心无所有，二种皆心现"，比喻为明镜中所现诸像，"习气心镜中，凡愚见有二，不了唯心现，故起二分别"。众生所见三界一切外境，皆是众生分别或了别心中所现，凡愚不知此真实，误认为外境离心实有。《阿毗达磨大乘经》说一切诸法唯是了别，无实在的外境，唯了别，今释为"只有表象"，即只是心所现的相。

唯心所现的理由，经论中常用修习禅定者看见所观想的境相乃是自心所现来说明。如《解深密经》卷三以禅定中所见心所现境为例推论：

> 我说识所缘，唯识所现故……此中无有少法能见少法，然即此心如是生时，即有如是影像显现。

"影像"指所观想的佛等境相，此为自心所缘境，当由想象而达真的看见时，所见唯是自心所现。以佛教徒所修的念佛为例，当修行者一心想念佛时，力极功深，便会看见佛出现在眼前，这佛乃是自心所见，也是自心所造作。《佛说观无量寿佛经》谓之"是心作佛，是心是佛"。众生认识中的一切，莫不如此。《大集经》卷三十二说修禅定观想佛者，修到看见佛后，观察：

> 诸佛如来即是我心，何以故？随心见故。心即我身，我即虚空。我因觉观见无量佛，我以觉心见佛知佛，心不见心，心不知心。我观法界性无坚牢，一切诸法皆从觉观因缘而生，是故一切所有性相即是虚空，虚空之性亦复是空。

所见的佛形相，唯是自己觉观（观想、想象）之心所现，由此延伸到一切诸法皆唯心所现。《摄大乘论》引《阿毗达磨大乘经》证明唯识无境的第四"随三智转智"中第二"随观察者智转智"为：

> 成就简择者，有智、得定者，思惟一切法，如义皆显现。

说有智慧者、禅定功夫深者，能随意令其所想象的境相呈现在眼前，这一现象说明境唯心现，境随心转。第三"无所缘识智"：

> 于过去事等，梦、像二影中，虽所缘非实，而境相成就。

独头意识回忆过去，构想未来，以及梦境、镜中像等，虽然没有实体，而能在意识中明明白白显现。由此推论，心所见其他境相，也应如此，唯是自心所现。《摄大乘论》卷中据此说，做梦时尽管只有自己的意识，没有实事，但梦中所见的色、声、香、味、触，山林屋舍人物等等，在梦中完全觉得是真的，由此"应随了知一切时处皆唯有识"，醒时与梦时应无两样。

所现的一切唯是心，而能现的当然更是心，故认识中的一切，唯是一心。《大乘瑜伽金刚性海曼殊室利千臂千钵大教王经》卷二谓"一切法，即是一切有情心"。《大乘密严经》卷上云：

> 能觉生所觉，所觉依能现，离彼则无此，如光、影相随……但依于一心，如是而分别。能知所知法，唯心量所有。

所现既然无实体而空，能现亦空，为唯心所现之究竟义。经云：

> 无心亦无境，能所量俱无。但依于一心，如是而分别。
>
> 能知所知法，唯心量所有，所知心既无，能知不可得。

心造、心变、心现义中，能造、变、现的"心"，小乘及大乘中观学说乃分别心（六识），唯识学说乃八识，如来藏学说乃妄心及真心。

五、阿赖耶缘起论之唯心

以"万法唯识"为教义纲宗的大乘法相唯识学，从心识分析出发，从结构论、认识论着眼，以心识涵摄万有，组建起庞大严整的唯识学体系，对万法唯识的原理做出精致的论证。唯识学的唯识义，称阿赖耶缘起论的唯心，对唯识的看法，诸唯识师之间不无分歧。

汉译为唯识的梵语原词有二：1. Vijñānamātra，为唯识之义；2. Vijñāptimātra，意为境被识所了别或在心识上明白显现，或译了别、了、识、表，今译唯表、唯表象、唯了别。

唯识学所宗依的《解深密经》《楞伽经》《密严经》等大乘经中，从认知缘起、分析心识的角度，说境不离识，随心而转，乃至唯识无境，一切唯心。如《解深密经》卷一说众生之身心皆依"最初一切种子心识"（阿陀那识）种子而生。此所言心，当指第八识。《大乘入楞伽经》卷七偈谓心虽有见、相或内心与外境二分，"而心无二相"，如刀不自割、指不自触。《厚严经》佛偈云：

> 心意识所缘，皆非离自性，故我说一切，唯有识无余。

谓八识所缘的一切境，都离不开八识自体，因而说一切唯识。《辩法法性论》云：

> 共现外所取，实即能取识，以离其内识，外境义非有。

众生共同所见的外境，实际上即是能取相的心识，因为它不离内心而有独立的实体。无著《大乘庄严经论》将心所法和心识所对的境皆摄于心王，不许心色有其离心王而实有的自体。《摄大乘论》将众生认识的对象（依他起相）和一切因缘所生法摄于身识（眼等五官）、身者识（染污末那）、受者识（意根）、彼所受识（六识所取的色等六尘）、彼能受识（能取六尘的前六识）、世（时间）识、数识、处（处所、空间）识、言说识、自他差别识（分别你我他及众生各自的差别）、善趣恶趣死生识（在善恶诸道中的生死流转）十一种识，说这十一种识系以阿赖耶识的种子为因、以虚妄分别为缘而生起，"唯识为性，是无所有，非真实义显现所依""又此诸识，皆唯有识，都无义故"，没有其真实本有的自体。质言之，众生认识中的一切，唯是心识。更具体地说，万有唯以阿赖耶识为体，此识独称"义识"（有真实自体的心识），其余七识为此识的"见识"，所对境则为此识的"相识"，八识皆是一阿赖耶识，故说唯识。《大乘入楞伽经》卷二谓"自心所见身、器世间，皆是藏心之所显现"。

一切唯识，最恰当的比喻是梦，梦中虽然有屋舍、森林、人物等种子境相，而其实没有这些境相的实体（义），由此比喻，"应随了知一切时、处，皆唯有识"。又如幻术魔术所变、渴鹿幻觉所见之水、眩翳人的幻觉等，所见境相虽现似有，其实皆无，唯是自己心识所现。

唯识学说由世亲及其后学进一步系统化，建构起精致的唯识学体系解说万法唯识。世亲以"识转变"代替"显现",说一切种子识转变为万法,识即转变,识转变即分别。安慧、难陀及真谛等诸论师说一切法唯是心识,安慧《唯识三十论颂释》解释唯识所变之"变"为"转变","即于因刹那灭之同时,与因刹那不同果之体获得,名之为变"。真谛译《显识论》谓"一切三界但唯有识",三界有两种识:一者显识,即本识(阿赖耶识),转作五尘四大等;二者分别识,即意识,"唯有识者,离识无有别境也。由识见有似尘,离识尘无体也","知身及物,并所住处,一切皆是藏识境界"。菩提流支译《唯识论》谓"三界虚妄,但是一心作故",而众生无始以来受用色、香、味、触等境,执为心外实法,犹如梦中实无美女而见美女,与之交合漏失"不净",又如地狱中实无主宰者,而彼中罪因依自恶业见有主宰者。分唯识义为两层:先摄境于识,为唯识之初阶,称"方便唯识";更须进一步"正观唯识",观心识亦空,称"无相唯识"。

护法一系唯识学,重在摄境于识,主张唯识无境、境不离识,称"有相唯识"。陈那《集量论》卷一谓"境不离心,即由心自体决定境义"。《成唯识论》卷七将万有摄归五法,论证此五法皆不离识:

第一,心王,指八种识,为心识的自体。

第二,心所,与心王相应,是随心王而起的种种心识活动,为八识的附属功能,当然是心识。

第三,相分,即根身及认识对象,乃八识所变现,为四缘中的所缘缘,分为亲、疏二种。亲所缘缘为根、尘、识结合而在自己心识上变现的影像,不离前六识见分。疏所缘缘为影像所依托的本质,虽然似乎在意识之外,却不离第八识,属第八识相分所摄。《宗镜录》卷六十二谓"一切疏所缘缘境,皆不离心,是其唯识,即第八识相分,望前六,名疏所缘缘"。

第四,见分,为八识的"分位"即主体功能,当然不离八识。

第五,真如,为万有缘起无我、自性本空的实性,万有总摄于八识,则所谓真如,无非是指八识本具缘起性空的本性,乃事中之理,并非在八识之外别有一真实不变者名为真如。《佛地经论》谓"真如虽非识变,亦不离识,识实性故,识上二空无我共相所显示故"。

以上五法，总该万有，而其一一皆不离识，故曰万法唯识。《成唯识论》卷七云：

是故一切有为、无为，若实、若假，皆不离识。

窥基《成唯识论述记》说：有为法乃识所变，无为法（真如等）乃识之体，皆非离识外有，名不离识。"非一切体即是一识，名为唯识"——并不是像唯识古学那样说一切唯以一个心识为体，叫作唯识。《成唯识论》卷七云：

唯言，但遮愚夫所执定离诸识实有色等。

谓大讲唯识，旨在破除众生误认有离心识而独在的物质实体等的执着，强调一切不离心识。同论卷十承认内心、外境并不是都不存在，但唯恐说心外有实境，会增益众生难以破除的法执，产生误导作用，故只说唯识。执着外境实有，使众生逐物昧心，沉沦生死，佛菩萨出于对众生的一片哀悯之心，才力说唯识唯心，旨在唤起众生对自心的重视，自观其心而解脱生死。

不但三界一切因缘所生的有为法唯识，即诸佛圣众所证三身四智、大涅槃、净土庄严等无为法，也是唯识。三身四智等虽然清净无漏，自在无碍，也是由众生的八识所转，由本识中的无漏种子熏习增长而成。诸佛转舍阿赖耶识中的杂染种子，证得种种无漏功德，亦唯由自己心识，其三身、净土等唯是其无漏识变现，故说出世间法亦唯识。

唯识今学还申明，万法唯识，并非说只有一个心识，而是：

总显一切有情，各有八识、六位心所，所变相、见分位差别，及彼空理所显真如。①

所有众生都各有自己的八识、心所、所变现的根身器界，和这一切皆缘起性空的真理所显示的真如。按此，唯识今学所说的唯识，可谓一种多元一性的唯心论，多元，谓有无数个八识等五法，一性，谓各个八识等五法的性质相同，都遵循同一法则，按同一运作程序变现身心世界。

---

① 《成唯识论》卷七。

"境既非有，识亦是无"① 的无相唯识义，唯识今学亦非不谈。窥基《大乘法苑义林章》卷一说，说境空识有，是引导众生正观唯识、证入离言法性的必要方便，并非唯识的究竟义。唯识的究竟义，在双遣心境、空有，"非谓有、空皆即决定"，不是说识绝对是有，境绝对是空，申明：

若执实有诸识可唯，既是所执，亦应除遣。

认为护法系唯识学以心识为实有，与中观学对立，乃是误解。

太虚《法相唯识学概论》以"一切法依识而有，唯识所现，为识所了"三句总摄唯识义，依识而有即不离识，唯识所现即唯是识，唯识所了即唯了别。《新的唯识论》判万法唯识义为三重：

一克就法相而谈，心、物俱在；二摄相归体，则一真绝待，物相本空，心相亦泯；三即相而显体，则说本心是体。

这种说法，是对唯识今学、古学及空宗、性宗唯心义的融通。太虚《唯物唯心唯生哲学与佛学》中说：唯识学前五识的唯心论可包括经验的唯心论，第六、七识的唯心论可包括观念的、泛神的及其余一切不能融会贯通的唯心论，第八识的唯心论则超越一切哲学唯心论。

护法系唯识今学的唯识，重在论述一切不离心识，为一种多元一体的结构论，严格说来尚称不上哲学本体论的彻底唯心，因而被华严宗判为"大乘始教"，认为其唯心说只是进入大乘的初门，尚非究竟。

---

① 《辩中边论》卷下。

第三节　三界唯识，万法唯心（下）

一、如来藏缘起论的唯心

究竟、彻底的唯心义，为大乘性宗如来藏缘起论、真心现起论的唯心，这种唯心说被称为"真常唯心论"，它重在从本体论、体用论角度，说宇宙万有，一切世间、出世间法，皆是独一、绝对、真实、常恒的如来藏心或真如心、真心的变现或现起，属唯一真心的本体论之唯心。《宗镜录》卷四云：

如来藏性清净一心，理无二体，故说一心。

一心，意为绝对、独一之心，即自性清净心、真如心。

真常唯心论的唯心义，主要为地论师、天台宗、华严宗、禅宗、密宗等主张弘扬，系宗依《华严经》《楞伽经》《如来藏经》《大法鼓经》《无上依经》《密严经》《楞严经》等大乘经而阐释发挥。此类经中，颇有万法唯是一心、以心为体性的说法。如《华严经》云：

知一切法，即心自性。（《梵行品》）

知一切法，皆是自心。（《明法品》）

一切皆以心为自性。（《升兜率天宫品》）

知三界唯心，三世唯心，而了知其心无量无边。（《离世间品》）

三界所有唯是一心。（《十地品》）

《入楞伽经》卷十偈谓"诸法无法体，而说惟是心。"《贤劫定意经》谓等视一切诸法根源"本无所有，是曰一心"。以上经文所唯之"一心"，意为绝对心，一般释为如来藏心或真如心、自性清净心。般若流支译《唯识论》（《破色心论》）说经中"三界虚妄，但是一心作""唯识无境界"之心，指"不相应心"——"所谓第一义谛常住不变自性清净心"。

诸经中讲唯是一心最为明晰者，是宋代以来在汉传佛教界影响极大的《楞严经》，该经卷一佛言：

> 诸法所生，唯心所现，一切因果、世界、微尘，因心成体。

> 色心诸缘，及心所使诸所缘法，唯心所现。

此"唯心"之心，指"妙明真心"，又名"菩提妙明元心""妙明真精妙心""常住真心性净明体"等，即是如来藏、真如心。经中以生死、涅槃两种根本为纲，解说一心之染净因果。生死根本，指众生攀缘尘境而起的妄染心，此心虽妄，而其体性即是菩提、涅槃之根本妙明真心，乃依妙明真心而有。妙明真心"绝待圆明"，包罗宇宙，无处不遍，非一切而即一切，众生之"色身外洎山河、虚空、大地，咸是妙明真心中物"。该经卷三明确说：

> 一切世间诸所有物，皆即菩提妙明元心。

经中一一推析，详细说明构成万有的六根、六尘、十二处、十八界，地、水、火、风、空、识、觉七大元素，皆非因非缘，亦非自然本有，然作用、现象非无，其体性终归为妙明真心，乃妙明真心本具的功能依缘随业现起，乃至三千大千世界、十方世界、一切众生、一切诸佛及其净土，皆是一妙明真心所现。

妙明真心本来清净，如何出生杂染的国土、众生？经中卷四佛陀答阿难言：

> 性觉必明，妄为明觉，觉非所明，因明立所，所既妄立，生汝妄能，无同异中，炽然成异。异彼所异，因异立同。同异发明，因此复立无同无异。如是扰乱，相待生劳，劳久发尘，自相浑浊，由是引起尘劳烦恼，起为世界。

世界、众生，皆非本来自有，"因妄有生，因生有灭"，妄从真起，本来圆满明觉的妙明真心被二元分裂，在一心之外妄立所知的对象，于本无能、所中生起能觉所觉，于本无差别中生起同、异、无同异的差别，使觉性扰动而生起尘劳烦恼，形成世界。妄心的动引起世界的运动，因运动而有了声音，因声音产生物质，因物质而有了香（气味），因香而有了触，因触而有了味，因味而有了知觉，由六识对六境的了别而造业，形成十二种类众生。

就主体而言，本来明觉的一心由妄立能所，分成有局限性的见闻觉知，因对所见闻觉知对象的贪爱、追求，形成胎、卵、湿、化四类出生方式：

卵唯想生，胎因情有，湿以合感，化以离应。情、想、合、离更相变易，所有受业，逐其飞沈，以是因缘，众生相续。

又时间上的过去、现在、未来三世与空间上的东西南北四方和合相涉，形成卵生、胎生、湿生、化生等十二类众生。十二类众生形成的主要原因，是"乱想"——对某种生命形态的认知、贪着，如卵生类（鱼鸟龟蛇等）由"飞沉乱想"，胎生类（人畜龙仙等）由"横竖乱想"。各类众生以贪欲情爱为本，起杀盗淫妄等业，为业力所缚，"以是因缘，业果相续"。世界、众生、业果三种相续，"皆是觉明明了知性因了发相，从妄见生山河大地诸有为相，次第迁流，因此虚妄终而复始"。总之，世界、众生，乃是本觉真心二元分裂、妄分能所后形成的虚幻妄相。"幻妄称相，其性真为妙觉明体"，尽管纷纭万变，终不改变其唯一真常心的体性，有如长夜梦中历经崎岖，阅尽沧桑，而不改其唯是意识变现的实质。

基于如来藏缘起论说万法唯心的《占察善恶业报经》说一切诸法依众生妄心生，以妄心为本，与妄心同起灭，故"一切诸法依心为本""一切诸法悉名为心，以义、体不异，为心所摄故"。又说妄心能为一切境界原主，"谓依妄心不了法界一相故，说心有无明，依无明力故现妄境界，亦依无明灭故一切境界灭，非依一切境界自不了故说境界有无明，亦非依境界故生于无明……又复不依境界灭故无明心灭"，故说一切诸法悉名为心。以妄心为主、为无明之因、为万法之本为理由，说万法唯是妄心。而追究妄心根源，则见其"皆从如来藏自性清净心一实境界而起"。如来藏心既为万法所依的终极体性，则应说万法唯一如来藏心。

讲如来藏缘起或真如缘起最有代表性的《大乘起信论》，以众生心统摄一切世间、出世间法，开此一心为真如、生灭二门。真如门者，谓心之真如或如来藏为"一法界大总相法门体"，为万有体性，万有本来不生不灭，离言绝虑，无有变异，不可破坏，唯是一心，名为真如。生灭门者，谓依如来藏，有不生灭与生灭和合的阿赖耶识，能摄、能生一切。由不如实知法界一相，不觉心动而起念,是为根本无明。由此生业相、能见相、境界相三细相,及分别爱非爱、念念相续、执取、名言分别、造业、为业报所系缚六粗相,生心、意、意识,造作、变现为众生生死流转的身心和所依止的世界,这一切终归唯心:

是故三界虚伪,唯心所作,离心则无六尘境界。此义云何?以一切法皆从心起妄念而生,一切分别,即分别自心,心不见心,无相可得。当知世间一切境界,皆依众生无明妄心而得住持。是故一切法如镜中像,无体可得,唯心虚妄。以心生则种种法生,心灭则种种法灭故。

众生界的一切,皆依无明妄心而生起、存在、被认识,没有离心本有的自体,故说唯心,此所唯之心,指生灭妄心。然而,此生灭妄心,终依不生灭的真如心而有,其生起的根本——无明,只是一种没有实体的自心迷昧,就像迷路之人认东为西,东西方向实际并未变改,"众生亦尔,无明迷故,谓心为念,心实不动"。无明妄念当体即是心真如,依真如本觉而起,纵然迷昧不觉,也未失其本性。从本体论意义上讲,万有终归唯一真如心。

密教经续尤无上瑜伽部经续中,也多有类似的说法,多称真常心为"菩提心""光明体",谓其即是如来藏、真如、法身、法界。

在华严、天台等宗看来,这种万有唯依妄心、妄心体性即是真心的"真如缘起论"或"如来藏缘起论",未能完全融通真妄,尚称不上圆满究竟的唯一真心论。

二、台、贤、禅诸宗真心性起论的唯心

自判为"一乘圆教"(最圆满的佛法)的天台、华严二宗的唯心义,大体相通,都从体用一如的角度,统真心与万有、真心与妄心、世间与出世间于一体,说世间、出世间的一切,皆唯一心现起。《宗镜录》卷二十九云:

圆教总该万有以为一心,事、理、本、末无别异故。

天台宗立足中观学、三论宗,从真妄一如不二的诸法实相义出发,统摄一切,而诸法实相终归为心。此心为即妄即真之心,乃至智𫖮所指现前"介尔一

念"。《大乘止观法门》卷一谓自性清净心为万法之体，一切诸法依此净心而有，以此心为体。唯心所作者，谓从此自性清净心生起诸法，即是"从体起用"。自性清净心不生不灭，不增不减，故名之为真，名为真如：

> 三世诸佛及以众生，同以此一净心为体。凡圣诸法，自有差别异相，而此真心无异无相，故名之为如。又真如者，以一切法真实如是，唯是一心，故名此一心以为真如。若心外有法者，即非真实，亦不如是，即为伪异相也。

唯心，谓一切法唯是一真如心。智𫖮《摩诃止观》卷五说究竟的唯心义乃一切法唯是心、心唯是一切法，因为"色从心造，全体是心"：

> 若从一心生一切法者，此则是纵；若心一时含一切法者，此即是横。纵亦不可，横亦不可，只心是一切法，一切法是心。故非纵非横，非一非异，玄妙深绝，非识所识，非言所言。

并将这即是一切法的心指为当前一念，这种唯心说彻底超越了真如缘起论从真如心生起一切、真妄并未完全圆融的唯心义。湛然《十不二门》解释唯心变造义说：

> 即心名变，变名为造，造谓体用。

一切唯是心变、心造，此变、造，与他宗所说如画师作画、魔术师幻变的心变、心造义不同，乃是从体起用，是即妄即真，全体起用。

天台宗唯是一心义的精髓，是"心具"，《止观辅行传弘决》卷二谓大小乘皆说心生，不说心具，乃是权教。心具又名"性具""体具"，谓如来藏本来具足世间、出世间的一切，只要是现有的，便必定是体性本具的，不可能在如来藏心之外。反言之，如来藏心也不在世间万有、烦恼妄心之外，而是全体现为万有，"俱体俱用"。又，如来藏心平等不异、绝对唯一故，一即一切，一切即一，任拈一物，乃至小到微尘，短至一念，皆是如来藏心之全体，皆具足如来藏心所具的全宇宙一切。《大乘止观法门》卷二云：

> 是故如来之藏，全体是一众生一毛孔性，如毛孔性，其余一切所有世间一一法性，亦复如是。

依此理观我人存在最为切实的当下一念，于是得出一念具足如来藏全体，具足佛法三谛，具足世间、出世间一切的"一念三千"说，为天台宗唯心义的圆极之谈。

华严宗则从《华严经》所描述的佛果清净心功德具足于众生心的角度，将全宇宙一切统摄于一真法界（绝对唯一的实在），而一真法界终亦为心，此心为真心。法藏《大乘起信论义记》云：

真心随流作染净等法，染净等法本无自体；无自体故，唯一真心。

真心有随缘造作染净诸法的功用。《贤首五教仪》云：

唯心所现者，一切诸法真心所现，如大海水举体成波。

所谓唯心现，是真心现起，从体起用，如大海全体为波。华严宗也从万有唯一真心，推出一即一切，一切即一，一与多相融相即，一微尘包含全体法界，一念具足全宇宙一切，如帝网千珠，光影相摄相入。澄观《华严经疏》云：

以一切法无非一心，故大小等相，随心回转，即入无碍。

华严宗唯一真心义的精髓，为"性起"，意谓万有皆唯佛果真心之现起。智俨《华严孔目章》云：

性起者，明一乘法界，缘起之际，本来究竟，离于修造。何以故？以离相故，起在大解、大行、离分别、菩提心中，名为起也。由是缘起性故，说为起，起即不起。不起者，是性起。

澄观《修华严奥旨妄尽还源观》谓"依体起用，名为性起"。《华严游心法界记》比喻性起如在墙壁上画树，"乍看谓言从壁上生，克体全总是壁"。又如全波即水，全水即波，能现之真心，当体即是所现的万有，万有当体即是真心。宗密《普贤行愿品疏抄》卷一谓与法相宗认为真如凝然不变不同，华严宗说真性"湛然灵明，全体即用"，常为万法而万法常自寂然，世间、出世间一切诸法，皆真性现起，"法界性全体起为一切诸法"，从体起用，名为性起。因为真性本空、理事不二，故"诸佛与众生交彻，净土与秽土融通，法法皆彼此互收，尘尘悉包含世界，相即相入，无碍镕融"，重重无尽，具足华严宗所归纳"事事无碍法界"之"十玄门"义。

禅宗的圆满见地，基本上也属真心性起论，与华严宗见地颇相近。《坛经·行由品》载惠能语曰：

外无一物而能建立，皆是本心生万种法。

本心，指自性清净心、真性。《黄檗传心法要》谓诸佛与一切众生，唯是一心，更无别法。此心无始以来超过一切限量、名言、踪迹、对待，"当体即是，动念即乖""唯此一心即是佛"。

藏密大圆满、大手印、道果法的见地，亦属真心性起论，与禅宗相近。

三、万法唯心说的贯摄

从《阿含经》、部派佛学业感缘起论的唯心，进到圆教总该万有体用不二的唯心，其所"唯"之心，从妄心六识、八识进到真妄和合之八识心，再进到唯一真常心，其观察问题的角度，从生命论进到认识论、宇宙结构论，再进到本体论或体用论，正好经历了一个由浅入深的阶进思维过程。澄观《华严经疏钞玄谈》卷一以华严宗之五教释"一心"：

初小乘教中实有外境，假立一心，由心造业，所感异故；二大乘始教中以异熟赖耶为一心，遮无外境；三终教以如来藏性具诸功德，故说一心；四顿教以泯绝无寄故说一心；五圆教中总该万有，事事无碍，故说一心。

《宗镜录》卷四据法藏的十种唯识、澄观的唯心十门义，将佛教诸乘诸宗的唯心义归纳为由浅至深、由偏至圆的十门：

1. 假说一心。指小乘（部派佛教）业果唯由心造的业感缘起论的唯心，承认实有心外之境，故只是假说唯心。以下九门，方称实唯一心。

2. 相见俱存故说一心。说八识及其心所由业熏习力，分为见、相二分，变现为众生、国土。

3. 摄相归见故说一心。谓所见相分由能见之心识变带、挟带而起，不离见分。

4. 摄数归王故说一心。谓心所依心王而起，为心王的作用。以上三门为护法系唯识今学的观点。

5. 以末归本故说一心。谓七转识皆是本识（阿赖耶识）的功能，无别自体。这是安慧、摄论师等的主张。

6. 摄相归性故说一心。"谓此八识皆无自体，唯如来藏平等显现。"此为如来藏缘起论之初门。

7. 性相俱融故说一心。"谓如来藏举体随缘，成办诸事，而其自性本不生灭。即此理事混融无碍。"此为如来藏缘起论的深义。

8. 融事相入故说一心。"谓由心性圆融无碍，以性成事，事亦镕融，不相障碍，一入一切。"此为圆教唯心义之初门。

9. 全事相即故说一心。"谓依性之事，事无别事，心性既无彼此之异，事亦一切即一，一即是多，多即一等。"

10. 帝网无碍故说一心。"谓一中有一切，彼一切中复有一切，重重无尽，皆以心识如来藏性圆融无尽，以真如性毕竟无尽故，观一切法即真如故，一切时、处皆帝网故。"帝网，指天帝释提桓因宝冠上的珠网，亦称"因陀罗网"，其千珠相即相入，一珠中映现一切珠，一切珠中映现一一珠，喻圆教唯心义的极旨。

以上十门，在思路上层层深入，"前浅后深，浅不至深，深必该浅"，有如沿十级阶梯，一步步登上佛法究竟唯心义的殿堂。

四、超越唯心的唯心

在如来藏缘起论、真心性起论看来，真如、真心本来超越心物，不可言说，非心非物而即心即物，为破除众生心外有实境物的执着故，因现证真如时觉照等心的作用特别殊胜故，假名一心。《大乘起信论》云：

是故一切法，从本已来，非色非心，非智非识，非有非无，毕竟不可说相。而有言说者，当知如来善巧方便，假以言说引导众生，其旨趣者，皆为离念，归于真如。

谓真如不可说是心非心，终究不可说，强说万法唯心，也只是引导众生离心外见法的执着而体证真如的方便（权便、技巧），并非究极之谈。定执唯心为绝对真理，从圆教体用一如的角度看，亦非究竟。智顗《四念处》卷四说：

> 若圆说者，亦得唯色、唯声、唯香、唯味、唯触、唯识。若合论，一一法皆具足法界。诸法等，故般若等；内照既等，外化亦等。

又说"若色若识，皆是唯识；若色若识，皆是唯色"。从圆教的圆满见地看，不仅可以说万法唯心，也可说万法唯色、唯声乃至唯触、唯识，六尘六根六识，皆一一具足全法界的一切。法藏《华严经问答》说：

> 以心言，一切法而无非心，以色言，一切法而无非色……随举一法，尽摄一切，无碍自在故。

从华严宗理事不二、一即一切的见地，既可以从心的角度说万法唯心，也可以从色的角度说万法唯色或唯物，法界中随举一法，皆可以包摄一切。清《彻悟禅师语录》有云：

> 于十界万法，若依若正、假名、实法，随拈一法，皆即心之全体，皆具心之大用，如心横遍，如心竖穷。以唯心义成，唯色、唯声、唯香、唯味、唯触、唯法，乃至唯微尘唯芥子，一切唯义俱成。一切唯义俱成，方成真唯心义。

绝对的唯心，不仅心是一切，心具一切，而且一切是心，一切具心。一切是心、具心故，不但可说唯心，而且可说唯色或唯物，可说唯声、香、味、触、法等乃至唯微尘芥子，这才称得上真正的、绝对的唯心。

立足于如来藏缘起论而特重直下体证真如、明心见性的禅宗，更认为不论是唯物还是唯心，是唯妄心还是唯真心，只要还是一种理性思辩、意识思维，便非真正的"唯"，即使是解悟华严宗所谓事事无碍，也还在"法界量"（对真如的意识思量）里，不出能思、所思的二元对立，并非真正体证真如。从脑科学看，也还是一种依赖于脑神经元的脑电活动。马祖道一禅师一面说"即心即佛"，一面又说"非心非佛""不是心，不是佛，不是物"。临济禅师说"一心既无，随处解脱"。《圆悟克勤语录》有云：

若道是唯心境界，正坐在荆棘林里。

荆棘林，喻体证真如的障碍。执着有个可唯之心，就像被困在通往真如道路上的荆棘林里。云峰文悦禅师说：达唯心而无分别外尘相，也"正在半途。须知向上更有一窍在。"① 所谓"向上更有一窍"，即是超越唯心，证悟那本来超越心、超越物也超越佛的法界本然。

佛学的三界唯识、万法唯心说，在修行实践上具有重大价值，是针治沉溺物欲和走火入魔的特效药，乃如实认识自心的观心法要。对哲学、心理学、物理学、生命科学等学科来讲，佛学唯心说也具有深刻的启发价值，它旗帜鲜明地强调了被世人、世俗文化普遍忽视的心灵，呼唤世人注视自心，认识自己，返归精神家园。

当代尖端科学和心理学的发展，表现出了一种向佛学唯心义靠拢的趋势。量子力学家A.艾丁顿认为："大体来说，世界的要素就是心灵的要素。"量子物理学之父马科斯·普朗克说：

所有物质都由一种力量孕育并维系着它们的存在……我们必须假设，在这个力量的背后存在着一个意识和一个具有智能的心智。这个心智就是所有物质的母体。（1944）

量子物理学家玻姆认为：宇宙是"超级全像式幻象"，心灵不仅连接一切心灵，也连接一切原子、生物、时间、空间，非脑产生意识，而是意识创造了脑及身体、世界。物理学家琼斯说：各种可能的推理堆积起来的证据，使人越来越适宜于把实在描述为精神的而不是物质的，宇宙似乎更接近于一种伟大的思想，而不是一部大机器。斯塔普根据海森堡的量子理论，认为宇宙不再是类物质的，而是类心灵的，类物质方面仅限于某些数学特性，这些特性也可以被理解为进化中的类心灵世界的特征。心理学大师荣格《论精神的本性》认为精神和物质二者都作为意识内容的不同性质出现于精神领域。"两者的最终本性都是超验的，即不可表象的，因为精神及其内容是我们在无媒介情况下获得的唯一现实。"欧文·

---

①《古尊宿语录》卷四十。

拉兹洛《微漪之塘——宇宙进化的新图景》说：物质与心灵皆从宇宙量子真空的零点能量场中进化而来。量子真空不是一种被动的已经存在的实在，而是一种主动的、与所有由其产生的事物共舞的具有"养育"性质的母体因素。心灵与量子真空的共舞，把我们与周围的其他心灵，及生物圈、非生物圈乃至整个宇宙连接了起来，东方宗教修行者很早就知道了这些。这种意义的量子真空零点能量场，接近佛学的法界或如来藏心。

第四节 心气不二

藏传佛教诸派主要传行的晚期印度佛教无上瑜伽部密法，多以如来藏缘起论为基，说身、心、境一体不二，并因应、吸摄印度教瑜伽，注重探讨身心的深层关系。迦举派分身心为粗、细、最细三个层次，三层身心皆一体不二。

粗身心，指血肉之躯和粗显可察的前六识（或说前七识），这一层次的身心关系明显易见，乃显教之常谈，密法对此论述不多。

细身心，指由气、脉、明点构成的内在深层生理机制和与八十性妄俱起的一切心。

最细身心，指作为生命最终本元的最细风（气）、最细心。

细身心、最细身心潜隐于身心深层，幽微难察，非肉眼所能睹，非仪器可测量，现代科学至今尚未窥破这一生命秘奥，然而它对如实认识自身、获得自在解脱而言，至关重要。密教行者以修证开发的智慧眼反观内照，直窥身心深层的隐微景象，外化为"心气不二"的深层身心关系说，这一学说为无上瑜伽理论之核心，极具指导实修的价值。

一、心气乃生命之本、生死之根

心气不二之"气"，为梵语蒲拉那（purāṇa）或风（vāyu）译名，亦译风。

蒲拉那是古印度婆罗门教哲学的一个重要概念，从呼吸之气息意引申为生命之气，相当于中国古代哲学的"气""炁""元气"。这种肉眼虽然不见其形相，而有力量、运动着的气，由四大中的风大所摄，特指作为生命活动动力的风。现代多解释气为一种只可以观察到其指引和组织生物肉体的效应，而观察不到它本身实体的生物场或生命场。

无上瑜伽认为，气在肉眼可见的血肉粗身里层，起着发生、推动、维持众生生命活动的重要作用，所有众生，包括没有意识活动的无想天等，都依气而生，依气而灭。《授记密意续》云：

> 有想及无想，施设有情处，彼皆从风生，亦复从风灭。

三界一切众生，从出生、生存、死亡、中有（死后与再生之间的存在），到修行解脱成佛，既离不开心识，也离不开气，皆为心与气的变化。《金刚鬘续》云：

> 生住及死灭，并安住中有，乃至世间观，皆心风变化。

气有用，有质，有色、光、声，肉眼虽不可见，然可由其所生的触（气感）而感触到它的存在，可由天眼直观它的形色，由天耳听到它的声音。

气循行于脉（梵文 nāḍi）管中，脉由微细四大构成，非肉眼所能见，其作用略当于中医所谓经络。气的凝聚体为明点（梵文 bindu），意为水滴，一译真水、真精，略当于中医、道教所谓精、元精、真水。明点有粗细之分，粗者指身中水液（经、精、血、尿、涕、唾、汗等），有质，可见，细者肉眼难睹。气、脉、明点按一定规则组合，构成细身。当代有研究者认为：人身中的电解液和负载内外的粒子产生一种弱脉冲电流（当于气），通过显微空隙和超显微空隙（当于脉和经络）在人体中运行，形成血液、淋巴液、脑脊液、神经之外的第五大循环系统。

比细身更为根本的最细身，亦称本来身，是一种不可言说的本元能量，具气、明点二相性，就内在于我人身心者而言，称最细持命气、不坏气、俱生气、光明气、智慧气，又称不坏明点、离戏明点，意谓本初自有、不可坏灭的本根，为一切气之根、人之根、语之因，也是一切现象的根本。《金刚曼荼罗庄严续》云：

> 心中不坏风，光明如灯烛，不变最微细，"阿"即最胜主。

说最细持命气住于心间，有光，细微难知，以梵文字母之首阿（a）表示，乃不变不灭的生命之主、生命本元。此气与最细心（亦称本来心，与空性相应的心体）恒不相离，自性是一，为轮回、涅槃之根本。

无上瑜伽从胎生学的角度，追溯生死根源，具体讲述了从最细身心到细身心，再到粗身心的生成过程。

如来藏（心性光明）为出生一切之本，《珍珠鬘续》说如来藏具五种智慧、五种光明、五种气等，能变造一切。众生因无明障蔽，不了自性，心意二元分裂，起无明及执取三界生命形态的阿陀那识。《集智金刚经》谓于心本体光明上显现黑暗，"即七识之染污意，与第八识俱"。《大幻化网导引法》谓阿赖耶识心之本体，自性光明，为智慧气，于彼显现黑暗，即为第七识之染污意，与第八识俱。《金刚鬘续》云：

> 染意即命风，恒常游行转，最初转生时，有如鱼行相。

说末那识的体性即是持命气，此气在人出生时住于心间，由此渐次生成其余九种气，形成胎儿。宗喀巴《胜集密教王五次第教授善显炬论》说"从慧起诸风"，谓从自然智（心性光明）生起种种气，由持命气"起种种业风"，与识同时，取着于世间，从此起惑造业，生而死，死而生，"如是如轮转"。同经卷七认为：

> 当知说由风力引生生死者，即是我执等烦恼引生生死之助缘。

只把气看作协助无明烦恼（我执）引生生死的辅助条件。《甚深内义根本颂》云：

> 身体如何生成者？八识与命气为主，于三界中和合生。

八邦亲尊仁波切注说，身体本从心识的一部分成办，系由第七识染污意牵引动摇本属无记性的阿赖耶识，由本来最细气（智慧气）生起持命气，"染污意为命气体"，持命气为染污意的作用。由染污意执持阿赖耶识的"行意"（生的意志），使智慧气变为有制作身体功能的"业气"，与父母精卵结合，业气荡漾、生涎、生荡、生动、生团，开始其制造身体的工作，依次生持命气等10种气，及食气等31种气。

各种气中，最重要者为持命、下行、上行、平住、遍行5种根本气，和龟、龙、海马、提婆、财生5种支分气。这10种气分别以地、水、火、风、空五大为体，各有其震动、声音、颜色、作用与住处，五种根本气为：

持命气。以空大为体，蓝色，音阿（a），住于中脉内，为阿赖耶识之所依，故名"虚空依怙"，乃业气与智慧气的混合，为现起我执、我爱之本，亦为人生命之本，此气若错乱则疯癫昏迷，若离身则告死亡。

下行气。以地大为体，黄色，音尼（ni），住于脐下三脉会合处以下，作用为收放大小便、精血，若错乱则致下半身病。

上行气。以火大为体，红色，音朗（lang），住于喉间，作用为语言发声，若错乱则生上半身病。

平住气。以风大为体，绿色，音衣（yi），住于腹内，能促进消化吸收，若错乱则生腹中诸病。

遍行气。以水大为体，白色，音乌（wu），与左右脉相连，遍行四肢，若错乱则生挛跛等病。

五种支分气，系由五根本气而生，其中龙气以空大为体，音啊（a），住于心之西南方脉，作用为维持视觉与表情。龟气以风大为体，音唉（ai），住于心之西方脉，作用为维持听觉及手足之动作。海马气以火大为体，音阿勒（ale），住于心之西北方脉，作用为维持嗅觉。提婆气以水大为体，音厄（e），住于心之北方脉，作用为维持味觉及打呵欠。财生气以地大为体，音阿尔（ar），作用为维持触觉，此气之一部分在人刚死后至尸体未坏败前，仍住身中。

先天持命气与阿赖耶识及父母精卵结合为一体，共同工作，产生各种气，制造出人的肉体及天生的心理机制。在人出生之后，业气以禀自父母精卵的物质明点"红白菩提心"（"红白大"）为本，依靠呼吸、饮食制造的物质明点净分——津血等营养液的滋养，从脐部不断生发，经脊柱两侧的左右二脉，循行全身，维持生理活动不断进行。又通过鼻孔呼吸，不断吸清吐浊，从外界吸收、交换气体。业气在体内的循行称"气之内行",通过二鼻孔吐故纳新称"气之外行"。气内外运行周流不息,在阿赖耶识的执持处理下,内外气或人体能量与天地能量不断交流,不断摄取排泄,不断自我复制,可谓人体生命活动的实质。

气和心识结合而成的细身("风心之身"),称"根本身",与肉眼可见的粗色身相对,根本身先于粗色身("分位身")而成,在粗色身形成后潜在于其底层,起着极为重要的作用,在人死亡时并不随粗色身的坏败而坏灭。受这种观点影响,藏传佛教界颇有人认为心是与构成身体的物质截然不同的整体、极细微的意识,只是清明和觉知的性能,是不断变化的相续体,是在进入这个身体以前就有的,非原子构成,所以在这个身体腐烂后还会在另一个身体里出现。

二、气为心识所乘、心识体性

后天的生理活动,尤其是身中诸气,为后天心识活动的物质基础。《胜集密教王五次第教授善显炬论》云:

一切有情命,名风作诸业,此是识所乘,五性亦十性。

谓具有造作功能的五种根本气和五种支分气,是一切众生的生命之本,为心识之所乘,乘,有载体之义。隆钦饶绛巴《大圆满虚幻休息妙车疏》说"气为心之乘骑"。《大圆胜慧澈却脱噶全书》比喻说:

心如无足之人,气如无眼之马,心依气存,气从心使。

心识不能单独存在,必须与气结合,以气为乘载,才可运作;然心识具有主宰观照的殊胜功能,可以驱使、驾驭气,有如骑手能驾驭坐骑,驯服烈马。人乘马以奔驰,心乘气而纷骋,心定则气自运,心不定则气乱,气乱则百病丛生。通过观心修定,可以使心虚灵平静,增强以心驭气之能。蓄气、养气、增益气,工夫纯熟者可以气从心使,意到气到,心气不二;而气若散乱,则心亦难定,身亦不安。故调身、调息、炼气,为无上瑜伽修习禅定的重要门径和要点。

无上瑜伽还有气为心识体性、心识为气之作用的近于唯物论的心气关系说。如《集智金刚经》谓"心本体光明为智慧气";又说识蕴（七、八二识）为空大之气,行蕴为风大之气,受蕴乃火大之气,想蕴乃水大之气,以火、水、风、空四大物质元素为体性的心识集合受、想、行、识,可看作四大之气的作用。《甚深内义根本颂》云:

心者明而无妄念,体性即智慧大风。

说心的体性是本具自然智功用的智慧气。这种说法,散见于多种密典,如《密集论》云:

成于心之自命者,三界之中无别有,变幻之气遍三界。

谓遍于三界的具变幻作用的种种气,是形成心识的根本,乃心识的体性。《大幻化网导引法》说:

识等诸蕴,彼之本体,为五大之气。

或者说人的命根为心识,具体指阿赖耶识,此识在人出生后恒住于心间中脉内,其体为由智慧气凝聚而成的一个黄豆大小的不坏明点,可以清净天眼直观其相状。美国学者斯科特·罗戈认为,心灵可能是能量的一个类型,其所谓能量,可以理解为气。

从心气不二、气为心体论着眼,无上瑜伽认为:心理上的无明、烦恼、智慧、精进等,皆以身中的气、明点为基础,有其深层的生理根源或物质基础。智慧、贪爱、慈悲,皆以阴性（月）的生命能量白菩提（白大）为体,精进、嗔恨、嫉妒,则以阳性（日）的生命能量红菩提（红大）为体。陈健民《曲肱斋全集》（三）说:

惟气发光,惟气有用,故成五色,而表五用,贪气红光,嗔气白光,痴气蓝光,慢气黄光,疑气绿光。五毒为用,五智为体。

众生由异熟业报,其身中能流通智慧气的渠道——中脉——生来即扁缩不通,有如干枯羊肠。气之妄动生无明,由无明生业气,业气推动精血,通过夹持中脉的左右二脉运输全身。以无明为本,精的妄动生贪爱,血的妄动生嗔嫉。贪嗔痴等烦恼的妄动，又反馈于生理，使身中脉结缠缚不解，气血阻滞不通，从而导致种种生理的、心理的疾病。陈健民《密宗灌顶论》说：

盖心理上有一自私，生理上必有一脉自缚。

其《论脉、气、明点与诸前行之关系》一文中说：

九结与十使、五毒等，以密乘理论观之，是脉结而成使。而九结从脉上言，十使从气上言，而五毒则从明点言之也。

脉结由气之错乱而致，能生爱、恚、慢、痴、见、取、疑、悭、嫉"九结"；气有驱使作用，能生贪、嗔、痴、慢、疑、身见、边见、邪见、见取见、戒禁取见"十使"；明点为气之源泉或凝聚物，能生贪、嗔、痴、慢、嫉"五毒"。

十种气的色、声、体性、住处、作用及与五毒、五智的关系等略如下表：

气	色	音	体	住处	作用	五毒	五智
持命气	蓝	a	空	中脉	命根	痴	大圆镜智
下行气	黄	ni	地	脐下	排泄	慢	平等性智
上行气	红	lang	火	喉	声	贪	妙观察智
平住气	绿	yi	风	腹	消化	疑	成所作智
遍行气	白	wu	水	全身	运动	嗔	法界体性智
龙气	蓝	ā	空	心南	视觉		
龟气	绿	ai	风	心西	听觉		
海马气	红	ale	火	西北	嗅觉		
提婆气	白	e	水	心北	味觉		
财生气	黄	ar	地	西南	触觉		

无上瑜伽独具多种气、脉、明点修法，通过理顺气、调制气，将凡夫业气转为先天智慧气，打通脉结，坚固明点，令智慧气进入中脉，以期改变烦恼生起的生理机制、物质基础，达到净化心灵、自宰其心乃至明心见性的目的。无上瑜伽尤重以金刚般无坚不摧的"空乐不二"智慧照破烦恼之本——无明，豁露本元"俱生智"，以此俱生智将能生起烦恼的生命能量转化为对自他有益的智慧、慈悲、精进、方便。

三、心气不二与内外二气

关于心气不二的要义，八邦亲尊仁波切《甚深内义根本颂》结尾总结说：所谓气，为一切有情俱生圆满身（报身）之因，所谓心，为一切有情无始以来俱生法身之因：

> 心气无二者，此心气二者，俱生和合，非二单分相加，于未证菩提间，不为忽然所起垢染习气所坏；其即证菩提，则无碍而得不死甘露身之果。①

意谓心、气二者不可分离，从来形影不分，同时生起（俱生），两者的这种不二关系乃本然如此的本性，不会因无明烦恼而有所改变。心气无二谓"两者显现为一"，非伴侣关系，非各有其实体，非一加一的关系，而是一体两面或一体二用，从不同的观察角度名其为心、名其为气，喻如日与日光，日如心，光则如气。这种不二关系称"俱生无二"。

心气不二又分为无生心气无二、大乐心气无二二义。无生心气无二，谓心与气之本性从来没有分别，皆空寂无生（无实体出生），本性清净；大乐心气无二，谓心与气虽然自性本空，而当心识与其空的本性"相应"（一致）时，能出生内心可领受到的"俱生大乐"，此大乐与所证空性不二，与证空性之真心同时生起，谓之"乐空不二"。无生心气无二，指本然如是之理，大乐心气无二，是由修无上瑜伽特有的气脉明点法所证之果，其所领受的空乐无二之大乐，盖由智慧气作用于自心而生。

心气不二论既可用于观察心身关系，也应用于观察心境、依正关系。不仅众生的身心唯是心气，即心所认识的宇宙万有，也应唯是心气，为心与气的变现，以心、气为本体。吉祥长寿女即说：

---

① 《曲肱斋全集》（第三册），陈健民译，普贤录音有声出版社1991年版。

凡所显皆无自性，所缘唯是心气。①

心所缘的物质世界，佛学摄于色蕴，按《集智金刚经》等，色蕴以黄色的地大之气为体。用现代物理学的观念，这种说法可解释为：一切物质现象，都以某种本原的能量为本质。广义相对论证明，质、能一体，可以互换，气化色蕴，可谓能变为质。而使能变为质，形成结构复杂、纷纭万象的物质现象之力量、信息处理者或深层原因，只能归结于心识。阿赖耶识储藏各种种子、处理一切信息的功能，应是形成一切物质现象不可或缺的关键性因素；末那识执受自我的作用，应是形成一切生命现象不可或缺的主导因素；前六识制造影像符号的作用，应是形成一切认识或经验世界不可或缺的重要因素。

从本体论、宇宙论角度看，无上瑜伽的心气不二论在大乘如来藏系唯一真心的基础上又前进了一步，深入了一层，它不仅仅为破除心外觅法的偏执而强调境唯是心或境不离识，而且重视物质，通过气这一中介，沟通了心物之间一体不二的关系，终而将宇宙万有的实质归结为与气俱生的本元心或自然智，与如来藏缘起及真心现起论同趋一轨。张澄基《佛学今诠》说：

> 心气无二亦就是说，一切世、出世法皆由明觉之心和其无限之动能所投射变现而成。②

无上瑜伽重在修持密法以获得解脱，不在于建构宇宙模式来解释世界。从其心气不二思想出发，融摄大乘中观、唯识、如来藏诸学，可以建构一种从体、相、用三方面观察以解释世界的哲学框架：心气不二的本然实在——法界或"本基"，其性绝对空寂或"极无自性"，超越心物、时空、物我，为宇宙万有之体；此法界虽空而本具能生起心和物的本元明觉与本元动能，具足变造和形成各种光、微观物质、粗显物质、生命体，及藏摄种子、处理信息、变造符号，感知符号信息、情感、思维、意志等作用，是为宇宙之相；以无明为本，起惑造业，用宇宙本具诸相变造出生死流转的根身和有染有碍的世界，如人类不断发展的文

---

①《曲肱斋全集》（第三册），陈健民译，普贤录音有声出版社1991年版。
②张澄基：《佛学今诠》（上），慧炬出版社1973年版，第296页。

明，是在众生界所表现出的宇宙之用。体用从来不二，众生虽然流转生死，有染有碍，而其身心世界本来空寂的体性无有变改，其心性光明从来不失不减，只不过迷昧不觉而已。诸佛唯觉此心气不二、本来空寂的体性，证得大自在、大解脱、大智慧及济度众生的种种方便，是亦为宇宙本具妙用的发现或自心本具潜能的开发实现。诸佛所证无碍妙用，具足于众生当下之一念，于当前一念觉其本空本明的体性，为无上瑜伽的修持心要。

从心气不二的立场来看，心与境、依报与正报、主体与客体之间，为心气互相依存、互相交参渗透的一体关系。此所谓气，不仅是无上瑜伽所重视的呼吸之气，还应包括从饮食中摄取的营养、日光、负离子、放射线、排泄物、工业和车辆排放的废气、居室装修的各种放射物等外气，这些气与我人身心的不二关系，乃是今日生理学、心理学、生态学、天文学等学科的常谈。

此外，影响我人身心的外气，还应包括古人所谓风水。立足于心气不二论的藏传佛教，吸收中印风水学，形成叫作"萨虚"的学问。此学认为：我人的居住环境，包括地形、方位、山水林木、道路、江河、周围居住者等，都与我人的身心相关，能影响我人的身体、情绪、人格、经济收支、家庭关系、生活和行为方式等，修禅定者则会影响入定，其影响主要通过气在人不知不觉中发生作用。我人周围的气构成气场，和谐的气场会发生有益的作用，不和谐的气会形成有害的影响，"地宫凶恶"被列为入定的障碍之一。大手印法要求瑜伽行者最好离开人众三十里以上，于僻静无人迹处修行，以避开、隔断滚滚红尘中的各种不良信息、气场的干扰。据称附近众生的意念，会以气的形式波及修行者，使修行者无端产生烦恼。

居住环境的气场对人的影响，系由阿赖耶识接收，在人白天工作、活动时，第六意识的自主意念强大，能干扰环境气场的影响力，使之变小。而在人休息、睡眠，自主意念弱、底层心识的作用凸显时，周围气场的影响力强大。《相对世界究竟的心》一书中说：

当你在活动的时候，你的能量是对外发散的，当你在休息的时候，是以你为主体，注意力是朝内的。当你在活动时比你在休息的时候不容易受伤，你最容易受伤的时刻是当你睡着时。

除了他人对你的直接行动外,细微的能量也可以影响;星球运转的能量,你周围的人思考与情绪的能量,以及这个世界与宇宙的能量亦然。①

藏传佛教有其精密的观风水法,其基本原理大概与汉地风水学相近,认为能够吸收到有益的能量并将其功能发挥的地点为风水宝地。群山环抱犹如莲花心蕊的拉萨布达拉宫,四面环水、背靠一座山的北京紫禁城,被看作最佳风水的范例。每个地点的风水,又都有其生命周期,依其坐落地点的强弱,生命周期从12年至60年不等,最长者为360年。从身、心、境不二,心气不二的哲学观看,这种说法有其合理的理论依据,至于其具体方法是否正确,需经过科学的研究方可做出判断。

---

① 泰锡度仁波切:《相对世界究竟的心》,贝玛顿秋译,慧眼杂志社1996年版,第10页。

心之体性 | 第七章

如实知见自心，不仅应如实观察心的结构、内容、作用，更应如实了知心本然如此、不变不易的终极体性或实性，亦即心性，以为证得涅槃的依据。质言之，只有从自心中找到如本不异、真实不易者，才能实现超出生死之理想。在《阿含经》中曾提出的心性问题，随着佛教思想的不断深化，变得越来越重要。大乘《胜天王般若经》称心性为"最胜清净第一义谛"（佛法的第一、最高真理）。大乘如来藏系经典中，更强调心性为解脱成佛的枢要，《大方广如来秘密藏经》云：

菩提实性是心实性，心之实性即是一切法之实性。

谓如实觉知万有真实本面的大觉——菩提，即是众生心之实性（心性），心性即是万有之实性（真如、法性）。从最为切近，不用远求、不需钱买的自心去观察万有实性，当然是获得菩提大觉的捷径。依如来藏系经典阐释发挥的中国天台、华严、禅、密等宗，及藏传迦举、宁玛、萨迦等派的密法，皆以明见心性为佛法的心髓、修行之枢要与旨归。

心性（梵文 citta-prakṛti，巴利文 cittatā），出汉译《增一阿含经》《大集经》《密严经》《心地观经》《大乘庄严经论》等多种经论，语义为心的本性、实性、自性、自体、本来、本然，意为心识本然如是、真实不变者，可理解为心本来具有、不可变异的性质，或心未被主观认识和烦恼妄念遮蔽的本来面目（心本然），或心体（心自体）。《摩诃止观》卷五释"性"有不改、种类、实性（佛性）三义，喻如竹中火性，"虽不可见，不得言无"。

佛教诸乘诸宗所谓心性之语义，大略有三条思路：

1. 以心性为心的本性，即心之法性、真如、实相，指心识本来具有的不变不易的性质、真相、本然，作为认识对象，主要是一种"理"。这个意义上的心性同义词有"心之实性""自心法性""心真如"（citta-tathatā）、"心实相""识真相"等。

2. 以心性为真心，即心的本然清净状态，或本来真实的心，或净化后的心，或心识结构中的真常不变者（功能或本体）。这个意义上的心性同义、近义词，有"本性心""性自性第一义心""真识""自性清净心""真心""心清净界""法性心"（dharmatācitta）、"根本心""净菩提心""菩提心""如来藏心""佛心""本觉""本觉心""性觉""如来藏本圆妙心""阿摩罗识""一心""本心""中实理心"等。

3. 以心性为"心体"，体（梵文 bhāva）的释义为"主质"，有本质、实体、自体、载体意，与荣格所谓"无意识的中心或本质"相近。心体的同义词有"一清净法界体""明体"等，与心体相近者有"心地"。中国佛学著作中常"体性"连用，其所谓"性"，也往往有本体的意味。

汉文佛学著作中相当于心性、心体的用语，还有"真性""心源"（心的本源）、"性海""自性""自性清净圆明体""秘密金刚体"等。心性在汉文佛学著作中常简称"性"，汉字"性"的原意为生来本具、天真自然的心，《说文解字》解释为"心中之阳气"。汉传佛教特别注重心性，自与中国古代注重心性的传统有关。

密教多从真心、心体的角度说心性，称之为菩提心、"光明"（亦译"净光""明光""明体"）。

心性问题的实质，是建立通过观心修心获得解脱成佛的理论可能性和实践可操作性。

诸家心理学最为缺乏的心性论及明心见性的技术，堪称佛教心理学库藏中最为璀璨的明珠。

第一节 《阿含经》及部派佛学的心性论

一、《阿含经》的心性本净说

汉译佛典中，心性一词，始见于《增一阿含经》卷二十二和《须摩提女经》卷一之"心性极清净"一语，原系赞颂佛陀之辞，意谓佛永断烦恼，心极为清净。南传上座部《增支部·一法品》第6经云：

此心极光净，而客尘烦恼杂染，离客尘烦恼而得解脱。

汉译《舍利弗阿毗昙论》卷二十七引用了《增一阿含》中的这段话：

心性清净，为客尘染。凡夫未闻故，不能如实知见，亦无修心。

心性清净，离客尘垢……圣人闻故，能如实知见，亦有修心。

肯定心本来清净，清净（巴利文 pabhassara，梵文 prabhāsvara）的原意是"白净""明净""遍净"，有光明义，就像白纸、清水没有污染，今译"光净""明净""明亮""光明不着""清净光明"。

汉译《杂阿含经》卷十佛言"心恼故众生恼，心净故众生净"，谓心可由去除烦恼而得清净，肯定众生心有清净的可能性。《杂阿含经》卷一第2经佛言"欲贪断者，说心解脱"，卷四十七第1248经佛言去除三毒心得解脱，第1246经佛以炼金譬喻修心，皆暗示众生心有清净的可能性。南传《中尼柯耶·服喻经》说烦恼起于人心犹如垢腻附着于衣服，暗示心如衣服，本来干净，污染是后加的。汉译《增一阿含经》卷十七佛以铜器蒙尘垢譬喻修心，卷二十一佛以日月被云、风尘、烟、阿修罗四重翳覆不得放光明，譬喻人心被欲、嗔恚、愚痴、利养四结覆蔽，不得开解。《阿含经》中常说十六种心，染净参半，其中净心有离贪、离嗔、离痴、摄、广大、有上、定、解脱八种。《长阿含经·坚固经》佛答比丘"此四大，地、水、火、风，何由而灭"之偈云：

应答识无形，无量自有光。（今译"心识无形，光明无量。"）

光、光明，喻心本具的觉知之性，与"极光净""清净"同义。

此外，《杂阿含经》还多次说到有"涅槃界""灭界"，若从"界"所含"因种"之义看，涅槃界、灭界，应该指能证得涅槃、灭尽定的因，或本来就有的根据，深入追究这种因种，只能将其归结为本来清净的心性。

从《阿含经》看，佛陀明显倾向于说心性本净，但《阿含经》中未能进一步深入阐发心性本净的理论意蕴，心性论在该经中也不大重要。

二、部派佛学的心性染净之争

到了部派佛学，心性是染抑是净，成为诸派探讨、争议的重大问题之一。这一问题，关涉到心是否可解脱烦恼污染而得净化的理论依据，对佛教的解脱论和修行实践而言，至关重要。据《异部宗轮论疏述记》等载，部派中的大众部及从之分出的一说部、说出世部、鸡胤部（灰山住部），还有上座部及其分出的分别说部、铜鍱部等，都宗依《阿含经》，从主客关系说心性本净，主张"心性本净，客随烦恼之所杂染，说为不净"，谓清净乃心的本性，是主，烦恼杂染外来，是客。

窥基《异部宗轮论疏述记》解释说，从来本净的是"心体"（心的主体），心虽然被烦恼污染，而烦恼并非心的本性，故称为客。问：若众生心性本净，那岂不是说众生天生都是圣人？答：虽然心性本净，但众生"有心即染"（只要起心便被污染），故非圣人。问：既言"有心即染"，为什么说"心性本净，为客尘染"？答：后天若修道，"染乃离灭，唯性净在"，所以说污染为客。

《大毗婆沙论》卷二十七谓上座部分别论者说"心本性清净，客尘烦恼所染污故，相不清净"，认为染污心、不染污心，其体无异。如铜器等未除垢时，名有垢器等；若除垢已，名无垢器等。若说客尘烦恼本性染污，虽与本性清净心相应而相不清净，那么应该说心本性清净，不由客尘烦恼而变得不清净。

主张心性本净论者，认为有一个本来清净的心体，贯彻心理活动全程乃至轮回全程，其说被称为"一心相续论"。《大毗婆沙论》卷二十二说，一心相续论者认为只有一心，隐藏着烦恼的"有随眠心"与清净了潜在烦恼的"无随眠心"，其性不异。犹如衣服、镜子、金等未浣洗、磨炼时，名有垢衣等；若浣洗磨炼已，名无垢衣等。"有、无垢等，时虽有异，而性无别，心亦如是。"

说一切有部《顺正理论》卷七十二转述大众部等的心性本净义时，说本净的心性具体指非善非恶的"无记心"：

本性心者，谓无记心，非戚非欣任运转位，诸有情类多住此心，一切位中皆容有故，此心必净，非染污故。客性心者，谓所余心，非诸有情多分安住，亦有诸位非皆容有，断善根者必无善心，无学位中必无染故……如是但约心相续中，住本性时说名为净，住客性位容暂有染。

本净的"本性心"，指未起贪嗔忧喜等情绪时的无记心，一般人的心，多数时间都处于这种状态，并没有贪嗔等烦恼的污染，所以说心性本净，善恶忧喜都从这种本净心的基础上生起，本净心在任何时候都在发生作用，故说为主，为本性心。至于贪嗔忧喜等有污染性质的心，只是有时遇缘而生，并非任何时候都有，就像有时才来的客人，故称"客性心"。就像河水本性澄清，有时被尘土污染而浊。有些人甚至不起客性心，如断尽善根的极恶之人不起善心，断尽烦恼的阿罗汉等圣人不起烦恼心。"如是但约心相续中，住本性时说名为净，住客性位容暂有染。"以无记心为本性心，与儒家以喜怒哀乐未发之"中"为性及王阳明"非善非恶心之体"说相同。

南传上座部大师觉音的《增支部注》卷一，则将经中"此心清净"的"心"，具体解释为"有分心"，指尚未波动起念时的空白心地。此心生于心脏下方"心所依处"，如明镜，《增支部·弹指之顷章》佛告诸比丘："有分心是明亮的。"《法聚论殊胜义注》谓有分心乃果报心，不与任何烦恼相应，其性清净。有分心为主人，六门心路过程为客。又说一切果报心、善心、唯作心皆清净，只有不善心所法不清净。当代帕奥禅师《智慧之光》说，有分心即生命相续流和生命的成分，是维持一生中心识持续生起的主要因素，乃过去世业力引生的果报心。任何一种心路过程生起时，有分心停止生起。当无心路过程时，有分心流就会不断发生，修禅定者进入在近行定中（初禅未到地）时，有分心会频繁生起，可以借助禅定之光看见：

此有分心非常明亮，这只是指它清晰的本质，它看起来就好像一面镜子。①

禅修者看见的有分心光亮如镜，其实也并非有分心本身的光亮，而是有分心不断生起时所制造的"心生色聚"与"时节生色聚"的光亮，有分心像镜子一样能映现出它所生的这种光亮。这种体验，盖即《庄子》所言"虚室生白"的境界。道教内丹学以"一念不生"时的先天元神为性，说此性显现时有光明"阳光"出现，此性正同上座部所言有分心。

当代泰国高僧阿迦索的《正道足迹》中说，心意的本质从其初始就一直是光明、平静和清净的，只因为主观偏见渗入并遮蔽了它，使心意的光明暗淡，世间亦随之黑暗。阿姜查禅师《静止的流水·关于这颗心》也说这颗心本来是清净、宁静的，比喻为静止的流水、寂静的平湖。

据此，大众部等所说的心性本净，是就一心之相续说心住于其本性时为净，住于客性时可以有染。有部《大毗婆沙论》卷二十二说，一心相续论者认为烦恼心与无烦恼时的心本性无异，佛法圣道对治的，只是与本性心相违的烦恼客性心，不是未起烦恼的本性心，就像洗衣、磨镜、炼金等，只是把与其本性相违的污垢、杂质去掉，衣服、镜子、金的本性是清净的。同论卷二十七谓分别论者（说假部，亦称分别说部，从上座部分出）认为：

染污、不染污心，其体无异。谓若相应烦恼未断，名染污心；若时相应烦恼已断，名不染心。如铜器等，未除垢时，名有垢器等；若除垢已，名无垢器等。

---

① [缅甸] 帕奥禅师：《智慧之光》，净心文教基金会印行，第54页。

不论有垢无垢，铜器应该说是本来清净的，不论有无烦恼，心体是本来清净的。《顺正理论》卷七十二述分别论者的主张说：有如器具被尘垢污染，可以除去尘垢，回复其本净的真面目；又如日月被烟、云、尘、雾、罗睺罗手（日食）五物所覆，日月光明的本性并没有改变，覆障物消散，日月的光明本性便会显露。又如莹净通明的"颇胝迦宝"（水晶之类），与红色等物置于一处就会现为红色等，但其无色透明的本性并未改变。众生虽然有贪等烦恼，而心性本净，因此皆可断除烦恼的污染而获得解脱。这有经中的佛言为据。

从佛教基本教义尤其是大乘唯识学、如来藏学的眼光看，《法聚论殊胜义注》以一切果报心、善心、唯作心皆清净，只有不善心所法不清净之清净，显然只是世俗谛意义上的清净，是相对于贪嗔等烦恼的清净。至于认无记心、有分心为本性心、本净心，可以看作一种教人明白心性本净的方便说法，或世俗谛意义上的心体。将心体分为世俗谛与真实谛，见宗喀巴《温萨耳传大印口诀》。体认、保持无记心或有分心，作为一种修心的方法，也不无平衡心理、变化气质、降伏烦恼的效用，天台宗、大手印、禅宗都以体认前念已灭、后念未生中间的空白心地为见性的一种入门方便，天台宗二祖慧思《随自意三昧》有云：

未起念时，无有心想，亦无心、心数法，是名心性。是心性无有生灭，无明无暗，无空无假，不断不常，无相貌，无所得故，是名心性，亦名自性清净心。

此未起念时的空白心地，当于上座部所立有分心。说它为自性清净心，应是从世俗谛言。从大乘佛法看，当无记心、有分心时，虽无贪嗔嫉慢等粗重烦恼，而未必无作为烦恼根本的人法二我执，尤其是意识层下末那识的俱生我见、我爱、我慢、我痴四根本烦恼，不无"三毒"中最重要的"痴"或十二有支的源泉——无明，或《胜鬘经》等所谓无始无明。这种无记心、有分心，显然称不起真正的本性心或本净的心性。慧思《随自意三昧》虽说未起念时亦名自性清净心，然又说妄念思想未生时毕竟无心者，名为无始无明，亦名独头无明、不共无明，须以求无始法不可得的"无始空"破之，观此自性清净无始心毕竟空寂，方能证得胜义谛自性清净心。其《诸法无诤三昧法门》卷下也有同样的说法。

从觉音的《清净道论》等著作看，上座部佛学也强调在禅修中不可落入有分心，认为有分心时心识的活动并未停止，不以有分心为涅槃，故即使说有分心或无记心本性清净，也只是世俗谛意义上的清净，与大乘佛学等同于佛性、真如、涅槃的真实谛意义上的心性清净，含义颇有不同。

据普寂《华严五教章衍秘钞》，部派中以说有轮回主体著名的犊子部，虽然未必讲心性本净，但该部所立五藏中的第五"不可说藏"，与大般若五种法海相似，"所谓第五不可说藏，仿佛乎大乘如来藏"，有本来清净的意味。

说一切有部后学与大众部等相对，以反对心性本净著称。该部《顺正理论》卷七十二说：心性本净的说法虽然出于《增支部》，"不敢非拨此言非经"，但此言有悖于正理，应看作佛在某种情况下隐藏了真意的"密意说"，并非开显佛陀真意、真理的"了义说"。有部主张众生心性本来不净，生来便有贪嗔痴等烦恼，只能通过修持，将本来具有的染心转变为净心。圣者们已转变的净心和从前未转变的染心，是前后两个心而非同一个心。这是从有部"三世实有""法体恒有"的哲学观所得出的必然结论。染心、净心，在有部看来都是实有，实有的染心当然应是本性不净了。《顺正理论》卷七十二批驳分别说部"如有垢器后除其垢"的比喻说，器皿与污垢并非因果关系，是两种各有实体、互不相干的东西；而贪等烦恼与心却互为因果，烦恼由心而起，与心同时而有，正当烦恼时烦恼即是心，这与污垢非器皿性质完全不同，怎么能说烦恼是净？当烦恼生起时，应有自性染污心起，与烦恼相应。因此说：

> 心性是染，本不由贪，故不染心本性清净，诸染污心本性染污，此义决定，不可倾动！

认为染心与净心是两种性质绝对不同的东西，染心的本性绝对是染，只有圣者所证得的净心才是清净的。

后来诃利跋摩在《成实论·心性品》发挥有部心性非本净义说：因为"烦恼与心常相应生"，与心是一体，应说是主非客。心有善、恶、无记三种，善心、无记心并非心垢，不善心则本自不净。而且，"是心念念生灭，不待烦恼"，生时与烦恼共生，灭时与烦恼共灭，不能说烦恼心是客。他认为大众部等心性本净论者所立的"一心相续"，只是随顺世俗之见而说，属"世俗谛"

的相续而非真实义。从真实义看，一切心念，生已即灭，如何能相续不断？众生心中并没有一个常住不变相续不断的本净之心，有的只是念念生起的烦恼垢染心，因而应说心性并非本净。佛在经中是说过心性本净，那只不过是为了随顺一类懈怠众生，唯恐他们听说心性本来不净，便不肯发心修行，故而方便说心性本净，经中佛有时也说心被客尘所染而不净。

总的看来，部派佛学的心性本净和非本净论，各执一端，都看到了心性的一个方面，但都从世俗谛着眼，将心看作有自性的实体来判其本性的染净，未能从真实谛着眼揭示心本具不变不易的本性，其心性论只停留在心理学、伦理学的层面。

从全体内容看，《阿含经》及部派佛学也并非没有真实谛意义上的心性义，其中心思想是五蕴、十二处、十八界皆无常、无我、空，即主要说心识本来无我、空，与大乘心性本空义其实基本一致，应看作原始佛教、部派佛教的心性论真实谛。

第二节 大乘心性论

大乘经典中，心性成为相当重要的问题，在一些如来藏系经论中甚至成为核心性的问题，论述不少，比原始佛学、部派佛学心性论深化了许多。中国佛学台、贤、禅、密诸宗，皆以心性论为教义枢要，对印度佛学心性论做了进一步发挥。

一、印度大乘经论中的心性本净说

与部派分别论者等一样，印度大乘经论中的心性论以心性本净为基本观点，但其说明心性本净的理由与部派佛学不同。大乘心性论还有心性非净非不净、心性本明本觉之义。

部派分别论者主要是从世俗谛的角度着眼，说心体离烦恼客尘故本来清净，离垢则显。大乘也有这种说法，如唯识系的《瑜伽师地论》卷五十四说"诸识自性非染，由世尊说一切心性本清净故"。但大乘主要从真实谛说心性本空故本来清净，即便被污染遮蔽，其清净之性永恒不变。

说心性本空故本净，是从如实观察众生的心理活动（心相）得出的结论。如《小品般若经》卷一云：

> 是心非心，心相本净故。

此所谓心相，实为心性，其本净的理由，主要是心缘起故，无实自性，或云心性本空、本寂、本来不生，既无本具能污染的烦恼之实体，也无本具被污染的心之实体（非心），故曰本来清净。大乘经论一般不像部派佛学那样将心性比喻为具物质性、有实体的铜器、衣服、金等，而多比喻为不具物质属性、常用以比喻诸法空性的虚空。如《入楞伽经》卷六谓"心性本清净，犹若净虚空"，《大集经》卷二云：

> 一切众生心性本净，性本净者，烦恼诸结不能染着，犹若虚空不可沾污，心性、空性等无有二。

因为众生心属众因缘，无作无系，无主无作，犹如幻化，如梦、如镜像、如热时焰，故空，空性与心性无二，故说心性本净。同经卷十四说犹如虚空常住、无有败坏，非色、相不可见，假名、无有形貌，心性亦如是，心意识乃假名。《思益梵天所问经》卷三谓心性如同一切法空相，无相相、无作相，离有所得故、离忆想分别故、无求无愿，毕竟离自性故，是故说心性常清净。譬如虚空不受垢污，凡夫心性亦如是，虽邪忆念起诸烦恼，"然其心相不可垢污，设垢污者不可复净。以心相实不垢污，性常明净，是故心得解脱"。

《大般若经》卷五百六十九、《度世品经》卷五、《大宝积经》卷八、《密迹金刚力士经》《大方等顶王经》等，皆说心本清净。

印度大乘空、相、性三宗，皆依佛经说心性本净。中观学（空宗）之祖龙树《大智度论》卷四十一比喻说：

> 如虚空相常清净，烟云尘雾假来故覆蔽不净，心亦如是，常自清净，无明

等诸烦恼客来覆蔽故，以为不净。除去烦恼，如本清净……毕竟空故。

说心性犹如虚空，不能被烦恼污染。虚空虽然也有被云雾烟尘覆蔽之时，但云雾烟尘并不能改变虚空空的本性；众生心虽然烦恼丛生，但烦恼并不能改变心本来清净的本性，除去烦恼，如本清净，因为"毕竟空故"。同论卷十九说"是心无生、无性、无相"，智者由知心相无生，入无生法中，亦不得实生灭法，不分别垢净，而得心清净，不为客尘烦恼所染。是则心性本净，乃是由观心达到凡夫心相亦现行清净的解脱之道。这是大乘心性本净论的实践意义所在。

唯识学（相宗）重要论典《大乘庄严经论》《辩中边论》等也说心性本净，《辩中边论》谓心性"清净如虚空"，比喻杂染清净由有垢无垢，如水、金、虚空，虽然出离客尘而显清净，众生心"虽先杂染后成清净，而非转变成无常失"。

署名龙树，属大乘如来藏（性宗）论典的《大乘法界无差别论》说"此心自性不染，又出客尘烦恼障得清净"。性宗《大乘起信论》谓"是心从本以来，自性清净，而有无明，为无明所染，有其染心，虽有染心，而常恒不变"。

印度大乘经论中，还将本净的心性比喻为日、月、水、火、矿中金、摩尼宝等。《大般涅槃经》卷二十六比喻心性如日月，烦恼如云雾烟尘彗星，日月虽然有时被云雾烟尘彗星覆蔽，令众生暂时看不见日月的光明，但日月本身的光明终不会与云雾烟尘彗星和合（合一）。《大智度论》卷三十六比喻：譬如狂象入清净池水，令水浑浊，若清水珠入，水即清净。"心亦如是，烦恼入故，能令心浊；诸慈悲等法入心，令心清净。"同论卷四十五比喻凡夫有漏心与圣者无漏心皆空故无漏不系，犹如阴云翳日月不能污日月。《大乘密严经》卷下比喻心性本净"如金在矿"，是众生无明妄心本来具有的体性，这种本具净性即是阿赖耶识、如来藏、佛性，偈云：

心性本清净，不可得思议，是如来妙藏，如金处于矿。

《大乘法界无差别论》比喻心性如火、摩尼宝、虚空、水等，为灰、垢、云、土所覆翳时，虽其自性无所染着，然由远离灰等故，令火等得清净。《大乘庄严经论》卷六比喻心性本净如水性自清而为客尘所垢浊。世亲《辩中边论》卷上偈云：

此杂染清净，由有垢无垢，如水界全空，净故许为净。

比喻心性如水、如金（矿中金）、如虚空，"虽先杂染后成清净，而非转变，成无常失。如水界等出离客尘，空净亦然，非性转变"。虽然说通过修行将凡夫杂染的心转化为圣者清净的心，谓之清净，但转化的只是心相，心性从未转变，本来清净故。如果说心性转变，那岂不堕入无常的断灭见？无常者又岂能叫作心性？弥勒《辩法法性论》总结心性清净义有二：一为本性净；二为离垢或转依而净，前者喻如虚空，后者喻如金矿经冶炼而纯净、浊水经澄清而清净。

这本空本净、犹如虚空的心性，是解脱成佛的依据，《般舟三昧经》偈云：

诸佛从心得解脱，心者清净名无垢，五道鲜洁不受色，有解此者成大道。

意谓虽然轮回于五道中，而心性不受污染，不改自性的无垢清净，诸佛唯依此心性获得解脱。《月灯三昧经》卷三谓心无性、无形色、不可睹见，"如是心体性，即是佛功德体性。如是佛功德体性，即是一切诸法体性"。

心的本来清净性为什么常恒不变？因为心缘起性空、无生、不可得的性质，乃本然如是的真实，永恒不变。所谓心，无非是各种心识作用的活动，心境相触，根、尘、识三缘和合，不断生起诸识及随识所起的善、恶无记等心所。诸识及其相应的心所，包括具染污性的烦恼，无一不是遇缘而生，非因非缘，生已即灭，念念不住，没有其常住不灭的实体可得。如《金刚经》所言：

过去心不可得，现在心不可得，未来心不可得。

过去心已灭尽永不复现故不可得，现在心不住故不可得，未来心未生，生后还同现在心、过去心，生已即灭，故亦不可得。《小品般若经·相无相品》谓"诸法实相中，无心、心数法"。《佛说华手经》佛言：

汝等观是心，念念常生灭，如幻无所有。

《华严经·光明觉品》谓"心分别世间，是心无所有"。《瑜伽师地论》卷十九说心"于现在世性是刹那，自性清净"。

又，从缘而生的心，虽然作用宛然，却难觅其住处，无论从身内、六根中还是身外，都找不到它的实体。《小品般若经·小如品》谓"是心五眼不能见"，《摩诃般若经》卷十四谓"众生心五眼不能见"，五眼，指肉眼、天眼、慧眼、法眼、佛眼。《华严经·十回向品》偈云：

菩萨观心不在外，亦复不得在于内，知其心性无所有。

《心地观经·观心品》云：

心、心所法，无内无外，亦无中间，于诸法中求不可得，去来现在亦不可得。

《楞严经》卷一，佛为阿难解除误认为心有自性的迷惑，七处征心，逐一反复驳难，说明心不在内、不在根中、不在外、不在内外之中间及余一切处，没有住处，虽然有作用而找不到它的实体。《大智度论》卷十九谓"如是心中实心相不可得"，既然寻觅不见心的实体，而没有实体者不可能受污染，因而说心性"常是净相"。《大乘起信论》谓"心无形相，十方求之，终不可得"。

从缘起性空出发，大乘佛学说心性本不生灭，本来无生，或曰心性本寂（不生不灭）。大乘经中多处说心性本寂，如《小品般若经·小如品》说众生心"住于寂灭，无所依止。如虚空无量，知心相亦尔"。《占察善恶业报经》云：

众生心体，从本以来，不生不灭，自性清净。

不生、无生，谓无实体出生，非从自体生，只是因缘的暂时集合，其本性是空。如人们常常认为父母所生婴儿有其实体出生，叫作生，实则婴儿出生，只是父母精卵和合，在各种适宜条件下生长到特定阶段的现象，若婴儿是实体，则应恒如初生时，不应成长壮大乃至老迈死亡，《中论》如是解释无生。《心地观经·观心品》云：

心性空故，如是空性不生不灭。

不生故不灭，无实体可灭、实体也不可能灭故，这空性本来不生不灭，不生不灭即是涅槃（涅槃的主要特性是不生不灭）。吕澂将印度大乘佛学心性论的内容概括为"性寂"，意谓心性不与嚣动不安的烦恼同类，或心的实相不为烦恼所嚣动变化，而为寂灭、寂静的，具有可能清净的本性，或曰：

"虚妄分别之内证离言性，原非二取，故云寂也。"①

与部派佛学说心性本净而众生现行的心相被烦恼污染而不净、烦恼之性非净不同，在大乘看来，烦恼的本性也是本净，为什么？烦恼本空故，无有自性，生已即灭，无有住处，了不可得，因而不可能是心性所本具，也不可能真正污染心。《般若经》中多处说烦恼本空，本性清净。《文殊师利所说不思议佛境界经》卷上谓"贪嗔痴等一切烦恼即空"。《佛说无上依经》卷上云：

> 此烦恼垢无力无能，不与根本相应，无真实本，无依处本，最清净本，是故无本。

因为烦恼并非生来本具，皆是遇缘方生，生已即灭，无其常住不灭的实体。若烦恼是心性，有实体，则心应常在烦恼中，不可能净化，而其实不然。普天之下，难觅一终身念念常贪常嗔的人。正因为烦恼非实，没有自性，才有可能伏断烦恼，净化自心。如果烦恼非空，有其本有常住的实体，则断无断烦恼以获得解脱的道理，实体不可能被断灭故。《大集经》卷十三佛偈云：

> 若诸烦恼能污心，终不可净如垢秽。诸客烦恼障覆故，说言凡夫心不净。如其心性本净者，一切众生应解脱。

同经卷十八谓"第一实义中，无有一法可净可污"，故说"心性常净"。《中论·观颠倒品》云：

> 若烦恼性实，而有所属者，云何当可断？谁能断其性？

从烦恼本空乃至本净的角度讲，所谓断灭烦恼，"断集证灭"，也是随顺世俗方便而说。若从真实谛言，烦恼本空故不可断，犹如虚空不可断灭。认烦恼为实体，如有部等所比喻的器物上的污垢，乃未深彻诸法无我、心性本空之见。神秀偈"时时勤拂拭，勿使惹尘埃"之所以被五祖弘忍判为"未见本性，只到门外"，便在于未悟尘埃（喻烦恼）本空而不可拂拭（喻断灭），未解大乘心性论的真髓。

大乘经中还说，心性与烦恼不合故，说为本净。《摩诃般若经》卷三谓

---

① 熊十力：《熊十力论学书札》，上海书店出版社2009年版，第25页。

"心相与淫怒痴不合不离",乃至与声闻、辟支佛心不合不离,故云"心相常净"。《大般若经》卷四百八十四说心本性非与贪等烦恼、缠、结、随眠及见、趣、障,乃至声闻、独觉心相应,非不相应。《守护国界主陀罗尼经》说心的实性为清净的理由是"性无合故"。不合、无合,谓烦恼生起时,心的本性不与烦恼合一而变为不净。《大般涅槃经》卷二十五云:

是心不与贪结和合,亦复不与嗔痴和合。

因为贪结由因缘生,贪生时虽说心与贪合,而其心性实不与贪合,"是故贪污之结不能污心",任何烦恼都不可能真正污染心性。

应烦恼本空,心性不与烦恼和合,而空性即是菩提,故甚而可说烦恼即是菩提。《大乘瑜伽金刚性海曼殊室利千臂千钵大教王经》卷二即言:

烦恼种性则是菩提性者,有情心处本性真净,空无所得。

从其性本空故本净的角度看,不仅圣者完全净化了的无漏心是清净的,即凡夫现行烦恼丛生的有漏心,也是本净的,其性本空故。《大智度论》卷四十五说:

凡夫人心亦无漏不系,性空故,诸声闻、辟支佛心、诸佛心,亦无漏不系。

大乘经论实际上将心性等同于法性、真如、实相,所谓心性,或心真如、心实相,即是从心的角度所观察的法性、真如、实相,法性、真如、实相是一切法普遍共具的真实,故心性即是法性、真如、实相。《大方广如来秘密藏经》谓"心之实性即是一切法之实性"。《大般若经》卷三百三十佛问善现:即真如是心不?离真如有心不?即心是真如不?离心有真如不?真如见真如不?皆答言:"不也。"《佛说佛母出生三法藏般若波罗蜜多经·甚深义品》佛问,真如即是心、心即是真如吗?真如异心吗?"汝于真如有所见耶?"须菩提皆答言:"不也,世尊。"意谓心与真如不即不离,非一非异,不在心之外而异于心,然也不就是心。这里的心指众生心,乃事,真如指性空之真实,乃理,故说二者非一非异。真如不能自己知见自己,也不能用众生心知见真如。《大乘庄严经论》卷六谓心不离真如本性,故说心性净,偈云:

> 已说心性净，而为客尘染，不离心真如，别有心性净。

谓众生心虽然为客尘烦恼所污染，因为不离心性本空、无我的真如理，故言心性本净。

护法系唯识今学对心性本净有独特的解释，《成唯识论》卷二云，分别论者说心性本净而客尘染，离烦恼染污则转成无漏，此无漏为有为无漏（经修行而致清净），有为无漏属因缘法，必应有其产生的因，此因又是什么？若说是心空之理，则常恒不变的空性，不能作有为法生起之因种，"以体前后无转变故"。若说众生心性虽然无漏而相有染故不名无漏，则心种子亦应非无漏，那么究竟以什么为因而修成无漏？答言：

> 然契经说心性净者，说心空理所显真如，真如是心真实性故；或说心体非烦恼故，名性本净，非有漏心性是无漏，故名本净。由此应信有诸有情，无始时来有无漏种，不由熏习，法尔成就，后胜进位熏令增长，无漏法起，以此为因。无漏起时，复熏成种。

认为经中说心性本净，是就心缘起性空的实性所显示的真如理而言，心的本性决定是空，无能染、所染的实体，故说心性本净，此可谓大乘佛学心性本净的通义。《成唯识论述记》卷二说得明白：

> 心性者，真如也，真如无为，非心之因，亦非种子能有果法，如虚空等。

真如理性本无为，非心（阿赖耶识）之因，不具有阿赖耶识种子那样出生一切的功能，其性质犹如虚空。

或者说心体并非烦恼，烦恼非心体本来具有，故云心性本净，这是大众部等的心性本净义。说本净，并非谓众生心现前便是无漏，若众生心本来无漏，则应无漏心现行，那样就应名为圣者而非凡夫众生了，而众生现实的心分明是有漏。这是有部心性非本净论的观点。主要从心识之相着眼的唯识今学，不认为有漏的烦恼妄心是无漏或性本清净，而说有些众生阿赖耶识中有本有无漏种子，作生起无漏法的因，是心能被净化、"转依"而获解脱的因，从这个意义上也可以说心性本净。这是就心的事相建立心可净化的依据。

总之，印度大乘经论中说心性本净，大部分是从心理现象，观察心本然不变的性质，这种意义上的心性，主要指从具体属性中抽象出来的"真如理"。这是从真实谛或第一义观察心性的结果，《大集经》卷十八说"第一实义中，无有一法可净可污"，故说"心性常净"。大乘中观学尤主要从第一义讲心性本空故本净。

说心性本空故本净，是从大乘二谛的真实谛言，但真实谛只是真理的一面，大乘对真理的最高、最圆满表达是中道。就中道言，心性可以说非净非不净，《大般涅槃经》卷二十五即云：

诸佛菩萨不决定说心性本净、性本不净。

因为心可随因缘而染，也可随因缘而净。凡夫众生不修心，其心常与贪等烦恼俱生俱灭；阿罗汉由修心断惑，其心共贪等烦恼生，不共贪等烦恼灭。这是从心现行的事相上，说其染净不定。同经又云：

诸佛菩萨终不定说心有净性及不净性，净、不净心无住处故。从缘生贪故说非无；本无贪性故说非有。

心从因缘而生，本无染心、净心的实体，无所谓染性、净性，从缘生贪，故说非无染心；本无贪性，故说非有染心，故"不定说心有净性及不净性"。从心的实性、空性而言，说心性本净，也还是一种世俗谛，从究竟胜义谛，应说心性超越染净，非净非不净。《般若心经》谓诸法空相"不垢不净"，这可谓描述心性的中道第一义。《解深密经》卷五谓杂染法、清净法，皆无作用，亦皆无轮回主体"补特伽罗"，故"非杂染法先染后净，非清净法后净先染"。《辩中边论》卷上云：

非染非不染，非净非不净，心性本净故，由客尘所染。论曰：云何非染非不染？以心性本净故；云何非净非不净？由客尘所染故。

意谓心性本净故说其非染，这是胜义谛；凡夫心现实为客尘所染故说不净，这是心相，属世俗谛。胜义谛与世俗谛不二，非染非净，是唯识学对心性的中道观。世亲《佛性论》卷二说，真实性"不可得说定净不净"，若说定净，一切众生不劳修行，自得解脱；若说定不净，一切众生修道即无果报。说定净则无凡夫法，说定不净则无圣人法；若定净不即无明，若不净不即般若。净与不净，皆依同一真如,"此两处如性不异故,此真如非净非不净"。心性真如,也应如此。《大乘止观法门》卷二也说心体"非染非净,非圣非凡,非一非异,非静非乱,圆融平等,不可名目"。

心性的第一义、究极义,应说超越一切言思分别,说为本净或本不净、非净非不净,终属针对某种情况而说的方便。

二、自性清净心与心性本觉

部派佛学分别论者等将心性解释为未经污染、贯串全部心理过程的心体或基态,具体指无记心或有分心,这是心未起烦恼时的本原状态或心识结构中的一部分(体),谓之"本性心",是心非理。大乘也有这种意义上的心性论,而将这本来清净的心名之曰"自性清净心""第一义谛常住不变自性清净心""真心""真如心""实相心""如来藏心""一心""本心""心清净界"等等,实际上常被看作真如、法性、实相、法界的同义语,主要见于如来藏系经论,如《佛说不增不减经》云:

我依此清净真如法界,为众生故,说为不可思议法自性清净心。

自性清净心,谓本来清净的心,此心乃依真如、法界而言,也有自性清净心即是真如、法界的意味。

心性清净之清净,指自性清净心而言,《胜鬘经》说有二法难可了知:

谓自性清净心难可了知,彼心为烦恼所染亦难了知。

在凡夫众生位,自性清净者是心性,被烦恼污染而不净者是心相,心性与心相特别是其关系,甚为微细难知。由何知心性本净?因为:

刹那善心非烦恼所染,刹那不善心亦非烦恼所染。烦恼不触心,心不触烦恼,云何不触法而能得染心?

《佛性论》卷三引证这段话,意译为:

善心念念灭不住,诸惑不能染;恶心念念灭,诸惑亦不染。

有漏的善心及不善心、烦恼,皆刹那无常,念念生灭不住,无其自性,皆与本心不能有真正相触、相混合的关系，因此说凡夫心虽然被客尘烦恼污染，实际上烦恼并不能污染自性清净心。《佛性论》称这种意义上的自性清净心为道谛，并说自性清净心之所以清净，在于人法二空，此心"本来妙极，寂静为性故，无增无减，离有离无，寂静相者，自性清净，诸惑本来无生"。《楞严经》中，更明言众生本有"常住真心性净明体""菩提涅槃元清净体""精觉妙明""真妙觉明"等，说此性即是如来藏、本觉。

大乘经中一般说自性清净心的出发点，是佛果净心，这也是《增一阿含经》中说心性清净的原义。《大乘庄严经论》卷六说自性清净的心真如，直译"法性心"，释曰：

此中应知，说心真如名之为心，即说此心为自性清净。

点明心真如即是自性清净心，此心即是第九阿摩罗识，指佛完全净化了的心，唯识今学解释为成佛位被转依了的阿赖耶识。真谛译《十八空论》说阿摩罗识非净非不净，为客尘所污故名不净，客尘尽故故立为净。

圣者证得或转依了的清净心、阿摩罗识，是本具还是修得？若言本具，则众生现实的心为何被烦恼污染而不见其本净？若说是修得，如《阿含经》和多种大乘经及唯识学要典《瑜伽师地论》等，说阿赖耶识是杂染的，通过修行转为清净心阿摩罗识，此阿摩罗识则有堕入因缘所生有为法之嫌。这成为自性清净心说面临的理论难题，一直到今天还有争议。

这一问题，在如来藏系经论中多由"如来藏"予以解决，即以自性清净心为如来藏，直译"如来胎"，既有佛果清净心所包藏，又有众生身中成佛之因性、可能性之含义，与佛性实为同义语。《入楞伽经》卷一谓"寂灭者名为一心，一心者名为如来藏"，意谓寂灭的心性名"一心"（绝对心），此心即是如来藏、佛性。《佛性论》卷四称"心清净界"名如来藏，喻如莲花等。

众生身中的如来藏、自性清净心，多被譬喻为矿中之金，《大乘密严经》卷上偈云：

心性本清净，不可得思议，是如来妙藏，如金处于矿。

处于矿中的金，只具有炼成金的可能性，虽然具有金性却现实不是金，须经冶炼方能成为金；众生身中的如来藏、佛性、自性清净心虽然本性清净，但其心现实不净，须经过修行显现其清净。《央掘魔罗经》卷四则将住于烦恼中的佛性譬喻为瓶中之灯，瓶破则现。就其清净性、空性而言，自性清净心在众生位、佛位是平等一如、因果一如的。《摄大乘论》说菩萨悟入唯识性、善达法界、见道时，得一切众生、菩萨、佛的"平等心性"，有众生与佛心性平等清净的意味。《究竟一乘宝性论》卷三说：

> 所有凡夫、圣人、诸佛如来，自性清净心平等无分别。

彼心于凡夫位有烦恼过失时、修道位功德时及成佛位功德清净毕竟时三时中"同相无差别"，如虚空在瓦、银、金三器中平等无差别。同论卷四说如来之性乃至邪聚众生身中自性清净心皆"无异无差别"，喻如真金，本来无二。

如来藏、佛性意义上的自性清净心，也被指为阿赖耶识或第九识。关于有无第九识及第九识、如来藏与第八阿赖耶识的关系，是唯识学争议不决的一大问题，有主张第九识为自性清净心、如来藏和主张第八阿赖耶识即是如来藏两种观点，二说皆可在经典中找到依据。宋译《楞伽经》中有时说"如来藏、识藏（阿赖耶识）自性清净，客尘所覆故，犹见不净"（卷二），似乎以二者为一，有时又似乎以二者为二，如卷一说真识（自性清净心）、现识（阿赖耶识）、分别事识（前七转识）三种识。魏译《入楞伽经》卷七明确说：

> 如来藏识不在阿梨耶识中，是故七种识有生有灭，如来藏识不生不灭。

说不生不灭的如来藏识亦即自性清净心非阿赖耶识，此"如来藏识"，亦即宋译《楞伽经》中的"真识"，应该算第九识了。《大乘密严经》卷中说"心有八种或复有九"，在生灭流转中，有作为世间因的"根本心"坚固不动，此"根本心"应是第九识了。但同经卷下又说阿赖耶识为如来藏，本性清净，将众生阿赖耶识与诸佛如来藏心的关系比喻为金与金指环，"无二亦无别"。金与金指环，其体性（金性）是无二无别，但金条、金指环可以说就是金，却不能说金条就是金指环，凡夫与佛心性无二无别，却不能说凡夫就是佛，凡夫现前还不是佛，只具备成佛的可能性，可以修行成佛。《大乘理趣六波罗蜜多经》卷十也比喻本觉心、真性"犹如金在矿，处石不堪用，销练得真金，作众庄严具",并说"赖耶性清净,妄识所熏习,圆镜智相应,如日出云翳",谓众生被妄心所熏的杂染阿赖耶识,本性清净,即是真如、法界,当佛位转为大圆镜智时,其本具清净性便如日出云翳般显现。矿与金、金与金指环之喻,可谓印度大乘心性论核心思想的最佳比喻。

如来藏系经论中,也将自性清净心的清净比喻为虚空、水、日、月、泥模内宝像、瓶中灯等,如《究竟一乘宝性论》卷一偈谓"如虚空净心",卷四比喻佛法身自性清净体为诸烦恼客尘所染污如虚空中净日月为厚密云烟所覆。

自性清净心在如来藏经论中被看作世间、出世间一切法最根本的"所依"——产生存在的终极因、依因或体性,亦即《大乘经》偈所谓由之有生死及涅槃的"无始时来界(性)"。属于般若经的《大乘理趣六波罗蜜多经》卷十说"本觉心""真性"是佛与众生同具的"平等真法界",亦为"诸佛法性身,本觉自然智",犹如金在矿,不堪作金用,只有炼成真金,才能作众庄严具。《占察善恶业报经》云:

一切众生六根之聚,皆从如来藏自性清净心一实境界而起,依一实境界以之为本,所谓依一实境界故,有彼无明,不了一法界,谬念思惟,现妄境界。

谓如来藏自性清净心为绝对的终极实在、所依的体,乃一切众生的六根妄识及无明生起之本,也是一切众生得以发菩提心修菩萨行而证得真如之本。《究竟一乘宝性论》卷一偈云:

地依于水住,水复依于风,风依于虚空,空不依地等;
如是阴界根,住烦恼业中,诸烦恼业等,住不善思惟,
不善思惟行,住清净心中,自性清净心,不住彼诸法。
阴入界如地,烦恼业如水,不正念如风,净心界如空。

众生产生的程序,是依性(自性清净心)起邪念(不正思惟),由邪念起烦恼业,依烦恼业起阴界入,依止阴界入有诸根生灭,如同外在世界成坏的程序:虚空→风→水→地。产生众生与世界的根本或终极因——自性清净心,如同虚空,"无因复无缘,及无和合义,亦无生住灭",如实不分别,是超越因缘和合的无为法。一切烦恼客尘以自性清净心为根本,不正思惟依于自性清净心

而住。此说出《陀罗尼自在王菩萨经》。

本来空寂意义上的自性清净心，不生不灭、"坚固不动""常不动"，确是一种"真常心"，此心系依佛陀果位净心及修行者的体验而建立，它虽与印度教的梵我一如论近似，但从理论上讲，实际上与作为佛法标志的诸行无常、诸法无我、涅槃寂静三法印并不相悖，是依三法印的内在逻辑推演至究极处的必然结论。正如印顺法师所言，真常心论主要是对三法印中涅槃寂静印的发挥。按原始佛学本义，涅槃寂静或涅槃寂灭，乃如实正观诸行无常、诸法无我的真实而证得的果境。能观真实者唯有自心，能证涅槃者也只有自心。若无有心，涅槃又有什么意义？《阿含经》说涅槃是常、涅槃极乐，大乘经说涅槃有常、乐、我、净四德及常、恒、安、清凉等八味，是则从原始佛教到大乘，所说涅槃的实质，都是一种自内证的真常心，经中谓之"解脱心"。按照佛学的说法，涅槃是本然如是的真实，心性本来不生不灭故，本来涅槃，谓之"本来自性清净涅槃"。涅槃并非修为造作而成的有为法，唯其如此，才有证得涅槃的可能，涅槃也才可能真正不生不灭。本来自性清净涅槃只有落实于每一个众生的心，才有修证解脱的实际意义。说每一众生都有本寂、本净的自性清净心，于是逻辑地成为大乘佛学的最终结论。

这自性清净心，除了无自性如虚空、清净如清水（无烦恼垢染）等性质外，还有"本明"乃至"本觉"的性质或功能，《大乘瑜伽金刚性海曼殊室利千臂千钵大教王经》卷七谓"本来清净故，是名本觉"。心性本觉，有多种印度经论为据，如《无上依经》卷四云：

一切众生有阴界入胜相种类，内外所现，无始时节相续流来，法尔所得，生明妙善。

又说"是性明净"。《佛说海意菩萨所问净印法门经》谓"心之自性本来明澈"，本来明澈，即是本觉。《胜天王般若波罗蜜经》谓如如"自性明净"。《华严经》卷三十说真如"照明为体""性常觉悟""能大照明"，真如涵盖万法，心之真如（心性）当然也应本觉、本明。《思益梵天所问经》谓心"性常明净"。《陀罗尼自在王菩萨经》谓"烦恼本无体，真性本明净"。《究竟一乘宝性论》卷一偈谓"如虚空净心,常明无转变";卷三谓"真性本明净";卷四谓自性清净心"光明明了,以离客尘诸烦恼故"。《大乘法界无差别论》谓"此心性明洁,与法界同体",明洁,同明净,有觉照和清净二义。"至明妙善""明澈""明净""明洁""光明明了"等描述,当皆为梵语 prabhāsvara(巴利文 pabhassara)的意译,此语多译"清净",今译"极光净",原意是"白净""遍净",有光明、明净、光净之义,近世汉译藏文佛典常译为"光明""净光""明光"。光明、明净,用以描述心时,本有"能照"或"觉"的含义。将心识"能照"(直觉)的功能比喻为光明,可溯源于汉译《长阿含经·坚固经》佛答比丘偈"应答识无形,无量自有光"(今译"心识无形,光明无量")。光、光明,喻心本具的觉知之性,从此可以引申出"心性本觉"——本来具有觉悟之功能。《大乘理趣六波罗蜜多经》卷十偈说常不动的本觉心、自觉智、真性如金处矿,乃"诸佛法性身,本觉自然智,是真胜义谛,唯佛方证知",心性本觉——具有"本觉""自然智"的意思表达得很是明显。

心性本觉义最权威的经典依据,是《华严经·如来出现品》一切众生无不具有如来无师智、自然智、无碍智之说,经中还有几段话,明确说众生本来成佛,即心是佛:

如来成正觉时,于其身中,普见一切众生成正觉,乃至普见一切众生入涅槃,皆同一性,所谓无性。

设一切众生于一念中悉成正觉,与不成正觉等无有异,何以故?菩提无相故。若无有相,则无增无减。

应知自心念念常有佛成正觉,何以故?诸佛如来不离此心成正觉故,如自心,一切众生心亦复如是。

(如来智慧)无量无碍,普能利益一切众生,具足在于众生身中,但诸凡愚妄想执着,不知不觉,不得利益。

谓诸佛所证得的智慧、涅槃等一切功德,皆本来具足于一切众生,这当然应是具足于众生身中的自性清净心。

《楞严经》更详说心性本觉,如卷四谓"性觉妙明,本觉明妙",意谓心性本来具有奇妙的明觉作用，这种明觉能自明奇妙的心性本身，名为本觉。经中层层辨析，说明作为心识本体的常住真心，非因非缘，非根非尘非识，非见闻觉知，而为见闻觉知之本，乃剥离了六尘分别的纯粹觉知之性，所谓"识精元明，能生诸缘，缘所遗者"。本觉是无明、不觉生起之所依，由觉生不觉，从明生无明，不觉、无明，是因不觉"法界一相"，误将本具绝对的觉性二元化，设立一个觉性之外的觉知对象（所觉）。本觉真心或"如来藏本圆妙心"超越因缘，超越时空，不在内外中间诸处，不在过去、现在、未来，非因非缘，非自然非不自然，非心，非地、水、火、风、空，非眼、耳、鼻、舌、身、意，非色、声、香、味、触、法，非一切世间有为法，亦非四谛、十二因缘、六度、涅槃、无上菩提等出世间法；又即心，即地、水、火、风、空，即眼、耳、鼻、舌、身、意，即色、声、香、味、触、法等世间法，即四谛十二因缘乃至无上菩提等出世间法，"以是俱即世、出世故，即如来藏妙明心元，离即离非，是即非即"。

总之，本觉真心既非世间、出世间的一切，又即世间、出世间的一切（即，有不离、即是二义），是包罗万有、超越时空和二元对立的唯一绝对、终极之真实，乃万有的本体，名曰"一心"，《大乘起信论》称为"一法界大总相法门体"（总摄万有的本体），华严宗名为"一真法界"（唯一绝对真实）。如来藏、佛性、法身、涅槃等，其实皆为此心的异称，菩提、般若、一切智等，皆就此心的作用立名。此心绝对不二，乃与世间一切现象性质相反的无为法，经论中描述它有不生不灭、无障无碍、平等普遍、遍一切一味、圆满十方、不变不易、不增不减等性质，喻如虚空，这种描述终为不得已而说的"假名"，真心实际上不可言说、不可表示，只能离言说、妄念去"自内证"（自己去体验）。

中国佛学对此义进行了发挥，作为建立禅宗、天台宗、华严宗、密宗等法门的理论基础，其理论被称为"真常心"论，宗密《禅源诸诠集都序》卷下称"显示真心即性教"，谓此教说一切众生皆有空寂真心，其说心性本净与空宗、相宗所解离垢而净不同，谓自心即是真性，本来"全同诸佛"，不过被妄念遮蔽而不能证得罢了。这是直截显示佛法究竟之谈。

中国佛学"性觉"说的特出点，是将"本觉"点明为真心本具的"灵知"，天台宗智顗《法华玄义》卷八说实相"寂照灵知，故名中实理心"。华严宗五祖宗密谓真心无始以来"明明不昧、了了常知"。空寂与灵知，为真心的两大基本性质，几乎被中国佛教诸宗共认。

对于真心为何觉，中国佛学进行了论证，如《大乘止观法门》卷一谓自性清净心"中实本觉，故名为心"——因为它是具有本觉性的实在，故名心，为什么说此心本觉？因为：

既是无明自灭，净心自在，故知净心非是不觉；又复不觉灭故，方证净心，将知心非不觉也。

从圣者灭无明后净心自在及以净心灭无明的事实，知自性清净心不是不觉。又，心体平等，没有任何二元化的分别，亦无觉与不觉的分别，故言非觉非不觉，为了阐明本来是佛，说为本觉。此心体具有《华严经·如来出现品》所谓无师智、自然智、无碍智三种大智慧。这大智大觉，乃心体本具，"故以此心为觉性也"。又，本觉，是心体之用，在凡夫位名佛性，亦名三种智性，出障名智慧，为佛；因为心体平等之义是体，故凡圣无二，唯名如如佛，甚至可说众生本来是佛。隋地论师慧远《大乘义章》卷一说：

若无真心觉知性者，终无妄知，亦无正知，如草木等。无智性故，无有梦知，亦无悟知。

从众生具觉知的功能，推论其根本为真心本具的觉知之性。

中国佛学中，只有以真如为理的唯识今学，不同意心性本觉。慈恩宗西园寺派的圆测认为："以真如中具足一切恒沙功德性，随顺能生修生智等诸功德门，故名觉也。非缘照故名之为觉。"[①] 虽然同意本觉，却不以能缘能照的灵知之性为本觉。

吕澂以"性觉"（心性本觉）为中国佛学心性论不同于印度佛学"性寂"

[①]《瑜伽论记》卷十。

义的重要区别。实则"性觉"说尽管有中国化的成分，亦源出印度大乘经论，是对印度经论尤如来藏系经典中心性本觉、本来明净之说的阐释发挥。在中国佛教理论家看来，性寂与性觉，寂为体，为涅槃、法身，觉为用，为菩提、般若，寂、觉本一，体用不二。牟宗三在《佛家体用义之衡定》一文中认为"真常心"可溯源于世亲早年的《十地经论》（笔者注：应溯源于《楞伽经》等经），唯识学最初实与如来藏自性清净心相通，真常心可以说是中国佛教所创，表现出中华民族智慧心灵之一般倾向，也是大乘佛教发展的必然趋势。"中国佛教即居于此巅峰而立言，故亦可说超过印度原有之佛学传统"①，批评贬斥中国性宗者为"崇洋自贬识见不开"。

真常心、本觉说，自不无其理论难题和可能发生的弊端。真我与无我、客尘后起抑本有、为生死涅槃依持与轮回主体，被认为乃真常心论的三大难题，古人对此进行过认真讨论。

真心如虚空遍一切处、不变不易的说法，与婆罗门教数论派等精神本质"神我"（puruṣa）遍一切处、常存独在的说法表面相似，难免使一些人认为真常心论是数论派影响下的产物，与佛法的核心诸法无我相悖，有堕入"外道见"之嫌，甚而被斥为"中土伪说"。对这一问题，《楞伽经》卷二早就做过辨析：佛说如来藏，"不同外道所说之我"，是对畏惧无我的愚夫说诸法无我的一种善巧方便，"为离外道见故，当依无我如来之藏"，如来藏仍以无我为本性。《楞严经》卷二，阿难请问佛说"觉缘遍十方界，湛然常住，性非生灭"与投灰外道等说遍满十方的真我有何差别，佛解答说，外道认真我自然本有，若自然本有者，必应有其自然的实体，然"精觉妙明，非因非缘，亦非自然，非不自然，无非不非，无是非是，离一切相……"，是超越因缘与自然的唯一绝对者，并非在万有之外有一个真心的实体。《大乘止观法门》卷二云：

外道所计，心外有法，大小远近，三世六道。历然是实。但以神我微妙广大，故遍一切处，犹如虚空。此即见有实事之相异神我，神我之相异实事也。

---

① 牟宗三：《心体与性体》（上），上海古籍出版社1999年版，第497页。

设使即事计我，我与事一，但彼执事为实，彼此不融。佛法之内即不如是。知一切法悉是心作，但以心性缘起，不无相别。虽复相别，其唯一心为体，以体为用，故言实际无处不至，非谓心外有其实事，心遍在中，名为至也。

数论派等所说的神我，终不离二元论的立场：一方面承认万物有离心识而本然的自性，一方面又说有无所不遍的神我，此神我与万物为二。即便说神我不离万物，而执万物为实体，其神我与万物，终非是一。佛法所立真心，独一绝对，不在万物之外，即是万物的体性，纷纭万象，全体为真心的相用，万有与真心一体不二，与数论派等二元论的神我颇为不同。而且，佛法所说真心以及万有，皆本来空寂无我，无实自性，不可言说，与执万物与神我皆实有的数论派见地有关键性的区别。

真常心论的又一最容易令人迷惑的理论难题，是真心本明与无明妄心的关系问题：若真心本净本觉，众生本来是佛，那么无明妄念又从何而起？如果说无明妄念从真心生，那么它又怎能止息？说无明无始有终，岂非违背了无始则无终的缘起法则？唐复礼法师曾就这一问题请问天下学者：

真法性本净，妄念何由起？许妄从真生，此妄安可止？

无初则无末，有终应有始。无始而有终，长怀懵斯理。①

对此问题，澄观的回答是："从来未曾悟，故说妄无始。"就事实来说，因为众生从来未曾悟，无始以来迷昧不觉，故言无明妄心无始。知礼《四明尊者教行录》卷四回答云：真性超越真与妄，经论说从真起妄，是就修证而言，"不如是，则不能显进修之人是复本还源之道矣"。若就现实而言，应说一切众生自无始来唯在迷不觉，只是潜在有能觉的可能性。

由从真起妄还容易引起另一个问题：既然说从真可以起妄，那么十方诸佛又何时起妄再堕为众生？《圆觉经》对这一问题的回答是：譬如金矿已冶炼成纯金，不会再回复为金矿；已成佛者，不会再堕为众生。

总之，中国佛学的心性本觉说所谓本觉乃至本来是佛，是就真如理及证得

---

①［高丽］义天集《圆宗文类》卷二十二。

佛果的可能性而言，只是说矿中有金而非谓矿即是金。说本来是佛，又常是一种打消众生与佛二元分裂的方便，若存有一个"我是众生，多劫方敢期望成佛"的念头，适成证悟佛性的障碍。何况承当本觉或本来是佛，并非真常心论的第一义，真常心论的第一义，仍然是离能觉所觉、是佛非佛，毕竟不可言说。马祖道一禅师常说"即心即佛"，但当学人认定一个即佛之心实有时，他不得不用"非心非佛"去否定，后来又说"不是心，不是佛，不是物"。即心即佛（心性本觉）的表诠与非心非佛非物的遮诠，都是破执的方便而非第一义。

真常心说可能产生的弊端，主要在其用于修证实践是返本归根式的，可能会使人只内向参究自心，而忽视在众生中、社会生活中积极修六度万行，以禅宗为代表的中国传统佛教被批评为"教在大乘，行在小乘"，在主导思想上大概可以说是真常心论导致的偏向。这是现代一些唯识学者批评真常心论乃至否定中国化佛学的重要理由。比起真常心论，唯识学有为缘起的实践确为革新式的，确有鼓励人力修万行的积极精神，但也有难以满足急求解脱者宗教需求的缺陷。

然而，真常心论的无为缘起与唯识学的有为缘起，亦非不可融和，中国佛学家们通过性与相、理与事、性与修等一如不二的中道性，融通二者，如《大乘止观法门》卷三云：

> 真心是体，本识（阿赖耶识）是相，六、七等识是用。如似水为体，流为相，波为用。

体谓体性、本质、本性，相谓现象，用谓作用，体、相、用一体不二，即是真心与妄心不二。又说心体具寂、用二义，寂，谓心体平等，离一切相，本不生灭，本来空寂。用，谓心体具顺、违两种用：凡夫由不识心性，违逆心性而起无明染心，造成三界六道生死轮回的苦果；诸佛圣众符顺心性而起净心，成就永出生死、常享涅槃、普利众生之乐果。就像一根金条，不识货者用它作搅屎棍，识货者将它打作价值连城的精美佛像，其价值（用）虽有天壤之别，金的本性并无丝毫差异。心体与万有也是如此，万有乃真心的相用，真心乃万有的体性，喻如波为水的相用，水为波的体性。

真常心论用于修持，容易产生错认妄心为真、障碍证得真心的弊端。若先预设一个灵明不昧、了了常知的本觉，赋予它佛心、佛智或明了意识的性质，容易被理解为精神实体，成为观空证悟的障碍。参修者若久修不得，容易迷惑、退失信心。太虚《佛法总抉择谈》评论大乘佛法诸宗说：教下"以真如宗为最高，而教所成益每为最下，以苟非深智上根者，往往仅藉以仰信果德故"。

真常心论可能导致的另一弊端，是导致所谓"圆实堕"的"任病"，既然本来是佛，无修无证，烦恼即是菩提，则何妨放任自然，不持戒、不断烦恼、不修诸善，流于"狂禅"。这多分出于对真常心论的误解，古人对这种偏弊有许多批评。

真常心论最难回答、最容易导致弊端的难题，是既然真心本觉本明之性常住，乃至"灵明不昧，了了常知"，那么在人处胎、熟睡、昏迷、被麻醉等无意识之时，这本觉、常知或灵知到哪里去了？若谓其暂时断绝，既然能断绝，即是无常，又岂称得起真常？而且，说真常心本觉、本明，即是了了常知的知性，在修证上容易导致错认意识的了别功能或某种定境为本来心性。这是一个在理论上极难讲清的问题，宗密《禅源诸诠集都序》卷上之二解释说：

性自了了常知……此言知者，不是证知，意说真性不同虚空、木石，故云知也。非如缘境分别之识，非如照体了达之智，直是一真如之性自然常知。

这里所说的"知"，指一种纯粹的能知之性，它既不是六识了别境界的知觉、认识之"识"，也不是诸佛了达真如体性的"智"，只是一种本具的、先天的、不生灭变异的纯粹的能知之性。这种知性，从本以来如此，无论是迷是悟，无论在众生还是在诸佛，都同一无差别：

任迷任悟，心本自知，不藉缘生，不因境起。迷时烦恼亦知，非烦恼；悟时神变亦知，知非神变。①

宗密此说，仅是一家之言，在禅宗界历来都有人批评。这种说法，容易使

---

① 宗密：《中华传心地禅门师资承袭图》卷一。

人错认意识的明了知性为心性、真如,难以打破根本无明而见真实心性。

总之,大乘心性论既以心性为心识本空本净之理,又以心性为本来真心,二义是对"性"之"真如"义从不同角度所做的阐释。梵语、汉语中的"真如""性",既可以理解为理,也可以理解为心。在中国佛学看来,说心性为理、为心,可谓是一非二,因为真如理终乃圣智所证知,而证知真如理或与真如理相应的真心,与所证真如理一体不二。用求那跋陀罗的话说:

> 理即是心,心能平等,名之为理;理能照明,名之为心;心、理平等,名之为佛心。①

意谓心与真如理完全一致、平等无二时,此心即叫作真如,真如本有能照明真如自身的觉性,这种觉性叫作心。故真心与真如之间,可以划等号。此言出于刘宋来华的印度僧求那跋陀罗,应该是当时印度大乘人的见地,起码是大乘如来藏一系的思想。质言之,法界本具如实不变易的理,名为真如,法界本具能明照真如理的觉性,名为心。真如,终归是一种佛等圣者所证得的主体心与本然的真理相应的境界,是一种"真心"。真如与真心,终是一体。

作为一种宣扬佛法、解惑起信的理论体系,真常心论无疑有它的长处:它肯定一切众生本来具有全部佛果功德,只要离却妄想便可成佛,将解脱成佛一事说得非常容易,不像通常的大乘须修三大无量劫难行苦行才能成佛的说法那样令"闻者生畏",因而容易吸引人信修佛法。如太虚《佛法总抉择谈》所评价:

> 若从决定信愿而直趣极果以言之,应以真如宗为最适,譬建都高处而便于瞻望趋向故。

说到底,各种以语言文字所说的佛法,本质上都是解除众生执着、引导其修行以亲证涅槃的方便,各有其所应根机及长处,也难免各有其缺陷。

---

① 〔唐〕净觉集《楞伽师资记》卷一。

三、台、贤二宗的心性论

台、贤二宗自判为"圆教",它们宗依如来藏系经论,对心性内涵的真妄、境智关系等问题,作了深彻的发挥,通过"体相用"或"体用""理事"等范畴,将真心与妄念、真心与万有统一于一体,将大乘经论中蕴含的心性义发挥得淋漓尽致。

天台宗依空、假、中三谛观心,以空、假、中为心性的一体三面。此宗心性论的精髓,是从诸法实相涵盖一切,真妄一如、体用不二的角度,就众生现前一念而观心性、法界之全体,认为"一念心即如来藏理"(《摩诃止观》卷一),当下一念无明妄心当体即是真心,所谓"一念无明法性心"。智顗《四念处》卷四云:

此之观慧,只观众生一念无明心,此心即是法性,为因缘所生,即空即假即中,一心三心,三心一心……其实只一念无明,法性、十法界,即是不可思议一心,具一切因缘所生法。一句,名为"一念无明法性心"。若广说四句成一偈,即因缘所生心,即空、即假、即中。

此本来是真的当下一念,具足法界全体所含具的佛、菩萨、缘觉、声闻、天、人、阿修罗、鬼、畜生、地狱十重法界,每一法界又各具足十法界,则十法界共具百法界,其中每一法界又各具五蕴、众生、国土三种世间,百法界凡具三千世间。此三千世间,具足于我人当下之一念,谓之"一念三千",可谓台宗哲学的主题词。《摩诃止观》卷一谓"介尔有心,即具三千"。《金刚錍》谓"洞见法界生、佛、依正,一念具足,一尘不亏"。一念三千,意谓众生一念心当体即真,具足宇宙全体——包括各个层次的生命主体及所依止的国土世界。一念所具的一切皆空、皆假、皆中故,互相融通无碍,重重无尽,这是法界本然之理,名理具三千。一念顺十法界的因缘,变造、变现为十法界的种种世间,凡夫众生念念随迷染之因缘,变造出各自受用的有碍有苦的世间,诸佛念念随顺觉悟之因缘,变现并享用无碍自在、清净极乐的世间,此名"事造三千"。日本天台宗更说一念事具三千。这种当下一念具足法界全体的见地，称"性具"或"体具"。

台宗性具说的特出意趣，是"性恶"。元怀则《天台传佛心印记》谓"今家性具之功，功在性恶"，说台宗山家派性具思想的要义是性恶。性恶，谓不仅善心、净心是心性本具，即贪嗔痴等烦恼妄心、不善心，其根源也是心性本具的性恶——能生起恶、不善心的心理功能，正因为性中有此功能，众生才能依染缘而起"修恶"（现行的、修道时必须对治的恶）。《大乘止观法门》云：

真心虽复体具净性，而复体具染性。（卷三）

一一众生，一一诸佛，悉具染净二性，法界法尔，未曾不有。（卷一）

烦恼是性具，故断烦恼为"不断断"，法性本无可断；修行是"不修修"，即性是修，别无可修。

体具的性恶属中性的潜能，与凡夫必定招感生死苦果的修恶价值当然不同，但其体性实际无异，皆本来即空、即假、即中，故曰"性修不二"。怀则《天台传佛心印记》云：

达此一念修恶之心，即是三千妙境，修恶既即性恶，是理具三千；而此修恶便是妙事三千。但观理具，俱破俱立，俱是法界，自然摄得事用三千。三千皆实，相相宛然，事理本融，非头数法，不属所破，宁非所显？故曰，诸佛不断性恶，阐提不断性善。

一念修恶烦恼，以即是唯一实相故，当下理具、事具全法界的一切，故无烦恼可断，性恶不可断故，诸佛亦不断性恶（只断修恶），而断尽善根的极恶之人（一阐提）也不失其本具不可断的性善（只断修善）。这种性具说，从人性论角度看，可谓一种绝对心本体论的性善恶论，这种性善恶论的实质，是超善恶论。

与天台宗即凡夫一念妄心观由佛果境界所显示的真心相对，华严宗从《华严经》所描述的佛果境界显示之一心妙用出发，观众生本具的真心——一真法界，说一真法界的性质有四个方面或层次，称"四法界"。澄观《华严经疏》云：

统唯一真法界，谓总该万有，即是一心。然心融万有，便成四种法界。

谓总摄万有的一真法界即是一心，此一心具四种法界：一事法界，此心现为千差万别的纷纭万象，其中因缘、因果关系有条不紊；二理法界，心所现万象普遍共具空、无生的体性，即真如理；三理事无碍法界，现象与体性为一心之两面，互相融通无碍，并非矛盾；四事事无碍法界，一一现象既然皆真如、真心现起，体性是一，亦皆同真如、真心，本寂本净，真空妙有，随心现相，相即相入，融通无碍。

事事无碍法界，尤为贤首宗心性论的圆极旨趣，其所蕴含的理，被归纳为"十玄门"或"十玄缘起"，据澄观《大华严经略策》，十玄门为：

一为同时具足相应门，一心同时具足全宇宙十法界之一切。喻如大海一滴，含百川之味。

二为广狭自在无碍门，一一事物由皆一心为体故，遍于一切，名广，广不碍其自相，名狭。喻如径尺之镜，影现千里。

三为一多相容不同门，个别与一般兼容无碍，一中有多，多中有一，一为多中一，多为一中多。喻如一室千灯，光光涉入。

四为诸法相即自在门，全法界一切现象互相缘起，互相依存，互遍互入。喻如金与金色。

五为秘密隐显俱成门，事物之间此隐彼显，相映相扶。喻如片月澄空，晦明相并。

六为微细相容安立门，大可入小，小可容大，须弥山可纳于一粒微尘，一微尘可容大千世界。喻如琉璃瓶盛多芥子。

七为因陀罗网境界门，一切事物重重互摄互入，就像天帝释提桓因（因陀罗）宝冠上的如意珠网，其一一珠中映现一切珠。喻如两镜互照，传耀相写，递出无穷。

八为托事显法生解门，一一事物，皆显现真如理，皆在说法，反言之，真如理通过具体事物显现。喻如立像竖臂，触目皆道。

九为十世隔法异成门，时间随心转变，一念与长劫融通无碍。喻如一夕之梦,翱翔百年。

十为主伴圆明具德门,一切现象皆俱为主伴关系,此为主则余为伴。喻如北辰所居,众星同拱。

十玄门说明法界万有,如空间、时间、一多、大小、隐显、主伴等,皆缘起性空故,唯是一心故,同一真如故,本来具有能随心转变的重重无尽之妙用。法界中随举一法,乃至当下一念,皆本具这十门玄理,佛菩萨利用这心性本具的理,成无量无尽的利益众生、庄严国土之妙用,《华严经》对这种妙用做了描述。由佛菩萨果的妙用显示的十玄门妙理,揭示了众生心性的究竟底蕴,提供了通过明见心性而实现绝对自由的辉煌前景。

四、禅宗的心性论

高标"不立文字,以心传心"的禅宗,从大乘经中心性不可言说表示、唯自内证的第一义高着眼,不重以理性思辨构筑心性论的理论体系,而力图从自心中当下顿见心性("顿悟""见性")。顿悟见性的体验,虽曰不可言说,"如人饮水,冷暖自知",但禅宗人也还是用了许多语言描述,其中亦不乏哲学式的表述,其说法与中观、天台、华严等宗的心性论在理上基本一致,尤近华严宗,多用"理事"的范畴。

如《楞伽师资记》卷一说禅门北宗神秀的禅法"总会归体用两字",佛心(真心)的体用为"寂照"二字。石头希迁《参同契》以理事参同回互为宗。马祖道一说"理事无别,尽是妙用"。沩山灵佑说"性相常住,事理不二"。清凉文益《宗门十规论》谓"理事不二,贵在圆融"。高丽知讷禅师《真心直说》以体用言真心,谓"用从体发,用不离体,体能发用,体不离用"。理指真心、心性,事指心所现一切现象及心的作用,理事不二,有真心全体现为事相、日用寻常不离真心的意味。明紫柏禅师基于禅宗,就当下一念释华严宗四法界义云:

一念不生谓之理法界;一念既生谓之事法界;未生不碍已生、已生不碍未生，谓之事理无碍法界；如拈来便用，不涉情解，当处现成，不可以理求之，亦不可以事尽之，权谓之事事无碍法界。①

禅宗更多从主体心的角度谈心性，多称心性为真心、真性、本心、心地、心源、自性、秘密金刚体，喻称"主人公""父母未生前本来面目""古镜""明珠"等，或以圆相〇表示之。禅宗人对真心性相的理论表述，不外本空、无生、本净、本觉、具足一切、本来是佛等。如《坛经》惠能偈：

菩提本无树，明镜亦非台，本来无一物，何处惹尘埃。

意谓心性本空、烦恼本空。后来弘忍为说《金刚经》，至"应无所住而生其心"，惠能言下大悟"一切万法不离自性"，用"本自清净""本不生灭""本自具足""本无动摇""能生万法"五句话描述心性。同书《般若品》惠能又以"大"描述心性：

心量广大，犹如虚空，无有边畔，亦无方圆大小，亦非青黄赤白，亦无上下长短，亦无嗔无喜，无是无非，无善无恶，无有头尾……世人妙性本空，无有一法可得。

心量广大，遍周法界，用即了了分明，应用便知一切。一切即一，一即一切，去来自由，心体无滞，即是般若。

说心性本空，超越时空，广大无边，无任何物质属性，无善恶等伦理属性，无是非的意识分别，无忧喜等情感情绪，而其作用了了分明，能知一切，自在无碍。《景德传灯录》卷四载唐保唐寺无住禅师语云：

真心者，念生亦不顺生，念灭亦不依寂，不来不去，不定不乱，不取不舍，不沉不浮，无为无相，活泼泼平常自在。此心体毕竟不可得，无可知觉，触目皆如，无非见性也。

真心为常住心体，本不生灭，离一切相，了不可得，不可以六识去觉知其相状，而其作用活泼自在，全体显现为当下的一切，所谓"头头是，物物是"。不仅见闻觉知不离真心，即色、声、香、味，大地山河，亦无不是真心。《坛

---

① 《紫柏尊者全集》卷四。

经·般若品》谓"万法在诸人性中"。马祖道一说"凡所见色，皆是见心"①。天台德韶说"心外无法，满目青山"②。皆说一切万法皆真心的显现。真心更具足佛的三身、四智、解脱涅槃等清净功德，《坛经·机缘品》云：

> 自性具三身，发明成四智。

三身，指法身、报身、化身，同书《忏悔品》说"法身本具，念念自性自见，即是报身佛；从报身思量，即是化身佛"。四智，即法相唯识学所说转八识而成的妙观察智、平等性智、大圆镜智、成所作智。心性本来是佛，故曰："本性是佛，离性无别佛。"马祖道一"即心即佛"四字，集中概括了禅宗心性论的极旨。

禅宗诸家关于心性的见地及与之紧密联系的明见心性之道，也不尽相同。宗密《禅源诸诠集都序》卷上之二将当时禅宗依见地分为三宗：一为息妄修心宗，指北宗及智诜、保唐、宣什等，认为众生虽然皆有佛性或本觉真心，而无始无明覆之不见，犹如明镜蒙尘而不明，须勤勤拂拭，息灭妄念，则常住真心自然显现。宗密认为此宗意旨与唯识学相当。二为泯绝无寄宗，主要指牛头宗，其思想主要立足于中观学，以绝对空为心性极旨：

> 说凡圣等法，皆如梦幻，都无所有，本来空寂，非今始无；即此达无之智，亦不可得。平等法界，无佛无众生，法界亦是假名。心既不有，谁言法界？无修、不修，无佛、不佛。

三为直显心性宗，与《华严经》《圆觉经》等如来藏系经典的思想相当：

> 说一切诸法，若有若空，皆唯真性。真性无相无为，体非一切，谓非凡非圣、非因非果、非善非恶等；然即体之用，而能造作种种，谓能凡能圣、现色现相等。

此宗会相归性，为即体即用的绝对唯一真心论，为禅宗正宗的旨。此宗在指示心性上，又分两类：一类认为"即今能语言动作、贪嗔慈忍、造善恶、受

---

① 《景德传灯录》卷六。
② 《景德传灯录》卷二十五。

苦乐等，即汝佛性，即此本来是佛，除此无别佛也"，心性如虚空，不假添补，道与恶都是心，不可将心还修于心，以不断不修、任运自在为修行之要。这指马祖道一一系。另一类说"妄念本寂，尘境本空，空寂之心，灵知不昧"，指此空寂之"知"为本来真性。无论迷悟，心本自知，其知性乃本来常有，不藉缘生，不假境起，是宇宙间唯一超越因缘的绝对者。修行之要，唯在顿悟这空寂知性。这指神会荷泽宗一系。宗密认为唯荷泽宗"知之一字，众妙之门"一说，直承达摩之传，能包括前二宗的意旨，最为圆满。

后来禅宗南宗门下分出的五宗，虽然同属宗密所说直显心性宗，但对心性的看法也各有特色。

沩仰宗深得道一、百丈"理事如如"之旨，认为"本来心法元自备足"，只要息灭恶觉、情见、想习，停息妄念的流注，则心性本具的大用全体显现，沩山灵佑有云：

若也单刀直入，则凡圣情尽，体露真常，理事不二，即如如佛。

临济宗认为心性当下与佛祖没有差别，义玄云：

你一念心上清净光，是你屋里法身佛；你一念心上无分别光，是你屋里报身佛；你一念心上无差别光，是你屋里化身佛。

三身在一念心上本来具足，只要停息一切向外驰求的妄念，"随处作主，立处皆真"，烦恼习气皆化为解脱大海。

曹洞宗立足于石头希迁"即事而真"的见地，重在从理事参同回互着眼，从事上显现心性理的全体，曹山本寂谓"即相即真""幻本元真""即幻即显"。

云门宗的见地，亦承石头希迁，着重即事而真、一切现成，文偃云："闻声悟道，见色明心。"

法眼宗承罗汉桂琛"若论佛法，一切现成"之旨，重在体悟万法唯心、理事不二，文益云："不著它求，尽由心造。"

禅宗心性论的精髓，在强调超越理性思维、语言文字而直证心性，可谓实证的心性论。《宗门武库》载，宋法演禅师谓"若说心说性，便是恶口！"又引

《涅槃经》语云：

> 菩萨人眼见佛性，须是眼见始得。

意谓心性应离语言文字，用直觉去体证，用"慧眼"去见。

禅宗的心性说，曾受到天台宗人的批评。《天台传佛心印记》说禅宗直指人心见性成佛、即心是佛等说"乃指真心成佛，非指妄心"，不出天台宗所判"但中"之义，"但知果地融通，不了因心本具"，有离妄即真、真妄相碍之嫌，而天台宗则即妄即真，性修不二，说妄心成佛，较禅宗更为圆顿。这种评价，非无一定的依据，离妄念以见真心，确为禅宗的通常说法。但因心本具，乃禅宗的基本见地，禅宗亦不无即妄即真、立处即真的说法，如神会《五更转》第二首云：

> 迷则真如是妄想，悟则妄想是真如。

以"随方解缚"为说法及指导人明心见性基本原则的禅宗，可谓最握得佛法心性论的精髓。在禅宗看来，心性本不可言说，只可自悟，即便如华严宗悟事事无碍法界之理，或如天台宗"圆解"一念三千，也还在"法界量里"——不离对法界的意识分别，未能亲证法界，而禅宗一入门便要超越法界量，直证心性。有关心性的言说，只是针对具体对象破除执着的一种工具，所谓"指月之指"而非真月，各种说法都难免其弊，终归是"开口便错"，是"葛藤"。故马祖道一既说即心即佛，又说非心非佛，或说不是心、不是佛、不是物，随机而异，没有定说。若定执心性本净、非本净等说法为是，不免堕坑落堑。百丈怀海禅师说得好：

> 若执本清净本解脱，自是佛、自是禅道解者，即属自然外道；若执因缘修成证得者，即属因缘外道。①

意谓应正确理解诸家心性论的实质、真意，理解其随方解缚的基本立场，不将心性本清净、本来是佛之理误认为现在即是佛之事，不执因缘修证、染心净心有其实体，应离一切不符真实的妄想执着，自悟自见本来心性。

---

① 《古尊宿语录》卷二。

大乘佛学尤台、贤、禅等宗，以心性总持全体佛学的精义，以当念顿见心性为解决人生终极关怀乃至解决人类文明根本问题的捷径，为打开宇宙奥秘的总钥匙，表现出一种极高的智慧。这既与中华文化重视心性问题及修心、明心功夫的传统有关，也是佛学沿其原始思路走到底的必然结果。

第三节 密教心性光明论

公元7世纪以来先后盛行于印度的真言乘、金刚乘、时轮乘等佛教密教，及流衍于大唐、日本、朝鲜而形成的密宗之"两部大法"，藏传宁玛派的"大圆满"，迦举派的"大手印"，萨迦派的"道果"，迦当、格鲁等派的无上部密法，皆立足于"众生即佛""即身成佛"的如来藏思想，以证悟自己心性"自性清净心"或"菩提心""明光"为教理之核心、瑜伽行的心要，对心性问题既有与显教诸宗一致之谈，又各有自家独特的说法。

一、"两部大法"的菩提心说

唐密、东密、台密所传行的胎藏界、金刚界"两部大法"中，胎藏界之"胎藏"（梵文 garbha），指众生所本具的佛性、成佛之因，喻如婴儿孕于母胎，真金藏于金矿，此即是大乘如来藏系经典中所说的如来藏、佛性。胎藏界法宗依的《大日经》开篇《入真言门住心品》即指出法身毗卢遮那佛（大日如来）所证不可思议的"一切智智"，以"菩提心为因"。此所谓菩提心，指菩萨入初地初证真如（见性）时如实了知自心的"胜义菩提心"。宗喀巴《密宗道次第广论》卷二十一谓《大日经》等所说诸佛菩萨证得的胜义菩提心，"空性境与能缘智二无分别"，即是本来清净的心性，即是真如，又名"金刚"。

菩提（梵文 bodhi）意译"觉"，特指佛菩萨对宇宙人生真实本面的如实大觉。如何从自心中去寻求这种大觉，如何了知自心，经中大日如来告秘密主（金刚萨埵），应从如实观察自心的本来清净、空、了不可得去"识知自心"：

佛言，秘密主！自心寻求菩提及一切智。何以故？本性清净故。心不在内，不在外及两中间，心不可得……心不住眼界，不住耳、鼻、舌、身、意界，非见非显现。何以故？虚空相心，离诸分别、无分别。所以者何？性同虚空，即同于心，性同于心，即同菩提。

说心性本来清净，因为心无形无相，超越时空，没有质的规定性，远离众生的一切意识分别，找不到它的实体和住处，只有用众多的"非"遮遣一切意识分别的方法（"遮诠"）来描述它，或将它的性质比喻为虚空。佛菩萨所证的净菩提心也是如此，佛非青黄赤白红紫水精等色，非长短方圆明暗，非男女非不男女，非欲界、色界、无色界及非天、龙八部。故云："心、虚空界、菩提，三种无二。"同经《成就悉地品》还将心性比喻为映现一切的净水月。这同大乘经中的心性说完全一致。

众生心性本来清净，与诸佛所证菩提无二，然而众生为何痴迷不觉，轮回生死？答：那是因为众生被粗、细、极细三重妄执障蔽缠缚，向外驰逐，不能如实了知自心，从而生起具有染污性的贪心、无贪心等一百六十种世间心，在这些妄心的驱使下造有漏的善恶业，被业力牢牢拴缚于生死海中。欲证得净菩提心，须通过如实观心，超越百六十种世间心，破除三重妄执（人我执、法我执、根本无明），证得清净、坚固、无量、寂灭、犹如虚空的净菩提心。偈云：

越百六十心，生广大功德，其性常坚固，知彼菩提生。

无量如虚空，不染污常住，诸法不能动，本来寂无相。

同经《百字果相应品》还说由知心无量故，得身、智、众生、虚空四种无量，"得已，成最正觉"。

《无畏三藏禅要》中，说《大日经》所言净菩提心"直是一切众生自性清净心，名为大圆镜智。上至诸佛，下至蠢动，悉皆同等，无有增减"。将此自性清净心比喻为一轮满月，表自性清净、清凉、光明三义，离贪、嗔、痴等烦恼及无明的污染、遮蔽。《守护国界主陀罗尼经》卷二谓"此菩提心本无色相，为未来成就诸众生故，说如月轮"。月轮之喻，只是一种使人容易理解菩提心的表诠方式。

一行据善无畏讲述撰成的《大日经疏》卷一，点明此经中所言菩提——"心实相"，即是显教一切经中反复述说的诸法实相，不过显教经中"或说诸蕴和合中我不可得，或说诸法从缘生，都无自性，皆是渐次开实相门"。《大日经》则开门见山，直指众生心之实相即是菩提，乃顿开实相门的"顿悟法门"。经云："我觉本不生""云何真言教法？谓阿字门，一切诸法本不生故。"密教之心髓——顿见菩提之要，在于观心本来不生而证见"本不生际"：

本不生际者，即是自性清净心，自性清净心即是阿字门。

梵文"阿"字，为开口发声之初音、字母之首，被认为是一切声字之母，密教用以表"本不生""本初"义。"本不生际"即本来无生的实际或实性，具有万有存在之最终依据、终极实在的意味。同疏卷一谓"万法皆依净心，净心适无所依"。万法所依的自性清净心，是无有依处的终极实在，这终极实在并非万有生起的因，而是万有的体：

当知万法唯心，心之实相即是一切种智，即是诸佛法界，法界即是诸法之体，不得为因也。

"体"，为实体、体性、本质、存在的根本条件之义，喻如身躯为人的体，称"身体"。日本台密教依此义倡阿字体大说，认为阿字所表的本不生义为万法之体。

"两部大法"中金刚界法之金刚（梵文 vajra），指五方佛证得的五种如实知见一切、自在无碍的智慧，这五种智慧分别为众生的五、六、七、八、九识所转：东方阿閦（不动）佛所表大圆镜智，为第八阿赖耶识所转；南方宝生佛所表平等性智，为第七末那识所转；西方阿弥陀佛所表妙观察智，为第六意识所转；北方不空成就佛所表成所作智，为前五识所转；中央毗卢遮那佛所表法界体性智，为第九阿摩罗识所转。

方	五佛	色	大	五智	识
东	阿閦佛	黄	地	大圆镜智	阿赖耶识所转
南	宝生佛	白	水	平等性智	末那识所转
西	阿弥陀佛	红	火	妙观察智	意识所转
北	不空成就佛	黑	风	成所作智	前五识所转
中	毗卢遮那佛	青	空	法界体性智	阿摩罗识所转

四方四佛所表大圆镜等四智，实际上为一中央大日如来智慧的四个方面。如果说，胎藏界法所言菩提心指大日如来的"理法身"或"因菩提心"，金刚界法所言五智则为大日如来的"智法身"或"果菩提心"。

与胎藏界法一样，金刚界法也以满月比喻菩提心，说其清净无垢，该界法所宗《金刚顶一切如来真实摄大乘现证大教王经》卷上云：

我已见自心，清净如满月，离诸烦恼垢，能执、所执等。

总之，"两部大法"所宗依的经典中所说自性清净心，是指初地菩萨亲证心实相的因菩提心和佛圆证心实相的果菩提心，都是如实观心、离烦恼无明而证得的果境。质言之，"两部大法"是从佛果境界着眼指示心性。但"两部大法"特别是依之发挥的唐密、东密、台密之学，认为佛菩萨所证自性清净心，潜在于众生的无明妄心中，即是众生无明妄心的实性或本源。龙猛造《金刚顶瑜伽中发菩提心论》以月轮比喻众生无明妄心中有清净之性，论云：

一切有情于心质中有一分净性，众行皆备，其体极微妙，皎然明白，乃至轮回六趣，变不变易，如月十六分之一。

就像月亮的光明乃是本具，众生心性中本来清净的一分，如初现时的月牙，随着观心修行，妄尽明现，如月牙逐日增大，终至圆满无缺，成佛之时，自性清净心的本面便如满月般全体呈现。众生心质中本有的一分净性，后人或依八识说释为阿赖耶识中的本有无漏种子，或依九识说释为第九阿摩罗识。

"两部大法"更具体指出，菩提心、真实心内在于众生的肉团心（心脏）中。《大日经疏》卷四、卷十二说汗栗驮（梵文 hṛd，意译真实心、坚实心）

指人类的"肉团心"（心脏），此即是众生的自性真实心。凡人的汗栗驮心形状犹如尚未开放的莲花苞，由筋脉划分为八分，称为"心莲"，即是大我。婆罗门教《布利哈特奥义书》等亦说梵我乃住于心脏内的真实、常住之光。

"两部大法"的心性论，不仅用文字表述，而且用密教行者观修时所用的曼荼罗（梵文ma-ṇḍala）图像予以表示。常用圆形月轮表自性清净心，于月轮中画八瓣莲花表肉团心，意谓众生无明妄心之实性为清净圆满的菩提心。莲花心上大日如来表汗栗驮心，名"心王如来"，意谓众生心王功德的圆满开发即是大日如来，心月轮上围绕大日如来的其余诸尊则表心数（所）。《性灵集》卷七曰：

真言大我本住心莲，尘沙心数自居觉月。

胎藏界法于月轮上或八瓣莲花中央书写梵文"阿"字，表心性本不生义。金刚界法于月轮上或八瓣莲花中央画一五钴金刚杵，表众生心性本来具足五智。两部曼荼罗还将诸佛菩萨的形象或表示其功德誓愿的梵文字（"种字"）、法器画于月轮上，表示众生心性所具的佛性功德。

胎藏界曼荼罗的中央称"中台八叶院"，八瓣莲花中心圆形内绘大日如来，周围莲瓣上分列阿弥陀、宝幢、开敷华、天鼓雷音四佛，及文殊、观音、弥勒、普贤四大菩萨，总显一切众生心中皆有佛性。中台八叶院上方"遍知院"列佛眼等七佛母，表诸佛能生、遍知之德；北方"观音院"列大势至等三十七菩萨，表佛以大悲摄化众生之德；南方"金刚手院"列金刚萨埵、无垢轮持金刚等三十二尊，表上求大智之德；下方"持明院"列般若菩萨等五尊，表佛折服、摄受众生之德；遍知院上方"释迦院"列释迦牟尼佛等三十九尊，表佛方便摄化之德；金刚手院南方"除盖障院"列悲悯菩萨等九尊，表以金刚之智除众生的诸障；观音院北方"地藏院"列地藏菩萨等九尊，表由观音之大悲救度九界之迷情；释迦院上方"文殊院"列文殊菩萨等二十五尊，表以智慧断一切"戏论"；虚空藏院下方"苏悉地院"列十一面观音等八尊，表成就自他二利；最外层四方围绕"外金刚部院"列金刚护法二百零五尊，表佛随类应化之德与凡圣不二之理，亦表示众生的心所法本具净性。

金刚界曼荼罗依《金刚顶瑜伽中发阿耨多罗三藐三菩提心论》，于月轮上分列三十七尊：五方五佛表五智；阿閦等四方佛各摄金刚萨埵等四大菩萨，凡十六大菩萨，表由修十六大菩萨行而证得自性清净心；又由四方佛智出生四波罗蜜菩萨，表由菩提心出生菩萨行；加八大供养，表佛菩萨自性清净心的附属功德。

日本台密所用金刚界曼荼罗宗依《金刚顶经·金刚界品》，称"羯磨会"或"成身会"曼荼罗，系于大圆轮中画五月轮，中央月轮上列大日如来及表其因行的四波罗蜜菩萨，四方月轮上列四佛及其近侍十六大菩萨，外列八供养、四摄、贤劫千佛、外金刚部二十天、四大神等，表大日如来所具的圆满功德。

东密所用金刚界曼荼罗于羯磨会曼荼罗四周列三昧耶会、微细会、大供养会、四印会、一印会、理趣会、降三世羯磨会、降三世三昧耶会凡八种曼荼罗，形成九会曼荼罗。其中羯磨会曼荼罗表大日如来的根本功德——智法身（以佛果智慧为身），因称"根本会"，其余八会曼荼罗分别表示依大日如来智法身所生的佛菩萨、金刚护法等摄化众生的种种事业。九会曼荼罗所列诸尊多达一千四百六十一位。

金刚界曼荼罗又分为五部：佛部以大日如来为部主，表理智具足，功德圆满；金刚部以阿閦佛为部主，表佛智；宝部以宝生佛为部主，表佛的福德；莲花部以阿弥陀佛为部主，表真如之理；羯磨部以不空成就佛为部主，表佛度化众生的能力。五部合表一大日如来亦即自性清净心本具的体性、力用。空海《秘藏记》谓"莲花部拟法身，金刚部拟般若，佛部拟解脱"。

曼荼罗源出古印度婆罗门教祭神之坛，佛教密教的两部曼荼罗，上列众多佛、菩萨、佛母、金刚、诸天乃至仙人鬼神，貌似多神教崇拜多种神灵，实则在佛教密教中，曼荼罗之体（月轮）表自性清净心，曼荼罗上的千数诸尊，是一大日如来功德的各别表显，而大日如来终被视作众生的自性清净心。《大日经疏》卷二云：

今观此心，即是如来自然智，亦是毗卢遮那遍一切身。

空海《秘藏记》云：

我本来自性清净心，于世间出世间最胜最尊最上，故曰本尊。

是则两部曼荼罗，实为以图像符号表示的心性论，其所表义理可用文字概括曰：众生心性位于心脏中，本来无生、无相，清净离垢，具足佛菩萨所证得的五智、无缘大悲、涅槃解脱及种种利乐度化众生的方便妙用。此可谓显教《大乘起信论》中心性如实空而不空、"具足无漏性功德"、"净法满足"义的更为具体的描述。密教行者修法时，将曼荼罗观想在自己心间，为三密相应中的"意密"，表示自己的肉团心或无明妄心即是本来清净心，通过不断观修，以祈得本尊加持，令自心本具的清净功德迅速显现，所谓"三密加持速疾显"。

依《大日经》《金刚顶经》等经发挥，在中国天台、华严等宗真妄一如的"圆教"见地基础上建立起来的唐密、东密、台密，也有"当相即真"、烦恼即菩提之说。如空海《一切经开题》谓"了诸妄念本无自性名诸佛""知心是佛"；《梵网经开题》谓"三毒五欲，皆是佛之密号名字""作五逆而忽入真如，起六欲而乍得法身"。两部曼荼罗中以金刚萨埵所摄金刚欲、金刚触、金刚爱、金刚慢四菩萨，及称大日如来"教令轮身"的不动明王等威猛金刚，表贪爱嗔慢等烦恼即菩提之义。空海还依华严宗"无尽缘起"义，发挥《大日经》"以知心无量故知身无量，知身无量故知智无量"之语，谓自性清净心本具无漏功德无量无尽，其《即身成佛义》偈云：

心数心王遍刹尘，各具五智无际智。

二、父、母二续光明论

藏传佛教主要传行的密法，迦当派、格鲁派等分为父续、母续、不二续三部，合称"无上（阿底）瑜伽"（梵文 atiyoga），意谓至高无上的密法。父续又称"方便续"，以《集密金刚》为主经，重修气及空。母续又称"胜慧续"，以《胜乐金刚》为主经，重修明点及大乐。不二续以《时轮金刚》为主经，重方便智慧双运、空乐双运。父、母二续被宁玛派判为九乘佛法中"内密三乘"的下二乘，称摩诃（大）瑜伽、阿耨（无比）瑜伽。

父、母二续（加《时轮》）或大、无比二瑜伽，以"五蕴即佛"为基本见地，《集密根本续》云：

总说五蕴处，即是五佛陀。

具体而言，色蕴体性为毗卢遮那佛，受蕴体性为宝生佛，想蕴体性为阿弥陀佛，行蕴体性为不空成就佛，识蕴体性为不动佛。集成色蕴的地、水、火、风四大，其体性为五佛母：地大体性为毗卢佛之佛眼佛母，水大体性为宝生佛之末摩鸡佛母，火大体性为阿弥陀佛之白衣佛母，风大体性为不空成就佛之度母，空大体性为不动佛之自在佛母。又说五蕴体性为地、水、火、风、空五大，依次为黄、白、红、黑、青五色。

五蕴	体	方向	色	五毒	五佛	佛母
色蕴	地	中	黄	痴	毗卢遮那	佛眼佛母
受蕴	水	南	白	嗔	宝生佛	末摩鸡佛母
想蕴	火	西	红	贪	阿弥陀佛	白衣佛母
行蕴	风	北	黑	疑	不空成就佛	度母
识蕴	空	东	青	慢	不动佛	自在佛母

五蕴四大体性皆佛，意谓心色体性皆悉清净，具足佛智。开显本具佛智、佛身、佛德，虽然需要在肉体上修气脉明点，然要中之要，在证悟本来心性。

具体而言，父续（大瑜伽）主要说心性本空本觉，一切佛果功德皆为根本智所现，本部《密藏续》云：

自证心识为空性，为无我为本觉智，由离戏论之念住，一切显现皆能转。一切法皆非实有，佛身佛语佛功德，以及佛刹之神变，亦为根本智所现。

母部（无比瑜伽）则主要说众生与世界皆为佛父母所证空寂法界，该部《金刚庄严遍集明续》云：

器世间为佛母究竟法界，情世间即胜利佛父虚空。无论取舍，皆为本觉乐受。

这见地被作为母部法的"金刚誓句"。

总之，父母二续，皆以心性本空本觉义为其根本见地。

心性、菩提心、自性清净心，在父母二续中多称"光明"（梵文 prabhāsvara），一译"净光""明光""明体"，意为极清净的光明，与南传《增支部》描述心性的梵巴语"极光净"同为一词。作为名词，喻指心本来具有的清净觉性，亦称"根本觉性"（本觉）、"灵性"，有似禅宗人所谓"灵知""灵寂之知"，亦不无心之体性及证悟心性时有光明显现的意味。

以光明描述心性，见于《阿含经》及多部大乘经论，如《长阿含经》谓"心识无形，光明无量"，《究竟一乘宝性论》谓"心之自性本来即光明"。禅宗人也常以光明描述心性，如沩山灵佑禅师偈谓"灵光独曜，迥脱根尘"，临济义玄禅师答"如何是真佛真法真僧"之问曰：

佛者心清净是，法者心光明是，道者处处无碍净光是。三即一，皆是空名，而无实有。①

云门文偃禅师偈谓"人人尽有光明在"。张拙秀才悟道偈谓"光明寂照遍河沙"。

父母二续密法认为，心性光明，乃产生世间、出世间一切的根本所依、终极因。《集智金刚续》云：

识从光明生，即此名为心意，以染净一切法，皆以彼为根本。

谓心识从心体光明而生，为染净一切法的根本。传为龙树造的《胜集密教王五次第教授善显炬论》偈云：

众生无自在，非自在而生，其因为光明，光明一切空。

愚夫由何心，系缚于生死，行者由此心，趣证善逝地。

谓众生堕于生死轮回，及学佛修行超出生死乃至成佛，皆以本来空的光明为因、为枢机。本来光明者，或以为心体阿赖耶识，或名"本元心"，此心与气结合而生妄心，《尸陀林五蕴经》云：

心之本面为真心，由真心生妄心，气如马然，气与真心和合而生妄心。

藏传佛教诸派的父母二续密法，皆分光明为根（一译"基"）、道、果

---

① 〔唐〕慧然：《镇州临济慧照禅师语录》卷一。

三义。

根（本）光明又名"母光明""因光明"。这种光明本具于众生的根身，为出生诸心识的根本，喻如能生枝叶花果的根、能生子女之母。一切众生自来本具，不论修证与否，在特定时刻都会自然呈露。根光明最重要者为理、死、眠三光明。

理光明，谓法界本有之光明，即真如理，从来如实不异，迷亦不增，悟亦不减，法尔如是。

死光明，指从人临死之际至死后未生"中有"的"死有"（死亡过程中的生命形态）阶段，自然呈现的离烦恼妄念的纯粹心体。《胜集密教王五次第教授善显炬论》云：

光明生大空，从空出方便，从此生智慧，从此出生风，

从风出生火，从火出生水，从水出生地，有情生如是。

众生生命形成，最先从本来光明产生"大空得"（于本来空中生起有取着的中有心），从空产生方便明增（阳性的具有占有欲的取着心），由方便产生智慧（投生的决意，阴性的生命能量），由智慧产生风（相当于元气），由风产生火（生命热能），由火产生水（有生命本元的水液、精血），由水产生地（固态的血肉之躯）。众生临死时，则逆出生的次第向本源收摄：地收摄于水，水收摄于火，火收摄于风，风收摄于心识，心识收摄于心所，心所收摄入无明，最后无明收摄于光明，于斯际暂时得以摆脱生前念念相续的无明烦恼之缠缚，呈露出本元心地。本元心地自然呈现的原理，是因死亡之际，随周身之气向心轮本源的收摄，乘气而生的种种以无明为本的烦恼妄念从粗到细一时停息，有如夜空的乌云被狂风骤然吹散，光明皎洁的明月自然光显。《教授穗论》说人临死时，四大渐次收入风大，风大入"明了"，"明了"入"明增"，"明增"入"明得"，"明得"入光明一切空，"明了""明增""明得"合称"三明相"，与三种空相应，意谓心性光明与本来空性渐次呈现。藏传诸派密典中一般将死光明呈露的过程分为八个次第，称"临死八相"。

1. 地收于水。见如烟雾之相，身体不能动，感山崩地陷，沉重不堪。

2. 水收于火。见如阳焰（被水波反射的阳光）之相，汗、唾液干竭，八十性妄中属于嗔所摄的离贪、寻、怖、爱、取等三十三种粗重分别心停息。

3. 火收于风。见如萤火之相，体温逐渐降低，八十性妄中贪所摄的喜、掉举等四十种分别心停息。

4. 风入识。见如灯光之相，呼吸出多入少，乃至断气，八十性妄中痴所摄失念、迷乱等七种分别心停息。

《大幻化网导引法》说以上四种死相，为细质收灭所现之相，有于死前依次发现，亦有猝尔一时发现，种种不定，并不是人人临死时都必经以上四种身心变化。

当随周身一切气摄入心识、乘气而生的八十性妄停息之后，心性光明和本来空性便会自然显现，其显现的进程有四。

5. 明（显）。见如秋季无云晴空皎洁月光周遍明照，称"白相"。随之粗分别灭，初现本来空性，称"所显空"，略称"空"，为"般若菩提心"。《胜集密教王五次第教授善显炬论》卷十解释：

由明如月光，故说为明；由即彼风及八十种遍计皆空，故名为空。

因周遍计度所见所知而生的八十性妄，随其所乘之气而收摄停息故，豁露离遍计妄念的本元心地、本来空性，故称为"明""空"。

6. 明增（略称"增"）。见如秋季无云晴空早晚时橙红色日光，称"红相"，能取所取细分别心灭尽，所乘气悉皆停息，所显空境较前更为增广，称"善空"，为"普贤菩提心"。

7. 明得（略称"得"）。见如无云晴空黄昏时的天光，随大半微细分别心的息灭，显现出更为殊胜的空境，称"近得"（接近于完全证得光明、空），又称"暗黑相"。

8. 空。见如黎明晴空东方曙光初现之相，其时随一切微细分别心的停息，真正达"言语道断，心行处灭"，本来空性自然显现，称"最胜空""大空"，体证此空性的心，即是最根本的心性光明，与空性一体不二。《胜集密教王五次第教授善显炬论》谓根本光明即是唯智慧眼能见的最高真理真如：

次离黑暗一刹那顷，是为光明，相极明了，恒常光显，胜义谛自相，唯智眼能见。

《大乘要道密集·大手印九种光明要门》说，有两种人临终时光明不现：一是造杀父母、杀罗汉、出佛身血、破坏僧团等五无间业而将堕于地狱者，一是不知修行、无意见心性光明的"无作之人"。《胜集密教王五次第教授善显炬论》卷十一则说任何人在临终时光明都会显现，然所现境界"有无量不同"。

近现代西方学者研究的大量"濒死体验"案例，证明有些人濒临死亡之际确有看见明亮的光乃至自觉与这种光融为一体的经验，雷蒙德·穆迪医生的《死后见闻》一书描述这种体验说：

这种光最初出现时非常暗淡，但很快变得越来越亮，直至超过地球的亮度。很多人说，这种光（通常说是白色的或清晰的）虽然很亮，但并不伤害眼睛，不会使他们眼花缭乱，不会阻碍他们看到周围其他事物……

很多人感到，当光出现时，他们完全被它包围了，被它占有了，完全接受了，非常地安逸，它有一种不可战胜的强烈的吸引力。

这种体验，与密典所说"三明相"相近，它虽能影响大部分经历者的人生观，使他们变得更加热爱生活、慷慨和不再畏惧死亡，但缺乏密教所说空的体验，而且这种体验并非所有濒死体验中皆有的内容，也"并不是所有濒死而未死的人们都声言记得在自己临死时所发生的事件"①。某些医学家们将濒死体验解释为精神病中常见的因大脑缺氧所致的幻觉，这种解释与藏密的说法并不矛盾：临终时周身上下一切气皆向心轮收摄，会导致大脑缺氧，但藏密并不认为三明相是幻觉。

临死八相、三明相，大概只是部分自然死亡者特别是藏密修行者可能会有的体验。并非所有人临死时光明都会自然显现。从唯识学看，没有修证的普通人，在临死时所现光明，虽然无贪嗔等烦恼，但并无体证空性的智慧，未离诸

---

① [英] 艾弗·格拉顿·吉尼斯：《心灵学——现代西方超心理学》，张燕云译，辽宁人民出版社1988年版，第144页。

烦恼之根"痴",并非真如。《时轮本续注》一书说得对:

> 所谓的死亡光明(这种光明人人都会遇到)不是真正的光明,常常会误认它就是,但它不是真正的空性、不是真正的光明;然而一位能会合、显发子母光明的高级行者,他在死亡过程当中所经验到的光明是真正的光明。你必须记住这种区别,并清楚知道,不是任何人在死亡过程中到了这时候都能经验到真正的光明。①

根据死光明的原理,藏密设计有"中阴成佛法",教人于临终之际及死后中有境体认自然显现的光明而证入"最胜空",即得解脱。当然,这种体认需要有生前勤修证光明的前提。

根光明的另一种眠(睡)光明,指人临入睡之际,于醒、睡之间呈现的离任何意识活动的心境。《胜集密教王五次第教授善显炬论》卷十一说,在临入睡之际,临死八相、三明相只是"相似现",与临终之际的三明相并不完全相同。睡眠光明的显现,为时极短,只在刹那之间,一般人从未去注意。

据《口授论》等说,根光明还会在性高潮及打呵欠、打喷嚏、惊骇等打断意识之流后的刹那间暂时显现。《大乘要道密集·大手印九种光明要门》说一切有情本具的光明,藉托九种时机方能明了,其中五种属根光明:

第一婴孩时光明。从入胎至出生时,诸脉道中菩提充满,具有六通,能发光明,了达一切。吃母乳后,诸脉血满,即成无明,光明隐没。

第六眠寝时光明。临入睡前刹那中,"六境念止,后刹那中梦寐未起,斯二中间,杳杳冥冥,光明显发"。

第七临终时光明。即死光明。

第八大醉时光明。大醉之时不分别诸境亦不作意,"于内心中光明全发。"

第九闷绝时光明。因受重伤、大出血等而闷绝,陷入意识缺失状态,此时光明显发。

密教所说根光明,从南传佛学来看,乃是有分心,南传佛学说有分心显现

---

① 嘎旺·达吉:《时轮本续注》,崔忠镇译,时轮译经院1989年版。

时也有光明。大乘唯识学认为有分心即是阿赖耶识，若未经修行转依而清净，是杂染的，并非等同于真如的自性清净心，若说为本心，只是世俗谛意义上的心性光明。《大乘要道密集·大手印九种光明要门》虽然列举了九种时机显现的光明，而最后强调：

> 斯等非是得道正因，依师要门应须了知！

意谓于九种时机显现的光明，只是体认光明的一种入手方便，并非真正的心性光明，真正的心性光明，只有依已证悟上师的指示、心传。

道光明，指在修密法过程中于特定时刻所悟、所证的光明，相对于如母的根光明，称"子光明"。父母二续所说道光明，是由修本系法特有的拙火定、双运道、睡眠定、本尊法等而证得，统称"密义光明"，以区别于显教修持所证得的"通义光明"。依修证的次第，密义光明大体可分为觉受光明、喻光明、实义光明三种。

觉受光明，谓初修时所得觉受，只是与真正的心性光明相似的一种体验或体会。关于觉受光明的觉受，密典中多说为乐、明、无念（无择、无分别）三相。《密咒道次第宝鬘释》解释这三相又各有三相。乐三相者：一无相之乐，无外境之纷扰；二无二之乐，无"二执染显"——没有所乐与能乐的分别与执着，二无为之乐，乐自然而现，不借助任何条件，非凡夫由欲望、需求的满足而得到的有为之乐。明，指一种本然的灵明觉照之性，其义亦有三：一为无境而自明，非对境分别之知，而是那纯粹的"能知"之自体；二为本来明，非随缘生起，而是本来具有的明；三为自如之明，非造作者，非因缘所生的有为法，而是本然自有的灵明觉性。无念三相者：一离善寻（善的寻思），不染着于能修之"我"与所修之法；二离恶寻，无与烦恼相应的粗寻思和意识深层微细的伺察；三离无记寻，没有非善非恶的寻思，灵明知性住于对自身了知不昧之境。又说：

> 本来无境而显明，名明。于能明所明无分别故，名无念。如明、空无分之所得乐，故名乐。

乐、明、无念虽然是触悟心性光明时必然有的觉受，但修世间的禅定也可能会有类似的感受，须仔细辨认，不可执着。即便是真正的乐明无念觉受，若稍生执着，则堕三界：执乐则堕欲界，执明则堕色界，执无念则堕无色界。

喻光明，意谓相似、接近于心性的光明，在父母二续中一般指修生起次第本尊瑜伽，通过修"随察渐收"（一译"整持""随灭"）两种三摩地，观想一切境界向自己心轮收摄，最后收摄于空时，所体验到的空的境界。或指修圆满次第气脉明点，令气入于中脉，"临死八相"依次显现，所证如月光相的光明。或指依"业印"修双运道，令脐下白菩提循中脉上升到头顶，又下降至密处时，于所生"俱生喜"上所体证的乐空不二的光明。

《大乘要道密集·大手印九种光明要门》所说九种时机显现的光明中，有四种属于道光明：第二调习时光明，指具有宿根者经上师略示，于刹那间即得顿悟，光明显发；第三风入阿瓦诺帝时光明，指修气脉明点时，左右二脉相会，气进入中脉，打开中脉，光明发生；第四受主时光明，指受第四词灌顶，于意降神通智时，光明备足；第五喜乐刹那光明，指受第三密灌顶，依业印（肉体的异性）修双运道，于第四俱生喜、俱生智上所发光明。而这四种光明，也被强调为"非是得道正因"，一般只是相似于真正心性光明的喻光明。

实义光明（义光明、胜义光明），指修密法圆满次第，令气入、住、融于中脉，并以正见修观，亲证真如、达菩萨见道位时所证心性光明，这才是真正的心性光明。《胜集密教王五次第教授善显炬论》将实义光明列为五级证道位（一译"五级邃路"）的第四级，谓当气入住于中脉时，"临死八相"全部显现，最后所现如黎明晴空相，即是见到实义光明的标志。

父母二续法多强调实义光明必须依"业印"修"双运道"（男女合修），方可证得。《胜集密教王五次第教授善显炬论》卷十四说修父母二续法依"俱生喜"所证得的实义光明，亦称一切空、菩提心，虽然说与显教入菩萨初地时所证菩提心齐等，但密教说修父母二续密法所证实义光明特具"大乐"，称"大乐光明"，指由修男女"双运"，在特殊的性高潮觉受中所体验的乐空不二之乐，被强调为与显教所证涅槃乐颇有不同。《智成就经》谓此大乐常住，为"一切乐中尊"，然又绝非凡夫交合因缘所生、非自性有的"二根所生乐"。"乐空不二"，被作为父母二续密法实义光明的表诠。《胜集密教王五次第教授善显炬论》卷九谓"仅由空性见，终不能得大乐"，大乐，为无上瑜伽心性论不共于显教的密义，称"不共大乐"，此乐"最为深奥，难达幽微"。又说俱生大乐即是悲心之体，"悲空不二"，亦为无上瑜伽心性论的常谈。

果光明，指依所见实义光明继续进修，入"五级邃路"最后"究竟无学"位，成就佛果时所证光明，至此方为本来心性的圆满显现，故无上瑜伽称佛为"明满"，意谓心性光明圆满，犹如十五夜的满月。果光明位，修道时所体认的"子光明"与本具佛性之"母光明"融合为一，称"子母光明会合"。

较《大日经疏》等指菩提心即在人身肉团心中、修法时于心间月轮观想更进一步，父母二续密法说阿赖耶识住于心间中脉与其分出支脉处的心轮内，为一如黄豆大的明点，乃全身生命能量和心识的本源、中枢，净菩提心住于此中，《金刚鬘续》云：

心莲花蕊中，智金刚常住。

常住心间莲花蕊中如金刚般无坚不摧的智慧，即是因位心性光明、菩提心，其体性为一如芥子大的红白明点，称"不坏明点"，亦称"光明风（气）"，被烦恼妄习所造成的脉结缠缚遮蔽，光明不显。修父母二续密法时，行者将象征净菩提心的本尊曼荼罗（多为本尊的咒轮）观想于心轮中如芥子大的明点上，通过金刚念诵及拙火、双运等气脉明点修法，令气入中脉，打开各脉轮的脉结，当心轮的脉结被打开之时，心性光明便会如云开日出般显现，呈现出如大乘《楞严经》中所说"心花发明，照十方刹"的境界，谓之"脉解心开"。

总之，父母二续所说光明，无论就众生本具偶现而不识的根光明而言，抑或就修行证得的道光明、果光明而言，皆是从"本元心"的角度着眼，指离烦恼、执着、分别妄念的心，而非一般人通常日用之妄心。这种光明论可以"离妄即真"四字总括之。

父母二续也非无即妄即真之谈，高标烦恼即菩提，具体以贪淫（双运道）、嗔怒（拙火定）为道，乃父母二续密法独具的特色。属于父部法的汉译《一切如来真实摄大乘现证三昧大教王经》卷二十六云：

观察贪性本清净，譬如莲花正开敷。

《喜金刚续》谓"贪爱缚世间，由贪成解脱"。陈健民《曲肱斋全集》（三）说：

贪用出于妙观察智，嗔用出于大圆镜智，痴用出于法界性智，慢用出于平等性智，疑用出于成所作智。智蕴于心，用蕴于气。

认为贪嗔等烦恼，以阴阳二气之妄动为其实质，阴阳二气乃心识之所乘，与心性光明本是一体，分别是阿弥陀佛、不动佛之体性，其性本来清净，为出生菩提心、光明之本。犹如能生大火的柴薪，柴薪愈多，火力愈猛，贪嗔愈大，则可能产生的智慧、乐、悲心、精进愈大，犹如火上加薪，火焰愈炽盛，又如孔雀食毒，其羽色更加鲜丽。不过父母二续所说烦恼即菩提，重在通过特有的智慧方便转烦恼为菩提，相对于以对治法断烦恼的显教而言，父母二续自称其法为"转位道"。

烦恼本净、以贪嗔为道之义，在父母二续法的曼荼罗中，多用诸本尊的形象予以表示。与下三部密法曼荼罗中以文静祥和的佛菩萨（"寂静诸尊"）为主，称为"文坛城"相对，父母二续法的曼荼罗中，以双身拥抱、狰狞凶暴的金刚、佛母（"忿怒诸尊"）为主，称为"武坛城"。金刚、佛母多立、坐于莲花日月轮座上，或座下垫尸体，表住于超越生死、光明常照、清净不染的法身或心性光明境地；首戴五骷髅冠，表生死即涅槃、五蕴即五佛智；项挂人头、毒蛇等为鬘，表烦恼即菩提；多面、多手、多足及手持多种法器，也各具密义，表贪嗔即菩提、乐空不二、悲空不二、方便多门等义。曼荼罗中的诸尊，实际上表自心本具的功能，《大幻化网导引法》云：

盖以从本以来，自身就是本尊。

意谓自心所具的一切本来皆是佛性，皆是菩提心。如大幻化网金刚本尊曼荼罗中，共有寂静诸尊42尊，忿怒诸尊58尊，再加上五轮外围诸尊，合计164尊，若去掉表地、水、火、风四大的四佛母，其余表心识作用的为160尊，适与《大日经》百六十心之数相符。其中寂静42尊由自心之寂静（阴性）功能变化而成，如五方佛即五蕴，八大菩萨即四根四识，金刚庄严母等五母即五尘，金刚花母等四母即四时，六释迦即我慢、嫉妒、贪、愚痴、悭吝、嗔六种烦恼清净，总之表自心之善心所、慈悲、智慧、佛性。忿怒诸尊大部分亦由寂静诸尊变化而成，如普贤王佛父母变化为大殊胜兮鲁迦及大忿怒天法界自在母，五方佛及其佛母变化为金刚等五兮鲁迦及金刚忿怒自在母等五忿怒母，地藏等八大菩萨变化为白衣等八忿怒母，八菩萨母变化为狮首等八忿怒母，六能仁变化为六能移忿怒母。《大幻化网导引法》说：

> 所以变成忿怒尊者，系以对所化众生难化之故，且以本身之烦恼重故，化极忿怒以调伏自己。由是佛父母由寂静而变忿怒，是降伏自己之嗔心故；菩萨与能仁之变成忿怒母，是降伏自己之贪欲故。

凶猛狰狞的忿怒诸尊，表示自心之不善心所、烦恼本是菩提，可以为道，尤表以愤怒降伏贪欲。

三、大手印法心性论

大手印为藏传迦举、希解、解域诸派教法的精华，在理论上立足于如来藏缘起论、真心现起论，以了悟本来心性为观修枢要，其心性论形成自家独具的特色。

大手印，梵语名摩诃母陀罗（mahāmudr），意译"大印"，藏译差珍（chachen）。大印，乃密教四印之一。印即印信、印玺，为标志、楷定之义，略同"法印"及禅宗所谓"祖佛心印"，指佛法的心要、标志，具体指心性光明的心传口授，被认为是佛法的精髓，有"印中最极光明印"之说。《大手印明点续》谓大印为可以解脱轮回的空性智。《青史》解释说：从显教别解脱戒到密教无上瑜伽的成就及实践等一切佛法，均以一印印之，故称大手印。《祝跋契合俱生大手印》比喻说，犹如轮王敕令，以印印之，臣民莫敢违越，随所显现，皆令合旨。法王佛陀亲许的佛法宗要，就像权威性极大的圣旨，是至极无上的佛法心髓，为判别是否是佛法的准衡，故名大手印。蔡巴迦举派开创者向蔡巴称大手印为"唯一白法"（能医治百病的"阿伽陀药"）。

大手印法源出传为龙树之师的萨罗诃（大婆罗门罗睺罗），经谛洛巴（约

868—978)、那洛巴（896—980）、弥勒巴（950—1024），传予达波迦举派开祖、吐蕃人玛尔巴（952—1037）及香巴迦举派开祖琼波瑜伽师（约990—1140）。又有数度来吐蕃传法的南印高僧当巴桑杰，将大手印法传予希解派、觉域派的多位祖师。迦当派、萨迦派、格鲁派亦传行大手印。香巴迦举派的"大印盒"，与大手印基本相同。达波迦举派的冈波巴融合大手印与迦当派阿底峡的《大印俱生和合铠甲秘诀》，对大手印做了整理，分为实住大手印（属显教）、空乐大手印（属父母二续密法）、光明大手印三种。

大手印常被称为"大中道"或"大中观胜义有见"，意谓其基于中观学而又高出中观学，实即如来藏缘起论、真心现起论。各种大手印的修习方法有别，而其见地大体相近，名"俱生智见"或"法身见"。俱生智，亦译自然智，俱生，谓本来空性与体证此空性的觉性、智慧同时生起、同时存在，本来具有、真常不灭，乃瑜伽行者见道时所证悟，非闻思慧（乾慧）所能明了。《金刚鬘续》偈云：

空性和觉性，皆本性常住，为瑜伽所悟，非乾慧行境。

能自然自知本性空寂、没有执着的本元智慧"俱生智"，亦名"自然智""自证智"，与禅宗神会所谓"无住体上，自有本智，以本智能知""空寂体上，自有本智，谓知以为照用"之"本智"，可谓同一意趣。①

在众生位，心性尽管被分别妄心之污垢所遮蔽，而其本性恒常不改。

俱生智又名"本来俱生性"（自然本具的实性）、法身，亦名"大乐真本性"（能出生大乐的本元真性），多名如来藏，指心性光明，亦即实相、佛性、大乐、般若等。那洛巴《大手印正见论》说：空性本明心亦即菩提心、佛性、如来藏，密咒、方便慧、普贤尊、深广性，"领受如实味，故亦名大乐""现空界知一，名为如来佛""不依待他故，亦名自然智"。显密经教中所举"大中道""大涅槃""毗卢遮那""法身""双运""俱生喜""本净性""证量谛""阿

---

① 《荷泽神会禅师语录》，见《中国佛教思想资料选编》第二卷第四册，第84、107页。

赖耶根本识""依他起性"等，皆依此本性光明心而立，多为心性的异称。心性乃一切法之"法本"，为生死、涅槃的根本，既是所见之道，又是所修之性及所证之果。密教所谓根、道、果，皆心性的分位。心性离一切名言分别之"戏论"，难以表示，不可言说，其体性本空，本来清净，犹如虚空，"无发端实物"（令人想起惠能偈"本来无一物"），觅不到它的踪迹，找不到它的实体，本来不生亦不灭，而具有能觉照的"本明"或本觉，此明觉与空性无二，谓之"明空无别"。米拉日巴《道歌》谓"心之自性为明空，直指明空即妙光"。又云：

我们所有众生的心都是本来光明空寂，不为轮回之浊所污损，不为涅槃之净而增荣，这就是因位佛陀，也叫做如来藏。

《冈波巴大师全集》谓心体就是俱生智慧，它"明明朗朗，清清楚楚（明），但又是空空寂寂，无可认持（空），能够现前如量感受得到"。明空不二，为心性的根本性质，这与禅宗说心性寂照不二可谓同义。

心性虽空，而能显现一切，世间、出世间的一切，皆是此心所变现，唯是此心，萨罗诃《见修行果之朵哈歌辞》谓"各种境界皆自心"，《朵哈八藏大手印明显口授》云：

一切诸法即自心，离心别无尘许法，若达本来心非有，便得三世佛密意。

万法唯心，心性本空，本元心所显染净一切心、内外一切法，生死、涅槃一切现象，亦皆悉空寂，谓之"现空无别"。米拉日巴《道歌》谓"外显诸境即是自心，自心即是明空"。

冈波巴《解脱道庄严论》从体、相、用三方面来讲心性与所现境及分别心一体不二的关系：

心的体性是本元俱生，心的本相是境界俱生，心的妙用是分别俱生。

与空性同时而起（本元俱生）者为心之体性，与心所对境同时而起（境界俱生）者为心之相，与分别念同时而起（分别俱生）者为心之用。体相用三者不可分割，乃一心的三个方面。

以万有皆此唯一、绝待、不变的心性显现，始终不变其空寂本性故，以诸佛唯以圆证此本元心性而得成佛故,大手印法认为本来心性即是佛,心所现一切皆是佛法,一切众生亦皆是佛。佛果功德,唯是真心的相用所化现。《见修行果之朵哈歌辞》谓"所遇皆心即本尊""故凡所显皆法身,一切众生即佛陀,一切行业即法界"。玛尔巴《朵哈藏论》谓"心性本来清净即名佛"。冈波巴《教言广集零选》谓"此心即是俱生法身,(外境之种种)显现即是俱生法身之光明"①。《胜道宝鬘论》谓心性无生即法身,无灭即报身,无住即化身,众生心性本来具足佛果三身。这种大手印见,与禅宗"心外无法""即心即佛""自性具三身"的见地可谓一致。

大手印法主张真妄同源不二,说妄念与法身如同波水俱生不二,《胜道宝鬘论》云:

各种分别起动与心体无二无别,各种境界显现与心体无二无别,此三者无别,则是你的自心本性。②

故不能割裂体用,离妄求真,视妄念为敌、境相为假而生取舍,应直体六识分别之念为心性光明之放射,"把妄想分别之体了解为法身,心之本相所现了解为法身光明,一切自现境界了解为法身本元之游戏,如此则能将所有迷现均转为清净之智慧"。

大手印也分根、道、果三者或见、修、行、果四步。贡噶《恒河大手印讲义》解释说:

所谓根大手印者,即一切众生之本心,体性与佛无别,平等平等,元本清净常住。虽忽然不觉而起无明,然其真心体性,仍自明净,纵在六道轮回,终仍不增不减。

根大手印所指的本心,即是父母二续密法所说根光明中的理光明。大手印修习主要从意识之流暂断的刹那间去体认根光明。《明行道六成就法》云:

净光之曙发,要必伏于前念已灭、后念未来之际。

---

① 冈波巴:《冈波巴大师全集选译》,张澄基译,第279页。
② 《解脱道庄严论》,转引自刘立千:《藏传佛教各派教义及密宗漫谈》,第59页。

以这种方法体认到的净光，一般只是世俗心体、无始无明，尚非真正的本来心性，只是证得本来心性的入手方便。

在冈波巴之后，大手印法更重视从现前妄念上去体悟妄念即法身，冈波巴称这种心要为"俱生和合"，偈云：

> 心、妄念、法身，最初即俱生，师、教合一故，说为俱生合。

俱生，谓同时俱起，此所言心，当指阿赖耶识，妄念指前七转识，法身指本来心性，三者同时生起，故名俱生。此俱生见乃上师之口传心授与佛祖经教的合一，故名"俱生合"。《教言广集零选》解释说：

> 明体与离戏之空二者同时俱起，故名俱生，知道它法尔如是就是智慧。①

冈波巴弟子帕木竹巴称心性俱生为法身，显有俱生（显现万象）为法身之光，分别俱生（前七转识）为法身之波，无（分）别俱生（根本智）为法身之义（实际作用）。妄念及一切心所现境皆为法身，可谓达波迦举派心性论的精义，这种真妄一如、即妄即真的见地，要比父母二续离妄即真的光明论深了一层。

从真妄一如、一切为法身的见地出发，大手印之见（性）、修、行、果，皆以直下休证空明不二的心体、安住于此本元之上，不整治、不作意、不散乱为要。谛洛巴《恒河大手印》总摄大手印见、修、行、果之要云：

> 若离执计是见王，若无散乱是修王，若无作求是行王，若无所住即证果。

萨罗诃《朵哈八藏大手印明显口授》谓"此无可修勿作意，平常心元住本体""本清净心勿造作，勿取勿舍住本然"。冈波巴将"平常心"解释为"不为任何法相所搀杂、不被世间意识所扰乱、不为沉掉和妄念所鼓动，当下安置于本来之处"的心。《冈波巴大师全集》说：

> 什么是平常心？就是当前显而空、空而显，空显（明空）不二之心，不要去修改，不要去增加，毫无功用地凭内证智自己觉知。

此平常心，与禅宗马祖道一"平常心是道"之平常心，可谓一致。

---

① 冈波巴：《冈波巴大师全集选译》，张澄基译，第288页。

证悟本元俱生心有三要：不散乱，自然放下；不整治，任运松弛；不改变，自然清澄。羊公巴·坚参贝（1213—1258）有云：

大手印者，师无可示，徒无可悟，觉受无可污染，定见无可杂乱，见、修、行无可分，根、道、果无可裂，如是于此显有轮寂一切诸法，勿作任何遣立、束缚、解脱、对治、矫整，就自识而得自解脱，此之谓大手印。①

从真妄一如之见及于本元上不加整治的法要出发，迦举派瑜伽士们创设出多种直体心性以即妄成真的法要，主巴迦举派开创者藏巴嘉热（1161—1211）的"六平等法"，以分别、烦恼、鬼神、苦、病、死为道，最能体现迦举派心性论的特色。

格鲁派所传大手印，虽然源出迦举派，但以应成派中观见为指导，认为清净心、佛果乃修得，强调在用大手印法的种种方法住于定境后，须以闻思正见深观人法二无我，方可以见到心性。认为大手印所说"一切不思想"的修法，是指住于一切法真实空性定时，远离一切戏论之相，这是宿世修观善根成熟者的境界，非初机所宜。昂旺朗吉堪布《菩提道次第略论释》卷十三依据宗喀巴之说，谓瑜伽行者息心以后忽然天朗，心境明洁，"不过仅缘俗谛心体而已"，尚非真正见道时所证真如，须以正见修观，深观无我，方可真正见道。这与迦举派大手印的修证实际上也一致，米拉日巴《道歌》中早就有同样的说法。

四、道果法、觉朗派的心性论

萨迦派独传的道果法，源出8世纪初印度瑜伽师毗哇巴（本名达摩波罗），由卓弥译师（993—1064）携回西藏，主要宗依属于无上部的《喜金刚续》。如果说，大手印见立基于中观学而终归于真心现起论，道果见则立基于唯识学而终归于真心现起论。

---

① 《了义海大手印》。

道果见分显教、密教两种,皆以心性光明为核心,以"轮回涅槃无别"为宗,认为真妄、染净、轮回涅槃,皆以一相续心为根本、本体,此心本来明空无别,不悟此性即轮回,了悟此性即成佛。根本(或译"本基")或心性光明,即众生无明妄心之实相,又称因位时之"智慧勇识"(菩提心),即"明空赤露之平常心",此心无形无相,不住于内外中间诸处,了不可得,然能自察其唯明、唯觉、唯动,能生起诸心识,名为"明";其自性本空,找不到它的实体,名为"空";然又非一无所有、如同虚空之断灭空,而能明了显现一切,虽明了显现而又了不可得,谓之"明空双运"或"明空双融"。这是道果法显密相共的心性光明义。

道果法密教的不共心性义,称"直指本元俱生智",此智非通常的迷妄心念,而是本来明空双运的智慧勇识,亦即显密经论中所说的自性清净心、如来藏、真如、法性、法身、阿赖耶识、净菩提心等。众生迷时,此智现为根本无明,悟时则识其为本元智。因迷所堕轮回,与由悟所证涅槃,皆以此一心为本,其性无二,故曰轮回涅槃无别("轮涅无别")。萨迦四祖萨班·贡噶坚赞(1182—1251)有偈说,因诸法本来无生:

故于胜义中,生已与未生,分别无分别,现相与空寂,轮回及涅槃,皆无可差别。①

又说体悟此本元俱生智有三要:

成境为心,成心为幻,成幻为无自性。

成境为心,谓众生所知见的一切外境,唯是本元心被无明所蔽而妄现,没有其自性;成心为幻,谓所执之外境既为幻现,能执之内心亦如幻化,了不可得;成幻为无自性,谓内外一切诸幻,皆依缘而起,非自性本有,无为法亦待有为法而建立,或就有为法之缘起性空名为无为,此诸法实相,毕竟不可言说,离能观所观、能修所修,本来无缚无解。离言法性非空非有,不生不灭,

---

① 善慧法日:《宗教流派镜史》,刘立千译,西北民族学院研究室1980年版,第107页。

自显而明朗，自觉而赤露，从来未曾有、未曾空、未曾离，无轮回可断，无涅槃可证。离一切边执，不可言说、不可认知的本元心，从本以来明空无执，不曾散失，亦无可修习，自然本有，在因位时为心性无修本分天真之法身，在道位时不须功用、任运保任，果位时圆满明现赤露无修之本心，即名为佛。

道果法亲证内心实相，从"觅心"入手，其方法与大手印之觅心法相似，如《宗教流派镜史》所介绍：先观心在于何处，作何色何状，如是寻觅，见心了无可得，只有心之名言及显现唯明、唯觉、唯动之明了感受而已，名为明了心之性相，证悟心德三分之一。再寻觅推求，了知离生住灭三者之空性乃心之自性，悟证心德三分之二。进一步，觉受如是空性之时，非如虚空全无所有之断空，而是唯明唯觉一切皆可显现；凝观此本相全无自性可得，此即是空；明、空虽二，然非隔别，心之自性本是空，然寻觅空者之动态宛然，此即为明。"因而即明之时为空，即空之时为明，决定此自然生起之明空双融，则名为双融截定也。"由如是寻觅观察，当不仅为理解，而真实生起对心性的内证觉受时，为证悟明空双融心德之全分。

萨迦派密教道果法还有其不共之见：依修母续法引生的乐空不二之俱生智，方能拔出无明种子之毒，彻见自心本面。认为仅依显教，难拔无明种子之毒，故称"有毒之见"。这种空乐俱生智见，被称为道位上的明空无别见。

自称持"大中观胜义有他空见"的藏传觉朗（囊）派，宗依大乘如来藏系经论和密教《金刚鬘续》"空性和觉性，皆本性常住"之旨，以常恒、坚固、离戏、寂静、元成、实有的"胜义有"为万有、染净所依之"元始之根"（"本始基"）、"本根"（"本基"）、"根之根"，胜义有如来藏如虚空，遍一切情器，遍照一切，为界觉无别之光明觉性，本具一切佛果功德，佛与众生，仅为迷悟之别。

胜义有，具体指自心本性如来藏，亦即法性、觉性、佛性、圆成实，具有光明、自觉（自证）、离戏（离一切意识分别）三相，就密教而言还具大乐性。因时果时无二，非冥顽如木石，乃觉性。众生因忽尔障垢，为虚妄分别所遮蔽而迷染，觉性现为阿赖耶识，成烦恼之根、有为法，为杂染习气所依托处；转识成智，则恢复无为法本面，故亦为智慧根。

作为染净之根、根之根的阿赖耶识，有识、智之分，实即一如来藏分位所立假名，并无有为转无为的问题。如来藏属无为法，不参与有为法之造作，与万有非本体与现象的关系。笃补巴（1292—1361）《了义海论》谓"众生因位之如来藏与佛毫无差异"，法性不变即名法身，具足一切佛果功德，非由修而成，若修则有变异，非无为法。然虚妄分别之妄心，本具灵明妙觉，为明空双运之不二智。若以此智了悟如来藏，则除忽尔障垢，所谓"忽尔垢所障，除障即成佛"。

觉朗派主要依时轮金刚法修气脉明点，入"空色大手印之双运三摩地"，以期证悟本元心性。其心性论虽然源出萨迦派，而与萨迦及迦举、宁玛、格鲁诸派的见地有所不同，其他空见、胜义有之说，有隔绝真妄之嫌，与主张世俗、胜义皆空的格鲁派之学尤相扞格，遭到格鲁派的批判和排斥。

五、大圆满心性光明论

大圆满，一译大圆胜慧，梵语摩诃删底（mahāsanti），藏译竹箐（rdzogschen），为宁玛派特有的密法，在该派九乘判教中为内密三乘中最高的"阿底（无上、极）瑜伽"，高踞全体佛法、所有密法的顶尖。该部法据称源出本初佛原始法身普贤王如来，由之传五方五佛，人间初祖据说即是大乘《维摩经》中的主角维摩诘居士，学界一般认为真正可信的人间初传者为公元7至8世纪西印乌仗那国国王极喜金刚，经妙吉祥友、吉祥狮子，由莲花生、无垢友等传行于西藏。苯教亦传修大圆满法，内容与宁玛派所传几无区别，而称乃其祖师传下，或说大圆满法乃苯教教法、印度佛法与内地禅宗融合的产物。

大圆满法经典极多，主经为《普成王续》，多系挖掘"伏藏"而发现，然有证据说明其中大部分确是从梵文原本译出。从理论上集大圆满法大成者，为有"遍知法王"之称的隆钦饶绛巴（意译无垢光，1308—1363）。

大圆满法具称"自性大圆满光明金刚藏无上乘"，以顿证心性光明（亦称自然智、金刚身）为宗，全体为一基于中观见的真心现起论。所谓大圆满，是对心性光明、自然智的描述，亦即"大圆满见"的概括。大圆满，谓心性光明圆满，具足世间、出世间的一切，无欠无余，直指为吾人当下灵寂之知。《宗教流派镜史》释云：

> 先前离垢之智、明空赤露，为大圆满。若释其字义，谓尽此现有世界，生死涅槃，一切法，悉于此灵明空寂之内，圆满无缺，故名圆满，较此更无再胜之解脱生死方便，故名为大。①

明空赤露，法尊译为"空明觉了"，指空寂明了的本来觉知之性，亦作"本明空性"——本具明觉作用的空性，多名"大菩提心"。大圆满著述中常用"昭然""朗然""寂然""普遍"等描述此心性，此心性即是如来藏、佛性、法界等。隆钦饶绛巴《实相宝藏论》谓法性本体"独自炯露，离诸戏论，本来清净""自性任运"，又名法界、自然智、光明智、胜义谛、本脱法身、明性菩提心、摩尼宝等，"是生死涅槃一切法生处，故名为藏"，又名"所依界"（梵文 āśraya-dhatu，藏文 Zhi-ying），今译"本始基""体性基""基界"，又名"自成界"，即一切现象的所依因、终极因，《阿毗达磨大乘经》所谓一切法所依的"无始时来界"者。

心性的性质，总结为无实（空无自性）、广大（普遍一切）、独一（不二）、任运（自然）四要，也是修学大圆满法、体证心性的四大要点、"四大誓句"（四种最极秘密的戒条）。大圆满法源原始法身普贤王如来（阿达尔玛佛，一译吉祥普贤佛），为心性光明的表征，此佛之像披发裸体，纹丝不挂，全身天青色，或怀抱佛母，表心性光明自然、空明、赤裸炯露。《西藏医心术》说佛性（心性光明）即觉悟、无我，它是"全体的、永恒的、普遍的安祥、开放、无我、一体和喜悦""由于一体不二，所以没有痛苦和冲突"。

心性所圆满具足者，一般说为佛的法、报、化三身：心体性空为法身，自

---

① 善慧法日：《宗教流派镜史》，刘立千译，西北民族学院研究室1980年版，第34页。

性明为报身，大悲周遍为化身。或曰心性即本始怙主普贤王如来，具四身及五智：体性为空性，即法身；自相为光明，即报身；大悲为解脱，即化身；圆满周遍于轮回及涅槃，即自性身。因一切法之开展，故有法界体性智；因其为光明即离垢，故有大圆镜智；因轮回涅槃皆为平等清净之展现，故有平等性智；因无间通达诸法自性及其别相，故有妙观察智；因一切法皆以解脱及清净以成就之，故有成所作智。《金刚堡续》云：

> 无境不变法身遍诸法，显现内外情器受用身，如同影像之现即化身，无不三身圆满之法故，皆由身语意中显现也。

这与禅宗《坛经》"本体具三身，发明成四智"的说法甚为相近。

大圆满法常比喻心性为透明的水晶球和能按人的意愿出生一切的如意宝珠——摩尼宝。《珍珠鬘续》比喻心性如摩尼、库藏、明镜、水晶球、锦、大鹏、狮子、大海、虚空、大地。大圆满总结心性有三个双运或无别：

一为觉空无别，谓心体虽空而觉性不灭，觉性亦当体是空。

二为明空无别，谓心体虽空而昭然明朗，惺惺不昧，明即是空。

三为现空无别，谓心体虽空而能显现世间、出世间的一切境相，所现的一切本性空寂。

这三无别是一种本然如是的实相，又是一种本来具有的自然智。

大圆满分为心、界、要门三部，各部心性论又各有差别。心部经典藏译凡21部，以说心性空寂清净为要，从体、相、用三方面观察心，重在觉照心的空性，其宗要概括于三句：心体本净，自性元成，大悲周遍。

心性虽然空寂无相，而以灵明觉知为体，名为自然智，此智本自元成，灵明不灭，能朗照一切，轮回、涅槃一切显现，皆是此自然智之妙用，皆依自性光明本具的"五光三妙色"而显现。《智者喜筵》谓"真心不从因所生，不从缘而灭，最初无来处，最后无去处，过去现在皆是湛然常寂。因其体空，故无生灭"。自然智"不是一切，能现一切"，非空非有，本自空有圆融，轮回生死而不减，成佛解脱亦不增。众生与佛，同具此性，迷此性则为众生，悟此性则成佛。《普成经》云：

> 过去诸如来，皆为得见此性而成佛，别无法可修，亦别无所得；现在及未

来诸如来，亦为得见此性而成佛，别无法可修，亦别无所得。

与禅宗"见性成佛"之旨最相符契。《宗教流派镜史》总结心部要义说：

心即智，谓随见何境，唯是自心，心性现起自然智慧，除此自然智外，再无余法。

《知识总汇》说心部认为"一切心上所显境界，皆是自心之妙用。心性是自然智慧""由于自然智慧妙用之元成妙光，现为轮回涅槃两境相""一切所现皆心之妙用，心的本性是自然智慧，则放下不管，只住于此本元心体上，所有迷相，不须断除，自然解脱"。其导入方便，多同大手印，唯大手印是以心印境，心部则是求契合能缘心明空本净之实相，求见本性空。

界部之界，音译"陇"，意为自在。此部法宗依的经典主要有《等虚空界续》《秘密宝续》等，重在说一切法皆是心性的妙用，皆不出普贤（佛果）境界，界、觉无别，佛所证得的一切智慧、德相、净土、方便等，皆本来具足于众生心性中。《威严六聚续》谓"轮回普贤涅槃亦普贤，普贤界中本来无轮涅，显现普贤空性亦普贤，普贤界中本来无现空"。《知识总汇》说界部认为"自性光明具有五光三妙色"或"空性妙色"。《空明经》云：

心自性本具，五身及五慧，五部及五光，五气及五智。

五身，指佛的五种报身。五慧，指佛的分别慧、摄慧、遍慧、能动慧、解脱慧。五部，指佛部等五部密法。五光，指地、水、火、风、空五大之黄（地）、白（水）、红（火）、绿（风）、蓝（空）五色光。五气，指持命气等五种气。五智，指妙观察智等五种佛智，或加佛地自性大悲等五大悲。《宝珠鬘续》云：

五大即为五种光，太阳月亮智方便，男即本基女为道，曜者验相星为法，云乃大悲遍一切，树木大悲广大道，山即见解无变动，岩乃法身离生灭。

谓众生与世界万物，皆是心性的显现。《金珠经》说因为执着假我，心性本具无碍的五光呈现为众生世界中物质性的、有碍的五大。《实相宝藏论释》比喻觉性自然智如水晶球：

其本净明空广大体中，自性五光元成内显，此内显分即五大种。从中起现外显之时，其外境色相即内五光。

犹如水晶球之内光显现为外光，内显自性的五种光，最初现起时，以执为我故，遂垢污五大种，迷为众生与世界。

大	光	五气	五智	五慧	五部
地	黄	持命气	大圆镜智	分别慧	佛部
水	白	下行气	平等性智	摄慧	宝部
火	红	上行气	妙观察智	遍慧	莲花部
风	绿	平住气	成所作智	能动慧	事业部
空	蓝	遍行气	法界体性智	解脱慧	金刚部

界部特重光明，说普贤境界乃光明所自显，光明有色相可睹，本自元成，非假造作，当心离烦恼垢染时，本性光明中本具的五光、佛身、净土、曼荼罗等胜妙景象会自然显现。《普贤意境续》偈云：

正觉不生自本有，修行正觉汝已迷，菩提无念自住性，有为善根汝已迷。

《知识总汇》谓自然智慧在广大法性普贤境界中所现起的一切事物的形相，仅是自显境界所做的严饰，这里没有什么系缚、解脱、染净、能现、所现种种的分别，比如珠宝之光气，是珠宝本身所固有，非由其他因缘而使之光亮。《大圆胜慧》谓身中之烦恼气清净后，始见本性光明：

要无着、无执，放下不管，五尘任运，内境自然显发光明，智慧忽开，身中五气即化为微细光明而融入法性。外相即现五色光，如虹、如阳焰。

要门部一作口诀部、心要部、教授部，所宗依的经典主要有《心性离勤勇广大虚空根本续》等25部。此部明空双融，说轮回、涅槃一切法，皆是本无生灭的心性光明自然智所自显，以这种见地为要，不取不舍，不空不执，于灵明智性中现证法性境界，如燃艾灸于穴位，中病灶要害，使之立愈。要门部又分阿底、界底、仰底三层，以仰底为最高，称"大圆满心中心（心髓）"。其正行有彻却、妥噶二门，彻却一译澈切，意译"立断"，重修心性体空而证法身；妥噶意译"顿超"，重修光明以转化肉身，或言彻却修性，妥噶修命。

在要门部看来，心部局于心，仍执意识度量；界部执有法性境，仍流于意识度量；要门部则顿超意识度量，令心性自显，最为圆满。要门部心性论殊胜、特别之处，略有四点：

1. 要门部真妄一如，即妄即真，说妄念即是法身、真心。莲花生偈云：

若识心念即法性，法界性中余无修，可知证解方便轨，唯以念为法身故。①

隆钦饶绛巴《大圆满心性自解脱道次第藏义导引》谓彻却修习之要，须于此当下一念识刹那之上，以现觉无别、轮回涅槃无别之见，体认内外情器、世间及涅槃一切诸法，悉为自心所现，一如夜梦，"此心体性空、自性昭然、性相灿然而升现，如明镜中所现映像，于其所现之一切，辨识其不可得故，即离有无等一切戏论边见，此即是当下迁流之种种心无所颠倒之法性"。《大圆胜慧本觉心要修证次第》说：

汝现前一念，即是本心……观照此住心无有无、无方所，不分别色空，亦无是非之见……非由缚而解放，本来解放；非妄想光明，本来光明；非妄想狂慧，本来智慧；非口说之见与定，乃无见无定无可说法性心，本无定法，亦无定处，无入定无出定。如是之定，自性无分别；自心光明而无光明之相；心量普遍，亦非妄想驰散之普遍；本来自在，本来清净，如此真心，一切众生无量劫来本来刹那未离，特众生不自认知耳。

2. 要门部不仅说六识皆是心性光明，而且说烦恼也是心性光明，本来解脱。《云海论》云：

三毒五门六识诸境界，随显本来解脱住本元。

与父母二续说烦恼即菩提系从转烦恼为菩提的角度讲不同，要门部说烦恼当体为空明无别的心性光明，本来解脱，不劳转断。

3. 要门部说真心虽然本空、普遍，而现前在肉体身中，有其住处。《九部中能破经》云：

真心住肉光宝宫中，本来清净，非有非空，三身宫殿圆满自在，悲光显现。

肉光宝宫，指肉团心，即心脏处中脉内。此肉团心光明，妥噶中称"肉团

---

① 《大圆满心性自解脱道次第藏》。

心光",一译"本心自在光",为法界本具六种光之一。真心虽住肉团心,而本无自性。

4. 要门部心色一如,不仅说本心具五大五光三妙色,而且说真心之光明为有相的物理光。在妥噶修持中,离执自证真心时,可由连接心、眼,非精血所由成的"白柔脉"或"远通水光脉",外显为佛果三身境界及如珍珠链串、孔雀翎尾等种种光明。《六百四十万偈自现经》云:

> 一如孔雀翎眼形之圆空光;二定慧无二之法性光;三自然智慧光;四远通水光。此四种光,一切有情皆具备之。

远通水光,指肉眼处所潜在的一种能见三身境界的光明。妥噶法中以显现如虹霓或如孔雀翎翠色之"明点空光"及如金刚练线等光为"现见法性显现"的标志。《金珠经》谓"非妄之真心,于大乐门(头顶)现",指出光明显现的处所。妥噶法则说内心所显光明与外界所现五方佛及界清净光体性是一,当心本来具有的光明、妙色及胜妙佛果境界全部显现,亦离能现所现之执时,方是心性光明的全体,称"法性穷尽显现"。《知识总汇》说心性之空分为本净妙觉,"远离戏论,使此空分归于法性穷尽之地,即为本净彻却;心性之现分为自显光明,以本具光明将一切滞碍在光中清净,达于法性净地,即为元成妥噶"。

从本来圆满、不假造作的见地出发,大圆满证悟心性,以直体本来圆满,放松、自然、宽坦、无作为要点,不背尘合觉、离妄觅真,忌作意对治,不起心立意以意识分别去融通本来无别的觉空、明空、现空,唯以大圆满见直体心性本来圆满,俾令心性本具的三身五智等清净功德自然显现。《大圆满心性自解脱道次第藏义导引》说:

> 于当下识之本身,不加整治造作,宽坦自然而置,起任何念,均不作破立,于此之上,以凡常自理赤裸裸松缓而住,住于体性见解脱、自性知解脱、性相自解脱,即为心之自性。

即重修有相光明、报身的界部、妥噶,也忌着相造作,唯以宽松任运安住本元为光明自显之要。

认知之检讨 | 第八章

认知（cognitive）的检讨，包括对人类认知能力、认识方式、所知真伪等的审查评判，此乃攸关人类文明及人在宇宙中地位之大本，是东西方多家哲学长期以来着力探讨的重大问题。近代中国科学家王季同曾将认识之检讨比喻为科学家观测之先对所用仪器的检查。佛教对这一工作极为重视，佛陀在《阿含经》中曾多次指出，众生起惑造业、流转生死的根源，终在"不如实知"——不能如实地了知宇宙人生的本来面目，而解脱涅槃的诀要，唯在《阿含经》中多次出现的"如实知见"，此四字，可谓佛陀思想的纲宗。审察人类的认知，揭示常人认知之不如实性，发现人类心灵证知终极真实的可能性及证知终极真实之道，于是便成为佛学尤其是大乘佛学的重要内容。诚如王季同《佛法省要》所言，佛法从重新估价人类知识源头说起，可谓检讨人类认识的专科，"释迦牟尼佛便是做了这检讨工作的第一人"。

第一节　相、名、分别之虚妄

现代心理学认为，人类所有认识的基础，是感觉和知觉，在感觉、知觉的基础上进行思维而形成种种认识及指导行为的世界观、人生观、信仰体系，这种说法与佛学说众生不如实的知见由相、名、分别而建立，十分相近。《楞伽经》以相、名、妄想（分别）、正智、如如"五法"总摄全体佛法，"五法"主要牵涉如实知见亦即认知问题，不仅可看作大乘佛学认识论的纲宗，而且被强调为整个大乘佛学义理之宗要。

一、相、名、分别

《楞伽经》"五法"中，相、名、妄想三者，包含了对人类通常认识方式的检讨。

相（梵文 lakṣaṇa），原意为形相、状态、相状。《楞伽经》解释说：

相者，若处所、形相、色像等现，是名为相。

彼相者，眼识所照名为色，耳、鼻、舌、身、意识所照，名为声、香、味、触、法，是名为相。

《大乘密严经》卷中谓"色声等法，名之为相"。相，指由眼、耳、鼻、舌、身、意六识直觉所了别的色、声、香、味、触、法六境构成的关于对象之形状处所等的认知，当于现代心理学的感知觉经验。经中将眼等六识的了相称为"照"者，意谓乃未经名言概念介入的现量，如镜照物，原样映现。《瑜伽师地论》卷七十二称相为"所有言谈安足处事"（建立语言的基础），有影像、显现、有、戏论、萨迦耶、有为、思所造、缘生等别称，有无量种。太虚《法相唯识学概论》谓相乃前五识接受实体刺激所得"最单纯实体之感觉"。相，是人类全部认识包括科学观测实验工作的起点，是人类知识大厦建立的基石。

名（梵文 nāman），即名称、概念，唯识学列为心不相应行法之一。《楞伽经》卷四解释：

若彼有如是相，名为瓶等，即此非余，是说为名。

如眼见桌上摆放的圆筒状瓷制品，了别其形状、颜色、质地、处所等后，形成"花瓶"的知觉及概念，即是名。名依相而生起，《瑜伽师地论》卷七十二说名乃"即于相所有增语"——名,是在相上人为增添的语言概念,有想、施设、假言说、世俗、言论等别称。名与相一样,也有无量。

要之,"相"相当于感觉经验,"名"是表示知觉的语言符号。《佛藏经》卷上云:

所有可知,所有可得,如是一切诸不善法,皆以名、相为本。

说相和名是构成所有可知可得经验的根本或素材。

分别(梵文 vikalpa),又译妄想、思惟、计度,为确认、思维、认识之意,《楞伽经》卷四释云:

施设众名,显示诸相,瓶等心、心法,是名妄想。

彼妄想者,施设众名,显示诸相,如此不异,象、马、车、步、男、女等名,是名妄想。

谓认名称概念所表为实,如瓶便是瓶,象便是象,马便是马等,形成以名言认定为本质的确定认识,并依这种认识进行思维计度,叫作妄想,此唯是第六意识的作用。所谓妄想或分别,指在相、名、分别,特别是名言分别的基础上,经由意识运用想、思、胜解、慧、念、寻、伺、疑等心理功能,进行思维,形成价值观、世界观、伦理观等,能引生烦恼、发起身口意三业的确定认识,包括现代心理学的知觉、概念及建立于知觉、概念基础上的观念、见解、世界观、哲学观等种种认识。

由相立名,依名起妄想分别,即由感觉经验建立概念、形成知觉,以语言、概念为工具进行思维,形成认识,建立世界观、人生观,是人类认识世界的基本方式。心理学家安吉尔说人们处在清醒意识层面的心理内容,基本上由词语、声音、图像等符号来表征经验,谓之"经验的符号化"。当代正在发展中的认知心理学从信息加工论着眼,将人的认识看作对信息接受、编码、操作、提取、使用的过程,所处理的信息不外乎感知觉经验,亦即佛学所谓相、名,处理信息的过程及处理的结果则相当于佛学所谓"分别"(一译妄想)。如果将人类的所有知识比作一座宏伟大厦,则相、名便是建成此大厦的砖瓦木石、钢筋水泥等建材,分别或妄想则是设计图纸,全人类的八识便是建造这座大厦的建筑师和建筑工人。这座大厦是否坚固，可做我人永恒的家宅，需要对其建筑材料、设计、施工一一仔细检查。佛学，可谓专门做此检查工作的精细的验收员。

佛学对人类认识认真检查后，下结论说：凡夫众生以相、名为工具，经分别思维所得的认识，虚妄不实，故称妄想。妄，为真、实的反义词，意谓非如实，非认识对象本来面目的原样呈现。不仅种种属世界观、哲学观方面的见解不如实，即其建立的基础——相、名、分别，亦非如实。人们不能如实知见的根源，在于不知相、名、分别之虚妄不实。从《阿含经》到大乘经，都力说相、名、分别虚妄不实。

二、"凡所有相，皆是虚妄"

说一切有部、唯识学及其他宗派的论著中，有眼等前五识或加第六意识最初刹那缘色等五尘境时现量所证性境为真实的说法，这是从世俗谛意义上所说的实有，仅为因明现量或世间现量，非证知绝对真实的清净现量、瑜伽现量。从绝对真实和清净现量的角度言，凡夫众生前六识现量所得诸相，亦虚幻不实，并非亲证绝对实相。《金刚经》云：

凡所有相，皆是虚妄。

《瑜伽师地论》卷七十二说相作为言说安立的基础及分别所行境，以言说义，应说是有，此有，为世俗谛意义的有；从其自性属差别假立的角度，应说是无，此无，是就真实谛而言。

凡夫六识所得相为何不真非实？经论中大略从以下几个方面做了论证：

1. 相依缘起，非自然本有，故非真实。

所谓（绝对）真实，意谓自然本有、不假任何条件而存在者。色、声、香、味、触等相，即便是现量所得的"本性相"，也需依根、境、识、作意等诸缘和合，才能生起，特别是需依主体的心识而知，显然不是严格意义上绝对的真实、实有，非境相本来面目的原样呈现。《楞伽经》谓"三缘和合，幻相

方生",《楞严经》谓"由尘发知,因根有相",相依根尘识诸缘而生,非本来自有,故说如幻。《大智度论》卷十五说:

> 若诸法实有,不应以心识故知有。若以心识故知有,是则非有。如地坚相,以身根身识知故有,若无身根身识知,则无坚相。

知晓地等物为坚硬之相,是由我人禀赋的感知器官接触地等,由根、境、识等诸条件结合的作用,在心识上现起一个"坚硬"之相,这坚硬相是依赖心识的主观分别作用而有,若没有心识的分别,便无所谓地等坚硬、不坚硬相。《般若灯论》云:

> 汝所分别声者,非声自体,何以故?为根所取故。

色、香、味、触等,也都如此,是通过感知器官的主动分别才形成的,不是色声等认识对象的本身。《楞严经》卷三,佛通过分析六入、十八界,说明众生认识中的色、声、香、味、触、法诸相,及缘起此相的根与识,皆非因、非缘、非自然性,虚妄不实。如眼、色因缘生眼识,此识究竟从何而生,以谁为体?若由眼根而生,以眼为体,则没有青、黄、赤、白等色尘之时,纵有眼识,又有何用?如何能表现出有眼识之体?又熟睡时及刚死之人,眼根未坏,何以不见?若由色而生,当没有色尘时,眼识应灭,为何还能识别眼前的虚空?又若眼识从青色而生,则不应再能识别黄色等境,若从明而生,则不应能见暗。实际上色境变化时,眼识也跟着变化,变化,则说明它没有固有的自体。色等境相若自能生识,则一切物质皆应有心识,皆应自见自闻自嗅自知,凭何为证?若眼识自能生色等境相,应能闭目而视,无光而见,何需凭借眼根、光明、色境等条件?又眼识若能真见物象,也应能自见亦属物象的眼根,何以不能?耳、鼻、舌、身、意及声、香、味、触、法,亦皆如是。《摄大乘论》偈谓"如显现非有,是故说为无",意谓现量所见诸境相依缘而起,非自然本有。因缘和合、非自然本有的东西必然念念生灭不住,如《楞严经》卷二所说"一切浮尘,诸幻化相,当处出生,随处灭尽"。

2. 知后于相故不实。

《大智度论》卷十二云:

眼识知色，色生灭，相似生，相似灭，然后心中有法生，名为念。是念相，有为法。

当心境相触现量了境的初一刹那，虽得境的自相，实际上很难形成感觉，须稍经注意，意识进行了别，才能形成对境相的感知，这时所感知的相已非感知时当下的实境，而是对初一刹那现量境的回忆（念）。初一刹那现量境相即生即灭，乃有为法，不可常住，难以即时捕捉。《唯识论》批评"眼见为实"的看法说：

我现见彼青黄色等，于佛法中无如是义。何以故？以一切法念念不住故。以见色时，无彼意识及以境界；意识起时，无彼眼识及以境界。以是义故，不得说言于四信中现信最胜。

因为前五识见色等时，不能形成自认为"眼见"色等的知觉，知觉由意识分别形成，当其形成时，第一刹那所见的色等已灭。因此不能说"眼见为实"是可以建立确信的最可靠依据。宋延寿《观心玄枢》论云：

如眼识率尔任运见时，未分皂白，刹那流入意地，方执成境，以意缘时，眼识以过，世人多执我眼现见，全无道理见。

今人有论证"眼见并不为实"曰：a. 脑对视觉信号只是进行模糊处理，辨认主要特征；b. 人只有在多次接触或引起注意时才会注意到细节；c. 人得到的新视觉映像往往要与原有印象特别是记忆最深的印象比较；d. 只有专门素质的人才会在某些方面具有特殊的识别和记忆（如画家、侦探等）；e. 看到的东西只有通过语言、图画描述传达给别人。

3. 相依心变现而缘，故非真实。

心境相触最初刹那现量所证相，并非人们所认为如镜映物或如照相机摄影，原样映现，而如唯识学所说，是由心识见分"变带"而起，通过境界的信息刺激与根识的作用，在心识上变起一个亲所缘缘的"影像"，才可了别。"影像"，谓如影子和镜中像，只是相似于原境而非原境之本然。《俱舍论》卷三十说这种带主观性的境相并非原本的实境，只是"似境"——相似于实境，"如何似境？谓带彼相"，意谓带有境的若干相状。《成唯识论》卷九云：

变而缘者，便非亲证。

非亲证者便非实相。《紫柏尊者全集》谓"变起者谓之假境，假境者何？即实境影子也"。就像人的影子，虽然相似于人，而非人之原样。《大乘广百论释论》说眼识"得色之时，未尝得体"——没有得到色的实体。如眼所见色的物质实体是某段波长的光波或电磁震荡，而在我人眼里却现为青黄等色；听觉所了别的声音实体是某种频率的声波或空气波的震荡，而在我人听来却现为某种声音；嗅觉所了别的实体是某种物质的分子扩散，而在我人嗅来却现为某种气味；味觉所了别的实体是溶解于水中的某种化合物，而在我人尝来却现为酸甜苦辣等味。感觉到的色声香味等相，皆非所感知对象的实体和原样，而是感知对象的信息刺激感官后，在心识上所形成的带有主观性的认识符号。

今神经科学证明：视觉所得色彩，并非外在，也非电磁波波长的相互关系，是"大脑所建构而成"。大脑工作的基本原理是虚拟现实，如颜色由视网膜中心部分下锥状细胞感应，交大脑分析而得出，须通过大脑的记忆和臆测功能填充眼见的空白，眼所见的颜色，与做梦所见颜色类似。用电极刺激脑中不同部位，病人出现身体各部位感觉、形象、记忆等，证明触觉乃人脑所变造。患"幻肢症"者虽然切除肢体，仍然有肢体存在的感觉和痛苦。只要了解脑神经运作的机制，使大脑产生幻觉，就可改变身体感，可利用视觉幻象消除幻肢疼痛，说明身体也"只是头脑建构的幻象"。

以感觉经验为素材所构成的知觉、认识，如同以蓝线表河流、绿色表平原、红线表公路等而绘成的地图，虽然能反映出大致的地貌，可以按图索骥指导交通、旅游，却并非大地的自体和原貌。我人的感觉经验虽然反映了世界的若干相状，可依之生活、工作，然而并非世界绝对真实的本面。

4. 相依心转，故非真实。

同一认识对象，在不同种类、不同结构的感知系统中，会反映为不同的相。如同一阴阳电相碰击的事件，在同一人的视觉中现为闪电，在听觉中却现为雷声。又如人类等昼视众生在阳光下明察万象，在暗夜中难睹咫尺，而猫头鹰等夜视动物则相反，在阳光下如盲，在黑暗中能见。阳光与黑暗，在这两类众生的眼里所现相必有不同。即同为人类，于同一境所见相也未必尽同，如常人眼见为红色者，色盲人或见为紫色、灰色。视觉如此，其他感觉也都是这样。人类嗅之恶臭难闻的人粪，屎壳郎以为美餐，狗亦认为可食。佛经中早以"一水四见"为例，揭示了这一蕴含深理的现象。诸天、饿鬼的感知虽非现今科学可考察，而一水四见的道理可由人与动物感知的对比研究予以证明。

同一对象在不同感知系统中会现为不同的相，不同的感知对象在同一感知系统中会现为相同的相，相既可随心而转，便说明其并非境相的真实本面，真实本面是不可能随心转变的。

5. 感知有局限性，故所得相非真。

众生的感知能力各受一定条件限制，所知范围皆有限度或阈值，并非能尽知一切。《楞严经》卷四以三世（时间）与四方（空间）相乘，说人类六根的感知能力最多有一千二百功德（功能）。六根中只有耳、舌、意三根的感知功能不受方位空间的限制，圆具一千二百功德。眼见前不见后，左右只见三分之二；鼻只在吸气呼气时能嗅，呼吸之中交不能嗅；身觉只能在接触感知对象时发生，有距离则不生；眼、鼻、身三根，皆功德不全，各具八百。而且，前五根识的感知能力皆有限，只能知其能知，如人类的肉眼只能见四大所成的粗显之色和一定距离内的事物，不能见天眼和显微镜所能见的许多微细色和视线以外的事物，甚至不如狗、鹰等动物的视觉灵敏。人类只有三种锥细胞，而许多鸟类、鱼类、爬行动物及一些无脊椎动物有超过三种的锥细胞，它们区分的颜色多于人类，甲壳类如螳螂虾有12种受体细胞，其色视觉之复杂，盖非人类所能想象。人类肉眼可见光，在光谱中只是很狭窄的一段，不能见紫外线、红外线等。人类的听觉只能听一定波长（振动频率为16—20000赫兹）和一定距离内的音声，不能听到蝙蝠等能听到的超声波、次声波，不能听到天耳可听见的许多音声和极远处的声音，甚至远没有狗的听觉灵敏。嗅觉、味觉、触觉等也皆如此。对不能见闻者，如天眼所见对认识生命秘奥至为重要的中阴身、诸天、鬼神等微细四大所成身，人多因肉眼不见，便否定其有，见有为无，是属虚妄。

今心理学还发现，感知觉依人情绪的不同而不同，如杜甫诗"感时花溅泪，恨别鸟惊心"之类，又如爱因斯坦说与一个漂亮女孩坐两小时却似乎只有一分钟，坐在一个热火炉上一分钟却好像已过了两小时。桑塔亚那等心理学家称知觉对象依人的主观情绪而有的性质为"第三性质"或"知觉情感"。

众生各自依其业力所成的感知器官认识世界，其禀赋的感知能力极其有限，只能认识世界的极小部分，而且所得感觉经验（相）皆具有认识符号的性质，具主观性，非感知对象的原样呈现，故说为妄。

三、假名非实

人类对世界的认识，主要依在现量所得相之后安立名言概念确认，及以名言概念为工具进行思维（比量）而建立。名言概念，显然不是认识对象的实体，是用来表示认识对象的一种人造的符号，佛学谓之"假名"，假，乃假借之意。以假名为工具进行认识，唯是第六意识的功能，谓之"意言"。大乘经论中多处强调人类的认识唯是假名，假名非实。如《摩诃般若经·学观品》佛言色等五蕴皆是"假立客名，随起言说"。《大乘密严经》卷下偈云：

唯依相立名，是名无实事。

无有所知法，所知唯是名。

《瑜伽师地论》卷七十二谓名言只是"世俗有""假有"，因为它们"唯于相中假施设故"，是在相的基础上人为建立的。名言为何不实？经论中大略从以下五个方面进行了论证：

1. 名非实事、不称体故不实。

名言概念是一种约定俗成的符号，并非便是它所表示的事物本身，若名言为实，则说"火"之时，口应被烧，说"食"之时，腹应能饱，我人只要坐在家里发号语言指令就行了，何必做工务农，费好多力气？《转有经》云：

以彼彼诸名，诠彼彼诸法，此中无有彼，是诸法法性。

谓名言中没有其所表者的实体，故非实有。《瑜伽师地论》卷七十三说：

如果说名依相立,如其所表之相,那么于相上假立此名之前,应先有彼觉,如已立名。然名前实无彼觉,故名不称体。《大乘起信论》谓"一切言说,假名无实"。

2. 名后于相故不实。

心境相触的最初一刹那,只有前五识现量所得的相生起,尚未有名言概念,名言概念的形成,要到九心轮的第四等寻求或五心轮的第二寻求心时,按南传上座部佛学心十七刹那之说,其时已是心境相触后的第五刹那了。这时名言所表最初刹那的境相已灭,新的境相已生起,而意识却认为名言所表即是当下的境相实体。尽管第五刹那的境相比起最初刹那的境相,一般说来变化不大,甚而微乎其微,但毕竟是数经生灭变异,今非是昔了,认昔为今,毕竟是误认。若就物理学尤其是量子力学的精确计量而言,这几个刹那的生灭变化,岂容忽视?

3. 名有取舍故非实。

名言概念作为一种认识符号,乃经过意识的加工,对现量所得相进行联想、比较、思维,经抽象、舍相等加工而建立。如"人"这一名词概念,是抽取了从古到今、东西南北的无数具体的人的共同特征而形成;"红"这一形容词,是抽取红花、红旗、红灯、红领巾、红嘴唇、红苹果等众多物体共同的颜色特征而形成。现实中实际并不存在抽象的人、红等,只有一个个具体的人、红色物品,每一个具体的人不但有人的共相,而且有许多不同于他人的自相、个性;每一件红色物品都有其自相,而且其红色也不尽相同。任何抽象的名词概念,都不足以表达出具体事物的自相,所以说名言非实。心理学家拉康说:当用"狗"这个概念来指认狗时,"这个词已经不会跑、不能喝水、也不能吃东西;词语的意义(本质)不再是活着——即它已经死了。"

4. 一名多义、一物多名故非实。

一词多义、一名表多事、一物有多名的现象,普遍存在。即如"名"这一概念,仅在佛学中便有名称,受、想、行、识四蕴合称这两个相去甚远的含义。同名同姓的人,世上何止百千,如"马鸣"一名,仅印度佛教史上前后便有六人。若仅依名求实，难免张冠李戴，闹出许多误会和笑话。至于一物多名，更是俯拾皆是，同一事物，在全世界六千种语言中，起码有几千个不同的叫法。即仅在汉语中，如同一种农作物，便有马铃薯、洋芋、土豆等不同名称。足见名言概念完全是一种人造的符号，如同自然科学中常用以表示某一术语的X、Y、Z等符号一样，并非所表术语的实体。同一意思，也往往有多种名言表达的方式，即用世间的语言所说的佛法，也有一义多名，《华严经》卷十二说，十方世界中说四圣谛，各有百千万亿种名。

5. 言不尽意故非实。

中国古话云："言不尽意。"佛学认为，不仅世俗的种种言说非实，不能完全如实表达真实，即宣讲佛法的语言文字，也不是佛法真理本身，只是指引人超越语言文字证得真理的方便。《摩诃般若经》卷二十一谓"世间言说，故有差别"，语言所说，只是世间的俗谛，"第一义中无言说道"，佛法的第一真理是不可言说的。《华严经·须弥顶上偈赞品》云：

言语说诸法，不能显实相。

《大般涅槃经》举实相的六种不可说：生不可说、不生不可说、生生不可说、生不生不可说、不生生不可说、不生不生不可说。《楞伽经》卷三分别语和义说：所谓语（言），谓人们以自己建立的字、词、句，依咽喉唇舌齿龈颊辅发音，由妄想习气计着而执所说为实，而真实的"义""离一切妄想相、言说相"，终归不可言说，强调"法离文字"，同经论卷四偈云：

如愚见指月，观指不观月，计著名字者，不见我真实。

即使佛所说的正法，也如指月之指，如果误认手指就是月亮，是为大错。"依义不依语"——遵依语言所表示的佛法真理而非遵依表示佛法的语言文字，被强调为对佛法的基本原则"四依"之一。同经卷二佛告大慧菩萨：

非言说是第一义，亦非所说是第一义。所以者何？谓第一义圣乐，言说所入是第一义，非言说是第一义。第一义者，圣智自觉所得，非言说妄想觉境界。

因为言说生灭动摇、辗转因缘起，故不能显示佛法的第一真理，只是一种以名言分别的种子为因而建立的表意符号，非所表事物或真理的本身，佛法的第一真理真如是超离一切名相语言分别的。《因明入正理论疏》卷中谓大乘一切法性，皆离言诠及用语言表述的"假智"，"言诠与假智俱不得真，唯于诸法共相而转"，只能表示抽象的共相而不能亲证具体的实相。黑格尔甚至说："抽象的概念是事物的死亡。"

标榜"不立文字"的禅宗，更强调离语言文字直证本心。禅师们不得已用掩口、瞪目、闭目、沉默不言等方式来回答何为心性的提问。《禅宗无门关》云：

言无展事，语不投机，承言者丧，滞句者迷。

对于语言的"假"，现代科学也有不少说法。如诺贝尔物理学奖得主海森堡指出，语言和概念无论怎样清楚地表现，都只能适用于有限的范围内。数学符号和日常语言概念皆不可能表现量子世界，必须超越。心理学家沃尔夫认为语言不仅包含了谈论世界的方法，还包含那个世界的模型，语言结构可决定思维模式，可以使人预先倾向于以某种方式知觉、思维、行动，"我们说的东西塑造了我们所感知的东西"。

四、妄想分别之虚妄

妄想、分别何以为妄，是佛学着重论述的问题。佛学所破斥的，是众生于名相分别上所起的迷执、妄想，即认为世界就是、只是、绝对是我们通过感觉、知觉所反映的那样。众生种种认识之所以被说为妄想，在于众生不明白相、名皆依因缘而生，皆为符号，具相对性、局限性、虚妄性，并不等于实境，而误认为相、名即是实境，由执着相、名为实，一方面生起贪爱憎嫉等烦恼，一方面障蔽智慧，使人自囚于名相茧壳中，不知突破茧壳、超越名相，开发潜在智慧去体证绝对真实，获得解脱自在。《楞伽经》卷三云：

凡愚妄想，如蚕作茧，以妄想丝，自缠缠他。

众生执着依相名建立的妄想分别为真实，自以为把握了世界的真相，自我封闭于妄想的黑壳中，有如春蚕作茧自缚，不得解脱自在。以语言为工具的妄想或分别又称"戏论"（梵文 prapañca），有无实用价值或概念游戏的意味。《中论·观如来品》释云：

> 戏论，名忆念取相，分别此彼，言佛灭、不灭等。

戏论，被认为是生起烦恼、业的因，是遮蔽真理光明的乌云。世间的种种见解、理论等戏论，谓之"世论"，《楞伽经》卷三谓世论"唯说身觉境界而已"，只是依靠名言分别的途径建立，具有主观性，不得真如。《瑜伽师地论》卷七十二说由四种因缘形成世俗意义上的分别：一杂染起故，是烦恼生起的基础；二施设器故，是人为建立的；三言说随眠故、四言说随觉故，是按既定的认知方式，用语言为符号而表示的。从真实谛的意义上来说，分别妄而非真。为什么？同论卷三十六回答：

> 谓于一切地等想事，诸地等名施设假立，名地等想。即此诸想，于彼所有色等想事，或起增益，或起损减。

众生将某一认识对象用"地"等名言表示，叫作地等的知觉，在这些知觉上，众生或增益（附加）或减损，形成不符合认识对象实况的妄执妄见。增益者，如认为地等现象有其外在于心识的物质实体，其性质决定其为坚硬，不知地等本是阿赖耶识相分变现，自性本空。这种执境相实有的增益见，在心境相接现量了境的初一刹那，尚未生起，是在意识起名言分别，乃至经过学习、接受某种理论后才产生的。如《成唯识论》卷七所言：

> 现量证时，不执为外，后意分别，妄生外想。

> 意识所执外实色等，妄计有故，说彼为无。

或者妄计身中有不死的灵魂、自我，宇宙间有造物主、上帝等，皆属增益执。减损执者，如认为地纯属虚幻，及万物无因自然，或纯属虚无，没有轮回转生、因果报应等，认本来实有者为无。正如拉康所说，人是被语言杀戮的对象。

大乘佛学将遮蔽慧眼、引起生死的妄想执着归纳为我、法二执：我执又称"人我执"，认为名相所表的五蕴等为常住不灭的自我，或执五蕴之中、之外有灵魂、神我一类不死的自我；法执又称"法我执"，认为万物有离心识外在的实体。唯识学分人、法二执为分别、俱生两层：分别人法我执在意识层面，经思择而生，乃后天通过学习、思考及受教育等而形成，属名相分别的妄想；俱生人法我执与生俱来，随念而生，不经学习接受。

至于人们大量应用的社会性认知，多不离分别人法二执，不仅建立于相名符号之上，而且受在认知中形成的种种"心理定势"的影响，即在世俗谛的层面上，也往往虚妄不实。培根早就总结人的认识受种族、洞穴（环境、教育影响）、市场、剧场（盲目崇拜权威或流行观念影响）四种假象而成偏见。今社会心理学说首次效应（第一印象）、晕轮效应、经验效应（凭借以往经验做判断）、移情效应（如爱屋及乌、人情效应、事情效应）、社会刻板印象（对某类人物、地域、国籍、事物的固定看法）等，起心理定向作用，使人不自觉地形成片面的、错误的认识和顽固的执着。

唯识学依《解深密经》等，将所认识的境相分为依他起、遍计执、圆成实三种自相，从作为自体、自性的角度称"三自性"。

依他所起相，指以阿赖耶识种子为因，由根、境、识等诸缘和合而生的诸识，即是现量所得的诸相，相有性无，只是依因缘而生的假有，是世俗谛意义上的俗有，不是非依因缘的自然本有，不是真实谛意义上的实有，故名"依他起"。

遍计所执相，指于依他所起相上附加人为的名言，以之为工具进行思维而形成确定的认知、见解、世界观等分别，认此分别为绝对真实。意识、末那识为能遍计，依他起性为所遍计，《摄大乘论》说意识用一切名言分别熏习为种子，缘名为境，于依他起自相中起分别，遍计一切，由见执着，由寻思起语言，于本来无义中增益为有。众生的认识，从来都在遍计所执相上胶着不解。遍计所执相"情有理无"，只是众生主观的妄情误执为实有，其所以虚妄，是因不如实了知依他起相"依他"的性质。

圆成实相，是本来实相，即真如，非凡夫众生之名相分别所能知。

《解深密经》比喻说，依他起相就像人眼睛因为昏花或患翳病而于虚空中所见的花、第二月等幻相，遍计所执相就如同认这幻相为实有，圆成实相如正常眼睛所见无乱的境界。又如无色透明、与什么颜色之物相合即现什么颜色的颇胝迦宝（水晶之类），与金色合所现金色等相为依他起相，误认为现金色者为黄金等即遍计所执相，如实见其无色透明的本相为圆成实相。《摄大乘论》比喻依他起相如幻、阳焰、梦、像、光、影、谷响（回声）、水月、变化等；又，依他起相如路上一草绳，遍计所执相则如有人在黑暗中误认草绳为蛇而惊惧；认绳为蛇全属妄见，绳虽是有，然分析其体，乃是草缕、人工等因缘合成，非自然本有的实体。《大乘密严经》以一偈精炼地揭示五法与三自性的关系：

名为遍计性，相是依他起，名相二俱遣，是为第一义。

谓离名、相的符号分别而直接体证真实的本面，为以正智证如如。

五、相、名、分别之正面作用

相、名、分别虽然具有相对性、局限性、虚妄性，却是众生生存、交流不可或缺的符号。从佛学全体看，它并非绝对否定以相、名、分别认识世界，对相、名、分别的世俗作用，其实也是肯定的，否定的只是在相、名之上所起与烦恼相联系的不正分别。《大智度论》卷一说，世间的语言有三：与邪见相联系、与我慢相联系的名字，属不净，仅仅用作交流符号的名字，为净。《瑜伽师地论》卷八十一说名"能令种种共所了知"，表示完整意思的句子，具有"究竟显了不现见义"的作用。

即断了烦恼、证得解脱的佛教圣者，也不是没有相、名、分别。《入楞伽经》卷一云：

觉如实道者内证行中，亦有见于种种异相。

圣者如实知见的自内证经验中，也见种种相，或曰也有感觉经验。《瑜伽师地论》卷七十二谓相在假有行（凡夫）中当言假有，在实有行（圣者）中当言实有。《大般涅槃经》卷三十七区分凡夫与圣者的"想"（分别、知觉）说，一切凡夫有两种想，一者世流布想，即世人交流思想所用的以名相、语言所表示的认知（分别），凡夫不能如实知此相，于世流布想生于"着想"，即遍计所执。一切圣人则唯有世流布想，亦"牛作牛想，亦说是牛，马作马想，亦说是马。男女、大小、舍宅、车乘、去来，亦尔"，只是圣人于此等想中无着想，"圣人虽知，不名倒想"。《大智度论》卷一说诸漏尽人唯用一种语：名字。"内心虽不违实法，而随世界人故共传是语。"禅宗人说开悟后"见山还是山，见水还是水"。佛学力说分别妄想为妄，亦非认为世间的认识完全是虚妄，只是揭露众生于世流布想及名言所生"着想"、遍计所执之虚妄不实，因为它们正是使众生不能如实知见从而导致痛苦的根源。

强调真如离言绝相、不可言说，与用语言文字说法滔滔不绝，在佛法并非矛盾。《楞伽经》卷四佛一方面强调"法离文字"，谓言说为众生妄想，诸佛菩萨"不说一字，不答一字"，一方面又说：

> 若不说一切法者，教法则坏；教法坏者，则无诸佛、菩萨、缘觉、声闻。

同经卷二说义与语的关系"非异非不异"，也不是说语言与所表没有关系，善于语义的菩萨应该"因语辨义，而以语入义，如灯照色"。语言，是证得实义的门径。《华严经·佛不思议法品》说一切诸佛虽知一切法本无名字、诸法体性本不可说，而具足无碍无尽的辩才，随世俗种种言说，说种种法。同经《如来性起品》说"如来法轮（指说法），悉入一切语言文字，而无所住"。《大乘入楞伽经》卷七谓"教由理故成，理由教故显"——佛所说法由真理而成立，真理须借用语言说法而显示于人。《维摩经》一面说"法离文字"，一面又说"无离文字说解脱也"。佛陀一生说法三千余会，滔滔不绝，经中形容为"刹说、尘说、无量说"，佛教典籍汗牛充栋，以哲学发达著称于世。《大智度论》卷五十六说般若波罗蜜虽然无诸语言相，"而因语言经卷，能得此般若波罗蜜，是故以名字经卷名为般若波罗蜜"。天台宗称用语言文字等表示的佛法智慧为"文字般若"，是修习"观照般若"而证得"实相般若"的门径。当然，也并非唯一的门径，禅宗有不用语言，而用拈花微笑、扬眉动睛、拳打脚踢、圆相（圆形的符号）等方式传法的，密教则有用图像、曼荼罗等符号的"表示传承"。离了语言等符号，则"无法可说"。

从真俗不二的中道来讲，一切语言文字，也是实相的显现。《华严经·如来出现品》说：

一切众生种种语言，皆悉不离如来法轮，何以故？言音实相即法轮故。

谓语言、音声的实相，即是佛法，故一切众生的语言皆不离佛法。《胜思惟梵天所问经》文殊菩萨谓"一切言说，皆是真实"，因为"是诸言说，皆为虚妄，无处无方，若法虚妄，无处无方，即是真实"。《大集经》卷十四云：

以知净故，知识亦净；以义净故，知文字亦净。

谓随着智慧的清净，识的了别作用也清净；因为如实知见实义，表述实义的语言文字也得以清净。密教《大日经》卷一即说诸佛菩萨的口密"真言"（一种表示佛菩萨名号功德誓愿等的秘语）"依世人妄想成立""唯是假名"，应"解了真言声，如缘声有响"，同经卷二又说：

若诸如来出现，若诸如来不出，诸法法尔如是住，谓诸真言，真言法尔故。

谓真言即是常住的真理，故名真言（真实的语言），谓之"声字实相"。

佛法的修证，虽然以离言为究竟，亦离不开相、名、分别。从文字般若入观照般若（观照实相），由观照般若证实相般若，是修证佛法的通途。明紫柏大师说：

不通文字般若，即不得观照般若；不通观照般若，必不能契会实相般若。①

证得实相真理所修的毗婆舍那（观），即是通过观察语言文字所表的理深入思惟（分别）观察，超越名相分别而证得本来超越名相的真实。《瑜伽师地论》卷七十二说戒定慧三学皆是通过相、名、分别来修。

标榜"直指人心，不立文字"的禅宗，亦非绝对离语言文字的经教，达摩即付四卷《楞伽经》印心。百丈禅师说：

---

① 《紫柏尊者全集》卷一。

依文解义，三世佛冤，离经一字，即同魔说。①

南阳慧忠国师、永明延寿等大禅师，皆强调参禅须依经教印证。明紫柏真可禅师说：

且文字，佛语也，观照，佛心也。由佛语而达佛心，此从凡而至圣者也。②

他为宋洪觉范禅师的《石门文字禅》所撰序中，论述文字与"不立文字"的禅之密不可分，谓不立文字，乃祖师治执着文字之病的药，后人将文字与禅对立，学禅者不务精义，学文字（指经论）者不务了心，皆属偏弊。比喻说：

盖禅如春也，文字则花也。春在于花，全花是春；花在于春，全春是花。而曰禅与文字有二乎哉？

禅宗人一面称文字为"葛藤"，一面又常用诗偈表现不可言说的悟境，制作出大量的灯录、公案、诗偈等不立文字之文字。

第二节　现、比二量的真与似

研究知识来源及知识真伪的"量论"，为佛教因明学的核心内容。陈那建立的佛教新因明学，只立现、比二量为真知来源及检验真理的准衡。

唯识学、中观自续派都认为现、比二量有真、似之分，似，谓似是而非，错误、非真。对于现、比二量何为真、似，佛教的看法与正理派等颇有不同。

一、现量的真似与直觉

经量部认为凡是现量皆非错乱，盖以非错乱识定义现量。大乘佛学说现量也

---

① 《指月录》卷十六。
② 《紫柏尊者全集》卷一。

可能有错乱,《楞严经》等曾举出眼花、眩晕、有翳者见空中花、第二月、"夜见灯光别有圆影,五色重叠"、"如旋火轮"(将旋转着的火把看作火轮)、"舟行岸移"(乘船时看见河岸在移动)、"云行月运"(云彩动时看见云中的月亮在移动)等视觉现量错误的情况。该经卷四还举出耳、鼻、舌、身诸识现量的一些错觉:如以两手指急塞自己的两耳,"耳根劳故,头中作声";急畜其鼻,久之鼻中便会有冷的感觉;以舌舔嘴唇,久之便会感到略有甜味,有病者则感到有苦味;"以一冷手触于热手,若冷势多,热者从冷。若热功胜,冷者成热"。

辨别现量的真似,是有关修行的一个重要问题。说一切有部、唯识学及其他宗派的论著中,说眼等前五识现量所证性境为真实,这是指心境相触的最初刹那,意识尚未起分别时的现量境,《阿毗达磨发智论》卷七称五识相应善慧及无漏忍所不摄意识相应善慧为"正智",此正智当为真现量义。《宗镜录》卷四十九说前五识及明了意识最初缘第八识所变相分五尘境时,"未起分别,不带名言,能缘之智亲证境体,得法自性,名为现量得自相也"。法藏《华严游心法界记》说眼等五识亲证为真现量,意识分别为妄。《瑜伽师地论》卷十五以三义界定真现量。

1. "非不现见"。现见,谓现前直接感知,有四种情况:第一,"诸根不坏,作意现前,相似生故"——眼、耳、鼻、舌等感官正常,没有毛病,由主动的注意,感知开放接触外境,获得与境相相似的色声等相;第二,"超越生故",意谓依欲界色身修习禅定,由所得天眼、天耳等神通感知的色声等相;第三,"无障碍故",谓认识对象不被昏暗、高山、墙壁等障碍物遮障,感知能力不被药物、醉酒、咒术(催眠术等)、神通力所隐覆,境相不被他物所映夺(如星月之光被日光所映夺等),不为魔术所迷惑,不因晕眩、做梦、醉酒、癫狂等而产生幻觉;第四,"非极远故",谓色声等境不是极远难睹,不是极小难见(如原子),不在过去未来而当前现在。符合以上四种情况者为现见,是真现量,否则便为似现量。如未经注意视而不见之色、听而不闻之声,魔术迷惑之相、幻觉、海市蜃楼等,皆非能反映境相实际的似现量。

2. "非已思应思"。回忆过去、想象未来,过去未来的情景有时虽然也能明现在心中，宛若现见，然而这是第六意识通过想、念，思构所成相，不是直接反映境相自身的真现量。如回想幼时双亲的慈容，虽宛如现在，但所见毕竟不是双亲现在的容貌；想象明天将要去游览的某名胜的景致，即便明现眼前，总非实际现见。非已思应思又分两种情况：一是"才取便成取所依境"，谓只要稍涉思维，便成为意识思维（比量）的对象而非现量；二是"建立境界取所依境"，指修习禅定者想象光明、佛像等以为所缘之境，即便修到闭目开目所观想境明白显现，也只是意识有意想象出来的境相，乃主观意识所制造，不是亲了实境的真现量。

3. "非错乱境界"。错乱境界，即感觉错误，共有七种：第一，想错乱，谓对所感知产生错觉误认，如渴急了的鹿误认所见阳焰（原野上阳光折射所生如同水波般的幻象）为水，走夜路者误认树桩等为人影、鬼之类；第二，数错乱，谓见少为多，如晕眩眼花者见天上有几个月亮等；第三，形错乱，由形相的变动而起的错觉，如把旋转的火把看作火轮等；第四，显错乱，对颜色的错觉，如因迦摩罗病损坏了视觉的人看一切都是黄色、极度愤怒者见大地为红色等；第五，业错乱，于静止的境物起动的错觉，如飞跑时见树在奔流，坐车上见大地在向后飞驰等；第六，心错乱，谓于以上五种错乱相认以为真而生喜乐惊恐，如渴鹿见阳焰而惊喜，夜行者认树桩为鬼而惊骇等；第七，见错乱，误认以上六种错乱相为真现量，坚执不舍，如夜行者坚执所见树桩为鬼等。

符合以上三条标准的现量，唯识学认为是反映了实境、可作为真理依据的真现量。这种真现量，当代因明学家一般都解释为纯感觉。实际上，第六意识不经概念思考的正确了别，也应属于现量。

陈那新因明将真现量界定为"离分别"，即离名言概念的分别，未加入联想、判断等思维作用的纯粹感觉，以加入了名言概念分别的觉知为似现量，《因明入正理论》云：

有分别智，于义异转，名似现量。谓诸有智，了瓶、衣等，分别而生，由彼于义不以自相为境界故，名似现量。

谓以名言概念为工具的意识分别，不是以认识对象的自相为境界，而缘共相，是似现量。似现量分五种"假智"：一为独头意识缘现在；二为散意识缘过去（回忆）；三为散意识缘未来；四为缘三世疑智（疑惑不定的认知）；五为缘现在惑乱智。

后来法称（梵文 Dharmakirti）著《释量论》，分似现量为七种，然与《瑜伽师地论》所说七种似现量不同，前六种错乱分别即世俗分别、比度分别、从比度生起之分别、忆念分别、现欲分别、想望未来，皆指有分别的现量；第七无分别的似现量分错因在主观（翳目见二月等）、错因在处所（舟行岸移等）、错因在境（如见旋火轮）、错因在等无间缘（如极度愤怒者见大地为红色）。

佛学所说似现量，如云驶月运、舟行岸移，属近现代心理学所说"参照系知觉错误"或"运动幻觉""相对移动"，同类错觉还有观看瀑布时感到附近景物在上升的错觉等。见"旋火轮"属"似动知觉"。近现代心理学还揭示了其他一些知觉错误，以视觉错觉最多。如在暗室中注视一个静止的光点，一段时间后会感到光点在不停地动，称"自主运动幻觉"或"游动错觉"，这可成为飞机失事的原因。将一些大同小异的图像快速移动（如电影片）会产生移动的知觉，称"闪动现象"。因临近图像干扰及水的折射等，可发生视直为曲、见大为小等视觉错误。几何图形能引起多种错觉，如月亮初升时看起来大，当空时看起来小的"月亮错觉"，属光学错觉；用手掂一斤铁和一斤棉花的重量，会觉得铁比棉花重得多，称"形重错觉"；又因感觉的对比作用使同一对象获得不同的感觉，如同样一灰色物，在白色的背景下看起来颜色深些，在黑色的背景下看起来颜色浅些，凝视红色后再看白色物会带青绿色，吃糖后吃柑橘会觉得柑橘很酸等；又因感觉的适应作用可使感觉迟钝，如穿上衣服不久后便感不到衣服的触觉，下水游泳后不久便不觉得水冰冷，及古人所言"入芝兰之室，久而不闻其香，入鲍鱼之肆，久而不闻其臭"等现象。还有感觉消失（对外界刺激无感觉）和感觉倒错（与正常的感觉不同或相反）、视物变形、视近为远、感到身体变轻等感知综合障碍。人在情绪不正常时（如焦虑）、晕眩时可能出现错觉、幻觉，如"杯弓蛇影"，精神分裂病患者多有知觉歪曲和幻觉。

佛学强调以离分别、不错乱的真现量为知识的素材，这一点也是近代科学的观测所强调的。近现代心理学所谓直觉（intuition），无需逻辑思维的中介，是"直接而瞬间的、未经意识思维和判断而发生的一种正在领会或知道的方式"①。如警察凭观察神色立即判断出犯罪嫌疑人之类，大多当属于第六意识的现量，或太虚所谓变成现量的"习之极熟之比量"。7岁以前儿童以知觉到的形象为依据进行的直觉思维，虽然容易出错，但直觉并不都是错误的，它被认为是创造性思维中十分重要的东西，甚至商业、军事等决策也常靠直觉。格式塔心理学证明，以直觉为主的感性认识并非都是低级的，也可能具有理性认识的本质，是科学观测和艺术创作的基础。高尔基认为文学创作中常用的直觉是从意识中还未形成、思想和概念中还没有出现的印象的积累中产生的。

然而，离分别、无错乱的真现量，只是因明学、世俗谛意义的真，从佛法真实谛看，它们是否皆能反映境相的自体、实相，是一个应认真研究的问题。绿树在黄昏时看来是暗紫色，难道就是树的本色？远处的房子看起来比眼前的火柴盒还小，难道便是其真相？现量所得相，无疑是距离、光线、参照系及主观心境等各种条件结合的产物，用佛学的话语来说，乃因缘所生有为法，未必是境相的原样呈现。而通过记忆、比较、实践检验获得的加入了名言概念分别的知觉，如树叶是绿色、房子比火柴盒大得多，及对往事的清晰回忆等，也未必不反映事物的本相。现代科学、哲学一般认为：以感觉经验为主的感性认识，往往没有经过比量思维建立的理性认识可靠。爱因斯坦说：

在原则上，试图单靠可观察量来建立理论，那是完全错误的。②

佛学以离分别的现量为真，盖只是一种说明妄想非真及引导人通过因明现量、世间现量体认清净现量的方便。

---

① [美] 阿瑟·S·雷伯：《心理学词典》，李伯黍、杨尔衢、孙名之等译，上海译文出版社1996年版，第425页。
② [德] 爱因斯坦：《爱因斯坦文集》（第一卷），许良英、范岱年译，商务印书馆1976年版，第211页。

二、比量的真似与逻辑思维

人类的知识，大部分是以语言为工具，经过思维推度（比量）而建立。比量，是第六意识的殊胜功用，是人类得以认识世界、获得种种事业成功的本钱。佛学对比量实际上极其重视，佛法的基本原理缘起法则，便是运用比量推理而建立。诸乘诸宗的佛学，无不大量运用比量"破邪显正"，令众生"悟入佛之知见"。比量有真有伪，乃人所尽知。正确的比量是真知的基础，为各门科学的基本工具。由正确比量建立的正面的、积极向上的世界观、人生观，是人生旅程必要的舟航；错误的比量，尤其是由错误比量建立的不正确的和邪伪的世界观、人生观，对人起着误导作用，于个人和社会危害极大。

古印度将综合全体知识、通过比量而建立的世界观、人生观叫作"见"（梵文 darśana），为包括佛教在内的各宗教十分注视、互相辩论的重大问题。各宗教的见，大都用以解决超越生死、获得永恒幸福的人生终极关怀问题，被作为信徒的安身立命之本，修行的指导，至关重大。佛陀将当时印度诸宗教、学派的见归纳为三见、六见、六十二见，批判了多种外道见的理论错误。《长阿含经·梵动经》载，佛陀列举外道六十二见，指出这些见解都是依修禅定所发宿命通，各忆若干劫宿因，由不究竟的现量经验和不严谨的比量推度而建立，或说我及世间是常，或说我及世间半常半无常，或说大梵天创造万物，或说我及世间有边无边，或说灵魂不死，或说人死永断……种种臆测，在佛陀看来皆不符真实，因而不能引导众生获得解脱。

佛陀所用的推理方法，主要是对相反观点进行批评性思考的辩证推理。批判外道见之错误，主要是揭露其违背缘起法，是则佛陀实际以缘起为不可证伪、放之四海而皆准的公理，以之为前提进行比量推论。当时印度各宗教之间经常进行理论论战，佛陀有时批驳找上门来辩论的外道之见，使其折服。《增一尼柯耶·四集》佛说有肯定、有保留、反问、否定四种回答问题的方法。大乘中观派主要依缘起法则，通过"四句"破斥不符合真实的各种"戏论"——

错误、无意义的言说理论。四句，有是（肯定）、非（否定）、双是（亦是亦非，复肯定）、双非（非是非非，复否定），有、无、亦有亦无、非有非无，一、异、亦一亦异、非一非异，常、无常、亦常亦无常、非常非无常，自因生、他因生、自他共因生、无因生等，系对世间判断方式的归纳。龙树《中论》等通过对各种四句的一一推析，说明其皆不能成立，得出绝对真实——诸法实相离四句分别、"言语道断，心行处灭"的结论。其所用逻辑，或说属归谬法、二难推理，是一种辨证推理。佛学尤中观学、中国佛学又常通过对真俗、空有、性相、体用、体相用等关系的论证，说明这些范畴其实是同一真理的两个方面，非一非异，非互相矛盾对立，而是一体不二，把握真理，应不偏执任何一方面（边），这一原则谓之"中道"（梵文 madhyamā-pratipad），既是体证诸法实相的诀要，又被看作实相、真如、佛性的别称。

大乘佛教盛行时代，佛教与外道、佛教内部诸派之间的论战愈益频繁，促进了各宗教、各教派对比量法则的探讨。龙树撰《方便心论》吸取并发展尼夜耶派之义，建立佛教因明学，提出立论应先明八义：

1. 譬喻，论点应双方共许，喻（论据）有同异两种，两种各有具足与少分之别。

2. 随所执，分析对方主张之邪正，有一切同、一切异、初同后异、初异后同四种情况。

3. 语善，论证须不违理，于真理不增不减，用语明白晓畅，论据充分。

4. 言失，避免重复、条理不清等过失。

5. 知因，论据有现见、比知、譬喻知、随经书（圣言量）四种。

6. 应时语，论述须有先后次第。

7. 似因非因，揭露似是而非的、错误的论据。

8. 随语难，随对方的逻辑错误而进行驳难。

后来无著、世亲、陈那、法称等瑜伽师进一步发展了佛教因明学，其学说的主要内容，是比量（推理）真与似的法则。

由推理论证而成立论点的格式，无著、世亲的著作中沿用尼夜耶派的五支论式：宗（siddhānta），论题、论点；因（hetu），论据；喻（udāharaṇa），例证，分同喻（正面）、异喻（反证）；合（upanaya），对宗与因的连结；结（nigamana），宗的复述。五支论式的用例如：

宗　语声无常

因　因为具造作性

同喻　犹如瓶等，是所造作，是无常

合　语声也是所造作

异喻　犹如空等，非造作而成，故非无常

合　语声非如是，乃是造作

结　所以语声无常

这基本上是一种类比推理，含有归纳推理的成分。

关于论证失败的过失，《显扬圣教论》列举出"舍言"13种、"言屈"13种、"言过"9种。世亲《如实论》说论难（论证不能成立）有三大过失：一为颠倒难，论点不符合正理，有同相难、异相难等10种；二为不实义难，论点不真实，有显不许义难、显义至难等3种；三为相违难，论点自相矛盾，有未生难、常难等3种。又有破所乐义、显不乐义、颠倒义、显不同义、显一切无道理得成就义5种正难。又列举关于能立之谬误坏自立义、取异义等22种。陈那进一步发展因明学，将他首先使用的宗因喻三支论式系统化，其例如：

宗　声是无常

因　所作性故

喻　诸所作性，皆是无常，譬如瓶等。

三支中第三"喻"分同喻、异喻，后来称同喻为"合"（梵文 anvaya），异喻为"离"（梵文 vyatireka）。三支因明与西方形式逻辑演绎推理的三段论法，正好成颠倒关系。后来法称又将三支论式中的同喻放在前面，便与归纳法之三段论相同了。

错误的推理，因明学称"似比量"。商羯罗主《因明入正理论》解释似比量云：

> 若似因智为先，所起诸似义智，名似比量。

以错误的论据为理由，推导出错误的结论，叫作似比量。是则比量的正确与否，主要取决于因（论据）。正因（合理的论据）必须具备三相：

第一，"遍是宗法性"。因所表示的性质，必须是宗（论点）的前陈（主语）普遍具有的属性。如"所作性"（是造作出来的）是一切声音普遍具有的性质。

第二，"同品定有性"。与宗的后陈（谓语）同样性质的东西必须具有因的性质。如以"所作性"为因论证"声是无常"时，宗的同品（除声以外的一切无常之物）必须都具有"所作性"。

第三，"异品遍无性"。一切不具有与宗的后陈同样性质的东西必须普遍没有因的特性。如前例中，一切非无常的东西都必须非"所作性"。

不符合以上三相中任何一相的因为"似因"，不能证明所立论点。《因明入正理论》列举出三支论式中宗的过失9种、因的过失14种、喻的过失10种，凡33过。

佛教因明学关于真似比量的学说，作为一种古代逻辑学，可谓精密严整，值得研究、继承。比起由亚里士多德逻辑学发展而成的近代西方形式逻辑，着重辩论的佛教因明学显得古朴。形式逻辑主要着眼于理性思维，对判断的正确与否做了细密区分，详述简单判断、必然判断、可能判断、假言判断、选言判断的法则，总结思维所遵循的逻辑规律为同一律、不矛盾律、排中律（或加充足理由律），推理方式除佛教主要所说类比推理外，以更为严密的归纳推理、演绎推理为主，再加上辩证推理，不仅可运用于哲学，而且可运用于各门科学。现代数理逻辑用数学符号、公式建立逻辑演算系统，进一步把形式逻辑的思维过程转化成为计算过程，为电子计算机的逻辑运算提供了工具。

佛教因明学认为，符合因明法则的真比量，在真现量的基础上进行了正确的推理，可以看作真理，乃至由真比量建立作为人生司南、信仰依托的正见，破除不符真实的邪见、错误认识，说服人放弃邪见，信仰以真理为核心的佛教。在晚期印度佛教和藏传佛教界，因明学被作为学习佛法、获得正见的必要工具，极受重视。

从心理学角度看，佛教因明学实际上对人类的理性认识给予了高度评价，认为正确的推理可以如实把握真理，批判错误认识，令人获得正见，如实认识宇宙人生的大本，放弃不符真实的邪知谬见。推理不当，则会导致错误和邪见。

现代科学、哲学、逻辑学证明，逻辑思维虽然是科学的主要工具，然有间接性、概括性、局限性，不是百分之百准确无误的，不可做检验真理的绝对标准。即使用三种逻辑正确推理，也都可能出错。当不知道前提是真是假时，演绎推理经常会出错。归纳推理得出的结论可能只具或然性，会出现不寻常的、罕见的事件，以为只要有大量的、各种条件下的观察陈述，就可以归纳出全称科学命题，然事实非如此。不符合逻辑法则者，也有实践证明是正确的。恩格斯《自然辩证法》曾指出：

按照归纳派的意见，归纳法是不会出错误的方法。但事实上它是很不中用的，甚至它的似乎最可靠的结果，每天都被新的发现所推翻。①

如地心说、燃素说、绝对时空观等，皆通过严格、合理的归纳而得出，但被实验证明是错误的。心理学家皮亚杰强调认识的客体乃被主体通过认识活动积极主动地"建构"而成，因此客体就具有永远被接近，但又永远不能达到的极限的性质。霍韬晦《佛教哲学的核心问题》指出逻辑关系严格而言与存在关联不同，因为逻辑方法只是一种纯形式的关系，依理性活动而出，关心的只是论证中由前提到结论推论的正确性，可以丝毫不涉及客观存在。

又，经验、感情、心向（习惯性方式）、爱好、利益、认知结构、信息抵达的方式等因素，都会干扰我们以开放的心灵冷静地进行思考，已有的知识、成见、传统观念、政治宣传、社会心理等都可能导致思维的错误。人在疑惑时常寻找自己期望的东西，当要别人接受自己的信仰成为重要的事时，辨证推理会使人产生心理困难。人还可能发生思维迟钝、功能固着、奔逸、贫乏、中

---

① [德] 恩格斯：《自然辩证法》，人民出版社1971年版，第206页。

断、云集等思维联想障碍，多见于精神病患者的思维松弛、破裂性思维等思维逻辑障碍和妄想等思维内容障碍，在正常人那里有时也会出现。在运用逻辑推理预测未来时，所得结论的或然性最大。

至于用理性思辨去把握"自在之物""本体"、终极实在，更无法证实，若以理性穷究之，便会被堵在康德所说"二律悖反"的死胡同。故现代西方哲学干脆取消了对本体、终极实在的探讨，将这个问题交付上帝。天体物理学家查斯特鲁在《上帝和宇航员》一书中说：仅靠理性力量为生的科学家们，当攀登了一座无知的山峰，力图征服最高峰而翻越最后一块岩石后，发现迎候他的是一群神学家，这些神学家坐在那里，等了他好几个世纪。解构主义、新结构主义、普遍语用学等后现代思潮，都批评工具理性，反对只将真理建立在机械论和实证主义的基础上。

佛教虽然极其重视理性思维，但更重超越理性比量的思维，认为比量、理性思维有极限，不可能证得终极真理。不去以思辨穷究不可能用这种方法解决的世界有边无边、生命有始无始等玄学问题，不主张就这类问题进行争论，是佛陀的根本立场。在《经集》中的《争论经》《小集积经》《大集积经》等，佛皆明言比丘不可参与世俗的争论，佛虽然理解各种世俗的知见，但超越争论，不崇尚任何世俗的观点。《中尼柯耶·蛇喻经》中，佛批评有些愚人徒呈论辩而不知佛法离言的要领，犹如捕蛇不抓头而抓尾，反而让蛇回头咬伤致命。佛以筏喻法：譬如有人编筏渡河，到达彼岸后，不必再扛着筏走，而应该将筏抛弃，"法尚应舍，何况非法？"意味用语言所说、经理性推论建立的佛法并非究竟真理，究竟真理、真如、实相不可说、不可思议，《佛藏经》卷上谓佛所说法"非以思量所能得知"，《华严经·如来出现品》云：

如来以一切譬喻说种种事，无有譬喻能说此法，何以故？心智路绝，不思议故。诸佛菩萨但随众生心，令其欢喜，为说譬喻，非是究竟。

说佛法毕竟不可思议，不可譬喻，不可比量而知，用语言说法并非佛法之究竟。《佛说海意菩萨所问净印法门经》云：

法中若起比量智者，斯即不能护持正法。

仅依靠比量论证成立佛法真理，没有超越比量而现量证得真实的智慧，是不足以住持、护持佛法的。

究竟的佛法，是按经教文字般若所示之道修行，开发本具超越理性思维的般若智，去"自内证"。仰山慧寂禅师说"思而知之，作第三首"①，已错过了实相，实相超越思维，也超越不思维。

如果把人心和宇宙比喻为一个黑箱，人通过现量、比量乃至科学方法和实践活动，以理性认识世界、改造世界、研究自心，就像在暗夜从这个黑箱里摸索着拿出有用的东西。人类认识的基本路线为"假设检验"，只能通过五官渠道输入信息，通过行为对黑箱输出，其本质可以说是建构黑箱模型。人的肉眼和理性之眼，永远也无法看清这黑箱内部。若欲全知黑箱内部，在佛法看来须超越理性和逻辑，证得正智，这一科学和理性的盲区，正是佛法的精华所在。

第三节　正智与如如

正智（梵文 samyag-jñana）又称"圣智"，别称正慧、正觉、正道、正行、正流、正取等，指如实证知终极真实或本来面目的智慧。《大乘入楞伽经》卷五解释说：于佛所演说的如如法能"随顺悟解，离断离常，不生分别，入自证处，出于外道二乘境界，是名正智"。按此，正智应包括悟解真如的正见及证得真如的智慧。《瑜伽师地论》卷七十二以正智为佛教圣者亲证真如的超越性智慧，分两种：一为唯出世间正智，指三乘圣者亲证真如的根本无分别智；二为世间、出世间正智，指后得有分别的、用语言表示的通达四谛十二因缘等之智慧。依此分真理为二：一为"非安立谛"，指非人为建立的、原本的真理，即真如，乃唯出世间正智所了；二为"安立谛"，为使众生悟入佛法而人为建立的，如四谛十二因缘三法印等，乃世间、出世间正智所了。

---

① 《指月录》卷十三。

正智所证知的内容，乃《楞伽经》"五法"中第五如如（梵文 tathatā）、真如，或实相、法界，指本来如此的真实，经云：

> 以此正智，不立名相，非不立名相，舍离二见，建立及诽谤，知名相不生，是名如如。

以正智为导，超越名相，离断常等二元化的分别，超越安立谛，亲证名相本来不生之实性，名如如。菩萨以正智证知如如，住于如如，得无所有境界，入菩萨初欢喜地。如如之"如"，或译"如彼"，意为与本来面目一模一样，没有差别，引申出不二、平等、普遍于一切的共性等义。如如，谓"如"遍于一切，一切皆如。《大乘义章》卷三解释：

> 言如如者，是前正智所契之理，诸法体同，故名为如。就一如中体备法界恒沙佛法，随法辨如，如义非一，彼此皆如，故曰如如。

正智证如如，乃绝对真实的认识，也是超越虚妄的名相分别而认识终极实在的途径，是究竟的解脱之道及彻底的解脱自在。

一、真实与真如

真实（梵文 tattva），被看作佛学的中心范畴，意为如实，指"如本不异"，即与本来面目丝毫无别者，具有认识论上的"真"与实体论上的不依待其他条件之"实有"二义。关于真实的内容，《瑜伽师地论》卷七十二依据《解深密经》，分为两种，总名"真实义"。

第一种，"依如所有性诸法真实性"，略称"如所有性""真实性"，指万有普遍共具、恒常不易的本性、体性、共性，即是《楞伽经》所说"五法"中正智所缘的对象"如如"、真如。《解深密经》卷三云：

> 如所有性者，谓即一切染净法中，所有真如。

《大乘义章》卷三说如如"非虚妄，故复经中亦名真如"。真如，是佛学中一个极其重要的范畴，有法性、实相、法界、实际、胜义等众多异称，在《阿含经》中主要指缘起、四谛、十二因缘之法，大乘一般说真如为万有缘起无我的本性、共性，为本然如是的真理、真实。《解深密经》卷三说有流转、相、了别、安立、邪行、清净、正行七种真如，总而言之，指诸法无我、一切唯识及苦集灭道四圣谛。《唯识三十论颂》云：

> 后由远离前，所执我法性，此诸法胜义，亦即是真如。

谓真如即是远离我法二执、与诸法无我相应的胜义（真理）。《成唯识论》卷九解释说：

> 真谓真实，显非虚妄，如谓如常，表无变易，谓此真实，于一切位常如其性，故曰真如。

说真如为唯识实性、一真法界，是真实不虚、常住不易、普遍于一切的真实。唯识、中观两家将真如理解为一种客观的理、本性，如来藏学将真如理解为与客观的理相契的真心。

第二种，"依尽所有性诸法一切性"，略称"尽所有性""一切性"，指万有各自本具的性质、相状、作用、关系等一切认识对象。《解深密经》卷三云：

> 尽所有性者，谓诸杂染、清净法中，所有一切品别边际，是名此中尽所有性，如五数蕴、六数内处、六数外处，如是一切。

尽所有性包括五蕴、十二处、十八界等所摄染、净一切诸法的种种差别。是则大乘佛学所谓真实，包括了宇宙万有本具的一切共性、自相。

《瑜伽师地论》卷三十六说世间极成、道理极成、烦恼障净智所行、所知障净智所行四种真实，层次最为清晰。

一为世间极成真实。谓世间众生共认为真实不虚者。极成（梵文prasiddha）为共认、共许、的确能成立之意。据《瑜伽师地论》卷三十六解释，世间极成真实指世间的众生由长期以来代代相传的认识方式和认识惯例，根据感知觉经验"想"，在同类众生的认识中所见皆同、大家共认为真实者。如我们人类共同以有质碍者为地，以燃烧温热者为火，以流动湿润者为水，以红为红，以白为白，以男为男，以女为女，以衣服为衣服，以房子为房子，以苦为苦，以乐为乐，等等。这种世间共认的真实，或曰常识，是大家由同样的感知机制通过相、名分别而建立，以因明所谓真现量为基础。相对于依晕眩、色盲、声聋、幻觉等似现量而得的不为大家共认的虚幻感知觉,说为真实。

世间极成真实在同类众生的范围内,具真实性,其所依的真现量,唯识学认为接触了实境(性境),因此作用不虚,可在生活中获得大量的证明,为我人日用的大多数知识建立的基础。但若严格考察,便可发现这种真实只是在一定时空、一定范围、一定认识层次上具有相对的真实性,其所依的基础相、名皆为符号,带主观性、相对性、虚妄性,非境相实体的原样显现,为生灭变化的因缘所生法,称不起绝对意义上的真实,甚至会发生错误。科学研究在不断纠正常识的错误,如古人公认天圆地方,后来才发现地球形;人类共认地具坚实性,而从量子物理学的微观学说看,地为具波粒二象性之物。恩格斯《自然辩证法》说:

常识在它自己的日常活动范围内虽然是极可尊敬的东西,但它一跨入广阔的研究领域,就会遇到最惊人的变故。①

二为道理极成真实。指通过理性思维而建立的规律、法则。道理(梵文yukti),略称"理",指现象内涵的条理、法则。《解深密经》卷五说有四种道理:

1. 观待道理,指由理性思维所观察到、可用语言表述的一切法则。
2. 作用道理,使诸现象具有一定作用,得以成办诸事的原理或规律。
3. 证成道理,谓通过论证成立某种理论、主张,能使人得到正解正见。
4. 法尔道理,"谓如来出世,若不出世,法性安住,法住法界",即客观本具、不依人意志而转移的真实、真理。

道理极成真实系由第三种"证成道理"而建立,指由聪明善思的哲人智士,及能以清醒的理性观察研究真实的人们,包括如实观修的佛教徒,以证成道理建立的正确理论。证成道理根据正确的现量、比量和圣教量,经正确的思考而建立,没有逻辑错误,经得起理性考察。具体指佛学以语言表述的,通过现量、比量、圣教量论证的缘起法则,及依缘起法则推导出的诸行无常、诸法

---

① [德] 恩格斯:《自然辨证法》,人民出版社1971年版,第209页。

无我、涅槃寂静、四谛、十二因缘、人法二空等佛法的真谛（安立谛），它们是修道所依据的原理，故名道理。亲近具足多闻的善知识，通过"多闻"（广泛学习佛法）了知、掌握佛法的道理，被强调为证得绝对真实的前提，《楞伽经》卷四云：

真实义者，从多闻者得。

从道理极成真实的语义看，诸家哲学所公认的辩证法等普遍规律、逻辑法则，以及各门科学所发现证实的种种公理、定律等，皆由正确的现量、比量，依理性思择而建立，是创造性思维的成果，尤其是科学的成果，多经严格的实验观测，由实际运用所证明，多可归于四种道理中的作用道理，既为世人所公认，又超越了世间极成真实的常识层面，应属道理极成真实的范围。

道理极成真实主要所指的四谛、十二因缘、三法印等，在佛教界虽然被认为是源出佛陀等圣者修行证道的经验，但作为一种真理向世人表述讲解时，实际上与哲学、科学的理论一样，是由理性思维的方式，依世间共认的缘起法则严谨推理而建立，可看作理性思维的成果。

据佛经所说，释迦牟尼及过去诸佛，都是通过在禅定心中依缘起法则思惟观察四谛十二因缘，证得如实知见真实的大智慧。在禅定心的基础上依如实的正见修观（合称"止观"），是佛教诸乘诸宗修行证道的通途。观，梵语毗婆（钵）舍那，《解深密经》卷三解释：

即于如是三摩地影像所知义中，能正思择，最极思择，周遍寻思，周遍伺察，若忍、若乐、若慧、若见、若观，是名毗钵舍那。

谓毗婆（钵）舍那是在修定所缘的影像上，以所知佛法的义理深思明察，思择的内容是诸法尽所有性（能正思择）、真如或如所有性（最极思择），亦即真实，要用有分别慧思察推度（周遍寻思），在意识深层精思细察（周遍伺察）。思择、寻思、伺察，是运用慧、寻、伺等心理功能，进行理性思维。这说明：佛教既深刻批判人类认识尤相名妄想的虚幻性、局限性，又给了人类认识能力以极高的评价和期望，肯定人可通过正确的现量、比量，把握真实，起码是把握有实用效果的作用道理和如实反映普遍规律、了知法尔道理的观待道理、证成道理。

《瑜伽师地论》卷三十六说菩萨由修四种寻思，获得四种如实智：

1. 名寻思，于名唯见名，如实了知名是假立，得名寻思所引如实智。

2. 事寻思，于色等想事唯见事，其性不可言说，不起增益执，得事寻思所引如实智。

3. 自性假立寻思，对假立的诸法自性，唯见是假立，非事之自性而似彼自性显现，得自性假立寻思所引如实智。

4. 差别假立寻思，于差别假立唯见是差别假立，了知色等想事中差别假立不二，非有性非无性，引差别假立寻思所引如实智。依此四如实智，能灭一切戏论，证得涅槃。

如实思维真实，不仅可破除种种不正确的世界观、人生观和对个人、社会有害的邪见，令人获得正确的人生司南，指导人们合理生活，而且可以超越理性思维，直证真实，解脱生老病死等诸苦，超出生死，获得大自在、大涅槃，成就佛果。

理性之所以有如此殊胜的功用，大概是因为它进行思维的基础——相，毕竟是对境相的直接反映，以某种符号摹写了来自实境的信息。而经抽象建立的名言符号，更能反映境之共相，人们思维推理所遵循的逻辑，也反映了事物本来的逻辑关系，特别是人类是在不断实践中认识世界，用种种仪器延伸扩展有限的感知，使认识得以不断发展。就佛学所谓道理极成真实所依的理性思维而言，抽象思维的涵盖面越大，越是能得出具有普遍性的可靠法则，如佛学的缘起法则、中国古代的易理等。古希腊毕达哥拉斯学派认为数是最根本的宇宙本原，的确，数以最抽象的符号表示事物的精确性质和关系，数学因而成为各门科学的基础和工具。《摄大乘论》以"数识"为依他起相之一，说明数与真现量一样具有真实性。《大般涅槃经》卷三十二以盲人摸象为比喻说：

如彼盲人各各说象，虽不得实，非不说象。

说明世人的各种知识，虽然不能如实知见真如，也非离真实，具有相对的真实性。

道理极成真实虽然比世间极成真实更具真实性，更为可靠，但它毕竟是用相、名符号处理信息的方式认识世界，不离能知、所知二元对待的立场，所以它把握到的真实在佛学看来仍具相对性、间接性，尚非称得起"真实"二字精确意义的绝对真实。如科学在不断发展、修正，即便悟透了佛学缘起性空、三法印等理，乃至禅宗、密教所谓心性明光，其所悟所解，仅属胜解、闻思慧，终归只是人的一种观念而已，具主观性、生灭性，不是真常不灭的绝对真实、真如，更非现证涅槃。《经集·娑毗耶经》佛言：

洞悉沙门、婆罗门的所有知识，摆脱对一切知识的贪求，超越一切知识，这样的人是精通知识者。

这里所谓知识，属道理极成真实，超此真实才是精通知识，即有智慧。《楞伽经》卷二佛谓"言说所入是第一义，非言说是第一义"，用语言表达的真如、真实，并非佛法的最高真理，佛法的最高真理真如，是按照语言所说的方法修行，超越语言和理性思维而证得。

在力图超越言思直证真性的禅宗人看来，只在佛经语言文字所表述的道理极成真实上出没，是应该大吃禅棒的。唐神赞禅师比喻钻佛经故纸如蜂子投窗纸求出，颂云：

空门不肯出，投窗也太痴，百年钻故纸，何日出头时？

德山宣鉴禅师称"菩提涅槃是系驴橛，十二分教是鬼神簿"。沩山问仰山："《涅槃经》四十卷多少佛说，多少魔说？"仰山答曰："总是魔说。"①

三为烦恼障净智所行真实。指依佛法修行断了烦恼障的小乘圣者所证的真实，论云：

谓一切声闻、独觉，若无漏智，若能引无漏智，若无漏后得世间智所行境界，是名烦恼障净智所行真实。

小乘圣者在加行、见道、究竟果位观四圣谛、十二因缘所证得的无漏智所知见的诸行无常、诸法无我、涅槃寂静的真实，及其以"后得智"了知世间相的真实，名烦恼障净智所行真实。

---

①《指月录》卷十二。

四为所知障净智所行真实。指依大乘佛法修行断了所知障的大菩萨、佛所证知的真实。《瑜伽师地论》卷三十六释云：

> 从所知障得解脱智所行境界，当知是名所知障净智所行真实。此复云何？谓诸菩萨、诸佛世尊，入法无我，入已善净，于一切法离言自性、假说自性，平等平等无分别智所行境界，如是境界，为最第一真如无上所知边际。

所知障，指能障碍如实认识一切者。见道以上的菩萨和圆满证道的佛，断所知障，以无分别智现证诸法无我、唯心所现、一切皆空的真如、实相，名为所知障净智所行真实，亦即《楞伽经》之以正智证如如，即是三自性中的"圆成实自性"，为"如来藏心"。这种如实证知真如的境界，是正智和真理的最上境界，所证真如为终极的真实，然菩萨所证并未圆满，只有佛所证为圆满究竟的所知障净智所行真实。

《瑜伽师地论》卷三十六谓四种真实中，"初二（世间极成、道理极成）下劣，第三处中，第四最胜"，同论卷四十五说真实唯是修所成智所知，非闻、思所成"但识法义"的意识思维所能了达。人类以名相为工具的理性思维，至多只能推知通往绝对真实、真如的途径，及了知大概永远也难以穷尽的诸法尽所有性中之一小部分，不可能尽知《法华经》所谓"唯佛与佛乃能究竟"的全宇宙万有一切之"如是"，此可谓佛学对人类理性极限的界定。

康德在发现了理性的极限后，对自在之物的不可知终无可奈何，近现代西方不少哲学家因而宣布终极实在、本体等为无意义的玄思，不可能证实。与近代西哲不同，佛学乐观地宣称：人类的心灵潜具能证知绝对真实的能力，只要按理性思维的正确结论如理作意，如实深观由理性所知诸行无常、诸法无我、一切唯识等道理极成真实，息灭不符真实的妄想，便可与真如相应（契合、一致），证知绝对真实，证得绝对真实即是证得涅槃、超出生死。

二、二障净智所行真实与正智证如如

《瑜伽师地论》卷三十六谓四种真实中，第三烦恼障净智所行真实，内容为实证四谛，论云：

一苦圣谛，二集圣谛，三灭圣谛，四道圣谛，即于如是四圣谛义极善思择，证入现观，入现观已，如实智生。

通过对四圣谛的深观，证入现观所得如实智证知的真理，现观（梵文 abhi-samaya）又称正观，与现证（梵文 abhisaṃbodhi）相近，指不经思考，不藉语言文字的媒介，以现量或睿智的直觉清晰明了地证知真理，真理明现于心中，与能观之智冥合为一。其所证真实主要指蕴中、异蕴皆悉无我，亦即人无我或人我本空。第四所知障净智所行真实，是以无分别智现证诸法无我、唯心所现、一切皆空的真如、实相。

两种净智所证的绝对真实——真如或如如，经论中一致说不可言说、不可思议，非众生的生灭妄识所能认识，只可通过如法修行以超越言语分别和理性思维的无分别智去证知。《佛说宝雨经》云：实义者，所谓不虚妄，即真如也。"此法自内所证，非有文字能施设之。何以故？此法超过一切文字言说及戏论故，离诸入出，无有计度，非计所行，无相离相。"

《解深密经》卷一称胜义（真理、真如）"是诸圣者内自所证""超过一切寻思境相""不可言说""绝诸表示"。又说胜义谛有五种相：离名言相、无二相、超过寻思所行相、超过诸法一异性相、遍一切一味相。偈云：

内证无相之所行，不可言说绝表示，息诸诤论胜义谛，超过一切寻思相。

《胜天王般若波罗蜜经》卷二谓真如"此可智知，非言能说""绝诸文字""离相无相""远离思量""非识所知"。《说佛境界经》谓菩提"不可以六识知"。《中论》说诸法实相"言语道断，心行处灭"。《大乘起信论》谓一切法从本以来"离言说相，离名字相，离心缘相"，名为真如，"当知一切法不可说不可念，故名为真如"。表述真如的言说（道理极成真实）之终极旨趣，是"因言遣言"，引导众生离却言语寻思（离念）去自内证真如。所谓"自内证"之"证"（梵文 pra-viṣṭa，梵文 abhi-samaya），有进入、住、现前等义，不同于通常的认识、认知，认识、认知基于心境二元对立的立场，在能知和所知的缘起关系中成立，必经相、名符号的中介，而"证"则超越能证、所证的二元对立，是能证的正智与所证的真如契合无间、浑然一体，《瑜伽师地论》卷七十二说"真如唯是修所成境"，又说证得真如的正智，须断离遍计所执的种种分别及相、名符号的中介，"分别假立若断灭时，诸杂染法皆可随灭，证得圣智"。《成唯识论》卷九谓"智与真如平等平等"，即能证的无分别智与所证的真如理没有分别，这可谓一种神秘经验。

能证真如的正智，与凡夫众生的七转识、八识及其相应的一切心所法均为不同，智与识虽然同属心识作用，但在大乘佛学中是两个泾渭分明的概念。《楞伽经》卷三分别二者说："彼生灭者是识，不生不灭者是智"；"采集业为识，不采集为智"；"缚境界为心（识），觉想生为智"。谓识的特点是有生有灭，受业和境界的束缚而不自在，因而有限有碍，智则与识相反，不生不灭，不受业和境界束缚，解脱自在，无限无碍。《大宝积经》卷一百二十说"识能分别，智能了知"，分别，指思维，了知，为智慧直觉。同经卷三十七分别识与智说：

从境界生，是名为识；从作意生，是名为识；从分别生，是名为识。无取无执，无有所缘，无所了别，无有分别，是名为智。

识依对境界的注意、分别而生，有执取，智则不依所缘、不经名相分别，无执取。

现证真如的正智，唯识学分为根本无分别智（根本智）与后得无分别智（后得智），前者在入菩萨初地见道时证得，证真如之体性，称真见道，离一切分别，心言路绝，亦称"唯出世间智"。《瑜伽师地论》卷七十四说无分别智由不作意、超作意、无所有、即真如性、作加行故，名无分别，于真如"能现照取"。《摄大乘论》卷下说根本无分别智以离无作意、离过有寻有伺地、离想受灭寂静、离色自性、离于真义异计度五种相为自性，颂云：

诸菩萨所依，非心而是心，是无分别智，非思义种类。

证无分别智的心非一般的（妄）心，亦非非心，无能分别与所分别，假名为心，即性宗所谓真心、自性清净心，菩萨见道时证得根本无分别智，称"真见道"。于此无分别智上起清净分别，称"相见道"，即是后得无分别智，亦称

"世间出世间智"。无性《摄大乘论释》卷八说后得智有通达思择、随念思择、安立思择、和合思择、如意思择五种，具所分别、能分别，能用名言工具，能分别、忆念、思考、宣说真如理及一切差别相，能显现神通。《成唯识论》卷十说后得无分别智虽不亲证二空真理，无力能断迷理随眠，但"于安立、非安立相明了现前，无倒证故，亦能永断迷事随眠"——对于不可言说的真如理和可以言说的四谛等佛法、依他起的一切境相差别，皆明了证知，这种智慧的力量可以永断随事而起的烦恼。根本智了真如、如所有性，称"如理智"，后得智了尽所有性，称"如量智"。后得智能如实了别万有一切差别，世间极成真实所分别的一切相对的真实，在后得智中也成为绝对的真实，可称为四种胜义谛中的第一"胜义世俗谛"（"体用显现谛"）。

在菩萨修道位中（初地至十地），根本智与后得智尚不能自然同时现起，直至佛位，两种智才能自然同时现起，恒常究竟了知遍宇宙一切十如是，这种智方为圆满的正智——一切种智。正智是一种不须经语言概念思维分别的直觉性智慧，即四种现量中的真现量、瑜伽现量。不仅根本智证真如是真现量，即后得智知诸差别也是真现量，惠能说："分别亦非意"，即指真现量，"意"在这里指未离染污末那的名言分别、比量。

识与智性质虽然不同，但并非两物，而是和合不离的，智之所了虽不能由识分别而知，但智乃由识转化所成。《中阿含经》卷五十八《大拘缔罗经》拘缔罗尊者谓"智慧所知即是识所识"，智慧与识合而不别。《大宝积经》卷一百二十佛偈云：

无有少离智，由识能了知。识、智不相离，和合我常说。

实证真如的无分别智虽然不可表示，不可言说，只能在自己内心体验（自内证），但也还是可以通过后得无分别智，将所证逻辑外化为"安立谛"，或用诗歌偈颂等文学形式描述，以引导世人理解悟入，于是乃有佛陀滔滔不绝的说法，有汗牛充栋的三藏教典、疏释论著，有连篇累牍的禅语禅偈，用文字般若解说佛法之理，令众生由道理极成真实之门径进入佛法之殿堂。

实证真如，虽非凡夫众生的心识活动，却可通过听闻佛法、理解佛法，以道理极成真实为桥梁，如法修行，步入烦恼障净智所行真实、所知障净智所行真实之堂奥，证得真如。《阿含经》常说"如理作意"，即思考所知佛法理而得证悟。《胜天王般若波罗蜜经》卷一云：

> 既知意已即思量义，思量义已即见真实。

意，指通过闻思所悟道理极成真实，义，指此真实理的实际，通过思量"义"（"如理作意"）而证得的真实，即是烦恼障、所知障净智所行真实。唯识学说"转识成智"，意谓自内证真如的智慧是由转化众生杂染的八识而得，即正智乃由修而成。《瑜伽师地论》卷四十六说涅槃虽然不可言说，但凡夫菩萨可以依语言所说的法如理作意，思惟涅槃、实相的相似影相，获得正智。如同小孩先玩玩具马车，长大后看到真实的马车，自会认识。如来藏学则认为正智乃众生的心识所本具，谓之"自然智"，只不过被妄念遮蔽而不现，有如浮云遮日，日光本未消失。《华严经·如来出现品》谓"无一众生而不具有如来智慧"，只有离妄想乌云的遮蔽，"一切智、自然智、无碍智，则得现前"。意味能证知真如的正智是众生的心识所潜具的功能，喻如有一聪慧之人净眼明见一微尘中藏有无量经卷，破尘出之，普利众生，"佛智亦如是，遍在众生心，妄想之所缠，不觉亦不知"。这一思想，被禅宗、天台宗、华严宗、密教等作为顿见真如的经典依据。

当代超个人心理学家们也看到了理性的局限，批评唯理性的逻辑实证主义和唯科学的科学主义，将超个人的知识作为主要的研究对象。所谓超个人的经验，包含着宇宙人生的知识，这种知识是完整而不可分割的、深奥的、直接的（不是语言解释或逻辑推论的结果），往往直指事物的本质，通常在始料未及的时刻来到，使人有一种豁然开朗的觉悟和获得真知的喜悦，不再畏惧疾病和死亡。探索这丰富宝藏要靠直觉和开悟，佛教徒证悟烦恼障净智及所知障净智所行真实的智慧，在超个人心理学看来属于最高层次的超个人经验。

自我与人格 | 第九章

自我、人格，是现代自我心理学、人格心理学、发展心理学等研究的主要课题。佛学对自我及人格问题有深彻的研究，作为佛教基本教义"三法印"核心的"诸法无我"，即对自我的考察。佛教教义中还有独特的人格理论、佛教的修证体系，可以看作一门系统的人格塑造学。

第一节 何谓"我"

精神分析学等看作人格中心的自我，可谓个人存在的根本，一切心理活动的基础。告别婴儿期之后的正常人，无不怀有坚固的自我意识，明确区分我与世界、我与他人，确认某个个体为我。这个我，乃是人一切活动的出发点，为一切价值、意义建立的基础。所谓"我吃喝""我穿衣""我睡觉""我讲话""我想""我认为""我考虑""我工作""我玩""我赚钱""我爱你""我为理想而奋斗"，乃至"我信仰佛教""我修行""我成佛"等，人生的一切，无不是围绕着"我"的轴心而转动，无不是为了这个我。正如《杂阿含经》卷四十第1119经佛言：

> 一切众生类，悉皆求己利……

杨朱主张"人不为己，天诛地灭"，认"为我"乃天经地义。霍布斯、卢梭等西方思想家，也都认为自爱、自私是人最重要的本性。佛学以我见、我执，尤其是末那识的俱生我执为意识活动及一切烦恼生起的根本。西方心理学家也多以自我为人格的中心、心理动力之源，如罗杰斯说自我是个人经验世界的中心，简·卢文格把自我比喻为由旋转力维持的陀螺，及建筑上所用的拱。

然而，"我"究为何物？"为我"的理由和价值何在？有没有一个真正的我？如果我们所认为、所为之奋斗的那个自我虚假、不坚实或无价值，那么我们精心营造的人生大厦，岂不是建在了流沙之上？这是需要认真研究的大问题，可谓做人应先明白的大本，禅宗人谓之"大事"。

一、"我"的语义

佛学所说"我"，为梵语阿特曼（ātman）之意译，是自《梨俱吠陀》以来印度各宗教哲学的重要范畴，其原意为呼吸、气息，引申为生命、自己、自体、自性、本质、自我。佛学的"我"，含义较为复杂，宗密《圆觉经大疏》卷上将佛书中所说的我归纳为4种：

1. 凡夫妄计我，认为所经验的自我为实我，及认为有作为轮回主体、永生的自我。

2. 外道所执神我，如婆罗门教之妙乐所成我、大我，数论派之神我，基督教之灵魂等。南传佛学将之归于"我见"。

3. 三乘所立假我，佛教诸乘皆肯定的分别你、我、他的我，为伦理学、心理学意义上的经验我、第一人称我，亦称"俗我""随世流布我"。

4. 法身真我，如来藏经论中所说佛性真我、大我、涅槃真我，乃真正的我。

《宗镜录》卷六七说凡圣通论，有执我（我见）、慢我（俱生我慢）、习气我、随世流布我、自在我、真我六种我。南传佛学分"我"为两种：一为"我见"

（巴利文 parama-atta，atta-diṭṭhi），可包括凡夫妄计我、神我。二为"世间通称我"（巴利文 loka-samaññā-attavade），同假我。或分佛教所说我为实我、假我、真我三种，实我可包括凡夫妄计我、神我。水野弘元在《无我与空》中说原始佛典中的"我"，有第一人称或自己（有时译为"自"）、常一主宰的自在者、缘起中的经验我、经验我中的善净我四义。① 或说我有人身反身代词、个人实体存在、超越或主宰个人的绝对实体或形而上存在三义。②

佛经中从诸法无我的意义上大讲特讲、所"无"的我，主要指常一自在的实我，与婆罗门教等所谓阿特曼、神我的哲学意蕴基本相同。《清净道论》定义"我"为"自在"——自己为自己存在的原因，不依赖任何条件、常恒不变灭的自作主宰者。《大般涅槃经·寿命品》解释：

若法是实、是真、是常、是主、是依、性不变易者，是名为我。

谓真常实在、为主为依、永不变易的绝对实体为我。《成唯识论》卷一定义我为"主宰"，该论《述记》将其比喻为有自在力、专断之权力的国王及宰辅。《宗镜录》卷六五解释说，"主"谓有自在力，本有恒在，"宰"谓具宰断力，能为主宰。本有恒在的主宰者，语义略同庄子所说"真宰"。太虚《佛乘宗要论》说"我"具独一个体、真实非假、常恒不变、自有主宰四义。王恩洋《佛学通释》总结佛教经论中所说的我有常、一、实有、有作受用、能为主宰五义。《佛学今诠》说佛教无我论所破"我"之定义应该是："那永恒、不变、独一和自主之不与他共之个体"，"我"必须具备永恒、不变、独一和自主4个特点。③ 英文中与 ātman 最接近的是灵魂（soul）——通常指具有持续性、永恒性、不改变、不死亡、能思想感受的个体心灵。这种意义上的灵魂，与数论派的神我（jiva）极为相似，指能知、能受，恒常的第一自性。

是则佛学诸法无我之"我""实我"，主要属哲学上的范畴，或曰主要从哲学角度考察的一个心理学范畴。霍韬晦先生说佛教所谓"我"，不是心理学或

---

① 水野弘元：《佛教教理研究》，台湾法鼓文化出版2000年版，第306页。
② 郭良鋆：《佛陀和原始佛教思想》，中国社会科学出版社1997年版，第183页。
③ 张澄基：《佛学今诠》（上册），慧炬出版社1973年版，第204页。

伦理学意义上的观念，不是一个人格我或生命活动的主体我，而是一个形上学的观念。① 这应仅指诸法无我所否定的实我，按《佛学今诠》，这种实我，应该是大写的阿特曼（Ātman），因梵语字母没有大写，所以佛书中的哲学"我"的概念容易与本应小写的伦理学、心理学意义上的小我（ātman，假我）相混淆。

关于我，有部《大毗婆沙论》等分为法我、补特伽罗我二者。法我，指就五蕴而言的自性、实有者，属哲学研究的范畴；补特伽罗我亦译"人我"，为就个体生命而言的自我，补特伽罗（梵文 pudgala）意译人、众生、数取趣、众数等，指个人的自我、轮回主体。大乘诸家，皆说人、法二种无我。

西方心理学也有真我、假我之分，一般说符合实际的正确自我意识为真我，不符合实际的错误的、病态的自我意识为假我，或称最深层的自我感及剥离了种种伪装、面具的本来自我为真我，其真我，亦属佛学之假我。

二、众生所体认的自我

芸芸众生，尤其是具有成熟自我意识的人，莫不自认为有个自我和属于这个自我的东西——佛学称为"我所"（梵文 mama-kāra）者。若追究这自我到底是什么，则可见在我人一生中，"我"的内容实际上不无增长变化。幼时所体认的自我，大概不过是我的身体及饥渴冷热苦乐等感受，和"我存在"的朦胧意识、"我要长大"的内在意向等，这一切，以一个父母所起的小名为代号而被唤起。至于我所，则不过是我的身体、我的父母、我的衣服床被、我的玩具等而已。总之，那时的"我"，主要是生命个体的生理、心理内容的总和，可谓生命性的我。随着一天天长大，走进校门，投入社会，"我"的内容逐渐增加，加进了我的能力、性格、品德、兴趣、头衔等原先没有的许多东西，至于我所，则增加了我的配偶、子女、朋友、财物、房子、汽车、作品、名誉、

---

① 霍韬晦：《绝对与圆融》，东大图书公司 1986 年版，第 140 页。

成就等。这时所体认的自我,主要是一个社会性的我,或社会角色的我。一般人所认的自我,大概如此,其内容不出佛学所谓五蕴的范围。《杂阿含经》卷二第45经佛言:

见有我者,一切皆于此五受阴见我。

谓众生所见的一切自我,不出五蕴。见有我,即"我见"——自我知觉、自我意识,对属于这个自我的一切如身体、容貌、能力、名誉、财产、地位、妻儿等"我所"之知觉、体认,名"我所见"。《大智度论》卷三十五谓众生"于五众中,我、我所心起,故名为我"——于五蕴中生起一个是我、是我所的心,为我。如物理学家马赫《感觉的分析》一书中认为:

显得相对恒久的,还有记忆、心情和感情同一个特殊物体(身体)联结而成的复合体;这个复合体被称为自我。①

此所谓自我,亦称经验性自我,正是佛学的五蕴中的四蕴——身体和对身体的感觉为色蕴,其他感觉、心情、感情为受蕴,记忆为想蕴、识蕴。

西方心理学的自我,一般为英文 self 的翻译,解释为个体所意识到的自己身心特征的统合体,或对自己存在及其状态、特点等的觉察和认识。自我的定义极多,如威廉·詹姆士分自我为主体、客体二者,主体我为个体能经验、知觉、想象、选择、记忆、计划、行动的主体,客体我指一个人对属于他的全部东西——包括他的身体、能力、性格、名誉、房子、朋友等的经验和认识,相当于佛教所言"我所"。冯特认为自我是内部经验相互联结的知觉,知觉属想蕴。利鲍说共同的感觉是构成自我的重要因素,一切感觉,不出受、想二蕴。或说自我包括生理(对自己身体的认识评价和态度)、社会(对自己地位、作用等的认识评价)、精神(对自己心理状况的认识评价)三要素。G.奥尔波特将西方心理学对自我的界定归纳为认识者、被认识者、原始的利己心、优越驱力、心理动力、目的的追求者、行为系统、文化的主观系统8种。西方心理学

---

① [奥]马赫:《感觉的分析》,洪谦、唐钺、宗白华译,商务印书馆1975年版,第10页。

家普遍认为，自我的主要特征，是表现于主体我和客体我中的"同一性"——指对自我独立性、连续性、不变性的意识，相当于佛学所说每一众生独立的五蕴集合体的相续，及对这连续中由相似相续表现出来的似乎同一性的认识，这一认识亦属五蕴中的想蕴。

叔本华以意识深处盲目的本能性意欲为真正自我，弗洛伊德以受唯乐原则支配的本能欲力为"本我"，或称无意识自我为"存在性自我"（如人沉睡时仍然存在者）、"原我"。无意识自我触及了佛学所言末那识的俱生我见，但也不出佛学所言行蕴的范围。

《瑜伽师地论》卷五十五总结众生所认自我云：

谓唯有根，唯有境界，唯有彼所生受，唯有彼所生心，唯有计我我想，唯有计我我见，唯有我我言说戏论，除此七外，余实我相了不可得。

说世人所认的自我，只有身体、所认识的对象、从所认识对象所生的感受和心、执有我的知觉观念见解、认为有我的名称概念语言等七样东西。这种自我，虽然称不起真常自在的阿特曼，但并非是无，在众生的心识中确然是有。

然而，众生总是有意识、无意识地执着所体认的假我、俗我为常一自在的阿特曼，老是觉得从幼至少壮至老死，乃至轮回转生，尽管身心、我所在生灭变异，但我总是原来的那个我，内心深处似乎总是有个常在不变的自我，这被佛学判为"执着""妄计"。此自我既然可以从幼小时延续到少壮衰老而不失不变，则应该在死后也不失不变，即是轮回主体补特伽罗或梵我、神我、灵魂、元神等。基于人永生的希望，古代东西方的思想家、宗教家们，大都沿着这条思路建立永生不死的灵魂及轮回主体意义上的自我。

对于众生所认为的实我，佛书中有多种分类。《本事经》《阿含经》说众生就五蕴计四种我：

1. 五蕴即我，五蕴之全体或一部分为我。
2. 我有五蕴，五蕴属于我。
3. 五蕴中有我，身心内部有一实我。
4. 我中有五蕴，五蕴在宇宙灵魂梵我等之中。

五蕴之每一蕴皆可以计有四种我，合为二十种我见。《杂阿含经》卷五第109经舍利弗就五蕴说二十种我见：

1. 见色是我。认为身体是我。

2. 见色异我。见受、想、行、识是我，色为我所。

3. 见色在我中，受、想、行、识是我，色在这我中。

4. 见我在色中，见受、想、行、识是我，"于色中住，入于色，周遍其四体"。

五蕴各有四种我见，合为二十种。《摩诃般若波罗蜜经·习相应品》列举众生、外道所执十六种我见，称"十六神我""十六知见"，《大智度论》卷三十五解释之：

1. 我，认五蕴为我、我所。

2. 众生，认被称为众生的五蕴集合体为我。

3. 寿者，认有一定期限的生存者或"命根"为我。

4. 命者，认有生命者为我。

5. 生者，认被父母所生的某某为我。

6. 养育，认由乳哺、衣食等养育而成长的某某为我。

7. 众数，认五蕴、十二处、十八界等众多因缘集合为我。

8. 人，认属于人类的思维发达、有工巧技术等能力为我。

9. 作者，认创造能力为我。

10. 使作者，认能役使他人及牛马等畜类的心为我。

11. 能起者，认能造罪福业的心为我。

12. 使起者，认能指导或教唆令他人造罪福业的心为我。

13. 受者，认后世受罪福果报者为我。

14. 使受者，认能令他人受苦受乐的心理功能为我。

15. 见者，认具感觉能力的能见之性或自我感觉为我。

16. 知者，认能了知之性或自我意识为我。

《瑜伽师地论》卷六五将众生所执计的种种自我归纳为4类：一者计我即是

诸蕴（即蕴我）；二者计我异于诸蕴，住诸蕴中（蕴中我）；三者计我非即诸蕴而异诸蕴，非住蕴中而住异蕴离蕴法中（离蕴我）；四者计我非即诸蕴而异诸蕴，非住蕴中，亦不住于异于诸蕴离蕴法中，而无有蕴，一切蕴法都不相应（非即蕴非离蕴我）。四种我见配五蕴，成二十种我见。

大乘唯识学将众生的我执分为两个层次：表层者为分别我执，又分二，一是认五蕴、人格我等为实我，二是认灵魂等为实我。这两种我执唯在第六意识，都是后天经不正确的思维，由接受某种思想而形成，属于一种见解、人生观。深层者为俱生我执，与生俱来，不待学习，自然而有，此亦有二，一者恒常相续不断，乃第七末那识恒执第八识为内自我，为自我意识的根本，然为无意识；二者有间断，在第六意识，缘五蕴相，或总或别，执为实我，此乃我人在清醒时自觉恒在的与时空、身体的存在及内心深处的某种存在相联系的自我感觉。在社会生活中逐渐形成的社会性自我意识，如身份、姓名、自尊等，经长时间的分别体认，也会成为随念即起的俱生我执。

《阿含经》中，佛曾说我、众生、寿命三相。《金刚经》等大乘经中，将众生的我执分为从粗至细的四个层次：称我、人、众生、寿者四相。一种解释说，执身心及属于我者为我，名我相；执我属于人类，具人类的共性，如以人性（知羞耻、具理性等）为自我本性，名人相；认我属于众生，具众生的共性，或动物性、生物性、社会性，名众生相；认命根、一期生命过程为自我，名寿命相。或说分别我、我所为我相，分别你我他为人相，分别人类与动物等为众生相，分别寿命长短或长生不死者、内心不死的灵魂等为寿命相。存在心理学认为人同时生活在三个世界中：在周围世界中，我犹如一物，可谓众生相；在现在世界中，人扮演某种社会角色，可谓人相；在内在世界中，自我意识、自我相关性是我人了解世界、建立关系的基础，可谓我相。《圆觉经》卷一对四相的解释最为详悉：

> 譬如有人，百骸调适，忽忘我身，四肢弦缓，摄养乖方，微加针艾，则知有我，是故证取方现我体……其心乃至证于如来，毕竟了知清净涅槃，皆是我相。

如同人在身体健康时好像忘记了自己肉体的存在，身体不舒服时则感到有我的肉体，"我"只是在有意去体证它时，方才明显化。从体证身心是我，到体证"我已成佛""我入涅槃"，只要是直觉体验到有个"我"在，都属我相。

云何人相？谓诸众生心悟证者……悟有我者，不复认我，所悟非我，悟亦如是，悟已超过一切证者，悉为人相……其心乃至圆悟涅槃俱是我者，心存少悟，备殚证理，皆名人相。

宗教尤其是佛教中的修行者，解悟身心、五蕴皆非真常，虽然不再认身心、社会角色为真常自我，但还有个"我"在，乃至圆悟涅槃大我，只要有少许"我悟"在，仍不出人相的圈柜。这个"我悟"超越了个体小我，不以"我"为体验的对象，然而有个"悟"在，有能悟与所悟的分别，便超不出"我与他"的二元对立，便难免我悟你不悟等分别，这能悟的心，终归还是假我。因为堕于人、我（自他）的分别中，故称人相。

云何众生相？谓诸众生心自证悟所不及者……譬如有人，作如是言：我是众生。则知彼人说众生者，非我非彼……但诸众生了证了悟，皆为我人，而我人相所不及者，存有所了，名众生相。

有人进一步超出了人相，超越了能证所证、能悟所悟的二元对立，既不认身心等为我，也不存能悟之心，但还有佛与众生等分别，有个"我是众生而不是佛"的归属心在，因而未能超出众生与佛的二元对立，这归属众生的能了之心，说到底还是个"我"。了，指一种直觉的明了。

云何寿命相？谓诸众生心照清净，觉所了者，一切业智所不自见，犹如命根。

寿命相（《金刚经》称寿者相）进一步超越了众生相，超越了能证、能悟、能了，只保持着对所证真常不变的涅槃、真如的觉照，这种觉照尽管比执众生相的心更接近绝对真实，但还存有个"能觉照"之心，既有能觉照，便不出与"所觉照"的二元对立。这种"能觉照"是最深层的我执，很难超越，如同命根难以舍离。经中比喻说，如以滚烫的热水融消冰块，当冰块完全被消为水，与热水一体无二时，没有丝毫"冰"相存在，也没有"我知冰消"存在。纵然觉照一切我相皆为尘垢，只要还有个能觉照在，便是寿命相。

我、人、众生、寿者四相中，后三相皆可看作我相的投影，或深层我执。四相前浅后深，前粗后细，后者为前者的根茎。四相中的后三相，系依观心、参禅的体验而建立，对深层自我意识的分析，可谓极其细密，于佛教徒修持中追寻真我、证悟真如，具有切实的指导意义。

第二节　五蕴非我

佛教认为，误认假我、俗我为实我，及妄计一个并非真常的实我，将自己与世界、众生割裂，堕于我与非我的二元对立，不离自我中心的立场，是生起以我见、我执、我爱、我慢为本的一切烦恼惑业，使众生沦溺于生死苦海的根源，也是一切丑恶社会现象、一切罪恶的根源。《本事经》卷一佛说"诸所有结，细中粗品，一切皆以我慢为根"。《过去现在因果经》卷三佛言：

贪欲、嗔恚、及以愚痴，皆悉缘我根本而生。

《大集经》卷二十二谓"二十我见因缘，能生四百四种烦恼"。我见、我执，只是众生主观的妄执，不符真实，即是"三毒"中最根本的"痴"和十二缘起所追溯的生死苦恼之根源——无明。为了破除众生的我执我见，引导人们明见烦恼根本，超越生死苦恼，根治社会弊病，佛教力说无我（梵文anātman）。无我，被强调为佛法的心髓，为判别佛法与外道的准衡，三法印中的诸法无我，被称为"印中之印"。

无我，又称为"空"，意谓无自性、无实体，或众生所计执的实我本来无其自性、实体。空的梵语有"零"之义。《增一阿含经·邪聚品》佛言："无我者，即是空也"。《大乘阿毗达磨杂集论》卷六谓于蕴、界、处中，无常恒凝住、不变不坏的我、我所，"由此理彼皆是空……此我无性无我有性，是谓空性。"

佛典中所破、所空的我执，主要是一般人误认五蕴假我为实常我、我所（即蕴我）的普遍执着，尽管所认为的自我（五蕴）并非实常不变，但人总觉得从生到死，有一个常一不变的实我。这种我见，即是根本烦恼中恶见之首萨迦耶见，意译身见。《法蕴足论》卷九解释：

谓于五取蕴，起我、我所想，由此生忍、乐、惠、观、见，名有身见。

针对众生的身见，佛学力论五蕴非我。《杂阿含经》卷一第30经佛言：

彼一切色，不是我，不异我，不相在，是名如实知。

谓现在、过去、未来的一切五蕴，无尽轮回中无论哪一世的个体，无论粗细、大小、美丑、上下、贵贱、愚智，一一都不是实我，也非与实我相异、无关，实我不在五蕴中，五蕴也不在实我中，这是对五蕴、自我的如实观。五蕴非我，理由大略有三。

一、五蕴皆非自主故非我

《佛说五蕴皆空经》卷一佛陀告五比丘：

色不是我，若是我者，色不应病及受苦恼，我欲如是色，我不欲如是色，既不如是随情所欲，是故当知色不是我。受、想、行、识，亦复如是。

所谓我，指能自作主宰者，一般人所认的自我，也以自作主宰为主要特性。然而，被认为实我及我之所有的肉体、心理活动、钱财、器物、房舍、妻子、儿女等，实际上无一能自作主宰者。就拿人们以为最实在的自我实体或载体身体来说吧，如果它是我，能自作主宰，便应该能随我的心意而转。我要它健康漂亮，它就健康漂亮，但事实并非如此。谁都难免罹患自己并不希望有，甚而十分讨厌、畏惧的疾病，谁都难免有自己并不希望的发白面皱、目昏气短、腿重身伛等衰老相，更难免成为自己最厌恶、害怕的一具僵硬、冰冷、腐臭、难看的尸体之人生结局。属于我的一切东西，也莫不如此，我不希望其逝世的慈父悲母，难免要弃世；我不愿其衰老难看的爱侣，难免要衰老难看；我的房舍、器物难免破旧损坏，我的钱财难免出入消耗，即便拥金百亿，死时也无法带走一文。不仅我的整个肉体非实我，也没有某个身内的器官或生理机制、物质实体是实我，《成唯识论》卷一云：

> 又内诸色定非实我，如外诸色，有质碍故。

凡生理性、物质性的东西，皆占有空间，有障碍，有生灭变异，称不起实常不变的实我。金钱等身外之物，如同木石，没有觉知，更不是实我。

受、想、行、识等心理活动，也多带有不自主性，自己不想有的苦恼、忧愁、气恼、焦急、不愉快，有悖道德观念的邪思杂念，往往不由自主地要出现。就是最具自主性的意志（属行蕴），也有想要振作而振作不起之时。由受、想、行、识组合而成的我的能力、需要、爱好、性格、行为等，也皆具有非自主性。人往往恨自己，恨自己的能力等不理想，就说明能力等不自主，从心理活动中欲图找到一个能自作主宰、常恒不失的自我，殊为难得。

印度外道及部派佛教的犊子部等，有以属想蕴的心所法念（记忆）为自我的，"若无我者，何缘能忆本所作事？"① 普通人也常以能记得今天的我与昨天乃至幼时的我为同一个人为自我。罗素有言："昨天存在着一个其感情我还回忆得起来的人，那个人我把他当作是昨天的我……"② 西方心理学家有以"我"为"被领率的一系列记忆的总和"者。美国占士李《人生哲学》说如80岁老翁与其孙谈往事历历分明，即灵魂真我。然记忆也非完全自主，难免遗忘。《大般涅槃经》卷十四佛言：

> 若诸外道以专念故，知有我者，专念之性实非我也，若以专念为我性者，过去之事则有忘失，有忘失故，定知无我。

人不但对过去之事必有遗忘，而且记忆随意识有间断之时，如人不记得4岁以前的事，难道那时便没有我？熟睡时也什么都不记得，岂非便是失去了我？既有间断、失去之时，不能完全自主，又岂能称为实我？

《瑜伽师地论》卷三四总结无即蕴我义说："如是唯有诸蕴可得。于诸蕴中

---

① 《阿毗达磨大毗婆沙论》卷十一。
② [英] 罗素：《为什么我不是基督徒》，商务印书馆1982年版，第76—77页。

无有常恒坚住主宰",可以说为我、有情、生者、老者、病者、死者、能造诸业者、能受种种果报者,"悉皆是空无有我故"。

二、五蕴缘起故非我

"我"者自在,意谓自己独自存在,本然如是,不藉他缘。《四百论释》云:

所言我者,谓诸法不依仗他性。

然审察众生的存在,只见五蕴的合集,如《杂阿含经》卷四佛所比喻:就像车子是各种零件组合而成的东西,实际上只有组合成它的各种零件,而别无"车子"的实体,"车子"不过是人们赋予它的假名;众生,是色、受、想、行、识五蕴的集合体,假名为众生,实际上有的只是生灭相续的身心活动,而没有一个众生、自我的实体,不过按人类的认识惯例,将这个相续的组合体叫做众生、某某而已。集合为此众生的五蕴,也皆非独立无依的实体,而是互相依赖,身、心互依,不可分离,有如三捆芦苇互相依靠而得竖立。色等五蕴,一一又都是因缘和合,如属色蕴的身体,由头、颈、四肢、躯干、毛发等组成,最像车子,其中并无一个"身体"的实体。在这个组合体中,哪个部件是我?若头颅是我,那么砍下的脑袋,应该还会思考、说话;若手足是我,那么被砍下的手足,还应该会做事、走路;若内脏是我,那么移植了别人的内脏者,究竟是他原来的自我抑或别人?若进一步追究,则组成身体的各部件,又由地、水、火、风四大集成,如《圆觉经》卷一所言:

发毛爪齿、皮肉筋骨、髓脑垢色,皆归于地;唾涕脓血、津液涎沫、痰泪精气、大小便利,皆归于水;暖气归火;动转归风。四大各离,今者妄身,当在何处?即知此身,毕竟无体,和合为相,实同幻化。

其余受、想、行、识四蕴,也各依根、尘等诸缘而生起,由许多起灭不停的念头、心理活动组成,其中没有哪一个心理活动是不依缘起而独在的真常自我。《大智度论》卷三十五说众生所执实我,"以五情求之不可得,但以身见力故忆想分别为我",只是一种由记忆和分别所建立的错误认知。

世人多以属受蕴的自我感觉或能感受者为自我，西方心理学家也多以自我为一种内在的自我感。《长阿含经·大缘方便经》中佛批判这种我见说：如果说受是我，那么乐受、苦受、不苦不乐受三种受，都由接触相应的境缘而生，不触缘时则无，"如两木相攒则有火生，各置异处则无有火""此三受有为无常，从因缘生，尽法、灭法，为朽坏法。彼非我有，我非彼有"。三类受皆非常一自主的自我实体，以受为实我，是为错误。如果说受不是我而我是受，则受有三种，若乐受是我，乐受灭时，岂非有了两个我，两个我则非具独一性的自我；苦受、不苦不乐受亦如是。如果说受非我、我非受而受法（所感受者）是我，是则当一切无受时，何为受法？难道你自己是受法？如果说受非我、我非受、受法非我而只有受（能感受者）是我，是则当一切无受时，何为（能）受？难道你就是（能）受？故知以受为我的四种我见，皆属非理。

有认作为心识根本的识蕴为自我的，如《中阿含经·嗏帝经》载，比丘嗏帝认为识蕴独立不变，具了别等作用，能说、觉、作（创造）、教作、起、等起（生起同样的心理活动模式），是造善恶业而受报的轮回主体实我或灵魂，遭到佛陀批评，谓"识因缘故起，识有缘则生，无缘则灭"，犹如火从所烧的燃料而得名，因木柴而燃者称柴火、因稻草而燃者称稻草火，找不到一个不依他缘而常在的识。《圆觉经》卷一云：

此虚妄心，若无六尘，则不能有。四大分解，无尘可得，于中缘尘各归散灭，毕竟无有缘心可见。

若没有所了别的色等六尘，则无六识可言，即便是深层心识，也依缘起，非真常实我。《杂阿含经》中，佛以束芦互相依靠才能竖立为喻，说明识（当指深层心识或阿赖耶识）与名色互相缘起，此识贯穿生死涅槃无有间断，容易被认为是实我、灵魂。《大乘成业论》破这种我见说：如果承认阿赖耶生灭相续，接受熏习，随缘转变，只是一种摄藏处理种子的功能之延续，经中说它"恒转如暴流"，那么它与其余诸识无异，也是缘起生灭之法，如何称得起实常之我？何况阿赖耶识从来无为、无主观意志，就像一台电脑，只是机械地储藏、处理信息，从不自以为是自我。

又有以能知觉、思考、具理性、知晓自己的意识为自我的，或以意识的运作"思"为自我，如笛卡尔所言："我思故我在"。然意识及思等心所，也必依其所了别的对象及头脑正常清醒等条件而生起，有熟睡、昏迷、被麻醉等无意识、无思之时，既有缺位而非常住，岂是实我？如《大般涅槃经》卷十四所言：

> 若人睡时，不能进止俯仰视眴，不觉苦乐，不应有我。

又，若五蕴一一都是我，则应有五个我；若组合成五蕴的各种部件、因素一一是我，则应有无数的我，无数的我，便非以"一"或独立性为特性的自我。月称《入中论》偈云：

> 若谓五蕴即是我，由蕴多故我应多。

总之，五蕴所摄的一切皆缘起而非自在故，实我乃不可得，故无我。《大智度论》卷二十二云：

> 一切法皆属因缘；属因缘故不自在，不自在故无我，我相不可得故。

《大般涅槃经》卷十三还破析了以忆想、伴非伴、名字、生已求乳、相貌、见他食果口中生涎等而知有我的我见。如说，若以生来自知吃奶的天性为实我，那么一切婴儿应生来便懂得保护自己，不应愚痴地去捉拿火、蛇、毒药等有害的东西。若以进止俯仰视眴的功能为实我，则"机关木人"（木头做的机器人）也应有其自我。并总结说：

> 总一切法，谓色、非色，色非我也，何以故？可破可坏，可裂可打，生增长故……以是义故，知色非我，非色之法亦复非我，何以故？因缘生故。

凡因缘所生者，皆不坚牢，非常住不变，可以被破坏，色、心都是如此，故非实我。

受了佛教无我说影响的西方心理学家荣格也认为："自我不过是一种复合的东西，是精神事实的复合体"。简·卢文格则说："自我首先是一个过程，而不是一个东西。"拉康认为，人类自认的主体自我，乃"象征性语言符号""只是概念的编织物，而他的存在则是一个内里的空无和本真存在的死亡。"

三、五蕴无常故非我

凡是依因缘而生者，必然是有生、住、异、灭四相的有为法，必然生灭无常，不可常住。五蕴正是如此，生灭无常，无常者则不是实我。《杂阿含经》卷一第11经佛言：

色无常。若因若缘，生诸色者，彼亦无常。无常因、无常缘，所生诸色云何有常？如是受、想、行、识无常。

同经卷十三，佛陀逐一审查眼、色等十二处，谓其皆悉生灭无常，无常故非我。

若有说言：眼是我，是则不然。所以者何？眼生灭故。若眼是我者，我应受生死。是故说眼是我者，是则不然。如是，若色，若眼识、眼触、眼触生受若是我者，是则不然。所以者何？眼触生受是生灭法……是故眼触生受非我。如是，耳、鼻、舌、身、意触生受非我。

色蕴主要所指的物质身体，包括身体上的眼等六根，皆悉生灭无常，非常一不变的我。《中论·观行品》（青目释）论证说，如果身体是有自性的自我，那么婴儿便应永远不长大，不应再有匍匐时、少壮时乃至老死时的变化。从人的一生来看，身形有婴幼、少壮、老死之大变化，同一个人幼年、少年、中青年和老年之形貌的差别，往往比两个相貌相像的人之间的差异要大。正如马赫《感觉的分析》一书中所说：

在不同的人们中间所存在的自我的差异，很难说比一个人的自我多年经历的差异更大。当我今天回想我的少年时，假若不是由于有记忆的连锁，那末，除开个别地方之外，我将会认为我在童年时代是另外一个人。

被我们认为是自我的东西——记忆、心情、感情、身体的复合体及与此相联系的自我观念，只有相对的恒久性，它所以貌似恒久不变，主要是因为它有连续性，变得缓慢。梁启超在一次讲演中说过：若非姓名的标签，凭什么说今天坐在讲台上讲演的这个梁启超，便是五十年前坐在他妈妈怀里吃奶的那个梁启超？故"今日之我克非昨日之我"。《成唯识论》卷一说，若五蕴即是我，"我应如蕴，非常一故"。非常一者则称不起实我。

从科学知识来看，人的身体时时刻刻、分分秒秒都在新陈代谢，细胞在不断死亡，不断新生，全身的细胞在七周内便会代谢一新，甚至可以说每一分每一秒都在变化、死亡。《大般涅槃经·迦叶菩萨品》卷三十八云：

一息一眴，众生寿命四百生灭。

若分析到微观层次，则构成身体分子的电子等的刹那生灭运动，确如《楞伽经》所言"速灭如电"，从其中找不到一个可以于刹那间没有生灭运动的物质实体作为实我。

受、想、行、识四蕴的生灭无常，更是显而易见。心识对境而生，遇缘而起，起已即灭，经中将之比喻为在树林中一天到晚躁动不停的猿猴，刚抓住这根树枝，又跳向那根树枝。《杂阿含经》卷十二第289经佛言：

彼心、意、识日夜时刻，须臾转变，异生异灭。

南传《泡沫譬喻经注》说在一眨眼、一闪电的短暂时间里，心能够生灭一万亿次以上。我人从早到晚，从生到死，起灭的心念不可以数计，其中究竟哪一个心念是我？若痛苦的感受是我，则我应恒常痛苦，不应再有欢乐；若欢乐的感受是我，则我应恒常欢乐，不应再有痛苦。然走遍天下，恐怕也难觅一终身常苦或常乐之人。

有以能见闻觉知之性为我者，《大集经》卷三十三批判这种我见说：

我者名常，若我见闻，我则无常，若无常者，云何说我？

见闻知觉，是前六识及其心所的运作，必假因缘而生，因分别境相而有，起已即灭，无常，称不起实常真我。若以能知、能见、能念、能做事者为我，身体是此我的工具和住处，则此"我"无形无触，没有能做事之理。若我是能作者，则不应自己制造出痛苦来给自己受；若我是能念者，则不应有所忘失；若我是能见者，那么眼睛能见，便应是我了；又能见者若是我，我应不能听、嗅、尝、触。若说"我"如刈者用镰刀割草，能有所作者，是喻不当，因为离镰刀有刈者可见，而离五蕴等则无"我"相可见。若能作之我虽非眼见耳闻而也有其能作的作用者，则应说石女所生之儿也会做事。又如看见别人吃水果而口中流涎者为我，此乃念的作用而非我的作用，人在众人面前，为见别人吃东西自己口中不禁流涎而感到羞愧，是不得自主，正说明无我。

又，人类本性中，有追求永恒和避苦趋乐的趋向，体认、执有实我，正是这种本性趋向的表现。然而，人们所体认为自我的五蕴，皆悉生灭无常，这与人本性求常的趋向相违背，即是一种深刻的、无法避免的苦，被佛陀指为人生最根本的苦，苦为人所不愿有，而又不能主宰它，则非自在的实我。《杂阿含经》卷一第12经佛言：

无常者则是苦，苦者则非我。

占士李《人生哲学》也说客观之我（肉体）为非我之我，不灭而常迁，为灵魂暂栖之逆旅。

总之，被众生执为自我的身心等五蕴，及属于这个自我的一切，皆依他、无实、无常、苦、不得自宰，故非实我。《杂阿含经》卷十第265经中，佛通过种种比喻，说明五蕴在过去、现在、未来都"无所有、无牢、无实、无有坚固，如病、如痈、如刺、如杀，无常、苦、空、非我"，偈云：

观色如聚沫，受如水上泡，想如春时焰，诸行如芭蕉，诸识法如幻……无实不坚固，无有我我所。

四、从三世、一异等观察五蕴非我

佛学还从多方面观察五蕴非我。如《中论·观邪见品》破斥认为过去世有我、未来世有我、我即是身、离身有我等邪见：

过去世有我，是事不可得，过去世中我，不作今世我，

若谓我即是，而身有异相，若当离于身，何处别有我？

若前世有我，那么今日之身为什么与那个我不同？而离了这个身，哪个是我？若前世之我即是今生之我者，天应是人，人应是犬，男应是女，母应是妻，李四应是张三，如此则有无穷谬误过患。

过去世中我，异今亦不然，若谓有异者，离彼应有今。

若前世之我与今日之我相异，应离今日之我别有个实体，然这个实体何在？若前世之我非今生之我，前世的张三应不能转生为今生的李四，上午洗衣的我应非下午割草的我。若说我即是身，只由受而分别是人是天，而"我"非人非天者，则此"我"又有何用？如治在家人之罪，不关出家人。总之，"若离五阴实无别我。是故我但有假名无有定实"。

《菩提道次第略论》卷五据中观应成派之说，从所执之我与五蕴是一或是异的角度，论证人法二无我。谓若所执之我与五蕴为一，则有三种过失：

1. 此我既与五蕴为一，则离五蕴别无能执取者，是则此我便成无用。

2. 此我既与五蕴为一，则蕴有五故，我亦应有五个，多则非我。

3. 此我既与五蕴为一，五蕴皆生灭故，此我也应生灭，生灭则非我。

若所执我与五蕴是异，则离五蕴应有我相可得，然而实际并不可得，如《中论》偈所言：

我异所取执，是事终不然，若异应可见，而实不可见。

《成唯识论》卷一还从几个方面论述众生所执实我非有：

1. 所执实我有思虑抑或无思虑？若我有思虑，如笛卡儿所谓"我思故我在"者，人非任何时候都有思虑，则此我应是无常；若无思虑，则此我便如虚空，不能造业也不能受报，应非能造业、受报，作轮回主体的实我。

2. 所执实我是有作用抑或没有作用？若有作用，如手足等，应是无常；若无作用，如兔角等，应非能自作主宰的实我。

3. 所执实我是我见所缘境抑或不是？若非，则如何知道有实我？若是，应此我见便不应是颠倒见，应算作正见了。那为什么经中都说我见是生死之本？又，我见所缘，定非实我，因为有所缘者肯定是生灭变异的有为法，不是常一自在的实我，不过是把自己心识变现的五蕴妄计为实我罢了。

自我非某种实体，仅为连续的心理活动中所表现的记忆、心理活动模式、性格等的同一性，乃西方心理学对自我的基本界定。其所谓同一性，在佛学看来，只是在生灭无常、流变不已的心理活动中所表现出来的"相似相续"相。

就如电影胶片、动画,一个画面与下一个画面之间差别很小,但不能说完全没有差别,正是这细微的差别相,快速放映出来后便成了活生生的动相。《大智度论》卷一说:

> 著常颠倒众生,不知诸法相似相续有。

因为不知相似相续的实际,使人产生自己为一独立的、连续的、同一的个体之自我感,及依此自我体验建立的我见、自我意识。如果说相似相续相为同一性,那么在佛法看来只是假名,是世俗谛意义上相对的同一,而非真实谛意义上绝对的同一。若不知这同一性的相对性、缘起性、无常性,执同一性为实有,即是佛法所批评的我执、众生妄计我。若一定要找出一个贯穿个人整个心理进程的同一性的话,那只有佛学所谓"恒审思量"、最似同一的末那识之我见、我执。《成唯识论述记》卷一谓末那识缘阿赖耶识为内自我"由似一常,似实我相",然所执为实我的阿赖耶识,"恒转如暴流",只是相似于实常而并非实常,而且它自己从来没有自我感和主观意志,能执的末那识之恒审思量,也只是一种妄执、非量,称不上实我。

关于五蕴非我、蕴中无我,说一切有部仅仅否定生命主宰、轮回主体意义上的补特伽罗我,而肯定有"法我"——亦称"法体",指五蕴、四大等集成众生的基本元素,认为法体恒有,三世实有,只有因缘之聚合物如众生等是假有。《大毗婆沙论》卷九说:

> 善说法者,唯说实有法我,法性实有。

就像车子,在有部看来,"车子"乃假有非实,而组合成它的零件是实有;众生所执的自我是假非实,只有集合成众生的五蕴等是实有。这种法有我无说,与《阿含经》的诸法无我已有了出入。《阿含经》中虽然大讲五蕴四大等,但并不说其为实有。如《杂阿含经》卷三第80经云:

> 观察我、我所,从若见、若闻、若嗅、若尝、若触、若识而生……复作是思惟,若因、若缘而生识者,彼因、彼缘皆悉无常。复次,彼因、彼缘皆悉无常,彼所生识云何有常?

明言众生所执为自我的因缘(根、尘、识)皆悉无常,故无我。经称这种无我见为"圣法印、知见清净",应作为判别佛法的准衡。可见有部的观点已在一定程度上偏离了原始佛教的诸法无我论,其无我说很不彻底。

大乘力说诸法无我,不仅补特伽罗我是无,即五蕴所摄的一切世间法,乃至菩提、涅槃等出世间法,及无我、空的观念和境界,也无我、空。空的理由,是"无自性"。《大般若经》卷四百六十七说众生所执的我、有情(众生)、命者(具有生命者)、补特伽罗(轮回主体)、士夫(成年男子)、儒童(美少年)、受者、知者、见者、意生(由心意所成的中阴身、色界无色界天身、道教所谓阳神等),及外道所计能创造、养育万物的生者、养者、作者(造物主)等,皆如幻、虚妄不实、不得自在、犹如虚空,不可得,唯是自心虚妄分别,"由自性空、胜义空故都无所有"。《解深密经》说"一切诸法法无我性名为胜义",是佛法的绝对真理、最高真理。

大乘分无我为人(补特伽罗)、法二无我。《楞伽经》卷一以"善知二无我"为佛的知见,该经卷一解释人、法二无我义云:

云何人无我?谓离我、我所,阴界入聚,无知业爱生眼色等摄受计著生识,一切诸根,自心现器身等藏,自妄想相,施设显示,如河流,如种子,如灯,如风,如云,刹那展转坏,躁动如猿猴,乐不净处如飞蝇,无厌足如风火,无始虚伪习气因,如汲水轮,生死趣有轮。种种身色,幻术神咒,机发像起。善彼相知,是名人无我智。

种种色身,威仪进止,譬如死尸,咒力故行;亦如木人因机运动。若能于此善知其相,是名人无我智。

意谓众生执为自我的身体及对境而起的种种心识,乃以无明业爱为因而生,虽然依妄想显现为有,而生灭不住,有如河流、灯焰、风、云等,如幻术所现,如以咒术起死尸,如"机关木人"之运动,众生不知其虚假不实,起种种烦恼惑业,使自己沉沦生死而不得解脱。如实知假我及我所的虚幻,为人无我智。《大乘庄严经论》卷二说,因为我相只是假名分别,故无我,不仅五蕴非我、蕴中无我、假我非实我,就是破除我执,获得解脱、涅槃,"亦唯迷尽。无别有我名解脱者"。

《瑜伽师地论》卷三十四总结无即蕴我义说：

> 如是，唯有诸蕴可得，于诸蕴中无有常恒坚住主宰，或说为我，或说有情，或复于此说为生者、老者、病者及以死者，或复说彼能造诸业、能受种种果及异熟。由是，诸行皆悉是空，无有我故。

谓唯有五蕴而无众生所执恒常坚住的主宰者——"我"，因此说诸行皆空。《成唯识论》卷八总结无我有三义，此三义依三无性：一为无相无我，由遍计所执性观，众生执为实有的我本来是无。二为异相无我，由依他起性观，一切法缘起，其真实与众生所妄执的实我相异。三为自相无我，由圆成实性观，诸法无我的真理所显示的，乃是本然如是的真如，生命体及万有的真实本性即是无我。

西方心理学家颇有认同佛教无我说者，如拉康等从人的社会性着眼，说自我最核心的"本体"（指具有同一性的自我知觉）其实不在自己身中，而是在与他人的关系中、从别人眼里的自己等所感知到的自我，这种自我永远被他人包围，就像小说中的主人公一样，是个虚构。威尔森（E. O. Wilson）《知识大融通》说脑科学发现，大脑中并不存在一个负责把所有资讯搜集成单一意识流程的称作"自我"的总经理。大脑中每一个情节都各自萌生、成长、演化和消失，这些已经准备好却隐藏着的心理活动，给人一种自由意志的错觉。恩格勒（Engler）认为对象关系理论与佛教都将自我视为一系列的表现，一种不断的建构，一些特定的表象在心灵中迅速地移动，从而表现出一种稳定的连续的形象。这种自我是一种幻觉。大多数人盲目和错误地认自己扮演的角色、自己的人格、自我观念，或认自己在平常清醒的意识状态下所含含糊糊觉察到的所谓"我"为自我，其实都不是真我或高层自我（Higher Self）。当代超个人心理学家们对西方心理学所诠释的自我提出质疑：如果我就是我所有的一切，那么当我失去所有物时，我又是谁？

第三节　蕴中、离蕴皆悉无我

　　五蕴非实我，也被古印度的多家宗教哲学家所认识，出于安身立命的内在需求，他们从信仰和瑜伽体验出发，建立了各种自认为真常的实我。《瑜伽师地论》将其归纳为四种我执中的后三种：蕴中我、离蕴我、非即蕴非离蕴我。破析此类实我并非实我，是佛教无我说的重要内容。

一、五蕴中无我

　　我人身心内部住有一不死的实我、灵魂，乃多种古代宗教普遍所持的信仰，至今尚深有影响。婆罗门教《变造百道梵书》说作为轮回主体的梵我（梵文 Ātman）在人内心，人死，梵我即归向生主大梵（梵文 Brahman）。《薄伽梵歌》比喻说：梵我轮回于天、神、人诸道，有如一个人从这间房子搬向那间房子，又如尺蠖虫从这片树叶爬向那片树叶，衣装外观纵有变化，而内在的自我恒无改变。或说我有醒、梦、熟眠、死四位，及食味所成我（肉体）、生气所成我（元气）、现藏所成我（感知）、认识所成我（认识）、妙乐所成我（妙乐我）"五藏"，唯第五妙乐我，不可说、不可思议，为恒一自在的梵我，为纯意识（Tit）、常住的光明、最上之欢乐（梵文 Ānanda），不可得，不朽、无着、无缚，不为烦恼所扰，不能被加害。此梵我与作为宇宙灵魂、宇宙中心原理的大我"梵"（Brahman）同一，谓之"梵我一如"。《卡陀克奥义书》等称梵我为大我，大我如光，所执之小我如影。或比喻大我为树上旁观之鸟，小我为吃果子之鸟。吠檀多哲学定义阿特曼为永恒、极乐的心（saccida-nanda）。《大智度论》卷十二列举印度外道所计住在身中的"神我"或小如芥子，名净色身；或如麦、如豆，寸半、一寸；或言初生时神我先来，犹如塑像先成骨架，及至成身，如像塑造完毕；或说神我卷舒不定，"大小随人，身死坏时"，离身而去

（耆那教所立）；或执我体常，至细，如一极微，潜转身中而起作用（兽主外道、遍出外道所立）。《百论·破神品》说数论派立"神"（我）为生命主宰，谓神常觉常住，不坏不败，住在身中，为真常自我。基督教等所谓灵魂，古希腊哲学家所说住在人脑中的理性灵魂，道教所说住于人身三丹田中的三魂，及当代一些人所设的"自我意识精神实体""意识体"等，皆属神我一类，皆可归于佛学所谓"蕴中我"。对这种"蕴中有我"论，多种经论中皆有破斥。

《中阿含经》卷五十四《阿梨吒经》中，佛批判认为神、时间及我来世常不变易、恒不消灭的观点说：过去、现在、未来的一切色等五蕴，"从此世至彼世，从彼世至此世，彼一切非我有，我非彼有，亦非是神"。"神我"既不可现量看见，也不能由推理证明，只是妄执。《佛藏经》卷三说，若说身中有实我如油在麻中者，应该可以拿出来给人看，而实不可，故"第一义中，求我不可得"。《央掘魔罗经》卷二批判其他宗教所说住在身内的实我说：一切诸佛及声闻缘觉圣者，以种种方法觅求世间所说实我。或说如拇指、粳米、麻麦芥子，青黄赤白、方圆长短，或说在心、脐上下、头、遍身犹如津液等，"如是比我……悉皆不得"，都不可能找到，故佛等圣者不认可有这种实我。《瑜伽师地论》卷六十五从一、异角度破斥说：如果蕴中之我与五蕴是一，则五蕴皆缘起、无常、非我。如果蕴中之我与五蕴相异，别为一物，应该能找到它，拿出来给人看，然而从身内、身外、内外之中间，都找不到自我、神我的踪影。

《中论·观法品》批驳耆那教等所立神我说：若神我是五蕴，则为生灭相，称不起神我；若离五蕴有神我，则此神我既不可现见，又不可推理而证明，亦不可譬喻而证明，亦为诸圣者所不谈。数论派具体指神我为"觉"——能觉知的功能，说觉性常恒不灭，然人的觉知，不出受、想、行、识四蕴，皆遇缘而起，生灭不住，并非常觉不昧。若真有这么一个真常的觉性，人应恒常觉知，没有昏迷晕厥和熟睡不觉。可见执为蕴中之我的觉性，只不过是主观臆测，并无实事。

《成唯识论》卷一批判耆那教等认为随身大小卷舒不定的"我"说：我若常住，便不应随身体大小而有卷舒，既有卷舒，如风箱鼓风，则非常住。又，此"我"若能随身大小，应可分析为更小的组成单位，体便非是一。至于极小如一极微潜转身中之实我，亦属妄计，小如极微之我，如何令巨大的身体全身都能活动？若说此"我"虽小，而能迅速遍行全身，如旋转之火把看似火轮者，则此"我"既有往来，便非常一，非常一者即非实我。

近代解剖学对人体解析入微，只发现神经和神经元，未找到自我、灵魂，这几乎成为现代人的共识。西方哲学家罗素在《人死而灵魂存在吗》一文中的说法代表了现代多数人的观点：

在思想、感觉和行动之外，并不存在着产生或感受所发生事物的心灵或灵魂这样一种纯实体。

二、离五蕴无我及无"非即蕴非离蕴"我

《瑜伽师地论》所说第三种我见"计我非即诸蕴而异诸蕴。非住蕴中而住异蕴离法中"，认为在五蕴之外有一"离蕴我"。这种我见多依禅定中的某种体验而建立。《大智度论》卷十二说，有人修十种"一切入观"禅而入深定，在定中不见有身心存在，只见无边无际的地或水、火、风、虚空、光明等，从而认为所见者为大我、真我。道教有人的三魂在身外天神府第中之说。练气功人有认某种能量或场为自我者。《瑜伽师地论》卷六批判这种"离蕴我"说：

若不属蕴者，我一切时应无染污，又我与身不应相属，此不应理。

谓不属于五蕴的身外之物，理应不受烦恼的污染，自然解脱自在，而且它既在身外，与自身没有关联，又岂能做我人的生命主宰、轮回主体？《成唯识论》卷一说，离蕴我应如虚空，无作无受，不能起实我的作用。这种离蕴我，难以经验事实证明，不符合逻辑推理，只不过是虚构臆造的，就像有人自称"我知晓石女所生儿的头顶，知晓能系缚空中幻相的绳索"，显然是自欺欺人。更何况说有个离蕴异蕴的自我，这个自我与自己的身心为二，陷入了二元对立，成为因缘所生法，称不起真常自我。

另有认为实我为遍满虚空的宇宙灵魂者，《成唯识论》卷一举出众生所执三种实我中的第一种"执我体常周遍。量同虚空。随处造业受苦乐故"，数论派、

胜论派即持此见，这属于《阿含经》所谓"五蕴在我中"之我见。《大般涅槃经》卷三十批判这种我见说：若"我"遍一切处，五道之中应皆有身，应各受报，为何只在一处？若此"我"是一，则无父子、怨亲之分；若此"我"是多，一切众生五根、智慧、所造业皆应相同，为何会有种种差别？此"我"若遍，则应无处不到，行善之人亦应有恶，作恶之人亦应有善。若说此"我"如一室中燃百千灯各各自明不相妨碍者，应知灯之光明从缘而有，灯增长故，明亦增长，而众生之自我并非如此。明从灯出，照亮异处，众生之自我则不得从身中出，住在异处。问：若言无我，谁作善恶？答：能有所作，必然无常，无常者则非我，则非无边遍一切处。如果此"我"有时能行善，则不应有时能作恶。

《成唯识论》卷一批判说：若"我"常遍大如虚空，则不应随身受苦乐；又，常遍者应不动不作，为何能造诸业？又，若一切众生此"我"相同，则一众生造业时一切众生都应造业，一众生受果报时一切众生皆应同受，一众生得解脱时一切众生皆应解脱。若说众生之此"我"相异，则诸众生各自之我更相遍故，体应相混杂，又一众生造业受果时，与一切众生"我"处无别故，应名一切众生造业受果。若说造、受各有所属，则业、果及身与"我"相合，不应属此非彼。

另有从世界构成元素的角度，认为地、水、火、风、空、识"六界"（六大）为实我、我所者。《中阿含经·根本分别品·分别六界经》佛言：地等六界，"彼一切非我有，我非彼有，亦非神也"。地、水、火、风、空五界无觉知故，非我，识界即是识蕴，依缘而起故亦非实我。

《瑜伽师地论》所举第四种我见，"计我非即诸蕴而异诸蕴。非住蕴中亦不住于异于诸蕴离蕴法中。而无有蕴。一切蕴法都不相应"，即非即蕴非离蕴我，乃犊子部所立。该部虽然也说五蕴非我，也否定蕴中我和离蕴我，却建立一非即蕴非离蕴的我。经量部认为有可从前世转到后世的"根边蕴""一味蕴"，为"细意识"，是贯串轮回与涅槃而常在的"胜义补特伽罗""实法我"。犊子部、经量部的有我论，系依观察心识深层的体验及为解释轮回现象而建立。

对这种我，《俱舍论·破执我品》批判说：此我体若是实有，应与个体的五蕴相异，别有其自体，如另类的五蕴，不能说是不异。又，若有实体，必应有因，有因则成有为法，必无常，则非实我；若无因，应是无为法，则不应有作用，那就不能行善作恶，作轮回主体。若此我是假有，则与其他部派所说假我相同，不能说为胜义我。而且，实有胜义我的说法，也与诸多佛经中的一致的无我说相违。

大乘认为犊子部违背了诸法无我印，目为"附佛法外道"。唯识学将犊子部等所立胜义我的作用归于阿赖耶识，这种我虽然贯穿全部生命活动、整个轮回过程而相续不断，有轮回主体的意味，但此识念念生灭如暴流，并无自我感，不做主宰，非常一不变的真正胜义我（真我）。《瑜伽师地论》卷六十五破非即蕴非离蕴我说：若此所计之我没有五蕴，便应无色，非物质，应不与身及苦乐等受相应，不与善、不善、无记的思等心所法相应，也不与分别境界的意识相应，"如是此我应无所依、无受、无想、无思虑等，亦无分别。是则此我不由功用，究竟解脱，无有染污。"这种非色非心的神秘自我，与现前的身心既无关联，便应没有烦恼，不受生死，岂能成为生命中枢、轮回主宰？众生若有此自我，则应自然解脱，无生无死，然而事实并非如此。可见这种自我，只属臆测。《成唯识论》卷一说：与蕴非即非离的我不能成立，如果此我依五蕴而立，便非即蕴、离蕴，应如瓶等，而非实我；此我既然不可说是有为无为，亦应不可说是我、非我。

第四节　假我、无我与真我

力论诸法无我，面临无我与佛学所大讲的业报、轮回、修行证果相矛盾的理论难题：既然无我，那么谁来受报？谁在轮回？谁证道果？谁入涅槃？既然无我，没有个建立一切价值的主体、基础，那么佛教徒行善积德、修行证果、往生净土，又有何意义？从无我论，很可能导致在伦理道德和宗教修持方面极其有害的断灭论邪见。因而，讲述无我，是一件颇为困难的事，稍有偏失，便会引起误解，将人引入歧途。佛陀因此感叹：

故佛说正法，如牝虎衔子，执真我为有，则为见牙伤；拨俗我为无，便坏善业子！①

将佛说无我法比喻为母虎口衔初生的小虎，若使人误认为有真常实我，便会堕于邪见，就像母虎用劲稍大而使口中所衔的小虎被牙所伤；若否定"俗我"，又会导致行善无报等邪见，就像母虎不保护小虎而使其遭受伤害。南传《杂尼迦耶》第44《无记说集》载：一位婆蹉种姓的沙门问佛，"有我吗？"佛陀沉默不语。又问，"没有我吗？"佛陀还是沉默不语。阿难问佛为什么不回答，佛言，若回答"有我"，会堕于认为有灵魂的常见外道一边，若回答"没有我"，会堕于认为人死永灭的断见外道一边，只好以沉默作答。假我与无我不二的中道，是佛教自我论的第一义。

一、假我非无

"假我"，亦称"俗我""假名我""名字我""随世流布我""小我"（梵文 jivaātman），即世俗公认的分别你我他的我、生命个体的我、社会我及心理学所谓人格意义的自我（梵文 asmitā）。假（梵文 prajnaptitas），意谓假借、方便地说，与具形而上意义的"实"相对，假我，即非形而上真常实有的实我，而是依众生的认识惯例方便而说的我，佛教并不否认这种我，只是讲它非真常实我。《杂阿含经》卷六第133经、卷七139经佛言既说见一切无我名正慧，又说：

若有见言，有我、有世间、有此世，常恒不变易法，彼一切非我、非异我、不相在，是名正慧。

这段话中前面"有我"之"我"，应指假我；后面"非我"之"我"，应指实我，假我非无，实我非有，是谓正慧。此可谓我与无我之二谛中道观。《大毗婆沙论》卷四云：

我有二种，一假名我，二计人我。若计假名我，则非邪见。

---

①《阿毗达磨俱舍论》卷三十。

谓认假我为有，不是佛法所破除的邪见，此有，应是世俗谛意义上的假有，而非真实谛意义上的实有。即佛陀与其阿罗汉等圣弟子，也时常随顺世间的认识习惯（"随世流布"）而自称"我"，佛还常谈起"我前生如何如何"。佛经开首皆云"如是我闻"（这是我亲自听说的）。《杂阿含经》卷二十二第581经载，有一天人请问佛：漏尽比丘为何说有我、我所而无咎？佛答：

> 已离于我慢，无复我慢心，超越我、我所，我说为漏尽，于彼我、我所，心已永不着，善解世名字，平等假名说。

谓阿罗汉不执假有为实我，善解世间名称的实相，出于众生平等之心，随顺世俗惯例，假名说我、我所。《华严经·佛小相光明功德品》卷三十二佛言：

> 如我说我而不着我，不着我所，一切诸佛亦复如是，自说是佛，而不着我、不着我所。

诸佛虽然自称为佛，而只是随顺世俗而说，不着我、我所。《佛藏经》卷上佛言：

> 我以世俗因缘假说有我，非第一义。

《大智度论》卷一回答佛法说一切无有我而为何一切佛经以"如是我闻"开头之问说：

> 佛弟子辈虽知无我，随俗法说我，非实我也。

《显扬圣教论》卷五谓世俗谛"说我者，谓说有情、命者、生者、补特伽罗、人、天、男女、佛友、法友"等，是为假有。同论卷十五说虽无实我，而又立名想差别的假我者，有四种原因：一是"为令言说易故"，便于语言表达；二是"顺世间故"，随顺世间的通例；三是"令初学者离怖畏故"，为使初入佛门者不害怕丧失自我；四是"为显自他功德过失有差别故"，为了分别自、他的功德和过失，如说我修善作恶必得果报、我念佛发愿必生净土等，令众生信解佛法，依法修行。唯识学只就此假我非实我而说无我，并非说假我如龟毛兔角完全是无。《成唯识论》卷一论假我之"假"云：

> 内识所变似我似法，虽有，而非实我法性，然似彼现，故说为假。

心识变现的假我，于相似相续中，表现出西方心理学家所谓同一性，相似于实我，此"似我"虽然是有，但并非实我，名之为假。若说没有此假我，是名断灭见、"增上慢空见"。

总之，从原始佛教到大乘佛教，都从未否定行为主体、人格主体的自我。但若执此假我为实我，不知其假、其似，便要强调无我。

佛教的"无我"被翻译为西方语言时，容易被误解为缺乏自我——这意味没有人格的疆界或防御机制，为一种心理病态。一般不知晓佛法的东方人则容易把无我理解为没有自我（假我）。讲清假我非无，可以说比大谈无我更为重要。

二、无我与假我的中道观

《杂阿含经》卷十六第414经载，佛多次讲业因果报，讲他自己的宿世因缘，而当比丘们在谈论各自的前世如何如何时，被佛批评为"非义饶益，非法饶益"。因为比丘们只着眼于俗谛，讲自己的前世如何，这对于应以真谛观无我而得解脱的比丘来说，是没有意义的。

俗谛假我与真谛无我，是佛法自我观的两个方面，只见及一面，是为偏堕片面。《杂阿含经》卷七第139经佛言：

若见有我，有世间有此世有他世，常恒不变易，彼一切非我、非异我、不相在，是名正慧。若复有见非此世我、非此世我所，非当来我、非当来我所，彼一切非我、不异我、不相在，是名正慧。

意谓既见有假我，有此世来世，有因果业报，又见假我非常恒不变易的实我，见过去、现在、未来皆无实我，方为佛法的正见。

说有假我与无我并不矛盾：既不认假我为实我真我，又不否定假我如龟毛兔角，是为佛法无我论的中道义。《楞伽经》卷三以一偈总结人无我义：

阴中无有我，阴非即是我，不如彼妄想，亦复非无我。

意谓没有众生妄想所认为的即蕴我、蕴中我，也不是没有假我俗我，此可谓无我与假我的中道观。《瑜伽师地论》卷六在批判了多种我见后，总结"第一义我相"（中道的自我观）义云：

> 所言我者，唯于诸法假立为有，非实有我。然此假我，不可说言与彼诸法异、不异性。勿谓此我是实有体，或彼诸法即我性相。又此假我，是无常相、是非恒相、非安保相，是变坏相、生起法相、老病死相，唯诸法相，唯苦恼相故。

众生所认的我，只是就五蕴等诸法假立的假我而非实我，此假我与五蕴等非一非异，非实有自体，亦非五蕴等诸法即是实我。此假我虽非没有，而难免无常变坏及由此所生的生老病死等苦，故应识破其假而非实。

若执假我为实我，或立一个并非实我的真我，或否定假我、俗我完全是无，则违背中道，堕入断、常两极偏见。避免两极偏见的原则，是坚持中道，以缘起法如实正观五蕴，一方面否定众生所执的即蕴、蕴中、离蕴等实我非有；另一方面肯定俗我、假我非无，然非实我，不过是就五蕴和合等假立、假名而已，此假我只是一种念念相续的"心理连锁"，而非真常不变的实体。这是一个真理的两个方面，不可分离，并非矛盾。由缘起故非实我，由缘起故五蕴、因果相续，相续中有对于我的感知及记忆、意志、保持较稳定人格等作用的延续或连锁关系，假名为我。说其为假我，即是说无我，说无我，即是肯定有假我。说无我是为了破除认假为真的执着，说有假我是为了破除断灭论的邪见。说无我为真谛（胜义谛），即从绝对真理意义上讲的究竟真实，说假我为俗谛，即从随顺世间认识惯例的角度而讲的相对的真实。《瑜伽师地论》卷十六云：

> 又由胜义，无有作者及与受者；由世俗故，而得宣说自作自受。

从真谛讲没有能造业受报的实我，从俗谛讲造业乃"自作自受"。真、俗二谛一体不二，称为中道。错解此义，或偏执一面，是为邪见。两极邪见中，以否认假我的"增上慢空见"最为有害，因为这种似是而非的见解会导致善恶无报、无涅槃解脱等邪见，助长恶行，产生负面的教化效果。《大乘入楞伽经》卷四因而强调：

> 宁起我见如须弥山，不起空见怀增上慢。

《中论·观法品》解释经中无我、有我看似矛盾的说法云：诸佛以一切智观察众生，众生根机不同，故说法非一。对不知畏惧罪业果报的智慧未成熟者，则说有我；对已知诸法空、只是假名有我者，则说无我。有我、无我，都是破执之方便，"因破我法，有无我……若决定有无我，则是断灭，生于贪着。"从中道义而言，真理超越有我与无我，说无我、有我，都是为破除执着，从第一义而言，无我亦不可得，应说实相超越我及无我，究竟不可言说，只可破除有我、无我的执着而自内证，颂云：

诸佛或说我，或说于无我，诸法实相中，无我无非我。

三、对无我说质疑的应答

自我，是一个极难讲清的问题，佛法主要用破执的方法大讲无我，其无我、假我之中道义不易把握，难免导致诸多质疑。经论中立足于无我假我之中道，对种种相关的质疑作了解答。

讲无我最容易引起的质疑，是佛教大讲轮回、业报、修行、涅槃、往生净土，既然无我，那么谁在轮回？谁造业受报？谁人修道？谁入涅槃？谁生净土？

答言，就世间的认识惯例，从佛法的世俗谛讲，如同世人说张三去年犯罪，今日伏法，今日张三之身心虽然已非去年的张三，确实没有一个不变不动的去年的张三实体可得，然五蕴相续、业果相续无间断故，今天的张三从去年的张三相似相续而来故，按世间的惯例，应说自作自受，而非他作自受或自作他受。《优婆塞戒经·杂品》比喻说：

譬如置毒乳中，至醍醐时故能杀人，乳时异故，醍醐亦异，虽复有异，次第而生，相似不断，故能害人。五阴亦尔，虽复有异，次第而生，相似不断。

又如巨富身死，没有子嗣，其财产将被没收入官，这时有人自称："我是亡者第七世孙，我有资格继承此遗产。"官家查明属实，于是承认此人有继承权。又如有人在村中的草堆里放了一粒火种，导致大火绵延，焚烧二百里，村主抓到放火人，令其赔偿损失，此人申辩："我放的火种早已灭尽，所烧不过一把草而已,我现在偿还你两把草,算可以了吧?"村主驳斥说:"混蛋!由你放的一粒火种次第生火,辗转绵延烧了二百里,责任全在你,不得推卸!"造善恶业者也是如此,受报者从真谛的意义上讲虽然已不是造业者,但就俗谛而言,从造业者次第而生,相续不断,故就世间的认识惯例说自作自受。

《成唯识论》卷一回答"若无实我,谁能造业?谁受果耶"之问说:是诸众生的心、心所法,由因缘力故,造业受报,其心、心所法相续不断,说为假我,而非所执没有变异的实我造业受报,实我既无变异,如同虚空,如何能造业受报?实我若有变异,应是无常,则非实我。

又答"我若实无,谁于生死轮回诸趣?谁复厌苦求趣涅槃"之问云:众生身心相续,由烦恼业力,轮回诸道,厌患苦故,追求涅槃,而非有实我轮回、厌苦、求涅槃。若有所执的实我,此实我既无生灭,如何可说生死轮回?实我犹如虚空,不能被诸苦所恼,如何会厌苦而求涅槃?

由此故知定无实我,但有诸识。无始时来前灭后生,因果相续,由妄熏习似我相现,愚者于中妄执为我。

《大般涅槃经》卷二十九回答既然无我,是谁修道的问题说:

一切众生皆有念心、慧心、发心、勤精进心、信心、定心,如是等法虽念念生灭,犹故相似相续不断,故名修道。

就像点燃的灯,火焰虽然念念灭,而光明相续,破除暗冥。以说名假我的念(记忆)、慧、精进、信、定等善心修道,相似相续,不断积累,最终便能断灭烦恼,证得涅槃或往生净土。如人背诵书,所诵字句虽然前不至中,中不至后,人、字句及心想皆念念灭,以久诵故,而得通利。又如铁匠学习打铁,如种子生芽结果,众生修道,也是如此,"初虽未增,以久修故,则能破坏一切烦恼"。

从世俗认识惯例讲,一个人修道而得往生净土、证得涅槃解脱,如同世人说某人少年、青年时期上小学、中学、大学,得各种学位,从事科学研究,中年成为大科学家,并无两样。但并非说他本来就有一个大科学家的实我。《成唯识论》卷一说，若是一个实我在学习、记诵，实我应不变易、不发展，则后应如前，前应如后，便应没有诵习可以背诵，学习可以成为科学家，乃至修道得以生净土、证涅槃的道理了。

四、真我、大我

佛法力说无我的本意，是破除众生各种错认非实我为实我之见，引导其通过如实正观无我，证得真正的实我——涅槃真我、佛性大我。此为佛教无我说的究竟义及出发点。

真我、大我，即是佛法三法印中的第三"涅槃寂灭"印，是由如实观诸行无常、诸法无我所证得的净果。所谓涅槃，虽然常用"遮诠"的方式说为不可言说思议，而究其实，不过是由如实正观无常无我的真实，熄灭了因我执而起的诸烦恼而完全净化了的心灵，并非死寂虚无，烦恼虽灭，净心犹在。《阿含经》一方面描述涅槃不可说，一方面又描述涅槃"是常""实极安乐""不生不灭"，这种真常安乐的净心或"本际"，可谓真正称得上常一自在的阿特曼之实我。《杂阿含经》卷五第104经载，比丘焰摩迦认为"漏尽阿罗汉身坏命终更无所有"，被众比丘斥为恶邪见，经舍利弗调教，悟漏尽阿罗汉不以五蕴为我，故纵然身坏命终，而"见法真实、如住，无所得"之净心及所见之真实法不会断灭。同经卷十第262经佛说阐陀比丘见道"不复见我，唯见正法"。此所见法真实、正法，从存有的意义上来讲，即是涅槃真我。同经卷二十二第581经佛答天子：

若罗汉比丘，自所作已作，一切诸漏尽，持此后边身，正复说有我，我所亦无咎。

证得涅槃的阿罗汉，按世俗惯例自称我，乃至说有实我，并无过错，因为他们已离于我慢，超越我我所，于彼我我所，心永不着我我所，"善解世名字，平等假名说"。

大乘经论中，也说真我，如《大集经》卷三十二云：

言虚空者，即是我也，即是净我，即是我心。我者无色，如空无边，我亦如是。

谓犹如虚空般的清净心即是"净我"（真我），此净我，指菩萨见道时亲证真如的净心。《大般涅槃经》中，称涅槃为"大我""自在我"，谓"一切诸法悉无有我，而此涅槃真实有我"（《狮子吼菩萨品》），"有大我故，名大涅槃，涅槃无我，大自在故，名为大我"（《光明遍照高贵德王菩萨品》），将佛所证涅槃大我的性质归纳为常、乐、我、净四德及"八大自在我"，常乐我净，今可译为"清净不染的真正自我永享安乐"。《大乘庄严经论》卷三偈云：

清净空无我，佛说第一我，诸佛我净故，故佛名大我。

诸佛与无我、空相应的清净心名为大我，是最高的我。《显扬圣教论》卷十七说菩萨见道时证得的平等心性，远离遍计所执自性，"即是大我阿世耶及广大阿世耶"（阿世耶意为大我）。《佛性论》卷二谓诸佛菩萨由真如智至得一切法无我波罗蜜，恒常无我，是一切法真实体性故，故说无我波罗蜜是我。"一切我、无我妄执灭息故，故名大我"。空海《吽字义》谓"唯有大日如来，于无我中得大我也"。

经中所讲的涅槃，是佛及其圣弟子修得的，非凡夫众生所能知见。此涅槃真我，是否也潜在于凡夫身中？按缘起法则，从涅槃与世间不二的中道看，诸佛证得的涅槃大我，理应为众生所本具，所谓证得涅槃，更准确地说，应是本来清净自性涅槃的原样显现或与本来清净涅槃的相应（契合一致）。从这种意义上，应说真正的涅槃超越因果，非本来没有而后修得，《杂阿含经》中佛言"涅槃界"，有能证得涅槃之因的含义。大乘如来藏系经论中，明言众生身中有真我、大我。如《大乘入楞伽经》卷七云：

蕴中真实我，无智不能知。诸地自在通，灌顶胜三昧，若无此真我，是等悉皆无。

说真我炽然，犹如劫火起，烧无我稠林，离诸外道过。

谓众生五蕴中潜在的真实我，虽然凡夫不能自知自见，但若无此实我，诸佛菩萨就不可能证得真如、涅槃。清净真我，是佛菩萨"内证智所行"，非凡夫外道所知，即是如来藏。真我在众生五蕴之中，如女人所怀之胎，虽有而不见。"说无真如我，惟是虚妄说"，若比丘断言绝无真我，是着于有无，毁谤正法，僧团应对其作"默摈"的处分，大家都不与他说话。

《大般涅槃经》卷七指出，涅槃真我，潜在于众生身中，为如来藏，也称佛性：

> 我者，即是如来藏义。一切众生悉有佛性，即是我义。

> 世间之人虽说有我，无有佛性，是则名为于无我中而生我想，是名颠倒。佛法有我，即是佛性。世间之人说佛法无我，是名我中生无我想……名为颠倒。

> 众生佛性住五阴中，若坏五阴，名曰杀生。

这本具的"佛性真我"，譬如金刚，不可毁坏，是众生得以修行成佛、证得涅槃大我的依据。《大法鼓经》卷下说众生皆有如来藏而不自知，"若遇诸佛声闻缘觉，乃知真我"，如目有翳者遇良医治病愈，其目开明。天台、华严、禅宗等，皆以此佛性真我为心性、真心。密教《大日经》等以众生肉团心（心脏）中本具的真实心或自性清净心为大我，以月轮上未开放的八瓣莲花苞表示。

诸佛所证的大我及潜在于众生身中的如来藏、佛性真我，亦以无我为本性，是与无我不异或与无我的真实完全一致的真我。《大般涅槃经》卷八谓"我与无我，性相无二"。该经既斥仅见无我而不见佛性真我者为邪见，也斥仅见有涅槃大我而不见无我者为邪见。佛法自我观的究竟中道义，是无我与真我之不二。《楞伽经》一面说众生有如来藏，一面又强调"依无我如来之藏"，说如来藏即是无我的别名。《究竟一乘宝性论》卷三云：

> 以即无我名为有我。即无我者，无彼外道虚妄神我，名有我者，如来有彼得自在我。

无我，旨在破除误认非实我为实我，引导众生证得真我，证得真我的涅槃心虽然常一自在、常乐我净，但没有分别实我及我与他、我与世界为二的自我意识，故实为无我之我。《中论·观法品》有云：

因破我法，有无我，我决定不可得，何有无我？

若见有涅槃大我之相可得者，则堕于《金刚经》所说的寿者相，不离假我之执。说无我及有真我，皆是破执之方便，我之真相，究竟不可言说。《大般涅槃经》云：

> 为调众生故，为知时故，说是无我；有因缘故，亦说有我。如彼良医，善知于乳是药非药，非如凡夫所计吾我。（卷二）

> 所谓若我、无我、非我、非无我，唯断取着，不断我见，我见者名为佛性，佛性者即真解脱，真解脱者即是如来。（卷五）

佛法说无我、有我的终极旨趣，是拨开遮蔽众生慧眼的假我、神我之执的乌云，令涅槃大我、佛性真我的日光显现。破除假我、梵我、神我，旨在引导众生证入涅槃大我。《大法鼓经》佛言：

> 众生轮回生死，我不自在，是故我为说无我义。

佛为示世间所计我虚妄非实故，说无我。如女人有子患病不宜吃奶，其母乃以苦味涂乳暂不令饮，后来病愈，母乃净洗其乳，唤子来饮，有如佛陀先为执着实我者说无我，后来才说如来藏真我（《大涅槃经》亦有此比喻）。佛又斥好修学种种空经而执着"一切佛经皆说无我之人"，其实不知空无我义，"彼无慧人，趣向灭尽"，只能以灰身灭智常住灭尽定为归宿。木村泰贤《大乘佛教思想论》说，把破除假我之执、证得真我理解为一种应当努力实现的目标，比将真我看作本有更为确切。

在由破除假我而肯定真我上，佛教与婆罗门教、耆那教等实质上相近，都以破除小我之执而体证大我为解脱。婆罗门教《门达克奥义书》说见到最高我即解脱业缚，犹如河水入海，"圣者亦离名色而入于最高我"。佛教《优婆塞戒经·净三归品》卷五云：

> 若能了了正见真我，是名解脱。

佛教说涅槃大我常乐我净，并潜在于众生身中，与婆罗门教等所谓大我（Ātman）或妙乐我的语义可谓相同。尤其是《奥义书》中的大我，有永恒实体、真实存在（sat）、不可毁灭的心灵精体（cit）、无上大乐（ānanda）、宇宙万有的基础和依柱（substratum）等义，与佛教密教之本基、光明含义颇为相近。

但佛教认为，婆罗门教等依据一定瑜伽体验所说最高我、妙乐我、神我、大我，如说大如拇指、芥子、微尘，乃至与梵合一等，并非真正的实我，因为它们还都是与世界相对的我，至多只是杂染的阿赖耶识或某种禅定的体验，落于我法二执、能所二元对待。《大般涅槃经》卷二将其比喻为"如虫食木，偶成字耳"，是故佛力说无我，以破除其所执非实我。大乘佛法所谓真我、大我，是对一切有生灭的、落于能见所见二元对待的假我之绝对否定，是绝对的无我。绝对的无我亦即是真我、大我。这是佛教与一切外道的根本区别所在，可谓佛法之心髓、标志。

佛教大讲无我，与其说是一种哲学观，毋宁说无我是一种破除执着、体证涅槃的修行方法。《佛学今诠》说：

> 无我论根本不是一个哲学主张，而是一种宗教行持之实践方法。①

深观诸法无我，被强调为解脱生死苦恼、证入涅槃的修证心要，是佛教诸乘诸宗解脱道的核心，修观（毗婆舍那）的主要内容。一般是用比量的方法推理，破除各种分别我执，通过深观，断灭产生我执的根本——末那识所起俱生我执，方为见道。《瑜伽师地论》卷五一说：

> 染污末那，以为依止。彼未灭时，相了别缚，不得解脱；末那灭已，相缚解脱。

不消灭末那识的俱生我执，心便不能从内外诸相的种种系缚中解脱出来，只有截断了染污末那的俱生我执这一烦恼的根子，现量证见无我的真实，才能解脱生死苦恼。

直观无我，则为获得菩提的捷径。南传《相应部》第2品载，30位青年问佛是否看见他们所寻找的携物逃走的妓女，佛反问："是寻找女人，还是寻找自我更好？"启发他们向内寻找自我而得解脱。《法苑珠林》卷72引《甄叔迦

---

① 张澄基：《佛学今诠》（上册），慧炬出版社1973年版，第199页。

经》谓修行只要总观无我之一行便可,"若能明见身心无我,则是见道。"

在佛教看来,找到真正自我,是人生的根本大事。芸芸众生,种种劳碌、营谋、算计、奋斗、追求,无非是为了自我,为了自我的利乐(利益与快乐)。自我,无疑是一切利乐、价值、意义建立的基础。所谓利他之"他",也无非是他人的自我。然而,众生所认的自我,却是个生灭无常、不得自在的假我,这实在是人生最为可悲的事。人们无不在精心营造属于自己的利益、价值、意义的大厦,而这大厦,却建在假我的流沙和陷阱之上,不能不说是一大失误。善于总持佛法心髓的中国禅宗大师们,将寻觅佛性真我称为"大事",倾注全部生命力于此大事的解决,所谓"大事未明,如丧考妣"——感到如丧失父母般无所依怙、无可寄托的悲痛,怀着这种心情真参力究、满头雾露云水参访,不了却这桩大事不得安心。他们考虑人生问题的着眼点,表现出一种深睿的智慧。

第五节　从建立自我意识到无我、真我

自我意识,为人格心理学、发展心理学、自我心理学的核心内容。人的性格、兴趣、能力、气质、情感、意志、道德等乃至人生成就,皆受自我意识的制约。自我意识出问题,会导致多种心理障碍。建立正确的自我意识,与人的心理健康关系极大,是人生尤其是青少年时期的大事。

西方心理学的自我意识,是生命主体意义的、人格意义的、心理学和伦理学意义的,相当于佛学的假我、俗我,虽然假而非真,但从世俗谛看,也非子虚乌有,对人的世俗生活乃至佛教徒的修行来说,非常重要。对这种自我,佛学论述较少,而西方心理学却十分重视,有颇为深入的研究。借西方心理学的他山之石,攻佛教自我说之玉,是很有必要的。

一、自我意识及其形成

西方心理学的自我意识（self-consciousness），指个体对自己的看法和态度，包括对自己的存在（身体、社会地位、精神状况等）及对周围人、物关系的意识，由自我认识、自我体验和自我调节三方面构成，它是每个人意识的核心，乃人的社会性意义上的标志，是人与兽、成人与婴儿的分界线。自我意识主要表现在自我评价和评价别人的能力，及独立性、自制力、自尊、自信、责任心、人际关系上，具稳定性、完整性、系统性、社会性、能动性、同一性，担负着协调内部世界及内部世界与外部世界关系的工作。阿德勒强调，人的自我意识是以寻求目的和意义的向上奋斗为动力，在"社会场"中以创造性的调适而建立。在自我意识的基础上，人时时分析、判断自己如何如何，称"自我评价"，它决定人的自尊水平。

佛学主要从出世间、证涅槃的角度，强调我见为一切烦恼之本；西方心理学则从世俗的心理治疗和心理健康角度，强调自我意识对人格形成、心理健康、幸福安乐、社会交际、事业成就来说，至为重要。自我确认（心灵深处对自己的界定）决定一个人才能的发挥，人对"我是谁""我是怎样一个人"没有清晰的意识，就很难决定将来做什么。没有正确的自我意识（真我），不是感到怀才不遇、生不逢时，就是愤世嫉俗、狂妄自大，或过分自卑焦虑，严重者会导致精神病。戴着面具的社会性自我与真实自我的冲突，也能引起心理障碍和精神病。当从别人那里得到的对他的态度、评价与他所体认的自我不一致时，会破坏自我和谐，使人感受到威胁，出现心理障碍或精神病的急性发作。自我完全崩溃、悲呼"我完了"则可能导致自杀。幼儿自闭症、共生性和功能性精神病、边缘情境、孤僻、人格失调等，皆建立于自我意识形成过程中的失败、滞碍和退化。精神病、妄想症患者常有与其实际自我不一致的更虚假的自我意识。精神分裂、癔病患者常有自我意识障碍，或不能回答自己的姓名，或感到自己的行为受别人支配，或称自己为另外一个人，或感到自己身中还有另外一个自己。佛教徒中有自以为是某佛或某菩萨或某佛夫人的，被认为是入魔的表现，邪教教主往往自称神佛。自我意识发生此类障碍时，人便不能维持正常的社会生活。

自我意识的形成，是人格心理学、发展心理学研究的一个极为重要的问题。西方心理学家对自我意识的形成做了颇为深刻的研究。拉康发现婴儿最初与其母为一体，是一种滴状物，无自我意识及认同能力。18个月之后，通过对镜子中自己形象的认同，开始分开自他，产生需求，确立与自己身体统一体的思想，以"理想自我"的幻象为自己打造盔甲，丧失自然状态而进入文化社会，形成语言表述的自我主体。他们在3—4岁时尚很少梦见自己，到8—9岁才在梦中当主角，说明其有了较明确的自我意识。控制人类生存的无意识，具有类似语言的结构，是一个不断循环的能指链，为不断变化、混乱无序的领域，无定点与中心。形成自我的过程，是力图终止、固定、稳定能指链的过程。鲍德温把自我在儿童期的成长分为三个阶段：首先，学会把人和其他物体分开；其次，学会把自己当作很多人中的一员；最后，学会从别人的感受来看待自己、从自己的感受来推断别人。这三个阶段可以用佛教所谓众生相、人相、我相三相来命名。自我意识如一株树，是不断生长发展的，它的形成是个体不断社会化的过程。一个人的自我意识从发生、发展到相对稳定，一般须经二十多年，成人后自我意识仍然在发展。

简·卢文格发展前人之说，将人一生自我的发展详分为前社会、共生、冲动、自我保护、尊奉、公正—尊奉、公正、个体化、自主、整合10个阶段。从第6阶段，青年时代开始，自我意识急剧变化，关心自己的体质、容貌及他人对自己的评价，然自我评价往往过高或过低，主观性、情感性较强，成功时容易自命不凡，遇到挫折则自卑自弃，对别人的评价也往往具有片面性、情绪性、波动性。到能如实作自我评价和评价别人，具有自信，勇于承担责任，自觉尊重和关爱别人，才算建立起健全的自我意识。这一工作一般到青年后期才完成，然尚未必能正确认识自己的潜能。有的人到成年时自我意识还停留在幼稚阶段，如滞留于第5尊奉阶段（9—14岁）的成人，只知服从管制者，缺乏主见，只与小群体内的成员友善。在佛学看来，到第10整合阶段达"自我实现"，能开发实现自己的潜能,才是完善的自我意识之确立。马斯洛定义自我实现为"充分地、活跃地、无我地体验生活,全神贯注,忘怀一切"[1]。据他研究,自我实现者在人群中至多只占1%,其年龄一般在60岁左右。

西方心理学揭示:一个人在社会生活中表现出来的自我,往往戴着多副面具,犹如演戏,未必与真实自我一致,未必真实。人往往通过精心选择装束、发型、首饰、言谈、表情、举止、车马、排场等在社会舞台上表现自我,称"印象整饰"。虚荣心强者往往利用印象整饰虚饰自己,"露脸""争面子",骗子利用印象整饰骗财渔色,小人则利用印象整饰逢迎拍马、诱施恩惠、哗众取宠。自我表现、自我展示也有前、后台之分,后台的真实自我与前台表现的自我往往相矛盾,如伪君子、假道学之类。面具与真面、前台与后台矛盾的激化,也会导致心理冲突、心理障碍乃至精神病。

西方心理学家杰克·安格勒有言:"佛教心理学从来没有用心经营过一个西方意义的发展心理学"[2]。自我意识的发展,确是佛学的薄弱环节,但佛学也并非没有自我意识发展的说法。西方心理学所谓自我意识,基本属唯识学所说分别所起的我见,此我见亦非生来便有,而是在后天的生活中、在环境影响下,通过种现互生逐渐形成的,与西方心理学的说法基本一致。《成唯识论》卷一云:

分别我执,亦由现在外缘力故,非与身俱,要待邪教及邪分别,然后方起,故名分别,唯在第六意识中有。

谓分别所生的我执,非与生俱来,是在此生中经外缘力——不正确的教育、宗教、哲学等社会文化影响,进行思考而形成,又分为两种:"一缘邪教所说蕴相,起自心相,分别计度,执为实我",以五蕴或身心的整体为自我;"二缘邪教所说我相,起自心相,分别计度,执为实我",以宗教、哲学等所说

---

[1] [美]亚伯拉罕·马斯洛:《人性能达到的境界》,世界图书出版公司2014年版,第42页。

[2] 肯·威尔伯、杰克·安格勒、丹尼尔·布朗:《意识的转化》,东方出版中心2015年版,第13页。

的神我、灵魂等为自我。总之，分别我见，是社会性的自我认知，主要受文化的影响而形成，在意识表层。

分别我见，又以俱生我见为根本。对这种我见，西方心理学很少研究。《成唯识论》卷一谓俱生我执"无始时来虚妄熏习内因力故，恒与身俱"，是与生俱来的，其因，是无始以来轮回生死中形成的我执习气种子，由第七末那识的"恒审思量"，形成意识层下持续不断的我见、我执、我爱、我慢，及第六意识中的俱生我执，这种我执在婴儿时亦未必没有。皮亚杰说自我中心为人与生俱来的顽症，研究发现2—7岁的儿童只会从自己的角度出发看问题，可以说是受俱生我执的驱使。《显扬圣教论》卷九说众生计有"我"的理由有两种：一是"先不思觉率尔而得有萨埵觉故"——直觉有个自我，这正是格尔逊所说心中涌起的不杂二念之具体存在感为自我；二是"先已思觉得有作故"——见色闻声等时，有个"我见""我闻"等感觉，及能知晓我见色与否或应不应该见色等的自我意识，为一切心理活动的"先导"。这两种理由，即是第六意识中俱生我执形成的缘（对自我的直觉体验）。

从佛学的十二因缘看，我见，属于十二有支的第八支"取"四取中"见取"中的身见及"我语取"。身见（萨迦耶见），谓以五蕴为自我；我语取，为对自我意识的执着，《佛性论》卷三谓"贪着内法名我语取"，内法，指内心深处的自我。逆观十二因缘，追溯其因，则见取、我语取因爱而生，此爱，可以解释为俱生的我爱；爱因受而生，受，可以解释为自我感；受因触而生，触，可以解释为接触社会；触因六入（眼等六大门户开放）而生；六入因名色而生，名色，可以解释为天生的身心组合体；名色因识（六识）而生；识因行而生，行，可以解释为与生俱来的生的意志；行因无明而生，无明，可以解释为阿赖耶识中的我执习气种子及与自我认知相关的名言种子。总之，我见、自我意识，在唯识学看来，是以阿赖耶识中的名言种子、我执种子为因，意识分别五蕴为缘，社会文化的自我观念为增上缘，经意识分别思维而形成。其形成的时间，按十二因缘的三世观，应在十五六岁以后的青年期，与现代心理学所说人自我意识相对稳定的时间相近。

荣格说，自我情结从集体无意识中的自我原型而生，其内核为自性原型，是一种内在追求统一或完整的先天性倾向，使人有一独立的主体来觉知自己的思想、欲望、行动，形成自我意识。此自我原型、自性原型，显然受了佛学名言种子说的启发。

二、正确自我意识的建立

帮助人积极主动地建立健康、正确的自我意识，是家庭教育、学校教育及心理咨询、心理治疗的重大任务。在这一方面，现代心理学有许多理论和技术，一般认为，自我意识的建立是个体不断社会化的过程，其主要途径是观察分析自己的心理特征及活动结果，对行为进行自我监督，注意在人际交往中正确认识和评价自他，以他人为镜认识自己，以自己活动的结果为镜认识自己。健康的自我意识，是生理、社会、精神自我的和谐。一言以蔽之，建立正确的自我意识，在于如实认识自己，用佛学的话语来讲，在于如实知见假我。

佛教对假我、俗我的建立，其实也很重视。《阿含经》中佛对在家人说法，常讲应由正信、行善等获得"善名""胖名称"。如《杂阿含经》卷四十八第1282经佛言"持戒得名称"，同卷第1286经言"信增其名称"，1157经言"数数惠施故，常得大名称"等，意谓应树立一个受人称赞的良好的社会自我形象。佛教的发心、持戒、布施、四摄、修观等种种修行之道，都可以看作建立健康自我的技术。佛陀的自我观，基本上是从认识、改造、完善俗我入手，然后再观修无我而实现真我。俗我、假我、我慢，可以作为消除我慢，从小我走向大我、真我的桥梁。《杂阿含经》卷二十一第564经阿难为比丘尼说法曰：听说某位尊者尽诸有漏，证阿罗汉果，应当自思，我今何故不尽诸有漏？如此激励自己努力修行，直到断除我慢，叫做"依慢断慢""依爱断爱"。大乘更强调菩萨将自己努力塑造成众生中、社会上的杰出"我"，如《华严经·十回向品》号召菩萨"为一切众生作舍"、作护、作归、作趣、作安、作明、作灯、作导师；同经《净行品》教导菩萨应"与一切众生为依、为救、为归、为趣，为炬、为明、为照、为导、为胜导、为普导""于一切众生中为第一、为大、为胜、为最胜,为妙、为极妙,为上、为无上,为无等,为无等等"。

佛教在中国等地流传过程中,因历史、文化等原因,有忽视假我的偏向,但也并非没有关于建立假我的论述。如清汪大绅居士评论说,不学佛的人,我相是雌的、臭的、死的、肥的;学佛人的我相是雄的,如王维的我相香,苏东坡的我相活,黄庭坚的我相瘦。雌的,意谓是退缩的、被动的,相当于西方心理学家所说少年期以尊奉为特征的自我意识;臭的,意谓是污染的、卑下的;死的,意谓是病态的、僵固的、没有发展的;肥的,意谓是膨胀的、夸大的。雄,意谓发展的、刚健的;香,意谓高尚的;活,意谓灵活的;瘦,意谓清高的。我相与人的个性有关,如大洲、龙湖、紫柏以英雄入道,入道愈深,我相愈重而是雄的;王维、苏东坡、黄山谷以名士入道,入道愈深,我相愈有趣(具有人格美)。此我相,指以假我为中心而形成的人格特征、自我意识,既与学佛有关,也与各人原先的个性有关。他认为:

善学道者,不要强做着无我,只要在我相上着工夫。我相雌的可厌,要修得他雄起来;臭的可厌,要修得他香起来;死的可厌,要修得他活起来;肥的可厌,要修得他瘦起来。①

这是渐修之道。此所谓在我相上下工夫,即指自觉改造、完善俗我,塑造个人良好的个性或自我。哈佛大学心理学家、佛学家杰克·安格勒(Jack Engerler)说得好:

你必须要先作为某人,才可以什么人都不是。②

强调佛教修行也需要"包含全部意识发展光谱的发展心理学"。③ 先帮助人解决自我意识上的问题,消除心理障碍,自我意识达到相当成熟的层次,方宜参加禅修

---

① 〔清〕彭绍升:《居士传》,成都古籍书店 2000 年版,第 198 页。
② 肯·威尔伯、杰克·安格勒、丹尼尔·布朗:《意识的转化》,东方出版中心 2015 年版,第 24 页。
③ 肯·威尔伯、杰克·安格勒、丹尼尔·布朗:《意识的转化》,东方出版中心 2015 年版,第 25 页。

而观无我,成为当代西方禅师的经验结晶。

从佛法和现代心理学看,建立成熟、健康、良好的自我意识,塑造良好的自我形象,大略应注意如下四个问题:

1. 如实把握自我,确定自我实现的目标。

建立健全自我意识,在于如实认识自己,如实知见假我,具备"自知之明"。如实把握自我,应当把自我客观化,做自己的局外人,站在别人的角度审视自己;以佛法的缘起法则为指导,以清醒的、旁观的眼光,如实观察自己假我之构成、发展和对此假我的自我认知,观察分析自己的心理活动、行为及其结果;通过他人对自己的态度、通过与自己条件相似者的比较,以他人为镜认识自己,以自己活动的结果为镜认识自己,如实把握自己的能力、各个方面的素质、水平、优缺点、习以为常地对待困难的方式等,做出如实的自我评价。不仅观察自己的意识层面,而且通过对无意识的心理活动、动作、梦等的观察分析,深入把握自己的潜意识;知道自己压抑的情欲、隐藏的动机,知道情感心情与感情事件的关系;用历史的眼光审视感情,无无益的后悔与内疚,也好汉不谈当年勇;还要发现自己的潜能,努力开发,争取自我实现。

应根据对自我、自己潜能的如实把握,根据自己的条件及社会、群体对自己的期望,确定自己的奋斗目标,设定期望的自我形象,明确自己应成为什么样的人、具备哪些人格品质。这一目标既要高于现实,又要具有可实现性,不做不可能实现的梦。星云法师《人间佛教的戒定慧》教人:

要建立自我的信心、自我的期许、自我的目标。①

应制订完善自己的相应计划和程序,列出行动的方案,尽力做好所有力所能及的事,在行动中运用自我分析、自我鼓励、自我监督、自我命令等激励方法,强化自我控制力,努力塑造理想的自我。郑石岩《胜任自己》说:

---

① 星云:《人间佛教现代律仪——人间佛教的戒定慧》,载《佛教文化》,2007年第4期。

怀着过高的抱负水准，会驱动自己不断努力，错把生活视为手段，误将虚妄的想法当目的。于是……也失去生活的快乐，失去活下去的意义和价值。①

俗言，金无足赤，人非完人，不宜苛求自己完美无缺。自我肯定、自我认同、自我接纳，是塑造良好自我的妙法。可制一张表，客观地列出自己的优点和缺点，省察自己的个性，对所有的优缺点加以注意，从工作、专长、贡献和自己的特征中认清自己的价值，接纳自己的本质，欣赏自己的优点、长处、成就和潜能，不妄自菲薄；认清自己的缺点，决心改变能改变的。星云法师教人：

找出自己最大的缺点，要有改变的愿力，切实执行。②

要把做过的错事记住，不断地自我警惕，自我提醒，要能"不贰过"。《西藏医心术》说：任何正面的素质，不管大小，都要训练自己去注意它，并感到欣慰。一个人越是能深入探索自己的内心，就越能自我接纳，其发现也越能用于别人身上。越是能体验自己和别人的感受，就越是能和别人协作。

如实把握自我，应抛弃用来应付生活的虚假的外相、面具或角色，恢复代表自己本性，反映实现趋向要求的经验、态度和行为方式，亦即西方心理学所谓真我。人如果长期生活在社会角色的自我里，生活在面具后面，只认此虚假自我而忘记了本真的自我，便会出现心理障碍。心理治疗以"去伪存真"为重建自我、恢复心理健康之要。

如实把握自我，不仅是立身处世、成就一切世间事业所必须，对佛教修行亦极其重要。一个学佛人若不能正确地建立自我意识，对自己的根器、条件和适宜修学的法门、修学佛法的进程缺乏必要的了解，将修证目标定得过高，往往会发生罗杰斯等所说觉知到的自我与真实自我不和谐的问题，导致心理冲突、自我崩溃，乃至发生心理障碍、精神病。如不切实际地急切求证，想要即刻开悟、证到罗汉果乃至即身成佛，当修行多年发现此一目标遥不可及时，便

---

①郑石岩：《胜任自己：培养心力，沃壮人生》，台北远流出版公司2001年版，第81页。

②星云：《在入世与出世之间》，上海人民出版社2010年版，第46页。

可能精神崩溃或信仰动摇，严重者以自杀了结。或自认为修行好、德高望重，已经证果、成佛，当发现别人不把他当作圣人来尊敬崇拜时，便会因损伤自尊而恼怒，严重者可能导致精神病。佛教以未证言证为大妄语，戒律说实未得定发通而妄言得定发通，实未证到圣果而妄言或自以为证得圣果，必堕地狱。不能如实把握自己的人，往往也不能如实认识别人，容易把凡夫看作圣人，堕入迷信，或把圣人看作凡夫，轻慢贤圣。

2. 建立自尊和自信。

自尊和自信，为自我意识健全的重要标志。自尊，是靠别人赋予自己价值；自信，则是自己固有的价值。弘一法师《青年佛教徒应注意的四项》中说：

"自尊"就是自己尊重自己，可是人都喜欢人家尊重我，而不知我自己尊重自己；不知道要想人家尊重自己，必须从我自己尊重自己做起。[1]

自尊与贡高不同，贡高是妄自尊大，目空一切；自尊是自己增进自己的德业，其中并没有一丝一毫看不起人的意思。郑石岩《胜任自己》说自尊是个人心理健康的主轴，培养自尊，是教育上的重要课题。自尊方能自重，自重方能被人尊重。"尊"是尊重，健康的自尊与理性、应变、承认错误的意愿和胆量、仁慈、合作相联系，不健康的自尊则与非理性、不切实际、顽固、恐惧新事物、不当地顺从或反抗、过分地埋怨、霸道、对人怀恐惧与敌意相关。自尊心太强往往是自信不足的表现，会导致自卑与逃避。高自尊者能自我接纳、恰当自我展示、开放自我、自我赞许、自我超越；低自尊则影响进步及身心健康，使人缺乏自信心，讨好别人，在社交场合拘谨，导致别人的不重视，自己也易因被孤立而痛苦。语云："人必自侮然后人侮之，人必自轻然后人轻之。"自尊和他尊（尊重他人），意味使自己受到集体和他人的尊重。肯定和赞许别人的优点和成就，提升他的自尊，自己也可得到被尊重的回报。具有相同自尊水平的人互相容易相处，容易成为朋友乃至情侣，自尊水平相差太大则不易相处，自视过高使别人难以接近。

---

[1] 李叔同：《弘一法师说佛讲禅解经》，金城出版社2012年版，第32页。

没有健康的自尊或自尊受损伤，会导致与自尊相反的自卑，自卑的人悲观、畏缩、不安、焦虑，自暴自弃，不敢肯定和接纳自己的潜能，不敢回应挑战，无法发挥生命的活力，即便得到成功，生活富裕，也难得快乐。自卑者为了消除其自卑感，常表现出傲慢自大、有意做作掩饰或处处想凌驾他人的样子。自卑者容易拿自己的短处与别人的长处比较而增加自卑、失落感，往往有很强的防卫心理，容易对别人的批评、拒绝乃至表情眼光产生过敏性反应，对人常怀防范心理与敌意，容易因被别人看一眼之类的小事而情绪冲动。自卑自轻，容易被别人所卑所轻。若自轻自贱，应多想自己的优点长处，重温奋斗目标。发菩提心、观自心佛性，是提高自尊、治疗自卑的妙法。洪启嵩《以禅疗心：现代 EQ 禅法》说，自卑（缩小自己）的另一方式为自怜（放大自己），治疗自卑，先放松，念诵梵藏文"嗡"字，观想其声音共振全身每一细胞，化成薪火，化成气，以火烧去自卑，明照自卑。

自尊，意味着一种较高的或理想的自我，理想的自我是在社会生活中由想象如何看待受人羡慕的人而建立起来的，或曰是在效法榜样人物或先儒所谓希贤希圣中建立起来的。佛教徒皈依佛、皈依圣僧，发菩提心，希求证果成佛，便有以佛、圣僧为理想自我，建立高度自尊的作用。

自尊与自信密不可分，自信，是自尊的首要内容，乃人成就一切事业的根本。只有充满自信，才会努力去完成所做，才能朝气蓬勃，才会乐观向上。缺乏自信的人在挑战面前畏畏缩缩，不能发挥本有的能力，容易迷信命运，依赖别人或仰仗神佛佑助。要有靠自己的努力实现自己的人生理想、创造自我价值，及为人类做贡献以创造社会价值的自信。应确信天生我才必有用，确信只有自己才是自己人生航船的舵手，才是自己人生的设计师，才是自我认定的最终决定者，如佛所教导的"以自为灯，以自为洲"。自信，属佛学善心所之首"信"心所的功能之一，即信"有能"，相信自己有成功生活乃至成就菩提的能力。应确信自己有善根、有能力行善学佛，可以净化自心，提高精神境界和人格形象。培养自信，应坚守积极的思考方式，多培养自己的优点，少挑剔无法改变的缺陷；多鼓励自己负起责任，少给自己偷懒的借口。

具正信的大乘佛教徒，更应确信自己具足佛性，自己心性与佛无别，"尊重己灵"，发菩提心。佛子罗睺罗出家后因迟迟不能证得道果而自卑，佛陀教以偈云：

十方无量诸众生，念念已证善逝果，
彼既丈夫我亦尔，何得自轻而退屈！①

《华严经》卷二十三谓菩萨修行时应常念：

彼诸众生不能自救，何能救他？唯我一人，志独无侣，修集善根……

一个人若不敢承当自心具足佛性，不想追求成佛，是一种自卑情结，是对自己凡夫俗子幻相、假我的执着。《摄大乘论》说修菩萨行者应以三种相磨练心：一是想无量世界有无量众生刹那成佛，我也应能。二是想我已获得如是意乐，由此少用功力，便可圆满六度。三是即使成就有漏善者，命终时也会有所希望的可爱果报出现，我已经修行了佛法妙善、无障碍善，如何能不圆满佛道？由如此磨练，增长自信和力量。

提高自信，应自我激发，充满热诚、干劲和信心，抱天下无难事的乐观态度；应具体确定要达到的目标、确定要付出多少努力、规定实现日期、拟定实现计划，每天检查督促自己。

3. 在关注他人、奉献社会中展现自我。

人是社会动物，其生存依赖于人类、社会，每个人的人生价值和生命意义，需在社会活动中体现，其自我意识，也只有在社会活动中才能不断趋于完善。在关注自己的同时，也应关注他人、关注社会，在为他人、社会服务奉献中，展现自我、圆成自我。大乘说只有在众生中、社会上勤修菩萨万行，圆满福慧，才可成佛。

一个人在社会活动中、生产性创造中做得越好，贡献越大，越是看到自己的工作产生了预期的、有益的社会效应，越是觉得别人、社会需要自己，怀有满足别人对自己的需要、为社会做更大贡献的自信和自尊，就越会感到

---

① 《宗镜录》卷七十六。

自己活得有意义、有价值，心理也就越健康、越安乐。反之，如果将自己禁闭在私我的狭小囚室中，只考虑自己，或如一些佛教徒只关心自己证果解脱，不积极关心、服务他人和社会，就会感到自己在人群和社会中可有可无，是多余甚或被抛弃遗忘的人，感到与他人、社会格格不入，活得没有价值和意义，身心肯定不会健康，甚至会出毛病。只关心自己修行解脱的佛教徒，往往处理不好自己和家庭、社会的关系，修行也往往徒劳无功、多有障碍——自私心太重，乃最根本的烦恼、学佛解脱的最大障碍。

大乘佛教号召修行者发菩提心，修六度四摄，积极主动地服务众生，带动众生，在利乐众生、庄严国土的无尽活动中共同圆满福慧，成就佛果，就有在为他人和社会无限的服务奉献中才能实现真正自我的意味。大乘说菩萨行者与众生相处的原则大略有四：

第一，关怀众生，对众生的苦乐感同身受。如经言"于诸众生视若自己"（《无量寿经》），"见他受苦，如己无异"（《优婆塞戒经》）。这需要经常设身处地体验别人的痛苦和困难，培养、增广对他人的慈悲心。

第二，高度尊重众生而自我谦卑。《大乘本生心地观经》卷五说菩萨应：

观诸众生是佛化身，观于自身为实愚夫；观诸有情作尊贵想，观于自身为僮仆想。

《佛说佛母宝德藏般若波罗蜜经》等号召菩萨利乐众生应如仆事主、如母护子，处处为众生着想而不计自身的利益。用现代语言讲，即全身心地奉献众生、服务众生，在这种奉献服务中，自然会树立崇高的、受众生尊敬爱戴的自我形象。

第三，在社会活动和与他人的交往中，应善于自我展示，既能向他人宣泄内心、获得信任，又善于了解他人的需要，使他人向自己开放，并展示他自己。佛法"四摄法"中的"同事"，即有由互相展示、互相了解而与众生打成一片的意味。

第四，在与众生的交往和社会活动中，积极培养人际交往、控制情绪、缓解压力、换位思考、应对、自律等能力。换位思考，谓站在别人的立场看问题,体会别人的想法,而非仅仅从自我出发。这是提高人际关系智力的重要途径。

4. 打破自我设限,开发佛性潜能。

自我设限,即自认为"我只能如此""我的发展到顶了",这种自卑情结,使人回避内在的使命感,阻碍人开发自己的潜能,限制人向上发展。从佛法看,认为自己就是这样,只能这样,自我设限,是一种自我限制的深重分别我执,必须破除。佛性潜能无限,是永远也开采不尽的宝藏,提供给每个人自我无限发展的空间。应该不断发展完善自我,不断充实自己,提高自己,提高智慧、能力,提升精神境界,突破自我设限的人生,不断推进自我的发展,不断自我超越,"超越自己而成为自己"。应充分开发潜能,利用精神力量战胜惰性。可以名人名言为座右铭,以佛陀和高僧大德为榜样,进行自我激励。在预定目标时,不妄自菲薄,把自我的设定弄成自我的设限而故步自封。达到目标后,更应设定新的、更高的目标。

开发潜能,不仅要打破自己的设限,也要打破别人对自己的设限,不拘泥于别人对自己的认定,人不是为别人的眼光而活着,不需以别人的掌声为营养。应通过努力改变自己在别人眼中的形象,给别人以"士别三日,当刮目相看"之感。

设定"自我意象"——"我是何种人"的自我信念,是一种打破自我设限、开发潜能的有效方法。一个人的一切行动、情感、才能,永远与自我意象相吻合,你将遵照自认是什么样的人去发展。心理学家发现,设想一个理想自我的目标,令之潜入潜意识,将释放出巨大的生命力,此法可以戏剧性地转变人的个性、健康、才能和天赋。佛教密教的"自观成本尊"法,便是依据此原理设计,Peale博士《心像》一书谓佛教徒自观成本尊是"固定而有系统地"运用了心像或自我意象方法,在潜意识的画面上抹去一向自我认同的凡夫相,重绘佛像,化解划地自限的自卑心理,强化"我即佛"的自尊心理。时时想象自己是具有哪些心理特征和才能的成功者,或想象自己是佛菩萨的化身,按照所设定的人格在生活中去行事,会起到逐渐改造自己、铸成理想人格的作用。

建立健全的自我意识，还应用当代心理学常用的自我监督（省察自己）、自我强化（自我奖赏或自我谴责、自我否定）等方法，培养行为自控能力，自我调节，改变不良习惯，培养需要的特定行为。心理学家发现，情绪会影响人的自我意识，失败、挫折、不开心的事情常使人自视过低，讨厌自己，损伤自尊。忧郁者在评价自己和未来时较易使用自我责备和自我反对的图式，容易采取无充足论据而仓促下结论、只注意符合自我挫败图式的信息等错误认知模式，做出不合逻辑的推论。保持乐观健康的情绪，是维持稳定的自我意识所必须的。

帮助别人特别是青少年建立正确的自我意识，乃家长、教育工作者、心理医生的天职。西方心理学强调，心理医生的任务是帮助一个人如实认识自己，清楚自己的缺点和错误，然后修正它，将它化作光明面，点燃他的心灯。婴幼期、少年期的遭遇和成长环境、教育，对一个人终身自我意识和人格的健康起着关键性的作用，幼时被凌虐、遗弃、轻蔑、屡屡失败及被过分娇惯、经常被捧的人，难以建立健康自尊，不是自卑、自暴自弃，便是骄傲、骄横、暴戾，成年后往往形成病态人格。家长、教师，应特别注重孩子在这一时期正确自我意识的培养。

三、无我、真我与自我实现

建立正确自我意识、塑造理想自我的要点，在佛法看来，在于破除我执，实现真我。

要发展出真正健全、无自私之弊的真我，唯有用佛法如实知见的智慧观察无我，解开假我、俗我的绳索，摘下社会角色的面具，体证无我之大我、真我。汪大绅所说在我相上下工夫以改造自我的顿修之道，便是用禅宗的方法直接参究我相，见到佛性真我：

将这我相做亲人看待，极力的觅这我相。觅来觅去，要觅他来见一面，觅

到一面也不得见……[1]

当代台湾萧平实居士《我与无我》中说：要真正消融自我，就必须现前观察十八界统统虚妄无常；把"觉知心真常不坏"的邪见消灭掉，灭除了以后，再把处处作主的意根对自己的执着、对觉知心的执着也消除掉，才能够真正证得无我。

对自我的执着、自我中心、自私自利，是种种人生痛苦和一切丑恶社会现象、一切罪恶的渊薮。中国古代的道、儒、墨等先哲，对执着私我的害处，也多少有所认识。《老子》谓"吾所以有大患者，为吾有身，及吾无身，吾有何患？""后其身而身先，外其身而身存。"以执着自身为痛苦祸患的根源，提倡以"无私"而"成其私"（成就自己的事业）。孔子强调"毋意、毋必、毋固、毋我"四绝，指出看问题要防止主观成见，不可固执己见。庄子主张忘记世间的名利、荣辱、得失、是非，忘记自己的身体，获得精神上的"逍遥游"，向往"至人无己，神人无功，圣人无名"，还讲述了以"丧我"（忘记自我）及外天下、外物、外生为要而达"见独"（见到绝对的道）、不生不死的修行方法。婆罗门教也主张透过外在的食味、生气、现藏、认识所成我而体证真实的妙乐我。《奥义书》有言：

只要想着这是我、这是我的，就会被自我所缚，犹如鸟被罗网所困。

基督教神秘主义者说"挖空自己"而"与主同在"。以自我为中心的个人主义，总是受到指责。无私、忘我，被包括马克思主义在内的多家学说作为高尚道德、完美人格。自私，可谓万恶之源，被称为"人类永恒的毒药"。

对假我、俗我只是如此或即是实我的执着，及由此所生的我慢、我爱，是佛学极力破除的烦恼之本。贪、嗔、嫉、慢等一切烦恼，及由这些烦恼导演的残杀、战争、敲剥、欺诈、贪污、淫乱、劫盗、贩毒、走私等种种人间丑剧，乃至生、老、病、死等苦恼，终归以误认、执着五蕴为私我的妄执为本。我执，乃万恶之源、生死之根，我见不破，世无宁日，我执不除，生死不已。种

---

[1] 〔清〕彭绍升：《居士传》，成都古籍书店2000年版，第198页。

种假我的不健康乃至邪恶，如汪大绅所说的世人我相的雌、臭、死、肥，皆由我执过大，把所认的假我及钱、财、名、位等我所看得太重。无我，观假我之假，减轻乃至消除自私，乃针治此类心理痼疾、塑造健康自我的良药。木村泰贤《大乘佛教思想论》说，自我观的发达，是内观和外延成正比，内观越深，外面的活用愈广大：

离了感觉的肉欲的因素，无论内外自我都会逐渐扩大。

人越是自私，其自我会越小，其人格越低劣；越是能无我，则自我越是广大，乃至得到永恒自在的真我、大我。肯恩·威尔伯的意识层次图指出：从心灵分裂和发展的层次看，人对自我的限定越是狭窄，层次愈浅，便有愈多的存在领域被排除在自我之外，成为非我。

西方心理学家普遍认为：对自我过分执着、自我中心，不利于个人的身心健康和社会的文明进步。自我中心强的人必然自私，心理防卫性强，太在意别人对自己的评价和态度，对他人、集体、国家缺乏爱心和关怀，容易损人利己，很难有和谐的爱情、家庭生活和良好的人际关系，因而也不利于自己的健康，不可能为社会、人类做出太大的贡献。在认知和学习上，自我中心强的人常被我执遮蔽慧眼，固执己见，主观武断，不易接受新观念，容易忽略重要信息而导致失败。劳瑞·史维茨从临床经验中总结出：最常提及自己、语言中最多"我"，自我中心强的人，较容易得冠心病。自我中心是导致精神心理问题，特别是自恋狂、过分自卑、妄想狂等的最终原因。减轻、破除我执，为重要的心理疗法。超个人心理学家认为：将我的情绪、思想等客体我误认为真我，是许多心理疾病的病根，非一般心理分析法所能处理。

西方心理学家在治疗实践中运用、认同了佛教的无我观。荣格指出：精神疗法应转化、消泯人们不断膨胀、追求自私的自我，使其不居于人格的中心。佛教观无我而"升华"，实质便是将精神力的中心从自我意识中抽离出来，使其从属于超个体、无实体的"自性"。

马斯洛认为，不能超越个人、自我，人就会成为病态的、狂暴的、虚无的，或失望的、冷漠的。过于执着自我而追求自我实现，可能会只顾自己的自我实现而不考虑别人和社会，成为"自私的自我实现者"。他批评西方心理学尤其是精神分析学历来是自我中心的，认为印度教和佛教憎恨自我（假我）也有其道理，赞赏东方人的自我超越、自我消失、摒弃自我意识并观照自我而达到天人合一、物我一体，说自我实现、超自我实现一直向上，其终极目标应该是与佛家的无愿、无住涅槃趋归一途的。自我达到颠峰的自我实现者，才能无私、忘我、利他、献身，容易按事物的本来面目认识实物。自我实现者的"高峰体验"的主要特征是"忘我"，这种体验类似禅宗的顿悟，只能如瓜熟蒂落、水到渠成，自然突如其来，不可有意强求。

弗兰克尔的"意义分析治疗"，以帮助囿于自我的患者反省所执自我的不真实，解除病症。爱泼斯坦将佛教的禅修带进精神分析，认为与其聚焦于感情，还不如将治疗焦点转向领悟"主我（the I）"及其虚妄性，去领悟空和无我的境界，这正是佛祖教导我们从苦难中解脱出来的唯一途径。

方迪"微精神分析学"提出观察无我的三要：

1. 我的细胞甚至我的血液都原不属于我。
2. 我的尝试本能及其能量原不属于我。
3. 所有我做的梦构成一个我梦，而这个原不属于我。

每次分析数小时，每周至少5次，通过分析，使患者返回超越潜意识的虚空。

超个人心理学家认为：引导患者进至自我了解，发掘出隐藏的自我倒影，体认真我——痛苦等感觉之底里的非痛苦的觉者、意识中枢，方能彻底治疗因自我迷失而导致的精神心理疾病。如果企望接近自己的核心或真我，必须像荣格所说那样，像佛教徒修观那样，沉静下来，不断地向内寻求，超越自我而进入生命深处的精神本体和智慧之源——真我或"觉识中心"，亦即佛教所言佛性，一旦进入真我，就能瞥见事物的普遍性，感到和谐、统一、欢乐，体会到全人类和自然界本为一体，自然怀有对全体众生的大慈大悲。

西方心理学家大多主张，通过无我而自我实现、自我超越、体验真我，须先健全自我意识，这与汪大绅所说先修好俗我的佛法渐修之道相合。荣格说，在消除这个自我之前，应先通过分析来培养有意识的自我和训练理解力。马斯洛认为，多数人达到高度自我实现的最佳途径，不应是东方式的禁欲主义，而应是先经由基本需要的满足，达到"仅仅健康型的自我实现"，不断地实现潜能，完成天职，成为更实际、更现实、更入世、更能干和更多地生活在此时此地的凡俗之人，再经由同一性，完成一个超个人意义上"超越型自我实现"，获得对宇宙人生及真我的领悟。阿萨鸠里将健康的成年人的发展分为两个阶段：第一个阶段是个人的心理综合，用考问"我是谁""内部对话技术"（向一位内在的老师或圣贤提问）等技术，探讨自己的心理结构，熟悉自己个体潜意识的内容，使作为个人核心意识的主我（the I）得以发展，达到次级人格的整合、控制和平衡；第二个阶段是精神的心理综合，真我（the self）的发展，先运用玫瑰、莲花、太阳等抽象的象征，通过积极想象和音乐，以唤起真我的体验，再运用成熟的技术如静修（meditation）以促进精神的发展。

当代西方禅师杰克·康菲尔德《踏上心灵幽径》一书中总结其多年指导禅修的经验，认为培养健全的自我意识与发现真我应并行，须先了解、释放有缺陷的自我意识，明白自我防卫和他人的希望如何遮掩我们的真我，让心从恐惧、迷惑、愤怒中释放，进一步发展人格、智慧、力量、技巧、悲悯，他强调：

只有结合自我的发展与发现及对自我空性的认识，我们才能完全了解真我。①

（美）卫克夫人《神识出游的经历》将用佛法的中道观处理假我与真我关系的技术归纳为"检点你的用心"：在对某事下结论之前，先放弃主观，检讨我对此事有何偏见？我不喜欢别人的什么？我过去的教养对此事如何看待？有关的人曾得罪我吗？我赞同他们的信仰和思想吗？我是否看到我不喜欢人的长处？应视"自我"（假我）为友，它的行为不当是我多生以来累积的，它是一

---

① [美] 杰克·康菲尔德：《踏上心灵幽径》，深圳报业集团出版社 2009 年版，第 215 页。

位忠仆，真我需要下属的假我才能表达。自我分为高下两层，以心念为调和者。高层的真我包括爱、美、直觉、精神本体，低层的假我为分别世事、认识物体、容纳观念、意识思维、情感的集合体，能做决定并付诸行动。高下两层皆以潜意识为仓库，只要知道领货的手续，都可支用。

总之，佛教的无我论，不仅是一种真理观、自我观，而且是一种具体的修行方法、治疗技术，在古今中外的诸家学说中，它一帜独树，引人瞩目，具有巨大的社会教化作用和宝贵的理论价值。其他学说，都没有像佛教那样高树诸法无我的法幢，论述无我也远没有佛教那样精密彻底，有堕于佛教所谓我、人、众生、寿者四相之嫌。佛教则直击种种心灵问题、社会问题和生死苦恼的根源，直捣一切烦恼的巢穴，旗帜鲜明地强调诸法无我，揭露了种种我见的错谬和执着假我的祸患，指出破除我见我执、体证真我之道，开出了一剂根治社会人心痼疾的灵丹妙药。

佛教的无我说，可以陶铸出一种为众生牺牲的大无畏精神，如《饮冰室合集·谭嗣同传》所言：我身既然无可私可爱，"则毋宁舍其身以为众生之牺牲，以行吾心之所安"。谭嗣同正是本着这种精神为变法慷慨就义的，他在《仁学》中说：

故夫善学佛者，未有不震动奋厉而雄强刚猛者也。

对于今天这个个人主义泛滥成灾、自我迷失病日益蔓延的人间，佛教无我论有如暮色苍茫中深沉幽远的古钟梵韵，给觅求归途的人们以警戒、启示和希望，提醒人们反省自身，追问自我，找到真正可靠的安身立命之本。

第六节　人格的形成及分类

人格，实即每个人的社会性自我，关于人格的形成和分类，是现代人格心理学的主要内容，佛学对此有不少说法。

一、人格的定义及形成的因缘

人格（personality）一语，源出拉丁文 persona，原意为面具、脸谱，有个人具有的特质、行为模式的总和、"一个人内部决定他对其环境独特地适应的心身系统的动力组织"等解释，奥尔波特列举人格的定义达 50 种。陈仲庚《人格心理学》一书总结说，人格包括全面整体的人、持久统一的自我、有特色的个人、社会化的客体 4 个方面。中国心理学家定义人格为"具有一定倾向性的心理特征的总和"，具有结构性、层次性、多侧面性，由能力、气质、性格、活动倾向性特征（需要、动机、兴趣、理想、信念、世界观等）组成，是动态和静态的结合。

西方心理学所谓人格，从佛学看来，无非是被执为"我"的个体身、口、意三业活动中表现出来的具有相当持久性、统合性的性格、气质、自我意识、能力、动机、爱好、情绪、情操、态度、人生观、价值观、信念、理想等心理内容，或曰个人在社会生活中所表现出来的个性、品格，个人比较稳定的心理特性总和，具有动力一致性和连续性、持久性的自我。总之不出受、想、行、识四蕴的范围。佛经中常说的"根性"（秉性）、"性欲"（兴趣、爱好）之"性"，大致相当于心理学上常被视作人格同义语的"个性""性格"——个体在其活动环境中所表现出来的精神态度、品质和本性。今或说研究结果证实个性终身不变。

人格为人内在的行为倾向性，它表现一个人的全体和综合形象，是决定人的所作所为、人生价值、生命层次、对社会和他人的利害之关键。有言曰："人格是最大的资产。"马斯洛说人的智慧、创造力、潜能，都从健全的人格中流出。大量证据说明：创造能力大、对人类有大贡献者，都是人格健全、高尚的人。人格高尚者具有正面的人格感染力，在社会生活和人际关系中给别人以好感；人格卑劣者往往是社会肿瘤、危害他人的反面人物。

心理因素还可能导致神经症、精神病中常见的人格解体、交替人格、双重人格、多重人格等自我意识障碍，及反社会型、偏执型、妄想型、依赖型、分裂型、冲动型、表演型、边缘型、强迫型、被动攻击型等各种病态人格或人格障碍（性格紊乱）、人格变态。精神病学认为此类疾病都以人格发展不完善、不成熟为背景，是不良环境和人际关系刺激的结果。

多重角色、多重人格力量的冲突，是普遍的人生经验。当次级人格之间的冲突超过了一定限度，会导致人格分裂或解体。

人言："人心不同，各如其面。"各人的人格也千差万别。关于人格何以形成、何以有种种差别，西方心理学家有完全由遗传因素决定的人格特质论和完全由后天的环境影响学习而成的人格学习论两种对立的主张。精神病学认为因遗传和环境因素发育不全而导致的人格变态难以治疗。A.班杜拉的社会学习论则认为，人格的特质都是在社会环境中向别人模仿学习而形成的，如"见贤思齐""见不肖而内省"等。就人格形成是主动还是被动而言，有主张人格完全是被动的结构和完全由自主决定的两极对立，前者如精神分析学，后者如人本主义心理学。

与两极对立的人格形成说相比较，佛学可谓持中道的人格形成论。从佛法看，人格的形成，应说以"根"为因，以境为缘，是因缘和合的产物。此所谓"根"，指生来即具的秉性，是一种异熟果，有如植物的茎、叶、花、果必从其根而生，人的天赋根性，是形成人性格的根本和起点。西方心理学家认为，人格形成的重要因素气质——心理活动的强度、速度、稳定性、灵活性、指向性等稳定的动力特征，主要由先天的生理性素质所决定。人格的形成或许与遗传因素有关，子女的性格多与其父母、祖父母、姑舅等血缘近亲相近。心理学家认为50％—55％的个性来自遗传，终身不变。

就唯识学言，天赋的根性，无非是阿赖耶识中所藏的心、心所种子，及一部分异熟果——属于生理性因素的"根身"——包括被西方心理学家认为是决定人格的重要因素的生理素质，及血型、基因、染色体等遗传因素。生存环境包括社会文化、民族性格等能影响个体人格形成的因素，也是宿世的业所感得的异熟果，属阿赖耶识相分。先天的根性须在后天的生活中才能得到表现，在表现的过程中又不可避免地受家庭、社会环境的不断影响、熏染而增长或减弱、改变。荣格说集体无意识中的人格面具（在社会生活中公开展示的一面）、阿尼玛（男人心理中女性的一面）和阿尼姆斯（女人心理中男性的一面）、阴影（最基本的动物性）、自性（将人格统一为一体的作用）5种原型，对人格的形成起着十分重要的作用。前4种原型可看作阿赖耶识中的种子，自性可看作心王阿赖耶识的统一作用。

作为因缘所生法的人格特质，并非一成不变的自性，而是不断受熏、不断塑造的过程。一个人幼时的性格和成年后的性格往往有所不同，如幼时因环境压抑而性格内向者，以后因得志而转为外倾；凶恶的罪犯被改造成良善守法的好人；原来有操守的革命者在金钱美色的诱惑腐蚀下变成贪官污吏；淳朴的山民走进城市后变成狡诈的奸商……如此等等，是生活中习见不鲜的现象。加州大学心理研究中心从13万例证发现：人的性格一直在变，20多岁有更强的组织纪律性，30多岁喜欢与人交往，越老越保守。

一个成年人的人格，在佛学看来完全是自己塑造而成，是好是坏，责任完全在自己。有言曰："行为养成习惯，习惯造就性格，性格决定人生。"荣格认为人格既受个人无意识和集体无意识中原型的制约，以深藏在胚胎基质中的遗传因素为因，也受环境中父母、教师、宗教等的影响。其说更近佛学人格以种子为因、环境为缘逐渐形成的缘起论。

关于人格在后天的形成过程，按佛教的三世十二因缘说，可分为触、受、爱、取、有五个阶段。

触（梵文 sparśa），指入胎至二三岁之间，心心所种子潜伏，混沌未开，感知器官虽然逐渐成熟，对外境有所感受，但几乎没有意识的分别，性格、自我意识处于萌芽阶段，尚不明显。研究证明，六个月的胎儿，有了相当发达的触觉和听觉，不仅可听到母体血液循环的湍流声、心跳声，感觉到母亲肠胃的蠕动，还能"窃听"到母亲讲话及外界的音乐、噪音等声音。后现代精神分析学说婴儿在第一年里学会将自我与客体分化，第二年学会怀着爱恨参半的感情生活。

受（梵文 vedanā），指二三岁到十四五岁之间，逐渐接触外境，接受家庭、社会的教育、影响，对所接收的各种信息有了自己的感受，初步表现出自己的心理特质。精神分析学认为幼年时期是人一生人格形成的关键时期，若不能在良好的条件下发展超我，则以后会形成人格障碍。阿德勒说不同的性格类型在儿童时期开始形成，如一些孩子朝获得权力和勇气的方向发展，一些孩子则利用自己的弱小来投机。个体独特的人格结构（包括目标和相应的奋斗方式）组成其行为方式，形成行为方式的重要因素有排行、体质、被忽视或被溺爱的程度等。人一般不能觉察自己在幼年期形成的行为方式。《理解人性》一书中说：

> 个体很难偏离他童年形成的行为方式。几乎没有人能改变他们童年的行为方式，虽然在成年后他们发现自己已置身完全不同的环境当中。①

爱（梵文 tṛṣṇā），指十四五岁至成人期间，情窦打开，不仅贪男爱女，有了性爱冲动，而且对金钱、事业、名利、权力等产生贪爱、向往，有了自己的人生追求、人生理想，人格特征逐渐形成。埃立克森认为青春期的主要任务即是寻找个性，建立完整人格。

取（梵文 upādāna），为执着、选择、占有、追求之意，指青年以后，在社会生活中为自己的人生理想而努力，主动选择人生道路，在世界观、人生态度（见）、意志、动机（欲）、感情、价值观、自我观念等方面形成稳定的个体特质，人格趋于成熟、定型。荣格认为一个人人格的成熟，在 30 岁以后的成年期。

定型的人格，可称为"有"（梵文 bhava），谓固定的人格形态、存在样式。佛学认为此"有"不但在今生有稳定性，而且必然决定来世的"有"，导致又一次生死，决定来生的生命形态和性格。

二、人格与动物习性

基督教说，人一半是天使，一半是动物。自生物进化论发明以来，世人大

---

① [奥] 阿尔弗雷德·阿德勒：《理解人性》，陈太胜、陈文颖译，国际文化出版公司 2000 年版，第 10 页。

都认为人类由低等动物到猿猴逐渐进化而成,是哺乳动物、灵长类动物中的一种,或曰人是社会动物、理性动物、感情动物。人类的躯体和饮食方式,乃至家庭结构、社会制度,都与猿猴多所相近,只不过比猿猴进化程度高一级而已。人兽之辨,为基督教神学研讨的重大问题。按荣格的集体无意识说和生物进化论,则每个人的集体无意识中,都应该有祖先们在漫长进化历程中所积淀的动物"原型"。荣格所说在人格形成上起重要作用的阴影(the shadow),即容纳着人最基本的动物性,其作用特别表现在与同性者的关系中。

在佛学看来,从生死轮回的角度讲,人、人格与动物有非常密切的关系。每个人无始以来在地狱、饿鬼、畜生、人、修罗、天六道中无数次地往来,作恶堕落易而行善上升难,如《地藏菩萨本愿经》所言,此世界之人"善少恶多""纵发善心,须臾即退,若遇恶缘,念念增长",未免多时堕于地狱、饿鬼、畜生"三恶道"中。《楞严经》卷八说,在世时造有十恶业者,死后先入地狱,地狱刑满后生为饿鬼,饿鬼罪毕后"身为畜生,酬其宿债",宿债还完,一期恶业之报方算了结,然后才能再生为人。长期沦为畜生,必然在阿赖耶识仓库中积储了许多畜生的习气种子,难免会对再生为人之后的人格产生影响,使人格或多或少带有某种动物习性。《楞严经》卷八说,由在降生为人之前所做的畜生种类之不同,生为人后会表现出十大类不同的人格:

1. 顽类。以顽冥不化、蛮横无礼为人格特征。此类人多从枭(猫头鹰)类等凶禽转生,宿世因贪财物、造杀盗、诈骗等恶业而堕于寒冰地狱,刑满为怪鬼(树精等),今生多为歹徒、凶犯,犹带有凶禽的凶恶蛮横的性格。

2. 愚类。以愚痴无智、目光短浅、不思考存在问题为人格特征。此类人多从"咎征"(被认为是表凶兆的乌鸦等)转生,宿世因贪色而造淫乱等恶业,堕于猛火地狱,受卧铁床抱铜柱等刑,刑满为魅鬼(女妖)。别本作"异类",指性心理异常如同性恋癖之类。

3. 庸类。以庸庸碌碌、谄媚求荣为人格特征。此类人多从狐类转生,宿世因诳骗造恶业,堕入地狱,受鞭笞杖打等刑,刑满为魅鬼(狐狸精等)。

4. 狠类。以凶狠毒辣、刚愎暴躁为人格特征。此类人多由毒蛇、蜈蚣等毒虫转生，犹带有毒虫的性格。宿世因嗔、怒、怨、恨造恶业而堕入地狱，受斩、斫、割、刺等刑，刑满为蛊毒鬼。

5. 微类。以无理想、无智慧、缺乏对人生的反省、唯知满足于低层次的生存需要为人格特征。微类，意谓微不足道或卑微下贱的小人物。此类人多由蛔虫之类转生，宿世因贪、着、忆、想造恶业而堕于地狱，刑满为疠鬼（瘟疫鬼）。

6. 柔类。以懦弱为人格特征。此类人多从猪、羊、鸡、鸭等被人食用的动物（"食伦"）转生，宿世因骄慢造恶业而堕于血河、灰河、热沙、毒海等地狱，刑满为饿鬼。

7. 劳类。以甘于劳碌、能吃苦耐劳为人格特征。此类人多由牛、马、驴、骡等供人驱役的动物（"服伦"）转生，宿世因诬罔造恶业而堕入地狱，受合山合石、碾碓耕磨等刑罚，刑满为魇鬼。

8. 文类。以文雅内向、具艺术气质为人格特征。这种人多从凤凰、麒麟、龟、鹤等灵应之物（"应类"）转生，宿世因自恃聪明、执着邪见造恶业而堕于地狱，被勘问拷讯，刑满为魍魉鬼（山精）。

9. 明类。以聪明灵活、能言善辩为人格特征。此类人多从被认为是喜庆之兆的喜鹊等"休征类"转生，宿世因非法追求某一方面的成功造恶业而堕入地狱，被鉴见照烛，刑满为明灵之役使鬼（被咒术役使）。

10. 达类。以练达精明、谙熟人情世故、善于处理人际关系为人格特征。此类人多从被人驯服的犬、猫、猴子等"循类"转生，犹带有宠物的性格。宿世因结党营私造恶业而堕入地狱，受验对揭发，刑满为依人之传送鬼。

以上十种人格，是人众中所常见的，其人格特征皆与其前世的动物习性相关，带有某种动物的性格。人类虽然与猿猴最为相近，但各人的人格并非只是像猿猴，而是像许多种动物，暗示人不只是与猿猴相关。不仅从现实中许多人的身上可以发现某种动物的性格，即使整个人类，乃至当今科技文明高度发达时代的人类群体，也仍然未脱尽守护自己领地、互相攻击、互相残杀、不能主宰本能欲望等动物习性。今日人间还到处在进行的凶杀、剥削、劫夺，自古至今从来未断绝过的战争，及盲目破坏环境等群体行为，说明地球人类尚未彻底告别动物界。太虚《人性可善可恶》说：

人类具有理性，亦涵有动物性，所以人性可以善，可以恶，也可以善混恶。

在密教父母二续法的曼荼罗中，表示人心负面功能的忿怒诸尊，有狮、虎、狐、鹫、鹰、鸦、马、猪、蛇、蝎、狗、猴、蝙蝠、豹、熊、牦牛、羊、象、杜鹃、戴胜、鲸等头的各种忿怒母，分别表示某种心理特征或心所法，意味人心中本有各种动物性的种子，使人的心理活动和人格表现出某种动物性。人们常用某种动物来标指有些人的人格特征，如"人面兽心""衣冠禽兽"，及"吸血虫""老狐狸""狐狸精""蠢猪""笨驴""毒蛇""美女蛇""鹰犬""走狗""毒枭""枭雄""老黄牛"，等等。这大概不仅仅是一种文学性的比喻。实际上，大多数人的心理活动，有时往往在动物界，如起一念杀害、"宰人"之心时即是虎狼狮豹，起一念"吃人"之心时即是蚊子蚤虱，起一念报复心时即是蛇蝎蜈蚣，起一念贪吃贪睡心时即同于猪，起一念狡诈心时即同狐狸，起一念桀骜心时即同劣马，起一念谄媚心时即同于小哈巴狗。袁宗道（伯修）《西方合论原序》云：

眼前一念嗔相，即是怪蟒之形。

当然，有些人的人格特征，与动物习性完全无关，而表现出佛菩萨、声闻缘觉、仙人、诸天、人道的习性。如人格智慧、慈悲、超脱似佛菩萨者，则应以其阿赖耶识中的佛性种子为因，甚至可以看作佛菩萨的化身；清高、高洁、遁世型人格者，应以其阿赖耶识中的声闻、辟支佛或仙人种子为基；多福德自在、少人欲型人格，应以其阿赖耶识中的诸天种子为基；笃人伦、知报恩、尽责任型人格者，应以其阿赖耶识中的人道种子为基。

从修学佛法及心理健康的角度看，能内省而明察自己人格中的动物习性，是很有必要的，明察，才能改善，才可以去动物性而自我铸造成完人。

三、十法界与十大类人格

人们的人格特征千差万别，佛经中说众生"根性不等""性欲种种"。对不同的人格，东西哲人和心理学家有多种分类。中国古代从阴阳角度，分人为太阳型、少阳型、阴阳平衡型、太阴型、少阴型5类，孔子分人为狂、狷、中型3类和君子、小人两类，或庸人、士人、君子、贤人、圣人5类。西方人对人格的分类更多。如古希腊医生希波克拉特从生理特征着眼，按体液中所含某种成分的多少，将形成人格的重要因素气质分为胆汁质（暴躁）、多血质（乐观）、抑郁质（忧郁）、黏液质（冷静）4大类型。现代西方心理学从多种角度着眼，有多种精致的人格分类法。这些分类法，各有其根据，也各有其局限性，难以将所有人的人格特点囊括无遗。现代心理学还有投射、自陈量表、行为测验等评估各类人格的科学测量方法。

佛教经论中也有许多可以看作人格分类的说法，如《增一尼柯耶·四集》佛从信仰角度，说有聪明而不虔诚、不聪明也不虔诚、不聪明而虔诚、既聪明又虔诚4种人。《增一阿含经》列举出美德、诚实、刚毅、智慧4种人格，又有贪婪、憎恨、妄想、忠实、聪明、散漫6种人格特征，可以合为10种人格类型。《舍利弗阿毗昙论》卷八说凡夫人、非凡夫人、性人、菩萨人、缘觉人、正觉人、四向四果人、学人、无学人、盲人、一眼人、慈行人、悲行人等87种人。南传六论中的《人施设论》按从一到十递增的顺序，分10类论述了具有一种乃至10种不同品质的人。《瑜伽师地论》卷二列举62种有情，其中58种属人类。同论卷五九分众生为增上烦恼行、薄尘行、世间、未离欲、执着、不执着、幼少、根成熟等20种补特伽罗。同论卷六一从自利利他、忠信与技能、智慧、布施、持戒等方面区分上、中、下三士，又据其所爱好，分有情众为好寿（爱身体健康）、好色、好财、好友、好戒、好闻（爱知识）、梵行、好慧（爱智慧）、好法（爱真理）、好生天（爱宗教）10类。

就人格分类而言，天台宗的"一心十法界"，其实内涵有最能代表佛教人格类型说的思想。一心十法界，意谓每一众生的心识中都具足十重法界，法界，在这里为因、种子、种类义。十法界从主体方面讲，为十类有情：地狱、饿鬼、畜生、修罗、人、天、声闻、缘觉、菩萨、佛，这十类原是对宇宙中从低到高的一切有情的归纳，有生命类型、精神境界层次的意味。天台宗认为十类有情都具足于人间，可以从人的心理状态、精神境界、言行去判别其归属于哪一法界。日莲宗开创者日莲《观心本尊抄》也说从地狱到佛陀的十种法界皆在我们人类的五尺之躯中：

> 当一个人处于极度伤心的地步时，他就犹如身处地狱；当他现出贪婪时，他就类似于饿鬼；而当他显得愚蠢时，他就像畜生；当他显得邪恶时，他就是阿修罗；当他心情十分安宁平静时，也就是达到了人的状态；而当他高兴时，他也就处于天的状态。

池田大作根据日莲宗传统教义，认为十法界是"在个性化的自我中所可能存在的十种状态或范畴"①。西方心理学家也颇有将佛教所言六道看作人类心理状态或人格的比喻者。

依一心十法界义，人们的心理特征及其言行作为所表现出来的种种人格，可以大体归于十大类型：

1. 地狱型人格。其人格特征是极端自私、凶残、冷酷、阴险、卑鄙无耻，具有很强的扩张私我欲，性格外向，具攻击性、破坏性，智商往往不低，然怀善恶无报的邪见，"不信道德、不肯为善"②。其人生追求，只在财色、权利等物质性的东西，为实现对这些东西的占有欲，不顾他人和公众的利益，不管法令道德，不择手段，以损人利己之心，做出杀人放火、抢劫偷盗、强奸诈骗等上品恶行，小者成为各种刑事罪犯，大者为贪官暴君、民贼独夫，危害社会，祸国殃民。如《佛说无量寿经》卷二所言：居上不明，在位不正，陷人冤枉，损害忠良，心口各异，机伪多端，交结聚会，兴兵相伐，攻劫杀戮，强夺迫胁，给千百

---

① [日] 池田大作：《从地狱到佛陀》，缪家福译，载《法音》，1988年第5期。
② 《佛说无量清净平等觉经》卷四。

万人造成灾难。此类人即便尚未实际堕于地狱,而已被贪嗔邪见囚禁于幽暗的心灵地狱之中,其良心、智慧的光明被遮蔽不现,或被膨胀变态的贪嗔嫉恨之火焚烧熬煎,或受良心责罚和被众人唾弃、敌视、鄙视、背离之苦,内心不得安宁。而且往往触犯刑律,受国法惩处,被囚禁于人间的牢狱之中。池田大作据日莲《十字御书》说:

> 地狱是一种终极的苦恼、痛苦和挣扎的极限。①

2. 饿鬼型人格。其人格特质是自私、吝啬、谄曲、奸诈狡猾、心地阴暗,常"心怀鬼胎",打自己的小算盘。其智商亦未必低,多有小聪明,然其聪明主要用于营谋私利、投机取巧。此类人依赖性强,常怀从别人那里弄到、捞到什么的乞丐心理、奸商心理,与佛教所说以"他作自受""多希望"为特点的饿鬼的心态相同,具有弗洛伊德所谓"肛门便秘性格"和弗洛姆所谓"非生产型心理定向"中的"剥削型性格"特点,其人生态度以索取为主要取向,属中国人所谓的小人。饿鬼型人格还包括极其贪着某种东西的人,如人常说的烟鬼、大烟鬼、酒鬼、色鬼、吝啬鬼、小气鬼、贪吃鬼等。你看那吞云吐雾、自害害人、污染环境者,不就是活脱脱的"焰口饿鬼"?那妖里妖气以色诱人者,不就是活脱脱的"欲色饿鬼"?

心理学家也有以弗洛伊德所说口腔欲求(贪吃)为饿鬼道者。

3. 畜生型人格。其人格特质是愚痴无智,机械被动,庸庸碌碌,无远大理想,缺乏自我反省,只知吃喝睡觉、工作劳动,类似所谓的做牛做马,属于马斯洛所谓只知满足匮乏性需要的生存型人格。此类人未必无自然人的淳朴可爱,一般不损人利己,对财色名位没有太多的占有欲和野心,多是终生劳碌的平头小老百姓,然亦不离自我中心立场,其待人处世的出发点是弗洛姆所谓市场型的公平交换原则,谈不上高尚的道德情操,人格和人生缺乏理性光明和艺术美感。畜生型人格还包括缺乏人伦道德、野蛮、愚蠢、凶恶残暴,有如某种动物的人,如被人骂为"衣冠禽兽""蠢猪""笨驴""吸血虫""豺狼""哈巴

---

① [日]池田大作:《从地狱到佛陀》,缪家福译,载《法音》1988年第5期。

狗""老狐狸"等的人。

佛经中多处以动物比喻人格,如《增一阿含经·火灭品》卷七佛说比喻在寂静处作诸恶行后便羞耻悔过的人如乌鸦,比喻作诸恶行而不羞耻、不悔过的人如猪,比喻诸根不定、不能制持的沙门如驴,比喻诸根寂定、无复诸恶的沙门如牛。《佛说马有八态譬人经》以马有解缰时便掣车欲走等弊恶马之八态,譬喻闻说经便走不欲听等人之八弊恶态。《佛说马有三相经》以良马能走、有力、端正好色三相比喻善人三相。等等。

西方心理学家有以弗洛伊德所说性驱力为畜生道者。

4. 修罗型人格。修罗为佛教所说的一种神道或战神阿修罗音译之略。修罗型人格的特征,是能按社会道德规范约束自身,守纪律,讲奉献,有集体主义精神,有进取心和热情,然不离自我中心立场,贪着权位财利,嫉妒心强,骄慢专横,好勇斗胜。此类人失意时多愤世嫉俗,孤傲不驯,具反叛性格,或有与成功者竞争的强烈意志;在成功时往往骄横霸道,好以己意强加予人,虽然热心政治,而难以成为理想的当政者,容易成为"专制人格",贪着权力、地位、支配,常坚守等级观念等偏见,好作两分法的简单判断,敌视其他群体的人,或顺从强有力的权威。修罗型人格的人常处于竞争、紧张或愤懑不平的心态,不得安宁。

西方心理学家有以竞争心和效率心为修罗道者。

5. 人型人格。此所谓人,是佛教认为能充分表现人类所具种类特征的合格的人。地球人类的特质,《长阿含经》卷二十佛言谓有因"勇猛强记"而"能造业行"(有创造能力)、"勤修梵行"(节欲禁欲)、"佛出其土"三大殊胜。《大毗婆沙论》说人有止息（意志力）、忍（承受力）、擅长工巧三义。《大日经·住心品》谓"思念利他"为人心。

总之,佛教所谓合格的人或具人型人格者,应有能按伦理规范约束自己、不作杀盗淫乱妄语等恶业,具理性精神和自制力、承受力、责任心、报恩心,以自他两利为待人处世的原则等特质。儒家所立仁义礼智信"五常",中国佛教大德们认为其与佛教的五戒一致,可作为人型人格应有的特质。具有人型人格的合格人，称为"善人""好人"。印光法师说：

能于家庭及以社会，尽谊尽分，是为善人。①

儒家所谓君子，相当于人型人格中的优秀者。人型人格者虽然也不离自我中心立场，但能以理性、感情、道德协调自他关系，尊重他人，不做损人利己之事。

心理学家柯胡特（Hrin Kohut）以自恋症为人道。

6. 天型人格。天（梵文 Deva）为佛教和婆罗门教等所说高于人类的众生，当于中国人所谓的天神，其梵语原意为有光明、清净、最胜、自在等。天型人格具有光明正大、聪慧质直、自制力强、有超越性人生追求、纯善无恶、具诸德行等特质。仁慈、聪明、公正、惠施、贞洁、朴素、宽和、有礼貌、责任心强、物质欲望淡薄等，一般是天型人格具有的美德。天型人格者多具有宗教信仰和高尚理想，或为哲人智者，能自觉反思人生、节制人欲，提高道德和精神境界。失意时能独善其身，为高洁有德之士。若居官当政，则公正贤明、廉洁奉公，为忠臣良将、明君圣主。或为贤哲英模，如中国历史上的老子、孔子、孟子、庄子，西哲苏格拉底、柏拉图、康德，及马斯洛所说自我实现者的典型，如富兰克林、林肯、罗斯福、贝多芬、史怀哲、爱因斯坦等，皆属大型人格者。马斯洛总结自我实现者的 16 项人格特征，如持较实际的人生观、悦纳自他及世界、较少考虑个人利害、视野较广阔、有独立自主的性格、爱人类、具民主风范、有伦理观念、有创见、有幽默感、对世俗合而不同等，多与佛学所说诸天所具十善等德行相符。

心理学家有以马斯洛所说自我实现者的"高峰体验"为天道者。

天型人格者多生活在精神、存在层次，其心情不大受环境的制约，因坦荡无邪、无愧无疚，常快乐恬淡，但还是有较淡薄的假我之执。

7. 声闻型人格。声闻（梵文 śrāvaka）意谓听佛说法、遵循佛陀教诲修行而得解脱者，其圆满境界为阿罗汉。其对人生存在问题有很强的反省，以超出

---

① 印光：《印光大师全集》第三册卷下，台湾佛教出版社 1977 年版，第 97 页。

生死为人生价值取向和生命目标，鄙弃财色名位，断除假我之执，超凡脱俗，不与世俗同流合污，具有看破人生的智慧、所认定真理的绝对遵从、对导师佛陀崇敬仰慕的品性，其心情不受环境左右，恒常安住于一种如囚出狱、如鸟飞空般的解脱自在和无求无我的悦乐中。然因过多关心自己了生死，较少关注世间，被大乘人批评为"自了汉"。

8. 独觉型人格。独觉为梵语辟支佛（pratyekabuddha）意译，一译"麟觉"，是一种于无佛之世无师自悟而了脱生死的圣者。独觉型人格，以独立不群，具对存在问题的深沉思考和明锐智慧，一尘不染的高洁品性为特征。此类人超越物质和伦理的生活，无我无求，洒脱自在，跳出三界外，不在五行中，"与天地精神相往来"，然大概不无"举世皆浊我独清，众人皆醉我独醒"的孤寂与悲悯感。

9. 菩萨型人格。菩萨为梵语菩提萨埵（bodhisattva）音译之略，意译"觉有情"，含有如实觉悟宇宙人生实相的众生和能使众生如实觉悟二义。菩萨具有"不为自身求快乐，但欲救护诸众生"① 的深切大悲心，《楞严经》卷六说：

自未得度先度人者，菩萨发心……

全身心为"利乐众生、庄严国土"而奋斗，具有远大理想、高尚情操、清彻智慧、无缘慈悲和服务奉献、自我牺牲的精神，关切众生，有愿作众生良朋益友的侠骨热肠，具有人格心理学所说很强的社会化权力动机，是菩萨型人格的特质。中国佛教界奉分表菩萨人格特征的四大菩萨为典型：寻声救苦、给予众生安全的观世音菩萨表大悲；手持智慧之剑和经函的文殊菩萨表大智；实践"恒顺众生"等十大愿的普贤菩萨表大行；发愿"地狱不空，誓不成佛"的地藏菩萨表大愿。大乘经中所树在众生之中力行菩萨道的楷模，有"执持正法，摄诸长幼"的大富豪维摩诘居士，"不断烦恼，不修禅定"而广事教化的弥勒比丘，善说佛法的王妃胜鬘夫人，到处参学的青年善财童子等。

10. 佛陀型人格。佛陀（Buddha）意译大觉，谓圆满觉悟宇宙人生之真实

---

① 《大方广佛华严经·十回向品》卷二十三。

并能令众生圆满觉悟的大圣人，又有如来、世尊等德称。《楞严经》卷六解释：

> 自觉已圆能觉他者，如来应世。

从作为历史人物的佛陀释迦牟尼看，佛陀型人格的特征主要是全身心投入终极关怀问题的解决，以为众生觅得超出生死、解脱诸苦之大道为理想，具有毅然舍弃荣华富贵献身真理的精神，洞彻人生痛苦和人类文明缺陷的高度自觉，智慧圆满，知识丰富，冷静，慈悲，祥和，无私，精进，以大众中的一员自居，等视一切众生，关爱悲悯有如一子，普度众生无有休息。佛经中以"大雄大力""大慈大悲""世间眼""雄猛大丈夫"等德称对佛的人格特征作了集中概括。

以上十种人格，前六种为不离烦恼我执、未出三界生死的凡夫，称六凡。后四种属断灭烦恼我执、超出生死的圣者，为佛教的理想人格，他们在人群中为数虽然不多，却代表了人性的光明面和人类潜能开发的前景。

从人格和心理模式的角度看，六凡四圣，都在现实人间，每个人都可对号入座。人间，是一个十界并存的所在，人们从外形看来虽然同属一类，在精神上却层次分明，具有从地狱到佛陀的一切有情种类。同为人形，有人内心如地狱般黑暗，有人胸襟像饿鬼一样阴险，有人是名副其实的衣冠禽兽，有人是人形吸血虫，有人狠毒过于蛇蝎，有人愚蠢有如畜生，有人高洁超逸堪称"人中天"，有人慈肠热心为活菩萨，有人放射着佛陀的智慧光明。

四圣在现代社会中是不大容易值遇，但若从心灵和行为看，在各种人众乃至村夫农妇、贩夫走卒中，都不难发现具心地善良、道德高尚、无私忘我、热心助人、奉献牺牲等菩萨性格者，从大乘教理看，此类人应被看作菩萨甚或佛的化身。大乘要求菩萨深入生死中、众生中以布施、爱语、利行、同事"四摄"法利乐、服务、摄化众生，经中多处说佛菩萨有众多化身，如《楞严经》卷六佛言：

> 我灭度后，敕诸菩萨及阿罗汉，应身生彼末法之中，作种种形，度诸轮转。或作沙门、白衣、居士、人王、宰官、童男、童女，如是乃至淫女寡妇、奸偷屠贩，与其同事，称赞佛乘，令其身心入三摩地，终不自言，我真菩萨、真阿罗汉，泄佛密因，轻言未学。

是则所谓菩萨、罗汉，未必头戴天冠、身披袈裟、高坐莲台，未必贴着佛弟子的标签，而是从其人格和所作所为中，体现出无我利他、奉献牺牲的菩萨精神。

第七节　理想人格的自我塑造

一个成年人的人格，在佛学看来完全是自己塑造而成，是好是坏，责任全在自己。佛教将教导人们自塑成理想人格看作自己的天职，提供了自塑理想人格的完善技术。

一、人格唯是自塑成

从轮回说和唯识学的种子生现行说看，人并非完全像人类学家舍勒等所说的那样，出生时每个人都是个空白的 x，而是各人阿赖耶识中的种子千差万别，乃至可摄于异熟果中根身的遗传因子、可摄于器界的成长环境，也各自不同，决定了各人人格形成的起点和因不同，使人格的形成具有一定程度的被动性。《积极心理治疗》说得对：

人一生下来就不是一张未经书写的白纸，而是尚无法阅读或未被阅读的一页。[①]

今发现基因能影响个性，50%—55%的个性来自遗传。一种基因的三种变体中，两种较短的会增大抑郁和自杀危险，一种较长的使人明显回避负面信息。基因，当属阿赖耶识异熟果的一部分。多数人受宿世积集的有漏种子的制约，受环境中声色名利的诱惑和恶友的影响，不自觉地形成六凡界的人格，若

---

① [德] N. 佩塞施基安：《积极心理治疗：一种新方法的理论和实践》，白锡堃译，社会科学文献出版社 1998 年版，第 64 页。

稍不注意道德修养，及家庭、社会的不良影响力太大，很容易向下堕落，形成地狱、饿鬼、畜生型的下劣人格。

从心灵具自由意志和智慧抉择力的角度看，从家庭、学校、社会教育的角度看，人格形成又有其主动性的一面：对个人而言，有选择人格成长方向、自我塑造人格的自由和自主性；对家长、学校、社会而言，有教育、引导人们特别是儿童、青少年自塑良好人格的责任和主动性。不管什么人格，每个人都有条件自塑。只要能生为人，便说明其阿赖耶识中有人型人格的种子，很多人的八识仓库中，不乏天型乃至四圣型人格的种子，现实社会的教育、文化和宗教教化，提供着引导人们向上的正面的增上缘。西方存在哲学也认为，人生有绝对的选择自由，你选择什么，你便是什么，因而须对自己和自己的选择负责。罗洛·梅说将人潜能中的基本欲望"魔力"整合于人格中，将产生正向的创造力，若魔力不能与人格相整合，就会控制整个人格，导致暴力、狂乱乃至战争、淫乱、集体的偏执状态等。此所谓"魔力"，在佛法看来即是根本烦恼及其种子。

从大乘性宗的观点看，人人都以如来藏或真常心为体性，具有佛性乃至佛的三身四智等一切功德。佛性在凡不减，在圣不增，纵为众生，亦无欠无余，不差分毫，完全可以经过如法修行自塑为最圆满的佛陀型人格。天台宗说一心具十法界，甚而只要有"介尔一念"，便具足十法界所含有的一切，所谓"一念三千"，当然具足从地狱到佛陀十种人格的原型，有自塑为任何一种人格的本钱，一念随佛法界之因缘，便可以自塑成佛型人格。

密教无上瑜伽曼荼罗用诸尊的形象表示：人心本具由忿怒诸尊所表的贪、嗔、嫉、慢等烦恼及由寂静诸尊所表的慈悲、智慧等德性，皆是佛性，就看人是否会用，做佛、做魔、做畜生，完全操之在己。

禅宗认为，是凡是圣，在于是否觉悟自己心性（自性），《坛经·疑问》云：

自性迷即是众生，自性觉即是佛。慈悲即是观音，喜舍名为势至，能净即释迦，平直即弥陀；人我是须弥，贪欲是海水，烦恼是波浪，毒害是恶龙，虚妄是鬼神，尘劳是鱼鳖。贪嗔是地狱，愚痴是畜生。

转迷为悟，可以在一念之间实现，顿悟成佛，所谓"一念悟即佛"。大珠慧海禅师谓"九类众生一身具足，随造随成"。深受佛家这种说法启发的宋明新儒学，也高唱"人皆可为尧舜""圣人满街走"。《踏上心灵幽径》说六道都可看作人类生活经验的神化及诗般的描述：

愤怒和狂怒使我们进入地狱道，强烈的上瘾让我们落入饿鬼道，美妙的感官享乐或优美的思想让我们到达天道。①

人人皆具善性、佛性，皆可自塑成贤圣佛陀的道理，从观察世人的心理、人格中并不难体会。即便是已经成型的地狱、饿鬼型人格的恶人、坏人，多数也并非绝无善性，未必在任何场合、任何时候都纯粹是恶，他们起码爱护其子女，洗心革面改过迁善，所谓"放下屠刀，立地成佛"者，也非罕见。大盗凶犯、窃贼贪官，往往有其智商、胆量超人的一面。平头百姓，往往在其对家人的爱、对工作的精勤中表现出牺牲奉献的菩萨精神。《大般涅槃经》说犯杀盗淫妄四大戒、造必定堕入无间地狱的杀父奸母等"五逆业"、诽谤佛法，乃至断尽善根的极恶之人"一阐提"，其心灵的潜能也不比好人少，都有成佛的可能性，该经卷二一有云：

一切众生悉有佛性，忏四重禁，除谤法心，尽五逆罪，灭一阐提，然后得成阿耨多罗三藐三菩提，是名甚深秘密之义。

此经中"一切众生皆当成佛"的口号，呼唤着人们自塑圆满人格，攀登生命自我变革的顶峰。

一首流传颇广的格言，较好地表达了佛教人格自塑、命运自主的精神：

你改变不了环境，但可以改变自己；你改变不了事实，但可以改变态度；

你改变不了过去，但可以改变未来；你不能控制他人，但可以控制自己；

你不能预知明天，但可以把握今天；你不能样样顺利，但可以事事尽心；

---

①［美］杰克·康菲尔德：《踏上心灵幽径》，深圳报业集团出版社2009年版，第145页。

你不能左右天气，但可以改变心情；你不能选择容貌，但可以展现笑容。

二、塑造理想人格之道

现代心理学说人格成熟者有具自我扩展能力、与他人关系融洽、有安全感及自我接纳、具有现实性知觉、客观看待自己、专注于事业、行为具一致性七大特点，具有这种成熟人格，才是心理健康的人，才能正常进行社会交往、社会活动。超个人心理学家提出理想的人格是"心灵的自我超越者"，这种人有基于高峰体验的对生活意义与目的的确知，具有使命感，对生命保有虔敬和赞叹的心情，有强烈的社会正义感和慈悲心，积极献身于实现人类的正向潜能及改善世界的高尚理想，热爱生命，在生活中能体现其灵性上的体悟，相当于菩萨型人格。

关于成熟人格的标志，佛典中也颇有说法，如南传《弥兰陀王问经》说大药智者具足28种德性：勇猛、羞耻、谨慎、有徒众、有朋友、容忍、持戒、诚实、具足清净、无瞋、无慢、无嫉妒、精进、努力、友善、好施、爱语、谦逊、温和、不狡猾、不欺诈、具足智慧、有名望、具足学识、饶益部属、得众请求、多财富、有善名。具有这些德性，才是合格的佛教徒，或佛教所谓的"好人""善人"。周叔迦《虫叶集·从佛教徒的人格说起》认为佛教徒应有三重人格：善人、修行人、明白人，其诀要依次为孝、信、悟。善人，当以《大学》所说诚意、正心、修身为要。

佛教理想的人格目标，是阿罗汉、菩萨、佛陀，佛陀为圆满人格的楷模。太虚《佛陀学纲》谓"觉者是人类最高人格的表现"。学佛修行，实质上即是自塑理想、圆满的人格。太虚以一偈来表达他自己的人生理想：

仰止在佛陀，完成在人格，人成即佛成，是名真现实。

这也是对他所倡导的"人生佛教""人间佛教"宗旨的集中概括。此偈意谓成佛之最高理想的实现，须从完善人格做起，学佛，即是完善人格，人格的极度圆满，便是成佛，便是"真现实"——自性潜能的圆满开发或圆满的自我实现。学佛修行，完善人格，须先从人型人格的自塑着手，按佛教的人乘正法做一个合格的人、好人。如太虚在《佛乘宗要论》中所说：

佛学的第一步，在首先完成人格，好生地做一个人。

应"完安物质的生活，增高知识的生活，完善道德的生活"，遵守不杀、不盗、不邪淫、不妄语、不用麻醉品五戒，敦伦尽分，尽职尽责。在此基础上，进一步向上，向天型、四圣型人格一层层晋升。若要做人中的贤圣，须按天乘正法，力修十善，净化自心，布施奉献，服务社会，造福人类。若要自塑成四圣型尤其是菩萨型、佛型人格，须依大乘佛法，以诸法无我的正见为导，以"无所得"为诀要，在社会生活中力修布施、持戒、安忍、精进、禅定、般若（智慧）"六度"，伏断烦恼，利乐众生，以布施、爱语、利行、同事"四摄"法带动、摄化众生，改造、庄严国土。

自塑为何等人格，成地狱饿鬼还是成佛，关键首先在于知见。树立正见，远离邪见，被佛教强调为塑造人格的首要。照见诸法无我的智慧和离一切我相的清净心，是自塑成菩萨型、佛型人格的主导。

众生之所以自塑为众生，乃至自塑为下劣的地狱饿鬼畜生型恶人、庸人，在于不如实知见，不悟假我非实，色、声、香、味、触及财色名位本空，挚爱众生的生命形态及假我，贪求世间的声色货利等，其执着深者，被善恶无报、人死断灭等邪见所误导，遂不顾他人和公众的利益、不管法纪道德，恣意造作杀盗淫骗等恶业，自塑成地狱等人格。具正确人生观和合理的理想、相信善恶有报者，能自觉按道德规范约束身心，自利利他，向善向上，提高精神境界，自塑成人、天型的人格形象。若能思考存在问题，亲近善友，获得佛法的正知、正见、正信，勤修戒定慧，积集福慧，依佛法如实观察诸法无我的真实，以无我无住的清净心服务社会、利乐民众，便会在佛法的指引下自塑为四圣型的高尚人格。树立正见，因而被强调为做人的首务，学佛的基石。蕅益《灵峰宗论》卷二有云：

有出格见地，方有千古品格。

决定人格或品格高下的关键，是假我之执的深浅有无。从地狱型人格到佛陀型人格，是一个假我之执从极深到浅、由浅至无的进程。假我之执愈深，愈为自私，其人格愈是低下，其我与我所实际上也越小，乃至其自我被禁锢于狭窄黑暗的监狱囚室中，或成为连一个亲人和朋友都没有的"孤家寡人"。假我之执愈浅，其人格愈高上，其我与我所实际上愈大，大到佛陀之全宇宙无不是我、我所。人人同禀此心此性，而所造人格千差万别。司马光曰："君子挟才以为善，小人挟才以为恶。"人格越低下、越自私而才具越大、越聪明，对社会的害处亦越大；人格愈高上、愈无私而才具越大、越具智慧，对社会的贡献则越大。

在正见指引下，应确定理想的人格目标，对佛教徒来说，即以佛菩萨圣众为人格楷模，真切发起誓愿上成佛果、下度众生的菩提心。应如《发菩提心经论》卷上所说，通过思惟诸佛功德，以榜样激励自己而发起菩提心：思惟十方三世诸佛当初发心时亦如同今天的我，具有烦恼，而终成就菩提；思惟一切三世诸佛发心后皆已成佛，"若此菩提是可得法，我亦应得"：

> 思惟一切三世诸佛，为人中雄，皆度生死烦恼大海，我亦丈夫，亦当能度！

应见贤思齐，以诸佛为榜样，"随学诸佛"。这叫作"愿菩提心"，是终极理想意义上的发心。还应根据自己今生的条件，确定学佛修行的具体作法，这叫"行菩提心"。当代星云法师说：

> 心思改变，态度会随之改变。态度改变，习惯会随之而变。习惯改变，人格会随之而变。人格改变，命运会随之而变。①

发心之后，应按所定目标，严格要求自己，以佛言祖语、高僧大德的传记激励自己，精进修行"四正勤"等，力行应修之善并令其不断增长，力断应断之恶并令其永远不起，在社会生活中力行六度四摄，积极培养佛菩萨型人格心理特征，舍弃地狱、畜生、饿鬼型人格心理特征，一步步向理想人格迈进。

现代心理学所说塑造理想人格的方法，是通过自我体验激励和鼓舞的力

---

① 星云：《星云日记·菩萨情怀》，岳麓书社2012年版，第12页。

量，将所定目标内化为需要和信念，自我导向、自我监督、自我激励，按理想人格的标准规范自己的行为，制止不良行为，与佛教发心后修行的路径亦基本一致。

人本主义心理学塑造人格，先描绘理想自我，分析现实自我，再以现实自我为基础，逐渐接近理想自我，正与大乘发愿、行二种菩提心的路径相一致。阿萨乔里（Assagioli）认为，当人认同某种角色，并以此意象角色为自己未来的自我期许时，此自我期许心理会发生催化作用，暗中发展出该角色必备的知识、行为、心理状态。当佛教徒认同成佛利众生的生命意义和价值，发起菩提心后，此自我意象——菩萨、佛，自我期许——成佛，便会自然形成强大力量，推动他力修六度万行。现代心理学教人常以名人格言、传记激励自己，佛教徒则应以佛言祖语、高僧大德的传记激励自己。

密教则从一切唯心造、心本具足佛果功德或即身是佛的见地出发，直接利用心通过"想"而变造的作用，通过自观为佛、菩萨形象（藏密谓之"起佛慢"），手结佛菩萨密印，口诵佛菩萨真言，所谓"三密相应"，借助佛菩萨的象征、榜样，不断自我暗示，力图"心想事成"，改变凡夫形象，让"我即是佛"的观念从显意识深入深层意识，自我塑造为佛菩萨的完美形象、理想人格。自观成本尊，正是"固定而有系统地"运用了心像或自我意象方法，在潜意识的画面上抹去一向自我认同的凡夫相，重绘佛像，化解划地自限的自卑心理，强化"我即佛"的自尊心理，自塑成佛陀型人格。用佛菩萨像作曼荼罗，将理想的目标视觉化，想象自己为理想的姿态，以帮助自观为佛，被认为是一种"精神显像法"。自观成本尊，不仅要在打坐修法时观想，而且要在下座后的生活中常常观想，以佛菩萨的人格和智慧要求自己，对待别人。不仅自观成本尊，而且要观一切众生皆是本尊，如奉事佛菩萨一样去奉事、服务众生。

禅宗更为直截，从"即心即佛"的见地，自信只要明心见性——见到自心佛性，则本来即是的佛型人格便会自然显现。

塑造完善人格，固然操之在我，但家庭、学校教育，社会教化，别人的帮助引导，榜样的示范作用等外缘，对人们人格的自塑是极其重要的，有时甚至是起决定作用的"增上缘"。强缘可以遮伏弱因乃至强因,即便根性甚劣,阿赖耶识中甚多地狱等三恶道的种子、恶习难改者,若教导有方,亦可化莠为良。根性良善、恶习较少者,受恶劣环境的熏染,也容易堕落沦坠。《增一阿含经》卷三一佛举过一个强缘诱使人堕落的例证:往昔有清净太子,生来无欲,年至三十,犹不想娶妇,乃有女人名"淫种"者,设计引诱,太子乃一反常态,贪欲膨胀,下令全国处女必须先与他共寝,然后才许婚嫁,结果引起公愤,被人民打死。

社会生存环境,特别是道德风气、文化水准、经济状况、民主程度等,对公民人格的自塑起着巨大作用。国家、政党、社团、学校、文化机构,及宗教等社会教化体系,肩负着引导民众自塑良好人格的重任。作为社会教化体系的佛教,自觉以引导众生向善向上乃至超出生死为己任,佛陀以开示、引导众生悟入他所知见的宇宙人生真实、一一自塑成佛,为出世说法的"一大事因缘",教导佛弟子以四摄法摄引广大众生,一起修善积德。《长阿含经·善生经》佛陀教诫在家佛教徒见人作恶须劝诫遮止,以诚意待之,以慈心慰念,示以人天正道。《杂阿含经》卷三十三第926经佛陀教导在家弟子不仅要自己信佛修善,而且要教化、引导别人修正信、持戒、布施等十六法。大乘更以摄化众生、庄严国土为菩萨必须修习的课目。《摩诃般若经》卷二十六谓菩萨若不净佛国土,不成就众生,自己也不能成佛。《大宝积经·郁伽长者会》卷八十二规诫居家佛教徒:必须随所住处,劝导教化周围的众生,不孝顺者劝令孝顺,无智者教以智慧,悭吝者劝其布施,多嗔怒者劝其安忍,懈怠懒惰者劝其精进,贫穷者给予周济,有病者给以医药,做众生的保护者、皈依处,若不如此,是乃失职,"而是菩萨则为诸佛之所诃责"。至于当政者,身负教化国民的责任更重,若能以正法引导全体国民努力修善,其功德甚为巨大。《大乘本生心地观经·报恩品》卷二云:

若有人王成就正见,如法化世,名为天主。以天善法化世间故。

并说国人所修所有福德中,国王之功占七分之二。《金光明最胜王经》《华严经》《大萨遮尼乾子所说经》《佛说出爱王经》等,都有关于为王当政者如何导民向善、安定社会的内容。

今发展心理学、人格心理学、教育心理学、管理心理学等,对培养成熟健康的人格,有系统深入的研究。如培养创造型人格的"创造工程",根据个体的人格和社会、未来的需要,帮助人进行自我设计,通过强制性训练和诱导训练,对个体的人格系统进行全面加工。强制性训练用种种强制的方法,打破个体原有常规套路的、经验的、习惯的、常识的、功利的认识、思维、情感活动方式,逼使其尽量开启思路。诱导训练运用自由联想、返回童真、催眠、复合通感(想象、逻辑、语言、音乐、空间、时间、自觉、他觉等在相互影响碰撞中全面激活)等方法,诱导出创造潜能。佛教的修持体系,实际上就是一种全面培养、铸造理想人格的训练体系。根据佛教闭关结期修行的强化式方法,可以设计出在短期内将个体人格加工为理想的菩萨型人格的系统工程。

欲、爱、苦乐 | 第十章

欲望、爱、苦乐，是人类心理活动中极其重要的内容，为近现代心理学着重研究的课题，佛学对这些问题也相当重视，有自家独特的看法。

第一节　佛教的人生欲望观

欲望，通常指驱使人想望、追求某种东西的内在动力。西方心理学称欲望为人类的本质及存在的核心。拉康以需要、需求、欲望为构成自我主体的三大结构。西方心理学的欲望一词，直接来自拉丁语 appetite，指一种渴望，与佛学所说心所法中"于所乐境希望为性"、能发起精勤作用的"欲"含义相近。《正法念处经》卷二十九谓"心求忆念，欲有所作，是名为欲""不求知足，故名为欲"。《阿毗达磨界身足论·本事品》卷上对欲的解释颇为详悉：

谓欲、能欲性、现欲性、喜乐性、趣向性、希欲性、欣求性、欲有所作性，是名欲。

对于所喜欢的东西希望得到、欢喜追求、想要有所作为的一种驱动力或心理功能，叫做欲。唯识学把欲归于五大别境心所法之首，认为它是十分重要的基本心理功能,《俱舍论》甚至以欲为一切心理活动生起时都同时生起的遍大地法。舍勒《人在宇宙中的地位》一文也认为,人类简单的知觉、想象,后面也都有朦胧的欲求。

一、人类的需要、动机和欲望

现代心理学一般不以欲望为专题,而将古典意义的欲望所包含的内容放在需要、动机和意志中做专门研究。西方心理学家普遍认为,人的所有行为从动机发起,动机出于需要或需求。动机(motivation)指引起和维持个体的活动并促使该活动朝某一目标进行的内在作用。弗洛伊德将人的动机和行为的出发点归结于"快乐原则"——追求快乐的本性,与佛学"于所乐境希望为性"的"欲"含义基本一致。需要或需求(need)指心理上希求满足的匮乏状态,具有对象性、紧张性、起伏性。意志(will)则指有意识、有目的地自由选择行动的能力,相当于佛学所说的"动发胜思",也常称作欲。

关于人类普遍具有的基本需要或需求,心理学家有多种说法。一般有将需要分为生理需要和社会性需要,又有将需要分为物质需要和精神文化需要两种需要,以及将需要分为食欲(自己保存欲)、性欲(保存种族欲)、游戏欲(自由欲)三欲等。人本主义心理学家马斯洛的五层需要说,在当代世界影响极大。五层需要如一座五层宝塔,从最低层到最高层依次为生理需要(食、色、睡等)、安全需要、归属和爱的需要、尊重需要(自尊与来自他人的尊重)、自我实现需要(实现其潜力的欲望)。前四层是人维持生物性和社会性生存的必要条件,称"基本需要",它们只有在缺乏时才产生,叫作"匮乏性需要"。第五层自我实现需要亦称"发展需要"或存在性需要,自我实现需要之上还有最高的超自我实现或自我超越的需要。低级需要的满足,是高级需要产生的基础。弗洛姆则把人的需要分为联系的、超越的、认同的、寻根的、定向的需要五种。美国心理学家研究发现,美国满足生理需要者占85%,满足安全和经济保障需要者占70%,有自我实现需要者占极少数,在参加测试的3000名大学生中只有1人。

佛学对人的需要、需求、动机意义上的欲，有不少说法，主要有两种寻求、四食、三欲、五欲、六欲、六食、七食、九食、十一欲诸说。

两种寻求，见《本事经》卷四：一为非圣寻求，贪求妻子、奴婢、仆使、金银钱财、家畜田产等；二为圣寻求，追求寂灭涅槃。寻求，是由欲望而驱动的追求。偈云：

不知老病死、愁染法过患，希求深爱着，名非圣寻求；

善知老病死、愁染法过患，希求彼寂灭，名真圣寻求……

两种寻求，说明人有贪着世间及舍离贪着而追求寂灭涅槃两大类欲望。

四食，谓四种食物。食（梵文 āhāra），为牵引、滋养、持续之义，指养育和维持生命所需的食物，属世间的各种众生维持生命所必需。经论中说一切众生需要四食，《杂阿含经》卷十五第 378 经佛告比丘：

有四食资益众生，令得住世摄受长养。

1. 段食，又作"抟食""揣食""见取食"，意谓分段而食（一口一口吃或一顿一顿吃）。《增一阿含经》卷二十一解释：

如今人中所食，诸入口之物可食噉者，是谓名为抟食。

此食又有粗细之分，粗者如米、面、鱼、肉之类，细者如酥、油、水、饮料等。段食以香、味、触三种尘为体，为欲界众生所需要，是维持色身所必需的，属马斯洛所言生理性需要。《成唯识论订正》卷四说段食"以变坏为相"，意谓食物须被破坏或经化学变化方起作用。段食的实质是吃物质，吸取物质性的营养以进行机体的新陈代谢。

2. 触食，又作"更乐食""温食""细滑食"，以心所法中的"触"为体，指根、境、识和合，由感官摄受的使人感到快乐喜悦的各种刺激，如衣着、被褥、抚摩、拥抱、洗浴、按摩、音乐、香味，观赏可意的风景、书画等艺术品，欣赏美人的仪态等。《增一阿含经》卷二十一释云：

衣裳、伞盖、杂香华、熏火及香油，与妇人集聚，诸余身体所更乐者，是谓名为更乐之食。

触食的实质是吃感觉，主要属感觉层面的需要，包含了一部分生理需要，其作用是维持受蕴，保持愉快的情绪。

3. 思食，又作"意思食""意食""念食"，以第六意识的思、念为体，其实质是吃意念。《成唯识论》卷四：

> 意思食，希望为相，谓有漏思与欲俱转，希可爱境，能为食事。

谓思念可爱的、悦意的境和事，能起食物滋养生命的作用。是则理想、对未来的向往，及学习、读书、获得知识、满足求知欲等，都属思食。意思食为意识层面、精神层面的需要，可包括弗洛姆所说寻根的、定向的需要等。

4. 识食，以心识的活动为维持生命（名色）不可或缺的食粮。《成唯识论订正》卷四谓识食"以执持为相"，主要指第八识处理信息、维持生命的作用，或阿陀那识执受个体生命的作用，或叔本华所谓心灵深层"生的意志"。生的欲望，无疑是维持人生存的最根本的食粮，"人生，人生，把人与生连缀成词，是颇富深意的。欲生，大概就是人类最根本的欲望吧！"① 当失去这种欲望时，人就会自杀。然对此根本欲望，诸家心理学颇少言及。

四食中的后三种，通于三界一切众生，色界以触食为主，无色界当以识食为主。马斯洛等所说安全、归属、爱、尊重、认同等社会性的需要，佛学亦非不谈，经中常说"名闻利养恭敬"为系缚世人的缰锁，是腐蚀出家者而导致佛教衰落的魔网，名闻恭敬和利养（供养），即是获得别人尊重和认同的需要。

四食说明众生的生命，需要吸收、摄取物质的、感觉的、意识的、精神的各种养料或信息，才能维持。维持生命的需要，使众生不自觉地产生种种"食欲"。《增一阿含经》卷三十一佛告阿那律：

> 一切诸法由食而存，非食不存。

意谓吸收所需，是众生存在的必要条件，即使是佛，也需以涅槃为食，而涅槃又以不放逸为食。

三欲、四欲、五欲、六欲，皆指人类等欲界众生所具有的基本欲望或

---

① 望云：《感情·欲望·意志——〈精神的试析〉之二》，载《法音》1982年第2期。

需求。

三欲,谓饮食欲、睡眠欲、淫(性)欲,属最基本的生理需要,儒家说饮食男女为最基本的人欲。

四欲,《中部·巴陀伽摩经》佛说人的欲望有追求富有、美名、健康长寿、死后生天四个层次。《大集经》卷二十九说有色欲(物质欲望)、形欲(对美好形态的欲望)、天欲(上进心)、欲欲(对各种所爱好的东西之欲望)四欲。戒圆《人生欲望论》总结,人最根本的欲望为维持生命欲、延续生命欲,又有吉祥欲、长寿欲、幸福欲、致富欲四大欲望。①

五欲,指对色、声、香、味、触五种境或"触食"的需求和欲望。《增一阿含经》卷二十五《五王品》说,五位国王讨论五欲何为最妙,佛陀回答:由各人的性行(习性)而定,自己"所乐之处,心即染着"。如好色者认为美色最妙,贪吃者认为美味最妙。欲望驱使人为满足它而努力:

> 欲意炽盛时,所欲必可克,得已倍欢喜,所愿无有疑。

对财、色、饮食、名、睡眠的欲望,也称五欲。《瑜伽师地论》卷六十四说有五种欲求:一为摄受求,想占有妻子、奴婢、下属、田地等。二为受用求,想受用美食、衣服、装饰品等。三为戏乐求,想歌舞戏笑娱乐。四为乏解了求,追求满足诸欲而不知过患。五为名声求,追求名声。太虚《人欲之分析与治理》说俗习欲五种:财、饰、名、膳、逸。

六欲,指对色(身体)、形貌、言语音声、(皮肤)细滑、人相(性感)的欲望,主要指人在性爱方面的欲望。

六食,谓眼等六根,各需保养或各有所需:眼需睡眠,耳需音声,鼻需香味,舌需美味,身需细滑,意需法(对事物的认识、思考等)。《增一阿含经》卷三十一佛告阿那律:

> 眼者以眠为食,耳者以声为食,鼻者以香为食,舌者以味为食,身者以细滑为食,意者以法为食。

---

① 戒圆:《人生欲望论》,载《法音》1995年第7期。

《杂阿含经》卷四十三第1171经佛谓六根"各各自求所乐境界，不乐余境界"，如眼根常求可爱之色，不可意色则生厌；耳根常求可意之声，不可意声则生厌。质言之，眼、耳、鼻、舌、身、意六根，各有其欲望或所需。意识所需的"法"，可包括安全需要、归属需要、尊重和爱的需要等。

以上诸食、诸欲，都是世间的、人间的，除此之外，还有出世间的食物，也有滋养生命的作用，此即七食中的不放逸食和九食中的出世间五食。

七食，谓前眼、耳、鼻、舌、身、意六根所需睡眠等六食加第七不放逸食。不放逸，为善心所之一，谓严格约束自己，净化自心，不受尘垢的污染，勤修三学六度等佛法，它是获得涅槃解脱之本，故不放逸称涅槃之食。不放逸食可包括弗洛姆所说超越需要、定向需要。列不放逸或涅槃食为七食之一，与眼需睡眠、耳需妙音等并列，说明以不放逸的精神追求涅槃，也是人本性中的一种需要、需求或欲望。

五种出世间食，见《增一阿含经》卷四十一等，为以下几种：

1. 禅悦食，一作"禅食"，深入禅定，享受定的微妙快乐喜悦。

2. 法喜食，一作"喜食"，由听闻、修学佛法而获得喜悦。《维摩经》谓"以禅悦为味""法喜为妻"。

3. 愿食，树立高尚理想，发愿断烦恼、度众生、证佛果。

4. 念食，时常忆念、牢记所修学的佛法。

5. 解脱食，由修习佛法而获得解脱。一作"八解脱食"，指由修内有色想观诸色解脱等八种禅定而从色、无色的束缚中获得解脱。

这五种食物加前世间的段等四食，为九食。五种出世间食说明，人类有超越生理和社会需要，获得禅悦、法喜、彻底解脱等高级满足的需要或欲望。出世间五食可包括马斯洛所说自我实现和超自我实现的需要，及弗洛姆所说超越、寻根、定向需要，而更有这些需要中所没有的内容。超个人心理学认为，人类具有精神追求的强烈驱力，表现为通过进入个体、社会和超越意识的深处而寻求全体（wholeness）的倾向。

十一欲，见《善见律毗婆沙》卷十二，为性欲的种种表现：乐出乐（淫梦中遗精）、正出乐（达到性高潮之欲）、已出乐（性高潮后的满足感）、欲乐（性的想望）、触乐（性接触之欲）、痒乐（因抓癣痒等而遗精）、见乐（见异性性器之欲）、坐乐（与异性并坐的欲望）、语乐（与异性语言调戏之欲）、乐家乐（忆念在家时的性快乐）、折林（与异性结誓相好）。

太虚《人欲之分析与治理》将人类的欲望分为两种：一俗习欲，指财、饰、名、膳、逸五欲。二文化欲，为社会性的，又有二，一为平安欲，从宗教、政治、艺术三途去求得满足；二为知识欲，从科学、哲学、文学三方面去求得满足。心理学家发现：最让人满足的是自尊感、归属感、自主感，最其次的是自我实现感、安全感、影响力。

两种寻求、四食、三欲、五欲、六欲、六食、七食、九食、十一欲等说明人类的欲望、需求是多方面的，大略可以分为七大层次：

1. 生的欲望（识食）。
2. 匮乏性的生理需要（食色睡等，段食）。
3. 感官和内心快乐的情绪需求或受蕴的需要（触食、五欲、六欲、禅悦食）。
4. 被尊重、被爱的社会性感情需求（美名欲等）。
5. 求知欲、理想（思食、愿食）。
6. 生天长生永享快乐的欲望（天欲）。
7. 彻底解脱涅槃的需要或欲望（法喜食、解脱食）。

二、贪欲及其危害、起因

欲是精神生活的动能，人生的一切希望、追求、意义、价值，皆因欲而有，一切罪恶和苦难，也由欲造成。按唯识学的说法，欲心所通善、恶、无记三性，佛教主要数说的，是性属不善的贪欲和属于善的善法欲。

贪欲，属心所法中列为根本烦恼的贪，或云贪欲、爱欲、欲贪——对世间的食、色、睡，色、声、香、味、触五尘，六欲，及钱财名位等的执着、迷恋和过多的、非分的贪求。贪求这些东西的欲望，通常称为"人欲"。《杂阿含经》卷二十八第752经佛偈云：

> 世间杂五色，彼非为爱欲，贪欲觉想者，是则士夫欲。

意谓那些色、声、香、味、触五尘，并非欲望，只有在五尘上生起的贪求、想望，名为人欲。《阿毗达磨法蕴足论》卷六云：

> 可爱妙境，皆非真欲，于彼所起分别贪爱，乃是真欲。

《阿毗达磨集异门足论》卷八引经中佛言，说贪欲有贪欲（想占有）、欲欲（想得到）、亲欲（想亲近）、爱欲（贪爱）、乐欲（喜欢）、闷欲（想望得发闷）、耽欲（耽着）、嗜欲（嗜好）、藏欲（想收藏）、随欲（跟着欲望走）等十三种相。

人欲的危害，古人早有指陈揭露，《老子》谓"五色令人目盲，五音令人耳聋，五味令人口爽，驰骋畋猎令人心发狂，难得之货令人行妨"。西哲柏拉图以与肉体的生理需要相联系的欲望为使灵魂污染、人格卑劣的根源。斯多葛学派、婆罗门教、基督教、儒学等亦皆对人欲的危害有不同程度的揭露。人欲横流，被时下很多人指摘为现代社会的一大弊病。一首电视剧主题歌如此指责欲望：

> 欲望，这生长罪恶的孽种，欲望，使人苦苦求索无休无止，欲望，使人沉入深渊无尽无穷。

此欲望，指贪欲、人欲。在人类文化中，从出世间、超越生死高处着眼的佛学，对人欲或贪欲的批判，可谓最为深刻、彻底。

佛教说：贪欲使人热恼不安，驱动人发起有漏业尤其是发起不善有漏业，由有漏业导致生死苦果。贪欲，是人生诸苦之本源，经中说"欲为苦因"，即指贪欲。《杂阿含经》卷三十二第913经佛告聚落主：

> 是故当知，众生种种苦生，彼一切皆以欲为本，欲生、欲习、欲起、欲因、欲缘向生众苦。……若诸众生所有苦生，一切皆以爱欲为本。

《法句经·爱欲品》偈谓"爱欲意为田，淫怒痴为种"，贪欲是生长生死流转苦果的田地。又云：

所生枝不绝，但用食贪欲，养怨益丘冢，愚人常汲汲。

谓世间的愚痴之人贪着财色名利等种种身外之物，被贪欲驱使而贪求不已，贪欲滋长如树生枝，不知这一切实际上是在养育祸害自己的怨家，增益生死，促使自己向坟墓迈进。《即兴自说·极度经》佛言：

见闻生贪好，欲望成结缚。如同群飞蛾，死于灯焰处。

南传《增支部·五集》佛指出贪欲能使人的心变得不柔软、不适用、不清澈明亮、不稳固，当心被贪欲控制时，人不能正确地看清贪欲，不能正确地考虑自他的利益，不知如何超越贪欲，就像一锅加满了各种染料的水，不能映出人的面影。佛还将被贪欲所控制比喻为饿狗得到一根沾满血而没有肉的骨头、手持草制的火炬逆风而行、掉进火炭坑、以借来的华丽马车和饰物假装富翁等。《杂阿含经》卷三十五第973经阿难答外道问云：

染着贪欲，映障心故，或自害，或复害他，或复俱害；现法得罪，后世得罪……彼心常怀忧苦受觉。

《大毗婆沙论》卷四十四解释说，当贪欲生起时，使人身心劳、烧、热、焦，热恼焦燥，如被火烧，忧苦不安，并因此感得将来、来世非爱、非乐、非喜、非悦的诸异熟果，是为自害。又贪欲生起时，使人远离真正的自利和自利心，远离诸圣贤所享受的真常之乐，使人对自心和所贪着的对象愚痴不明，是为自害。害他者，如有人因贪色勾引别人的妻子，使其夫愁苦恼恨。自他俱害者，如因贪色勾引他妻者，被其夫捆绑、殴打乃至杀害。《瑜伽师地论》卷三十三引经中佛说习近诸欲有五大过患：

1. 诸欲极少滋味，多诸苦恼多诸过患。
2. 诸欲能令人贪得无厌、不知满足。
3. 诸欲常被贤圣呵责，为凡夫卑行。
4. 诸欲能令诸烦恼积集增长。
5. 诸欲能令人无恶不作。

同论卷五八说，贪欲是造成现前苦果的因缘，如人贪恋某一位异性时，"彼若变异（情变等），便生忧恼等苦"。同论卷六十一说世间诸欲有少味多苦、他所逼切、杂染受用、堕诸恶道、寻思扰乱、受用磨灭、丧身磨灭、能障善法八种过失，有他所逼切、诸界互违、所爱、身、心、无常六种变坏。

贪欲，是驱使人轮回六道、受诸苦荼的恶魔，因称"欲魔"；贪欲污染人心令不清净，称"欲尘""欲染"；贪欲如绳索捆绑人，称"欲缚""欲轭"；贪欲恼人如荆棘刺身，称"欲刺"；贪欲能害人性命，称"欲箭"；贪欲如水深流急的大河，能使人沉没，称"欲河"；贪欲如深险的壕沟，难越易陷，称"欲堑"；贪欲如大海深广难度，称"欲海"；贪欲如大火炽燃，称"欲火"；贪欲如洪水暴发，称"欲暴流"。

贪欲之中，性爱方面的贪欲，尤为造成生死轮回的根本。《圆觉经》卷一云：

一切众生，从无始际，由有种种恩爱贪欲，故有轮回。若诸世界一切种性，卵生、胎生、湿生、化生，皆因淫欲而正性命……由有诸欲，助发爱性，是故能令生死相续。欲因爱生，命因欲有，众生爱命，还依欲本；爱欲为因，爱命为果。由于欲境起诸违顺，境背爱心而生憎嫉，造种种业，是故复生地狱饿鬼。

因为贪着性欲而生于这个世界、如此族类之中，又因贪着世间的所爱，及因有碍于自己贪欲的实现而生憎恨嫉妒，在贪嗔嫉妒等烦恼的驱动下造作种种恶业，被业力牵引向三恶道中。贪着性欲的满足，使人混同于畜生，《出曜经》偈将贪淫之人比为猪圈中的虫蛆：

如蛆在溷中，不知东与西，结著于淫欲，盖此亦虫伦。

众生被贪欲驱使，贪求营谋的动机，无非是为了获得乐。趋乐，可谓人类本性深处的本能性趋求。《大集经》卷三十二云：

以触因缘则生乐想，乐想因缘则焦身心。

谓因求乐而贪欲，因贪欲导致身心燃烧忧苦。佛学承认众生从满足食、色、睡、财、位、名、利等贪欲中也可以得到乐，但这种乐有诸多缺欠，很需要反省。如众人力求的富贵，追求营谋时，要为它付出很多，心中难以安宁，已经是苦，即便求得，也无常难保，终会失去。求而不得，及得而复失，如求爱被拒、失恋、被盗、经营亏损、破产、失业、罢官、考试落榜等，则更为苦恼，此为佛陀所说八苦中的"所求不得苦"。《百喻经》卷三云：

> 夫富贵者，求时甚苦，既获得已守护亦苦，后还失之忧念复苦，于三时中，都无有乐。

又，人们追求的世间之乐，具有很大的主观性，依赖自心的分别和习惯、教养等而有。龙树《中观宝鬘论》云：

> 世间一切乐，唯苦逼变坏，及唯分别故，彼乐非真乐。

满足贪欲所得乐，如马斯洛所说，是一种匮乏性需要的满足，如饥渴时得到饮食，酒足饭饱，人皆以为乐，但这种乐以不满足和痛苦（如饥渴）为前提，总不如没有它的"无欲之乐"自在。《中观宝鬘论》比喻说：

> 搔痒生乐受，无痒更快乐，如是世欲乐，无欲更安乐。

就像痒得难受时搔痒得到快感，这种快感总不如原本不痒好。

贪欲自害害人，使人热恼不安，驱使人为填满欲壑而营谋算计、用尽机关，人格较好者为贪钱财名利而劳心费神、伤身斫命。古语："人为财死，鸟为食亡。"人格卑劣者则被贪欲驱使而不顾他人和公众，损人利己，不择手段，劫杀欺诈，巧取豪夺，制假贩毒，倾轧陷害，甚至发动战争，攻城略地，令生灵涂炭，人类遭殃。世间种种罪恶，无不由贪欲酿成。贪欲歪曲、丑化了人应有的美好形象，使人现前便丧失了为人的资格，沦于三恶道中，人称贪迷某物者为"色鬼""色狼""吝啬鬼""小气鬼""酒鬼""大烟鬼""赌鬼""吸血虫""蠹虫""网虫"等，便意味着贪欲着迷使好端端的人成了饿鬼、畜生一类。贪欲使聪明能干的人成为贪官、墨吏、恶棍、盗贼、嫖客、毒枭等罪犯，成为民贼独夫，不仅为害自己，连累亲友，而且危害社会，祸国殃民。贪欲使人沉沦生死海中，轮回不已，长劫难出，饱受苦荼。

即人最基本的需要"四食"，也难免产生痛苦，《瑜伽师地论》卷九十四说：段食为因，能生病苦（人言，吃五谷，生百病）；触食为因，生欲吸取苦；意思食为因，生求不得苦。说明人类现有的生命类型，本身就难免滋生贪欲，招致诸苦。

贪欲非本来常有，乃由因缘和合而生起，由六根对境、被六尘境相吸引迷惑而生。《大乘显识经》卷下佛言：

> 互因生欲，犹如钻燧，两木互因，加之人功，而有火生，如是因识及因男女色、声、香、味、触等，而有欲生。

《大集经》卷三十三说欲之生起，有见、闻、念、触四缘，如四毒蛇，能以见、嘘、啮、触四缘害人。若进一步追究，则贪欲的源头，是不如实知或无明。《阿毗达磨集异门足论》卷八引经中佛言，谓"彼于欲集没味患出离，不如实知故"（不如实了知贪欲的害处），被贪欲"缠压于心"，就像牛马被轭所束缚压迫。《佛藏经》卷中谓"欲者即是无明"，此欲，指贪欲。《瑜伽师地论》卷九十六云：

> 又无明界所随六处诸界为缘，起无明触。此无明触以为缘故，于诸境界起不如理执取相好所有诸想。此想为缘，于诸境界，发起希欲。

因不明认识对象的真实本面，心接触外境后，对所感知的相（如美人之美等）起不符真实的执着，从这种执取生起想要得到的欲望，由欲望产生如何得到所想望东西的种种寻思算计（"欲寻"），由此而"思慕愁忧""身心热恼"，而贪欲反过来更增长了愚痴。当两眼紧盯着所贪恋的对象时，人就容易失去理智。

三、善法欲

欲并非都是有害的，有益的"善欲""善法欲"，佛教认为应予肯定并培育增长。善欲、善法欲，指对弃恶修善、自利利人及修习佛法、解脱涅槃、利乐众生等高尚理想的向往、追求。这种欲望是善心所中精进（勤）的前提，被强调为成就一切善法、佛法的根本。《大般涅槃经》卷三十八佛言：

> 善欲即是初发道心乃至阿耨多罗三藐三菩提之根本也，是故我说欲为根本。

谓佛法从初发心到最终成佛，皆以善法欲为根本，"三十七品根本是欲"，由善欲接触佛法，摄取、接受、思考，忆念不忘，修学定慧，最终获得解脱。

《不思议光菩萨所说经》谓"志欲喜乐是菩萨服，成满一切诸佛法故""欲法闻法是菩萨服，成满般若波罗蜜故"，称对佛法的爱好、需求、欲望等善法欲，为菩萨成就一切佛法必着的服装。《华严经》卷五十四号召菩萨应于无上菩提"得最胜欲、甚深欲、广欲、大欲、种种欲、无能胜欲、无上欲、坚固欲"，为菩萨的十印之六。同经卷七十七云：

> 一切功德行，皆从愿欲生。

愿欲，指修习佛法的善法欲。《优婆塞戒经·集会品》卷一云：

> 众生有思，名为欲心，以如是欲善业因缘发菩提心，是则名为菩萨性也。

谓以对成佛度众生的希求、欲望发起的菩提心，是菩萨的本因、本性。《大集经》卷十五称不为名利、不爱身命而一心追求解脱名"大欲"。《大智度论》卷二十六云：

> 欲为初行，欲增长名精进。如佛说，一切法欲为根本。

说善法欲是修学一切善法的前提或第一步，善法欲增长叫作精进，精进与智慧、慈悲，并称佛教的主要精神，佛陀在许多经中倡导精进，以精进为大乘菩萨必修的六度之一，贯穿其余诸度。《瑜伽师地论》卷九十七解释经中佛说"一切诸法欲为根本"之言曰：

> 当知此中一切法者，谓善法欲。清净出家，为证涅槃，先受持戒，由是渐次，乃至获得究竟涅槃。

从怀着求解脱的正确目的出家学佛，修习持戒等一切佛法，到最后证得涅槃，这一切都以善法欲为根本。《成唯识论》卷五解释说，欲为诸法本，指一切事业由欲发起，"或说善欲，能发正勤，由彼助成一切善事"，所以说勤（精进）是欲心所的作用。当代泰国高僧阿姜查《以法为赠礼》说：

> 我们带着欲望修行，如果没有欲望，我们便不会去修行。

他所说欲望，即是善法欲。这种好的欲望，也为西方心理学家所肯定。如弗兰克认为人有寻求意义的意志，人的奋斗，主要奠基于对生命意义的追寻与人性价值的肯定。追求意义的需求若不得满足，会使人无聊、空虚、不安、焦虑。阿萨乔里认为，人对意义的不断而普遍的寻求，是一种由上而来的吸引，它促使人转化琐碎的日常生活细节，朝向那涵盖一切的超个人目标努力，才算完成个人在宇宙大我中的使命。

四、贪欲与善法欲同出一源

贪欲与善法欲，伦理属性和引起的结果尽管不同，但都以希望、追求所喜欢的东西为其基本的性质，都具有驱动人积极从事某种事业的作用。从大乘如来藏学看，欲虽然是一种因缘所生的有为法，但其根子甚深，可溯源于众生心性中的本觉（本有的觉性）或精神分析学所谓的基本心理动力，可谓人性中本有的一种源源不竭的力量。《心灵幽径——冥想的自我疗法》一书中说：在欲望下潜伏着对美丽、充裕、完整的渴望，欲望的反面是整体感和联系感。

从密教无上瑜伽的心气不二论看，欲望以生命本源中的明点红白菩提（红白大）为体，是先天的生命能量，不可能被消灭。贪欲以白菩提（白大）为体，性属阴，以吸摄外物增益私我为实质；善法欲以红菩提（红大）为体，性属阳，以破坏腐朽阴暗、放射光明为实质。同样的欲望、生命能量，既可以表现为向上的、阳性的、对自他和社会有益的善法欲，也可以表现为向下的、阴性的、害己害人的贪欲。如同样是想要获得财富的欲望，当出于满足一己占有欲时，是贪欲，当出于富国强民、利济众生的目的时，可以是善法欲。同样是想要影响别人的欲望，可以表现为"个人化权力动机"。被这种动机驱动者热衷个人权位和物质财富，这种动机强的人尤其是热衷个人权位者，一旦获得权位往往会成为暴君恶王、权奸巨蠹、贪官污吏，成为社会公害。然而，这种欲望也可以表现为从他人和社会着眼的"社会化权力动机"，这种动机使人关心社会和民众，具有很强的社会责任感和服务民众的精神，驱动人成为对社会、人类有巨大贡献的领袖、思想家、革命家、宗教家、科学家、企业家、艺术家等。

不论是阴性的、向下的贪欲，还是阳性的、向上的善法欲，都是涌动不已、没有止境的，永远也没有满足的时候。《法句经》卷二比喻贪欲有如树木生长枝叶，如水流盈满于池沼，"爱欲深无底，老死是用增"。俗言"欲壑难填"，人常常是有了米面想酒肉，有了棉布想绸缎，有了土屋想砖房，有了摩托想汽车，有了百千想亿万，小官想当大官，大官想当皇帝，皇帝想长生不死……正是这种永不知足、贪得无厌的欲望，驱使人们永不停息地追求、奋斗，促使人类文明不断向前发展。《现代心理学》一书中说得好：

> 贪得无厌是人类本性的特征；此一特征是人类社会进步的心理动力，可也是人生喜怒哀惧各种情绪产生的原因。①

向上的善法欲，也是如此永不知足，促使人求道不已，追求圆满人格、深入禅定，提高精神境界，获得彻底的解脱自在，乃至直趋生命的峰巅——成佛。追求超出生死，解脱成佛，永享常乐涅槃，可谓一种极大的欲望，甚至应称为欲望的极限。《大智度论》卷二十六中佛告比丘：

> 我本以欲心无厌足故得佛，是故今犹不息；虽更无功德可得，我欲心亦不休！

成佛后犹欲心不止，当指利乐济度无量众生、庄严全宇宙的大欲望或宏愿。这种永无止息的"欲心"，成为佛陀的重要功德之一——"精进不减"的源泉。

贪欲与善法欲的区别在于，善法欲以如实知见的正见、智慧为主导，以合理地谋求自他的今生、后世、究竟的利乐为目的，求精神境界之提升和对自心的大觉，具自主性、离染性、向上性；贪欲则出于无明和邪见，以自私自利和损人利己之心为出发点，以不明诸法实性的染污心、迷执心追逐外物，具被动性、染污性、向下性。质言之，以如实知见的智慧主导欲望，便将本性中的欲力引向清净、高尚的善法欲；以无明、邪见为主导，则将本性中的欲力引向使人堕落的贪欲。贪欲与善法欲的枢纽，唯在是否有正见、正智。

---

① 张春兴：《现代心理学：现代人研究自身问题的科学》，上海人民出版社1994年版，第532页。

五、"以欲制欲"，以智化欲

向下的贪欲与向上的善法欲虽然同出一源，但其结果与价值却不啻天渊。贪欲不可放纵，放纵贪欲，人将不是人，人类社会将无法维持，终将导致灭种亡国乃至毁灭地球的恶果。自古及今，人类从维持群体生存的需要出发，创设种种教化和管理体系，教导、管理世人合理节制人欲。批判人欲，节制人欲，尤为各宗教的共同特质、主要功能。能了知贪欲的过患并自制贪欲，被看作人类与低于自己的动物的一条分界线，佛经中以"能修梵行"——能自制人欲乃至离欲清净，为地球人类的一大优点。

佛教极力强调贪欲的危害，教人制止贪欲，远离贪欲，"离欲""断欲""无欲"，为佛教经论中出现率极高的词语。否定人欲，被看作佛教的重要特点。《杂阿含经》卷三十五第973经在列举了贪欲的害处后指出：与贪欲的诸过患相反，断贪欲有如许"福利"（幸福与利益）：

不自害，又不害他，亦不俱害；又复不现法得罪、后世得罪、现法后世得罪，心法常怀喜乐、受觉。

贪欲既然是造成诸般痛苦的根源，则断除贪欲，自然会断除诸苦，享受一种高级的"无欲之乐"，乃至永远度过诸苦交攻的生死大海，永享涅槃常乐。《长阿含经·三聚经》中，佛陀以"无欲"为使人向于涅槃的九法之一。《法句经·爱欲品》偈云：

离欲灭爱迹，出网无所蔽。尽道除狱缚，一切此彼解，

已得度边行，是为大智士……无欲无有畏，恬淡无忧患。

断除了贪欲，便挣脱了束缚人的魔网，永离地狱等恶道，永出陷溺人的生死深渊，永享恬淡无欲的解脱自在之乐。大乘《佛藏经》卷中佛谓"无上道中诸欲永息"，诸佛无上菩提，唯是离诸欲诸见之一义。能征服自己贪欲、获得无欲之大乐的人，才是真正的勇士（"大雄"）、大丈夫，才是最有智慧、最为富有的人。

佛教认为，人完全有自主贪欲、断除贪欲的能力，贪欲并非多么可怕的东西。《法句经·爱欲品》偈云：

欲我知汝本，意以思想生，我不思想汝，则汝而不有。

贪欲从意识的分别而生，须经思心所的思择决而有，而意识具有慧、勤（精进）等功能，可以正见正智决定所思，以精进的意志力制止、断除无益有害的贪欲。《增一阿含经》卷二十五谓"以无想念便无欲心，以无欲心便无乱想"。《中阿含经·梵志陀然经》卷六佛言：多闻圣弟子因极重善观欲，心不向欲、不乐欲、不近欲、不信解欲。若欲望起，即时融消焦缩，不得舒张，舍离欲望，厌患欲望，犹如鸡毛着猛火中，即时融消焦缩。今脑科学说，大脑中虽然能产生令人上瘾、增长贪欲的化学变化，而负责理性思维的前额皮层可以控制它，减低兴奋程度。

断除贪欲，必须有追求获得无欲之乐的善法欲、大欲。《杂阿含经》卷三十五佛言"以欲制欲"，意谓以善法欲制伏贪欲、物欲、情欲。《大威德陀罗尼经》云：

超过有结，应发欲心，于无欲中，欲无欲事。

谓断灭烦恼、超出生死，需要以希求涅槃之乐的善法欲为动力。这种欲心越是大，越是能发起精进，越易获得解脱。弗洛伊德认为用欲望引导精力去建设而非破坏自我中最好的部分时，人就实现了高尚的意志，此谓"精神经济学"。

总之，以理智了知无明的、被动的贪欲之祸害，用追求解脱涅槃的善法欲去断灭贪欲，获得真正的幸福快乐，或将向下追逐色、声、财、位等的贪欲、物欲转为向上追求涅槃的善法欲，以如实知见宇宙人生实相的智慧将人本性中无穷的欲望引向对清净、解脱、自在的涅槃之追求，让欲望创造出对自己、他人乃至全体众生的现前后世最有益、最大的价值，可谓佛教人生欲望观的要义。

对于人欲，东西方自古便有纵欲主义、禁欲主义、节欲主义三种不同的态度。纵欲主义如古印度的顺世派、西方的居勒尼学派、中国的杨朱等，主张放纵人欲，及时行乐，尽情享受肉体、物质的快乐，多持享乐主义、个人主义的人生态度。边沁主张"人人应该追求自己的快乐"之享乐主义人生观，在资本主义社会影响极大。这种人生观的流弊显而易见，尽管屡遭批判，却仍被不少人特别是许多现代人所信受，造成人欲横流、道德沦丧。禁欲主义如古印度的耆那教、西方的犬儒学派、斯多葛派及近代的叔本华等，主张忍受痛苦，断绝情欲、人欲，获得精神的或后世的快乐，这种人生观总是不容易被多数人所接受。比较容易被多数人认同的是节欲主义，如儒家及古希腊的伊壁鸠鲁等。先秦儒典《礼记·乐记》曰：

夫物之感人无穷，而人之好恶无节，则是物至而人化物也。人化物也者，灭天理而穷人欲者也。

其认为若不节制人欲而使人物化，便是灭绝天理。后儒对天理、人欲虽然有几种不同的说法，但在反对恣情纵欲、主张合理节欲这一点上基本是一致的。

与其他学说相比，佛教基本上属节欲主义。《阿含经》载，佛陀既反对极端禁欲主义的苦行外道尼乾子（耆那教）等，也反对纵欲主义的顺世外道，主张离苦乐二端而行于中道。佛教戒律只要求在家信众自愿守持不杀生、不偷盗、不邪淫、不妄语、不饮酒（麻醉品）五戒乃至这五戒中的任一条。五戒中主要的前四戒（"性戒"）所禁止的只是损害他人利益、违反世俗基本道德规范的多余的、泛滥的贪欲，可谓古今所公认的"伦理底线"，并未要人断灭食、色、情爱等一切人欲，放弃对财富、爱情、事业、成功等的追求，反对的只是非法的、损人利己的、不择手段的贪求。《阿含经》等经中，佛陀多次教导在家弟子如何求财、理财、精勤工作、和睦家庭，过好世俗生活。如《杂阿含经》卷三十二第912经中，佛陀为聚落主说三种"受欲"（欲求），以非法滥取财物、不供养父母眷属而出家修行者为下，以如法求财、不滥取、供养自己及父母眷属而出家修行者为胜。晚近中国佛教界所提倡的"人间佛教"，强调回归佛陀的这种精神。

从了生死、出世间的角度讲，佛教确实有相当彻底的禁欲思想。对人间的财、色、名、位乃至所感知的色、声、香、味、触、法六尘的贪欲，哪怕是极其细微的贪欲黏着，从佛教义理而言，都是生死之根，若不断灭，无由臻于涅槃。尤其是男女的性欲，更是使人再生于欲界的直接原因，佛教僧尼戒中列"不淫"（不过性生活）为首戒，大乘菩萨戒对断淫的要求更严格，不仅禁止身淫，而且戒及如隔墙听见妇女语声、环佩声等性方面的细微分别心。《优婆塞五戒威仪经》规定在家菩萨起欲界欲，不修观对治而速疾除灭者，犯重垢罪。若虽然"常勤欲灭，欲心犹起"，则不犯戒。《佛藏经》卷中说大乘道应永远熄灭的诸欲"谓邪不善念，若我若我所，作相事相"，邪不善念，较浅近的解释是指损人利己和损人亦不利己（自他俱损）的贪欲之心，深则可包括一切执着于我、我所和色、声、香、味等相而不符真实的妄念。但也非要人断灭一切生理的、心理的基本需要。唐大珠慧海禅师"饥来吃饭，困来打眠"一语，最能表现佛教的离欲思想，人问如此与常人有何不同，答：

他吃饭时，不肯吃饭，百种须索；睡时不肯睡，千般计较，所以不同也。①

在禅宗人看来，吃饭睡觉等自然的需要，是合理的，不须断灭，应断灭的只是在自然需要之外滋生的种种多余的欲望。

深一层言，说佛教主张"以欲制欲"，以追求上进和涅槃的善法欲节制、制止乃至断灭贪欲、人欲，说离欲、无欲，不如说佛教对人欲的根本态度是"以智化欲"——以如实觉知欲望实性的智慧，将人欲、贪欲转化为善法欲，并极大限度地发挥本性中欲望的作用。贪欲与善法欲的枢纽既然在正见正智，则正见正智方为对待欲望的关键。更准确地说，欲望是不可断灭的，以欲望为实有而有意去制止断灭，视人欲为敌、为洪水猛兽，在大乘学说看来不可能真正离欲、无欲，反而可能导致贪欲增盛、心理变态。《杂阿含经》卷十八提婆达多以"心法修心"（如石压草，非以智化情）的方法解脱五欲，被佛呵斥为背离佛法正道。《经集》载佛言：真正的修行者"并不热衷欲望，也不被无欲

---

① 〔唐〕慧海：《诸方门人参问语录》。

污染。于此世界中，不固执、执着最高最圣的境界"。即便用无常无我的智慧断灭了一切引起生死的人欲，若过于厌离人欲和贪着涅槃无欲之乐，至多会使人成为以"灰身灭智"为归宿的"定性声闻"，不能穷证佛性而得究竟解脱，不能发挥心所具有的积极功能而创造利乐众生的应有价值，大乘斥责这种定性声闻为"焦芽败种"。大乘不视人欲、贪欲为洪水猛兽而求急急断灭，而视人欲为修学佛道应如法开采的能源，重在以诸法无我、人欲即菩提的如实智慧观照人欲，主宰人欲，以理智合理节欲，将贪欲转化为善法欲，转化为无穷无尽的修学佛道、利乐众生的精进。《大集经》卷三说佛"欲于善法……如是诸欲不随欲出，随智而生"。《摄大乘论本》卷三引《大乘阿毗达磨经》偈云：

非染非离染，由欲得出离，了知欲无欲，悟入欲法性。

谓欲的本性非染非净，由有欲，才得以修行而超出世间，欲的实性本是空。《华严经》卷七七偈云：

了知三毒真实性，分别因缘虚妄起，亦不厌彼而求出，此寂静人之住处。

大乘有菩萨不断尽人欲而"留惑润生"再来人间度众生之说。《维摩经》推崇"在欲而行禅"，喻为火中生莲。《大智度论》卷十七说修禅定者应以正智观察障碍入定的贪欲，盖非在内、非在外、非在中间：若本在内，不应待外缘方生；若在外，与我无关；若在中间，中在何处？贪欲不从前世来，若从前世来，婴儿时即应有贪欲；以此知其亦不至后世。贪欲不从诸方来，亦不常自有，非遍身中，亦不从五尘来，不从五识出，"无所从生，无所从灭"。贪欲及贪欲者不一不异，因为若离贪欲，贪欲者不可得，离贪欲者，贪欲不可得。贪欲与贪欲者皆从因缘和合而生，和合因缘生法必然自性空，故贪欲、贪欲者非异。贪欲与贪欲者若一，则无分别。

如是等种种因缘，贪欲生不可得。若法无生，是法亦无灭。不生不灭故，则无定无乱。①

如是如实观察贪欲，则转贪欲为道而证入离欲的定，"与禅为一"。

---

① 《大智度论》卷十七。

密教特以贪欲为道，金刚界密法将化欲望为菩提之义形象化为一位"欲金刚"菩萨，端坐于莲花（表清净的菩提出于烦恼污泥）之上，手持弓箭，表以智慧欲箭射众生阿赖耶识中之一切贪欲种子，令成佛陀的大圆镜智。此金刚又名般若波罗蜜，意谓以如实证知诸法空性的智慧通达一切佛法，无滞无碍。就此而言，与其说佛教基本上是节欲主义，无宁说佛教根本上是"以智化欲主义"。

西哲柏拉图亦主张，以灵魂中最好的功能——理性为导，在意志驱动下为高尚的目标而努力时，灵魂中最不好的欲望会成为帮助人有价值、受人敬仰的正面力量。当然，柏拉图尚缺乏佛法特有的如实正观欲望本空的本性而转欲望为菩提的出世间智慧。

太虚《人欲之分析与治理》将佛教对欲望的处理按佛法五乘分为三种：人乘节欲；天乘、二乘绝欲；大乘化欲。化欲的方便有文化欲的净化（信教）、知识的理解而证果、物境欲的净化（净土）、续生欲的净化（密法）。此说基本合理。

第二节　爱

与"欲"紧密联系的心理功能是爱，欲由爱起，爱是产生欲望的前提。爱，可谓人类心灵中最具有驱动力、最富有诗意的东西，自古以来便为东西方的哲人智士们深切关注，古印度人将爱列为人生三大目的之一[1]，其《爱欲经》被公认为举世闻名的性爱指南。基督教被称为"爱的宗教"，圣·奥古斯丁视爱为使人接近于神的推动力。墨子倡博爱，孔子伦理思想的核心"仁"，也被解释为博爱。弗洛伊德以性爱之驱力——原欲里必多为人类全部心理活动的根源，其《性学三论》（1905）和罗洛·梅的《爱与意志》（1969），皆成为

---

[1] 其余二大目的为法（智慧）与利。

20世纪西方影响巨大的著作。

承古印度文化传统，佛教对爱也予以极大重视，对爱的探究，可谓佛学的一大主题。佛教四圣谛中所指揭示生死苦恼之因的集圣谛，其内容便以一个"爱"字做了概括。《分别缘起初胜法门经》卷上谓"唯说此爱以为集谛"。四谛、十二因缘被称为爱染缘起、分别爱非爱缘起。

一、爱的名义与种类

爱，是一种不容易作出确切定义的心理内容，阿瑟·S·雷伯《心理学词典》在解释爱（love）时说：

心理学家可能已明智地放弃了分析这一术语的责任，而将它留给了诗人。

因为爱的内涵颇为复杂，将爱用作一个科学术语，会引起若干争执。佛教《阿毗达磨发智论》卷二定义：

云何爱？答：诸爱、等爱，喜、等喜，乐、等乐，是谓爱。

说爱的特点是爱好、喜欢、悦意，是由觉得、认为"净妙可意"的人、事物的吸引而产生的一种心理活动。《大智度论》卷十七说"爱之为性，欲乐专求"，在专注一处这一点上与禅定有相似性。这一定义，与西方一般以爱为极其喜欢、喜爱某个人或某一事物的强烈、持久的情感之古典诠释基本相同。"净妙可意"，可谓"美"，即给人以愉快、可爱的体验，美学家柏克曰：所谓美，指能引起爱或类似情感的某一或某些性质。

爱并非只是一种，汉译佛典中译为"爱"的梵语、巴利语原词有好几个，含义各有不同。中村元监修《佛教语大辞典》中，"爱"条目共列举20义。南传《法句经》212—216偈中，依次列出五种爱：

1."爱""喜爱"（巴利文 piya），有血缘关系的亲人之间的亲情之爱。

2."亲爱"（巴利文 pema），朋友之间的友情、友爱。

3."欲乐"（巴利文 rati），当于现代汉语的"喜爱""爱好"。

4."爱欲"（巴利文 kāma，梵语同），专指男女两性之间的性爱、爱情、爱欲。

5."渴爱"（巴利文 taṇhā），痴迷、渴求，不由自主的、具强迫性的爱欲，即西方心理学所谓"爱的神经质需求"，喻如沙漠中跋涉者之渴求饮水，被饥渴所迫的饿鬼渴求饮食，因称"饿鬼爱""贪爱"。巴利语 taṇhupādiṇṇa、nandi，梵语 tṛṣṇā（十二有支的第八支）、gardha，也皆为渴爱、贪爱。

以上五种爱，所爱的对象由血亲扩展到没有血缘关系的他人和物，爱的程度逐级加深，与人从幼小到成年爱的阶段性发展相应。

此外，汉译为爱的梵巴原语还有：巴利语 chanda，梵语 kanati、iṣṭa，意为爱好、愿欲；巴利语 chanda，梵语 iṣṭa、rucitā、kanti，皆为"愿望"意；巴利语 mamāyita，意为执着他物为自己所有的贪爱；巴利语 rāga（梵语同）及梵语 anunaya、anurodha、sakta、tṛṣyamāṇa，皆指爱的执着、"爱执"、"爱着"；梵语 tṛṣṇā、toṣayatā、parigraha、priya、preman、vatsala、sneha、anunaya，皆有"可爱"意；梵语 sneha，指父母对子女的爱，可译为"慈爱""父爱""母爱""恩爱"。

对于爱，佛教有多种分类。说一切有部佛学将佛经中所说的各种不同的爱归纳为两大类，《大毗婆沙论》卷二十九云：

爱有二种，一染污，谓贪；二不染污，谓信。

染污之爱，指与无明、烦恼相应，有执着，与占有欲相联系的贪爱，kāma（爱欲、性爱）、taṇhā、tṛṣṇā（渴爱）、anunaya、mana（爱的执着）皆属此类。此类爱被归于心所法中的根本烦恼"贪"，贪等烦恼也统称为爱。《俱舍论》卷四解释："有染谓贪，如爱妻子等"。

无染污之爱，称"爱敬"或"敬爱"（梵文 preman 或 priya），指对佛陀、真理、师长、父母、崇高理想的热爱、敬爱，此类爱被归于善心所之首"信"。《俱舍论》卷四解释："无染谓信，如爱师长等"。《中阿含经》卷二十六《狮子吼经》佛言：

若爱敬同道、恭恪奉事者，是正、是第一。

父母对子女的慈爱（sneha）虽然有爱无敬，亦属无染污的爱。

大乘《大般涅槃经》卷五分爱为凡夫爱、法爱或饿鬼爱、法爱两大类：

爱有二种：一者饿鬼爱，二者法爱。真解脱者离，饿鬼爱，怜悯众生，故有法爱，如是法爱，即真解脱。

凡夫爱、饿鬼爱，指与烦恼相联系的爱，相当于有染污爱；法爱（Dharma-premau）指对佛、法、僧、善法、真理、涅槃等的喜爱及佛对众生的大慈大悲。经中常说"乐法、爱法、敬法、喜法"，即指法爱。法爱可包括《大毗婆沙论》等所说无染污爱、爱敬。对集体、国家、事业的爱，也应归于法爱。与法爱之爱联结的词如"爱法""爱敬""爱语""爱惜""仁爱""慈爱""爱护"等，皆为褒义。按大乘之说，尚未断尽法执的小乘人和菩萨的法爱，尚非完全清净，只有佛陀的法爱，才纯然清净不染。

《大般涅槃经》卷十三还分爱为善爱、不善爱两种。不善爱，唯是凡夫所求，善法爱乃诸菩萨所求，此类爱又有不善与善两种，"求二乘者名为不善，求大乘者是名为善"。又说有爱己身、爱所须二种及未得五欲系心专求、既求得已堪忍专着二种。又有欲爱、色爱、无色爱三种，及业因缘爱、烦恼因缘爱、苦因缘爱三种。出家之人有爱衣服、饮食、卧具、汤药四种爱，复有五种："贪着五阴，随诸所须一切爱着，分别挍计无量无边"。以上皆属染污爱。同经卷三七分爱为杂食、无食二种，杂食爱者，指凡夫不离生老病死一切诸有之贪爱；无食爱，指"断生老病死一切诸有、贪、无漏道"，属于法爱。《大集经》卷二九说三种爱：有爱（对三界所有的爱）、断爱（爱断三界生死）、法爱。

西方传统一般分爱为性欲（sex、lust、libido）、爱欲（eros）、友爱（philia）、博爱（agape、aritas）四种。弗洛姆在《爱的艺术》中将爱按成熟与否分为三种：一为幼儿的爱，遵循"我爱因为我被爱"的原则，态度是被动的、接受的；二为成熟的爱，遵循"我被爱因为我爱"的原则，认为"我需要你因为我爱你"，态度是付出的、主动的；三为不成熟的爱，遵循"我爱你因为我需要你"的原则，是以自我的需要为中心的、占有的，属贪爱。

二、贪爱相种种

佛典中说得最多、作为集圣谛的爱,是有染污的爱,此类爱常与表贪染义的字眼连用,如"贪爱""爱着""爱染""渴爱""爱欲""爱惑""爱味"等。此类爱的特点,是对三界中人、境、事、物的贪着、迷恋。《大毗婆沙论》卷五十谓"染境义是爱义";《俱舍论》卷九谓"贪即是爱",《入阿毗达磨论》说这种爱"是染着相,如融胶漆,故名为爱",贪爱能系缚众生的心,令离不开所爱,有如胶漆粘物、磁石吸铁、绳索捆人,使人心中不得安然自在,因称"爱结""爱锁""爱缚"。《正法念处经》卷二十九解释:

以无明故,于境无厌,是名为爱。

《瑜伽师地论》卷九十五谓于三界中"凡诸所有染污希求,皆名为爱"。

对于贪爱,佛典中有多种分类。从贪爱的对象,《长阿含经·增一经》佛说六爱:色爱、声爱、香爱、味爱、触爱、法爱,即对六识所了境的爱,可以总括一切爱。

《大毗婆沙论》《阿毗达磨集异门足论》等据能爱和所爱的界地,说三种贪爱:

1. 欲爱,又称欲贪(kāma-rāga)、欲贪随眠,指欲界的贪爱烦恼。欲界,为佛教所说宇宙中三大类生存形态(三界)之下层,包括欲界六天、阿修罗、人、畜生、饿鬼、地狱六种生存形态,其共同特点是有饮食、睡眠、性三大匮乏性的欲望或需求。对食、色、睡的需求,对从眼、耳、鼻、舌、身五大门户摄入的色、声、香、味、触和钱财、名位、权力等的贪爱(五欲),统称欲爱。印顺法师解释:欲爱是物欲的爱着。《俱舍论》卷二十二分欲爱为显色贪(对颜色、外貌的贪爱)、形色贪(对形状的贪爱)、妙触贪、供奉贪(对供应服务等生活条件的贪爱)四种。《瑜伽师地论》卷八十六、卷九十四说诸世间所爱者有三:势力(健康)、妙色(青春)、寿命,希望自己健康长寿,可谓人类最普遍的爱。

欲爱之中，以男女、雌雄两性间的性爱最为强烈，为最直接的生死之因，有如炽燃不熄的烈火，称"欲火"。因为人及其他欲界众生，是以性爱为直接的生因，是"命根"，故为最强烈的欲爱。有人说，人身上的每一个细胞都是爱的细胞，人生命的能量都是爱的能量，人生存于欲爱中。

《四十二章经》佛言：

爱欲莫甚于色，色之为欲，其大无外。

此色欲，指性爱的欲望。人类的性爱，主要由对方色（整体形象）、形貌、威仪（举止）姿态、言语音声、皮肤细滑、人相（异性性征）引起，称六欲。《坐禅三昧法门经》谓淫人有七种爱：或好色（身体健康），或端正（容貌美），或仪容（举止风度），或音声，或细滑，或众生（有情），或都爱。

《舍利弗阿毗昙论》卷十九说，男女喜欢欣赏自己的身体、形、相、服饰、欲、音声、璎珞（装饰品），自己爱乐，又爱乐异性的身、形、相、服饰、音声、欲、璎珞，想与所爱的异性交合取乐，名"七共染"。男女交合、接受对方的澡浴衣服按摩、共言说戏笑、互相凝视、忆念曾与对方共事娱乐、于障外闻异性音声歌舞啼哭、见别的男女共相戏耍娱乐而生起爱欲，名"七欲染"。《瑜伽师地论》卷十一说男性被女性所吸引者有八种身可爱相：歌、舞、笑、盼、美貌、举止、妙触、礼节。同论卷五七说男女在游戏时被对方的身、语、面门、眼目之舒悦（舒服可爱）所缚，在受用时被妍容、软滑、恭事（顺从）、童分（天真娇媚）所缚。密教说女子吸引男子有笑、盼、抱、吻、抚摩、咬、咋、勾、撒娇、呻吟等六十四种技艺。

满足爱欲的方式，性学家一般总结为目对身、目对目、声对声、手对手、手抚肩、手摸腰、口对口、手摸头、手摸身、口对乳、手摸性器、性器对性器十二步程序，可同佛书中所说从欲界第六天递降至人类的六种满足爱欲的方式——眄（目对身）、笑（目对目）、握（手对手）、抱（口对口等）、触（性器对性器而仅以气交）、交（性器相入而射精）相比较。《中论》卷一说人性爱的进程为：

初名爱，次名着，次名染，次名淫欲，次名贪欲。

即从喜欢到贪，到有染，到做爱，到占有。《佛说立世阿毗昙论》卷六云：

> 凡一切女人以触为乐，一切男子不净出时以此为乐。

"不净"出时为乐，指以射精为达到性高潮。

人类性爱具生物性和社会性，可分为生理、感觉、心灵或精神三个层次，不仅出于生理上的性欲，由喜爱对方的容貌、风度和性感而产生，也往往出于心灵、精神的需要，出于或包含有对对方心灵美的喜爱、欣赏、爱慕，和在相互关系中、共同生活中形成的感情，包含亲情、友情。或曰人类的爱情是性爱与情爱的结合。爱情心理学家说男子爱女子主要是爱女性美即爱色，女子爱男子主要是爱其有力（包括身体的力量与精神的力量）。《楞严经》卷四谓"异见成憎，同想成爱"——心意的一致产生爱，对立产生憎恨。又说：

> 汝爱我心，我怜汝色，以是因缘，经百千劫，常在缠缚。

对方的心非五官所能感知，只能借表情、语言、动作、行为、信件、信物等，由意识测知，属法尘所摄。

人类属欲爱的嗜欲爱好极多，诸如爱名、爱钱财、爱子女、爱权力、爱面子、爱虚荣、爱打扮、爱交际、爱美食、爱杯中之物、爱品茗、爱读书看报、爱游玩、爱写作、爱辩论、爱聊天、爱管闲事、爱吹牛、爱收藏、爱体育、爱听音乐、爱看戏、爱集邮、爱养鸟、爱宠物、爱奇石、爱打牌、爱栽花种草、爱打猎、爱钓鱼、爱游戏、爱旅行、爱探险、爱嫖娼、爱赌博……，不胜枚举。

欲爱是直接导致生死苦难的烦恼，最为深重难断。《瑜伽师地论》卷十一云：

> 诸烦恼中贪最为胜，于诸贪中，欲贪为胜。

2. 色爱，色界的贪爱。色界（梵文 rūpa-dhātu），为超离食、色、睡三欲，仅有由净妙微细的物质构成的身体存在的生命形态，由修十善和禅定而达到，依所入禅定的浅深分为初、二、三、四禅四个层次，凡有十八天。色界因超越性欲，无男女之别，初禅无鼻、舌二识，唯存眼、耳、触、意四种识，二禅以上无眼、耳、鼻、舌、身五识，只有意识。人中修习禅定入色界禅者，能超越食、色、睡及情爱、名利、权位、游乐等欲爱，只有色爱。色爱主要是对禅定之乐的贪爱，初禅有轻暖凉滑等身识触受之快感，二禅以上唯有内心所感受的微妙快乐，称"禅悦""禅乐"，贪着于禅乐，称"味禅"。《瑜伽师地论》卷六四说众生各自的阿赖耶识中都有贪爱二禅的种子，当世界将坏时，有人自然会得二禅并贪爱之，其他人也都跟着证入二禅，这种本性中自有的色爱称"法性爱"。

3. 无色爱（梵文 arūpa-tṛṣṇā），无色界的贪爱。无色界为没有固定形象物质身体存在的生命形态，其心识常住于甚深禅定中，依定境的浅深分为空无边处、识无边处、无所有处、非想非非想处四个层次。无色界超越欲爱和色爱，唯存定心，可谓纯精神性的存在，其所爱对象是所入定的超脱、宁静、广大、微妙之乐。

欲爱、色爱、无色爱皆以染着于认知对象及所感受为特性，总称"爱结"（梵文 anunaya-saṃyojana），亦称"随顺结"，为"九结"之一。色爱、无色爱合称"有爱"，印顺法师解释：有爱是自体存在的爱着。

《瑜伽师地论》卷五十五说集谛所摄的烦恼归于四种爱：一为爱，对自我的爱，"谓于自体，亲昵藏护"。二为后有爱，对将来生命延续的爱，对他生后世的贪爱，如人想望来世再来人间享福，或对人间的贪爱必然引起来世再生人间的异熟果。三为喜贪俱行爱，对将得到、已得到所喜爱之物之贪恋、喜爱。四为彼彼希望爱，对没有得到而希望得到的东西的爱及希望将来常得到所爱者。这四种爱又可摄归两种："有爱"——对所禀受的生命形态的贪爱，包括前两种爱；"境爱"——对他人、境物的贪爱，包括后两种爱。

对所爱对象的贪着不舍，称"爱味"，味者，如咀嚼品味也。《显扬圣教论》卷二说爱味凡有十种：

1. 俱生作意爱味，与生俱来，随感知分别自然而起的贪爱，如对美食甘味、舒适感觉、美人、美景等的喜爱。

2. 分别所起作意爱味，经后天社会文化的熏习而生的贪爱，如对艺术品、文学作品等的喜爱。

3. 自地作意爱味，对所在生命界的人境事物的贪爱，如一般人对人间五欲的贪爱。

4. 异地作意爱味，对超越自己所在生命界的贪爱，如有人对色界、无色界定境的追求向往。

5. 过去爱味，回忆往昔的快乐幸福，贪着难忘。

6. 未来爱味，想望、希求将来得到某种所喜欢的东西。

7. 现在爱味，对已经得到、正在享用的食色名利等的贪爱。

8. 下爱味，贪爱的程度很浅。

9. 中爱味，贪爱的程度中等。

10. 上爱味，深度的贪着。

关于贪爱的由浅到深的程度，《瑜伽师地论》卷九十二解释说：可爱境界现前时所生的染污欣悦，名"喜乐"（喜欢）；此后对所爱者注意、思惟、希求，得到而尚未受用时，住于染污的欣悦，名"欢喜"（高兴）；受用时多生贪爱，名"染着"。又，希望将来得到及得到后领纳，名"喜乐"；追忆过去所受用而贪恋，名"欢喜"；获得后正受用时生起贪爱，名"染着"。

三、贪爱生起的因缘

爱，在佛学看来是一种因缘所生的有为法。《中阿含经·释问经》卷三十三佛说爱缘于欲，欲因念有，念因思有。十二缘起说以爱为生命流转过程中的一个环节——"十二有支"中的第八支。爱生起的因是受——由领纳色、声、香、味、触、法等而得的感受，即五蕴中的受蕴。《杂阿含经》卷十六第452经佛言：

> 缘种种界，生种种触；缘种种触，生种种受；缘种种受，生种种爱。

受，由眼等六大门户开放（触）接触外界（六入）种种刺激而生，能引起爱的，只是由接触"净妙可意事境"而使人觉得快乐舒服的、美的乐受。如特别爱某人，是因为看见他（她）、想起他（她）、听见他（她）的话语歌声、闻见他（她）的体香、和他（她）在一起使我感到快乐幸福，因而生起爱恋之情。有些人爱食苦味，受虐狂者爱受虐待，也是在食苦和受虐时得到快感，方才生爱。《瑜伽师地论》卷九五谓"由内外六处为依，起诸爱行"。

性心理学家蔼理士说性冲动过程是由触、视、听、嗅等途径，尤其是对视和身体的接触，被对方性信息刺激所吸引，积累与对方结合的欲望，犹如积薪，称积欲；这种强烈欲望驱使双方由性交而达到结合的高潮，为解欲，犹如积薪之炽燃。当代爱情心理学说性吸引力在于外在形象，由外在美、气质美、性感三方面构成，以力感、柔感、智感构成的气质美为核心，外在美为基础，性感为催化剂。外在美、气质美、性感，皆不出色、声、香、味、触、法六尘的范围，由眼等六大窗口而感知。

一般而言，从所爱的对象得到的快感越多越深，所生起的爱就越深、越强烈。如美食越是可口，越使人馋涎欲滴，胃口大开。男女接触和共同生活中所获得的快乐幸福愈大，所产生的爱情愈炽热浓烈。

世间的事物中，大多数只能给予某一个感官以快感，如美术作品只能刺激视觉而生乐，音乐只能刺激听觉而生乐，好香只刺激嗅觉而生乐，影视剧能同时满足眼、耳、意三大门户的需求，故比美术作品和音乐更吸引人。美景良辰、水光山色、花香鸟语，能使人同时感受到视、听、嗅及空气清新的舒适愉悦，令人流连忘返。两性有情人之间的全身心接触交融，使人在色、声、香、味、触五欲和意识的感情需要等各方面都得到深刻持久的快乐。南传《增支部经典·色等品》第一经佛言：没有任何其他的色、声、香、味、触比女人的色、声、香、味、触更能令男人的心疯狂、着迷，也没有任何其他色、声、香、味、触能比男人的色、声、香、味、触更能导致女人的心疯狂、着迷。

《大智度论》卷三十五谓"于五欲中，触为第一能系人心"。情人们在拥抱和性高潮中，能达到最高的快感，印度教和佛教密教将其与涅槃之"大乐"相比，两性之间的爱情因而成为人类最深的爱。

在商业社会里，金钱几乎能买来一切，不但能买来种种物品，买来游玩快乐，而且能买来美女、俊男、爱情、尊重、地位、名望、健康、安全、时间，故金钱成为许多现代人最爱的东西。其实，金钱不过是色、声、香、味、触、法的代码，爱金钱，终归是爱由色、声、香、味、触、法六尘所生的诸乐受。

依十二因缘进一步追溯，则产生诸乐受之因六入，以名色（禀赋如此形态的身心活动模式）为因；名色以识（根本的心识作用）为因；识以行（梵文 saṃskāra，生存意志、外求欲力）为因；行以无明为因。作为爱之终极因的无明，可解释为不明缘起无我的真实而起的我爱、我执。

人对世间一切的爱，说到底皆不外"使我快乐故我爱"。不仅对钱财、衣服、器物、美食、华宅、豪车、宠物、各种服务的爱是为了使我快乐，即被西方人歌颂为宗教般神圣的爱情，一般来说也未必越出"因为跟他（她）在一起使我感到快乐幸福，所以我爱他（她）"的圈套。男人希望女人温柔可爱，其实是想从女人那里索取服帖与顺从；女人希望男人成熟可靠，其实是想从男人那里获得依靠。爱对方，无不是想得到对方的回爱，以驱除自己的孤独寂寞感，发泄自己的爱欲、性欲。弗洛姆《恶的本性》说，根深蒂固的孤独感，乃人一切焦虑不安之源，性爱，在本质上是一种解除疏离状态、满足结合欲望的行为。《心灵幽径——冥想的自我疗法》说，性欲的后面是一口寂寞的深井，性的意象是寻找安慰和亲近的方式。但丁说："爱不允许任何被爱的人不爱。"恩格斯说，性爱从本质上来说是自私的、排他的。排他，是一切动物的性爱所具有的基本特性，排他的本质是维护自我，保护自我对所爱的占有，不容许别人侵犯我喜爱的东西。人类的爱情，表现出更为强烈的排他性。就此而言，性爱以一种自私的占有欲为根本。

可以说，对一切外物的贪爱，终归以对自我的贪爱（我爱）为根本，无不从我爱出发，终落脚于爱我。《瑜伽师地论》卷九五谓"五种我慢为依，发起有爱及无有爱"。印顺《佛法概论》说得对：

> 论到情爱的根本，应为"自体爱"……即深潜的生存意欲……又名我爱。①

---

① 印顺：《佛法概论》，中国佛教文化研究所1990年版，第83页。

从染污末那识源源不绝地流出的对自我的挚爱，可谓人性中最根本的欲力，在这种欲力驱动下，自然形成对意识所认自我（假我）的自爱，和对顺于、有益于此所认自我的乐受之需求。《杂阿含经》卷三十六第1006经偈谓"爱无过于己"。南传《增支部》1—75经佛说：即使一个人用心找遍十方任何角落，也找不到一个自己爱他超过爱自己的人。十方所有众生爱他们自己超过爱别人。《即兴自说·第五品王经》言：波斯匿王与末利夫人各自皆承认，在所爱诸人中无胜于爱自己者。

作为贪爱之源泉的无明，从所爱对象的角度讲，以法我执（法执）为本。法执，指执着所感知、认识的对象离心识客观外在，实有其自体，确有所感知到的坚固、好看、好听、好吃、好闻、好用、好玩等性质，绝非虚幻，确认不疑，方能对其生起贪爱。《大般涅槃经·迦叶菩萨品》卷三十七云：

众生见色亦不生贪，及观受时亦不生贪，若于色中生颠倒想，谓色即是常乐我净，受是常恒无有变易，因是倒想生贪恚痴。

如爱金玉珠宝，是因认为金玉珠宝坚实、贵重、稀有，恒久不坏，特别是闪闪发光的黄金，历万年而恒在不变，稀有可爱，炼丹家们甚至认为服用它可令人和它一样常存不死。爱钱，是因为从社会生活中认识到钱可买来种种我所喜欢的东西，实在有用，尚未涉世的婴孩，是不知爱钱的。爱某位异性，是在与其接触交往中，深感其容貌、风度、气质、心灵等可爱、实有。一个正常人大概不会爱上确认为虚幻不实的幻影及佛经中常说的"幻化人"；年轻的恋人们很少考虑到其所挚爱的俊男、美女即是几十年以后老态龙钟、伛偻难看的老翁、老媪。一个能透视人体骨骼的具天眼者和能眼见物质微观结构的具净天眼者，大概不会有对人类肉体美的贪爱。佛经中说具天眼者必离欲，当代具天眼通的加拿大冯冯居士调皮地说：他并非不想找个小姐成婚，无奈在他的天眼中，小姐们都是一幅骨架，无美可言，想爱也爱不起来。

爱对方的实质和出发点，终归是爱自己。罗杰斯说：人通常在说"我爱你"时，并不是真正地爱对方，这句话的背后通常是"我需要你，我要占有你，我要控制你""你必须也爱我"，这爱实在是一种压迫和暴力。

人为什么会有贪爱？所爱为什么会有种种不同？今爱情学将爱情之因归结于大脑中的爱情物质——有"化学鸡尾酒"之称的多巴胺、苯乙胺、催产素、异丙肾上腺素、内啡肽等及不同基因。或说由唾液腺分泌的神经增长因子蛋白质，使人产生爱意。或说免疫系统的一组特定基因相近与否，决定男女之间的性吸引力大小。或说脑下垂体后叶分泌一种黏合荷尔蒙，使爱人之间产生抚摸拥抱的欲望。当遇到意中人时，丘脑下部的神经突然触发，爱情物质大量产生，随血液循环全身，引起神魂颠倒的感觉。大脑对有益的爱和有害的毒瘾所激发出的是同一种感受快乐的化学过程，与毒瘾有关的脑区，在情欲激荡和性行为中同样活跃。又，男女各自把梦想中的意中人形象储存于大脑神经突触，成为"爱之图"，一旦遇到与此图相合者，则兴奋物质大量产生，脑中形成幸福激素，使得心跳加快、手心出汗、颜面发红、心中激情荡漾。如《杂阿含经》卷三十九第1092经说男子看见自己喜欢的美女时，"心则迷乱，欲气冲击，胸臆破裂，热血熏面"。这只是爱情产生的生理、化学因素。德国还发明了"爱情保鲜剂"药物供夫妻关系不佳者服用。美国艾森卓的《性别与欲望：不爱诅咒的潘多拉》认为人对异性的爱出于对自己人格中另一面，即无意识异性情结——"非我"的自爱。瑞士方迪的《微精神分析学》说爱情是性活动心理——感情投射的一种方式，是避免孤独的尝试，乃缓解心理生物虚空的最省力方法。性爱的顶点——性高潮，其实质是排空自己，复归于万物之本——虚空。

　　佛学则说：人有男女二根——能出生两性性特征和性心理的根本，它们既指生理性的器官，又是心理上的根性、种子。从大乘唯识学看，一个人对某物的贪爱，以其阿赖耶识中所藏的贪爱种子为生起之因。各人宿世的业习不同，阿赖耶识中贪爱的种子各异，故爱的根性不等。如有人自幼便表现出对某些东西如食物、器具、艺术等的爱好，有人贪财，有人好色，有人好名，有人爱权力官位，有人贪玩，种种不同。即生理上的男女二根（性器官、性激素），终归是贪爱心所感所造，是宿世性爱的异熟果，属阿赖耶识相分。性爱的根源，终在性爱的种子。性机能成熟的男女固然会有爱欲，所谓"少年男子哪个不钟情,妙龄女郎哪个不怀春",显然是性激素在起作用,但性器官未成熟的童男童女及被阉割的太监,有时也会表现出对异性的爱,世上确不无"童恋"和太监娶妻之事。精神分析学即认为性欲起源于出生时。

佛经中还讲过"男子其心常生女人爱欲,乐他于己行丈夫事"的男性同性恋心理,《佛说大乘造像功德经》卷下谓之"别异烦恼"(变态性欲),并说其原因有四:或嫌或戏,诽谤别人(侮辱人);喜作女人衣服装饰;与亲族女行淫秽事;实无胜德而受人礼。实际上,这种变态爱欲终归是对女性的贪爱,与该经中所说受女子身的因缘——爱好女身、贪着女欲并常赞美女人容质等相同。同理,女性同性恋中起男子爱欲一方的心理根源,终归是对男子的贪爱。这种爱欲的因,大概只能以阿赖耶识中的种子来解释。

从唯识学看,在无始以来的无数次轮回中,每一众生都曾多次扮演过男性、雄性的角色,也多次扮演过女性、雌性的角色,其阿赖耶识仓库中既有男性、雄性的性爱种子,也有女性、雌性的性爱种子,质言之,每个人在心理上都有男女两种根,或荣格所说阿尼玛(男人身中的女性成分)与阿尼姆斯(女人身中的男性成分)原型。对全球5万人的"头脑性别"研究发现:17%的男人有女性大脑,17%的女人有男性大脑。这使某些男人表现出某种女性的心理特征,某些女人表现出某种男性的心理特征,人群中不难发现的"二姑娘""娘娘腔""假小子",及要求做变性手术的男女,古今中外屡见不鲜的同性恋现象,其与本人生理性别相反的心理特征、爱好,若溯源于前世的业习和阿赖耶识中的种子,便更好理解。当然,这种变态性心理也可能是今生的环境影响(如生活于异性群体或无异性中、从小被作为异性)、行为(如常扮演异性、为异性化妆理发等)及性压抑等原因所致。

四、贪爱的特性与恶果

关于有染污的贪爱,据经论所说,大略有六种特性:

1. 有待。

谓贪爱的产生，必依心感快乐、幸福的乐受，这种乐受，必须依赖一定的条件而生，并非自然本有、不依待条件者。如饱餐豪饮之乐必因饥渴而有，依赖美食佳酿而生，其乐只在餐饮之时，事过即灭。爱情之乐需有称心可意的对象，并得到对方的回爱，得不到时的单相思使人寝食不安、形销骨立，是一种苦刑，由之而致的相思病可能使人丧命。古来痴男怨女，相亲相爱，演不完恩恩怨怨，道不尽相思情长，所谓"费长房缩不尽相思地，女娲氏补不完离恨天"。即双方互爱，也多有因家庭、社会等原因而不能遂愿者，恩格斯说这对双方会造成最大的不幸，"仅仅为了能彼此结合，双方甘冒很大的危险，直至拿生命孤注一掷①"。元好问曲云："问世间情为何物？直教生死相许！"古来有情人不成眷属而杀身殉情者，不知有几何。

又，人言，"人"字由两半撇组成，爱使人对自己的"另一半"产生强烈的依赖性，从而失去了自我的完整性和自在性而做不成独立的人，难免产生许多"有待"另一半的烦恼。

2. 无常。

爱既然依赖一定的条件才会有，便具有一切因缘所生的有为法必然无常坏灭的本性，无常坏灭则免不了带来痛苦。如男女恩爱，必有爱别离苦，《长阿含经》卷三佛言：

恩爱无常，合会有离。

纵然有情人终成眷属，厮守百年，也免不了争吵、情变、失恋及生离死别之苦。《佛说五无返复经》云：

我等夫妇，因缘共会，须臾间已，譬如飞鸟，暮栖高树，同共止宿，向明早起，各自飞去，行求饮食。有缘则合，无缘则离。

俗话说："夫妻本是同林鸟，大难来时各自飞。"情变之事，历来习见不

---

① [德]恩格斯：《家庭、私有制和国家的起源》，《马克思恩格斯选集》第四卷，人民出版社1987年版，第73页。

鲜。《瑜伽师地论》卷十九说所爱丧失令"爱箭入心，如中毒箭，受大忧苦"。男子的情欲尤其具有冲动性、不稳定性。《微精神分析学》说："没有比永恒的爱情更短暂的东西了。""两对儿情人中就有一对……"① 分手。台湾中青年人的离婚率已超过三分之一，北京更高。喜新厌旧，被认为是人的本性，动物学家发现许多动物对性伙伴都有喜新厌旧的偏好。今研究发现，大脑中激发爱情的物质在双方结合36个月或18—30个月之后便会耗尽，产生抗体，作用失效。哺乳动物无厮守超过4年者，女人的基因也只允许维持婚姻4年，是社会文化因素延长了夫妻关系。

3. 增长。

谓贪爱会像植物生长一样生长、繁殖、增多，并产生种子，形成难以摆脱的贪爱习气，有如抽烟、吸毒、饮酒容易成瘾。《杂阿含经》卷二十二第585经谓"烦恼生欢喜，喜亦生烦恼"——由贪爱的满足而欢喜，由欢喜会增长贪爱。《生经》卷一佛言：

设习爱欲事，恩爱转增长，譬如饮醎水。

若贪爱某物，当没有它时，便会感到空虚难受，促使人不由自主地设法再次、多次、无数次地获取满足，并希望获得一次比一次更大的满足。有如饮用盐水止渴，会愈饮愈渴，永远也不得满足；有如饮酒、吸毒，会形成对所爱者强烈的依赖性，追求获得更大的刺激。《长阿含经》卷四佛谓"恋着恩爱，无有知足"。《增一阿含经》卷九《惭愧品》偈称淫欲及饮酒为世间不得厌足的两种东西。《正法念处经》卷二十五偈云：

境界难满足，如火益干薪。世间爱所诳，难满亦如是。

《杂阿含经》卷三十九第1099经佛偈说，贪财者即便积金如山，一己独自受用，也还是不得满足。用满足贪欲的方法满足贪欲，永远也不可能得到满足。人言欲壑难填。今发现大脑中产生爱情的物质多巴胺同麻醉剂十分相似，

---

① [瑞士] 方迪：《微精神分析学》，尚衡译，生活·读书·新知三联书局1993年版，第248—249页。

赌博、吸毒、看脱衣舞时也会产生大量多巴胺，而爱情、性欲产生最多。大脑对这种物质的刺激会产生抗药性，会像对鸦片一样麻痹，从而促使人不断产生欲望，产生依赖性，因而增长爱的需求，有如吸毒者对毒品产生依赖性。购物强迫，名牌嗜好，旅行、极限运动等癖好，皆易成瘾，使人堕于物质依赖、行为依赖。几乎所有令人愉快的东西，都可令人上瘾，增长求乐的欲望。

4. 生憎。

谓贪爱能产生与之相反的憎恨。南传《增支部经典》卷四有云：

由爱生爱，由爱生憎，由憎生爱，由憎生憎是。

《注维摩诘经》说"有所爱必有所憎"。由亲生怨，因爱生恨，乃习见不鲜的现象。《慈悲道场忏法》卷五依此理说：

六亲一切眷属，皆是我等三世怨根。一切怨对，皆从亲起。若无有亲，亦无有怨。

爱情心理学发现：相爱者之间的嫉妒与爱情的深度成正比。亲人、情人之间由爱生恨而发生的情杀案件时有所闻。情人们往往称对方为"怨家"，意味与爱同时有一种难以摆脱的怨仇心理。人言爱与恨为孪生子、连体婴、难兄难弟。爱憎之间的这种滑稽的互变关系，乃由"凡有对法不相舍离"（互为矛盾对立关系的双方不得相离，可以向对立面转化）的缘起法则所决定。爱、憎既然是对立面的统一，便互相依存不得分离，爱不得回报、满足及受挫时便会转化为恨。爱的能量可以使人振奋，也可以使人疯狂，这种能量是一种爱与恨、正与负交错的能量。在这种能量驱使下，恋人可以升华为圣人，也可以堕落为罪人。就像阴阳二极，阴极生阳，阳极生阴。今发现爱和恨，产生于大脑中同一区域，难怪二者总是相依不离。

5. 非自在。

谓不由自己作主，其力量非常巨大，《正法念处经》卷三十二偈云：

若枷锁杻械，圣说非为坚，痴人爱染心，系缚甚坚牢。

说贪爱束缚人心就像枷锁一样坚牢。《大智度论》卷三说"爱能系闭心，有大力"。男女之间的爱情，多被一种外在的力量所驱迫，恋爱中人不由自主地被对方吸引，会出现近于幻觉性的思念情绪、心灵颤栗、恐慌、羞涩、急盼，陷入强烈的、无理智的恍惚中。失恋时则不由自主地痛苦、失眠、忿恨。正如许地山《复诵幼》感叹："是爱是憎本容不得你做主。"① 或曰"爱基本上是一种疯狂、一种对本性深深的参与、一种自我的融解。因为原始的你是由爱生出来的，你身上的每一个细胞都是爱的细胞，你生命的能量都是爱的能量，你存在于它里面。"② 今发现热恋中人、相思病患者的心理症状和脑电波，与强迫性迷恋失调症患者的十分相似。可以说爱上别人，就是一种强迫症。或曰爱基本上是一种疯狂。

6. 遍行。

谓普遍于一切心理活动。《大乘阿毗达磨杂集论》卷六说贪爱有六种遍行义，是世间最有力量的东西：一是事遍行，于已受用的自身和境界起贪爱，于未得的自身起后有爱（希望来世再回人间），于未得的境界起"彼彼希乐爱"（想望）。二是位遍行，于能引生诸苦的眷属生不欲别离等爱，于本是无常的事物生愚痴爱。三是世遍行，对过去所爱者起追忆爱，对现在受用者起贪着爱，对未来怀希求爱。四是界遍行，于欲界、色界、无色界皆可生起贪爱。五是求遍行，因爱总是有欲求，有所欲求则不得脱离三界。六是种遍行，不仅贪爱三界的一切，还贪爱涅槃，这种爱称"无有爱"，大乘认为它障碍修菩萨道证得无上正觉。

有染污的贪爱，必然产生种种不利于众生的恶果，《瑜伽师地论》卷六十七总结贪爱产生的恶果为十五种"无义"（无意义），其中重要者大略有六：

1. 生苦。

贪爱必然产生痛苦。贪爱如猛火，令人现前热恼不安，失去内心的安详宁静。《中阿含经·例品爱生经》卷六十佛言：

若爱生时，便生愁戚、啼哭、忧苦烦惋、懊恼。

---

① 许地山：《落花生》，中国工人出版社2013年版，第100页。
② 张源侠：《空境救心：中国禅与现代心理诊疗》，中国戏剧出版社2005版，第169页。

《经集·八颂经品·衰老经》佛说"贪恋自己喜爱之物的人，不能摆脱忧愁、悲伤和贪婪"。[①]《即兴自说·波吒离村人品·毗舍佉经》佛说有一爱者有一苦，乃至有百爱者则有百苦。偈云：

> 世间多忧愁，悲伤与痛苦；所有这一切，均由"爱"生出。

《大集经》卷三十二谓"一切受苦皆因爱心"。因为贪爱，想得到和保有所爱的东西，因此不得不操劳担忧，害怕得不到和失去所爱。得到后也还会滋生其他痛苦，如夫妻恩爱会滋生疾病、贫穷等痛苦。是自心所起的贪爱，使众生的心被爱索束缚，不得解脱，爱钱财被钱财缚，爱妻儿被妻儿缚，爱功名被功名缚，爱做官被官场缚，爱家被家缚，乃至爱禅定被禅定缚。《经集·八颂经品·爱欲经》佛说世人贪求田地、财产、金子、牛、马、仆人、妇女、亲属，"这些脆弱的东西摆布他，危险折磨他，痛苦追随他，犹如河水涌入漏船"。[②]《正法念处经》卷五九偈云：

> 贪人于昼夜，常无有安乐，以其多乐欲，爱箭射其心。

同经卷十二偈说爱火之可怕，更甚于地狱之火："地狱火虽热，唯能烧于身。爱火烧众生，身心俱被烧""地狱火不普，爱火一切遍"。

贪爱不仅使自己产生苦，还会给所爱者带来苦。男女之爱的表达，实际是向对方施加了一种觉得一定要回报些什么、否则即是亵渎的压力。"我爱你"具有某种"相互保证毁灭"的含义，逼迫对方参加自己拟定的游戏，或者成为共谋，或者成为受害人。

2. 贪爱蒙蔽慧眼，令人不能见到真理。

《四十二章经》卷一佛言：

> 使人愚弊者，爱与欲也。

"人怀爱欲不见道"，如以手搅动澄水，不能映现面影，"爱欲交错，心中为浊，故不见道"。《瑜伽师地论》卷十七说贪爱令心于所缘境不见真实，将之

[①] 郭良鋆：《经集》，中国社会科学出版社1998年版，第140页。
[②] 郭良鋆：《经集》，中国社会科学出版社1998年版，第134页。

比喻为烟，为贪嗔痴猛火之前相，"能损慧眼，乱心相续"，能引发不符合真实的寻思。三界爱惑的程度有浅深之差：欲界爱者有如盲人，对真实全无所见；色界爱者有如闭目之人，似有少分所见；无色界爱者有如目患翳膜之人，虽有所见而不能亲见真实。人言，情人眼里出西施。爱情学发现，热恋中的男女大多失去理智，爱的火焰使人看不到对方的缺点。有云，结婚是因为不了解一个人，离婚是因为太了解一个人。今发现情爱会干扰脑神经元，使大脑迟钝。男人在看到美女时，会因紧张而降低智商，乃至惊慌、失神、沮丧。美女公关，即是利用男人的这一弱点。

3. 出生种种烦恼，造作种种恶业。

由贪爱，会导致嗔恨、嫉妒、傲慢等多种烦恼。《大般涅槃经》卷十三云：

譬如湿地则能生牙，爱亦如是，能生一切业烦恼牙。

如因贪爱官位，自然会嫉妒、仇恨政敌；因贪爱某位异性，自然会嫉妒、仇恨情敌；因贪爱所得到的财富、权位、成功等，会产生傲慢。由诸烦恼牵引，会造作种种恶业，使人陷入业力因果的漩涡中。《出曜经》卷五称爱为"众病之首"，谓杀生、偷盗、邪淫、妄语等十恶业，皆因爱心而造。爱欲之火炽盛，"便能燔烧诸善之本"，令人不辨邪正，不知羞耻，不顾一切，乃至犯下杀害父母、兄弟、姐妹等罪行。《大般涅槃经》卷二十三谓贪爱"令人远离一切善法，近于一切不善之法"。《分别缘起初胜法门经》卷上说贪爱能造作贪爱境界系缚业、发起诸取业、令先所引行等成有业、死后续生业四种业。《瑜伽师地论》卷六十七说贪爱能令众生爱乐六尘等境界，发起四取所摄的其他烦恼，能令众生思想害自、害他，能发起恶业，能令已生恶不善法增广，能随顺生起尚未生起的恶不善法，能障碍未生的善法生起，能障碍已生的善法令不得安住、增长。不仅贪爱如此，其他一切烦恼，也都有自身增长及增长其余烦恼的作用。《大乘阿毗达磨杂集论》卷三云：

随所数习诸烦恼故，随所有惑皆得相续增长坚固，乃令相续，远避涅槃。

4. 产生贪爱的种子和等流果，形成贪爱的恶习。

贪爱必然会在阿赖耶识中落下贪爱的种子，成为再度生起贪爱的心理势能，多次贪爱成习，遂产生等流果，铸成贪爱的习性和以贪爱为特征的下劣人格。《瑜伽师地论》卷六十七说贪爱能"令随眠坚固"（眠：潜在的烦恼、烦恼之种子），能安立同类贪爱染污心相续不断（等流果）。

5. 使人轮回生死。

这是贪爱最大的恶果。佛法说爱为集谛，《大般涅槃经》卷十三谓"凡夫爱者名之为集"，为生死苦恼之因。《杂阿含经》卷十三第307经佛言：

诸业爱无明，因积他世阴。

《杂阿含经》卷十第266经佛谓"众生长夜生死轮回，爱结不断，不尽苦边"，犹如狗被系于柱，长夜绕柱回转。

从十二因缘看，因爱而有取，执着所爱为实有而贪取不舍；因取而"有"，形成生于三界的业因；因有而"生"，由业力牵引，在三界六道中受生，被动地禀受某种既定的生命形态。因生，必然免不了老、死、忧、悲、愁、叹等种种痛苦。《楞伽经》卷三云：

生老病死、忧悲苦恼，如是诸患，皆从爱起。

《瑜伽师地论》卷六十七说贪爱能令众生畏惧涅槃、爱乐生死，从而堕于生死轮回苦海之中。

诸贪爱中，爱得最深的男女情爱、性爱，尤为来世再生于欲界的直接原因。《楞伽经》卷二云：

爱乐女人缠绵，贪着种种方便，身口恶业，受现在乐，种未来苦。

女人爱乐男人，亦复如是。《圆觉经》谓轮回"爱为根本"。《大乘本生心地观经》卷六比喻说：譬如飞蛾赴火自焚，如猎人假作母鹿声骗群鹿中箭而死，如龙鱼贪芳饵吞钩上当，如白象欲心醉乱追寻母象，一切凡夫亦如是，"恩爱缠绵不休息，死入地狱苦难量"。《成实论》卷十一说因贪着淫（性）欲故受卵生、胎生，贪爱香味故受湿生（昆虫等），随其所爱起殷重业受化生，"故知四生差别，皆由贪爱"。仅仅贪着与动物共同的生理层面的性爱或性欲，使人堕于畜类。生理上的性爱加仅属于欲界中人类的感情、心理、精神层面的爱情或恩爱，使人再生为人。修行十善，不同程度地减轻性爱，使人上生于欲界天。修习禅定脱离性爱，上生于色、无色界天。佛经中说人临命终时最后一念贪爱心，决定其死后的去向。人之出生，系由在未生前的"中阴"境见未来父母交合起"倒想"而入母胎，若于未来父亲起贪爱而与之交合，则生为女性、雌性；若于未来母亲起贪爱而与之交合，则生为男性、雄性。弗洛伊德所谓男孩恋母仇父、女孩恋父仇母的俄迪浦斯（恋母弑父）情结，从佛学中阴投生时的"倒想"大概可以讲清其前因。

6. 污染社会。

贪爱既为个体生死轮回的根本，亦为人间种种争夺、劫盗、贪污、奸淫、陷害、倾轧、战争等丑恶现象的根源。《起世经》卷九佛言，众生最初自光音天降生，飞行自在，饮食自然，后来随对身体、食物等贪爱的逐渐加深，身体逐渐变得粗重，食物逐渐减少，从自然饮食变得需要自己劳动才有饮食，从而产生了私有财产和对私有财产的贪爱和争夺：

因爱有求，因求有利，因利有用，因用有欲，因欲有着，因着有嫉，因嫉有守，因守有护……由有护故，有刀杖、诤讼作无数恶。

《中阿含经》卷二十四《因品大因经》佛说刀杖、斗争、谀谄、欺诳、妄言、两舌等无量恶不善之法，皆因贪爱。就人类社会群体而言，家庭、集团、民族、国家之间无休无止的矛盾、冲突、争斗，无不因贪爱而争夺某种利益而起。

贪爱有如许过患，故经中称为"流润""痈根""纤缴""枯竭""碍""覆""疮疣""网""胶""泉""藕根""盖""闭""塞""暗""狗肠""乱草""絮"等。爱如洪流能溺死人，名为"爱河""爱流"，爱能缠缚人令不得解脱，名为"爱结""爱缚"。《即兴自说·贪欲经（二）》偈云：

盲目陷情爱，必被欲网覆，被魔罗擒捉，如鱼被筌捕。亦似哺乳犊，老死如其母。

《经集·大品·精进经》佛称爱欲（贪爱）为八支魔军之首。《即兴自说·极度经》佛说众生于见闻生贪爱如同飞蛾扑火。《大般涅槃经》卷十三比喻爱如欠债，如会吃掉丈夫的罗刹女妇，如妙华茎中有毒蛇缠之，如强食恶饭食，如妓女，如摩楼迦子，如疮中息肉，如暴风，如彗星。《杂阿含经》卷三十九第1092经谓天魔之三女，一名爱欲，二名爱念，三名爱乐，意味贪爱为魔。贪爱的确具有极其巨大的束缚人、迷惑人、令人沉沦的魔力，如许地山在《给琰光》中感叹：

爱底沉沦是一切救主所不能救底！爱底迷蒙是一切天人师所不能训诲开示底！爱底刚愎是一切调御丈夫所不能降伏底！①

从超出生死证得涅槃的角度，佛教力说贪爱的危害，唤醒众生如实认识贪爱的过患，断除贪爱。断绝爱根，自然成为佛教所强调的灭苦解脱、超出生死的道要。佛陀四谛的内容被概括为"断集、修道、证灭、离苦"，以断集亦即断爱为首要。《中阿含经分别圣谛经》佛言：

若有不爱妻、子、奴婢、给使、眷属、田地、屋宅、店肆、出息财物，不为所作业，彼若解脱，不染不着，断舍吐尽、无欲、灭、止没者，是名苦灭。

谓断绝对世间妻儿、家宅、财物等的贪爱，完全止息贪爱的扰动，则永远灭尽生老病死等诸苦，获得解脱。《即兴自说·波咤离村人品·毗舍佉经》谓"无有爱者，则无有苦，无有忧，无有烦恼，无有辛劳痛苦"。《杂阿含经》卷三十六第1010经谓"断除爱欲者，说名得涅槃"。同经卷三十二第913经佛偈云：

若无世间爱念者，则无忧苦尘劳患，一切忧苦消灭尽，犹如莲华不着水。

《法句经》卷二偈谓若不能尽除爱意，便"如树根深固，虽截犹复生"，必会再受生死等苦。《大般涅槃经》卷二十三谓对贪爱的过患和实性若不能如实了知，则必被贪爱所害，菩萨"深观爱结，如怨诈亲"。《瑜伽师地论》卷十八说被爱结所系者略有随念、不自在、热恼、境界、善趣相应、恶趣相应、诸见七种杂染。星云法师《谈情说爱》说：

从坏的方面来讲：爱如绳索，会束缚住我们，使我们的身心不得自由；爱似枷锁，会困锁住我们，使我们的情绪不得安宁；爱有时如似盲者，使人陷身

---

① 许地山：《许地山作品》，时代文艺出版社2004年版，第92页。

于黑暗之中而浑然不知；爱又像刀口上的糖蜜，为了贪尝那一点甜味，而可能有破舌丧命的危险；爱更如同苦海，所谓"爱河千尺浪，情海万重波"，它可以使我们在苦海中颠覆灭顶。①

对于过分贪爱的恶果，现代医学、心理学也有揭露。如性医学专家指出，性爱不当，性生活过频、过早或性混乱，造成体内平衡调节紊乱，可导致男性睾丸肿瘤、前列腺癌，女性宫颈癌、子宫体癌，及最难治疗的艾滋病（台湾译"爱死病"）等疾病。爱吻虽然使人甜蜜销魂，但会传染流感、性病等150多种疾病，接吻时的兴奋会导致交感神经兴奋性加强，血压升高，甚至有猝死的危险。对3万名50岁以上妇女的研究结果表明：未婚或独居妇女较少患精神病及抑郁、焦虑等心理问题。"做一个单身女子，正逐渐被看成是妇女生活模式中的一个完全正当的选择"。② 社会心理学家认为：卷入爱情越深，会使人越内向，影响社交能力，爱的失败有使人自卑等消极后果。对钱财、权位、名利的贪着，也都会造成焦虑、紧张、嫉妒、痛苦等负面情绪，降低人格，导致身心疾病，缩短寿命。当然，西方心理学主要从心理健康、心理治疗的世俗角度揭露过度贪爱的害处，而不是像佛教这样从了生死的角度教人断除或升华一切贪爱。

五、爱的正面作用

贪爱虽然有害，但作为由爱而生的人类，也依爱而存，离不了爱之营养。现代心理学、医学研究发现，爱与人的身心健康关系至大，是维持身心健康的重要营养品。人一出生就是在接受爱的哺养下成长的，幼时缺乏父母爱抚的孩子，对生活怀恐惧感，心理不健全而且影响发育，容易患"心理性矮小症"，长大以后爱的能力缺乏，对人冷漠不信任，可能多嫉妒、仇恨、恐惧、好斗。

---

① 星云：《星云禅话》（第2辑），上海文化出版社2001年版，第95页。
② [美] 珍妮特·希伯雷·海登、B. G. 罗森伯格：《妇女心理学》，范志强、周晓虹译，云南人民出版社1986年版，第122页。

甚至动物也少不了爱，缺乏母爱的小猴子长大后很难当父母。

即被佛教列为贪爱的性爱，也能促进性激素的分泌，具有消除失眠，减轻经期前综合症，提高记忆，增强心脏功能，减轻、缓解疼痛，润泽肌肤，提高免疫系统抗病力，减缓衰老，减肥乃至防治癌等奇妙效用。坠入爱河一年内，神经生长因子增高，刺激脑细胞生长，有助于神经系统的恢复，增进记忆力。情侣之间的温情蜜意使人愉快，能缓解消极情绪，有益身心健康，恋爱中人免疫力往往处于颠峰。爱会刺激体内修复细胞分泌一种抗衰老、压抑的激素。爱、感激、满足会刺激脑下垂体后叶激素分泌，使神经系统放松，减轻压抑感。爱吻可令体内分泌内啡肽荷尔蒙，使血流加快，皮肤光滑，预防皱纹产生。有言曰："心灵的爱情是世上的珍品，生命因爱而美丽。"

缺乏爱情和性激素者，容易性情异常，表现出执拗、猜忌、阴险等病态人格，比有美好爱情生活者患抑郁、躁郁、失眠等症者的概率大50%。生活在婚姻美满、夫妻和睦的家庭中的人，患癌症者要比生活在婚姻不幸家庭的人至少要少50%。婚姻幸福美满者比未婚及丧偶者平均寿长6.5岁。

《素女经》云："男女不和则意动神劳而损寿"。夫妻不和，互相嫌弃敌视，体内会分泌出有害物质，丈夫易患高血压、溃疡病、冠心病，妻子易患食道癌、乳腺癌等疾病。禁欲者的衰老与死亡率比正常婚姻者高30%以上。独身者多性格怪异、内向、孤僻、偏执、易怒，较已婚者易死于疾病。爱心疗法、爱情疗法、婚姻疗法，是当代医学所用的重要心理疗法。

专家们普遍认为，爱能降低生活压力，使人得到信心、安全感和乐观；爱能维持良好的人际关系，得到关怀和帮助。"友情是健康的良药"，病人与其良友推心置腹的交谈，等于服用了最有效的药物。《积极心理治疗》说，爱别人和被爱，是人本来具有的一种能力，爱的能力进一步发展，成为关爱别人、信任、希望、信仰、沟通、耐心、性、榜样、肯定、怀疑、统一等第一能力。缺乏爱的能力者冷漠无情，人格不健全，精神状态不佳，人际关系难得和谐。荣格《未发现的自我》中说："不管在什么地方，如果没有爱，权力就会自然滋生，暴力和恐怖也会接踵而来。"[1] 罗杰斯认为，爱是一种接受和尊重，接受爱和给予爱，是和谐人际关系的重要方法，若用爱心去面对两人关系，表面的冲突会逐渐消减，而这冲突本身也会展现爱的启迪意义。健康的爱是使人类社会温暖祥和的黏合剂，正如一首歌曲所唱：

只要人人都献出一点爱，世界将变成美好的人间。

佛教大概有见于此，对人伦应有的恩爱、友爱、敬爱，包括夫妻间的爱情，并非完全否定，而多有提倡。佛陀并非劝所有的人出家断爱，而教导善生、玉耶女等在家弟子恪尽人道，为父母者应"怜爱""爱念"子女，子女应"孝养""孝顺"父母；丈夫应"敬妻""爱敬供给妻子""怜念妻子"，妻子应"爱念夫主""重爱敬夫""恭敬于夫"。《杂阿含经》卷三十六偈谓"贞祥贤良妻，居家善知识"。《别译杂阿含经》卷十二佛称"妻为最亲友"，说夫妻应"异体同心"。《玉耶女经》佛说为人妻妇者应做"爱念夫主，如母爱子"的"母妇"，尊重夫婿如兄如弟的"妹妇"，"相亲相爱"如良朋益友的"知识妇"，和恪尽妇道的"妇妇"四种好妻子。《增一阿含经》卷五十一佛陀教人应"贞廉自守，一妻一妇，慈心不怒"，主张一夫一妻制。《佛说给孤长者女得度因缘经》说长者女善无独要求出家，佛陀不许，令她嫁给信奉外道的牛授童子，感化夫家令入正道。

大乘、密乘以慈悲为本，以无染污的"敬爱"为随顺众生的贪爱而度化的重要"方便"。《惟日杂难经》一方面说"有妇不得佛道"，教诫菩萨"见妻子当如见冤家，意莫随贪爱"，一方面又说菩萨若具四种因缘，也可娶妻结婚：

一者宿命同福，二者毕罪，三者应当共生男女，四者黠人娶妇疾得道。

意谓菩萨不避免作为业报的婚缘，智慧者的婚姻可成为快速得道的助缘。《大宝积经·大乘方便会》卷一百零六中，佛陀自言他宿世曾为树提梵志，出家修离欲梵行，然被一女子钟情，爱恋不舍，树提乃以悲悯心遂其所愿，与之成婚，经十二年，还复出家，命终上生于梵天。佛言：

---

[1] [瑞士] 荣格：《未发现的自我》，国际文化出版公司2000年版，第63页。

我于尔时为彼女欲暂起悲心，即得超越十百千劫生死之苦。

同卷中还说有一众尊王菩萨，"以大地心"握追求他的某女士之手，共一床相偎而坐，劝彼女发菩提心，受到佛的赞叹："成就如是悲心，虽受五欲，不犯重罪"。《慧上菩萨经》卷上说过去无数劫，摩揭国陶师之女爱乐灯光梵志，若不遂愿则要自杀，梵志乃生慈心而遂其愿，与彼结婚，经 30 年，因此功德，命终生梵天。《华严经》卷六十八叙述了一个专门以爱欲为道、现淫女身度化众生的美女婆须蜜，说见她者即得见佛三昧，执其手者得到佛三昧，鸣咋者得极爱三昧，抱者得冥如三昧。同经卷七五又说释迦瞿波女自述前生曾为居士女妙德，极其爱恋行菩萨道的威德主太子（释迦牟尼前身），情愿为爱情受一切苦、舍弃一切，不求豪富及五欲乐，只愿与所爱者共同修行，释迦瞿波女因此爱情，满足所愿，生多功德，偈云：

虽以爱染心，供养彼佛子，二百五十劫，不堕三恶趣。

《阿含经》中以红莲花不着水比喻圣者之断贪爱，大乘则超越贪爱，能以不执着、不染污的超越心去爱。如《瑜伽师地论》卷七九所言：

然诸菩萨于诸世法，不为爱恚所涂染故，如红莲花，而诸菩萨非如红莲断其茎已不复生长。

说明爱情和婚姻也不都是完全有害的，是修菩萨道度化众生所需要的。

长期受基督教博爱思想浸润的西方人，普遍肯定爱、赞扬爱，如著名的泰莎修女说："怀抱着大爱来做小事情。"诺贝尔奖得主乔治华说："人真正需要的不是诺贝尔奖，而是爱。"在佛教中也不乏同样的说法，如当代达摩难陀法师《如何无忧无虑地生活》中赞美爱说：

爱是快乐之钥，付出愈多爱心，就会得到更多爱的回报。爱可释放心灵，强而有力的爱，是形成社会的黏土和水泥，也是宇宙的灵魂和生命，爱提升了人性。

当内心有爱时，四周将环绕着光明。当内心有爱时，每一句话都含有欢乐的气氛。当内心有爱时，时光将轻缓、甜蜜地流逝。

杰克·康菲尔德禅师通过多年指导禅修的经验，主张禅修者应先在家庭生活中培养爱,更靠近家庭,"把重心放在面前的事物上,要确定所走的路径是与内心最深切的爱密切相关的"。其《心灵幽径——冥想的自我疗法》一书中说,对爱的渴望及爱的运作,在我们所有的动机下潜藏着,生命中的快乐并非拥有、把持或了解,而是发现爱的能力,与其他生命有一种可爱、自由、明智的关系。这种爱并非拥有,而是来自我们自身的幸福感及与每件事物的关联上。当我们用心来注意和关切他人的时刻,这简单而意义深长的亲密感就是爱。应从依赖和互相纠缠的爱(贪爱)转化成奠基于互相尊重的爱,在考虑自己的需要下学习给予。耕云居士《幸福之道》说:爱是生命的动力、道德的根源,儒家所倡孝、慈、智、勇等美德,都基于爱。

孝是因为爱他的父亲,慈是因为爱他的儿女,智慧是因为爱他的知识,勇是因为不让别人破坏他的爱。

若缺乏爱,就没有创造幸福人生的动力,就是一个冷漠无情的人,不会很健康,也不会是天才。如果人人献出爱心,社会就是天堂。

六、贪爱的超越与转化

斥责爱、断除爱的言句,充满佛经,使佛教成为最彻底的禁欲断爱主义宗教,以鲜明的出世间精神著称于世。佛教的出家制度,即意味着对人间一切爱欲的背离和否定,出家众的戒律尤以禁绝性爱、性生活为首,有许多关于这方面的戒条。

然而佛教所谓断爱绝欲,并非一味强制性地压抑性爱,压制必生变态欲求和心理疾病的道理,佛教并非不知晓。佛教的断爱绝欲,首先是将贪爱引向对涅槃的"法爱",《杂阿含经》卷二十一第564经说,由敬仰某圣者断尽烦恼,从而遵循他所走的道路修行,断灭烦恼,叫做"依爱断爱"(依靠敬爱断除贪爱)。大乘《佛说须真天子经》卷四谓"道从一切爱欲中求"。《心灵幽径——冥想的自我疗法》说,爱是一种爱与恨、正与负交错的能量,可以使人振奋,也可以使人疯狂,在这种能量驱使下,恋人可以堕落为罪人,也可以升华为圣人。对修行者而言，爱情、家庭是道场。曾昭旭的一篇文章说得好："恋爱是高级的修行，爱情逼人袒露自己，是人生最大考验的开始。"

佛教出家僧尼还用禅定的方法转化性能量，《楞严经》卷五所谓"化多淫心成智慧火"。当比丘、比丘尼通过精勤坐禅，进入初、二、三、四禅时，随生理上性能量的转化，身心尝受到比性爱的快乐高级、深细、绵永得多的禅悦，得"现法乐住"时，欲界的爱欲自然被降伏、转化。大乘人间佛教修行者无私忘我地全身心投入到弘法利生的事业中时，也会有降伏、转化欲界爱欲之效。

然而，禅定之乐，亦属世间法，只能伏爱欲而不堪断爱欲，若有贪着，则堕于色爱、无色爱而不得超出三界。断除三界贪爱，唯有靠与诸法无我的真实相应的智慧。《大般涅槃经》卷二十三说菩萨若知贪爱的实相，贪爱"则无能为"。《大宝积经》卷二十九说，男性修行者观所贪爱的女子之相缘起性空、如幻如化，能转化贪欲而进入"女三昧"，偈云：

四大假为女，其中无所有，凡夫迷惑心，执取以为实。

女人如幻化，愚者不能了，妄见女相故，生于染着心。

譬如幻化女，而非实女人，无智者迷惑，便生于欲想。

如是了知已，一切女无相，此相皆寂静，是名女三昧。

又观察爱欲由分别自己是男子、她为女人的分别心生起，观"欲心本无有，心相不可得"。女性观所爱的男性亦如是，观其如同阳焰，本非实体，了知男子相寂静，名为"男三昧"。如此观修，可以转贪爱为菩提，可谓化毒为药。如《大般涅槃经》卷三十七所言：

若有众生能如是观，虽有毒身，其中亦有微妙药王，如雪山中虽有毒草，亦有妙药。

当以如实智慧断尽或转尽贪爱烦恼而证得涅槃时，人才能满足本能性求乐的爱欲，永享真常极乐。

在大乘看来，菩萨若了知贪爱的过患和实性，未必要亟求断尽一切爱，见道以上的菩萨可以"留惑润生"，保留一些爱，作为入生死中度化众生的"方便"。《佛说首楞严三昧经》卷下谓菩萨"深贪染爱而离诸欲一切烦恼"。《佛说须真天子经》卷三谓菩萨"至于淫欲而离于欲"。《大般涅槃经》卷十三云：

> 凡夫爱者名之为集，不名为谛；菩萨爱者名之实谛，不名为集。何以故？为度众生，所以受生，不以爱故而受生也。

因为菩萨虽然受生，乃至恋爱、结婚，而非出于染污的贪爱，故其爱为实谛（符合真理），即法爱。

从诸法无我的真实来看，作为生死之根的贪爱虽然可怕，其本性也是缘起无自性，本来是空，本来无生。自性本空者必不能真实受污染，本来清净。观贪爱、淫欲本空本净，以这种如实知见的智慧转贪爱烦恼为菩提，是大乘、密乘的基本见地和修行诀要。《维摩诘所说·观众生品》卷二云：

> 佛为增上慢人说离淫怒痴为解脱耳，若无增上慢者，佛说淫怒痴性即是解脱。

《维摩诘所说经·佛道品》卷二说"一切烦恼为如来种"，犹如污泥中才会生长莲花，"烦恼泥中，乃有众生起佛法耳"。偈云：

> 火中生莲华，是可谓希有，在欲而行禅，希有亦如是。

谓菩萨可以在贪爱中进入禅定，就像火中出生莲花一样稀奇。这种禅定，即是密教所谓"欲乐定"。

在禅宗人看来，应着力的问题只是见性，不在汲汲断除贪爱、性欲，传为达摩所撰《达磨大师血脉论》答"白衣有妻子，淫欲不除，凭何得成佛"之问曰：

> 只言见性，不言淫欲。只为不见性，但得见性，淫欲本来空寂，自尔断除，亦不乐着，纵有余习，不能为害。何以故？性本清净故。虽处在五蕴色身中，其性本来清净，染污不得。

法身本来无受、无恩爱、无眷属、无苦乐、无好恶，无有一物可得。只缘执有此色身，因而才有贪爱淫欲，"若不执即一任作"（任其自然）。

菩萨还以贪爱为度化众生的方便，引导贪爱炽盛的众生，《维摩诘所说经》卷二所谓"先以欲钩牵，后令入佛道"。密教《佛说一切如来真实摄大乘现证三昧大教王经》卷二十六偈云：

> 观察贪性本清净，譬彼莲华正开敷。此中若染若爱时，如应调伏作敬爱。

谓贪爱性本清净，就像从污泥中长出的莲花一样芳洁，应以此智慧，如实观察贪爱的本性，将有染污的贪爱转化为无染污的敬爱。密乘所奉本尊中，有专表转贪爱为菩提的"爱金刚""爱金刚女""爱染明王"。唐密所奉爱金刚又名爱缚金刚、爱乐金刚、悲悯金刚，手持羯摩鱼幢，表怀大悲心，以爱念绳普缚众生，不至菩提终不放舍，有如羯摩鱼（鲸）吞啖所遇之物，无一能免。其妻爱乐金刚女，身金色，手持箜篌，表以大悲天眼彻见众生具足佛性，故起勇猛的大贪大爱悲心安乐一切众生。爱染明王据称为金刚萨埵或大日如来之化现，住于大爱欲、大贪染三昧中，其形象为一身具男女二面，面现愤怒暴恶之相，内怀慈悲，表以爱敬降伏贪爱，满足众生求消灾祈福的愿求。

无上瑜伽部的气脉明点说认为：众生有染污的贪爱，与诸佛菩萨无染污的大慈大悲，体性是一，皆为自身阴性的明点白菩提（白大）本具能量的作用，这种爱欲是不可消灭断绝的。众生任无明烦恼心作主，从对私我的贪爱出发，使本具生命能量成为能导致生死苦果的有染污爱；诸佛菩萨则由如实知见，将本具生命能量用作智慧与慈悲。无上瑜伽部的本尊，几乎都是男女合抱、各有配偶的双身，表转贪爱为菩提，即淫欲为道之义。无上瑜伽称男女合修的密法为"方便道""双运道"，其修法是在性接触中，通过观空性和气脉明点修炼，令性能量之基础红白菩提（明点）循中脉逆行，将性的快乐转化为"乐空不二"的大乐，藉此大乐体证心性、本来空性。修习者必须以空性超越"庸常显恋"——一般人的性爱和爱情。

无上瑜伽说大悲周遍为心性本具的功德之一，意味拔苦与乐的深切悲悯心，是心灵本具之性。大概正因为如此，在凡夫众生有染污的贪爱如父母对子女的慈爱、夫妇之间的爱情、朋友之间的友爱中，往往可见类似菩萨唯念利他不图回报、牺牲自己利乐对方的精神，这大概是本性大悲的自然流露。这种无我真爱，为佛教所赞叹。当然，这种爱尽管能牺牲自己，将爱从自我为中心转依到以他为中心，但对所爱的他（她）尚不能没有执着，此执着属"我所执"

"法我执",故即便为爱牺牲自我,大概也未必能得到佛法所谓的解脱,与佛菩萨离我法二执的大慈大悲尚有不同。

贪爱之所以成为有害的贪爱,根子并不在"爱"而在"贪"——以妄认的自我和我所为中心的占有欲,亦即私欲。印光法师说:

> 由此私欲固结于心,则所有知见,皆随私欲而成偏邪。如贪名贪利者,只知有利,不知有害,竭力营为,或至身败名裂。爱妻爱子者,只知妻子之好,不知妻子之恶,养成祸胎,或至荡产灭门者,皆由贪与爱之私欲所致也。①

识别、格除不合理之私欲,则名利与妻子之是非自知。以如实观无我的智慧根除我执,乃转贪爱为菩提的根本。

爱情心理学家也认为,占有不是爱,以自我为中心,一味占有的"占有式爱情",认为对方是属于我的,要求对方以同等爱回报之,稍有怠忽即猜疑嫉妒,结果得到的也会失去。只求自己的欢娱,对对方不负道义责任的"游戏式爱情",难得持久,也是一种自我中心主义的表现。自我中心常导致心理学家霍尔奈所谓"对爱的神经质需求":或对爱情过分重视,只要没有人爱他(她)就沮丧;或极端嫉妒,要求"你必须只爱我一个人!";或要求无条件的爱,"不管我怎么你都必须爱我!",或只要求被爱而不肯付出,要求对方在金钱、声誉、时间、道德等各方面都为自己牺牲奉献;或对拒绝极其敏感;或强迫对方,"爱我,要不然就杀了你!""你不爱我我就自杀!"从而制造出许多情杀、毁容、强奸、自杀、伤害对方、破坏对方名誉等事件。

染污的爱和不染污的爱,可以互相转化,犹如水可以分解为氢和氧,氢和氧可以合成水。如有染相爱的夫妻之间,可因爱心照料患病的对方而牺牲自己乃至为对方献出自己的器官,上升为无染污的慈爱、法爱;或有男女间出于无染污的慈悲心帮助、照料对方甚至为对方牺牲自己,而由慈悲而爱情,由爱情而结婚,成为有染污的性爱、贪爱。其转换的关枢,即在用心为慈悲,抑或私欲。

---

① 印光:《印光大师说净土》,宗教文化出版社 2006 年版,第 145 页。

即便是有染污的爱，也以无染污的慈悲、平等、利他为和谐处理事情的关键。罗杰斯说"爱是对一切的接纳与尊重"。《心灵幽径——冥想的自我疗法》说：

在爱的关系如婚姻中，全心的付出是成功必要的付出。

关爱——没有期望与要求的爱，与依恋——区分你我的爱，是"接近的敌人"，依恋的爱之结果，是依赖、控制、恐惧。应区分两者，对对方关爱而不依恋。有婚姻保鲜四招曰：依恋不依赖；利他不忘我；自我不自私；互动不自动。支持与理解，心心相印，互敬、互爱、互勉、互信、互帮、互让、互谅、互慰，诚挚专一，忠贞不二，是维系爱情的关键。人格力量是婚姻最可靠的守护神，双方有了高尚的人格，彼此对爱情的奉献才会长久。彼此相爱，应仍然保持各自人格的独立和完整，追求自身价值的实现和自身素质的提高，不作为对方的依附而存在。斯腾柏格以热情、亲密、承诺三者为爱情三因，三因齐备合一者为完美的爱。互相温存、信任，平淡而深厚的"伴侣式爱情"或"友谊式爱情"，如佛所言"知识妇"（对男方应为"知识夫"）是最为合理、牢靠的爱情。甘愿为所爱牺牲一切的"奉献式爱情"，在佛法看来是一种布施，最被人们所赞美。耕云居士《幸福之道》说得好：

爱就是牺牲，爱就是燃烧自己照亮别人。

为对方牺牲自己，可以转化有染污的爱为无染污的爱。露意丝茜解释爱为"在内心中对自己、对人、对生命的热忱赏识"。弗洛姆认为，爱是把自己完全奉献出来，希望以此获得回爱的信义活动，爱的最高理想超越单个的特定对象，而扩展到整个世界。

男女之间的爱，与性密不可分，哲学家们总是想把低劣的性和神圣的爱情分离。当代爱情心理学一般将爱情从低向高的发展分为性欲、占有欲、向心欲、置换欲、奉献欲五个层次，只有性欲的爱是低级的、动物性的，以泄欲为实质，即佛法所谓"淫欲"；占有欲支配下的爱多以《楞严经》所谓"我怜汝色"为出发点，以自我为中心，虽然也有爱抚、怜惜，然难得稳固，容易移情别恋，即佛法所谓"贪爱"；向心欲指灵与肉强烈结合的欲望，是双方心灵契合的结果,以《楞严经》所谓"汝爱我心"为主要出发点,是人类的正常爱情;置换欲,指设身处地为对方着想,不分你我地考虑双方的幸福,是爱情成熟的表现,这种爱已经开始突破自我中心的立场,相当于佛法所谓"敬爱";奉献欲以爱的付出、奉献为特征,进一步超越自我中心立场,可以为对方做出牺牲,是爱情发展的最高层次,这种高尚的爱情颇符合佛法所谓法爱的精神。

当代弘扬"人间佛教"的大德们,都将教人们如何正确处理情爱作为佛法的重要内容。如《星云日记》说:

人间佛教对夫妻感情的看法是,只有爱才能赢得爱,恨永远是得不到爱的。夫妻相处彼此要真诚,并要互相制造欢乐,人的好话不怕多讲,会讲好话,懂得赞美加上有幽默感的家庭,必定是和乐幸福的。

其《谈情说爱》说:如果情爱能够随着人格的递增而日益提高,随着道德的长进而日臻纯净,那么,凡夫俗子的情爱也会越来越升华,从爱自己、夫妻之情的两情相悦、兄弟姐妹的手足之爱、亲戚朋友的守望关注,提升为对世界人类以及一切众生的悲悯。"从凡夫俗子占有的情爱,进而能达到圣贤爱国爱民的情爱,最后升华为诸佛菩萨'但愿众生得离苦,不为自己求安乐'的大慈大悲。"

一行禅师为他的禅修弟子制定的戒律中,第三条对佛教的不邪淫戒做了颇符合现代爱情观的解释:发誓培养责任心,学习维护个体、夫妻、家庭和社会的安定与团结的方法,决不卷入没有爱和长期承诺的性关系中。"性关系应当是一种在觉照的状态下,带着爱、关怀和尊重来进行的交流行为。"[①] 他创办"幸福人生研究所",教给人们爱和使人幸福的艺术,通过学习对一个人的爱、使一个人幸福的艺术,将学会表达对整个人类和所有生命的爱。"真正的爱意味着友善和同情",包括责任意识及接受对方的本来面目——包括所有的优缺点,不仅爱对方的优点,还必须接受其缺点,并用自己的耐心、智慧和精力去

---

① [法]一行禅师:《与生命相约》,明洁、明尧译,紫禁城出版社2010年版,第122页。

帮助其改正。

圣虚法师《爱为何物》提倡"只求奉献，不留自私，把光和热无条件、平等地洒向每一个人、每一个有情和无情"，去帮助失败的，去关心丑恶的，去孝敬所有的老人，去爱护所有的小男孩和小女孩。即使伸不出爱的双手，也要捧去爱的心灵。至于两性之爱，若真爱对方，应不只是爱他的身体、衣物乃至潜意识，而应用真实的你去爱真实的他（她），那时你才发现：

原来你和他本为一体，亲密胜过孪生兄弟。又何止你和他呢，原来宇宙里的一切，都胜过亲兄弟、亲姐妹，都是水乳交融的一体，爱于其中也一体不分。在那里，真实的我、真实的你和真实的爱融化在一起，无量的爱和无量的被爱融化在一起，一切众生和一切事物融化在一起，一切的一切都融化在一起，都融化进一种广大、深刻、永恒、真实、无条件、神圣的爱情之中。那种爱啊，它亘古长存——不可求生，不可求舍，普照于过去、现在、未来，普照于三千大千世界。①

七、慈悲与法爱

揭露有染污贪爱的过患祸害，劝人看破、超离有染污的贪爱，转贪爱为无染的爱敬、法爱和慈悲，无限扩充慈悲，是从原始佛教到大乘、密乘佛教关于爱的一贯精神。《法句经·慈仁品》教导佛弟子"普忧贤友，哀加众生""履仁行慈，博爱济众"。同经《道利品》劝诫统治者"常以慈爱下""仁爱好利人"。《长阿含经》卷九《十上经》佛言"九修法"以"喜、爱、悦、乐"为初四，此九法为获得法喜之本，故称"九喜本"。《佛说法集经》说菩萨四种爱乐法：

不求果报而施一切众生平等之心，以爱语防护一切众生恶行，利益成就，爱一切众生犹如自身。

并说菩萨有六种四法"能作爱乐事"，此为"法集爱乐甚深之法"。《维摩

---

① [美] 纽约世界佛教青年会：《佛青慧讯》1995 年第 6 期。

诘所说经·文殊师利问疾品》谓菩萨"于诸众生，爱之若子"。《观察诸法行经》佛为喜王菩萨说"决定观察诸法行三摩地"中，有"平等爱念"众生、"爱圣如父"、于菩萨"爱念如佛"等爱心。《优波离所问经》谓佛菩萨若起贪，"爱护众生，则不为烦恼""菩萨悲心爱众生，是福庄严"。《十住毗婆沙论》所说菩萨用以修十善业道的十心中，有"爱心"。以上所举"博爱""慈爱""爱念""爱心"等，皆属无染污的法爱。

从《阿含经》到大乘、密乘道的重要修行课目"四无量心观"（"四梵住"），以观普遍慈悲一切众生的慈无量心观、悲无量心观为首。慈悲，被看作佛教的基本精神。以"拔苦与乐"为特质的慈悲，可谓一种无染污的爱，《佛光大辞典》谓"慈悲实为爱之代名词"。① 耕云《幸福之道》谓"慈悲是爱的升华"。在父母对子女的慈爱，朋友、同志间的友爱，及血亲间的亲爱，师生间的爱敬，乃至情人间的爱情中，都有慈悲。将父母对子女的慈爱扩大到对一切众生，是为慈无量心。修慈无量心而证阿罗汉果的佛弟子索帕卡长老有偈云：

人爱独生子，爱心真且诚；当以此爱心，普及诸有情。②

对他人的痛苦怀切肤之痛的悲心，是比想要给予他人快乐的慈心更为深切的爱，《成实论》卷十二说：

若能于一切众生中深行慈心，如人见子遭急苦恼，尔时慈心转名为悲。

苟嘉陵居士《做个喜悦的人》劝人去长养自己的爱心及慈悲心，使自己成为一个有爱的能力及慈悲的人格之人。强调"一切的善法及善功德，也都是由有爱的心灵中生长出来"。③

慈悲和贪爱虽然都是爱，其性质却颇有不同：贪爱从自己出发，其爱为占有和索取；慈悲为他人着想，其爱为给予与奉献。《心灵幽径——冥想的自我疗法》说：

---

① 慈怡：《佛光大辞典》（2—7），佛光出版社1988年版，第5457页。
② 邓殿臣：《长老偈·长老尼偈》，中国社会科学出版社1997年版，第16页。
③ 苟嘉陵：《做个喜悦的人：念处今论》，花城出版社1995年版，第142页。

成熟的爱和健全的慈悲不是依赖而是相互依赖，这感觉来自对自己以及他人的尊重。

真正的慈悲来自健全的自我感觉和对自己的觉醒，非同情或恐惧，而基于尊重，是由痛苦产生的共鸣与联系。悲悯与怜悯是接近的敌人，悲悯是分享别人的痛苦，怜悯则是居高临下，与别人分离的。

深受"爱的宗教"基督教博爱观念浸润的西方人所理解的爱，主要是佛教也肯定的友爱（pema）、慈爱（sneha）、敬爱（priya）乃至法爱，往往多佛教慈悲的成分。弗洛姆说爱以给予和奉献为本质。露意丝茜解释爱为"在内心中对自己、对人、对生命的热忱赏识"。卡伦·霍尔奈《女性心理学》定义爱为"自发地献身于人民、事业或思想的能力，而不是以自我中心的方式把什么都留给自己"。[①]《心灵幽径——冥想的自我疗法》说用心来注意和关切他人的时刻，"这简单而意义深长的亲密感就是我们都苛求的爱"。

佛教所言慈悲，有程度大小、有无分别执着等差别。大乘所倡导的慈悲，广大无量，称大慈大悲，《大般涅槃经》卷十五解释说：

为诸众生除无利益，是名大慈；欲与众生无量利乐，是名大悲。

又将慈分为三种：

一为众生缘慈，以视为实有的众生为对象而起，这种慈不离分别、执着心，是凡夫众生和初发心菩萨的慈。

二为法缘慈，与缘起性空的真实相应而起，为见道以上菩萨的慈心。

三为无缘慈，完全离分别，"不住法相及众生相"、无条件地平等普遍于一切众生，是佛的慈心。《金园集》卷三经云："佛无一切心，唯有慈心在"。

感同身受亟欲救度一切众生的大悲心，更被强调为大乘之本、成佛之本。《大智度论》卷二十云：

大悲是一切诸佛菩萨功德之根本，是般若波罗蜜之母，诸佛之祖母。

[①] [美] 卡伦·霍尔奈：《女性心理学》，窦卫霖译，上海文艺出版社 2000 年版，第 274 页。

《华严经·普贤菩萨行品》谓诸佛如来皆以大悲心为体，喻大悲为浇灌菩提树生长、成就诸佛菩萨智慧花果不可或缺的水。

凡夫的慈悲，狭小有限，一般只及于自己的亲属、所爱者、朋友、熟人，对不认识、无关系的人难以发起，对冤家仇敌则完全生不起慈悲，甚至可能会冷酷无情。儒家将爱伦理化为"仁"，释为"爱人"，孔子曰，"仁者爱人"。这种仁爱的对象要分别人物、亲疏及等级，首先是"亲亲""尊贤"，然后才推及老幼，"老吾老以及人之老，幼吾幼以及人之幼"，但不及于被认为不应该施予仁爱的人。墨子、基督教等虽然主张博爱，后者还宣扬爱仇人，但其爱心尚不能及于一切众生，不及于动物等异类，而且不离分别心和众生、自己实有之执着，属世间的博爱而非出世间的大慈大悲。

小乘圣者的慈悲虽然不分别怨亲，还只是随缘生起，不够广大。菩萨的慈悲广大无量，欲主动给予一切众生，但还不一定能完全无分别执着。《小品般若经·深心求菩提品》谓菩萨的悲心"见一切众生受诸苦恼，如被刑戮"；《华严经》卷七十五说菩萨见众生以烦恼业堕三恶道受种种苦，"心大忧恼"，犹如见爱子被人割截肢体，"其心痛切不能自安"。佛的无缘慈悲最极广大无量，离一切分别执着，为清净圆满的出世间大慈大悲。《涅槃经·长寿品》佛言：毁谤佛法者及断尽善根的极恶之人"一阐提"，杀生、邪见、故意犯戒者，"我于是等，悉生悲心，同于子想，如罗睺罗。"罗睺罗，是佛陀在家时的儿子。《守护国界主陀罗尼经》比喻说：

二乘之悲，如割皮肤；菩萨悲心，如割脂肉；如来大悲，深彻骨髓。

凡夫的慈悲尽管有分别、有限，远不及佛菩萨的慈悲广大清净，但与佛菩萨的大慈大悲同出一源，同一体性，是佛菩萨大慈大悲在自身的表现，即是佛性，可以扩充、净化为佛菩萨的大慈大悲，如同金矿可炼为纯金。《大般涅槃经》卷十五说慈即是大乘、大空、道、常、众生佛性，"慈者能为一切众生而作父母，父母即慈，慈即如来"。佛教诸乘诸宗所修慈无量心、悲无量心，即是通过观想，将慈悲扩大至无量无边，将凡夫的有染污的贪爱升华为清净的慈悲。太虚《心理建设》称佛法的大悲心为"宇宙大爱"，这种爱可从人人本有的对自身的爱，推及于同宗爱、同乡爱、同业爱、同社会的相爱、同国家的相爱、同人类的相爱，乃至对于动物界同血气心知的相爱，对自然界和全宇宙的大爱了。"且如人的一吸一呼，与空气、阳光息息相通，本来都是宇宙大爱的表现"。

菩萨一方面应发愿将慈悲平等普遍于一切众生，亟于救度众生"如解倒悬""如救头燃"，另一方面又须以如实智慧观众生相空而不执着，若于众生起法执，便可能陷入贪爱，或导致变态的慈悲。执众生相而有所爱着的慈悲，如由喜爱某人而对其起慈悲心，名为"爱见大悲"。《维摩诘所说经·文殊师利问疾品》说：

于诸众生若起爱见大悲，即应舍离。

鸠摩罗什注谓"未能深入实相，见有众生，心生爱着，因此生悲，名为爱见大悲。爱见大悲虚妄不净，有能令人起疲厌想，故应舍离也"[①]。爱见大悲必然不能平等普爱、永远爱，免不了因爱心过度及爱心白费、不得报恩回爱等而产生的苦恼和疲懒厌倦，故必须破除。四无量心的修习，最后为舍无量心，有对治慈悲喜执着的意味，《大智度论》卷二十说"如慈、悲、喜心爱深故舍众生难"，难得解脱，故须修舍，于慈、悲、喜心中"无憎无爱，无贪无忧"。

大乘经中还说，对菩提、涅槃的法爱，若含有执着而流于贪爱，亦为佛道之障，应予破除弃舍。《华严经·明法品》谓"断诸法爱，除一切执"。《大般若经》卷三百一十三佛言：

勿于诸佛无上正等菩提而生贪爱。所以者何？以诸佛无上正等菩提非可贪爱。何以故？以一切法自性空故。

如果贪爱无上菩提、涅槃，则与一切法空的本性相违，不能与真实相应而证得无上菩提、大涅槃。天台宗圆顿止观修证次第因而以"破法爱"为一个重要环节。

佛菩萨的大慈大悲与众生的贪爱，虽然皆以心性本具的大悲或身中的白菩

[①]《注维摩诘经》卷五。

提明点为体，其性质、价值和功用却有着本质的区别：贪爱出于无明、自私、分别、执着的染污心，无正见为导或以邪见为导，以占取他人和外物满足私欲为本质，因而狭小、排他、不离憎恨嫉妒，具不自主性，为损人利己、自害害他的种种恶业之本，产生热恼不安、丑化人格、导致生死苦恼的恶果；诸佛菩萨的大慈大悲则出于如实觉知、无我、无执着的清净心，以正见正智为导，以不计己利而利乐众生为本质，极其广大，平等普遍于一切众生，无怨亲、亲疏的分别，像法界一样广大周遍、无穷无尽，创造出利乐济度无量众生、庄严国土世界的最大价值。

第三节　佛教苦乐观

苦与乐，是人们精神生活和心理活动中极其重要的内容，苦乐观实乃每个人人生价值观建立的基础。苦乐观在佛教教义中占有极其重要的地位，佛陀四圣谛中的第一苦谛，专讲苦，第三灭谛实质是讲寂灭苦而获得究竟的乐，讲造成苦之原因的第二集谛，和达到常乐涅槃之道的第四道谛，实际上也都围绕苦与乐这一主题。四圣谛说明：消灭人生诸苦，证得究竟的常乐，为全部佛法的宗旨所在。佛教对苦与乐的种类、相状、生起的因缘、终极实质做了精细的解析，并提供出离苦得乐的理论依据和具体实行途径。

一、"诸受皆苦"

苦（梵文 duḥkha），在佛法看来是因缘所生的心所法，属于五蕴中受蕴之一类。《阿毗达磨集异门足论》卷十八说顺苦受触所触的"不平等受、受类所摄，是名为苦"。不平等受，谓这种感受使心不平静、不安和、不适意，失去平衡，这种不平等受是由接触能引起苦受的缘而生，或受苦缘刺激而生。《清净道论》据经言说苦有逼迫、有为、热恼、变易等义，又说苦为具有嫌恶及空虚（没有常、乐、我、净）之状态。《成唯识论》卷五谓"领违境相，逼迫身心，说名苦受"——领受不顺遂自己或有违于自身需要的刺激，而承受一种身心受逼迫的感受，叫作苦受。总之，使人身心受逼迫，热恼不安，因而为人所不欢迎、不乐意、嫌恶、排拒，为苦受的基本特征。

佛教所说人身二十二根中有"苦根"，即能出生、增长苦的一种机制，说明苦乃人天生所难免。佛教毫不客气、毫不遮掩地揭露、列举了人生的种种苦，并将其一一归类。佛陀之四圣谛，以说苦的苦圣谛为先。苦圣谛的实质，是正视苦、参透苦，以便以苦为动力，提升生命，化苦为乐。《阿含经》中佛陀在说苦圣谛时所列举的苦，一般为生、老、病、死、怨憎会、爱别离、所求不得、五蕴炽盛八苦。《中阿含经·舍梨子相应品·分别圣谛经》佛言：

云何苦圣谛？谓生苦、老苦、病苦、死苦、怨憎会苦、爱别离苦、所求不得苦，略五盛阴苦。

《佛说五王经》等对八苦有生动的描述。《清净道论·说根谛品》据经言，对以上八苦一一进行了描述。

第一生苦，指众生出生时身心遍受的苦，有在子宫中身体不能自由屈伸、母亲受苦时胎儿亦感苦，及助产、难产、堕胎、分娩、初生后受洗浴拭擦冷热、此后的生长谋生之苦等。出生后的苦，乃有目共睹，婴儿的脆弱无能和愚痴，在成人看来值得怜悯，在十几年的漫长时间里，需要依靠他人的抚养照顾才能成长为人，要受父母、老师等的管教、约束，乃至打骂、虐待，不能说没有苦。儿童无不希望自己快些长大成人，本质上即是对儿童期所受不自在等生苦的潜意识抗拒。

出生之苦还可包括家庭贫寒、出身微贱、天生残疾、相貌和智商不如人意、婴幼时期缺乏爱抚及营养不良等苦。从根本上说，出生于此不完美的人间，被迫禀受如此不完美的身心和生存条件，是我人蒙受诸苦的根源，正如经中所说："离了生是绝对不会有苦的"。①

八苦中第二至第四老、病、死三苦，明显易晓，是佛典中论述最多、最重要、最根本的苦，对这三种苦，古今中外的许多文学作品中有大量描述。

第五怨憎会苦，《清净道论》解释为"和不适意的有情及事物的相会"，指与不乐意的人和事物相逢，如冤家、仇敌、有嫌隙者、讨厌者，虽然不愿意看见，不愿生活在一处，但不得不相逢，正如俗言，冤家路窄。暴君、贪官、墨吏、强盗、窃贼、骗子、色狼、暴徒、恶棍、小人，谁也不会喜欢，但往往不请自来，将被压迫、被剥削、失财、受辱、受骗上当、被威胁、被强暴、被迫害乃至被杀害等巨苦强加于人，使人惊恐、痛恨、郁闷、震怒，甚而有不少人因此丧生或自杀。人类社会的阶级压迫、民族矛盾、战争、械斗、倾轧、勾心斗角，自然界的水、旱、地震、飓风、冰雹等灾变，及生活中免不了的诸多不如意事，虽然是人所不愿意有的，却总是不约而会，不时碰头，难以避免，是为怨憎相会苦。

除不受欢迎的人之外，众生中如伤害人畜的猛兽、毒蛇，数量众多、繁殖极快、难以消灭的蚊子、苍蝇、老鼠、蟑螂、蝗虫及其他害虫，也带给人许多担忧、惧怕和烦恼祸害。佛经中说，一杯水中有八万四千肉眼看不见的微虫，现已证明，微虫中的病菌、病毒，会使人饱受疾病之苦。毛泽东《送瘟神》诗有云："绿水青山枉自多，华佗无奈小虫何。"直到今日，人类还无法免除微虫暗中侵害之苦。

第六爱别离苦，指与所爱者别离或失去所爱的忧愁痛苦。《法句经》云：

常者皆尽，高者亦堕，合会有离，生者有死。

此乃人间自古及今恒常不变的现实。依怙、恩爱的亲眷，即便幸免暂时生离，终究不免死别永诀。相亲相爱的恋人，有两地相思之苦，或者会分手、反目。生离死别、情变失恋、痛失依怙、亲属丧亡，可谓人最大的痛苦，凡人至此，莫不苦泪涟涟，乃至肝肠寸断，心如刀绞。爱戴的领袖、尊敬的老师、故

---

① 觉音：《清净道论》，正觉学会2000年版，第517页。

旧朋友的亡故，也令人惋惜、悲痛。人所爱而以之为乐的一切，诸如财产、地位、权力、荣誉、收藏品、宠物等，无一不有失去的危险，而且最终必然都会别离。经营失败亏损破产、股票猛跌、丢官失位，是商业社会中习见不鲜的寻常事。人莫不爱富贵，然富贵莫不无常，如《大智度论》卷十一所言：

富贵虽乐，一切无常，五家所共，令人心散，轻泆不定，譬如猕猴不能暂住……

所爱者被迫别离，使人痛苦。《瑜伽师地论》卷六十一说爱别离苦有心中愁闷忧烦、怨叹咨嗟、身扰恼不适、回忆与所爱者相聚之乐而心烦意乱、因失去幸福快乐而忧愁怅惘五相。

第七所求不得苦，指所希求的东西得不到时的苦。人的希求、需要和理想，不可能尽如人愿，总有不得实现、不得满足之时。求爱被拒绝，谋官而未遂，晋职而不成，求财而不得，考试落第，竞赛落选，是常有的事。求而不得，必感沮丧、失意、屈辱、伤心、愤懑，怏怏不快。《中阿含经·何苦经》佛言：在家人有金钱、畜牧、谷米、奴婢仆使不增长之"不自在苦"，出家者有想断贪嗔等烦恼而断不了的"自在苦"，皆"多有忧苦，多怀愁戚"。贫穷者尤其常受求不得苦，或饥寒交迫、手头拮据，或债台高筑、欲避无门。《金色王经》偈云：

何法名为苦？所谓贫穷是。何苦最为重？所谓贫穷苦。

据统计，当今世界上尚有11亿人未脱贫，被贫穷之苦所熬煎，其中饥寒交迫、挣扎于死亡线上者，多达数百万人。

八苦中最后的五蕴炽盛苦，一作五盛阴苦、五蕴盛苦、五取蕴苦，实际不是再罗列一种苦，而是对以上七苦及此外其他所有苦的概括：一切苦终归为五蕴的活动，更准确地说是五蕴在无明状况下的活动，这种活动在根本上就是产生一切苦的渊薮，甚而可以说无明的五蕴（五取蕴）即是苦。《佛说五王经》等说第八苦为"忧悲恼苦"，指种种忧愁、悲伤、烦恼。或说第八苦为"所得难保苦"。

关于苦，经论中还有多种分类。从造成苦的因缘，可分为内、外二苦。

《大智度论》卷十九谓外苦有两种：一是当权者、胜过自己者、恶贼、狮子、虎狼、毒蛇等的逼害，二是自然界的风雨、雷电、冷热等。内苦也有二种：一是身苦，一般说为由眼、耳、鼻、舌、身五根所生的苦受，如病痛、寒热等；二是心苦，为由第六意识的了别所生的苦受，如忧郁、悲伤、焦急等负面情绪。《大宝积经·菩萨藏会》说一切众生为十苦所逼迫：生、老、病、死、愁、怨、苦受、忧、痛恼，及生死流转大苦。《清净道论》列举生、老、死、愁、悲、苦、忧、恼、怨憎会、爱别离、求不得、五取蕴十二种苦。愁，指丧失亲属等的忧愁焦虑，经中说愁如毒箭刺心，如赤热的铁丸燃烧，令人心中热恼不宁。悲，指丧失亲人等时的悲痛，所谓"心的号泣"，外在的表现是痛苦、哀嚎，乃至哭得唇干舌燥。苦，特指身体上的病痛、不适等苦。忧，指陷入深度的内心痛苦，极受逼恼，精神烦乱，坐立不安，往往哭泣、捶胸顿足、打滚，痛不欲生，甚至自杀。恼，是因丧失亲人等时过度心痛，发出痛苦的呻吟，至寝食难安，形容憔悴。愁如用弱火烧锅，悲如用烈火烧锅而致锅中水沸腾外溢，恼如锅被烧干。

此外，还有十八苦之说。《瑜伽师地论》卷四说人类多受俱生饥渴、所欲不果、粗疏饮食、逼切追求摄受、时节变异所生寒热、淋露、黑暗等匮乏苦，及变、坏、老、病、死、苦，同论卷四四列举的苦多达一百一十种。康有为《大同书》说人道之苦"无量数不可思议"，粗举其显而易见者六类45种。

佛教说苦最具特色和深度的，是《阿含经》中佛多次所说的三种苦：一为苦苦，谓苦的本身，如常说的生老病死、所求不得等由一切苦缘所生苦受之苦。二为坏苦，谓所乐失去、变化、坏灭时的苦，如欢宴时乐，曲终人散之后难免怅惘空虚，团聚时乐，分别时难免别离之苦，失恋、失财、丢官等时所受爱别离苦，多属此类。西方心理学家说佛教所言苦苦，相当于冲动和禁令之间的神经质冲突；坏苦相当于边缘症情况和功能性精神病，自我持续感的困扰、冲动和情绪影响的波动。三为行苦，行，为无常、变动之义，身心世界，无不是因缘所生的有为法，无不以生灭无常、变动不居为其恒常不易的性质，故说是苦。《杂阿含经》卷十七第467经佛偈教人观三种受皆苦：

观乐作苦想，苦受同剑刺，于不苦不乐，修无常灭想。

《阿毗达磨集异门足论》卷五说：欲界由苦苦故苦，色界由坏苦故苦，无色界由行苦故苦。《瑜伽师地论》卷五说三类受中，苦受本身是苦，乐受难免引起坏苦，故亦是苦，不苦不乐（舍）受无常变易故属行苦。同论卷八十三说：乐受于现前能生坏苦，又增长了对乐受的贪爱，这种贪爱潜藏于心识中，成为未来受苦之因，故观乐受亦为苦。

又，从整体上看，人生的快乐总是不离痛苦，表现出互相依存的性质，《大集经》卷三十二谓"因触生乐，因乐生苦"。《正法念处经》卷三十谓"乐从欲所生，常与众苦合"。《大般涅槃经》卷十一佛言：

生死之中，实有乐受，菩萨摩诃萨以苦乐性不相舍离，是故说言一切皆苦。

生死之中，实无有乐，但诸佛菩萨随顺世间，说言有乐。

《正法念处经》卷十六谓"一切众生生死中，微毫少乐不可得"。俗言"乐极生悲"，便意味着快乐会向痛苦转变。又曰"苦尽甘来"，意味快乐离不开痛苦。西哲苏格拉底也说：快乐总是和痛苦奇异地联系在一起，甚而可以说它是与痛苦互相依赖的对立面，追求快乐的人一般总要被迫接受痛苦。当代心理学说人的情绪犹如钟摆左右摇动，兴奋之后必然走向低落，人不可能有永久的快乐，快乐总是暂现即逝，而不快乐是没有限度的。

又，世间所谓乐，须依仗一定的条件，如美女、美味、美酒、衣服璎珞、交通工具、奴婢僮仆、金银钱财、仓库米谷，及渴时得水、寒时遇火等，能产生快乐，然如是等物也能产生苦。如《大般涅槃经》卷十二所言："因于女人生男子苦，忧愁悲泣乃至断命"，美味美酒等亦皆能令人"生大忧恼"，"以是义故，一切皆苦，无有乐相。"《大般涅槃经·一切大众所问品》说：

一切属他，则名为苦。

心被外在的条件所限制、束缚、逼迫，不得自由自在，是苦的根本。

从根本的共性看，乐、苦、不苦不乐三种受，如《长阿含经·大缘方便经》所言，皆"有为无常，从因缘生，尽法灭法，为朽坏法"。质言之，一切苦，乃至一切乐受，因无常故，皆有行苦，皆以行苦为本性。佛陀在《阿含经》卷十七中多次说：

> 我以一切行无常故，一切诸行变易法故，说诸所有受悉皆是苦。

《大集经》卷三十三佛说"一切因缘生法即是苦也"，凡因缘生，即无常，即不自在，故苦。"诸受皆苦"或"一切皆苦""有生皆苦""有阴皆是苦"，为佛陀的名言，被看作佛教人生价值观的标帜，四法印之一。否认世间诸苦及以苦为乐，被列为有害的四种颠倒见（"四倒"）之一。无常，是佛陀说一切皆苦的精义所在。无常即是苦，意味着希望常乐，乃我人的本性，无常与此本性趋求相悖，故是苦，这是一切苦的终极本质。

西方心理学家认为，佛教的苦圣谛，建立了"精神病理学的结构性层次"，揭示了人的存在所要面对的无意义、无自由、死亡等不可避免的挑战。承认这些痛苦的事实，并真实地、坚定地、勇敢地接受它们的现代存在主义哲学，实际上是重新发现了佛祖所依据的事实。

二、非圣财所生乐

人本性所趋求的乐，与苦相对，是受蕴中的另一类。《法蕴足论》卷十定义乐受为"顺乐触所生身乐、心乐，平等受受所摄"——使身心感到平静、安和、适意的感受。《成唯识论》卷五解释：

> 领顺境相，适悦身心，说名乐受。

乐受由领受顺心的、有益于自身或符合自己需要的境相、事物而生，以身心感到适意为特征。乐，略当于现代人所谓"幸福"，心理学定义幸福为意识到的适应状态，一般指期待的实现、愿望的满足产生的快感。《大般涅槃经·一切大众所问品》以一切自做主宰为乐的特征：

> 一切由己，自在安乐……一切自在，必受安乐。

佛教尽管大讲诸受是苦，亦非不承认人生有乐，《杂阿含经》卷三第81经佛告摩诃男：

以识非一向是苦，非乐，随乐，乐所长养，不离乐。

谓心识是靠乐的养分维持的，离不开乐，人类的心理活动并非只是苦而没有乐。将受蕴分为乐、苦、不苦不乐（舍或无记）三类，就说明佛教肯定人生有乐。乐，与苦一样，也是佛经中出现频率很高的一个词。《阿含经》中，佛陀列举过天伦之乐、五欲之乐、身体之乐、心灵之乐、厌离之乐、染着之乐、无着之乐、禅定之乐（"三昧乐"）、法乐等快乐。《五事毗婆沙论·分别心所法品》卷下说，有的佛教徒以经中"诸所有受无非是苦"等佛言为依据，认为实际上没有乐受。说一切有部诸论师则引多条佛言为证，认为实有乐受，如经云：

佛告大名，若色一向是苦非乐，非乐所随，有情不应贪着诸色。①

受、想、行、识亦复如是。正因为实有乐，而且心识不离乐，众生才会起贪着，被系缚。染着、贪着，是对感到乐、可爱者贪爱不舍，如果众生没有乐而只有苦，那就不会有许多贪爱。经中又说：

并乐并喜，于四圣谛，我说现观……诸乐受生时乐，住时，乐由无常，有过患。②

显然，佛是肯定实有乐受的，而且见道必须观苦也观乐，只是乐受有其过患。佛说应观乐受非可爱者，是就乐受变坏无常的性质、为达究竟解脱而言，不是说乐受的自相非乐、不可爱，更非说乐受即是苦受。一行禅师说，生命中充满痛苦，同时也充满很多使人快乐的奇迹，如蓝天、阳光、婴儿的眼等。从佛教的二谛义来看，说世间实有乐，是从俗谛、从乐的相状讲，说诸所有受悉皆是苦，是从真谛、从受的终极本质讲。

佛经中一般说人类苦乐间半或乐多苦少，与对现代西方人的苦乐的统计大略相符。心理学家福卢格尔（Flugel）的统计表明：现代西方人一生的喜乐平均占50%，痛苦占22%，不苦不乐占28%。而从用以表示情绪的词语看，属

---

① 《五事毗婆沙论》卷二，第994页。
② 《五事毗婆沙论》卷二，第994页。

于欢乐一类的只占 2/7，属于不愉快一类的占 1/9，说明人生苦多乐少。近几十年来，随着经济的发展，人们大有苦增乐减的趋势，20 世纪 60 年代，美国心理学家诺曼·文森特·皮尔统计发现：发达国家人们每天感觉愉快的时间，已从以往的平均 1/3 下降到平均 1/5，到 20 世纪 90 年代减少到 1/9。2000 年初对 25 个发达国家进行的一项抽样调查表明：60% 以上的人不能每天都有愉快的感觉，其中 20% 的人明确表示"我每天都不愉快"。歌德的看法比佛教更悲观，他晚年说自己 75 岁的岁月中没有过四星期的真正康宁，这一生只是苦痛和负累，只是一块必须时常重推上去的岩石在不断往下滚。

佛教对乐做了种种区分，从乐的感受来讲，分身、心二乐，身乐指由身体上的感觉所生，如品尝美味之乐、夏凉冬暖之乐等；心乐指内心的快乐，如事业成功的快乐等。从受乐的时间讲，有现法乐、后世乐、究竟乐；从乐的发生处所讲，有唯从自心涌现的内乐和依靠外在条件发生的外乐。郑石岩《禅·心的效能训练》分快乐为三层次：

1. 通过五蕴身所感受，依赖感觉和接触所得，即身乐；
2. 经过爱、慈悲、智慧、创造和责任带来的主动快乐，属心乐；
3. 禅悦。

从乐的性质来讲，乐可分为《瑜伽师地论》卷四所说非圣财所生乐与圣财所生乐两大类。前者包括欲乐，后者包括现法乐、后世乐、远离乐、涅槃乐。

非圣财所生乐，又称"从外门所生资具乐""外乐"，指常人依赖一定的外在条件而非依靠佛法所说的"圣财"才能产生的世间之乐。《瑜伽师地论》卷四说，人类乃至大力鬼和动物，都"有外门所生资具乐可得，然为众苦之所相杂"。

非圣财所生乐所依赖的资具，《瑜伽师地论》卷五说主要有四种：

1. 适悦资具，一切能使人生活方便及娱乐所需的东西，如车马、衣服、化妆品、灯烛、玩具、装饰品、金钱、财产库存储蓄、美景、花草、宠物等；
2. 滋长资具，指健身锻炼所需，如举重所用轮石、拳击所用沙袋、球、毽等器具，及请人按摩、提抓、槌打等；

3. 清净资具，指祭祀时所需吉祥草、果品、螺贝、容器等物，及洗浴所需盆、热水、毛巾、香皂等；

4. 住持资具，指人生存所必需的饮食。

实际上，人生存所需要、依赖外在条件而生的乐，除依以上四种资具外，还依赖他人、社会，如天伦之乐、受人尊重之乐、爱情之乐、性生活之乐、生男得女之乐、戏逗孩童之乐、朋友相聚之乐、闲谈聊天之乐、事业成功的得意之乐、手握权柄的自在之乐、身居高位的尊贵之乐等，另外，读书看报之乐、欣赏音乐和艺术品之乐、看影视戏剧之乐等快乐，则依赖人类的文化艺术产品。这些乐所依赖的资具，都是外在的、世俗的，故说非圣财。

属于非圣财所生乐的"欲乐"（巴利文 rati），或作"五欲乐""乐欲"，意同"贪爱"，指欲界凡夫由满足色、声、香、味、触五欲而得到的乐。产生欲乐的条件，无非是色、声、香、味、触五尘或加法尘六尘及其集合体，其所生乐，无非是因六尘刺激神经而产生乐的感觉、情绪、心情。欲乐的特点是执着，《经集·特尼耶经》载牧人特尼耶以靠自己挣钱过活、有住房、有母牛和牛犊、有可爱忠诚的妻子、有米饭和牛奶而快乐、骄傲。魔说："因为执着是人的快乐，没有执着也就没有快乐。"①

求乐，乃人的本性。"乐根"与"苦根"皆为二十二根之一，说明有乐是人的本性，或人天生就有能产生和增长乐的机制。乐，是人生存所必需的食粮，若完全没有乐甚至没有了得到乐的希望，人便活不下去，或者会自杀，或者会抑郁而死。《大乘离文字普光明藏经》说：

> 无有众生爱乐于苦，凡有所作，悉求安乐。乃至菩萨求阿耨多罗三藐三菩提，亦为自他皆得乐故。

西哲边沁说：人最高的本性是追求最大限度的快乐和最小限度的痛苦，称快乐和痛苦为统治人的两个君主。弗洛伊德以追求唯乐为心理动力里比多（欲力）的基本趋向。

---

① 郭良鋆：《经集》，中国社会科学出版社1990年版，第5页。

脑科学研究发现：快乐，只不过是经受刺激后脑中化学递质多巴胺的作用，从吸食海洛因、性高潮到饱餐后的满足、赢钱的激动等快乐，都与多巴胺相关。脑啡肽、吗啡、海洛因等化学刺激，皆能产生快乐。对脑中的"快乐中心"——前脑额框皮层区进行电刺激，激活脑中与快乐相关的电路，即产生快乐。每种快乐都与一种特别的神经元有关，脑表面的细胞也管快乐。获得快乐，从脑科学的发展看，很可能是一件极其简单的事，有言曰："天堂似乎可以与将几微安的电流注入大脑中部一个极微小的区域划上等号。"① 在不久的将来，可能只要戴上一顶特制的帽子，按下电钮，或服用某种特制药丸，就能获得自己需要的某种快乐。

人生的乐，花样极多，内容极为丰富，正是这丰富多彩的乐的诱惑刺激，使人们乐生、炽爱人生，为获得乐而努力、奋斗、拼命，甚而堕落、犯罪，丢官丧命，遗臭万年。其原因，便在这些乐必需依靠外在的种种条件和他人、社会才能得到，为得到乐，就必须去想方设法弄到乐所需的"资具"，要弄到资具，就得劳作、算计，人格卑劣者便会为此而钻营、投机、献媚、设阴谋诡计，而压迫、剥削、贪污、抢劫、奸淫、欺骗、坑害、杀戮、侵略。

在佛陀看来，非圣财所生乐实质是苦，因为它们是有为法，皆依赖一定的条件才能生起。非圣财所生乐中，很多是匮乏性需要满足之乐，如饱餐之乐是因远离了饥饿，性生活之乐是因发泄了性欲，病愈之乐是因解除了病苦。这种乐依赖于苦，与苦不相离。与其因苦而乐，无宁无苦而乐。正如《中观宝鬘论》所比喻："搔痒得快乐，无痒更为乐"。马斯洛认为这种乐至多只能叫作"宽慰"，缺少稳定性、持久性和不变性，匮乏性需要的过分满足还会产生厌腻、松弛。

依靠外在条件才能生起的非圣财所生乐，必无常，无不变坏消灭，即在受乐的当下也必然念念生灭，不免行苦。此乐无常故非自作主宰，非真正自我，而能受此乐的自我，也不可得，故无我。《长阿含经·大缘方便经》卷十佛言：

---

① 王美丽：《社会科学之谜大揭秘》，北京燕山出版社2010年版，第166页。

如两木相攒则有火生，各置异处则无有火。此亦如是，因乐触缘故生乐受，若乐触灭受亦俱灭……若乐受是我者，乐受灭时，则有二我，此则为过。

欲乐之受终究是"尽法灭法，为朽坏法，彼非我有，我非彼有"，故不应贪着迷醉，应如实观察它们的缺陷，追求值得追求的涅槃大乐、究竟乐。《中部·摩犍提经》中，佛自言他年轻时享受过各种五欲乐，后来认识到欲乐的无常，摈弃之，不再贪恋，有如麻风病人病愈后永远不会再留恋麻风病。《中部·哺多利经》中，佛陀将欲乐比喻如饿狗啃一块沾满血但没有肉的骨头，最终会疲累失望；如秃鹰被众鹰夺食而不肯放弃所衔的肉，将会被众鹰所啄而死伤；如人手拿火炬逆风而行，终被火烧；如炽燃的火炭坑；如美梦；如借来华丽马车和宝石耳环假充富翁；如爬上被砍伐的果树。《别译杂阿含经》卷九说欲如露白骨，如肉段众鸟竞逐，如粪毒，如火坑，如疥疮人烤火止痒愈增其疾病，如向风执火炬逆走，如梦幻，如假借，如树果，如矛戟，不净，秽恶充满，如食不消秽臭可恶。另外一些世人所认为的乐，也被佛陀所否定。《正法念处经》卷三十比喻欲乐如妙色毒华、如触猛火焰，如火益众薪，"自他俱能烧"，众生贪着欲乐如飞蛾扑火，自取灭亡。同经卷二十四比喻欲乐"如蜜在棘林，亦如杂毒饭"。《杂阿含经》卷十三佛偈云：

于色声香味，触法六境界，一向生喜悦，爱染深乐着。

诸天及世人，唯以此为乐，变易灭尽时，彼则生大苦。

唯有诸贤圣，见其灭为乐，世间之所乐，观察悉为怨。

贤圣见苦者，世间以为乐，世间之所苦，于圣则为乐。

《长阿含经·清净经》中，佛列举了种种世人所贪着而沙门释子所无的乐：眼知可爱可乐之色乃至身触可爱可乐之触而生的五欲乐（欲乐）；故意杀生自以为乐；私窃偷盗自以为乐；纵欲行淫自以为乐；故作妄语自以为乐；放荡自恣自以为乐；故修苦行自以为乐……如是等乐乃佛所呵责，是痛苦之根，应速除灭。《瑜伽师地论》卷五列举非圣财所生乐有十五种过患：

1."有罪喜乐相应"，谓能使人贪恋、上瘾，追逐外物，生起贪嗔等烦恼，造作杀盗淫乱等恶业；

2."微小不遍所依",所依,指乐受产生的身心,非圣财所生乐不但微小,而且为时短暂,尤其是乐的感觉(身乐),只在与感知对象接触的短时间内,如品尝美食之乐,只在舌表,只在吃时,时过即失;

3."非一切时有";

4."唯欲界故,圣财所生乐一切地有";

5. 只在今生乃至当下享受,不能引发后世世间、出世间乐之果报;

6."受用时有尽有边";

7. 能被王、贼、怨家及水火等劫夺;

8. 浅薄、短暂、微小,乐只在身心之浅表;

9."不可从今世持往后世";

10."受用之时不可充足",总觉不得满足,因而不得不一再去寻求;

11."不能断后世大苦";

12."有怖畏",害怕得而复失,造恶业者得乐则怕遭报复、受处罚、受报应;

13."有怨对",由谋求乐而得罪、伤害别人,遇斗争、诉讼等麻烦;

14."有灾横",能被老病死亡及天灾人祸所破坏;

15."有烧恼",使人心中发热不得安宁。

如脑科学所说,化学刺激、电刺激能产生快乐,既需依赖刺激,那么获得的也只是非圣财所生乐,必然是非自在、无常。

三、圣财所生乐、现法乐、后世乐、离欲乐

与非圣财所生乐相对的圣财所生乐,指不依赖非圣财所生乐所需的世俗资具,而依佛教所谓"七圣财"而生的乐。七圣财为信、戒、惭、愧、闻、舍、慧。信财,指对佛、法、僧三宝的正信,这种正信在内心扎根,成为可靠的安身立命之本,达到不可动摇,自能予人以精神力量,出生一种安定、充实、有所依怙的清净之乐。戒财,指持守佛教不杀不盗等戒律,使人现前心安理得,

俯仰无愧，无怨无仇，不怕堕于恶道。闻财，即"多闻"——听闻、学习佛法，获得正见，得到对宇宙人生大本明了无惑之乐。舍财，谓舍弃所有而行布施，使人享受到助人济世之乐及后世富足之乐。慧财，指得到佛法如实知见的智慧，以此智慧断灭烦恼，得到究竟的解脱之乐、涅槃之乐。

《瑜伽师地论》卷五说，圣财所生乐没有非圣财所生乐的种种过患，而具种种功德："无罪喜乐相应"，只会使人自觉地去止恶行善，断灭烦恼，没有能滋生烦恼及恶业的作用；广大、持久，遍满身心；只依内心的信等内缘，不依赖外在条件，故能"一切时有"；不仅在欲界有，而且普遍于色界、无色界及超离三界；能引发后世世间、出世间乐的果报；"若受用时转更充盛增长广大"；"无能侵夺"；乐在深心，深刻、持久、广大；"可从今世持往后世"；以不执着、超越为特性，能使人感到深度的满足；能断除后世堕于恶道等大苦；"无怖畏、无怨对、无灾横、无烧恼"。

圣财所生乐分为多种、多个层次。南传《中部·多受经》中，佛讲了十个等级的乐：五欲乐、初禅乐、二禅乐、三禅乐、四禅乐、空无边处乐、识无边处乐、无所有处乐、非想非非想处乐、受想灭尽乐，属非圣财所生的五欲乐最为低级，受想灭尽乐为最高级的快乐。《杂阿含经》卷十七第485经佛所说有四种圣财所生乐：离欲乐、远离乐、寂灭乐、菩提乐。《中阿含经·双品大空经》卷四十九佛说有圣乐、无欲之乐、离乐、息乐、正觉之乐、无食之乐、非生死乐等真正的乐。《正法念处经》卷六十一谓"勇健调伏心，则得第一乐"。《即兴自说·目真邻陀经》佛言：

居静是快乐，知法是快乐，无嗔是快乐，悯生是快乐。

无欲是快乐，于世无贪着，调伏我慢者，是为最上乐。

《大般涅槃经》《菩萨地持经》等经典中列举四种"无罪乐"：一为出离乐，指出家人脱离在家牢笼的乐。二为远离乐，指离欲而证得初禅之喜乐。三为寂静乐，指第二禅以上至想受灭尽定之禅定乐。四为菩提乐，指佛所证的毕竟乐。《大般涅槃经》卷十二说四种乐偈云：

少欲知足乐，多闻分别乐，无著阿罗汉，亦名为受乐。

> 菩萨摩诃萨，毕竟到彼岸，所作众事办，是名为最乐。

大体而言，圣财所生乐可分为世间的现法乐、后世乐、离欲乐与出世间的涅槃乐两大类。

现法乐，意谓现在或今生享受快乐，指按佛陀教导，由具足知识技术、精勤工作、如法理财、结交善友、敦伦尽分、和谐人际关系，不酗酒、不浪费、不赌博、不游乐无度，过好生活，得到现前的人生幸福、安乐。南传《增支部经典》第62经佛言：居士可享有拥有（辛勤劳动而得到合法财富）、消费、无债、无咎四种现法乐。

后法乐或后世乐，指进一步皈依三宝、持戒布施，获得美名及财富，免除死堕三恶道之苦，得到身后生于人天之中享受安乐的保证。《正法念处经》卷二十二：

> 持戒智慧人，常得三种乐，赞叹及财利，后生于天上。

现法乐多需依赖资具，后世生天之乐也仍然不离欲界，不离生死苦，具有无常性，并非究竟的乐。但从佛法世俗谛的角度来看，亦是乐非苦，是众生所希望的。大乘从"随顺众生"的精神出发，也尽量为众生提供、制造这种乐。《优婆塞戒经·二庄严品》云：

> 菩萨虽知世间之乐虚妄非真，而亦能造世乐因缘，何以故？为欲利益诸众生故。

离欲乐，又称远离乐，指远离五欲、超越欲界的离欲之乐、禅定之乐，即"三昧乐"或"禅悦"，分为初禅未到地至色界四禅、无色界四定凡九个层次的禅定之乐。禅定乐不依靠外在物质条件，从自心涌出，故名内乐。《瑜伽师地论》卷九十六分远离乐为劣乐、中乐、胜乐三种。

劣乐，指初禅未到地以上至色界无所有处定的禅定之乐。获得初禅未到地以上的正定，称为"现法乐住"，意谓现前安住于禅定的喜乐中。此中又以第三禅的乐为世间乐受的顶峰，狭义的乐仅指第三禅。第四禅以上，虽称为乐，实际上已经超越了乐受，是一种不可言喻的寂静之乐、无受之乐。《杂阿含经》卷十七第484经称初禅至三禅定生喜乐名"无食乐"，四禅名"无食无食乐"。

中乐，指三界中最高的非想非非想处定。仍然未出三界生死，故亦不离苦。

胜乐，指唯佛教阿那含果以上圣者方可进入的受想灭尽定，为无受的出世间寂静乐。

除了出世间受想灭尽定的"胜乐"，其余世间的禅定乐，虽然超越欲界，远离欲乐，深细长久，不凭借物质条件，但有出定之时，亦属无常，未离坏苦、行苦，本质上也是苦。经中说修行者不仅须观八苦等苦是苦，观欲乐是苦，而且应观禅定之乐及禅定之果报色界、无色界天也是苦。《优婆塞戒经·悲品》谓"有智之人，应观非想非非想处所有定乐，如地狱苦"，为什么？《瑜伽师地论》卷八十三说：

谓由此受贪所随眠，由随眠故取当来苦，于现法中能生坏苦。

禅定之乐能使人贪着，称"味禅"，不仅障碍智慧解脱，还会在阿赖耶识中种下贪着禅乐的种子，成为将来产生苦果的因，难免出定之苦及依赖各种条件辛勤修定之苦，由修禅定成功上生色界、无色界天，也难免寿尽堕落之苦。

四、涅槃乐

佛说最高的圣财所生乐，真正的寂静之乐，为远离贪、瞋、痴等烦恼而得到的解脱之乐、涅槃大乐或寂灭之乐，唯此方为能满足人趋求真常极乐之本性的真正的、终极的或胜义的乐。《即兴自说·王经》偈云：

人间和天上，有乐有美妙，比起涅槃乐，微小不足道。

《大毗婆沙论》卷八说"胜义乐，唯涅槃"。《瑜伽师地论》卷四谓"无漏界中，一切粗重诸苦永断，是故唯此是胜义乐，当知所余一切是苦"。

诸欲永息后得到的无欲之乐，不依赖任何条件，从自心不断涌现，属于比禅定乐更寂静美妙的内乐，《大智度论》卷八说：

是乐不从五尘生，譬如石泉，水自中出，不从外来，心乐亦如是。

涅槃乐永离生老病死、恩爱别离、所求不得等一切诸苦及最根本的无常之苦，比需要辛苦营求、具备各种条件方能获得、得已即失的贪欲满足之乐要高级、深细、持久得多。《杂阿含经》偈谓"生灭灭已，寂灭为乐"。《法句经》偈谓"苦无过身，乐无过灭""泥洹最快"。《华严经》卷二谓"世间所有种种乐，圣寂灭乐为最胜"。《众许摩诃帝经》偈云：

> 世间所有诸欲乐，乃至天上所有乐，若比断贪之大乐，十六分之不及一。

断贪之大乐，指涅槃乐。涅槃乐与非圣财所生乐完全不同，不依赖任何外在资具及他人而生，完全自作主宰，非因缘所生的有为法，故真常不生灭，不与苦相杂，纯粹是乐，其乐超越时空，超越三界，永恒常乐，而且深细绵永，其乐之大，其味之美，非世间一切非圣财所生乐所能相比，也非世间的禅定乐可比，无可为喻。这种乐，是佛教追求的终极目标。

涅槃虽然乐，然与由因缘和合所生的乐受、世间欲乐不同，是一种超越苦乐的"无受之乐"。《大般涅槃经》卷五云：

> 断一切受，名无受乐；如是无受，名为常乐……

同经卷二十五谓"涅槃虽乐，非是受乐，乃是上妙寂灭之乐"。涅槃又分小乘圣者所入有余依、无余依涅槃和佛所入无住涅槃或大般涅槃，前者只得寂灭乐，后者则具足寂灭乐及完全觉知一切的明觉或全知之乐。同经卷二五说：

> 诸佛如来有二种乐：一寂灭乐，二觉知乐。

此乐是实相本具，实相之体有受乐、寂灭乐、觉知乐三种乐。同经卷二十三说"涅槃无乐，以四乐故，名大涅槃"：

1. 永断诸苦，无苦无乐，乃名大乐。这种大乐是本性常乐，虽然无苦无乐，然与凡夫三受中实际亦无常、苦的非苦非乐（舍）受不同，是大乐。

2. 超越了欲乐、寂静乐，其乐绝对，没有能乐、所乐之别。"大寂静故，名为大乐"。

3. 具备如实知见一切的明觉之乐，"一切知故，名为大乐"。

4. "身不坏故，名为大乐"，佛身金刚不坏，非无常之身，故名大乐。

同经卷三说，譬如甜酥具足八味，大般涅槃亦具足常、恒、安、清凉、不老、不死、无垢、快乐八味。

佛所入无住涅槃，还具有无限利乐度化众生的显现大用之乐、无上价值之乐、无限丰富之乐、绝对自在之乐，为真正的大乐、极乐。

涅槃乐并非死后和他生后世才能享受到，非可望而不可即，而应在现前乃至当下去体证。佛陀成千上万的弟子，都即生乃至当下证得涅槃乐，有的情不自禁地喊叫"我真快乐"，《长老歌》《长老尼歌》中留下不少佛陀的阿罗汉弟子抒发他们快乐心情的歌偈。人们多从他们快乐安详、迥异常人的容貌风度，对他们生起由衷的尊敬。如果说，人的本质像叔本华所说那样是一个意志不断奋求的永恒进程，那么佛教徒虽然未必能即生证得果位，享受涅槃之乐，但在追求涅槃乐的当下，便会享受到追求涅槃的快乐，可不断得到提升精神境界、减轻烦恼、轻松愉快、具足正见、进入禅定、有证得涅槃的信心乃至明心见性等"道乐"。发大乘菩提心修菩萨道者在修行的当下便不难体会到利乐众生之乐。

依大乘无住处涅槃义，涅槃之乐即在利乐众生、庄严国土而又不着一切的无尽过程中。在禅宗看来，心性本来涅槃，故本来常乐。从当下去体味生活的乐趣，保持快乐、安祥的心境，是当代禅宗教人的心理卫生和明心见性之道。

总之，佛教对苦乐的取舍，是舍小乐而求大乐，舍独善其身之乐而得与一切众生共享之乐，如《大智度论》卷八十五所言：

虽舍小杂乐，当得清净大乐；舍颠倒虚诳乐，得实乐；舍系缚乐，得解脱乐；舍独善乐，得共一切众生善乐。

佛教追求、大乐、涅槃乐，虽然没有欲乐、非圣财所生乐的诸多过患缺陷，符合人本性趋求，但必须经由如法修行而得，非自然本有，非一般人经验中所有，也非一经修行便可轻易证得，故往往为世人所不相信，甚至将修道者追求的远离乐、涅槃乐说为虚幻，谤为苦，计乐（涅槃）为苦，是佛教所列四颠倒见之一，是被斥为有害的邪见。不知涅槃乐及其可证得性，故被欲乐、非圣财所生乐所迷醉，乃至为得到多有缺陷、无常变灭的欲乐而作恶多端，难免生老病死及堕于三恶道之苦。为引导世人反省欲乐、非圣财所生乐的过患，获得究竟的圣财所生乐、涅槃乐，佛教才力说诸受皆苦。

西方心理学家也有与大乘佛教相近的快乐观。如萨缪尔逊建立心理平衡快乐方程式，认为人的快乐度与人的全面发展加贡献成正比，与欲望度成反比。按此，则想要获得快乐，只有降低私欲，使自己得到全面发展，并努力为社会、人类做贡献，这是一种健康的"快乐科学"，与大乘佛教的快乐观颇为相契。马斯洛通过对许多成功者心理的研究，发现人最大的幸福和快乐是"高峰体验"，这是在内心的愿望得到满足、达到自我实现时，突如其来的一种欣喜若狂、如痴如醉，仿佛进入天堂般的快乐体验，在这种体验中人常感到与世界融为一体，自我消失，乃至感到窥见了终极真理。马斯洛将它与禅宗的顿悟和道家哲学相比较。这种体验可谓世间的高层次快乐，但它是转瞬即逝的、非由自己的意志产生的，不离无常性、非我性，远不及佛教所说真常自在的涅槃乐。

五、超越苦乐，以苦为乐

如果具有了佛法的正知正见，尤其是大乘的菩提心，则世间诸苦及欲乐的缺陷，未必不是好事。马斯洛也认为痛苦和悲伤，对于人的成长来说，有时是必要的、治疗性的，可能会有好的结果。正是诸苦的逼迫及欲乐的缺陷，使人反省人生，力修诸善，追求解脱诸苦而得涅槃大乐。经中因称生老病死等八苦为引导人学佛修行的"八师"。《异部宗轮论疏述记》说大众部认为"苦能引道""苦言能助"。《优婆塞戒经·业品》云：

众生皆由苦因缘故，则生信心；既得信心，能观善恶，如是观已，修十善法。

《阿毗达磨藏显宗论》谓"苦为信依"——痛苦是生起佛法正信的基础。就此而言，苦，乃得涅槃乐之缘，乃根治苦病的良药。在佛陀看来，此苦乐间半的人间，比没有痛苦、纯享快乐的北俱芦洲和天上更好。木村泰贤《大乘佛教思想论》说，佛教决非只是消极地诅咒人生，它虽一面强调人生之苦，同时又即其苦而肯定人生的价值：

苦对我们来说成为征服的对象时，便发挥其伟大的道德价值。反之，任己被苦征服，人生便可谓无价值的存在，这即是佛教的基本精神。

有苦，才会有人格的进步，才会有战胜痛苦、开辟新世界、获得涅槃的可能性。郑石岩《精神体操》中解释苦圣谛说：痛苦是让我们领受生命之美的基点，"你没受过苦，就不能充分领受乐是什么。"① 只要在痛苦中稍微领受到苦的教诲，感受到更多的同情心和爱，就该感恩。

视苦为洪水猛兽，避之唯恐其不远，亟求涅槃，至多只是佛陀教一类人修行的方便，执着涅槃乐而亟求涅槃，适成证得涅槃的障碍。对待苦乐的正确态度，应是如实观苦乐而超越苦乐，不畏苦，不执乐。《优婆塞戒经·六波罗蜜品》教菩萨"受苦不忧，受乐不喜"。《成实论》卷一言：

于可乐中生不乐想，于不乐中能生乐想，于乐、不乐能生舍想。

于可乐中不生乐想，谓观察欲乐的过患而不执着；于不可乐中能生乐想，谓观苦的实性和有益作用而以苦为乐；于乐、不乐能生舍想，谓对苦、乐乃至涅槃乐皆不执着，时刻保持放松、安和的心态。古人偈云：

苦是乐，乐是苦，只个修行断门户；亦无苦，亦无乐，本来自性无绳索。②

更准确地说，佛教对苦的征服，实际上是以如实知见苦乐本空的实性，以智慧化苦为乐、超越苦乐。《中尼柯耶·六处经》中，佛说缘眼等六根触色等六尘而生诸受，若于乐受不喜爱，不欢迎，不执着，就不会陷于贪爱；于苦受不忧愁、不悲伤、不哀痛、不捶胸、不昏厥，则不会陷于嗔怒；于不苦不乐受如实理解，知晓其产生和消灭、适意和危害，予以回避，就不会陷于愚痴无知。如此，知（智慧）就产生，苦就寂灭。《思益梵天所问经》卷一佛谓"知苦无生，是名苦圣谛"。《大般涅槃经》卷十三佛言：

诸凡夫人有苦无谛，声闻缘觉有苦有苦谛而无真实，诸菩萨等解苦无苦，

---

① 郑石岩：《精神体操》，广西师范大学出版社2006年版，第141页。
②《宗镜录》卷九十一。

是故无苦而有真实。

解苦无苦，谓苦只是一种因缘所生的主观感受，没有它的实体，无常变灭，不待断灭，本来自空。《优婆塞戒经·五戒品》谓"深观苦乐其性平等"。同经《尸波罗蜜品》说"观人天乐、阿鼻狱苦平等无差"，其性皆空。苦乐皆从心生、从缘起，心及苦乐，皆无常、无自性、不可得，皆可以随心而转。如此正观苦的本性，则诸苦自灭，真乐现前，而亦不住，是为化苦为乐、超越苦乐。

大乘还要求菩萨应不计自己苦乐，以别人的乐为乐。《维摩诘所说经·菩萨行品》云：

不着己乐，庆于彼乐。

明蕅益法师教人"视人之苦，犹己之苦；视人之乐，犹己之乐"。

菩萨更要以解除众生的痛苦、清净众生为乐，《华严经·十回向品》偈云：

不为自身求快乐，但欲救护诸众生。

为此，菩萨不但要不畏惧度化众生的困难和艰苦，而且要主动代众生受苦。《华严经·十回向品》号召菩萨发愿"普为一切众生备受众苦，令其得出无量生死众苦大壑"，应于"彼地狱、畜生、阎罗王等险难之处，以身为质，救赎一切恶道众生，令得解脱"。如此为众生受苦时，要"不舍、不避、不惊、不怖、不退、不怯、无有、疲厌"。《大般涅槃经》卷十八说：

菩萨摩诃萨为众生故，虽在地狱受诸苦恼，如三禅乐。

菩萨如此以苦为乐，而获得解除众生苦之大乐。

在人众中，主动征服苦难，及为利人济世而主动承受苦难、征服苦难，乐此不疲者，从来大有人在。深受佛教思想影响的北宋名相范仲淹"先天下之忧而忧，后天下之乐而乐"的名言，激励了许多仁人志士。弗兰克也说，应为了利他而承受苦，苦会给我们深刻的启示，受难是成功和进步的代价。

菩萨的目标，是要予众生有利益的安乐。《瑜伽师地论》卷三十五说，对众生虽然爱乐但没有利益甚而有害的安乐，菩萨应劝其舍离乃至以方便剥夺，对众生虽然不喜但获得利益所必要的苦，菩萨应劝其接受乃至以方便给予。一行禅师在《活得安详》中说：

> 如果我们与世界上的苦难接触，受到触动，就可能进一步去帮助那些正在受苦的人，而我们自己的痛苦就在此间消失了。①

他号召以慈悲心体察世界上苦难者的痛苦，积极致力于痛苦的解救。他主持的禅修团体的14条戒律中，第4条为：

> 不要逃避与痛苦接触，或在苦难面前闭上眼睛。不要失去对世界生活中存在的苦难保持觉照。想办法通过各种途径与那些正在受苦的人接触，包括私人接触、拜访、图片、音讯等。通过这些方法，使你自己和他人对世界上的苦难现实保持警醒。②

从佛法的全体看，佛教虽然大谈诸受皆苦，但肯定人生有乐，人应战胜诸苦而获得究竟的乐，与西哲叔本华认为人生纯是痛苦，唯有一死而归于虚无的悲观主义哲学有质的不同。《大英百科全书》在解释"悲观主义"时说：

> 早期佛教思想是一乐观主义，它可以和西方任何一个乐观主义相媲美……真正的佛教徒热切地期待着享受永久的喜乐。③

当代弘扬"人间佛教"的大师们，更提倡活得快乐。"给人欢喜"，为佛光山的响亮口号。星云法师《徒众讲习会开示》说：

> 人间佛教提倡喜乐的人生，要在快乐中修行，希望每个人都能在现世就能现证法喜安乐。④

一行禅师说：应想到情绪的传染性，如果自己是痛苦的，也会使别人痛

---

① [法] 一行禅师：《一行禅师佛学讲演录》，明洁、明尧译，中国国际广播出版社1999年版，第78页。
② [法] 一行禅师：《一行禅师佛学讲演录》，明洁、明尧译，中国国际广播出版社1999年版，第77页。
③《大英百科全书》，转引自 [斯里兰卡] 那烂陀长老：《觉悟之路》，（释）学愚译，山东人民出版社1996年版，第76页。
④ 星云：《徒众讲习会开示》，转引自《道德与幸福》，西南交通大学出版社2012年版，第118页。

苦;如果我们安祥愉快,也会使别人愉快,自己的生命会像花一样绽放,给家人、其他人以快乐安详的濡润。因此,一个发愿"利乐有情"、行大乘菩萨道的人,不仅为自己,而且也应为家人、众生、社会着想,保持安乐,用自己的安乐去安乐世间。

老、病、死及宗教信仰心理 | 第十一章

第一节 老、病、死亡心理

衰老、疾病、死亡，是尽人难免的事。生病、衰老、临死的心理状态，与平常大有不同。如何看待死亡问题的生死观，是一个人人生观建立的重要基础。对老年与死亡心理，心理学界近十几年来才逐渐开始关注，有了研究老年人身心变化和防老问题的老年心理学，病人心理则是心理学分支医学心理学研究的重要问题。

佛教以老、病、死为人生最大的痛苦，尤以生死为人生应予以最大关怀的大事，禅宗人常讲，"生死事大"。以解脱老病死等诸苦、"了生死"为核心的佛教，对老、病、死心理有深入研究，对老、病、死之苦做了详悉的描述，指明了如何战胜、超越老病死诸苦之道。

一、老年心理及老苦

尽管无人欢迎，到时候必然衰老，是每个人都不可抗拒的命运。南传《杂尼柯耶》佛陀偈云：

即使活上一百岁，也躲避不掉衰老；衰老践踏一切人，对谁都不留情面。

《大毗婆沙论》卷三十八定义衰老为"诸行向背熟变相"，意谓一期生命运动成熟、衰变的表现，向背，谓朝着与少壮时期相反的方向变化（退行性变化）。有部著名论师世友尊者说，就像衣服、车辆、房屋等物之旧敝破烂，如鲜花之萎蔫，乐曲之结尾，身心的机能衰退老化，乃至朽坏无用，是名为老。老，是无常的规律在人身上最显著的体现。米拉日巴道歌有云：

年轻像夏日的花朵，很快就凋谢了。老年如火势蔓延至田畴，突然就来到你眼前。

对衰老之相及老苦，经论中有颇多描述。如《分别缘起初胜法门经》佛言老有五种衰损：

1. 须发衰损（稀疏花白）。

2. 身相衰损（变丑）。此二属身体衰老。

3. 作业衰损。谓生理、心理功能及行动、做事、工作的能力衰退，筋疲力衰，懈怠懒惰，说话有气无力，喘息不止，身体虚弱，坐立偻曲，行需挂杖，颤颤巍巍，记忆力衰退，感知愚钝，甚至糊涂愚痴，智力降低到孩童的水平，甚至连自己的家门、电话号码都记不清。辛弃疾词曰，"不知筋力衰多少，但觉新来懒上楼。"笔者曾祖陈青选《老怀》诗云，"头昏未饮常如醉，目眩虽花不是春。"老年学证明，人70岁时的工作能力，仅及20岁时的一半。

4. 受用衰损。眼花耳聋，食欲大减，性欲和性能力、爱好游戏的兴趣，皆减退降低乃至丧失。如《大般涅槃经》卷十二所言，"虽有贪心，欲受福乐，五欲自恣，而不能得。"青壮年时所享受的东西大都无能力享受，人生乐趣当然也就大大减少。

5. 命根衰损。生命活力衰竭，储备能力、适应能力、防病能力远不如青壮年。来日无多，前途只是火葬场和坟墓，身心的承受力衰退，遇到小病小灾及亲朋亡故等刺激，往往难以忍受，容易因之而死。

《大般涅槃经》卷十二将衰老分为两种：一为念念老，谓每一念都在新陈代谢,都在衰老。二为终身老,指一生最后的衰老,此又有两种,一为增长老,谓一步步走向衰老;二为灭坏老,谓衰老终将走向死亡。《瑜伽师地论》列举诸多衰老之相,如卷十说老有衰(颤动)、须发稀疏花白、皮肤多皱、火气或阳气衰减、气力衰损多疾病、身多老斑、身曲背偻、喘息不止、倚杖而行、多昏昧睡眠、羸弱无力、记忆力与智力衰退、诸根不明利、身朽寿将尽、丧失各种能力等十七种相。卷八十四说老有行步颠蹶、须发皓白、诸根不断衰退等相。卷五十二说老有身老、心老、寿老、变坏老、自体转变老五种差别。其中变坏老指富贵、权位、兴盛等的丧失,身份地位的变化。心老即心理的老化,指对苦乐感受的变化、善恶心的变化、希望的变化、愿望不能实现时的变化。老年人的感情、情绪、性格、好恶等都可能会因衰老而变得与其少壮时不同,积极向上者可能变得悲观消极,进取者可能变为退缩,慷慨者可能变得吝啬,脾气好者可能变坏,热情者可能会变冷漠。萧梁傅大士《老相》诗描述老况说:

览镜容颜改,登阶气力衰。咄哉今已老,趋拜礼还亏。

身似临崖树,心同念水龟。尚犹耽有漏,不肯学无为!①

当代著名老中医岳美中总结老年人有记远事不记近、眼昏花不见近处、耳聋好打听闲事、遇怪事不观察就问、笑时有泪哭时无泪、食物喜软不喜硬、小便常溺在鞋上等八大怪病。

古波斯《卡布斯教诲录》第九章说人从生命顶点40岁起开始走向老化,40—50岁感到一年不如一年,50—60岁感到一月不如一月,60—70岁感到一周不如一周,70—80岁感到一天不如一天,80岁以后每过一小时都感到比前一小时增加了痛苦。现代科学将人衰老的初始期定在45—59岁,将明显的全面衰老期定为70岁以后,并发现,人自成年之后,生理的老化比心理老化来得要早,脑细胞从25岁开始死亡,到70岁,只剩下60%左右,周围神经传导速度比20岁时减慢10%,各种生理、感觉机能自然会衰退。65岁以上的老年

---

① 〔宋〕普济集《五灯会元》卷二。

人，各感觉系统的功能均发生退行性变化，视、听觉等都变得迟钝，需要较强的刺激和较长的时间才能分辨。记忆力普遍减退，通过视觉表象、记忆、形象进行思维等脑力劳动的"液态智力"普遍降低，证明佛教所谓"诸根衰退""念慧衰退"等老相，确实不虚。

行动迟缓，反应迟钝，表情呆板，是老年人普遍的外在特征。进取心丧失，应变力降低，不易接受新生事物，对年轻人看不惯，守旧，固执，原有的兴趣、爱好淡化乃至丧失，好朝后看怀往忆旧而不喜朝前看向往未来，伤感、怀旧、恋友，怀有失落感、孤独感、老朽无用感、被抛弃感，愤世嫉俗，悲观，难于合群，自感苍凉孤寂，是常见的老年人心理特征。《大般涅槃经》卷十二谓老者"忆念进持、盛年快乐、骄慢贡高、安隐自恣"，即指怀旧心理。调查说明，老年人约有 3/4 的时间是在带有各种慢性病的状态中度过的，不仅多罹患心血管、泌尿系统等生理性疾病，精神、心理疾病的发病率在各年龄段中也高居前列。精神病学家归纳老年人心理病态有自卑型、多疑型、敏感型、痴呆型、报复型 5 种。比起青壮年，老年的痛苦无疑要多得多。老人不仅自己感到苦，而且也会给其子女和家庭、社会造成照顾、负担之苦恼。

衰老虽然尽人难免，然老人总是被青壮年人轻视，常被人称为"老家伙""老朽""老不死的"，这大概也是对自己必将衰老的无意识抗拒。《大般涅槃经》卷十二云：

譬如婴儿为人所轻……老亦如是，常为一切之所轻毁。

佛书中说，不仅已经衰老者会感到老苦，即尚未衰老和即将走向衰老的人，看到别人的老况，也可能会激发起对自己将来会经受老苦的惧怕，谓之"老怖"。《阿毗达磨集异门足论》卷四说：

如有一类，见他老已，深生厌患，广说乃至惶惧毛竖，是谓怖。由老起怖，故名老怖。

敏感的青壮年也往往会有"老怖"之忧患，过于怕老会导致"惧老症"。

二、疾病心理及病苦

疾病，与生、老、死、罪、福、因缘一起，在佛书中称为"不可避"之七法。释迦牟尼成佛后还示现背痛、腹泻等病，佛经中以"少病少恼"为佛与佛相见时问讯的礼貌语言，说明佛教认为人有疾病是天经地义的事。《修行本起经》《佛说佛医经》等说，构成人身的地、水、火、风四大元素，每一大之不调能生101种病，四大共生404种病，合称四百四病。《法蕴足论》卷六列举头痛、眼痛、风病、寒病、热病、颠病等疾病31种。《增一阿含经》卷十二分病为热、寒、风三大类，皆由内外四大不调而致。《大般涅槃经》卷十二分病为身、心两大类，身病指身体上由四大不调所生疾患，即生理疾病；心病指内心失调，如过喜过忧过于恐惧等，即精神、心理疾病。又分身心之病为三种：一者业报，为前世的异熟果；二者不得远离恶对，因饥饿、贫穷、怨家仇敌等导致的疾病；三者时节代谢，因季节、气候转换，身体不能适应而导致的病。

疾病给人带来痛苦，是大英雄也害怕的。据说张飞自称谁也不怕，诸葛亮在手心写了个"病"字，问他怕此否，他承认怕。《法蕴足论》卷六说，当罹患疾病时，病人领纳种种身苦事、身心烧燃事，故名病苦。病时有苦苦、行苦两种苦。《大般涅槃经》卷十二云：

所谓病者，能坏一切安隐乐事，譬如雹雨伤坏谷苗。

《瑜伽师地论》卷六十一总结病苦有五相：

1. "身性变坏"。身体的生理机能紊乱或损坏，感到疼痛不适，乃至疼得哭喊嚎叫，或饮食不下，或眠梦不安，严重者卧床不起，生活不能自理，丧失劳动、工作能力，或挛躄瘫痪，行动不便。

2. "能令命根速离坏"。重病能损害生命力，催人速死，时至今日，癌、心血管疾病、艾滋病、精神病仍为人类的大杀手，癌中的多数和艾滋病尚为不治之症。

3. "忧苦增长多住"。情绪不佳，烦乱不安，或悲观、孤独、沮丧，或忧愁、焦虑、畏惧，怕病不得好，忧医药费用及工作、家庭负担，多呻吟不止，长吁短叹，表情愁苦。疾病时的抑郁、悲观、恐怖等心苦，往往会加重疾病的身苦，加重生理疾病。

4."于可意境，不喜受用"。心烦意乱，对平常所喜欢的东西失去兴趣，或胃口不好没有食欲，或性欲减退，或感人生之一切索然无味，或对别人的依赖性增强。病人的这种心理变化，与老人有所相近。

5."于不可意境，非其所欲，强受用故"。如服用苦味的药、打针、动手术、针灸等，多有痛苦，非人所爱，强迫接受，是名为苦。

傅大士《病相》诗描述病苦云：

忽染沉痾疾，因成卧病身。妻儿愁不语，朋友厌相亲。

楚痛抽千脉，呻吟彻四邻。不知前路险，犹尚恣贪嗔。①

米拉日巴道歌形容病痛"有如一只被弹弓打伤的鸟"。

病人不但自己痛苦，而且给其家人和医生、看护者造成痛苦和负担。

现代医学心理学对各种病人的心理反应做了具体研究，一般说病人有焦虑、抑郁、愤怒、敌意、过分依赖和超出正常程度的失助感、自怜、恐惧等对疾病的不良应激反应。住院病人一般猜疑心加重、抑郁、焦虑、恐惧、孤独，依赖性增强，有侥幸（希望医生误诊）心理，否认自己患病，自尊心增强，因生活习惯改变而烦闷不宁、寝食不安。慢性病人则以从吃惊和否认到忧虑、沮丧为一般的心理反应。手术前病人突出的反应是恐惧，手术后则多抑郁。传染病人多怀自卑感、忧虑感、孤独感。1—3岁的幼儿病时易激惹、好哭闹、情绪不稳定。3—7岁的儿童患病入院后的主要心理反应是恐惧，表现为哭闹、拒食、睡眠不安。7—12岁的学龄期儿童患病住院后往往恐惧不安、悲伤、胆怯、孤独。青年病人感觉敏锐，对自己的病程、治疗方案和愈后情况异常关心，忧虑疾病影响学习、工作、婚恋、前途，若病程长或愈后有后遗症则可能使其自暴自弃、精神沮丧。中年病人多忧虑家庭、老人、孩子和事业。老年病

---

① 〔宋〕普济集《五灯会元》卷二。

人多怀孤独、抑郁、无价值感，迫切要求被尊重、被重视。这些研究，在护理病人方面很有实用价值，也证明了佛教所讲患病时的心苦乃真实不虚。

和老苦一样，不仅病人自己会感到患病之苦，而且还可能激发没有病的人产生"病怖"之忧苦。《阿毗达磨集异门足论》卷四云：

如有一类，见他病已，深生厌患，自念我身亦有此分，亦有此性，亦有此法，未越此法，由此便生惊恐怖畏，惶惧毛竖，是谓怖，由病起怖，故名病怖。

癌、艾滋病及新生的 SARS 等传染病，使不少现代人深怀病怖，"谈癌色变"，避艾滋病人如避瘟疫者，大有人在。

三、死亡心理及死苦

死亡，是每个人天生注定的必然下场。西哲亚里士多德称死亡为"宇宙间最公平的事"，与杜牧《送隐者一绝》诗"公道世间唯白发，贵人头上不曾饶"有异曲同工之妙。明人袁中郎说得好："堕地之时，死案已立。"死神之绞索从出生起便套在每个人的脖子上，谁也不知道它哪一天勒紧。正如《法句譬喻经·惟念品》所云：

人命危脆，朝夕有变，无常宿对，卒至无期。

不论早死晚死，人们统统都是在朝死亡前进，每一天、每一分、每一秒都在不断接近死亡之终点，佛经中将其喻如猪羊一步步走向屠宰场，如长在河岸边的树，若遇暴风必当颠坠。神学家奥古斯丁说人的一生"就是一场奔向死亡的竞赛，其中无人能够稍作喘息或减慢速度"。海德格尔说人是"向死的存在"。《法句经》卷上偈云：

是日已过，命则随减，如少水鱼，斯有何乐！

死亡，是每个人必须单独面对的生命结局。《佛说无量寿经》说众生"独生独死，独去独来"。海德格尔也说每一实存主体——人，必须单独地面临死亡。

死亡的情况有多种，《大般涅槃经》卷十二说两种死：一为命尽死，即寿数到自然死亡，所谓寿终正寝，亦称"时死"（到应该死的时候而死）；二为外缘死，非属寿终，因外缘早死夭亡，或曰"横死"，亦称"非时死"（未到应该死的时候而死）。《药师琉璃光如来本愿功德经》举九种横死：患病不得医药而死、被处死刑而死、纵欲过度被非人（鬼魅）夺精气而死、被烧死、淹死、被猛兽毒蛇咬死、从绝壁山崖坠落摔死、中毒而死、饥渴而死，称"九横"。横死的情况还可举出被盗贼仇人杀死、闷死、中风而死、得绝症而死、染瘟疫而死、矿井坍塌及瓦斯爆炸而死、窒息而死、食物中毒而死、被气死、忧愁焦虑而死、得相思病而死、被马踏牛抵而死、被惊吓而死及很少见的醉死、笑死、身体自燃而死等，今人特多遇车祸、空难而横死者。《瑜伽师地论》卷一说寿尽、福尽（饿死等）、不避不平等（横死）三种死。横死是至大的不幸，中国人常以"不得好死"为咒骂人的恶毒语言。

《瑜伽师地论》卷十以"弃舍诸蕴，命根谢灭"定义死，说死亡的过程为"终"（离解支节）、"尽"（由解支节）、"坏"（心识离身）、"没"（诸感官失去作用）、"舍寿"（气断）、"舍暖"（僵冷）六相。长期以来医学以脉搏、呼吸停止，无体温，身体僵直无反应，瞳孔扩大等体征，即主要以心脏停止跳动为死亡的标志。1968年世界医学会议又以感受性及反应力、运动与呼吸能力、反射和中枢神经系统的传导功能、脑电波之终止等体征，即主要以脑死亡为标志。

无论横死抑或命尽死，对热爱人生、本性怕死的堂堂人类来讲，都具逼迫性，非乐意之事，本质是苦。贪生怕死，无疑是人类及一切动物都具有的天性。如南传《相应部》佛言"有生皆畏死"。克尔凯郭尔说死亡是恐惧的最本质的对象。海德格尔称"哲学就是对死亡的研究，学习哲学即学习死亡"。如果说人生是幸福的或有许多乐，那么死就意味着幸福和乐的永远结束，如何非苦？佛书中因称死为"死刀""死贼""死魔"，将其喻为劫末之大火灾、大风灾。死苦，可谓苦圣谛所说诸苦中最大的苦，《分别圣谛经》说死时身心遍尝热恼、忧愁、焦虑、畏惧、绝望等种种苦味，名为死苦。《瑜伽师地论》卷六十一说死苦有五种相：

1. "离别所爱盛财宝故"。所爱的金钱、珍宝、衣物、书籍、宠物、豪宅、华车等一生苦心经营弄到手的东西，从此永诀，一样也带不走。古人所谓"万般将不去，唯有业随身"。①

2. "离别所爱盛朋友故"。与感情深厚的好友知交从此永诀。

3. "离别所爱盛眷属故"。与相亲相爱的妻子儿女、父母兄妹从此永别，最是令人肝肠寸断、悲痛无比。不但临死者自己悲苦，活着的亲人眷属也莫不哀痛，朋友故旧亦怀伤感。西哲塞涅卡谓"随死而来的东西，比死亡本身更可怕"。

4. "离别所爱盛自身故"。与一生所挚爱，精心保养爱护，自以为满意、骄傲的身体告别。

5. "于命终时备受种种极重忧苦故"。临终时的苦。

傅大士《死相》描述死亡之苦云：

精魄辞生路，游魂入死关，只闻千万去，不见一人还。

宝马空嘶立，庭花永绝攀，早求无上道，应免四方山。②

"四方山"典故出佛经，比喻死亡之逼迫人有如大山从四面来合拢夹击，使人无路可逃。

佛书中将人的存在分为生有、本有、死有、中有四个阶段，称"四有"。死有，指临终的刹那间。关于临终之苦，经论中有颇多描述。如《佛说五王经》谓人临死时，四百四病同时发作，四大欲散，魂魄不安，风刀解体，无处不痛。遍体流汗，两手摸空，家眷亲属在其左右悲痛哭泣，痛彻骨髓，不能自胜。及至断气，失去知觉，变成一具僵冷的尸体，不过几日，肿胀烂臭，极其可恶可怕。风刀解体，谓临死时身中的风大（气）动摇，分解全身，有如利刀解体，极为痛苦，喻如活龟脱壳。《俱舍论》卷十说人身中有百处不同的支节，

---

① 〔宋〕王日休《龙舒增广净土文》卷三。
② 〔宋〕普济集《五灯会元》卷二。

其量甚小，梵语名"末摩"，临终时身中水、火、风三大随一增盛，如利刀刃触末摩，使身体失去知觉，因此命终。末摩，盖即感觉神经。

临终之际，随机体生命活动的结束，心理活动随生前所造业及其他条件的不同，情况颇为复杂。《杂阿含经》卷四十七第1244经佛言，人若成就三恶行，感得疾病困苦，沉顿床褥，"当于尔时，先所行恶，悉皆忆念。譬如大山，日西影覆。如是众生，先所行恶，身、口、意业诸不善法，临终悉现，心乃追悔……心生烧燃，心生变悔；心生悔已，不得善心，命终后世、亦不善心相续生、是名烧燃法。"行善者则反之，"善心命终，后世续善"，名不烧燃法。《楞严经》卷八说：

临命终时，未舍暖触，一生善恶，俱时顿现。

意谓一生的经历或印象深刻的重大经历，会像过电影一样在心中自然迅速重现。这大概是阿赖耶识中所记录储藏的阅历在前六识银幕上的快速放映，有如胶片照相机拍完后的倒胶卷。

《瑜伽师地论》卷一将临终之际的心理活动分为善、不善、无记三类。善心死者，或者自己自然回忆，或者经别人引导而回忆，心中现起先前所修习的信仰、念佛、布施及所做的善事等，明明白白，令其安乐愉快，没有多大痛苦，称"粗想"；之后所想逐渐模糊，称"细想"；之后善心亦舍，唯住无记心，什么都不能记忆。不善心死者，或者自己回忆，或者受他人影响引导，心中现起先前所习惯或曾有过的贪欲、饥渴、痛苦、嗔恨等不善心，或不信神佛，或极思某种饮食，或贪恋家产儿女等而难以割舍，或记恨某仇人冤家而思报复，或想起所造罪恶而惧怕内疚，其所现境也是从粗到细，从细到无记，然不像善心死者所现那样清晰明了，多混乱杂沓，心中极为痛苦。无记心死者，心中不现起善、不善的经历，在非善非恶的无记心中死去。

善心死和不善心死者，临终时所自然记起或被他人引导记起的，一般是一生中多次、长时间所习，印象最深者，除此之外，其他皆忘。若平时既行善又作恶，则在心中最先现起的善心或恶心中死去。此最后一念心能决定其死后的去向。临终之一刹那间，由认识的习惯和所造的业两种增上缘所决定，现起犹如梦境之相，行善者见天神佛菩萨来迎、楼台壮丽、日月明朗、天宫佛国等可意景象，如由暗趋明，安乐愉悦地生于人天善道或净土，外在表现为神情安详、面带微笑、脸色润泽；作恶者则见暮色、山影、地裂山崩、洪水滔天、烟雾晦暗、牛头马面、狱卒拘捕、冤家讨债等种种变怪相，从而汗流毛竖、手足纷乱、扪摸虚空、翻睛吐沫、遗屎遗尿，如从明趋暗，痛苦恐怖地堕于地狱等恶道。即将命终而未至昏迷之际，由长期以来的我爱现行，唯恐所认自我消灭，产生对自身的贪爱，从而建立"中有"（死后至来世之间的过渡形态）。

南传上座部《清净道论》等说，临死时先现起善、不善等19种异熟心，在眼等六门呈现境相，或现即将成熟来世受生的业，或现以前造业时所识知的或所用的工具，或现将在来世出现的趣相，此后即安住于所现，倾向于该境，或令生业，如重新造作般呈现于意门，只有五个软弱的速行心生起。在心路过程之末或有分心灭尽时，死亡心生起并灭尽，之后结生心生起。如若在特别想吃蟠桃的心中死去，按佛法之说则可能生为蟠桃中虫或爱吃蟠桃的猴子之类。

藏密则说临终时随全身之气向心轮的收摄和心识之离体，心中依次快速显现如烟、如阳焰、如萤火、如灯光、如月、如日、如黄昏、如黎明晴空之"临死八相"，之后进入无知觉状态，知觉恢复后生起"中有身"，于中有阶段由业力见种种如梦之境相，起贪着而再生于六道。

现代科学界对大量"濒死经验"做了研究，据许多濒死复活者的描述，多有在濒死时及"死"后重现平生重要经历、见明亮的光或祖先、天使等体验，说明佛书中说临终之际"一生善恶，俱时现前"、见善恶相及藏密所说临死八相的一部分，是确有根据的。D.洛里默发现有两种濒死体验记忆：一是全景记忆，意象和记忆很少涉及情感；二是生活回顾，涉及情感上的牵连和道德评估，意象快速而精确地闪过心头，或从孩提时代开始，或从现在回溯到童年，或为迭置式的全息照片。临终时回忆起先前所习而现善、不善、无记心，可以从临终者的外在表现得到证明。希纳克发现，临终者的心理反应与其基本性格一致，如经常脾气暴躁者会在愤慨中死去，自我克制者会在自我克制中死亡，认命者会听天由命地死亡。

当代医学心理学、死亡学一般将对确定死亡后普遍的心理反应分为五个过程：

1. 吃惊与否认，不承认患了绝症或即将死亡，企图逃避死亡现实，这其实是一种惧怕死亡的自我防卫。

2. 愤懑，抱怨老天不公、自己命不好，无缘无故发怒。

3. 有所要求，如对子女的安排、亲人的照顾，想见亲朋好友、想吃某种东西等，并多希望为自己想方设法延长生命。

4. 心情抑郁，悲伤嗟叹，常回首往事，思念亲人，向隅而泣。

5. 接受、认可死亡现实，有的人会变得轻松愉快，有的则仍暗自悲伤。

总之，即将死亡者的心情大多痛苦异常，大多数人尤其患绝症者不情愿死亡而又无可奈何。

死亡不仅是死者的痛苦，更给其亲属造成恩爱别离的痛苦。如《佛说无量寿经》所描述：

或父哭子，或子哭父，兄弟夫妇，更相哭泣……一死一生，更相哀愍，恩爱，思慕忧念结缚，心意痛着，迭相顾恋，穷日卒岁，无有解已。

当今全世界每年平均有9000万人遭遇丧亲之痛。大卫·卞罗《生死大事》一书总结死者家属的通常心路历程有四个阶段：

1. 因忙累而麻木。

2. 因回忆而悲痛（沉寂期），3—5月内，常孤独陷入回忆，经常突然悲从中来，或触景生情，有些人达一年之久。

3. 隐退期，自我调整，最后仍然要靠时间的冲淡，才可能慢慢平静。

4. 调适期，会有八种形态使人无法正常恢复：不正常的否认，麻木呆滞，无理由的恐惧，强迫性的回忆，无法排遣的忧伤，迟来的悲痛（愈想愈不安心），极端的绝望、幻想及幻觉。

死亡的痛苦不仅会光临即将死亡的重病人、衰迈耄耋之人，人死的事实还会使许多人尝受"死怖"之苦味。《阿毗达磨集异门足论》卷四云：

如有一类，见他死已，深生厌患，广说乃至惶惧毛竖，是谓怖，由死起怖，故名死怖。

死怖，即对不知何时光临、终将到来之死亡的恐惧，或曰死亡焦虑，这其实是很多青壮年人甚至所有的人内心深处潜藏的大苦。不可一世的古波斯王泽克西斯在远征希腊途中，当想到他所率浩荡大军中没有一个人在百年之后还能存活世间时，不禁突然感到悲哀。心理学家发现，儿童很早就对死亡问题发生兴趣，注意别人的死，3—6岁的孩童经常对自己将来会死亡感到畏惧。①威廉·詹姆斯说死亡恐惧潜伏在人各种幸福快乐的虚饰之后，喻之为"深潜的蛀虫"。《微精神分析学》说人一生都在尝试摆脱死亡焦虑及由之衍生的其他焦虑，但死亡焦虑却总是不依不饶。

死亡恐惧普遍深潜于人们内心，这从人怕同类的尸体、怕鬼、怕水、怕火、怕黑暗、怕雷震、怕登高及对死亡的种种忌讳可以得到证明。怕人的尸体，是因为他人的尸体会立即引起自己将变为尸体的联想，激发起潜意识中对如此下场的厌恶和畏惧，但人对动物的尸体一般不会惧怕。怕鬼的原因大概与怕尸体相仿，鬼一般被理解为已死之人，与死亡紧密相关。怕水、火、雷电、登高等的实质显然是怕因之而死。中国人常将人死与结婚并称"红白喜事"，将亲人的死称为"不在了""走了"，美化为"仙逝""登仙""升天""羽化""西归"等，很多人忌讳"死"的谐音"四"，带有"4"的车牌、电话号码等常被人拒绝。这种对死亡事实的掩饰和对死亡的忌讳，反映了意识深处对死亡的恐惧和焦虑。死亡恐惧的实质是生存欲望，过度的死亡恐怖会导致神经质等心理障碍。

死亡常被人所忌讳，其实这是一种对死亡的无意识回避反应，是无济于事的。正视死亡痛苦，大说死苦，是佛教的一大特征。死亡被认为是宗教的母胎，基督教被称为"不断凝视死的宗教"。一些西方哲学家和当代的死亡学，也意识到死亡现实的不可回避，提倡正视死亡，尽量减少死亡焦虑和死亡痛

---

① [美] 波伊曼：《生与死：现代道德困境的挑战》，江丽美译，广州出版社1998年版，第52页。

苦。蒙田认为"认真地考虑死，可以提高生的密度"。存在主义哲学主张"先行到死"，海德格尔说死亡意味随时随地存在的可能性，做好了死的精神准备之后才能真正地生，由日常生存转到"本己"生存，回到自己。"死亡教育"在国外越来越受到重视，有专门的"死亡学校"，让人体验死亡，教人如何对待死亡。有言曰：如果将临终反思提前50—30年，世界上有一半人会成为伟人。就此而言，佛教大讲死苦，是颇有积极意义的。

四、自杀、安乐死心理

乐生怕死，可谓人普遍共具的本性，但是，也有不少人的表现似乎与此本性相反，以主动取死的自杀提前迎接死亡。近十几年来，"安乐死"问题成为生死学和生命伦理学的热点，若主动要求安乐死，其性质与自杀基本相同。

自杀，是自古以来习见不鲜的现象，在物质生活飞速提高的现代社会、发达国家，自杀率并未降低，韩国、日本自杀率最高。自杀，已成为当今人类十大死因之一，自杀的人数仅次于交通事故死亡者。研究发现，抑郁症患者、女性、大学生、老人的自杀者最多，每10万青年人中平均有20人自杀，每10万名75岁以上的老人中有93人自杀。美国自20世纪60年代至今，青少年自杀率上升了3倍。中国自杀者每年超过20万人，自杀未遂者约为自杀者人数的6倍，有自杀念头者更为自杀人数的几十倍。高级知识分子、名人自杀者由来比例偏高，广东电视台"心声热线"主持人、自杀问题专家发起成立中国首家防治自杀机构，帮助许多自杀者"临死复生"的陈云清，自己亦悬梁自尽。

弗洛伊德认为，自杀和抑郁症一样，是罪恶感和侵略感转向自身、死亡本能占优势的结果，当受到挑衅刺激而又不能外泄时，死亡本能就会驱使人自杀。当代研究者认为，自杀乃人对现实绝望时所采取的唯一的、最后的自我保护手段，或说自杀的背面是安全感的匮乏。一般分自杀为合理、不合理两类。杀身成仁的义士、被强敌环伺而英勇自刎的豪杰、为保护贞操而牺牲生命的烈女等的自杀，历来受到人们的敬仰赞叹，是合理的英雄之举；不能忍受一时的挫败打击，或为绢细小事、夫妻口角、情侣相怨、人事不和、成绩不好、晋职不遂等而轻生自杀，则被认为是怯弱的表现，为不合理。或分自杀为心理满足型（欲达信仰上的完美、自我完善，宣泄、示威、报复、赌气等）、心理解脱型（为解脱自卑、悲观、厌世、空虚、绝望、羞辱、悔恨、畏罪、谢罪等心理负荷而自杀）及混合型、冲动型、理智型五种。又有因恨别人而自杀者，其实质是杀所恨之人。或说自杀出于失望、敌意、报复的心理，自杀者有寻求帮助，逃避绝望处境、抑郁，尝试操纵某人等不同目的。大多数自杀未遂者并非想结束生命，而是企图用自杀行为影响他人。

不合理、无理智、失意型自杀者的心理特征多是认识范围狭窄、缺乏主见、充满敌意、情绪幼稚或过激、性格孤僻内向、社会交往少，其中多数人有早期精神创伤。此类自杀者的自杀心理行为进程一般为：挫折→虚无感→对现实的冷化、曲解或强烈报复心理→绝望→强迫性的自杀念头→自杀行为。自杀的先兆是极度亢奋，常紧张不安、抑郁烦躁，或有头疼、恶心、呼吸短促、手脚发麻等生理反应。自杀的心理过程为：产生自杀意念→下决心→行为出现变化→思考自杀方式→选择自杀地点、时间→自杀。

在佛法看来，各种自杀，及因不堪忍受疾病痛苦而主动要求实施安乐死者，其实都是受某种极大的逼迫而不得不选择死亡，并非是其本性乐死不乐生。

主动要求安乐死者也许得到解脱病苦之乐，但不合理自杀者，不但自杀前极其痛苦，而且在自杀时须经受始料未及之巨苦。红叶居士《自杀以后的真相》中，据自杀被救活者的自述，列举各种自杀的痛苦：投河而死者，当江水急进、肺气外逼、内外交攻之际，其苦非言语之能形容，虽一霎时即闷绝，而对胸部闷塞之痛苦依然觉知。将死的一刹那间，意识忽然转清，过去和现在的一切，分明现于心眼之中，往往悲从中来，后悔无已，然为时已晚了。自缢窒息而死者情况相仿，在咽喉骤被压迫的 20—30 秒内，发生呼吸痉挛运动，身如刀割，浑身麻痹，虽意识昏乱，而身体之痛苦无不了了在心。服鸦片、吗啡及安眠药等麻醉而死者，初麻醉后有头眩气粗、心脏闷痛等苦，大都发出凄惨而微细的呻吟，之后陷入极深失神状态，但还会醒转，痛苦更剧，而且往往被判为已死亡而入殓。服毒而死者多经呕吐、晕眩、头疼、腹泻、抽搐等折磨，方在极度痛苦中死去。用自刎、卧轨、跳楼等方式自杀者，也多在痛苦中挣扎多时方才死亡。自杀痛苦最大者为绝食而死，须经数十日饥饿、体温遽升遽降、兴奋暴躁等苦。安乐死虽然可能要快得多，但大概也不会没有一点痛苦。

对自杀尤其是不合理、无理智、失意型的自杀，各宗教和圣贤们从来是反对的，斥其为一种不负责任的、不道德的、愚蠢的行为。黑格尔称自杀为"卑贱的勇敢"。

佛教一方面数说人生的痛苦、缺陷，揭露人类的肉身危脆、不净，是产生老、病、苦和种种有害的欲望之渊薮，另一方面又说人身难得，教人珍惜人生，以此不净多苦的肉身为"修学不苦患身"的"法器"。不珍惜此生而浪费生命、虚掷光阴，被佛陀所斥责，若因一时想不开而轻生自杀，更是佛教所力戒。即因厌弃人间，以求往生于天上、净土或解脱而自杀，亦为佛教所不许，并将其列为犯杀生之罪。《杂阿含经》卷二十九第809经载，佛弟子有由修不净观极厌患人身而自杀者，佛认为属"恶不善法"，乃修法的偏差，为说观息禅定法予以纠正，并因此制定不可自杀戒。自杀与杀他一样，都属杀生重罪，自杀者不但杀死了自己难得的宝贵人身，还杀死了依赖自身而生存的八万四千虫，并给自己的亲人带来莫大悲痛，给社会带来损失，不仅不得解脱，而且要堕入地狱。《四分律》卷二、《弥沙塞五分戒本》《十诵律》等比丘戒律皆规定：若比丘亲手自杀，或请别人杀死自己，或教别人自杀，赞誉死亡说"人何必这么痛苦地活着？死要比生好得多！"此比丘便犯了属"波罗夷"的杀生重戒，失去作比丘的资格，须驱出僧团。《成实论》卷十分恶为恶、大恶、恶中恶三种，自杀与教人自杀属大恶。《维摩诘所说经·文殊师利问疾品》说，菩萨若未具佛法，"亦不灭受而取证也"。密教虽然有自主生命、随时自杀的"抛斡"法，但也反对于命未终时行之。道然巴罗布仓桑布讲述《那洛六法》云：

若未到其时而行抛斡，则其罪之大，与杀佛等。因未到时而抛斡，犹如杀死其平日所修之本尊，罪业甚大，是犯密宗根本戒之第八条，即出佛身血是也。

佛教有积极劝解自杀者的传统，《佛说未曾有因缘经》卷下载：裴扇阇国婆罗门妇人提违，无子女，守寡，听从婆罗门教士之言，欲积薪自焚，佛弟子钵底婆比丘为之说理劝止：

妆身罪业，随逐精神，不与身合，徒苦烧身，安能灭罪？

如果说今世的不幸是前世罪业之果报，那么罪业属于精神，与身体无关，焚烧身体，岂能灭罪而改变命运？"假令烧坏百千万身，罪业因缘相续不灭。"而且，当烧身之时，心未坏故，"身心被煮，神识未离，故受苦毒烦闷心恼，从是命终生地狱中，地域苦恼尤转增剧百千万倍"。自焚，是极其愚蠢的举动。真正能消灭罪业的方法，是忏悔，钵底婆比丘为说忏悔灭罪法，成功地劝止了妇人自杀。《自杀以后的真相》一书中，据西方心灵学研究的成果和中国有关记载，列举多例，证明自杀后有灵魂昏迷、自杀时之丑态常留、痛苦恒现及堕入地狱等痛苦，劝人慎勿轻生。当代星云法师曾在日本著名的自杀森林"青木原"说法劝阻自杀，他在《佛教对自杀问题的看法》一文中将自杀的原因归纳为四点：不明白生命的意义；没有解决问题的勇气，遇事逃避；不懂得自己的生命与别人的因缘关系；不知道自杀、杀人都是同样的罪业。他说：

萌生自杀念头的人，必定是自私，必定是无能、无力、无明，不懂得制造欢乐，不知道营造和人的同体共生，缺少对生命的认识。①

星云法师指出预防自杀，关键在于找出生命的意义与价值，平时受抗挫折教育，提高抗压能力。他劝导世人：

要重视"生命的一次性"与"不可替代性"，对自己的生命给予重视与尊严。当你懂得尊重生命，知道生命存在的可贵与难得，就会珍惜生命，而不会因一点挫折就自暴自弃，甚至丧失生存的意志而自杀。②

对安乐死，当今佛教界也多认为其属自杀杀他，对其持反对态度。

---

① 《普门学报》第23期，2004年9月，第284页。
② 《普门学报》第23期，2004年9月，第284页。

但对已证得阿罗汉果之圣者的自杀，佛陀并不一概反对。据《杂阿含经》卷三十八、卷三十九，证得阿罗汉果的圣者若疾病痛苦或害怕退堕，经佛允许，可以自杀。《杂阿含经》卷四十七第1266经载，阐陀阿罗汉"疾病苦痛逼身，难可堪忍"，以刀自杀，佛即此事告舍利弗：

若有舍此身，余身相续者，我说彼等则有大过；若有舍此身已，余身不相续者，我不说彼有大过也。

同经卷三十九第1091经载，瞿低迦比丘得阿罗汉已，六度退转，畏惧第七退转，"以不住心，执刀自杀"，魔绕其身而不见其识神，佛说偈赞之。当然，这种自杀，与凡夫的自杀不可同日而语。

西方心理学认为从出现自杀先兆到酿成自杀行为，80％以上的人须历时半年，故多可预防，这需要家庭、社会、个人各方面努力，注意其自杀倾向，预测其自杀行为，解除造成其自杀的压力，对其做细致的劝解或心理治疗，帮助他们解决心理矛盾，提高其承受挫折的能力，使其增加生活下去的勇气。精神病专家雷尼·鲁斯洛（Renee T.Locero）奉劝想自杀者应先想想自杀的后果：自杀常常不成功，会留下身体创伤、残疾等后遗症，后悔无已。想象自杀的场景惨不忍睹，生命被自己践踏，你要留下这些丑陋、令人作呕的东西给家人吗？自杀会产生模仿，你愿意做这种示范吗？请再想想开枪及跳楼自尽的血肉模糊、赴水自杀之肿胀、上吊僵尸的丑态，你让谁来收尸？凭什么要留给家人这些悲痛、创伤？

当代医学提出的防御自杀方法分三级：一级，是对自杀高危人群的预防；二级，是对处于自杀边缘者进行早期干预；三级，是对自杀未遂者和救治生还者进行治疗干预。具有自杀危险性的信号为情绪低落抑郁、曾有过自杀企图或行为、谈论过自杀及自杀方法、亲友中有人自杀过、性格内向、有明显的社会心理应激、曾慢性酒精中毒及吸毒。应及时发现信号，进行防御劝说。

第二节　关怀老、病、死亡，战胜老、病、死苦

佛教大谈老、病、死苦，旨在如实揭露老、病、死亡造成的痛苦，唤起人们正视老、病、死苦，关怀老、病、死苦，战胜并彻底解除老、病、死苦。

一、关怀老、病

佛教以慈悲为怀，对老人、病人予以极大关切，教人尽力帮助他们减轻老、病之苦。佛经中多处强调，儿女应孝敬、奉侍年迈的父母，尊敬老者，使老人少受老、死之苦。《杂阿含经》卷四第96经载：佛陀在舍卫城中见一年迈的婆罗门扶杖乞讨，乃说偈批评其不孝之子"违负于其父，人形罗刹心"，结果此子受感化接其父回家，尽心孝养。现代社会，不孝成风，孝养老人特别是进行"精神赡养"，关心老人的精神需求，多看望老人，与其交谈，为社会所呼吁。一首《常回家看看》的歌曲之流行，表达出这种社会需要。

中国佛寺有养护老、病僧尼的传统，寺院中设有专门为老、病僧尼养老送终的"延寿堂""养正院"。建立养老院，以佛教的慈悲精神侍奉老人，为之送终，是近现代佛教界开展的重要慈善事业。星云法师《佛教对临终关怀的看法》教人养老十法：早起十念、晚睡一炷香、饭前五观想、生活要放下、老死不可怕、心中常忏悔、布施喜舍、发心服务、幽默常欢笑、健康要运动，提倡要修好缘来养老，要靠智慧来养老，而非只靠积聚金钱、依靠子孙来养老。

佛教还特别提倡看望和护理病人，称"看病"或"瞻病"。释迦牟尼曾以身作则，教弟子看护病人。《五分律》卷二十等载：有一比丘久病，无人照顾，佛带阿难亲手为其洗浴除秽、洗衣、清扫住处、晒干卧具，说法安慰，并制定须看护病人之戒，令弟子们见一切病人，皆当瞻视供养，如佛无异。《增一阿含经·一入道品》卷五载佛陀亲自看护病人，并教导弟子：

其有瞻视病者，则为瞻视我已；有看病者，则为看我已。所以然者，我今躬欲看视疾病。

《杂阿含经》卷三十七第1030—1033经，载佛及阿难、舍利弗等看望重病的给孤独长者，为之说法。第1034—1038经载佛看望长寿童子比丘、婆薮长者、耶输长者、摩那提长者等患病弟子，说法安慰。同经第1024经载，比丘阿湿波誓病笃，畏惧退失所证功德，佛为说法安慰，使之"不起诸漏，心得解脱，欢喜踊悦，欢喜踊悦故，身病即除"。同经卷五第103经载：差摩比丘病重，诸上座比丘派遣陀娑比丘前往慰问说法，教差摩观五蕴无我，令其"不起诸漏，心得解脱，法喜利故，身病悉除"。毗舍离城瘟疫流行，佛陀不怕被传染，特地入城看望、安慰、教育病人。

佛陀还将看护病人制度化，列入僧尼和居士戒律。《摩诃僧祇律》规定，若路逢病比丘，应求车马驮载归寺照顾，若无车马，当留人照看；若无人可留，当为其造庵舍，备薪火，留饮食，安慰他说："你放心，我马上去找车马来拉你。"然后到村镇中找比丘或居士去迎接照管。如果他已死亡，应该料理丧事。《佛说目连问戒律中五百轻重事经》说，若山泽无人处有比丘生病，一日内不能往还者，比丘当留彼处为之做饭七日。戒律规定僧尼不可行医为牛，此经则说，若以慈心为人治病而不定额收费，是许可的。《善见律》谓为出家众中的病人及住于寺内的亲属合药治病，也非犯戒。《四分律》卷四十一规定，若有比丘生病，其弟子应该照顾，若无弟子，僧团应派人照顾，若没有男众，女众也可以照顾。《五分律》规定僧厨食粥时应先给病人，然后供给大众。病僧若付不起医药费，僧团应予帮助。大乘《梵网经》卷下以看护病人为菩萨戒条之一：

若佛子，见一切疾病人，常应供养，如佛无异。八福田中，看病福田第一福田。若父母师僧弟子疾病，诸根不具，百种病苦恼，皆供养令差。而菩萨以嗔恨心不看，乃至僧房中，城邑旷野山林道路中，见病不救济者，犯轻垢罪。

八福田，指掘义井、建桥梁、平道路、孝养父母、恭敬三宝、救济贫穷等能生长福报果实的田地。看护病人、解除病苦，被强调为第一福田。《优婆塞戒经·受戒品》说受持三归五戒的居家佛弟子若不能瞻视病苦，得"失意罪"。《优婆塞五戒威仪经》说菩萨见患病众生，以恶心、嗔心不瞻养者，犯重垢罪，懒惰不养，犯轻垢罪。

据《增一阿含经》卷二十四、《四分律》卷四十一，佛说看护病人之法有七：

1. 分别良药。善调理汤药等事。
2. 知病人之宜食与否。奉以宜食之物。
3. 少睡眠，先起后卧不懈怠。
4. 恒善言谈。以关怀的态度与病人交谈。
5. 以慈悲心予以关怀，而非贪图其报酬。
6. 不嫌恶病人之屎尿、痰唾、呕吐等秽物。
7. 为病人说法，令其欢喜。

相反，不辨良药、懈怠、喜嗔好睡、只贪其报酬、不以正法供养、不与病人言语谈笑，则为过失。《增一阿含经》卷二十四佛说"多忧喜嗔"为病人不得快速痊愈的原因之一，因此看护者应该帮助其调节情绪，解除忧愁愤怒，这对减轻其病苦很有作用。

现代护理心理学强调，病人不仅需要药物等治疗，而且因常有种种精神负担，情绪不佳，需要医护人员和家属周到的心理照顾、心理护理，使其感到温暖、关怀、有依靠，因而增强对生活的信心和战胜疾病的勇气，这对治疗有重大作用，往往可收事半功倍之效。家属应尽量多守护在病人身边，不要让病人察觉自己的担忧心情，能引起不快、忧伤的事不要告诉病人，努力给病人创造一个安静、轻松的治疗环境。应了解各种病人的需要、性格特点和心理状态，予以相应的、周到的心理护理。这与佛教看护病人的原则基本相同。

二、佛教的临终关怀

死亡是每个人都难以避免的，让每一个人都能理性地认识死亡，学会如何对待死亡及关怀照顾临终者，是一件十分重要的事情。现代医学发现，病危时没有精神支持网络的人，尤其是男人，死亡率比具有精神支持网络者高三倍。天主教于1967年创办"善终院"，提倡对重病垂危濒死者给以"善终照顾"或"临终关怀"（hospice），对其作为"全人"的身体、心理、社会、心灵各个层面的需要，进行全人、全家、全程、全队"四全"照顾，给以心理辅导，解除其痛苦和恐惧，协助其平安、尊严地迎接死亡。进行一系列临终关怀的"安宁病房"，已在西方普遍设立，并给亡者的家属提供"全家照顾"，进行咨询，协助他们减轻哀痛。近年来还有了专门教以有关死亡知识的"死亡学校"。

佛教有极其久远的临终关怀和死亡教育传统，长期以来自觉进行临终关怀、死亡教育工作，有颇为丰富的临终关怀操作体系。

佛陀多次教导弟子关怀临终者及陷于亲人死亡痛苦中的人，亲自做过许多临终关怀工作。如《杂阿含经》卷三十三第930经载，佛堂弟摩诃男畏惧死于狂象，问自己命终如何，佛答：

> 汝已长夜修习念佛、念法、念僧，若命终时，此身若火烧、若弃冢间，风漂日暴，久成尘末，而心意识久远长夜正信所熏，戒施闻慧所熏，神识上升，向安乐处，未来生天。

同经卷五第107经载：有一位那拘罗长者，年一百二十岁，"羸劣苦病""多诸忧恼"，往见佛陀，请求"长夜安乐"之道，佛陀教他"于此苦患之身，常当修学不苦患身"，然后教给他如实观察五蕴无常、涅槃寂静的方法，使其获得解除死亡恐惧的智慧。同经卷三十七第1023经载：比丘叵求那病笃，佛为种种说法，使他悟道，不久命终，"当命终时，诸根喜悦，颜貌清净，肤色鲜白"。同经第1025经载，一年少新学比丘病笃，佛往说法，分明解了，令其得般涅槃，不久命终，"临终时，诸根喜悦，颜貌清净，肤色鲜白"。

佛陀教诫弟子，应以智慧和慈悲积极从事临终关怀。《杂阿含经》卷四十一第1122经佛告难提等居士：有智慧的居家佛弟子应当看望被疾病痛苦折磨、早晚要命终的佛教徒，根据其具体情况，以能使其获得安乐的法门教诫说法。

首先应教其于佛、法、僧三宝坚定信心，这叫做"三种稣息处"——三种能使人精神获得安息的归宿之处。然后教其不顾恋父母，不顾念妻子奴婢财产。若病人顾恋人间的五欲，应说明人间五欲"恶露不净，败坏臭处，不如天上胜妙五欲"，教其志愿生天，享受更为胜妙的五欲。进一步说明天上的胜妙五欲亦属无常变坏之法，也不值得贪恋，应当舍离，欣求涅槃寂灭之乐。如是"先后次第教诫教授"，令病人趋向涅槃乃至获得涅槃。

佛弟子颇多实践佛陀教诫者，如《增一阿含经》卷四十九载：舍卫国给孤独长者病笃，佛弟子舍利弗命阿难前往看望，为说念三宝法、第一空法，令长者"悲泣涕零不能自止"，解除了死亡畏惧，之后不久善终，生于三十三天。南传《阿毗达磨要义》载：苏纳尊者之父为猎人，临终前看到地狱的狗来咬，极其恐惧，其子苏纳罗汉乃令弟子以鲜花供养佛塔，将父亲抬到佛陀前，提醒他礼拜并为自己供养佛陀而欢喜，地狱相即消，自言见其继母来迎接他去天界。

大乘《地藏菩萨本愿经·利益存亡品》说，父母若亡，眷属不可杀生拜祭鬼神，而应为临终之人设福，或悬幡盖、燃油灯，或诵读佛经，或供养佛菩萨像，或念佛菩萨、辟支佛名字，能消灭其必堕于恶道的重罪：

临命终日，得闻一佛名、一菩萨名、一辟支佛名，不问有罪无罪，悉得解脱。

若有男子、女人，在生不修善因，多造众罪，命终之后，眷属大小为造福利一切圣事，七分之中而乃获一，六分功德，生者自利。

同经《如来赞叹品》说对久卧病榻、常做噩梦、"眠中叫苦，惨凄不乐"的垂危重病人及神智不清的"植物人"，家属应在病人前对佛菩萨像高声读诵此经，或高声告诉病人：我们为你将财物施舍，用以建寺、造像、印经、供僧，能使亡者宿殃重罪永得解脱。

佛教还将关怀临终者列入戒律而制度化。《四分律行事抄》说，上座法师应到重病垂危的僧人那里，为之说法，说明人生时不带一物来，死时也不可能带一物去，教其舍弃一切爱恋之情，将衣物等布施大众，称赞其一生修行的功德，令其欢喜，正念不乱，往生善处。《大唐西域记》记载，印度祇洹精舍在寺院西北角设有专门安置、照顾重病僧人的"无常院",房中供奉阿弥陀佛接引像,帮助病僧安乐往生西方净土。据此,中国佛寺中设有往生堂、涅槃堂、重病阁等,专供老病临终的僧尼居住,给以照顾。《四分律行事资持记》说临终的僧尼应安排住在往生堂,头靠西方,面向墙上挂的是西方三圣像,可设置供佛幡,为之沐浴更衣,僧众轮流念诵圣号,开导安慰。

净土宗有"临终助念"的传统,在同道、亲友临终前,约集莲友热心看护安慰,劝导其念佛或齐声念佛,造成一种集体祈祷的气氛,以帮助临终者保持正念、心无痛苦,在念佛中,怀着对必然往生西方极乐世界的信心,欢欢喜喜地去那究竟安乐的家园。印光法师说:

临终助念,譬如怯夫上山,自力不足,幸有前牵后推、左右扶掖之力,便可登峰造极。①

他教人临终三大要:

第一,善巧开导安慰,令生正信。第二,大家换班念佛,以助净念。第三,切戒搬动哭泣,以防误事。②

现在多用"念佛机"给病人放念佛的录音,也有很好的助念、安慰作用。研究证明:人临终时没有意识,只有听觉可以保持到最后。佛教的临终助念法,确能令亡者听到,起码起到精神安慰的作用。

当代佛教界对临终关怀十分重视,星云法师的《佛教对临终关怀的看法》一文说临终关怀"是对生命的尊重,是对旧情的怀念,是对恩义的回报",指出"生命不是临终的时候才需要关怀,生的时候就要给以照顾;甚至临终关怀也不是只对临命终病人所做的医疗照顾,而是对广大社会大众施以一种广义的死亡教育"③。临终关怀须认识临终病人的恐惧、愤怒、罪恶、不舍、担心、无助、自暴、孤独、沮丧、无智等心理状态,给予其适当协助。应正视病人希望明白病情、希望获得宽恕、了解宽恕他人、希望别人的关怀、与亲友见面、

---

① 《增广印光法师文钞》卷四,九州出版社2012年版。
② 《印光法师文钞》(下册),宗教文化出版社2000年版,第1654页。
③ 载《普门学报》第25期,第264页。

对生命的了解、对宗教信仰的渴求、对后事的安排等需求，对其给予满足和协助。以关心的态度专心倾听其诉说，让其所爱的人适时给予其关怀，陪伴其身旁，尊重其宗教信仰，讲说忏悔得救的故事及道理，安排宗教师与其谈话、说法，尽可能满足其希望，共同讨论其愿望，让医生减轻其痛苦，帮助病人及其家属保持心理平和；实行临终助念。

台湾慧律法师编著的《临终备览》一书，述临终关怀法则甚悉，说首要之举，在关怀临终病人心灵的需求，乘其神智清楚时，探问有何遗愿及未了之心事，极力应承，满其所愿，劝其放下万缘，一心念佛。慧哲法师提出心灵照顾的三部曲：第一步帮助病人确认病情，知晓存活期还有多少，在这段时间里应该如何做。第二步帮助病人整理自己的思绪，写遗书、安排后事，想象向亲朋好友道最后一声再见。第三步协助病人观想死亡的景象，想自己漂浮在身体的上方，俯瞰一切。圣严法师认为：人的过世，不是丧事而是喜事，是庄严的佛事，应替亡者诵念"三皈依文"，进行临终助念。佛教界办的安老院在临终关怀方面积累了大量经验。如天津鹤童老年公寓的具体做法为：

1. 在病人房间西墙上贴西方三圣像。

2. 家属对病人应真切孝敬，病危时要组织助念团助念，全家为病人吃素修福并告知病人。

3. 病危时要了解患者有无牵挂之事，若有，应及早解除，劝其放下一切，安心念佛，往生净土。

4. 病人若见到恶形等而恐怖，要说明这一切皆是心识幻化，要一心念佛，恶形自然会消失，不必恐怖。若病人害怕死亡而悲哀痛哭，应说明死亡是离苦趋乐，如游子归家、囚徒出狱，有何恐怖焦虑？若病人怀疑自己不得往生西方，应劝其具足信心。

5. 人死后24小时内不动其身体，不哭泣。

6. 丧事从俭，火葬。49天内为亡者念佛诵经作福。

当代佛教界一般强调尽量使临终者正念分明，得以往生净土，反对使用插气管内管、做心脏按压、电击等方法做无用的急救，甚至不主张注射强心剂、吗啡等药物延长死亡过程、减轻临终时的痛苦，认为这会扰乱临终者的正念。临终之际至死亡之后，忌亲属哭泣及搬动尸体。星云法师《佛教对临终关怀的看法》中说：如果世缘已了，儿女其实也不必在亲人垂死的生命中，透过医疗仪器给予勉强的抢救。"如何让病者身心安乐，无苦而终，才是最实际的一种做法"。

佛教还注意到了对亡者亲属的关怀。《四分律》规定，僧尼若死亡，前来吊唁的客人应该到尸体前具仪设礼，握亡者弟子之手，好言安慰，以减轻其弟子的哀痛。《毗尼讨要》说僧尼死亡，应"合寺众僧，并送葬所"。《优婆塞五戒威仪经》规定：菩萨见亲里死亡或亡失财物，种种忧苦，若恶心嗔心不往慰喻者，犯重垢罪。《地藏菩萨本愿经·利益存亡品》说人死后七七日内，念念之间希望骨肉眷属为之造福救拔，若能在此期间为之广造众善，"能使是诸众生，永离恶趣，得生人天，受胜妙乐，现在眷属，利益无量"，这其实也是对存者的一种心理安慰。净土宗的临终助念，既能帮助亡者往生极乐世界，又能使亡者家属受到温馨关怀，帮助其解除悲痛、安定身心、种下菩提善根，还能广结人缘，积累功德，帮助助念者自己往生极乐世界。星云法师《佛教对临终关怀的看法》中说家属在缅怀亲人之余，应将他的懿德嘉行承续下去，把他的慈悲遗爱人间，这才是对其真正的怀念。

中国佛寺有给为亡僧做"法事"超度的传统，藏传佛教在人临终前直到死后延请僧人念诵度亡经，讲解临终、死后解脱之要，修"颇哇"法帮助其往生净土、善道，与汉传佛教的超度法事和净土宗的助念法有异曲同工之妙，都有安慰临终者及其家人之效，比医学界的临终关怀自是高出一等。

当代临终关怀帮助亡者家属处理悲痛的方法，如卡洛《生死大事》所说：

1. 让家属将悲伤表现于外，旁人要做很好的倾听者。
2. 实践死者生前的承诺。
3. 求新求变，换一个环境。
4. 找教会、公益团体等帮忙，尽早工作。
5. 在伤心期间不做任何重大决定，应等一年以上。

这些方法自有一定效果，但显然不能解除死者亲属心灵深处无可奈何的痛苦。当代医学界一般认同宗教信仰在临终关怀中不可替代的作用，西方临终关怀机构对有信仰的患者临终时都请宗教师做安排。

三、以智慧战胜老、病、死苦

老、病、死三者，是每个人不可抗拒的怨家，确实给人带来最大的痛苦。对老、病、死尤其是死亡的抗拒，可谓人的本性。人类学家舍勒（Sheler）指出，人类的种种英雄主义首先而且永远是对死亡恐怖的一种反抗。E.贝克尔等认为，人类征服自然的种种举动及艺术、哲学、宗教等英雄主义活动，其实质都是对抗死亡焦虑的移情手段，但是这些移情手段最终还是不能有效地根除死亡痛苦。

佛教，无疑以对老、病、死尤其是生死的反抗为实质，它高树"了生死"的旗帜，直面老、病、死，如实揭露老、病、死苦，不回避，不掩饰，不移情，其目的，并不是诅咒和厌弃人生，而在唤起对老、病、死苦的正视，启发人们从终极价值的角度冷静反思人生，把对死亡的本能性畏惧转化为理性的畏惧，由畏惧而激发战胜老、病、死苦的强大意志，切实解脱老、病、死苦。战胜老、病、死而得涅槃，为佛教所认究竟的人生价值，涅槃的异称即有不老、无病、无死。

在佛陀看来，老、病、死并非完全是坏东西、是不幸，而是促使人趋向涅槃常乐乃至无上佛果的殊胜因缘。《起世经》中，佛称老、病、死为"三天使"，他们出现于世间，时时警示世人：不可放逸纵任，令自己的身口意被诸尘污染，应省思人生的珍贵及缺陷，勤修持戒布施，追求解脱之道。佛陀之成道，正是由极其重视三天使的启示和警诫、畏惧生老病死之苦、亟求解脱而致。老病之苦逼迫，对修行人来讲，正是促使其省思苦、无常真理的明师，鞭策其精进修行的殊胜助缘。可以说，没有老、病、死苦，也就没有菩提、涅槃、佛。古今多有因重病及衰老感悟人生无常而求佛学佛者，老来学佛，是古代中国知识分子中颇为普遍的现象。疾病对有些人还可能是开悟的机缘,佛教史传中记载,有很多人因大病而反思人生的存在,警悟无常无我,从而认同、皈依佛教。《摩诃止观》卷八云:

> 有人平健悠悠,徒倚懈怠,若病急时更转用心,能办众事。又机宜不同,悟应在病。

将身体上的病痛看作业报自然,不排拒、不怨天尤人,欢喜承受,是学佛者对待疾病的正确态度。深受佛教浸润的白居易有《病中五绝句》云:

> 方寸成灰鬓作丝,假如强健亦何为。家无忧累身无事,正是安闲好病时。

对疾病持接纳的豁达态度。莲池在《竹窗随笔·亡僧》中说疾病与宿世业因有关,乃古圣之所不免,佛亦曾示现头疼,况其余乎?"病而不为病累,是名得道"。

大乘说修行者患病乃是消除恶业,修行好的人得病乃转后世重报为现前疾病的轻报,是值得庆幸的。宁玛派大师吉美·林巴偈云:

> 没有比疾病更好的燃料可以烧掉恶业。不要对疾病抱持忧伤的心或负面的观点,反而要把它们看成是恶业消灭的象征,你要为生病而高兴。①

莲池《云栖大师遗稿》卷一《答桐城吴观我太史广沦》说学佛人得病属重报轻受,又因为疾病得以废弃世事,因废世事而得修道业,乃因祸而得福,应生欢喜而勿烦恼。弘一法师在《人生之最后》说:

> 若病重时,痛苦甚剧者,切勿惊惶。因此病苦,乃宿世业障。或亦是转未来三途恶道之苦于,今生轻受,以速了偿也。②

若把握了佛法般若智的精义,则老、病、死苦,皆无足畏,可以作为道场,化为菩提,乃至度化众生的方便。《维摩诘所说经》记载了维摩居士以示现患病为方便说法的故事,说菩萨若有了病,应当如实观察病的根本和实相,观此病从前世妄想颠倒诸烦恼生,没有疾病的实体,也没有能受病苦之"我"

---

① 东杜法王仁波切:《心灵神医》,张老师文化事业股份有限公司1998年版,第117—118页。
② 李叔同:《弘一法师说佛讲禅解经》,金城出版社2012年版,第339页。

的实体：

> 所以者何？四大合故，假名为身。四大无主，身亦无我。又此病起，皆由着我。是故于我，不应生着。既知病本，即除我想及众生想，当起法想。

观此能病之身，唯是色、受、想、行、识五蕴等法的和合，五蕴等诸法各不相知，起时不言我起，灭时不言我灭，离我、我所之想，离二元对待，不念内外诸法，观我及涅槃唯有名字故空，得二法（有对待关系者）无决定性之平等，观一切皆空，不念内外一切，亦离"空"想。如此观察，心与真实相应，病亦随灭。不仅如此观修以治疗自身的疾病，而且观察一切众生的病苦，特别是念恶道众生，起大悲心：

> 我既调伏，亦当调伏一切众生，但除其病而不除法……如我此病，非真非有，众生病亦非真非有。

如果有了病，应"以己之疾，愍于彼疾"，推己及人，发愿做根除一切众生病苦的大医王。维摩诘居士答文殊菩萨言："以一切众生病，是故我病"，喻如长者心爱的独子若得了病，父母也病，若子病愈，父母亦愈。

《摩诃止观》卷八以观病境为天台宗圆顿止观的重要内容之一，说应以正见如实观察此病皆由往日所造不善业所致，故应弃恶修善；又因此病而怖畏生死，观由此病导致老、死，死由于生，生由于往昔之"有"，有由于取，取由于爱，爱由于受，受由于触，触由于名色。一一观构成身体（色）之四大五行，及受、想、行、识四心（名），皆非自生，从妄想生，无一可得，亦不得因缘和合之相，有如狂渴之人误认阳焰为水，四方奔逐，皆不得水，徒令自身疲乏至极。又观此病从妄想颠倒诸烦恼生，而妄想烦恼无有真实，我及涅槃皆空。最圆满的观法，是用天台宗所谓圆教的见地，就现前一念病心观"不思议境"（法性、真如）：

> 不思议境者，一念病心，非真非有，即是法性、法界，一切法趣病，是趣不过，唯法界之都，无九界差别，如如意珠，不空不有，不前不后，病亦如是，绝言离相，寂灭清净，故名不可思议。达病实际，何喜何忧？

如此观察病心的终极本性，便会豁然开悟，病亦会"豁尔消瘥"，此可谓最好的疾病自疗法。《憨山老人梦游集》卷五教人：众生之病根在于执我。"若了病不病者，则病不能病之矣"。了病不病，在于观察我身乃"四大假合，聚必有散，纵使不病，何尝不病哉？"见到疾病本空的实相，则"病不能病"。《天隐修禅师语录》中明天隐圆修禅师教人：

凡人在病中，须观四大本空，五蕴非有，生时原不曾带什么来，死时原不曾带什么去，湛然不动，心境一如，直下若能顿了，何有生灭去来之相，被三世所拘系也？古佛偈云，假借四大以为身，心本无生因境有，前境若无心亦无，罪福如幻起亦灭。若到这田地，虚空粉碎，大地平沉，无有纤毫障碍处，无有纤毫挂念处，生亦得，死亦得，病亦得，健亦得，调养好亦得，不好亦得。

明楚山绍琦禅师《示钦守太监阎公病中》说：一身气血，主乎一心，心君安静则气血自和，气血既和，其体然健。"正当病时，但能一念不生，则万缘俱息，内不见有烦恼之心，外不见有受病之体。内外既空，则无有我，我既不有，是谁受病？唯一虚灵，朗然独露，如是则药自效而病自瘳矣。"① 莲池《云栖大师遗稿》卷三《杂答》答病中如何用心排遣之问说，人在病中，凡有四等：愚夫为病所使，忘失正念，不知排遣；初学虽罹病缘，坚持正念，善巧排遣；大贤病忘其病，正念自如，不须排遣；诸佛为众生故，示现病身，排遣不排遣两不必论。应该在健康无病时用心参究本来空性，"若待病生方做手脚，所谓寇至筑垣，亦复何及"。僧问，还有不病者么？禅师答云，有。又问，不病者还来看和尚么？答云，老僧看他有分。同书卷二《与钱居士广艺》教人观"病从身生，身从业生，业从心生；心空则业空，业空则身空，身空则病空"，于此万缘放下，于清净心中一心正念阿弥陀佛圣号。

元代以来佛门中流行的"十大碍行"之一是"念身不求无病，以病苦为良药"。主巴噶举派开创者藏巴嘉热著名的"六平等法"（亦称"六种持道"）之一"以病为道"，要在于患病时观能病、所病皆空不可得，转病苦为菩提。

------

① 《楚山绍琦语录》卷三。

大乘以不畏生死、敢入生死海度化众生的菩萨道精神战胜死亡畏惧，将出生入死看作散步于园林，《华严经》卷五十四谓"生死是菩萨园林，无厌舍故"。藏巴嘉热"六平等法"之一乃以死为道——平时常预习临终时痛苦之相，以大手印见如实了知死苦本空，不畏惧死，不立不破，使心与本来心性相应，修习纯熟，则死亡真正到来之时，自能于临终心性光明（死光明）显现之际体会认识，融入法性光明中而证得涅槃。

佛教承认人必有死、不畏惧死亡、力图战胜死亡痛苦的死亡观，对治疗因畏惧死亡及亲人死亡悲痛而致的精神心理疾病，尤有特效。《佛说解忧经》偈云：

譬如群鸟兽，暂聚各分飞，生死人亦然，云何怀忧苦？

观察人无不有一死的事实，可以缓解亲人死亡的哀痛。白居易《见元九悼亡诗因以此寄》说得好："人间此病治无药，唯有《楞伽》四卷经"，即轮回转生之说，也有巨大的心理安慰作用。如荣格在《寻求灵魂的现代人》中所说：

我认为，相信宗教的来生之说是最合乎心理卫生的。当我住在一间我知道两个星期便会倒塌的房子时，我的一切重要机能一定会受此观念的影响而遭到破坏。可是，相反地，如果我自己觉得已很安全，我便能很正常、很舒适地住在里边。①

岸本英夫《凝视死亡之心》认为，相信有来生或天国者，可以把死亡转变为某种生命过程中一个必经的环节，死亡对之并非一切皆无，故可大大减轻对死亡的畏惧和痛苦。

佛教所谓战胜老、病、死，更在于从根本上消灭产生老、病、死的根源，从而永远、彻底地跳出老、病、死大火炽燃的三界，获得究竟的涅槃。为此，佛教开设出戒、定、慧三学，六度四摄等趋向涅槃的正道。其诀要在于以如实知见的智慧，深入观察五蕴无常、苦、空、无我的真实，除灭对五蕴的贪爱执着，使心不被五蕴及烦恼所缚而获得解脱。《杂阿含经》卷五第107经中，佛弟子舍利弗向那拘罗长者解释佛说"于此苦患之身，常当修学不苦患身"的方

---

① [瑞士] 荣格：《寻求灵魂的现代人》，黄奇铭译，上海译文出版社2013年版。

法，是对色、受、想、行、识五蕴的集、灭、味、患、离如实知，"如实知已，不生爱乐"，不见色等是我、我所，心不随色等之衰老变异及老病之苦恼而转，不恐怖、不顾念、不贪恋，因而即便有苦，也不能障碍，"是名身苦患心不苦患"。身体上的病、老之苦虽然不一定能通过修行完全消除，但可以消除心苦，消除一般人难以消解的痛苦情绪，解除对死亡的畏惧。《瑜伽师地论》卷八十八说，身老病虽然愚智皆难免，"心老病"却可以智慧避免：

又诸愚夫，若身老病，当知其心，定随老病；其有智者，身虽老病，而心自在，不随老病。

智者身虽老病而心不老病，不因老病而痛苦。

禅宗则以明见本无生死的心性而当下解除死亡之苦，宗密大师答"一期寿终之后灵性何依"之问说：一切众生虽然妄生妄死，然身中觉性并未生死，如梦中被人驱役，而身本安闲，如水作冰而湿性不易。若能悟此性即是法身，本自无生，何有依托？纵然不能一生彻悟、断尽烦恼，只要以空寂灵知为自体而不认色身、妄念，"妄念若起，都不随之，即临命终时，自然业不能系，虽有中阴，所向自由，天上人间随意寄托。"① 不少禅师表演出自主生死、"坐脱立亡"的奇迹。

大乘佛教的净土法门，以往生佛国净土的信仰，给人以彻底解除死亡焦虑的保证。尤其是净土宗所提倡的西方净土，三根普被，利钝齐收，即便不能广学浩瀚佛典，不能深入禅定、明心见性，不能断尽烦恼，只要深信切愿，愿靠阿弥陀佛本愿之力及自己的信心，往生彼佛极乐净土，在做好人的基础上常念彼佛，乃至于临终之际受人劝导十念念佛，都必定会蒙佛菩萨接引，于"屈伸臂顷"即得往生于极乐世界莲花胎中，寿命无量，永超生死，享受仅次于涅槃的大乐，在阿弥陀佛耳提面命下，在最理想的修行环境中，稳当、快速地趋向佛果。若确信净土法门，则死亡成了一件幸运事、乐事，如囚出狱，如子归家，即暂受些老、病及恩爱别离等苦，亦无足轻重了。大量实例表明，净土宗

---

①《景德传灯录》卷十三。

信徒在临终时大多安详,对慈善救济事业普遍热心,有不少由念佛而治愈、减轻癌等重病的实例。有的人能提前预知死期,从容告别亲友,沐浴、礼佛后"安详舍报""坐脱立亡"。

当代佛教界提倡以超然的态度对待死亡,如赵朴初居士辞世偈云:

生固欣然,死亦无憾。花落还开,水流不断。我今何有,谁欤安息?明月清风,不劳寻觅。

星云法师《佛教对临终关怀的看法》说:死亡只是一个阶段的转换,是一个生命托付另一个身体的开始,死如出狱、如再生、如毕业、如搬家、如换衣、如新陈代谢,无须畏惧悲伤。

死亡不足畏惧,只是死亡以后就像移民一样,你到了另外的国家,你有生存的资本吗?只要你有功德法财,换一个国土,又何必害怕不能生活呢?①

人生的意义不在于寿命的久长,色身虽然有老死,真实的生命是不死的,就如薪火一样,赓续不已。我们的真心佛性是永远不变的。"因此,人生重要的是,要珍惜每一期的生命,要为自己的生命留下历史、留下功德。"② 傅伟勋提出建立"心性本位的现代生死学",主张应该早日培养人们具有日常实践意义的生死智慧,借以建立存在的本然性态度,不至于在患绝症或临终时惊慌失措,想临时抱佛脚而得不到安身立命之处。宋智明《漫谈从生死解脱到返归人生》一文认为,从解脱尘累的意义上,人亟需"死过一回",只有在真正参透了生死的本面后,从新的高度高瞻远瞩,投入人生的建设,才能了生死。了死在于了生,"如果能够好好地了生——生得光明,生得洒脱,生得自在,生得有意义,也就对死毫无恐怖与执着了。"《心灵幽径——冥想的自我疗法》以通过禅定获得对生死的了悟为战胜死亡痛苦之道,禅定会经历如藏密所说自我感觉瓦解、如同黑夜、死亡的状态,通常出现在初步精神开放之后。这种体验使人深刻了解苦。当以平静、开放的心看待一切恐惧与欢喜、生与死、得与失

---

① 载《普门学报》第23期,第285页。
② 星云:《佛陀真言》(下),上海辞书出版社2008年版,第29页。

时,"泰然"出现,整个的主体性向意识的真正本质开放。了悟生与死在生命的每一刻都在发生。"只要我们已曾死过,我们就不再害怕以过去的方式死去",这种"死亡前的垂死",带给我们的生活一种美妙的整体感和静谧。

当今死亡学和医学消除怕老、怕死心理的方法一般无非是教病人接受老、死是生命的自然结局,尽量养生锻炼,保持精神不老化,不断丰富生活情趣,为新的目标忙碌而忘记死亡的威胁。哲人和心理学家则教人把死亡的事实当作达到最大限度利用时间的推动力,在生命旅程中应如学生参加期末考试,尽量争取铃声一响高质量交卷,随时准备被"唤走",或创造人生价值的不朽以超越死亡。这些方法自不无减轻死亡痛苦的作用,但不足以完全满足人深心中追求永恒、无限的本性趋求而彻底消除死亡痛苦,更无力令人真正获得永恒的安乐。岸本英夫《凝视死亡之心》说得公正:现代人将死亡之"无"转变为"有"的努力,比之宗教信仰,效果十分有限。"无论如何,死亡都是连手脚的每一寸细胞全在拼命抵抗的、剧烈的疼痛。在心中这样感受着,而我只能盯着死亡看。"以正视死苦、力图根绝并提供了现前解脱死亡痛苦、证得涅槃常乐之道的佛教,在战胜死亡方面,自有其他文化体系所无法替代的价值。

第三节 宗教信仰心理

宗教信仰,是人类长期以来普遍具有的一种心灵现象,其历史几乎和人类的文明史一样悠久。以往数千年来,宗教在全球各地一直高踞君临绝大多数人精神王国的神圣地位,直到科学昌明的今天,全世界仍有3/5以上的人是各种宗教的信徒,其余非信徒者也或多或少具有一些宗教观念和信仰心理。宗教信仰显然与自然压迫、社会压迫及政治、文化传统、习俗有关,但这些仅仅是产生宗教信仰的外因,宗教信仰的内因,无疑深藏于人心、人性的深处,需要从心理学角度予以研究。

从近代心理学奠基人冯特开始,心理学便十分重视对宗教信仰心理的研究。冯特的学生斯塔伯克首次出版了题为《宗教心理学》的专著。以宗教行为、宗教思想和宗教感情为研究对象的宗教心理学，已成为当代心理学的一个比较重要的分支学科、边缘学科，有多部专著出版。当代宗教心理学以研究宗教体验，研究宗教中各种象征符号在人类个体、群体心态上的作用和意义为主要内容。

佛教对宗教心性心理有深彻的研究，有不少独特的说法。

一、宗教、信仰及其起源

现在通常所说的"宗教"一语，为拉丁语 religare 或 religio 的意译，原意为（人与神）连结或敬神。在古汉语中，"宗"指祭祀神祇、日月星辰、江河海岱和祖先，"教"谓教化。现代汉语中的"宗教"一语，源出日本德川时期以汉字译西文宗教，与佛教典籍中的宗旨及教化或禅宗与教宗意义上的宗教不同。今所言宗教，可包括于佛书中的"道"和"教"，前者指有关人生大本的思想体系，后者指社会教化体系。"道"与"教"被分为内学与外道，内学指佛教之学，有"专究内心的学问"之意味；外道（梵文 tirthaka）指佛教以外的一切宗教和思想学说，有"在正道之外""心外求法"的意味。

给宗教下一个准确无争议的定义是相当困难的，宗教学界对于宗教的定义有几十种，最重要的有：宗教是对超自然力量的敬畏崇拜，宗教是对高于我们本身的力量的服从，宗教是各个人在孤单的时候觉得他与他所认为神圣的对象保持关系所发生的感情、行为、经验，宗教是人与现实的某种具有形而上性质的、超越所有世俗因素的主观关系，宗教是具有机构化或传统仪式的信仰系统，宗教是提供安身立命之本的信仰体系。这些界说，都不足以准确地概括出所有被认为是宗教的现象之共性。关于哪些体系属于宗教，世界各国的判别标准也非完全一致。

佛教界对宗教的定义，如太虚《我之宗教观》定义宗教为"有内心修证之经验为宗本，而施设之教化也"。张澄基《佛学今诠》综合西方诸说定义宗教曰：

宗教是人对生命之意义及目的，作了一番总检讨、总衡量以后，对人生所作的究极价值判断。这个价值判断的特点是，一面觉醒到人生一切之有限性；一面激发起对永恒和无限的理想之追求。由此认识及向往而产生一种心理的最大关切，这种最大关切……决非社会、群众或任何外来压力所能产生，而是在孤独宁静的至诚状态中，自然流露出来的信仰和奉献。①

这一定义，对较高级宗教而言，可谓贴切。傅伟勋《从创造的诠释学到大乘佛学》提出宗教不可或缺的四大要素或向度：终极关怀、终极真实、终极目标、终极承诺，其中终极关怀、终极真实出自神学家田立克。终极关怀，指对终极的存在、生死问题的凝视与关注，为信仰的原动力；终极真实指彻底解决生死问题的理据；终极目标指超出生死达到涅槃；终极承诺乃傅氏自创，指对终极目标的完成，进而形成"终极献身"。宗教虽然以信仰为心理基础，但属一种文化现象，其任务是给人价值、目标和意义。

宗教在心理上的共同特质，大概可以"信仰"二字总括之，其所信仰的对象，以具有某种超越性、超现实性为特征。荣格把宗教与"信念"区分开来，说信念表达的是某种确定无疑的、主要着眼于尘世生活的集体信仰，属于一种干预现实、介入现实的东西②，如共产主义等，宗教表达的则是超越现实的个人信仰。

关于各种以信仰为特质的宗教心理的起源或宗教的心理起源，是宗教心理学所研究的重大问题，西方学者对此有不少说法。或从认知的角度，说宗教源于对自然现象的无知，如列维·布留尔和列维·斯特劳斯说原始人因无力以理性认识世界，而以神话和仪式等象征系统表达其认识世界的愿望。斯宾塞说先民认梦为真实经验而产生了灵魂不死的宗教观念。或从情感角度，说宗教源于对自然力量、死亡、孤独等的恐惧和心理错觉，如弗洛伊德说宗教出于幼时因

---

① 张澄基：《佛学今诠》（上册），慧炬出版社1973年版，第49页。
② [瑞士]荣格：《未发现的自我》，张敦福、赵蕾译，国际文化出版公司2001年版，第13页。

软弱无助、恐惧而产生的对父亲的依赖敬畏心理，乃集体的神经官能症。马克思·缪勒说宗教源于面对强大、神秘、无限的自然时，所产生的敬畏、恐惧和无限的感觉。海德格尔说宗教是一个人在孤独时的心灵活动与凭借。留芭认为宗教源于类似服用致幻剂所产生的某种神秘经验。或从意志的角度，说宗教源于人内心深处获得力量以支配自然及永生不死等欲望或需要，如蒲鲁特认为宗教源于个人和社会群体超越自然的需要。或从人性角度，说宗教出于人心灵深处的本能，如贾斯特罗认为宗教本能是人天性的一部分。荣格认为宗教深深扎根于人的无意识中，为先天具有的一种普遍的、超个人的原型。伯霍说宗教信仰来自与情感反应密切相关的大脑中原始的纵深层次。这些说法，都不无其一定的道理，然亦各具片面性，不足以圆满解释所有的宗教现象。现代宗教学者一般倾向于宗教信仰以人类渴望无限、追求超越的心理需求为原动力之说。

　　佛教所举出宗教产生的外因，大概主要是生老病死、怨会爱别等生物性与社会性的世间诸苦，即所谓自然压迫与社会压迫，这是佛教四圣谛之第一苦谛所揭示的。佛教及当时印度的多种宗教，大抵都从对人生痛苦尤其是死亡痛苦的反抗心理出发，以极乐无苦、超越生死的涅槃为共同追求的理想。不管此类宗教的教旨是否真实、有无义利，只要知道人生痛苦而有获得涅槃的意欲，便是人的智力发展到一定程度、超出动物界的表现。密教《大日经·入真言门住心品》将众生关于存在或宗教问题的心理归纳为十种住心，其第一种"异生羝羊心"，谓如牛羊一样愚痴无知，唯受生物本能驱动，只知饮食男女、干活劳动，谈不上有什么宗教需求。动物、初民乃至一部分现代人，都处于这种心态。佛陀称浑浑噩噩不知考虑宗教问题的人为"人身牛"，谓其"徒具人形而实际与畜生无别"。宗教，主要是具有较为发达的智力、反省力而有生存焦虑的人们心灵的产物。人的生存，大略是在人与自然或人与物、人与人，或人与社会、人与宇宙三大关系中，处理人与自然或人与物的关系时产生科学、技术、经济，处理人与人或人与社会的关系时产生伦理、政治、军事，处理人与宇宙的关系时则必然产生宗教和哲学。《积极心理治疗》一书认为，人如果未能选择宗教而安顿他的信仰，其本具的信仰能力会把他引向宗教的替代物——

如某种意识形态、教条、团体、偶像、瑜伽、艺术等。

宗教或内学外道，作为一种在人类历史上出现的文化现象，从佛法的缘起观看来，都是内外诸多因缘和合的产物，都会经历产生、发展、消亡的过程，即佛教也不例外。佛经中多次预言佛教将经正法、像法、末法三大阶段，从兴盛走向衰落，终致消亡（"法灭"）。在佛教看来，具宗教形式者未必都是好东西或坏东西，判别一种文化或社会教化体系的邪正，须视其是否真实及对众生是否有"义利"（合理、有益、有意义），而不能仅据其形式。对见地不符真实及无义利甚而有害的宗教、学说和邪教，佛教多有批判。

二、怖畏、依怙、向上三种宗教心理

据佛典之说，人类的宗教需求，大概以怖畏、依怙、向上三种心理机能为内因。这三种心理机能并非仅仅属于宗教，只有当人遇到人力、人智所无法解决，而又极欲解决的切身问题时，才会从这三种心理机制产生宗教信仰。由这三种心理机能产生的宗教信仰，既可能对人有义利乃至真正实现其理想，也可能虽有义利却不能实现其终极理想，也可能对个人、社会无义利甚至有害。

畏惧，被认为是宗教特别是原始宗教产生的主要心理根源。先民们在强大、神秘的自然力量面前，深感自己弱小无力，从对地震水旱、风雨雷电、鬼神精灵、疾病死亡等的恐惧，产生屈服与崇拜心理，由屈服崇拜而向神明乞哀祈祷，献媚设供，甚而杀人祭神，贡献牺牲，以求宽宥保佑。这种低层次信仰，直到今天尚有残留，不仅表现于落后民族的原始宗教中，即较先进的民族中，也不难发现。如在中国民间，祭祀龙王山神等以求降雨消灾的信仰还相当普遍，还有祭拜祈祷老树、狐鬼、精怪、黄鼠狼等物者。佛教认为这种屈服、崇拜属于迷信，是无义利的，不得拜祭鬼神、咒术占卜，是佛教徒三皈依戒中的重要内容。《般舟三昧经》卷一佛言：

不得拜于天，不得祠鬼神，不得视吉良日。

即孔子所谓"畏天命，畏大人，畏圣人之言"三畏，在佛教看来虽然有可取之处，但也不无压抑人理智和自信的消极作用。

畏惧，乃人生来具有的一种心理反应。《杂阿含经》卷二十六第670经佛说众生有怕无法生存、怕别人讥谤、怕死、怕死后堕入三恶道、怕自己在人众面前丢掉面子五种怖畏。《华严经》卷七十说人类有暗夜怖、毁呰怖、恶名怖、大众怖、不活怖、死怖、恶道怖、断善根怖、退菩提心怖、遇恶知识怖、离善知识怖、堕二乘地怖、种种生死怖、异类众生同住怖、恶时受生怖、恶种族中受生怖、造恶业怖、业烦恼障怖、执着诸想系缚怖等怖畏。心理学家调查发现，怕失去所爱、怕贫困、怕被人指责批评、怕失去健康、怕老、怕死六种恐惧，是任何人都难以避免的。怕死或死亡畏惧，被认为是产生宗教信仰的根源，死亡被称为宗教的母胎。渺小的个人在茫茫宇宙中的孤独感，是人内心深处产生畏惧的源泉，是最容易产生宗教需求的畏惧。《佛说无量寿经》说人在生死大海中"独生独死，独去独来"，基督教说人本质上是孤独的，由此产生的孤独感和对孤独的畏惧，深潜于人的意识底层。当人由某种原因与亲人和社会疏离时，及考虑独自面对的死亡威胁时，对孤独的畏惧便会凸显。常单独面对大自然而较多孤独感的游牧者，宗教信仰一般较为深切。

畏惧不完全是有害的，并非都产生消极作用，实际上也被佛教作为建立正信的基础或因缘。与原始宗教畏惧风雨雷电等自然现象和鬼神精怪不同，佛教认为人起码应该有三畏：

1. 畏惧生、老、病、死等苦。此乃每个人都难以回避的现实，为人存在之根本悖论，事关重大，不可不畏。排斥痛苦，畏惧死亡，可谓人的本性，因畏惧痛苦和死亡而献媚祭供、祈求鬼神，实质上是一种自我安慰的移情手段，佛教认为这样做实际无济于事，应该依靠自己的理性和智慧，去开辟真实战胜生、老、病死等痛苦之道。据《大善权经》等，释迦牟尼自己表白：他出家求道的动机是"但以畏彼生老、病、死，为除断故"，畏惧生老、病、死的因缘，主要是他在做太子时出游都城四门（"四门游观"），见到老、病、死的苦况和出家修道者的安闲自在，深受刺激，由他人的老、病、死联想到自己将来也难免老、病、死，从而发展到为断除自他老、病、死苦而精勤求道的志愿和行动。

2. 畏惧业因。经云："众生畏果，菩萨畏因。"果，指苦果、业报；因，指苦因、业行。造成一切痛苦的原因，唯是自己所造的有漏业，只有从根本着眼，畏惧业因，才能促使人不作诸恶，奉行众善，创造受乐的因缘。

3. 畏惧自心。进一步深究，则能造作有漏业而感招苦果者，唯是自心，由自心迷惑不觉，心随境转，跟着感觉、知觉走，起诸烦恼，由烦恼发起有漏业，才使自己陷溺轮回，备受诸苦。天地鬼神、一切外物皆不足畏，最可怕的是迷惑不觉、不能自作主宰的自心，因为它能使人堕于三恶道备受诸苦。《佛遗教经》卷一佛言：

> 心之可畏，甚于毒蛇、恶兽、怨贼，大火越逸，未足喻也。

畏惧自心，能促使人自觉治心修心，争做自心的主人。

畏生死、畏业因、畏自心，虽然也还是一种苦，但可以将恐惧心理转化为自主其心以战胜痛苦的动力因，引导人一步步走向《心经》所谓"无有恐怖"的自由境地。

《正法念处经》卷六十说人应有的三畏为：一畏惧堕于恶道。二畏惧恶名。这两种畏惧能促使人弃恶行善。三畏惧境界——各种能诱惑人作恶的五欲境界及禅定中出现的魔境。

依怙，谓人在自感孤弱无力时，希望获得有力、可亲者如天父等垂悯护佑的心理，有如儿童之依怙父母。由这种心理，产生归投、敬爱、崇拜、依赖所依怙对象的宗教感情。这是较为高级的宗教特别是多数一神教信仰的主要心理基础。弗洛伊德说：

> 人依赖宗教以抗拒威胁，就像儿童通过对父亲的依赖和敬畏以排遣自己的不安全感一样。[1]

《大日经·入真言门住心品》称这种信仰心理为"婴童心"或"婴童无畏

---

[1] [美] 埃利希·弗洛姆：《精神分析与宗教》，孙向晨译，上海人民出版社2006年版，第35页。

心",将其列为第二住心,婴童心,正是弗洛伊德认为是天父信仰根源的儿童依赖和敬畏父亲的心理。经中说众生由婴童心,信仰自在天或梵天、那罗延天、日天、月天、火天、龙王、天仙等,认为"若虔诚供养,一切所愿皆满"。以婴孩依怙父母的心理皈依、敬畏、崇拜、供养这些自认为能满足其愿求的上帝、真主、天神、神仙,赋予所崇拜的神以"全知全能"的神性。此类信仰,可予孤苦无依的心灵以安慰,当其与被奉为神谕的合理伦理信条、道德规范相联系时,有促进人们自觉止恶修善的社会教化作用,古代统治者大多懂得利用民间信仰"以神道设教"对人民进行教化。此类信仰即便非理性,也是人们欲望的一种升华。荣格认为它对于有些人是必需的,缺了它会导致心理失衡乃至精神病。

依怙神的信仰,也可能导致浪费与无益的苦行、牺牲,尤其是排他性很强的一神教,与政治结合、政教合一时,难免导致思想文化专制,乃至迫害异己、发动宗教战争、制造恐怖事件。佛陀对此类信仰的批判多于肯定,说其所信对象实际上并没有信仰者所认为的创世、主宰一切、全知全能、使人解脱等功能,信一切皆由神意,有扼抑人主观能动性的消极作用。

但佛教特别是大乘、密乘佛教,亦非不利用依怙心理。《佛说骂意经》云:

佛为父,法为母,随佛语,案法行,是为父母行。

佛弟子要视佛为父,像子女听父母的话一样遵照佛陀的教导去做。多种大乘经中,皆强调佛教徒应如子女依怙父母般依靠、尊敬、供养佛菩萨,说佛菩萨视众生如慈父悲母爱念子女。如《华严经·离世间品》说佛弟子应"于一切佛生慈父想",同经卷六三说应于善知识起慈母、慈父想,卷六八号召菩萨"决定欲为一切众生作所依怙"。《法华经·安乐行品》说应"于诸如来起慈父想"。《大宝积经》佛言:

若有菩萨以胜意乐,能于我所起于父想,彼人当得入如来数,如我无异。

《楞严经》卷五说应以如子忆母之心念佛,同经卷七说佛现威德神力时,"大众仰观,畏爱兼抱,求佛恃怙"。净土宗信徒仰仗"弥陀慈父"接引往生西方极乐世界,密教信徒仰赖本尊的护念加持,称本尊(佛菩萨)为"怙主"。

《维摩诘所说经·观众生品》云：

> 菩萨于生死畏中，当依如来功德之力。

菩萨依赖佛力，才好战胜对生死的畏惧。藏密强调徒弟须事上师如佛，对其上师怀有如儿童依怙父母的感情。

这种利用依怙心理求得佛菩萨、上师佑护加持的信仰，与神教之依怙上帝、神明在表面上颇为相似，但在佛教看来有质的不同：佛教认为外道崇拜信仰的上帝、天神等实无能满足信仰者所求特别是引导其超出生死的能力，非正皈依，而佛教徒信仰的佛菩萨实有引导信仰者超出生死的能力，是真正的皈依处；佛教以依怙心信仰、修行的目的，在于与所依怙的佛达到平等地位，解脱成佛，佛与弟子为师徒关系、先觉与后觉关系，不像神教信仰者不许人神平等，人与神为主奴关系。在理论上，佛教认为能依怙的众生与所依怙的佛，体性平等，唯是一心，自他不二、生佛不二、心佛不二，不像神教以人神为二，说人乃神所造或从神流出，只许神作人的依怙。

后期佛教密教也供奉众多诸天、龙王、药叉等神鬼和持明仙，当代著名密教瑜伽行者陈健民还特撰《密宗必敬鬼神论》，指出密教此举与多神教颇为相似，但这种相似，也仅在密教的世俗谛层面，作为护法和获得财利、福寿、消灾等世俗需求的"方便"，并不认为这些天神鬼仙可以使人超出生死，并不以其为皈依的对象而只将其作为佛教的"外护"。

向上心，或曰超越心理，谓提高、提升自己境界或层次的意欲，可归于心所法中的"欲"心所。M.舍勒认为，就高级宗教而言，超越心理是更为重要的根源。弗洛姆《追寻自我的人》说所有信仰都有超越或向上的性质。著名哲学家 W.T.Stance 认为，力图超脱尘俗、瞻望无限与永恒，试图将心灵升华至神圣庄严之境的"冥契意识"，人人皆备，只是它在大部分人身上深藏在潜意识中，常以伦理情感的面貌升至表层意识，也会以宗教追求的形式表现出来。

人的向上心从低到高可分多个层次，从完善人格、提高道德修养和精神境界，生天成仙，到天人合一、与道合真，乃至解脱自在、成就佛果，皆可包摄于向上心的范围。佛教将努力上进以求生活幸福、人格健全、俯仰无愧，乃至希求来生后世更好的心称为"增上心",亦译"胜进心",以这种心为学佛的基础。《大日经劫心义章·十住心义》第二"愚童持斋心",谓持戒修德,布施供养父母亲戚、贫病孤寒,乃至普遍施舍一切众生,以期死后升天永享福乐,这是世间的许多宗教徒所怀的信仰。佛教认为这种信仰虽然有益于个人和社会,可使人获得今生后世的福报,但信仰者缺乏通达真实的智慧,不知如此修行不得超越生死,非究竟之道,像理智尚未健全的儿童只是凭一颗好心做好事,故名愚童持斋。

佛教说做人应更求向上,发求超出生死的"出离心"和普度众生、庄严国土的"菩提心",直趋生命自我变革的顶峰,为达无限、永恒、绝对自由而奋进不已。日种让山《禅学讲话》说,宗教需求是意识无限向上的欲求与统一作用的表现,是对于知、情、意的根底的中心意识之全体给以最大的满足,"唯其如此,一切要求的圆满达到,必定是宗教"①。这种直趋无限、无休无止的向上心或超越心理,能产生取之不竭的动力,推动信仰者为崇高的目标奋斗不息。禅宗人豪言曰:"丈夫自有冲天志,不向如来行处行""宁愿永劫受沉沦,不向诸圣求解脱",即是自信依靠自己力量解救自己的集中表现。综合心理学家阿萨乔里(Assagioli)分人的自我超越向度为追寻生命终极意义、超个人之爱、超个人之行为、实现真我、完美5个方面。如实法师《大乘起源与开展之心理动力》一文中指出大乘之发菩提心,即涵盖这五个方面。

向上的信仰,有振作精神、健康心理的良好作用。《楞严经》卷八称向上的信仰为"虚想"(向往超越现实),"想积不休,能生胜气",这种胜气,一似孟子所言"浩然之气",令人充满精神力量:

是故众生心持禁戒,举身轻清;心持咒印,顾眄雄毅;心欲生天,梦想飞举;心存佛国,圣境冥现;事善知识,自轻身命……诸想虽别,轻举是同。飞动不沉,自然超越……

畏惧、依怙、向上三种能产生宗教信仰的心理机制,皆属心所法,可看作

---

① 日种让山:《禅学讲话》,芝峰译,大法轮书局1948年版,第32页。

心识本具的功能，各有其种子。人本性中有趋乐避苦、追求永生的欲望，宗教在地球上已有上万年的历史，人类经过长时间全体信仰宗教的历程，可以说每个人阿赖耶识中都藏有信仰宗教的种子。人的生存难免各种自然的、社会的压迫和苦难，无力战胜自然灾害的人，在遇到天灾时，容易从畏惧心理出发，相信主宰风雨雷电等自然现象的神鬼精灵。人生的旅程往往崎岖不平，人的命运机遇和前景对多数人而言带有神秘性、非自主性，当人在生活中遇到挫折、灾难和医药罔效的沉疴重病等困境而无力自拔时，容易由依怙心理出发求神拜佛。因遭受某种打击对生活和人生灰心失望者、厌世者，容易产生超越人间的、出世的宗教需求。极其聪明，对宇宙人生、人的存在问题考虑甚深，具有哲学气质者，也容易产生超越性的、向上的宗教信仰，佛教创始人释迦牟尼便是这种人。南怀瑾先生说，佛教唯两种人最好信：一种是极其愚蠢的人（所谓愚夫愚妇之类），另一种是极其聪明的人。此言可谓深识人情世故和佛教信仰之谈。

从大乘如来藏学说看，能产生高级信仰的向上心，源出众生内心深处本具的佛性、如来藏或本觉。《涅槃经·狮子吼菩萨品》称佛性为一切诸佛大觉的种子。佛性、如来藏、本觉是无限的、无碍的，它是一切众生生命、心识的源泉和本体，它源源不绝地喷涌出一种向上的驱动力，这种力量既是个人信仰宗教，追求长生、永生、涅槃的动力，也是推动整个人类文明不断发展的根本动力。人类认识世界、改造世界的种种努力，表现出一种突破有限、有碍、迷昧不觉，不断追求无限、无碍、无所不觉的趋向。这种趋向，集中凝缩于个人的终极关怀、宗教信仰，便是大乘佛教的菩提心——不仅追求个人直趋无限、无碍、无所不觉而成佛，而且从无限扩大的"同体大悲"出发，誓愿普度一切众生皆共成佛。《胜鬘经》说若无如来藏，众生便不会"厌苦、乐求涅槃"。佛性，是使众生厌离世间一切苦恼，于涅槃生"求心、欲心、愿心"的"清净正因"。《究竟一乘宝性论》卷三偈云：

若无佛性者，不得厌诸苦，不求涅槃乐，亦不欲不愿。

《大乘起信论》谓"依本觉故而有不觉，依不觉故说有始觉"——众生本来具有能觉之性（本觉），由不知法界一相而起无明，虽被无明所迷，而其本觉并未丧失也不可能丧失，提供给众生以从无明迷梦中觉醒，重趋无限、无碍、大觉的动力，驱使众生在生死沦坠中挣扎向上，产生追求永生、极乐、绝对自由的宗教信仰。佛性、无漏种子是不坏不灭的金刚种子，佛性有熏习增长之力，能熏习众生发心求道，经过不断熏习，终至圆成佛果。张澄基教授说得对：

> 悲心及向上心乃人人本具之佛性的内在鼓动所使然。此本具佛性之鼓动则因自他差别和自他一体之矛盾冲激而起。①

用中国的太极阴阳鱼图，可以把人内心深处的本觉看作阴（无明）中之阳，道教内丹学谓之"真阳"，真阳必然具有无限向上的力量，赋予众生无限向上的心灵动力，这种力量一直趋向无极——佛教所谓圆觉，或道教所谓"纯阳""纯乾"。

三、宗教信仰心理的特点、作用

宗教信仰，是一种极具神秘性、感情性、理想性、艺术性的事情，学者们说它与浪漫的抒情诗和童话、神话甚为相近，又说艺术进升而为哲学，哲学进升而为宗教。宗教所崇拜的神和所解决的生死秘奥等问题，终非人智所能知，怀特海称宗教信仰"是一种精神的探险"。马克思称宗教为被压迫心灵的叹息，实则宗教更是人心灵深处的热切渴望、终极关怀、最高理想。宗教信仰集心所法中的受、欲、信等于一体，是信念、感情、意志等因素的集合体。宗教信仰关系人存在的根本，具有万古不移的永恒性、超时域性，最能牵动人心灵的中枢，使人以全身心、全部生命投入：可以使人抛弃世俗的一切，忍受种种苦行；可以使人为信仰而割舍财产、家庭、亲人、肢体乃至生命，为信仰无条件地奉献牺牲；可以使人投入全部的感情，激发起最强烈坚毅的意志，寄予最深

---

① 张澄基：《佛学今诠》（下册），慧炬出版社1983年版，第256页。

的希望，获得最大的满足。

宗教感情和宗教经验，是宗教信仰心理最重要的特征。敬仰、神圣、虔诚、庆幸、悲痛、欢喜、谦卑、感恩、热切、深刻、纯真、肃穆、严重、慈柔等，被认为是宗教心理的感情特征。威廉·詹姆士《宗教经验之种种》认为所有宗教的思想变化虽然多，而表现出来的感情与行为几乎一样。马斯洛发现特殊的惊异、幸运、敬畏、崇敬、谦卑、感恩、降服，是普遍的宗教感情。佛教徒的信仰感情也大略如此，多数是欢喜庆幸或悲喜交加的。如《杂阿含经》卷二十二第592经说给孤独长者初闻佛名字，"心大欢喜，身诸毛孔皆悉怡悦"。《华严经》卷六十三谓佛子对佛"思惟恋仰，悲泣流泪"，同经卷七十一谓佛子"得闻清净法，其心大欢喜"。

C.D.巴特森等《宗教经验》（1982）总结宗教经验有独特性、复杂性、多样性三大特点。佛教徒的宗教经验，以感到佛菩萨的保佑加持、觉得罪业消灭而得身心轻快，及对宇宙人生及自心真相的领悟而获得"神圣的愉快感"为常见，也有各宗教中常见的宗教幻象（如看见佛菩萨等）、濒死及脱体经验、精神健康、自尊、负罪感、羞惭感等宗教经验。西方心理学家主要用脑电图和现场独立知觉测量研究冥想与宗教经验，发现药物和电流刺激大脑也可能产生宗教幻象，用致幻剂可使人产生强烈的神秘经验，说明宗教经验以脑神经的某种物理或化学变化为其基础。

据《大日经义释·入真言住心品》，一个人的向善心会像草木一样成长，发展为宗教信仰，其属世间人天善法之心成长的进程，可分为8个阶段：

1. 种子心，虽然如牛羊一样不知反省存在问题，但对持斋、布施、行善发起欢喜心，开始修习，如同播下草木的种子。

2. 芽种心，以欢喜心为因，能在六斋日自觉地布施父母、子女、亲戚，如同草木发芽。

3. 苞种心，行善布施之心扩大，能向非亲非故者布施，如同草木结苞。

4. 叶种心，能向有德行者布施，如草木之抽叶。

5. 敷华心，能向演艺人员及尊宿长老欢喜布施，如草木之开花。

6. 成果心，能以欢喜心、亲爱心恭敬供养尊宿长者、有德行者，如草木之结果。

7. 受用种子心，能自觉地守持禁戒，求死后生天或来世幸福，如人选种留子以备将来之用。

8. 婴童心，听说自在天等神明能给人幸福，满足一切愿求，心怀庆悦，虔诚信仰修行。

以上八心不出世间三界，称"顺世八心"，或再加殊胜心、决定心，为十心。据《大日经义释》卷二，出世间修学三乘佛法的心路进程，也有以上八心，称"违世八心"。由听闻佛法深信而初发求道之心（道意），为种子心，到精勤修行证得智慧，从而不畏生死，为婴童心。

佛教从个人心理精神方面着眼，对宗教信仰尤其是佛法正信，给以高度肯定。《经集·林主夜叉经》佛称"信仰是人的最宝贵财富"。《杂阿含经》卷三十六第1013经佛偈言：

清净信乐心，名士夫胜财；修行于正法，能招安乐果。

《正法念处经》卷五十佛称信仰之财富在诸财物之中最为第一，强调生死之中，"信为第一伴"，又说：

离法常愚痴，有命亦如死，虽有人皮覆，愚痴同畜生……

佛陀列正信为"七圣财"之一，称没有正信的人为"人身牛"，《中阿含经·贫穷经》佛言：人若无正信，即便拥有极多财宝，也是精神上的穷人。《杂阿含经》卷四十六第1223经佛说成就正信正见者即便穷到身无分文，也是精神上的富有者，其人生不会空过，必然会有意义、有价值。

经论中多次宣说正信的利益，如《瑜伽师地论》卷六十四说，皈依三宝，有获广大福、获大欢喜、获大清净、获大圆满等功德。《显扬圣教论》卷一说信的作用是"能得菩提资粮圆满""利益自他""能趣善道"。星云法师"人生二十最"有云："人生最大的能源是信仰"。

西方心理学家普遍认为，宗教给人以精神启示和自我反省，使人更生、得到安身立命之处，获得安乐，克服忧郁，增进生活力，使人生具有兴味或意义。完全无信仰，使人精神崩溃。弗·培根认为人若没有理想、信仰使自己在精神上与神相类似，那么人就是一种卑污下贱的动物了，与佛陀斥没有向上追求者为"人身牛"可谓同调。其《人生论》说，当人具有一种神圣的理想或信仰时，可以激发出无限的意志和力量。威廉·詹姆士《宗教经验之种种》说宗教圣徒有心平气和、慈善、恬静、坚忍与忍耐、纯洁、慈善、博爱、谦逊、愉快、纯洁、严于律己等美德。荣格说不恢复某种宗教的人生观，个人就不能回复健康。G.奥尔波特认为宗教对灵魂健康有医疗所不及的潜在作用。

美国宾州、哈佛、耶鲁等大学研究证明：宗教信仰对治疗疾病作用强大，信仰宗教者免疫系统功能较好，血液白细胞的指数一般很低，罹患中风、抑郁症、心脏病的概率较小，即使患顽症，病情也较轻。有信仰者比无信仰者心血管病死亡率低50%，肝硬化患病率低74%，精神心理疾病患病率低89%，接受心脏手术及器官移植后康复期短。德克萨斯大学研究证明：经常参加宗教活动的信徒，比从不参加的人平均寿命长7年。病人每天祈祷可缩短疗程，愈是虔诚恢复健康愈快。默想和祈祷有助于改善身体、智力、情绪，减缓大脑衰退，定期礼拜者血液中白细胞素指数很低，父母礼拜可大幅度增加子女健康长寿的可能性。20世纪后半期，医学与信仰的结合，成为西方科学界热门研究课题，美国现有90多所医学院开设信仰和健康关系的课程。

现代人大多认为宗教在增进德行、平衡心理、缓解焦虑压力、减轻痛苦等方面有其重要的，甚至不可替代的正面作用。宗教能提供安全感、安慰、社交活动、娱乐、社会地位、自我辩护，宗教徒可能受到更好的社会支持。爱因斯坦《科学和宗教》说过：

在我看来，一个人受了宗教感化，他就是已经尽他的最大可能从自私欲望的镣铐中解放了出来，而全神贯注在那些因其超越个人价值而为他所坚持的思想、感情和志向。①

---

① [德]爱因斯坦：《爱因斯坦文集》（第三卷），许良英、赵中立、张宣三编译，商务印书馆1979年版，第181页。

泰国调查发现，佛教信仰有助于净化青少年心灵，助其行为表现良好。牛津大学实验证明：宗教徒负面情绪较少，官能表现较好，自我胜任感较明显。美国乔治梅森大学研究发现：有信仰者遇到不顺时，延长打坐或祷告时间，能明显改善心情。精神信仰有助于提升自尊、保持正向的心情，激发正能量，让精神富足。

宗教信仰与重理性、事实的科学，被认为水火不容，实则并非如此。从人类文化史看，科学源出于宗教。宗教，尤其是佛教如实认识世界和自己的精神，与科学其实一致，宗教信仰尤其是佛教信仰能提供科学研究的动力。爱因斯坦认为，科学只能由那些全心全意追求真理和向往理解事物的人来创造，然而这种感情的源泉却来自宗教，"宇宙宗教感情"是科学研究的最强有力、最高尚的动机。"要是没有这种热忱，就不能在理论科学的开辟性的工作中取得成就。那些在科学上有伟大创造成就的人，全都浸透着真正的宗教的信念，只有这种精神才能使人达到他的最高成就。"① 据统计，1900—1996 年的 639 名诺贝尔奖得主中，信仰宗教者有 618 人，占 96.6%。

宗教信仰亦非没有弊端，威廉·詹姆士《宗教经验之种种》说，专过宗教生活有使人独特怪僻的趋势，宗教天才往往表现出神经不稳的症状，容易有强迫观念和固定观念，表现出幻听幻视等通常认为是病态的特别行为，宗教圣徒有顺从、贫乏、缺乏民主主义与人道主义情操等缺陷。宗教领袖、神职人员的人格和心理多呈病态。宗教信仰可能产生信奉狂的弊端，其直接结果是为神的尊荣而起的嫉妒、对神轻微轻慢的愤怒、对神的敌人的仇恨，正是这种仇恨导致了十字军的大屠杀及当今的"肉弹"、残杀之类恐怖事件。宗教狂热者还可能表现出道德的、党派的残忍脾气。

宗教信仰还可能导致无益的苦行和过度的纯洁——爱上帝不能与爱其他混合，父母亲属皆被看作分心的对象，摒弃娱乐和社交，蛰居一室做刻板的宗教

---

① [德] 爱因斯坦：《爱因斯坦文集》（第三卷），许良荣、赵中立、张宣三编译，商务印书馆 1979 年版，第 397 页。

仪式、服装、语法、时节、习惯皆绝对固定；或导致过度的慈善和温情，不抵抗凶恶，因慈仁而成笨伯和牺牲品。

《积极心理治疗》认为，人的信仰心理若得不到健康的发展，会导致种种心理障碍和冲突，或表现为宗教狂热、迷信、过分虔诚、毫无道理地坚信、固执、幻想、好斗，或恐惧、消极、悲伤、灰心丧气、有被抛弃感、有毁灭感、内心空虚、抑郁、易受刺激，逃避到宗教的替代物和工作中去，脱离现实，沉湎于内心生活，唯对脱离现实的形而上问题感兴趣。心理学家艾理斯在一篇文章（1986）中指出，狂热的信仰可能会导致人类的毁灭，这种信仰包含着绝对论的和教条主义的思想，坚信唯有自己所信奉者为绝对的真理，是唯一应该存在的，必须不择手段地消灭反对自己的宗教和自己目标的人。他们自己会怀着一种神圣的狂热去死，他们蔑视法律，崇尚暴力，制造恐怖事件。如果这种人手上掌握着核武器，就可能导致全人类灭绝的灾难。如何将健康的宗教信仰与不健康的宗教信仰区分开来，是一个重要的心理学课题。

佛教以冷峻的智慧净化心灵及慈悲安忍为特质，在诸宗教中最少导致狂热等弊端，佛教历史上的宗教战争要比其他宗教少得多。然佛教徒特别是大乘、密乘佛教徒的宗教感情，也多与其他宗教的信徒一致，故亦非绝无弊端。《心灵幽径——冥想的自我疗法》一书指出，佛教徒中的宗教狂热带来精神的贪婪，使人疯狂地享受食物、性等。佛教徒可能陷入精神浪漫主义，受"光环效应"的影响，将自己所渴望的意象投射到上师、法师身上，"爱上上师"，造成自己的迷信和上师的孤立。

奥尔波特分宗教取向为两种：外在取向利用宗教为自他的利益服务，只能使人束抑于教义，不能获得任何自由，会形成偏见。内部宗教定向（生活在所信仰的宗教中）使人从死亡恐惧中获得自由。维尔伯把宗教区分为前理性的、理性的、超理性的（超个人的）三大类。对处于不同发展水平、具有不同病理状况的人，宗教的作用是不同的，宗教对有些人是有益的，对另一些人可能会带来问题甚至危险。前个人、前理性的水平的信仰者的宗教体验多不健康，超个人、超理性的水平的宗教体验多是健康的。唯以法（真理）为究竟皈依处、倡导"以自为洲，以自为光"，以如实知见的智慧自净其心而获解脱为主旨的佛教，显然是内在取向的、理性及超理性的宗教，但未能正确把握佛法义趣的佛教徒的信仰，也可能是外在取向的、前理性的，会带来问题和危险的。

四、正信与迷信

人有宗教需求、宗教情结固属自然，但因宗教信仰本身的神秘性和情感性，由人所创造，作为一种文化体系、社会机构化的宗教，未必都建立于真理的基石之上，其信仰很可能具有虚拟性，而且往往具有专制性，禁止人们对它有批评性的思考。由畏惧、依怙、向上三种心理所生起的宗教信仰和其他信仰，及在此等信仰基础上建立的宗教，在佛教看来都可正可邪，可有益也可有害，或虽非不正、无益而难免产生弊端。即便是含有真理的信仰，当它被人为地法规化、制度化，尤其是因政治力量的扶持尊崇而权威化之后，也会削弱其真理性，扼制思想，助长专制，甚至助长人性的疯狂与残酷，在信仰的执着与狂热驱动下，发起迫害与屠杀。昔人言："礼教吃人"，基督徒和穆斯林之间长达200多年的宗教战争，曾使无数人成为牺牲品。当代一行禅师说：

如果你拥有了一种意识形态并执着于它，认为它是绝对真理，那么你就有可能杀掉上百万人。①

如果将全部的虔诚投入一种具虚拟性、专制性的信仰，则不免迷信之嫌。弗洛伊德指责劝人信奉虚妄并禁止批评性思考的宗教遏制理性，导致智慧的衰竭。基督教便曾以反对科学、迫害科学家著称。弗洛姆分宗教为威权主义和人本主义两种，威权主义宗教以对超人力量的屈服为要素，以顺从为主要德行，其基调为悲哀和负罪感，常否定个人的价值，要人无条件服从某个权威，为非常遥远和抽象的终极目标而牺牲各自的生命和幸福。这种宗教常与不健康的体

---

①［法］一行禅师：《活得安详》，明洁、明尧译，中国国际广播出版社1999年版，第75页。

验相联系，在近世以来遭到诸多先进人士的批判。人本主义宗教以人为本，常与健康的宗教体验相联系，其典型为佛教，特别是注重依靠如实知见的智慧自己解救自己的原始佛教和禅宗。

善良的宗教需求和人为的宗教形式，也容易被一些骗子、恶魔利用为欺世害人的工具，引诱人误入邪教的魔网。诚如阿德勒所说：

人这种动物很易于服从，在任何装出自己有特异神力的人面前，他们都会成为牺牲品。很多人都有不经验证即承认某一权威的习性。①

一般所谓迷信，通常与宗教信仰相区别，指不成体系的某种错误信仰，或以狂迷的态度将某种相对的东西绝对化而痴迷盲信，佛教谓之"邪信"，归于心所法中的"邪见"。《大般涅槃经》卷三十六佛言：

信有二种……一者信正，二者信邪。

信邪，谓确信不正确者为正确。如多数宗教信仰一样，迷信也相信超自然力量，但一般主要祈求解决现实问题，还达不到宗教超越现实特别是佛教出世间的高度。如确信某些数字会带来好运、有些不吉利，遵守某些禁忌，相信占卜、看相、算命等，相信狐鬼树神黄鼠狼，或盲目崇拜某些个人，或崇拜某些没有根据的观念。迷信被现代人指为愚昧落后的表现，其实它在人的认识过程中是一种极其普遍的、寻常的现象，多数群体迷信不被人们所自觉，无根据地崇信权威人物、活佛、明星、大气功师，相信"有钱能使鬼推磨"，确信人死断灭，及唯科学结论是依的"科学主义"，其实都是迷信。迷信不但在古代笼罩社会大多数人乃至全体的思想，在文明高度发达的现代社会仍然颇有市场，被社会心理学列为病态社会心理之一，并被解释为一种群众性的错误感知和认识行为。

心理学家认为，迷信具有精神寄托和调和社会中利益冲突的作用，但在更多情况下有害于心理健康。群体迷信观念容易被野心家、骗子、不务正业者利

---

① [奥] 阿尔弗雷德·阿德勒：《理解人性》，陈太胜、陈文颖译，国际文化出版公司2000年版，第55页。

用为达到个人目的、敛财渔色乃至造反作乱的工具，还可能导致精神病和暴力、性侵犯、杀害、自杀事件。

佛教对传统的、流行的迷信持否定态度，佛经中多处批判相信时辰、星宿等决定人命运的邪见及迷信无益的苦行、禁忌为正道的"戒禁取见"，戒律规定僧尼不得从事迷信活动，佛教徒"不得祠鬼神，不得视吉良日"。《中尼柯耶·狮子吼小经》中，佛说外道信徒也可能认为自己与佛教徒一样信奉导师、教法，持戒、亲近同道，实际上其信奉的教义与佛教有质的不同，不能全面、如实地认识造成痛苦的根源，因而即便精勤修行，也不可能达到他们所追求的涅槃。跟从没有正见、自眼不明的教主、师父，有如跟着瞎子跳火坑。《中尼柯耶·牧牛者小经》中，佛将外道师比喻为不观察有无渡口的牧牛者驱牛过河，会遭灭顶之灾。作为一种社会教化体系的宗教，如果不能以正见指导信仰，难免误导信众，产生负面影响。因此，不能仅就皈依、信仰、持戒、修行等外在形式，认为一切宗教都一样。神教徒往往把自己的终极理想如"全知全能"加之于所信仰的神，实际上是自己造神而信仰之，虽然不无抚慰心灵、道德教化等积极效应，然从如实认知来讲，也不离迷信。这种迷信在大乘、密乘佛教徒中也属常见。

即使打着佛教的旗帜，也不见得都是正道。经论中批评了虽然信仰佛教但知见偏离佛法的"附佛法外道""学佛法成外道"，如印度的犊子部、方广道人等。还有故意打着佛教旗号而行反佛灭佛的邪教，如北魏以杀一人为一住菩萨鼓动人造反的法庆，南宋以来的白莲教、白云宗、糠禅、罗祖教，今之"法轮功"等，所谓"教变为禅，禅弊为魔，魔炽为贼"者。历代政府曾严加取缔镇压，而屡禁不绝，衍生出许多民间秘密道门。佛经中预言，佛灭后末法时期，会有群魔混迹比丘，蛊惑愚人，佛警告后人：学佛一定要以正法为依，万勿盲目迷信、邪信。

佛教列为善心所之首的"信"，仅指正信（正确的确信和信仰）。《佛性论》卷二说正信有四种：一为信有，二为信不可思议，三为信应可得，四为信有无量功德。《成唯识论》解释说，必须具备信实、信德、信能三个条件，才是具

"心澄净性"的信。实、德、能三条件，是衡量信仰心理和所信仰的宗教邪正的标准。

信有实或有体，指所信对象必须真实、实有，非出想象虚构，非错谬偏邪。《成唯识论》卷六：

> 信实有，谓于诸法实事理中，深信忍故。

对实事真理的深信不疑，才叫做信，正信的对象，无论就事和理而言，应该真实不虚，经得起理性和实践的检验。依此而言，上帝、神明等难以经验和理性证实，起码不是人所能了解，未必是可靠的依怙者；逻各斯、大梵、道等在理论上不无漏洞，可由逻辑推理发现其非实在性和不究竟性，也非完全可托付宗教关怀的终极真实。在佛教看来，作为历史人物的佛陀，有据可考，真实不虚，是可信赖、可依怙者。佛陀所示的正法，是建立信仰更为重要的基点，为佛教徒所皈依之"三宝"的中心。《大方便佛报恩经》卷六谓"佛以法为师，佛从法生；法是佛母"。法，指缘起无我等理，是万有本具的真实，并非佛所创造，而是佛通过修证所发现证实，任何人都可通过如法修行去验证此真理，犹如科学家通过实验证明的法则，具有可重复性、可验证性。佛陀强调，对他的教法，须用理性和修习的实践去验证，不要仅仅因为尊敬佛而接受，对任何宗教和学说的怀疑和迷茫，都是正当的。南传《增支部·伽罗摩经》载佛陀教导伽罗摩人说：

> 不要追随传统；不要听信传说；不要轻信与经典相符合的事；不要凭空揣测；不要依据逻辑推理；不要跟随成见；不要相信一个人的表面能力；不要因为他是老师而接受其思想。

但当通过观察、正确的判断和实践之后，确知某事是善良、无害、智者赞美的、做了将导致善和益的，就应该信受奉行。南传《中部》卷一佛教导弟子优婆离"对真理要认真地检验"。《大般涅槃经》卷三十六佛言信有二种：一者信，二者求，若只有对佛祖或师父的信仰，而不以理智推求思考佛法的智慧，此类信仰叫作"信不具足"（不完全的信）。

按此，佛教所谓信有实的正信，唯以正确的观察、判断和实践，证明其有益、属实为根本原则。信有实的实质,是佛陀所一再强调的"如实知见",是确信经得起验证的真理——法。最能说明这一点的是佛教的"四依"法则——依法不依人、依义不依语、依智不依识、依了义经不依不了义经。依法不依人,谓皈依正法即真理而非皈依说法的人,即便是佛、祖师、高僧所说,若不符真理,也不可依;即便是在家俗人乃至外道所说,若符合真理,也应遵依。依义不依语,谓应以佛经所指示的实义即真理为依,而非依语言文字。依智不依识,谓应依依法修证所得如实知见的智慧,而非依由凡夫感知方式所得的知识。依了义经不依不了义经,谓应依明白开示佛法究竟真理(诸佛无我、实相)的经,而非依应机所说、未及佛法究竟义理的不了义经。

当代一行禅师根据传统佛教的这种精神,为其禅修团体定的 14 条戒律之第一条为:

不要崇拜或执着任何学说、理论或意识形态,包括佛教的。所有思想体系都是指导方法,它们不是绝对真理。①

信有德,谓所信仰的对象须实际具有信仰者所认为的能力、性质、德行。佛教认为,佛、法、僧三宝为有德而堪信赖者。《成唯识论》卷六解释:

信有德,谓于三宝真净德中,深信乐故。

佛陀为真实觉悟的大觉者,其德行、品格、思想载诸经籍,真实可靠。佛教不以佛陀为能解决一切问题的救世主,只以佛陀为可信可敬的导师。由佛所宣示的佛法,主要是教人如何自净其心超出生死之道,是佛及其无数弟子实践验证的真理。僧,指依佛法修行实证真理的贤圣僧,具有正知正见及清净不染的德行,为修行的师友和助伴,堪称人中之宝。皈依圣僧,主要是皈依其佛法的正见,其实质亦在皈依法。密乘虽然以上师为皈依之首要,但强调皈依必须建立在对上师的了解上,须互相观察三至十二年,才能决定师徒关系。合格的依止上师,起码应是见道以上乃至八地以上菩萨。皈依上师的本质,仍在皈依

---

① [法]一行禅师:《活得安详》,明洁、明尧译,中国国际广播出版 1999 年版,第 75 页。

上师所传承和证得的佛法。《集一切福德三昧经》卷二教人以病人就医般的心信赖三宝：

于正法中生起药想，于和尚阿阇黎所生起佛想，于自身所起病人想，于说法者起明医想……

信有能，主要是自信，确信自己有能力断恶修善、依真理修行以获得解脱，而非缺乏自信，唯仰赖神佛的救度。《成唯识论》卷六解释：

信有能，谓于一切世、出世善，深信有力能得能成，起希望故。

《胜鬘经》佛言，若佛弟子信仰佛教，应"随顺法智"，修五种"巧便观"：观察建立根意解境界、观察业报、观察阿罗汉潜伏的烦恼、观察心自在乐禅观、观察阿罗汉辟支佛大力菩萨的圣自在神通。如此观察而得理性的确信，乃入大乘道之因。

从大乘如来藏学看，信有能，是确信自心具有佛性，将来必定可以成佛，如达摩所说"深信含生同一真性"。《坛经》劝人受无相三皈依，皈依自性三宝：觉、正、净。谓"自心归依自性，是归依真佛"。密教以归依自性明体（自心佛性）为最深层、最究竟的"秘密归依"。一个由修行开悟而建立确信的人，所信实际上主要是自己或自心佛性。一行禅师说得好，

当佛教徒说"皈依佛"时，他们是在表达对他们自身所具有的理解和觉醒能力的信任。①

从信有实、有德、有能三条件看，佛教在各方面确实不同于容易滋生种种弊端的威权主义宗教，它具有弗洛姆所谓人文主义宗教的诸特征。弗洛姆以早期佛教为人道主义宗教的最好例证之一，诚如他所赞扬：

佛祖是一位伟大的教师，他是一位认识到关于人的存在的真谛的"觉者"。他的教义不是诉诸超自然的力量，而是弘扬理性。他要求人人使用各自的理性去领悟真理，而他只不过是领悟真理的第一人而已……根据佛祖的经义，人不

---

① [法] 一行禅师：《活得安详》，明洁、明尧译，中国国际广播出版社1999年版，第16页。

仅要晓得自身的局限，还必须知晓本身蕴藏的力量。①

早期佛教的这些特征，使佛教在诸宗教中显得非常独特，近代颇有人因而说佛教不是宗教而是哲学，或说佛教亦宗教亦哲学亦科学、超宗教超哲学超科学。梁启超有言："佛教乃智信而非迷信"。爱因斯坦说：源于宇宙万物合而为一体验的佛教，超越个人化的神，避免教条和神学，涵盖自然和精神两方面，应是未来可以应付现代科学进展需求的"宇宙的宗教"。

如果不是像佛教这样强调以理性主导信仰、以实践检验信仰，唯真理是依，教人发展向上心，依靠自己的智慧和力量解救自己，而如威权主义宗教之主要发展依怙心，强制绝对顺从和依赖某一神或某个人、某种思想主义、信仰，便会导致教主崇拜、遏制智慧、压抑人性、极权主义等弊端。尤其是威权主义宗教强调唯有一神、唯此是真，余皆为邪的信仰时，会使信徒的我执和见取见恶性膨胀，煽动起失去理智的、有害的宗教狂热，导演出迫害不信其教者的暴行乃至宗教纠纷、宗教战争，制造恐怖事件，给人类带来灾难。威权主义宗教的教主崇拜、强制顺从，及牺牲自己和世俗利益以求取来世幸福等说教，最容易被骗子、魔头利用以创立邪教，欺世害人，敛财渔色，造反作乱，导演出集体自杀等惨剧。而威权主义宗教因为建立于大多数人的依怙心理之上，多具平民性、通俗性，容易获得世人尤其是社会下层劳苦大众的信奉。一些无正见正智的宗教，也往往将信徒向上的宗教热忱引向歧途，以极大的希望和毅力徒修自饿、自淹、烧身、食粪、自晒、倒悬等种种被佛教斥为无益的苦行。

即信奉皈依佛教，如果不具备正见正智，也难免偏执和迷信，若深入修习禅定，则更有被"魔事"扰乱而发狂、自杀、心理变态、伤身害命、流入邪见的危险。佛教因而特别强调"无智非禅"（《法句经》），并有对治"魔事"的完善方法。

佛教徒中的迷信，主要出在没有普及性佛法教育的北传大乘、密乘佛教

---

① [美] 埃利希·弗洛姆：《精神分析与宗教》，贾辉军译，中国对外翻译公司1995年版，第27页。

中，多数善男信女，皆缺乏佛法的基础知识，只从其依怙心理及敬畏鬼神的低层次信仰出发，将佛菩萨当作能满足其世俗愿求的神明来崇拜、祈祷，其信仰多迷信的成分。依大乘教义，佛菩萨确有利乐众生的多种方便，然须依其本愿而祈求，方可能满愿，诸佛菩萨的本愿各有不同，并非一切佛菩萨都能满足众生的一切愿求。若不依其本愿而祈求，是为迷信。太虚《真佛教徒——即俗即真的大乘行者》①（1924）一文中揭示中国佛教的这种现象说：

> 中国寺院林立，老幼男女烧香拜佛者甚多，考其真能了解佛法意义正信不谬者，则如凤毛麟角。其视庙中所有神像均与菩萨平等，而存一膜拜之观念，逢庙烧香见佛便拜而已；如是界限不明之盲从者，又乌得谓之为佛教徒乎？

此类不合格的佛教徒，在寺庙进香的信众中占大多数，藏传佛教更是如此。直到今天，这种情况尚无多大改变，不少人仍然以多神崇祀的信仰心拜求佛菩萨，将本来应通过自己努力达到的升官、发财、考学、恋爱成功等希望寄托于佛菩萨的保佑，及本来应该医药治疗的疾病，唯求诸佛菩萨或高僧活佛，陷于迷信。

北传佛教徒的迷信，更多表现于皈依僧上，三皈依之皈依僧宝和密教四皈依之皈依上师，所指有实德的皈依对象僧宝、上师，据多种经论所言，皆指见道以上的圣僧，并非一般属于"福田僧""凡夫僧"的僧尼。小乘皈依的僧宝指证得声闻乘四向四果的圣者，大乘皈依的僧宝指初地以上菩萨，密乘皈依的僧宝指八地以上不退转菩萨，但凡夫僧和不具上师资格者，出于名闻利养和占有徒众的欲望，往往将皈依僧解释为皈依他们自己。当今更有一些凡夫僧，出于膨胀的教主欲、名闻利养心，迎合人们的低层次宗教需求及"追星"的时尚，利用种种手段将自己包装为高僧大师，制造个人崇拜，欺世盗名，以相似正法蛊惑初学。这种现象，在佛经中早有预言，禅宗祖师也曾预言后世"邪师说法，如恒河沙"。如果将不具正见及对佛法把握有偏差的凡夫僧当作僧宝来皈依，对其唯命是从，陷入个人崇拜和迷信，则可能导致见地上的偏差，延误

---

① （释）太虚：《太虚集》，中国社会科学出版社1995年版，第292页。

修持。若崇拜教主欲膨胀的邪师，害处更大。按密教说法，崇拜皈依邪师，会打通接受其加持的气脉，其邪气、烦恼会不知不觉进入自身。

藏传佛教徒的"活佛"崇拜，更多迷信成分，所谓某某大成就者转世、某某活佛为某佛菩萨化身之类信仰，从佛教教义来讲，并无多少根据，且明显违背"依法不依人"的原则及佛经中的相关说法。《楞严经》卷六佛言：佛虽派遣许多菩萨、罗汉化身生于末法众生之中，与他们同事，但不可泄露其身份，"唯除命终，阴有遗付"（在临终前可有某种暗示）。但出于民众的信仰需求及当政者的利用，活佛崇拜，已成为一种根深蒂固的传统观念。"活佛"一语，出自清政府的误译，其原语"朱古"，相当于汉传佛教界所谓"再来人"，指生前修行好死后乘愿转生或化身再来人间者。此类人即便真正是乘愿再来，也须修持，未必生而知之，若今生修行未到位，还有退堕的可能，何况活佛未必都是再来人，能明记前世者，在活佛中不及1%。藏人有谚语曰："不通经的活佛，不如通经的扎巴（小沙弥）。"然无知者往往从字面上理解，误认为活佛皆是"活着的佛"或即是某佛菩萨而盲目崇拜。此类迷信，容易被利用来骗财渔色，走向邪教的行径。

从心理学角度看，活佛自幼养尊处优，对其健康成长很是不利。从佛教修持来讲，不经过痛苦挫折的磨练，难以成就菩提。自元代藏传佛教各派普遍实行活佛转世制以来，得成就者越来越少，转世活佛中很少有修得大成就者。当然，有些活佛确实有德有成，可亲可敬，但对此类活佛的遵依，也应该符合佛法强调的依法不依人的原则。

按依法不依人的原则，即便是圣者、高僧、合格上师等皈依处，皈依之要，也是归依他们依法修行所证得的正见，其实质仍是皈依正法，并非皈依个人。如果以某人为信仰对象，会大大降低佛教的神圣性和真实性，会被人视为一种低级宗教。《杂阿含经》卷三十第837经载佛告诸比丘："若信人者，生五种过患"，应对佛、法、僧三宝生清净的正信。三宝中的佛宝，是证得正觉的导师，而非予人祸福的神祇，依佛所示导的正法修行，可证得涅槃解脱，这是对佛宝的正信。法宝即佛所证正法，是如实知见的真理，乃正信的核心。僧宝圣僧，乃依正法修行证得圣果者，应遵依其所修证的正法，不应将其当作神明来崇拜。《大毗婆沙论》卷三十四说到皈依僧时，谓四姓出家之僧"威仪形相皆是有漏，非所归依，所归依者，谓成僧伽学、无学法"①。即便证得阿罗汉果，烦恼的习气未断，人格也未必圆满，何况佛教早已进入末法时期，证得阿罗汉果者几乎没有。

北传佛教徒中，因不知经教、不明佛法而陷入迷信的表现，还有多种。明莲池法师曾批评过认为诵《高王观世音经》可以脱难，及认为朝拜五台、峨眉、普陀三山能免三灾等为迷信。他还批评儒士持佛教准提咒求富贵之举说，准提，梵语原意为清净，是一表清净心的菩萨，以清净心持其真言，始有相应分。《准提经》虽然说持此咒可以满人功名富贵之愿，盖方便诱引之言，以贪图富贵的垢染心持咒以求富贵，难以与清净的菩萨心相应而获得应验。而直到如今，怀着求富贵的贪心修准提法者，尚大有其人。

树立正信，获得可靠的安身立命之本，确实是人生首要的大事，不可草率马虎，不可盲目轻信。而树立正信，不是一件容易的事，需要具有清醒的正见正智，善于明辨是非，抉择邪正。不但要抉择、如实观察所信仰者，而且须冷静观察自己的信仰心理，将迷信、邪信引向正信，将低级信仰引向高级信仰。只有宗教需求、宗教感情而没有选择正信和明师的正见正智，犹如骑手不看路，很可能使信仰带来无益于自己心理健康和损害自他正常生活、不利于社会的弊端，堕于迷信、邪见，乃至误上邪教的贼船，成为骗子人魔的牺牲品。

五、"信为道元功德母"

以正见为导的正信，被佛教强调为进入佛门、得法实益的前提。《相应部》第2品佛言：

---

① 僧伽：意译"和合众"。学无学法：证得有学、无学果的佛法，声闻四果中前三果称"有学"，意谓未卒业，第四阿罗汉果称"无学"，意谓学成毕业。

由苦至信，由信至悦，由悦至乐，由乐至寂，由寂至喜，由喜至定，由定而生如理知见，由如理知见而生厌，由厌而生无著，由无著而得解脱，由解脱而得欲灭，即为阿罗汉。

修学佛法的进程，是由对苦的反抗而产生对佛法的信仰，由信仰而喜欢佛法，乃至由修定慧而证得解脱。诸乘共同的"三十七道品"中的"五根""五力"，以信根、信力为首。信根，谓对佛法清纯无疵的认同、接受、喜欢，这种信仰在内心深处已扎下根，从此信根能自然出生正信等功德，有如从树根出生枝叶花果。《大毗婆沙论》卷一百四十二解释：

于出离远离所生善法，诸信顺、印可、忍受、欲乐心清净性，是谓信根。

信力，谓信根增长，自然产生一种力量，使信心深固难拔，不可动摇，绝不会见异思迁。如《阿毗达磨集异门足论》卷七所言：

一切沙门及婆罗门、诸天、魔、梵，若余世间，皆无有能如法牵夺，是名信力。

有部佛学认为信根有其物质基础（色法），大乘唯识学认为信根、信力皆是信的种子之积集。大乘菩萨行以十信为初阶，十信位主要确立信仰。《华严经·贤首品》偈云：

信为道元功德母，长养一切诸善法……

同经卷七七谓"一切佛兴皆从信起""一切化佛从敬心起"。谓能得见佛、成佛，皆以信和敬为因缘。《大智度论》卷一云：

佛法大海，信为能入……

缺乏正信，不可能深入佛法之堂奥，喻如纵入满地宝石的宝山，若没有一双手去捡取，也无法得到宝石。

正信又分两种：一为舍逻驮（梵文 śraddhā），译"深信""仰信"，一般指由信赖佛、师父、善友而生起的对佛、法、僧的正信。《成实论》卷六谓"随圣贤语心得清净，是名为信"。《大日经义释》卷三云：

深信者，此信，梵音舍椤驮，是依事依人之信。如闻长者之言，或出常情之表，但以是人未尝欺诳故，即便谛受依行，亦名为信。

二名阿毗目底（梵文 abhimukti），译信解、解信，指由深解佛法之理而生起的确信。《大日经疏指心钞》卷十四解释信解为"明见此理，心无疑虑"之信，"如凿井，已渐至泥，虽未见水，必知在近，故名信解也"。

仰信与解信虽然皆属正信，但依人依事而生的仰信，尚非彻底、坚固，只可作进入佛门的拄杖，还须通过听闻、研读、思考和修行验证，对佛法的道理深解明悟，获得解信，直到由亲证真理而确立的信，方为真正的正信。南传《相应部》卷一佛言：

信是人的助缘，事实上，理解才应正确地左右人。

《阿含经》说修行者分为由仰信入门的"随信行"和由解信入门的"随法行"两类，后者较前者为胜。《大智度论》卷七十二谓仅仅闻说而信者，不名为信，"智慧知已，名为信"。建立在对佛法理解之上的信，才是真正的信。《大般涅槃经》卷三十六佛言：

若人信心无有智慧，是人则能增长无明；若有智慧无有信心，是人则能增长邪见。

仅仅有信仰而缺乏深解佛法的智慧，有增长无明之弊，仅仅有智慧而缺乏正信，则容易自作聪明，堕于邪见。无论仰信抑或解信，当信仰确定不移时，叫作"信现观"——直觉的、不须思考的信。这种信牢固不动，确信无疑，对所信深心欢喜，专一不二。据《瑜伽师地论》卷七十一等，信现观，指确认佛、法、僧三宝为唯一的皈依处。《中阿含经·郁伽长者经》卷九说郁伽长者具有对佛法的"欢喜心、具足心、柔软心、堪耐心、升上心、一向心、无疑心、无盖心"，具备了堪受佛法的正信或信现观。

严格地说，真正称得起正信或"信现观"的信，是在依法修行而亲证佛法真理的基础上建立的确信。《大法炬陀罗尼经》佛告帝释：

如来弟子见诸世间犹如幻化，无有疑网。所以者何？彼信如来，即自见法，是故自信，不唯信他……诸佛如来诸有弟子，自见法故，不取他言。

在证得佛法之基础上确立的正信，实际上是自信，非仅仅是对佛或其他人的信仰。惠达《肇论疏》谓"见解名悟，闻解名信，信解非真，悟发信谢"——因听闻佛法获得理解而产生的正信，亦非真信，只有了悟佛法，信仰退位，才是真信。诸乘佛法，皆说见道位初证法性（小乘初果、大乘初地），才彻底断"疑"（对三宝的疑惑），确立真信。天台宗以初步亲证佛法而确立正信为菩萨的十信位，十信之初初信，在断烦恼上相当于小乘初果见道，断疑等三结。《新华严经论》卷十四谓圆教以证得现观真如的根本智（见道）为信心：

> 此经信心，应当如是直信自心分别之性，是法界性中根本不动智佛；金色世界是自心无染之理；文殊师利是自心善简择妙慧；觉首目首等菩萨是随信心中理智现前，以信因中契诸佛果法，分毫不谬，方成信心。

《宗镜录》卷三十二谓圆教菩萨十信之初初发心时，即观本识自性缘起因果之体，同禅宗明心见性，得成正信。同书卷三十七云：

> 无疑曰信，明了曰解，是为一念信解心也。此一念信解心，心同佛心，信齐佛信。

同书卷八八谓天台宗人勤修五悔，一心三谛豁尔开明，圆解成就，不加功力，任运分明，正信坚固，无能移动，名"深信随喜心"，即五品弟子位之初品弟子位。

从唯识学看，信仰和不信仰，皆以阿赖耶识中的种子为因，由于众生阿赖耶识仓库中的种子不同，在宗教信仰上难免有种种差别：或从小便对某宗教特别信仰乃至喜欢出家修行；或容易信仰正教，或容易信仰邪教；或信仰虔诚、狂热，或信仰浅而易变；或主张无神论，不信仰任何宗教。唯识学把有能产生佛教信仰的种子称为"种姓"（梵文 gotra），护法系唯识学根据有障无障、障碍轻重的差别，分众生为声闻、独觉、如来、不定、阐提五种种姓：声闻种姓者容易接受佛说四谛法而求自己解脱生死，独觉种姓者于无佛之世可自悟十二因缘而得解脱，如来种姓者容易接受大乘法修学菩萨道而成就佛果；不定种姓可随机缘而接受任何信仰，阐提种姓（"无出世功德种姓""非涅槃法"）不能接受佛法。实际上，五种姓还应加容易接受外道信仰的"外道种姓"。《瑜伽师地论》卷三十五说种姓有本性住（自然本有）和习所成（后天习染而成）两种。

大乘如来藏学认为一切众生皆有佛性，但这只是一种因性和潜在的可能性，或曰理佛性，正信的实际发生，还得具足诸缘。《法华经》卷一谓"佛种从缘起"。社会的文明发达程度、文化传统、宗教环境、个人际遇等，都是产生信仰的外缘。信佛学佛的条件，经中说有生为人、生中国（佛教流传的中心地区）、诸根具足、未犯五无间罪、净信三宝、值佛出世、值佛说法、佛法住世、信奉佛教、有缘修学十种缘，称"十圆满"。生于地狱、饿鬼、畜生、北俱卢洲（无苦亦无佛法之处）、色界无色界及盲聋喑哑、世智辩聪（世俗的小聪明）、生于佛前佛后则是八种信佛学佛的障碍，称"八无暇"（没有修学佛法机会的八种情况）。

此外，能引导、指导人正确地信佛学佛的"善知识"（良师益友），是信佛学佛的重要增上缘。《华严经》卷六十二称"亲近供养诸善知识，是具一切智最初因缘"，《付法藏因缘传》甚至强调善知识为得道的"全分因缘"，密乘更以找到合格的上师为获得成就的一半。即便有善知识等外缘，若自己缺乏正信种子，或别有障碍，也难以生起正信。同样信佛学佛，因各人心库中的种子不同、根器不等，其信仰的真切度和修学的勤怠，及开悟的顿渐、证果的快慢，亦千差万别。

自治其心，自净其意（上） | 第十二章

从心为主枢、万法唯心的理念出发，佛教教人对异化为外物的自心进行宰制，力做自心的主人。起码应依因果和伦理法则止恶行善，做一个俯仰无愧的好人，获得现前的安乐，进而依佛法的出世间法伏断烦恼，净化自心，由自主其心而臻于涅槃，"得大自在"。

人心，生来是躁动不息、不自主、不平衡、甚难调治的，如《本事经》卷二佛言：

无别有一法，性躁动如心，难调御难防。

然人心也具有念、定、慧、精进、胜解、信等殊胜的功能，使人足以把握自心的运作规律，窥探自心的奥秘，自宰其心，自治其心。这种自宰其心、自治其心的训练，即佛教所谓"修行"或"修习"，《大毗婆沙论》卷一百七十二以"能寂静意"为人类的特性，寂静意，指自治其心令其平静、清净。《增一阿含经》卷四十九佛教导人"当求方便，降伏于心"。《中阿含经》卷二十四《念处经》中，佛陀教导弟子应"以心治心"，就像木匠用绳墨在木料上打上直线，再用利斧斫治令直；又如两个大力士捉拿一名瘦弱的人，随意抓旋处置。《法句经·尘垢品》云：

洗除心垢，如工炼金。

要像冶工炼矿、铁匠打铁一样逐渐清除心中的无明烦恼垢秽渣滓，使心像纯金一样清净。《中尼柯耶·布喻经》中，佛教导比丘要经常保持心的清净，毋令烦恼污染，如保持布的洁白，染色才会鲜明。同经《牧牛者大经》中，佛以牧牛之须知色、通相、除虫卵、治疮痍、放烟熏蚊、知渡处、知饮水处、知道路、知放牧处、挤牛奶、尊重老牛和带头牛十一法，比喻修治自心的方法。《大般涅槃经》卷二十八谓菩萨应"愿作心师，不师于心"。

作为一种极重实践的瑜伽实证体系，佛教开设出多种多样的治理心、净化心的操作技术，成为佛教心理学的主体内容。从心理学角度看，佛教的全部修行体系，都以心理的自我锻炼和治疗为实质，所谓修行、修持，其实质是以佛法如实知见的智慧为导，自治其心、自净其心，将被污染的、不自在的凡夫型心理结构，自觉改造成无污染的、自在的圣智型心理结构。正如宗萨钦哲仁波切《佛教的见地与修道》所说：

佛陀一切的教法都可以认为是训练心的方法。

治理心、净化心之道，也是全体佛学的核心所在，佛教的多数阐释和梳理佛经的重要论著，如《解脱道论》《清净道论》《瑜伽师地论》《菩提道次第论》《密宗道次第论》等，作为佛教徒的修行指南，其内容皆依修行的进程（"道次第"）而展开。大乘唯识学称清净心的进程为"转依"，《摄大乘论》卷三解释：

转依，谓即依他起性对治起时，转舍杂染分，转得清净分。

在感知觉（依他起性）发生之时，用如实知见的智慧将心的杂染分——遍计所起执及由此而生的有漏心舍弃、转化，使自心完全清净，名为转依。

以如实知见的智慧自净其心为旨的佛教修行体系，一般以戒、定、慧三大块总摄之，称"三无漏学"，略称"三学"（巴利文 tisso sikkha），意谓三门到达涅槃必须修习的课目。《楞严经》卷六佛言：

所谓摄心为戒，因戒生定，因定发慧，是则名为三无漏学。

说明三学为一循序渐进的阶梯结构。对修治自心而言，三学是一个从粗至细自治其心、自净其心的进程。三学详析为四念处、四正勤、四如意足、五根、五力、七菩提分、八正道凡七组三十七项内容，称"三十七道品"或"三十七菩提分法"。《中尼柯耶·算术目犍连经》中，佛讲比丘修行应按持戒、守护六根、饮食有节、保持警觉、持念正知、独坐修行、排除五盖、修习四禅的次第，循序渐进。南传上座部佛学依《中尼柯耶·传车经》等，将净化心的进程分为戒、心、见、度疑、道非道知见、道迹知见、知见七级清净。大乘菩萨道除三十七道品外，以布施、持戒、安忍、精进、禅定、智慧"六度"为主，六度实际上是三学的深广化社会化和大众化。《华严经》卷六十三说应该以十种方法修治、净化、开发、照察自心：

应以善法扶助自心，应以法水润泽自心，应于境界净治自心，应以精进坚固自心，应以忍辱坦荡自心，应以智证洁白自心，应以智慧明利自心，应以佛自在开发自心，应以佛平等广大自心，应以佛十力照察自心。

同经卷七六以城喻心，谓学佛者应广修诸行，守护心城、庄严心城、净治心城、清凉心城、增长心城、严饰心城、照耀心城、增益心城、坚固心城、防护心城、廓彻心城、善补心城、扶助心城、广大心城、善覆心城、宽广心城、开心城门、密护心城、严肃心城、决定心城、安立心城、莹彻心城、部分心城、住持心城、富实心城，令心城明了、自在、清净，知心城自性如幻，如是"净修心城"，则能积集一切善法。不但自净其心，而且还要引导、帮助一切众生净化、庄严其心，"当净自心，亦净他心"，由此"净诸国土""庄严佛土"。此乃大乘菩萨行者应自觉承当的光荣使命。

第一节　以正见正志安心

树立正确的知见（人生观、世界观）人生理想和宗教信仰，是治理自心、净化自心的第一步。

一、树立正见正信

自觉地治心、修心，首先需要有正确的见解或人生观和信仰为主导，佛法四谛中道谛之"八正道"，即以正见为首。《中尼柯耶·浮迷经》佛强调，欲获修行功果，首先要有正见，缺乏正见如榨沙取油、挤牛角取乳、凝水取酪、钻湿木取火，终不可得。《中阿含经》卷十八《郁伽支罗经》佛言：

立正念、正智，善自御心，令离悭贪，意无忧戚。

即以如实知见的正智驾御自心，离悭吝、贪婪、忧愁、悲观等不良心态。大乘菩萨行六度强调每一度皆须以般若（如实知见的智慧）为导，有般若如首如目，其余五度如足及"五度如盲，般若如导"之喻。般若智以正见为先，是对八正道中正见义的深广化。

佛教诸乘诸宗所谓的正见，有广狭深浅之别，分多个层次。《杂阿含经》卷二十八第785经佛陀说正见有世间、出世间两方面。见布施必有善报，知世间有阿罗汉已度生死，为世间正见，此正见能使人"向于善趣"，不堕恶道。知晓四圣谛，思惟抉择观察，为出世间正见，可指导人超出生死。《杂阿含经》卷十四第347经佛陀教人"先知法住，后知涅槃"，可以看作学习佛法、获得正见的两阶进程。知法住（巴利文 dhamma-tthiti-nanam），即得"法住智"，主要指通晓世间五蕴六入十八界、业因果报等道理，确信善有善报、恶有恶报。知涅槃，即得"涅槃智"，谓通晓如何获得涅槃的道理，确信四谛十二因缘为颠扑不破的真理，如法修行必能超出生死。真理又分为真、俗两个方面，称"二谛"，知法住属俗谛，知涅槃属真谛。真、俗二谛，实际上是以一缘起法则如实观察的结果：以缘起观一切现象及生死苦恼的因果联系（法相），知因必生果，业果相续，是为俗谛；以缘起观一切现象及生死苦恼的终极本质、不变体性（法性），知诸行无常、诸法无我、涅槃寂灭，是为真谛。通达真谛，须从俗谛入手。

先知俗谛后知真谛，被佛教诸宗强调为学习佛法、树立正见的通途。俗谛，尤其因果业报，是进行道德修养、做好人、自觉持戒的主导，龙树《中观宝鬘论》偈谓"先增上生法，后生决定善"——应该首先明白如何做一个好人，然后才能出生出世间的无漏善。提婆《中观四百论》有偈云：

> 先遮遣非福，中应遣除我，后遮一切见，知此为智者。

谓善于说法教化世人者，首先应让人明白因果报应之理，通晓俗谛，能自觉止恶（非福）行善，其次通晓诸法无我的真谛，最后断除对因果、无我、空等一切见解的执着。宗喀巴《菩提道次第总摄颂》将学佛三要（出离心、菩提心、正见）中的清净正见义以"业果非无我非有"一语总摄之，业果非无为俗谛，实我非有（无我）为真谛，真俗不二，不偏不倚，是为中道正见。天台、华严等"一乘圆教"更强调由对本宗教义的"圆解"而得正见，是"起圆行"（圆满的修行）之前提。《灵峰蕅益大师宗论》卷二有云：

> 先开见地，后可言修证。

在正见基础上建立的对佛法的信仰，称为正信。太虚《世界佛学苑之佛法系统观》说，发起真实的信心是学佛最先决的条件，"但此信心并非泛泛的信仰，而是从研究教理，或实习修行后所得成的真诚确信。谓信三宝、四谛、业果报等，真实不虚"。信心成就，始为真正的佛弟子。其《怎样建设现代中国的文化》说佛教的正信以对佛、法、僧三宝的胜解为前提而建立，"胜解力生，乐欲乃起，信解乐欲心净名信，由智而信，智信一致，非基督教等盲从之信仰，而不违于哲学科学之推究实验"。

正见正信，提供给人以正确的人生意义和人生价值观，使人获得安身立命之本，具有强大的精神力量，在险恶的人生风浪中不致迷失方向，保持健康的心灵，可谓最有效的意义疗法，足以治疗现代人因意义丧失、价值失范而导致的种种精神、心理疾病。如《杂阿含经》卷四十六第1223经佛言：

> 正信于如来，决定不倾动，受持真实戒，圣戒无厌者。
>
> 于佛心清净，成就于正见，当知非贫苦，不空而自活。

谓具有正信正见者，即便穷到身无分文，也是精神上的富有者，其人生不会空过，必然会有意义、有价值。反之，缺乏正见正信，即便富甲天下，也是精神上的穷人，其人生必然是无意义、无价值或负价值，其精神、心理必然难以健康。

二、胜进心、出离心、菩提心

修治自心，还须有充足、持久的动力，能推动人自觉修治自心的动力，要靠理想、信念或信仰来提供。佛教称树立修行的意愿、誓愿为"发心"，说发心是成就理想果实的因、种子。阿底峡据当时印度超戒寺学制，将大小乘佛典中所说的修行道归纳为适宜于下士、中士、上士三等人修习的三级阶梯道，称"三士道"，下士道的修习以胜进心为因，中士道的修习以出离心为因，上士道的修习以菩提心为因。

胜进心，亦译"增上心"，即上进心，指希望改善、提高自己，使现世安乐幸福、有意义，乃至来生后世更加美好的意愿。这是多数人都具有的人生追求，出于人性中向上的本源动力。佛教所谓胜进心，指以如实了知获得今生后世安乐之道的正确人生观为指导的正胜进心。此正胜进心的发起，须认识人身难得易失，极为宝贵，如太虚《优婆塞戒经讲录》所言，"人道为罪福圣凡枢纽。"应该珍惜此生，发挥人类特具的优胜，自治其心，自塑合格的人的形象，使此生过得安乐幸福，有价值、有意义。应观察，人多为善恶兼具、人兽各半的混合体，自心中有烦恼的因种，社会上多钱财声色权利的诱引和贪盗欺诈等恶缘的影响，若无正见、正胜进心，很容易向下沦坠，为非作歹。应观察，善恶业报乃自然法则，不可违逆，作恶不仅损害他人、污染社会，而且自己现前要受焦虑、恐惧、热恼、内疚、恶名、被疏离、法纪制裁、得病减寿等恶报，必然导致身后堕入三恶道的苦果。为人难免一死，死无定期，死时一物也带不走，唯有业随身，生前所造业，必将牵引人再生于六道之中。由如此观察思考，生起自治其心弃恶修善的信念。心理学家解释：信念，是认识（广泛概括和深刻理解）、情感、意志的结合，具坚定性、稳定性，能使人迸发出积极性和坚强的毅力，忍受折磨痛苦，爆发出巨大勇气和能量。

《菩提道次第广论》卷三论述下士道意乐即增上心发起的修法，主要是思考，为人难免一死，死无定期，死时一物也带不走，唯有业随身，生前所造业，必将牵引人再生于六道之中。观想恶业所导致的畜生、饿鬼、地狱三恶道的痛苦情状，生起对死亡及三恶道的畏惧心，由畏惧心的促使，生起希求后世胜进的意乐（意愿），从而修集能招感后世安乐果报的善业。论中依据龙树、提婆、无著等说，强调增上心是发起出离心、菩提心的基础。实际上，希求后世的安乐，与获得今生现前的安乐，应该是一致的。晚近太虚、印光等针对明清传统佛教忽视生与现前安乐而重死与后世胜进的偏弊，强调做好人、恪尽人道，指出过好物质的、伦理的、精神的生活，是学佛的第一步，重死不如重生。这种说法深符佛陀重视得"现法安现法乐"的精神。

出离心，一译"解脱心"，指超出三界生死、解脱世间诸苦、获得涅槃常乐的理想和志愿。此心的发起，要在发胜进心的基础上，进一步观察思考人在宇宙中的地位、人存在的根本问题、人类生命的缺陷，思惟即便行善积德，获得今生后世的安乐，然此安乐终难常保，会被死神夺去，不免生死轮回，应志求渡过生死大海，抵达涅槃彼岸。《菩提道次第广论》卷六述出离心的发起法，主要是依佛法四谛十二因缘，思考生死轮回之苦，省察做人难免老病死等苦，三恶道的痛苦和不自在更远过于人类，即远较人类快乐长寿的诸天，也仍有生死、无常之苦，只要不出三界，便难免没完没了的生死轮回。观察生死等痛苦以自心不了真实而起的无明、烦恼为因，从而立志自净其心，伏断烦恼，永超生死，誓出轮回。这是许多佛教徒发自深心的信仰。

菩提心，亦译"道意"，指普度一切众生皆共超出生死、成就佛果的誓愿，乃修学大乘道的起点。在发出离心的基础上，推己及他，思考全宇宙一切众生生死轮回之苦，以大悲心、报恩心为本，发起尽未来际利乐一切众生、济度一切众生的宏愿。菩提心的内容，佛经中概括为"众生无边誓愿度，烦恼无尽誓愿断，法门无量誓愿学，佛道无上誓愿成"四愿，称"四宏誓愿"，或概括为"上求佛道，下度有情"八个字。《华严经·普贤行愿品》说发菩提心者应修十种广大行愿：一为礼敬诸佛，二为称赞如来，三为广修供养，四为忏悔业障，五为随喜功德,六为请转法轮,七为请佛住世,八为常随佛学,九为恒顺众生,十为普皆回向。同经卷六十二说发菩提心有大悲心、大慈心、安乐心、饶益心、哀悯心、无碍心、广大心、无边心、宽博心、清净心、智慧心十一心。同经卷七八以种种比喻称赞发菩提心的重要和功德,谓菩提心与一切佛法诸功德相等,强调"欲学如来一切智道,先当安住菩提之心",犹如学射箭者先安顿其足。

世亲《发菩提心经论》说由四种思惟发菩提心:一者思惟诸佛,二者观身过患,三者慈悯众生,四者求最胜果。藏传格鲁派等有两种方法观修而发起菩提心:第一种是阿底峡所传七种因果发心法,观圆满菩提从增上意乐(殊胜的志愿)生,增上意乐从对众生的大悲心而生,大悲心从大慈心生,大慈心从报恩心生,报恩心从念恩心生,念恩心从观无尽轮回中一切众生皆曾为自己父母而生。第二种是印度寂天(静命)《入菩萨行论》所述自他相换法,设身处地为众生着想,想象我若是他,体会他所受的苦及希望快乐的心情,从而发起自他不二、"自未得度,先度他人"的菩提心。该论说:

自从发菩提心的当下,即使你在睡觉或散乱,功德力将不断地增长。

藏传佛教制有发起菩提心的具体行仪,格鲁派规定出家修行者须于十二年中专门如法观修,以真实发起深广坚固之菩提心。

菩提心能铸成高尚的情操,提供源源不竭的动力,促使修行者严格要求自己,精勤修行以净化自心,提高成功人生极其需要的"志商"(WQ)。如石法师在《发心对身心之利益》一文中,从心理学的角度,将发菩提心的功能归纳为四个方面:

1. 赋予生命究竟意义、消除深层存在空虚。
2. 形成积极自我期许、全面激发生命潜能。
3. 淡化内心孤独感受、引发同体大悲情怀。
4. 唤醒生命深层需求、加强修行心理驱力。

发菩提心还能以精神能量滋养身体,有益于健康。

第二节　报恩心、责任心、慈悲心的培养

报恩心、责任心,是做人应有的品性,慈悲心更为佛教所重视。智慧与慈悲,被认为是佛教的两大基本精神,尤为大乘道的基础。

一、报恩心、孝顺心与责任心

"知恩报恩"乃佛陀伦理思想的重要法则,被认为是做人起码应具有的道德,《杂阿含经》卷四十七第1264经载,佛在王舍城迦兰陀竹园,有一天后夜时听到野狐鸣叫,乃告众比丘:"那只野狐患了疥疮,因痛苦而哀鸣,若有人能为其治疥疮,野狐必将知恩报恩。但世上竟然有不知恩报恩的愚痴之人,连野狐也不如。你们应当学知恩报恩。小恩尚应报答,终不忘失,何况大恩!"《增一阿含经》卷二十六佛将不知报恩的"无反复"之人列为"不可疗治"的五种恶人之一。《胜天王般若波罗蜜经》卷一佛教人应"受恩常感轻恩重报"。《优婆塞戒经》卷二佛教导在家弟子应"少恩加己,思欲大报"。《优婆塞五戒威仪经》说菩萨对布施供养自己的众生,"应念其恩,若恶心嗔心不念恩报恩者,犯重垢罪。若懒惰不报,犯轻垢罪"。《华严经·如来随好光明功德品》佛教导诸天子:

汝等应当知恩报恩。诸天子!其有众生,不知报恩,多遭横死,生于地狱。

星云法师"人生二十最"有云:"人生最大的拥有是感恩。"

为人所应报答的大恩,据诸经所说,有父母恩、众生恩、三宝恩、法师恩、师长恩、国王恩等。

报恩心与孝顺心密切相关,孝顺,主要出于报恩心。佛陀对于报答父母恩德、恪尽孝道十分强调,认为父母恩重无比,为人子女者无论怎样孝顺也无法

报答。《增一阿含经》卷十一佛告诸比丘：

> 当知父母恩重，抱之育之，随时将护，不失时节，得见日月。以此方便，知此恩难报。是故诸比丘，当供养父母，常当孝顺，不失时节！

同经同卷中，佛告比丘：供养父母与供养一生补处菩萨（候补佛位的大菩萨），皆能令人获大功德，成大果报，"得甘露味，至无为处（涅槃）"。《本事经》卷四佛言人应该对父母"深心尊重，礼拜、供养，以敬爱心亲近而住"。《大乘本生心地观经》卷二说以上妙珍馐、衣服、房舍、七宝等供养百数婆罗门、神仙、善友满百千劫，不如一念住孝顺心，以微少物供养悲母功德的百千万分之一。悲母养育之恩无以为喻，"悲母在堂名之为富，悲母不在名之为贫"。戒律规定，出家为僧尼，必须经父母的同意；出家后若家中父母无人供养，必须承担供养父母的责任。《五分律》卷二十载，比丘毕陵伽婆蹉父母贫穷，欲以衣物供养而不敢，请问于佛，佛集合众僧而告曰：

> 从今听诸比丘尽心尽寿供养父母，若不供养，得重罪。

大乘《梵网经》以孝顺父母、师僧、三宝及正法为戒，其菩萨戒第十三条规定：

> 于父母兄弟六亲中，应生孝顺心、慈悲心，而反更加于逆害，堕不如意处者，犯轻垢罪。

《杂阿含经》卷四记述了一个佛陀成功地劝化不孝之子的故事，谴责不孝养老父的逆子为披着人皮的罗刹（食人恶鬼）。大乘《大萨遮尼乾子受记经》中，佛陀谴责那种娶妇忘母的不孝子女说：若抛弃父母，与自己的妻子儿女过日子，美味饭菜，只知给妻子儿女吃，不给父母，不知亲近扶持年迈衰弱的父母，而与妻儿昼夜不离，甚至偷窃父母财物，供给自己妻儿享用，不听父母善言，唯听妻妾恶语，或袒护妻儿而责骂父母，不知惭愧羞耻，此等众生，应划归劫夺他人的盗贼一类，重重地予以惩治！

作为佛弟子，不但要以衣食财物奉养父母，孝敬关怀，使父母在物质生活和精神生活上获得现世的安乐，而且要为父母的长远利益、究竟利益着想，以佛陀正法劝化父母，令其皈依三宝，去恶从善，依法修持，以获得后世的、究竟的利乐。《本事经》卷四佛说，若父母对佛、法、僧没有净信，子女应该"方便示现劝导、赞励庆慰"，令生净信；父母若无戒，应该劝令持戒；若不知佛法，应劝令听闻佛法；若不喜布施，应劝令布施；若没有智慧，应劝令修学智慧，如是方名真实报父母恩。《不思议光菩萨所说经》佛说偈言：

非饮食及宝，能报父母恩，引导向正法，便为供二亲。

佛陀以其身教，为世人留下孝亲报恩的示范。他成道后不忘父母亲眷，几度回故国看望亲属，为之说法，使他亲族中的许多人都皈依佛教，修行证果。《摩诃摩耶经》载：佛陀为报其生母摩耶夫人生养之恩，特地上升忉利天，为已生于该天的亡母说法。佛灭度后，摩耶夫人从忉利天下，抚佛金棺恸哭，佛以神力，从棺中合掌而起，放大光明，问讯其母，为之说法。佛父王净饭王逝世后，佛率弟子亲赴故国，为亡父抬棺送葬，以尽孝道。《佛说睒子经》中，佛自言：

使我疾成无上正真道者，皆由孝德也。

佛陀教人将对亲生父母的报恩心、孝心，推广及全宇宙一切众生。从佛陀的慧眼观来，在无始无尽的轮回程途中，一切众生皆曾有过父母子女的关系。《大乘本生心地观经》卷二云：

众生恩者，即无始来一切众生轮转五道，经百千劫，于多生中，互为父母。以互为父母故，一切男子即是慈父，一切女人即是悲母，昔生生中有大恩故，犹如现在父母之恩等无差别。

只因众生被无明覆障宿命通，不记得前生曾为父母，不知报恩，乃至反为怨仇。过去之恩犹未能报，不报恩者名为不孝，故"诸众生类于一切时亦有大恩，实为难报"。《梵网经》卷下谓"一切男子是我父，一切女人是我母"，"六道众生，皆是我父母"。《央掘魔罗经》谓"一切男子皆为兄弟，一切女人皆为姊妹"。应像孝敬今生的父母一样孝敬供养一切众生，做一切众生的孝子，为一切众生无条件地服务。我人的生存，任何佛教徒的修道，都离不开众生、社会，众生皆有恩于我，故应普报一切众生之恩，为一切众生谋利乐。

众生中的法师、师长等，为我说法解惑，指导我修行，精心教育、培养我，给我传授真理、知识、技术，教导我正确做人，其恩德仅次于父母，理当尽心报效，尊敬供养。《大乘本生心地观经》中还说应报能以正见如法治世的国主之恩，近现代的弘扬佛法者，多将报国王恩解释为爱国、报效国家，这也是释迦牟尼言教中本有的精神。《增一阿含经》卷二十六等载：骄萨罗国波斯匿王太子琉璃，因曾受辱于释迦族人，继承王位后发愿报复，率大军征伐佛陀故国迦毗罗卫。佛陀出于一片爱国心，尽力劝阻，以爱护族人之情感动琉璃王，使琉璃王两度退兵。后来琉璃王受人教唆，第三次征讨，灭迦毗罗卫国，诛杀释迦族人殆尽。佛闻悉后亲赴故园，为被琉璃王断肢刳目后活埋的五百释迦族妇女说法安慰，令她们皆得生天。

一首《生活在报恩的世界里》说得好：

给遗弃你的人报恩吧，因为他教导了你要自立；

给伤害你的人报恩吧，因为他磨练了你的心志；

给欺骗你的人报恩吧，因为他增进了你的见识；

给鞭挞你的人报恩吧，因为他消除了你的业障；

给绊倒你的人报恩吧，因为他强化了你的能力；

给斥责你的人报恩吧，因为他助长了你的定慧。

最究竟的报恩，是以菩提心为众生说法，劝化其修学佛道。《大乘本生心地观经》说发菩提心，以满三千大千世界七宝布施无量贫苦众生，只名布施波罗蜜多，不名真实波罗蜜多；以妻子、身命布施，但名亲近波罗蜜多，不名真实波罗蜜多；"发起无上大菩提心，住无所得，劝诸众生同发此心，以真实法一四句偈施一众生，使向无上正等菩提，是名真实波罗蜜多"。前二布施未名报恩，修第三真实波罗蜜多，是名真实能报四恩。

《菩提道次第广论》卷八述发菩提心修报恩法为：先修念恩，观一切众生为母，想现在的母亲慈爱之恩；次思无始以来，我母甚多，皆如现在，有大恩于我，哺乳暖体，口拭涕秽，手擦屎尿，饥渴时予饮食，寒冷时给衣服，困乏时给财物，皆是自己未舍得用者。又此资财，皆辛苦得来。若有病苦，宁可自病自苦，实愿替代，用尽方法为儿女除苦。"一切损害悉皆救护，一切利乐悉皆成办。"次于父亲等亲友修念恩；次于怨家等修念恩；于十方一切众生皆观如母而修念恩。

念恩心生起后，观修报恩，想我等由生死轮转而不相识，如《弟子书》所言：

诸亲趣入生死海，现如沉没大水中，易生不识而弃舍，自脱无愧何过此！①

《无边功德赞》谓舍弃慈悲饶益我的父母亲属而只管自己解脱，是错误的，应该发愿度脱一切无怙无依的众生。《龙王鼓音颂》云：

大海及须弥，地等非我担，若不知报恩，即是我重担。②

不知恩报恩，是比大海、须弥山还要沉重的重担，应观想自己的母亲因迷盲趋向悬崖险处，我若不救，更望于谁？从而发起誓愿度一切如母众生至于涅槃的大菩提心。

至于佛、法、僧三宝，全身心为众生服务，报众生恩，能予众生以最究竟的利益，众生更应报答其深恩。《大乘本生心地观经》卷二说三宝譬如世间第一珍宝，具足十义：一为坚牢，如摩尼宝，外道天魔不能破坏；二为无垢，远离烦恼尘垢；三为与乐，如天德瓶，能与众生世间、出世间安乐；四为难遇，如吉祥宝稀有难得，业障众生亿劫难遇；五为能破，如如意宝，能破贫穷；六为威德，如转轮王轮宝，能伏众怨，降伏四魔；七为满愿，如摩尼珠，随心所求皆能满愿；八为庄严，庄严法王菩提宝宫；九为最妙，如天妙宝，超出世间最胜妙宝；十为不变，如真金入火不变，八风不动，利乐有情暂无休息。如此深恩，理应报答。

佛教还将报恩的范围扩展到自然界及人类以外的天神等众生，《梵网经》卷下从无始轮回的角度，说"一切地水是我先身，一切火风是我本体"，皆曾经滋养过我，因此应报其恩。现前的天地日月、大地山河草木空气等，也都对

---

① 宗喀巴：《菩提道次第广论》卷八。
② 宗喀巴：《菩提道次第广论》卷八。

我等有深恩。密教《供养十二大威德天报恩品》卷一：

> 地、水、火、风、日月诸天，皆有内外养育之恩。

报自然界恩的方式，应是热爱自然，保护环境。西方心理学家提倡"存在性感恩"——或对神感恩，或对大自然、历史、父母、宇宙感恩，感恩可能从宗教形式引导到包容一切的爱和想为人类、为世界做好事的冲动及报答的渴望，甚至责任感。这种存在性感恩，能将英雄和谦卑融合于一体。

责任心，是现代心理学所说健康心理必具的重要心理素质之一。力尽社会责任，以发达人生、净化人间、建设人间净土为己任，乃佛陀教义的基本精神。佛教本义，并不像一些中国儒士所理解的那样不管现世生活只谈出世间的事，从释尊的言传身教看，他并非只管出世间的山林瑜伽士，而是一位以医治众生心病为己任的大医王，一位极度热心于社会教化、人间建设的法王。佛陀成道后深入人间化导众生，四十余年诲人不倦，直到临终还在说法。不仅说四谛十二因缘等法教人自净其心超出生死，而且谆谆教诲青年、妇女、长者等在家人如何营生治事、持家理财、交友尊师、父严子孝、夫妻和谐，过好世俗生活，获得现世、后世安乐。居家生活的重大问题，是处理好各种人际关系，尽到应尽的伦理责任。《善生经》言，佛陀教导青年善生，应供养父母、师长、妻妇、亲族、仆使、沙门六方，还详悉讲述了处理好这六大人伦关系的准则。按佛陀之说，这六大人伦关系的双方，都各自有其伦理责任，应互相关怀，各尽其责。大乘经中，佛教导菩萨，对所有众生应奉事服务，如仆事主。

佛陀还多次教导频婆娑罗、波斯匿、阿阇世等印度名王如法修身治国，推行民主法治，以十善导民使人民丰衣足食，社会祥和安定。佛陀不仅每天耐心教诲众多前来求教的人们，而且谙知时事，关心民众疾苦，为民众排忧解难。如，释迦族与拘利族争水，佛陀特地远道赶去调解；毗舍离城瘟疫流行，佛陀不怕被传染，专门进城去安慰教化病人。

佛陀以其身教表明：力尽社会责任，关心民众生活，乃佛法之正旨。当年佛陀门下众阿罗汉，也并非自了汉，而是各自深入民间，广交朋友，化导民众。隐匿深山大寺只图自了生死不管世事，乃后世一类佛教徒的作为，是在特定的历史条件下形成的风气，大乘经中呵斥此类人为"焦芽败种"。至于在家人学佛后不管家庭社会，更是违背佛陀所示的在家学佛之道，是闻法学解不够或对佛法理解片面浮浅所致。

大乘道要求菩萨行者以最彻底的报恩心、无缘的大悲心，勇敢地肩负起利乐尽法界众生、度化尽法界众生共趋佛道、庄严尽法界国土的重任，《华严经》教导菩萨应发愿"与一切众生为依，为救、为归、为趣、为炬、为明、为照、为导"，为一切众生做舍、归、趣、安、明、灯、导师，"大燃正法灯"为众生"永作照明"，"兴造大法船"渡众生皆出苦海。通过利益众生的不断修行，广结善缘，多积福慧，引导无量众生共趋善道、佛道，一步步实现"净诸世界""庄严国土"的宏愿。

人间的社会责任，是身在人间的学佛者首先应尽好的最起码责任。《央掘魔罗经》说菩萨为度众生，应负荷不顾身命、不畏毁骂、不弃下劣形残、不弃边地多恼之处度化众生的"四担"。明憨山自题《曹溪影堂法相赞》云：

无论为俗为僧，肩头不离扁担。若非佛祖奴郎，定是觉场小贩。

不入大冶红炉，谁知他是铁汉！①

近代以来，佛教界大德针对中国佛教的积弊所提倡的"人生佛教""人间佛教"，是对佛陀原旨的复归。太虚大师强调学佛要尽心"服务社会，替社会谋利益"，"以爱国心为前提"，"一致奋起建设光荣的国家"，变浊恶的人间为庄严之净土。人间佛教"乃是以佛教的道理来改良社会，使人类进步，把世界改善的佛教"。②

依人间佛教的精神，一个人起码应先尽好应尽的家庭、社会责任。努力学习、工作，在各自的岗位上尽职尽责，为社会贡献物质、精神财富。在家庭中敦伦尽分，孝养父母，教育子女，和睦家庭，关心帮助亲朋邻居、同学同事，待人热情礼貌，为人坦诚谦和。总之，要在家庭和社会上做一个好人，做一个

---

① 〔明〕福征：《憨山大师年谱疏》卷首，新文丰出版公司1984年版。
② 太虚：《怎样来建设人间佛教》，《太虚大师全书》卷25，宗教文化出版2005年版。

无任何亏欠而有所奉献的人、一个俯仰无愧的人。至于出家佛弟子，虽然不一定要直接承担家庭责任、担负社会工作，也应好好修行，做寺庙的优秀管理者、佛教徒的佛学教师，以报答家庭和社会。没有先做好人，生活过不好，社会责任尽不到，居不遑安，潜意识里难免常有负债感，即便学佛打坐、出家住庙入山，岂能平心静气放下一切而入定发慧？

佛教，顾名思义是以佛的觉智教化世人向善、向上。促进社会精神文明建设，平衡社会人心，培养英雄贤圣，乃是佛教的天职。这一责任要由每个佛教徒来承担，首先从教化自己做起，依佛法修持，尽职尽责，生活得好，奉献得多，表现出高尚的精神、完美的人格、超群的智慧、利人助人的赤肠热心，自然会成为周围人众的榜样，佛法的光辉会从自己身上向外辐射，如日普照，吸引、带动人们向善学佛。按佛经中的要求，一个在家佛弟子除自己精勤修行外，还应时常主动地以"四摄法"摄引、教化周围的众生，"随所住处为众说法"，随众生的过失和接受能力导以正道，若不如此，是为失职，"而是菩萨则为诸佛之所呵责"。以"一禅二诵三劝化"为正业的出家僧尼，是职业的道德劝化师，其教化众生的担子更重。

作为人类最高智慧成果之一的佛教，还应负起指引人类文明航向，使全人类向上、全世界严净的重任。在人类文化体系中，只有佛法以全宇宙十法界为座标俯瞰人生，对人在宇宙中的地位、处境及人的自性潜能、终极归趣有清澈的认识，对人间的缺陷和人类文明的弊病有深刻的揭露批判，并以承担人类终极关怀、度尽众生、庄严一切国土为己任。如此智慧胸怀，理当担荷引导和改造人类社会的超级重任，而不应只作满足少数厌世阶层心灵需要的清凉剂、社会文化橱窗里的装饰品。佛教、佛教徒应自觉肩负这一光荣的文化使命，面向全球，面向未来，开阔视野，以开放的心态、清醒的时代意识，紧扣人类文化重建的根本问题、切要问题，以种种方便努力弘扬佛法，使世人广泛了知佛法的智慧。这是佛教对人类社会义不容辞的责任。

二、慈悲心的培养增广

慈悲心，是佛教千经万论、诸乘诸宗所大力宣扬倡导的精神，为善心所中最重要者。慈悲心是人心中开放的美丽花朵，它使人心放射出温暖的光明，是人能够向上提升直到结出佛陀智慧之果的佛性种子。

经中记载佛在很多场合劝人宅心仁慈，赞叹慈悲的功德，指出与慈悲相反的"毒害"之害处。《本事经》卷二佛说慈心解脱于一切修行中最为第一，如诸星中明月之光最为第一。《正法念处经》卷六十一佛称悲心为无穷尽的珍宝，偈云：

若悲心庄严，则为人中天。若人无悲心，是则常贫穷。

谓具有悲心的人应被看作人中的天神，慈悲是人心中最珍贵的财富。《大集经》卷二十三说修慈者现前有安祥自在、不见恶梦、无所乏少、诸天守护、人天乐见、不病、得供养等功德。《胜集密教王五次第教授善显炬论》卷三谓"悲心即是俱生大乐"，意谓悲心是心性或人性本来具有的，对众生的悲心能在深心产生涅槃大乐。

以深彻的慈悲心关怀众生，乃释迦牟尼精勤求道、热情教化，直到临终犹说法不倦的动力所在。佛陀对众生的悲悯，常以父母怜爱子女来比喻。《增一阿含经》卷四十七谓佛"愍念一切蜎飞蠢动，如母爱子，心无差别"。《大般涅槃经》卷三十二偈谓"佛见众生烦恼患，心苦如母念病子"。这种无量的、没有分别（无缘）的慈悲，称"大慈大悲"，是佛的心理、感情特征，《观无量寿经》谓"佛心者，大慈悲是"。《大般涅槃经》卷十五称慈为诸佛境界、众生佛性、大空、常、佛、法、僧、道、如来等。同经卷十一佛言：

三世诸世尊，大悲为根本。

佛陀以哀悯众生的大悲心为出发点，精勤求道，最终成就佛果，故大悲实为诸佛之根本。《宝雨经》卷五详说佛的大悲为三十二种。

佛陀谆谆教诫人们：应常怀慈心，关怀周济老弱贫病。《佛说阿难四事经》

佛言：

当以慈心育养幼弱，见禽兽虫蛾下贱仰人活者，常当愍念，随其所食，令得苏息。

佛陀教诫徒众：要时常观照自心，对治毒害、冷漠、嫉妒、吝啬之念，护惜慈悲喜舍之心，令其不断增长、无限扩大、极其坚固，铸成以慈、悲、喜、舍为特性的高尚人格。在《阿含经》中，佛陀多次教导弟子，要令慈悲喜舍广大、无二、无量，遍满一方、二方、三方、四方乃至十方，遍满世间，对任何众生都无怨、无恨、无恼、无嫉。佛陀教给徒众增广慈悲喜舍、对治嗔恨嫉妒的禅定修持法——"四无量心观"，是诸乘禅法中十分重要的一项课目。此观又名"四梵住"（巴利文 brahma-vihāra），谓四种梵天王（色界初禅天之主）的心境或生于梵天必须安住的心境。慈、悲二观，主要对治愤怒嗔恨，具体通过想象由亲至疏、由近至远的一切众生，将慈悲喜舍心逐扩展至无量无边，是一种铸造良好心理素质的高级技术。《本事经》卷三佛言：

于慈悲观，若修若习，若多修习，决定能断一切嗔恚。

按南传佛学论典，慈无量心观的修习，大略分五步：

1. 先推己及他，生起"希望我获得安乐幸福"的意愿，体会自己希望安乐、不愿受苦及无怨害恼怒、慈爱喜悦的心情。

2. 想象自己最敬爱的人，对其生起慈爱心，祝愿其获得安乐幸福，想象其享受安乐幸福的喜悦心情。

3. 再想象与自己关系一般、无爱无憎的人，对他们生起慈爱，想他们也一样希望安乐幸福，祝愿他们获得安乐幸福，想象他们获得安乐幸福的喜悦心情。

4. 想象冤家仇人，对其生起慈爱，想他们也希望获得安乐幸福，祝愿其遂愿，想象其获得安乐幸福、无忧恼嗔恨的喜悦心情。

对以上四类人修观时，要多次更换对象，对所观每一个人，修四种慈心：愿此人免除灾难，愿此人免除精神痛苦，愿此人免除身体痛苦，愿此人平安快乐。

5. 逐渐扩大慈心所被的范围，从一方扩展到十方，令慈心周遍于全宇宙一切众生，平等无别。如《中阿含经·降魔经》中佛所教导：

> 汝等当以心与慈俱，遍满一方成就游，如是二、三、四方，四维上下、普周一切，心与慈俱，无结、无怨、无恚、无诤，极广、甚大、无量，善修遍满一切世间成就游。

悲无量心观修习亦分五步：

1. 回忆、思考自己受过的痛苦，体会痛苦时需要别人同情、帮助解脱痛苦的心情。

2. 选择一位同性别、正在受苦的人，想象其痛苦，生起悲悯，祝愿其解脱痛苦，想象其解脱痛苦后的安乐。

3. 如修慈无量心观那样，依次对所敬爱者、无怨无爱者乃至怨仇者一一观修悲心。

4. 想有些人虽然现在幸福或没有痛苦，但终不免老、病、死及轮回之苦，故一切众生都是可悲悯者。

5. 观想悲心逐渐遍满于全宇宙一切众生。

大乘经中，更常教导菩萨行者，要将慈悲心增广至极，对一切众生的苦恼感同身受，常怀大慈大悲之心，时时处处唯以拔苦与乐、利乐众生为念。《无量寿经》佛陀教菩萨应该：

> 以不请之法施诸黎庶，如纯孝之子爱敬父母，于诸众生视若自己。

《小品般若经·深心求菩提品》佛陀教导菩萨：

> 见一切众生受诸苦恼，如被刑戮。

应该见他苦如己苦，亟欲设法救度，乃至不畏艰险，深入三恶道等苦海最深之处，以身为质，代诸众生受苦，令众生获得解脱安乐。这样的慈悲心，才堪称无量无边、破骨彻髓的大慈大悲。

另一方面，大乘又强调须将慈悲心与不着一切、空、无所得的智慧相契合。《大般涅槃经》卷十五佛陀说无缘慈，谓由见自心及所缘众生、所施财物等因缘生、无自性，而"不住法相及众生相"，不执着于能慈所慈、能悲所悲

等,是名无缘。《大树紧那罗王所问经》佛言:

若解知于空,彼自了无我,是为最上慈。

只有这种无缘的慈悲,才与本性真如相契无间,才能像真如一样普周法界,无限无碍,才能像真如一样清净无杂,不被毒害、嗔恨、嫉妒等烦恼所扰乱、拘限。

大乘四无量心观的修习,与小乘大同小异。《菩提道次第广论》说发菩提心时,须修慈心,思念应如何令不具足安乐的众生获得安乐,先于亲,次于中,次于怨,次遍一切众生,数数思惟其苦,生起悲悯心、与乐心。次修悲心,念云何令具苦众生离苦。修到对一切众生的痛苦感同身受,视一切众生犹如爱子时,如《修次初篇》云:

若时犹如可意爱子,身不安乐,如是亦于一切有情欲净其苦,此悲行相任运而转,性相应转,尔时即是悲心圆满,得大悲名。

由修如是大悲心,立誓拔济一切众生,愿求无上正等菩提,使这种菩提心成为自然,不须策励,时常生起,铸成一种大慈大悲的心理结构。

大乘修慈悲心还用"自他相换法",如《入行论》偈云:

若有欲速疾,救护自及他,彼应自他换,密胜应受行。

改换爱着自己、弃舍他人的分别心,发心爱他如自、弃自如他。对我爱视如怨敌,灭除爱重我之安乐,于他爱执见为功德,灭除弃舍他人痛苦,于除他苦殷重修习,不愿自乐而除他苦,愿以一切布施众生。

当今心理治疗也认为心理医师应有一股热心肠,以一种亲切的、温和的态度对待病人。深受佛教等东方宗教精神影响的超个人心理学,特别强调不将当事人完全看成"他人",而是自然地形成一种加入感情中心的、富于同情心的气氛。

第三节 以正戒约束心

按佛教制度，学佛者应皈依佛、法、僧三宝，自觉求受佛陀正戒，首先以戒律的规范约束自己的言行，制约心的粗显活动，令不作诸恶。

一、戒——防非止恶

戒的梵巴语尸罗（śila），又译"禁""禁戒"，意为保持正确的、善的行为而形成习惯。戒的作用首先是"防非止恶"，防范、制止有损于自他的恶业。持戒（遵守戒规）为"三学"之首，称"增上戒学"，被强调为修学增上定学、慧学的基础，被比喻为比丘的头和足，生长世间、出世间一切善根的田地，制服像劣马一样难以驯服的"心马"之缰辔。《中尼柯耶·跋陀利经》佛教导不遵守戒律的跋陀利比丘：就像一匹马要经过各个阶段的训练，具备了十种优良品质，才能成为国王的宝马，一个人只有经过持戒等修行的训练，才能获得正智、正解脱，成为众生的福田。《正法念处经》称持戒为做人应该具备的起码资格，斥责"一切破戒者，则如狗不异"。《优婆塞戒经·五戒品》说受优婆塞戒的居家佛弟子若不守戒而"行于非法，不名为人"。经中教诫佛弟子应像爱惜自己的眼珠一样爱惜禁戒，应像横渡洪流者保护自己的浮囊（救生衣）一样护惜禁戒。

佛教的戒律有五戒、八关斋戒、沙弥戒、沙弥尼戒、比丘戒、比丘尼戒、菩萨戒、秘密三昧耶戒等多种。其共同的基本精神，可以总摄于所谓"七佛通戒偈"：

诸恶莫作，众善奉行，自净其意，是诸佛教。

此偈在《阿含经》中多次出现，意谓自觉净化心意，不作任何有损于自他的恶业，力行诸善，是诸佛共同的教诲。据《增一阿含经》卷四十四，释迦牟尼佛的通戒偈为：

> 护口意清净，身行亦清净，净此三行迹，修行仙人道。

谓净化身口意三业，不令烦恼恶业污染自心，是戒律的基本精神，也是过去的修道者共同遵循的途径。《经集·戒行经》所举戒行有尊敬长者，听从师教，坚守正法，抛弃嘲笑、啰嗦、悲叹、卑劣、欺骗、虚伪、贪婪、骄傲、抱怨、粗鲁、堕落、愚痴，摆脱迷妄，思想坚定，勤学知识，热爱正法，等。各种戒律所制止的恶业和励行的善业，以十恶、十善为主为本。《十善业道经》谓人身、天身、声闻菩提、独觉菩提、无上菩提，皆依十善业而成就：

> 何等为十？谓能永离杀生、偷盗、邪行、妄语、两舌、恶口、绮语、贪欲、嗔恚、邪见。

十善业各分止恶、行善两个方面，如不杀生而仁慈护生、不偷盗而廉洁、不邪淫而贞洁、不妄语而常作真实语等。十善业为天乘法的主要内容，也是其他各种戒的核心。《大智度论》卷四十六说：

> 戒律中戒虽复细微，忏则清净；犯十善戒虽复忏悔，三恶道罪不除。

虽复细微的戒律中戒，指比丘、比丘尼戒中有关僧尼日常集体生活纪律的条文，称"遮戒"——是佛为维持僧团的清净而制定的；十善虽非专门的戒，而为"性戒"——按因果法则，违犯者自然会遭受恶报，与佛是否制定、当人是否受戒无关。

发胜进心而求今生后世安乐的在家佛教徒（优婆塞、优婆夷，即男女居士），一般持守不杀生、不偷盗、不邪淫、不妄语、不饮酒五戒，第五不饮酒为遮戒，现代弘法者多释为不用麻醉品，此戒是佛为避免因饮酒而引起其他的恶业而制定的。《优婆塞戒经·受戒品》说受大乘优婆塞戒的前提，是先供养父母、师长、妻子、善知识、奴婢、沙门婆罗门（出家修道者）六方，尽好各自承担的伦理责任；次当皈依佛、法、僧三宝，此亦称三皈依戒：

> 若归佛已，宁舍身命终不依于自在天等；若归法已，宁舍身命终不依于外道典籍；若归僧已，宁舍身命终不依于外道邪众。

次受持五戒，另有有乞必给、依法纳税、不犯国法等规定。

发出离心而求解脱生死的在家佛教徒，除持守五戒外，还可求受"八关斋戒"。此戒是专为在家人所制的一种短期出家戒。只限于斋日的一日一夜间持守，戒规八条：五戒加不涂饰打扮及观听歌舞、不眠坐高广华丽之床、过午不食。其中，第六戒或作不以花、璎珞、香等装饰自身及不歌舞、不往观听歌舞。

出家僧尼持守的戒律，比在家佛教徒要严格得多，具有明显的禁欲主义性质。初出家的沙弥、沙弥尼受持不杀生、不偷盗、不淫、不妄语、不饮酒、不涂饰香花鬘、不歌舞及往观听、不坐高广大床、过午不食、不捉金银财宝十戒，其内容以禁绝声色货利的污染为实质。受"具足戒"圆具出家修道者资格的比丘、比丘尼，持守的戒条更多。中国僧尼持守的《四分律》所载比丘戒有250条，比丘尼戒348条。僧尼具足戒的内容包括两部分：一是用以防非止恶的禁戒，亦称"波罗提木叉（梵文 prātimokṣa），意译"别解脱"，谓解脱烦恼的必由之径；二是律仪，乃关于僧团集体生活的纪律、礼仪的规定。别解脱戒又分两方面：一方面名"止持戒"，谓制止诸恶，以不行淫（性交）、不偷盗、不杀人、不妄语四戒为根本，称"四波罗夷"，意译"四重禁"，违犯者要失去做僧尼的资格，有如断头。此外较轻的戒有不手淫、不以淫欲心触摸异性身体、不破坏僧团团结、不贩卖、不故作妄语、不毁谤他人、不断畜生命、不饮酒、不骂詈等。另一方面名"作持戒"，为关于必须积极行善的规定。

二、菩萨戒、秘密戒及戒律治心的殊胜

发菩提心志求佛道的上士，可以自愿求受菩萨戒。《瑜伽师地论》卷四十分菩萨戒的内容为三部分，称"三聚净戒"。

1. 摄律仪戒，实质为防非止恶，包括五戒、八关斋戒、沙弥戒、具足戒等。《梵网经》菩萨戒列举十条重戒：不杀、不盗、不淫、不妄语、不沽（卖）酒、不说四众（出家僧尼）过、不自赞毁他、不悭惜财与法、不嗔心不受悔（不原谅别人）、不毁谤三宝，另有不饮酒、不食肉、不食五辛（葱韭蒜等）、

不畜杀具（凶器）、不放火、不两舌（挑拨离间）、不复仇、不损害众生等四十八条轻戒。

2. 摄善法戒，相当于作持戒，必须行善的规定，如《梵网经》菩萨戒中的敬师友、往听说法等轻戒。

3. 饶益有情戒，又称"摄众生戒"，必须利益、教化众生的规定，如《梵网经》菩萨戒中的看护病人、救赎人、化众生等轻戒。《瑜伽师地论》卷四十所列饶益有情戒有帮助众生做有义利的种种事业、看望侍奉病人、为众生应机说法、报恩、救护厄难、资助安慰贫困众生等十一相。

《华严经·离世间品》说菩萨有不舍菩提心、远离二乘地、观察利益一切众生、令一切众生住佛法、修一切菩萨所学、于一切法无所得、以一切善根回向菩提、不着一切如来身、思惟一切法离取着、诸根律仪十戒，最能代表菩萨戒的基本精神。《梵网经》卷上说初发菩提心者应常持一"金刚光明宝戒"：确信一切众生皆有佛性。卢舍那佛偈云：

汝是当成佛，我是已成佛，当作如是信，戒品已具足。

称此戒为一切佛、菩萨之本源、佛性种子。又说菩萨从初发心到入初地见道，依次修心，入四种忍：于坚信忍，修舍心、戒心、忍心、进心、定心、慧心、愿心、护心、喜心、顶心；于坚法忍，修慈心、悲心、喜心、舍心、施心、好语心、益心、同心、定心、慧心；于坚修忍，修信心、念心、回向心、达心、直心、不退心、大乘心、无相心、慧心、不坏心十种金刚心，入坚圣忍，证入初地。

密乘行者在持守菩萨戒的基础上，还受持密教特有的秘密三昧耶戒（意为平等本誓）。《大毗卢遮那成佛神变加持经·受方便处学品》说修学密法者所守三昧耶有四重戒：不舍正法、不舍离菩提心、不悭吝一切法、不恼害众生。此四重戒"乃至活命因缘，亦不应犯"，犯者则失去修学密法的资格。密乘还有十重戒、八粗堕、十四根本戒等三昧耶戒。多种秘密三昧耶戒，又可以一不舍离菩提心戒或一佛与众生身口意三密绝对平等戒（"三平等戒"）而总摄之。

大乘菩萨戒与小乘僧尼戒相比，有四点显著的区别：

第一，与声闻戒以防非止恶、严格律己为出发点不同，菩萨戒以度化、利益、随顺众生为出发点，只要出于利益、摄化众生的动机和特定条件下的必要，即杀、盗、淫、妄等性戒，也可以违犯而不算犯戒，称"开遮戒"，意谓可根据具体情况灵活遵守或不遵守。《瑜伽师地论》卷四十一云：

> 若诸菩萨安住菩萨净戒律仪，善权方便，为利他故，于诸性罪少分现行，由是因缘，于菩萨戒无所违犯，生多功德。

菩萨戒还要求积极去做对众生有益的一切善行，《摄大乘论》卷下谓"一切饶益有情无罪身语意业，菩萨一切皆应现行，皆应修学"。

又，菩萨戒出于于长劫入生死中摄化利益众生的立场，不急求断尽烦恼、人欲；而小乘戒出于即生断尽烦恼、出离生死的立场，要求必须严守诸戒，不许违犯。

第二，小乘戒仅约束自己的身口二业，只有形成言行才会犯戒；菩萨戒则戒及意业，制止属于烦恼的意念，如比丘戒以性的接触为犯轻重淫戒，菩萨戒只要意念涉及性，甚至隔墙听到异性的声音而起分别心，便是犯戒。《摄大乘论》卷下谓"菩萨具有身语心戒，声闻唯有身语二戒"。就此而言，菩萨戒在治心上比小乘戒更为严格。

第三，菩萨戒虽然戒及微小的起心动念，十分严格，但即便犯了最重的戒，也容许忏悔，而比丘戒、比丘尼戒有"不可悔罪"，犯者须逐出僧团。忏悔可以减轻乃至消除罪业。《大宝积经》卷九十云：

> 若诸菩萨于大乘中发趣修行，日初分时有所犯戒，于日中分不离一切智心，如是菩萨戒身不坏。

《大宝积经·优波离会》说，受菩萨戒的比丘若犯比丘戒中最重的四波罗夷罪（淫盗杀妄），应在十位比丘前殷重忏悔；犯五无间罪（杀父奸母等）应在三十五佛前昼夜殷重忏悔。

第四，与小乘戒注重事相不同，菩萨戒注重以空、无我相应的般若智为导，灵活持戒，不执着于能持所持及持戒犯戒的功德、过失，不执着于戒律的形式和条文而重在戒律的精神。《大般若经·学观品》云：

> 应以无护而为方便圆满净戒波罗蜜多，犯、无犯相不可得故。

真正的持戒，是观诸法本空之真理，《大乘本生心地观经》卷三偈云：

> 若有清信善男子，日夜能观妙理空，一切罪障自消除，是名最上持净戒。

《瑜伽师地论》称不起一切烦恼，不起我、我所见，为"胜义律仪""无漏尸罗"。中国佛教天台宗、禅宗等，从烦恼即菩提的圆满见地出发，制有更为灵活、不拘形式的戒律。天台宗有"圆顿戒"，禅宗有"无相戒"，以皈依自心三宝，念念明见自性、不被烦恼污染为要，而不重在事相上分别计较。元高峰妙禅师答"大修行人为甚不守毗尼"问曰："为伊不识好恶。"意谓只管见性而不分别善恶持犯。

当代一行禅师根据佛陀戒律和大乘、禅宗戒，为适应现代生活和现代理性，为其禅修团体制定 14 条戒，重要者如不崇拜执着任何学说；不要认为现在掌握的知识是绝对真理；不以任何手段强迫别人接受自己的观点；不囤积钱财；不让怒火和嗔恨在心中停留太久；不让自己迷失在散乱和周围环境中；不讲导致团体破裂的话、仇恨的话、不实之语，永远、有勇气说真实语、利益语；不利用佛教团体谋取个人利益；不从事对人类和自然有害的职业；不杀生；不侵占属于别人的东西；不虐待自己的身体。台湾现代禅团体也制定有自己的戒律。

作为一种治理人心的技术，佛教的戒律较之世俗的法律约束、道德教育、心理治疗等，具有更大的约束力量，在佛教盛行的地区，对人们心理的平衡、道德水平的提高、社会的安定及民族性格的形成，起过并还在起着极其巨大的作用。

佛教戒律的受与持，具有自觉性，受持者出于信仰及对何以必须持戒的理解，自觉自愿地请求受戒，立志按戒律的规定约束自身，不像世间的法纪是作为一种政府或社团规定的行为规范，不无借社会力量强加于个人之嫌。佛教授戒时，每授一条戒，戒师都要连问求戒者三次"能持否"，回答三次"能持"，表明出于自愿，方成受戒。

由于持戒出于对个人终极关怀、"生死大事"的考虑，被强调为获得今生后世安乐乃至究竟解脱涅槃的必由之径,并以缘起、因果的道理做了理性的论证,故能使信仰者怀着犯戒障碍道业甚至会堕落三恶道的畏惧和警惕,以极大的心力按戒律约束自己。《优婆塞戒经·五戒品》既说佛教徒依三宝受戒不同世戒,能破坏先诸恶业,虽作大罪亦不失戒,又说同样作恶,受过佛戒者罪过要比未受者重,因为他毁背了佛语,即在作恶的罪过上又加上了犯戒违佛的罪过。

佛教戒律的受持具有神圣性,受戒被看作一件神圣而严肃的大事,须经再三考虑,自觉自愿,通过庄严的仪式来授受。在家五戒须由一位比丘做证明,在佛像前隆重宣誓而受。出家戒的授受更要严肃隆重得多,受戒者须经过一年以上的学习、考察,获得国家、父母、师父的同意,进入经"结界"① 等仪式庄严清净的戒场、戒坛,由十位出家十年以上、戒行清净的比丘为证,想象面对佛菩萨圣众、诸天神众,表明誓愿持戒奉行。中国汉传佛教僧尼受具足戒的时间,长达半月至三月。受戒的庄严仪式和戒场的严肃气氛,能使受戒者深心受到巨大的震动,以虔诚的宗教感情立下精心持戒的誓愿。仅此仪式,就有变化人心理结构的功能。

佛教的戒律具有相当大的监督力量。信徒在受戒时,想象面对诸佛菩萨、诸天鬼神而发誓守戒,信仰中的佛菩萨和鬼神,在无形中成为持戒的监督者,时时起着督促受戒人按戒律规定约束自己言行的作用。又说受持佛戒者被鬼神或"戒神"所保护、监督,如《优婆塞戒经·五戒品》言:

若受戒已,当知是人为诸天人恭敬守护。

僧尼持戒主要受僧团集体的监督,戒律规定僧团须半月集会一次,举行"布萨"(梵文 upavasatha),诵读戒本,检查持戒情况,对犯戒行为进行自我坦白、检举揭发和批评教育,犯戒者须依戒律忏悔,诚恳悔过,经集体默认,才能在僧团集体中安心地继续生活下去。这使佛教戒律具有很大的监督力量。南传佛教的僧人,还受信众的监督,若戒行威仪有失,被熟悉戒律的信众发

---

① 结界:通过观想、念咒、洒水等仪式,划定界线,以防止外物的侵入。

现，便有失去供养之虞，故南传僧人，至今罕有犯戒之事。

由于戒律的强大约束力量，佛教徒尤其是虔诚的佛教徒中，违犯重戒作杀人、偷盗、贪污、淫乱、诈骗等恶业，触犯国法刑律者，为数极少，在多数人乃至全民信仰佛教的地区，社会风气一般来说比较好，人心较为淳朴，这是不难以社会学的统计方法证明的事情。

当然，佛教戒律作为治理人心的技术，也有其局限性。它的约束范围只限于佛教徒的圈子，至多只能对多少认同佛法、对佛教有好感的人发生一定影响，对不信佛教、反对佛教者毫无约束力。对信仰淡薄的佛教徒，约束力量也不大。虽然佛教戒律中的许多内容如不杀人、不杀野生动物、不偷盗、不淫乱、不酗酒吸毒等，与各个时域中的伦理观念一致，被看作超时代的"伦理底线"，在现代社会仍不失其意义，很容易获得社会多数民众的赞同，但有些内容如绝对不杀生（包括不杀害虫、猪羊鸡鸭等家畜家禽，不捕鱼虾），及菩萨戒中的不说四众过、不食肉及五辛、不贩卖等，难于被多数人所接受，强求遵守，难免对佛教徒的生活造成不便和尴尬，也容易招致非议和嘲讥。至于僧尼所持守的不淫等戒及更为严格的菩萨戒，大概只能在一个不会太大的圈子里起作用。如果缺乏佛教的正智正见和灵活遵守戒律的智慧，只会刻板地以戒条要求自他，可能会产生不利于心理健全的副作用。

第四节　以不放逸防护自心

以戒摄心，自治其心，需要一种严格自我约束、自我改造的精神，这种精神即是佛学列为善心所之一的"不放逸"。《杂阿含经》卷三十一第882经中，佛告诸比丘：种种善法皆依不放逸为本，有如草木皆依大地而得生长。反之，放逸（巴利文 pamāda）——放纵不制、不严格要求自己，乃是一切恶的根本。应奋起不放逸的精神，时时守护自心，不令烦恼贼侵入。

一、守护根门

烦恼、恶不善心的生起，终归源于眼、耳、鼻、舌、身、意六根门户向外开放时，对从这六大门户进入的色、声、香、味、触、法六尘的无明、取舍、执着。佛弟子必须像守护自己的家门一样，守护六根门户，不让六尘侵入污染自心，不让"六贼"入家盗窃自性家珍。《杂阿含经》卷十三佛告比丘：见色闻声接触六尘时，应"不苦不乐舍心住正念正智"，保持一个不动的平等心，住于正念、正智，这叫作"六常行"——六种应经常修行的课目。《杂阿含经》卷四十三第1165经中，佛陀教导众比丘："应当守护根门，善摄其心"，时时保持高度警觉，防止六尘魔的侵略。第1169经佛告比丘：

> 若有比丘、比丘尼，眼识、色因缘生若欲、若贪、若昵、若念、若决定著处，于彼诸心，善自防护……耳、鼻、舌、身、意，亦复如是。

佛将防护根门比喻为田夫善护苗稼，防范牛羊偷吃。又如河龟将头尾和四肢收缩进龟壳中以保护自己，使想要吃它的野狐无可奈何，比丘应该像河龟收缩六处一样，守护自己的六根门户，防止烦恼的侵害。同经第1171经中，佛陀以野狗、鸟、蛇、野干、鳄鱼、猕猴六种动物被锁于一空室中，六种动物各欲逃到自己所乐之地为喻，说明人的六根亦各求其所乐的境界，讨厌其不乐的境界，其外求意欲十分强大，燥动不已，若不下功夫收摄制伏，心很容易被烦恼所俘虏。因此，应如壮士用绳索将六种动物牢牢系缚一样，以强力管制六根，不令之流逸于色声香味等境而被贪嗔等烦恼污染自心。若能制伏心而不被心所起的烦恼制伏，则得自在；若不能制伏自心而被心所起的烦恼制伏，跟着感觉、情绪走，则难免逐物不返，沦堕为不能自主其心的畜类。

《杂阿含经》卷十一第279经佛教诫比丘应善于调伏、关闭、守护、执持、修习六根，制伏六根的诀窍，是在六根接触色、声、香、味、触、法时，对可意者不生欲望，防止产生欲望、贪占、亲昵、回忆、决定（形成去追求的决定）等粘着于彼境之心，对不可意者不起憎恶，持心平等，不贪不择，无欲无违。偈云：

> 眼见于彼色，可意不可意，可意不生欲，不可不憎恶。
>
> 耳闻彼诸声，亦有念不念，于念不乐着，不念不起恶。
>
> 鼻根之所嗅，若香若臭物，等心于香臭，无欲亦无违。
>
> 所食于众味，彼亦有美恶，美味不起贪，恶味亦不择。
>
> 乐触以触身，不生于放逸，为苦触所触，不生过恶想。
>
> 平等舍苦乐，不灭者令灭。心意所观察，彼种彼种相，
>
> 虚伪而分别，欲贪转增广；觉悟彼诸恶，安住离欲心。
>
> 善摄此六根，六境触不动，摧伏众魔怨，度生死彼岸。

同经卷九第254经佛教弟子防护自心应如大石山，"四方风吹不能动摇，不能穿过"，色、声、香、味、触、法六尘不能妨心，偈云：

> 犹如大石山，四风不能动。色声香味触，及法之好恶，六入处常对，不能动其心。

防护根门，被称为出家者的"根律仪"——关于守护诸根的戒律。《杂阿含经》卷四十三第1170经佛言：

> 若眼见色，于可念色不起欲想，不可念色不起恚想，次第不起众多觉想，相续住，见色过患，见过患已，能舍离，耳鼻舌身意亦复如是，是名律仪。

《瑜伽师地论》卷二十三说根律仪"密护根门"的内容为：

1. "防守正念"，时时牢记所闻思的正法，保持正念。

2. "常持正念"，对正念恒常保持、殷重保持，不令心受色、声、香、味、触的污染。

3. "念防护意"，慎重防护眼识等生起时无间所起的分别意识，不令起非理分别而生爱憎等烦恼。

4. "行平等位"，常住于无烦恼的舍心中。

同论卷七十说四种根律仪：一为境界护，独自静处修行时，注意不让心流散于诸境界；二为烦恼护，住舍、无记心时于诸境界不取其相，远离贪忧；三为缠护，若执取境界时即时防护，不令生起烦恼；四为随眠护，能熟练防护诸

根门,不令烦恼潜伏。防护根门之要,在于眼见色等乃至意所识法时,于所见色等不取其相、不取随好,策发眼等六根,不生种种恶不善法而令心流漏,若有流漏,随即策心防护。

防护根门,亦非厌弃色声、闭目塞听而完全拒绝一切外境信息。《杂阿含经》卷十一第282经载:少年郁多罗从外道师波罗奢那学"修根"之法,以眼不见色、耳不闻声为修根,佛言,若如其说,那么盲人、聋子应该是最佳的修根者了,此非正道。佛法的修根,是在眼识等生起之时,如实知自心所生可意、不可意的受,"生可意不可意,此则寂灭,此则胜妙,所谓俱舍,得彼舍已,离厌、不厌"。如是及时如实观修所受,所生可意、不可意等分别、烦恼,便会于力士弹指之顷自行消灭,得离厌与不厌的平等舍心。

按大乘的般若智,认真持守根律仪,念念不懈防护根门,若视色声等六尘及能防护的自身为实有,还只是世间有为法,若修行过于精进,时时犹如战士对阵,会使人紧张,被六尘所累,严重者可能导致心理障碍(在大乘看来即是入魔)。《大集经》卷十八云:

若有防护内界者,则为未过魔界。若复有菩萨见一切诸界同佛界者,知此佛界即是非界,是为菩萨能过魔界。

大乘之防护根门,须以如实知见六尘的智慧,冷静观照六尘的实相,看破其与佛法界无别,皆空、无相、无我、唯心所现,而不以六尘为敌,如此观察,则心与实相相应,自然不起烦恼,即使暂起也容易当即化为智慧,如此可谓降伏众魔,超越魔界。

二、恒自护心,八风不动

防护自心,被称为"无放逸行",《增一阿含经》卷四佛说当修行、广布此一法,便能得神通、道果:

云何护心?于是比丘常守护心有漏、有漏法,当彼守护心有漏、有漏法,于有漏法便得悦豫,亦有信乐,住不移易,恒专其意,自力劝勉。

护心，指守护自心，不被三界的一切欲漏、有漏、无明漏侵入、污染，不令生而未生者生起，将已生者速令断灭，犹如战士时时提高警惕守护阵地，不令敌人有机可乘。如此"恒自觉知，而自游戏"，便能获得解脱。三十七道品中的四正勤（一译"四正断"）即指以不放逸的精神断恶修善：

1. 努力防止尚未生起的恶生起（"未生恶法令不生"），称"对治修"。
2. 已经生起的恶须即时奋力断除（"已生恶法令除断"），称"除去修"。
3. 努力促使尚未生起的善生起（"未生善法令发生"），称"得修"。
4. 努力增长已经生起的善（"已生善法令增长"），称"习修"。

不放逸与四正勤，属八正道中的正精进（正勤）所摄。《瑜伽师地论》卷六六分修行为四种修：一为得修，即努力使未生的善法生起；二为习修，即令已生的善法安住不忘；三为除去修，即将已生的不善去除；四为对治修，即为令未生的不善法不生起故，以厌舍等种种方法对治而修。又将一切修行总括为两种修：一为防护受持修，指修身，防护根门、持戒等；二为作意思惟修，指以定慧等方法修心。

世间甚多恶缘诱惑，人心向下堕落易而向上升进难，稍有松懈，便难免生起烦恼。《本事经》卷二佛将修心比喻为于急流水中牵重船筏，逆流而上，不进即退，必须不稍放逸，恒加精进，"若暂懈慢，便顺下流"。南传《如是语·行经》佛谓无论行、立、坐、卧，只要生起贪欲、嗔恨、伤害等恶念，应不接受、排斥、驱除、终止。《增一阿含经》卷九佛以盖房屋比喻修治自心，偈云：

盖屋不密，天雨则漏，人不惟行，漏淫怒痴。

盖屋善密，天雨不漏，人能惟行，无淫怒痴。

谓人若不以智慧、理智思考、管束自己的心理活动，纵情任意，则会如漏雨的房屋一样，泄露出贪嗔痴等烦恼，污染自心。若能精进照察、思考而后发语动身，则不会生起贪嗔痴等烦恼，保持自心的清净。《即兴自说·弥凯耶经》佛偈言：

小念及细念，存留于心间，无明不自知，必使轮回延。

即便是微细的烦恼，若不觉察防护，必然留存于内心，成为生死轮回之因。《优婆塞戒经·尸波罗蜜品》说受优婆塞（居士）戒者：

> 凡所作事，先当系心修不放逸。作已、作时，亦复如是修不放逸。

若因无知或忘失正念而犯戒，乃至烦恼暂起、小小放逸，皆属犯戒。如是常观轻过如重，时时防范，奋起精神策励自己精勤持戒修善。《华严经·明法品》说修菩萨行者应修护持众戒、远离愚痴净菩提心、心乐质直、勤修善根、恒善思惟自所发心等十种不放逸。

在严格约束自己弃恶修善上，佛经中有为自己"立制"（制定法令）之说，如《优婆塞戒经·五戒品》言：

> 有人若欲施时、供养三宝时、若坐禅时、若修善时、若读经时、供养父母时，当先立制，我若不作，要自克罚。是人福德日夜增长，如恒河流。

根据这一思想，中国佛教徒有用黑白两色豆子计数，计算每天言行的善恶，以作自我监督的先例。明莲池大师取道教功过格的方式，以佛教伦理思想为导，参合儒家思想，制佛教功过格《自知录》。袁了凡所撰《了凡四训》，以讲他自己以功过格自我监督而改变命运的故事，至今仍在佛门中广泛流传，对推动许多人精进持戒修善，起了潜移默化的作用。

精进修心，尤需在遇到外界的利害得失、毁誉打击等巨大刺激时，注意锤炼自心，使之安然不动，不起忧喜等烦恼。《本事经》卷五佛教比丘：

> 虽遇种种违顺众缘，而心都无分别计着。

违顺众缘，经中常归纳为利（成功、得利），衰（失败、亏损），苦，乐，誉（美誉），称（称赞），讥（嘲讽、讥笑），毁（毁谤、攻击）八法，称"八风"。《思益梵天所问经》卷一偈云：

> 利、衰，及毁、誉，称、讥与苦、乐，如此之八法，常牵于世间。

应锻炼自己，八风不动。《增一阿含经》卷三十九佛教诸比丘当求方便除此八法，得利、誉、称、乐时，心不欣喜；遭衰、毁、讥、苦时，心不忧戚，其心平等如地、水、火、风，世间八法所不能染，如大磐石不为风雨所动，是名超过世间八法。佛乃超过世间八法的榜样，"不着世间八法，犹与周旋，犹如淤泥出生莲花，极为鲜洁，不着尘水"。《月灯三昧经》卷一教导菩萨应"得利不忻""逢衰不戚""称而不悦""讥而不忧""誉之不增""毁之不减"。《小诵·吉祥经》佛偈云：

八风不动心，无忧无污染，宁静无烦恼，是为最吉祥。

《即兴自说·月明经》载：夜叉击舍利弗头而不得伤，佛因此说偈云：

人若坚如石，不动稳如山，人怒不自怒，人贪己不贪，

人心能如是，何有痛苦言？

第五节 以方便对治调心

对不利于身心健康和涅槃解脱的情绪、嗜好、性格，炽猛难伏的烦恼，根深难拔的不良习惯，佛教设有多种针治调节的"方便"（技巧），主要有觉知法、对治法、转治法、不转治法、兼治法、具治法、观想法、忆念法、舍念法、以智理情法、转移法、息念法、纵念法、忏悔法、自我提醒法等，这些方法综合运用，往往有如中药之对味配伍。佛教修持体系中的五停心观、六念、十想、四无量心等，皆为对治粗重烦恼而设的方便。大乘菩萨行六度，每一度皆有对治烦恼妄心的意味。

一、对治、转治等五法

对治（梵文 pratipakṣa），梵语原意为否定、遮遣，本指以无漏智断烦恼，有时也指以相应的方法针治修行中的问题，有如良医对症下药，将军对敌设阵。《摩诃止观》卷八说小乘道治心有对治、转治、不转治、兼治、具治五种方法，解释对治云：

如对寇设阵，是名对治。

对治法系利用人的心理活动正反相克的原理，扶正祛邪，有如中医之以寒

药攻热病、以热药治寒症。《增一阿含经》卷六《利养品》须菩提说：犹如有毒药复有害毒药，"法能生法，法能灭法。黑法用白法治，白法用黑法治"。《大智度论》卷一比喻说，譬如各种草药，对症者为良药，不对症者则非药，"佛法中治心病亦如是"。

佛陀根据弟子们修行中的心理问题，曾开示过多种对治烦恼的方法，如《即兴自说·弥凯耶经》载，佛侍者弥凯耶独处修行，而生欲、嗔、害三种恶念，佛教他以五法治心：

1．亲近善知识。
2．持戒。
3．多听少欲知足、喜乐、闲静、独处、精进、定慧、解脱等语。
4．勇猛精进修善离恶。
5．以智慧观察生、苦灭。

增修四法：修不净观以除贪爱、慈悲观以除嗔恨、数息观以除疑惑、无常观以除傲慢。

常用的对治调心法，有以善对治恶、以慈悲对治嗔恨、以喜对治嫉妒、以忍对治不忍、以精进对治懈怠、以禅定对治散乱、以舍对治悭吝与过度、以智慧对治愚痴、以知足对治贪求、以惭愧对治骄慢、以正见对治邪见等。

以善对治恶，可以总摄对一切烦恼不善心的对治。《中阿含经·念处经》佛告比丘：

生恶不善念，以善法念治，断灭止。

善法念，即念（记忆）善法——提起与所生恶不善之念相反的善念，如愤怒仇恨生起时提起慈悲心，嫉妒生起时提起欢喜心，懈怠生起时提起精进心，等等。水能克火，善能息恶，但只有当善心的力量超过恶念时，才可制伏恶念，否则将是善不敌恶，被恶所伏。南传《中部·除妄念经》佛比喻说：好像善巧的木匠用细的木钉将粗的木钉打掉、移除、取出，当比丘注意与善法相关的其他对象时，他的心就能够向内稳定、平静、专注、一心。当心中生起与贪嗔痴相关的邪恶念头时，应将注意力转移到与善法相关的其他对象，就能够摒除、止息一切恶念。若不能，则思惟这些恶念所带来的危险，努力忘掉这些恶念，不再注意它们；若还不能，应注意去除这些恶念的来源；若还不能，须咬紧牙关、舌抵上腭，以决心来击败、强迫、摧毁恶念，集中精力、提起警觉，用力提起善念，以善制恶，做念头的主人。久久用功，恶念自然会渐渐减少，善心自然会渐渐增长。《大般涅槃经·梵行品》佛言：

修一善心，破百种恶。

对治法常用观想、念想等方法。汉传佛教界所流行的"五停心观"，出于《阿含经》，是初修行者对治躁动难伏之粗重烦恼心的五种方法：多贪众生不净观、多嗔众生慈悲观、多散众生数息观、愚痴众生因缘观、多障众生念佛观。其中不净、慈悲、因缘三观，属反面对治，不净与慈悲二观，是用观想的方法。

不净观对治的性欲扰动，由对异性肉体美的贪爱而生，对治的方法，是如实想所贪肉体实际上充满不净、污秽不堪、不可爱，不值得贪求。《杂阿含经》卷四十三第1165经佛教导年轻比丘：若起贪色淫欲之心，应该观察所贪爱者美丽可爱的薄皮之下，种种不净充满其中，周遍观察其头发、汗毛、指甲、牙齿、尘垢、涎水、皮、肉、骨、髓、筋、脉、心、肝、肺、脾、肾、肠、肚、子宫、性器、泪、涕、沫、脂肪、痰、脓、血、屎、尿，周身上下内外，一一腥臭污秽，实在不足贪恋。佛将盛妆的美女比喻为"革囊盛秽""宝瓶盛粪"，这是人体本来的真相，并非故作夸张。具备解剖生理知识的现代人，更不难认识人身上有许多的微生物、病菌甚而可怕的艾滋病、性病病菌，拈花惹草有杀身害命的危险。如此思想观察，自会有熄灭炽燃欲火、压下非分淫念的效用。

慈悲观对治嗔怒仇恨，嗔怒心由计较对方的缺点及对我的拂逆而生，慈悲心则由观察对方的优点、悲苦不幸及对我的好处而生，想对方的优点、悲苦不幸和曾经对我的好处，是生起慈悲心以熄灭怒火的技巧。同理，嫉妒由对对方的成功不能容受、觉得他胜过我而生，对治的方法，是想其不成功、缺点和我的成功、优点，从而生起与嫉妒相反的欢喜心。骄慢由对自己的成功自满、蔑视他人而生，对治的方法，是想自己的不成功、缺点和他人的成功、优点，从而生起与骄慢相反的谦虚心。愚痴和邪见，只有用思考缘起的方法对治，破除错谬之见，以智慧的光明驱散痴暗。

《瑜伽师地论》卷二十、二十一广说各种人修行进程中各个阶段的对治法，如在家者不能出离，修不净想、无常想以对治；懒惰懈怠者于无常修苦想以对治；有身见者于众苦修无我想以对治；爱味饮食者于饮食修厌腻想以对治；贪爱世间乐欲者修一切世间不可乐想以对治；修止观时心暗昧以修光明想对治；爱味禅定修离欲想以对治；"推后后日，顾待余时"而不能精进修行者修死想以对治；心不安静修数息观以对治；等等。

对治法，有时也未必奏效，这时可采用"转治法"以对治之。《杂阿含经》卷三十二第916经佛言：

如是偷盗对以悲心，邪淫对以喜心，妄语对以舍心。

《大般涅槃经》卷十五谓"修慈者能断贪欲，修悲心者能断嗔恚，修喜心者能断不乐，修舍心者能断贪欲、嗔恚众生"，即是转治。《摩诃止观》卷八说，如用不净观对治贪欲不奏效时，转而修慈心观，名为转治。又如嗔恨心起时，若以慈悲观对治无效，可以用不净观转治。痴心重者想有边无边、散乱多者思考缘起法以转治。

不转治者，当烦恼恶念转变时，仍用原来的方法对治，如以不净观治贪欲病，当由观不净生起嗔恨后，继续观不净以治之。

兼治法，谓病如兼药亦应兼，如对某人生起贪欲并兼带恼恨报复之心时，用不净观兼修慈悲观以对治。

具治法，谓对一种烦恼心病，采用多种方法治之，有如用多味药治疗一种疾病。

二、明觉法

明觉或觉照（巴利文 sati，梵文 smṛti），有觉察、觉醒二意。觉察，谓对不善心保持警惕和明觉，一出现即刻认清，有如哨兵之注意发现敌人。南传《中尼柯耶》第61经载，佛陀教诫其子罗睺罗：要像照镜子那样经常自我反省，保持身、口、意的清净。《中阿含经》卷二十七《自观心经》佛陀教诫弟子"善自观心，善自知心"，指时时反观内照，保持对自己心理活动的清醒自觉、如实正知。要像心理医生观察病人那样，将自心当作他心来观察，随时明察自己的心态，知晓自心所起每一念的善恶、染净，及时识别恶念及不利于身心的忧愁、焦虑、狂傲、沉闷、灰暗、恼怒、怨恨等负面情绪，及时予以管制。觉醒，是对烦恼不善心的性质、本来面目如实了知。

如实觉照身、受、心、法，是佛陀所示"四念住"的根本方法。《中尼柯耶·算术师目犍连经》佛教比丘：应当具备正念与明觉，当走路往返、看、屈伸肢体、穿衣、吃饭、喝水、咀嚼食物、大小便、行、立、坐、卧、入睡、醒来、言谈、沉默等时，皆必须保持完全的明觉。《本事经》卷五佛陀教比丘，应由所缘及作意"取心相"——时时警觉，注意自己在对境遇缘生起注意时的心理状态，善于抓住自己起心动念的兆头（"心相"）。抓住后要注意观察，善知其染、净及生起的因缘，观察其灭相，善于将心安住于顺逆不动、无取无执的本然状态，安住之时，应如大地无量无损，不论净的、染的东西置于其上，皆安然处之，没有分别，不起违顺、忧喜、高下之念。《优婆塞戒经·禅波罗蜜品》教诫在家佛教徒应常了知、观察自心的活动，若有喜、愁、嗔、软等情绪，"知已能除"，犹如铁匠善知冷热，不令失所。这种观心，也是一种禅定，经中或名"觉意三昧"——对自己意念保持明了自觉的禅定。《瑜伽师地论》卷十一说应当极善了知自心具有何种烦恼等状况，知晓对治的方法，这叫"自心相"，为修定之一诀。

南传《分别论·迷惑冰消》解释明觉有四种：

1. 有益（义）明觉，抉择利害，选择有益的、放弃有害的，如看到黄色宣传品时，明觉那是无益的而不去看，看到佛像时明觉那是有益的而去瞻仰。

2. 适宜明觉，在适合与不适合两者之间做出正确的选择，如男士看到佛像前有女众而不去与她们挤在一起礼佛。

3. 行处明觉,清楚了解处在任何情况下的修行方法,不舍弃所修的禅定。

4. 无痴明觉,行住坐卧任何时候都如实而知,没有愚痴,如走路时,明觉心生风大(内气)与知晓走路的心识同时生起,产生身表业(走路),每提足时知地水两大弱而风火两大强,每放足时知地水两大强而风火两大弱。知晓只有四大在活动,没有能走的人。明觉在每一念中,身心都如河水流动,此生彼灭,相续不断。

一般而言,若能念念明察自心,即使有烦恼、不善心,亦不会成为冤家。《杂阿含经》卷十八第493经舍利弗告比丘,"内自观察思惟":心中有无贪欲?若能明觉,则能远离贪欲,贪欲纵然露头,也如鸟羽入火则卷,不可舒展。若不能明觉,则如乘船逆流而上,"身小疲怠,船则倒还,顺流而下"。

明觉或觉照,被禅宗作为明见心性之要。人问:"家贼难防时如何?"梁山缘观禅师云:"识得不为冤。"问:"忽然倾湫倒岳时如何?"梁山下座一把抓住他说:"莫教湿却老僧袈裟角!"《西藏医心术》说:

超越正面和负面,把我们自己开放给我们的感觉,以及如实经验我们的心。

一行禅师融合南传四念住与禅宗,将明觉解释为八正道中的正念,为其所传扬的"行禅"之要。所谓正念,是从对过去未来的思虑中摆脱出来,安住于当下,对内外正在发生的一切保持清醒的觉照,明察自己内心生起的每一个念头之产生、逗留和消亡,不去遏制念头之河的流动,而让它在觉照的阳光下不再处于无意识状态:

我们的内心,永远保持着灿烂阳光,照亮着每一条小溪,每一颗卵石,每一处河曲,这就是习禅。①

应明了一切无常无我、互即互入的本质,善于发现生命中的种种奇迹,欣赏生活中的种种优美宁静,对他人的痛苦明觉、理解并满怀慈悲。如此安住于

---

① [法] 一行禅师:《一行禅师讲演录:与生命相约》,明洁、明尧译,中国国际广播出版社1999年版,第206—207页。

正念，即是生活于净土中。《西藏医心术》也说：

> 正念就是全神贯注在当下，不忧虑过去或未来。

明觉是很适合现代佛教徒日常修行的一种方法，苟嘉陵居士《做个喜悦的人》说：

> 故修行不是在这忙得不可开交的现代人生活中，再加上一件"必须做的事"……而是当你在很认真地觉得自己"完成"了什么时，当在当下马上就"洞察"到，并能"离执"。①

明觉法被存在心理学运用于心理治疗，其核心观点是：一个人就是他现在的整个状态，健康来自无所遮盖地直接觉察到生命，妨碍人做到这一点的是生活在幻想即创伤及其防卫之中，治疗的要点在于使当事人进入他（她）自己的经验，从而获得自由。Charlotte Selver 的"感官觉察法"，首先注重对身体的觉察，进行身体训练、呼吸训练，寻求揭示经验的本来面目，使经验免遭理论范畴和体系的分割。随着对身体的觉察和情绪的扩张，整个自我的觉察也随之发生，觉醒的肉体生命因而成为进入更广阔的意识领域的途径。她自称此法为"禅的精髓"，明显源于佛教四念住中的身念住、受念住。

三、理情法与自我提醒法

对未见道或不善于以佛法真谛如实观察的人来说，在觉知烦恼不善心后，还须以俗谛层面的因果智思考烦恼不善心的害处，及时断舍，保持善心。这种方法，实即现代心理治疗常用的"以智理情法"。《中阿含经》卷三十三《释问经》云：

> 若念不可行者，我即断彼；若念可行者，我为彼知时。

南传《中尼柯耶》第19《双思经》（汉译《中阿含经·念经》）中，佛陀向众比丘讲述他在成佛之前，运用双思维法，将自心所起的念分为欲、恚、害

---

① 苟嘉陵：《做个喜悦的人》，花城出版社1995年版，第249页。

及无欲、无恚、无害正反两类，注意观照自心，当生起贪欲、嗔恚、毒害等恶念时，立即觉察之，马上思考此恶念"自害、害他，二俱害，灭慧，多烦劳，不得涅槃"，如此思考时，恶念即灭。时常这样观察修习，对所有刚刚露头的烦恼恶念"不受、断除、吐"，从而不断生起无欲、无恚、无害等善心。

当善心生起时，又即时思考其益处："不自害、不害他，亦不俱害，修慧，不烦劳，而得涅槃"。如此观修，令善心不断增长、广大，获得喜乐。就像牧童持杖驱赶牛群，不令食人苗稼，因为他知晓：若任牛食人苗稼，会遭到田主的骂詈捆打；若精心照看牛群，不令食人苗稼，便不会有遭田主骂詈捆打之虞。

当无欲、无恚、无害的善心生起之后，又须思考：对无欲、无恚、无害的过多思考，使心被思虑和喜乐扰动，但不思考又会让烦恼损害自己，"我宁可治内心，常住在内，止息一意得定，令不损心"。止息思考以修禅定，让心在禅定中得到休息养护。

《优婆塞戒经·五戒品》说，受在家五戒的佛弟子，应该思念所受之戒，精心持守，当烦恼恶念露头时，应思考：

我今若造恶业，因是恶业，获得二世身心恶报。以是因缘，身口意恶即是我怨。

即要常观烦恼恶业如同怨贼，能损害自己，劫夺自家财宝，杀害自己的法身慧命，要警惕防护，不令烦恼怨贼得便。

自我提醒法，是当烦恼恶念生起时，提醒自己：我是比丘、佛弟子，或教师、为人父母等，以对自己扮演的社会角色的认定，提醒、鞭策自己按应有的行为规范约束自心，断恶修善。经载佛陀多次教导其出家弟子：要经常以手摩头，体认自己的比丘、比丘尼身份，提醒自己以戒摄心，守护根门。如《佛遗教经》载佛陀临终前的最后教诫：

汝等比丘！当自摩头，已舍饰好，着坏色衣，执持应器①，以乞自活，自

---

① 应器：僧尼乞食用的饭钵。

见如是。若起骄慢，当疾灭之。增长骄慢，尚非世俗白衣①所宜，何况出家入道之人，为解脱故，自降其身而行乞也？

通过抚摩标志出家人身份和"毁其形好"弃世荣华、志求解脱的光头，提醒自己牢记出家人的本分事，精勤修行，熄灭烦恼，不可混同于流俗。晚近弘扬净土法门的印光法师，教诫念佛求生净土者说：

凡有忿怒、淫欲、好胜、赌气等念，偶尔萌动，即作念云，我念佛人，何可起此种心念乎！念起即息，久则凡一切劳神损身之念，皆无由而起。②

这种方法不仅提醒自己认定念佛人的身份而止息恶念，而且能受阿弥陀佛功德力的加持，具有息灭烦恼的巨大力量，"敢保不须十日，即见大效！"张澄基《什么是佛法》说随时随地可修方法之一是：将自己比作佛，如在发怒时想，如此是否顺佛道？佛在这种情况下会不会如此？这种方法，有近今心理学自我暗示法的作用，不仅可用于佛教徒、念佛人，而且可用于任何人。

四、念想法与"八念""十随念"

念想，谓回想、忆念某些境物、事情，以提醒、激励自己保持警觉，制伏烦恼，精勤修善。北传有部佛学有念佛、念法、念僧、念戒、念施、念天、念出入息、念死八种以念想修心、对治烦恼的法门，称"八念"。南传上座部佛学的"十随念"（巴利文 dasaanhssatiyo）——佛随念、法随念、僧随念、戒随念、舍随念、天随念、死随念、身至念、出入息随念、寂静随念，与八念大同小异。有部佛学还有无常想、苦想、无我想、食不净想、一切世间不可乐想、死想、不净想、断想、离想、尽想"十想"。南传佛学有"食厌想"，称"一想"。大乘佛学有"思惟暇满难得"等念想法。

念佛或佛随念，谓想念佛的功德、形象等。《中阿含经》卷五十五《持斋

---

① 白衣：在家俗人。古印度在家人衣尚白，佛教出家者衣染（坏）色衣。
② 印光：《印光法师文钞·与胡作初居士书》，宗教文化出版社2009年版，第266页。

经》佛言：若多闻圣弟子忆念佛，"心静得喜，若有恶伺，彼便得灭，所有秽污恶不善法，彼亦得灭"，犹如人头有垢腻，以膏沐温汤洗沐故，头得以净。《增一阿含经》卷一《十念品》佛告众比丘：修行念佛一法，能得神通，去众乱想，证得道果，自致涅槃。《本事经》卷一佛说永修念佛一法，定得阿那含果。佛，是佛教徒心目中的人格楷模、导师，为清净自心、永断烦恼的人格表征，乃圆满智慧的化身，榜样的力量是无穷的，忆念佛，自有激励人希贤希圣、自觉净化自心的作用。南传佛学的佛随念，具体思惟佛的九大功德：永断烦恼、圆满正觉、智慧与德行完美无比、只说利益与真实之言、如实了解世间、为无上的引导者、为天神与人类共尊的导师等。大乘佛学认为忆念佛不仅有榜样的激励作用，还能获得佛的护念加持，出生消障灭罪、接引往生净土等不可思议的功德，《优婆塞戒经·息恶品》云：

若有内外诸恶不净因缘，是人应当修念佛心。若有至心修念佛者，是人则得离内外恶不净因缘，增长悲慧。

大乘念佛的方法，有忆念佛的功德、光明、形象、法身及称念佛的名号等多种。

念法或法随念，指思考佛陀的教诫及佛法的义理、佛法的殊胜利益，用佛法对照自己，鞭策自己依法修治自心。

念僧或僧随念，谓思惟僧众舍弃世俗荣华，不贪钱财名利，专志修行，自甘清苦，伏断烦恼，其中多有贤圣，应以贤圣僧为榜样，策励自己离垢去染，净化自心。

念戒或戒随念，谓思念记忆戒律，对照自己的言行，思考持戒的利益和破戒的恶果，策励自己舍弃有违戒律的恶念，增长符合戒律的善心。

念天或天随念，谓思念诸天由修行十善，感得相貌庄严，具大福德，长生不老；又念诸天鬼神神通自在，于冥冥中洞悉我人的一言一行，如《优婆塞戒经·尸波罗蜜品》所言：

复观诸天具足无量福德、神足、天耳、天眼，具他心智，遥能见闻，虽近于人，人不能见。若我作恶，如是等天当见闻知，若是天等了了见我，我当云何不生惭愧，故作罪耶！

人间也不无如诸天一样具天眼、天耳、他心通而能知人的言行心念者，应引为监督，督促自己惕励不懈，修心行善。

以上五念，最为南北传佛教所重视，作为初学者调制自心的必修课目。《中阿含经》卷五十五《持斋经》佛告居士妇：若佛弟子忆念佛、忆念法、忆念僧、忆念戒、忆念天，心静得喜，能灭所有秽污不善之心，有如以膏沐温汤洗头故头得以净，以热汤洗浴身体而得洁净，如以碱灰豆荚净水洗涤垢衣而得干净，如以砺石磨拭铜镜而得明净，如以火、木片、赤土等磨拭垢金而使光莹明净。

念想法中的念出入息（呼吸）或出入息随念，可令人想到"人命在呼吸间""一息不来，即属后世"，以生命之危脆无常为警策，策励自己断恶修善。

念死或死随念、死想，乃思考人难免一死，死期难于预知，想象死亡之可怕，珍惜分分秒秒的生命，精勤修行，不让时间空过。南传佛学修习死随念，借助曾见过的尸体，想象自己也终将变成这样一具僵尸，专注思考死亡，思考我必会死，我的生命必会在死亡时断绝。这是一种很好的"先行到死"的死亡教育。

身随念，谓想自身乃四大合成，脆弱不坚，内外垢秽，他身亦然。这样思考有对治贪爱肉体之效。

食不净想或食厌想，观察食物多不净，咀嚼、消化、排泄过程皆污秽不堪，用以对治对食物的贪爱嗜好和贪馋之念。古人偈云："下喉三寸成底物？诸君不用细思量。"看看呕吐之物的臭秽，贪馋之心自息。

以上几种念想，各对治有关烦恼，与十想中的无常想（想一切无常，难以永保）、苦想（想世间多苦）、一切世间不可乐想，都有促使人超离世俗欲望的作用。

十随念中的寂静随念，谓念禅定的寂静之乐。舍随念，谓念布施的功德，想施舍给予他人方便、喜乐、安全，也使自己精神愉快，用以对治吝啬不舍之心。十想中的无我想，想假我本空，用以对治对自我的执着和自私心。十想中，断想，谓想断烦恼的无欲之乐；离想，想出离世间的解脱之乐；尽想，想断尽烦恼的自在之乐。这三种念想有激励人精进修行、对治懈怠及贪恋世间的作用。

念想法中还有一种专门对治非分性欲望的方法。《杂阿含经》卷四十三第1165经载，婆蹉国国王优陀延那请教佛弟子宾头卢罗汉：那些出家不久的年轻比丘们，为什么能安于禁欲生活，看起来安祥愉快，一点也没有被性苦闷困扰的表现？回答说：因为他们遵照佛陀教导，外出时见到女性，若其年老，想她是我的母亲或母辈；若年龄与自己相仿，想她是我的姐妹；若年幼，想她是我的女儿。如此观想，便不会生起非分的欲念。国王听后深表敬佩，承认自己若不摄心，即便闲房独处，也是欲火炽燃，然有时只要善摄其心，即便在内宫中美女围绕，也可不起贪欲之念，由此体会到佛陀教导的正确。

《西藏医心术》说：回忆幼时，让自己觉得自己就像一个小孩子，与幼小时的自己融合为一，安住在这种开放的感觉中。或想象处身大自然，从山顶瞭望无边无际的天空，使紧张的心放松。这也是一种念想法。

五、观想法与不净观

观想，谓专心想象特定的形象或情境，努力令所想象者在意识眼中乃至眼前明现，这是佛教修习禅定的重要方法之一。用于对治调心的观想法，主要有四梵住和不净观、界分别观、观想念佛及密教本尊观。

专门对治贪爱和性欲的不净观，是南北二传佛教重要的禅定法门，《中阿含经·念处经》中摄于四念处之身念处，南传佛教修此观具体观想十种相，称"十不净"：

1. 膨胀相，往停尸场、坟墓观察已经膨胀的异性尸体，牢记其形状、颜色、气味等相，静坐想象，令尸体可怕、恶心的情状清晰呈现，若不能明现，再去观察，直到无论闭目开眼，尸体膨胀相皆明白呈现。然后依此法依次修习以下九相。

2. 青瘀相，尸体发青瘀斑点之相。

3. 脓烂相，尸体生脓变烂之相。

4. 断坏相，尸体分解，肢节分散之相。

5. 食残相，尸体被鸟兽食啖之相。

6. 散乱相，尸骨狼藉散落之相。

7. 斩斫离散相，尸骨被砍断四散分离之相。

8. 血涂相，战死、被杀者的尸体满身血污之相。

9. 虫聚相，尸体爬满蛆虫之相。

10. 骸骨相，一堆白骨之相。

北传佛学的不净观修法为胀想、青瘀想、坏想、血涂想、脓烂想、啖想、散想、骨想、烧想（火化）"九想"。《释禅波罗蜜次第法门》卷九说修九想观之前，应先修死想，思惟人身难得，死神不期而至，应求涅槃不死之道。利根者修习九想观只须想象尸体肿胀等景象，钝根者须往坟墓等处观看尸体。

不净观与近今心理治疗常用的脱敏法实际是同一原理，对治性亢奋等病态性心理，尤其是年轻出家者用以制伏性苦闷，自应有奇效。但此观的修习可能产生对人生的厌恶和对尸体的惧怕，经载佛世时曾发生过比丘们因修不净观极端厌世而自杀的事件，故修习应谨慎。当今南传佛教禅修很少修不净观。

与不净观相反，观想念佛法则是想象佛、净土之悦意境相。《思惟略要法》所说方法为：先观想白色光明晃耀，从白光中观想阿弥陀佛。念佛在五停心观中对治业障，所谓"多障众生念佛观"。怀深心信仰修观想念佛，有使修行者放卸心理包袱、欢喜庆幸的效用。

四界分别观，也主要对治对肉体及自我的贪着。修习时先观察外界的地、水、火、风之相（取相），牢记在心，次观自己身体由四大构成，一一观察四大，从粗到细，乃至观四大一一皆由极微组成，其中没有可贪爱者及自我的实体。观自身如是，他身亦如是。按南传佛学说法，这须在第四禅的基础上修习，以禅定之光照烛。

西方心理学家所用的模拟想象法，实际上是一种浅显的观想法，如想象失败的情景，有助于思考如何取得成功；当变态行为达到极点时立即想象其恶劣后果，获得强烈厌恶感，此称"内隐脱敏训练"，可以对治变态性心理、破戒心理等。

六、息念、转移、纵念、增益、升华等法

佛教用以调制自心的技术，还有息念法、舍念法、转移法、纵念法、引出法、增益法等。

息念法，谓顿然止息烦恼恶念。《中尼柯耶》第20《双息经》佛教导比丘：当恶念产生后，以思惟善念、观察恶念危害的方法对治不住时，应忘却一切思念，止息意念活动，咬住牙齿，舌抵上腭，集中全部心力，专注于意念的止息。用这种方法可顿断恶念的相续。

舍念法，谓不追忆过去，不思想未来，不计较现在，安住于平静空寂的心境。《经集·执杖经》佛言：

摒弃过去和未来之事，不执着现在之事，你将平静地游荡。

《杂阿含经》卷三十六第995经佛言：驰想未来，追悔过去，使人心常被愚痴之火自煎，犹如冰雹打断生草，应该：

于过去无忧，未来不欣乐，现在随所得，正智系念持。

转移法，谓转移思想的对象，这是近今心理学常用的重要调心技巧。佛教用得最多的转移意念法，是当恶念生起时专注自己的呼吸，巴利语称安那般那（anapanasmrti），略译"安般"，意译"持息念"，为修禅定的重要门径。一般从数呼吸入手，先从一数到十，以计数摄心不散。这种方法主要对治散乱，也有对治淫欲的作用，《禅密要法经》谓"此数息法，是贪淫药"。称念佛名、念咒、诵经、拜佛等，都有转移恶念的作用。

纵念法，谓纵任念头起灭，这是在烦恼恶念力量强大、用其他方法治不住时采用的对策。其要点是当烦恼恶念汹涌泛起时，不加遏制，而以旁观者的眼光冷眼看其起落，不让恶念作主而发起身口的恶业。《摩诃止观》卷二云：

> 若人性多贪欲,秽浊炽盛,虽对治折伏,弥更增剧,但恣趣向。

贪欲(如性欲)强盛时,若强制对治,往往会令其更加炽盛难伏,故应放纵,但必须做其主宰,当放纵时以正见修观。譬如钓鱼,若鱼强绳弱,不可争牵,只令钓饵入鱼口,随其远近,任纵沉浮,不久收获。同样,"若人多嗔,郁郁勃勃,相续恒起,断不得断,伏亦不伏,当恣任其起,照以止观"。密教《如来一子经》云:

> 喜、忧及苦、乐,常与无常等,见、定、行等心,有、无等诸法,贪、嗔、痴、善、恶,随心念而作。

大手印、大圆满等密法多用这种方法调心。对心的拘制若过于严紧猛利,将烦恼恶念强行压制,储藏于无意识中,在精神分析心理学看来是一件极其有害于心理健康的事,甚至会造成心理变态和精神病。藏密、禅宗等早就认识到了这一问题,强调调心须松紧结合、有张有弛,喻如"婆罗门捻线"。必要时须故意释放藏识中的烦恼习气,纵任烦恼恶念浮现,不加压制,而冷眼观照,以智慧转为菩提。

引出法,是主动地想象能使自己生起烦恼的境相,主动引出潜伏的烦恼而对治之,这是佛陀教弟子常用的方法。《本事经》卷五佛教比丘,应在对境遇缘生心起念之际,及时抓住自心运作之相("取心相"),通过对心相的观察、思考,使心安住于无分别的本然状态后,若不觉得内心有贪欲等烦恼,应继续仔细观察:我现在是真的没有贪欲等烦恼了,抑是烦恼潜在而不自觉察?这时可想象平时所喜爱或嗔恼的境界,令心趋向此境,看是否有贪、嗔等烦恼生起。如果心顺着境走而生起贪欲等烦恼,应当知晓自己内心还潜伏着某种烦恼。如此自我觉知后,用观察、思惟等方法消灭此潜在的烦恼,直到无论如何想象可爱或可憎境界,心亦安然不动,如以羽毛投火,迅速焦卷。《瑜伽师地论》卷三十说修禅定至第五、六住心,心稍平静时,应主动取令心散动的五欲、男女、贪嗔痴等烦恼之相,思惟其过患,于彼诸相,"折挫其心""止息其心",不令流散。密教修行者也用这种方法,故意去淫舍妓院等处以引出贪欲,故意引起众人憎恨打骂以引出嗔恨。

增益法，谓贪嗔等烦恼炽盛，用其他方法不能制伏时，用增加的方法任其释放，是一种"以毒攻毒"的技术。《增一阿含经》卷九载，佛弟子难陀思念在家时的爱妻孙陀利，"欲意极多"，难以控制，佛乃用"以火灭火"法，以神力摄他往香熏山岩穴中，指一瞎猕猴问他："是孙陀利美还是这只瞎猕猴美？"答："猕猴甚丑，与美女孙陀利不能相比。"佛又摄他飞往三十三天，见五百天女在娱乐，皆极美貌，五百天女互告言："此处现在没有男子，听说佛弟子难陀善修梵行，命终之后来生于此，为我等做丈夫。"难陀大喜。佛问："孙陀利与此五百天女相比，谁美？"答言："犹如瞎猕猴与孙陀利相比。"佛又摄他赴地狱中，见阿鼻狱中有一大镬空无罪人，狱吏云："佛弟子难陀，善修梵行，得以生天，天寿千岁，命终后将入此镬。"难陀听后极其畏惧，"衣毛皆竖"，乃悔过，悟唯求涅槃，方为真乐。同经卷二十五长老比丘说以不净观去欲偈云：

设知颠倒者，加心而炽盛，当去诸识想，欲意便休息。

意谓对不可压抑的欲望，可增加令其炽盛，然后除去，欲念便可止息。《楞伽经》卷二偈谓"如逆楔出楔，舍离贪摄受"，比喻增益法如加一楔子打出牢不可拔的楔子。密教无上瑜伽以淫欲为道的"双运道"，即是用增益法转淫欲为菩提，又名"转位道"，如以毒攻毒，为此，必要时还须将烦恼欲望增强，喻如耳中进水后以再灌水的方法将水完全倒出。这与现代心理学所用以暂时加剧症状来消除症状的"顺势疗法"（homeopathy）相类。

关于对治人欲，《阿毗达磨集论》卷七引经言：

菩萨摩诃萨成就五法，名梵行者成就第一清净梵行。何等为五？一者常求以欲离欲。二者舍断欲法。三者欲贪已生，即便坚执。四者怖治欲法。五者三二数贪。

以欲离欲，谓以善法欲对治低劣欲望；舍断欲，即用舍念、息念等法断舍人欲；欲贪生已即便坚持，谓忍耐不作淫行；怖治欲法，谓以恐怖对治贪欲；三二数贪，当为纵念法、发泄法。

升华法，谓将低劣的人欲升华为对崇高理想的追求，如失恋时将爱升华为事业的动力，从事文艺创作或欣赏文艺作品，或全身心投入有意义的工作，特别是救助痛苦、给人快乐的工作等，是近今心理学常用的治疗方法。西人有云：时时想着如何为别人带来快乐，就可以在14天之内治好你的忧郁、悲伤与自怜。佛教的全部信仰和戒定慧等修持之道，实际上都具有将贪欲等烦恼升华为"善法欲""法爱"，将嗔恚失意升华为精进的性质，都可用于心理治疗。

七、接纳、命名、观察、提问等法

当代西方禅师结合佛教修行与西方心理疗法，在实践运用中总结出一些调节自心的有效技术。如《心灵幽径——冥想的自我疗法》介绍的接纳、命名、观察、提问等方法。

接纳，谓用友善热情的态度接纳自己的任何情绪，包括烦恼等负面情绪，不压抑，不以敌对的态度与负面情绪抗争，也不任意释放情绪。压抑思想会得胃溃疡，忍住问题心会动荡或僵化、恐惧；仅是释放会增长习惯性反应，自我抗争增加紧张，不能使人平静。只有以慈爱的心接纳包容自己的一切，关心而感兴趣地注意自己抗拒、否认、逃避的情绪等，以开放的态度令其呈现，像对待老朋友般接纳它们，观察冲动的潜意识根源，在挣扎之处令身心软化，才能有效地转化负面情绪。这种方法，甚合大乘般若精神，《大集经》卷十五即谓"厌恶烦恼是为魔业"，若以大乘烦恼即菩提的见地为导看待烦恼、负面情绪，则效力会更大。

命名，谓烦恼、负面情绪出现时，及时意识到它们，多次呼唤它们，如恼怒时呼唤"恼怒"，不久它会转为自怜、沮丧、思考或一笑，便会化解。这种方法，出于南传佛学禅法中的称名，如修佛随念时称"佛陀"，修地遍处观时称念"地"等。

观察，谓烦恼出现时以冷静客观的态度观察它们如何开始，之前是什么，是否有特别的思想或意象引发它们，注意它们持续多久，何时结束，之后又有什么。将它们视为心里的耳语，看它们会变得多大多强烈，让自己软化下来。

如此观察，会发现没有一种情绪、心智能维持 15—20 秒以上，即见到心念的无常。这显然是佛教的观心法。

提问，谓以心智反省，了知并放下烦恼，向自己提问，如"我曾好好爱过吗？"在禅定中使意识与心灵相连，让意识尽情地编造故事、幻想、恐惧，而不去相信、遵循、实现它们，心灵栖息在佛性或和平及善之中，这时心智便得到治疗。特别是接触到空时，便得到治疗。

《心灵幽径——冥想的自我疗法》还介绍了其他几种方法，诸如：

转换：即转移法，将心转向做其他事情，如烦躁时去运动等。

放在一旁：暂时不去管它，让烦恼自行消灭。

留心行动：即注意自己的行动，在行动中保持观照。

运用想象力：即观想，如灰心时想象自己将来的成功等。

全心地演出：将欲望付诸实行、表达，同时观察其从产生到消失的整个过程，扩大困境而去充分感觉烦恼，然不能伤害他人和自己。

对治烦恼，还有许多方法。《中阿含经》卷二《漏尽经》佛说七种断漏烦恼忧戚法：

1. 从见断，树立正见，如实知四谛法。
2. 从防护诸根断。
3. 从离（远离恶友、恶闻里、恶居止）断。
4. 从用（衣服饮食）断。
5. 从忍（堪忍诸苦）断。
6. 从除（除去贪嗔痴）断。
7. 从思惟七菩提分法断。

八、心理创伤的医治

现代人尤其是自幼生长于西方发达国家的人，多有心理创伤，严重者会形成心理障碍和精神病，精神分析学认为这些创伤多数可溯源于婴幼时期。治疗此类创伤，使人康复为一个心理健康者，是心理治疗的主要任务。实际上，在佛教徒中，也有许多人有心理创伤，不先治好这些创伤达到心理健康的标准，而直接修行，特别是专心修习禅定，会遇到意想不到的心理、精神障碍，容易出现佛教经典中所说的种种"魔事"或西方学者所谓"灵性危机"，严重者会造成精神病。

多数对佛教心理学有所研究的西方心理学家都认为，先通过心理治疗，治愈内心的伤口，挖掘内在的恐惧、僵化的反应机制和潜意识的动机，建立健全的自我了解与良性的人际互动，然后再通过禅修的观照，放下执念，才能让本来如是的生命情感能量自由流动；否则，容易利用修行逃避内心未了结的事务、情绪纠结、低自尊、疏离等问题，产生"灵性回避"，或以精神教条批判与强制自我，而产生"灵性超我"。超个人心理学认为，对有精神内部及人际关系冲突问题的处于个人水平的人，修行可能是一种防御或回避，可能会使人更宁愿沉溺于精神的体验中，不去应付现实的、日常的人际困难。在这种情形下，灵修可能以一种自恋的方式被误用。必须开放地面对各个层面的痛苦、未解决的冲突、早期创伤所留下的发展缺陷等等，充分医治好各种创伤。

在西方传法的创巴仁波且称以修行逃避神经质、害怕、理想化等心理问题为"金锁链""精神上的物质主义"，会导致身心疾病。精修内观禅多年的康菲尔德在其《心灵幽径——冥想的自我疗法》第十七章强调，即使是最佳的禅修者，也还是有能造成禅病的深层心理创伤，需要用精神分析的方法和佛教的方法予以发掘、治疗。必须明觉自己心理上的阴影，找出所有未愈合的伤口及被压抑的欲望、愤怒、困惑等，让它们由无意识上升为有意识。阴影由被忽视、拒绝的情感组成，你越是反对、逃避它们，就越会隐入阴影。"前面的物体越大，后面的阴影也越大。"应如实认识它们，予以治疗。以悲悯关爱的态度碰触伤口的最深处，此时疗效便会产生。当培养出禅定关注时，心灵会自然展现它以求治疗，愤怒将转为悲伤，悲伤转为泪水落下，阳光自然出现。将悲伤说出来时，喜乐自然产生，心灵能在破裂的地方变得更坚强。

康菲尔德注重心理医生帮助人治疗创伤的作用，他自称：

我曾与几位极佳的心理治疗师合作过而由此获益良多，他们让我了解并治疗了多年禅定未曾触及之处。①

最好的现代心理治疗法，类似分享禅修的过程，治疗师与被治疗的人坐在一起，让被治疗者学习去注意他自己无法触及的方面和领域。比起传统佛教只是自己修禅定的深刻专注，心理治疗法更多了研究与发现的特质。治疗师加入了倾听、知觉、感觉，可以让被治疗的人正视自己痛苦的根源。

当今西方内观禅大师高丹（Goldstein）承认：将内观禅与现代心理治疗法并行运用，可以互补而达到更佳的效果。心理治疗对心灵的分析，能帮助修行者了解和疏导内心的情结，让心志更容易集中而进入直接觉照情绪和自心的禅修。对情绪和自心的觉照禅修，能帮助修行者更加深入了解和体会情绪和世事的虚幻性，因而能更快地放下情结。②

实际上，掌握佛法要领的佛教徒完全可以自己治疗，佛教的明觉、观心、忏悔等，都可以用作发现、诊断、治疗心理创伤的高级技术。通过修习四念处等对自心的明觉，从自己情绪的变化、烦恼的生起、无端浮现的念头及对自己整个人格和自我的观照，较容易发现自己隐藏的心理创伤，将无意识变为意识，从佛法中找到对治它们的合宜方法，进行自我医治。在禅定的寂静、明澈心中，用十二因缘法，追溯自己心理创伤的前因，不仅可以追溯到婴幼时期，甚至还可能追溯到前生宿世，找出病根，进行对治，将会收到根治之效。以佛法智慧的核心诸法无我、心性本空观察心理创伤，更是彻底治愈一切心理创伤的灵丹妙药。若得见到真正般若或明心见性，则一切心理疗法及对治法皆成多余。

佛教的修持方法，已被一些西方心理学家作为治疗心理创伤的有效疗法。如被视为当今西方治疗家中的禅学大师的皮尔斯（Frederick S. Perls），认为妨碍人们生活于此时此地的因素，就是无休止的白日梦，这些白日梦起因于过去

---

① [美] 杰克·康菲尔德：《心灵幽径——冥想的自我疗法》，曾丽文译，幼狮文化事业公司2002年版，第327页。

② Goldstein, *Insight Mediation* (Dublin Newleaf, 1993), p.102.

的创伤和相应的防御机制，使人为过去而痛苦，为未来而焦虑。人生活在过去和未来，就是不生活在现在。他的格式塔疗法，吸取佛教的明觉法，强调"回到此时此地""丢开你的头脑进入你的感官"，使人直接进入创伤和防卫，明觉它们，使它们都变成个人的经验并充分地接受经验中的一切，充分地进入其中，充分地觉察它，这样可能会导致一个人的巨大改变，随着创伤的愈合，当事人就会面对此时此地的生活。这种疗法被视为一种禅宗治疗，被认为与禅师所说的"活在当下"一致。

第六节　喜舍与忏悔

一、以喜乐滋养心

快乐、开心、安祥、无忧无虑，被现代医学家和心理学家公认为最有益于身心的良好心态、最佳保健药。研究发现，人处于舒适愉快的状态，想着愉快的事、看着愉悦的形象时，脑内分泌有助缓解紧张的内啡肽，增强皮质功能及神经系统张力，促使皮质激素、脑啡肽类分泌，使人各种感觉更为敏锐，视力改善，血压下降，脉搏减慢，胃缩小，免疫力、记忆力增强，心思宁静，工作能力随之提高，紧张痛苦不愉快者则反之。开心和学习效率成正比，不开心则成反比。《圣经·箴言》谓"愉快的心，是良好的治疗；神志忧郁，能使筋骨枯萎"。同书《德训篇》称"没有一种快乐，能超过内心的喜悦"。在发达国家，人们已从以往的比富有、比成功，向比欢乐、比轻松、比活得自在长寿转变。快乐，被看作延缓衰老的妙药。调适自心，获得快乐，是当今多数西方人学习佛教的目的。

喜乐，是佛教的重要精神。保持快乐、安祥、无忧无虑或"安乐"的良好心态，是佛教治心的基本精神。佛教的根本教旨即在解除痛苦，获得快乐、安乐，佛教修行的终极理想涅槃，便是永恒安乐之义。涅槃不在遥远的他生后世，而是现前便可以证得的。《杂阿含经》卷三十九第1099经佛弟子言：与婆罗门教等外道舍弃现在之乐而追求后世之"非时乐"不同，佛教徒"舍非时乐就现世乐"——不追求后世幸福而求现前的安乐。同经卷四第91经佛陀教导居家者正确生活，以获得"现法安、现法乐"——现前的安乐。

喜乐，乃达到涅槃安乐的重要途径。《长阿含经·三聚经》中佛说使人趋向涅槃的九法中，喜、悦、乐三者，皆属喜乐。喜，指欢喜，常伴随着内心的激动；悦，谓喜悦，为心情较平静的欢喜；乐，谓快乐，为较长久的喜悦。《增一阿含经》卷二十三佛以喜为佛法中的四园之一，谓"恒怀欢喜，故名为喜园"，亲近喜园，死后生光音天，再来人间，生国王家。七觉支中以喜觉支为第三。佛教说证得禅定，可以享受到高于世间五欲之乐的"禅悦""禅乐"，又常说修学佛法会享受"法喜"。《杂阿含经》卷三十第857经、卷三百七十七第1036经佛教弟子随时修习五种欢喜之处，谓之"五喜处"。《华严经·离世间品》说菩萨"心常欢喜"。佛经常以"欢喜而去""皆大欢喜"为结束语。《瑜伽师地论》卷九十四以"喜乐"为滋养身体的四大营养品之一。星云法师指出：欢喜是佛教的目的，也是修道成佛所必需的心理状态，欢喜是佛教真理的本质，欢喜是佛法修行的精髓。

获得快乐安祥，首先要有正确的人生观，为有意义的目标而努力工作，对他人付出爱，对社会做出贡献，使自己觉得活得充实，有价值、有意义

获得喜乐、安乐的诀窍，在佛教看来不是金钱财富，而是"看破放下"，心胸开阔，坦然超然。安乐，可以说是最容易得到的东西，因为它只在自心，完全可以不借外物，由调摄自心而获得。缺乏物质也可活得快乐，如孔子"饭蔬食饮水，曲肱而枕之，乐亦在其中"，颜回箪食瓢饮居陋巷而不改其乐。汉邓通得皇帝赐铜山令自造钱，反而饿死。中国人以笑口常开的未来佛大肚弥勒（被认为是弥勒化身的五代"布袋和尚"契此）为保持安乐心态的典型形象，有对联赞云：

大肚能容容世间难容之事，笑口常开笑天下可笑之人。

新都宝光寺山门殿颂大肚弥勒名联云：

你眉头着什么急，但能守份安贫，便收得和气一团，常向众人开笑口；

我肚皮这般样大，总不愁虑吃穿，只讲个包罗万物，自然百事放宽心。

大肚弥勒被供奉于山门殿迎接香客，表现出中国佛教重视喜乐的精神及中国人尚喜乐的民族性格。

要认识到保持快乐的重要性，认识到喜乐有益健康，忧愁不快损害身心，从而决心保持快乐。如空海《性灵集》所言：

黯然伤神时，则所遇尽是祸；心情开朗时，则遍地皆宝。

要学会积极保持喜乐的心境，过好每一天。云门文偃禅师云："日日是好日。"宋无门慧开禅师偈云：

春有百花秋有月，夏有凉风冬有雪，若无闲事挂心头，便是人间好时节。

《西藏医心术》说：应珍惜难得的生命，以感恩心快乐地过好每一天。郑石岩《过好每一天》说：

只要平安活着，有个工作可以做，能得到温饱，我们就该欢庆生活之美。

寻找快乐，应助人为乐、知足常乐、自得其乐、给人快乐。

要养成自觉幸福快乐的习惯，习惯乃自我暗示过程。心理学家和脑科学家说，思想可影响情绪，更换想法可以改变情绪，经常暗示自己：我活得快乐，对情绪进行再教育，能教导大脑新皮质抑制杏仁核，通过前额叶皮质减缓或抑制杏仁核冲动，就比较能控制负面情绪，保持快乐幸福。

不仅自己快乐，而且要使别人快乐，使别人快乐，也是保持自己快乐的最好方法。须知情绪有传染性，自己的情绪会影响他人，星云法师说得好：

假如你欢喜，周遭的人也会跟着笑；假如你悲愁，左右的人也会跟着愁。[1]

他教导人们"将欢喜布满人间"，不但自己欢喜，而且给人欢喜。"经常将欢喜、慈悲、荣耀、成就与人分享"：

---

[1] 星云：《佛教丛书》之九，佛光出版社1995年版，第307页。

把快乐分享给别人，又可从别人的快乐中增添自己的快乐。

个人的快乐，应该建筑在大众共同的快乐之上。《优婆塞戒经》卷二说菩萨应"自得安乐不乐独受"。

佛教所说的喜，主要指对众生的欢喜心，这种喜常与慈悲心相联系，对众生不怀毒害、怨恨之心，常为其欢乐、成功而欢喜，名"随喜"，是最为重要的喜乐，这种欢喜心使自己快乐，容易进入禅定。《杂阿含经》卷三十二第916经佛言：

> 若不有心杀生，无怨无憎，心生随喜，随喜已欢喜生，欢喜已心猗息，心猗息已心受乐，受乐已则心定。

《大智度论》卷二十解释说：未深爱众生时只名乐，"心深爱众生故，与喜"，喜出于对众生的深爱。

佛经中还教人从无尽轮回的角度看待一切众生，将众生都看作过去世的亲属而欢喜。《杂阿含经》卷三十四第945经佛言："若见众生爱念欢喜，当作是念：如是众生，过去世时，必为我等父母兄弟妻子亲属师友知识。"《佛说未曾有因缘经》卷一佛教人若见世人修行善业、见人修道求三乘果、见受乐人、见端正人、见勇健人、见富贵人、见智慧人、见慈心人、见孝顺人等一切善人，皆应"劝助随喜"，是为喜心。《维摩诘所说经·菩萨行品》说菩萨"不着己乐，庆于彼乐"。《大宝积经》说菩萨"不求自乐，喜他得乐"，以别人的快乐为快乐。《优婆塞戒经》卷二说菩萨应"见他得利欢喜如己"。《灵峰蕅益大师宗论》教人应"视人之乐犹己之乐，视己之乐犹人之乐"，为他人的欢喜而欢喜，永远却除嫉妒，这样会"法界同欣法喜充"，享受如法界一样广大持久的法喜之乐。

佛教设有专门培养、增广喜乐的禅法，四无量心观（四梵住）中的第三喜无量心观，通过观想的方法将对众生的欢喜心扩展至无量无边，谓之"大喜"。按《清净道论》等，喜无量心观的修习，可分四步：

1. 体味自己安乐、成功时的喜悦心情及自己愉快得意时希望别人"随喜"，与自己共享喜悦的心情。

2. 想象一位同性别的好朋友的欢喜愉悦，生起对其欢喜愉悦的随喜心，祝愿其时常快乐。

3. 依次观想对其他喜爱者、关系一般者及怨敌生起随喜心，分享他们成功、欢喜的快乐。

4. 依次对十方乃至全宇宙一切众生一一生起喜心。

大乘经中更提倡"随喜功德"——为众生的成功、功德而真心欢喜，舍弃常人因别人成功而嫉妒的心理，并替众生着想，将自己所修的一切功德包括随喜的功德，"回向"①与一切众生，愿与一切众生共同成就佛果。《大智度论·随喜回向品》佛言：

是菩萨摩诃萨随喜福德，与一切众生共之，回向阿耨多罗三藐三菩提，其福最上第一，最妙无上，无与等。

《梵网经》卷上以喜心为菩萨见道前必修的第三心，此喜心为与诸法空、无生的本性相应的喜：

若佛子，悦喜无生心时，种性体相道智空，空喜，心不着我所，出没三世，因果无集。一切有入空观行成，等喜；一切众生起空入道，舍恶知识，求善知识，示我好道，使诸众生入佛法家，法中常起欢喜，入法位中，复是诸众生入正信，舍邪见，背六道苦，故喜。

菩萨之喜，是因为与空性相应而心不执着于我、我所，只为众生能正信佛法、脱离诸苦、尝受佛法之利乐而欢喜。

美国威斯康星大学麦迪逊分校研究小组对多年虔修的佛教徒的脑扫描证明：其左脑"快乐中心"经常处于高度活跃状态，处理恐惧和焦虑的脑部活动比一般人慢。②杜克大学欧文·弗拉纳根教授在《新科学报》周刊发表文章，说佛教徒能经常保持良好心态，这有助于研究出治疗抑郁症的禅法。

---

① 回向：一作"转向""施往"，将自己修行的功德转向某处。有回自向他（他人、众生）、回因向果（成佛）、回事向理（真如）三义。

②《佛教徒真的知道快乐的秘诀》，载英国《泰晤士报》。

二、以"舍"放松心

舍，有舍弃、放下、放松等意，在佛经中主要指舍弃自己所有而布施，被强调为获得后世安乐、成就佛果的必要条件。经中多处赞叹布施的功德利益，说布施不仅解除了别人的急难忧怖，满足了别人的需要，令其欢喜，而且会使布施者自己欢喜，极其有益于自己的身心健康。《菩提行经》卷一偈谓"所施大小如蚊蚋，亦获快乐得半日"。《大乘庄严经论》卷九偈云：

施与悲共起，能令菩萨乐。三界中乐受，比此无一分。

对大脑进行磁共振成像扫描研究发现，无条件地关心与付出时，大脑七个区域活动，会释放使人感觉愉快的多巴胺，付出者因此会获得难以抑制的喜悦感。

布施者还会获得对方的回报及今生后世的福报。《杂阿含经》卷三十六第999经佛偈云：

净信心惠施，此世及后世，随其所至处，福报常影随。

只有布施出去的东西，才能带到后世去，故称"坚固财"，除此之外，世上没有死时能带走的财物。《本事经》卷二佛陀教人：即便只有一抟之食，也应该分一些给饥饿者，然后自己食用。同经卷五佛说布施有财、法二种，法施，谓以佛法开导他人，财、法二施中，法施为最上第一，如牛奶制品中醍醐为最上第一。《佛说未曾有因缘经》卷一解释说：

凡所施为，一切功德，行恩于人，不望现报，不望生报，不望后报，是名为舍。

舍，还有舍弃心理包袱、舍弃有害的烦恼，而使自心经常处于放松、坦然的良好状态，今多译为"放松"。随着生活节奏的加速，越来越重的压力，成为导致现代人痛苦和精神、心理疾病的重要因素，减压——减轻心理压力，保持放松的心态，是当代心理学的重要课题。这一点早就为佛教所重视，《增一阿含经》卷十七佛偈云：

> 当念舍重担，更莫造新担，担是世间病，舍担第一乐。

此是教人放下心中沉重的负担，不要再制造新的担子压在自己肩上，负担和包袱是疾病，没有负担是第一等的快乐。最沉重的重担，是造成一切痛苦的根本"五盛阴"——被误认为是自我的身心及属于这个自我的一切。七觉支以舍觉支为第五。

心理学家说，心理压力的大小，取决于生活负载和自我调适功能的比值，减压的重点，在于提高自我调节情绪的能力，方法有聆听或弹奏轻松的音乐、躲避不必要的活动、承认自己能力有限而不自我加压、减少无力扮演的角色、放慢工作节奏、有张有弛、以"聪明的糊涂"舒缓压力，换一个角度看待困扰自己的问题，学会放弃和拒绝，多念"车到山前自有路"，进行体育锻炼，等等。佛教常说的"知足常乐"，也被作为减压放松的诀窍。

佛教四无量心观的第四舍无量心观，是锻炼增广舍心的技术，要求通过观想的锻炼，铸成普遍布施无量众生的舍无量心，主要对治嗔和过激的、紧张的心态。据《清净道论》等，舍无量心观的修习分六步：

1. 体味自己无忧无喜、轻松坦然的平和心境。

2. 对一位同性别的敬爱者修慈心观、悲心观、喜心观。

3. 思考这三种观所生的无量慈、悲、喜心，虽然是善，而都是一种感情活动，令心兴奋、激动，不得寂静，应舍去心中的激动，使心达到彻底的宁静、平和。

4. 思考寂静心的功德，想所观察的众生是自己所造业的承受者，从而对他们生起平和寂静轻松的舍心。

5. 依次对一一所爱者、关系一般者、怨敌生起舍心。

6. 想象舍心逐渐遍满全宇宙一切众生。

南传佛教修四梵住之四种遍满时，依次观想四种心——遍满一切众生、一切有命者、一切生物、一切个人、一切个体，一切女人、一切男人、一切圣者、一切凡夫、一切天神、一切人类、一切恶道众生，遍满东、西、南、北、东南、西北、东北、西南、下、上十方，对以上一一众生修四种祝愿，总共以

528种方式观想慈悲喜舍四种心遍满一切。通过这种缜密的观修，其对治嗔恨、冷漠、嫉妒、激动和铸造慈悲喜舍人格的效果，自不待言。

大乘更以布施为菩萨六度行之首，要求以不计一切、与空相应的纯粹舍心"无住相"布施，名为"大舍"。《大般涅槃经》卷十五解释：

> 无所拥护，名为大舍。若不见我、法相、己身，见一切法平等无二，是名大舍。自舍己乐，施与他人，是名大舍。

大乘所讲真正的舍（大舍），是与诸法无我、一切法平等无二而自然生起的没有一切分别挂碍的彻底的舍。《梵网经》卷上以舍心为菩萨见道前必修的第四种心。经云：

> 若佛子，常生舍心，无造无相空法中，如虚空，于善恶、有见无见、罪福二中，平等一照，非人非我所心，而自他体性不可得，为大舍。及自身肉、手足、男女、国城，如幻化、水流、灯焰，一切舍，而无生心常修其舍。

菩萨的大舍，因为常照见诸法空，善与恶、有与无、罪与福等平等无二，我、他及万物皆不可得，从而能自然舍弃一切所有而行布施，心中了无一物挂碍，名为大舍。

三、以忏悔清洗心

对有信仰、有情操、有道德观念者来说，如果犯下了有悖于其所持伦理观念或戒条的错误、过失，或无意中损害、伤害了别人，在工作、修行中发生过错等，往往会形成心理包袱，愧疚不安、灰心丧气，甚至可能导致精神、心理疾病。脱卸心理包袱，放下种种精神负担，是心理治疗的重要方法。

佛教早就认识到过错造成的心理负担会对人心灵造成损害，对修行造成障碍，特设置忏悔法予以对治。忏悔，为佛教徒修持的重要内容。忏悔之"忏"，乃梵语忏摩（ksama）音译之略，原意是对人坦白罪过、请求宽恕，意译为"悔"，谓悔过。《坛经·忏悔品》解释说：

> 忏者，忏其前愆。从前所有恶业，愚迷骄诳嫉妒等罪，悉皆尽忏，永不复

起。是名为忏。悔者,悔其后过。从今已后,所有恶业,愚迷骄诳嫉妒等罪,今已觉悟,悉皆永断,更不复作,是名为悔。

悔过迁善可以灭罪,乃佛陀的重要教诲,《中阿含经》卷四《波罗牢经》佛告曾经毁谤过佛而悔过的村民波罗牢伽弥尼说:若悔过、发露,不再作恶,则"长养圣法而无有失"。《增一阿含经》卷三十九载,阿阇世王犯弑父夺王位重罪,向佛悔过,佛说偈云:

人作极恶行,悔过转微薄,日悔无懈息,罪根永已拔。

比丘、比丘尼戒律中有犯戒者如何忏悔的详细规定。

大乘对忏悔灭罪、消除业障更为重视,说修行者不仅今生现世有过错必须忏悔,而且应忏悔轮回中无量世所造的一切恶业,诚心忏悔,具有不可思议的力量,能消灭多生多世的恶业罪障。《金光明经》卷一云:

千劫所作极重恶业,若能至心一忏悔者,如是众罪悉皆灭尽。

《大集经》卷十八佛告魔王波旬:

喻如百年垢腻,可于一日浣令鲜净,如是于百千劫中所集诸不善业,以佛法力故,善顺思惟,于一日一时尽能消灭。

又如有干草堆积如须弥山,以少许火投于其中,速能烧尽,"如是以少慧力故,能除灭无量诸暗冥聚",因为"慧明勇猛故,无明劣弱故"。忏悔无始以来的一切身口意恶业,为《华严经·普贤行愿品》所述大乘菩萨行者必修的十大行愿之一,为大乘、密乘修持的重要内容,偈云:

我昔所造诸恶业,皆由无始贪嗔痴,从身语意之所生,一切我今皆忏悔。

忏悔大略分事忏、理忏二种。事忏又分二种:一名"作法忏"("羯摩忏"),僧尼犯戒者在僧众前坦白发露过错,表示悔改,若获得僧众的默许,则表示犯戒的罪过已经消除,可以在僧团中继续修持;二名"取相忏",乃大乘所修,忏悔者面对佛菩萨像,或想象面对诸佛菩萨,至诚坦白罪过,表示悔改,决不再犯,以看见佛菩萨为自己摩顶或梦见佛菩萨及洗澡等为罪业消除的标志。《大宝积经·优波离会》说:菩萨比丘若犯戒律中最根本的"波罗夷"(淫、杀生、偷盗、妄语)罪者,应在十名清净比丘前,以质直心殷重忏悔;

若犯较轻的戒条如为女人染心所触、因相顾而生爱着等，应在一、二名清净僧前殷重忏悔。忏悔时应当一心观三十五佛为上首的一切佛，顶礼一切如来。《瑜伽师地论》卷四十一谓中品犯菩萨戒，应在三人以上僧众中忏悔，称述所犯，发露其罪，表示决不再犯，犯下品戒者在一人面前忏悔即可。

大乘以向专司忏除业障的普贤菩萨忏悔为最重要，《佛说观普贤菩萨行法经》详说此忏悔法，称为"不断烦恼，不离五欲，得净诸根，灭除诸罪"之法。大略先观想普贤菩萨法相庄严，身白玉色，放五十种光，诸毛孔中流出金光，光端有无量化佛、化菩萨，普贤菩萨骑六牙白象，安详徐步来到面前，象牙上有玉女鼓乐弦歌赞叹大乘一实之道。见此瑞相已，欢喜顶礼，昼夜六时读诵大乘经典，思大乘义理，念大乘事，遍礼无量诸佛，恭敬供养持大乘者，"视一切人犹如佛想，于诸众生如父母想"，祈请普贤菩萨现身，直到眼见普贤菩萨，梦见普贤菩萨说法，忆念持诵思惟普贤所说法，按普贤教诫忆念十方诸佛，乃至遍见诸佛，礼拜赞叹忏悔。如此昼夜精进行持，经二十一日，得"旋陀罗尼"，能牢记诸佛所说法，并常梦见诸佛。复更忏悔，见普贤教自己忏悔发露宿世恶业，得"诸佛现前三昧"，见东方阿閦佛及其妙喜世界，乃至见十方佛土，梦见白象头上有一金刚人以金刚杵遍拟自己六根，普贤菩萨为说忏悔法。依法至心忏悔一至七日，渐渐得六根清净。

总之，《佛说观普贤菩萨行法经》的忏悔法，主要通过至心观想、礼拜诸佛，读诵大乘经典，感诸佛功德力加被，消灭罪障，经云：

佛灭度后，佛诸弟子，若有忏悔恶不善业，但当读诵大乘经典……其有读诵大方等典，当知此人具佛功德，诸恶永灭，从佛慧生。

其有众生，昼夜六时礼十方佛，诵大乘经，思第一义甚深空法，一弹指顷，除却百万亿阿僧祇劫生死之罪。

经中又说刹利居士忏悔法有五：

1. 忆念甚深经法第一义空。

2. 孝养父母，恭敬师长。

3. 正法治国，不邪枉人民。

4. 于六斋日，敕诸境内力所及处，令行不杀。

5. 深信因果，信一实道，知佛不灭。

最上的忏悔，是理忏，一名"无生忏"，以用佛法缘起性空之理观察罪业本来空为要，即是针对所造恶业或就忏悔修"观"（毗婆舍那）。《佛说观普贤菩萨行法经》说，由事忏修到见诸佛后，应于诸佛前忏悔，思惟无量世以来因六根贪着六尘故，起惑造业，轮转生死。"此六根业，枝条华叶，悉满三界二十五有一切生处，亦能增长无明老死十二苦事，八邪八难无不经历。"如此忏悔，闻佛于空中教以忏悔法：

菩萨所行，不断结使，不住使海，观心无心，从颠倒想起，如此想心，从妄想起，如空中风，无依止处。如是法相不生不没，何者是罪？何者是福？我心自空，罪福无主。一切诸法皆亦如是无住无坏。如是忏悔，观心无心法，不住法中，诸法解脱，灭谛寂静。

如是忏悔，名大忏悔、庄严忏悔、无罪相忏悔、破坏心识忏悔。偈云：

一切业障海，皆从妄想生。若欲忏悔者，端坐念实相。

众罪如霜露，慧日能消除。是故应至心，忏悔六情根。

深观业障本空的实相，灭却起惑造业的根源无明妄想，如实知见的智慧有如阳光，具有消融业障霜露的巨大力量。《大乘本生心地观经》卷三偈赞叹实相忏悔云：

若人观知实相空，能灭一切诸重罪，犹如大风吹猛火，能烧无量诸草木。

汉传佛教界编有"大悲忏""慈悲水忏""梁皇忏"等忏悔的仪轨，称"忏法"，依仪轨修习，为寺院中经常举行的法事活动，其内容有拜佛、赞佛、忏悔、诵经、持咒等。天台宗初修者必先行忏悔，其忏悔包括忏悔、劝请、随喜、回向、发愿五项内容，称"五悔"，分别破恶业罪、谤法罪、嫉妒罪、诸有罪，顺空无相愿。禅宗则行无相忏悔，《坛经·忏悔品》云：

但向心中除罪缘，名自性中真忏悔。

无相忏悔的要点，在除去心中罪业的根源——迷昧自心佛性，若"从前念今念及后念，念念不被愚迷染"，明见自心佛性，是真忏悔。

藏密则主要通过修金刚萨埵法，向密法总管金刚萨埵忏悔。金刚萨埵在密教中与东方不动佛和普贤菩萨同体，表阿赖耶识所转大圆镜智，有表示清除阿赖耶识中所藏烦恼恶业种子及所处理业障恶报的意味。按《大幻化网导引法》宁玛派所传金刚萨埵法，修习时先祈请金刚萨埵，观想此本尊（或为双身）坐四瓣白莲花座，在自己头上一箭许空中，其全身犹如透明白水晶，右手持金刚杵当胸，左手执金刚铃置腰际，身放无量光明。观想我与众生发露忏悔从无始来所造一切恶业，至心祈请本尊加持，皆令消灭，保证从此以后，永不再造，犹如毒药，永不再服。祈请已，至诚念赞祈祷：

具德金刚大勇识，悲悯赐我悦乐心，生老病死等诸苦，可怖三有众苦恼，愿尊为我作依怙，一切罪业皆解脱。真实智慧大勇识，赐我身口意成就！沙玛也，悉地，鸦那那呵。

诵念时观想金刚萨埵父母心间月轮中，有芥子大小的白色梵藏文"吽"字，周围围绕白色金刚萨埵"百字明"咒，观想已，持诵此尊真言：

唵，拔资尔萨埵萨玛耶，玛奴巴那耶。班资尔萨埵，爹糯巴德叉，直哩着美巴哇，萨婆卡瑜美巴哇，苏多卡瑜美巴哇，阿努拉多美巴哇，萨尔哇悉地，美巴尔鸦吒，萨尔哇，噶哩玛，萨渣美则当。悉哩羊，咕噜吽，哈哈哈哈火，巴噶瓦，萨哩哇，打他噶打，拔资尔玛美母渣，拔资尔巴哇，玛呵三昧耶，萨埵，阿，吽，呸！

持诵时观想金刚萨埵心间咒字察察作响，流下悲智甘露，滴入自他身中，循行诸脉，涤净全身业障病气，化为脓血、虫类、黑水、灰烟，从毛孔或脚底驱出，变成千百万自身，任怨敌债主打杀报仇。念咒21遍毕，想金刚萨埵含笑而言："善男子，汝一切罪业皆已清净。"言已，化光融入自身，观想自己顿成金刚萨埵，心间如芥子大月轮上，围绕金刚萨埵心咒：

唵，拔资尔萨埵，吽（om bazr sattow hon）

依次为白、黄、红、绿、蓝五色，吽字居中，唵字居前，拔资尔居右，萨字居后，埵字居左。念咒，同时观想五字放光，化成无数供养云供养十方诸佛，复放光照触三界一切众生，消除彼等业障，一切众生皆成金刚萨埵，皆诵金刚萨埵心咒，一切世界皆成净土。念毕下座时，观想一切所现境依次收入自身，自身收入五咒字，五咒字收入于中心"吽"字，吽字从下至上收入于虚空。然后发愿回向。若于一座中一心不乱持诵百字明108遍，先前所造一切罪障决定清净。若诵百字明满十万遍，无始以来一切罪堕根本清净。

修习忏悔，不仅须忏悔自己所造恶业，而且要修习接受他人的忏悔，宽恕他人的过错。《杂阿含经》卷四十第1108经载，有比丘因事争吵，一方承认过错而忏悔，另一方则不接受忏谢，佛陀乃因此告比丘：

若人忏而不受者，是愚痴人，长夜当得不饶益苦。

《优婆塞五戒威仪经》规定菩萨若遇嫌恨者如法求忏悔而恶心不受，使他人懊恼，犯重垢罪；若无嗔心不受他悔，犯轻垢罪。不允许别人悔过，将别人的过错储藏在自己心中，耿耿于怀，是自己惩罚自己，实际上等于将别人的过错吸纳为自己的过错。

《心灵幽径——冥想的自我疗法》教人一种求别人宽恕的禅定：回忆、想象自己对他们的伤害，了解、感觉自己如此做的原因及悲惨、悔恨，知觉自己放下这包袱并请求原谅，反复念诵，宽恕自己，宽恕伤害过自己的人。直到心灵完全放松。

心理学家阿德勒对悔过给予很高的评价，说悔悟思过的罪人是有价值的一种人，比成千上万的正派人站得更高。"因为这种个体曾越过人生重重困难，曾经从生活的泥泞中挣脱出来，他们从人生的这些堕落经历中获益匪浅，获得力量，升华了自己，理解人生好的一面，也理解坏的一面。"[1]

四、以"七觉支"调节心

三十七道品中的"七觉支"，亦译"七菩提分""七遍觉支""七觉意"，意

---

[1]［奥］阿尔弗雷德·阿德勒：《理解人性》，陈太胜、陈文颖译，国际文化出版公司2000年版，载《导论》，第9页。

为七种以智慧抉择、能帮助菩提智慧开发的方法，本为见道之前的修行项目，一般放在四念处之后修习，主要用于修习禅定，但也可以作为在修行的任何阶段都可以应用来调节自心的技术。七觉支为：

1. 择法，以智慧抉择，辨别真伪，不谬取虚妄之法。

2. 精进，日夜努力修行不息，止息一切与修行无关的无益活动。

3. 喜，以智慧辨别，由得佛法的益处而喜悦。

4. 猗（轻安），身心轻快安然。

5. 舍，舍离所见、所念着之境界，觉了并永不忆念虚妄不实之法，放舍观智，令心完全放松，不偏颇，不执着，自然安住。

6. 定（三摩地），以智慧觉了禅定之发生，不生烦恼妄念。

7. 念，忆念，牢记修习诀要，令定慧均等，不昏沉，不散乱。

七觉支应根据自己的心理状况而灵活运用。《杂阿含经》卷二十七第714经佛言：以七觉支除五盖时，若其心微劣、犹豫，应修择法、精进、喜三觉分，因为微劣、犹豫时，若以择法、精进、喜"示教照喜"，譬如小火，欲令其燃，足其干薪，而不应修轻安、定、舍三觉支，因为微劣、犹豫时，若修此三觉支，会增其微劣，譬如小火，欲令其燃，增以樵炭。若掉举（浮躁）心起，掉心犹豫，这时应修轻安、定、舍三觉支，因为此等诸法能令内住一心摄持，譬如炽燃之火，欲令其灭，足其樵炭，而不应修择法、精进、喜三觉支，因为掉举、掉心犹豫时，若修择法等三觉支，会增长掉举，譬如炽火，欲令其灭，足其干薪。

《大般涅槃经·狮子吼品》说：菩萨因喜乐或说法等而起骄慢时，应修定，不宜修慧；以不得涅槃乐而生悔心，或不能调伏诸根，烦恼力盛时，不宜修定而宜修智。是名"知时、非时"。

自治其心，自净其意（下） | 第十三章

治心净心的精细工夫，是在定心的基础上以佛法的正见为导修"观"，亦即修习止观，这是佛教修行的核心。《大般涅槃经》卷二十九比喻定慧二学如拔坚木（喻拔除生死之本），禅定如先用手摇撼令松动，智慧如用力拔出，所谓"先以定动，后以智拔"；又如浣洗垢衣，先以灰汁，后以清水。《圆觉经》谓"无碍清净慧，皆依禅定生"。《大智度论》卷十七揭示定—慧—涅槃之间的阶梯关系为：

此常乐涅槃从实智慧生，实智慧从一心禅定生。

止观的技术颇为复杂，拙著《佛教禅学与东方文明》《佛教禅定学》中有较为详悉的论述，这里只作一简略的介绍。

第一节　以禅定炼心

禅定，为梵语禅那（dhyāna）与三摩地（samādhi）音、意译之合璧，或说为禅那的音意合译。禅那意译"思惟修""静虑"，意谓具寂静（定）与审虑两大特点的心理状态，一般说唯指色界四禅。三摩地意译"正受""正心行处"

"等持"，释义"心一境性"或"心住一处"，指心念专注于一善缘而不散乱的心境，今人或释为集中注意力，一般说三摩地包括所有从浅到深、从短时间到长时间的寂定心。

佛教将禅定作为一种调制、锻炼自心的精微技术，称"增上心学"（巴利文 adhicitta）——特别殊胜、高级的心灵之学。佛学认为，专注不乱的定心，不仅是获得出世间的如实智慧所必需，而且是成就世间的种种事业所必需的。《成实论》卷十二云：

> 散心者尚不能得世间经书、工巧等利，何况能得出世间利？故知一切世间、出世间利，皆以定心故得。

世间任何事业的成功，皆须专心致志，专心致志即是一种"心住一处"的定心。专心致志的能力，是决定一个人智商高低、能力大小的重要因素。专注一处的定心有巨大的功用，《禅关策进》载《佛遗教经》佛言：

> 夫心者，制之一处，无事不办。

禅定在佛学中地位十分重要，属"三学"中的定学、菩萨行"六度"中的禅那度所摄，被强调为进入堪断烦恼的智慧殿堂之必经台阶，所谓"由定生慧"，《法句经》谓"无禅不智"，《佛遗教经》载佛临终前教诲徒众善修禅定，将其比喻为修筑堤塘存储智慧之水。《摄大乘论》将以禅定遣除阿赖耶中一切烦恼种子比喻为"以楔出楔"。太虚《菩萨学处讲要》称静定工夫"是健康精神的大补品"。

一、修定的资粮与"加行"

修习禅定，必须先有资粮和"加行"（梵文 prayoga）——正式修习（"正行"）的预备或准备条件。诸经论中所说修习禅定的资粮和加行主要有以下几种：

1. 衣食具足，没有饥寒之虞，不必考虑生计，中国佛教界有言"法轮未转，食轮先转"，充足的衣食是修行的必要条件。

2. 闲居静处，息诸缘务。居处最好远离车马人声喧嚣，避风蔽雨，禅室宜关闭门户，隔断外界信息的干扰。坐处须避风吹日晒雨淋，空气清新，湿度宜人。停息一切俗务和坐禅之外的事务，谢绝宾朋往来，一心修定。起码在打坐时须如此。

3. 持戒、守护根门。约束身口意粗显的躁动，保持（对自己意念的）警觉，为进行细微调心工作的禅定之必要前提。持戒，被强调为禅定的基础。《中阿含经·七车经》谓"以戒净故得心净，以心净故得见净"。《成实论》谓"禅定心城，以戒为郭"。《治禅病秘要法》佛言：

若有七众，犯于轻戒，过二夜不忏悔者，是人现身虽行禅定，终不获道。

《大智度论》卷十四论持戒生禅定说：戒为检粗，禅为摄细，戒摄身口，禅止乱心。持戒能令诸烦恼的力量羸弱，心不放逸，使禅定容易生起，譬如"老病失力，死事易得"，又如人欲上屋顶，必须借助梯子，"不得戒梯，禅亦不立"。破戒之人烦恼风强，令心散乱，难得入定；持戒之人烦恼风软，心不大散乱，容易入定。

实际上，持戒清净，仅是修习禅定最基本的要求，能否顺利进入正定，取决于个人整个的身心修养——包括信仰、见地、人格、自制力、意志力、人际关系等，张澄基教授说得对：佛教禅定修习"是一个整体的彻头彻尾的身心奉献和努力。因此必然牵涉到行者之整个人格及其宗教情操和言行"[①]。

4. 排除五盖。"五盖"（巴利文 nīvaraṇāni），指五种能覆蔽禅定之光的障碍物：贪欲、嗔恨、昏沉睡眠、掉举与后悔、怀疑。贪欲盖，指对财色名利等的贪求，令人思虑营谋、躁动不安，无法寂静。嗔恨恼怒嫉妒则使血涌气乱，心波难平，对修定极其有害，怀嗔恨心修定，容易增长嗔恨，甚而令心理失常。掉举盖，指身好游走，口好吟咏及争辩聊天等，心波荡漾不能平静；后悔与掉举一样，都使心动荡不宁，难以入定。怀疑盖，特指对自己能否入定、对所修法及师父的狐疑不信，使人失去入定的信心，自然难以入定。

[①] 张澄基：《佛学今诠》（上册），慧炬出版社1973年版，第337页。

5. 初夜后夜惛寤瑜伽。惛寤瑜伽，是僧尼驱除睡意的方法，主要是在初夜入睡前和后夜睡醒后及在睡意袭来时，观想光明，经行（散步）以振作精神，不打瞌睡，以便精进修习禅定。

6. 近善知识。亲近堪指导、帮助自己修习禅定的良师益友，得到修定的诀要。佛教诸乘诸宗修习禅定，皆强调必须有明师指导，《瑜伽师地论》卷二十说：

毗婆舍那支，最初必用善友为依；奢摩他支，尸罗圆满之所摄受，又依善友之所摄受。

谓止观的修习，都以依止善知识为要，修观最初依善知识抉择见地即可，修止更须长期依止善知识。密乘更强调修法有成就的上师之指导为密法最要之密意，语云："只要找到成就上师，便是成就的一半。"禅定是一种调摄身心的精密技术，牵涉对各种超常身心变化之正确处理，处理不当有伤身害命、导致疯颠之危险，须有过来人具体指导。汤玛斯·莫顿（Thomas Nertow）说得好：

世上最危险的人是耽于禅修不受任何人指引的人。

7. 医治好心理创伤。这是当代西方佛教心理学家和禅师们一致强调的经验。《心灵幽径——冥想的自我疗法》一书中说：

当我们尚未完成情绪上基本发展课题，或仍未感到与父母、家庭的关联时，会发现我们仍然无法在精神修行上有所深入。在没有处理好这些事情之前，我们无法专注于禅修上，或无法将禅修上所学带入与他人的交互作用中。

二、身、心、息、食、睡的调和

各种禅定的修习，在下手之先，皆须调和身、心、息、饮食、睡眠，《小止观》谓之"调和五事"。

调身，旨在选取最有利于气血流通、排除身体上感觉干扰的姿势，以便于专心致志调摄心意。杂念纷纭，不能入定，往往与身体之不调有关。佛教的禅定姿势，有坐、行、立、卧、舞、跪、跑等，以坐姿为主，修习禅定被称为

"坐禅""打坐"。坐姿有单跏趺、双跏趺、方便坐、莲花半月坐、垂足坐、匠工坐、仙人坐等一二十种,皆以脊柱端直自然、头不低不昂不歪、双肩平齐、舌抵上腭为要点,以保障身体中央的脉端直不曲,与天地垂直,为内气之通行无阻提供最佳渠道。应坐于柔软的厚垫子之上,盖好腿和足,以防受寒。摆好坐姿后,摇动肢体、颈项、头,从下至上缓缓放松全身。放松,是坐姿的诀要。坐式应与经行、立、礼拜、打拳等动姿相结合,动静相间,使气血流通,助益调心入定,以免坐久生滞。密乘禅定有类似柔软体操的"拳法"疏通气脉,与印度教诃陀瑜伽的体位法、道教的导引相近。

调息,旨在排除呼吸对意念的干扰,有助入定。呼吸会成为进入深定的障碍,意念的活动总是与呼吸相伴随,呼吸徐缓,意念必然集中,呼吸停止,意念必然寂定,呼吸也成为衡量是否入定及入定深浅的一把尺子。调制呼吸令趋于徐缓微细乃至停息,是调心入定的一个要诀。《小止观》以"不涩不滑"四字总摄调息之要,不涩,谓呼吸出入没有阻滞,不因强制而感到不适;不滑,谓呼吸要深细绵长,不急促,不浮滑。深细绵长,可谓调息之要。

调心,贯彻禅定修习过程的始终,是修习禅定最重要的法则。入坐初修时的调心,以不忆过去、不思未来、止息一切奔逸攀缘的念头为要。如《中阿含经》卷四十三佛偈所言:

慎莫念过去,亦勿愿未来,过去事已灭,未来复未至。

应明确杂念纷驰对修定的害处,用心止息诸念,令心平静专一,一心专注修定所缘的目标。《小止观》以"不沉不浮"四字总摄调心之要,不沉,谓清醒明白,不昏沉暗昧,昏沉的外在表现,是头不自觉地低垂;不浮,谓无杂念,不浮想联翩。初修定时,心有宽、急两种不调之相。急者,因用力摄心,用意过紧,致使气冲胸部与头部,使胸闷头痛,应以意领气往下行以对治之。宽者,因用意过于放松,致使心志散漫,身体弯曲倾斜,口中流涎,心中暗昧不明,应敛身摄念,努力振作精神,专注于所缘。

饮食,应适度有节。《修习止观坐禅法要》卷上说:

食若过饱,则气急身满,百脉不通,令心闭塞,坐念不安;若食过少,则身羸心悬，意虑不固。此二皆非得定之道。若食秽浊之物，令人心识昏迷；若食不宜之物，则动宿病，使四大违反。此为修定之初须深慎之也。

饱食后气血集中于胃肠，使人昏沉或饱胀不适，难以入定；进食太少，营养不良，疲惫乏力，也难以入定。须根据身体的需要调节饮食，不多不少。僧尼戒律规定过午不食，最有利于夜间坐禅时不致昏睡。藏密对调节饮食一事十分重视，强调需摄入足够的营养以利于成就"拙火"，瑜伽行者的食谱常由其上师亲自调配。

睡眠，被看作修定的障碍之一，睡懒觉令人昏沉难以入定，佛教要求僧尼须尽量减少睡眠，但初修者应有充足的睡眠。

三、入禅门径

佛教诸乘诸宗有多种禅定，入手修止的门径非一。《楞严经》说选择六根的任何一根和色、声、香、味、触、法六尘中的任何一尘修止观，都可以上溯到心源，获得"圆通"（通达实相）。佛教经籍中讲得最多、佛教界修习最为普遍的禅法，有系心于呼吸、观想、念诵、心性及综合调息、观想、念诵于一的"三密相应"之密法凡五门。门径虽多，但皆遵循共同的法则，以"系心一缘"或"制心一处"为法要。系心一缘或制心一处，是利用第六意识及其思、念、三摩地等心所法的殊胜作用，使心意持续专注于一个境相而不散逸昏沉，逐渐达到心无分别、无波动的"等持"境界。这里只介绍当今佛教界主要修习、适合现代一般人的禅法。

第一，专注呼吸的禅定。

专注于呼吸以入定，主要是南北传佛教共同的安那般那，汉译"安般守意""持息念"，天台宗所传称"数息观"，修习分六步，故名"六妙门"。据《清净道论》等，南传佛教修安那般那分为七步：

1. 数息，数呼吸，可从一数到五、八或十，再从头数起，起初慢慢数，如人量谷，熟练后快快数，如牧牛者之数牛。

2. 随逐，意念随逐呼吸时，要对呼吸的长短细明明了了，如《大念处经》中佛所教导：

入息长时，彼知，我入息长；出息长时，彼知，我出息长；入息短时，彼知，我入息短；出息短时，彼知，我出息短。

3. 触，修随逐时，不能让意念随呼吸而流逸至身体内外，使心散乱，须专注于呼吸出入所触之处（鼻端与上唇）。

4. 安住，初步达到寂定。通过思惟、专念、注意、观察，下定决心使气息平静。随着呼吸的渐趋微细，会发生身心的轻安觉受，眼前出现如棉花、气流、星光、宝石光、珍珠、花环、薄雾、日月等"禅相"。当禅相出现、稳固不动时，可舍离随息，只微微专注禅相，久而久之，禅相会变得越来越明亮，心亦随之寂静，进入近分定（即北传禅学所谓初禅未到地定）乃至初禅以上定境。

5. 观察，从近分定或更深的定中出定，依佛法观察身心、出入息等，属修毗婆舍那，有四种观法，各有四项内容，凡十六种观。

6. 还灭，由修观而证真实，伏断烦恼。

7. 遍净，由断尽烦恼而得彻底清净心，及成就各种禅定。

南传安般念的修习，依经中佛说，又有十六事。北传佛教称之为"十六特胜"或"十六胜行"。据《清净道论》，十六事为：

1. 出息（呼）长时，知"我出息长"，或入息（吸）长时，知"我入息长"。

2. 出息短时，知"我出息短"，或入息短时，知"我入息短"。

3. 明白觉知全部出入息。

4. 心随出入息的寂静而渐渐趋于寂静，达到出入息难以辨别的境界。

5. 觉知内心因禅乐而起的欢喜。

6. 觉知身体因内气充盈而生的乐。

7. 觉知喜乐可能引起的贪欲。

8. 除心行——熄灭由喜乐所生的粗杂贪欲。

9. 觉知心的沉浮状态。

10. 令心喜——心若沉没，即以对喜乐的感受而振作之。

11. 令心等持——心若浮动，则摄持令归于寂静。

12. 令心解脱，舍离沉浮躁动而令心得到解脱。

13. 观无常。

14. 观离欲。

15. 观（寂）灭。此三事属修毗婆舍那。

16. 观舍——放弃对出入息的有意关注。

当代南传佛教修安般禅，主要专注于对呼吸的触觉，或注意呼吸出入时鼻下的感觉，或注意呼吸时肚皮鼓起、放松的感觉。

密乘别有与印度教瑜伽、道教闭息行气法相类似的以制息令微细的"刚猛气"，主要者称"宝瓶气"，一译"瓶息"或"壶形气功"。据《大幻化网导引法》等，其修法分吸、满、消、散四诀，要点是深长吸气，吸入时令气盈满胸腹，提肛，令下气上提、上气下压于脐部，有如用水注满瓶壶，尽量延长住息时间，至不能忍受时呼气，呼出时留少许气于脐下，以每次持息时间达108弹指（约2分钟）为初步成就。这种方法旨在通过强制呼吸令深长乃至停息，使心意渐趋寂静，较快进入正定。此外，还有健身、却老延年、增强御寒能力等目的。如法修习确有这些效果。但此法制息过于刚猛，调息的分寸较难把握，修习不当，容易伤身致病，故晚近传法者一般不轻易教人修习。

各种修定门径中，数息一法，最容易入定，任何人都可以修习，缺点是只宜于在静坐中修，易陷入昏沉。

第二，由观想入门的禅定。

由观想入门，是佛教用得最多的禅法，种数亦最多，南传四十业处中的十遍处、四梵住、十不净及十随念中的佛随念、身至念，专修神通的神变禅等，大乘的观想念佛，密乘禅的月轮观等，皆属此类。观想，略称"想"，乃利用想心所的作用，想象某种特定的视觉形象，以无论开眼闭眼，所观境像明白显现为成就的标志。最宜于一般人修习、修习者最多的观想类禅定，为十遍处中的光明遍和大乘的观想念佛、密乘的月轮观三门。

据《清净道论》，观想类禅定的修习，最初最好借助实物或曼荼罗——模型或图像，并用语言暗示法促使注意力集中，加强对所观想境像的记忆。如光明遍以壁隙、窗口射过来的自然光或日光、月光、灯光为曼荼罗，一面观想，一面念叨："光明，光明，光明……"。修习光明遍，能离昏沉睡眠，开发天眼通，其实此法还有通过光能的增强而健身益智的效用。

汉传佛教界修观想念佛者主要是净土宗信徒，多依《观无量寿佛经》所述十六观观修阿弥陀佛及其净土庄严：先想象西方落日如悬鼓；次想水澄清，结为冰，由冰联想西方极乐世界的琉璃地；次想彼国地上宝树；次想彼国八功德池水；次想彼国池边宝楼；次想无量寿佛及观世音、大势至二菩萨；次想无量寿佛报身庄严；次想观世音菩萨报身庄严；次想大势至菩萨报身庄严；若不能观想报身庄严者观想丈六阿弥陀佛及观世音、大势至三圣；次观上中下三品往生。实修者一般多修第十三杂想观或观无量寿报身佛眉间白毫。杂想观者，想象阿弥陀佛身高丈六，坐于莲台之上，身真金色，相好庄严，背有圆光，光中有无数变化出的佛，观世音、大势至二菩萨随侍左右，皆相好庄严。白毫观者，想象无量寿佛高六十万亿那由他恒河沙由句，"眉间白毫右旋宛转，如五须弥山"，经云：

观无量寿佛者，从一相好入：但观眉间白毫，极令明了。见眉间白毫相者，八万四千相好自然当现；见无量寿佛者，即见十方无量诸佛。

经中描述，佛的眉间白毫八楞中空，白色半透明，放各色光，盘成圆锥形，侧看有如山岳。此相是无量劫修行功德的凝聚，专注观想者能除无量亿劫生死重罪。

观佛三昧或观想念佛，也多从观佛像之曼荼罗入手。《菩提道次第略论》说初修止者，宜用一造型好的佛像置于对面平视处，从开眼观察、闭目想象佛像的某一部位修起，修成后逐渐扩大，最后观想全部佛像成就，即能证入奢摩他。汉传佛教界称之为"观像念佛"。经中还有多种观想念佛法，如《观弥勒上生经》述观弥勒菩萨法。

藏密还有观想自心中有一芥子大小明点（明亮光点）的方法。《大乘要道密集·拙火定》所举修法中，有观想于眉间三角骨内或杵端、顶上梵穴观豆大明点之"风息归心法"，谓修之可以发生拙火，增强体质，引发身体上的大乐。这种方法可以看作火遍处的变相。当今泰国法身寺所传行的"法身法门"，以在胸腹中央观想一晶莹如露滴、水晶的明亮光点为门径，可看作光明遍与密法明点观的结合。

观想类方法最能锻炼念力、发神通，然须想象力和形象记忆力强的人才好修，否则久观不现，耗气耗神，容易疲懈。

第三，由念诵入门的禅定。

从念诵入门，是大乘、密乘特有的禅法，这种禅系心于佛名、咒语、经文等，口念耳听或心念心听（默念），乃摄持耳根以入定之法。《楞严经》推尊此类禅为适宜于耳根功能圆通的地球人类所修习的法门。《文殊说般若经》说，欲入一行三昧者，应面朝某佛的方向端身正坐，系心此佛，专心称念其名号，念念相续不断，能于念佛中见所念佛及过去未来现在诸佛，见到诸佛共同的法身——实相。天台宗以此为该宗所修四种大乘三昧之一，称"常坐三昧"，以九十日为一期，闭关专修，常坐称阿弥陀佛名号。该宗所修另一种"常行三昧"，是依《般舟三昧经》所说的般舟三昧（意译"佛立三昧"）修法，昼夜旋行不休息，口诵心念阿弥陀佛名号，亦以九十日为一期，汉地修此三昧者历来颇有其人。

自唐释善导倡导以来，称念阿弥陀佛名号的"持名念佛"，成为中、日、韩广大净土宗信徒的主要修持门径。称念的方法，以《佛说阿弥陀经》"一心不乱"四字和《楞严经》"都摄六根，净念相继"八字为要。对"一心"和"净念"，有多种解释，智者《观音经义疏》卷上分一心称名为理、事二种，存念相续不断名事一心，心与空慧相应名理一心。后人对此颇有发挥，如明传灯《阿弥陀经略解圆中钞》云：

> 事一心者……无分散意，念念无间，……念力勇猛能排杂念，……理一心者，了达能念之心及所念之佛皆无自性。

这种念法又称事持、理持。以圆解佛我不二或离能念所念的无分别心念佛，所谓"无念而念，念而无念"，名理持，念至实相、真心显现，名"理一心"。《大方广三戒经》谓"若不得心，是名一心"，从严格意义上讲，只有理持乃至念到理一心，才能叫作净念。《憨山老人梦游集》卷十一谓"无念乃为净念"。保持这种净念不断不失，名曰"净念相继"。

唐宋以来，称念佛名在中国、日本社会上最为流行，方法多种多样，主要者有唱诵念、出声念、默念、金刚持、记数念、随息念、光明念、追顶念、摄心念、实相念、直下念等。

唱诵念，以佛名谱曲配乐，用引磬、木鱼等击拍吟唱，多用于集体共修。唐释法照的"五会念佛"，将佛名分五段谱曲，节奏逐渐加快，至今尚流行于各寺院。今人多播放五会念佛的磁带，摄心静听。

出声念，声音有大小之别，大声念有驱散昏沉散乱之效，但久之容易伤气，通常多以仅可自闻的低声持念。

默念，虽不出声，而意念专注于佛号的音声，所谓"心念心听"，默念太久，亦易伤血。

金刚持，谓微动舌尖或唇吻而不出声的持念，密教谓之"金刚语言"，这种方法不会损伤气血。

记数念，乃以记数摄心，有如数息观之数呼吸，念时掐念珠或心中默记数，规定一日念满若干遍；或以十念记数摄心，念一佛名记一数，从一数到十，再从头数起，记数的目的，是制心不令散乱，以每天须念满若干遍鞭策自己。

随息念，谓随呼吸之出入念佛名，注意调和呼吸与佛名，是随息与持名念佛的结合。

光明念，谓随每念一声佛名，观想佛的光明，或观光明随佛号从口中出入，为持名与观想的结合。

追顶念，倡导于明末汉月法藏，其法以全部精神提起"阿弥陀佛"四字，"一句追一句，一声顶一声"，如提刀赶贼，步步紧追，如高山流水，遮拦不住，用力摄心，不令昏沉散乱间杂。念时"不可逼气动火，不可默努伤血，不可轻松养识，不可沉静堕昏"①，字字句句，念得明明了了。汉月对七日一期追顶念的法则，述说颇为周详。

摄心念，为现代印光法师所提倡，依《楞严经》"都摄六根"，专以耳根一根摄余五根，称念佛名时只注意听其音声，字字句句听得清清楚楚，不可朦胧浮泛。

实相念，谓以实相心或无分别心持名，明袁宏道《西方合论》据宋真歇清了禅师之说，以"不以有心念，不以无心念，不以有无心念，不以非有非无心念"四句话为实相念佛之要，意谓以离任何妄心分别的纯一真心念佛。

直下念，谓从"念佛心即是佛"的见地出发，以不计是非、佛我的纯粹心"直下念去"，离能念、所念等分别心。

持名念佛在经中只有简要的法则，修持者可以根据自己的经验，结合多种禅法，注意调节好念佛与呼吸、内气的关系，灵活运用。

依念诵入门修禅定，还有持咒、诵经二法。禅修所用咒语亦称"真言""陀罗尼""明"，多为佛菩萨名号或功德誓愿的概括及祈祷词，阿弥陀佛名号其实也是一种真言。持咒的方法与称念佛名相同，有出声持、默持、金刚持、随息持、摄心持等多种。持念者须对经中及上师所说真言的不可思议功德确信不疑，怀着深信和神秘感，一心不乱持念。密教最重默持和金刚持，汉传佛教界多强调以无分别心持咒，所持咒主要是"大悲咒""准提咒""六字大明咒""往生咒"等，明清禅宗人颇有持准提咒为参禅之助行者。天台宗四种三昧中的方等三昧，修时旋行念咒一百二十匝，念毕礼十方佛，次端坐思惟实相。修法华三昧则专心念诵《法华经》，诵毕旋行持咒，次端坐思惟实相。这两种三昧皆以七日为一期，外相上坐、行、礼拜结合，故称"半行半坐三昧"。汉传佛教界颇有毕生以诵经为主要修行之径者，强调以虔敬心、无分别心念诵，念久功深，也有能进入禅定者。

---

① 《角虎集》卷一。

念诵法修习中最少弊端，行住坐卧、静闹闲忙都可以修，但入定较慢，易生散乱。

第四，由三密相应及系缘等入门的禅定。

密乘法以持咒为主的禅法，称"本尊瑜伽"。本尊，指修行者所尊奉的根本主尊，即某位佛、菩萨及金刚、空行母等。密乘认为本尊是众生心本具的清净功德圆满开发之表征，对虔心归敬的瑜伽行者具巨大加持力。本尊瑜伽共同的修习方法是"三密相应"——身依本尊的姿势而坐并结本尊的手印①（身密），口诵本尊的真言（口密），意观本尊的形象及菩提心（意密），如此则与本尊的身口意三密相应（契合一致），本尊的加持力、自身的功德力、法界力三结合，使本尊的清净功德在自身速疾显现，所谓"三密加持速疾显"。三密相应的本尊瑜伽，须经"灌顶"，依上师授予的仪轨修习，仪轨一般包括皈依、发菩提心、供养上师三宝、观修四无量心、迎请本尊、观自身与本尊合一、诵真言、观实相等项目，凝缩了大乘所有的修行内容。

密教的观想本尊法，观想佛、菩萨等本尊悦意境相。下三部密法从我之心性与本尊无二的见地出发，以绘、塑的本尊形象为曼荼罗（模型），先观想本尊在对面，再迎请本尊住于自己身中。无上瑜伽部密法从即身即佛的见地出发，观想自己即是本尊，每次修法之初于一刹那间顿观自己即是本尊，称"顿起佛慢"。不仅观想身同本尊，而且观想心同本尊；不仅在打坐修法时如是观想，下座后于日常生活、人际交往中也时时如是观想；不仅如是观想自己为本尊，而且观想所见一切众生皆是本尊，一切声音皆是本尊语言，一切境界皆是本尊净土。从心理学看，这是借助外在的榜样，通过观想，使之深入自己的无意识，成为自己的主人，将外在精神象征不断内化，转化凡夫型心理为圣智型心理。

本尊法的持咒，与观想、调息、修气脉明点集合于一体，是各种禅法的综

---

①手印：又称"印契"，以手指做成种种形状，表示本尊的誓愿、功德等，有手势语言的意味。

合，同时摄眼、耳、身、意诸根。四部密法本尊法的修习，又各有不同。下三部密法本尊法分有相、无相两种瑜伽，有"六义天""三平等"等方法。据空海《密藏记》，东密本尊法有五种持咒法：

1. 莲花念诵，出声念，声音大小以仅可自闻为度。

2. 金刚念诵，诵时唇齿相合，仅舌端微动。

3. 三摩地念诵，观想对面本尊心间或自己心间有月轮，月轮上有莲花，莲花瓣上排列梵文真言，意观咒字，心中默念。

4. 声生念诵，观想自心为莲花，花上有白色海螺（乐器），发出如铃声般的诵咒声。

5. 光明念诵，持咒时观想口出光明。

无上瑜伽部本尊法的诵咒，多是在自观为本尊的心轮（心脏附近，身体中央）或脐轮（脐或脐下四指，身体中央）观想一黄豆大或芥子大的月轮莲花，上列本尊真言，配合呼吸，一面持咒，一面观想咒字旋转。最重要的总持咒持诵法通常为：吸气时，观想诸佛加持之白色光明化为一"嗡"（om）字从头顶降下心间，变成一红色"阿"（a）字，住息久久，然后想"阿"字变成蓝色"吽"（hom）字，将身中业障浊气从足底排出。此法称"金刚诵"。

本尊法生起次第的持诵，重点在"随察渐收"——观想将整个世界收摄入我身，我身收摄于咒轮，咒字依次收摄于咒尾的"吽"字，吽字从下往上收摄于其顶上的小圆点（"空点"），在空无分别中久久入定。

三密相应的综合禅定虽然事理圆满，但实修难度太大，近今修习者实际上多由口诵真言之一密相应入门。

佛教摄心修定的门径，还有系缘法等。系缘，谓专注于一个注意点。注意点可以选在身内，如意守双眉之间的"缘中"、鼻尖、脐下二寸半处或脐间，或观想两眉之间有一豆大明点；注意点也可在身外，迦举派《涅槃道大手印》所述专一瑜伽，即有注意一物法，如注意面前的灯光、墙上的一个图钉、竖在地上的一根尖木桩、镜子等。聆听单调的钟表滴答声、雨声、泉水声、轻松的音乐，凝视远处，仰卧地上观看蓝天等，都可作为修定门径而达"心一境性"。

四、修定的基本要点

由各种门径系心修定，方法和所进入的境界虽有不同，而摄心的法则和入定的进程基本一致。《菩提道次第略论》依修止的进程，将各阶段的要点总结为念、知、思、舍四诀。

念（正念），是初修时的诀要，意谓牢记所缘，不令须臾忘记，不令念头从所缘外驰及引起联想。

知（正知），谓对自己的心态时时保持明白的觉知，了知其是否入定。对障碍入定的散乱、掉举、昏沉、沉没，保持高度警觉，及时明察其未生、将生、已生，犹如警觉的战士时时觉察敌军的动向。

思（正思），谓在散乱、掉举、昏沉、沉没生起时，及时对治。禅籍中列举有多种对治方法。对治散乱、掉举，主要是及时收摄心念，令专注于所缘，若收摄不住，则应弄清散、掉生起的原因，用意过紧、坐姿紧张、用心上浮、要事扰心等，都能滋生散、掉。若因用意过紧、坐姿紧张导致，以放松治之；若由用心上浮导致，以意守脐下或足底治之；若因要事扰心导致，最好先处理完事务，再行打坐。若用以上方法犹治不住，可暂时放弃所修而转修数息观，或大声猛厉念佛、念咒，或修宝瓶气。若散、掉力量太大，用这些方法仍治不住，则应暂停止打坐，或礼佛，或观人生无常、观不净观或修四无量心、菩提心等，调动禅修的动力以对治之。对治昏沉、沉没，主要是提起精神专注于所缘。应及时弄清其起因，若由摄心太松及坐姿松弛伛偻所致，应提持；若由吃得过饱所致，应注意节食，并以经行、礼拜、打拳等活动以对治；若由气往下沉所致，应系缘眉间、头顶上以提气上行。还可用改修其他禅定、思惟所闻教法、背诵所闻教法、用力拉扯耳朵并按摩四肢、洗面、朝不同方向远眺、仰望星空、作光明想、经行、转换身体姿势、住在露天下等方法对治。对治昏、沉的最佳方法，是观想日月光明、佛光、佛眉间白毫相等光明相及净土等美妙境物，令心（大脑活动）活跃振奋。

舍，梵语曰优毕叉（upekṣā），一译"平等""持心平等"，意为放松、舍弃。当散乱、昏沉、掉举、沉没被降伏后，心能恒久专注一缘，渐趋寂静，此时要舍弃对所缘境的主动分别和对自心的有意摄制，止息故意摄心之念的扰动，让心自然放松，才能进入澄潭止水般的正定。如学骑自行车，已经学会则是"不费力的集中注意"——"舍"。

现代禅修者多强调禅修中不强硬制止念头，以乐观的旁观者身份注意自己的思绪，顺其自然，但不随波逐流让念头牵着走，想象自心如门窗洞开的房子，任思绪的鸟群自由飞出飞进，而自己却独自留在室内。

第二节 以智慧清净心

佛教诸乘诸宗一致认为，以持戒束心、以方便对治调心、以禅定炼心，虽然都有特效，但这些方法都只属世俗谛所摄，不出世间法的范围，其对治烦恼的力量有限，而且不可能断灭烦恼。欲断灭烦恼，永出生死，完全自主其心、自净其意，必须获得如实知见宇宙人生绝对真实的出世间智慧。《中阿含经》卷二《漏尽经》佛言：

以知以见故，诸漏得尽，非不知非不见也。

此知见，指如实知见法界体性的出世间智慧。获得这种智慧，是佛教全部修持道乃至全体佛学的心髓，为三无漏学中的增上慧学和大乘菩萨行六度中的般若度所摄。这种智慧的证得，主要靠在定心的基础上以佛法的正见修习毗婆舍那（观），这才是最究竟的对治烦恼、净化心灵之出世间正道。

一、彻净其心，必依般若

佛学所言智慧，为梵语般若（prajñā）和若那（jñāna）的意译，特指通过佛法的修行而证得的如实知见一切事理的超越性智慧。《杂阿含经》卷十一佛言：

> 多闻圣弟子以智慧利刀断截一切结缚使烦恼、上烦恼缠。

佛教强调，心灵的彻底净化，烦恼的完全断灭或转化，只能依靠与真实相应的出世间智慧，而非其他。因为烦恼终以不如实知为根源，只有证得如实知见的智慧光明，才可以照破烦恼迷暗，从根源上永断烦恼或转化烦恼。持戒、禅定、神通，尽管能摄心止恶修善，享受禅悦，开发奇功异能，而皆不足以获得如实知见、堪断烦恼的智慧。因为它们只是以一种世间的意念制止别种世间的意念，不出以善止恶、以定止散之二元圈匮，不出因缘相待、生灭变易之世间法的范围。

以戒摄心，虽有止恶之效，也有强制压抑烦恼而增益藏识库中烦恼种子之患。心理学家发现：如果拼命想用意志力控制或消灭负面情绪，有时会制造出"双重困难"——不仅负面情绪难以控制，而且还会增加想控制它们而控制不了的烦恼，或者会出现"情绪酒醉"状态——会被不知不觉诱入自己所害怕产生的不良情绪中无法摆脱，而想要努力保持的快乐情绪却不由自主地转瞬即逝。

以定炼心，纵然深入四禅八定，也仍在三界之内，至多可暂时伏住烦恼不起现行，而不能断灭分毫烦恼的种子，还可能增益对禅定的贪着，何况既有入定，则必有出定。

至于天眼等神通，只能见过去未来及微细、遥远的现象，而不能见真实之本质，不仅不足以断灭烦恼，不足以转消业报，还可能会出生、增益傲慢及贪婪等烦恼，以神通造恶业。《增一阿含经》卷三十八《马血天子品》佛称成就持戒、禅定、神通为"世俗常数"——佛教以外的修道者也能达到的世俗成就，不究竟。偈云：

> 由禅得神足，至上不究竟，不获无为际，还堕五欲中。
> 智慧为最上，无忧无所虑，究必获等见，断于生死有。

对众生来讲，无明、愚痴、烦恼，乃天生自然，智慧非生来就有，必须通过修学才能获得。即便是不造善恶、"意无欲想"的婴孩，也有被愚痴、烦恼驱使的天性；即便不作善恶，不起一念，保持"童心"或"无分别心"，也不等于有如实知见的智慧，不等于断了烦恼。《中阿含经》卷五十六《五下分结经》佛告鬘童子：婴孩幼小，"柔软仰眠，意无欲想"，亦无嗔恚、身见、戒禁取见等烦恼，然彼受烦恼天性的驱使，故说其被贪欲、嗔恚、身见等所驱使。起码，婴孩会因大人照料不周而发怒啼哭。南传《中尼柯耶》第21《锯喻经》佛举例告诫比丘：如以温顺闲雅著名的女居士韦提希迦，因为尚未以智慧断灭烦恼，平时尽管温和可亲，而当婢女故意激怒她时，她仍然禁不住大动肝火，殴打婢女。大乘《大集经》卷十一斥只管寂静禅乐不起烦恼而不以智慧观察为菩萨之"魔业"。《大乘止观》卷三强调：

若欲成就出世之道，必藉无尘之智也。

《菩提道次第略论》批评以无一切分别为道的思想，谓住无分别并非证得真如，未离无明，强调真实智慧必须以闻思慧修观方能证得。这可谓佛教诸乘诸宗共认的观点。

佛教用来修行以净化心灵的智慧，通常依获得的途径和次第，分为闻、思、修三慧。《俱舍论》卷二十二《分别贤圣品》说，在持戒的基础上依三慧修行的次第应该是：

依闻所成慧，起思所成慧；依思所成慧，起修所成慧。

闻慧，指听闻讲经说法及研读佛典，了解佛法的内容、义理，属知识层面。思慧，谓通过深思明辨，对所知晓的佛法义理有了深彻的理解、领悟，完全接受，确立为自己的见解。修慧，谓通过如法修行，尤其是修习止观，由对佛法的切身体会、实证而得的智慧。由闻而思，由思而修，证得修慧，乃佛教诸乘诸宗修行的通途。大乘又分修观的智慧为文字、观照、实相三种般若。文字般若，谓由学习经论，听闻正法，获得对佛法特别是诸法实相义理的准确理解，即是闻慧；观照般若，谓解行相应，在思考、修学中对实相义直观的把握，属于思慧；实相般若，谓以观照般若修观，亲证实相而得的智慧，即修慧。明紫柏大师强调：

不通文字般若,即不得观照般若;不通观照般若,必不能契会实相般若。①

以如实知见的智慧断烦恼而得解脱的智慧,主要指出世间智——指于蕴、处、界中如实了知其无常、苦、空、无我,亲证诸法无我绝对真实的智慧。出世间智慧的证得,须以佛法关于诸法实相义的闻思慧,在日常生活、处世待人中,随时"如理作意",观察思惟实相,此属八正道中的正思惟(正志),智𫖮称之为"对境历缘修"。更须在止的定心基础上深入细致地修观(毗婆舍那)。

止、观双修而证得出世间智慧,是从《阿含经》到大乘经中一贯强调的路径。《本事经》卷四佛偈述止观的关系云:

静虑慧为因,慧必由静虑。有静虑有慧,速证于涅槃。

百千哑羊僧,无慧修静虑,设经百千岁,无一得涅槃。

勤修智慧人,乐听法说法,敛念须臾顷,能速证涅槃。

慧观,一般认为最宜于依第四禅的寂定心修习,但也非尽人皆需如此,最利根者只须听到关于佛法的简短开示,便可证悟出世间智,不须依法修止观。《瑜伽师地论》《显扬圣教论》等说依初禅未到地定修观,便能断尽烦恼,天台宗依《成实论》,说利根人依最浅的欲界定("电光定")修观,也可能顿见实相,发无漏慧,以无漏慧断尽烦恼。

用以修观的正见、智慧,作为"三学"中慧学和六度中般若度的基本内容,是佛教思想的核心所在。佛教诸乘诸宗用以修观的正见,大略以缘起法则为共同的出发点和基础。缘起,被认为即是三宝中的佛和法,有"见缘起即见法,见缘起即见佛"之说。缘起,意谓一切依因缘而生,依因缘而灭,万有只是因缘的暂时性集合。以缘起观万有包括心识的结构和要素,成立佛法的"三科"——五蕴、十二处、十八界;以缘起观众生生死流转的因果、心的染净因果,成立属佛法出世间般若的四谛、十二因缘;以缘起观万有不变不易的本性(法性、真如),成立佛教哲学观的心要"三法印"及实相论。佛教诸乘诸宗所

---

① 《紫柏老人集》卷一。

强调的堪断烦恼的正见,指有"印中之印"之称的诸法无我见。《大乘阿毗达磨集论》卷四云:

> 总缘作意,观一切法皆无我性,能断烦恼,无常等行,但为修治无我行故。

谓以无我的智慧对治烦恼,烦恼则灭,犹如明生暗灭。《西藏医心术》强调,破除一切烦恼、心病的根源——我执,是最佳的治疗方法。可以用精神分析与佛教修观结合的方法,先自由联想,把自己的念头、情绪写下来,然后分析我为什么会产生这种想法、情绪,分析到底,就会发现念头后面丑恶的动机,都是因为一个我执。深入观察此所执自我的虚假不实,不好的念头、不良情绪便会从根本上消踪。

即此正观诸法无我乃至证得涅槃的智慧,若有住着,亦成障碍。只有对世间、出世间的一切分毫不着,才能断尽烦恼而证涅槃。《中阿含经》卷十八《长寿王品》佛言:虽观无我无我所,若乐、着、住于舍者,必不得涅槃,只有不乐、不着、不住彼舍,无所受者,必得涅槃。

诸乘诸宗的观智,皆依缘起法则展开推论演绎,其间不无浅深偏圆顿渐之别,不无分歧与争议。以下只介绍最适合现代人修习的几种修观法。

二、四念处观

《杂阿含经》卷二十四第607经中,佛称四念处为"一乘道",意味从此一条路便能直通涅槃。《中阿含经》卷二十四《大因经》佛陀称四念住为"一道净众生",若比丘比丘尼勤修此道七日七夜至七年,必得阿罗汉果或阿那含果。当代南传佛教的修观极重视"四念住",或以四念住总摄止观,称"内观禅"。

四念处是对身、受、心、法一一作如实的观察,《瑜伽师地论》卷五十一谓四念处其实"唯观察心""谓观心执受、观心领纳、观心了别、观心染净"。

四念处观察的诀要是"观身如身"乃至"观法如法","如"即如实,如其原本,如观身如身念处:

行则知行，住则知住，坐则知坐，卧则知卧，眠则知眠，寤则知寤，如是，比丘观内身如身，观外身如身，立念在身，有知、有见、有明、有达，是谓比丘观身如身。①

所谓观身如身，是在行住坐卧、着衣吃饭等一切时候，将注意力集中于自身，保持对自身的高度明觉，知晓自身的状态，由知觉上的"知"进到直觉的"见"，再进到对自身实际明了的"明"，终达通达自身真实本面的"达"。质言之，从对自身的觉察进到对自身的觉醒。不仅明觉自身，亦明觉外在的他身。在此基础上修习从注意呼吸入手的禅定，从对自己的每一呼吸明明了，到对自身进入各级禅定的状态明明了了，"于此身中，以清净心无处不遍"。复念光明，昼夜修习光明心而不被黑暗所覆蔽。复从头至足，观身中处处不净，修不净观。复观身体由地、水、火、风、空、识六大集成，修"界分别观"。复观死尸从烂坏至白骨狼藉，自身亦终归如此，修"十想"。

观觉（受）如觉（受），是对自己的一切觉受（感觉、情绪）保持注意和明觉。《中阿含经》卷二十四偈云：

觉乐觉时便知觉乐觉，觉苦觉时便知觉苦觉，觉不苦不乐觉时便知觉不苦不乐觉，觉乐身、苦身、不苦不乐身，乐心、苦心、不苦不乐心，乐食、苦食、不苦不乐食，乐无食、苦无食、不苦不乐无食，乐欲、苦欲、不苦不乐欲，乐无欲、苦无欲觉、不苦不乐无欲，觉时便知觉、不苦不乐无欲觉。如是比丘观内觉如觉，观外觉如觉，立念在觉，有知、有见、有明、有达，是谓比丘观觉如觉。

对所有各种乐的、苦的、不苦不乐的、身的、心的、有意欲的、无意欲的感受如实观察，从"知"进到"见""明""达"，为观受如受念处。

四念住的核心，实际是心念住，佛教导比丘应如此观心：

有欲心知有欲心如真，无欲心知无欲心如真，有恚、无恚，有痴、无痴，有秽污、无秽污，有合、有散，有下、有高，有小、有大，修、不修，定、不

---

① 《中阿含经》卷二十四。

定，有不解脱心知不解脱心如真。

对自己的每一个心念和心的状态保持明觉，对自己心有无烦恼污染、是觉悟是痴迷、是专注是散乱，一一明明了了，"立念在心，有知有见，有明有达"，叫作"观心如心"。这属八正道中的正志、正念所摄。汉译《中阿含经》卷四十三《根本分别品》（见巴利文《胜妙独处经》）佛说"跋地罗帝偈"，是一种于当念修观的顿法，南北二传佛教界都十分重视。偈云：

慎莫念过去，亦勿愿未来。过去事已灭，未来复未至。

现在所有法，彼亦当为思，念无有坚强，慧者觉如是。

过去已经永远消灭，故不须追忆；未来未至，故不须预作寻思；只觉照此当下，观其无常，不作色受、想、行、识是我之想，谓"不受现在"。不念过去，不愿未来，不受现在，即当下解脱。佛称此为"胜妙独处法门"。

观法如法，于眼等六处接触色等境而起心动念（六入）之际，如实了知内心有结（烦恼）、无结、未生结而生、已生结灭不复生，如是"观内法如法，观外法如法，立念在法，有知、有见、有明、有达"；复如实知内心之有贪欲、嗔恚、睡眠、掉悔、疑"五盖"，及无五盖、未生五盖而生、已五盖灭不复生；复如实知内心之有念、择法、精进、喜、息、定、舍"七觉支"（七菩提分），及无七觉支、未生七觉支而生、已生七觉支不衰退而增广。乃至观苦集灭道四圣谛。是则观法如法，指对内心是否与佛法相应的如实觉知。

对四念住，北传佛学也十分重视，而其内容被概括于"观身不净，观受是苦，观心无常，观法无我"。四念住也是大乘初入门所应观修的主要科目，大乘经论中用大乘的见地修四念处。《大智度论》卷十九述四念处观法甚悉，如心念处观法为：

菩萨观内心，是内心有三相，生、住、灭。作是念，是心无所从来，灭亦无所至，但从内外因缘和合生。是心无有定实相，亦无实生、住、灭，亦不在过去、未来、现在世中；是心不在内，不在外，不在中间；是心亦无性无相，亦无生者，无使生者；外有种种杂六尘因缘，内有颠倒心想，生灭相续故，强名为心。如是心中，实心相不可得。是心性不生不灭，常是净相，客尘烦恼相著战,名为不净心,不自知,何以故?是心、心相空故。是心本末无有实法,是心与诸法无合无散,亦无前际、后际、中际,无色、无形、无对,但颠倒虚诳生。是心空、无我,无我所,无常,无实。是名随顺心观,知心相无生,入无生法中。何以故?是心无生,无性无相,智者能知。智者虽观是心生灭相,亦不得实生灭法,不分别垢净而得心清净。以是心清净故,不为客尘烦恼所染。如是等观内心,观外心、观内外心,亦如是。

依中观见,从时间、处所、生住灭、来去四门,观察内心(自己内心所起念)、外心(对外境的感知)、内外心(由外境刺激所生情绪等),皆悉无常、无我、空、无生、无相,没有其常住不变的实体。如是如实观察,能了悟心本来无生的实性,证得离烦恼污染的清净心。这种心念处观,从理论到实修,都是对《阿含经》中"观心如心"说的发挥和深化。多种大乘经论中,都讲述这种观心法门,天台宗有本宗的四念处观法,智者大师撰有《四念处》。

三、大乘诸法实相观

大乘佛教的修观,总的看来以诸法实相为所观的境,其要义为"一实相印"。诸法实相,指万有普遍共具的本然、本性,亦即绝对的真实或终极真实,又名真如、法性,其内容从缘起法则出发,以深观"五蕴皆空"、人法二无我为本。《三论玄义》将三乘共同的正观概括为"无得正观",将大乘特有的正观概括为"不二正观"。无得,谓通达没有所得的色声香味等法和能得的自我,息灭能得、所得的执着分别,证得本来不可得的实性。不二,谓泯灭对生灭、去来、一异、世间与出世间、生死与涅槃、佛与众生、所观与能观的二元分别,体达一切法皆同一空性的本性,与诸法本来不二的本性完全相应。在具体的观法上,大乘诸宗各有其独特的见地和方法,大体而言,可以分为空、相、性三宗。

空宗修观,主要宗依《般若经》,观五蕴、十二处、十八界一切有为法及虚空、涅槃、般若、佛等一切无为法当体皆空,空亦复空。空的理由是缘起故无自性，观照则主要以深度的直觉体察一切有为、无为法虽非虚无，而无本有不变的实体，其相虽有，其性是空，如梦、幻、水泡、影、朝露、闪电、乾闼婆城（海市蜃楼）、旋转的火轮、阳焰（水波所反射的阳光，有如火焰）等，以"无所得"为贯穿全部观修进程的诀要，名为"体空观"。主要用遮遣否定不符实相之种种见解、意识分别的方法，论证有为、无为一切法皆悉缘起故无自性、无生，非从自体生，非从他生，非从自他相合生，非无因生，故无生。实相不生、不灭、不去、不来、不断、不常、不一、不异，离一切语言概念的分别，所谓"名言道断，心行处灭"。如实观实相，息灭生灭、去来、断常、一异等一切"戏论"，则自然亲证实相。阿底峡《中观要诀》说：以中观根本见思惟色、心空后，于根本位修无分别慧的方法为：

去除一切昏沉和掉举等过失，在那不沉不掉的空档，心识不要作任何寻思，也不要执取任何意象，断除一切意念和作意。在意象或分别心的敌人或盗匪冒出来以前，尽可能将心识安住在那样的状态。

《菩提道次第广论》卷十据印度应成派中观见，缕述修观，其所观总为人法二无我。先观人无我，审知从生到死，任何时候，乃至熟睡时也恒常坚执不舍的对内在自我的执着，即是应该破除的烦恼之本——俱生我执。

观此执并非执身心的总体为我，而是执假立的我有其自体。观此所执之"我"与五蕴是一还是异，若是一，则有三过：第一，所执以取舍五蕴为作用的"我"，应成无用；第二，因五蕴乃多种法的聚集，若我是五蕴，则一人应有五个我，若我是一个，则五蕴亦应成一个；第三，五蕴有生灭故，我也应有生灭，所执为恒常是一的我若有生灭，则称不起我，不应有忆念宿命、宿业今报之事，应是未造业即可受果报，这样便违背了缘起法则因果相续不断义。再观我与五蕴若是异，则离此身心，应有个"我"的自体可得，如认驴与马相异，离却马必有一驴的实体可得。然若将色等五蕴一一剔除，却没有"我"的自体可得。如此观察，了知身心中并没有俱生我执所执的"我"，初得中观正见，或觉得如获得所遗失的珍宝，极为欢喜；或觉得如遗失最珍贵的财物，起大恐怖。若未得如斯体验，则说明尚未得到中观正见，须继续修习，在定中离计身心为我及认身心中有我之执，深观离执无我的境界有如虚空，唯由遮遣质碍相而建立，无我相唯由遮遣计我之执而建立。这样努力遣除我执，使心与本来无我的真实相应。若犹难以相应，应依前述观察所执我与五蕴非一非异的方法再次观修。出定之后，行住坐卧、言语做事，皆应观察如同幻化，没有自性，唯是意识分别假立，然也非没有业果所依的假我之相，如幻术师所变的象、马，虽然没有象、马的实体，却不无象、马的相显现。了知一切法本无自性故空，并非原来有自性，后来用智慧安立为空。

其次观法无我。先观察一切有为法缘起故无自性。从自身的色法观起，观坚执为自己肉体者究为何物？与色蕴是一是异？若是一，则此血肉之躯，乃由父母精血和合而生，身有五支，则识所依托的精血亦应有五支；又身有五支故，应成五体。若所执身与色蕴是异，则离此躯干四肢外，应别有我的身体可得，然实不可得。故知并没有所执有自相成就的身体。又观上午的心识与下午的心识是一是异，若是一，于上午的心识上应有下午的心识，下午的心识上亦应有上午的心识。若是异，除过上午及下午的心识，应别有今日心识的自体可得，而实不可得。故知没有所执离受、想、行、识之外之心识的实体。

次观时间等心不相应行法，亦由心识分别过去、现在、未来而假立，没有它们本来具有的自性。

最后观虚空界等无为法，也属意识分别而假立，没有自性。虚空若与四方中央等方位是一，则东方虚空与西方虚空也应是一，是则东方降雨，西方也应降雨，其实不然。若虚空与四方中央等方位是异，则除四方中央等空间外，应别有虚空之自体可得，而其实亦不然。

如是观修，了知有为、无为，生死、涅槃等一切法，皆是名言分别假立，没有少许自性可得。凡夫执有实我实法，犹如走夜路者误认地上的绳索为蛇而生惊怖，若用灯烛照明，方知为绳，绳的一一部分都不是蛇，绳的全体也不是蛇，离绳之外亦无有蛇。如是在定中观如虚空之空性，除遣一切妄执分别而与本来空性相应。下座后观内外一切如同幻化，虽无实体而有现象。功深缘熟，如水到渠成，自然会亲证人法二无我性，引生身心轻安，证毗婆舍那。依所证毗婆舍那，还可系缘于人法二无我的真实，入止观一体的定，称"奢摩他毗婆舍那双运俱转道"或"止观双运"。

大乘相宗所宗依的《解深密经》卷三分观为三种：一为有相毗婆舍那，对修止所缘的境相进行观察，观其唯是自心显现，如经中所言，"通达三摩地所行影像，唯是其识，或通达此已，复思惟如性"，如性，即万法唯心、诸法无我的真如。如《佛说观无量寿佛经》说，当所观想的西方极乐世界庄严景象和阿弥陀佛身相以"心眼"亲见，成就念佛三昧后，要观此所见乃心所造作，"是心作佛，是心是佛"。二为寻求毗婆舍那，以思慧对所有未能透彻的佛法进行深思，以求明了。三为伺察毗婆舍那，对已经解悟的佛法进行深度的思察，以期超越理性思维而亲证实相。又说"若相续作意，唯思惟心相"，即只是观心，名"一向修毗婆舍那"。世亲《成唯识论》偈颂总摄修观的次第说：

菩萨于定位，观影唯是心，义想既灭除，审观唯自想。

如是住内心，如所取非有，次能取亦无，后触无所得。

谓于定中先观心所缘的影像唯是自己的心识的想心所变现，灭除外境实有的执着，确认所取着的境相并非实有；次观能取着的内心亦空，然后触证无所得的空性。

总之，依止修观，从有相毗婆舍那进到寻求毗婆舍那，再进到伺察毗婆舍那，由粗浅的理性思维进到深度的伺察再到直觉，由意识表层深入心识深层，由理性思维超越理性而亲证真理。可谓修观的通途。

相宗一系瑜伽行派的修观，大略以观万法唯识、心识亦空为宗要。先摄境归识，观内外一切皆不离识，唯是心识变现，没有离心识而实有的外境，获得"无境智"，名"方便唯识"；再观能观之智亦空，舍唯识智，所谓"境既非有，识亦是无"，有如两木相钻戛而能生火，火既生已，还烧两木，打破能观、所观的二元对待，与真如完全平等，此名"正观唯识"。

相宗还依三性三无性观人法二无我，观修之要在依他起性，观有为、无为一切诸法，唯依心识缘起故，唯识变现故，非自然本有，凡夫所执为离心识实有、以名相安立的种种自性，乃不符实相的妄执，情有理无。先观意言似义

（无实），悟入遍计所执性，修名、义、自性、差别假立四种寻思，一一推求观察诸法的名、所诠义、自性（自体）、种种差别，唯是假立，皆无实体，同不可得，依次证得名、事、自性、差别假立四种如实遍智。次观一切唯识，没有相分、见分、名、义、自性、差别的实体，唯由能取、所取而现似种种相，悟入依他起性。再"灭除意言闻法熏习种类唯识之想"，遣除义想，似唯识亦不得生，"平等平等所缘、能缘无分别智"现前，则悟入圆成实性，见道。此后于后得智中，唯观阿赖耶识，观其所生一切了别相如幻等，逐渐转依阿赖耶中一切杂染种子，证得佛果一切种智。犹如先观察黑暗中所认的蛇并非真实，只是一条绳子，"蛇觉虽灭，绳觉犹在"，再对绳子进行细微的分析，了知其相虚妄，不过是色、声、香、味、触的组合，绳觉则灭，真实相现前。

窥基《大乘法苑义林章》卷一立遣虚存实、舍滥留纯、摄末归本、隐劣显胜、遣相证性五重唯识观。

大乘性宗修观，大略以观一心或一念为要。其观修的基础缘起性空，与空宗、相宗相近，而见地以一中道或如来藏融通空有、性相为特征。按大乘性宗的见地，不将贪嗔等烦恼当作一定要消灭的敌人去与之战斗，而是如实正观烦恼及烦恼之根——我执本空，将烦恼转化为菩提。《摩诃止观》卷四述就一念贪嗔等烦恼而修观之法云：

贪嗔住于妄念，妄念住于颠倒，颠倒住于身见，身见住于我见，我见则无住处，十方谛求，我不可得，我心自空。

性宗一系天台、华严等宗的修观，强调先须学通本宗圆满的教理，天台宗谓之"开圆解"，然后才可以圆解"修圆观"。其修观的精要，是用本宗自认最圆满的见地观心，特别是观当下之一念心，以期明见心性、亲证实相。

天台宗的观法，有次第三观、圆融三观、一心三观、圆顿止观等，重在观现前一念无明心。《摩诃止观》卷五说：选取观察的境，先分别五蕴、十二处、十八界三科，于其中只取五蕴，又于五蕴中只取识蕴，在识蕴中只取第六意识，于第六意识中只取无记识，最终于心所、心王中只选取第六意识能了别的心王为所观的对象。

天台宗主要依中观学而发挥，将诸法实相义分为空、假、中三谛，立空、假、中三观以观察三谛。空，谓缘起故无自性，为真谛；假，谓虽无自性而依心缘起，事相宛然，为俗谛；中，谓对执有自性者言空，对执空无所有者言假，实相则非空非假、而空而假，名言道断，心行处灭，双照真俗二谛，名中道第一义谛。依空、假、中的次序分别而观，名次第三观：初"从假入空观"，一名"二谛观"，观一念及其所现境相假借诸缘而生，实无自体生，本来无生、空；次"从空入假观"，一名"平等观"，观一念所现森罗万象，宛然是有，此有为依因缘而起的假有，非本来的实有，此假为一念所具，为佛智遍照的世俗世界；第三中道观，不执空也不执假，双遮双照，泯绝二边（两极）对待，空假圆融。这种观法，把一个真理分为三个而观，在圆教看来，尚非究竟。圆教观三谛，为圆融三观、一心三观。圆融三观，是于一念心，观圆融之三谛。圆融三谛，谓三谛只是一个真理，互相包含，举一即三，三而一、一而三。如《摩诃止观》卷一云：

信一切法即空即假即中，无一二三，而一二三。

随观一谛，皆入三谛，如从假入空观，不仅观俗谛所摄一切现象是空，即真谛、中道第一义谛也都是空，从空入假观，不仅观俗谛所摄森罗万象是假，即真谛、中谛亦皆是假；中道正观不仅观中谛是中，即真、假二谛亦皆是中，所谓一空一切空、无假无中而不空；一假一切假，无空无中而不假；一中一切中，无空无假而不中。

一心三观，谓于一念心观圆融三谛。观一念心依缘而起，本无自性，犹如虚空，为空观；能观之心与所观之境，皆历历分明，宛然是有，为假观；虽历历分明、宛然是有，而体性常空，空非定空，假非定假，为中观。三观无非是从三个方面观一念心，三即一，一即三，随观一谛，即通彻其余二谛，是为一心三观。智者《摩诃止观》卷六谓"只约无明一念心，此心具三谛；体达一观，此观具三观"。《四念处》卷四云：

此之观慧，只观众生一念无明心，此心即是法性，为因缘所生，即空即假即中，一心三心，三心一心……今虽说色心两名，其实只一念无明法性十法界，即是不可思议一心具一切因缘所生法。一句，名为"一念无明法性心"；若广说四句，成一偈，即因缘所生心，即空即假即中。

圆顿止观，是定慧不二的观，系以天台宗"一念三千"的圆顿见地，顿观当下一念具足全宇宙，包罗法界，其中一一心、一一境，皆互遍互入，一一微尘各各圆具全法界，具足佛果无量功德，皆是实相，名"观不思议境"。如《摩诃止观》卷一所言：

> 造境即中，无不真实。系缘法界，一念法界。一色一香，无非中道。己界及佛界，众生界亦然。阴入皆如，无苦可舍；无明尘劳即是菩提，无集可断；边邪皆中正，无道可修；生死即涅槃，无灭可证。无苦无集，故无世间；无道无灭，故无出世间。纯一实相，实相外更无别法。法性寂然名止，寂而常照名观。

华严宗以其一心四法界等见地修观，主要的观名"法界观"，法顺《华严法界观门》亦举三观：

一为真空观，观理法界，观色缘起故非实色，体性绝对是（真）空，空非断灭空而为真性，分会色归空、明空即色、空色无碍、泯绝无寄四重观。

二为理事无碍观，观理事无碍法界，观万象差别的事（现象）与真空的真如理融通无碍，事为理的随缘变现，有如波、水不异，分理遍于事、事遍于理、依理成事、事能显理、以理夺事、事能隐理、真理即事、事法即理、真理非事、事法非理十重观。

三为周遍含容观，观事事无碍法界，观万有皆唯一真如，真如一味平等不可分故，全宇宙一一微尘、一一事相，皆遍含容一切法界，互摄互容，相即相入，交参无尽。分理如事、事如理、事含理、通局无碍、广狭无碍、遍容无碍、摄入无碍、交涉无碍、相在无碍、溥融无碍十重观。其观法析理极其细密，然因过于玄奥，实修者不多。

华严宗的圆观，是从佛果境界出发，将《华严经》中描述的佛果境界，依理性观析，通过观修，以期在众生现前的观心中显现，从而亲证一真法界。在实修中，也多凝缩于顿观当下之一念。

四、随时随处可修的随自意三昧

一般禅定,皆要求在静坐中专修,与繁忙紧张的世俗生活很难打成一片。大乘《大品般若经》中的"觉意三昧",则是一种以正见随时随处观心为内容、定慧一体的禅定,可以在世俗生活中观修,特别适合于现代人修学。天台宗以此为本宗四种三昧之一,称"随自意三昧""非行非坐三昧"。慧思《随自意三昧》、智者《释摩诃般若波罗蜜经觉意三昧》专述此三昧修法。其要在于一切时中、一切处所,于行、住、坐、卧、做事、言谈、见闻嗅尝触觉等时,念起即觉,意起即观。观出入息及色身毕竟空寂,观心不可得,犹如芭蕉、沫、泡、影、虚空。特别是观所起每一念皆空不可得,慧思《随自意三昧》中说修观者先观未念、欲念心(将要起念、作意):

未起念时,无有心想,亦无心、心数法,是名心性。是心性无有生灭,无明无暗,无空无假,不断不常,无相貌,无所得故,是名心性,亦名自性清净心。

此所谓未起念时无有心、心所活动的心性、自性清净心,略同有分心。可谓世俗谛意义的自性清净心。慧思《诸法无诤三昧法门》《随自意三昧》则说"未睹色时""妄念思想未生时,是时毕竟无心者",名为无始无明、独头无明、不共无明,根尘相接生起妄念烦恼后则为有始无明。必须以毕竟空的智慧破有始无明、欲念心,以无始空的智慧破无始无明、未念心,方为真正见性。毕竟空、无始空为《大般若经》所说十八空之二,毕竟空谓观有为无我诸佛毕竟不可得,空亦不可得,非常非灭,性自如此。《大智度论》卷三十一说"以有为空、无为空,破诸法无有遗余,是名毕竟空"。无始空,谓万法依因缘生灭故没有开始及最初,无始以来之一切无不空。

智者《释摩诃般若波罗蜜经觉意三昧》说每一念头的生灭,分为未念、欲念、念、念已四个阶段,称"四运心",在心境相触、见色闻声等每一心理活动生起之时,皆应如实观察四运心,如眼见色时:

即应谛观未见色、欲见色、见色、见色已，四运之相皆不可得，双照分明……复作是念，如是见者即无见相，所以者何？于彼根、尘、空、明之中，各各无见，亦无分别，和合因缘出生眼识，眼识因缘出生意识，意识出时，即能分别种种诸色，亦依于意识则有眼识，眼识因缘能见于色，而生贪着。是故即当反观念色之心。如是观时，不见此心从外来入而生领纳，亦不见心从内出而生分别。所以者何？外来于我无事，若自有不待因缘，当知受者毕竟空寂。

于闻声尝味等时也应如是，反观其心念毕竟空寂，以中道正观销落有无是非等分别知见，"正观之心犹如虚空，湛然清净，因是中道，正慧朗然开发，双照二谛，心心寂灭"，名见心性、实相。《摩诃止观》卷二云：

心数起时，反照观察，不见动转、根原、终末、来处、去处。

念起即观即觉，在日常生活中念念用功，任何时候都照察四运心，"意之趣向，皆觉识明了"，明觉念念心意，照见心的实相，名为觉意。

觉意三昧的修持，使修习者可以把般若观照带出禅堂，带进厨房、办公室、游乐场，带进日常生活的一切方面、一日二十四小时的分分秒秒，将佛法运用于全部生活、整个生命，可谓大乘止观的精髓。

佛教诸乘诸宗虽然皆以正见修观为获得般若智慧的途径，多在静坐中修观，但开悟发慧，不一定必在静坐中，《增一阿含经》卷四十八载耶输提比丘观视于地，婆伽梨比丘观视于刀，皆"即时心得解脱"。在生活中随处修观，都有开悟的可能，万事万物，都可以成为开悟的助缘。禅宗人尤多因境缘触发而开悟者，如灵云见桃花而悟、香严锄地时抛石击竹而悟等，这当然是长期修观或参究的结果。

第三节 以万行庄严心

大乘不仅号召个人在静坐中以般若智慧独自修观，更强调必须在六度四摄等菩萨万行的实践中，在利乐众生的社会活动和日常生活中观修，磨练自心，努力发挥心性的妙用，以济世利人的菩萨行庄严自心、庄严国土，让自心在菩萨行愿的无尽活动中放射出佛性的绚丽光彩。

一、六度——佛教精神体操

菩萨行六度之"度"，梵语名曰"波罗蜜多"，旧译"到彼岸"，意为达到目的地。其原意有两个方面：一方面是在社会生活中、众生中磨练自心，对治、转化自心烦恼，强化慈悲、智慧、自律、意志等正面的功能；另一方面是利乐众生，度化众生，积累福德，创造生命价值。质言之，一方面自度，一方面度他。六度的总体精神，是福慧双修或智慧与方便双修，达到福慧双全、功德圆满、精神提升至佛陀的理想境界。郑石岩先生称六度为"佛教精神体操"。

六度之第六般若（智慧）度，对治愚痴，为前五度的导首，经中喻为头、目，前五度则为足。六度在修行时都必须以般若智慧观照所修、能修、修行"三轮体空"，不起对相、名、人我、功德乃至空、解脱成佛等的执着。只有以三轮体空的无所得心去修行，才能叫作堪以抵达涅槃彼岸的"波罗蜜多"。般若度所修学的智慧，包括以理性观察的无分别加行慧，及实证真如的根本无分别慧、无分别后得慧；或如实观察一切现象的世俗智，包括一切知识、技能及如实证知真如从而不执着、不胶固一切的如理智。《大般若经》中以"无所得"为修般若度的诀要。般若智慧能指导人摆脱僵化、主观、刻板、受制于成见和偏见的思维方式，如实觉知本来无常多变的现代社会，清楚地洞察环境的变化、潮流的更迭、问题的趋势与症结，具自知之明，掌握以不变应万变、永居主动地位的生活技术，与时俱进，灵活而有主见，踏实而又超然。郑石岩《精神体操》将般若度标题为"弹性的思考"，指心智上不断重新调整，寻找平衡，促发解决层出不穷的挑战所必要的聪明才智。弹性思考即是佛法所谓"空"，是领悟一切的原型。现代人在生活中修般若度，应知"人身难得"，珍爱生命，无论贫富顺逆，都要懂得尽情享受人生，以开放的胸襟迎接生活，积极主动地学习，迎接新的挑战。应学会收放自如的生活态度，该紧盯时专注努力，把握机会，该放松时便放手，让自己闲适自在。

六度之第一布施（檀那）度，对治贪欲悭吝，锻炼看淡、看破的智慧和付出、放舍、牺牲奉献的精神。对已成为病态社会心理的以多赢利、多索取为成功标准的商业化人生观，布施的锻炼具有特别重要的意义。布施奉献，是古圣先贤一致提倡的美德和生命价值，尤其是怀着慈悲心救助人，能给布施者带来极大的、纯净的快乐，《大乘庄严经论》卷九云：

施与悲共起，能令菩萨乐，三界中乐受，比此无一分。

《萨迦格言》谓"吝啬鬼不会成为富翁，施舍者不会成为穷人"。

大乘提倡的布施，包括财物、无畏（安全感）和法（真理、知识、技术）三种。随时随处以利人助人为乐，不贪婪吝啬，是修布施度之要。布施的锻炼，据《入菩萨行论》所言，先从布施蔬菜之类的小物品开始，尝到布施的乐趣，将布施不断扩大，逐渐养成布施的习惯。《精神体操》将布施度标题为"从付出做起"，说付出就是奉献己力，给予别人协助、爱和温暖，为别人服务。付出，首先要从最疏忽情绪智慧的地方——家庭做起，家庭成员主动互相沟通，表现出关怀、负责和尊重，各自对家人付出健康的情绪，营造和睦愉快的家庭气氛，从中发展出情爱、生活兴致和相互支持的力量，并将其延伸到工作和待人接物的态度上去。佛光山倡导"给人方便，给人欢喜"，给别人一个微笑、一种良好的情绪，使人感受到人情的温暖，是一种实在的"情绪布施"。

达摩难陀法师《如何无忧无惧过生活》说：

幸福有如香水般，当你洒向他人时，你也能沾其芬芳。

大乘布施度要求以看破所施、能施、布施果报皆空不可得的智慧，以"无所住心"而行布施。当以财物、身命、知识技术、智慧、安全感等给予需要的众生时，应以慧观破除因执有我所而生的悭吝心，破除执着众生和布施功德为实而起的分别心，破除以我执为根本而起的希图回报、积集福报、计较功德、获得美名、和解怨仇等自利心，观照所施之物、施予的对象、能施之我皆空不可得，所谓"三轮体空"，以与空不可得相应的无住心布施，如此布施时，方能无所吝惜，无所分别，慷慨热诚，不求福报，而实际获得最大乃至无量的福报和般若智。因布施而与空的本性相应，得到如释重负般的轻安，乃至明心见性，是行布施度对自己带来的最大效益。

六度之第二持戒（尸罗）度，是对自制力的锻炼，大乘所持戒包括摄律仪戒、摄善法戒、饶益有情戒三类，总之以"诸恶不作，众善奉行"为要，或曰：对自他和公众无益有害的事坚决不做，对自他和公众无益有害的话坚决不说，对自他和公众有益的事尽量去做，凡应该做的要尽量做好。虽然持戒，而不执着能持之我、所护众生、所持戒及持戒的果报，以与本来空性相应的智慧持戒，"三轮体空"，方为戒波罗蜜多。《精神体操》将这一度标题为"自我控制"，说戒就是纪律，守纪律、自我控制好的人，能维持良好的习惯和健康清醒的思考，因而能保证个人的身心健康。自我控制的要领在于：要有坚定的信仰和意志；通过环境的安排，让诱惑减到最小，以保持应有的好习惯；通过自我奖赏的方式，养成自律的牢固习惯；忌讳贪图眼前一时的享受和快感而破戒。自律，必须下决心改掉不利于身心的坏习惯，最起码不践踏杀害、偷盗、淫乱、诈骗、吸毒酗酒五戒的"伦理底线"，克服懒惰因循，做好应该做的事情。现代人持戒，应重视戒律的精神内涵，以大乘"不损恼众生"为戒律的根本，注重自律精神的锻炼，而不拘泥于外相的禁止食肉、滴酒不饮等形式，不强制压抑人欲。

六度之第三安忍度之忍（羼提），有忍辱、宽容、耐性、坚毅等义，此度对治嗔恨、气忿、恼怒，是对忍耐力、承受力、韧性、包容性的锻炼，内容包括三种忍：一为耐怨害忍，忍受别人的打骂、侮辱、无礼、轻蔑、讥讽嘲笑等而不怨恨激愤，遇成功、赞颂、表扬、奉承而不骄傲得意；二为安受苦忍，忍受寒热饥渴疲倦等苦而不畏难退缩；三为谛察法忍，领受甚深的佛法而不疑虑惊怖，包括坚持真理、坚持原则。《精神体操》标题这一度为"培养耐力"。安忍并非软弱，而是有力量的表现。《佛说四十二章经注》佛称能行安忍者为"有力大人"。

《大般若经·学观品》谓"应以无取而为方便圆满忍度波罗蜜多，动、不动相不可得故。"无取，谓不执取外来的刺激，也不取内心的动与不动，保持空心，如如不动。如此常修，久而久之，自会养成坚忍不动、强毅沉静的性格，宽大包容、承受一切的海样胸怀。忍度不是压抑，不是脸上强装笑容而内心恼怒，而是以所忍、能忍皆空的智慧观察，使心不为任何外来的刺激所动。如《优婆塞戒经·羼提波罗蜜品》述忍恶骂法云：

若遇恶骂，当作是念：是骂詈字，不一时生，初字出时，后字未生，后字生已，初字复灭，若不一时，云何是骂？直是风声，我云何嗔！

思我今此身乃五蕴和合，受、想、行、识四蕴没有形体，则不可骂；色蕴和合而有，念念生灭不停，若不停住，谁当受骂？次思彼骂只是风，风有内外二种，"我于外风都不生嗔，云何于内而生嗔也？"次思他人骂詈有虚实二种，"若说实者，实何所嗔？若说虚者，虚自得骂，无豫我事，我何缘嗔？若我嗔者，我自作恶。何以故？因嗔恚故，生三恶道，若我于彼三恶道中受苦恼者，则为自作自受苦报"。如此以理层层观析，照破能骂、所骂皆空，明白接受被骂而生起嗔怒的害处，自有当下熄灭怒火的巨大力量。

《瑜伽师地论》卷四十二说菩萨以五种想观察，忍他怨害：一为宿生亲善想，想其宿世曾为我之父母妻子等亲属；二为随顺唯法想，想自他皆是众缘合和，无能怨害的他及被怨害的我；三为无常想，观自他及怨害事皆无常；四为苦想，观众生本来多苦，应解除其苦而不应加予其苦；五为摄受想，观一切众生皆应为菩萨所摄受的亲眷，应为其作诸义利而不应以怨害报怨害。土丹却准法师《告别嗔怒，步向安宁》中说安忍是一种在遇到伤害或困境时，始终能保持平静而不被干扰的能力：

安忍指的是完全化解内心嗔恚的负面能量并使它不复存在。如此一来，我们便可在头脑清明的状态下，衡量并选择最适当的言行来改善眼前的情况。

即便是别人批评自己信仰的宗教，也不必动怒，可以提供一些信息以纠正其错误观念，没有办法时保持沉默，没有理由要求对方接受自己的信仰。应在没有冲突之时，静心回想从前发怒怀恨的情况，用智慧观察，将其化解。应该把忍看作成长的机会，从锻炼忍中，增强平衡情绪、感情的力量和意志力。

六度之第四精进（毗离耶）度，对治懈怠，是对意志、毅力的锻炼。《成唯识论》说三种精进，与大乘三类戒相应：第一，披甲精进，指与烦恼魔军奋力作战；第二，摄善法精进，精勤从事应该做的事，做好，做到底；第三，利乐精进，精勤利乐众生，不知疲厌。出世间了生死之道业，需要极大的精进，方有希望达到目的，经中将此比喻为一人与万人斗战、牛负重行于深泥中、矿石百炼成金。即世俗的学习、工作、研究等事业，也需要精进方能成就。《长阿含经》卷十一佛谓"朝夕勤修务，事业无不成"。《精神体操》标题精进度为"力图振作"，说精进是一种生命力的主动表现，通过它，我们完成了人生的意义，炼成光明无私的精神力。培养力图振作的态度，先须清除消极的心态，让积极的目标重复出现，不断提醒，并建立自信，不断激励自己为达到目的而努力。要勇于面对困难，从克服困难中享受成就感和欣慰。

精进贵在持久，坚韧不懈，《佛遗教经》将其喻为"小水常流，则能穿石"，忌讳五分钟热度，半途而废，如钻木取火者未热即止，终不能得火。虽然常行精进，而不可过于猛暴，要善于调节，有张有弛，学会必要的休息。

真正的精进度，必须以不执着的真如心发起精进，《大般若经·学观品》谓应以"无勤"为方便圆满精进度，无勤，谓知能精进的"我"和所起精进心皆空不可得，"身心勤怠不可得故"。

六度之第五禅那（静虑）度，对治散乱，锻炼专注力、镇定力，《摄大乘论》卷三说此度包括三种静虑：一为安住静虑，指四禅八定等能使心安静澄净的禅定；二为引发静虑，指能开发神通、智慧等的禅定；三为成所作事静虑，指能成办消灾、治病、增强记忆力等事业的禅定。定心是一切事业成就的根本，也是保持心理稳定、平衡、轻松，应付任何情况的根本。古来贤圣能人，莫不由宁静而获成功。现代养生格言有曰："最好的心情是宁静。"即一般的闭目静坐，养生学认为也有蓄精养神、延年益寿之效。现代人修习禅定，不一定要长时间打坐，应主要在日常生活中锻炼使自心保持平静，不被外境拖着走的能力。

六度之每一度，都可以包含其余五度，行六度时一念可以具足六度。《首楞严三昧经》佛告坚意菩萨于一念中行于六度之法云：

是菩萨一切悉舍，心无贪着，是檀波罗蜜；心善寂灭，毕竟无恶，是尸波罗蜜；知心尽相，于诸尘中而无所伤，是羼提波罗蜜；勤观择心，知心离相，是毗梨耶波罗蜜；毕竟善寂，调伏其心，是禅波罗蜜；观心知心，通达心相，是般若波罗蜜。

六度的修习，可以使人在智慧、知识、应变力、自制力、服务奉献精神、意志力、承受力、忍耐力、包容力、专注力、镇定力等多方面得到良好的锻炼，心灵和人格健康发展，成为心理超健康者。

二、利乐众生与四摄法

利乐众生，是佛教的重要精神，佛教不否定自利，但以利他为高尚，《华严经·十回向品》偈谓菩萨"不为自身求快乐，但欲救护诸众生"，《优婆塞戒经·自利利他品》说"利益他者乃名自利"，《大智度论》卷九十五称能自舍己乐唯行利人者名"上人"，如此之人即便未能成就众生，"自利则为具足"。《阿含经》中，佛多次教导弟子要切实为众生谋利益，开展周济贫病、抚慰孤独鳏寡、种植园林果树、便利来往行人等福利慈善事业。《长阿含经·善生经》佛说利人的方法有四：劝诫他人不放逸、保护好财物、给以安全感、私下诚恳劝诫其改正错误。《华严经·十回向品》说菩萨应如日普照般平等利乐一切众生，不计众生报恩与否，即便不知恩报恩，也不起嫌恨，"众生有恶，悉能容受"，不因其恶而舍弃利乐之愿行。

《华严经·普贤行愿品》以"恒顺众生"为菩萨应修的十大行愿之一，经云：

言恒顺众生者，谓尽法界虚空界十方刹海所有众生，种种差别……我皆于彼随顺而转，种种承事，种种供养，如敬父母，如奉师长及阿罗汉乃至如来，等无有异。于诸病苦，为作良医；于失道者，示其正路；于暗夜中，为作光明；于贫穷者，令得伏藏。菩萨如是平等饶益一切众生。何以故？菩萨若能随顺众生，则为随顺供养诸佛；若于众生尊重承事，则为尊重承事如来；若令众生生欢喜者，则令一切如来欢喜。

恒顺众生，是以众生为中心而非以菩萨自己及佛法的出世间法为中心，从众生的需要出发，以报恩心、孝顺心，尊重众生，为众生服务，如仆事主，如子女孝顺父母，如佛教徒敬奉佛，令众生"皆大欢喜"。为此，菩萨应关注和投入人间的物质文明和精神文明建设，为实现"人间净土"而努力。《优婆塞戒经·二庄严品》说，菩萨虽然明知世间之利乐虚妄非真，而为了利益众生，也努力去创造世间利乐的因缘。《华严经·十地品》说菩萨为利益众生，"世间技艺靡不该习……戏笑谈说，悉善其事"。《瑜伽师地论》卷三十八说菩萨为利益众生，应通达五明，运用工巧技术以"少功力多集珍财"，便利和丰富物质生活。

大乘还号召菩萨以自我牺牲的精神，代众生受苦，令其皆得安乐解脱。《佛说八大人觉经》说应昼夜常想"愿代众生受无量苦，令诸众生毕竟大乐"。《华严经·十回向品》教导菩萨应"普为一切众生备受众苦，令其得出无量生死众苦大壑"，应于地狱饿鬼等险难之处，"以身为质，救赎一切恶道众生，令得解脱"。地藏菩萨誓愿于地狱极苦之处救度众生，"地狱不空，誓不成佛"，树立了光辉的榜样。

不仅要随顺利乐众生，而且要主动地以四摄——四种技巧去摄化众生，将众生引导向善道、佛道。四摄是《阿含经》中佛陀多次教诫弟子应当修习的课目，大乘更强调以四摄法普摄一切众生。四摄为：

1. 布施，以财物、知识、关怀等惠施予人。
2. 爱语，以亲切、关心的语言与人交谈。
3. 利行，谓做对众生有利的事，或劝导人做对他人有利的事。
4. 同事，谓走到众生中去，以平等的姿态与其共事，打成一片。

灵活运用这四种方法，便能广结人缘，获得众生的爱戴拥护，便于引导他们趋向善道、佛道。《杂阿含经》卷二十六第669经中，佛陀将以四摄法广摄世间比喻为"车因釭运"——车有了轮轴，便能顺利运行，运载众生直达涅槃彼岸。《瑜伽师地论》卷四十三说菩萨四摄有自性摄事、一切摄事、难行摄事等九种摄事。当代星云法师说：

学佛要不时给人爱语和布施,适当的赞美是度众的最好方法。把法喜给人、把禅悦给人、把信心给人、把方便给人。①

佛教的四摄法,实际上是一种人际交往智慧的锻炼,常行四摄,不仅可以摄化众生,而且可以提高自己的人际关系智商,丰富自己的心灵,拥有健康的社会心理。

对心理医生而言,佛教的六度四摄尤其宝贵。一个佛教精神体操锻炼有素,富有同情心、慈悲心、平等待人的态度和洞察自他心灵之智慧的菩萨型心理医生,最堪信任,能很好地承担医治众生心病的责任。

---

① 星云:《佛教丛书》之九,佛光出版社1995年版,第317页。

明心见性之道 | 第十四章

从"心之实性即是一切法之实性"的角度，所谓如实知见，落实于修行，最切要、最直截的途径，无疑是观察自心而明见心的体性，亦即禅宗所谓"明心见性"，略称"见性"。以心性为教理、观行枢要的大乘性宗一系，天台、华严、禅、密等宗，及藏传诸派无上部密法，皆以明心见性为总持一切佛法的宗要，禅宗尤高张"见性成佛"的旗帜，甚至强调"不识本心，学法无益"[1]。

明心见性之道，系依据心性的原理，针对众生的烦恼、妄执、无明而设计，以观心为要，以正见照破无明、与真如相应，或以摆脱妄念的缠缚令心性自然呈露为实质。

佛教显密诸乘明心见性的途径，主要有止观、观心、修无分别止、参究、顿悟、念佛、持咒、月轮观、眠梦光明等。

---

[1]《六祖大师法宝坛经·行由第一》，宗宝编，第1卷48册。

第一节　明心见性的方法（上）

一、由止观门渐修见性

由止观入门渐修，以期见道或见性，是佛教诸乘法修行的通途，适宜大多数中下根器者修学。修习止观的通途，是先止后观，依止入观。南传佛学、唐密、东密、藏传格鲁派等，皆强调真正见道、见性必须由止观门循序渐进。修止的作用，是止息奔驰躁动的散乱心，锻炼降服自心专注一处的能力，排开妄念的干扰，为集中全部心力修观发慧提供良好的心态和充足的能源，就像添足灯油、防止风吹而令灯焰极其明亮。

以明心见性为目的的止观，可以根据各人的根器和爱好，从显密修止法门中的任何一门入手修止，在止的定心基础上修观。修观，以观人法二无我为本，以观现前一念定心和能观之心为要。

高唱"直指人心，见性成佛""顿悟成佛"的南宗禅，一般说来不主张走由止入观的渐修之路，六祖慧能有"惟论见性，不论禅定、解脱"之言，[①] 但对于不能言下见性的钝根者来说，也不妨引导其由止入观，渐修而悟。据《楞伽师资记》卷一载，禅宗四祖道信、五祖弘忍，都以止观法教人。道信称修止系心为"守一不移"，方法为以空净眼注意看一物：

无问昼夜时，专精常不动，其心欲驰散，急手还摄来，

如绳系鸟足，欲飞还掣取，终日看不已，泯然心自定。

再从定心中观身心四大五阴"从本以来空寂，不生不灭，平等无二"。还教人"平面端身正坐，宽放身心，尽空际远看一字"（想极远处有一个字）；

[①]《六祖大师法宝坛经·行由第一》，宗宝编，第 1 卷 48 册。

"若初心人攀援多,且向心中看一字"(想心中有一个字),用这种方法摄心修定,然后观诸法无生。沩仰宗开创者之一仰山慧寂有云:

> 若不安禅静虑,到这里总须茫然。①

以现证心性光明为旨的大手印、大圆满法,实修教程多以修止观为前行、加行。如白莲花造《涅槃道大手印》所述四瑜伽,以摄心系缘于佛像、物体、明点、呼吸等修定的"专一瑜伽"为初门;第二"离戏瑜伽",通过三门观心而见性。大圆满心中心法一般也多从系缘于佛像、呼吸、明点等修止为入门之初的重要前行,以在定心基础上观心为主要加行。

二、由观心而见性

直接"回光返照",向内自观其心,是明心见性的捷径,乃佛教诸乘诸宗修证法门的心要。大乘性宗一系更以观心见性为总摄佛法的枢要、顿悟成佛的密诀。传为禅宗初祖菩提达摩所述《破相论》云:

> 唯观心一法,总摄诸法,最为省要。

《坛经·般若品》教人"各自观心,自见本性"。天台宗九祖湛然《十不二门》说"观心乃是教、行枢机"(天台宗教义及修行方法的枢机)。真言宗《大日经疏》卷一说真言行者于初发心时,便"直观自心实相"而了知"本不生际","当知此观,复名顿悟法门也"。迦当派二祖仲敦巴强调"观照自心为口诀第一"。迦举派二祖米拉日巴《道歌》有云:

> 若欲即身成佛位,无散专一观自心。

诸乘诸宗的观心方法,有四念处中的心念处,天台宗的一心三观、随自意三昧,真言宗的无相瑜伽及大手印、大圆满、道果法的观心法等。它们都是以佛教的基本哲学观三法印、一实相印精细地观察自心,方法大同小异,其差别只在见地的深浅偏圆。

---

① 《五灯会元》卷九。

显密经论和诸宗著述中所说观心方法，总共有从时间、处所、生住灭、来去、一异、一多、四句、四运心观心八门。

1. 从时间（三世）门观心。观已经过去的心念已永灭故不可得，现在心刹那不住、即生即灭故不可得，未来心未生、生起后亦同过去心、现在心故也不可得，如《金刚经》云"过去心不可得，现在心不可得，未来心不可得"，是谓"三心不可得"，《大乘本生心地观经·观心品》云：

于三世法，谁说为心？过去心已灭，未来心未至，现在心不住。

每一念心，若细微剖析，又可分为过去、现在、未来三时，三时中没有哪一时心能停止不动。如此静观，见心不在过去、现在、未来，不在前际、后际及前后际之中间，当心与本来无常无我的本性相应时，便可能了悟心性，知心性超越时间。

2. 从处所门观心。寻觅心的住处，见其既不住于身内，也不住于身外，不住于内外之中间。《华严经》卷三十偈云：

菩萨观心不在外，亦复不得在于内，知其心性无所有，我、法皆离永寂灭。

如果心住在身内，如古人所认为住于心脏中，今人所认为住于大脑中，则心应能自知自见自己的心脏或大脑，而实际不能。如果心住于身外之境，那么境物应有情有知，家具器物，也应有思维、感情，为何唤它不应？若如道教所言，人的三魂住于天上某官邸中，则人何以不见天上官邸？如果说心住于内外之中间，此中间又在哪里？《楞严经》卷一，佛用这种方法反复推征，辨析心不在内、不在外、不在内外之中间，非潜在于六根中，非在根尘随所合处，非开合明暗，非一切无着，说明心超越方所（空间），没有处所。

3. 从生住灭门观心。观察心如何生起，如何存在，如何消灭。所谓生者，只是心中所起念或心理活动，此念非本来常有，而是根、境、识等诸缘和合而生。《中论》偈云：

诸法不自生，亦不从他生，不共不无因，是故知无生。

念亦如是，既不是从根、识自生，不是纯由境生，不是根境相和合共生，也不是无因而生,非根、非境、非识。若念从根、识自生,则人应常闭目而见物、塞耳而闻声,何须待境?又何必无端生出许多不利于自身的强光、噪音?若念从境生,境为无情之物,岂能生心?根、识与境既然单独都不能生念,合起来又岂能生念?若说此念无因而生,则违反因果律;又,无因者自然本有,自然本有者必常住不变,谈不上生。是知念从缘生,而非因非缘,实无所生(无生),没有能常住之"念"的实体出生故。无常住实体则无所谓住,其存在只是一种刹那生灭之相续,生已即灭,念念不住(无住),乃至"即生即住即灭"(《佛说仁王般若波罗蜜经》),犹如电光,如《大乘本生心地观经·观心品》所比喻:"心如流水不暂住,心如飘风过国土。"既然没有实体出生、常住,也就没有实体可灭,故曰:心不生、不住、不灭。《诸法无诤三日本法门四念处观》云:

观念念生灭,观念念相不可得故,亦无生灭。

4. 从来去门观心。观察一念心从何而来,向何处去。《楞伽经》卷三偈云:

明了知去来,妄想不复生。

谓由观妄想之来去,体其不生而息灭妄心,明见真心。根、境、识和合有念生,名之为心,此心本无实体,找不到它的来处。若说某人从北京来,到昆明去,乃就所认某人及方位地点的实体而言其来去。心念无形无相,无物质实体,故无其来处。若说它从境而来,原本在境,又在何境?若说它从心中而来,如言"计上心来",则此"计"原来在心的何处?从哪条路来?又,当一念生时,如"当处出生随处灭尽",觅不见它的去处。所以说,心本不来不去。

5. 从一异门观心。观心与境是一还是异。《大集经》卷二十六:

若心异缘,则一时中应有二心;若心即缘,不应复能观于自心,犹如指端不能自触。

如果心与其所缘境相异,离境别有实体,如眼见绿色时心若与绿相异,则应有"见"与"绿"两个心;若"见"与"绿"是一,则应不能见绿,如手指端不得自触。故知心与所缘境非一非异。又观心与色是一是异?若心色相异,心有其不同于物质及脑等生理性器官的实体，则应独自了知，何须依仗根、境、识等诸缘和合，方能生起？若心色是一，如今人多认心为大脑的作用，则心何以不能自知其脑？故知心与色亦非一非异，既非色非脑，也非离色、离脑别有一物。

6. 从一多门观心。观心是一还是多。若说心是一，则心只应有一个心体、一种功能，如说心性本善，则不应起烦恼恶念；若说心性本恶，则不应有良知善性。现见心的功用明明是多，既能喜，又能怒，既能关爱他人，又会算计别个。若说心是多，为一个个互不相干的个体，则何以能成为"我"的心？何以有统觉，有自觉是一的心体或一心相续？何以称心为司令部？故知心非一非多。

7. 从四句门观心。从人类的四种判断方式——是（肯定）、非（否定）、亦是亦非（双是）、非是非非（双非），来观察心的有无、一异等。若说心是实有，心的实体何在？实有者必不依仗因缘，必常住不变，而现见心缘起而生，生已即灭，不是实有。若说心是无，虚无者必无作用，而心的作用明明是有。若说心亦有亦无，则自相矛盾，有者非无，无者非有，乃逻辑学的常识。若说心非有非无，则令人无从捉摸。总之，心离四句分别，其本性非一切概念判断所能表示，非语言所能描述。心性不可言说，"离四句绝百非"，遂为以语言表示心性的最终结论，为心性的"第一义"。不可言说，并非绝不可知，而是说心性只有离却是非有无等概念分别去证知，"离四句绝百非"或"离念"，即是证知心性的诀要。

8. 从四运心门观心。观察一念心生起的四相——未念、欲念、念、念已（四运心）。未起念时，虽然没有心理活动，而非绝对没有心、如同草木死尸；欲念（起作意）时心有了活动，而尚未形成明确的心念；正有念时虽然有念的作用，而此念生已即灭，不得常住，也没有念的实体可得；念已时此念虽然灭尽，而并非无心。如是观察，体察没有三世心的实体。

三、顿悟见性

不通过止观等渐修，于当下顿然见性，所谓"顿悟见性""言下见性"，是南禅、光明大手印等法的主旨。言下见性，谓听说、研读佛经，或听到禅师关于真如、心性之要的指示后，当下调心与真如相应，于刹那之间顿然证悟心性，谓之"一念相应"。如惠能初次听别人诵《金刚经》，"心即开悟"；永嘉玄觉因看《维摩经》发悟；玄沙师备阅《楞严经》发明心地；西藏玛基洛准佛母诵《般若经》开悟；现代太虚大师闭关读《大般若经》而证入与真如相应的定。佛门中一般把这种现象解释为"宿世慧根成熟"，本人藏识中的智慧种子强大有力，经佛言经语的加持或触动、诱导、暗示，或依佛语经言调心，便能顿悟见性。而宿世慧根，终归是长期修行所积累。

顿悟见性，在禅宗、密教，一般要依靠已开悟的禅师、上师的传授、指点、锤炼或加持。禅宗所谓"以心传心"，便有由已证悟者通过"心传"传授证悟经验的意味。《坛经·般若品》云：

菩提般若之智，世人本自有之，只缘心迷，不能自悟，须假大善知识，示导见性。

如达摩教慧可觅心，慧可于当下"觅心了不可得"而悟；惠能听弘忍讲《金刚经》至"应无所住而生其心"，言下大悟。后世的禅师们依据开悟的原理，针对学人的根机，运用扬眉瞬目、拳打脚踢、机锋棒喝、圆相乃至斩蛇杀猫等灵活多样的方式，或截断学人妄念流注，或引导学人回光返照，或解除学人执着，逼令其当下顿悟。太虚《真现实论宗体论》说顿悟法之一，是禅师因学人所执着、所侧重处，"深锥痛拶，或于日常视听言动的只语片象中点发，例如鸟窠禅师吹布毛悟侍者等"。

大手印、大圆满、道果法则强调上师的加持有能令具缘弟子顿悟的强大力量，常通过"心灌顶"或"词灌顶"，指示心性，或奏铃鼓，或厉声喝"呸"，加持弟子，俾令当下见性。这种顿悟，依靠的主要是对上师极度恭敬信顺的专注心、虔信心，须师徒双方条件具足，弟子根器机缘成熟，师父具有大机用，实际上是极其难得的。

顿悟见性最根本的自我修证方法，是以正见观照，顿体真心。体认心性最直截的方法，是"体妄即真"——体认现前一念无明妄念即是真心。《华严经·须弥顶上偈赞品》谓"知妄本自真，见佛则清净"。体妄即真，须以正见观照。《坛经·般若品》云：

> 若起正真般若观照，一刹那间，妄念俱灭，若识自性，一悟即至佛地。

此所谓正真般若，当指观照般若，临济义玄称为"真照"，指关于心性的决定正见，如实知见妄念本空，无生、无念，即是真心。《华严经·普贤行品》谓"知念亦无念，如是见世间"。《楞伽经》卷二云：

> 前圣所知，转相传授：妄想无性。菩萨摩诃萨独一静处，自觉观察，不由于他，离见妄想，上上升进，入如来地，是名自觉圣智相。

谓独自观察妄想分别之本无自性，是诸圣辗转相传的见性法要，由此一路可以径直达到佛的大觉。《新华严经论》谓"不如一念缘起无生，超彼三乘权学等见"。曹山本寂禅师偈云：

> 瞥起本来无处所，吾师暂说不思议。

谓顿体现前瞥然生起的一念没有处所，本来无生，即是不可思议的心性。《宗镜录》卷四十一云：

> 故知千圣皆目此一念心起时了不可得，是真不思议，离此决定别无殊胜。

这点明顿体一念空不可得，是顿悟见性的唯一诀要。

大手印之顿见心性光明，也重在顿体念念本空，本来解脱，无须作意修断、取舍、整治。大圆满要门部法则顿体当下一念即是本觉，圆满具足佛果三身等功德。《大圆胜慧本觉心要修证次第》说，观现前一念即是本来真心，本来空寂、光明、清净、普遍、自在，为指示真心的究竟开示。莲花生《大圆满直指教授》说：不忆过去，不思未来，于当下无执，只让心停留如无云晴空相，只须持无错乱的平静心，唯以赤裸觉性观察任何事物，"这自己的觉性本知、本净，且光明耀眼，当下生起时，此即名为菩提心、解脱心"。此心性、根本觉性为一心的无间显现，法尔圆满三身，即如来藏、般若、大印、阿赖耶、平常心、俱生觉性。

顿悟见性的第二种方法，是从"离妄即真"的原则出发，调制自心，止息妄念的流注，令本心自然显现。《楞伽经》卷三云：

妄想不转者，是人见自心。

脱离妄念的调心法则，有无受、无取、无相、无得、无念、无住、无心、顿息诸念等，这些"无"所遮止否定的，是烦恼、执着、无明，总曰妄想、妄念。

无受或不受，谓内心不被外界刺激所生的感知所扰动，就像不接纳任何货物时，仓库的空间才会充分显现。《小品般若经》云：

若不受一切法，则无我、无我所，是名为净。是中实无有净，亦无有受净者。

《摩诃般若经》卷三谓"色不受，乃至十八不共法不受"。若不领纳美丑等相、雅噪等音，不领纳成佛作祖、神通自在的追求，不让任何感知对象和念头占据、侵凌自心，即"无受""清净"也不受时，本来清净心便可能显现。

无取，谓不将一切感知对象拿来充塞自心，不以自我为中心去执取、占有一切。亦不起"不取"之念，是为不舍。不取不舍，方见真心。《小品般若经》卷一言：

于诸法中无取无舍，乃至涅槃，亦无取无舍。

无分别，谓对所感知不起美丑、好坏、净秽、贵贱、是非等意识分别，乃至不起任何名言概念的分别。分别，即《解深密经》等所说以执名言所表自性为实的遍计所执，乃遮蔽真实、生起烦恼的根本。证见真如、明心见性的智慧，称"根本无分别智"，意味离一切名言概念及二元化的分别，才能见性。《楞严经》卷五佛言：

知见立知，即无明本，知见无见，斯即涅槃无漏真净。

知见立知，谓在前六识现量感知上起具执着性的名言分别，即于依他所起相上起遍计执；知见无见，即无分别——于依他起相上不起遍计执。《辨法法性论》谓证得无分别智的无分别，须远离不作意、无寻伺的二禅、寂静的四禅、执着息灭诸念的无想定及如草木无心五种无分别。

无相，作为一种调心法则时为不取相（不执取所感知相状）之意。《百论》卷一解释"无相名一切相不忆念，离一切受，过去未来现在法心无所着"。《楞伽经》卷四云：

无相者，妄想不生，不起不灭，我说涅槃。

经义当为观妄想本来无生为无相。不仅无惑乱的有相诸相，而且要离"离惑乱"的无相之相及光明等相，偈云：

舍离一切惑，若有相生者，是亦为惑乱，不净犹如翳。

《坛经》谓其法以"无相为体"，其所言"一相三昧"，以"于一切处而不住相，于彼相中不生憎爱，亦无取舍"为要，实为对无相三昧的发挥运用。

无得，亦作"无所得"，谓无所得与能得的一切。《大般若经》以无所得为修行所有菩萨道乃至成佛的方便（技巧），《心经》钩提其纲要说："以无所得故，得阿耨多罗三藐三菩提。"《大般若经·多问不二品》解释说：

诸无二者，名无所得……诸眼、诸色为二……诸佛无上正等菩提，诸佛为二，如是一切有戏论者，皆名有二。

有所得无所得平等性，是名无所得。

意谓离眼与色乃至菩提与佛等一切二元化的意识分别，名为无所得。同经《无相无得品》谓"若无所得，即是得，即是现观，即是无上正等菩提"。《楞严经》卷十谓"圆满菩提，归无所得"。

无念，谓无妄念。《大乘入楞伽经》卷六谓"圣者内所证，常住于无念"。《大乘起信论》说无念有心真如本无妄念和知念无初起之相、断无始来相续不绝的妄念之义。惠能禅法以"无念为宗"，《坛经》释云：

若见一切法，心不染着，是为无念。……但净本心，使六识出六门，于六尘中无染无杂，来去自由，通用无滞。（《般若品》）

无念者，于念而无念。

于诸境上心不染，曰无念。（《定慧品》）

无念，不是闭目塞听，摒绝觉知，百物不思，令心中空无一念，而是于见闻觉知上不起染着和烦恼。这与《阿含经》中佛所示的修行方法完全一致。《荷泽神会禅师语录》解释无念为"心不生"，即不念有无、善恶、有边际无边际、有限量无限量，不念菩提，不以菩提为念，不念涅槃，不以涅槃为念，"心若有念，即便觉照，若也起心即灭，觉照自亡，即是无念。是无念者，无一切境界"。以觉照念性本空而超离一切念为无念。又以"不作意"（不起主观的造作）为无念，有云：

不作意即是无念，无念体上自有智命，本智命即是实相。诸佛菩萨用无念以为解脱法身。①

谓未起注意、警觉、造作时，空寂无念的心体上自然有能自见心性的本觉智，此本觉智即是实相。《顿悟入道要门论》解释无念为没有有无、善恶、苦乐等邪念，非无念菩提之正念。太虚《关于唯识之问答二则》谓经论所谓离念，指无分别之根本智，只是离虚妄分别而已，离念之时，并非没有任何心理活动，心所中的五遍行、四别境、十一善法及心王，犹完全相应不减失。

无住，谓不停住、不胶固。《金刚经》谓"应无所住而生其心"——不住于色、声、香、味、触、法之相，而从本无所住的心体上生起无漏心、菩提心。《大集经》卷二说"一切众生心无住处"，本来没有住处，是心的实性。听弘忍讲《金刚经》至"应无所住而生其心"大悟的惠能，以无住为其禅法之本，《坛经·定慧品》解释说：

于诸法上念念不住，即无缚也。此是以无住为本。

诸法本来无常，念念不住，即执着、有住之心，乃至故作"无住"之念，实际上也念念不住。应契合此无住之真实，心不停留、住着、胶固于任何事物、观念，包括"无住"的观念，即摆脱妄念的缠缚而见到本来解脱的心性。《顿悟入道要门论》谓无住为不住一切处：

---

①石峻、楼宇烈、方立天等：《中国佛教思想资料选编》第二卷第四册，中华书局1983年版，第107页。

不住善恶、有无、内外、中间，不住空，亦不住不空，不住定，亦不住不定，即是不住一切处。只个不住一切处，即是住处也。得如是者，即名无住心也。无住心者，是佛心……若自了了知心不住一切处，即名了了见本心也。

无心，有了心本空及不起妄心二义。《楞伽经》卷三谓"无心之心量，我说为心量"，意谓如实观察一切而离心对所得名相的攀缘，谓之无心（无攀缘心），无心即真现量。《摩诃般若经》卷三谓"诸法不坏、不分别，是名无心相"，谓不否定、不分别诸法为无心。传为达摩所著《无心论》云：

觅心了不可得，乃至于一切处求觅，亦不可得，当知即是无心。

此谓了心无其实体为无心。同论又云："言无心者，即无妄相心也"，谓所无者只是妄心。《黄檗传心法要》强调"但能无心，便是究竟"，"但直下无心，本体自现"，解释说：

无心者，无一切心也。如如之体，内如木石，不动不摇，外如虚空，不塞不碍，无能所，无方所，无相貌，无得失，趋者不敢入此法，恐落空无栖泊处，故望崖而退。

止息一切妄念后自然会呈现出如虚空般的心体，不过参禅者往往唯恐失落自我，不敢进入无心境界。又说无心以"心境双忘"为要，特别是要忘心——忘却能证、能得的自我执着、分别心，"心忘即境空，境空即心灭""但自忘心，同于法界，便得自在"。《宗镜录》卷四十五说，无心，不可理解为凡夫妄情中的断灭空无而完全止息心的作用，"若将心作无，此即成有。若一切处无心如土木瓦砾，此成断灭，皆属意根强知妄识边事"。唐同安察禅师偈云：

莫谓无心便是道，无心犹隔一重关。①

"无心"之念，也是明心见性的一重障碍。《大慧普觉禅师语录》给清净居士的开示中对无心的诠释更为详切：

非如土木瓦石顽然无知，谓触境遇缘，心定不动，不取着诸法，一切处荡然，无障无碍，无所染污，亦不住在无染污处。观身观心，如幻如梦，亦不住

---

① 《景德传灯录》卷二十九。

在梦幻虚无之境。到得如此境界，方始谓之真无心。

顿息诸念，往往称"一念不生"，意谓止息一切意念活动，令心体自现。妄识之流断时，本来空寂的心体自然显现，如截断河水时，河床自然显露。云门宗开创者文偃有云：

一念不生，前后际断，即名为佛。①

被作为云门禅要的"云门三句"之首句"截断众流"，便有截断妄识流注而达一念不生的意味。潮州大颠禅师云：

但除却一切妄运、想、念、见、量，即汝真心。此心与尘境及守认静默时全无交涉，即心是佛，不待修治。

运（心理活动）、想（知觉、联想）、念（记忆）、见（感觉）、量（思维），指六、七二识的一切以名相为工具的、有执取的活动，止息这些妄心，本来是佛的真心才会显现。明释憨山《百法论义》说，断作意、触、受、想、思五法圆满之一念，即是真心。宋圆悟克勤禅师示众：

直下如悬崖撒手，放身舍命。舍却见闻觉知，舍却菩提涅槃、真如解脱，若净若秽，一时舍却。令教净裸裸、赤洒洒、自然，一闻千悟，从此直下承当。

舍，为"放下"之意，古德云："看破，放下，自在。"不但一切净秽等念须放下，"放下"也须放下。实际上，真能看破，即自然放下、自然自在，无须着意再放下。

藏密有"念呸斥念法"，以截断妄识之流而顿见自心实相。《椎击三要诀》述其法云：令心坦然，不擒不纵离妄念，陡然呼一"呸"（梵文pat，意为斥断），猛厉大喝"也马火"（梵文yamahuo，惊叹词），震断意识之流，"一切皆无唯惊愕，愕然洞达了无碍，明澈通达无言说"，于斯际体认不可言说的无碍心地，即是法身自性。禅宗的大喝，具有同样的用意，以"临济喝"最为著称。

---

① 《圆悟佛果禅师语录》卷十三。

顿悟见性的第三种技巧，是从心理活动进程（心路）中注意观察分别妄心尚未生起的刹那，就此体认心体。此略有二法：

1. 就前五识或前六识现量境体认心性。这是依心境相触的最初刹那（率尔心、见心）前五识现量了境，第六意识尚未生起名相、内外、自他、染净等分别的原理而设，其时尚未在依他起相上起遍计执，体认此清净心，便可见心性之消息。《景德传灯录》卷三载，禅宗二祖慧可的弟子僧那教人：

汝欲明本心者，当审谛推察，遇色遇声、未起觉观时，心何所之，是无耶？是有耶？既不堕有无、处所，则心珠独朗，常照世间。

体认见色闻声等五识现量而未起觉观（意识分别）时的心，见此心非有非无，没有处所，则见常住的真心。《宗镜录》卷十七说"但悟本体五现量识，一切万行皆悉具足，即是菩提"，于前五识现量后第六识动，才有分别，若不动，即等周法界。太虚《大乘起信论唯识释》说"一切众生现量心境，即是诸佛不动智光"，只要观此本自无念，即为顺入真如，由此故有禅宗之顿悟法门。其《大乘本生心地观经讲记》说：凡夫眼等前五识和第六同时意识（五俱意识），在现量缘性境时，不起自他、内外分别，清净无瑕，无遍计执，即是觉悟心；

禅宗一面要不离前五识境，而另一面要不落于第六独头，即在六识现量刹那之间，若能智慧相应，则当下虚空粉碎大地平沉，内无身心外无器界。

其《真现实论》说，后来宗下祖师，在人的见闻觉知刚发动的时候，即以棒喝为之切断，不使落到独头意识的心境去，使一刹那顷顿与现量心相应。睹桃花、闻击竹而触悟，都是这种顿得相应法。

《大乘要道密集·新译大手印不共义配教要门》引准那曷偈云：

前之五识甚明显，其彼意识无念者，即是等持之行相。

说未起意识分别的前五识现量心即是用以修大手印定（等持）的本心。大圆满心中心法则以从前六识现量境上体认本心之明空不二、显空不二为修澈却之要，《大圆胜慧澈却脱噶全书》云：

只在一切法之显现中，于当体明空不二之刹那上，无修无证，无散乱定住，明明了了，觉照认识，认识这个就是自己本心，勿令间断即是。

当体明空不二之刹那，应指心境初接一刹那的六识现量心，此心明明了了而空无妄执，明空不二，是为真心。"若错失了这一刹那，第二刹那起了执着，就是妄念识心"，妄念识心，即是二元化的、周遍计度的妄念。要在初一刹那上，"不想过去，不计未来，不着现在，明明白白认识此明空不二之体性，就是吾人本心，能所一体，无过去现在未来，无东西南北上下长短之分，无青黄赤白之色，犹如虚空，一切法就在这空体上任运显现，能显是这个，所显也是这个"。

2. 就前念已灭后念未生之刹那间体认心性。《禅宗永嘉集·奢摩他颂》云：

前不接灭，后不引起，前后断续，中间自孤，当体不顾，应时消灭。知体既已灭，豁然如托空，寂尔少时间，唯觉无所得。即觉无觉，无觉之觉，异乎木石，此是初心处。

当前一念谢灭后，不起后念，体证前后念之间空而明觉的心体，是初学禅宗体认心性的门径。临济义玄说：

已起者莫续，未起者不要放起，便胜你十年行脚。①

以前念灭后不起后念、打断意识之流为参禅见性的诀要。大手印法将于前念已灭后念未起中间体认心性光明称为"三世诸佛之密意"，《明行道六成就法》云：

净光之曙发，要必在于前念已灭、后念未来之际。

从南传佛学看，前念与后念之间的波谷，为"有分心"，此心虽无分别妄执和贪等烦恼，可以从世俗谛的角度看作心体或本性心，但未必离根本无明，不堪称作真谛意义上的心体、心性。大手印在体证时强调对此心的慧观，冈波巴《大手印讲义》云：

前念分别已灭，后念未生之中，心殓然而住，若无观分任持，其过极大。

---

① 《古尊宿语录》卷四。

第二节　明心见性的方法（下）

一、由修真如三昧而见性

真如三昧、一行三昧（ekavyūha-samādhi），指以真如、法界为所缘境的禅定，因其以无分别为要，亦称"无分别止"。《文殊师利所说摩诃般若波罗蜜经》云：

> 法界一相，系缘法界，是名一行三昧。

谓一行三昧是以法界一相（真如）为系心之一境的定，此定在《楞伽经》四种禅中属"攀缘如禅"。《大乘起信论》述这种禅定的修法颇为详切：

> 住于静处，端坐正意，不依气息，不依形色，不依于空，不依地、水、火、风，乃至不依见闻觉知，一切诸想，随念皆除，亦遣除想。以一切法本来无相，念念不生，念念不灭。亦不得随心外念境界，后以心除心。心若驰散，即当摄来，住于正念。是正念者，当知唯心，无外境界。即复此心亦无自相，念念不可得。

此定系对《阿含经》"空三昧"的发挥，是以万法唯心、心亦无心的正见，遣除一切散动的妄念，亦遣除"遣除"之念，停息妄念流注，系心于无念、无住的心体上。不仅打坐时如此修，下坐后行住坐卧、待人处世，任何时候都须随顺观察，久习纯熟，其心常定于无住心体，便能入真如三昧。依真如三昧，能证知法界一相，见众生与诸佛平等不二，名一行三昧。

禅宗初祖达摩"二入四行"中的"理入"，又名"壁观"，其实便是真如三昧、一行三昧或攀缘如禅。昙琳作序的《二入四行论》述理入之要云：

> 理入者，谓籍教悟宗，深信含生同一真性，但为客尘妄想所覆，不能显了。若舍妄归真，凝住壁观，无自无他，凡圣等一，坚定不移，更不随于文

教，此则与理冥符，无有分别，寂然无为，名之理入。

此乃借如来藏系经典，生起众生皆有佛性的深信为前提，以离妄即真为原则，舍离自他、凡圣等一切二元化的分别，令心与真如理冥合。由修此定，了悟心性，获得真正的安身立命之本，确立了超出生死的信心，故曰"安心"。据传，达摩曾在嵩山少林寺后五乳峰的石洞中修定，人称"壁观婆罗门"，留下了"九年面壁"的佳话。壁观，大概是以打坐时所面对的墙壁喻持心之要，谓不偏倒于有无、凡圣、真妄等任何一边，行于中道。神会说入一行三昧以无念为要，"心若有念，即便觉照，若也起心即灭，觉照自亡，即是无念。是无念者，无一切境界"。

至惠能，从真妄一如的见地出发，打破坐禅的形式及禅修与生活的隔碍，对一行三昧、一相三昧做出活泼的阐释：

若于一切处而不住相，于彼相中不生憎爱，亦无取舍，不念利益成坏等事，安闲恬静，虚融澹泊，此名一相三昧。若于一切处，行住坐卧，纯一直心，不动道场，真成净土，此名一行三昧。①

一相三昧，是以惠能所谓无相、无念的法则持心，于一切时处不染著诸相，不由分别感知所得相而起爱憎等烦恼，任何时候都保持一种安闲淡泊空灵的心境。一行三昧，是由修一相三昧见性后，保任不失，任何时候都保持纯粹的真心，使全部生活都成为修行，所到之处皆成为净土。

两宋之际，曹洞宗下宏智正觉（1091—1157）提倡的"默照禅"，实际上是对达摩壁观、《大乘起信论》真如三昧的复归。其禅法以"休歇""默照"为要，注重安禅打坐。休歇，谓停息一切妄识，内无攀缘之思，外不被因缘所转，令心空寂无念，有如虚空，如枯木寒灰，所谓"直须歇得到空空无相，湛湛绝缘，普与法界虚空合，个时是尔本身"。默照之"默"，谓由休歇而达到缄默离言；默照之"照"，谓于寂默无念中保持"灵然独照"，这种独照，是离一切感知对象的纯粹觉照，如正觉《坐禅箴》所言，乃"不触事而知，不对缘而

---

① 《六祖大师法宝坛经·付嘱第十》，宗宝编，第1卷48册。

照"……"曾无分别之思,其照自妙。曾无毫忽之兆,曾无分别之思……,其照无取而了"。这种意义上的默照,与《禅宗永嘉集》所说"寂照""寂寂惺惺"大体相同,默(寂)遮妄念,照(惺)防昏沉,两者须一体不二。后来入宋学曹洞禅的日本僧道元,将默照禅传往本国,其禅法强调"只管打坐"。慈觉《坐禅仪》述打坐方法云:

> 尔乃放舍诸缘,休息万事……结跏趺坐……舌抵上腭,唇齿相著,目须微开,免致昏睡,身相既定,气息既调,宽放脐腹。一切善恶都莫思量,念起即觉,觉之即无,久久忘缘,自成一片。

大手印法也有与此颇为相近的禅定,称"大手印定"或"光明定",打坐时一般以谛洛巴"六不"诀调心:"不思、不念、不寻、不伺、不观、不想"(一译"勿作意、勿思维、勿推究、勿观想、勿忆念"),唯以心安住于本元为要,谓修此可见"子光明"。《密勒日巴歌集》第42篇云:

> 安心方便之精要,端在莫激荡心性,此心无作无整治,安住如彼婴儿睡,安住如大海无波,安住如灯耀光明,安住无傲如死尸,安住不动似南山,心性如是离增损。

如此持心入定,不作意整治心,则心性自明,有如水不动则白澄。《大乘要道密集·心印要门》说禅定方法更为详悉:

> 结跏趺坐,脊骨端直,如垒金钱,结三昧印,曲颈如孔雀,目视于鼻尖,观面前空。而发愿云,"为利法界一切有情,愿成佛。"发愿既已,身如镜像,语如响声,意如阳焰,了达虚假。身离作务,语离谈说,意离思念,自性清净,应依真空无念而住。当此之时,心无所缘,亦无所思,善恶、邪正都莫思量;又不思有,亦不思空,过去不追,未来不引,现在不思,妄念起灭,一切皆无;亦无能缘,能所清净,如鸟飞空而无踪迹,如海雪消泯绝诸想,如无云空寂然显现,纵荡身心坦然而住……上则不求佛果,下则不怖轮回,应念真空一味平等,于彼无念,亦不应住。

这种以息灭诸念为要的禅定,虽有经论为据,也遭到佛门中一些著名大师的批评。惠能即指责"一切不念"意义上的无念,《坛经·定慧品》云:

> 若只百物不思，念尽除却，一念绝即死，别处受生，是为大错！

他批评大通和尚以不见一法、不知一法、持心如虚空的禅法"大似浮云遮日面"，"还如太虚生闪电"，"此之知见瞥然兴，错认何曾解方便"！与宏智正觉同时、齐名，提倡"看话禅"的临济宗下大慧宗杲，斥默照禅为"邪师寂照禅"。萨迦派大师萨班《三律仪论》斥责以无分别为要修习大手印法者大多堕于傍生，或生于无色界，或堕声闻之寂灭。格鲁派创始人宗喀巴依据莲花戒等之说，在其《菩提道次第广论》等著作中，斥当时西藏流传的认为不思念一切、无分别住即自然与真如相应的见解乃修空观的最大歧途。即得了空性见后令心无分别住，每次修定时先以空性见修观，然后令心无分别住，也非真正证悟空性的正道。他强调必须以深切理解的人法二无我正见修观，以智慧照破无明，方可见道。

惠能、宗杲、宗喀巴等对无分别止的批评，无疑有其合理性。若缺乏关于心性的正见，只是断绝诸念、一切不分别而修，很难真正摆脱妄念、无明的缠缚，易堕入昏沉沉没，或误认世间禅定境界和不离无明的"有分心"为心性。必须以正见指导，是经论中所强调的修习一行三昧之要，《文殊师利行说摩诃般若波罗蜜经》谓"欲入一行三昧，当先闻般若波罗蜜，如说修学"。达摩以"籍教悟宗"（借助佛经了悟关于佛性的心要）为修"壁观"的前提。大手印教程仅以"六不"诀调心为修专一瑜伽的方便，真正证见心性，也须在专一瑜伽的定心上观心。米拉日巴的一首《道歌》中明确指出：修定至"忽觉自心顿光明"、明空赤裸、明澈无念时，"不过禅定觉受耳"，并非真正见性，须在此基础上，"再以观察之妙慧，于无我境作深观"，方能向上突破，现量见性。其说与莲花戒、宗喀巴可谓基本一致。

大手印不仅以"六不"诀等为要修无分别止，还有许多以智慧鉴别体证心性及防止偏弊的口诀，有明心见性的严格修证次第，无分别止仅是入门的一种方便。何况大手印多属密法，见性与否，终依成就上师的印证，非仅靠语言文字。

二、由参究而见性

禅宗高唱的言下见性，惠能之后不久，逐渐演变为"参禅"，强调必须经过一番"参究"的功夫，方可顿悟见性。参究，为体究、研究之义，往往被认为是中华禅师所独创，其实不然。明释憨山、博山元来、莲池，都说参究方法出自经教，莲池举出《楞严经》中佛言"精研妙明""内外研究"等言句以为证。

参究，无非是运用第六意识的寻、伺、疑三种功能，打破疑团，究明尚未现量证见的心性。参究须带有"何为心性"的问题或疑团，称"疑情"，《莲池语录·答闻谷广印》谓"起念下疑，乃名曰参"，又说参究是"体究追审"之意。体究追审，深度思察，弄清虽然理解但尚未亲证的心性，解开有关安身立命之本的疑团，这正是《解深密经》卷三所说三种毗婆舍那（观）中以通达而尚未亲证的问题为内容的"伺察毗婆舍那"及"缘总相毗婆舍那"，禅宗不过是从如来藏思想出发，集中伺察心性问题，并依据伺察毗婆舍那的原理创设出具体灵活的参究方法而已。大手印、大圆满、道果法的观心，也讲"穷究""觅心"，以禅宗的眼光看来亦属参究。

《楞严经》所说对心的"研究"，主要指对心识做精微的解析、观察、体察，从现前的心理活动中找到不随因缘生灭的"性净明体"，如卷一佛言：

但汝于心微细揣摩，若离前尘有分别性，即汝真心。若分别性离尘无体，斯则前尘分别影事。

从六根中随选一根入手，摆脱根、尘的束缚，直究非根非尘的纯粹的能见闻觉知之性，剥离出"精觉妙明"，则可直达心源，证见真心。最适宜此世界众生修习者，为观世音菩萨所代表的耳根圆通法门，其法从耳根入手，不随声尘流转，而向内反究能听闻的闻性，所谓"反闻闻自性"。经极其精微、层层深入的反闻工夫，由证见纯粹的能闻之性，通彻全体真心。这种参究法，可以钻探石油比喻：择定一处，用钻探机向有油矿的地层深处不断钻去，时节若到，石油自会喷涌而出。

禅宗之参究，在早期为观心的一种方法，这种观心重在向内心深处默默体究。如《传灯录》卷二十八载赵州从谂禅师教人：

> 汝但究理坐看三二十年，若不会道，截取老僧头去！

究理、坐看，即参究心性、真如理，反照自心。这种功夫须做得绵密仔细，功夫若到，攀缘妄念自然会休歇，真心自然显现。唐鹅湖大义禅师偈谓"瞠却眼兮剔起眉，反复看渠渠是谁？"①。此"看"，是向内心深处参究自性。参究也有称"思""思量""推寻"者。如沩山灵佑禅师答弟子仰山慧寂云：

> 以思无思之妙，返思灵焰之无穷，思尽还源，性相常住，事理不二，真佛如如。②

向内思量那不可言思的心性光明（灵焰），思量到思量的尽头，超越思量的极限，会忽然抵达心源，见到常住的真心，当心性的理和事融通不二、妙用无碍时，便是成佛。《传灯录》卷十九云门文偃禅师教人：

> 却须退步，向自己根脚下推寻，看是个什么道理？

向自己根脚下推寻，指向内追究那作为自己存在之本的真正自我、常住心性。《宗镜录》卷五依《大乘起信论》说，阿赖耶识有觉、不觉二义，"今推此不觉之心无体，则真觉之性现前"，推，即参究，参究阿赖耶识之不觉（即根本无明）没有体性，则本觉真心自然现前。天台宗智者大师《维摩经玄疏》卷二也说须以无始空观无始无明——阿梨耶识，证得中道第一义谛，与禅宗说自家在藏识上做工夫，"掀翻八识窠臼"而见性同一义趣。

总之，所谓参究，乃是奋起全部心力思量，体究那超离思量的心性，从而超越思量，亲见心性。

太虚《真现实论》从唯识教理着眼，对参究的原理和方法进行了解释：从最根本的妄执非量里面去死心参究，参究到得力的时候，一方面不落到独头意

---

① 〔明〕王祚昌、费元禄：《鹅湖峰顶志》，江西人民出版社1998年版，第22页。
② 《景德传灯录》卷十一。

识的名言境界，一方面以深厚的疑情专去参究到第七识的无明根上，不断认真地去参究它、打破它，生起很深刻很坚强的疑情。在疑情的推动下，所有一切身心世界都归到一念，成为一个大黑漆桶。此时，行住坐卧一切都不知道了。直到把疑团打破了，即时打破黑漆桶，顿入大光明界，在一刹那间，独头意识完全不起，第七识恒审思量的我见也得一刹那的暂伏，六、七二识的非量完全止息，不落昏沉、散乱、无记，唯是明明了了的现量心现起，岂非本有的离言清净觉心顿得相应？仿佛满空乌云中忽然露了一下明月，虽是暂时透露一下而又被云雾遮起来，总比从未见过的大大不同，因为已真知灼见过了。

自晚唐以降，禅宗之参究逐渐从直接参究心性，演变为参看公案、话头。公案，原是古代衙门中判案理事的记录、档案，禅宗用以称古今参禅故事，这种故事要带有极大的神秘性，有如难以破解的天书、哑谜，无法以逻辑思维给出解释，其用途是唤起学人对心性的深心疑惑，吸引其倾注全部心力去解决。公案禅可溯源于唐末黄檗希运禅师（？—855），他有禅语云：

若是个丈夫汉，看个公案，僧问赵州，狗子还有佛性也无？州云，无，但去二六时中，看个"无"字，昼参夜参，行住坐卧、着衣吃饭处，阿屎放尿处，心心相顾，猛着精彩，守个"无"字。日久月深，打成一片，忽然心花顿发，悟佛祖之机。①

按大乘性宗一切众生皆有佛性义，狗子当然应该有佛性，而赵州从谂禅师却说无，这一"无"字确实不好理解，是个用理性思维无法解答的谜。由这则"无"字公案生起疑团，集中精力日夜参究，念念不息，日久功深，全部心识中只有个"无"字疑团时，谓之"打成一片"，离开悟的时机便不远了。

至两宋间临济宗下大慧宗杲，力倡"看话禅"，将参究的对象由一则公案凝缩为"话头"，话头只是一句话乃至一个字，多取自公案，如"狗子有佛性也无？无"；"万法归一，一归何处"；"父母未生前本来面目"；等。话头有死句、活句之分，能从文字、理路上解答者为死句，不可以思维、理性解答，能

---

① 《黄檗断际禅师宛陵录》。

发起深细的疑情、堵截一切思路的"无意味语"为活句。清钱伊庵《宗范》认为,"无梦无想时主人公毕竟在什么处安身立命""死了烧了什么处相见"等话头,为最宜于参看活句。大慧宗杲经常提倡参看的活句,是赵州"无"字,参看方法为:

但将妄想颠倒底心、思量分别底心、好生恶死底心、知见解会底心、欣静厌闹底心一时按下,只就按下处看个话头。僧问赵州,狗子还有佛性也无?州云,无!此一字子,乃是摧许多恶知恶觉底器仗也。不得作有无会,不得作道理会,不得向意根下思量卜度,不得向扬眉瞬目处垛根,不得向语路上作活计,不得飏在无事甲里,不得向举起处承当,不得向文字中引证,但向十二时中、四威仪内,时时提撕,时时举觉,狗子还有佛性也无?云,无?不离日用,试如此做工夫看,月十日便自见得也。①

在另一次开示中,宗杲又连用十一个"不用""不得"开示参"无"字话头的要点:

不用博量,不用注解,不用要得分晓,不用向开口处承当,不用向举起处作道理,不用堕在空寂处,不用将心等悟,不用向宗师说处领略,不用掉在无事甲里,不得作有无商量,不得作真无之无卜度。

这里所否定的,主要有两大方面:一方面不可从理性思维、猜测卜度的路子找答案,另一方面不可沉空守寂,必须提撕——提起意识深处的疑问,寻思体究,专志不懈,参看到口议心思不及,"方寸里七上八下,如咬生铁橛,没滋味时,切莫退志!"须打起精神继续参看,时机到来,便会"忽然打失布袋,不觉拊掌大笑"。

明清以来,因净土宗的盛行,禅门中多就佛教徒普遍称念的阿弥陀佛名号,参"念佛的是谁"话头,几成天下丛林参禅定式。《憨山老人梦游集》卷八《示性觉禅人》述参"念佛是谁"话头方法云:

先将身心内外一切妄想杂乱念头一齐放下,放到没可放处,即深深提起一

---

① 《大慧普觉禅师语录》卷二十六。

声"阿弥陀佛",四字历历分明,急着眼看,看得少不得力。又提一声佛,有力便下疑情,审问者念佛的是谁。审之又审,毕竟是谁,看得才有昏散现前,即便快着精彩,又提又看,又审又疑。疑到疑不得处,胸中如银山铁壁,立在心目之间,如此便是话头得力时也。若到此得力处,正好重下疑情。于日用一切时、一切处,念念不移,乃至久久,梦中一似醒时一般。若用力到此,决不可退堕。忽然疑团迸裂,自然顿见本来面目。

参究顿悟的关键,不在念佛,而是从念佛之一念生起能念者是谁的疑团,拼全力凝注于这疑团,直到将疑团打破。

看话头的另一种方法,是将话头解释为所参话语的前头,即念头未起处,此说盖出曹洞宗。《憨山老人梦游集》卷五《示了心海禅人》说,参禅如果只知死守一句话头,难以超脱,要在离念一着:

但于念念中,看觑念未起处,由在离念一着,久久忽然念头迸断,心境两忘,如脱索狮子,自在游行。

这实际上是将话头当作现前一念,集中心力观察、寻觅此念起处、未生前,或曰以看话头起处、未生前为疑情。现代虚云和尚《参禅法要》说,话头"就是未说话之前","即是一念不生之际",提起一句话头,不掉举,不昏沉,不着静,不落空,"时时刻刻,单单的的,一念回光返照这'不生不灭',就叫做看话头",如看念佛是谁话头:

"念佛是谁"就是这一句话,这句话在未说的时候叫话头,既说出就成话尾了。我们参话头就是要参这"谁"字未起时究竟是怎样的。①

又说,看话头先要在话头上发起疑情,如参念佛是谁话头,"人人都知道是自己念,但是用口念呢?还是用心念呢?如果用口念,睡着了还有口,为什么不会念?如果用心念,心又是个什么样子?却没处捉摸,因此不明白,便在'谁'字上发起轻微的疑念。"②这种疑念愈细愈好,要随时随地照顾这个疑念,

---

① 净慧:《虚云和尚开示录》,书目文献出版社1993年版,第44页。
② 净慧:《虚云和尚开示录》,书目文献出版社1993年版,第35页。

像流水般不断地看去。

看话头还有参看话头之起处、落处之说，如《憨山老人梦游集》卷九《示昭凡庸禅人》说，如参"无"字及"念佛是谁"话头，此一"无"字、"谁"字便是断生死命根的利剑：

然此参究审实，只是觑此"无"字、"谁"字，起从何处起，落向何处去，只看着一念起落处，要见起灭根源。若参到极则处，将一念生灭妄想迸断，打破漆桶，顿见本来面目。

这其实是就提起话头之一念，从生灭或来去二门观心，以究明话头起落处为疑情，不过并不如观心门重在以理性推析，而重在以直觉凝神参看。

《太虚法师语集》强调：不可"以参话头为堵绝妄想，妄想顿歇时以为开悟"，那其实是一种定境，出定之后烦恼仍起。须以参话头引发正慧，正慧生后，但由正慧而"常惺惺"，"烦恼不起，是名大彻大悟，不再重提话头。如古人所云：话头如敲门瓦子，门开即弃"。

参究未必必须参公案话头，任何能发起有关心性疑问的问题都可以作为所参。太虚《真现实论》说走路的是谁，乃至举止动静的是谁，皆可参究。一行禅师在《与生命相约》中说：

生活中的所有问题，所有情绪，比如激动、厌恶、悲哀和痛苦，及至生死、色空、有无等观念，都可以作为我们"参"的对象。

参究过程中的歧路颇多，主要有静沉死水与误认光影二误。参究至一念不生、疑情发不起时，容易陷入定境。学人问慧忠国师云："不作意时，得寂然否？"答："若见寂然，即是作意。"《楞严经》卷一云：

纵灭一切见闻觉知，内守幽闲，皆为法尘分别影事。

斯际尚不离对"无念"或"寂灭"法尘的分别，不出意识对法尘的因缘生法境界，非超越因缘的本来心性。古人说："意根难出，动静皆落法尘。"同经卷九佛告阿难：

汝坐道场，销落诸念，其念若尽，则诸离念一切精明，动静不移，忆忘如一。

修行到此，才是进入三摩地的初门，如明目人处大幽暗中，心未发光，名为色阴区域，远未真正见性。

《憨山老人梦游集》卷五教导禅人：参禅暂得诸念不生时，非真不生，只是话头得力处耳。须在一念不生以前着力，"直到工夫任运，不假思惟，一念豁然，身心如脱空，方是工夫入手处，亦未是究竟"。此关最难过，能过者百无一二。古人谓之"枯木岩前"，偈云："枯木岩前错路多，行人到此尽蹉跎"。若生奇特想，便堕欢喜魔，便起无端狂知狂解。"纵到水穷山尽处，古人谓之静沉死水，又谓之玄妙窠窟，若不回头转脑，则面前如铁壁银山相似，只是得力时，不是受用处。"这时须"死中发活"，要在"回机转位"。虚云和尚《参禅法要》说，看话头看至没有疑情，陷入无念的定境，叫作"枯木岩""冷水泡石头"，不可住着，须继续提起疑情觉照，此时疑情要极为细微，如冷火抽烟，幽幽隐隐，一丝不断。到此不须再提，提即是头上安头。如此工夫纯熟，自会开悟，若不悟，"找善知识抽钉拔楔去"。

其次是误认"光影门头"，如觉虚空粉碎大地平沉，觉如地陷、如红日升空、如月光明朗、如镜鉴物等，皆属一种定境或内气刺激脑神经的反应，若误认作开悟见性，则会落入邪知解，误认无量劫来生死本为本来人，乃至入魔发狂。

三、由持名念佛与禅净双修而见性

持名念佛本属修止的门径，但因其特具的密义，也可成为明心见性的方法。

《文殊师利所说摩诃般若波罗蜜经》说，欲入一行三昧，应端坐系心一佛，面向其方，专称此佛名号，"即是念中能见过去未来现在诸佛"，入一行三昧，而"尽知恒沙诸佛法界无差别相"。[①] 然须先读诵《般若经》，知晓经中所言法

---

① 《文殊师利所说摩诃般若波罗蜜经》卷二。

界之义。《楞严经》卷五大势至菩萨圆通法门,是以如子忆母之心念佛,"都摄六根,净念相继,得三摩地",由此"不假方便,自得心开",入无生法忍。此念佛指忆念佛,也可以包括持佛名号。印光法师说:"念佛所重在往生,念之至极,亦能明心见性。"

由念佛而自得心开、尽知法界无差别相(见性)的原理,大概与观心、系念法界、参禅而见性相通。佛,被看作真如、法界的同义语、圆满见性的表征,佛的名号,是佛所有功德包括法身、心性的代号,尤其是被佛教徒主要称念的阿弥陀佛名号,其梵语原意为无量光寿(永恒的智慧光明),正是对心性功德的概括。当系心于佛、佛的名号而修定时,意识深处自然蕴积着见佛,见佛的法身、心性的单一意向,当念到一心不乱,离能念所念、能觉所觉的二元对待时,所念佛的法身或心性当会自然显现,亲见"自性弥陀",所谓"托他佛助显本性",何况念佛还有获得佛力加持、消罪灭障等不可思议的作用。从心理学角度看,当一心不乱专意念佛时,即便没有他佛加持,也会有自我暗示或曰自我加持的作用。《楞严经·大势至圆通章》谓"不假方便,自得心开……如染香人,身有香气",《佛说千佛因缘经》云:

念佛三昧庄严心故,渐渐于空法中心得开解。

其原理盖在于此。尤其是怀着见佛法身、明自心性的目的持名念佛时,实际上是在提醒自己念念朝心性如何处参看,与参禅者参看心性具有相同的作用。大师《灵峰蕅益大师宗论》卷三之一《答卓左车弥陀疏钞三十二问》认为,大势至念佛圆通法本属以意根(第七识)"都摄六根",今以妙观察智力直下念佛,如以甜瓜换苦瓜,非寻常攀缘心可比。

据《楞伽师资记》载,刘宋时来华译出四卷《楞伽经》的天竺僧求那跋陀罗(觉贤),即教人断除诸念着力念佛,"念念连注不断,寂然无念,证本空净也"。禅宗四祖道信、五祖弘忍及弘忍门下神秀一系北宗、宣什一系"南山念佛宗"等,皆依《文殊师利所说摩诃般若波罗蜜经》,以称念佛名为入一行三昧、明心见性的主要门径。道信的念佛方法是:

并除三毒心、攀缘心、觉观心念佛,心心相续,忽然澄寂,更无所缘念。

《大品经》云："无所念者，是名念佛。"何等名无所念？即念佛心名无所念。离心无别有佛，离佛无别有心，念佛即是念心，求心即是求佛。所以者何？识无形，佛无形，佛无相貌。若也知此道理。即是安心。常忆念佛，攀缘不起，则泯然无相，平等不二。入此位中，忆佛心谢，更不须征。即看此等心，即是如来真实法性之身……亦无能观所观之意。如是等心，要令清净，常现在前，一切诸缘，不能干乱。①

以离一切分别的心专注称念佛名（"佛"之一字），念至忽然澄寂离念，以心即是佛的般若正见观此无念心体即是佛的法身、心性，并离能观所观的分别，在日常生活中时时保任此心常现不失，即是见性。其开悟见性的关键，在于由念佛之一念而达离一切念，迸露本来心性。后来北宗及四川智侁、宣什等教人由念佛而见性的方法，大体是先讲说法门道理、修行意趣，然后领众大声、拖长声口称"佛"之一字，渐渐至小声念、微微出声念、不出声默念，念至忽然无念无想，即认为见性。神秀门下普寂、降魔等，教人从称念"佛"字"住心看静、举心外照、摄心内证、凝心入定"，大概是从念"佛"字达澄寂无念的定心上，观照本净心体，再以此净心外照内证，融通心境、体用。这种禅法，被南宗贬为"法门是渐，传承是傍"，乃至"障碍菩提"，在南宗盛行后逐渐衰绝。

宋代以来，净土宗盛行，持念阿弥陀佛名号者甚众，出现禅净双修乃至融禅归净的趋势。禅净双修之一法，是从禅宗的立场，以参看话头的方法称念阿弥陀佛名号，以期见性或见"自性弥陀"。北宋真歇清了禅师教人：

但将阿弥陀佛四字做个话头，二六时中，直下提撕，不以有心念，不以无心念，不以亦有亦无心念，不以非有非无心念。②

这是以"离四句"分别的清净心或实相心称念佛名，谓之"实相念佛"或"理一心"，认为由此便可达"前后际断，一念不生，不涉阶梯，径超佛地"。

---

① [朝鲜] 金九经校敦煌写本《楞伽师资记》卷一。
② 《角虎集》卷一。

明莲池《佛说阿弥陀疏钞》卷三说：念佛者初以耳识闻阿弥陀佛名号，次以意识专注忆念，总摄六根，"念之不已，念极而忘"，恒审思量者（末那识）其思寂焉；"忘之不已，忘极而化"，真妄和合者（阿赖耶识）其妄消焉，如此，五六七八识悉皆不行，则真心现矣。

明末力倡看话禅的汉月法藏，提倡一种融禅、净于一炉的"追顶念佛"，教人执持阿弥陀佛四字名号，"一句顶一句，一声追一声，如猛将提刀追贼相似，努力直前，无少憩息"，由极力追顶而达《阿弥陀经》所说一心不乱：

夫一心不乱者，只以一句佛名极力追顶，猛之又猛，情识一断，则过去事思量不来，未来事卜度不着，现在境心识不揽，三心断绝，谓之前后际断。此因追极念极，一闻一见，触境遇缘，逗断心路，直得虚空粉碎，大地平沉，物我同消，一法不立。目前如大圆镜中所现森罗万象，了无一物可指拟分别，荡然身心，如云去来。此个光境，名为一心不乱，到此便无心可乱故也。①

汉月强调，达此明见本心的一心不乱境界，不在佛名之功德，而由追顶之力，追顶至极，打断妄识之流，迸露本心。追顶念佛的设计，本于看话禅以话头堵截情识的理解，只将佛名当作话头。

由持名念佛、禅净双修而见性的另一种方法，是"参究念佛"。元释普度《庐山莲宗宝鉴》卷二所述"参禅念佛三昧究竟法门"具体方法是：称念阿弥陀佛数声，"回光自看，云见性则成佛，毕竟哪个是我本性弥陀？却又照觑，看只今举底这一念从何处起？觑破这一念，复又觑破这觑底是谁？"如此念、参兼修，勿令间断，时节到来，自会"豁然明悟，亲见本性弥陀。"顿悟的关键，与其说在念佛，无宁说在参究。明莲池也提倡由参究念佛而双修禅净，曾教念佛者"即以一声佛号做个话头"，参究心性，"须是沉潜反照，至于力极势穷，乃有豁地一声消息。"② 又于念佛之一念，觑破其起处，念念体究，真积力久，自可证悟。然不可思惟卜度、穿凿求通。其《佛说阿弥陀经疏钞》卷三

---

① 《角虎集》卷一。
② 《御选云栖莲池大师语录·答谢青莲》。

有云：

> 体究者，闻佛名号，不惟忆念，即令反观，体察究审，鞫其根源。体究之极，于自本心，忽然契合……若言其有，则能念之心本体自空，所念之佛了不可得。若言其无，则能念之心灵灵不昧，所念之佛历历分明。若言其亦有亦无，则有念无念俱泯。若言非有非无，则有念无念俱存。非有则常寂，非无则常照。非双亦，非双非，则不寂不照，而照而寂，言思路绝，无可名状，故唯一心……以见谛故，名理一心也。

憨山也十分推崇"念佛参禅兼修之行"，具体方法是即念佛之念而参究念的起落处，《憨山老人梦游集》卷五有云：

> 若以念佛一声，蕴在胸中，念念追求，审实起处落处，定要见个的当下落，久久忽然垢净明现，心地开通。

同书卷十八教人放下诸念，放到无可放处，着力提起一声佛号，即看这一声佛从何处来，落向何处去，觑到没着落处，又提又觑，"追到一念两头断处，中间自孤，更向此孤处快着精彩直追，忽然迸裂疑团，则本来面目自现"。同时著名禅师无明慧经，也提倡参究念佛。

蕅益在其《梵室偶谈》中，主张只从净土一门念佛，念"至一心不乱，能所两忘，即得无生法忍，岂非悟道？"① 从天台宗全妄即真的圆教见地看，持名念佛之当念即是心性全体，圆具佛果功德：

> 殊不知一念现前之心，本自离句绝非，不消作意离绝；即现前一句所念之佛，亦本超情离见，何劳说妙说元！

故净土宗之禅，本来不须参究，一说参究，已是屈为下根。以信阿弥陀佛是我心具心造、一念念佛之心即是佛的圆解，直下持佛名号，谓之"理持"，持至心开见本性佛，谓之"理一心"。只要直下持名念佛，念到一心不乱或"念而无念"便会自然明心见性的观念，在明清以来的净土宗界颇为流行。

被尊为净土宗十三祖的现代印光法师（1861—1940），也讲过于持名念佛

---

① 《灵峰蕅益大师宗论》卷四。

时反观内究而证见心性，其《念佛三昧摸象记》云：

> 若论其法，必须当念佛时，即念返观，专注一境，毋使外驰，念念照顾心源，心心契合佛体。返念自念，返观自观，即念即观，即观即念，务使全念即观，全观即念，念外无观，观外无念。观念虽同水乳，尚未鞠到根源，须向这一念"南无阿弥陀佛"上重重体究，切切提撕。越究越切，愈提愈亲，及至力极功纯，豁然和念脱落，证入无念无不念境界。①

此所谓返念、返观，指内观能念之性，体究、提撕即参究，由此证入无念无不念的境界时，"其相如云散长空，青天彻露，亲见本来，本无所见，无见，是真见，有见即随尘。到此则山色溪声，咸是第一义谛。鸦鸣鹊噪，无非最上真乘。活泼泼应诸相，而不住一法，光皎皎照诸境，而了无一物"②。与参禅见性者所见"本地风光"无异。

四、由修持咒观想等密法而见性

持咒、观想，本来是修止的门径，一般说来仅修此不足以见性，但也有由此而见性的特殊密法。20世纪30年代，曾在庐山闭关专修的大愚法师传授"心中心"密法，主张由持密咒而见性，一时影响不小，至今尚颇有依其法修持者。"心中心法"出自唐译《佛心经品亦通大随求陀罗尼》等密典，经中说依法持诵随心陀罗尼、一切佛心中心大陀罗尼，持时结六种手印，可得佛力加持，获得知他心、满所愿、得佛身等成就。经中佛言："若有众生持我此法不得佛者，我即退位入阿鼻地狱，更无寿生！"乃至十方诸佛皆犯妄语。修习时端坐结印，口诵心念密咒，不作观想，因称"无相密"。随心陀罗尼为：

唵 摩尼达哩 吽 呸（om mani dali hon pat）。

一切佛心中心大陀罗尼为：

---

① 印光：《增广印光法师文钞》卷四（附录），九州出版社2012年版，第573页。
② 印光：《增广印光法师文钞》卷四（附录），九州出版社2012年版，第573页。

唵，跋喇钵喇，糁跋喇糁跋喇，印地咦耶，微输达你，哈哈噜噜，遮隶迦噜遮隶，娑婆诃。

持时每座须坐足两小时，至多修满一千座。大愚弟子王骧陆《乙亥讲演录》说："此法妙在于昏天黑地一无趣味中，忽然开朗，亲见实相，证得三昧。"悟后所修，全同禅宗。修此法开悟的原理，大概主要在怀着见性的目的以无分别心持咒，以截断妄识流注，与以追顶念佛及参看一无意味语而离念顿悟同一路数。依此法开悟，应该如由称念佛名入一行三昧，须通达教义，明白心性之理，或曾参禅，知晓参究方法。

中国禅宗界还有以参话头之法持咒以求见性者，所持之咒，多为汉传佛教界流行的准提咒。明代《憨山老人梦游集》卷八《示玄机参禅人》说：

> 就将持咒的心作话头，字字心心，着力挨磨，如推重车上坡相似，浑身气力使尽，不敢放松丝毫，寸寸步步，脚跟不空。如此用力时，只逼得妄想流注塞断命根，更不放行，到此之时，就在正着力处，重下疑情，深深觑看，审问只者用力持咒的毕竟是个什么，觑来觑去，疑来疑去，如老鼠入牛角。直到转身吐气不得处，如此正是得力时节。切不可作休息想，亦不得以此为难，生退息想。及逼到一念开豁处，乃是电光三昧，切不可作玄妙欢喜想。从此更着精彩，拚命做去，不到忽然藏识迸裂虚空粉碎时，决不放手。

持咒开悟的关键，仍在于持至妄念断绝时参究能持咒的毕竟是什么，与参话头开悟理无二致。

将净菩提心形象化为一轮明月，取其圆满、清净、光明、洁净、周遍、清凉等义，在禅定中观想之，称"净菩提心观"或"月轮观"，其法出《大乘本生心地观经》《守护国界主陀罗尼经》《诸佛境界摄真实经》《金刚顶发菩提心论》等，被唐密作为明心见性的基本功。《金刚顶发菩提心论》说修习者才见圆明净识，即名见性，常见者入菩萨初地。《大乘本生心地观经》卷八所说具体观法为：端身正坐，闭目观想自己胸中有大约五十由旬（约合750公里）的一轮明月，"无垢明净，内外澄澈，最极清凉，月即是心，心即是月，尘翳无染"。修到暂见明月，名"刹那三昧"，功夫增长，经微尘三昧、白缕三昧、起伏三昧，至恒久安住净菩提心的安住三昧，便能远离惑障，消灭诸罪，证见心性，速入菩萨初地。《无畏三藏禅要》所说方法为端坐观想对面四尺远处悬挂一轮明月，直径约一尺，明朗光洁。观至明白显现，再观想月轮渐渐扩大，乃至遍满三千大千世界，遍满全宇宙、全法界，极令分明。下座之时，观想收入自心。

行者久久作此观，观习成就，不须延促，唯见明朗，更无一物，亦不见身之与心，万法不可得，犹如虚空，亦莫作空解，以无念等故，说如虚空，非谓空想。

若修至常见圆明遍周法界，即证见菩提心，入菩萨初地。

唐密净菩提心观的修习，须先研习教理，明缘起性空、实相无相等义，对观想所现境界不执不取。《摄真实经》卷二强调："若观菩提心相犹如月轮、水晶、乳色，此等诸相，皆是凡夫所观之境"，圣者境界应"不取相状，安立无上大菩提心"。空、无相，始终应是菩提心的本性。

唐密还有在所观月轮上观想梵文"阿"字并思惟其所表本不生义，及观想五股金刚杵求速疾见性成佛等密法。

藏密则强调持咒观想、修三密相应的本尊瑜伽，及修气脉明点，只是修止，至多能见相似于心性的"喻光明"，真正见性，须在修止的基础上以正见修观。藏密之见性，除修本尊瑜伽的止观渐道和多种顿悟法门外，还有睡眠光明修法等特殊方法。

睡眠光明，系利用醒、睡之间根光明自然显现的原理设计，据《明行道六成就法》，其修法大略是：临睡前，先祈祷上师本尊加被，次观想自身顿成本尊，心中有一四瓣莲花，中心蕊台上立有藏文或梵文"吽"字，四片花瓣依分立阿、努、打、喇（"无上菩提"之缩写）四字。次观想所见所闻一切有情、无情之物统统融入自身，自身融入心间咒字，心间咒字依次融入"吽"字，吽字从下至上收摄于顶上表"空"义的"空点"，空点融入本来空性，于斯际体认眠光明而入睡。久久修习，能在眠梦中亦不迷失心性光明。

第三节　心性之印定

明心见性，是一种常人从未有过的心灵体验或神秘经验，只能由体验者本人"自内证"，如禅宗人所言"如人饮水，冷暖自知"，不可言说，难以吐露于人。如何确定所悟乃真正的心性，是大乘性宗修行中极其重要的问题。

一、"以心传心"与活泼机用

在禅宗、密教，从来都由已见性的"善知识""明眼宗师""上师"印证鉴别，所谓"以心传心"——一种同一心灵的互相默契，喻如"以水投水"。禅宗有"威音王佛（久远劫前最先成的"本初佛"）以前许你无师自悟，威音王佛以后无师自悟，尽是天然外道"之说。藏密称这种传承方式为六种传承中的"心印传承"。

以心传心，溯源于世尊拈花、迦叶微笑的公案，佛拈一枝金色波罗花示众，众皆罔措，唯有摩诃迦叶破颜微笑，佛乃将教外别传、不立文字之"正法眼藏"付授迦叶。后世禅师，还是多用语言问答勘验印证、指点学人。自达摩以来，一脉相承，皆就一般人从来执着为实的事物征问，其问题须难以现成教理和意识思惟解答，只有已开悟者才能随机应对。

随机应对，多是用语言表达对心性的体悟，也有用扬眉瞬目、语默动作等方式作答的，这在密法谓之"表示传承"。如四祖道信入牛头山找到住山独修的法融，见其端坐自若，问："在此做什么？"答："观心。"问："观是何人？心是何物？"融不能对，乃起作礼，带道信到他所住的草庵，见虎狼蹲地，道信举两手作畏惧状，法融以为他真的害怕，不无轻视地说："犹有这个（指我执）在。"道信反问："这个是什么？"又答不了。道信在法融日常打坐的石头上写一"佛"字，法融睹之竦然，不敢就坐，道信乃反讽曰："犹有这个（指佛执）在。"① 经三番勘问，法融自知未悟，才虚心请教道信指点法要。

至惠能，主要通过随机问答，依以语言表述的见地勘验印证，用语言"随方解缚"，"示导见性"。如《坛经·机缘品》载惠能与怀让的应对：怀让已开悟，往谒惠能求印心，礼拜毕，惠能问："甚处来？"一语双关，似作寒暄而实为勘问。答："嵩山。""什么物？怎么来？"直逼心性。答："说似一物即不中。"问："还可修证否？"答："修证即不无，污染即不得。"对答快捷准确，得到惠能的印可："只此不污染，诸佛之所护念，汝既如是，吾亦如是。"惠能与永嘉玄觉的对答，刀来箭往，犹如比武。玄觉由看《维摩经》自得开悟，来谒惠能，"绕师三匝，振锡而立"（按佛门礼仪应礼拜），惠能乃问他自何方而来，生大我慢。答："生死事大，无常迅速。"此言只及佛法的世俗谛。惠能立即就题诘问："何不体取无生，了无速乎？"引向对真实谛体悟的勘验，答："体即无生，了本无速。"答案正确，获得"如是如是"的印可。玄觉这才礼拜，须臾告辞，惠能挽留说："返太速乎？"此言只在世俗谛。玄觉马上从真实谛予以反诘："本自非动，岂有速耶？"将了惠能一军。惠能进逼："谁知非动？"答："仁者自生分别。"得到二度印可："汝甚得无生之意。"玄觉反宾为主，诘问："无生岂有意耶？"惠能以问作答："无意谁当分别？"宾主间几度往来，层层进逼，终于迫使玄觉作出用语言表达心性的终极答案："分别亦非意（超越意识而能分别的觉性）。"又得到惠能赞赏："善哉！少留一宿！"

通过语言问答，依见地勘验对心性的证悟与否，也有其缺陷：不易分清仅由理解而得的知见、知解和由证悟而得的真见，不易分清解悟与证悟，一个完全没有修证的哲学家和佛教学者，也可能凭"世智辩聪"作出符合心性义理的对答，仅得解悟者也可能交出与证悟者同样的答案。

为了堵截理路，辨别真伪，引导人真修实悟，禅师们将勘验应对的"机锋"设计得越来越奇险怪谲，喝骂哭笑、拳打脚踢无所不用；敲击移换、擒啄斩劈，机变无方。后人喻如良将用兵，以出奇制胜。常用的动作，有以手托

―――
①《五灯会元》卷二。

出、指拨虚空、前进后退、起来坐下、垂脚、擎拳、叉手、礼拜、旋绕，配合运用手中、身边的拂子、拐杖、笠子、鞋子等。吃饭、喝茶、种菜、锄地、采茶、打柴等日常生活，都可以用作随机指示勘验的"机境"。从马祖道一开始用打、踏、喝，临济宗开创者义玄尤以大喝著称，自称有时一喝如金刚王宝剑（斩断学人一切情识），有时一喝如踞地狮子（震威一喝，驱散疑惑），有时一喝如探杆影草（探测学人的根器如何及开悟与否），有时一喝不作一喝用（一喝中同时具足多种功用），称"临济四喝"。又有三玄三要、四宾主、四照用、四料简等接引学人的方法，相机灵活运用。曹洞宗本寂将勘验机锋禅语的法则依理事关系归纳为正、偏、正中来、偏中来、相兼带五种情况，称"君臣五位"。又以"三种渗漏（缺失）"辨验参禅人的开悟与否：一为见渗漏，"机不离位，堕在毒海"；二为情渗漏，"智常向背，见处偏枯"；三为语渗漏，"体妙失宗，机昧终始"。云门文偃常用一个字回答参学者的提问，时称"云门一字关"。仰山慧寂等有时画圆相（圆形的图像、符号）代表文字，如见僧于圆相中书一"日"字（喻心性如日常照），仰山乃依样画之，用脚抹掉。黄龙慧南常以三句勘问来客："人人尽有生缘处，哪个是上座生缘处？""我手何似佛手？""我脚何似驴脚？"三十余年无人能答，丛林中称为"黄龙三关"。苏渊雷《禅风·学风·文风——〈五灯会元〉新探》一文中将禅宗接人的机用归纳为即境示人、借题发挥、下一转语、当头棒喝、小小动作灵活运用、以矛攻盾、忘年忘境、万物一指、随机应变、一喝通摄五时数义等十种，另有归纳为二三十种者。

二、"知之一字，众妙之门"

惠能门下神会荷泽宗一系，将心性表述为"灵寂之知"。神会语录有云：
即以本觉之智能知故，称为智证。
无住体上，自有本智，以本智能知。

即无物心，自性空寂，空寂体上，自有本智，谓知以为照用。①

说心性有自性空寂及能知两大特性，能知之性，名为本智，亦即《华严经》所说自然智、无师智，其所知乃本来空寂之性。心性以寂照为性之说，可溯源于天台宗，智顗《妙法莲华经玄义》卷八谓二乘只得第一义空之寂，不得其照，故非实相，"菩萨得寂又得寂照，即是实相"。神会再传弟子华严宗四祖澄观有云：

此上无缘之知，斯为禅宗之妙……此知，知于空寂无生如来藏性，方为妙耳。②

澄观答唐顺宗问《心要笺》说心体"灵知不昧""任运寂知"。此说被华严宗五祖宗密所继承发扬，他在《圆觉经大疏》中将心体的性质归纳为寂（空寂无生）、知两个方面，谓"即寂而知，知即真智，亦名菩提、涅槃"。将心性之本觉描述为"灵明空寂""灵灵不昧、了了常知"。③ 其《禅源诸诠集都序》卷上之二明言达摩以来代代祖师相传的心印，是一个"知"字，所谓"知之一字，众妙之门"，为达摩以来禅宗诸祖心传之法要。述禅宗传心的方法说：禅师先令学人断绝诸缘，然后问："诸缘绝时，有断灭否？"答："虽绝诸念，亦不断灭。"问："以何证验，云不断灭？"答："了了自知，言不可及。"禅师于是印证，只此是自性清净心。若所答不契，即再令观察，直到自悟，绝不先为之说破"知"字，这叫作默传心印，"默者，唯默知字。"宗密《中华传心地禅门师资承袭图》谓说空犹是遮遣之言，知，是当体表显，"唯此方为真心本体"。

这种空寂之知或灵寂之知，不是一般所理解的见闻觉知之知，见闻觉知之知，不离第六意识的了别，在熟睡、入灭尽定等无心位即没有，如《楞严经》卷三所言："此觉知性，离彼寤寐、生灭二尘，毕竟无体"，应是因缘所生妄心

---

① 石峻、楼宇烈、方立天等：《中国佛教思想资料选编》第二卷第四册，中华书局1983年版，第92、85、107页。
②《宗镜录》卷三十六。
③《景德传灯录》卷十三。

而非本有常住的真心。因一般人多容易错认见闻觉知为真心，若以知性为佛性，容易产生误导学人错认见闻觉知之妄心为真心的弊端，故禅师们多针对其执而破"知"。南阳慧忠国师云：

> 若以见闻觉知是佛性者，《净名》不应云："法离见闻觉知，若行见闻觉知，是则见闻觉知，非求法也。"

法眼宗创立者文益禅师过地藏院，桂琛禅师问他："作么生是行脚事？"答："不知。"桂琛云："不知最亲切。"① 谓不知为佛性（真心本非觉知）。僧问曹山："朗月当头时如何？"曰："仍是阶下汉。"曰："请师接上阶。"答："月落时相见。"② 意味灵寂之知谢灭，方是佛性。长沙景岑禅师批评只认得个昭昭灵灵为错认识神，偈云：

> 学道之人不识真，只为从前认识神，无量劫来生死本，痴人唤作本来人。③

玄沙师备禅师强调离却见闻觉知觅恒常不变异体，"佛法不是见闻觉知境界，应须是自彻去始得"。④ 他明确批评神会一系的所谓空寂之知尚非心性：

> 更有一般便说，昭昭灵灵，灵台智性，能见能闻。向五蕴身田里作主宰。恁么为善知识，大赚人！知么？我今问汝，汝若认昭昭灵灵是汝真实，为什么瞌睡时又不成昭昭灵灵？若瞌睡时不是，为什么有昭昭时？汝还会么？⑤

他指出能见闻的昭昭灵灵之性是"生死根本、妄想缘气"，认此为佛性，是认贼作子。昭昭灵灵只因色声香等法而有分别，若无前尘，同于龟毛兔角。欲超出五蕴身田主宰，须识取汝秘密金刚体，见山河大地、十方国土、色空明暗及身心，尽承圆成威光所现，如日周遍照耀，养育一切。黄龙死心禅师更说："知之一字，众祸之门。"《大慧普觉禅师语录》卷十六认为"要见圭峰、

---

① 《五灯会元》卷十。
② 〔清〕湛愚老人：《心灯录》，林世田点校，宗教文化出版社 2001 年版，第 196 页。
③ 《佛果圆悟禅师碧岩录》卷六。
④ 《玄沙师备禅师广录》卷中。
⑤ 《景德传灯录》卷十八。

荷泽易，要见死心则难"。日本曹洞宗道元禅师在其《正法眼藏》中引证南阳慧忠国师之言，斥身中有一常住灵知的见解"全非佛法，先尼外道之见也"。其《永平广录》卷六更明确批评：

> 宗密道"知之一字，众妙之门"，未出外道之坑。

又说，古人道即心即佛，此心不是五识、六识、八识、九识及心数法等，又不是悉多、汗栗驮、矣栗陀等，"不是虑知念觉、知见解会、灵灵知、昭昭了等"。意谓此"心"乃是超越知与不知及诸心心所的一真法界或真如。明永觉元贤禅师认为真心具空寂与灵知之二义，补曰空寂之知，批评宗密取知遗空寂，不了真心。太虚《曹溪禅之新击节》批评宗密以为举一"知"字即得心体，此乃"不脱知解，不悟诸法离言自性"，认为若悟无性，方契真如，空寂之知始是真心。当代萧平实居士对宗密"知之一字，众妙之门"说也有批判，指出本心不是见闻觉知中的灵知心，不是一念不生时常寂常照的灵知心，这两种灵知心都还是意识，于睡着、昏沉、昏迷、入无心定、死亡时悉皆不现，故非常住、无分别之本心。

但真心也不应离见闻觉知，黄檗希运禅师《传心法要》说：

> 然本心不属见闻觉知，亦不离见闻觉知。但莫于见闻觉知上起见解，莫于见闻觉知上动念，亦莫离见闻觉知觅心，亦莫舍见闻觉知取法，不即不离，不住不著，纵横自在，无非道场。

这应是马祖原义，乃破除于见闻觉知心之外觅真心的执着而言。南泉普愿禅师也说：

> 道不属知不知。知是妄觉，不知是无记。若是真达不疑之道，犹如太虚，廓然虚豁，岂可强是非耶？①

这可谓对知与不知的中道观。《宗镜录》卷二十三说真心犹如明镜，无心为体，鉴照为用，又如明珠，体是珠，用是明。同书卷三说"真心以灵知寂照为心，不空无住为体，实相为相"。了了常知之知性非见闻觉知之知，然与太

---

① 《景德传灯录》卷十。

虚、木石、聋瞽、愚痴、癫狂、心乱、闷绝、昏醉、睡眠、无想定、灭尽定十一种断见无知不同。

以离念的纯粹知性为心性的说法，依《华严经》本具自然智等言句，也未必错误。但对此知性的辨认，极须仔细，《楞严经》卷一述辨认法则云：

> 若汝执吝分别觉观所了知性必为心者，此心即应离诸一切色香味触诸尘事业，别有全性……但汝于心微细揣摩，若离前尘有分别性，即汝真心；若分别性离尘无体，斯则前尘分别影事。

说完全离六尘而有不生不灭自体的纯粹分别性，可以认作真心。此分别性，可言"知性"或"觉性"，与藏密大圆满等所谓心性"明空不二""觉空不二"之"明""觉"，大略同义。然就教理及修证言，认离六尘的纯粹知性为心性，不如认证得空性的无分别智为心性。若言纯粹知性为心性，则此知性，应是无意识的，非明了意识之知。

笔者以为，以离念的灵寂之知为真心、佛性，或以前念已灭后念未生之际及睡醒之间、死亡之际念头灭处呈露者为本心，皆属世俗谛意义上的本心，认此心为真，只是一种体认真实谛意义上现量见道之真心的入门方便，禅宗所谓"得个入处"。从唯识学看，此心一般属上座部佛学认为本性心的"有分心"，虽无贪嗔嫉慢等粗重烦恼，而未必离无始无明。这种心，显然称不起真实谛意义上的本性心或心性。禅宗、天台止观及密法，皆不以仅仅体认此心为见道证果，皆说须进一步破除无始无明（禅宗说"掀翻八识窠窟"），方可真正见道，也各有破除无始无明、掀翻八识窠窟的诀窍。小乘也不以有分心为真如，须深观蕴、处、界苦空无常无我，方可见道证得真如。当然，也不是没有从六识现量心或前念后念中间即可见到真实心性乃至"一悟即至佛地"的上根利器，但斯人难得，如凤毛麟角。

三、以了义教印证

依人传心，也未必完全可靠。被禅宗人所公认为最可靠的传心标准，应该说还是佛经。菩提达摩即付四卷《楞伽经》以印心。惠能门下的南阳慧忠国师（？—776）针对当时禅门依师印证的弊端，强调以大乘佛经中直接开示心性、佛性义理的"一乘了义教"（主要指如来藏系经典）为印心的最高准则：

> 禅宗法者，应依佛语一乘了义，契取本原心地，转相传授，与佛道同。不得依于妄情及不了义教横作见解，疑误后学，俱无利益。纵依师匠领受宗旨，若与了义教相应，即可依行，若不了义教，互不相许。①

后来法眼宗下的永明延寿禅师为针治禅宗弊病，融通禅、教关系，编撰《宗镜录》百卷，也强调以佛言印可自心，该书卷一云：

> 若不与了义一乘圆教相应，设证圣果，亦非究竟！

明释莲池《竹窗随笔·经教》说参禅者借口教外别传，"不知离教而参，是邪因也；离教而悟，是邪解也。饶汝参得而悟，必须以教印证。不与教合，悉邪也"。近人太虚《曹溪禅之新击节》说：

> 然自达磨以逮曹溪，虽别传之心宗实超教外，而悟他之法要不离经量。

其《酬对》说：禅宗参究引发正慧，及正慧既显发，同时亦得正定，斯之谓禅，虽然其方便最为直切了当，"惟定慧之辨最难，非通教理者容易误认，致令未得谓得，未证谓证，起贡高我慢"，是故即便不研教，而不可以一刻离明眼善知识。

唐宋以来的禅师们，往往用唯识学的八识说加《楞严经》的破五阴说解释见性，一般认为透过阿赖耶识，才是尽识阴、见心性，多强调在"无明窠窟"——第八识上做工夫，用离心意识向内参究的方法，掀翻无明窠窟，迸露真常心体。大慧宗杲曾说：

> 殊不知这个猢狲子不死，如何休歇得？来为先锋去为殿后的不死，如何休歇得！

猢狲子，喻前六识，来为先锋去为殿后的指第八识。憨山谓由破第八识起修，方名真修，其《憨山老人梦游集》卷八《示玄机参禅人》曰：

---

① 《宗镜录》卷一。

忽然藏识迸裂，露出本来面目，谓之悟道。

太虚《曹溪禅之新击节》认为，在凡位欲求顿悟，除悟阿赖耶识，别无真体。于前六识不生（所谓"三际断"）之际所悟的"主人翁"，虽然离言，尚在凡夫位，仍是末那识俱生我爱所执阿赖耶识异熟识，认此为究竟，有可能堕于外道见。进一层，了幻无性，见人无我，当于小乘见道，至此若取着无性空，或归二乘。进而彻悟"无性心源含融万法"，方为彻了。

清钱伊庵《宗范》卷下说，唯识学所说见道位亲证真如、圆成实性，应为见性的起码标准。《大乘庄严经论》卷十三谓"初地见性"。《摄大乘论》依《宝积经》说菩萨见道时"得一切有情平等心性，得一切菩萨平等心性，得一切佛平等心性"。然此位只是初见真如，得根本无分别智，此智离无作意、过有寻有伺地等五相而亲证人法二空真如，方可以说为真正见性。太虚《辨法法性论讲记》解释无分别智之离五相：

1. 远离不作意。于赤白方圆善恶真妄等一切名相差别不加思辨之不作意，非无分别，若此，则婴儿皆为入真见道菩萨矣。无分别智虽不作意，然非不作意即无分别智。

2. 远离超寻伺。无分别智不依名言义解，固超寻伺，然超寻伺非即无分别智。如二禅天以上有漏定果，皆超寻伺，然仍是上二界不动业果，非无分别智。

3. 远离寂静。或以心心所动相灭时之寂静相为无分别智，此智固亦寂静，然非寂静相即是无分别智，如无想定、灭受想定，心心所皆寂灭，心寂静不动，然皆非无分别智。

4. 远离自性。或执诸自性无分别者为无分别智，无分别智固无分别，但无分别并非便是无分别智，如色根等及土块顽石、槁木死灰等一切色法，皆自性无分别，岂皆即无分别智耶？

5. 远离执息念。如觉种种忧患皆由有念，遂执止息心念即为无分别智。此执止息心念亦一想念，此想念灭，余想念生，岂成无分别智？

总之，无分别智虽然寂静无念、不作意，但非如婴儿、禅定之无分别，非同草木土石之无知，它虽连"无分别"一念亦无，但非止息一切念头之无念心态，而应有亲证真如的般若智，故称"无分别智"。

唯识学称无分别根本智亲证真如为"真见道"，无分别后得智见唯识相名"相见道"。由根本智所生"后得智"，"带相观如"，即挟带真如相而缘，非完全无分别，有通达、随念、安立、和合、如意思择五种分别，意谓能对无分别根本智所证真如理解、忆念、述说、思考。《八识规矩颂》谓前五识"变相观空唯后得"——后得智可以眼等前五识现量见诸法空相，或观诸法如梦幻泡影露电等。《摄大乘论》偈比喻说：根本智如有人正闭目不见一切，后得智如前人复开目现见一切。在菩萨位，根本智与后得智未必能同时现前，只有修行至佛位，根本智与后得智恒常同时现起，方为圆满见性。《宗镜录》卷八十九云：

> 今本智证如，但无随念、计度二分别，名无分别，然不妨有自性分别，如人饮水，虽无言说，然冷暖自知。

谓真正见性者的无分别，只是无遍计所执的虚妄分别及忆念过去、算计未来之随念分别，而不妨有分别真如本心及性境等的自性分别，此所言本智，当为后得智。南传佛学或说"道心"难以回忆、描述，"果心"可以回忆、描述，此则"道心"相当于根本智，"果心"相当于后得智。

从中观学来讲，真正见性或真见道的标准，应是经论中表述诸法实相的"名言道断，心行处灭"八个字。名言道断，谓离任何以语言为工具的思维，绝对不可言说；心行处灭，谓离受、想两种心所。以唯识学解释，离意识的受、想（感受及感知）及末那识对内自我及非我的无意识名言分别（受、想），亦即离六、七二识的一切遍计执，方为证得根本无分别智的"无分别"。质言之，若有"我感到""我觉得"如何如何，有何等境界，因而可以言说表示，便堕于受、想二蕴而非根本无分别智。

又对《圆觉经》所言我、人、众生、寿命四相是否皆破除，也可以作为见性、断身见、亲证诸法无我的标准，经中对四相解释颇清晰，见本书第九章第一节。

宋代以来，禅宗人士多以《楞严经》印心，尤其是以此经卷九、卷十所说五阴境界对照自己的参禅体验。经中说，修定者销落诸念，"其念若尽，则诸离念一切精明，动静不移，忆忘如一"。这离念的"精明"，尚非佛性，因"精性妙净，心未发光"，如明目人处大幽暗，不能见物，未出色阴区域，只是证悟真心的入门方便。继续用功，至色阴尽，"见诸佛心，如明镜中显现其像，若有所得而未能用"，喻如梦中被魇住之人，尽管心中好像明白，身体手足却动弹不得。此为受阴区域，仅可说为初悟。进而破受阴，"其心离身，返观其面"，得"意生身"（一种能离体活动的气所成身），以世间禅定衡量，起码入第四禅，然此时尚有可能堕于邪见。进而再破想阴，"梦想消灭，寤寐恒一……觉明虚静，犹如晴空"，"观诸世间大地山河，如镜鉴明，来无所黏，过无踪迹"。进而破行阴后，因为没有破法执而真正见到佛性，尚有可能堕于邪见和小乘。只有进一步破尽识阴，见"十方世界及与身心，如吠琉璃，内外明彻"，六根互用，才真正尽诸妄想，初证心性。《憨山老人梦游集》卷十二据此说"五阴俱破，方名真悟"：

若参禅打破漆桶，则先破识阴。识阴既破，则四大无依故，如割水吹光，了不相触。

若就证悟真如凡道而言，据唯识学，只要打破第六、七二识的俱生身见（我见），则五阴齐破，于刹那间见道开悟。完全打破识蕴，即净除阿赖耶识中所藏我法二执种子，是修道位上的事，须到八地以上方可。染净依应是第七末那识而非第八阿赖耶识或识蕴。而且，所谓五阴，举体只是一念，有可能在一念间顿破，未必须经五层定境，禅宗讲顿悟，即依此理。

《大般涅槃经》所说见性的标准更高。经中分见性之见为二种：一为相貌见，如远见烟名为见火；二为了了见，如眼见色。又分两种：眼见与闻见。眼见者，只有十住菩萨、诸佛如来，眼见众生所有佛性，如于掌中观阿摩勒果；闻见者，一切众生乃至九住菩萨，仅仅闻有佛性如来之身，以信而知。又说十住菩萨智慧力多，三昧力少，是故不得明见佛性，虽然眼见佛性，而不明了，所见佛性如夜见色。声闻缘觉三昧力多，智慧力少，以是因缘不见佛性。诸佛世尊定慧等故，明见佛性了了无碍，如昼见色。谓圆满的见性，须佛地方能，这圆满见性，应指心性体相用之全体，而初地菩萨见道时所见心性，只是法界体性、空性而已，尚非心性的全体，只得体证真如、体会涅槃的一切智、无分别智，而不得佛所具有的一切种智。《大慧普觉禅师宗门武库》载北宋兜率悦禅师言：

菩萨人眼见佛性，须是眼见始得。

当代萧平实居士也说见性须是眼见佛性，乃至耳闻、身触佛性，大圆满妥噶法也有眼见法界之说，皆有"肉眼亲见"之意。然《般若经》又说法性"五眼不能见"，不仅凡夫肉眼、天眼不能见，即圣者的慧眼、法眼、佛眼也不能见。笔者以为这不能见乃无能见所见，即根本智之无分别，乃亲证真如的绝对标准，而"肉眼亲见"之眼见佛性，应为《八识规矩颂》所谓"变相观空唯后得"的后得智，能眼见空相的眼，即是三乘见道者共得的"慧眼"。后得智可以眼等见"诸法空相"，此空相虽亦为相，亦心识变现，而似真如相，故言真如"非相非非相"——非相者，非眼识对色尘所见一切相，亦非这一切相（如虚空、月光等）所能比喻；非非相者，非决定无任何相。至于开悟时所见光、明点等相，与入定时所见光等一样，乃心与真如相应时所显相，或本来气刺激根识（大脑视觉神经）而生，可作为证得真如的信号，不宜看作即是真如之体。

就唯识、如来藏教理言，所谓明心见性，是以清净的意识现量证知真如，转意识为妙观察智，或说是意识真现量依止真心证知真如，或意识依止真心亲证真如而转第九识为法界体性智（根本无分别智）。此意识现量，非寻常分别法尘的意识，而境智不二，"智与真如平等平等"，故多被看作意识之外的真心，说以真心证真如，或说真心"离心意识"。

从佛法的纲要四圣谛看，见道、见性，即现观（现量亲证）四圣谛，核心在亲证四圣谛中的灭谛——体验到涅槃或禅宗所谓涅槃妙心，从而确立了对佛法的坚信，永断"疑"。《胜鬘经》曰：四谛中唯灭谛为第一义。因此，见性的标准，应该是由亲证诸法无我之真如而亲见涅槃，断除对佛法的一切疑惑。故所见性，应具备经中所言涅槃的基本功德——常、乐、我、净，特别是常、乐，常，谓不生不灭；乐，指一种超出世间所有快乐的解脱之乐，《涅槃经》谓之"无受之乐"。若非亲证涅槃常乐，即便能讲解一切经论公案，恐怕也是不足以断疑的。此事可以欺人，但绝对自欺不得。

从精神分析学看，所谓见性，乃是将无意识中最深的自性变为显意识，此显意识因与寻常意识不同，归属于"意识转换状态"，用唯识学的语言，亦即"转识成智"。转识成智之脑科学依据，是大脑特别是顶叶区脑电波的改变，对40年以上优秀修行者的脑扫描发现：当心处于较深悟境或定境时，顶叶θ波大量产生。这说明，转识成智，可以看作大脑神经网络活动模式的转变，或顶叶区脑电活动的一种改变或转换。

四、以公案印证

晚唐以来，禅宗积累了许多参禅故事，这些故事，记录了禅师之间及禅师指导学人参禅的机锋对答，称为"公案"，此词原意，乃公门中的案件记录，即档案。《大藏经》等收录的公案达一千七百多则，称"千七百则公案"，这些公案，成为公案禅、看话禅参究的对象。公案不仅可作发起疑情以参究的工具，而且更是印证是否见性的文字善知识。阅读、参究公案，犹如与古代大禅师对面交锋，最能检验自己是否真实见性。

公案有深浅隐显之别，以能用理性思惟解答者为浅显、低劣，不足以发起疑情，也不堪用以印证，若当作参看的话头，谓之"死句"。设计巧妙的公案，堵死了一切理路，非真实开悟者，绝难给出正确答案，此类公案有"世尊拈花迦叶微笑""无梦无想时主人公在什么处安身立命""死了烧了以何相见"及赵州"庭前柏树子""吃茶去"等。最难透过的公案，是"向异类中行"（死后打算转生为畜生）。

以公案印证，须广读多览，专找那难以透过的。须读原始公案，最好不看后人的解释。公案若给予了明白的解释，令人明了它的意义，这公案对于参究而言，便失去了它的价值。如棒喝，若被棒喝者明白了这棒喝的用意及原理，这"明白"便成了开悟的障碍,再怎么棒喝也起不了多大作用。不可学宋代以来的文字禅,力图以偈颂去解公案,不可如当今许多研究禅宗的学者,从哲学、文学或心理学角度去揣测猜想其意,须心不转弯,意不思量,以直觉去读,读不明白,可当作话头参究。读得明白,最好找善知识印证。

五、以般若、涅槃之用及十问十门印证

见性与否,可靠的鉴别标准,实际上应看见性所得的般若智在断疑惑、转烦恼上的力用。若足以断除对佛法的一切疑惑,在烦恼生起时用般若智在一念之间便可转为菩提,犹如《阿含经》所比喻能令羽毛顿时烧焦的大火聚,临济义玄禅师所比喻的"吹毛剑",应该就是真正的见性,反之则非真悟。《憨山老人梦游集》卷四十六说:

此事不从参究入者不得力,不向教上印证者不得正知见,不从境缘上打炼者,亦只是光影门头事……能以境缘自勘,亦不必全靠善知识说话为实法耳。

又,真见性者,应永断身见、戒取见、疑三种见所断烦恼,作为人世界观的见惑若断,见地和人格必定会发生根本性的改变,起码在对人处世的大问题上,转变自我中心的立场,私心会大大减少,公心、利他心会大大加强。其他欲界烦恼,也会大大减轻,管理情绪的能力大大提高,迥超常人。

又,真见性者,必会享受到涅槃的超级快乐,其心境、情绪必然超级优化,经常轻安、愉悦、平静、恬然。这是明心见性的基本价值所在。

永明延寿《宗镜录》卷一提出十问,作为判别是否真实开悟的标准:

1. "还得了了见性,如昼观色,似文殊等否?"

2. "还逢缘对境,见色闻声,举足下足,开眼合眼,悉得明宗,与道相应否?"

3. "还览一代时教及从上祖师言句,闻深不怖,皆得谛了无疑否?"

4. "还因差别问难,种种征诘,能具四辩,尽决他疑否?"

5. "还于一切时、一切处,智照无滞,念念圆通,不见一法能为障碍,未

曾一刹那中暂令间断否？"

6."还于一切逆顺好恶境界现前之时，不为间隔，尽识得破否？"

7."还于百法明门心境之内，一一得见微细体性根原起处，不为生死根尘之所惑乱否？"

8."还向四威仪中行住坐卧、钦承祗对、着衣吃饭、执作施为之时，一一辩得真实否？"

9."还闻说有佛无佛、有众生无众生，或赞或毁，或是或非，得一心不动否？"

10."还闻差别之智，皆能明达，性相俱通、理事无滞，无有一法不鉴其原，乃至千圣出世，得不疑否？""若实未得如是，切不可起过头欺诳之心，生自许知足之意，直须广披至教，博问先知，彻祖佛自性之原，到绝学无疑之地，此时方可歇。"

这十问中的多数，皆就断疑而言，可以作为判断是否真实开悟的标准。但第五问于一切时处智照无滞无暂间断、第八问于四威仪一切时辨得真实，指保任所悟不失，及第十问圆满差别智，皆应属修道位境界。若这十问都能圆满回答，应起码是大乘别教初地以上菩萨境界。

又，宋护圣愚丘居静禅师，也教人用十门各各印证自心：一为须信有教外别传；二为须知有教外别传；三为须会无情说法与有情说法无二；四为须见性如观掌中物了了分明，一一田地稳密；五为须具择法之眼；六为须行鸟道玄路；七为须文武兼济；八为须摧邪显正；九为须大机大用；十为须向异类中行。

谓此十门一一透过，方有资格做禅师，受得天下人礼拜，"若不到恁么田地，只一向虚头，他时异日，阎老子未放你在。"①

---

①《五灯会元》卷二十。

第四节　解悟、证悟及悟修之顿渐

一、禅宗之悟与修

关于开悟，禅宗有解悟、证悟之分。《禅源诸诠集都序》卷下说，由顿悟而渐修者，是就解悟而言；渐修顿悟、渐修渐悟、顿修渐悟，皆就证悟而言。"若因悟而修，即是解悟；若因修而悟，即是证悟。"是则宗密所言证悟，是指见道证果时的悟，即惠能所谓"证果渐中顿"；解悟则指证果前的悟，即《楞严经》所谓"理则顿悟"，惠能所谓"悟法渐中顿"，只是悟心性之理，安心，得正见，非实证。以此为准则衡量，则达摩二入之"理入"（由修壁观安心）及《坛经》"一念悟时，众生是佛""一悟即至佛地"等语，皆讲解悟，"若开悟顿教，不执外修，但于自心常起正见，烦恼尘劳常不能染，即是见性"，当指见道证果时的证悟。

憨山《答郑崐岩中丞》对解悟、证悟的解释则有所不同：

> 若依佛祖言教明心者，解悟也，多落知见，于一切境缘多不得力……若证悟者，从自己心中朴实做将去，逼拶到水穷山尽之处，忽然一念顿歇，彻了自心，如十字街头见亲爷一般，更无可疑……然后即以悟处，融会心境，净除现业流识，妄想情虑皆融成一味真心，此证悟也。①

憨山所说的解悟，指通过研读经论对真如、心性的理解，即天台宗所谓"开圆解"；证悟则指通过参究而从离念心体的切实体验所得的悟，包括了宗密所言解悟和证悟。

唐宋禅宗界曾有过"黄龙三关""兜率悦三关"等公案。明清以来，禅宗

---

① 《憨山老人梦游集》卷二。

门中将参悟的进程规范化为破"三关",一般说前后际断、见自心性为初关"破本参";"大死大活"、心境不二、色空无碍为破"重关";拂除悟迹、无碍自在为破"末后牢关"。多说破重关方为真悟,也有认为破初关即见性及认为破末后牢关方见性的,又有"一簇破三关,犹为箭后路",谓三关可一下顿破、顿破亦非圆满见性者,有认为见性只有一次,无所谓三关者,众说纷纭,莫衷一是。太虚《真现实论宗体论》说:

> 破本参,即刹那间透露一下而已,所以还要破重关,即把所悟到的作为本钱,凭自己悟到的作为修习上的根本,由此伏断无始的虚妄习气。了知修行不离本觉,本觉不离修行,则不滞悟境而透出重关了。工夫进步,用到修悟相应一致,无功可用,所谓"百尺竿头重进步,十方世界现全身",就透末后牢关了。

其《中国佛学》说:破本参(悟阿赖耶识)而不知有重关(悟心无性)须破,则易落于天然外道;破重关而不知透末后牢关(悟无性心源含融万法),亦易安于小乘涅槃。必须透过三关,始可真实到达佛祖的境界。这种说法较为实际,为明清以来多数禅门大德所认同。

太虚《觉苑应为修七觉之苑》又以七觉支(七菩提分法)配参禅三关:精研一切知解,一丝不挂,点埃不着的深参力究,如择法觉分;专注不懈,行不知行,坐不知坐,所谓?"见山不知山,看水不知水",如精进觉分;至依正浑融,内外一如,忽得心空境寂,生大欢喜,即是喜觉分,亦即三关之初破本参;断除与舍离烦恼习气,明真息妄,止恶行善,如除、舍二觉分,即是破重关;能观智与所观境冥合不二,打成一片,此心更无走作,似古井不波,即成定觉分;由此定觉无间,念念定慧均等,便是念觉分,到此念念与觉体相应,引生无分别智,方是真证平等真如的真觉,当属破重关境界;百尺竿头更进一步,能所双亡,心境俱寂,与清净法界平等法身如如相应,便为豁破末后牢关。修此七觉支分,正是由四加行位入于真见道位的进程,"所以修七觉分法由加行智入根本智,亲证一真,比之禅宗行者的直透三关,正是相同"。

《宗范》认为,各人悟修的情况容有种种不同,有大悟一二十番者,有二三番彻悟者，也有四五六七番才圆悟者，似不必概定三关为程序。这种说法大概比较合理。

关于悟修，禅门中一般多根据《坛经》，自信"顿悟成佛""一悟即至佛地"，然《楞伽经》卷一明言清净心地、成佛乃渐修：

渐净非顿，如庵罗果渐熟非顿，如来净除一切众生自心现流，亦复如是。

为离自心现习气过患的众生又可"顿为显示不思议智最高境界"，如明镜顿现色像，似有利根者可以顿悟的意味。《楞严经》卷十云：

理则顿悟，乘悟并消，事非顿除，因次第尽。

实际上，南禅也倾向于顿悟渐修。惠能有偈云：

听法顿中渐，悟法渐中顿，修行顿中渐，证果渐中顿。①

沩山灵佑禅师说，初学者依因缘顿悟自性，"犹有无始旷劫习气未能顿净"，须渐修以"净除现业流识"，顿悟仅仅是"出尘阶渐"，并非真的成了佛。禅宗史籍上颇多悟后渐修的例子，如惠能得衣钵后隐于猎人队中潜修十六年；赵州从谂和尚悟后八十高龄犹行脚参访；云门文偃南北参访十七年，才"心猿罢跳，意马休驰"；香林澄远四十年始得打成一片；南泉普愿四十九年尚有时走作（忘失心性）；高峰原妙悟后苦修五年，雪岩祖钦悟后修十年，达醒睡一如；无闻思聪禅师参究二十年身心脱落开悟，但微细隐秘妄想未除，再修十七年才完全颖脱；等等。圆悟克勤禅师云：

悟则刹那，履践工夫，须资长远。

喻如初生鹄鸠，经久羽毛丰满，才能高飞远举。

《禅源诸诠集都序》卷下根据根器因缘的不同，分顿渐悟修为四类：一为渐修顿悟，喻如伐木，片片渐斫，一时顿倒；又如步步渐行，一时顿到。二为渐修渐悟，喻如登九层之台，足履渐高，所见渐远。三为顿修渐悟，喻如学射，箭箭皆瞄准靶子，而日久方百发百中。四为顿悟顿修，喻如斩一捆丝，万条顿断，此唯上上利根，甚为罕见。四种情况，都是就今生而言，"若远推宿

---

① 《景德传灯录》卷二十八。

世，则唯渐无顿，今顿见者，已是多生渐熏而发现也"。

太虚《真现实论宗体论》认为：依通常教理，无论如何的顿悟，都是由渐修而来。依禅宗的主张，就悟生佛平等的本有佛性而言，是不论凡圣渐次的。为普遍向一般人开示，强调只要有善知识的善巧指导，学者的恳切参究，无论何人皆可以顿悟，不必要由渐修，这才显示出禅宗顿门的特点。因为是本有的，一刹那相应当下便是，不落阶位，不落功勋。

关于悟后之修，达摩二入中的行入，所修有四种行：报怨行、随缘行、无所求行、称法行，前三种行皆可摄于第四称法行，称法行，谓以与真如法性相应的清净心、无所住心修菩萨六度行，"修行六度，而无所行，是为称法行"。按大乘教义和达摩行入之旨，悟后修行，不仅须渐除自心烦恼习气，而且要积极走入社会生活中、众生中去修利他度人之菩萨行，圆满福慧，方能圆满见性。《憨山老人梦游集》卷五《示段幻然给谏请益》云：

纵能悟彻法界，若不学善财修习普贤大行，终是不免堕落空见外道，可不惧哉！

太虚《真现实论宗体论》说顿悟之后又分两途：一为顿悟顿修，直由此顿悟妙慧念念现前，更不立渐次；二为顿悟渐修，令无始习气伏除。其《教观诠要》指出：禅宗入手功夫简直了捷，亦无非导人自悟此当体无生空寂之心性耳，若根器稍劣者，便死于此，只是随缘消旧业，不造新殃，冷湫湫地做个自了汉而已。而根器猛利者，复于此无生空寂之心性中，明见具有无量功德、无量智慧，与虚空、法界、诸佛等，运无缘大慈，起同体大悲，不般涅槃，不求净土，于三界六道之中出入无间，慈悲无尽。如所谓若不上天堂便入地狱者，则以进入别、圆贤圣之位，而与佛菩萨不思议境界相邻矣。

笔者以为，法界、真心的全体，应分为体、相、用三面，顿悟见性，一般只是现量见法界、真心之体，得证知诸法体性空的自然智、一切智，禅宗人所谓悟涅槃妙心，保任不失，可以证得涅槃，了却个人生死，乃至彻悟法界之理，入圆教七信位，也只是个见地高超的阿罗汉，离成佛尚远。圆满见性，须更圆满真心的相、用，必须在与众生的关系中渐修六度万行，圆满福慧，至成佛位，才得如《涅槃经》所言"如昼见色"般明见佛性了了无碍，究竟法界体相用，得全知一切的一切种智，实际成佛。

二、藏密之悟与修

藏密对见证心性光明及悟修的次第，有比禅宗更为明确的界定。

修父母二续密法，于生起次第修收摄、整持二种三摩地而证得的"喻光明"，非真正见性，大概可归于宗密所说的解悟。进而修圆满次第，于气入住融于中脉时修观所证的"实义光明"，为真正见性，大概相当于宗密所谓证悟。见、证光明，不仅有无念、乐、明等觉受，还有外见如日月、黎明晴空相等信号。

大手印法分心性光明的修证为知、觉受、证三层。知，为对心性的理解，是通过意识思量而得或有意识思量的成分在内，属闻思慧。觉受，谓通过观心等修持，对心性有切实的感受、体会。知与觉受，一般可归于宗密所言解悟，大略相当于天台宗所谓"开圆解"。证，谓离言说思量，现量证见心性，或心的实性在内心中自然显现，相当于宗密所言证悟。

大手印的修证进程，分见、修、果三步或见、定、行、果四步。见，为对心性的领悟或顿悟，包括知、觉受和证，当于达摩二入之理入；修或行，相当于达摩之行入。通过观心，认识心性而得大手印见后，以平等、舒展、弛缓三要诀保任本心，不令刹那迷乱，谓之修或定（"大手印定"）。

《恒河大手印》诀云：

任运持心安住本明体，分别垢水自当返澄清，障修诸显亦各自隐寂，无取舍心光发而解脱。

是为修定之要。若有散乱、烦恼生起，以如柴薪断、如婆罗门捻线、如婴儿观佛殿、如象入荆棘四诀对治，随其显现，不取不舍，唯于其初生之刹那立即认识其体性，则烦恼妄念自然消融于本住明体中，有如水上画纹，随画随灭。定心稳固后，须深入社会人众中，自利利他，以"无作"为要，修无上密法的普贤行、密行、明禁行、聚行、普颤行、胜御方行等二十九种行，积极主动地磨练自心，不被美色、恶名、打骂、毁辱、病苦等一切诱惑、刺激动摇自心。《恒河大手印》概括大手印见修行果的诀要云：

若离执计是见王，若无散乱是修王，若无作求是行王，若无所住即证果。

大圆满心中心法关于心性光明的印证，与大手印相近。通过前行观心，正行认识明体而得"澈却见"，当于宗密所言解悟，然后以空寂、广大、独一、任运四诀修光明定，妄念烦恼起时，随即观察，知其生起与对治均属妄念，不必修断，犹如水上写字，随写随灭，以三法修持：一为空性如虚空法，观自身身口意三业及六根所对六尘境皆如虚空，五根任运了境而不分别；二为明空如镜法，观六根所对境如镜中之像，毫无执着；三为显空如浪法，观所起妄念与能观之心虽然明显而皆体性本空，同时寂灭。

认识妄念体性，不作取舍，保持明体刹那不迷乱，直到烦恼尽净，心性圆满，当于宗密所言证悟。在澈却定的基础上，依"妥噶"法修禅定，以期现证法界，转化肉身，其现证法性的境界分法性现量显现、觉受增长显现、明体晋诣显现、穷尽法性显现四步，各个阶次的证量都有明确的标准。修至第四级法性穷尽显现，现见自性三身及五方佛净土、报身，离能现所现，方穷证法性，圆满见性。法海喇嘛认为这种境界与禅宗之破末后牢关相当，若如此，则还只是个人解脱境界，并非实际圆满佛果三身五智。

定　心 ｜ 第十五章

佛学总结佛教徒修行的经验，具体阐述了修禅入定的心路历程、身心变化、定心的层次和种类以及检验标准，描绘了定心迥异于散心的奇妙功用，论述了修习禅定路途中的种种问题。这些内容，是佛教徒建立信仰的重要依据及修行的必要指针，对研究现代心理学甚少涉足的超常心理及开发人类潜能，具有重大启迪意义。

第一节 定心的层次与禅定境界

一般说来，各种三昧的证得，必须循序渐进，经历由散而定、定心逐渐加深的进程，这一进程依各人的根器、机缘和修习的勤惰，长短千差，然不论迟速，所历路径皆有一致性。

一、由散入定的初步进程

关于初学修定，由散心渐入定境的阶梯，《六门教授习定论》依《阿含经》

分为九个住心（心的状态）：

1. 初住（内住）。定少散多，乱心难制，修习者自觉杂念纷涌，有如奔腾的洪流，难以遏止，心所专注的境界，每每被杂念打断，或则昏沉瞌睡，难以振作。杂念的涌现，或由所专注的对象及周围的境物、声音的干扰而引起联想，或因心理上的不安或事务、工作的负担而自然生起，或因阿赖耶识中的积习而无端生起。这是多数人修禅定时必然遇到的困扰。然能自觉到杂念纷涌和昏沉沉没，不似常人虽然时常杂念纷涌而不自觉察，已经是自觉摄心的一种表现。

2. 正念住（续住、等住）。杂念掉举逐渐被制服，系心于一境的正念成为主人，能数分钟乃至二三十分钟专注所缘境而不散不沉。但杂念仍然不时露头，此时定心，喻如涧溪流水，时隐时现。

3. 覆审住（安住）。定力增长，专注所缘境片段入定的时间较前延长，虽然仍有散乱、沉没现起，而现起时能较快觉察，运用技巧及时对治，摄心还住所缘境。此时心态定多动少，基本安定，较前放松。

4. 后别住（近住）。定力更增，接近于寂定，虽然仍有掉举、沉没生起，但较前能更快地觉察，即时摄心住所缘境。修习者自觉心如潭中之水，多时寂定不动，但有时还是会被散乱、昏沉之风吹动，不能离对治沉、散。

5. 调柔住（调伏住、调顺）。散乱、调举、昏沉、沉没的干扰逐渐减少，可以在较长时间（半小时以上）专注所缘境而安然不动，尝到入定的甜头，因而自然形成修定的习惯，乐于打坐。

6. 寂静住。沉、散已不再干扰定心，此时若贪着禅定所生喜乐而起分别，会由之生起散乱掉举，灭除对禅定喜乐的贪着分别，其心寂静不动。

7. 降伏住（最极寂静住）。定力继续增长，能自主情绪，降伏所有已生、未生之烦恼妄念的干扰，定心更为寂静。

8. 功用住（专注一境）。入座之初用意摄心，便能很快入定，于一座之中专注所缘，不令沉、散间断定心。

9. 任运住（平等住、等引）。定力纯熟，入座后不须着意摄心，便能自然进入定境，心如止水无波，明净、寂静、恒久不动。这时已接近真正的正定，梵语曰三摩呬多（samāhita），意译"等引"，谓能引导心到达平等不动的定境。《成实论》名为"欲界定"或"电光定""欲心一境"。

天台宗依《成实论》等，将初禅正定之前的进程分为四位：

1. 粗住。《摩诃止观》卷九描述说：

身端心摄，气息调和，觉此心路泯然澄静，怗怗安隐，蹑蹑而入，其心在缘而不驰散。

随着心意的渐趋寂静，有"护身法"（一种自动调摄身体的力量）起，使身体自然端直，不仰不偻，不觉疼痛疲倦。

2. 细住。定心泯泯转细，较前更为明净寂静。

3. 欲界定。细住功夫增进，自觉心更深细，"豁尔心地作一分开明，身如云如影，晱然明净，与定法相应，持心不动，怀抱净除，爽爽清冷，随复空净，而犹见身心之相"，没有正定的诸功德。住此心中，可以连日不出，身体也不觉僵痛疲倦。

4. 初禅未到地定。欲界定功夫增长，"泯然一转虚豁，不见欲界定中身首衣服床铺，犹如虚空，冏冏安隐"，即是接近于初禅未到地定之相。此定超出了欲界，而尚未进入初禅。

初禅未到地定为证入初禅以上正定的基础，也是修观而发无漏慧所依的最低定心，属正奢摩他。《瑜伽师地论》卷三十二说，证入正奢摩他时，"能引强盛，易可觉了，心一境性，身心轻安"。身轻安者，由风大（内气）来入，遍满充溢身中，除遣身粗重性，使身体轻健爽快。身轻安生起的先兆，是似乎感到头顶上沉重，然非不适。此盖相当于道教内丹所言"先天一气自虚无中来"的境界。心轻安，谓自觉轻松、安适、愉悦，自控情绪的力量大大增强，心不被烦恼、不安所扰乱。身心轻安初起时，令心踊跃、悦豫、欢喜，此后渐渐舒缓。

二、四禅八定

堪称为禅那的正定，是超越欲界的四色界禅、四无色界定，合称四禅四定或四禅八定。四禅八定是八个渐次升进的阶梯，八个阶梯之间又各有未到地定或中间定，八个阶梯的升进各自又可分为南传佛学所说遍作定、近行定、安止定三定。对证入四禅八定的身心变化、境界、标准，佛书中有相当详悉的描述，说法基本相同。

初禅未到地定定力增长，进入初禅的明显标志，据天台智者大师的著述，是身体上发生的动、痒、凉、暖、涩、滑、轻、重等感觉，称"禅触"。各种禅触，都使人感到愉快。印度禅籍及南传佛学皆说初禅有五种功德（特性）：

1. 寻（觉），推理、思察。

2. 伺（观），深度的思察。

3. 喜（巴利文 pīti），因得禅定的快乐而内心欢喜。

4. 乐（巴利文 sukha），禅定使全身产生快感。

5. 一心（巴利文 ekaggatā 心一境性、定），专注之境明现，无沉、散间断夹杂。

初禅定心中，鼻、舌二识不起，唯存眼、耳、触、意四识。此禅因有寻、伺的意识活动，有粗显的领受观察，故名"有寻有伺三昧"或"有觉有观三昧"。

超越初禅，进入初、二禅之间的未到地定，此定离寻，无粗显领受观察，但有微细的光明心领受观察，称"无寻有伺三昧"或"无觉有观三昧"。

二禅及其以上正定，眼、耳、触三识亦不生起，仅余意识，于一切法相无作意领受观察，从此以上，称"无寻无伺三昧"或"无觉无观三昧"。二禅有四支功德：

1. 内净，止息了寻、伺的扰动，离语言概念的分别，心更为纯粹寂静，名为"默然"。

2. 喜，深心喜乐，这是二禅最显著的特征，故此禅又名"喜俱禅"。

3. 乐，绵绵常乐，此乐犹如泉水，从内心自然流出。

4. 一心，随着心的寂静，呼吸亦极其细微，若有若无，进入道教所说"胎息"，故曰"二禅息住"。

三禅有四支功德：

1. 舍，舍离二禅中喜心的扰动。

2. 念，谓能自然地牢记修习的要领，自觉调心，不沉不散，不贪着禅乐。

3. 乐，谓深心自然不断涌出极大的快乐，此乐为三界中乐之极致，为三禅最显著的特征，三禅因而名"乐俱禅"。

4. 一心（定），谓虽然受乐而不贪着，乐不能干扰寂然不动的定心。

四禅有四支功德：

1. 舍，谓舍离三禅中乐的扰动。

2. 念清净，谓舍尽乐等一切扰动，心纯净、清明至极。

3. 不苦不乐，谓远离苦乐等诸受的扰动。

4. 一心（定），谓定心湛然不动，犹如明镜无尘、止水无波。随意念的寂止，呼吸也完全停息。此禅被认为是最为寂静清明的定心，称"世间真实禅定"，是修习五神通及出世间慧观的最佳基础。

在四禅的基础上，继续进修，灭却身体存在的知觉，可进入四无色定：

第一为空无边处（空处）定，定中唯以意识见无边虚空，心摆脱了从来的物质身体束缚，有如笼破鸟飞，自在翱翔。

第二为识无边处（识处）定，舍离前定中对无边虚空的分别，唯见心识（阿赖耶识）无量无边，过去、现在、未来的心识念念生灭不住。

第三为无所有处（不用处）定，定中不见一切，心空无所依，诸念不起。随心识之极其寂静，身中诸脉及心脏之跳动也都停息。

第四为非想非非想处定，为世间禅定的顶峰，故称"有（三界存在）顶定"。非（有）想，谓定中没有无所有处定以下的诸想（感知）；非无想，谓非如无想定、灭尽定灭尽一切想，还有一点能知之心似存非存，若有若无。此定介于有心（意识）与无心之间，《阿含经》中有时将之列入无心位。

四禅八定的共同特征，是心识恒久专注于一境而不散动，即最高的非想非非想处定，也仍然有个"非想"为所缘境，既有所缘，便必有能缘的六、七二识，落入能缘所缘的二元对立，不能打破烦恼的根本——第七末那识的俱生我执，不能超出有生灭、有生死的世间，故佛学将四禅八定皆判为"世间禅"。释迦牟尼出家后，先依从外道师修习世间禅，证入无所有处定、非想非非想处定，发现"此中无有解脱之道"，于是舍弃世间禅而另辟蹊径。现代西方有人依印度教的禅法，证入各级禅定，其结论与当年的释迦牟尼一致。

三、出世间禅定的修证

佛教独擅的出世间禅，是由如实的正见为导，在世间禅定的基础上修观（毗婆舍那），或者直观心性而臻，也有多种境界、多个层次。

小乘佛学的出世间三昧，有空、无相、无作"三三昧"和受想灭尽定。空、无相、无作"三三昧"，是由以佛法正见观无常、苦、空、无我而证得。空三昧又名"空心三昧"，谓由观空而与空的本性相应，住于与空相应的定中。《杂阿含经》卷二十一第567经佛言：

> 云何空三昧？谓圣弟子世间空，世间空如实观察，常住不变易，非我、非我所，是名空心三昧。

无相三昧，又名"无相心三昧"，是观一切感知所得相的虚妄不实，舍离对一切相的分别忆念，住于与无相的本性相应的心中。前经佛言：

> 谓圣弟子于一切相不念，无相心三昧身作证，是名无相心三昧。

《瑜伽师地论》卷十二说由不思惟一切相及正思惟无相界，亦不执着无相界，而入无相三昧，"即于彼诸取蕴灭，思惟寂静，心住一缘"。

无作三昧又作"无愿三昧"，由观苦、空、无我，息灭心意的趋求、愿求，住于无所愿求、无所作为的心中。《瑜伽师地论》卷十二谓应先观无我而入空三昧，才能进入无愿三昧，"即所观空，无所希望，故名无愿。观此远离一切行相，故名无相。"

由修空、无相、无作三三昧，能获得空、无相、无作三种解脱，三三昧因称"三解脱门"。由三三昧的智慧力，可以安住于从初禅至灭尽定的任何一级定中而不执着于定，是为"定慧双运"或"奢摩他毗婆舍那双运转道"。

受想灭尽定（梵文 nirodha-samāpatti），略称"灭尽定""灭定""灭受想定""灭正受""灭尽三昧"，一般说唯有依佛法修行至阿那含果及大乘六地菩萨以上的圣者方能入此定。据《清净道论》及《瑜伽师地论》卷十二，证入灭尽定，须先入世间禅，一级级升进，至无所有处定或非想非非想处定，然后出定，深观空、无相、无我，停息六识及其所属心所的一切活动，停息末那识的俱生我执，故名"灭尽"。《成唯识论》卷四引佛经云：

住灭尽定者，身语心行无不皆灭，而寿不灭，亦不离暖，根无变坏，识不离身。

这种定灭尽感知，无意识活动，与熟眠、闷绝等列为五无心位，定中只有阿赖耶识执持根身不死的作用，故呼吸、心跳、脉搏皆停止而尚有体温，头发、指甲皆在长，非死亡，是一种比熟睡更深的深度休息。

从初禅起逐级升进，到证得灭尽定，凡历九级阶梯，称"九次第定"。证得九次第定的圣者反复练习，直到进退自如，能一摄心便很快由初禅一级级升进至灭尽定，从灭尽定一级级下降回初禅，有如狮子进退自如，称"狮子奋迅三昧"，又名"熏禅"，意谓反复练习而致。功夫更深，能超越九级阶梯直进直退，名"超越三昧"，又称"修禅"。《华严经·十地品》说，菩萨从第六地起能入灭尽定，第七地菩萨能念念入灭尽定，"亦念念起而不作证"，不住于灭尽定中，而从定中起心，发挥心性妙用，利乐众生。

由直接修观或参禅而悟实相，见到实相或心性之后，保任所见不乱不失，即是渐修、修定，这种定属一行三昧、真如三昧，是渐进的进程，也可建立次第。如《大乘本生心地观经》卷八说，依观月轮而见心性的次第，为五种三昧：

1. 刹那三昧，于刹那之间或短时间内观见满月之相，"譬如猕猴，身有所系，远不得去，近不得停，唯困饥渴，须臾止住"。

2. 微尘三昧，"谓于三昧少分相应，譬如有人常自食苦，未曾食甜，于一时中，得一虚蜜到舌根，增胜欢喜，倍生踊跃，更求多蜜"。修习者初尝修定的甜头，得见实相之极少分，故名。

3. 白缕三昧，如染黑布，于黑色中见一缕白线。谓凡夫的心自无始以来被无明烦恼所污染，黑暗不明，通过修定，"于多生死黑暗夜中，而今方得白净三昧，名之为缕"。

4. 起伏三昧，定力未至纯熟，时进时退，起伏不定。

5. 安住三昧，自如、恒久地安住于定中，"善能守护，不染诸尘"，定力与智慧不断增长，喻如有人在沙漠中跋涉，备受炎热焦渴之苦，其心渴乏，殆不能堪，忽得雪山甘美之水及天酥陀等妙味食物，顿除热恼，身心泰然。于此定中远离障惑，发生菩提之芽，速登菩萨十地。

《占察善恶业报经》说，由思惟心性、离一切分别而修真如三昧，渐渐能超过四无色定境界，得"相似空三昧"；继续升进，灭受、想、行、识的粗分别，入"心寂三昧"；继续用功，能入一行三昧，见佛无数，发相似无生法忍，住坚信住（当于菩萨初地）。《大日经疏》卷六说，在世间三昧的基础上，观察如梦幻等"十缘生句"，净除一切妄想戏论，与本来之空寂相应时，所入出世间三昧名"空三昧"。进而深观心性，观心不住相亦不住空，照见空与不空毕竟无相而具一切相，斯时所入名"大空三昧"，住于此三昧，即得佛陀之无碍智，名为成佛。空三昧，当是证得人无我，大空三昧，当是证得法无我，证此三昧，在天台宗等看来，也只是入别教菩萨初地。

大乘菩萨所修的禅定名目极多，最为推尊的三昧是《大般若经》所举百八三昧中的首楞严（梵文 śūraṃgamā）三昧，意译"健行三昧""勇健定"，《首楞严三昧经》称此定为十地菩萨及佛所入，列举其境界有修治心犹如虚空、观察现在众生之诸心、分别众生诸根之利钝、决定了知众生之因果等一百项，谓此三昧能摄一切禅定、神通、智慧，能伏一切魔，能断一切微细烦恼。《华严经·十定品》列举普光大三昧等十种大菩萨所修三昧，这十种大三昧，皆由与真如相应，在禅定中不仅现法界之体性，而且现法界的相用，现法界所涵的无量世界、无量诸佛，得于一念遍知一切的智慧和上事诸佛、下度众生的不思议功用。法界本具缘起无尽之理，在此大三昧中现为现实的事。这种大定，是大乘佛教的理想境界，很难找到地球人类瑜伽行者能进入的记述。

第二节 定心的身心效应

作为一种由主动调摄自心而达到的特殊心理状态之定心，有不同于普通心理状态的特点，具有普通心理状态所不具有的一些奇妙功能。这些特点和功能，是许多禅定修习者的经验所证实，具有普遍性、可重复性，可用心理学、超心理学和人体科学等方法予以观察研究，解释其机理，国内外科学工作者在这方面已经做出了一些成绩。

一、禅定的良性生理效应

通过禅定炼心，随心意的寂静，会相应地发生诸多良性生理变化，太虚《佛学讲要》说：习禅若得相应，"较饮食之滋养为更有效"，能祛一切病，"改善生理之化学原素"，可勿须饮食而以禅悦为食，能延生命。这都是"因心理改变而达到生理改变之结果"。

1. 发身轻安。《菩提道次第略论》卷六说，修习禅定者若证入初禅未到地以上的正奢摩他，因内气之充盈流溢，能令"身粗重性皆得除灭，能对治彼身轻安性即得生起"，身粗重性，指使身体感到粗重不适的一切障碍，包括疾病、疲倦、亚健康状态等，随其消除，自然使人感到身体轻快、安泰、舒适，达到健康乃至超健康状态。

2. 治病。《摩诃止观》卷八云：

> 若善修四三昧，调和得所，以道力故，必无众病。设小违返，冥力扶持，自当销愈……但一心修三昧，众病消矣。

说如果善于如法修习天台宗提倡的四种大乘禅定，必然没有诸病，一心修定必有自然治愈诸病的效用。

从现代心理学的角度看，在修习禅定过程中尤其是深入正定以后，随着意念和情绪活动的放松、停息，可以缓解精神上的紧张和压力，使因紧张和压力而恶化的生理机能得以自行调整，从而起到健身之效，一些以精神紧张和心理压力为主因的疾病，可能会逐渐不药而愈。若修定者持有治病健身的动机，则可能加上自我暗示作用，使禅定祛疾健身的效用更为明显。

3. 减少食色睡欲。进入初禅以上正定，能改变欲界离不开饮食、睡眠、性生活的生理需求模式，可减少睡眠、饮食，乃至多日不吃喝、不睡觉也仍然身体强健、精神饱满。禅籍中说进入初禅以上，超出欲界，可离唯欲界众生所需的吃物质实体饮食的"段食"；进入二禅以上，可离吃以感觉为实质的"触食"；进入四禅以上，可离以吃意愿为实质的"意思食"，唯需"识食"（阿陀那识的执受、生的意志）。《憨山大师年谱》载，憨山三十岁时在五台山参禅修定，食物仅有三斗米和麦麸，和野菜食之，半年尚有余。定中发悟后，变得精力超常，三十六岁，在募造转经轮期间，他主持操办，"经营九十昼夜，目不交睫"，而精力充沛，没有睡意。起初主持做水陆佛事七昼夜，于"七日之内，粒米不餐，但饮水而已，然应事不缺"，大大超越了常人的生理极限。

关于在定心中能减少乃至完全不需要饮食睡眠和性生活的机理，道教内丹的解释是"精满不思淫，气满不思食，神满不思睡"，乃由惜精聚气宝神而令生命之本不损耗、积聚充满、返回先天的结果。今日有人认为，在深定中，人能直接从宇宙中吸收肉体所需的物理能量，不必经过消化吸收饮食精华而将生化能转化为生物能、物理能。

4. 却老延年。禅定功夫深达一定程度或修某些禅定，有却老延年之效。《增一阿含经》卷十八佛言：

> 若比丘比丘尼修四神足，欲住寿经劫者，亦可得耳。

说证得定慧俱解脱的阿罗汉，能随愿以神通力延长寿命乃至寿长经劫。《华严经·十地品》说初地菩萨便可住寿百劫，初地以上菩萨寿命地地倍增，长得不可思议。藏密说依无上瑜伽修气、脉、明点的禅定，当修到气入中脉后，可以有身健、力大、容颜鲜泽、足捷、年轻乃至不老、长寿之生理效应，《恒河大手印》称修欲乐定证得乐明无念，可以"长命黑发相饱如满月，光彩焕发力大如狮子"。据对有关史料的统计研究，长期修习禅定的僧尼，其平均寿命要比一般人高出好多，其中有些人如马鸣、龙树、达摩掬多、慧昭、纯陀等，传说活到了几百岁乃至千岁，大大超过了现在科学家所说人类的自然寿命。

当代科学工作者利用脑电、心电等仪器，通过对照组观测法，对禅定、气功、瑜伽做了多种研究，其结果表明，当通过锻炼进入"气功态"或入定时，人体新陈代谢、呼吸、血液循环、微循环、免疫功能、体温、消化系统等都发生良性变化：呼吸减缓，耗氧率、二氧化碳的排除量、血液乳酸盐水平、血液中的胆固醇含量等生理指标明显降低，心率、血压下降，皮肤电阻升高，心跳缓慢，血液的化学成分也会发生改变，荷尔蒙的水平可能会改变，白细胞吞噬功能、红细胞免疫花坏率等指标提高，微循环血量增加，脑、心功率谱能级明显增高，跃进频道呈太极图形，脑心耦合系数逼近黄金值 0.618。这些说明，入定是一种完整、和谐的意识激发态，能使人身体的各方面功能得到良好的调整，从而发生祛疾去病健身之效。机体新陈代谢的减缓和消耗量的降低，则可发生"节能效应"，使人延年益寿。研究表明，超觉静坐（TM）者的心理疾病和普通疾病的发病率低于总体的平均水平。55 岁左右的静修者生理年龄要比同龄人年轻 12 岁左右。平均年龄 81 岁的老人练习超觉静坐者死亡率明显低。

5. 一些特殊的禅定还可能产生更为奇特的生理效应。如硬气功一类禅定可能使肌体的耐击压力大大超常，表现出刀枪不入、棍棒不能伤等奇功异能，藏密说修习拙火定等便有此类效应，佛教史传中载有多例修定高僧刀剑不入的事迹。藏密大圆满法还说，修习光明定，在通达心性的基础上依"妥噶"法修脉与明点，令内外法界融合，可以使肉体发生质变，转凡人的血肉之躯为"虹身"或"光蕴身",修习成就的极致,是成就以光为质的"大迁转身",视之有形,触之无质,寿命无量,永葆少壮,可以完全超脱地球人类必要的生活环境和条件的限制,随心任意来往于宇宙间任何层次的世界,可谓人类生命自我变革的理想形态,然实际成就者甚罕。

二、"禅悦"

令修习者享受到常人无法享受到的"禅悦"或"三昧乐",是佛教所说定心的一大功用。《阿含经》中佛将初获禅悦名为"现法乐住""现法喜乐"——现前享受到幸福安乐。禅籍中所说初得奢摩他时得身心轻安,即有心情安乐轻快之意。随着禅定功夫的深入,禅悦会愈益深细。《增一阿含经》以"禅悦食"(禅食)为五种出世间食之一,《维摩经》卷一说"以禅悦为味",意谓由禅定所得的喜乐能提供滋养人的食粮,使人身心健康幸福,是一种高级精神营养品。

初禅、二禅皆以"喜""乐"为主要的两种功德。《杂阿含经》卷十七第484经佛言:有众生进入初禅,"离生喜乐,处处润泽,处处敷悦,举身充满,无不满处"。从禅定起,遍告大众:

极寂静者,离生喜乐,极乐者,离生喜乐。

说自己获得的喜乐遍于全身,是离欲的、寂静的极乐。《清净道论》说进入初禅时的喜以"身心喜乐为味,或充满喜乐为味,雀跃为现起"[①],其喜分为五种:一为小喜,喜乐令人身上的毫毛竖立;二为刹那喜,喜乐倏然而生,有如电光突闪;三为继起喜,喜乐如海岸的波浪一度到来,又一度消退;四为踊跃喜,喜乐之大令人喜不自禁,手舞足蹈甚而跃入空中;五为遍满喜,喜乐充满全身,有如吹涨了的气泡,如山窟充满了流水。五种喜成熟之时,身心轻安皆悉成就,身心轻安成熟时,会成就身、心两种乐。所谓乐,"以愉悦为

---

① 《清净道论》第四品。

相"，"善能吞没或掘除内心的苦恼"。《释禅波罗蜜次第法门》卷五说，众生常被欲火所烧，热恼不安，当由修习禅定而进入初禅时，如同跳进清凉的泉水中，惊悟到从来没有尝受过的、远远超过五欲之乐的清凉喜乐，"深心庆悦，踊跃无量，故名喜支"。尝受到禅乐后，其心恬然，安隐快乐，即名为乐。喜为粗，乐为细。喜时心中踊跃（激动），乐时心中恬静。

《清净道论》举佛经中记载的两则事例来证明初禅踊跃喜：一是住在芬那伟利迦的大帝须长老，他在一个月圆日之夜望见不远处的大塔寺，想到这正是佛弟子礼拜佛塔之时，引起对佛陀的欢喜，因而进入初禅，跃入空中，从空而降，落在大塔寺的庭院中央，站在那里；另一例是越多迦罗迦村的一位良家女子，其父母要去寺院听经，她因怀孕而不能一同前往，独自在月光下遥望寺院，想象佛弟子们礼佛听经的幸福，生起欢喜，不觉进入初禅，跃入空中，从空中降落在寺院塔园中，先于她的父母而到达。

二禅的喜乐更超过初禅。《释禅波罗蜜次第法门》卷五说进入二禅时：

其心豁然明净皎洁，定心与喜俱发，亦如人从暗室中出，见外日月光明，其心豁然明亮。

"行者受于喜中之乐，恬淡悦怡，绵绵美快。"初禅之喜乐由超离欲界五欲等而生，称"离生喜乐"；二禅喜乐由定心而生，名"定生喜乐"。初禅喜乐依禅触、觉观而生，心分别触觉，难免有扰动，较粗；二禅喜乐则不从外来，只从自心生起，唯属意识，较细。《杂阿含经》卷十七第483经佛言：世间由五欲的满足而生的诸喜乐，必须借助于一定的条件，为某种匮乏的满足，如人饥饿时得到饮食，饱餐而乐，故名"有食乐"；修定者进入第二禅时，无觉无观，定生喜乐，此乐不凭借任何条件，唯从内心自然生起，故名"无食乐"。

第三禅离二禅喜的扰动，唯有独特的乐，其乐与定心同时生起，《释禅波罗蜜次第法门》卷五称三禅离喜之乐为"世间第一，乐中之上"，描述三禅乐：

从内心而发，心乐美妙，不可为喻。

乐遍身时，身诸毛孔，悉皆欣悦。尔时五情虽无外尘发识，而乐法内出，充满诸根，五根之中，皆悉悦乐。

譬如石中之泉，从内涌出，盈流于外，遍满沟渠，三禅之乐，亦复如是。

乐，终究是一种扰动。四禅以上，超越了喜乐的扰动，不苦不乐，心如明镜止水，实际上心灵处于一种极深的寂静、放松状态，是一种超越喜乐的快乐。《杂阿含经》卷十七第483经佛言：当进入第四禅时，离喜乐的扰动而住于安乐的舍心正念中，这种平静的安乐名"无食无食乐"，即连"乐"也不需要凭借的乐。

因为进入正定者能享受到远远超过世间依赖物质条件等刺激而得的粗劣浮浅的五欲之乐，才能使他们自然不追求世间的五欲，不被声色货利所惑，暂时制伏欲界的贪嗔等烦恼而不起现行。但享受禅悦，又可能产生对禅定喜乐的贪著，谓之"味禅""醉三昧酒"，属色界、无色界烦恼。这种对禅悦的贪着、沉醉，可能使人只管自己打坐享乐，对家事、世事和众生、社会冷漠，失去责任心，不想利益、济度众生，不想追求真正堪以超出生死的智慧，成为生死之因、超出生死之障碍。佛陀教导佛弟子：虽然修习禅定，但其目的是进一步获得出世间的智慧，不可"味禅"，须在禅定的基础上以正见修观而证得正智。大乘更强调要以"无所得"的般若智为导修禅那度，虽入正定而不住着于定，须利济众生，服务社会，在菩萨六度万行的实践中享受更为殊胜的无住涅槃之乐。

三、禅定提高智商的效应

定心有提高、开发智能之效，"因定生慧"被作为修习禅定的主要目的和禅定的首要功德。《法句经》谓"无禅不智"，《大智度论》卷十七说"实智慧从一心禅定生"，比喻说，有慧无定，如风中灯难以照物，有定有慧，如密室灯照物了了。经过禅定锻炼，排除内外干扰，精神高度集中，提供了成就世间、出世间一切事业的根本，提供了出生智慧的心理基础，使人能集中精力反观内照，直窥身心世界的秘奥。以高度集中的心力用于学习、工作、处理问题等世俗的事业，其效率必高。

出世间的禅定，更能开发出妙观察智、平等性智等如实知见真如乃至佛陀无所不知的超常智慧——"一切种智"。《小止观》卷下说，在初修禅定尤其是修因缘观时，便有可能发生"内善根发相"，使宿世智慧的种子成熟，对佛法生死因果、诸法无我之理获得了悟，悟性、理解力大大提高。在四禅深定基础上修观，更能实证真如，获得出世间的乃至通达世间法的超越性智慧——一切智、道种智。大量文献记载说明：禅定功深的佛门高僧大德，多有智商超人、对人类文化做出重大贡献者，如马鸣、龙树、无著、世亲、陈那、鸠摩罗什、道安、玄奘、空海、萨班、帕思巴、宗喀巴等，皆被目为国宝人瑞。由修禅定而开发了文才、辩才者，更是不可胜数。如《憨山大师年谱》记载，憨山在五台山入定发悟后，智慧大增，文思敏捷，发愿抄写佛经，每落一笔，念佛一声，一面写经，一面还常接待来访者，应答时手不停写，与来人对谈，也不妨碍手抄，且抄写毫无错误。每日如此，"略无一毫动静之相"。

对瑜伽、禅定、气功的科学研究表明：在超觉静坐、禅定或气功态中，大脑功能从总体上看来与睡眠、清醒催眠状态截然不同，处于一种全脑共振的特殊兴奋状态，具有组织新功能态能力的额叶脑电波随功夫的深入而趋向高度有序化，通常状态下主要在大脑皮层枕区的α波（频率为8—13次/秒）转向额区，数量和振幅增加，表示身心极度松弛舒适，而且显示出不同的皮层区域之间表现出越来越明显的同步性或一致性。高级静修者的脑电波会更慢，出现θ波（频率为4—7次/秒），与深度放松状态相似，并可以随意转换脑电波，完全控制自主神经，能由醒、梦、熟睡、超意识四种状态中随意进出。通常状态下的左脑优势转向右脑优势，非对称结构转向镶嵌交叉的"大脑太极图"对称图象，从丘脑下部到听觉皮层的广大脑区域均处于不同程度的抑制状态。这种效果为增进创造力和心理成长提供了基础。[1]

西方研究者的大量实验研究显示，冥想者处在启迪自我屈服阶段，有更强的现场独立知觉。静修坐禅有助于自我、道德和认知的发展，有助于智力、学

---

[1] James H. Austin：《禅与脑》，朱迺欣译，远流出版社2007年版，第75页。

业成就和自我实现，能增进创造力、知觉敏感性、自我实现、自我控制甚至婚姻的满意程度，培育对宇宙人生的智慧。Stanislav Grof 发现进入超个人体验的人（如佛教中的开悟者），几乎可以从宇宙中的任何事物获得信息并与之融为一体，或与另外一个人进入"双体统一"（dual unity），完全融为一体，或一个人的意识与一群人（甚至可以扩大到全人类）的意识协调一致。①

四、禅定提高情商及心理治疗的效应

情商（EQ），指一个人对自己情绪的理解及控制自己情绪、承受外界压力、把握心理平衡、与他人建立良好关系的能力（社会智力）。这种能力对事业成功和人生幸福而言，被认为比智商更为重要。

情商的培育和提高，早就为佛教所重视，佛陀"自治其心""自净其意"之道，其实便可看作一种情商培养学，禅定是其培养的重要方法之一。佛学说经过禅定锻炼的心有很强的"堪能性"（自我控制、承担事业的能力），《大智度论》比喻说，未经禅定锻炼的散心如未加鞣制的生牛皮，堪能性很低，不堪制作衣物，定心则如经过鞣制的熟牛皮，可用来任意制作衣物。经论中一致说，世间三昧能伏（制服）欲界烦恼，止息贪嗔嫉慢的躁动，使低沉、忧伤、焦虑、紧张等有损健康的不良情绪自然不起，即便生起也容易制伏，从而令人心理安恬平静，行为符合社会道德规范，具有很强的自我约束、自我平衡心理的能力，用心理学的术语讲，即具有很高的情商。《瑜伽师地论·声闻地》说，修习禅定，至得奢摩他发身心轻安，定心若保持不失，能克服对治烦恼的心理障碍，使心易于调制，轻快柔和，大大增强制伏烦恼和排除不良情绪的能力。若进一步修习观（毗婆舍那），得出世间三昧，自宰其心、净化自心的力量更为强大，可以从根源上完全断灭或转化烦恼，将凡夫有漏的、不自在的心理结构改造为圣者清净的、自在的超常心理结构，将情商提高到最大指数。《小止

---

① Stanislav Grof：《探索意识极境》，方明译，光点出版社，第133页。

观》卷下说，初修禅定，可能发生内外善根发相，使宿世的善根种子成为现行，优化或改变心理素质，使私心淡薄，慈悲心、孝顺心、恭敬三宝心、谦卑心、精进心、惭愧心等善心自然增长，使人乐于持戒布施、改过迁善，热心助人，人格、气质、行为模式都会发生良性变化。

威廉·詹姆士《宗教经验之种种》说过：以松弛、暗示、存想、凝想的方法入静（相当于入定），被证实可以增强勇气、希望、信赖等，克服疑惑、恐怖、忧愁、不安等，曾使盲人得视、瘫子能走，长期患病者恢复健康。西方和日本学者的研究表明，禅定者各种生理指标的良性变化，表示其身心舒缓、清醒、放松、舒适、焦虑缓解，能培养宁静、镇定等健康的品质，能稳定注意力，精炼意识，自在地转换情绪和动机，增强对不道德行为的敏感。禅定还能增强移情（同理心 empathy）作用，使人容易将心比心而领悟自身的心理过程、习惯及其根源，产生开放的经验，提高生活中的自我实现和人际交往的能力。

对高级静修者的研究表明，随着强迫性渴望的减少，内部冲突和痛苦减少。长期从事静修，会产生心灵的宁静、积极的情绪、知觉的敏感性，形成内省的习惯。高级的静修经验还包括沉静、欢乐、爱与同情及对心灵本质的领悟，达到各种神秘体验的超越状态，心理上的痛苦明显减少。用罗夏墨迹测验研究从初学直到静修指导者的佛教静修者，发现：已达到初步开悟的被试者显示出一些正常的冲突，这些冲突往往围绕着依赖、性、攻击等问题，但他们对这些冲突的防御和反向作用很少，说明他们能接受这些冲突并泰然自若地面对它们；高级阶段的开悟者，未显示出明显的驱力冲突，而显示出从心理冲突中解放出来的状态。

超个人心理学认为禅定能有效地培养超个人品质，这是通向超越的主要道路，为一种重要的心理疗法。对于焦虑的人及边缘人格者，禅定可以用作自我宽慰和放松的练习。对于自我已经很好地发挥功能的人，禅定可以激励其潜意识领域，丰富和加强心理治疗作用。在超个人水平，禅定能帮助个人在精神道路上成长。

当代中国心理学家王极盛等通过对练气功群体与不练气功群体心理健康状况的定量研究，证明练功群体在情绪稳定性、情绪愉快程度、意志坚强性、心胸开朗程度、控制情绪能力、行动自觉性、办事果断性、自制力、精力、生活及工作学习节奏感、工作和生活满意程度等项目上的统计数值都明显比不练气功群体要高，说明气功态有使心理全面健康、提高情商的作用。① 被气功界作为重要功法之一的佛家禅定，当然也应具有强健心理、提高情商的功用。

五、禅定的"发功"效应

佛教认为，禅定功深特别是证得神通者，意念力特别强大，可以作用于外在世界，表现出《楞严经》所谓"心能转物"。《杂阿含经》卷十八第494经载，佛在路边一枯树下敷坐，告诸比丘：若有比丘修习禅定心得自在，可以随意使这株枯树变成地、水、火、风、金银等物。强大的定中意识还能作用于其他众生的心意，表现出"心能转心"的功用。如进入慈无量心定力强大者，可以转变他人和动物的嗔怒杀害等恶意；进入喜无量心定力强大者，可以改变他人的嫉妒心；进入舍无量心定力强大者，可以转变他人的悭吝心而令其乐于施舍。《大唐西域记》载取经高僧唐玄奘在印度遇强盗劫持，准备把他作为祭祀供品杀害，玄奘乃入慈心定，得以免难。《高僧传》载密教高僧不空在狮子国（斯里兰卡）面临被迎面冲来的醉象杀死之祸，他即时入定，使醉象变得温顺。大乘佛教寺院中经常举行法会，僧众通过依仪轨唱颂，祈祷消灾免难、增长福慧寿命。密教尤重作法祈祷，说修法成就者可以作法息灾、增益、怀爱、诛杀，定力强的上师可以加持别人，帮助其除障、消灾、打通气脉、增长智慧。

西方研究者发现，静修者能"发功"（action-at-a-distance）作用于他人乃至社会。当许多人一起沉思时，不沉思的人也会受到影响。他们将现实视为一个意识场，认为众人的心灵之间是相互联接的，若干足够大的静修群体，能影

---

① 王极盛：《气功对心理健康的定量研究》，载《中国气功心理学》，第89页。

响那些未从事静修的个人和社会。拉兹洛在《整体性——新科学的寓言世界》中说，一组证据表明，意识转换状态（定心）具有正常意识所没有的传输信息和治疗疾病的功能。有几项研究报告称，若干超觉静坐（TM）群体对一些社会问题发生了影响，如减少了犯罪率、暴力死亡率、交通事故以及恐怖主义事件。当然，关于"发功"的可靠性，还有待独立研究的证实。

第三节 禅定与神通

神通（梵文 abhijña）指各种神奇的超常能力，乃各宗教所共同谈说的一大神秘现象。佛教虽然不以神通为究竟，不以神通为追求的目标甚或以之为"美丽的歧途"，僧尼戒律严禁显现、炫耀神通，但也承认实有神通一事，并说通过禅定可以修得神通。《摩诃止观》卷九谓"诸禅是通体，通是诸禅用"，将神通看作禅定的一种功用。

一、由禅定修得的五种神通

经论中通常说由禅定修得的神通有五种，称"五通"。

1. 神足通，又作神变通、神境通、神境智证通、如意通等，指能随意改变自身与境物的形状、有无、数量、大小、处所及飞行虚空、穿墙透壁、上天入地等的能力，如《西游记》中的孙悟空所显现者。《增支部经典·应请品》中，佛陀说神变通为：

以一为多，以多为一；显现、隐匿、过壁、穿墙、越山，无滞碍而行，犹如于虚空；出没于地中，犹如于水；于水上行而不沉，犹如于地上；跌坐于空中而行，犹如有翼之鸟；如是彼有大威神，彼有大威德以手抚摸日月，乃至令身达于梵世。

《清净道论·说神变品》将经中所说依禅定而发的神变通归纳为决意、变化、意所成三神变。决意神变，有一身成多身、多身成一身、显现自在、隐匿自在、穿行墙壁山石无碍、地中出没、水上不沉、飞行、手触日月、身自在（到达梵天）十种。变化神变，指将自身随意变化为其他众生或山河海洋等形状。意所成神变，谓从自身中随意变化出有物质实体的他身。

2. 天眼通，又作天眼智证通。《大智度论》卷五云：

> 于眼得色界四大造清净色，是名天眼，天眼所见，自地及下地六道中众生诸物，若近若远，若粗若细诸色，无不能照。

以超常视觉超越距离、粗细见同类及低于自类的所有众生情状的能力，叫作天眼通。同论又说，天眼能直观常人肉眼所不能见的微尘（微观粒子）。《俱舍论》卷二十七说，天眼能穿透障碍物而看见普通人看不见的极远、极微细的物质现象。《清净道论·说神通品》所说能见自己和同类众生将于何时生于何处的"未来分智"及生时死时的"死生智"，一般说属天眼通的功能。

3. 天耳通，又作天耳智证通。能超越常人的听觉阈域听闻一切声音的超常听觉。《大智度论》卷五谓"于耳得色界四大造清净色，能闻一切声：天声、人声、三恶道声"，名天耳通。天耳通能超越距离、障碍而听见远处、极远处的音声，而且能听见常人听不见的诸天、鬼神等的声音。

4. 他心通，又作他心智证通、他心智通、知他心通。能洞悉别人心意的超常能力。《佛性论》卷三说他心通有三种，一是直接感知他心的真正他心通，二是用天耳通得知他心（听到他人心中的话声），三是依天眼观他人肉心心脏中的颜色而辨知。

5. 宿命通，又作宿住随念智证通、宿住智通。知晓自他前生宿世的超常能力。表现出此通者大概有两种情况：一是在心中重现宿世的生活情景，多现出生、临死时及印象极深刻的事件；另一种是以天眼直观现于额前屏幕上的画面，实际是以天眼通看过去。

佛教密教还说，修习三密相应的本尊瑜伽等禅定，得世间三昧时，可得长生不死、隐形、神行（行走速度极快，如《水浒传》中的神行太保戴宗）、土遁、飞行虚空等"悉地"（梵文 siddhi，意为成就）。藏密说八大悉地、九种悉地。

二、由定发通

五通、八悉地等虽然是定心的神奇作用，但进入正定者未必都能有神通或具足五通。禅定发通的情况大概有两种：

一是神通方面的根器好，当深入正定时自然开发出神通，然所发通的情况各自不同，有五通全发者，有仅发一、二通者。一般说发通须依第四禅定心，《大智度论》卷二十八云：

有人言，初禅天耳易得，有觉观四心故；二禅天眼易得，眼识无故，心摄不散故；三禅如意通易得，身受快乐故；四禅诸通皆易得，一切安隐处故。

《禅法要解》谓依第四禅则易得五神通，若依初、二、三禅，虽亦可能得，"求之甚难，得亦不固"。

开发五通，除与所入禅定的深浅有关外，还与所修禅定的种类有关。《摩诃止观》卷九说，若通论禅定发通，则各种禅定都可能发五通，若具体而言，则从数息入门修禅定多不发通，即便偶发，亦不快利；若修兼观息、色、心的十六特胜、通明禅，多发腾空、飞行等"轻举身通"；若修观息、色、光明的八背舍、八胜处定，多发随意变化自身形象的"自在身通"；若修观他人苦乐的慈心观等，多发他心通、天耳通；若观自他的过去而修因缘观，多发宿命通；若观自他的未来而修因缘观，多发天眼通；若观想佛的形象而修念佛三昧，亦多发天眼通。

禅定发通的第二种情况，是因神通方面的根器较差，即便深入四禅八定，及证得出世间三昧，断灭烦恼，也不发五通。若求神通，则须依第四禅定心，如法修专门开发神通的禅定。佛典中对修得五通的方法有明确的指陈，其根本法则是在定心的基础上决意（"作意"）、观想，锻炼意念力。如《大智度论》卷五、卷二十八说，在四禅寂定心中，由近及远观听种种音声，可发天耳通；以日月、灯光、宝珠、火焰为曼荼罗观想光明遍照，由近及远，明彻无碍，可发天眼通；观想他人的表情和心意，可发他心通；追溯过去，可发宿命通；观想身中虚空，于虚空中决意，观想飞行、变化等，可发神足通。五通的修习，皆依"四如意足"（"四神足"）——四种修得神通的技术或工具：欲，开发神通的意欲；精进，勤修不懈；一心，专心致志而达到定境；思惟，观想。

五神通中，以随意改变物质形态的神足通最难修得。《清净道论·说神通品》说修得神变通，须在修习十遍处证入四禅的基础上，以顺遍、逆遍等十四法反复调练定心，使定力十分稳固纯熟，能很快地随意出入于四禅八定的任何一个阶梯，从四禅出定，"以智作意"，依法观想而证得神变。证得神变后，还需反复练习，臻于熟练，方能在即刻之间显现神变。即刻之间显现神变极其纯熟，达到如意自在的地步，方能在众人面前即刻表演神变。功夫至于此境极不容易，在千百万具神变的禅修者中，能在大庭广众之下自在表演神变者也难得一二。

密教修得五神通、八悉地，主要是修本尊瑜伽，由观想本尊的形象、光明、种字及其收摄变化，或在自观为本尊的心轮上观想咒字、光明，锻炼意念力，与显教的法则基本一致。无上瑜伽部法将观想与气脉修法配合，则有打通开发神通之信息渠道的意味。

三、由定发通的原理

佛学将五通看作定中意识的作用，也认为神通有其物质或生理基础，进入正定后，随着心意之超越欲界，在欲界肉身中生成色界清净四大，造成超常能力的感知机制天眼、天耳等。《俱舍论》《成实论》说天眼天耳乃"从禅定生色"，是由色界微妙四大所造的净色根，住于肉眼肉耳边。藏密则说神通的基础为气，这种气属色界，大概相当于道教所谓"先天元气"。天眼通特与某种光有关，从光中显现所欲见的境物，这种光大概是色界火大。神变通以意念直接改变物质为实质，是禅定的聚焦作用使心力或意念力大大增强的结果。《禅法要解》解释神足通的原理说：

人身虽重，心力强故，身飞虚空。

> 又复色界四大造色在此身中，与身和合，令身轻便，随意能去。

一切物质现象，莫不由地、水、火、风四大或加空大、识大六大构成，经过禅定锻炼的强大意念力，可以发出指令，通过观想，使构成境物的四大组合按所观想的物象乃至所发出的意念指令而发生变化。《杂阿含经》卷十八第494经佛解释得神变通者能随意变枯树为地、水、火、风等物的原理说：因为枯树中有地、水、火、风四大等种种界，"是故比丘禅思得神通力，自在如意，为种种物，悉成不异"。《大智度论》卷四十说，具神通者可以意念集合虚空中的微尘，制造成化身；观想虚空，可令山石墙壁的微尘开辟，从而穿越无碍，"如掷入土"；观想水中之地大坚硬之相，可履水如地；观想地中水大柔软之相，可入地如水；观想自身中的火大之相，可身出光焰；进入火定（火光三昧、拙火定），可不畏寒冷；进入水定，可不畏酷热。

他心通和宿命通的原理，经论中罕见论述。法海喇嘛以真言宗"入我我入"说解释他心通，谓当自心由修定而达到空无一念、完全开放时，别人意念之信息便有可能入于我的空心中，被我所感知。

宿命通和能见未来的先知可以阿赖耶识说予以解释：阿赖耶识作为超越过去、现在、未来的心识仓库，储藏有过去、现在、未来的一切信息，当意识经禅定锻炼，寂静无波动时，强力的意念便有可能随意提取阿赖耶识中的过去信息而表现出宿命通，或提取阿赖耶识中的未来信息而表现出先知先觉的天眼通。

佛学认为五通、八悉地等神通异能并非"特异"，是定心本具的一种作用，是人心本来具有的一种未被开发的潜能，任何人都可通过如法修习禅定而获得这些功能。佛教典籍和中外史传中，记载有大量显现神通的事例。小乘僧尼戒律严禁已得神通者显示神通，大乘则以神通为菩萨度化众生不可或缺的一种方便，是第三地菩萨必须圆满的菩提资粮。《大般若经·佛国品》云：

> 若远离神通，如鸟无翅，不能飞翔。菩提资粮未具，不得菩提。一切善法，皆是菩提资粮。

对于神通异能，西方有些人从一百多年前就开始用科学方法进行研究。当前国外的超心理学（parapsychology）将神功异能列为重点研究的对象，一般称"意识研究"，列入"意识转变状态"，被看作当代科学的前沿课题。经严格检验的大量证据证明：类似于神通的超感知觉（ESP，精神感应）、"遥视"（remote-viewing）、"异地身体效应传递"、"交感魔法"、"异地按摩"治病等现象是真实存在的，相当于天眼通一部分功能的遥视的实验成功率达66%，具有超人洞察力的C.密斯遥诊的准确率达93%。实验证明一个人的心理意象可以引起远距离外另一人的生理变化。研究发现：此类功能不仅可以被古代的萨满教和瑜伽修炼、深刻祈祷及致幻药物所产生，而且甚至可以被简单的呼吸练习和由心理治疗专家的暗示所诱导的安静状态所产生。

研究者们发现：在非眼视觉、特异致动等实验中，多数特异功能者自述先进入一个短暂的高度入静状态，之后会在前额前方出现一个电视荧光屏似的"屏幕"，上面呈现所要辨认的字样、所要移走的物体等，特异致动的完成通常是在这块"屏幕"上以意念作用于所欲移动物，而达到实际生效。在达到实际成功的一刹那间，人往往处于短时间无意识的"走神"状态，这种状态很接近佛学所说开发五通所需要的四禅"舍"心，"屏幕效应"则与佛学所说天眼通的现象一致。对特异功能者发功时脑电活动的观测表明：脑活动有序化程度的提高，是特异功能的重要生理基础。而脑活动的高度有序化，是"气功态"和定心的显著特点。当今国内外用以培训、诱发特异功能的方法，大体是尽量放松后集中念力想象，不出佛学在四禅舍心中观想的路子。

神通、特异功能提示：人类的心识具有不可思议的潜能。如可超越距离和障碍物，看见宇宙间粗细一切形象，听见一切音声，可回忆宿世以知晓生死轮回的真相，可预知未来，可阅读他心，可以意念直接改变物质、制造任何境相，真正"心想事成"。这一切，都是定心的功能，都可通过禅定技术予以开发。

神通、特异功能虽然不可思议，但也有其局限性：它们只在定心中乃至甚深入定状态下才会发现，其所依深定，须具足自觉追求、有闲、有明师指导、有安静的环境、心理素质极佳等多种条件，甚至须离绝人欲，非这个世界的多数人所能达到。即便证得神通,也多难达到极其熟练、在任何情况下都能入定显通的境地。佛教讲"神通不能敌业",即使神通自在者,也因复杂的业力,未必在任何时候、任何情况下都能显现神通。神通表演的成功与否,与环境关系密切,在众目睽睽之下,尤其是在不信有神通者的意念力干扰下,表演者往往比在独自一人时难以入定显通,有时为了面子可能会作弊,而假冒神通以欺世骗人者总是不乏其人,这大概是当今特异表演成功率较低,致使一些人否定神通异能的重要原因。真正科学的态度,应是用相应的方法客观冷静地研究神通异能这一暗示着人类重要潜能和宇宙秘机的现象,而不应从一种信仰和成见出发判断,更不应将其划为科学的禁区,不应给此类研究戴上"伪科学"的帽子,科学研究,应该是没有禁区的。

修行偏差的针治 | 第十六章

信仰佛教，学佛修行，虽然不无心理保健及治疗疾病等作用，但也可能发生种种心理、身体的疾病和障碍。修行的负面效应，大多是因缺乏正见及善知识的指导，对佛法的把握不够准确全面，不理解修行中的身心变化及其原理，并对正确处理方法无知而造成的。佛教经籍史传中，记载有一些学佛偏差的事例，批评了多种"外道"、邪教修炼出偏的弊端，开出了种种对治的药方。当代佛教心理学家对治疗修行中的各种心理障碍，也颇有研究成果。

第一节 禅病及其治疗

修习禅定，最容易发生副作用，导致心理、精神上的种种"禅病"。《文殊问菩提经》谓"禅定有三十六垢"，垢，指障碍、弊病，包括有害的副作用。《释禅波罗蜜次第法门》卷四说坐禅者"若用心失所，则动四百四病"，以禅病为六类疾病之一。太虚《圆觉经略释》解释说：修行止、观、禅定，难免发生各种病患，所谓"道高一尺，魔高一丈"。其原因是：

乃因一切修习，无非要将无始无明降伏破除，而此根深蒂固之无明势力，必起而反动抵抗。无明用事已惯之心中，不知不觉生起邪思、邪见，足以招致鬼神、外道、邪魔、邪师。故在行者，不但须知正面要如何修行，亦须知道反面之病而求对治。

坐禅所致病，大体有身、心两大类，此类病用医药和一般精神心理治疗法往往疗效不佳，须善知病因，用适宜的对治方法及时治疗，古人积累了大量治疗禅病的经验。《释禅波罗蜜次第法门》卷四说禅病初得即须及时治疗，久则难以治愈：

如此等病，初得即治，甚易得差，若经久则病成身羸，治之则为难愈。

一、生理性禅病的治疗

禅修中引发生理性疾病，大略有如下三种原因：

1. 发出宿疾。因心意渐趋寂定，身体自行调整，可能使身中潜在的疾病外化，或引发宿疾，如《释禅波罗蜜次第法门》卷四所言：

或本四大有病，因今用心，心息鼓击，发动成病。

这种情况一般发生在禅修的初级阶段，未必是坏事，多会随禅定功夫的加深，自然不药而愈，也可以医药治愈，可以禅定方法对治。

2. 不善调摄身、心、息。坐姿不正确或坐时倚壁靠柱，会导致脊柱和背部、腰腿等疼痛；坐时被风吹、着凉受寒能引起身体疼痛，腿受寒则引起腿痛、关节炎。

调息不当，呼吸不调，可导致筋脉痉挛或枯瘠瘦弱，多令人积癖颤抖、筋脉挛缩；至发八触后用息相违，亦可成病。

意守身中某处而缺乏灵活性，也能发病：常止心于下动地大病，常止心于上动风大病，常止心急摄动火大病，常止心宽缓动水大病。

系缘、观想、用意不当会导致身中四大不调，表现为上火、身体沉重、头疼、胸闷、浮肿等。

若修观想，可能因过多消耗神气损五脏而致病，观想色境多发肝病，观想声音多发肾病，观想气味多发肺病，观想味道多发心病，观想触觉多发脾病。观心观境违反自然，也可致地等病。

3. 受外界惊扰。修定时若受到声响、噪音等惊动，或受人事方面的迫害、毁谤、辱骂等刺激，或生活中心理负担过重，因而恼怒、惊恐、忧虑，也可能引发气满、腹胀、便血、肺胀、便秘、呕吐、消化不良等心身性的禅病。

《摩诃止观》卷八说，必先辨明病情，再用合宜的禅法对治。现总结治法为六种：

1. 止。一心修定，被强调为治疗各种禅病的灵药。智者《禅门口诀》谓"但系心在境（修定所缘境），不令他缘，病自差耳"。若一心精修天台宗所倡常坐（念佛）等四种定，或其他禅定，不特意理会病，随禅定功夫之深入，众病自然不治自愈。又，系心于脐下二寸半处丹田或脐中如豆大处，或系心于足，或系心病痛处修止，可治一切病。也可运用五行五脏相克关系修止，如止心于肺，摄取白气，可治肝病。

又，急止可治水大病，宽止治火大病，止心于头顶治地大病，止心于足治风大病。

2. 气。用"吹呼嘻呵嘘呬"六字气治病："吹"治心病、治冷；"呼"治心病、治热；"嘻"治肾病、治百节疼痛及风大病；"呵"治肝、治上气烦胀；"嘘"治肺病、治痰阴；"呬"治脾病、治劳倦。治时六字"皆于唇吻吐纳，转侧牙舌，徐详运心，带想作气"。一般打坐时作七次，然后安心片刻，再作。又口吹去冷时，想鼻中徐徐吸入温气；口呼去热时，想鼻中纳入清凉之气；口嘻去痛除风时，想鼻中吸进安和之气；口呵去烦、下气散痰时，想痰上从口出，下随息溜；口嘘去胀满时，想鼻中按销之；口呬去劳乏时，想鼻中吸进和补之气。须细心吐纳，增损得当，勿令过分。此法不仅可自用，也可为他人治病。《小止观》所说六字气与五脏的配属关系有所不同，颂曰：

心配属呵肾属吹，脾呼肺呬圣皆知。肝脏热来嘘字至，三焦壅处但言嘻。

又说心脏总管五脏，故只用"呵"之一字，可治五脏诸病。

又，治大小便不通：蹙气向上，还牵向下，即通。

3. 息。用调息法治病。禅定中发重触成地大病，发冷触成水大病，用出息治之；因轻触发风大病、发热触成火大病，用入息治之。又有上、下、焦、满、增长、灭坏、冷、暖、冲、持、和、补十二种息，皆"带假想心"（配合观想调息），其中上息治身体沉重之地大病，下息治自感虚悬之风大病，焦息治胀满，满息治枯瘦，增长息有生长四大的作用，灭坏息散诸阴瘀，冷息治热，热息治冷，冲息治症结肿毒，持息治颤动不安，补息滋补虚乏，和息通融四大。

又，治头疼法：鼻纳气，从口中微微呼出，呼出时想头中病气随息而出。

4. 假想。即观想、想象。如《治禅病秘要法》说观想治坐禅中各种四大不调病法，较为繁复，其实质是利用四大生克之理，针对病情，以水制火，以火制水，并观想服用神药，以作治疗的自我暗示。如坐禅时用心太急，数息太粗，外感风寒，动脾肾等脉，诸筋起风，逆气塞胃，积水咽食，头疼背满，诸筋痉挛，当先服肥腻食物及好药，然后仰卧，数息令心定，观想阿耨达池（雪山上的众水之源）水，水中有龙宫、莲花、童子等庄严，宾头卢等五百罗汉坐莲花上，想宾头卢罗汉带着阇婆童子，取阿耨达龙王所服的白色庵婆陀药，给予自己，服之病愈。若劳损，想象暖酥在头顶上融化，滴滴入脑，灌注五脏，流润全身。又如高丽辩禅师治瘿瘤法：观想瘿瘤如裸露的蜂巢，群蜂在巢中，须臾，群蜂穿窝而飞出，脓溃如膏流，蜂尽窝空，巢孔裸露，观想成就，瘿瘤即愈。又如腹中患症（结块），观想金针刺入患处，多次观想，即愈。

又，腹中及身体某处疼痛：观想脐下拙火火焰指向疼痛处，即愈。

5. 观。以正见修观尤其是观心，是治疗各种禅病的最上妙药。《释禅波罗蜜次第法门》卷四谓般若一观，能治各种病。《摩诃止观》卷八说：心为病本，观心内外不可得，病来逼谁？谁是受病者？见心实性，则病根自除。天台宗二祖慧思，修禅时发初禅而动八触，"自此禅障忽起，四肢缓弱，不胜步行，身不随心"，即观察：

病者皆从业生，业由心起，本无外境，反见心源，业非可得，身如云影，相有体空。如是观已，颠倒想灭，心性清净，所苦消除。①

如此观察，不仅病愈，而且发慧见性。

6. 方术。以咒术等方术治之。如以手痛捻丹田，可止痢疾、面青、眼反、唇黑、晕厥等病；以杖打病痛处至四五十下，可止痛。《治禅病秘要法》载有佛说专治种种禅病的咒语，名"善治七十二种病忧恼陀罗尼"，亦名"拔五种阴无明根本陀罗尼"，谓此咒能治四大增损病、内心四百四病、四百四脉所起境界、九十八使烦恼种子，亦灭业障及犯戒诸罪。咒曰：

南无佛陀　南无达摩　南无僧伽　南无摩诃梨师毗阇罗阇　蔼呲陀达陀婆满馱　跋阇罗翅　陀逻崛茶誓茶　遮利遮利　摩诃遮利吁摩利吁摩勒翅　悉耽鞞阇鞞　阿阇鞞利究匊匊翅　萨婆陀罗尼翅　阿扇　提摩俱梨应诣吁弥吁弥吁摩吁摩婆祸呵

智顗《摩诃止观》《禅门口诀》及藏密《大乘要道密集》等中，所列治坐禅中身病的方法甚多，诸如以下。

背脊骨节或身体某处疼痛的"注病"：从慢至快步行五里许，再从快至慢步行返回，坐下，长嘘气四五次，放松全身及意念，经半小时，如前再做，然后专心修禅。初坐禅骨节腰背疼痛，名"六根通身游戏"，举身往上顶直三下，全身放松，数息入定，即愈。

头颈疼痛僵硬：左右扭头三次。

眼睛痛：多由修观想有所见后执之为实所致，将注意力移至眼睛，知晓自己在闭目，所见非实，能观之心亦无处所，疼痛即除。

初得细心，因外境刺激而受惊，气上胸烦腹胀，头闷痛，名"六神遍身游戏"：闭口蹙鼻，闭息勿出，待气遍身，然后呼出，令长远，想病气从头到脚从全身每一毛孔中被驱出排尽，做三遍，诵咒。

支波昼　乌苏波昼　浮流波昼　牵气波昼

诵三遍，从一至十数息，并言：阿那波那　阿昼波昼。即愈。

①《续高僧传》卷十七《慧思传》。

咳嗽：欲咳时，吐气三次，意守心中。

腹胀：鼻中纳气，从口中呼出，呼出时想腹中闷气随之而出，嗌气。

腹泻：若性属冷，随入息想暖气进入脐下，性属热想冷气进入脐下，病愈而止……

藏密调治四大不调法：观想头顶上有一深绿色藏文"养"字（表风大），其质轻快，吸气，持息不呼，至不可忍时，从头顶放出，调理地大过患。观想喉间有一藏文"郎"字（表火大），红色，如火，密处（会阴）有红色"哈"字（表风大）亦如火燃，上下二字相合，如火炽燃，热力遍布全身，治水大过患。观想心间或腹上有白色藏文"康"字（表水大），质清凉，修宝瓶气功，持息至不可忍时从牙缝中呼出，作呬呬呬呬声，调理火大过患。观想脐间有黄色藏文"滋姆"字（表地大），沉重如石，持宝瓶气，调理风大过患。此法的原理，是利用四大相克（水克火、火克水、风克地、地克风）的关系，于身中合宜的部位观想代表能克者，并配合调息，以克制、排泄增益者。

又，止心于无念，或观空，是治疗一切疾病最为有效的诀窍。

《心灵幽径——冥想的自我疗法》一书中说，情绪、心理上的毛病，往往表现为禅修时身体上某部位的痛苦，其治法：知觉之，让心中浮现出的事物自由地浮沉，予以亲切的注意，则累积的压力会渐渐松弛，精气开始运行，体内蕴藏旧疾和精神创伤的地方会开放，脉结会解开，肉体会净化。

二、治修定"乱心病"方

最多见、最严重的禅病，是精神病及心理障碍、强迫症，佛书中称"乱心病""发狂"，归于"魔事"。《治禅病秘要法》专言此事，佛言，修定者可因乱声、恶名、利养、外风、内风五种刺激而发狂，并一一述治疗方法。五种病因可归于三类。

1. 因闻恶声受惊而发狂。

经言，众比丘在坐禅修安般入毗琉璃三昧时，被醉象所惊吓，有禅难提等二比丘因之"心惊毛竖,于风大观,发狂痴想,从禅定起,如醉象奔,不可禁制"。其症状属今所言反应性精神病。

治法:先与患者食酥、蜜、阿摩勒果,调理其气脉,再教其观想一面镜子,想自己的狂态映现于镜中,从旁诱导,你看见自己的痴狂之态了吗?你的亲人都为你痴狂如此而焦急伤心,我现在教给你脱离痴狂的方法,舌抵上腭,想两耳中各有一颗如意珠,流出醍醐,润泽耳根,隔断恶声。再想如意珠中现出一九重金刚伞盖,覆护自己,自己身坐金刚莲花,金刚山四面围绕,隔绝一切声音。金刚山上有七佛端坐,向自己说四念住法,寂然不闻外声。此名"治乱倒心法"。

这一方法的实质,是先诱发病人的自省心、惭愧心,促使其认识自己的病,教其通过想象隔音以自我暗示,排除导致精神错乱的声音刺激,以达到治疗效果。隔音的观想设计得较为复杂,目的是引导其一步步进入悦意、安全之境,以逐渐远离恶声的干扰。

除去外声后,还应调整被外声刺激所生五种恶风所扰乱的心脉,作"洗心观":观想自心渐渐明亮,犹如火珠,身中四百四脉呈半透明金色琉璃管状,交集于心间,心之火珠中出冷热适宜的气熏入诸脉,有一大梵天王手持明镜照自己胸部,自观胸中如如意珠,明净可爱,大梵天王掌中有转轮印,印中有白莲花,花上有童子,手中如意珠滴出乳汁,灌滴自己诸脉,乳渐渐流至心间,童子手持二枚针,一枚金黄色,一枚青色,在自己心两边安放两朵金花,以针钻花七次,令心柔软,复以乳洗心,乳从心滴滴流入大肠、小肠、身中虫之口、诸骨节中,遍满全身。然后想一乳池中生出白莲花,自己坐花上,用乳洗澡,白棉花如白莲花绕身七匝,梵天王与乳令自己漱口,以伞盖覆护自己,其伞盖上现出种种清净境界。如是观想,即得本心,无复错乱。此名"柔软治四大内风法"。这是用想象的方法,自己调理错乱了的身中诸脉,使精神恢复正常。

2. 因禅定中见可怕境象而惊吓着魔发狂。

提起禅定修行,一般人大概都会联想到"走火入魔"一事,这是修行人最害怕的，但也是修定者中习见不鲜的事。"入魔"出于佛教所谓"魔事"，为修定的大障碍。魔，为梵语魔罗（māra）音译之略，意译夺命、杀者、障碍等，广义指一切能破坏修行的障碍物。《瑜伽师地论》卷二十九归纳为蕴魔、烦恼魔、死魔、天魔四魔。禅定中见可怕景象可分三种：

第一是见与所修定境有关的可怖景象，如修地大观入定者，见四面黑山，山岩间无量恶鬼，发大恶声，担山动地，自见己身遍满天地，脐中出水，口中出火，耳中出风，吹动诸山，因而惊怖发狂。

治法：观想一太阳，日神在四宝宫殿中作百般伎乐，光明照耀一面黑山；复观想又出一太阳，照第二面黑山，己身白骨如同雪山，日照雪山，头顶有月亮及月神宫殿，月神手持月珠置于自己头上；复想又出一太阳，照第三面黑山及雪山；想自己头骨白如雪山，山上也有一月亮；复想又出一太阳照第四面黑山，自身白骨之山，棱角相向，一角间，皆有月光，月神手持二珠相照。一一白骨有二十八宿，明净可爱，如七宝珠。又想一金翅鸟王捉取龙蛇，诸山鬼神，一时惊动，其身黑色，皆是前生破戒果报。当一心忏悔……然后观想过去七佛，想其眉间白毫如水晶色，出清凉之水，洗涤自己白骨，见五金刚轮从下方出现，回旋空中，说四谛义，七佛以水为自己灌顶，广说空、无常、无我、无相、无作等法，闻法思惟，依次证入圣果位。

若修风大观而入定，见自身九孔中出五色风（气），己身一一骨节出身挂髑髅、手拿铁棒的起尸鬼，与各种龙、鬼神纷纷前来，"心惊毛竖，因是发狂，或白癞病"。

治法：观想雪山、香山四大仙人，皆是大菩萨，身黄金色，高十六丈，一手持花，一手持金刚轮，口衔香药，保护自己，咒水出龙，吸尽诸风，龙身胀大，眠卧于地，观此龙犹如芭蕉，皮壳内空，不能喘息。

第二是因犯戒积压的潜在负罪感而见可怖景象，可称"破戒狂"。其症状为诽谤辱骂佛陀、罗汉、清净比丘，犹如醉象不避好恶、疯狗见人即咬。于坐禅中见黑色佛、如灰之人、头破脚折之众比丘、戴花鬘的比丘尼，或见猕猴、野狐、诸虫来扰，恶鬼持武器来扑打，因而发狂，"或歌或舞，卧地粪秽，作种种恶"。

治法：教患者忆念释迦牟尼佛、七佛、三十五佛，及诸菩萨，念大乘心，观诸法空，深自惭愧，想诸佛以净水为自己灌顶，冲洗业垢。复想象自己由破戒堕地狱中，备受诸苦，唯至心称念南无佛、南无法、南无僧，修习六念，感佛放白毫光来照，救己出地狱。然后如负债人，深怀惭愧，于僧众前诚心忏悔，做扫厕除粪等苦役以赎罪，经八百日，然后洗浴清净，入佛塔中观佛眉间白毫相，还至智者前求哀忏悔，智者应为说三毒五蕴之害及缘起性空之理，教其观佛，至诚忏悔，修不净观、诵戒等。忏悔清净，方许侧身僧众中。这种忏悔方法，能使患者彻底放卸破戒的心理包袱，获得修习禅定成功的必要条件。

第三是见可怕的鬼魅而受惊吓。《摩诃止观》卷八分扰乱坐禅人的鬼神为搥惕鬼、时媚鬼、魔罗鬼三种。"搥惕鬼"，面如琵琶，四目两口，面上放光，以手击人，发出"搥惕搥惕"声，如旋转的火轮，如闪电，倏现倏灭。此属恶夜叉，亦名梦鬼，能使人梦遗。其前生是过去拘那含牟尼佛时比丘，因犯戒被僧团驱摈，于嗔恨心中命终，发誓为鬼扰乱佛弟子。此鬼还化作鼠形抓搔坐禅者，或作鸟声、鬼吟、狗哭、窃语，或作百鸟鸣噪，或化作美妇人来，按摩调戏，口说邪法，或化作儿童，成群结队赶来喧闹，或化作苍蝇、牛虻、虫蚤、蛇蝎、毒蜂等，入耳眼中。如是种种扰乱，能令坐禅者恐怖、烦躁乃至发狂。

治法：闭目，心中暗自骂道："我认识你，你是食蜡偷香的吉支鬼，你喜欢的是破戒者，我今持戒，不会害怕你！"然后诵戒。另有方道鬼、魑魅鬼等六十三种恶鬼神，都能扰乱坐禅者。当其来时，应数息修定，令自心极其寂静，至心忆念过去七佛，称念其名号，南无毗婆尸佛、尸弃佛、提舍佛、鸠楼孙佛、迦那含牟尼佛、迦叶佛、释迦牟尼佛，持诵"一切音声陀罗尼"。

阿弥阿弥　迦梨奢酸地利　腹弃毙翅　偷涕他　偷涕他　摩诃迦楼尼迦弥多罗　菩提萨埵

又，坐禅时觉两耳胀、骨节疼痛、手掌痒、脚底痛、心悸动、颈僵目眩，听见鬼来窃语，或散香花等，当先观想药王、药上二菩萨手持金瓶，以水灌自己身，雪山神王持一白花，置自己头顶，放白光流润周身，阇婆童子以仙人花洒下，一一花间雨诸妙药，滋润自身，痛痒皆消，鬼语亦寂。二菩萨为说大乘佛法，诸神仙为说种种治禅病法，或有罗汉教自己从头顶一点点挖空身体，以油、金色药灌入，从而证得须陀洹果，或得诸佛现前三昧。

时媚鬼，又称精魅鬼，出《摩诃止观》卷八，谓五方山中有36种精魅，各于相应的时辰来，能变为男女老少、禽兽等形状，或来娱乐人，或来教导人。其名目及所属如下表：

时辰	兽名	所属方位
子	猫、鼠、伏翼（蝙蝠）	北方水
丑	牛、蟹、鳖	北方水
寅	狸、豹、虎	东方木
卯	狐、兔、貉	东方木
辰	龙、蛟、鱼	东方木
巳	蝉、鲤鱼、蛇	南方火
午	鹿、马、獐	南方火
未	羊、大雁、鹰	南方火
申	狖、猿、猴	西方金
酉	乌鸦、鸡、雉（野鸡）	西方金
戌	狗、狼、豺	西方金
亥	豕（野猪）、貐、猪	北方水
不限	鱼鹰、豹、鳖	中央土

治法：识破之，按所来时辰，唤其兽名，诵三遍"三十六兽咒"。

波提陀　毗耶多　那摩那　吉利波　阿违婆　推摩陀　难陀罗　忧陀摩　吉利摩　毗利吉　遮陀摩

魔罗鬼，指天魔（他化自在天之魔王）一类破坏修行者的鬼神，其危害更大更深，多是根据修行者的心理弱点及潜在的烦恼种子，或变现为其所爱乐的佛菩萨、亲属、俊男美女等诱其贪着，或现为猛兽、恶鬼等可怕形象来惊吓，或使人得相似神通而失正道，总之是以色、声、香、味、触为箭，向人眼、耳、鼻、舌、身五大门户发起攻击，其手法不出软、硬两种，软者（可爱之境）谓之"花箭"，硬者（可怕之境）谓之"毒箭"。防卫不严而中其箭者，轻则情绪激化、烦恼增盛、心理变态，或坚执邪见，重则成精神病乃至丧身失命。《楞严经》卷九详说修三摩地者所遇40种魔事。如在想阴境，有怪鬼、魃鬼、魅鬼、蛊毒鬼、厉鬼、大力鬼、山林土地川岳鬼神、精魅等十类天魔"飞精附人"，使修行者或见奇异境界，或现奇功异能，或发邪解，或野心膨胀，或贪欲炽盛，多广罗徒众，宣扬邪说，害己害人。《大般若经·魔事品》说魔若从内心无法侵入，则可能会通过周围的徒众、同学、亲友等人，制造障碍；诱使作恶不成，则诱使人迷于建寺造塔等有为善业而不得修定慧；此若不成，则诱使人从大乘退堕小乘。

对魔罗鬼，《摩诃止观》卷八列出的治法为，先"觉呵"，即及时觉知，识破其是魔，呵骂之，防护之，如守门人防护盗贼不令侵入。如佛告比丘，"一切他物不受"。不受之术，能治一切自他魔事。若外魔已入，当从头至足，一一观察，寻求魔在何处，求之不可得，又观能寻求之自心亦不可得，魔从何来？恼害何人？有如盗贼已经侵入，处处搜查，不令其藏匿。如此观察，若魔尚不去，则"强心抵捍，以死为期"，誓死除魔，决不与之为伍。汉传佛教界多持诵"楞严咒"以却魔，《楞严经》卷七佛说"佛顶光聚悉怛多般怛罗"咒及持诵法，谓"十方如来执此咒心，降伏诸魔制诸外道"。卷十说种种魔事后，又劝末世乐于修定的众生一心持此咒，"若未能诵，写于禅堂或带身上，一切诸魔所不能动"。一般以该咒末尾几句为心咒：

唵　阿那隶　毗舍提　鞞啰　跋阇啰　陀利　盘陀盘陀你　跋阇啰谤尼泮虎信都嚕瓮泮　莎婆诃

藏传佛教界则多持诵"大白伞盖佛母咒"或"马头金刚咒"却魔。

被外魔所娆所附，关键还在内魔，在于自己缺乏正见，贪着境界，或贪便宜，心怀快速得通、成佛的非分希冀，及对名利财色的贪爱，因禅定打开了外魔侵入的渠道（密教谓打开了"天魔脉"），与所入定心同一层次的外魔得以乘内魔之隙干扰和附体。《楞严经》卷九佛言：被外魔所着，"成就破乱，由汝心中五阴主人。主人若迷，客得其便"。如想阴境被十种天魔所附，是伺修行者贪求善巧、经历、契合、辨析、冥感、静谧、宿命、神力、深空、长生等贪心，趁虚而入。

其实，在修习禅定中看见可爱及可怕的境界、听见种种声音，未必都是外魔的作用，多分可能是自己心识的幻现。意识本来有独自制造境相、声音等的作用，如梦境，即完全是梦中独头意识的作品。在修定进程中，当心稍趋寂静、放松对所缘境的注意时，储藏于阿赖耶识或脑中的各种信息，便得到了脱离意识监督而自动组合的机会，在半醒半睡似的心中现出种种形相、声音、境界，其原理与做梦十分相似。如果在斯际由所念生起联想，或在意识深处有想看见某种境界、听见某种声音的主观意欲，便会起自我诱导和自我暗示的作用，使人见所欲见，闻所欲闻，有如催眠术者的诱导和暗示，会使被催眠者有所见闻，甚至连人格都会发生变化。形象思维能力强的妇女、体弱多病者、没有知识者，一修禅定往往容易出现意识制造的虚幻境界。若对意识的这种作用缺乏理解，执所见闻者为实，贪着或受惊，便很可能入魔，导致心理变态、精神失常。

修定中出现的种种魔事，对具佛法正见、知晓对付方法者而言，并不可怕。《楞严经》卷九佛言：

当处禅那觉悟无惑，则彼魔事无奈汝何。

只要对魔事有如实的了解和理解，以佛法万法唯心、心识本空的般若正见冷眼观察，不怕、不执、不求、不拒，观其如梦如幻，只是心识的幻现，皆空无自性，则一切魔事魔境，皆不足为碍，而且会转化为菩提资粮。佛陀于降魔后成佛，便说明必须以智慧降伏内外诸魔，方能成就大觉。《摩诃止观》卷八云：

为声闻人说有调魔，为大乘者不说调魔。

意谓修大乘者不以如两军对敌的态度与魔作战，而是以智慧了魔佛一如。依天台宗的"圆教"见，应观魔佛一如，同为法界、真如的变现，皆以真空妙有为其本性，不起敌、我的分别，不作有为对治。《摩诃止观》卷八说，上根利智者，只以圆教见即魔事而观不思议境：

若即此魔事，具十界百法，在一念中，一切法趣魔，如一梦法，具一切事。一魔一切魔，一切魔一魔，非一非一切。亦是一魔一切魔，一佛一切佛，不出佛界即是魔界，不二不别。

如此观者，以降魔为道场，"治魔显理，以魔为侍，于魔不怖"，纵有魔事，亦如以薪益火，反而增长道力。藏传密法亦以"无念"（了魔佛一如而不动任何分别之念）为最上降魔秘诀。

3. 因内心烦恼增胜而着魔发狂。

此类属魔事中的五阴魔、烦恼魔。如《治禅病秘要法》所举"贪淫患"，为性欲亢进型精神病，或曰色情狂，症状是"昼夜思欲，如救头燃"，病因是坐禅中起了性欲或变态性欲，不可抑制，或被鬼魅所着，"风动四百四脉，从眼至身根一时动摇，诸情闭塞，动于心风，使心颠狂"。可能导致其中有些人强奸、猥亵、窥阴等性犯罪，或同性恋。

治法：教患者观想女性"子藏"（子宫），形如死猪尿泡，四百四脉如树根从其伸出，八万户虫周匝围绕，犹如马肠，直至产门，具九十九节，节节有四百四虫，一一虫有十二头、十二口器，诸虫各吐败脓；观想男性精囊中盛青色脓，恶臭不堪，至阴茎处，分为三支，有一千二百支脉，一一脉中生微虫七万八千，张口竖耳，瞋目吐脓。手心向下置左膝头，数息令心定，反复观想，观成后手置右膝头，如前再观。又以手心向下置头顶，观想诸虫不净之物遍于全身，观自身、他身一切欲界众生之身皆悉不净。如是观之，贪欲即息，心得平静。

这种方法可摄于四念处中的身念处观和十念中的不净观，现代人可利用医学的人体解剖图及医学关于性器官、性功能的知识，如实观察性欲、情欲的生理基础，不过是身中性激素或精虫的活动，与能观的"自我"非一，先把"自我"与欲望、性冲动分离，返而追究能观的自我，便可平息躁动的人欲。然须观力大、慧力深，方易奏效。

又"利养疮"，因贪着名闻利养，名利熏心，或被鬼魅所着，"心或颠倒，昼夜六时，思念贪方便，如猫伺鼠，心无厌足"，乃至发狂。

治法：先教病人端坐数息，令心平静，观想佛陀身紫金色，具"三十二相"等庄严相，在灵山七宝窟中，坐狮子座上，为众人说除贪法。你们观察那患"利养疮"的修行者，身堕剑树棘刺林中，诸虫啄食其身，融铜镬汤、铁床铁锯为其坐具，沸屎毒蛇、铁丸铜汁、灰浆脓血为其饮食。佛说此言后，默然无语。此时当教病人自观己身在地狱七重铁城内，五百罗刹鬼以八十铁钳来拔己舌，以铁犁耕之，铁牛甲间流注融化的铜汁，铁卒身内有千色脓，脓中无数虫。"观见此事，心惊毛竖"，若服此药，贪病即愈。

这种观法，是通过观想佛陀说法，以因果业报观念提醒患者，令其生起对地狱罪报的恐怖畏惧，对战胜贪欲的信心，以恐怖之水熄灭贪欲之火。只有深信因果、确信实有地狱报应者，修之方有效应。

又，乐音乐狂，症状为欣赏音乐或奏乐无厌，贪着音乐之心如野马脱缰、惊鹿狂奔，不可控制，如被胶漆粘住，不可分开。这属一种强迫症。

治法：观想一美丽无双的天女，手持诸乐器，自然出极美妙的音乐，世间无比。思惟所贪之色声，从自己眼、耳二门侵入，由自己分别心而生，想此天女眼中出来六条毒蛇，入其耳中；复想有二鸟，状如猫头鹰，发大恶声，击破天女之头，取食脑髓，鼻、舌、身、意四根中分别爬出猫、鼠、狗、狐狸，争食脑髓。想天女所执诸乐器落于粪中，诸虫鼓动，发出极难听的狐鸣鬼嚎声。由作是观，厌离所贪，诚心忏悔。

又，好歌偈狂，症状为好作歌吟咏，以美妙动人的歌曲诗偈令他喜乐倾倒，名闻四方，增长我慢，"起骄慢幢，打自大鼓"，因而发狂，心如乱草，随烦恼风动摇不定，又如痴猴追逐花果心无暂停，也是一种障碍禅修的强迫症。

治法：先观想一七宝高幢，有乾闼婆（乐神）身如白玉，在幢端作歌，其身毛孔中出大莲花，百千比丘坐莲花上，作种种歌，歌声极其美妙，超过自己千百万倍。从而骄慢渐息。又教其观想幢端有明镜，照见诸比丘等因歌声美名而骄慢，其心不净故，变成罗刹恶鬼，口中出大恶声，随之出火，有夜叉鬼从四方飞来，拔取其舌和心，置于幢端，其心颤动，号苦叫唤如醉象吼，或出细声如同鬼哭。由此观想，闻清歌美音，心不再贪着。

《憨山大师年谱》载：僧法光参禅初得发悟之后，口中"偈语如流，日夜不绝，自是不能止，遂成病"，"居常似有疯癫态，吟哦手口无停时"。据说由大手眼者痛打一顿，然后令其熟睡一觉，即愈。憨山29岁时也得此病，好在能即时认识，因找不到能痛打自己之人，乃自己闭门熟睡五日，醒后即愈。

禅修者贪着音乐诗歌而不能自制，成强迫症，大概是因内气的刺激，发动阿赖耶识中爱好音乐歌偈的种子，使神经过度兴奋，呈现为对音乐歌偈的强迫性贪着。经中所开治疗药方，先观想更美妙的音乐歌偈以转移兴趣，后观想可怕的景象，以惊怖制贪欲，以形成对所贪者厌恶的条件反射，有"想象脱敏法"的意味。

第二节　修行者异常、变态心理的调治

学佛者及其他宗教、气功的修炼者，追求超越现实的信仰，着意调制身心，因知见上的缺失偏差、缺乏明师指导、外缘干扰、信仰修行与现实生活的矛盾等原因，有时会导致种种异常心理、变态心理，轻则形成人格障碍及神经质，重则成精神病，其表现主要有以下几类。

一、烦恼妄念增盛

佛法修习，具有伏断烦恼的殊胜作用，但在修习进程中，特别是初修者、用功修禅定者，烦恼、妄念、邪见反而比不修行时增盛，乃至不堪制伏的情况，也非罕见。佛门语云："宁动千江水，莫动道人心。"即有修道者的心容易被触动，触动后贪、嗔甚大的意味。

《小止观》卷下将这种现象称为"烦恼发相"，有性欲亢进、脾气变大、嗔怒异常、吝啬小气、嫉妒心强、坚执邪见、傲慢狂妄、个人野心膨胀、教主欲滋生等表现，与所修的禅观往往相关。一般修不净观、念佛禅者多性欲炽盛，

参禅者多冷漠、傲慢，修密法观自身为本尊者多贪心与嗔怒，修"外道"法者多坚执邪见，为健身练气功者多吝啬、自私。《摩诃止观》卷八解释说，修观时因"观察不已，击动烦恼，贪嗔发作"，比喻为流水看似不急，若以木桨搅动，则涟漪飙起；如健壮之人，貌似无力，若遇触逆，则勃然大怒；有如触动睡狮，哮吼震地。又说烦恼增盛的因缘有三：一为习因种子，二为业力击作，三为魔所煽动。

从唯识学看，此乃阿赖耶识中所藏的烦恼种子在止念澄心的过程中，浮现于意识层面，或被修行逼现于意识层面，不自觉地、往往是无缘由地滋生种种烦恼，或稍起联想、一触外境即生烦恼，或妄念、杂念泉涌，难以遏止，严重干扰修定，甚至导致强迫症等心理障碍，酿成杀害异己、借双修而淫乱、"盗气"、宗教气功诈骗等恶业，称"恶业发相"。

治法：须抖擞精神，奋发勇猛，专心修行，若念佛则猛利念，若参禅，则提起本参话头，就在此等念头起处，用力追究，我这里原无此事，此念向何处来，毕竟是甚么？决定要见个下落。若习气种子坚固，看话观心不得力，须礼佛持咒，仗法力除障。

《大乘要道密集·道果延晖集》从气脉的角度解释密乘禅定修习中烦恼妄念增盛的现象：由于观想心间咒字等，身中之气集中于心脏部位，令人"无由自生种种烦恼"，修习至此，称"自生烦恼定"。继而，因气进入并充满左右二脉，精血增盛，提供了滋生妄念烦恼的生理基础，从而不假于境，也会自然生起种种妄念，称"自生妄念定"。这可谓修行进程中最艰险的一段路程，正确处理，过此阶段，则烦恼妄念自会被降伏。

从现代心理学看，佛教禅修者尤出家禁欲者，在尚未证得堪以转化性能量的初禅以上正定时，只能以持戒压抑凡人与生俱来的性欲等人欲，再加上随修定聚气而来的精气之增长，人欲自然会比不修定时或比不修定者更大，甚而会导致性心理变态及整体的心理失衡，心理承受力太弱者则可能导致精神病。古人《修道》诗有云：

窒欲如掩火，修道若堆柴，偶然焚一角，余柴俱可哀。登山乞山灵，魑魅亦偕来。

佛教处理此类问题，主要用修不净观、慈悲观等相应的禅观和般若空观予以对治，再加上守护根门、初夜后夜精勤坐禅经行、修气脉明点等方法，若修习者具备正见、善知识、有闲等条件，自不难度过这一难关。若起同性恋的"别异烦恼"（非正常性欲），多属强制性欲导致的非正常性欲，《佛说大乘造像功德经》卷下谓"若悔先犯，更不造新，心生信乐，作佛形像，其罪即灭，此心亦息"。

如果修习者不具足获得正定所需的诸条件，则可能长期被增盛的烦恼妄念所恼而不得安宁，甚至导致精神病。大概出于这种考虑，佛陀不教在家弟子持不淫戒完全禁欲而仅戒邪淫，也很少教在家弟子修不净观及四禅八定，《优婆塞戒经·禅波罗蜜品》教导居家大乘佛教徒修习的，主要是在生活中随时观察、觉知、把握自心的禅定。

《摩诃止观》卷八说，对这种被击发的烦恼，小乘先用对治、转治、不转治、兼治、具治五种方法，然后以观四谛之"谛智"观苦、空、无常、无我。大乘则多用观所现烦恼妄念本空、无生的"第一义"治之，当观：

空无生中，谁是烦恼？谁是能治？尚无烦恼，何物而转？既无所转，亦不兼具。但以无生一方，遍治一切也。

保持对自己心境的高度警觉，如实认识烦恼妄念增盛的原理，不排拒逃避，不畏惧担忧，不压抑、不随逐，在烦恼妄念露头时，观其缘起性空，来无所从，去无所至，无其本来具有的实体，亦无能观之心的实体，是转烦恼妄念为菩提的灵丹妙药。《诸法无行经》偈言：

贪欲是涅槃，恚痴亦如是，如此三事中，有无量佛道。

烦恼虽然即是道，然不可如凡夫而随之，亦不可如小乘人而着意断之，"不断痴爱，起诸明脱，乃名为道"。密教无上部法特有类似于道教内丹炼精化气法的"坚固明点法"，从转化生理能量下手转化性欲，依法修习可免禁欲造成的性苦闷和性心理变态。

二、消极厌世，逃避退缩

观察世间苦空无常、人身不净，由厌离世间而超出世间，是佛教尤其是小乘教法的突出特质。大乘净土宗也强调"欣净厌秽"，厌离人间秽土，求生西方极乐世界。就超出生死轮回的宗教趋求而言，厌离世间，无疑有促使信徒精进修行的效果，但若把握不当，可能使人消极厌世，亟求了脱生死或及早往生净土，对现实生活失去兴趣，悲观忧郁，甚而以自杀了结。《杂阿含经》卷二十九第809经载：有佛弟子因修不净观厌患肉体而自杀，或请求别人杀死自己。《楞严经》卷九说修三摩地未出受阴境者，有人会极其悲观厌世，可能着"常忧愁魔"而自杀，或逃入山林避世：

新证未获，故心已亡，历览二际，自生艰险，于心忽然生无尽忧，如坐铁床，如饮毒药，心不欲活，常求于人，令害其命，早取解脱。此名修行失于方便，悟则无咎，非为圣证。若作圣解，则有一分常忧愁魔入其心腑，手执刀剑，自割其肉，欣其舍寿。或常忧愁，走入山林，不耐见人。

佛教徒消极厌世及出家修行的方式，在极重人伦道德，以儒家强烈社会责任心、进取心为民族精神主干的中国，曾受到激烈的抨击，被斥为"入家破家、入国破国"，成为佛教弘传的巨大障碍及衰微的重要原因。

中国传统佛教徒极其重视了生死，这当然符契佛法的核心精神，但正如宋智明居士《漫谈从生死解脱到返归人生》一文所揭露：

面对生死问题，许多信众并未真正了解透彻，不知生死的根源是什么，更缺乏向上的广大悲愿来入世度人，利济生生不已的无数众生。因此，就生死大事这一问题，往往都表现为消极的、自私的、情感性的与悲哀的态度，少有积极向上的、普被天下的，用理智观察及乐观的心态来面对生死和善用生死。①

求死得好，却往往被生所困所累，佛未能成，人先做不成。现代社会紧张

---

① 宋智明：《漫谈从生死解脱到返归人生》，载《浙江佛教》1997年第1期，第41页。

的生活和强烈的刺激，与佛教清净无为、了生死出世间之旨多相矛盾。对着意清净自心、断除烦恼的传统型佛教徒来说，形成巨大压力，制造出欲断烦恼而断不了的烦恼，从而使其消极厌世，或因处理不好修行与学习、工作、家庭的关系，难于承担生活和家庭、社会的压力而苦恼；或逃避退缩，成为灰色人物，甚至连自己的生存问题都不能解决，与世俗社会和周围的人格格不入，愤世嫉俗，难以与社会合拍，难以与别人乃至家人和谐相处；或遁入深山、藏区、南亚，自以为是精勤求法修行，其实质是对现实生活和内心冲突的逃避。以这种心理求法修行，往往内心难以安定，修行难得成就，且容易出问题。在今天的中国佛教徒中，这是比较常见的现象，严重者酿成抑郁症，或因学佛丢失工作、家庭、健康。此类表现，使佛教被世人误解、冷淡、攻击。

其实，这都是对佛法缺乏正确理解所致。佛陀教法，虽然倡导了生死，其精神是教人在做好人的基础上如实知见人生的缺陷，勘破生死、超越生死，而非一味厌世避世，不管世俗生活，不尽家庭、社会责任。佛陀强调须在人乘正道的基础上逐步上进，在家居士须先掌握营生的方便，过好世俗生活，获得现法安乐，报恩尽责，布施行善，积累超出生死的资粮。针对修不净观而导致的厌世自杀弊端，佛陀特开示十六特胜观、佛身观等予以对治。修四无量心观和大乘的菩提心、禅宗之禅、密乘的本尊法等，皆有对治厌世病的特效。按大乘教义，世间、出世间本来不二，出世间、了生死、成就佛果，必须在深入世间济世度人中去实现，"以普贤行悟菩提"。大乘要求菩萨行者不畏生死，不得逃世遁世，厌弃众生，须以主动的姿态、深厚的慈悲心，深入世间，走进众生中去，做众生的良友，力修六度四摄，带动众生共趋菩提道。《坛经》偈谓"佛法在世间，不离世间觉"，在日常生活、出坡劳动中参禅悟道，是中国禅宗的优良传统，昔魏府老洞华严禅师示众：

佛法在日用处，行住坐卧处、吃茶吃饭处、语言相问处、所作所为处，举心动念又却不是也。①

---

① 《指月录》卷七。

庞蕴居士偈谓"神通并妙用，运水及搬柴"。大慧宗杲禅师教人：

> 但于日用应缘处不昧，则日月浸久，自然打成一片。何者为应缘处？喜时怒时，判断公事时，与宾客相酬酢时，与妻子聚会时，心思善恶时，触境遇缘时，皆是啐地一发时节。

日常生活中的任何时刻，都可以是开悟的机缘。他举当朝李文和、杨亿、张商英三位高官在富贵丛中参禅彻悟的例证说：

> 又何曾须要去妻孥、休官罢职、咬菜根，苦形劣志，避喧求静，然后入枯禅鬼窟里作妄想，方得悟道来？

当今佛教界弘扬的以发达人生为本的人间佛教，从对明清传统佛教弊端的批判出发，将佛法现代生活化，教人以报恩心、欢喜心、奉献心快乐地生活，与人方便，给人欢喜，关心现实人生的建设，是针治修行者难以入世的良方。

净土宗虽然教人欣净厌秽，但并非要人现前弃世绝俗、及早生西，而亦须做好人，报答四恩，《佛说观无量寿经》说求往生极乐者，须修"净业三福"，第一福"孝养父母，奉事师长，慈心不杀，修十善业"，意谓须尽好各种为人所应承当的家庭、社会责任，修集福报，以备足生西的资粮。对于菩萨行者而言，此污秽不堪、诸苦交攻的娑婆浊世，乃修持菩萨道的最佳道场，众生痴暗邪见、无恶不作、贫穷病苦，最需要菩萨行者教化、引导、布施，若舍离人间，舍离此等众生，何以修菩萨道？故《无量寿经》在述说极乐净土的种种清净庄严、劝人求生的同时，又说：

> 汝等于是广植德本，布恩施慧，勿犯道禁，忍辱精进，一心智慧，转相教化，为德立善，正心正意，斋戒清净，一日一夜，胜在无量寿国为善百岁。所以者何？彼佛国土无为自然，皆积众善，无毫发之恶。于此修善十日十夜，胜于他方诸佛国中为善千岁。

修持净土法门者，真诚发愿往生之后，理应珍惜此人间最后一生难得的修行机会，力行诸善，为建设人间净土而努力，如永明延寿大师万善齐修归净土，争取临终时上品往生，而不是消极避世、悲观厌世，唯期早日生西。

《心灵幽径——冥想的自我疗法》说，美国佛教徒的修行，已从效仿东方人传统的浪漫返回现实生活，认识到修行需要先结束将修行与现实分裂的观念，了解我们想逃避、想推却的任何事物，最后都必须包括在我们的精神生活中，没有一件可以遗漏掉。首先必须在家庭生活中修行，学会爱与尊重、无私：

神圣总是在我们眼前，家庭生活和孩子是一座美妙的殿堂，孩子也能成为我们绝佳的老师，他们教导我们无私及放弃，他们一再让我们面对目前的情况。

三、封闭心理及人际关系障碍

封闭心理，即只以被僵化了的传统佛教思想观念为真理，不愿接受新思想、新观念。对生活中不断涌现的新生事物和新潮人物看不惯，与不信仰佛教的人谈不拢，不愿与之交往；在家庭中因信仰和生活方式的特殊，与不信佛教的家人不能和谐相处，导致矛盾冲突；在单位和团体中与别人格格不入，缺乏朋友，自己也感到寂寞孤单，只有退缩进自己的精神世界里。长期如此，可能导致修行者自我封闭，成为分裂型人格障碍者，行为怪僻、偏执、孤独、隐退，对人对事缺乏热情，对可能激发感情的事物尽量躲避，漠不关心，给人以自大、孤僻、离群之感。或者害怕人际交往，患社交恐惧症。修小乘法及对佛法的理解偏于出世间一面者，容易有这种倾向。

治法：应全面理解佛法出世间和入世间的不二性，明白无常、不断变化翻新，乃是法性之本然，应以开放的心态，理智地对待新思想、新事物，即使不能苟同，也应平静地去看待，去包容。应知晓主动地以"四摄"法摄取众生，与众生和谐相处，尽量带动、帮助他们弃恶行善、修学佛法，是佛陀教导弟子应尽的责任。大乘更要求修菩萨道者以"同体大悲"和报恩心关怀一切众生，做众生"不请之友"，利益众生，为众生服务，事众生如事佛、"如纯孝之子爱敬父母"（《无量寿经》），乃至代众生受种种苦，令其解脱。只要自己以热心去关怀别人、以平等心尊重别人，为别人着想，关切周围人的心事，以菩萨

"利乐有情"的精神去与人相处,人际关系自然会融洽,会受到别人的关怀、尊重、爱戴,自己也会从人情温暖中吸收到精神营养。《西藏医心术》说得好,当我们把自己延伸到别人身上时,自我的僵硬性就会融化:

> 如果我们尊敬和关怀别人甚于自己,那就是佛教修行的中心,也是一种会自然地带给我们更多力量和开放性的态度。

虽然修行的终极目标是解脱对于心外物的依赖,但佛教认为参与世间是真实之道上的正面修持方式。所谓参与世间,包括服务别人、创立帮助别人的组织和机构、提供保护、布施、祷告、给予尊敬。

掌握社交技能的要点,是明察、体会别人的心,或曰"觉他"(清醒觉知他人的心意),当代西方学者丹尼尔·戈尔曼(Goleman.D)在《情商》一书中将此与自觉相提并论。

四、情绪过激与心理变态

以净化烦恼妄心为主旨的佛法,在修习过程中必然会引起情绪、心境的种种变化,若把握不当,或有强因强缘障碍,可能导致某种情绪过激乃至心理变态。如修习不净观,由厌恶异性,可能导致同性恋癖、恋物癖等非正常性心理,佛教律藏中便载有多起僧尼性心理变态的事例;观想死(死想)、无常,可能导致对死亡的极度畏惧,焦虑不安;修习慈悲观,可能导致变态的慈悲;修习喜无量心、舍无量心,可能导致过度激动欢喜和不理智的施舍心;修习无我观,可能陷入自我丧失的迷雾而惶惶不安;耽着于禅定的喜乐,可能因喜乐失控而导致精神病。《小止观》卷下说,即便是禅定中的善根发相,也都有邪正之分,忽然无端欢喜躁动、忧愁悲伤、快乐兴奋等,皆邪,若不能正确对待,可能导致禅病。

若修禅入较深的定而不能正确处理所发生的心理变化,则发生心理变态、人格异常的情况更为严重。《楞严经》卷九所列入受阴境可能发生的十种魔事中,便有过悲、过喜、过勇、过爱、过慢而成病者。过悲者,发病态的怜悯心,"乃至观见蚊虻,犹如赤子,心生怜悯,不觉流泪"。若不理解此属"功用抑摧过越"(抑心过度)所致,自认为得道,便会有悲魔入心,"见人则悲,啼泣无限",成抑郁型精神病。过喜者,"心中欢悦,不能自止",若不知这种境界属"轻安无慧自禁",不加调制,则有好喜乐魔入心,"见人则笑,于衢路旁,自歌自舞",成兴奋型精神病。过勇者,"其心猛利,志齐诸佛",自觉一念即可成佛,若不知这种境界属"功用陵率过越"(对所证境界的过高误认)而自以为得道,便会有狂魔入心,"见人则夸,我慢无比",成狂妄型精神病。过爱者,"其心忽有无限爱生,爱极发狂",若不能正确对待,即成色情狂,破戒行淫,纵欲无度。

经中所列种种着魔而情绪过激、心理变态的症状,在今日的修行者中并不难发现,严重者成为疯癫。对此类弊病,佛书中有颇多对治方法。四念住观中的受念住,要求对自己的情绪时刻保持清明的觉知,若发现有不正常,应及时识破,认清病因,以相应的方法自我调节,尤其是以人法二空的正见观照诸受本空,使心情归于平静。唯识学的种现互生说,甚有助于明察情绪变化的来龙去脉。萧平实《禅——悟前与悟后》下册说中阴魔而发狂,自谓我是某佛菩萨者,救治方法有三:

1. 送医院服用镇静剂,令处昏沉睡眠中。
2. 亲属每天拜求佛菩萨,持楞严、大悲、大宝楼阁等咒,咒水令饮。
3. 请其师开示五蕴虚幻无我,无果可证。

从现代心理学的眼光看,修行者尤其是修禅定者情绪过激不可控制,与自己潜意识中压抑积淀的欲望、情绪及心理创伤有关,需要以挖掘、认知、排泄的方法予以治疗,否则容易形成难以克服的障碍。有些困难的体验最终会证明是疏通性的、有益的。荣格在《东洋冥想的心理学》中指出,"人一旦照耀到无意识的领域,他也就立即踏入了朦胧不明的个人无意识范围"(盖即禅宗人所谓"黑漆桶"),禅修者一般想躲避这黑暗的一隅,如果这样,他就不可能达成瑜伽预期的功能。《心灵幽径——冥想的自我疗法》说,身心上不断出现的固执访客(某种经验),表示它需要得到更深入完整的注意,可以看作某件未完成的事。每个魔障皆是精神的病变，出于恐惧。感觉出它的另一个领域（带它出现的力量），研究、接受、了解、宽恕，不可挣扎和命令，而需接纳与悲悯，从心中开放，注意心结的每一层次。

五、相似神通、境界光影的错认

禅定修习者、参禅者、修密法者，当功夫稍深后，往往会体验到从未有过的奇异境界和相似神通，对这些境界若不能正确辨别，认散为定，认凡为圣，起贪着心，很容易入魔，可能导致心理和人格异常、病态，或情绪过激，或流于邪见，甚至引起精神病。对此，佛书中有详明的解说。

《楞严经》卷九说，修定者处于色阴境界，在诸念销落、没有散动的定心中，可能会出现十种境界：或忽觉身体能穿过墙壁等障碍物，名"精明流溢前境"；或忽然自见内脏，甚至能拣出腹中的蛔虫，名"精明流溢形体"；或听见空中乃至十方有说法之声，名"精魄递相离合"；或见十方变成金色，诸佛及其净土显现，名"心魂灵悟所染"；或见十方虚空成各种彩色，名"抑按功力逾分"；或于深夜暗室能明见诸物，名"心细密澄其见，所视洞幽"；或觉自身如同草木，刀砍火烧皆无痛觉，名"尘并排四大性一向入纯"；或上见佛国下见地狱，名"欣厌凝想日深想久化成"；或忽能遥视遥听，名"迫心逼急飞出"；或见师父等善知识形貌种种变化，名"邪心含受魑魅"。以上十种境界，皆是"色阴用心交互"，由在定心中有所希望及力参深究而偶然发生，只是暂时如此，未必是恶，但若误认为开悟、证圣果而起贪着，自鸣得意，"即受群邪"。

《释禅波罗蜜次第法门》等说，在进入初级的欲界定、初禅未到地定时，尤其是刻意追求神通时，可能有相似的天眼、天耳、他心、宿命等神通出现，使修定者自觉能预知未来事、言人前世、透视人体、发功治病，或自觉上天入地、游佛净土等，至多偶尔灵验，多数虚假不实，是意识制造的幻相，并非真正的神通。若执以为实，不仅障碍修定，还可能被魔所着。真正的神通，须在第四禅极寂静心的基础上开发，即便是真的发通，也未必自在如意，事事皆灵，若有贪着，极易障道，故佛教戒律严禁僧尼显现、炫耀神通，更以未真正发通而自言得神通为犯"增上妄语"戒，以必堕地狱严诫之。但在当今的禅定、瑜伽、气功修习者中，追求神通、误认相似神通为真，因而闹出笑话、贻误大事，被讥为骗子、精神病者，也不乏其人。

对此，应先明白神通的原理和发通的条件、真假神通的区别，知晓神通不过是一种心理潜能的被开发，人人皆具，并无奇特，对现实生活和佛教的解脱痛苦、超出生死而言，弊多利少，不值得刻意追求，未得言得，是虚荣心、诈骗心作祟，自误误人，当清醒认识，则幻境自灭。

对悟境尤其是参禅所得境界的误认，被佛教强调为极其有害。《楞严经》卷十说，修行者如果于中途误认境界，以未见性为见性，"未足中生满足证"，"自言满足无上菩提，大妄语成，外道邪魔所感业终，堕无间狱"。误认心性的病态表现，一般属自恋型人格障碍，多狂妄自大，以开悟乃至成佛自居，实则多口头三昧，往往私心、烦恼甚重而不自觉知，严重者如《楞严经》所云："谓三僧祇，一念能越"（快速成佛），"自心已疑是卢舍那，得少为足"，"不礼塔庙，推毁经像"，常诋毁骂詈有德者，贬斥高僧大德，表现为狂妄型人格障碍。

禅宗称真正开悟前所显现的境界为"光影门头"，有觉本心如红日当空、月光明彻、孤灯独照、大弥虚空、密入无间，或觉金光闪烁、暗然空寂、大地平沉、地陷墙倒、身体消失、金光闪烁，或见佛菩萨等，这些都只是某种暂时性的心理体验。可能是内气或生物电刺激感觉神经而发生的幻觉，或阿赖耶识中某些种子的浮现，或某种禅定境界，并非本来空性或真正的心性光明；或将从理路上以意识思维所得的理解误认为开悟；或误认无念头扰动、寂静的心境或"有分心"为心性、真心。《楞严经》卷一佛言：

纵灭一切见闻觉知，内守幽闲，犹为法尘分别影事。

指出这种境界还只是第六意识对"寂静""空""觉""明"等法尘的分别，即落入有分心，亦未离俱生我执。错认光影、境界、定心为开悟见性，谓之

"无量劫来生死本,痴人认作本来人",无异认贼为子。错认者多我慢暗长,对人冷漠,性情古怪,不能合群。

治法:研读大乘经论、禅宗祖师语录,通达教理,以佛言衡量自己的体验,或找真正证悟的善知识"抽钉拔楔"。禅宗在这方面积累了很多经验。如憨山《示双轮照禅人》等指出,看话头看到一念不生、疑情全无处,不可认作究竟,此非真不生,乃是话头得力处。若果能用心,单在一念不生以前着力,久久纯熟,一念不生,本体现前,常光了了,明暗不移,动静一如,方为打成一片。"直到工夫任运,不假思惟,一念豁然,身心如脱空,方是工夫入手处,亦未是究竟",此时若生奇特想,便堕欢喜魔,起无端狂知狂解,古人云:"枯木岩前错路多,行人到此尽蹉跎。"纵使有力,打过种种境界,正好修行,正好保护,未是到家。若以此为足,便起世间种种五欲因缘之念,此关难过,过者百无一二。纵然到山穷水尽处,古人谓之"静沉死水""玄妙窠窟",此时须"回头转脑","死中发活",不是死到底,若不回头转脑,则面前如铁壁银山相似,只是得力时,不是受用处。要在"回机转位"。

六、神经质的罪疚感

或因犯了某戒,或因吃肉、饮酒、杀死蚊子蟑螂之类害虫,或因做错了事,为必将遭到报应、堕入三恶道或不能往生净土而惶恐不安,患所谓"报应恐惧症",是佛教徒中比较多见的现象。这种人往往陷入信仰与人欲、现实生活与佛教信条的冲突,感到自己罪业深重,丧失自信心,没有了希望,萎靡不振,心事重重,严重者失去生活下去的意愿。

佛陀确以犯戒堕三恶道,破戒比丘如断头、如死狗、如畜生、如木头、为佛法贼等言句警示弟子,令其对破戒作恶生巨大的畏惧心,《优婆塞戒经·六波罗蜜品》云:

于小罪中,生极重想,设其作已,恐怖忧悔。

其旨趣，在教人警惕，严格管束自己，止恶修善，所谓"畏而不犯，终吉无忧"①。但犯戒及有过错后背上思想包袱，恐惧忧愁，则更是重增过错。按佛法，真有过错，即便是犯了戒，也非绝无希望，可以忏悔之水，洗涤罪业过错之心垢，迅速放卸包袱。佛经中多处强调，诚心悔过，有消灭罪障的巨大作用。如《增一阿含经·马血天子品》佛言：

> 人作极恶行，悔过转微薄，日悔无懈息，罪根永已拔。

佛陀一方面制定戒律，一方面又设有犯戒后忏悔还得清净的方法。《大智度论》卷四十六云：

> 戒律中戒，虽复细微，忏则清净。

经中说，昔有比丘破重戒，由观佛眉间白毫相殷重忏悔，即得清净，后来成佛，即今勇施佛。《永嘉证道歌》因说：

> 勇施犯重悟无生，早时成佛于今在。

《西藏医心术》警告修行者：千万不要把心住在能障碍心灵净化的罪恶感上，应常训练注意自己的善心和进步，为之欣慰，以本来清净见把一切看作是圆满、清净、和平、喜悦、觉悟的，多吸收正面的力量。可以将罪恶感观想为心中的黑暗、乌云或迷雾，想象力量来源（佛）发出明亮的光束，将之驱除，感受它空的本质。宁玛派修行注重用把一切都看作清净圆满的本来清净见，对人生的每一个情境保持正面的态度，深深感觉心性正面的力量，以此为转化习气的妙法。

医治包袱内疚的最佳方法，是即过错及悔疚之心观实相的实相忏悔。《维摩经·弟子品》说：有二比丘犯戒，自以为耻，佛十大弟子中持律第一的优波离告之以依律制忏悔之法，被维摩诘居士批评为重增其罪，谓"当直除灭，勿扰其心"。直接除灭的方法，是直观罪之实体（罪性）本空，不在内不在外不在中间：

> 如佛所说，心垢故众生垢，心净故众生净。心亦不在内不在外不在中间，

---

① 《法句经》卷上。

如其心然，罪垢亦然，诸法亦然，不出于如如。

罪业和能造罪业的心，皆没有实体，念念灭尽，同于真如，毕竟空，本来解脱，如是观察，罪业与过错及心理包袱自然彻底消灭。如此方是真正持戒。《永嘉证道歌》云：

证实相，无人法，刹那灭却阿鼻业。

七、邪教痴迷者的治疗

邪教作为宗教的赝品，由来已久，多数邪教利用传统宗教的弊病及人们潜在的宗教需求，假托合法宗教或窃取合法宗教的若干教义，拼凑邪说，蒙骗世人，或假传授禅定气功之名行邪教之实，欺世害人。邪教制造动乱，危害社会，其成员中走火入魔、自杀杀人的现象颇为严重，成为巨大公害。假托佛教的邪教，属佛书中所谓"附佛法外道"，此类邪教的创立者、首领，是一些个人野心、控制欲、领袖欲、发财欲病态膨胀的恶人，宗教投机商，有些是修炼坐禅而着魔者，他们常"敢为大言"，自称、被称为救世主，新佛出世或古佛菩萨再来，喜欢以巫术神异诱惑人，颇擅方士伎俩，心理和人格多属病态。《楞严经》卷九称此辈为"邪魔外道"，细数其着魔的各种症状和因缘，如说想阴境十种魔事中着魔者的种种表现：

或"口中好言灾祥变异，或言如来某处出世，或言劫火，或说刀兵，恐怖于人"（宣扬末世论）；或"口中好言诸佛应世，某处某人，当是某佛化身来此，某人即是某菩萨等来化人间，其人见故，心生倾渴，邪见密兴"；或"口中好言佛有大小，某佛先佛，某佛后佛，其中亦有真佛假佛、男佛女佛，菩萨亦然"；或"自言是佛，身着白衣，受比丘礼，诽谤禅律，骂詈徒众，讦露人事，不避讥嫌"；或"口中常说十方众生皆是吾子，我生诸佛，我出世界，我是元佛，出世自然，不因修得"（自称救世主、佛）。

这些表现，与古今附佛邪教头子的作为若合符契，大多也是"破佛律仪，潜行贪欲"，其下场则莫不是"弟子与师，俱陷王难"。经中说：着魔传邪教者，是在想阴境禅定中，因为有所贪求而被怪鬼、魃鬼、魅鬼等外魔所着、所附，令其烦恼膨胀，或能现某种神异迷惑人。实际上，内心的控制欲、教主欲、发财欲等烦恼魔，也可以令未必真有禅定功夫者有如上着魔的表现，成为欺世害人的"人魔"。

中国自南宋以来，随佛教的衰落，各种依附佛法的邪教纷纷出现，佛教大德如莲池、憨山等皆曾予以破斥。莲池特著《无为卷》短文评论斥无为教之讹，指出其虽然杂引佛经而非正道，乃"假正助邪"，其所谓无为非真无为，"彼口谈清虚而心图利养，名无为而实有为耳"，号召释子"宜力攘之"。《憨山老人梦游集》卷十《答德王问》指出当时圆顿、达磨、南阳、净空、无为等教，《归家》等偈，皆属邪教之法，乃一类邪人"望空捏作，此等言语，惑乱世人之法，俱要尽情吐却"。

易上邪教人魔之当、接受邪教邪说者，在信仰心理上多属依怙型，有依赖、崇拜活生生的肉体救世主、"活佛"的宗教需求，而缺乏识别正邪的智慧。在历史上，误入邪教者大部分是对社会现实不满，深怀很强的解脱痛苦、改变现实希望的劳苦大众，在现代社会则多为有潜在的宗教需求而对合法宗教有某种不满意、不愿背负信教之名，及被邪教的"气功""瑜伽""心灵科学"等招牌迷惑的人。在潜意识中对现代社会的压力、紧张、人情冷漠等反感，不愿随潮流追逐物欲，有空虚、失落、痛苦感，然不甘以吸毒、赌博打牌等下流游戏自我麻醉，而追求超越现实，依靠他人获得解救，是很多人接受邪教的心理基础和内因。有些人则是希望通过练功健身治病，误上了邪教的贼船。对邪教的历史及特点无知，也不了解合法宗教，缺乏在宗教、信仰市场上辨别邪正真伪的智慧，对气功瑜伽及心理暗示之类的机理不理解，因而被邪教的一些神异表现和练其功法后治病健身等效果所迷惑，是许多现代人误入邪教的根本原因。

邪教率皆强调绝对崇拜、尊从其教主，强烈排斥其他宗教和学说。误入其彀者经常接受邪说的灌输暗示，逐渐被邪说所完全奴役，对邪教教主产生很强的依赖、感恩、虔敬的宗教感情，对之言听计从，将正常的思想、理性、感情逐渐排除，忘记了自己所担当的家庭、社会角色。其虔诚信仰以我执为根，恶性增长为"邪信中心"立场,对邪教圈子以外的人乃至整个人类、社会怀有敌对情绪,甚至视其家人亲属为"魔鬼",形成反社会型人格障碍。其多疏离现实社会,厌世,自私,不承担家庭及社会责任,只追求自己升天成神,对一切世事消极厌弃,唯独对传布邪教极其狂热。容易跟着邪教的指挥棒动乱闹事,违法乱纪,做出有病不吃药、集体自杀等蠢事;或出现幻觉和自我认知障碍,走火入魔,自杀、自焚、自残、杀害他人,表现出精神分裂、偏执性精神病(妄想狂)、攻击型人格障碍等症状,有称为"附体综合症"者。

对邪教,首先要以行政、法律手段进行取缔禁止,依法惩办其教首。对其成员,要以深厚的慈悲心,将他们看作无辜受害者,热心帮助他们摆脱邪教的控制。不仅要以确凿的事实、科学的方法,有理有据地揭露邪教之邪,帮助他们认清邪教的真面目,更应帮助他们学习邪教的历史和一般的宗教知识,分清邪教与宗教的区别,弄清气功、瑜伽、禅定、心理暗示的原理,知晓诊治走火入魔的方法,建立正确的信仰和人生观,掌握调节自己心理的技术。《楞严经》等对魔事的解说,及佛法以智慧自净其心而得解脱、依法不依人、"佛法在世间"等精神,对帮助邪教痴迷者分清邪正当有积极的作用。佛教用以降魔的"楞严咒""不动明王咒""马头金刚咒"等,若持诵有素,可用以加持邪教走火入魔者、痴迷者,驱除魔障。也可以教给愿意脱离邪教者持诵,帮助其彻底摆脱邪教的精神控制。

清净心 | 第十七章

彻底净化自心，清除一切粗细烦恼的污染和无明的遮蔽，令心识本具的清净光明全体朗然显现，从而解脱一切痛苦，获得圆满的自我实现，是佛教所有修证法门的目标。心识彻底净化的人格表征，是成佛，由人而佛，是一个心灵自我净化、人格自我塑造或生命自觉进化的进程。佛学对这一进程的必经之道、心路历程，有明确的阐述，对净化之心灵的特征及其妙用，有详悉的描述。这是佛教心理学独具的内容。

净化心灵的进程，按所行道、所乘交通工具的不同，大体可分为小乘、大乘、密乘三门。

第一节　小乘道清净心的进程

小乘（梵文 hīnayāna）意谓载人到达目的地的小型车船或交通工具，是大乘佛教对部派佛教的称呼，大乘经中一般叫"声闻乘""缘觉乘"，合称"二乘"。南传佛教自称"上座部"而不接受"小乘"的称谓。小乘之"小"，主要是与以普度众生皆成佛果为宗旨的大乘相比，着重于个人超脱生死，其发心和所能达到的果境较小。据《阿含经》，小乘道的修证，因人的根器不等，有一步步渐修渐证者，也有顿悟顿证者。到部派、大乘佛教，形成了严整的修证次第。

一、七清净、十五阶梯、四预流支

《中阿含经》卷二《七车经》舍利弗以七车为比喻，总结修行达无余涅槃的进程为七步：

以戒净故得心净，以心净故得见净，以见净故得疑盖净，以疑盖净故得道非道知见净，以道非道知见净故得道迹知见净，以道迹知见净故得道迹断智净，以道迹断智净故，世尊沙门瞿昙施设无余涅槃。

南传佛学据此建立修证次第，《清净道论》以"清净"为题并分修学次第为七种清净，据南传佛学解释，七清净为以下内容。

1. 戒清净（巴利文 sīla-vasuddhi）：修行别解脱律仪戒（227 条比丘戒）、根律仪戒（防护诸根）、活命遍净戒（获取生活品的方式）、资具依止戒（衣食住药必须品）四种遍清净戒。

2. 心清净（巴利文 citta-visuddhi）：修止，进入近行定与安止定。之后修毗婆舍那。

3. 见清净（巴利文 diṭṭhi-visuddhi）：依定心修观，先修"名色分别智"，辨识名色的特相、作用、现起、近因。从见清净开始，依次证得 16 种观智。

4. 度疑清净（巴利文 kaṅkhāvitaraṇa-visuddhi）：修"缘摄受智"，辨识集成名色的诸缘。

5. 道非道智见清净（巴利文 maggāmaggañāṇadassana-visuddhi）：修思惟智、生灭智，分辨正道与邪道。思惟智（巴利文 sammasana-ñāṇa），谓将一切有为法归结于五蕴，观其坏灭无常、可畏而苦、无实体而无我三相。生灭随观智（巴利文 dayabbaya-ñāṇa），谓观照刹那生灭。次观三世五蕴等之三相；次依世、相续、刹那，观一切有为法之三相。次依缘与刹那，以生灭智观有为法之生灭，生起光明、喜、轻安、胜解、策励、乐、智、念、舍、欲。

6. 行道智见清净（巴利文 paṭipadāñāṇadassana-visuddhi）：证得生灭智、坏灭智、怖畏智、过患智、厌离智、欲解脱智、审察智、行舍智、随顺智 9 种智：

坏灭智（巴利文 bhaṅga-ñāṇa），观照有为法的坏灭。

怖畏智（巴利文 bhaya-ñāṇa），觉知一切无常的有为法可怖畏。

过患智（巴利文 ādīnava-ñāṇa），照见一切有为法的过患，明了只有无为法才安全。

厌离智（巴利文 nibbidā-ñāṇa），厌离一切有为法。

欲解脱智（巴利文 muñcitukamyatā-ñāṇa），生起欲脱离一切有为法之愿欲。

审察智（巴利文 paṭisaṅkha-ñāṇa），审察观照有为法的无常、苦非我三相。

行舍智（巴利文 saṅkhārupekkhā-ñāṇa），照见有为法中无我、无我所，舍弃怖畏与取乐。

随顺智（巴利文 anuloma-ñāṇa），于种姓心之前生起的欲界心，顺前之八智及后之道智。行舍智与随顺智圆满时称"导向出起之观"。

第 6、7 之间证更改种姓心（巴利文 gotrabhu-ñāṇa 简称种姓心），为首次转向涅槃、无间道的等无间缘、凡夫进入圣者的转变点。在有分断之后生起意门转向心，随之生起 2—3 个缘取目标三相的观智心（遍作、近行、随顺），随后生种姓心。

7. 智见清净（巴利文 ñāṇadassana-visuddhi）：依次证得须陀洹、斯陀含、阿那含、阿罗汉四出世间道智。种性心之后，即刻生起初果道心，证入出世间定心路过程。道心（巴利文 maggacitta），有同时执行遍知苦、断除渴爱、证悟涅槃、开展八圣道四种作用。道心之后有 2—3 个果心生灭，然后沉入有分心。有分心中止后生起省察智（巴利文 paccavekkhaṇa-ñāṇa），省察道、果、涅槃及烦恼之断与未断。二、三、四果的道心、果心亦如是生起。

七清净与各阶段所观修的内容如下表：

七清净	修行内容
1. 戒清净	四清净戒
2. 心清净	入近行定、安止定
3. 见清净	1. 名色分别智
4. 度疑清净	2. 缘摄受智
5. 道非道智见清净	3. 思惟智 4. 生灭智（未成熟）
6. 行道智见清净	4. 生灭智（成熟阶段） 5. 坏灭智 6. 怖畏智 7. 过患智 8. 厌离智 9. 欲解脱智 10. 审察智 11. 行舍智 12. 随顺智
6 与 7 之间	13.（更改）种姓智
7. 智见清净	14. 道智 15. 果智 16. 修行智

北传佛教小乘道声闻乘的修证次第，《俱舍论》卷二十一分为四道：

一为加行道，准备阶段，修"厌患对治"，厌患欲界烦恼。

二为无间道，修"断对治"，深观四谛而断烦恼见道。

三为解脱道，见道后修"持对治"，保持择灭智。

四为胜进道，修"远分对治"，再观四谛而更远离诸烦恼。

《瑜伽师地论·声闻地》等分小乘道次第为七贤、八圣凡十五个阶梯，总为顺解脱分等五位，修习内容主要是止观。

1	五停心	顺解脱分	七贤位
2	别相念住		
3	总相念住		
4	暖	顺抉择分（四善根位）	
5	顶		
6	忍		
7	世第一		
8	须陀洹向	见道位	八圣位
9	须陀洹果	修道位	
10	斯陀含向		
11	斯陀含果		
12	阿那含向		
13	阿那含果		
14	阿罗汉向		
15	阿罗汉果	无学位	

在登上十五个阶梯之前，还应该有一个入门的预备阶段即五位中第一资粮位，须在了解佛教的前提下，行三皈依，接受五戒（出家者受沙弥等戒），按戒律的要求规范自己的言行，改正以前的不良习气，不作杀盗淫妄酒等恶业，若在家人，应尽职尽责，随力行善积德，布施修福，做一个好人、善人。《俱舍论》称此为"顺福分"，谓遵循五戒十善等法修集做好人、过好生活、能再生于人天的福报，生起世间有漏的善根，为该论所列见道前的三顺分之初。在此基础上，观察人身难得、生死轮回之苦，发起超出生死的"出离心"，才有资格修习止观而进入七贤位。

《阿毗达磨法蕴足论》卷二据《杂阿含经》说，在见道前有"四预流支"——证得初果的四步：亲近善知识、听闻正法、如理作意、法随法行，又称三皈依的四正行。如理作意，一作"内正思惟""如理思惟"，谓闻正法已，深思其理，确认四谛如实不虚，欢喜信受。法随法行，亦译随顺法、修行法，谓旋环如理作意，审正观察四谛，生出信、精进、念、定、慧五胜善法，修习坚住，无间修习，增上加行。由精进修法随法行圆满，便能趣入见道。

二、七贤位

七贤位之"贤"，谓经过预备阶段的持戒修福发心等资粮位修行，心态与行为已经堪称贤善，超出了普通人，趋向于圣位。其中前三位又称三贤位，属五位中的第一"顺解脱分"，意谓一心趋求涅槃解脱，生起了定能结出涅槃解脱果实的有漏善根。

第一五停心位，相当于南传佛学七清净中的第二"心清净"，针对自己的烦恼习气，选择修习不净观或数息观、慈悲观、因缘观、念佛观以对治之，一般多修不净观以治贪欲，修数息观以治散乱，旨在令驰骋躁动的心停息下来，烦恼习气初步被降伏，逐渐深入正定，打下以正见修慧观的坚实基础。

第二别相念住位、第三总相念住位，相当于南传佛学七清净中的第三、四以正智仔细观察名色的"见清净"和"度疑清净"。所修皆为四念处观，属毗婆舍那的初步修习。在别相念住位，修习者对身、受、心、法一一分别观察，有自相与共相两种别观。自相别观仔细观察身、受、心、法各自的自性：身念处观身体的各个部位，构成身体的四大、造色及身体上的五根，一一皆因缘集起，污秽不净，无可爱乐；受念处观心领纳外境刺激所生的苦、乐等一切感受，皆悉无常，终归是苦；心念处观自心依缘而起，念念生灭不住；法念处观六识所分别的一切法，没有常一自宰的"我"。共相别观，逐一观身、受、心、法的共性，观其皆悉无常、苦、空、无我。《俱舍论记·分别贤圣品》云：

观诸有为皆非常性，观诸有漏皆是苦性，观一切法空，非我性。

总相念住位，进一步总观身、受、心、法的无常、苦、空、无我四种本性，由别相念住的一一别观转为总体直观。经过这一阶段的止观修习，修行者能时常住于禅定中，对佛法有了深切的体会，能伏住烦恼不起现行。

勤修四念住，定慧初步成就，逐渐出生五根、五力。五根者，对佛法深生敬信，信心根深难动，名信根；自然有精进修行的动力，名进根；自然常念正法，名念根；自然能入正定，名定根；有抉择邪正的智慧，名慧根。五根继续增长，出生巨大力量，名信力、精进力、念力、定力、慧力五力。力的定义是"难伏"，如信力之净信，十分坚定，不会被外道、魔及烦恼所动摇，故名为力。

七贤位的后四位，属五位中的第二"顺抉择分"，意谓能决断确认佛法四谛之精义，生起接近于见道证果的有漏善根，故称"四善根位"。又为见道证果前夜的准备阶段，故称"四加行位"。此四位的修习内容，是以五根五力为基础，正修毗婆舍那深观四谛。

第一暖位，喻如钻木取火，虽未出火，而木已发热，离出火已不远，《俱舍论颂疏》卷二十三解释：

圣道如火，能烧惑薪，圣火前相，故名为暖。

此位在正定的基础上，逐一观察四谛的十六行相（特性）：

观五蕴、六入、十二处、十八界等世间有为法因缘所生，生灭无常，具逼迫性，一切执为属我所有者皆空，所执之我亦非真我，为苦谛四相——非常、苦、空、非我。

观烦恼为苦因，如种子生芽，由因必感果，烦恼的集合能令苦果显现、相续不断生起乃至成办，为集谛四相——因、集、生、缘。

观诸蕴尽故生死之因灭，烦恼之火息灭故寂静无躁动，没有众患，极为微妙，脱离诸苦众灾，为灭谛四相——灭、静、妙、离。

观八正道等三十七道品为超出生死的必由之径，此道契合本来之真理，为可靠的正道，能使人永远超出生死，为道谛四相——道、如、行、出。

修至暖位，一天从早到晚多时住于定中，其观智不断转胜，《禅秘要法经》说此位之人：

出定之时，顶上温暖，身毛孔中恒出诸香，出定入定恒闻妙法，续复自见身体温暖、悦豫快乐、颜貌熙怡、恒少睡眠、身无苦患。

第二顶位，意谓到了顶，如山顶或人的头顶，是最高处。在暖位最后所得殊胜善根的基础上，进一步深观四谛十六行相，观智渐次增长，对佛法获得更为确定的体认，从而不会再起邪见。《禅秘要法经》说顶位人：

> 出定入定，恒见顶上火出，如真金光，身毛孔中亦出金光，如散粟金，身心安乐，如紫金光明还从顶入。

第三忍位，对四谛能确信明解，完全接受，善根坚韧不可动摇，故名忍。此位修习，又分下中上三品，下品忍位深观欲界四谛十六行相与色界、无色界四谛十六行相。中品忍位就欲界与色界、无色界之四谛三十二行相，渐次减缘而观。上品忍位唯以一刹那心观欲界之苦谛一行，进入上一位。

第四世第一位，意谓达世间善法中的顶巅，得世间最殊胜法。唯观欲界苦谛，以此一行一刹那心，直趋见道。

《大般涅槃经》卷三十四谓暖、顶、忍、世第一四位，在于初禅至第四禅。

四善根位观修的内容，大略相当于南传佛学七种清净中，以生灭随观智等十四种正智观察四谛的第五"道非道智见清净"、第六"行道智见清净"。《俱舍论》卷二十三总括四善根位的功德说：

> 暖必至涅槃，顶终不断善，忍不堕恶趣，第一入离生。

谓修至暖位，即便退失善根而造恶业堕于三恶道，也不会再造五逆罪、犯杀盗淫妄四重戒，涅槃的种子已经播下，必定不会堕落太久，将来必然会结出涅槃之果。修至顶位，再不会断了善根。但还有可能退堕，乃至疑谤佛法而堕入恶道，称"顶堕"。修至忍位，即便轮回转生，也必然不再退失善根，不造无间业，不堕于地狱等三恶道，若达上品忍位，得五种"不生"：不卵生、湿生为畜生，不生不闻佛法的无想天与北俱卢洲、大梵天王三处，不生为非男非女的阴阳人及诸根不全的残废人、畸形人，不生于欲界第八有及色界第二生，不生见惑。修至世第一位，即便死后转生，也必定能直趋向上，进入见道位（"入正性离生"）。

四善根位生起的善根，已成习惯，是一种自然摄心持心、策励人精进修行的心理功能，称"未知当知根"。

按《摩诃般若经》等的十地（天台宗谓之"（三乘）通教十地"），第一地

"乾慧地",得闻思慧而尚无定水滋润,当于资粮位。第二地"(种)性地",修习定慧已得坚固,为"必定众"(将来必定成道),当于加行位。

三、四向四果

四圣位,相当于南传佛学七种清净中的第七"智见清净",又各分向位与果位,凡有八阶,称"四向四果",证入者超凡入圣,称"四双八辈"。向位,谓趋向、接近于正果位。

第一,须陀洹向(初果向),意译"预流向",谓趋向于进入圣者之流。由世第一位深观欲界苦谛,观力纯熟,一刹那间亲证苦谛,得"苦法智忍",进入预流向,继而没有间隔地次第观三界四谛而得苦法智忍、苦法智、苦类智忍、苦类智、集法智忍、集法智、集类智忍、集类智、灭法智忍、灭法智、灭类智忍、灭类智、道法智忍、道法智、道类智忍共十五种无漏心,证道类智名为见道(亲见圣道)。苦法智等八智,谓由亲证而得现见四谛的出世间智慧,苦法智忍等八忍,指证得八智的因或前奏。忍,谓对四谛理的深切认可接受;智,则是一种现量的、可以熟练运用的直觉智慧。类智、类忍,指关于色界、无色界的智和忍,因为类似于先所得的欲界智、忍,故名。按《摩诃般若经》等的通教十地说,第三地"八人(忍)地",谓得苦法智忍等八忍,当于须陀洹向,至第四地"见至",得苦法智等八智,当于须陀洹果。忍与智的区别,应在对所见道熟练与否。

据《杂阿含经》卷三、卷三十三,须陀洹向分三种:一为随信行,在佛陀或善知识示导、加持下暂得刹那见道,凭对佛陀或善知识的信仰、信任而建立了对三宝的确信;二为随法行,依佛法修行自己达刹那见道;三为信解脱,对三宝的确信比前两种人更深。经言,达须陀洹向者,已离凡夫地,而未臻圣位,然在命终之前,必能证得须陀洹果。

见道又名"入正性离生",谓入涅槃圣道而离见惑,又名"圣谛现观"。现观,谓以现量分明现见,《成唯识论述记》卷九解释:

> 现谓现前，明了现前，观此现境，名为现观。

至须陀洹向位，因亲证真理，对佛法得到由切身体会所确认不疑的正信，故能于见道之一刹那间顿断三界的身见等共88品见惑，打开直观佛法四谛的智慧眼，名"法眼净"（实则应名"慧眼净"），《杂阿含经》常说法眼净者：

> 见法、得法、知法、入法，度诸疑惑，不由他度。

"见法"谓于四谛现见；"得法"谓获沙门果（证果）；"知法"谓于已所证能自了知；入法，谓进入修道位。此外，法眼净者还有于佛、法、僧如实遍知、于自证无惑、于他所证无疑、不藉他缘宣说圣谛、一切他论所不能转、身心极其轻安等殊胜利益。《中阿含经》卷四十七《多界经》说，见谛者的功德有不会犯戒罢道、不会舍离佛法别求更胜、不会卜问吉凶、不会迷恋咒术、不会第八次受生等。《瑜伽师地论》卷九十五说，见道者"如大石楼，已善雕饰，八方猛风不能倾动，一切异论不能移转。所有悟解，不假他缘，不视他面"。

同论卷八十八说，见道圣者唯永断萨迦耶见及"于诸行执着现行我慢"，未断"由失念率尔现行我慢"，有时还会因忘失正念而生起我慢，以我慢为根而生起贪嗔等烦恼。

第二，须陀洹果，意译"预流"，又名"初果"。从预流向十五心后，无间隔地证得第十六心"道类智"——亲证色界、无色界道谛的智慧，从此证须陀洹果，入修道位，逐渐断除一切修所断烦恼。初果圣者得"位不退""信不退"，若寿命长，继续进修，可以即生直证阿罗汉果，即便来不及继续修证而再入轮回，也不会退失对佛法的信仰追求，不会犯戒造杀盗淫妄等恶业，不会堕入三恶道，至多只在人天二道往返七次，最后必定得涅槃。初果圣者按所断惑分为三种：极七返有者（须在人、天往返七次）、家家（在人、天投生2—3次）、一种子者（只在人、天投生一次）。

须陀洹所断见惑，一般说为身见、戒禁取见及疑（对佛法的疑惑）"三结"，欲界烦恼相当淡薄。《清净道论·说智见清净品》列举须陀洹所断烦恼和恶业有：身见、邪见、戒禁取见、疑、悭、引生三恶道果报的欲贪和嗔恚，以无常为常、以无我为我的想、心、见之颠倒，杀生、偷盗、邪淫、妄语、邪业、邪命（以不正当的手段谋生）及其他由于烦恼而不应有的行为。《楞伽经》卷四谓"须陀洹断三结烦恼，离贪嗔痴"，由住三昧之乐，离性嬉戏及性需求。《大般涅槃经》卷三十六比喻：

> 须陀洹人所断烦恼，犹如纵广四十里水，其余在者，如一毛渧。

《止观辅行传弘决》卷六说，初果人"虽复有欲等者，道共戒力，性离邪行，他境自妻，一切不犯"，"虫常任运离刃四寸"，虽有事中与烦恼相关的独头意识生起，而了法本空，不计其有实性。但此位圣者尚未断能引生人天果报的欲界贪、嗔等烦恼，淫根、情根未断，当遇到特别有吸引力的境缘时，虽然不会做出违反戒律的事，还可能生起贪爱嗔嫉慢等有漏心，因此未免再生于人天。《修行道地经》云：

> 其修行者已得初果道迹，知诸五欲皆归无常，不能尽除。……长夜修习，离于爱欲，适见好色，淫意还动。①

质言之，初果圣者在见地上是圣人，在本能性欲望上有时还是凡夫。

第三，斯陀含向，又称"二果向""一来向"，以所见之道继续修持，断欲界共九品修惑（随思而起的贪嗔等烦恼）中的下三、四品，烦恼较初果更为淡薄。断三品修惑者，还会于人天中来降生三次，称"三生家家"；断四品修惑者，会于人天中降生两次，称"二生家家"，其中皆分来往于人中的"人家家"和来往于人、天二处的"天家家"。

第四，斯陀含果，又称"二果"，意译"一来"，断了欲界九品修惑中的下六品，贪嗔等烦恼更为淡薄，只须再来降生于人中一次即必定证得阿罗汉果，故名。按所断惑又分为五种：再生于人间而入涅槃、生于天界而入涅槃、在天界证果再生天界而入涅槃、在天界证果寿尽再生于人间入涅槃、生天后再生于人间入涅槃。《清净道论》说，此位圣者之智慧断粗的嗔，不会因遇拂逆而发大火。此位圣者的人欲尽管非常淡薄，但还遗留有三分未断，还有对特别境偶然生起贪爱等的可能，《大智度论》卷六谓"虽得初果第二道，犹为欲染之所

---

① 《法苑珠林》卷九十九。

蔽"。《修行道地经》云：

> 得往还道斯陀含人，若见外形端正姝好，淫意还动。若说污露瑕秽不净，淫意即灭。①

按天台宗通教十地，斯陀含果当于第五"薄地"，谓欲界烦恼淡薄。

第五，阿那含向，又称"三果向""不还向"，进而断欲界九品修惑中的第七、八品，人欲几乎断绝，但因只余一点人欲未断，尚须于来生才能证得阿罗汉果，故名"一间"（有一生为间隔）。

第六，阿那含果，称"三果"，意译"不还"，谓断尽欲界欲、嗔恚、欲漏、恶作、欲取等九品欲界修惑，不会再来欲界受生。此位圣者命终后，往生色界，于彼处继续修持，证得阿罗汉果，按其所断色界、无色界修惑的不同而证涅槃的形式有别，分为七种：

1. 中般涅槃，生天后未寿一半尽即得阿罗汉。
2. 生般涅槃，生天后超过一半寿或临死得阿罗汉。
3. 有行般涅槃，必须精勤才能得阿罗汉。
4. 无行般涅槃，不须精勤即自然得阿罗汉。
5. 上流，从色界一地投生于更高直至色究竟天而得阿罗汉。
6. 行无色，从色界一地投生于更高处，直至无色界非想非非想天而得阿罗汉。
7. 现般涅槃，今生即得阿罗汉。

此位圣者中成就禅定者，能入受想灭尽定，能发诸神通。《清净道论》列举此位圣者所断烦恼和不善业有：细的欲贪、嗔恚、后悔、邪思惟、以不净为净的颠倒想，两舌、恶口。但还有属色界、无色界的色贪、痴、慢等未断。《大智度论》卷六云：

> 虽离欲染第三果，余残痴、慢犹覆心。

按天台宗通教十地，阿那含果当于第六"离欲地"。

---

① 《法苑珠林》卷九十九。

第七，阿罗汉向，又称"四果向"，进断色界、无色界九品修惑中的前八品，最后入像金刚石摧碎一切一样能破坏一切烦恼的"金刚喻定"，断无色界非想非非想处（"有顶"）的第九品修惑，同时引令能断尽三界一切烦恼的"尽智"，即证无学位阿罗汉果。

第八，阿罗汉果，称"四果"，阿罗汉（巴利文 arahant）意为不生、杀贼、应供，谓断尽三界一切烦恼贼、不再轮回转生，因而应该受世间供养的圣者。《清净道论》列举阿罗汉道智所断的烦恼有：色贪、无色贪、慢、掉举、无明（痴）、昏沉、睡眠、无惭、无愧、（对名誉和称赞的）随贪、以苦为乐的想与心之颠倒、邪智、邪精进、邪念、邪解脱、绮语。阿罗汉会形成一种自然没有诸烦恼的心理功能，称"已知根"。

阿罗汉又有两类六种之别。两类者，一为慧解脱阿罗汉，唯依初禅未到地等浅定或顿观顿悟而发的无漏慧，断尽三界见、修一切烦恼，此类罗汉未必成就深定尤灭尽定及神通。二为定慧俱解脱阿罗汉，不仅依无漏慧断尽三界见、修一切烦恼，而且成就禅定、神通，能入灭尽定。六种者：

1. 退法阿罗汉，道力较浅，遇缘（如生病等）可能会退还至下三果。

2. 思法阿罗汉，常害怕退失果位。

3. 护法阿罗汉，精进防护所证果。

4. 安住法阿罗汉，虽不防护，亦能不退。

5. 堪达法阿罗汉，能迅速达到不动法阿罗汉。

以上五种阿罗汉根钝，必须具备衣食具足、环境适宜等条件才能入定及解脱。

6. 不动法阿罗汉，为最利根者，不为一切境缘所退动，不依赖任何条件而得入定及解脱，名"不动心解脱"。一般讲阿罗汉，都指不动法阿罗汉。

按天台宗通教十地，阿罗汉果当于第七"已办地"。

从大乘唯识学来看，依小乘道修行至见道位，断分别所起人我执，初步转意识、末那识为智，至阿罗汉位，永断末那识俱生我执，其第八识舍阿赖耶名，名异熟识。《成唯识论》卷三解释说：阿罗汉断第八识中烦恼粗重究竟尽故,"不复执藏阿赖耶识为内自我,由斯永失阿赖耶名,说之为舍,非舍一切第八识体。"

南传佛学将证得圣果的出世间心分为 8 或 40 种,其中道心 4 种:须陀洹道心、斯陀含道心、阿那含道心、阿罗汉道心。果心 4 种,须陀洹果心乃至阿罗汉果心。说每一道心只生起一次,维持一刹那,不能重复出现。道心之后果心出现两三次,沉入有分心,以后还会生起,可以长时间住于果心中,入"果定"。每一道心、果心又分为与初禅、二禅、三禅、四禅、五禅相俱五种。

四、阿罗汉的清净心

无论哪种阿罗汉,都亲证诸法无我的真实,彻底改变了凡夫以假我为中心的立场,永远断灭了能引起三界生死的一切烦恼,真正解除了对死亡的畏惧,如囚出狱,如鸟出笼,获得解脱自在。

阿罗汉突出的心理特征是无我、无欲、超脱、快乐。《中阿含经》第 123 经载:二十亿耳比丘证阿罗汉果后,向佛述说悟境,有无欲、远离、无净、爱尽、受尽、心不移动六德。《经集·仁慈经》佛说阿罗汉的品德有:有能力、诚恳、正直、说话和气、态度和蔼、不傲慢、知足、容易供养、安闲、简朴、平静、聪明、谦虚、不执着家庭、对智者所谴责的错误即便再微细也纤毫不犯、无愤怒仇恨敌意、对一切众生怀有无限的仁慈心、愿一切众生幸福安全、行住坐卧毫不糊涂、不接受谬论、有德、有见识、不贪恋爱欲等。同经《蛇经》说,阿罗汉摒除一切怒气、爱欲、贪欲、傲气、偏执、恐惧、疑虑、妄想等烦恼,抛弃此岸和彼岸,既不往前赶也不后退,如蛇蜕去衰老的皮。《增一阿含经》卷四五佛言,漏尽阿罗汉终不做十一种事:不舍出家人的袈裟而做俗人之事(不还俗)、不作不净行(性生活)、不杀生、不偷盗、不剩饭、不妄语、不群类相佐(结帮拉派)、不狐疑、不恐惧、不受余师、不受胞胎。《法句经·罗汉品》描述阿罗汉的清净心:

去离忧患,脱于一切,缚结已解,冷而无暖。

心净得念，无所贪乐，已度痴渊，如雁弃池。

量腹而食，无所藏积，心空无想，度众行地。

如空中鸟，远逝无碍，世间习尽，不复仰食。

虚心无患，已到脱处，譬如飞鸟，暂下辄逝。

制根从止，如马调御，舍骄慢习，为天所敬。

不怒如地，不动如山，真人无垢，生死世绝。

心已休息，言行亦正，从正解脱，寂然归灭。

弃欲无着，缺三界障，望意已绝，是谓上人。

在聚若野，平地高岸，应真所过，莫不蒙祐。

彼乐空闲，众人不能，快哉无望，无所欲求。

南传《法句经》阿罗汉们自称他们"于憎无憎""于贪欲无贪""无物障""无垢离诸尘，深入诸禅定""脱落贪嗔慢，亦非沾虚伪""断除一切结，无有恐怖者""言语有礼貌，不触怒于人""忍辱忍挨打，而无有嗔恨""有甚深智慧，善辨道非道，证无上境界"，六尘境和苦乐称讥打骂毁辱等刺激，对他们而言，有如水洒莲叶、芥子入针锋，他们的心"如月净无瑕，澄静而清明"。他们自然不生任何烦恼，纵遇美色诱惑、刀剑逼迫，其心也纹丝不动，如古井水不起波澜，如大磐石风吹不动。他们没有任何痛苦、恐怖、忧虑，如《杂阿含经》卷三十二第913经，佛偈所言：

一切忧苦消灭尽，犹如莲荷不着水。

其心无依无系，安详平静，常浸润于微妙的法乐里，许多阿罗汉情不自禁地宣称："我等真快乐！"这种法乐与世俗必依一定条件方得生起、起已即灭的快乐不同，不依待任何条件，恒常不灭或无生无灭，这种安乐即是涅槃。涅槃实际是完全断灭了烦恼的清净心，除过烦恼之外的其他心识功能如八识及遍行、别境、善三类心所法犹在，皆转为无漏。《杂阿含经》卷二第39经佛言，阿罗汉断攀缘，"彼识无所住，不复生长增广"，不生长故不作行（不造有漏业），不作行已住（安静），住已知足，知足已解脱，于世间一切无取无着，自觉涅槃，自信：

我生已尽，梵行已立，所作已作，自知不受后有。

其心识不至东南西北上下，无所至趣，"唯见法，欲入涅槃，寂灭、清凉、清净、真实"。《佛说未曾有因缘经》卷下，佛言：

解脱心者，即涅槃也。

《瑜伽师地论》卷七十三谓涅槃为法界清净、烦恼众苦永寂静义，"非灭无义"，比喻水离浑浊而非无澄清性，纯金炼成后非无调柔性，云雾消散后非无虚空的清净性。同论卷八十说阿罗汉若思惟真无相界，入灭尽定，便可入无余依涅槃，此类圣者"诸转识等，不复得生，唯余清净无为离垢真法界在"，清净无为离垢真法界，当于大乘所言自性清净心或阿摩罗识。

南传佛教经藏中的《长老偈·长老尼偈》保存的337位证得阿罗汉果的比丘、比丘尼所作1812首偈颂中，有不少对自己清净心之描述。如满金长老偈云：

今生得解脱，内心及外表；贪欲彻底断，进入涅槃道。

心意甚宁静，一切无执着；世界之生灭，我亦悉知晓。①

阿吉得长老偈云：

于死无所惧，于生无所恋，我有遍知智，身躯抛一边。②

亥陀克长老偈云：

我身甚轻松，喜悦心神爽，犹如一棉絮，随风而飘荡。③

罗睺罗法师《佛陀的启示》总结阿罗汉的心理和人格特征说：

凡是亲证真理、涅槃的人，就是世间最快乐的人。他不受任何"错综"（complex）、迷执、忧、悲、苦恼等苛虐他人的心理状态所拘缚。他的心理健康是完美的。他不追悔过去，不冥索未来，只是扎扎实实地生活在现在里。因此他能以最纯净的心情欣赏与享受一切，而不掺杂丝毫自我的成分在内。他是喜悦的、雀跃的，享受着纯净的生活。他的感官愉悦，无所烦忧，心灵宁静而

---

① 《长老偈·长老尼偈》，邓殿臣译，中国社会科学出版社1997年版，第6页。
② 《长老偈·长老尼偈》，邓殿臣译，中国社会科学出版社1997年版，第11页。
③ 《长老偈·长老尼偈》，邓殿臣译，中国社会科学出版社1997年版，第46页。

安详。他既无自私之欲求、憎恚、愚痴、骄慢、狂傲以及一切染着，就只有清净、温柔，充满了博爱、慈悲、和善、同情、了解与宽容。他的服务精神是最纯正的，因为他不为自己设想。他不求得、不积储，甚至不积贮精神的资粮，因为他没有"我"的错觉，而不渴求重生。

经载，佛的阿罗汉弟子们举止之安详，心情之恬静，容颜之润泽，与众迥然不同，使很多人仅见其外表，便不由得生起恭敬。

阿罗汉中得定慧俱解脱者，还具有三明、六通、四无碍解等超人的智慧神通。三明，指三种明了不昧的智慧：以神通现量知晓自他前生宿世及因因果果的宿命明，知自他未来之生死及业果的天眼明，断一切烦恼及知他人烦恼有无及知断尽烦恼不再生的漏尽明。六（神）通，为天眼、天耳、宿命、他心、神变五通加唯阿罗汉以上圣者才有的漏尽通。漏尽（断尽烦恼）被算作一种神通，大概因为这也是一种自主心意的超常能力。阿罗汉的前五通，要比凡夫的五通灵通得多，大得多，并有遮伏凡夫神通的力量，但所知犹有限。《大般涅槃经》卷二十四说：

二乘所得清净天眼，若依欲界四大眼根，不见初禅；若依初禅，不见上地。乃至自眼犹不能见。若欲多见，极至三千大千世界。

证得涅槃的阿罗汉也可能有生病、饥渴、冷热等身体上的痛苦及受强盗逼迫等苦，但与凡夫遇到同样痛苦时身心兼苦不同，阿罗汉纵然"大苦逼迫，乃至夺命，不起忧悲称怨、啼哭号呼、心乱发狂，当于尔时，唯生一受：所谓身受，不生心受。"① 即便面对死亡的威胁，阿罗汉也坦然无忧，神通第一的摩诃目犍连明知到敌视佛教的执杖外道们那里去有生命危险，还是毅然前往度化，在外道们的殴打下安然命终。优波先那罗汉独自在内室坐禅时，自知被一条毒蛇咬了，须臾必死，而面不改色，坦然无忧，真是"欢喜而舍寿，犹如弃毒钵"。②

---

① 《杂阿含经》卷十七。
② 《杂阿含经》卷九。

须陀洹乃至阿罗汉果的证得，并非是可望而不可即的信仰，并非是来世彼岸之安慰，而是即生现世便可体证的事。据佛教典籍记载，很多佛弟子们听完佛说经当即获法眼净，乃至成阿罗汉，有的依法修习几天、几十天便证得阿罗汉。经中常言：经常随佛听法的定慧俱解脱大阿罗汉就有一千二百五十人。《杂阿含经》卷三十四第964经，佛告婆蹉：当时跟随佛的比丘、比丘尼中，非但一二三，乃至五百，有众多人得尽有漏，无漏心解脱，证阿罗汉果。同经卷四十五第1212经，佛告舍利弗：当时随佛听法的五百比丘中，九十人得三明，九十人得定慧俱解脱，其余三百二十人皆得慧解脱。即居家的佛弟子优婆塞（男居士）、优婆夷（女居士）中，证得初、二、三果者也很多。佛临涅槃前，到一个村庄，说村中居家佛教徒证得初、二、三果者便有五百人之多。《长老偈·长老尼偈》的作者337位僧尼，皆自言证阿罗汉果，永断生死轮回，其中很多都自言得三明六通，如苏干陀长老偈谓"出家一年整，修证得三明"。瓦洽高达长老偈自称"我已得三明，禅观亦修成"。索比得长老自称：

我是一沙门，修得神通智。往昔五百劫，一夜可忆知。

乌布拉婉那长老尼偈自称"我得诸神通""一车四马驾，我以神通演"。有的偈回顾了自己修证得果的心路历程。

阿罗汉虽然断尽了烦恼的现行，不加功用自然不会生起可以招感三界生死的烦恼，但还有烦恼的习气未断，此所谓习气，指烦恼的一种残余势力，如装酒的瓶子，酒虽已倒尽而尚留有酒味。习气不足以使阿罗汉们生起能发动有漏业的烦恼，但使其性格带有某种似乎有烦恼的个性特点，如佛大弟子舍利弗证阿罗汉果后尚有嗔恚习气，有次佛批评他私自应请用斋不如法，舍利弗即吐出所食，并发誓永不应请。毕陵伽婆蹉成罗汉后尚有慢习，称恒河女神为"小婢"，女神到佛那里告了他的状，佛命他向女神忏悔，他合掌道歉说："小婢请不要生气，我今向你道歉。"引得众人大笑。笺房钵底罗汉有愚痴习，食前咳气，知食物未消化而继续进食。周利盘陀伽罗汉有淫习，入大众中问讯时先女后男。有一罗汉多生为猕猴，当听佛说法听得高兴时，常搔耳挠腮，跃上屋梁、树枝，颇像《西游记》中的孙行者。《大毗婆沙论》卷十六谓"如是等事，其类甚多"。

一些罗汉执着于空寂，倾向于离尘避世，不喜与凡人交往，不乐于利济众生，以入灭尽定"灰身灭智"为归宿，受到大乘的批评，斥之为"自了汉""焦芽败种"。这在阿罗汉中只是一小部分。据佛典记载，佛的大部分罗汉弟子，都遵从佛的教导，以弘法为己任，不辞辛劳，走到众生中去做度化工作，为众生排忧解难。《觉悟之路》说：

证得圣果之后，阿罗汉即以自己的言传和身教，奉献自己的余生，服务其他追求安隐之人。他首先自己清净，然后努力向他人讲授自己已经求证的佛法，使他人清净。

当寿终时，阿罗汉常自身出火焚尽肉体，灭尽五取蕴，永住于无余依涅槃。大乘经论如《楞严经》等则说阿罗汉或以清净的五蕴身，住于世间的山林圣地，或住于三界外的净土，其所住净土称"有余方便净土"。灭尽五取蕴入无余依涅槃的阿罗汉，或寄住于无色界之顶非想非非想天，似无色界天而永出三界生死。

小乘由观佛说四谛而得解脱之道，名为"声闻乘"，另有观十二因缘而得解脱的"缘觉乘"，其极果名"辟支佛"，意译缘觉，不但断尽三界烦恼，而且断了一分烦恼习气，智慧神通皆高出阿罗汉一筹。若于无佛之世自悟而得解脱，名为"独觉"。缘觉乘的修证，也有十地之分。天台宗通教十地列缘觉为第八地，名"辟支佛地"。

第二节　大乘道清净心的进程

大乘及在其基础上成立的密乘，都以普度一切众生皆共成佛为理想，以誓愿"庄严国土，利乐有情"的菩提心为动力，以"无所得"为方便的般若智为导，福慧双修，积极主动地摄化众生趋归善道、佛道，在六度四摄行的活动中净化自心、净化众生心。大乘道的修证阶梯，经论中有十地、十一地、四十一位、四十二位、五十一位、五十二位、五十五位、十三住诸说，总分为三贤十圣、五忍、五位等，现依《楞严经》列举十信、十住、十行、十回向、四加行、十地、等觉、妙觉五十六位。

一、菩萨十信、三贤、四加行位

五十六位中，初十信位，以建立对大乘道的信心为基本内容，为进入三贤位的预备，可包括于十住位的初发心住：

1. 信心。对大乘佛法确立信仰，乐欲修学。
2. 念心。对应学牢记不忘。
3. 精进心。于所修精进不懈。
4. 慧心。获得思慧，确立正见。
5. 定心。修习禅定。
6. 不退心。对佛法的信心坚固不退，称"信不退位"。
7. 护法心。保护所得佛法不令丧失。
8. 回向心。将所修功德回向于众生、菩提、实相。
9. 戒心。持戒清净。
10. 愿心。所去随愿，或随时修习种种净愿。

十信心之后的十住、十行、十回向三十位，称菩萨三贤位。贤位，意味堪称贤善而趋向于圣位。十信与三贤，属唯识学修证五位中的第一资粮位。

十住，又作十地住、十法住、十解，以深解佛法、成就正信、坚固菩提心为主要内容：

1. 发心住。发起十信之心，深信三宝，坚固正信，远离邪见、五逆、十恶，广学多闻，初悟空性，能以与空性相应的净心修学佛法。
2. 治地住。精心护持初发之妙心，常以与空性相应的心修学一切法门，其心明净，《楞严经》将之比喻为"如净琉璃，内现精金"。
3. 修行住。明了前二地之智慧，修行更上层楼，能游履十方而无障碍。

4. 生贵住。所行冥契真如之理，行与佛同，喻为生于佛家，安住圣胎，得到佛的血统，将贵为法王之子。

5. 方便具足住。学得种种度化、利乐众生的方便技巧，相貌无缺，能自利利他，修学菩萨六度四摄。

6. 正心住。修学第六般若度，容貌如佛，心亦同佛，常与般若相应。

7. 不退住。身心一致，修行功德日日增长，不退不惰，心常空、无相、无作。

8. 童真住。不起邪倒之心，犹如童子洁身守贞，佛身灵相，一时具足。

9. 法王子住。能代佛说法，承担佛的事业，为绍继佛位的法王子，身相具足，形肖于佛。

10. 灌顶住。智慧、方便、成熟，堪承法王之位，如古印度王子成人，国王为其举行灌顶仪式，委以国事。

十行，以与真如相应的清净心修利益、度化众生之行为主要内容：

1. 欢喜行。具足佛的妙德，获得十方众生的欢喜敬爱。

2. 饶益行。善能利益一切众生。

3. 无嗔恨行。修习忍度，能忍受打骂毁辱等拂逆而不起嗔怒怨恨，为人谦卑，对人恭敬，没有伤害心。

4. 无尽行。以大精进发心尽度一切众生，众生无尽愿无尽。

5. 离痴乱行。常住正念，以智慧了知种种法门，心无差误，离愚痴散乱。

6. 善现行。于一真如显现众相，教化众生，无缚无着。

7. 无着行。历诸尘刹供佛求法，心无厌足，而一无所着。

8. 尊重行。种种现前，悉是达到目的的法门，尊重智慧，成就利他功德。

9. 善法行。所说所行，一一符合诸佛轨则，成就种种度化众生的善法。

10. 真实行。一一所行皆清净无漏，符合诸佛轨则。

回向，为大乘修行之重要内容，谓将自己所修功德归属于众生，趋向于佛果，契合于真如。十回向位以大菩提心修利他行，将所修功德回向众生为要：

1. 救护一切众生离众生相回向。救护、度化一众生而离能度所度之相。

2. 不坏回向。以对三宝不可破坏的信心回向一切众生。

3. 等一切佛回向。以等同于一切佛之心修回向。

4. 至一切处回向。遍至一切处供养三宝、利益众生。

5. 无尽功德藏回向。以随喜一切无尽功德之心修回向，而得无尽功德。

6. 随顺平等善根回向。回向所修善根为诸佛所守护，增长一切善根。

7. 随顺等观一切众生回向。以同体大悲等观一切众生而修回向。

8. 如相回向。以与真如相应之心修回向。

9. 无缚无着解脱回向。以于一切法无缚无着的解脱心回向，修普贤行。

10. 法界无量回向。回向愿求法界差别无量功德。

唯识学修证五位中的第二加行位，亦称四善根位，以深修止观，观察诸法无我、一切唯识的真实，能顿伏尽分别所起的烦恼、所知二障：

1. 暖位。依"明得定"发下品寻思，以唯识正见观所取的名、义、自性、差别，皆心识变现，没有实体，初获见道智慧火之前相。《楞严经》比喻："犹如钻火，欲燃其木，名为暖地。"

2. 顶位。依"明增定"发上品寻思，重观所取名义自性差别四法皆心识变现，实不可得，使智慧火明相增盛。

3. 忍位。依"印顺定"发起下品如实智观，于所取、能取空决定认可，悟心外境及妄识本空。

4. 世第一位。依"无间定"（没有间断的定境）发起上品如实智，双印所取、能取皆空，从此没有间隔，必入见道位，是一切世间法中的顶尖。

二、菩萨十地及佛果位

十地，为大乘诸经论所说菩萨之圣位。

1. 欢喜地。又作极喜地。初证人法二空真如、圆成实性，见道，顿断分别所起的我、法二执之障及其种子，断身见、疑、戒禁取见三种结，永断恶道（在这一点上与小乘须陀洹向齐），开始伏俱生烦恼，虽然尚未永断一切烦恼，

"然此烦恼犹如咒药所伏诸毒，不起一切烦恼过失。一切地中如阿罗汉已断烦恼"①。转第六意识为妙观察智，得通达人法二空的"如理智"和究竟穷知一切境的"如量智"，并开始转第七末那识为平等性智，以实证真如的清净心发胜义菩提心，入大菩萨位，为唯识学修证五位中的第三通达位。因见从所未见的殊胜佛法，极大欢喜，故名。此地圆满布施度，成就大舍，难舍能舍，难施能施，不住相而施。生无遍计所知自性、无我、不灭、无二、法空等十种广大清净决定解，证得远离异相非相、弘济大慈、无待大悲、随诸有情所乐示现、世间寂静皆同一味、世间诸法苦乐一味等十种平等性，成就一切经论智和世智，善应机说法，其福德常作阎浮提王（有国际大名望的大国领袖）。

菩萨初地见道后，进入第四修习位，"渐次于彼后后地中，如炼金法，陶炼其心"②。

2. 离垢地。圆满持戒度，远离能够误犯禁戒的微细烦恼，断"邪行障"——一分俱生所知障及由之所生的误犯禁戒之业，言语心行能自然不犯诸戒，即便在梦中也不误犯。言行自然符合十善，其福德多作统理一小世界的转轮圣王（一太阳系世界之主）。

3. 发光地。圆满忍度，成就殊胜禅定及五神通，断一分俱生所知障——能令所闻思修之法忘失的"暗钝障"，精于微妙的教法，成就法、义、咒、忍四种总持，得四禅八定五神通，菩提愿增长，得法光明，智慧光明朗照，故名发光。多作欲界第二重天三十三天（忉利天）天王，能以方便令诸众生离贪欲。

4. 焰慧地。圆满精进度，深观四谛，断第六识所起俱生身见等"微细烦恼障现行障"，深层次见道，智慧光明如火焰般明照。多作欲界第三重天夜摩天天王，能以善方便除众生身见等惑，令住正见。

5. 难胜地。圆满禅那度，断能令菩萨厌生死而乐入涅槃的"于下乘般涅

---

①《大乘阿毗达磨杂集论》卷十四。
②《解深密经》卷三。

槃障"，深入诸定，神通无量，随顺世间，为度众生而遍知一切世间知识技艺，能使世俗谛有分别智与真实谛无分别智同时现起，这是前四地所难以达到的，故名难胜。多作欲界第四重天兜率天天王，能摧伏一切外道邪见，能令众生悟真实谛。

6. 现前地。圆满般若度，断执有染净粗相现行的"粗相现行障"，入甚深法门，得"明利随顺忍"，智慧神通超越一切魔，能灭无量众生烦恼炽火，能入灭尽定。多作欲界第五重天化乐天天王，智慧超胜一切声闻，能令众生除灭我慢，深入缘起。

7. 远行地。圆满方便度，断执有生灭细相现行的"细相现行障"，顿伏与第七识俱起的俱生烦恼障，修习无相行，离一切烦恼及不善业，智慧超过一切小乘圣者，得无生法忍，能念念入灭尽定而念念出定。自然通达世间一切知识技艺，成就三昧、神通、解脱，由穷尽真如，满足一切菩提分法，起一切佛法，成就智慧功用，能入无量世界教化众生，虽示现生死而常住涅槃。多作欲界第六天他化自在天天王。

8. 不动地。圆满愿度，断能障无相观不任运生起的"无相中作加行障"，永伏与第六识俱起的俱生所知障，离一切相、一切想、一切执着，不加功用作意，无分别智自然相续，真俗二智恒俱生起，断俱生烦恼，与小乘阿罗汉果齐，若非诸佛现身教导，则可能像小乘圣者一样进入涅槃。转阿赖耶识为异熟识，虽未断净异熟识中烦恼种子，而不复执藏为自内我，故永舍阿赖耶名，亦称阿罗汉。得无量身，一切声闻缘觉及下位菩萨所不能及。能自身不动而于无量佛土现身供养诸佛、度化众生，能以众生身作自身、国土身、业报身、虚空身，于所示现一一身具报得（生来具有）三昧神通，于随有可化众生之处示现成佛，多作管理千小世界的大梵天王。

9. 善慧地。圆满力度，断"利他中不欲行障"，得胜妙智慧、四无碍解，能普遍十方善巧说法度化众生。能了知众生种种差别，随机演说种种佛法，教化众生令得解脱，多作管理二千小世界的大梵天王。

10. 法云地。圆满智度，永断分别所起烦恼、所知二障的习气及与前六识、第七识俱起的俱生所知障种子，断"于诸法中不得自在障"，成就大法智，其法身犹如大云，能覆蔽广如虚空般的烦恼、所知二障种子而含具众功德之水。得先所未得百万三昧，蒙诸佛灌顶授职。多作三界最高摩醯首罗天（色究竟天）天王。

《华严经·十地品》说，初地菩萨若出家勤行精进，具有多种百数能力：

于一念顷得百三昧，得见百佛，知百佛神力，能动百佛世界，能过百佛世界，能照百佛世界，能教化百世界众生，能住寿百劫，能知前后际各百劫事，能入百法门，能示现百身，于一一身能示百菩萨以为眷属。

如此功德，二地有千，三地有百千，四地有亿，五地有千亿，六地有百千亿，七地有百千亿那由他，八地有百万三千大千世界微尘数，九地有百万阿僧祇国土微尘数，十地有十不可说佛刹微尘数。

等觉。十地位满，将证佛果的菩萨名为"等觉"，又作"等正觉"，与佛相等，仅次于佛，为候补佛位的"一生补处菩萨"。

妙觉。即圆满正觉之佛果位。等觉菩萨入金刚喻定，破最后一点无明而登妙觉位成佛，为唯识学五位中的第五"究竟位"。诸经皆说，成佛为"一念相应"的顿悟，如《佛说须摩提长者经》中，佛言：

以一念相应慧得成阿耨多罗三藐三菩提。

关于大乘菩萨道地，诸经中所说并非一致，中国天台宗、华严宗对之进行了判别，为其"教相判释"（判教）的重要内容。从华严宗所判大乘之始教（《般若经》、唯识学）、大乘终教（《楞伽经》）、一乘圆教（《华严经》《法华经》）看，大乘始教之菩萨初地，所断烦恼仅同小乘须陀洹，佛地则仅当于大乘终教之菩萨初地、一乘圆教之初住，开始断一分无明、证一分佛果功德，可以于百世界示现成佛，即是《华严经》所谓"初发心时，便成正觉"义。

关于从初发大乘心到证得佛果所需的时间，经中没有定说。唯识学说须经三大阿僧祇劫，第一大阿僧祇劫历资粮、加行二位进入初地见道位，第二大阿僧祇劫入八地，第三大阿僧祇劫入等觉位，再于百劫中专修相好，方能成佛。阿僧祇意译无数、无央数，表示极为久远。成佛久暂也有不同的说法，如《惟日杂难经》云：

> 菩萨精进行，二十劫可得佛。

《华严经》卷十七《梵行品》说若能修习处非处等智，起大悲心观察众生而不舍离，观察诸法如幻梦影响，于诸法中不生二解，"初发心时即得阿耨多罗三藐三菩提"。同经《入法界品》弥勒菩萨赞叹善财童子因精进求法故，"初发心时即成正觉""于一生内，则能严净一切佛刹，则能教化一切众生""一生当得阿耨多罗三藐三菩提"。《法华经·提婆达多品》说八岁龙女"于刹那顷发菩提心，得不退转"，即于法会中忽然之间往南方无垢世界示现成佛。《十住毗婆沙论》谓"有菩萨初发心即入必定，以是心能得初地"。

天台宗、华严宗等据此说，若依本宗最圆满的"一乘圆教"教义修学，可以超越三大阿僧祇劫，快速成佛。天台宗说一生可以入圆教初住位，走完通常一大阿僧祇劫才能走完的菩提路，初破根本无明而证实相，分证佛德。华严宗说以佛果境界的圆满见地圆修诸行，可以顿悟顿证，澄观《大华严经略策》云：

> 既圆信圆解，万行圆修，顿悟顿成，万德圆备。

修证进程，说为三生：第一，见闻生，由过去世曾闻知一乘圆教妙法，种下了解脱的善根。第二，解行生，于今生开圆解、修圆行，历十信乃至十地，渐次断见、修、无明惑，圆满福智。第三，证入生，于将来一断一切断，一证一切证，证入妙觉佛位。

第三节　密乘道清净心的进程

在大乘基础上成立的密教，以依佛陀的果地功德修瑜伽行而期"即身成佛"为宗旨。

一、破三妄执，即身成佛

《大日经·入真言门住心品》将障蔽本来觉性的烦恼妄执归纳为从粗到细的三重妄执，说破一重妄执即超一劫瑜伽行，若一生能破尽三重妄执，便能超越三阿僧劫，即身成佛，不需经历长劫。《金刚顶经》偈云：

若有众生遇此教，昼夜四时精进修，现世证得欢喜地，后十六生成正觉。

《金刚顶瑜伽中发菩提心论》说依密法修持，"父母所生身，速证大觉位"。快速成佛的关键，在于众生与佛本来同一体性，由修密法感得诸佛的三密加持，能令自身本具的佛德快速开显。真言宗依《大日经》，立有三劫、六无畏、五种悉地、十地等修证阶位。

三劫，谓初劫由观蕴处界空，越百六十种世间心，证寂然界、出世间心，断粗妄执，当于小乘见道至辟支佛位，当与辟支佛位齐时，名"极无言说处"，虽然已超出世间，而心滞无为法相。第二劫由观察蕴阿赖耶识无自性、诸法无我，知自心性，断细妄执，超越二乘，当于大乘显教之见道位。第三劫离有为、无为界，极无自性心生，断极细妄执。越此三劫，初证作为佛果菩提之因的菩提心，或得"佛慧初心"，入"一切智信解地"（密乘初地）。

六无畏，指一念菩提心功德之六种位别，无畏，为安稳苏息之义：

1. 善无畏，依三密之行供养本尊，能常生于人天，远离三恶道。

2. 身无畏，修有相的本尊观，至所观的众相现前，于己身离诸缠缚。

3. 无我无畏，于瑜伽境界观心不可得，了知"我"乃五蕴假合，离假我之系缚。

4. 法无畏，于瑜伽境界观察诸法无性无生，如镜像水月，远离诸蕴之缠缚。

以上四无畏为初劫所修。

5. 法无我无畏，由观察诸法无我性，觉了本不生际，得心自在，为第二劫之位。

6. 一切法自性平等无畏，观心实际，住虚空无垢菩提心，远离有为、无为界之缠缚，为第三劫之位。

五种悉地者如下：

1. 信，随分清净诸根，当于资粮、加行位。
2. 入地，入初地见道。
3. 度五通仙人地，得五神通，当于菩萨三地。
4. 度二乘地，当于菩萨八地。
5. 成佛，当菩萨九地至佛位。

悉地（梵文 siddhi），意为"念愿成就"。

密教十地之名目，与显教经论所说相同。一行《大日经疏》卷十五依《宝炬陀罗尼经》解释说，十地之每一地，皆分十心。初地从初心至第四心，得度五通境界；从第五心到第八心，得度声闻缘觉境界；从第九心一向修菩萨道，至第十心名为成佛。此十心中，从第一至第八心名为见道，从第九至第十心名为观，初地十心圆满，即得《华严经》所说分身于百佛土示现成佛等初地菩萨功德。二至十地，每一地也都有如前十心，而上地功德比下地更为圆满。十地百心圆满，至第十一地佛位，称"无上悉地"。

同《疏》卷一说，密法修行者修习无相瑜伽观心，入初地入心前半刹那，得"初法明道"，觉心本不生际，明见净菩提心，生大智慧光明，善照无量法性，见诸佛所行之道，尔时"从妄想因缘所有烦恼业苦皆悉清净除灭"。继于初地入心后半刹那，得除盖障三昧，净除烦恼、业、生、法、所知五种障，得五神通，八万四千烦恼业垢忽然化为八万四千宝聚门，行住坐卧、去来睡寤，皆见十方诸佛显现心中，得此三昧，得与诸佛菩萨同等住，故名"位同大觉"，一生可证，但尚非究竟成佛之位，须继续进修，至十地圆满，方究竟成佛。

二、无上瑜伽的即身成佛

无上瑜伽部密法父母二续的修证，分生起、圆满二次第。生起次第三密相应修本尊瑜伽，分三步：

1. 初加行三摩地，以供养、礼拜、忏悔、随喜回向、皈依、发菩提心、誓约住道、持秘密戒八法积集资粮，建立护轮与曼荼罗，加持供物、铃杵、自身，自观为本尊。

2. 曼荼罗最胜三摩地，于自观为本尊的心轮观越量宝殿（大宝楼阁），于其中观五方佛等三十二尊。

3. 羯摩王最胜三摩地，观想成就，得息灾等四小悉地。生起次第成就，由修随察、渐收二静虑，入相似空境，见心性喻光明。

圆满（究竟）次第，主要通过金刚念诵修气脉明点，于寂定心的基础上修观，其进程分五或六次第，六次第者：

1. 身寂，由修金刚念诵而渐入寂定。

2. 语寂，止息念诵，入定。

3. 心寂，于气入中脉所现心寂上，见喻光明。

4. 幻身，由细气成就与所自观本尊同样的微细身（不净幻身），可自由脱体而出。

5. （实）义光明，在气入住融于中脉的基础上，以正见修观，证心性光明，见道，得清净幻身。

6. 双入，分断、证二步，断双入又称有学双入，断尽俱生烦恼障，证阿罗汉果，得同类相续无间金刚身。证双入又称无学双入，断尽所知障，证得佛果。从有学双入到无学双入，据所断所知障，又分九个阶位。略同显教菩萨二地至佛地。此六次第从语寂算起，亦称五次第，出龙树《胜集密教王五次第教授善显炬论》。

修习无上瑜伽密法见道以上的成就，又分为四大持明位：

1. 异熟持明，见道位，生起次第坚固，心性现为本尊，然大种浊分尚未净治。

2. 寿自在持明，见道位，得自然智及有如金刚之无垢身，无有生死。

3. 手印持明，修道位，有学双运身之自然智持明。

4. 元成持明，无学位，五身任运成就之大金刚持佛位。

大手印法的修证，冈波巴《大手印导引显明本体四瑜伽》将在初见明体得大手印见后的修、行、果，分专一、离戏、一味、无修四级瑜伽，每一级又各分下、中、上三品，凡十二个阶梯，配菩萨诸位：

1. 下品专一瑜伽。专注于所见明体，以宽坦任运、保任明体不乱为诀要修定，渐能入定，于空明无念觉受中获得身心轻安，对境遇缘，多时不起烦恼污染，然尚生少分执着。定力起伏不定。梦中开始能保持所见明体。

2. 中品专一瑜伽。有时无意入定而自然入定，妄念甚少，在六识对境起分别时，也不失空明乐的觉受，心境宽舒澄清。但偶然尚起实体之执，梦中明体不能全现、常现。

3. 上品专一瑜伽。无论出定入定，昼中夜中，恒住明体，一切妄念皆于明体中消融，对境所起六识，亦皆销归于定中，梦中多时能保持明体，但有时对所证定境尚有执着。至此已接近于真正见道。

三品专一瑜伽当于菩萨资粮、加行二位。

4. 下品离戏瑜伽。通过观心，离绝语言戏论，通达心性，见道。然不离对空、定觉、觉受的执着，对境起六识时，若不作意修持，则尚起爱憎等烦恼，梦中也仍现无明烦恼。当于菩萨初地见道位。

5. 中品离戏瑜伽。净除对空、定解、觉受的执着，但于所显境上尚生希求涅槃、畏惧生死之心。当于菩萨二至五地。

6. 上品离戏瑜伽。离希求畏惧，断对世间、出世间一切法的执着，明空、显空双融相续，然须着意修持，不精进时尚有间断，梦中尚有迷昧。当于菩萨六地。

7. 下品一味瑜伽。通达内外一切境相皆法尔一味，一体不二、唯一真性，然不离确认"一味"之执。当于菩萨七地。

8. 中品一味瑜伽。净除确认"一味"之执，无能所、内外之分别，心境不二，六识对境时及梦中迷惑甚少。当于菩萨八地。

9. 上品一味瑜伽。昼夜一如，了达一多不二，万法平等，然尚现微细无自性之梦。当于菩萨九地。

10. 下品无修瑜伽。无须作意修断，所显一切无非明体，然有时偶起万法如幻如化之执。

11. 中品无修瑜伽。净除如幻化之执，昼夜恒住无修无作的定中。当于菩萨十地。

12. 上品无修瑜伽。一切微细相续识皆转化为智慧。为十一"普光明地"成佛位。

每一瑜伽，又可各从六个方面鉴别其是否圆满：

1. 见体性与否。

2. 力圆满否。

3. 于妄念上定显现与否。

4. 生功德与否。

5. 报化二身的种子（指福德资粮）已播与否。

6. 于俗谛决信与否。

大圆满心中心法的修证，分前行、正行，前行分不共、外、内、密四步。不共前行修气脉明点，调和身与息，断对衣食的染着。外前行修身、语、力、心，通过观想咒字，摧除身障，通过生、住、灭三门观心，明白心性。内前行通过观想，净除六道之种子及习气。密前行依金刚诵、观心等修定，得对心性的决定见。正行修彻却、妥噶二法。彻却体认心性，以三种守护之要自然安住于所见心性而修光明定。妥噶依秘密之气脉，融合六种光而修昼夜瑜伽，其成就分四步：

1. 现见法性显现，依眼根现见法性清净光，身如龟在盆而无动作，语如哑巴无言，意如飞禽入网。

2. 增长觉受显现，法界五光显现增长，身如重病人离一切严饰，语如疯子任意肆言，心如中毒者决定断除轮回。

3. 明体进诣显现，以所显光明界印契一切，于所显光明一一明点中显现五方佛及其净土，身如象入泥于刹那间挣脱，语随其所说令人欢喜信受，心如痘病已愈者，决定不再流转三界。

4. 穷尽法性显现，以本觉智慧光亲见究竟法性，神通无碍，显现佛陀之身利益众生，身如尸体毫不惊怖，语如谷响随声而应，心如虚空烟雾散尽，自然寂静明朗。

大圆满的道地，或说密宗十三地（显教十地加大金刚持等三位），或依《广大明觉自现续》说十六地：

一为极喜地：初证胜义谛而喜悦。

二为离垢地：根本觉之自觉。

三为发光地：得觉受。

四为焰慧地：由观光明而得觉受。

五为难胜地：法尔清净诸毒烦恼，现证本始智。

六为现前地：能见光蕴。

七为远行地：圆满一切觉受而远离烦恼诸毒。

八为不动地：住此境界而不动。

九为善慧地：圆满诸功德。

十为法云地：摄自识于本始智中，见诸相如虚空云。

十一为普光明地：于断一切虚妄显现之际生起诸总集（五方佛及其坛城、净土等）之所观境。

十二为净莲地：无任何执受，不为内外一切污染。

十三为咒鬘大集地：本始智所生金刚链化为虚空光明五总集。

十四为大乐地：住于所观本始智。

十五为金刚持地：于法尔境界得觉德成就。

十六为无上智地：于本净境界法尔生起本始智。

续中说前十地皆可即生成就，又云：

诸地无非根本觉之证悟而已。行者于体证胜义法性时，即圆满所有诸地。

第四节　佛陀的清净心

彻底清净了自心者，佛教诸宗皆说唯有佛陀。佛陀，是完全净化自心的楷模，是自性清净心的人格表征，佛陀的清净心，是佛教诸乘净化自心的终极理想境界。关于佛陀清净心的功德，大小乘经论中有多种说法。

一、原始佛典和小乘论典说佛陀清净心

原始佛教的《阿含经》等经典和小乘论典所说的佛陀，通常指作为历史人物的释迦牟尼，他首先被看作一个大阿罗汉，具有阿罗汉和辟支佛永断烦恼，具三明、六通、四无碍解、极纯熟的定力，无净行等一切功德，阿罗汉也是大小乘共说的佛陀十种德称之一。《增一阿含经》卷十四，佛初成道后向问讯他的优毗伽梵志说："我成阿罗汉，世间最无比"，佛彻底断尽一切烦恼，是彻底净化了自心的"无垢尊"，是最有力量的"人中第一雄"。《杂阿含经》卷四第100经，佛回答异婆罗门"云何为佛"之问说：

佛见过去世，如是见未来，亦见现在世，一切行起灭。

明智所了知，所应修已修，应断悉已断，是故名为佛。

谓以智慧明了诸法生灭无常的真实，息灭了造成生死等痛苦的一切烦恼，永拔烦恼之根，修行圆满，故名为佛。同经卷九第252经，佛告舍利弗偈云：

贪欲嗔恚痴，世间之三毒，如此三毒恶，永除名佛宝。

《中阿含经》卷二十九《龙象经》乌陀夷以"一切龙中龙"为喻，作"龙相应颂"称赞佛一切诸欲不能污染其心，有如生长于泥水中而不沾泥水的白莲花；佛就像大龙，以苦行及梵行为足，以信为手，以念为项，以智慧为头，以受持诸法为腹，以乐远离为双臂，行住坐卧一切时，心常在定中。《长阿含经》

卷十一，佛告梵志：此世界如何形成，佛能知，又过此事，佛亦尽知，虽知而不着。

总之，具如实知见的智慧，完全净除了一切烦恼垢染，自在解脱，永离一切苦乐、忧喜的扰动，拔除了生死烦恼的根株我见我爱，无我无着，是佛陀清净心的特质。

佛陀还有不共阿罗汉和独觉的诸多清净心功德。小乘也视佛陀为远远高于阿罗汉和独觉的最高觉悟者，称"无上正等正觉"（阿耨多罗三藐三菩提）。

首先，佛不同于听别人说法才得到解脱的声闻罗汉，而是自觉自悟，依自己的智慧孤发独明，自己开辟出解脱之道。《增一阿含经》卷十四，佛谓"我亦无师保，亦复无与等"。《杂阿含经》卷二十六第684经，佛言：

如来、应、等正觉者，先未闻法，能自觉知，现法身知得三菩提。

其次，佛的觉悟极其彻底，智慧至为圆满，于所可知无所不知，其三明六通要比阿罗汉大得多，如阿罗汉的天眼天耳只能见闻一三千大千世界，佛的天眼天耳能见闻全宇宙；阿罗汉的他心通至多只能知过去七日以内的他心，佛的他心通则遍知过去、现在、未来无量大劫的他心；阿罗汉神变通所化出的境物和人至多只能存在七日，佛所化境物和人则可长期存在。《清净道论·说神通品》谓外道的宿命通至多只能忆念四十劫，普通阿罗汉可以忆念百劫、千劫，八十位大阿罗汉可以忆念十万劫，舍利弗、摩诃目犍连可以忆念一阿僧祇又十万劫，"唯有佛的智力是无限的"。

第三，佛不仅断尽烦恼的现行，而且断尽烦恼的习气，不像阿罗汉还未断习气，表现出性格、人格上的某种不圆满。

第四，佛不仅自己解脱，而且还善于应机说法，引导无量众生皆得解脱，而阿罗汉则未必善于应机说法，佛大弟子阿罗汉舍利弗、富楼那，都曾犯过"颠倒说法"（所说法不当机而误导弟子）的错误。独觉（辟支佛）更不具备说法度人的本领。而佛则极善于根据听众的接受能力，讲授适宜的正法，破除邪见与疑惑，引导人们进入佛法的殿堂。《杂阿含经》卷十五第389经，佛言：

如大医王善知种种病症、病源、如何治疗、治好后将来如何永不复发，佛为大医王，深知众生生老病死等痛苦之病的症状、病因、治疗及治愈后永不复发之法，善于应机说法，应病与药，治疗众生种种心病。佛能适应众生的根机、时机及时地，正确地讲说符合各人修习的佛法，不会有说不应机、所说超过听众的接受能力之事。

关于佛的清净心不共声闻、缘觉、菩萨的独具功德，《阿含经》及小乘论中一般说有十力、四无所畏、三念住、大悲凡十八种功德，唯佛独具，合称十八不共法。

十力，指佛的十种智力，如实而知，不可破坏，至高无上，非一切凡夫及声闻、缘觉、菩萨所能企及：

1. 知是处非处智力。处，谓道理，知是处非处，谓知是否符合道理，指佛如实遍知一切因缘果报，知行善必得善报、作恶必得恶报，一切业报决定不虚。

2. 知过去、现在、未来业报智力，又作知三世业智力、业异熟智力。如实遍知一切众生过去、现在、未来无量世所造的业及其果报的智慧。

3. 知诸禅解脱三昧智力，又作静虑解脱等持等至智力、禅定解脱三昧净垢分别智力、定力。能自在出入于诸禅定，如实遍知一切禅定的深浅、次第、性质、功能及禅修过程中的偏差。

4. 知诸根胜劣智力，又作根上下智力、根力。如实遍知一切众生的根器胜劣、天性如何，及修道证果的大小迟速。

5. 知种种解智力，又作知众生种种欲智力、欲力。如实遍知一切众生的种种喜好、欲望、禀性、善恶。

6. 知种种界智力，又作知性智力、性力。如实遍知世间一切众生种种差别，知众生种种烦恼及其种子的种种状况。

7. 知一切至处智力，又作遍趣行智力、至处道力。如实遍知有为、无为，有漏、无漏等一切业行所趋向、到达之处。

8. 知宿命无漏智力，又作宿住随念智力、宿命智力。如实遍知自己及一切众生无量过去世之生死、姓名、寿命、苦乐等。

9. 知天眼无碍智力，又作死生智力、天眼力。以清净天眼如实遍知一切众生未来死时、生时及美丑贫富等境况。

10. 知永断习气智力，又作漏尽智力、漏尽力。如实知自己永远断尽一切烦恼习气，并能如实遍知一切众生是否断尽烦恼习气。

总之，以上十种智力，是如实遍知自他之三世及一切染净因果的超人智慧，《俱舍论》卷二十七谓之"遍于所知，心力无边"。

四无所畏，谓佛智慧圆满，无所不知，所知无谬，故凡有所说，皆正确无伪，无有怯惧，不怕驳难。

1. 说一切智无所畏，又作正等觉无畏。敢于大众中自称我是具备如实知见世间、出世间一切的"一切智者""正等正觉"。

2. 说漏尽无所畏，又作漏永尽无畏。敢于大众中自称我永远断尽一切诸漏，永出生死。

3. 说障道无所畏，又作说障法无畏。敢于大众中说烦恼污染之法障碍圣道，决定造成生死苦果。

4. 说尽苦道无所畏，又作说出道无畏。敢于大众中声言，我所说圣道，能永尽诸苦，超出世间。

三念住，又作三念处、三意止，谓佛心没有忧喜的扰动，时常安住于平静的心境：

1. 缘顺境不生欢喜念住，即便众生信受佛法，赞叹佛德，佛亦不生欢喜之心，安住正念正智。正念，谓常念利益度化众生，正智，谓如实知见真实而不生妄见烦恼。

2. 缘违境不生忧戚念住，即便众生不信佛、不修行，乃至谤佛灭法，佛亦不生忧戚愁虑，安住正念正智。

3. 缘顺违境不生欢戚念住，不因弟子中有人敬信佛而生欢喜，有人不敬信而生忧戚，安住正念正智。

大悲，谓佛悲心广大至极，没有边际，无条件地平等悲悯全宇宙一切众生。《增一阿含经》卷四十七赞佛"愍念一切蜎飞蠢动，如母爱子，心无差别"。《俱舍论》卷二十七说佛的大悲心有五义：一为资粮大，由大福德智慧资粮所成办。二为行相大，能对众生的一切轻重痛苦生起大悲。三为所缘大，以三界一切众生为悲悯的对象。四为平等大，无有分别，平等普利一切众生。五为上品大，悲心深广无比，远远超过一切声闻、缘觉、菩萨。

原始佛典和小乘还说，佛陀由清净了心，引起身相的清净庄严，佛身有三十二种大人之相（三十二相）和八十种庄严美好（八十随形好）。

佛陀的清净心，由释迦牟尼的言行和人格做了具体的表述。据原始教典记载，释迦成佛后，处处表现出一种迥不同于凡俗的至圣者的优良心态和高尚品质：他心境恒常平和安祥，如同明镜止水，从不起一丝激动、忧愁、恼怒、狂燥、嫉妒等波澜，对自己的所证充满自信；他不慕权势名位，不谋私利，不蓄财产，不持金银，不贪声色犬马，远离一切世俗的欲望，超然不群，始终过着三衣一钵、云游乞食的沙门生活；他对亲属、弟子、王公、权贵、富人、穷人、贱民、妓女、外道、教敌等一切人平等看待，普遍尊重，从不亲亲远疏，不排斥异己，不轻慢任何人，不歧视任何众生，对找上门来辩论的反对者和外道，他从不发脾气，只是有礼貌地、耐心地讲道理，说服他们；他虽极受弟子和国王富豪的尊敬，而常以普通僧人自居，强调"佛入僧数"（佛是僧团集体中的一员），不承认自己是僧团的领导者、统摄者，不以领导者的身份教导、命令弟子①，只以先觉者、导师自居，向求法者讲述他亲证的道；他数十年间说法教化从不休息，引导无数众生趋向自我解脱之道，直到临终前还在教导人，可谓以身说法，弘扬普度众生的大乘精神；他具有超人的智慧和丰富的知识，不仅深通四谛十二因缘等出世间之道，善于根据听法者的根机授以相应的佛法，令听法者心悦诚服，明见真理，深获法益，而且熟知当时各种人的生活、心态，通晓各种知识，对务农经商、治国用兵、婆罗门及各种沙门集团的教义等世俗之事都非常内行，很会教导人们如何营生理财、和睦家庭、敦伦尽

---

①《长阿含经》卷二《游行经》佛告阿难："如来不言，'我持于众、我摄于众。'岂当于众有教令乎？"

份、过好世俗生活；他具有种种超人的神通，能知晓人们的心思，常用说理、知他心、神通示现三种方式说法教人，《阿含经》中载有他多次示现放光、空中行坐、水上行走、变出境物、变少为多、隐现自如、回忆自他宿命，及每入城时令大地震动、天花飞扬、盲人得视、聋子能听、瘸者能行等等神通。

二、大乘说佛陀清净心

大乘所说佛，不仅指作为历史人物的释迦牟尼，也包括十方三世无量无数的佛。除小乘所说的十八不共法等佛陀的清净心功德之外，大乘还有诸多小乘法中所没有的关于佛果清净心功德的说法，如三智、四智、三身、五眼、六通、八大自在、二十一种功德、四十不共法、四十四不共法、一百四十不共法、一百八十不共法、无住涅槃、大慈大悲等，大乘所说十八不共法，内容与小乘也有不同。总的看来，大乘所说佛陀清净心的功德，比小乘所说更多、更神奇。

三智，指三种如实知见的智慧，出《大品般若经》等。一为一切智，如实了知一切法总相或空性、诸法如所有性的智慧，为声闻、缘觉、菩萨所共具。二为道种智，了知一切法（差）别相，知晓众生的根性和种种修道法门的智慧，为菩萨和佛所共具。三为一切种智，通达一切法总相、别相，于宇宙万有的性相力用因缘果报，一切众生的根性、一切修道法门无所不知的大智慧，唯是佛所具有。在佛位，实证真如或空性的根本无分别智与了知一切差别事相的后得智恒常同时现起，不假思量，如《维摩经》所谓"能善分别诸法相，于第一义而不动"。佛的觉知离能觉、所觉及能相所相，以无知而知，无以为譬，是一种超越根、境、识三缘和合的认识方式而直觉真实的超级智慧。

总之，佛于宇宙万有，过去、现在、未来，无所不知，可谓"全知"。《华严经》卷五十一云：

如来智慧，分别三世一切众生、一切国土、一切劫数、一切诸法，无不知者。

《楞伽经》卷四谓佛见"现前境界，犹如掌中视阿摩勒果"。《金刚经》佛言如来尽知一切众生若干种心。《圆觉经》称佛"乃至得知百千世界一滴之雨"。

四智，为唯识学所说佛转有漏的八识而成的四种智慧，出《摄大乘论》《大乘庄严经论》等：

1. 妙观察智，转第六意识而得，善于如实观察诸法的自相、共相，针对众生的根机而自在说法。

2. 平等性智，转第七末那识而得，以直觉知自他、一切众生诸佛皆悉平等，体性是一，自然生起大悲心。

3. 大圆镜智，转第八阿赖耶识而得，清净心如其大无量的明镜，映现全宇宙一切事理，纤毫不遗，明照不失。大圆镜智有两种用：一为因缘用，谓清净心识中具有能现能生身、土、境、智的清净种子，若遇缘即变现出身土境界等及平等性等智慧。二为增上缘用，由佛愿力所生起的净识，具有强大加持力、摄受力，能使具足因缘的众生成就种种清净功德。

4. 成所作智，转前五识而得，能于十方以身口意三业自然成就本愿力所应做的度化、利乐众生之种种事业，神通自在无碍。《佛说无上依经》谓"如来独得未曾作意一切事成"。

密乘另加法界体性智，乃转第九识而得，为恒常证得法界体性毕竟空的自然智。前四智加法界体性智为五智，以五方五佛表之。

佛的清净心，使佛具有三种身或四身、十身，《十地经论》等所说三身为：

1. 法身，以真如之理或法界体性为身，常住不灭，湛然不动。

2. 报身，由修六度四摄等功德圆满而感得的果报身，高大庄严，量等大千世界。又可分为唯自己受用的自受用身和为十地菩萨示现说法、常住于色究竟天的他受用身。

3. 应身，应所度众生之机而于人间天上出现成佛者，如生于地球人间的释迦牟尼为劣应身，为欲界诸天等所现高大庄严之身为胜应身。应身亦称化身。

除于人天示现为佛的化身外，佛还随缘化现为菩萨、声闻、缘觉、天、人、鬼神等无数化身，还能随缘化现为山河大地草木等无情之物和鱼鸟走兽等以利益众生，称"随类化身"。《华严经》说佛有十种身。

五眼，指五种直觉能力：

1. 肉眼，见粗物质现象，凡夫所具，佛亦有之，然无障碍。

2. 天眼，天人及具天眼通者之超人视力，能超越时间、空间而见肉眼所不见的微细之相，及过去、未来之事。

3. 慧眼，直观诸法空相的智慧眼，阿罗汉、辟支佛所得。

4. 法眼，能照见一切度化众生之法门及一切法差别相的智慧眼，菩萨所得。

5. 佛眼，具足前四种眼的作用、无所不见的智慧眼，唯佛独具。《金刚经》谓佛具足五眼。

八大自在，又称八大自在我，《大般涅槃经》卷二十三解释大义如下：一能示一身为多身。二示一尘身满大千界。三大身轻举远到。四现无量类常居一土。五诸根互用。六得一切法如无法想。七演说一偈义，经无量劫，义亦不尽。八身遍诸处犹如虚空。

无住处涅槃，谓佛不仅具有阿罗汉所入的无余依涅槃，常享涅槃之乐，而又不住着于涅槃而独享寂静之乐，尽未来际时常利益度化众生无有休息，虽常入生死而不住着于生死。不住涅槃不住生死，谓之无住。《佛说无上依经》云：

如来独得入般涅槃，复更起心。

据《大品般若经·广乘品》，唯佛独具的大乘十八不共佛法为：

1. 身无失，一切烦恼俱尽，身业清净圆满，绝不会有失误过错。

2. 语无失，具无量智慧，辩才无碍，所说之法，正确无误，能令听者得到证悟。《金刚经》佛自言"如来是真语者、实语者、如语者、不诳语者、不异语者"。

3. 念无失，深入诸禅定，心无散乱昏沉，不着一切，所念所思，没有失误。

4. 无异想，平等普度一切众生，没有选择挑拣，没有亲疏之想，常住无分别智。

5. 无不定心，行住坐卧，一切时中，皆不离禅定，不离诸法实相。

6. 无不知已舍心，于应舍者皆悉以智慧照察而舍，虽然对根性时机未成熟的众生暂时舍置，而终不舍弃一众生。

7. 欲无减，常欲度众生，没有厌烦之时。

8. 精进无减，为度众生精进不息，没有疲懈。

9. 念无减，于一切佛法及应度众生牢记不忘，没有退转。

10. 慧无减，具一切智慧，无量无尽，说法不倦而智慧并不减少。

11. 解脱无减，永断一切烦恼执着及习气，具有为、无为两种解脱，永不再受烦恼生死束缚，于一切解脱无缺无减。

12. 解脱知见无减，对一切解脱知见明了，无有障碍。

13. 一切身业随智慧行，一切行为举止皆以智慧为导，没有迷失错误。

14. 一切语业随智慧行，凡有所说，皆以智慧为导，从智慧心中自然流出。

15. 一切意业随智慧行，凡有思念考虑，皆以智慧为导，没有无明愚痴。

16. 智慧知过去世无碍，能知晓无量过去世的一切。

17. 智慧知未来世无碍，具先见之明，尽知无量未来世的一切。

18. 智慧知现在世无碍，照知现在全宇宙所有的一切，无所不知。

《瑜伽师地论》卷四十九中说，佛有一百四十种不共法；《佛说无上依经》中说，佛有一百八十种不共法，又总结佛清净心的功德为具足、无垢、不动、无阂、利他、巧能六种。

佛常住于自己心识变现的净土，《菩萨藏百千契经》谓佛净土"最极自在净识为相"。佛还能以愿力创建净土，净化世界，摄取众生，如阿弥陀发愿创建成就的西方极乐世界，备极庄严清净，成为无数佛教徒向往的究竟归宿。"净佛国土"，将全宇宙都改造建设成庄严清净的佛国净土，乃大乘佛教的理想。

佛陀的清净心功德，作为大乘佛教的终极理想境界，说明人的心灵特别是慈悲、智慧、精进可以无限制地开展，可以实现本性中对于永恒安乐、绝对自由、意义、价值等的追求。成佛，可谓彻底的自我实现、超自我实现，太虚法师谓之"真现实"——即完全实现本性，亦即自心潜能由向上的趋求而完全开发。从荣格心理学看来，佛教所描述的佛果功德，是人类集体潜意识中有关生命终极目标的"原型"，代表了人心灵最深处的一种趋向超越、完美的动力。马斯洛曾说："我相信透过观察最优秀的人类代表，可以找到适合人类的最终价值。"

佛教的佛陀，为人类提供了说明人生终极价值的最优秀的代表和楷模。在人性价值观日趋庸俗化的现代社会，佛陀的形象，及由人而佛的修行之道，特具启发意义。

佛教心理学的现代应用 │ 第十八章

佛教心理学创立、流行于发展缓慢的古代社会，长期以来，主要被佛教徒作为宗教修行之道，用以解决了生死、出世间的终极关怀问题，似乎较少关注世俗生活。其实，佛教心理学为人们提供了安身立命之本及调制心理的技术，古代各地佛教也不乏关于世俗生活的大量心理指南，对佛教徒的世俗生活起了巨大的指导作用，并深深影响了佛教流传地区的社会文化和民族文化心理。

近代以来，心理学家往往吸收佛教心理学的精华，佛学界也适应人们的需要，从心理治疗、精神养生的角度，结合现代人的精神心理问题，将佛法传统的治心之道现代生活化，作为心理卫生技术介绍给世人，并针对现代人的根机和条件，对传统的修行之道进行取舍、改造、创新，提出种种适合于现代人的修持之道，并试图将佛教心理学应用于医疗、经营、管理、教育、环保、文艺、戒毒、罪犯改造、体育等多项世俗事业，有了一些成果和经验。将佛法运用于现代世俗生活，为人们的世俗生活服务，并非仅仅是佛法的世俗化，而是以利乐众生为旨的大乘佛教应尽的社会责任。

第一节　心身疾病的佛教治疗

精神心理疾病的泛滥，是越来越严重的社会问题。精神心理的不调，还会通过免疫系统的损害和不良行为，引发多种心身病或心理生理疾患。

精神、心理所导致的各种疾病的日益严重，自有其深刻的社会原因，从一个侧面说明现代社会文化存在着严重的缺陷。举世畸重物质而忽视精神，消费、享乐及制造商品成为生活的中心，经济发展将物质生活的目标不断拔高，驱使人们被永无止境的物质利益吸引，不断拼命攀比、找钱、找乐，陷于紧张的角逐之中。激烈的竞争，险恶的商战，信息膨胀、知识爆炸、感觉轰炸，生活节奏日益加快，使现代人比以往任何时代的人都显得紧张忙碌。由于活得累，越来越多的人精神、心理超负荷。网络、媒体技术使人们陷于自闭和虚拟的生活，被一种社会孤立感所压抑，或形成脱离现实的虚拟人格。贫富悬殊、道德沦丧、贪污腐败、分配不公、人情冷漠、人口饱和、环境污染等，令人浮躁不安，使许多人被焦虑、忧郁、孤独、愤懑、失意所困扰。对机器的依赖，使现代人与自然、与他人、与真实自我越来越疏远。人们在这个喧嚣的世界里，心情始终是浮躁的，其中心理承受力较低者，若遇挫折和高压，便很容易罹患各种精神心理疾病。精神心理问题越来越严重，全球抑郁症患者约10年翻一番。据统计，当代中国内地18岁以上人群中，心理障碍者约占17.5%，中小学生中心理障碍者占21%—32%，大学生占16%—25%。精神心理疾病在全国疾病总负担中高居首位。而现代心理治疗的有效率，只有40%。

精神、心理疾病的泛滥，与人们缺乏信仰有密切关系。宗教历来为绝大多数人所信仰，起着精神安慰、心理治疗的重大作用。近代以来宗教贬值，意义丧失，许多人没有了足以安身立命的可靠信仰，身、心、灵失去平衡，导致价值失范、自我迷失、精神空虚、心灵退化、庸俗化、脆弱化，没有强大的精神力量应对外界的种种诱惑、刺激和干扰，这是造成各种心因性疾病泛滥的根本原因。空虚，无意义感，不知来自何处的忧郁，对婚姻、家庭和人际关系的幻灭，价值的失落，对个人成就的渴望，精神上的饥饿……这些被弗兰克称为"存在的空虚"的心灵问题，越来越明显。

从佛法看，病起于业，业起于心。藏传佛教《论述医续》中说，所有疾病的根源是我执及因未觉悟而产生的贪、嗔、痴等烦恼。治疗之要，在于治心，治疗自心的烦恼。《正法念处经》卷四十八偈云：

治心名治病，治身非治病，治心病难知，治风等易解。

人言："心病还须心药医。"只有如法治心，消除紧张、忧郁、焦虑、愤懑和由烦恼所起的杀害、纵欲、偷盗、酗酒等行为，提高精神免疫力，才能断除病根。

荣格认为宗教是心理治疗系统，"在它的背后蕴藏了伟大的实践真理"，向以"医治众生心病"为己任的佛教，尤其如是。佛陀号称大医王，善于医治众生心病。治疗由心理原因导致的各种身心疾病，解除现代人的病苦，进而医治导致身心疾病的病态社会，是佛法尤其是佛教心理学义不容辞的责任。

一、精神心理疾病的佛教疗法

作为一种提供安身立命大本的信仰体系，佛教几乎未将行医治病列入自家的责任范围，戒律规定：僧尼不可行医。但佛经中也不乏佛陀治愈精神病的事例。南传佛经记载：出身低贱的贫女盖莎，遭幼子夭亡的打击而疯癫，抱着儿子的尸体四处求医，经人指点求见佛陀。佛陀叫她到城中去，从一从未死过人的人家讨几粒芥子回来，以便和药治活其子。她跑遍全城逐家寻问，家家的回答都是："芥子有的是，但谁家没死过人？"这使她终于恢复理智，明白死亡乃是人所不可避免，了悟佛法诸行无常之旨，掩埋了儿子的尸体，求佛开示，剃度为尼，终证阿罗汉果。

贵族妇女婆私吒，因六子皆亡，极度悲痛而疯癫，"裸形披发随路而走"，遥见佛陀，"即得本心，惭愧羞耻，敛身蹲坐"，佛令阿难取衣与着，为之说法。后第七子亦死，她不再忧恼啼哭，劝夫出家，已亦出家，不久得罗汉果。①

富商之女帕扎佳拉，与丈夫和长子回娘家分娩，归途中，丈夫被毒蛇咬死，过河时长子被激流冲走，婴儿被老鹰叼去，她上岸后得知父母兄弟都在洪水中遇难。接连不断的打击使她疯癫，赤身裸体四处游走，逢人即诉说自己的遭遇，任顽童恶少投石扬土，是典型的急性反应性（心因性）精神分裂症患者。后来遇到佛陀，为之说法，心慢慢平静下来，了解法义，出家修行。

《大方便佛报恩经》卷四载：毗舍离国有婆罗门夫妇因爱子亡故，"心发狂痴，裸形而走"，佛乃变化为其子，夫妇欢喜无量，狂痴即灭。

以上事例说明：佛陀确是一位高明的精神病医师，他所用治疗方法，皆属心理治疗，针对不同的反应性精神病患者，手法有所不同。对盖莎和帕扎佳拉的治疗，所采用的基本上是一种领悟疗法——晓以佛法生死无常的道理，使患者明白人皆不免一死，以理智节制、消解引起疾病的过度悲痛，使其醒悟。对盖莎的治疗，设计尤为巧妙：不直接向她讲道理，而通过全城人"谁家没死过人"的回答，使她逐渐醒悟，减缓丧子之悲。佛陀大概明察她病情太重，非在短时间内晓之以理便可治愈，需要一定的时间，接受很多人的劝喻，才让她进城逐家逐户讨芥子。婆私吒看见佛即病愈，主要是佛陀惊人的庄严相貌、平静安详的姿态气度，给了她以良性刺激，是乃以身教为药。对婆罗门夫妇，则以神通变化还其所失，使他们回复正常，然后才晓之以理，使其皈依佛教。神通变化虽非凡人所能，但针对病因而还其所失的方法，还是可以借鉴。《笠翁本草》即载有以患者酷爱、急需之物及钟爱之人为药而愈病的案例数则。

据佛经记载，佛陀还解除过许多人过度的忧郁，其中有些应是今天所谓抑郁症病人。如《义足经》卷上载：舍卫国有种田婆罗门须顷者，因遇雹灾，禾稼皆死，又加女儿夭亡，"愁愦忧烦，哭无能止"，拜见佛陀，佛为说耗减、丢失、得病、老朽、死亡五事，乃世间所不可避、不可脱，只有如法修行正道，

---

① 《杂阿含经》卷四十四。

布施持戒，方可离之。须顷闻法解忧，皈依佛教。此类方法，亦属以智理情的认知疗法。

精神、心理疾病，《大般涅槃经》卷十二统称"心病"，分为四种：一为踊跃，过度兴奋狂躁；二为恐怖；三为忧愁，抑郁症；四为愚痴，痴呆症。同经卷二十依据病因，将精神分裂一类严重精神病分为贪、药、咒、本业缘四种"狂"。《大智度论》卷八说：发狂，或因前生造破坏他人坐禅、破坏坐禅房舍及以咒术诅咒人令其情绪失常之罪，感得今生遗传因素等病因而发病；或因今生烦恼厚重受刺激而病；或因暴怒不能自制而狂；或因风病、热病等重病而狂；或被恶鬼所着而狂；或饮雨水等中毒而狂。《瑜伽师地论》卷一说发狂的原因有五种：一是宿业所感；二是身中四大错乱；三是惊怖失志；四是打触"末摩"（神经系统等身中关键性的部位）；五是鬼魅所着。《摩诃止观》卷八据中国传统的精神魂魄意志六神说，分精神心理方面的病态为六种，称"六神病"：

病因	症状
肝中无魂	多头昏，喜睡眠
心中无神	多遗忘
肺中无魄	多恐怖
肾中无志	多悲愁，常傻笑
脾中无意	多迷惑，多疑
阴中无精	多怅怏不快

按现代精神病学，精神分裂、抑郁症等患者，及其他大脑神经系统有一定器质性损伤的精神病，病情较重时，主要靠药物、针灸治疗及电休克、电击、化学冷冻等方法，虽然多有副作用，但一般见效较快，至病情减轻后，才宜实施心理治疗。这与佛教对疾病的一般态度基本相合，佛教认为，疾病，尤其是内外四大不调引起的疾病，须用医药治疗，当年佛陀患病，亦请医师耆婆治之，服药而愈。浙江萧山竹林寺《妇科秘方考》说，妇女"经来怒触，败血攻心"而导致"不知人事，狂言谵语，如见鬼神"之精神病，先用麝香散定其

心志，朱砂佐之，后服茯神丸以除其病根。

对心理治疗，佛教最为重视。心理治疗的一大优点，是没有药物的副作用，疗效较为稳固。上面所引佛陀治愈反应性精神病的事例，用的都是心理治疗，皆不药而愈。当代台湾高雄县路竹乡龙发堂住持释开丰，以用佛教心理疗法治疗精神病著称。该堂自1970年以来，收容了医院不治及无力治疗的几百名精神病人，主要为精神分裂症患者，不用药物，而在佛教精神的指导下，采用劳动、饮加持过的大悲水及多种心理疗法进行综合治疗，疗效颇佳点，曾成为台湾新闻热点。医学证明劳动、娱乐能治疗精神病，越休息越易得病。

从心理治疗的角度而言，佛教的皈依、发心、持戒、礼佛、祈祷、诵经、学教、忏悔、禅定、修观、观心、持咒等修持体系，对可以接受的人，都有心理治疗的作用，都可用作心理疗法。其中实际上包括了现代心理治疗常用的多种疗法。

患者若能信受佛法，皈依佛教，有了坚强的精神支柱、可靠的心理依怙，会消除孤独无助感及对灾难、死亡的畏惧等病因，有强大的精神力量制服导致疾病的过激情绪反应，为高级的信仰疗法。正如蔡海榕、黄丽、杨廷忠《佛教文化化解当代中年知识分子心理压力情况的调查与分析》所言：

佛教文化实质上是生命意义的超越，精神境界的提升。这种对超越和提升的追求，使人们能以长远的终极的眼光客观而冷静地反思人生的历程，不断提高人生境界，并在心理上产生安顿、抚慰、激励等诸多功能，从而缓解甚至消弹人的种种无奈、焦虑、烦躁、悲伤和痛苦。①

发求道心、菩提心，树立正确的人生观、价值观和关于终极意义的信念，在高尚的生活目标指引下，激发向上的心志，能治疗无责任感、麻木不仁、放纵轻浮等人格障碍，为意义治疗法。

学习佛教教理，树立佛法正见，认识烦恼的过患和根源，以佛法如实知见

---

①载《浙江佛教》，2005年第1期。

的正见对治烦恼，为认知疗法、理性情感（理情）疗法，对负面情绪及心理疾患的错误思想、非理性观念纠正，情感也就正常了。相信因果业报，则有利于消除对不公平的愤懑导致的心理疾病。

持戒可戒除引起疾病的淫乱、贪污、欺诈、酗酒、吸毒等不良行为，令人心安理得，情绪平稳，为行为疗法。

礼佛、忏悔、诵经、持咒则有脱卸心理负担、消除业障的巨大力量，也属信仰疗法。池见酉次郎《自我分析》中说，人在祈祷时也是一种精神统一的入静状态：

> 如果大声反复地朗诵祈祷的文句和佛经等等，可以将长久积郁于心，即刻就要爆发的怒火、怨气以及其他激烈的情绪和感情，以平安的方式发散出去，起到净化心灵的巨大作用。[①]

台湾研究者让高雄县60名老人每天听30分钟大明咒、文殊心咒音乐，一月后，其认知功能明显改善，结束后第三月下降。日本研究证明：抄写佛经可以防治老年性痴呆。

修不净观，可对治因性欲积压而导致的同性恋、摩擦癖、露阴癖、窥淫癖、异装癖、易性癖、恋物癖、恋童癖、自恋癖等各种变态性心理疾病，是一种厌恶疗法。密教双运道可治疗阳萎、早泄等性心理障碍。

修慈悲观，可对治人际关系紧张、夫妻感情和性生活不和谐及性厌恶、性冷淡、性感缺乏等性心理障碍，治疗对人冷漠、具攻击性等人格障碍。修喜心观，可对治悲伤忧郁型精神病。修舍心观，可消除紧张，对治激动、狂躁型精神病。

修精进度，可治退缩、消极、自卑、敏感羞涩等人格障碍。修安忍度，可治疗焦躁易怒、鲁莽盲动、对嘲笑羞辱决不宽恕等人格障碍。修禅定最能缓解紧张，消除压力和心理疲劳，使错乱的气脉自行调整，为高级放松疗法。

---

① [日] 池见酉次郎：《自我分析：从心身医学的角度看人的形成》，公克、晨华译，工人出版社1988年版，第67页。

全面修学大乘菩萨道，可对治各种人格缺陷、人格障碍。

佛教法师、善知识以佛法开导人，是一种高明的支持疗法。

十念中的"念死"，在原理上与系统脱敏法、满灌疗法、逆转意图疗法有相通之处，若运用得当，可以消除对死亡的恐惧；密教观想狰狞可怕的鬼神，可消除对可怕景象的畏惧症。

明代袁了凡依佛教因果法则所制善恶功过格，对每日善恶按量分别记录，或用黑豆表恶、白豆表善以记录之，是一种很有效的强化疗法。

佛经中所载佛陀度淫女，是一种负强化疗法。佛化身为美男子，通过不间断地做爱，终于使极其贪淫的淫女厌恶做爱，发心学佛。

密教的"念吽斥念法"属行为或思维阻断法。禅师的棒喝，是很好的"反应禁止法""思维停顿法"，可以用来中止强迫观念。

欣赏佛教音乐、佛画等佛教艺术品，是有特殊效果的娱乐疗法、艺术疗法。藏传佛教的跳神、日本佛教的"踊念佛"等，具有舞蹈疗法的作用。

寺院的清净环境，有治疗过分热衷于声色名利所致各种疾病的环境疗法的作用。

现代周叔迦居士曾提出居士之间实行"净友连锁"，以友好的态度互相监督促进，与团体疗法的"邂逅小组"相似。①

南传佛教和日本佛教有法师到信徒家中做法事、进行指导（包括世俗生活指导）的传统，有家庭治疗的作用。

观心，是一种高明的自我疗法或内省疗法。

用佛法诸法无我的正见修观，以智化情，可以消除多种精神心理疾病的根本——自私、自我中心，及对世事的执着固执，最具消融一切病灶、根除疾病的效力，对治疗病态自我中心型人格障碍，尤有特效。《西藏医心术》说得好：

---

①周叔迦：《周书迦佛学论著全集》第三册《虫叶集》，中华书局2006年版，第1188页。

一切身心疾病的根源是对"我"的执着……"放下我执"具有治疗力量，并无可疑之处。

中国佛教界流传着一类专治心病的"心药方"，最著名者如志公答梁武帝心药方：

不嗔心一具，常欢喜二两，慈悲行三寸，忍辱根四橛，智慧性五升，精进意六合，除烦恼七颗，善知识八分。右件药，用聪明刀，向平等砧上细锉去，却人我根，入无碍臼中，以金刚杵捣一千下，用波罗蜜为丸，每日取八功德水服一丸，即得永劫不失人身。

又，唐朝石头希迁禅师赠李宓《心药方》：

好肚肠一条，慈悲心一片，温柔半两，道理三分。信行要紧，中直一块。孝顺十分，老实一个。阴骘全用，方便不拘多少。此药用宽心锅内炒，不要焦，不要燥，去火性三分，于平等盆内研碎，三思为细末，六波罗蜜为丸，如菩提子大。每日进三服，不拘时候，用和气汤送下。果能依此服之，无病不瘥。切忌言清行浊，利己损人，暗中箭，肚中毒，笑里刀，两头蛇，平地起风波。以上七件，速须戒之。此前十味，若能全用，可以致上福上寿，成佛作祖。若用其四五味者，亦可以灭罪延年，消灾免患。各方俱不用，后悔无所补。虽有扁鹊卢医，所谓病在膏肓，亦难疗矣。纵祷天地、祝神明，悉徒然哉。况此方不误主雇，不费药金，不劳煎煮，何不服之？

偈曰：此方绝妙合天机，不用卢师扁鹊医，普劝善男并信女，急须对治莫狐疑。

佛教密教还有一些专门治疗精神病的咒术。如《佛说十一面观世音神咒经》中说，若有人卒得狂病（急性精神病），用白线作二十一结，诵十一面观音神咒21遍，再在十一面观音像前诵咒108遍，系此像正前方头顶上，经一宿，取系病人颈。过二日，若不愈，还取所咒白线，再咒108遍，绞着观音像颈，经一宿，取以系病人颈，即得痊愈。其咒为：

南无佛陀耶　南无达摩耶　南无僧伽耶　南无若那娑伽罗　毗卢遮那耶

多他伽多耶　　南无阿利耶　　跋路吉帝摄婆罗耶　　菩提萨埵耶　　摩诃萨埵耶　　摩诃伽楼腻伽耶　　南无萨婆哆他伽帝毗耶　　阿罗诃陀毗耶　　三藐三佛提毗耶　　多姪他　　唵　　陀罗陀罗　　地利地利　　豆楼豆楼　　壹知跋知　　遮离遮离　　钵遮离钵遮离　　鸠苏咩　　鸠苏摩　　婆离　　伊利弥利　　脂致阇罗摩波那耶　　冒地萨埵　　摩诃伽卢尼迦　　娑婆诃

一般须先诵满十万遍，或眼见观音现前，方可立验。

佛教心理疗法对于无佛教信仰及不接受佛教信仰的精神心理病人，也完全适用。观察不良情绪致病的因果及无常、无我的如实观，完全依靠理性；数息、观想光明等修禅定的方法，无信仰成分，很多人都可以接受。修定、持咒功深、慈悲深厚的佛教徒，可以通过祈祷、诵经、礼佛、做法会及自己修持功德的回向，治疗任何精神病人。佛教观息、观心、转移、斥念等调制心的方法，病情较轻的精神心理病人都可用以自疗。《西藏医心术》一书中申明：尽管本书的观点和方法主要来自宁玛派的传统教法，然而"你不必一定要成为佛教徒才能使用这本书；不幸的是，许多人却把佛教当成释迦牟尼佛这历史人物所弘扬的宗教，其目的只在利益佛教徒"。①

作者东杜法王仁波切面向广大现代人介绍佛教医心术，其治疗过程分三个步骤：一、承认有困难和痛苦；二、接受它们；三、培养正面的态度。治疗的最佳药物，是放下我执，活得安详，无忧无虑。治疗以禅修为核心，以放松而专注于当下所做的一切、保持警觉的心为诀要。洪启嵩《以禅疗心》列举了22种禅法以治疗22种心病。

佛教信仰、修持体系的心理治疗功用，已被心理学界所公认，实验显示：祈祷、正面思考和坐禅，对于重病患者助益很大，即使患者本身并不自觉其他人正在为他的复原而热心祷告，这种方式仍然有显著的效果。佛教的觉照、禅定等修行方法，已被心理学界采用。如尼珊纳（H.S.S.Nissanka）博士《佛教

---

① 东杜法王仁波切：《西藏医心术》，郑振煌译，新疆人民出版社1999年版，第19页。

心灵治疗学》(1993)将止观运用于心灵治疗,整理为六个层次:

1. 沟通。

2. 对情绪的知觉。

3. 对身体的觉知(感觉回收等修止法)。

4. 对心灵的观察。

5. 对心灵的分析。

6. 重新导向与社会化(因缘观、慈悲观等修观法,重建心灵、扩展自我)。

捷克精神病学家C.格罗夫通过催眠引发前世记忆,发现前生体验往往与现在的问题和精神病有关,这些意象和体验具有明显的治疗效果。[1] 布莱恩·魏斯(Brian L.Weiss)医生用催眠方法诱导,使一些人回忆起前生,起到了治疗身心疾病、优化人格的效果,谓之"前世疗法"。[2] 他介绍了几种进入前生的技巧:闭目放松、想或念带有感情色彩的字词(如皇帝、战争、和平等),观察心中浮现的印象、景象、感觉,将它们记录下来;在朦胧灯光下、轻柔音乐声中与朋友对坐,仔细观察其面部,注意浮现的形象和想法;播放放松录音带,闭目观注呼吸,一一放松全身肌肉,想象头上有亮光慢慢进入身中,笼罩全身,从一数到五,进入深沉放松的禅定,然后想象从一道门穿过去。[3] 这些方法,不出神通禅在"舍"(极度放松)心中意识诱导的路数。

爱泼斯坦(Epstein)将佛教的灵修带进精神分析,用以克服防御机制,让童年创伤显现出来,之后就改由静修的方式治疗。他认为与其聚焦于感情,还不如将治疗焦点转向领悟"主我(I)"及其虚妄性,从感情痛苦中改变注意方向,去领悟"空"和"无我"的境界,这正是佛祖教导我们从苦难中解脱出

---

[1] 格罗夫:《非常态心理学》,刘毅、王芳、曾荣等译,云南人民出版社2003年版,第68页。

[2] [美] 布莱恩·魏斯:《穿越时空的心理治疗》,黄汉耀译,海南出版社2011年版。

[3] [美] 布莱恩·魏斯:《生命轮回:超越时空的前世疗法》,黄汉耀译,张老师文化事业股份有限公司1994年版,第234—242页。

来的唯一途径。

佛教心理学可以补西方心理治疗之偏弊：注意坐禅时浮现的念头和景象，是自我发掘潜意识的极佳方法。唯识学的深层心识说和观空、无我之法，可以深化精神分析，将发掘出来的欲望溯源于无明、我执，消融于空，彻底消灭病根，解决精神分析在发掘出心理冲突后未必能消除的难题。精神分析学大师埃利克·弗洛姆说得好：

对禅的知识及实践，能够在精神分析的理论与技术上产生最为丰富和清楚的影响。禅虽在方法上与精神分析不同，却可以使精神分析的焦点更为集中，为洞察的本性投洒下新的光辉，并更清楚地意识到什么是见，什么是有创造性，什么是对烦恼与虚幻的知性化作用的克服。①

荣格认为：若自性被欲望、贪欲缠绕成无明、我执时，心理改变技术再多也是枉然。而佛法的"心性学""心性医疗术"，佳于心理学。其"精神转换""超验作用""意识成长""个体化过程"等，皆有取于佛法。

超个人心理学认为：应综合各种心理治疗学派以及世界上各种精神传统的静修途径，解决终极意义上的性灵问题，找到治疗存在疑虑、通灵病症、精微病症、自性病症等心理失调的方案。以心性为核心的佛教心理学，最多解决性灵问题的方法和启示。

对心理医生和心理咨询师来讲，佛教自净其心的各种方法和对心识的分析，极具参考价值。精神分析要求医师自己必先经过心理分析的全过程，成为心理平衡无障碍的人，在治疗中要保持清澈的旁观态度，做"站开来的观察者"，要给予患者爱的关怀，或认为须抱"参与性"的态度"进入"，与患者面对面交流。"患者中心疗法"更主张医师做配角，与患者共同卷入冒险，创造无条件关怀的环境，积极了解患者内心，产生情感共鸣。通过佛教的自观其心、增广慈悲心等修习，可以使医生成为精神健康的智者，对患者既以慈悲爱

---

① [美] 埃利克·弗洛姆等：《禅宗与精神分析》，王雷泉、冯川译，贵州人民出版社1988年版，第187页。

心与之交流，又能冷静旁观明见其病症病因，善于运用佛教和心理学的治疗方法，取得满意的疗效。

二、心身病及生理性疾病的佛法治疗

精神心理原因导致的心身病，有癌、消化性溃疡、过敏性结肠炎、高血压、冠心病、支气管哮喘、皮肤病等多种。据有关统计，在当今所有疾病中，心身病略占泰半，或曰百分之七八十的疾病与心理病因有关。

佛教的皈依、发心、祈祷、礼佛、诵经、念佛、持咒、坐禅、修观、经行、布施、放生等修行方式，可以治疗精神心理疾病者，也都可以用来治疗心身病和生理性疾病，或有助于各种疾病的治疗康复。《杂阿含经》卷三十七第1024经载：比丘阿湿波誓病苦，佛为说法，心得解脱，"欢喜踊悦故，身病即除"。同经第1038经摩那提那长老告阿那律比丘：

我住四念处，专修系念故，身诸苦患，时得休息。

皈依发心，可以使病人的心灵获得安顿，增强战胜疾病的精神力量，即佛教徒常用的行礼方式——双手合十。据美国医学家史迪文·拉姆研究，它也有使人最大限度地进入全身心彻底松弛从而健身祛病的效用。礼佛诵经、念佛持咒、布施放生等修行，可消除业障，积集福德，使病人增强战胜疾病的信心，卸除心理负担。至诚忏悔，最能消除负罪感、内疚等心理包袱，对治疗因此而致的疾病极有助益。布施、放生，不仅可增长病人的福寿，而且可通过精神上的充实感、心理包袱的卸除和慈悲心、爱心的增强，加强其机体的免疫力。佛经载：摩揭陀国阿阇世王弑父即位后，心生懊悔，全身生起恶疮，奇臭无比，百药无效。医师耆婆劝其至心忏悔，乞求佛陀加被。佛入月爱三昧，放光照阿阇世，其恶疮即愈。寺院的钟声，也有治疗作用，古罗马人即认为教堂里的钟声能杀菌，治疗某些疾病。研究证明，钟声频率在25000赫兹以上能治疗流行性感冒等传染病，提高免疫力；100—2000赫兹的钟声响亮清脆，能增加毛细血管和淋巴流量；40—100赫兹的钟声浑厚，能缓解紧张。

《摩诃止观》卷八将所有疾病分为六种，第六"业病"，有肿满黄虚等多种。业病或者是前世杀生等恶业的果报，或者由今生的杀、盗、淫乱、酗酒等不良行为引起，"或今世破戒，动先世业，业力成病"；今生的修行也可以引起疾病，"若今生持戒，亦动业成病"，经论中说修行好者可以转后世应受的三恶道重报为今生病患而轻受。业病由五根而造，相应地亦由五根而发：

若杀罪之业，是肝、眼病；饮酒罪业，是心、口病；淫罪业，是肾、耳病；妄语罪业，是脾、舌病；若盗罪业，是肺、鼻病。

今日流行的癌症、艾滋病，多属业病，即不良行为导致的疾病。业病一般非仅用药物所能治愈，"当内用观力，外须忏悔"。观力，指用佛教的见地深观病由业生，业由心起，业力、心性本空，从而彻底放卸潜意识中造成疾病的包袱。当代美国人露易丝·海患癌症后，根据佛法，消除愤怒以"改变自己制造癌细胞的心理系统"，结果完全治愈。她因此虔信佛教，在洛杉矶等地建立治疗中心。其《生命的重建》中说：

如果把憎恨融化，甚至可以使癌症痊愈。

雷久南博士1991年在美国加州成立"琉璃光养生康复中心"，运用佛教的观点和方法，提出"身心灵整体健康"思想，以开心、天然素食、奉行五戒十善、放生、拜忏、坐禅、念诵真言，加上服用小麦草汁，治愈了许多癌症病人。其念诵七字真言方法为：诵时逐一观想，先想光，再念诵咒音，或想象在天气晴朗的草原上，踏着柔软的青草，登上前方平顶八层金字塔，逐层攀登时依次观想红、蓝、黄、绿、橘红、紫红、墨蓝七种光笼罩自身，至顶层时想吸进具备七色光的太阳光。吸足后下台阶，倒过来逐层观想墨蓝、紫红等七种光，或根据病情想具有治疗作用的光射来治疗，如想象用紫红光复合伤口，用蓝光止痛，想象难忘的人在眼前，从自己眉间或心口放出蓝光，送给对方，可以沟通感情，治愈感情创伤。七字音、七种光及其所表意义如下：

字音	光色	所表意义
E	红色	自在、独立、领导能力、开创精神
O	蓝色	忍耐、慈爱、看得开、放得下
AH	黄色	喜悦、组织能力
A	绿色	健康、成长、财富
AE	橘色	自信心、勇气、智能
UU	紫红	情感康复、灵感
OM	墨蓝	保护作用、万物同体

在佛教修持法中，禅定最具直接的治病效用，用以治疗禅病的禅法，若运用得当，也可以用来治疗身心病、生理性疾病，起码可以作药物治疗的辅助疗法。包括佛教禅定在内的"气功疗法"，已被国内外广泛采用。Padmal de Silva 在一项持续而有系统的研究中发现：坐禅作为一种精神治疗法，已成功地用于治疗干癣皮肤症等生理性疾病。

《西藏医心术》一书中，根据宁玛派的传统，列举了以光、水、火、风、地治疗身体不和谐的禅法：

放松，深呼吸，想象治疗力量来源于上前方。若患与热有关的病，想白色光从力量来源处射出，环绕自己上身，如同磁石吸铁般吸走疾病，从头顶出，融入天空。若患与寒冷有关的病，想红光射下，环绕自己腹部和下身，吸走疾病，从足下出，融入地中。若疼痛或有障碍感觉，想其如石头、棍子、刀、指甲等，再观想射来的光拔出疼痛。若患肿瘤，想射来明亮、锐利如镭射般的光，将肿瘤切成碎片，分解成原子，排出体外。

或观想甘露般具有药性的水，从力量来源处流下，流经全身，涤去污秽，解除毒素，净化身体。想象这水是热的，稀释、融化身心障碍；或是清凉的，熄灭灼烧刺疼的病障；水慢慢流过全身，从下门、足底、脚趾出，流入大地。

或观想具有治疗力量的火焰环绕自身，烧掉与冰冷、无生命及能量不足相关的一切疾病。

或想象清净的风或气扫去身上循环、呼吸系统的一切毛病及充血症、细胞内的毒素,带给每一个细胞以健康。想象此风如同体内美妙的音乐,给予放松和健康。

当疾病带来怀疑、恐惧、痛苦时,想象身体像大地一样坚实强壮,不可动摇。

禅定修习者还可以通过观想光、水、火等从力源射到自己手上,掌心向下放在患者身上或病处上方,或轻触、抚摩患者,想疾病被清除,丢到体外。治疗者与患者都必须坚信疾病已被驱除。①

净土宗信徒念佛,自信可以得到佛的加被,消除业障,往生净土,解除死亡焦虑,自有治疗诸病的力量。莲池大师谓"念佛非止明心,亦无病不治",他为患病居士开出三方。

1. 对治,以逸治劳(以放松对治紧张),以舒治郁(以放下对治忧郁):

逸,非懒惰不简之谓也,万缘尽废,如初生孩子,六识不行,是之谓逸;舒,非散放无忌之谓也,知身世如幻梦,随缘顺受,不被境瞒,和即今病之愈否、身之生死,一并放下,是之谓舒。

2. 调摄,节饮食、慎药饵。

3. 正念,观苦从身生、生从业生,病即苦中之一,其辗转相因,亦复如是。"应孜孜密密,日夕体究,究之不得,只消提一句本参念佛话头,回光自看,识得此念下落,则惑自破",惑破则疾病亦辗转消灭。②《印光法师文钞》教人,念佛不仅最宜治疗怨业病,而且能治疗外感内伤导致的生理性疾病。

若怨业病,神仙亦不能医。念佛,便能令宿世冤家仗佛慈力超生善道,故怨解释而病即痊愈矣。外感、内伤,念佛亦最有益,非独怨业病有益也。

可归于心理疗法的咒语和祈祷,是佛教用以治病的重要方法。《四分律》卷二十七、《十诵律》卷四十六列治腹内虫病等咒。《除一切疾病陀罗尼经》

---

① 东杜法王仁波切:《西藏医心术》,郑振煌译,新疆人民出版社1999年版,第168—179页。

②《云栖大师遗稿》卷二《与嘉兴朱西宗居士广振》。

中，佛告阿难"除一切疾病真言"曰：

怛侄也他　尾么黎尾么黎　嚩曩俱柢黎　室利末底军拏黎　嫩奴鼻
印捺啰拟散　母隶　娑嚩诃

谓诵持此真言，宿食不消、霍乱、风黄、痰壅、咳嗽、痔瘘、寒热、头疼、着鬼魅等一切病，即得痊愈。

大乘一般多祈祷东方药师琉璃光佛以求治病，此佛特以善疗众病著称。《药师琉璃光如来本愿功德经》中，佛言：药师佛在行菩萨道时发十二大愿，其中第六愿，是愿来世成佛时，若有众生，受盲聋暗哑、挛跛背偻、白癞癫狂种种病苦，"闻我名已，一切皆得端正黠慧，诸根完具，无诸病苦"。第七愿，是愿来世成佛时，若诸众生"众病逼切，无救无归，无医无药，无亲无家，贫穷多苦，我之名号一经其耳，病悉得除，身心安乐，家属资具悉皆丰足，乃至证得无上菩提"。

经中救脱菩萨说祈祷药师佛治病之法为：

为病人于七日七夜受"八关斋戒"，以饮食衣服等供养僧众，昼夜六时礼拜供养药师佛，读诵此经49遍，造此佛像7躯，每躯像前燃灯7盏，灯大如车轮，昼夜长明49日，造五色彩幡，各长49拃（约3米），放生49数众生。可得愈病延命，不遭横死。礼拜、供养、忆念、祈祷此佛，还有免堕恶道、祛除灾疫、往生净土、消除恶梦、解除怖畏等利益，"随所乐愿，一切皆遂：求长寿得长寿，求富饶得富饶，求官位得官位，求男女得男女"。

密教颇重祈祷药师佛、修药师佛本尊法、念诵药师佛心咒以求治病，大藏经中有唐译《药师琉璃光如来消灾除难念诵仪轨》《药师如来念诵仪轨》《药师如来观行仪轨法》等。藏密药师佛本尊法大略为：

手结药师佛印。皈依三宝。发菩提心。观想空。从虚空中想象一尊药师佛出现，其身天蓝色，坐莲花台，双手左上右下相迭，二大拇指头相触，端一钵（药师佛法界定印），钵内满盛能治百病的甘露。从佛心际放蓝色光，照灌自身，从自己顶门而入，荡涤全身一切病气、业障，自身成透明之琉璃色。想药师佛心际之蓝光放大，自己心际亦放出蓝光，二光合一，自己顿成药师佛，与身外药师佛无二无别。念诵药师佛心咒108遍或1080遍。想药师佛及其他诸佛菩萨、自己变现之药师佛皆放五色大光明，照一切众生，消除病苦。

若为他人治病，可观想药师佛手中的钵放蓝光，照病人的食物、药物或衣服上。或于净瓶盛药，纸上书梵藏文"吽"字，包以红绸，缠以红绿丝线，放药上，线头出外，瓶口覆红黄绸，以线缠之。右手拈瓶外之线，诵药师佛心咒108遍或1080遍，观想药师佛降临，瓶内"吽"字放光供养佛。次由佛心印"吽"字放光供养十方佛，十方佛亦各放光相应，光光合一，十方佛均变为药师佛，放光照一切众生，消除病苦。药师佛心咒为：

爹雅他　嗡　别卡子耶　别卡子耶　玛哈别卡子耶　拉扎娑摩伽帝　梭哈

汉译药师灌顶真言：

南谟薄伽伐帝　鞞杀社　窭噜薛琉璃　钵喇婆　曷喇阇也　怛他揭多也　阿啰喝帝　三藐三勃陀也　怛侄他　唵　鞞杀逝　鞞杀逝　鞞杀社　三没揭帝　莎诃

《药师如来念诵仪轨》中说："若有受持此真言，能拔身中过去生死一切重罪，不复经历三途，免离九横，超越众苦，十方世界随处安乐，自在无碍。"

佛教密教还有许多治病的本尊法与咒语。汉传佛教界使用最多者为观音大悲咒、准提神咒。

据《千手千眼观世音菩萨广大圆满无碍大悲心陀罗尼经》说，如法持诵观音大悲神咒者，"世间八万四千种病，悉皆治之，无不差者"，还有辟除灾障、消除业障、制外道、得智慧、往生净土等诸多效用。持咒者须深信经中所说此咒神力，与观世音菩萨之大悲心相应，以大慈悲心、平等心、无为心、无染着心、无杂乱心、空观心、恭敬心、卑下心诵持，诵咒前，先诵赞发愿：

南无大悲观世音，愿我速知一切法。南无大悲观世音，愿我早得智慧眼。

南无大悲观世音，愿我速度一切众。南无大悲观世音，愿我早得善方便。

南无大悲观世音，愿我速乘般若船。南无大悲观世音，愿我早得越苦海。

南无大悲观世音，愿我速得戒定道。南无大悲观世音，愿我早登涅槃山。

南无大悲观世音，愿我速会无为舍。南无大悲观世音，愿我早同法性身。

我若向刀山，刀山自摧折。我若向火汤，火汤自消灭。

我若向地狱，地狱自枯竭。我若向饿鬼，饿鬼自饱满。

我若向修罗，恶心自调伏。我若向畜生，自得大智慧。

称念"南无大慈大悲观世音菩萨""南无阿弥陀佛"，然后诵咒曰：

南无喝啰怛那哆啰夜耶　南无阿唎耶　婆卢羯帝烁钵啰耶　菩提萨埵婆耶　摩诃萨埵婆耶　摩诃迦卢尼迦耶　唵　萨皤啰罚曳　数怛那怛写　南无悉吉利埵　伊蒙阿唎耶　婆卢吉帝室佛啰楞驮婆　南无那啰谨墀　醯唎摩诃　皤哆沙咩　萨婆阿他豆输朋　阿逝孕　萨婆萨哆　那摩婆萨多　那摩婆伽　摩罚特豆　怛姪他　唵　阿婆卢醯　卢迦帝　迦罗帝　夷醯唎　摩诃菩提萨埵　萨婆萨婆　摩罗摩罗　摩醯摩醯　唎驮孕　俱卢俱卢羯懞　度卢度卢　罚阇耶帝　摩诃罚阇耶帝　陀罗陀罗　地利尼　室佛啰耶　遮罗遮罗　摩摩（称某甲受持）罚摩啰　穆帝隶　伊醯移醯　室那室那　阿啰嘇　佛啰舍利　罚沙罚嘇　佛啰舍耶　呼卢呼卢摩啰　呼卢呼卢醯利　娑啰娑啰　悉利悉利　苏嚧苏嚧　菩提夜　菩提夜　菩驮夜　菩驮夜　弥帝利夜　那啰谨墀　地唎瑟尼那　波夜摩那　娑婆诃　悉陀夜　娑婆诃　摩诃悉陀夜　娑婆诃　悉陀喻艺室皤啰耶　娑婆诃　那啰谨墀　娑婆诃　摩啰那啰　娑婆诃　悉啰僧阿穆佉耶　娑婆诃　娑婆摩诃阿悉陀夜　娑婆诃　者吉啰　阿悉陀夜　娑婆诃　波陀摩羯悉哆夜　娑婆诃　那啰谨墀皤伽啰耶　娑婆诃　摩婆利胜羯啰夜　娑婆诃　南无喝啰怛那哆啰夜耶　南无阿唎耶　婆嚧吉帝烁皤啰夜　娑婆诃　唵　悉殿都曼哆啰　钵陀耶　娑婆诃

大藏经中有唐译《大悲心陀罗尼修行念诵仪轨》等。汉地多于千手千眼观音像前供净水，诵咒7遍或21遍或49遍或108遍，观想观音进入水中，饮其水或与病人饮，或想观音手持杨枝拂除病苦。一般说持满此咒10万遍者，治病必灵验，实应以能明见观世音菩萨即修持成就为必验的标准。《千手千眼观世音菩萨治病合药经》中提到用大悲咒加持药物治毒疮、疟疾、蛇咬、偏风、蛔虫、腹中病、红眼病、大小便不通等各种病的方法。经中称观音菩萨说：若有人能受持此法治疗众生病者，"当知即是我化身，以大悲心救众生故，我必到其所，所作诸法令有胜验"。

藏传密法所诵大悲咒略有不同，持诵时按本尊法仪轨，先观想千手观音，次观其进入自身，自己成千手观音，持咒3或7遍，再持心咒：

嗡 拔资喇 达尔玛 舍（om bajra dharma hrih）

或观音六字大明咒：唵嘛尼叭咪吽（om mani padme hom）。观想自他观音手持杨柳枝拂病或以净瓶水洗病。

准提（意译清净）为六观音之一，《七俱胝佛母所说准提陀罗尼经》说持准提咒108遍，称病人名，以牛乳作火供，即愈。诵108遍加持杨柳桃枝或花，可打拂诸鬼病。诵21遍加持手，摩触患处，可治疟疾、头痛、身体关节疼痛等病。以檀香汁和土为泥，涂痈疮及毒虫咬处，诵咒7遍，可愈。旋绕病人诵咒可治被蛇啮。咒为：

南无飒哆南 三藐三勃陀 俱胝南 怛姪他唵 折戾主戾 准提 娑婆诃

藏传佛教修准提法一般只诵心咒：嗡 遮利主利 准提 莎诃

其他观音密法密咒，也多有治病之用。《十一面神咒心经》中说，每晨如法清净念诵十一面观音神咒108遍，得身常无病等十一种利益。诵咒一遍，在五色缕上打一结，诵108遍，打108结，系重病人颈或臂上，即得除愈，病重者可加持黄土泥7遍以涂病处。诵咒108遍，诸鬼病、疟疾患者及各种风瘫、耳聋、鼻塞等病人，皆可愈。若病重者，以油或酥油煎桦树皮、青木香，每咒7遍，用以涂身，或滴耳鼻，或口服。咒云：

怛侄他 暗 达啰达啰 地履地履 杜噜杜噜 壹谢伐谢 折隶折隶 钵啰折隶 俱素谜 俱苏摩伐隶 壹履弭履 止履止征 社摩波隶耶 戍陀萨埵 莫诃迦卢尼迦 莎诃

藏传密法甚为流行的救度母（观音化身）法也常用以治病。度母凡二十一尊，其中表事业成就之绿度母，总摄一切度母功德，修法：观想此佛母全身绿色，相貌如妙龄少女，半跏趺坐于莲花日月轮上，右足展左足蜷，双手各持花，观其心轮中有咒轮，咒字排列，诵咒时观想咒字放绿光，由右向左旋绕。想咒轮中心种子字"党姆"（dangm）放光，普照一切众生，灭其罪业。咒曰：

嗡　达咧　都达咧　都咧　梭哈（om dare dudare dure svaha）

二十一度母中的药王度母，专司治病，其身黄色，右手施无畏印，左手持花，花上有诃子（藏青果）放光，消除百病。咒语：

嗡　达咧　都达咧　都咧　沙蛙佐拉　沙蛙都卡　不啰沙玛那雅　吽　梭哈

藏传佛教又流行莲花生大师所传观音治病真言：

嗡　啤噜　纳　崎煎都喜好　秘沙马哈木　煎都崎悲些那打　啤　那雅　莎哈

密教还有不少真言可用以治病。藏传佛教界持诵最为普遍的六字大明咒和大白伞盖佛母心咒（hum ma ma hum ni svaha）皆有治病之用。《不空罥索神变真言经》卷二十八说，若有病人"连年累月萎黄病恼苦楚万端"，可在其前每日高声诵毗卢遮那佛大灌顶光真言1080遍，即得除灭宿业病障。持108遍可治诸鬼所娆"魂识闷乱失音不语"等病。加持白线诵咒108遍打108结，系于病人头颈，可治诸疟病。咒曰：

唵　阿谟伽尾嚧左囊　摩贺母捺啰么捉　钵纳么　入嚩啰　钵啰靺哆野吽

另外，还有一些专治某些病的真言。如《佛说咒时气病经》说若人得时气病（流行病），当斋戒澡浴，烧香，结缕祝咒7遍：

南无佛　南无法　南无比丘僧　南无过去七佛　南无现在诸佛　南无未来诸佛　南无诸佛弟子　令我所咒即从如愿　阿佉尼　尼佉尼　阿佉耶尼佉尼　阿毗罗慢　多利波池尼　波提梨

《能净一切眼疾陀罗尼经》称佛因释迦种族中有一信徒乞丽末迦患眼病目盲，说治眼垢、风垢、黄病、痰病、三焦病真言：

怛你也（二合）他　咽里弭里黎枳　咽里系帝　护庚护庚护也　么宁　护鲁护鲁　怒鲁怒鲁　婆嚩诃

应昼三时、夜三时（各六小时）虔诵此咒，并祝祷曰：

我及某甲，眼勿令痛，勿令流泪，以罗汉实语、禁戒实语，以苦行实语，以诸仙实语，以缘生实语、苦实语、集实语、灭实语、道实语、辟支佛实语，我某甲愿令眼清净。

经称乞丽末迦才闻此咒,"其眼脉已净,眼耳得见,离一切诸垢"。《佛说疗痔病经》中佛说咒曰:

怛侄他　揭赖米　室利　室利　魔揭室至三磨靼都　莎诃　（契丹藏作:怛姪他　额阑帝　额蓝谜　室利鞞　室里室里　磨揭失质　三婆跋睹　莎诃）

又咒曰:怛姪他　占米占米　舍占米　占没你舍占泥　莎诃

经称,佛说此咒及经,能疗风、热、阴、血、腹中、鼻内、牙齿、舌、眼、耳、头顶、手足、脊背及全身肢解所生一切痔病,永除痛苦,常诵者能得宿命智。这里所说的痔,包括全身一切肿痛疮痈。又咒肿咒:

那谟曷啰跢那跢啰耶夜　那磨阿唎耶　皤卢择羝铄皤啰耶　菩提娑跢婆夜　磨诃娑跢婆夜　磨诃迦嚕尼迦夜　跢姪他　择唎择唎　只唎只唎毗　只唎毗择唎　娑婆诃

咒胡麻油,涂肿处,即愈。(见《种种杂咒经》)

《佛说咒小儿经》中谓若小儿头疼、腹痛,咒七遍即愈,咒曰:

罗那多罗　摩罗提离　耽波罗提利　吼楼寿　无楼寿　闻阇　華叉華差　南无佛　南无法　南无比丘僧　南无过去七佛　南无诸佛　南无诸佛弟子　令我所咒　即从如愿

藏密所传治感冒咒"吉格吉格　咪呀"可治祛头部风寒,头晕、疲乏、晕车、脱发、肾结核、脑力衰弱等病。

治寒病咒"嗡　吉格里　吉格里　阿尔港　扎哄"可祛水固元,治厥冷、胀痛、刺痛、淤结、肿胀等寒症。

治热病咒"嗡　巴喀达　巴喀达　阿尔港　娑诃"可降火,治一切热病。

洗髓壮肾咒"嗡　咪呀　嘻呀　昂热　娑哈"可治肾、肝诸病,延寿增慧。

《大毗卢遮那成佛神变加持经·悉地出现品》偈云:

以我功德力,如来加持力,及与法界力,

周遍众生界,诸念求义利,悉皆饶益之。

谓密法所成就利益众生的效用,包括各种咒语治病的效用,是自己功德、佛加持及法界所具三种力量结合而产生的。自己功德力,主要是通过坚信切愿虔心持诵、观想,达到定境,起到自我暗示的作用,或怀大慈悲心解除他人病苦的愿力,再加上所治病人信心的自我暗示。即不论佛菩萨加持,仅靠自己的自我暗示及持咒的信心、决心、定力,专心持诵以治病为内容的话语,也应能起治疗作用。咒语,实际上多为表示所愿的祈祷词,反复念诵这种祈祷词,自有凝聚心力战胜疾病的作用。另外,持诵咒语还有声音、音乐的作用,密教说特定的咒音作用于身体的不同部位,能通过震荡起到优化、治疗作用。

最彻底的治疗,当是佛法的无我观,《释禅波罗蜜次第法门》中谓"般若一法,能治诸病"。《佛说离睡经》载佛教比丘:若有病痛,当观彼痛无常、败坏、无染、是尽、是正、是止住处,"便不着此世间,不着已便不恐怖,不恐怖已舍"。如此观修,不但能止息病痛,而且可直达涅槃。《增一阿含经》卷六《利养品七》载,佛大弟子须菩提"身得苦患,甚为沉重",他结跏趺坐,思惟诸入,观"苦痛为从何生,复从何灭,为至何所",见"一切所有皆归于空。无我、无人,无寿、无命,无士、无夫、无形、无像,无男、无女",疼痛苦恼乃除灭。《杂阿含经》卷三十七第1038经载:摩那提那长老身患重病,由精勤修习四念处,"身诸苦患,时得休息"。西藏郭仓巴大师《治病偈》说:患病时应看作宿世恶业的果报,不须延医禳解,应以病为道,生庆幸心,并频频观想:

受我如此病,有情诚堪怜,愿我以此病,净除等虚空,有情病苦尽。

数数发此愿。后于病凝视,形与色等病,实有毫无成,任运成空相。

虔诚祈祷本尊、上师加持,以病为道、为友伴。"观病前无成,后又有何成?"于无成上放松,则"病现为法身"。

当代美国人斯特亨·勒文(Stephen Levin)运用佛教的止观技术进行临床心理治疗,教人像参禅一样不停地追问"谁的身体?谁在生病?"将"我的病、我的愤怒、我在治疗"化为"这病、这愤怒、这治疗",超越长久以来自锢的身体及其他为"我"的界限,让那痛苦而不可靠的"我"死去,超越"我是这个"而到就是"我是",溶入我们的本质"存在""即是"(相当于心性),看到那不生病者。"内在世界愈少阻碍时,就愈有能力超越病痛与治疗的需求。"[1] 这种疗法使许多人受益,证明对身、心疾病都有奇特的疗效。

第二节 不良嗜好及病态社会心理的针治

现代社会病态的文化,使不少人沾染上吸毒、抽烟、酗酒、赌博、淫乱、搓麻将、沉迷网络等不良嗜好,造成自私、不讲公德、技术垄断、剽窃、以权谋私、贪婪、攀比、财迷、欺世盗名、吝啬、不赡养老人、自我封闭、空虚、压抑、迷信、浮躁、虚荣、追星狂等病态社会心理。国民心态的物欲化、粗俗化、冷漠化、躁动化,被认为是转型中中国的社会生态危机。

心理学以医治不良嗜好和病态社会心理为己任,有不少自我心理调节和训练的方法,佛法在这方面也有其不可忽视的功用。

一、不良嗜好的心理医治

吸毒、酗酒、吸烟、赌博、淫乱等,都具有使人上瘾、产生很强依赖性的魔力,沾染者多失去理智和自控能力,形成人格障碍,出现类似强迫症的症状,对身心健康的危害极其巨大,是一种很难根治的顽症。

各种不良嗜好中,吸毒的害处最大,成为威胁全球安全与发展的一个重大问题。世界卫生组织统计,到1994年底,全球"瘾君子"达4800万人,另有几亿人变相吸毒。仅香港一地,吸毒的大中小学生即多达3万。烟的害处虽然比毒品小得多,但危害面极广,被称为"20世纪的瘟疫",全球每年有300万

---

[1] [美] 斯特亨·勒文:《谁的身体?谁在生病?》,周勋男译,载《十方》第10卷,第5、6期。

人死于吸烟。中国烟民多达3亿,每年因吸烟死亡者达120万人。烟草业实为最大的健康危害型产业,其负外部性大大超过税收等正外部性。酒被称为"世界上最具破坏性的药物",全球饮酒致死者占全部死亡者的4%,高于艾滋病、结核病、暴力致死者,"酒民"的数量极大,中国嗜酒者近2亿人,每年所喝的酒可填满西湖,耗资为"希望工程"的五百余倍。

沉迷于烟酒毒品,在佛教看来是一种着魔的表现。藏传佛教说,毒品和烟草是魔女的月经和尿所化,专意用来毒害、迷惑世人。那些邪恶的毒枭、毒贩,不正是谋财害命的人魔?

佛教极力反对沾染烟、酒、毒品,在家佛教徒所受的五戒中,第五为不饮酒戒,其他各种戒律也都禁止饮酒。此所谓酒,包括一切具有麻醉作用、对人身心有害的东西,毒品当然应列首位。太虚法师将此戒改为"不用麻醉品",包括各种酒、麻醉剂及麻醉作用虽较轻微而对身体害处不小的烟草类用品。有研究认为,梵巴语中禁止佛教徒饮用的酒,原指迷幻药之类麻醉品。

对饮酒的害处,佛经中多有指陈。《长阿含经·善生经》中佛告婆罗门青年善生:饮酒有失财、生病、斗讼、恶名流布、恚怒暴生、智慧日损六种过失。《四分律》卷十六中,佛说饮酒有令脸色难看、少力、损伤视力等十过。《正法念处经》卷八中,佛偈称酒为"毒中毒""地狱中地狱""病中之大病"。《大方便佛报恩经》卷六说,饮酒不但犯不饮酒戒,还容易引发其他过错,如往昔有一居士酒醉后色胆包天,奸淫他人之妻,盗杀其家之鸡而大吃大喝,被人抓住质问,他拒不承认,是为由一饮酒而五戒俱犯。《大智度论》卷十三列饮酒的过失三十五条。

现代科学证明:饮酒过量会引起慢性酒精中毒,酒后6分钟酒精即损伤大脑;导致心血管病、癌症、高血压、糖尿病、慢性胃炎、肝病、精神病等60种疾病,可能减寿20年;每天喝白酒超过1两,患代谢综合征的危险增加53%;酗酒产生心理变态,酿成家庭破裂、亲友反目、离婚、失职等问题,许多犯罪行为皆与酗酒有关,醉酒杀人在杀人案件中占第一位,50%的车祸肇端于饮酒。

吸毒的害处更大，大英帝国用鸦片的枪炮，令亿万"东亚病夫"不攻自毁，正如洪秀全戒毒诗所言：

烟枪即炮枪，自打自受伤，多年英雄汉，弹死在高床！

由此引发著名的鸦片战争。被称为"中国佛教复兴之父"的杨仁山居士，撰有《鸦片说》一文，说鸦片乃饿鬼从足下流出之墨汁所化，揭露吸食鸦片的祸害时说：

鸦片之毒，甚于他物，生者为土，熟者为膏，少许入口，即时毙命。而嗜之者一见此物，喜形于色，诚不解其何故也。忽忆经中以世人贪嗔痴为三毒，始知内心之毒与外物之毒，同类相摄，其力最大……口鼻之间，臭烟出入，面目焦枯，殆无生气，命终之后，必堕饿鬼道中。

近现代佛教界对吸烟也是反对的，印光法师《德育启蒙》教诫人们：

烟俱勿吸，以伤卫生，口气常臭，熏天熏人。鸦片香烟，其毒极烈，花钱买害，痴人可怜！

相关研究证明：抽一支烟减寿10分钟，每天抽1包半烟等于每年做300次X光胸透。吸烟的危害，被总结为携带病菌、骨头脆弱、增加失聪失明危险、衰老、不孕等20条。藏密说吸烟、用毒品，引魔毒入身，会堵住顶门的解脱之门梵穴，使人死后堕入地狱。《金色律藏》偈云："末法浊世之毒物，出现十八种烟草，凡接触者转地狱，后世不生悦意境。"《具光律藏》谓："浊世末时之烟草，口鼻享用诸罪人，今生贫穷如饿鬼，来世将于百劫间，住于嚎叫地狱中。"孙景风所译《烟草之毒害》一文，称"由龙树菩萨札记中录出"，说烟草毒品，乃魔女月经所化，其害较五辛尤烈：

1. 吸烟者，虽有念佛经咒之功德，纵经百劫，亦不生微尘芥子许之效果。

2. 吸烟者，平时吸烟为烟之熏染，临终顶门闭塞，不能往生，及随烟气堕入地狱。

又，吸烟三毒六垢俱备，不容修密法，不容进佛殿；烟气上熏天宫，触天帝，下行龙宫，触白龙及族众，阻瑜伽道及见道修道；中行至人间，触色声香味及护法神，令护法神昏昧，阻资粮道。清晨吸烟，阻断动脉流行，临命终时不现光明，中阴时不现报化身佛；昏暮吸烟，阻断中脉上端，于投生时不现化身。吸烟者"今世贫穷，渐至堕于恶趣，身色不美，而受生于污秽之处，盖吸烟者多半生于不净之中及食便溺者之族类中也"。人间烟气炽盛，则旱魃为虐，风雨不调，灾害并至。

此文流通教界，阅后决心戒烟者颇多。一个正信正戒的佛教徒，一般是不会冒死后堕三恶道的危险去破犯不饮酒戒的。

沾染烟酒毒品，主要是受社会环境的影响，也有个人心理和人格因素的内因——除了心理学家所说的好奇、模仿、消愁、提神、生活枯燥、精神空虚、精神负担沉重等原因外，大概有更深层的精神心理原因，应深入发掘，才能有效地根治。

酗酒者一般是不醉不过瘾。酒醉，给人一种忘记一切、晕晕乎乎、轻轻飘飘或无所顾忌、精神振奋的感觉。吸毒的即时心理效应更大：或使人感到欣快、无忧无虑、全身温暖酥软，或使人昏昏然有忘怀一切的快感，或使人感到特别清醒、充满活力，或使人产生类似精神病的幻觉、妄想。总之，追求一种忘怀一切、无忧无虑、欣快"轻飘"或高度兴奋的心理体验，可以说是酒鬼、瘾君子们不由自主地依赖酒、毒品的心理动力源。这种追求说明，人内心深处有获得解脱痛苦、轻快极乐之超常心理体验的趋求，这种趋求与宗教信仰者、修炼者对极乐、禅悦的追求可谓同根。酒醉、吸毒达"飘"的体验，与某种禅定的体验有所相近。藏密《大乘要道密集》就以大醉时无念的心态为九种光明之一，作为窥探本性光明的一个窗口。《济公活佛传》中描写神僧济颠每次显神通必先饮酒。现代西方颇有将致幻剂所生体验与宗教、禅定乃至禅宗明心见性的体验相比较者。

对吸毒等不良嗜好，目前主要采用认知心理疗法，利用科学研究成果，列举事实教训，讲清这些嗜好对个人身心及家庭、社会的危害，耐心地说服、帮助受害者发挥理智和意志的作用，树立戒掉它们的决心和信心。这也是佛教经常使用的方法，佛教的饮酒过失等说法，对有些人会有特殊的说服力。今泰国曼谷北140公里"烟枪"地方的一座佛寺，教人用诵念"不戒毒，就会死"、服用呕吐药物脱敏、泡药水浴及参加劳动的方法戒毒，疗程 15 天。自 1963 年以来治愈了十多万名瘾君子，成功率达 70%。《印光法师文钞》中列有"仙传戒烟绝妙神方"：

> 好甘草（半斤）、川贝母（四两）、杜仲（四两）。用六斤水，将三味药共煮，及至水熬去一半，去渣。用上好红糖一斤，放药水内再熬。少时收膏。初三日，每一两膏，放烟一钱。二三日，一两膏放烟八分。三三日六分。四三日四分。五三日二分。以后一两膏放烟一分。再吃十日八日。吃到一月后，无用加烟，永断根本矣。

并举例说，有陈锡周者，以此一方药尽瘾除，且身体强健，精神充足。强调戒烟之人"须具百折不回、死不改变之心，方能得其药之实效"。《烟草之毒害》一文中说，戒烟之法，须向三宝前作虔诚念，于诸众生生慈悲心，常诵伏魔咒（也可称念阿弥陀佛佛号以代之），力争净除。吸烟成瘾之人有以仇视心理发誓戒烟而终不能戒除者，这是因为有魔女的恶愿加持，故非下大决心，求佛加被不可。研究发现：戒烟 20 分钟后，即发生血压、心率、一氧化碳下降等良性改变，戒烟一年后心脏病发作率降低 50%。

毒、烟、酒都相当难戒，尤其是危害最大的毒瘾，戒除非常困难，治疗后复发率很高。今发现赌博、吸毒、酗酒时，大脑会分泌出某种快乐物质——神经递质多巴胺，刺激神经，产生快感，令大脑习惯于获得奖赏，不断强化整个连接，积习成瘾，形成难以控制的匮乏性需求。而且，吸毒者大都有精神心理问题，多数缺少教育、烦躁、焦虑、自控力弱、空虚无聊、缺乏责任心，导致吸毒的精神心理问题未得到解决，从戒毒所出来后马上又投入原先的社会环境中，很容易受到诱惑而旧病复发。任何药物，都无法解决心理问题的根本而给人注入勤勉、诚实的价值观念。荣格曾告诉戒酒协会创始人：他们在酒瓶中寻找的，是精神上的治疗。

欲提高戒烟、戒酒、戒毒特别是戒毒的效率，降低复发率，应从吸毒醉酒的心理根源下手，一方面用各种心理疗法，使不良嗜好者树立正确的人生观和人生理想，通过科学知识和现实事例，认识烟酒毒品的危害而对之产生畏惧，珍惜宝贵的生命，振作精神，调整心理状态，全身心投入学习、工作，获得价值感、意义感、愉悦感，驱除空虚、无聊、愁闷、焦虑等心理垃圾。另一方面，对精神状态较好及用其他方法治疗见效者，可用禅定训练的方法，使其尝受到超过酒醉、吸毒的欣快感，以禅悦之正受取代沉醉、中毒之邪受。清代民间宗教真空教曾以"向空静坐，接清化浊"的方法戒鸦片烟，效果颇佳。据对1800名练习超觉静坐者的问卷调查，以前吸烟、吸大麻、饮酒、服用迷幻药成瘾者，在练习静坐3—21个月后，自然脱瘾者达40%—97%，疗效相当显著。

有关研究证明，由致幻剂所致神秘经验与禅定经验颇有不同：禅定没有对外物的依赖性，由自主调心而致，对身心有诸多益处，体验为时长久，过后无不良副作用；酒醉、吸毒致幻则对酒、毒品有极强的依赖性，给人的快感为时短暂，有使人烦躁不安、嗜睡、谵妄、失眠、妄想、萎靡不振、呼吸衰竭、神经损害、痉挛等急性和慢性中毒症状，短暂的快感结束后必然有痛苦感。在服用迷幻药物者中，只有不足百千分之一的人偶尔会获得神秘经验，然皆一而不再，即此偶然的一次半次神秘体验，也都是相似于禅定、开悟，而非真正禅定、开悟的体验。佛教的安般禅等禅法，能使人获得比由吸毒酗酒用致幻剂等所得高级得多的正受，当有更好的戒毒效用。这里根据佛教密法金刚念诵，介绍一种戒烟、酒、毒禅：端坐或站立，慢慢放松全身，想所嗜好的烟、酒、毒品是魔女排出的秽物，自己因无知而上当中毒，极其有害。思念其诸多害处。诵真言"嗡（om）"，想象空中有佛光或日月交辉之光加持，戒烟者想其光化为白色纯净云烟，戒酒戒毒者想其光化为甘露，随吸气从自己头顶缓缓灌入，从血管流经全身，洗涤所中之毒，随呼气从毛孔或脚底排出体外，排出时默念真言"吽（hum）"。体会云烟或甘露润泽全身，极其清凉、愉快、安适，比醉酒、抽烟、吸毒的感觉舒适得多，久久安住于这种愉悦、轻快、无忧无虑的感受中，使身心得到很好的休养。若能静心入定而体验到哪怕是初级的禅悦，则恶习自除。

不良嗜好中的另一类是赌博和有赌博内容的打牌、搓麻将、下棋、斗鸡等游戏，自古以来便十分流行，也易使人上瘾着迷。现代社会耽溺于此，尤沉迷于"方城之战"者，在中国为数颇众。赌博时体内也会产生内啡肽，使人获得兴奋与快感，结束后快感消失，只得再赌。今发现赌徒大脑中与害怕、焦虑等规避风险功能有关的杏仁核异常。

赌博打牌在汉译佛经中叫作"博戏"或"博弈"，《长阿含经·善生经》中，佛说博戏有财产日损、虽胜生怨、智者所责、人不敬信、为人疏外、生盗窃心六种过失。偈云：

好恶着外色，但论胜负事，亲要无反复，行秽人所黜。

有关调查表明：赌博、玩牌上瘾，不仅如佛言"其家产业日日减损"，会使人懒惰、不讲信义，造成人格障碍，还会扰乱生活规律，使人过度兴奋，导致中老年人记忆力提前衰退，引发神经衰弱、胃肠功能紊乱、腰腿肌肉劳损、泌尿生殖系统疾病。因沉迷赌博而酿成破产、离婚、家庭不和、打架斗殴、丢官失职、犯罪入狱、自杀、他杀的事件，天天都在上演，已成为一大公害。

赌博打牌，煽动和满足获利本能，上瘾者主要出于不劳而获的贪财心及侥幸取胜的心理，物欲强者、贪欲强者、失意人，及寻求刺激、好奇、好娱乐者容易陷入。如前人《赌客自悔词》所说：

少年曾得此甜头，一片痴心不肯休，

谁料今朝牵缚住，陷入坑里起牢愁！

耽于此道者，多精神空虚、烦躁不安，缺乏正确的人生目标和高雅的生活情趣，或因某种焦虑、忧愁、失落而"移情"于赌，以作自我麻醉。在"发财是靠运气"的邪见指引下，抱着试试自己运气的侥幸心理，陷进赌博的魔坑，赢了想再捞一把，输了则想收回本钱，于是陷入恶性循环而不能自拔。

对于沉迷赌博者，应以认知疗法为主，帮助其认清赌博的害处，通过学习别人成功的事例，树立劳动发财致富的正确观念，找到正当的生财之道，或看淡钱财，注重内心的恬淡之乐。庞德公《诫子诗》云：

凡人百艺好随身，赌博门中莫去亲。能使英雄为下贱，解教富贵作饥贫。

衣衫褴褛亲朋笑，田地消磨骨肉嗔。不信但看乡党内，眼前衰败几多人！

佛教没有无因之果、布施方获多财果报的思想，及钱财无常之说，对破除发财靠运气的邪见，熄灭贪财之欲火，当有启发意义。

迷恋于上网而成"网迷"，也是一种有害于身心的不良嗜好，长时间泡网吧，会耽误学习工作，发生"网络成瘾综合症"（IAD），其症状与酒精、毒品、赌博上瘾极为相似。医生建议：每天上网不可超过2小时，并设立报警装置。但要从根本上解决问题，还是要理性地认识迷恋网络的害处，自觉控制上网时间，投身到有益的事业中去。

二、病态社会心理的医治

病态社会心理，指由病态的社会文化所引起的不正常心理，荣格谓之"精神传染疾病"，它们具有一定的群体性、流行性、传染性、无意识性，感染成瘾者习以为常，见怪不怪，不以其为不正常。

实用心理学列举的现代病态社会心理，有自私、空虚、贪婪、吝啬、自闭、迷信、虚荣、冷漠、浮躁、压抑、病态怀旧、定势错位、不孝、超购症等。病态社会心理造成名利狂、权力狂、购物狂、追星狂、财迷、股迷、官迷、网迷、球迷、"发烧友"等各种病态人格，虽然其症状一般较发狂得精神病为轻，医学上不将其列为精神病和神经症，但以心理健康的标准衡量，则属不正常，是受某种非理性的、不能自主的欲望或瘾所驱迫，有害于个人的心灵成长和社会的文明发展，在佛教看来属"心病"，为烦恼的恶性膨胀，可归于《治禅病秘要法》所谓患"利养疮"而"失心"之类，需要调理医治。

病态自私，或曰极端个人主义，乃是各种病态社会心理的总根子。具有自私心理，以个人为本位，为自己谋利益，乃人之常情，即从佛教的世俗谛而言，亦不足为病。《法句经》说"自利利人"，《杂阿含经》卷十四言"自利利他俱利"，为佛教处理自他关系的基本原则。《七处三观经》佛言：

若自护，亦护他人，是胜上。

《瑜伽师地论》卷一说，不利己也不利他为下士，自利而不利他及利他而不自利为中士，自利而又利他为上士。虽然自谋己利，但起码不损人利己，能兼顾自他，遵守社会公认的道德、公德，够得上佛教所谓"中士"，方称正常的人。若只顾自己，具有过强的自我扩张欲和自我敏感性，没有社会责任感，只知向社会索取，为自己抓捞，为达到私我的目的，不择手段，不考虑别人和社会，损人利己，损公肥私，便成了病态自私。

病态自私患者，其病态表现于各个方面：若手握权柄，则以权谋私，拉帮结派，排斥异己，陷害忠良；若身怀知识技术，则行垄断剽窃；若遇强于自己者，则妒火中烧，贬抑诋毁；在恋爱、家庭关系上常感情自私，对对方占有玩弄；在人际关系上常损害他人，不讲道德，人缘很差；在社会生活中常不讲公德，人格卑下，被斥为小人、坏蛋。病态自私者多病态贪婪，欲壑难填，若贪财，则唯利是图，见利忘义，不择手段地巧取豪夺，贪污索贿，盗窃抢劫，扒赌坑骗，从而堕落为贪官墨吏、盗贼罪犯，乃至身陷囹圄、家破人亡者，不知几何；若贪权位，则百计钻营，巴结攀附，即能得势，也不过是"狗官"；若贪色，则纵欲无度，调戏奸淫，成为色狼、嫖客；若贪名，则假冒诈骗，欺世盗名。

精神空虚，主要是由社会信仰危机及价值多元化所导致。精神空虚者没有信仰和理想，精神无所寄托，百无聊赖，或庸庸碌碌混日子，缺乏主动性，如同行尸走肉；或打牌、吸毒、嫖赌、酗酒以寻求刺激，填补空虚；或放纵自己，自暴自弃。

病态浮躁，是一种冲动性、情绪性、盲目性交织的社会心理，症状是心神不宁，焦躁不安，缺乏主心骨和理智，在急剧发展的社会潮流驱迫下，在与他人的攀比之中，急功近利，盲目地追逐潮流，或冒险炒股票、期货、房地产，摸奖打彩，结果往往失败；或被炒作的书稿、影视所盲导，盲目购买；或这山望着那山高，频频跳槽；或纹身刺字，表现无可奈何、自嘲的情绪。甚至在文艺创作、学术研究上，急功近利，不老实下功夫，炒作、抄袭、拼凑、剽窃的风气也越来越严重。

关于钱财的病态社会心理，有拜金主义、强迫性积蓄、追逐便宜货、超购症、收藏癖、金融恐惧症等。只知向钱看，使人成为金钱狂。只积金而不合理消费，强迫性省吃俭用以积蓄的守财奴与挥霍无度的非理性消费，为对待钱财的两极病态，皆曾被佛陀斥责。《杂阿含经》卷四第91经中，佛言：若收入不多却大手大脚，不顾其后，"人皆名为优昙钵果，无有种子"；若积财不用，为守财奴，"旁人皆言是愚痴人，如饿死狗"。同经卷四十六第1232经中，佛斥责积金百亿而舍不得自己消费也不布施给别人的摩诃男长者"非正士"，谓其钱财如同旷野中所聚之水，没有被用，即被蒸发消尽。

疯狂收藏的心理近于守财奴，以占有物为感情和安全的依托，通过收藏物品获得优越和权势感，以逃避孤独。

追逐便宜货者，赢得获胜感，关心的是钱而非质量和用途。

超购症或购物瘾也是一种非理性消费，常受货物和广告的诱惑，或为贪便宜，无理智地购买不需要或没有用的东西，买来后又经常后悔，也是一种对物的病态依赖，类似于酗酒、吸毒、赌博，有此瘾者经常表现出自信不足。美国在10年间超购症患者从5%上升到10%。女性比男性高出1—2倍。

虚荣，被认为是自尊心的过分表现，其实质是对名利、享受、权位、自我成功的过分贪求，在佛学看来是我慢和贪的一种表现。

由赶时髦到阵热、时尚、时狂，也是一种病态社会心理。时髦、阵热多是零散、短暂的，具浅俗性，来得快也去得快。时尚为时较久，会成为一种生活风格。时尚发展为时狂时，参与者的身心投入达到丧失理智的亢奋、癫狂状态，如近年来国内盛行的彩票热、炒股热、追星热、足球热等，成为一种与暴乱、骚乱、恐慌十分接近的群体行为，社会心理学家认为它们往往是社会失范的心理前奏。树异于人和求同于人，是赶时髦、追求时尚的心理动机，追求时尚是对个人尊严感觉不到满足时的一种补偿手段。追星，是自己想成为明星之欲望的一种投射。

在治疗病态社会心理方面，佛教心理学效用甚多。佛教对世俗欲望和烦恼的批判，以快乐和利乐众生为本的人生价值观，知足常乐、布施奉献的精神，及观诸法无常、无我之法，是从根本上针治以自私、贪婪为本的各种病态社会心理的良药。用古今圣贤名人破除贪婪的格言自警，时时提醒自己，省思贪婪的危害，是心理学家常用以治疗病态贪婪的"格言自警法"。佛经中揭示贪欲过患、可作自警格言的言句甚多，如《法句经》佛偈：

芭蕉以实死，竹芦实亦然，騆驢坐妊死，士以贪自丧。

天雨七宝，欲犹无厌。乐少苦多，觉者为贤。

虽多积珍宝，崇高至于天，如是满世间，不如见道迹。

《八大人觉经》云：

第一觉悟，世间无常，国土危脆，四大苦空，五阴无我，生灭变异，虚伪无主。心是恶源，形为罪薮。如是观察，渐离生死。

第二觉知，多欲为苦，生死疲劳，从贪欲起，少欲无为，身心自在。

第三觉知，心无厌足，唯得多求，增长罪恶。菩萨不尔，常念知足，安贫守道，唯慧是业。

以这些经文佛言为座右铭，经常念诵，自有息灭贪欲烈火、清凉心地的作用。

佛教珍惜人生和精进不息的精神，是治疗空虚的良方。参与慈善救济工作，助人为乐，在布施奉献中体味生命的价值和意义，空虚感自然会消除。

调治虚荣心理，首先要树立正确的荣辱观，认识到人虽然需要一定的荣誉、地位，但这种需求应该与自己的才能和社会角色相一致，非分地、过分地追求荣誉地位，死爱面子，只能歪曲人格，给自己带来烦恼，令别人嘲笑。虚荣心属佛书所谓"名闻利养"，谓之"疮"——一种心理疾病，虚荣虚荣，虚幻不实，爱虚荣者不仅不得"荣"，反而会失去"荣"。看破虚荣之"虚"，务实不务虚，方为智慧。

针治病态自私，主要用内省的方法，对自己潜意识中的自私心理进行反省，改正过错，并向无私利他的榜样学习，积极做助人利他的好事，在为他人和社会服务中逐渐淡化私心。佛教详析无我之修观，大乘以利乐众生为价值取向的菩萨精神，可谓针治各种病态心理之根——自私心的良药。经常省察自己处事待人时的心态，及时发现露头的自私心理，明白自私的祸害，用诸法无我的正见如实观察内心深处作怪的那个"我"是谁，何在，发现此"我"之假，则私心自然淡薄。《紫柏老人集》卷九曰：

> 心病乎我，唯忘我者，病无所病，可以药天下之病。

多观察贫穷困苦、老病衰残者的痛苦和社会弊病，积极投入利益众生的慈善公益事业和改造社会的事业，经常为他人和大众着想，能将狭隘的私心转化为广大的公心。荣格在《铃木大拙〈禅佛教入门〉导言》中说，对于推动我执之消除，心理医生完全无能为力，最多只能帮助患者减少破除我执道路上的障碍，而禅宗在这方面颇为得力。

第三节　心理健康与个人成长

当代医学家预言：在未来的几十年中，医学将从以防病治病为主逐步转向以维护和增强健康、提高人的生命质量为主，医学模式将从以生物医学为主转向生物、心理和社会的"BPS"新医学模式，心理养生将成为21世纪的健康主题。与人们的需求相应，心理学已经从20世纪初以来的以治疗精神病为主，发展到预防精神病、增强心理健康与促进个人心灵成长为主，名为"健康心理学"（health psychology）的心理学新学科应运而生。在这一方面，佛教心理学有更为宝贵的价值。

一、做一个心理健康的现代人

肉体需要锻炼，心理精神更需要锻炼。与其出了毛病找心理医生治疗，毋宁自己积极进行心理锻炼，保持高度的心理健康。新世纪健康格言有曰："最好的医生是自己。"

健康，在现代医学看来应该包括身体、心理、行为三个方面。智力正常、意识清晰、自我意识正确、意志健全、人格完整、有道德、有一定适应能力和承受挫折的能力、有自我控制调节的能力、情绪稳定愉快、人际关系协调，大概是健康的心理应该具备的基本条件。衡量健康的标准，被归纳为十种商：情商（EQ）、智商（IQ）、德商（MQ）、逆商（AQ）、胆商（DQ）、财商（FQ）、心商（MQ）、志商（WQ）、灵商（SQ）、健商（HQ）。据统计，现代人中身心完全健康者只占15％—20％，50％—70％的人处于亚健康状态。

当代心理学认为：一个心理健康的人，还应该是一个能适应现代社会的现代人，公认的现代人标准主要有：

1. 乐于接受新思想、新事物、新的生活和行为方式，具有适应性、外向性、独立性、变化性、对他人的容忍性，乐于改变惯例，以开放的心胸迎接新事物，用变化的观点看待生活和事业上的机会，在不断总结经验中、社会变化中为自己找到奋斗的方向。

2. 心胸开阔，视野宽广，思想开放，思维方式趋向多元化的选择，尊重并愿意考虑不同的意见和看法；个性化与理性化高度结合，不过度地、轻易地认同别人，敢于挑战教育内容和传统观念。

3. 成就动机强，有热切期望改进社会和自己的经济状况、自我实现的雄心，依赖自己而不依赖亲朋。

4. 注重现在与未来，守时惜时。

5. 具有强烈的个人效能感，讲求效率，力求做事内行、漂亮，以提高自己和单位的信誉。

6. 重视教育，尊重知识，看重专门技术，愿意根据技术水平领取报酬。

7. 重视信息，尽可能地利用大众传播媒介。

8. 具有可依赖性和信任感。

9. 有公民责任心，积极参加社会事务。

现代社会所立心理健康的标准，与佛教具正见、有知识（多闻）、安祥、心柔和堪能、精进、知恩报恩、尽责任义务、待人平等、得现法安乐、能忍等善心或《大日经》所谓"人心"的标准，多所一致。一般容易认为，佛教徒比较墨守成规，思想落伍，常坚持从两千多年前传续下来的佛教旧观念，中国佛教徒更常保守在一些显然有违佛法精神的中国化的、封建的观念、规矩、仪式，比较难以适应现代社会而成为合格的现代人。

实际上，墨守成规而不能与时俱进，在佛法看来属于法执。按佛法般若智慧，人应该念念不住，《维摩经》谓"从无住本，立一切法"，《坛经》中惠能说其法门以"无住为本"，无住，即思想不凝固，不住着过去的旧事物、旧观念，也不住着于现在，能以灵活的超越时代的智慧，不断接受新生事物及新思想、新观念。一个掌握佛法般若智慧而念念无住的人，自然容易成为与时俱进的现代人。一直被强调为弘扬佛法的原则的"应时契机"，即有不断适应时代发展的意味。当代台湾"现代禅"强调：不仅做一个普通人需要心理健康，即使佛教修行者，也应该先做一个心理健康的、合格的现代人，才谈得上参禅打坐。这完全符合佛陀应时契机、自净其心之教旨。

在竞争激烈、充满挑战，心理不健康者越来越多的商业社会，要做一个心理健康、能积极适应时代的现代人，必须在正确的人生智慧指导下，自觉地进行心理锻炼，不断提高自己的心理免疫力和精神境界。佛教的六度四摄等修持体系，是进行心理锻炼从而成为一个心理健康的现代人之正道。

若按荣格在《现代人的心灵问题》一文中的标准，一个真正的现代人，是对现代最具有感知性或觉醒程度最高的人，他的意识性最强烈，无意识性最微小，彻底地感知做一个人的存在性。这种人接近佛教所谓有般若智慧者、开悟者。超个人心理学认为，健康是我们揭开生命固有意义的结果。生命固有意义，其终极乃是佛教所谓开发佛性潜能，明心见性，将凡夫下劣的心理结构改造成为佛菩萨高尚的心理结构，将精神境界提高到佛的境地，这样的人可谓是真正的心灵健康，可以在任何时代都能应时契机而走在时代前列，永远上进的现代人。

二、管理情绪，提高情商心商

情感智力或情商（EQ），一般包括自我觉察、驾驭心情、自我激发、控制冲动、人际关系等方面，掌握驾驭自心的技术，具有很强的管理自己情绪的能力，保持良好的情绪，是情商的主要内容，不仅是从事各种事业和社会活动所需要的，而且是保持个人身心健康的基本保证，被看做心理养生的要道。有关研究发现，在决定一个人成就的诸多因素中，智力的作用至多只占20%，而情商更为重要。情商的重要性，近十几年来逐渐被人们认识，已成为公务人员和许多公司录用人才的标准之一。情商所包含的内容中，最重要的是驾驭情绪、控制冲动的技术。或将维持心理健康、缓解压力、保持良好心理状态和活力的能力称为心商（MQ）。

佛教教给人们许多清除负面情绪，保持积极情绪、良好心理状态的技术，诸如：

清除心理垃圾：心理垃圾若不清除，会自然增长，如《大般涅槃经》卷十九所言：

若常愁苦，愁遂增长，如人喜眠，眠则滋多。

要经常练习观察自己的情绪状态，多体验积极情绪，有计划地消除消极情绪，随时清除积压在心中的焦虑、担心、失望、恐惧、愤恨、不满、忧虑、紧张、嫉妒等情绪垃圾。《生命的重建》中说：要把所有消极的心意，像清理衣柜一样清理好。行李越少，负担越轻，越能体味人生旅程的滋味。《如何无忧无惧过生活》中说，想象自己的身体是一部公共车，所有的心境是乘客，自心智慧的司机应紧把方向盘，不能让喜怒哀乐、贪婪、嫉妒、愤怒等乘客喧宾夺主而发生车祸。

临睡前将心理整理一遍，洗掉不愉快的负面记忆，想象小溪让负面记忆顺流而去，再低吟"我是……""我会做……""我有志于做……"，叮嘱自己：明天早起一定头脑清晰、心情舒畅。这叫"心理卸装法"，乃根据佛教修行方法创编。

心理医生在清理咨询者心理垃圾的同时，也很可能受到病人情绪的传染，自己发生心理问题，所以需要及时疏泄清理，加强心理锻炼，不断"充电"。

息怒：佛书谓"嗔是心中火，能烧功德林"。嗔怒，被佛教尤其是大乘看做危害最大的烦恼,有多种对治之道。南传《增支部·降伏嗔恨经》《念处经》注释和土丹却准法师《告别嗔怒,步向安宁》、一行禅师《转化与治疗》、康菲尔德《心灵幽径——冥想的自我疗法》等,讲了多种降伏嗔恨愤怒的技巧,主要有以下几种。

1. 修慈心观。想象亲爱者,发起令其快乐的慈心,将此慈心转移于引起自己恼怒的人,或想他的优点而对他生起慈心。《增支部·降伏嗔恨经》中佛言:

恨永不会因恨而停止,只有爱能够疗伤。这是古老而永恒的法则。

2. 修悲心观。想对方的可悲和痛苦而对其生起悲心。

3. 修舍心观。舍弃恼怒而令心放松、平静。"妄念起时,知而勿随,亦不压制"。

4. 觉察自己对引起嗔恨的对象没有保持正念与反省。

5. 忘记及不去想引起嗔恨的目标。

6. 思考发怒的害处。思考:每个人的业是他自己的财产,必须承受自己所造的业报,他伤害我自会受其恶报,他若发怒,对他只有害处,我若嗔恨,又能解决什么问题?岂非拿别人的错误来惩罚自己?《增支部》中佛言:发怒者因一怒而变得丑陋、痛苦、不会多财、不会发达、不会有美名、没有朋友、死后不得生于人天,有如火葬台上被烧焦发臭的木头一样没有用处,只会使他的敌人高兴。应当如此训诫自己:

如果你发怒,你或许能,或不能令他痛苦,

但嗔恨所带来的伤害,却肯定当下令你遭受痛楚。

若被嗔恨蒙蔽的敌人,正走在趣向恶道之路,

你是否想要通过发怒,随后跟着他们的脚步?

《相应部》佛偈说:以嗔报嗔,比先发怒更为糟糕。"在觉知他人的嗔怒时,还能正念地保持平静的人,是促进自他两者幸福的人。"《杂阿含经》卷四十第1110经译为:

知彼嗔恚盛,还自守静默,于二义俱备,自利亦利他。

《佛性论》卷四比喻说：如蜂被触怒，放毒螫人，"若心起瞋，即能自害，复能害他"。西哲康德名言曰："生气，是拿别人的错误惩罚自己。"托尔斯泰说："愤怒使别人遭殃，但受害最大的是自己。"清代阎敬铭《不气歌》有云：

倘若生气中他计，气出病来无人替。请来医生将病治，反说气病治非易。

今人有言："脾气来了，福气就没了。"

7. 与朋友交谈。

8. 通过适当的言谈化解怒气。至多以非攻击的方式表达不满，如"我觉得受伤，你的所作所为没有考虑到我的需要"。

9. 想想脸上有鼻子和头上有角的比喻：若别人的指责是事实，如同说我脸上长有鼻子，不应发怒；若别人的指责不实，如同说我头上有角，也没有理由生气；如果对方对自己的指责属实，应解释道歉并修正自己。不仅不应怨恨别人，也不应怨恨自己，怨恨自己常常导致沮丧，不利于心理健康。

10. 问自己"对此我能做什么？"如果可以改变情况，何必发怒；若无法改变情况，发怒又有什么用？"什么都不好，没关系，心情一定要好。"

11. 检查自己如何至此，在近期内做了什么而导致今天的局面；理解别人对自己无礼是因为自己曾经伤害过他，责任还在自己。

12. 记住自己从仇敌那里得到的益处：他指出了我的错误，使我得以改正；他给了我锻炼忍耐力的机会。那些伤害我们的人能够帮助我们成长，他们给予我们的恩惠比好朋友还要大，应当感谢。

13. 不以"他对我如何"的自我中心立场看问题，而设身处地为对方着想，为对方寻找合理的理由，理解别人的烦恼、无明是驱使他对我无礼的元凶，而心怀烦恼是痛苦的，他因不快乐、苦恼才会对我无礼。当对之生起怜悯时，怨恨就会消失。

14. 有人触怒你，只要你能体谅他人的处境，多从好处着想，认为事出有因，情有可原，就可以淡化愤怒和不快。

15. 当对方发脾气时，不要与之争执，而要先想办法让他止息怒火，平静下来。或走开，让自己冷静下来。

16. 对社会上的不平现象和恶人，也不应怨恨，应以慈悲心谅解他们都是业力驱使的众生，我只有尽量帮助别人、改善不合理社会现象的责任，没有怨恨社会和众生的理由。

17. 一行禅师《转化与治疗》教人不去注意愤怒的对象而先返观自己的内在，深观愤怒植根于自己的欲望、自大、毛躁及猜疑，环境与他人是次要因素。用心理学家教人的捶打枕头等方法发泄怒气，维持不久，也可能因复习而加深怒气，压制或赶走怒气，就是压制或赶走自己。

18. 理性思考，善用愤怒。愤怒原是一种对抗威胁、困境和危险的心理反应，如与敌意结合，则具破坏性而大发雷霆，如能从敌意中分离出来，则会成为一种能提醒自己振作起来的警讯，所谓"文王一怒安天下"；愤怒与慈悲正义结合，会激发壮阔的理性行动。应放下敌意，让愤怒之气成为奋发有为、促进成长甚至孕育恢宏之气的凭借。

19. 《心灵幽径：冥想的自我疗法》教人经由禅观，将愤怒憎恨转为深层慈悲和宽恕，静观，想我若遭遇同样的处境时，不也有同样反应？愤怒总是源于困境。压抑和积蓄愤怒会中毒，应如同观察暴风雨般，看它来了又去，将愤怒憎恨转为深层慈悲和宽恕。

20. 降低紧张度，放松，或数数，从1数到10以放松，或通过注意呼吸、做柔软体操等来放松。

21. 观察使我愤怒的对方本空。如《增支部》中佛偈所言：

既然诸法只能维持一刹那的时间，
那些造了可憎之行的诸蕴早已灭尽，
而如今你又是向什么生气？
如果另一者并不存在，想伤人之人又伤得了谁？
你的存在是伤害之因，如是，为何你还生他的气？

心理学家常言：发泄与强压怒火，是两种极端的处理方式，都无法真正去除恼怒。真正能根除恼怒的方法只有大乘菩萨行以无所得的般若智慧使自心安忍不动的"忍度"。

消除嫉妒：要明白嫉妒的结果首先是损伤自己，其次是损伤别人，然后是受到别人报复的损伤，如《法句经·利养品》中佛言：

> 嫉先创己，然后创人，击人得击，是不得除。

超过别人一点，别人会嫉妒你；超过别人一大截，别人会羡慕你。人言："不为人嫉是庸才。"被别人嫉妒说明你卓越，是领受了最真诚的恭维，嫉妒别人说明你无能、自卑。《西藏医心术》中说：

> 如果有人在嫉妒的荆棘巢穴中匍匐，第一小步就是要想到有人比我们还不幸，祝他幸运。

治疗嫉妒的良药，是随喜。土丹却准法师《开阔心·清净心》中说，嫉妒时，尝试从对方的角度去看问题，明白他因此而高兴，也希望别人为他高兴，应与他一起分享成功的喜悦。为别人的成功而欢喜，会使大家都欢喜。

心理学家说，消除嫉妒的积极方法，一是将嫉妒作为一种促进自己的动力，靠自己的努力去取得压过对手的成就，或寻找新的价值，在其他方面努力取得成就而超过对手。二是主动去帮助所嫉妒者，从对方的感谢和自己的付出中消除嫉妒。消极的方法是达观，想开些，淡然处之，平静客观地审视自他，承认人比人强乃是自然，无须与人比较，俗言："人比人没活了，骡子比马没驮了。"或以"酸葡萄"心理故意贬低对手，或以"甜柠檬"心理自认为境况很好以自我安慰，或重新检讨引起自己嫉妒的东西是否值得嫉妒，以清醒的眼光观察对方不值得嫉妒。

医治骄慢：应明白骄慢是阻碍自己前进的障碍，会恶化人际关系，应该清除。《开阔心·清净心》中说：若以自己的学历和知识为骄傲的资本，应想这是老师教育培养的成绩；若因有钱而骄傲，应想钱是来自他人，并不永远属于我；若因自己年轻、漂亮、强壮而骄傲，应想这些都是变化的，每一秒钟我们都在衰老；若因聪明而骄傲，可想一个难题去解决，使你意识到自己聪明的局限，骄傲自然就会被驱散。洪启嵩《以禅疗心》说，修空大观，想象无云晴空，鉴照傲慢，可以消除傲慢。实际上，治疗傲慢最有效的应是无我观，若观我且没有，何来傲慢？

消除恐惧：恐惧是人情感中难解的症结之一，脑科学研究发现：恐惧反应由位于脑深部呈杏仁状的脑扁桃体控制，将恐惧信息发送全身，出现心跳加快、冷汗直冒等反应；恐惧先于思考，是本能性的，故难以消除。对死亡、疾病、失败、登高、黑暗、异性、生人、动物等的恐惧，令人紧张不安、震慑、心慌、忧虑，严重者成为恐惧症乃至休克。《经集·舍利弗经》中，佛言：不应该畏惧五种恐怖：蚊、蝇、蛇、与人接触和四足兽。

《小品般若经·深功德品》中说"菩萨应常不惊不怖"。对有害的恐惧，应不掩饰，不逃避，要面对它，了知它是自己虚构出来的东西，其真性是一种精神力量，可以激励自己，把恐惧转化为勇气。洪启嵩《以禅疗心》说，应记住："怕失败的人，容易失败；怕病的人，容易生病。"对恐惧观察、审问，它究竟是什么；坐禅观想地大，想坚硬稳实的大地遍一切处，想象恐惧沉入大地，可以治愈恐惧症。

《西藏医心术》中说，对强大的恐惧，可从容易进行的小步骤开始，训练自己逐渐去接受和克服。如患空旷恐惧，可在恐惧出现之前，走出大门一小段距离，迎接恐惧，让它生起，体验它，提醒自己：这只是我心中的一种情绪而已，我可以放下它。保持身体和呼吸放松，有意使自己舒适、轻松。了知恐惧并不能伤害自己。如此循序渐进不断练习，直到恐惧消失。也可观想恐惧是体内摇晃不定的迷雾或黑影，从力量来源处发出强力祥瑞光束，把迷雾黑影驱逐出去。或观想强有力的佛菩萨或护法神出现在面前，发射出强力，加持自己，自己成为本尊，像本尊一样无所畏惧。或持诵真言，持诵时想得到佛菩萨的加持而从心中放射出强大的力量，驱散恐惧。最有效的方法，是以般若智慧观所恐惧、能恐惧皆空不可得，《般若心经》云：以无所得故，无有恐怖。

日本白隐禅师原来患强迫症，"肝胆常怯懦，举措多恐怖，心神困倦不宁，寤寐则梦游异境"，经参禅，证悟生死无常，豁然而愈。

心理学家说，消除恐惧，关键在于将产生恐惧的相关记忆清除。驱除恐惧的方法有：提高嗓门说话；走路抬头挺胸；想象恐惧的情境并幻想征服所恐惧者；以愤怒迎头痛击恐惧；睁大眼睛扩展恐惧的感觉；用双手拇指压住鼻子两侧大声呼"啊";等。

用密教的本尊观,自观为本尊,特别是自观为有降魔大力的马头明王等忿怒本尊,大声念诵本尊真言,想象随真言放射出强烈火光,最有驱除恐惧之效。

减缓压力:现代病70%与压力有关,强大压力损伤大脑,使大脑负责学习、记忆、情绪的高级部分处于恶性循环状态,导致心肌跳动异常,令人紧张、头痛、记忆力丧失,严重时甚至使人"心碎"。宜以放松法治疗,佛教的各种禅定,都有减压特效,专注呼吸、观心等效果最佳。即禅堂中常用的经行——全身放松绕圈走,也有减缓压力、调节情绪的作用。心理学家说反复走动及有节拍的动作能缓和激动,使脑电波和谐。洪启嵩《以禅疗心》说:想象自己如一受压的海绵,自然松开,想象身体像风、水一样放松,骨骼像海绵一样放松,脑髓内脏与肌肉放松,各大系统与细胞放松,全身由雪化成水,再化成气,再化成光明。

其次,应以积极的态度看待压力,以之为激发自己潜能的动力。星云《佛教对"应用管理"的看法》中说得好:

有压力才会激发潜力,有压力才会成长,才有前途,好比篮球,打它一下,它就跳得很高。①

自我宣泄:心中的痛苦、郁气、怒气、怨气等,必须想办法发泄,不能积存在心的银行而让其自生利息。可用礼佛、哭喊、长吁短叹、唱歌、尽情舞蹈、剧烈体力劳动、体育运动、交谈、记日记、给自己写信、写诗等方法渲泄。《摩诃止观》卷二云:

如人忧喜郁怫,举声歌哭悲笑,则畅。

湛然《止观辅行传弘决》卷二解释:

如人极忧,大哭则畅。若有极喜,纵歌则畅。……重忧大喜,在意未泄。故以身口歌哭助也。

---

① 载《普门学报》第32期。

心理学家也说，大哭一场，或大笑，可以治疗悲伤。研究发现，哭能排泄不良情绪，有利于健康。哭时可加大肺活量，能释放肾上腺素（沮丧时产生）、去甲状腺素，促进新陈代谢，发泄痛苦，使人感到爽快。眼泪是一种有害的化学物质，应排出体外，"强忍眼泪等于自杀"。但哭的时间过长也有害，不宜超过15分钟。

对待弱点法：应不太在意自己的弱点，承认自己并非完美，从挫折中吸取教训。须知人非圣贤，孰能无过？正视弱点缺陷，去积极改善，而不掩饰隐藏。佛教以"覆"（掩盖过错和弱点）为不善法，列为应弃除的烦恼。越是担心暴露自己的弱点，越容易处处防卫，只能引发阻抗作用，使人消极退却，造成自尊受损，失去自信、乐观和为自己权益作主张的勇气。郑石岩《精神体操》中说：

保持自然和坦诚，可以补救的弱点，反而容易改正；无从补救的弱点，也能化险为夷，受到欢迎和尊敬。

消除焦虑：焦虑，佛书中名"忧"，是现代人普遍的心病，医学证明焦虑特别有损健康，洪启嵩《以禅疗心》中说应先弄清焦虑的原因：或幻想危险而恐惧，或夸大危险，或假想出最坏的结果，或毫无自信，借夸大危险及焦虑来逃避。治法：

1. 完全放松身心，想象随呼吸吐尽忧郁。
2. 细密深刻地感受呼吸。
3. 观想柔和喜乐的气息遍满全身。
4. 明照所有的焦虑。
5. 如询问犯人般询问忧虑，仔细写下忧虑的告白。
6. 以明镜般的智慧观照忧虑的本质。
7. 用因果观察，超越忧虑。
8. 以清明的智慧照破忧虑的乌云。
9. 以行动落实无忧的新生。

四句话治疗焦虑症：

利而不害，为而不争；少私寡欲，知足知止；知和处下，以柔胜刚；清静无为，顺其自然。

心理学家说，一般人的忧虑，40％属过去；50％属未来，只有10％属现在，而92％从未发生，剩下8％可以轻易应付，大多数烦恼会在第二天早晨轻许多，应将烦恼看作东流水。区分什么是客观处境，什么只是自己的推测；问自己：真的吗？有这么严重吗？有什么我能做的？检讨焦虑是否值得。将大的忧虑和困难拆散，分解为若干小单位，逐步减轻忧郁的强度，可治疗准忧郁症，名"忧虑分解递减效应"。转移注意力，喜新厌旧，适当放弃，使自己气定神闲，可以治疗"信息焦虑症"。嚼口香糖、做放松动作、双手互握、触摸光滑物体，可以消除焦虑烦躁。用佛教的无常观，将焦虑看做流过去的江水，将心神集中于现在、当下，禅宗言"活在当下"，应享受美好时光，不想太多。

消除悲伤忧郁：洪启嵩《以禅疗心》中说，修净水观，想象清净的水，观想自己化为净水，在心海中描绘人生远景，可以治疗悲伤忧郁。张淑美《失落与悲伤的面对与超克》中说：

透视失落与悲伤的本质，了然清楚于万事万物，包括自己的肉身生命以及人我关系等等，都是因缘假合而已，都会随因缘变化而终至消失。则该去的就会去。同样的，如有因缘，仍然会有新生与希望，则会来的也终会出现。如是平常看待，则失去了也不是失落，悲伤也无须太过。①

孔子曰"仁者不忧"。白居易《读〈道德经〉》诗谓"少教冰炭逼心神"。清石成金歌曰：

莫要恼，莫要恼，烦恼之人容易老。世间万事怎能全，可叹痴人愁不了。

此"烦恼"之义，同现代汉语，指焦虑、忧烦等负面心态。心理学家说：对人对事宽宏大度，主动吸收新知识，建立挑战意识，拓宽情趣范围，不与他人比较，将生活中美好的事记录下来，不掩饰自己的失败，尝试以前从没做过的事，与精力旺盛又充满希望的人交往等，可以驱除忧愁。

---

① 载《生死学研究通讯》，第3期。

幽默法：幽默是一种健康机制，能缓解矛盾，解除紧张，减缓恐惧感，怡畅心情，化干戈为玉帛，化不和为友情，是心理保健的良方。幽默还能减轻病痛，治疗过敏性皮疹等。要学会幽默，拿自己不如意的和发窘的事逗自己开心。西谚有云："一个丑角进城，胜过一打医生。"《生命的重建》中说：常把自己的心理问题当作一个喜剧来处理，你会觉得有趣、好笑。喜剧和悲剧其实是同一东西，完全依人的观念而变。

笑：经常使自己的表情怡悦、轻松、自然、安详、年轻，是一种有效的自我调节心理技术。《瑜伽师地论》卷四十三说，菩萨应对众生恒常"舒颜平视，含笑为先"。星云法师称"快乐的微笑是保持生命健康的唯一药石"①。罗素说："笑是一种万能药，是最便宜的灵丹妙药。"人言：最容易让自己快乐的方式，是笑一笑。"你微笑面对生活，生活才会面对你微笑。"科学家说微笑时身体释放免疫物质，笑产生有"幸福蛋白质"之称的内啡肽，会使人产生幸福感，增强免疫力。经常主动微笑，脸上常常微笑，心中就会愉快、微笑。微笑，其实是决心要使自己愉快的表情。以幽默刺激而捧腹大笑，对着镜子逗自己笑，经常逗自己大笑，乃至假装开心大笑，也会使自己真的开心。

读书诵经法：好书是人的最佳的精神滋补品，书中有最好的精神顾问，书房是情绪的缓冲点，在读书中与圣贤哲人、名家对话，既可提高精神境界，调节心情，又可增加知识，获得高级的乐趣。人言：一个坐拥书城的人是最坚强的人，纵然他在生意场上、官场上、名利场上失败，也仍然能在其文化精神的世界里呼风唤雨。以书柜代替酒柜，静心读书，不但能增加知识，且有调节心理、减轻压力、健身健脑之效。世传杜甫诗能治病，《苕溪渔隐丛话》云：

> 盖其辞意典雅，读之者脱然，不觉沉疴之去体也。

尤其是阅读佛书，念诵佛经，属多闻与般若的修习，其调节情绪、升华心灵的妙用，更非一般书籍可比。

声音瑜伽：以特定的姿势发出特定的声音，有改变性格、增强体质、优化

---

① 《佛教丛书》之九，佛光出版社，第319页。

情绪之效，诸如：

心情开朗乐观法：站立，两脚分开与肩齐，双膝微曲，举起双臂，同时上身向后耸，从丹田连续发出"阿"音。

增强实践、进取性格法：双膝跪立，两手支颚，将身体向后仰，同时发出"衣"音。

增进决断力法：直立，两手交叉抱胸，稍俯，闭口，缩肛，感觉将下腹往上推，同时发出"屋"音。

敏捷精进法：一脚前跨，上肩上举，两肘弯曲，发出"唉"音，成弓箭步，身体徐徐前俯，胸部向前挺。

安详、温柔法：一脚前跨，双手兜住嘴巴，发出"哦"音，同时上身尽可能前俯。①

以放松的心态，倾听树枝摇摆声、溪水流淌声、海浪起伏声等，可以调节情绪，还有降低血压等疗效。

注意下意识的烦恼：若心结刚形成时不去解开，将会种植在下意识中，长得更强更紧。首先要从浮现心头的影像、感觉、思想、字眼、下意识行为等，觉知到烦恼，追究其原因。问自己：为什么当他人说那个时我觉得不舒服？为什么我要那样说？为什么我不喜欢电影里那个镜头？为什么我看到那个女人会想起我妈妈？为什么我恨像他那样的人？……尤其在坐禅时，沉在心海底层的结会上浮，此时应注意正观，将其转化。

转化：一行禅师《转化与治疗》中说，用开刀切除的方法驱逐不良情绪，丢掉部分自己，不如将其转化。转化工作分五步：

1. 在每个感觉、情绪刚一出现时，以正念注视，立即辨识。

2. 与之合一，以觉知呼吸来滋长正念。

3. 平静情绪，如同一位妈妈温柔地搂抱她啼哭的婴儿。

4. 放开情绪让它走。

---

① 周勋男：《改善性格的声音》，载《十方》1992年第三卷，第3期。

5. 看深进去，找出产生毛病的原因。

从佛法看来，对治之法及心理学家所用的情绪管理法，多属世间善法，只能暂时制伏或避开烦恼，有些方法还有压抑烦恼的副作用，难以从根本上消除烦恼。心理学家发现：如果拼命想用意志力控制或消灭负面情绪，有时会制造出"双重困难"——不仅负面情绪难以控制，而且还会增加想控制它们而控制不了的烦恼，或者会出现"情绪酒醉"状态——会被不知不觉诱入自己所害怕产生的不良情绪中无法摆脱，而想要努力保持的快乐情绪却不由自主地转瞬即逝。只有用佛教无常无我的正见如实观察烦恼性空，乃至明见自己心性，才能从根本上消除负面情绪，转烦恼为菩提。《西藏医心术》强调，破除一切烦恼、心病的根源——我执，是最佳的治疗方法，"体悟心的真性是最究竟的治疗"。在纷乱紧张的生活中，若能澄彻思虑，静观自心，发觉那潜藏在内心底层的本心，你将会获得解脱和快乐，发现生活、世界无处不是美好。可以用精神分析与佛教修观结合的方法，先自由联想，把自己的念头、情绪写下来，然后分析为什么会产生这种想法、情绪，分析到底，就会发现念头后面丑恶的动机，都是因为一个我执。深入观察此所执自我的虚假不实，不好的念头、不良情绪便会从根本上消除。

知足常乐：为佛陀的重要教导。《法句经·泥洹品》中谓"无病最利，知足最富"。《佛遗教经》中，佛言：

> 知足之法，即是富乐安隐之处。……知足之人，虽卧地上，犹为安乐；不知足者，虽处天堂，亦不称意。……不知足者，虽富而贫；知足之人，虽贫而富。……不知足者，常为五欲所牵，为知足者之所怜悯。

生活的主要意义是快乐、幸福，而快乐、幸福在自心，与占有多少钱财、名位等身外之物并非成正比。研究证明，幸福感与财富的多少没有多大关系。财富多者多感到活得累，常为获得财富而辛劳，为保住财富而担忧，为遭偷盗、劫夺、绑架而害怕，或满足财富欲后更感空虚、痛苦，如有的大款感叹"我们穷得只剩下钱"，正是"虽富而贫"；财富虽少，如许多劳动者，粗茶淡饭，而活得充实快乐。古来很多有精神品格的人，能安贫乐道，如颜回陋巷箪瓢，饭疏食饮水而不改其乐，受到孔子的赞叹。古今佛教徒中，这种安贫乐道者甚多。

洪启嵩《以禅疗心》中还列举了一些调节情绪、治疗心病的禅法，如：月轮观治疗绝望；无量悲心观治疗厌恶他人，先悲悯自己；用喜无量心观治疗寂寞；用通明禅治疗烦闷，想象随呼吸吐尽烦闷。

三、人际关系智商的培养

人际交往能力或人际关系智商的培养，是提高情商的另一重要方面，它是社会生存所必需，乃维持个人心理健康的重要因素。社会、团体和他人，提供规范、关怀、温情、精神支撑，是个人生活和成长不可或缺的外缘。良好的人际关系给人以亲密感、信任感、依附感、安全感和实际帮助，能增强个人的自信自尊，提高个人的价值感。耶鲁大学、加州大学相关研究发现：乐于助人、人际关系和谐者预期寿命显著延长；心怀恶意、损人利己、人际关系不融洽者死亡率比常人高1.5—2倍。

佛教教给人们许多交际之道，其重要原则有以下这些。

1. 怀慈悲心、平等心、利益心广结善缘，助人为乐。

这是佛教处理人际关系之根本，《小品般若经·大如品》教菩萨对一切众生应怀平等心、慈心、不异心、安隐心、不嗔心、不恼心、不戏弄心、父母心、兄弟心等十种心，与共语言交往。《大般若经》卷三百二十四说，当于一切众生住平等心，起恭敬心、质直心、调柔心、利益心、安乐心、无碍心，起如父母、如兄弟、如姊妹、男女、亲族心，起朋友心，起如亲教师、如轨范师、如弟子、如同学心，起如预流、一来、不还、阿罗汉、独觉心、菩萨摩诃萨心、如来心，起供养、恭敬、尊重、赞叹心，起应救济、怜悯、覆护心，起毕竟空无所有、不可得心，起空、无相、无愿心，并以此等心与其语言交往。

以慈悲心待人，给人以关怀、爱心、热心和同情，自然会具有亲和力，获得别人的好感；以平等心对待他人，不轻视骄慢势利，甚至将众生都看做未来之佛，高度尊重他人，也会获得他人的尊重。佛陀教导弟子应以积极主动的姿态以四摄法摄取众生，利益众生，"广结善缘"，帮助人排忧解难。《即兴自说·居士经》中，佛偈言：

有苦有难者，当去多关照；人与人之间，相爱互友好。

《摄大乘论》卷中谓菩萨应"于一切有情起利益安乐增上意乐"——常怀利益一切众生的意欲。若持守菩萨饶益有情戒，热情主动地做一切众生的挚友助伴，做众生"不请之友"，则更会受到众人的爱戴。一个慈悲心深厚、关心别人、热心助人为乐的人，走到哪里都会有众多的朋友、良好的人缘，诸事顺遂，并从此中吸取精神营养而活得充实、健康。郑石岩《精神体操》中说：越能结善缘，便越能在生活与职场中成为一位佼佼者。

2. 淡薄我执私心，多考虑他人。

人际交往的障碍，是以自我为中心，自私自利而不考虑他人。郑石岩《精神体操》《过好每一天》中说：自我中心过强，是导致人际关系差的根本原因，我执私心太重的人很难有好的人缘，此类人太介意自己，总是从自己的感受着眼看待别人，不了解别人的需要，容易错解别人的心意，因而造成冲突、敌意和孤立感，会对人际环境过于敏感，做出失度的反应，很难有知心朋友和好的人缘，自己也会因此而心境不佳。与人相交，须淡薄私心和我执，多考虑别人而少考虑自己。星云法师教人：

尊重别人隐私，不可窥人秘密，不可揭人之短，不可搬弄是非。

与人相处，应"他人老大，自己老二"，"你大我小，你有我无，你对我错，你好我坏"。做人要厚道，随时给人留下转圜的余地。今社会性以"以你希望别人待你的方式去待别人"为人际关系的黄金规则，另有相互性、交换性、自我价值保护三原则。

若按佛法正道修行，善修无我观，与人交往时处处想到他人的利益，先人后己，乃至只考虑他人而不顾自己的得失，则自然会人缘好。不关心别人、不愿为人服务办事的人不会有好的人缘。

3. 谦恭有礼。

《小品般若经·大如品》教菩萨对一切众生应行的十种心中，有"谦下心"。谦卑，是佛教和其他多种宗教所崇尚的美德，《大乘本生心地观经》卷五教导菩萨应"观诸众生是佛化身，观于自身为实愚夫；观诸有情作尊贵想，观于自身为童仆想"。《法华经》中描述的常不轻菩萨，见一切人皆恭敬礼拜。现代弘一法师教人：

应看一切人皆是菩萨，唯我自己是凡夫。

要看自己是擦桌子的布。

佛教十分重视礼节，教人以欢喜的态度、温和的笑容和语言待人。《摄大乘论》卷中说菩萨应对一切众生"应量而语故，含笑先言故"。《月灯三昧经》卷一说菩萨应"面常怡悦""言词和雅""恒先慰问""恭敬尊长"。同经卷五中有偈云：

若于老少所，语言常含笑，发言先慰问，灭除己傲慢。

《瑜伽师地论》卷二十五说见人应"远离颦蹙，舒颜平视……常为爱语"，这样的人"性多摄受善法同侣"，"是名贤善"，这种贤善之人，必为人们所喜爱，必有许多好朋友，生活得愉快。同论卷八十八说同道之间应互相关心礼敬，见面时行两种慰问：一问病苦，二问安乐。唐怀海禅师《丛林要则》谓"处众以谦恭为有礼"，"待客以至诚为供养"。当代星云法师教人：处人之法，应有和蔼之容、潜抑之气、恭敬之心、赞美之言。应常以最容易拿出的东西——微笑，供养一切人。恭敬、赞美、包容，是待人处世的三部曲。达摩难陀法师《如何无忧无惧过生活》中说：尊重别人的礼节和习俗，容许他人有与你意见不一致的权利，不强迫他人接受自己的信仰和生活方式。学会以温和有礼的态度来表达不赞同的意见。

与人相处，不能一味竞争，只想压倒、战胜别人，要尊重别人的自尊，该谦让时要谦让，谦让之"让"，是儒家所说君子应有的品性。郑石岩《禅·心的效能训练》中说：

人不要老是赢人，要留一些给别人赢；不要老想占上风，要给别人一些尊严。

只知竞争而不顾他人者即使赢了也难免失去人缘，造成障碍；只有虚怀若谷，自他兼顾，才能成为真正的赢家。

4. 结交善友。

中国俗话说"在家靠父母，出门靠朋友"，英国谚语谓"朋友比兄弟更亲"。心理学家说，知心朋友之间的沟通类似心理治疗，增加自我了解和接纳，缓解压力。医学研究证明，有朋友的人较健康，其血压、胆固醇、血糖水平更好。而孤独、缺乏友情有损身心健康，有云："孤独是抑郁症的引发剂、催化剂。"

佛教十分重视交友，佛陀多次教人以交友之道，十分强调亲近能引导、帮助人向于正道、正法的"善知识"（善友），《本事经》卷六中佛言谓"亲近有智人，速能殄众苦"。《杂阿含经》卷四第91经佛陀教在家人获得现法安乐的四大要点之第三"善知识具足"，即交结良师益友。《四分律》卷四十一中佛谓亲友之间应以七法相待：

难与能与，难作能作，难忍能忍，密事相语，不相发露，遭苦不舍，贫贱不轻。

《过去现在因果经》卷二言朋友之间相处之要有三："一者见有过失，转相谏晓；二者见有好事，深生随喜；三者在于苦厄，不相弃舍。"郑石岩《过好每一天》中说：交友须守信用，守时，不让人等候；不随便向朋友借钱或借钱借物不还；应主动破费而不平分费用。不应嫉妒朋友的成功，应分享其快乐。

另一方面，要远离恶友。《善生经》中佛告青年善生：不与放逸、欺诳、凶险的恶人为伍，亲近恶友，有伺机欺骗等六失，令家中财产日日损减。饮酒、赌博、嫖娼、歌舞时之友，皆属恶友。恶友貌似亲密，或似畏伏，或似敬顺，或常进美言媚语，实则别有所图；或先予后夺，或与少望多，或为利故亲，若有危难，便会翻脸舍弃，乃至落井下石。《杂阿含经》卷三十五第978经佛陀教人如何区分善知识与诈现为善友相的恶知识，谓恶知识虽然"口说恩爱语"，似乎"与己同一体"，而从所作所为可以看出其心口不一，非真利益我者，真善知识则能指示我以正道，批评我的过错。《佛说孛经》中，佛说朋友有如花、如秤、如山、如地四种：

何谓如花？好时插头，萎时捐之，见富贵附，贫贱则弃，是花友也。

何谓如秤？物重头低，物轻则仰，有与则敬，无与则慢，是秤友也。

何谓如山？譬如金山，鸟兽集之，毛羽蒙光，贵能荣人，富乐同欢，是山友也。

何谓如地？百谷财宝，一切仰之，施给养护，恩厚不薄，是地友也。

应善于识人，认得花友、秤友，多交山友、地友。

大乘要求菩萨主动地做一切众生的"不请之友"，《瑜伽师地论》卷四十四说菩萨对一切众生应"若识、不识，一切等心，为友为朋，无怨无隙"，要为没有依怙者随力随能做其依怙。

结交朋友，须向朋友展现、暴露自己，互相信任，讲真话，吐实情，才能互为知己，互为知己才能成为好友。坦率地向朋友诉说自己的烦恼忧愁，能获得朋友的帮助，起到很好的疏解、治疗作用，能加深友情，融洽人际关系，心理学家称之为"自我暴露疗法"。星云法师教人：

对朋友，应不念旧恶；对自己，要不忘初心。

交好朋友的处方："好心一片，爱语三句，忍耐一时，慈悲全用，布施五钱，信用始终，感谢万分，体谅一点，恭敬十成，方便不拘多少。"[1]

5. 培养说话的技巧，避免言语伤人。

人际交往中，语言极其重要，应避免恶言伤人。《法句经》中佛言：

夫士之生，斧在口中，所以斩身，由其恶言。

常作爱语，是四摄法之一。《瑜伽师地论》卷四十三说行爱语的菩萨见人时，应含笑问候，问其安祥、健康、顺利与否，赞叹其成功幸福而表示庆悦，要尽量说对他有实际利益的有意义的"胜益语"。虽然交情甚密，也不应共谈对双方不利的言论。"若有因缘须现谈谑，称理而为"，戏谑、开玩笑可以，但玩笑应该开得合理，有分寸。宋慈受怀深禅师偈云：

---

[1] 星云：《星云大师讲演集》（四），佛光出版社1991年版，第239页。

莫说他人短与长，说来说去自招殃。若能闭口深藏舌，便是修身第一方。

不要轻信和传播不利于他人的闲话，天如惟则禅师偈说："世人爱听人言语，言语从来赚杀人。"星云《人间佛教的戒定慧》教人："好话是供养，赞美出妙香。"说话要多说"请、谢谢、对不起"；应"不说是非，不传播是非，不计较是非"，"不称己善，不宣人过"。

郑石岩《心灵体操》《过好每一天》《禅·心的效能训练》中说：要说真心话和有把握的真话，要说事理而不是品评别人的是非，心里激动失衡时不讲话，不用训斥和乞怜的方式与人讲话，说话要掌握时机。谈吐要中肯，具有幽默感，不偏激，不自卑，常以"我的看法大概是这样的……"开头。话不必太多，要说得有分寸。尽量考虑别人的会客时间，不漫无边际地滔滔不绝。若非经过慎重考虑不轻易答应别人的请求，一旦答应就一定要做到。话多必失，人多的场合少说话。把未出口的"不"改成"这需要时间""我尽力""当我决定后，会给你打电话"等。与人谈话注意技巧，多听、多问、少说，多谈事少谈人，多赞美少批评。即便别人口出不逊，也不要恶言相向，不揭短，不讽刺，不伤害对方的信仰。不可不加考虑随意大放厥词，不可对别人进行抨击；不可不顾他人颜面，拿其缺点开玩笑或当面揶揄嘲讽。

6. 批评他人须善巧。

对有过错者进行善意的批评管教，是菩萨"饶益有情戒"中重要的内容，但批评别人要注意场合和方式，尽量让别人容易接受。《杂阿含经》卷十八第497经中，佛言，比丘具备实（所批评者实而非虚）、时（在合宜的时间）、饶益、柔软、慈心五法，可检举、批评别人的过错。《大宝积经》卷八十五说"不以慈心，不举他过"，《摄大乘论》卷中解释说"于自作罪深见过故，于他作罪不嗔而诲故"。批评必须是善意的，出于爱护对方的立场，言辞要柔和关切。《瑜伽师地论》卷四十说菩萨批评、教育、处罚犯错误者，应"内怀亲昵利益安乐增上意乐"——深怀着利益对方的好心，"为欲令其出不善处，安置善处"，态度要亲切犹如亲人。星云《人间佛教的戒定慧》教人"责己要严，待人要宽"，"以责人之心责己，以恕己之心恕人"，"当要责备人的时候，先要检讨自己"。又：

> 责备的话要带抚慰，批评的话要带赞扬，训诫的话要带推崇，命令的话要带尊重。

《如何无忧无惧过生活》中说：要避免在公众场合批评、责骂别人，要以友善的态度指出他的错误，避免刻薄的字眼和愤怒。当别人批评指责你时，你不应该发脾气和表现出不快乐。

7. "随他心而转"。

与人交往，应善于体察他人心意，顺其所好，忌以私己之心度人之腹。《瑜伽师地论》卷四十说菩萨应"随他心而转"——善于掌握对方心情而采取合适的方法态度：他人有喜事时应主动表示庆慰，别人盛怒时不要称赞或毁訾他，不故意触恼他人，不耻笑轻慢人而令彼羞愧，即便胜过他，也不显示对方的失败，即便对方尊敬自己，也要保持谦下；不毁人所爱也不赞人所不爱；"于诸有情非不亲近、不极亲近、亦不非时而相亲近"，"非情交者，不吐实诚，不屡希望，知量而受"；答应别人的事必须落实，然诺必重。《过好每一天》中说，要多了解别人，为他着想，给予必要的支持和协助，维护其自尊，随时给人以方便和欢喜。他人有解不开的心结时，要善巧劝解，劝解别人的同时，实际上也在劝解自己，别人未必开解，劝解者自己的心情却会有意外的提升，体会到舒畅、快感。赞美别人的优点，犹如洒香水，自己也会变得芳香。

8. 避免别人嫉妒。

嫉妒是破坏人际和谐的腐蚀剂，做人须不嫉妒别人，也要提防被别人嫉妒，尽量避免别人嫉妒自己。人言："总为人嫉非英才。"佛教导证得阿罗汉果的圣者应修一种"无诤行"，主动避免干扰世人及使世人嫉妒自己。《大毗婆沙论》卷一百七十九说有净威仪路、应时语默、善量去住、分别应受不应受、观察补特伽罗五种无诤行，无论语默动静，一切行动皆尽量不干扰世人，如乞食时"假使一切有情因见我故起烦恼者，我即往一无有情处，断食而死，终不令他因我起结"的面孔，无诤行修习纯熟，进入"无诤三昧"，则自有一种精神力量能避免斗诤嫉妒。与嫉妒者相处，应妥协退让，以爱化恨，解除误会，鼓

励帮助。不因他人的嫉妒而不快,被别人嫉妒,说明自己卓越;嫉妒别人,则说明自己无能。星云法师教人:

> 受嫉恨时以慈对待,有毁谤时感念其德。

郑石岩《过好每一天》中说,赞美别人是避免嫉妒的妙方,多一分欣赏称赞就少一分争执嫉妒。

9. 沟通、宽容、合作。

人际之间,需要多沟通,才能消除误会,互相了解。星云法师教人:人际交往要做到四互——互通、互助、互赞、互敬。郑石岩《过好每一天》中说:不应自我包藏严密,不向别人吐露心声,应多与别人聊天,对意见不同者及有隙者不能怀有敌意而不愿沟通。对别人应多宽容而少苛责。《生命的重建》中说:万一同事中有人与你不和,你要用爱心去祝福他。耕云《幸福之道》中说,学佛人应"见人一善,忘其百非",普天下无我不能原谅的人。达摩难陀法师《如何无忧无惧过生活》中说:避免争吵,对别人的侮辱,学会以冷静的态度,以反讽回报。星云法师说得好:

> 世间本来就是一半一半的,对于别人恶意的指责,有时要放下看破,凡事不要求十全十美,佛也要受魔王干扰,何况我们是凡夫。被误会曲解、毁谤,也算是一种消灾吧![1]

在集体、社团中,要学会与人合作,为共同的事业而齐心协力。宋简堂行机禅师说:

> 修身治心,则与人共其道;兴事立业,则与人共其功;道成功著,则与人共其名。

要有集体主义精神,如净慧法师所教导:"将自我融入大众。"星云法师教人:"功成不居,光荣成就归于大众。"

---

[1]《佛教丛书》之九,佛光出版社,第309页。

四、提高"逆商",安度人生难关

人生的道路多非平坦,有时难免会遇到难以越过的关隘。古人云:"人生逆境常十之八九。"生活中的各种突变和挫折,以丧偶、离婚、牢狱之灾、突然失业、直系亲属的死亡等,对人的精神打击最大。

当遇到挫折厄难时,一般会出现心理危机,不由自主地陷入悲痛、绝望、灰心、沮丧、失意、痛苦、焦虑、紧张不安的负面情绪旋涡中。精神打击通常会影响身体,缩短寿命。

学会自我调节,闯过心理难关,是做人必须掌握的智慧和技术。当代心理学称人面对逆境时的反应方式或摆脱困境和挫折的能力为"逆境商数",简称"逆商"(AQ)。大量研究发现,事业的成败、人生的成就,不仅取决于智商、情商,与逆商也有很大关系。提高应付突变情况的能力,培养适度耐压力,从危机中寻找机遇,从挫折中吸取经验教训,是衡量一个人心理成熟度的主要标准。

佛经中多处说,面临任何挫折,都要保持自心的宁静,犹如坚石、大山,不为风雨所动摇。大乘菩萨行六度中的忍度和精进度,更要求菩萨以无所得的般若智慧为导,忍耐、承受挫折、失败和痛苦,面对挫折厄难毫不动心。《萨迦格言》曰:

聪明人即使受到挫折,也会更加机智顽强。

当兽王饥饿的时候,能迅速撕裂大象的脑袋。

佛教把挫折和厄难称为"魔障",降魔,是成道的必由之路。《华严经》卷五十四说菩萨应以魔宫殿为园林,降伏魔众。

古人有"十大碍行",教人在逆境中修行,磨炼自心,有云:

处世不求无难,以患难为解脱;究心不求无障,以障碍为逍遥;

…………

立行不求无魔,以群魔为法侣;谋事不求易成,以事难为安乐;

于人不求顺适，以逆人为园林；被抑不求申明，以受抑为行门。

蕅益《十大碍行·跋》中谓佛祖圣贤未有不以逆境为大炉鞴者，佛四圣谛，苦谛居初，又称八苦为八师。"美玉不琢不成器，顽金不锻不致精，钟不击不鸣，刀不磨不利。岂有天生弥勒、自然释迦！欲为圣贤佛祖，必受恶骂如饮甘露，遇横逆如获至宝"，若稍存喜顺逆恶之情，安能如松柏之亭亭霜雪间！梁启超说"患难困苦，是磨炼人格之最高学校"。《心灵幽径——冥想的自我疗法》中说，不可避免的困难，会成为觉醒及加深智慧、耐心、平衡、悲悯的根源。困难和弱点常引导我们到最需要学习的事情上。处在最大困境中时，新事物往往会出现。在最脆弱之处，最易觉醒到生命的神秘。应如藏密所说，"与困难同行"——有意识地去经历不愿面对的痛苦、悲伤、挣扎：

当我们明白我们所受的痛苦只是所有生灵分享的更大痛苦的一部分时，心灵的力量就产生了。

当代佛教心理学家教人对待挫折和危机的招数有以下这些。

1. 为突然的变故和挫折留出充分的心理回旋余地。平时应有"最坏打算"的心理准备，有临急应对的方案，危机到来时便不会手忙脚乱。

2. 坦然接受。认识到某些让人失望、不愉快的事情难以改变时，应坦然接受，变痛苦为品尝的体验，避免没用的苦思冥想和忧郁愤懑，以节省心理能量。学会适应不可避免的事实，英国谚语云："不要为打翻的牛奶而哭泣"。与其让无可挽回的事实破坏我们的情绪，还不如坦然接受。

3. 努力保持良好情绪。须知挫折、厄难、不幸有定业所感、人力难以改变者，而自己的心情、情绪却可以自作主宰。诗云："芭蕉叶上无愁雨，只是听时人断肠。"人言："生活像镜子，你哭它也哭，你笑它也笑。"事情本来就不幸，不应再加上不良情绪来折磨自己，不要把自己封闭在有害情绪的包围圈里，白受痛苦忧伤的煎熬。圣严法师教人应怀着"山不转路转，路不转人转，人不转心转"的观念看待挫折失败。林清玄《菩提人生》中说：

你以什么样的目光看世界，世界就以什么样的目光看待你。人世间的许多事……往往是因自己的心态而改变的。人有时只要改变一下自己，便会有很多快乐和兴趣。当无法改变环境时，不妨改变一下自己，便会拥有另一番风景。

4. 积极迎战。认真分析出现挫折的原因，找准消除它的突破口，争取在自己现有的条件下能抓住机会妥善处理问题。唤醒曾经成功的经历，运用迁移原理（成功经验可被复制、迁移）进行类比，达到认同，提高自信。吸收环境中激发生命活力的因素，化为战胜挫折的助缘。应感谢挫折，它如一帖清醒剂，在我们出现偏差或脱离实际之时向我们亮出黄牌警告，促使我们调整人生坐标；它犹如加压泵，促使我们调集全部力量去奋斗，走向成功。应将失败看得与成功一样有价值，当我们从挫折失落中学会理解自身价值时，预示着它已经被转换，可贵之物的失去，会带来新的可贵之物。孟子说，天将降大任于斯人，必先苦其心志，劳其筋骨。俗话说："自古雄才多磨难，从来纨绔少伟男。"

5. 观一切无常，洞察苦、负面情绪本空，契入无我，便不会对事情作感情评价。

6. 用自他交换法，发愿为别人代受痛苦，祝福他人幸福。

7. 以"无住"为诀，尽快忘记挫折与失败，往前看而不往后看，提高取得成功的自信。比如，"我虽然失恋了，但我还会得到更好的爱情，我的生命将会更有意义。"心理学家教人：将此类语言加以夸张，大声反复地说出来，进行自我责问，可以消除失败感，增强自信心。

8. 将困难包容于禅修中。佛经中说，若见毒树，有砍倒、给予慈悲、用毒果制药三种态度，第三为上，应以智慧代替争战，化困境为财富。《心灵幽径——冥想的自我疗法》中介绍了一种渡过困境的禅思：静坐。让自己平静而乐于接纳，想一个困难，注意它如何影响身体、心灵、心智，小心去感觉它，问自己：我如何处理它？如何被自己的反应所伤？何种困难无法解决，它能教导我什么？其中隐藏着什么宝藏？注意倾听答案。念世间充满佛，感觉他的教诲，感谢他。

对受挫折者进行心理辅导和治疗，是心理学家的重要工作。佛教以教人安渡挫折磨难、医治受挫者为己任，佛陀及其弟子曾多次对受挫者进行心理辅导和心理治疗。《增一阿含经》卷二十四载,波罗奈国文荼王因宠爱的第一夫人死亡,"极怀愁恼,不食不饮,复不持法,不理王事",那罗陀尊者劝解说,佛说世间有不死亡等五法最不可得,非忧愁便可以转变,忧恼只会使外敌得便。当思惟:

> 我今所失,非独一己,余人亦有此法,设我于中起愁忧者,此非其宜。或能使亲族起愁忧,怨家欢喜,食不消化,即当成病,身体烦热,由此缘本便致命终。

如此思惟,是名"去忧畏之刺、便脱生老病死、无复灾患苦恼之法"。国王如说思惟,"所有愁苦今日永除"。

五、无常、无住与心理应变

"地球村"的出现和科技的飞速发展,带来整个社会及人们生活方式的急剧变革,知识正按几何级数增长,25 年将增长 4 倍。知识爆炸,信息超载,使人目不暇接。竞争越来越激烈,社会角色转换的机会不断增多,有"最大减震器"之称的家庭,也免不了变化的冲击。具有高度输入、极其新奇、不可预测等特点的"感觉大爆炸""感觉轰炸",不断向每个人发动袭击。如此种种,使人类的心理面临前所未有的强烈震撼。未来学家阿尔温·托夫勒称未来的冲击是一种由变化引起的真实心理疾病。其《未来的冲击》一书中说:

> 变化正以铺天盖地之势向我们头上袭来,而大部分人却荒唐地还没有作出应变的准备。

社会剧变时期,需要有冒险性、忍耐性、别择性,才能与时俱进。如何适应飞速发展变化的社会而调整自己的心理,成为一个重大课题。若调节不当,被迫超出自己的适应能力时,则可能出现多种心理问题,或逃避遁世。

宗教,尤其是高扬出世间旗帜的佛教,历来被遁世逃世者们作为避风港和世外桃源,然而各个宗教包括佛教,作为人间的一种存在物,也无不受到时代潮流的冲击,也面临应时契机而改革发展的问题。历来以超凡脱俗、内心宁静为价值取向的佛教徒,所承受的时代巨变的压力与信仰之间的冲突,比以往任何时代都要剧烈。

佛法的无常观,给当代人尤其是当代佛教徒,提供了提高心理应变能力的智慧。"诸行无常",乃佛陀三法印之第一印,一切绝对无常,一切皆在发展变化,不会永远停滞不动,本是世间的真相,如《维摩经·弟子品》所言:

一切法生灭不住,如幻、如电,诸法不相待,乃至一念不住。

从消极的态度去看问题,无常可以使人悲哀、无奈,从积极的态度顺应本来无常的现实,则可以促使人积极应变,或者以不变应万变,在外界的急遽变化中保持内心的宁静。因为一切本来无常,本来不住,故我人应时时如实观察无常,不应依据自己的主观意愿,把无常的事实有常化,让自心"住着"于过去、现在、未来的暂时稳定相而不能与时俱进。一切守旧、保守、墨守成规、不能与时俱进的思想,都是因为将本来无常者主观地有常化,在本来不住的世界求"住"。佛经中将误认无常的世间为有常列为"四颠倒见"之一。

从积极的角度看,无常虽然本质是苦,但对如实认识无常者来说,又是一件好事。有无常才有变化,才有发展,才有由凡而圣的可能。一行禅师说,无常是解脱的一个工具,"没有无常,一切都将成为不可能,有了无常,每一扇门都为变化敞开着"。星云法师《无常的真理》中说得好:

无常不是完全消极的,本来没有的,因为无常,也可以改变一切现象。我贫穷,因缘际会,我发财了;我愚笨,我勤劳苦读,一变而成聪明的了。……吾人要当体悟无常,在无常里找寻自己的未来;未做完的事情要赶快做好,免得无常到来,未萌其志,未尽其愿;如果是你要做的事,赶快积极去完成,因为你不积极完成,不知随时无常一到,所谓终身遗憾啊!

无常,真是美妙啊!所谓坏的不去,好的不来。无常的损坏是痛苦的、是凄惨的;但无常的新生,也是喜悦、庆贺的。①

以无常观如实观察一切,使人能超然于无常,以佛经中及惠能法师所示

---

① 《人间福报》,佛光出版社 2000 年版。

"无住"的技巧调节自心，时时主动应变，不执着于过时的陈旧观念，不为旧的坏灭而悲伤，不做旧世界的殉葬品，而为新生事物庆幸，永远与时俱进。

六、佛教与个人成长

个人成长，是当代成长心理学研究的重要课题，成长心理学认为发展贯穿于人一生的整个心理过程，人一生的心理发展，是一个多头绪、多层次、多方向综合的、辩证的、不断进行新陈代谢的进程。应把握各个人生时期心理发展的规律，有效地控制影响人心理发展的环境因素，使个体心理健康发展，潜能得以充分开发。佛教对个人成长，也有不少说法。

关于人生的心理发展阶段，有多种划分法，如埃里克森将其分为婴儿期、童年期、学前期、学龄期、青春期、成年早期、成年期、老年期八个阶段，布尔将其分为六个阶段，超个人心理学将其分为三大阶段九个水平。佛书中早有对人生心理发展阶段的划分，如《增一阿含经》卷四十三中，佛言，此阎浮提人极寿百岁，分十个阶段，每段十年。《瑜伽师地论》卷二分人生为处胎、出生、婴孩、童子、少年、中年、老年、耄熟八位，与现代的一般人生阶段划分大略相同。这里分处胎、童年、青少年、中年、老年五期，略述佛教在各时期的成长观。

1. 处胎期。

成长发展的起跑线，应该从胎孕期开始，古人早就注意施行"胎教"，据贾谊《新书·胎教》，公元前11世纪周后妊成王时，就行胎教，很注意行为和调节心理，"立而不跛，坐而不差，笑而不喧，独处不倨，虽怒不詈"。中医典籍《千金方·养胎》对胎教之道有更为明晰的述说。

按大乘唯识学，胎中虽然未必有眼鼻舌三识、明显的意识和记忆，但有耳、身二识，其所接受的信息会贮藏于阿赖耶识中，对人出胎后性格的形成会起一定作用。《佛说五王经》中说，胎儿从第六周开始有感觉，生物学家说胎儿大约在20周或满5个月时具有了听觉。《瑜伽师地论》卷二说，孕妇不注意避免有损健康的诸因素，如多食灰盐、多近暖热寒冷、好热食热饮、纵欲、多跳远奔跑等剧烈运动，会使胎儿头发、皮肤乃至肢体不正常。

深受本土传统文化影响的中国佛教，对胎教十分重视，并以佛教的观点作了发挥。如晚近印光法师教导在家弟子说：

母教第一是胎教，胎教乃教于秉质之初。凡女人受孕之后，务必居心动念行事，唯诚唯谨，一举一动，不失于正。尤宜永断腥荤，日常念佛，令胎儿禀受母之正气，则其生时，必安乐无苦。所生儿女，必相貌端正严，性情慈善，天资聪明。

从受孕后，其形容必须端庄诚静，其语言必须忠厚和平，其行事必须孝友恭顺。行住坐卧，常念观音圣号。……果能如此谨身口意，虔念观音，俾胎儿禀此淳善正气，则其生也，定非凡品。①

对照组研究表明，经过胎教的婴儿，语言能力发展明显快于未经胎教者，智力超常者的比例也要高得多。音乐为最佳的胎教方式，胎孕期间常听轻柔优美音乐的儿童，大部分具有音乐和舞蹈才能。播放佛教音乐、念佛声等，有益于胎儿，对胎儿产生佛教信仰，养成恬淡、宁静、慈悲的个性，当有特别的作用。上海女居士褚善眸怀孕期间以念佛机进行胎教，婴儿出生后仍然让其常听念佛机的念佛声，当将要哭闹时，一开念佛机，婴儿即转哭为笑。

现代胎教一般分三期：早期（美丽期）母亲通过经常想象双亲的理想容貌或理想中的美貌，塑造胎儿的美好仪容。常想象、观瞻相貌圆满的佛菩萨像，或修密法本尊法观想慈祥的本尊，对塑造胎儿美貌当有良好作用。中期（聪明期）母亲多看有益的书籍，多欣赏优美的图画，听好的音乐。有"胎教仪"贴在孕妇腹部向胎儿讲话，播放音乐给胎儿听。母亲多看佛书，欣赏佛画，听佛教音乐，并播放佛教音乐给胎儿听，当有益于胎儿的聪明和心理健康。胎教音乐应离肚皮2厘米左右，音频2000赫兹以下，声音不超过85分贝。若音频过高成为噪声，可能导致婴儿耳聋。第三期（健康期）孕妇须注意营养，保持精

---

①《净土丛书》第11册，第498、536页。

神愉快，情绪饱满，以使胎儿身心健康。孩子出生后 15 分钟内脐带未剪断时，让孩子趴在母亲身上，接受母亲的爱抚，传达祝愿的信息，称"15 分钟效应"。胎教不单指外观、饮食、运动等方面的调理，精神上充实，心理平衡健全，避免情绪的大幅度转折，保持平稳、愉快的心情，是做一个称职母亲的先决条件。当代西方有专门进行胎教的"胎儿学校"。

2. 童年期。

略当于《增一阿含经》卷四十三中佛言的第一个十年，其基本特点是"初十幼小，无所识知"，成长全靠家庭、学校教育。心理学家强调：童年时期的成长对人一生的心理特质和性格等，起着极其重要的作用，儿童期形成的自我，奠定人一生整个自我的基石，儿童的早期教育为一场"人的革命"。童年期心理创伤尤其是缺乏关爱导致的精神心理疾病，成人后很难治愈。丰富的环境刺激可以促进脑发育，故早期教育至为重要，6 个月的孩子最适合早教，受过早教者更为聪明。

佛教以对童年子女的教育为做父母者应尽的责任，教导父母应慈爱子女并善于教育。《长阿含经·善生经》中佛言：父母应"敬亲"（尊重）其子，"慈爱入骨彻髓"，"随时供给所须"，不令为恶而指示善道。印光法师强调家庭教育为推行道德教育、救世治乱的根本，"当以敦伦尽分、闲邪存诚、诸恶莫作、众善奉行为本"，从小教以敦伦尽分之道、因果报应之理，教以忠恕仁慈、戒杀放生。他在《示殷德增母子法语》中曰：

> 凡教子女，必在于孩提之时，先须使知因果报应之说，则一切悖恶行为，自有所畏而不敢为。讲因果之书，莫善于《感应篇》及《阴骘文》，此二书，能为之常常讲说，自有莫大之利益。盖童蒙天性未漓，善言易入，幼而习焉，久则成性，及既长而不可改也。正本清源，端在于此。

强调"教子为治国平天下之本，而教女为尤要者"[1]，因为母亲对子女以慈摄之，影响极大，人的性情取资于其母者最多，居胎时禀受母之气，幼时习母之

---

[1]《印光法师文钞》中册，第 920 页。

仪，有如熔金铸器之模，故教女比教子更为重要。家庭教育成功的关键，在于母教，母教"乃是贤才蔚起、天下太平之根本"。又说佛教徒应教幼儿念佛菩萨：

> 小儿甫能言，即教以念南无阿弥陀佛及南无观世音菩萨名号，即令宿世少栽培，承此善力，必能祸消于未萌，福臻于不知。而关煞病苦等险难可以无虑矣。

家长是儿童的首任老师，应营造温暖的家庭环境和亲密的亲子关系，创设良好的生活环境。《心灵幽径——冥想的自我疗法》中说，童年与双亲的互敬互爱是尊重信任其他关系的泉源。应满足儿童独立性的要求，尊重儿童的自尊心，注意不在孩子的同伴和外人面前数落、责骂、惩罚孩子，伤害其自尊，注意自己的言行对孩子的影响，为孩子树立良好的榜样。

心理学家说，父母对子女的教育应出于"明智的爱"，慈爱而不娇惯，严格而不苛刻，其子女则亲切、直爽、活泼、独立性强，有活动能力，善于合作。这与佛陀慈爱而不溺爱娇惯的思想基本一致。笑隐欣禅师诗云：

> 慈父爱子情无偏，家庭教育仍娇怜，出从严师痛加鞭，责以成人期大全。①

对孩子过分溺爱，孩子大多放肆、神经质、自我中心，缺乏责任心和耐力，娇生惯养的孩子容易暴力犯罪。过分照顾、保护，会使子女消极、依赖性强，不能适应集体生活，遇事优柔寡断。但过于冷淡，会使子女形成"反叛型自我"，为人冷漠，不大照顾别人，喜欢惹是生非。对孩子态度冷热无常，会使子女情绪不稳定，多疑多虑。若常常把对子女的抚爱作为对其规矩行为的奖赏，会使子女形成"适应性自我"，这种人同别人交往时会表现出过分的亲昵、道貌岸然或过分的谦卑。父母不道德的家庭，容易上行下效，是培养模仿型犯罪的摇篮。父母贪小便宜，孩子容易染上偷窃的毛病。家庭不和睦，孩子多有心理障碍，容易走上犯罪道路。大多数离异家庭的子女皆有自卑感、被遗弃

---

①《笑隐欣禅师语录》卷三《题维摩问疾图》。

感、怨恨等消极情绪，缺乏自信心，出现不稳重、有冲动性和破坏性、不善与人相处、病态的防范心理等性格缺陷。

儿童的心理问题主要是专注障碍、胆小怕事、缺乏安全感、与同龄人交往障碍、依赖心理、厌学等，容易患的心理疾病有自闭症、选择性缄默症、抑郁症、强迫症、恐惧症、焦虑症、多动症、攻击性行为、口吃、厌食、偏食、梦魇等。有问题应及时进行心理治疗，治疗宜主要用游戏疗法，鼓励他们通过游戏将隐藏的冲动宣泄出来。

3. 青少年期。

略当于《增一阿含经》卷四十三中佛言第二、第三个十年，其基本特点是：

第二十少多有知，犹不贯了；第三十欲意炽盛，贪着于色。

意谓人生第二个十年（少年→青年）的任务是学习，知识和人生智慧微少，尚不能形成成熟的人生观和心理结构。第三个十年（青年）以爱欲及其他欲望的强烈为突出问题。青少年期为人生的关键阶段，这一阶段可谓学业期，任务主要是努力学习知识技术，获得谋生及服务社会的本领。人言：年轻时比学业。不仅学习知识技术，更要学习做人，提高"德商"。学习的要点，是找到好的老师，尤其是佛法所谓能指引人树立正见的"善知识"，这种"善知识"是青少年精神上的父母，是能帮助其健康成长的重要增上缘。青少年成长的另一种重要增上缘，是苦，佛法以苦为师，佛陀称人生八苦为"八师"，要以受苦为幸运，向苦学习，参透人生，学会战胜苦，苦会赋予人意志、智慧和力量。有言曰：苦，少时不吃老来吃，30岁以前没吃，30岁以后会加倍吃。

少年期自我意识开始形成，这一阶段的初中学生，心理健康标准主要是：适应课程安排，遵守规章制度；尊敬老师，团结同学，心情愉快；勤奋好学；有集体荣誉感，乐于参加集体活动。学习具备自知、自强、自制、自尊、自觉、自持，自觉努力学习，情绪稳定、乐观，不怕困难。少年期易发生忧郁、狭隘、嫉妒、惊恐、残暴、敏感、自卑等心理问题，这一阶段发展不良，容易产生认知障碍，导致精神病、自恋—边缘性人格和神经症等心理疾病。认知障碍以自我反省法治疗，自恋—边缘性人格障碍用结构创建治疗，神经症宜用深度疗法治疗。

少年期的家庭教育和学校教育都极其重要，《杂阿含经》中载有佛陀关于师长教育学生的原则，印光法师指出教育子女当于根本上着手：

所谓根本者，即孝亲济众、忍辱笃行。以身为教，以德为范。如熔金铜，倾入炉中，模直则直，模曲则曲。①

青春期为一生中最关键、最具有特色的时期，朝气蓬勃、自尊、好强、敏感、偏激、易变、多幻想，被看做青年的特点。梁漱溟《文化与人生的三段式》中说青春期的特点是充满骚动，如夏之炽热，如同西方文化。或曰青年期是"体验彷徨的时期"。此期进入"心理上的断乳期"，自我意识明显加强，独立思考和处理问题的能力提高，表现出强烈的自主性、批判性，具有很强的自信心和自尊心，热衷于表现自己。然心理尚不成熟，具有不平衡性、动荡性、闭锁性，容易固执、偏激，易被性、自卑、嫉妒、孤独、逆反、挫折、青春期焦虑、歇斯底里、神经衰弱、社交恐怖等心理所困扰，为精神疾病高发期。

佛经中颇多对青年人的教导，如《杂阿含经》卷四第91经中佛陀教导婆罗门青年郁阇迦，获得现法安乐（人生幸福）须有四种具足，一为方便具足，精勤学习，掌握知识技术，谋生自立，服务社会。二为守护具足，善于保护自己的所得。三为善知识具足，掌握社会交际的智慧，善于结交善友，远离恶友。四为正命具足，善于理财，合理收支，即是今所言提高"财商"。若再能具足正信、正戒、布施、智慧，树立佛法的正见（正确的世界观、人生观），则更能获得后世的安乐乃至究竟的安乐。偈云：

方便建诸业，积集能守护，知识善男子，正命以自活。

净信、戒具足，惠施离悭垢，净除于速道，得后世安乐。

《善生经》中，佛陀教导青年善生以营生、理财、交友及处理父子、夫妻、师生、主仆、亲戚、僧俗等各种伦理关系之道。星云《人间佛教的戒定慧》中

---

① 《印光法师文钞》中册，第160页。

指出，学校教育除了重视知识的传授，广学多闻，"尤应重视人文思想的提升，道德人格的健全"。此外还须进行社会教育，学习各种谋生技能，"一生至少要拥有三张执照"。须进行生活教育，学习守时、守信、守道、守法。

在佛教看来，青年最佳成长的关键，是发菩提心，善于学习。大乘《华严经》中，描述了一个佛教青年的典范——善财童子，他四处云游，虚心学习，参访了五十三位大善知识，发大菩提心，树立了高尚的人生目标，被弥勒菩萨赞叹为"初发心时即成正觉"，是一位善于解决人生终极价值问题、追求意义、精勤学习的菩萨型模范青年。

情欲炽盛，为青年的最大特点，荣格说对付性驱力为青春期关心的焦点之一。青年的性心理充满文饰性、矛盾性、动荡性，容易发生手淫、偏离的性行为及性变态，往往会经受早恋、单恋、失恋、失身的苦恼。在恋爱婚姻问题上，容易单纯以貌、以物、以权势取人，酿成苦酒，故应加强性心理、性道德教育，强调感情的专一性和择偶标准的现实性、合理性的结合。佛教主张夫妻之间要相"敬"（尊重），要控制性欲，性关系要符合社会道德规范，遵守五戒中的"不邪淫"戒，不侵犯属于他人的异性，不放纵人欲，不在不适宜的时间（如女性经期）和场所（如公众场合等）发生性关系。印光法师说子弟愈聪明，则欲心愈重。若于情窦已开之时，不为说保身寡欲之道，或致手淫邪淫，及已娶忘身殉欲，均所难免。①

《心灵幽径——冥想的自我疗法》中说，青年期后期的主要任务是培养对他人的同情心和责任感。星云法师教青年人"如何成长自己"说：

> 从忍耐中增加力量，从明理中随顺因缘，从发心中庄严自己，沟通中融洽和谐，满足中感恩说好，参与中奉献身心，和合中集体创作，认同中自我享有，谦和中友爱尊重，学习中进取奋发，威仪中端庄礼敬，信仰中发掘自我。

成年的定义，并不是年龄的累积，而是能负责，肯担当，知奉献，除恶习，去放逸，具有喜悦的人生观，随时懂得将欢喜散布给别人。"对别人的示

---

① 《印光法师文钞》，第702页。

范力量,就是自我成熟。"①

4. 中年期。

略当于《增一阿含经》卷四十三所言第四到第六个十年,凡三十至三十五年,是人生最漫长、稳定的一段,其特点为:

第四十多诸技艺,所行无端;第五十解义明了,所习不忘;第六十悭著财物,意不决了。

第四个十年,是技艺成熟、进行创业的时期;第五个十年,心理、知识成熟,对真理、对人生有了确定的认识,孔子所谓"五十而知天命";第六个十年,随各方面的成功,贪着心也凝固化。

一般说中年以老练持重、自爱、坚毅、中庸、求实为特点。梁漱溟《文化与人生的三段式》中说,中年期的特点是寻求精神之协调、生命之安详,充满稳健,如秋之成熟,如同中国文化。孔子曰:"四十而不惑。"西谚曰:"人生从四十岁开始。"四十岁以后,心理成熟,生活方式、思想、世界观定型,能正确认识人生,认识自己,做自己所能做的事,享受自己所能享受的生活。心理学家说44岁为青、壮年的分界线,生命曲线开始从高峰跌下,面临智力的继续增长与体力逐渐衰退、高度的社会责任感与力不从心、渴望工作效率与内耗、希望健康与忽视疾病等矛盾,常有家庭的生老病死、婚丧嫁娶,从对子女的操劳到处理婆媳关系、侍奉病弱父母,工作的得失成败、地位的升迁贬降,社会义务与角色的转换,都使人感到压力,出现信念、生理、事业、职业、人性、心理、情感、亲子八大危机,疾病发生率、死亡率高,较容易患抑郁症,容易产生心理疲劳、疑病症、固执己见、爱情厌倦、婚姻适应不良、病态固恋(性心理停留在青年阶段)等心理问题。应挖掘潜能,复位目标,关心自己,形成积极的自我,抓住机遇走向成功。

按佛法,中年期的成长任务,是在尽责任中体味人生,走向成熟。中年期可谓事业期,为创业的黄金时期。人言:中年时比事业。中年期修养的重点为

---

①《佛教丛书》之九,第303页。

拼搏，应以高度的社会责任感取得事业成就，为社会做出贡献。此期负担重，既有事业成功的幸福，也难免挫折和伤害。须强调自我保健，劳逸结合，量力而行，适当放松。要有坚强的意志、豁达开朗的性格，防患于未然，不要把紧迫感变为紧张感。当不如意时，应注意自我调节，肯定自己早年的宗旨与允诺，随时鼓励自己、自我期许。

中年的心理难关是更年期，一般说女性在45—55岁，男性在50—60岁。此期身心开始衰老，生理上出现植物神经系统功能紊乱等更年期反应，心理矛盾较多。悲观自责、孤独焦虑、个性行为变异，被认为是更年期三大心病，一般情绪不稳定，焦虑紧张，多疑、抑郁、易冲动发火、爱争吵、好絮叨，退缩性抑郁症、偏执症发生率高。男性多见烦躁易怒、耳鸣心悸、性欲减退、易疲劳；女性多见头晕心悸、胸闷、情绪多变、喜怒无常、月经失调、性欲亢进或性冷淡。很多人在此期间会经历至少一次感情危机。若不及时调理，可能会变得自私、凶狠、多疑、好胜、无端寻闹。应特别注意控制情绪，三思而行。

荣格《人生的各阶段》一文中说，达到发展顶点的中年人，越来越容易固守已经形成的观点与社会地位，自我开始感到疏远和缺乏意义，人格面具解体，注意力开始转向内部，聚焦于内在生活并弥补前半生未得到发展的方面。随着自我感到越来越沮丧、不真实，和对来自自性的潜意识能量的退缩，会经验到一种死亡之感。只有发展到更高的精神层面，才能获得再生。心理学家教中年人依靠信仰、书籍、良友等渡过难关。佛法的正信及人生智慧，最能予最多挫折磨难、最重负担的中年人以精进不息的精神力量和看破放下的生活艺术。

5. 老年期。

相当于《增一阿含经》卷四十三所言第七到第十个十年，其特点为：

第七十懈怠喜眠，体性迟缓；第八十无有少壮之心，亦无荣饰；第九十多诸疾病，皮缓面皱；第十十诸根衰耗，骨节相连，多忘意错。

总之，老年为身心逐渐衰退的时期。李商隐诗云："夕阳无限好，只是近黄昏。"随着人们寿命的延长，老年期越来越长，一般要占到人生旅程的25%

乃至40％，这一阶段的个人成长问题，也越来越显重要。

艾里克森社会心理发展阶段表认为：65岁以上的老年期，是自我完善与绝望矛盾的阶段，容易认为自己无价值，产生茫然和空虚感，依存、自尊、求助需求明显突出。《微精神分析学》发现，人的后半生与早年的主要发展阶段之间有着惊人的对应关系，70岁以后性格变得像儿童，可能有幼儿暂留肛门期的吝啬、执拗、卖弄学问等表现，儿童沉浸于未来，老人则沉浸于过去。

衰老感、空巢孤独感，退出社团的寂寞，失去权位的炎凉，与青少年"代沟"的日益加深，再加上儿孙的不孝、丧偶的悲痛等，使老年人精神颓丧，心境悲凉孤寂。研究发现，60岁以上的老人每月多自发呈现几小时到几天的抑郁心境。退休老人面临角色转变与社会适应、老有所为与身心衰老、老有所养与经济保障不足等矛盾，精神和健康状况一般要比仍然在工作者差，常患失落、怀旧、恋友等"离退休综合症"，容易因失去对未来的希望而精神出毛病，患焦躁不安、郁郁寡欢、厌倦等老年"灰色心理综合症"。古诗有云："畏老老转迫，忧病病弥缚。"老年人中，疑病症、记忆障碍、老年期抑郁症、睡眠障碍、老年性痴呆、幻觉、妄想症、神经症等心理疾病发生率高。西方和日本的自杀者中，老年人占65％以上。

死亡焦虑，是盘踞在许多老年人内心深处或潜意识中的蛀虫，实际上是许多疾病产生的深层原因。搁下了劳苦工作的重担，该轻松自在、享受人生了，人言：享受人生从退休开始。然而，消闲无事，更显出意识深处对死亡的畏惧，游山玩水、栽花种草、养鸟戏犬、写字作画、搓麻将、听戏曲，终究难以排遣。眼见得身体一年年衰老，白发一缕缕增添，老友故旧一个跟着一个去了，怎令人不愁叹心焦！

然而，年老也不无其长处，老年人对人生的体悟、知识皆臻于成熟，人格并不发生实质性变化，而是变得更像自己。孔子曰："七十而从心所欲不逾矩。"针对12000名英国人的研究发现：人生在74岁最开心。德国霍格的研究结果认为，60—70岁大脑仍然可以长出新细胞，70岁以后，智力才有衰退现象，而80岁时大脑额叶只减少10％，且非细胞死亡而是胞体变小。即使已减少了突触的神经元，只要适当激励，仍可部分乃至全部恢复功能。应终身学习，活到老学到老，越老越应学习和动脑，实验证明：不动脑、文化低的老人，患冠心病、脑血管病者及死亡率比勤于思考的老人高 2—3 倍。勤于用脑，培育批评性思维，可以增强老年人神经细胞活性及突触的数目和强度，预防痴呆。适度运动可以刺激脑细胞合成 Wnt3 蛋白质，令大脑重返年轻。日本东北大学川岛隆太教授等人的研究结果发现，老人抄写经文时大脑功能改善最为明显，其额叶、顶叶活动进入最活跃的阶段，能预防痴呆。活到老学到老、成长到老、奉献到老，人老心不老，永葆青春的心态，是古来许多名人老年的成长历程。达尔文 70 岁后完成《植物运动能力》，黑人作家杜波依斯 87—93 岁写长篇小说《黑色的火焰》三部曲，孙思邈 100 岁完成《千金翼方》。70 多岁才开始写作的著名作家塞缪尔·尤尔曼在《年轻》一文中认为：年轻，不是红颜、朱唇和轻快的脚步，它是心灵中的一种状态；年轻意味着宁愿放弃温馨的享乐去开创生活，意味着具有超越羞涩和怯懦的胆识与勇气，具备这种素质的人即使到了 60 岁，也不会逊于 20 岁的小伙子。当今谚语有云："八十岁的年龄，七十岁的模样，六十岁的时尚，五十岁的包装，四十岁的追求，三十岁的理想。"

心理学家说，老年人应获得完满感，避免失望感，不沉溺于衰老感，不产生退坡思想，积极锻炼，尽量发挥余热，不倚老卖老。应服老，清心寡欲，保持乐观情绪。今人常言：老年时比健康，实则老年时更应比德业，一切奉献社会，做到俯仰无愧，如蚕结茧，达到最高的完成。应人老而心不老，过分介意衰老会使人早死，研究证明对衰老持积极态度者比持消极态度者多活 7.6 年。前中国佛教协会会长赵朴初居士在 92 岁高龄写有《宽心谣》，述退休老人的心理养生之道颇为实在：

日出东海落西山，愁也一天，喜也一天；

遇事不钻牛角尖，身也舒坦，心也舒坦；

每月领取养老钱，多也喜欢，少也喜欢；

少荤多素日三餐，粗也香甜，细也香甜；

新旧衣服不挑拣，好也御寒，赖也御寒；

常与知己聊聊天，古也谈谈，今也谈谈；

内孙外孙同样看，儿也心欢，女也心欢；

全家老少互慰勉，贫也相安，富也相安；

早晚操劳勤锻炼，忙也乐观，闲也乐观；

心宽体健养天年，不是神仙，胜似神仙。

梁漱溟《文化与人生的三段式》中说，老年期沉潜而深刻，如冬之深邃，自会考虑人生真谛、终极关怀，如同印度文化。《微精神分析学》中说，70岁以上老人都有共同的生活哲学和中性的洞察力。不断学习、发挥余热，尽管可以振作精神，缓解心理衰老，终究难以从根本上消除死亡焦虑。大多数宗教都将老年化视为一种精神的旅程，古印度婆罗门种姓的男子在老年进入山林静修，以解决自己超脱生死的终极关怀问题，实在合情合理。荣格《人生的各阶段》一文中说：

宗教使得人能于后半段中仍然富有前半生时的毅力与目的。

当代超个人心理学对怀有死亡焦虑的老年人，主要用静修的方法治疗，以便使老人更深地领悟事物的真实本性而得以超越。

在佛教看来，信佛修行，以智慧超脱生死，应是老年期的主要任务。《心灵幽径——冥想的自我疗法》中说，老年的课题是智慧和超然。老年人信教修行，最适合信仰以了生死为核心、教义圆满究竟的佛教，或以正见回顾过去、反省人生，深刻观察生死本空，唯是一心所作，人生如同幻梦，对世间的一切看淡看破，唯以自利利他、奉献社会为人生价值所在，自然会超脱自在，遣除死亡畏惧。或信入净土法门，发菩提心和往生西方极乐世界之愿，随力修善积德，常念阿弥陀佛，确立自己必然往生的坚强信念。想到临终将蒙佛接引，生于西方净土莲花胎中，永生不死，在佛的教导下修学菩萨道，则死亡自如浪子还家、狱囚获释，乃是极大喜事，有何畏惧焦虑！于念佛心中，时时感到沐浴在阿弥陀佛慈悲护念之下，自然会淡忘人世的种种烦恼忧郁、凄惶寂寞，心境自然愉悦安详，心态自然慈悲柔和，身体自然健康，寿命自然延长。且不论死后的往生，即现前令身心健康、生活安乐效应，也是极佳的心理卫生之道。

对深发菩提心、力行菩萨道的人来讲，即便有生理上的衰老，也不会有精神、心理上的衰老，永远是积极上进的青年。为过去七佛之师的文殊菩萨，在佛经中常被称为"文殊师利童子"，意味他永葆青春，永远圣洁、热诚、精进。

第四节　佛教管理心理学

企管学者哥夏尔认为：优秀企业与不良企业的差别，产业本身的因素只占6%—10%，其余全在管理。佛教在国家、社团管理方面，有不少独特的思想，将这些思想发挥应用，可以建立起佛教管理心理学。

一、领导者的自我修炼

领导者是一个企业、单位、社团乃至国家的首脑，在管理中起着决定性的作用，佛经将其比喻为带领牛群的向导。《增一阿含经》卷八中，佛偈言：

犹如牛渡水，导者而行正，从者亦皆正，

斯由本导故。众生亦如是，众中必有导。

佛经中有不少领导者进行自我修养及掌握领导艺术的内容。如《增一阿含经》卷四十二佛说国王十规、《佛为出爱王所说经》佛说为人王的十种过失、十种功德、五衰损门、五方便门、五种可爱可乐可欣可意之法、五种能引可爱之法凡四十法，《优婆塞戒经·摄取品》说在家菩萨担任国王的要点等。其中关于心理修炼的重要原则有以下这些。

1. 不贪财物。合法取物，不接受非法贿赂。

2. "性不暴恶"[①]。具有良好的心理素质，具包容性、忍耐力，气量大，遇

[①] 《瑜伽师地论》卷六十一。

不如意事能保持平静，不发怒、不咆哮、不乱发脾气处罚人，"愤发轻微"，亦不内秘愤恨，不背后发火，不长久积怨，不以小事而起怒害心。

3. "不自纵任，不行放逸"。严格要求自己，以身作则，"专思机务"，做下属的表率，不耽着嬉戏放纵无度。

4. "英勇具足"，"善权方便"。精明强干，有魄力，有勇气，精通各项事业，知晓成功管理的技巧。

5. 对下属宽厚，若有错误，依法处罚，不带情绪从重处罚，给人留下悔改的出路。

6. 能接受下属之劝谏，不逆其辞，"受正直言"，接受合理的建议和批评，常与有智者商讨研究，尊敬有智慧者，谦虚请教管理方略。

7. 不好色淫乱，夫妻关系和睦。

8. 不饮酒，心不慌乱（镇定）。

9. 常好惠施，"恩惠猛利"。以关爱心、责任心关心下属，常以"正圆满软言慰谕"，薪水丰厚，给以休假，不使之过分疲劳，依功奖赏，公平合理，解救苦难，不令其心怀怨恨。

10. "不戏笑"（严肃庄重）。

11. 依法管理，"终无阿曲"（正直坦荡，不宠信小人）。

12. "所作谛思，善顺仪则"。做事用人，精明审慎，考虑周密，符合既定的法则。

13. "善知差别"。对下属的才能、特长、德行、忠信程度如实了解，敬爱有德才者，"善观察摄受群臣"，合理使用，做到人尽其才；"知所作恩"，对有功而年老衰迈者，应念其旧恩，敬爱尊重，照顾周到。《杂阿含经》卷四十二第1148经中，佛告波斯匿王：

> 且当亲近，观其戒行，久而可知，勿速自决，审谛观察，勿但洛莫，当用智慧，不以不智。经诸苦难，堪能自辩；交契计校，真伪则分，见说知明，久而则知，非可卒识，须自思惟，智慧观察。

意谓对人要在长期交往、使用中以智慧观察其行为，仔细思考，特别是在苦难、困难中识人，不可仅据外表和言辞，仓促作出判断。

14. 上下级关系和睦融洽，不争权夺利。

15. "得大自在"。具有自主权、权威性，"凡出教命宣布无碍"，被下属所尊敬拥戴。

16. "善守府库"，善于经营，广营、巧营、善持、善观事业，善于管理财务，不铺张浪费。

17. "恩养世间"。随力随能，常行布施，周济贫穷孤露，得到民众的敬爱。

18. 对下属如法进行教育，教导其离恶修善，信因信果，"赞叹善人，呵责恶人"，对不守法者先软言调教，惩罚作恶不改者。

19. 不结党营私，和谐关系，团结大众。《中阿含经》卷三十六《象迹喻经》中，佛教导弟子：

离者欲合，合者欢喜，不作群党，不乐群党，不称说群党事。

这些要点，只要稍作现代诠释，都可以用于现代的企业、国家管理，与现代管理学多所相符。宏印《以佛教观点谈优良领导者的水准》一文中提出，优秀领导尤其是佛教领导，必须具备超群的学识、人品、才能、福德因缘、名望、仪表六项条件。在学识上，要有中国文化素养、对佛教整体思想的把握、对西方文化的了解；在人品上，应有博爱、宽恕、谦让、忠孝、勤俭、诚信、仁义等良好人格，无自私、贪婪、嫉妒、凶狠、好斗等弱点，有佛法修证的体验。要具备组织才能、演说辩才、语文能力、信念意志力。《大智度论》卷十一偈云：

大名闻端正，得乐及恭敬，威光如日明，为一切所爱。

有良好的声望、端庄的相貌风度，得到快乐和众人的恭敬者，为众人所爱戴。[①] 要做一个优秀的企业、单位、国家领导人，也应具备这些条件。

要具备这些条件，必须进行自我修养，佛教的治心之道尤其是六度四摄等大乘菩萨道，提供了自我修养的完备体系。一个优秀的领导者，应多少具备菩

[①] 载《香港佛教》，第306期。

萨的智慧、品性、德行，按《华严经》之说，一个初地菩萨，才能做好大国王。

佛教的四摄法，可以用作管理众人的技术。布施：指精神上的无形帮助，如关心、辅导其成长，体恤和宽容，使职工、人民获得心灵的满足和快乐。爱语：良好的沟通和适时的赞美。利行：处处给人方便，鼓励部属自我实现，协助职工克服困难，发挥长处。同事：改造环境之前应适应环境，了解环境，把自己同化于环境之中。星云《佛光菜根谭》中说："最好的管理，就是自己管好自己。"其在《佛教对应用管理的看法》中说，现代领导人应做到：

笑在脸上，赞在口上，怪在心里，气在肚里。

宽以待人，严以律己，功归大众，过自承担。

不计得失，不可畏缩，不能颓丧，不会顽执。

顾全大局，倡导人和，上下交流，意见一致。

发心服务，遵守诺言，居安思危，知己知彼。

注意调和，照顾大众，善用机会，把握人生。

处事幽默，聆听报告，细心研究，双手合十。[1]

要做到这些，要管理好，就必须具备"以众为我"的菩萨精神，要能为人着想，能给人利益，肯帮助别人，让每个人皆大欢喜，这是管理学的最高境界。

管理的核心问题，应是人的素质、程度、眼光、才能、决断、承担力，再进一步，是管理者如何认识自己的局限，突破自己的心习。当遇到挑战、管理术穷、不能回应时，禅对企业领导人便十分重要。放下，至少可以去除压力，把心思解开，进入更广大的空间，获得超越的感受，不被过去所缚，体会到自由，就会转向创造，涌现生机。

佛教的修炼，也被当今企业家所吸取，企业家的心理修炼是管理好企业的关键。如吉林修正药业集团董事长修涞贵《修正型领导和企业家的哲学修养》

---

[1] 载《普门学报》，第 32 期。

一文中说，成功经营的第四个要素，是东方式的"禅定"及"内圣外王"之道，并引神秀偈，说明优秀企业家应具有造福苍生的理想、方圆相济的管理、质朴求真的经营、圆润而不严的"品质光芒"，从少酒、制怒、仁德、读书、守拙做起，进行自我修炼，使自己"满怀激情而心如止水"。只有冷静的时候所做的决定正确率最高。成功企业容易滋生自满、保守、自大的企业病态思维，要时时保持谦虚冷静，不被胜利冲昏头脑。①

不仅管理者须自我修炼，提高心理素质和管理艺术，全体员工也须进行修炼。当代管理学也从把人看作蜡烛到看作须不断充电放电的蓄电池，主张对全体员工进行培训，引导他们不断学习，提高其精神的、知识技术的素质。若论精神上的提升，最好的修炼之道当然要数佛法。当今台湾不少企业团体成立佛学社、禅修班，希望运用佛法使员工情绪稳定、有奉献精神、配合度高，营造出和谐气氛。

二、佛教管理模式

佛教的管理心理学思想，主要表现在对僧团的管理中，最值得注意的是维护僧团发达的"六和敬"（六和合）原则。和敬，谓团结和乐，互相尊敬。据道宣《毗尼作持续释》言，六和敬为以下6种。

1."见和同解"。思想一致，见解相同，具有共同的信仰、信念和愿景，这是维系团体生命的根本。《中阿含经》卷十七《长寿王本起经》中，佛告诫比丘们应该：

常共和合，安乐无诤，一心一师，合一水乳。

2."戒和同修"。共同遵守一种戒律，即行为规范、道德观念一致。

3."利和同均"。财物公有，经济平均，有利同享，无贫富之分。或曰分配公平合理。

---

① 载《人民政协报》，2004 年 3 月 7 日。

4. "意和同悦"。大家情投意合,和乐融融,无摩擦纠纷。或曰具有团队精神。

5. "身和同住"。各自以和乐为怀,尊重他人,欢欢喜喜地生活在同一个团体里。

6. "口和无诤"。出言和逊,互相欢喜,不争吵斗嘴,不说不利于团结的话。

《瑜伽师地论》卷二十五谓"成就如是六种,可乐、可爱、可重、无违诤法、易可共住、性不恼他"。

六和敬的原则,不仅适用于僧团,也适用于其他社会团体的管理。《长阿含经·游行经》中,佛陀就对跋耆国政治"七事"表示赞赏,为僧众讲说保证僧团不衰退的"七不退法":

1. "数相集会,讲论正义"。经常开会议事。

2. "上下和同,敬顺无违"。互相尊敬,上下沟通,关系融洽,无矛盾纠纷。

3. "奉法晓忌,不违制度"。法纪严明,皆能遵守。

4. 敬事德才兼备者。

5. "念护心意,孝敬为首"。各人防护自心,孝顺父母,尊敬师长,互相尊重。

6. "净修梵行,不随欲态"。严肃性关系,不令欲望出轨。

7. "先人后己,不贪名利"。

有此七法,则长幼和顺,法不可坏。这七法作为协调人际关系、过好社会生活的法则,适用于任何家庭、团体、社会。

《中阿含经·长寿王本起经》载:憍赏弥国的比丘们因对戒条产生歧见而争吵不休,佛陀再三劝阻,教诫应互相忍让,维护团结,说偈言:

若以诤止诤,至竟不见止;唯忍能止诤,是法可尊贵。

劝导他们以团结为重,互相忍让,谁也不让谁地争论是很难解决问题的。南传《中尼柯耶·舍弥村经》中,佛陀还向比丘们讲述了调停内部矛盾的六净根、四诤事、七灭诤法、六调停法。如四诤事（除灭团体中四种诤论）之法为：一、他举诤事（检举他人过错而引起诤论），以愿出所犯（自愿检讨过错）消除；二、互疑诤事（互相怀疑而导致争论），以施与清净（澄清问题）除灭；三、自举诤事（自己承认过错而引起争论），以许求实性除灭（大家接受）；四、互举诤事（互相揭发而引起争论），以各个发露（各自忏悔）除灭。

《长阿含经》卷十一《善生经》中，佛陀说，为主人者应当以量才使用、随时供给饮食、随时慰劳、为之治病、给以休假五事"教授"童仆。《优婆塞戒经·摄取品》中说，在家菩萨对其所有童仆作使之人，应当"先给饮食，然后自用"，同甘共苦，"苦乐共俱，终不偏独"，"随时赏赐，不令饥寒"，"终不打骂鞭挞苦楚，应当软言敦谕教诏，设有病者应当瞻疗，随所乏少，当为求索"，并教令其信向三宝。另一方面，应严格制度，赏罚分明，对下属该处罚者按章处罚。《优婆塞五戒威仪经》规定：在家菩萨若为多人头首，见诸眷属有不如法之事，应呵责、驱摈（开除）。若嗔心恶心不呵责处罚者犯重垢罪，懒惰放逸不教呵者犯轻垢罪。《大般涅槃经》卷三十二说：

> 菩萨若见诸恶不善众生，若诃责，若软语，若驱摈，若舍之；有恶性者，现为软语；有骄慢者，现为大慢，而其内心实无骄慢。是名菩萨方便不可思议。

虽然批评、处罚有过错者，但只是一种方便，自己内心并不愤怒，与以柔言软语进行教育劝告，其心不异；或现傲慢之相折服骄傲自大者，而内心实无傲慢。这可以作为老板管理员工的基本原则。

总之，佛教经论中所讲的佛陀管理之道，可谓一种民主的、人性化的管理，注重以慈悲平等之心管理，尊重员工，关爱下属。一个集体、社团，也应以慈悲心为本，在共同一致的信念、章法、纪律的基础上，合理分配，上下团结，营造出和睦温暖的亲情气氛。这与当代管理学的观念多相一致。当代管理学主张人本化经营、伦理经营，进行感情投资，建立共同愿景，通过平等、信任引爆员工潜力。现代管理学之父彼得·杜拉克指出：主管与员工应非上下级关系，主管应如交响乐团的指挥，只是带领全团演奏出完美的乐曲。高度快速的行动能力、高度戒慎的警觉心态、高度不确定性的定位、高度热诚的传教士精神，被看做网络时代的管理学四大定律。所谓高度快速的行动能力，近于佛教所强调的解行相应；高度戒慎的警觉心态，近于禅者的明觉；高度不确定性的定位，需要应用无常观；领导人要像传教士，将经营策略当作信仰，不断灌输给员工，佛教法师的传教经验，大可资取。

在漫长的历史中，佛教积累了管理教团的大量经验，佛陀制定的六和敬及戒律、羯摩法，是佛教教团管理的指针。在教团管理方面，中国禅宗丛林寺院的管理最为典型，是一种在共同愿景、共同利益、共同行为规范的基础上，以住持为首的集体管理、民主管理。住持由僧众民主"礼请"，要求参禅开悟，具有很高的智慧、知识和管理才能。住持下设许多"职事"，分工明确，各司其职，就连负责种菜、做饭、打扫等杂事的僧人，也称"菜头""饭头""净头"等，而且所有职事皆出于自愿由住持"礼请"，这样使几乎所有僧众都有主人翁感，自觉自愿做好本职工作。凡有大事，皆召开僧伽会议讨论决定。今台湾佛光山、慈济功德会等继承发扬禅宗寺院管理经验，又参合现代管理方法，形成一套高效率的管理体制，佛光山开山星云法师有"佛教的优秀经营家"之誉。

根据佛教思想资源和管理经验，当代学者提倡一种佛教式的管理模式，名为"禅式管理"，这种管理的要点大略有以下这些。

1. 无为而治，集体创作。

主管者要英明超脱犹如已开悟的禅师，要相信全体员工的主动性、积极性，并设法调动，令员工自觉奉献，大家一起建设优秀团体，犹如禅师确信一切众生皆有佛性，并用种种巧妙方法积极开发，令其各自自悟自度，树立良好宗风。萧百峰《以"三摩钵提"探讨企业管理》一文引《圆觉经》"是诸菩萨所圆妙行，如土长苗"一句为依据，将"如土长苗"解释为"像花朵一样自然地长出来"，主张企业管理应鼓励工人的自主性、创造性，提供创新的环境，"利用自主、成长、自由、创新，来长出生命力"。"品管圈"应设计成有参与的活动，让士气渐渐提升。① 星云法师主张"集体创作"，其在《佛教对应用管理的看法》中说：

> 我一向主张"集体创作"，我觉得最上乘的管理方式，应该是让大家自动自发，肯定彼此所扮演的角色，互相合作，共同奋发突破。

指出"订法要严，执法要宽"，主管以宽容、尊重待人，使大家都得到进步成长和发挥的空间，不强迫要求，却在无为而治中，让属下心甘情愿地奉行。马健《从禅式管理到企业禅》中说，禅式管理通过"内在超越"途径，使管理者从日常琐事中解脱，最终达到无为而治。所谓内在超越，须如禅客一样，明白自心他心，具有超越的智慧。

2. 善于用人育人。

无为而治的技巧，在善于知人用人。星云法师在《佛教对应用管理的看法》中说，领导者必须善于知人、育人、用人、留人：

> 知人首重了解各人长短，育人要懂得教导部属，用人要公平合理，留人要使之有前途。

金无足赤，人无完人，人有所长，必有所短，用人要如古人所言，取其直而疏其谄曲，取其朴而疏其奢侈，取其宽而疏其狭隘，取其敏而疏其懒惰，取其辨而疏其迷糊，取其信而疏其虔偶。

主管者不仅要如禅寺住持一样善于知人用人，而且更要像大禅师指导参禅者一样善于育人，激发员工的积极性。霍韬晦《禅与管理》据清释戒显《禅门锻炼说》，说领导者先须立定主意，选拔人才，集中培训（犹如禅宗之"打七"），通过问答、棒喝、返掷、追踪、多方逼问，正反齐施，务使学者无立足之地而开悟。"立法宜严，加工宜细"，应"穷尽万法而不留一法，透尽诸门而不滞一门"，成为杀活自在的主宰者。禅宗寺院中，不论才与不才，皆须在丛林中承担工作，分工严密，各司其职，具严密之组织与自律精神，一方面有整体，一方面有个人；一方面工作，一方面学习；一方面锻炼，一方面成长。

---

① 《第五届佛学与科学研讨会论文集》，第141页。

这种做法对现代企业的启示，不只在于培养管理人才或解决人力资源一端。在方法论上，它解开企业死结，鼓励打破框框；在处理具体问题上，指出不要墨守成规，要善于和勇于挑战自己，向无限的创意迈进。"解放生产力，首先是解放自己的心眼，读书、修养、反省、追踪，才有突破，才能起死回生，在逆境中挽救企业的命运，在顺境中继续前进。知道工作的意义，工作不是负担，而是实现生命价值的场所，所以绝不放弃工作；尊敬工作，即是尊敬你的生命。"①

3. 建立和合型的企业文化。

企业文化，作为一个企业的灵魂，越来越被现代管理学所强调。佛教六和合精神，是企业文化建设的主导。见和同解，须建立高尚远大的共同愿景和服务社会的共同价值观念，这种理想或信仰乃企业文化的灵魂，管理学家说：没有企业信仰就没有执行力。台湾巨东建设集团认同人间佛教理念，以六波罗蜜为企业经营大目标。以共同愿景铸造员工心智，鼓励大家为共同的理想而奋斗；以精神激励提升员工精神境界，教育员工视企业为命运共同体；把遵守伦理规范作为责任，把利润看做对社会贡献的回报，不只是考虑经营者的利益；有神圣的"入世苦行"的敬业精神，成为一种一以贯之的生活、工作态度；在企业内建立一种员工与经理命运与共的感情，企业是保障员工生活的地方，首先是员工的，其次才是股东的，员工与老板为平等关系。

意合同悦，要求关系融洽，互相信任，皆大欢喜，如星云法师《佛光菜根谭》中所言：

一横遍十方（广结善缘），竖穷三际。下属以敬重、信赖与上司沟通，上司以尊重、信任与部属来往，上情下至，下情上达。

二与人为善，从善如流。主管耐心倾听部属的心声，肯定、赞美，给他信心。

三皆大欢喜，心甘情愿。学习说好话，使对方欢喜，心甘情愿地接受一切

---

① 霍韬晦：《现代佛学》，中国社会科学出版社2003年版，第86页。

挫折，将利益回馈大众，将荣誉分享大家。①

龚鹏程在《佛教与企业管理》中指出：佛教之能贡献于当今或未来社会者，或许不在于它能如何适应现代，在现代企业经营原则中占一席之地，及可应用其理论于现代企管事业中，可调节现代人的身心压力以增加劳动生产，可改善企业内部之人际关系等，而在于它与现代企业经济原则的矛盾冲突之处。越能把这些与现代社会异质之处找出来，就越能建立更合理的企业管理学。②

第五节 佛教与教育及智力开发

教育及智力开发，是佛教极其重视的问题。佛陀被称为导师，僧人中能讲经说法者称法师，实际上都是一种教师。以教化众生为己任的佛教，即被强调为是一种教育，佛教所追求的大觉，乃智力的最大限度开发。全部佛法，从某种意义上都可以看作开发人智力潜能的学问和技术，多有可以运用于世俗教育和智力开发的精华。

一、教师的心理修养及师生关系

教育的主体是教师，教师之职责，其实主要是教心，让学生掌握开发自心矿藏的能力，在品德、智慧、意志、知识、技术、身体等各方面得到健康成长。教心，首先必须自我修心，具备充任教师角色所需要的各种心理素质。

教师的心理修炼，不出佛教一般的治心之道：通过闻、思、修的学习、修行，掌握智慧、知识、技术，遵守正戒，做一个有道德的人，掌握调治自心的各种技术，有定力、多慈悲、少嗔怒嫉妒，尤其是深发大乘菩提心，以教书育

---

① 《佛教丛书》之九，佛光出版社，第32页。
② 《宗教哲学》第2卷，第2期。

人为济度利乐众生、净化国土的大事，以学校为道场，视学生如子女、如父母、如师长，以无染的"法爱"进行教育。《四分律》卷三十三规定师徒之间应如父子：

> 和尚看弟子，当如儿意看；弟子看和尚，当如父意。展转相敬，重相瞻视，如是正法便得久住。

和尚，指师父。《优婆塞戒经·摄取品》中谓师长对弟子应该：

> 至心教诏，犹如一子，不求恩报，不为名称，不为利养，不求自乐。

一个好的教师，应该是菩萨型的教师，起码具备佛教中"法师"的基本条件。据《十住毗婆沙论》卷七所说，法师应该具备四项修养：

1. 广博多闻。具有广博的知识。

2. 善知世间、出世间诸法生灭之相。具有佛法如实知见的智慧。

3. 得禅定智，于诸法随顺无诤。具有经过实践验证的智慧，非仅仅停泊于书本知识。

4. 如所说行。言行一致。

澄观《华严经疏钞》卷四十三说法师应具有善知法义、能广宣说、处众无畏、无碍辩才、巧方便说、法随法行（知行合一）、威仪具足、勇猛精进、身心无倦、成就忍力十德。心净无垢、智慧无双、辩才无碍、精进不减、极善说法度人的佛陀，可谓心理修养最佳的教师典型。现代教育学也主张教育者应把自己的热诚和希望投注在受教育者身上，产生"皮格马利翁效应"。

佛教对当好教师及师生关系的处理，有不少说法。如《长阿含经·善生经》中佛陀教诫婆罗门青年善生，为人师长者，应当以五事"敬视"弟子（学生）：

1. "顺法调御"。以正法、真理进行教育。

2. "诲其未闻"。传授学生所不知道的东西。

3. "随其所闻令善义解"。让学生对所学善于理解。

4. "示其善友"。教给学生人际关系方面的智慧。

5. "尽以所知诲授不惜"。经中佛陀曾自言，他尽己所知授予弟子，不像拳师那样总要保留一手。

弟子对师长，应以五事"敬奉"：给侍所需、礼敬供养、尊重戴仰、师有教饬敬顺无违、从师闻法善持不忘。《沙弥律仪要略增注》中说弟子应具亲爱、敬顺、畏难、尊重侍养承接四心看望师父，如臣子之事君父，"敬重瞻视"。《尸迦罗越六方礼经》中，佛言弟子事师有五事：敬难，知恩，所教随之，思念不厌，称誉师德。《大毗婆沙论》卷二十九中提倡师长与弟子之间应"爱敬俱行""爱则加敬，敬则加爱"，名"善士法"。《优婆塞戒经·摄取品》中言，菩萨应怀高度责任心，以多种方法教育好弟子：

宁受恶戒，一日中断无量命根，终不养畜弊恶弟子，不能调伏！

若不能善教而失职，"名弊恶人，不名菩萨"。《菩萨善戒经》中甚至说"师不能教诃弟子，则破佛法，当堕地狱！"《瑜伽师地论》卷四十八说菩萨对弟子应以无染心正摄受，不希求利养恭敬，于所有弟子"其心平等，不堕偏党"，不轻陵下劣、丑陋、愚笨者，于所教法毫不吝啬，堪忍问难。应与弟子甘苦与共，关心其生活，治疗其疾病，排解其忧苦，态度亲切，"柔和美语，先言问讯，含笑为先"。对其错误应及时如理呵责处罚。

总之，老师应怀着如同父母对子女的爱心，关怀学生各方面的成长，尽心尽责，毫不吝惜地传授给学生以真理、智慧、知识；学生应尊师重道，努力学习老师所教。这是佛教关于教师职责及师生关系的基本思想。

二、佛教的教育方法

佛教有一套成熟的教育方法，首先主要教给人如实知见以获得现世、后世、究竟安乐的智慧，此智慧、般若指关于宇宙人生的正见，包括世界观、人生观、价值观，过好生活的智慧，及调摄自心、完善人格、提高精神境界的技术，多分属于今所言德育的范围，也包括世俗的知识技术等俗智。佛教的修行道，可以看作完备的教育体系，戒定慧三学渐进的教育体系，次第分明，相互联系紧密，使人在品德、心志、智慧各方面皆受到全面的教育。大乘菩萨行六度，加上服务众生精神的培养锻炼，比起现代教育德、智、体三育，更为健全。

学习的动机，一般与学习的效果统一，目标越是自觉、远大、明确，推动学习的力量就越大。就此而言，佛教的发增上心、菩提心，确立正见，尤其是从全法界、全宇宙的广大视角审视人生，从存在意义的层面树立正见和追求学习目的，应更能调动学生学习的积极性，激发出其自觉努力学习的强大力量。

佛陀提供了善于运用多种方法进行教育的光辉示范，从某种程度上说他在教育方法上的成就更超过中国的孔子。佛陀善于"应机说法"，善于观察受教者的根器、愿望和心理，针对不同的对象，采用相应的方法，教以合宜的内容。他的教学循序渐进，理论与实践紧密结合，如《杂阿含经》卷十八第498经舍利弗言：

我闻世尊说法，转转深，转转胜，转转上，转转妙。我闻世尊说法，知一法即断一法，知一法即证一法，知一法即修习一法，究竟于法。

称赞佛说法随弟子修行的进度而逐步加深，弟子听法后当场修证，都能品尝到法味。

佛陀注重身教，处处以身作则，他虽为王子出身，却不慕荣华富贵，以僧团集体中的一员自居，不搞特殊化，饮食起居，与其他僧众一样，终身三衣一钵，不蓄长物，昼夜精勤坐禅，常一定数日。他做出过亲自为盲比丘穿针补衣、照料病比丘的示范，教育弟子为众生服务。释迦族与拘利族人为争水而斗，佛陀特意远道赶去进行调解；毗舍离城流行瘟疫，佛陀冒着被传染的危险，特地进城去安慰、教导病人，作出慈悲救世的示范教育。提婆达多多次谋害佛，佛不仅不恨他，反而用慈爱柔和的语言给他以教诲，作出怨亲平等的示范教育。

佛陀善于在日常生活中巧用譬喻开示深刻的道理，如一弟子在帮他理发时，教导其进入四禅，看到包檀香的纸和捆鱼的绳子，说明人受熏染的道理，就扫地教导愚笨的周利槃陀伽"拂尘""除垢"而令其开悟，就弹琴教导二十亿耳如法精进等。

佛陀善于激发弟子的意志力，注重引导弟子自学，《无量寿经》中，佛教导世人"宜自决断，端身正行"，《佛般泥洹经》鼓励人们"勤力精进，自致作佛"。

佛陀善于灵活应用多种教育方法，《杂阿含经》卷三十二第909经中，佛说应分别用柔软、刚强、柔软刚强法调伏三种弟子，若如此尚不奏效，则"不复与语、不复教授、不复教诫"，是为杀之。《毗奈耶》中说弟子有不信、懈怠、恶口、情无羞耻、近恶知识五事，皆须教呵。教呵方法有五种：不共语、不教授、不同受用、遮其善事、不语依止。《瑜伽师地论》卷八十一说佛陀教导弟子，或呵责恶行，或对作恶者予以恐吓，或以亲人朋友的口气劝说，或示现真实道理，或正面教导应如何做，或称赞策励令有信心决心，或如实赞悦其德行令生欢喜。《大智度论》卷三十五引经言，佛告无畏太子：如其子误吞瓦石等物，先教令吐，若不肯吐，当"左手捉耳，右手擿口，纵令血出，亦不置之"，"憨之深故，为出瓦石，虽当时痛，后得安隐"。佛教化众生亦如是：

若众生欲作重罪，善教不从，以苦言谏之，虽起嗔恚，后得安隐。

意谓有必要时，可以威力或强制的办法制伏用软言说服等难以教育的顽劣之人。《优婆塞五戒威仪经》规定：在家菩萨若见众生犯戒毁禁作众罪行，菩萨自知能化为善，若恶心嗔心不教化者，犯重垢罪。若知此众生须加杖痛才能教化而自护不治者，犯轻垢罪。

大乘《优婆塞戒经》在教育方法上有许多开示，诸如：

应以布施、爱语、利行、同事四摄法教育、摄取弟子，令离恶增善。

应教弟子修善离恶，恐怖时解救之，放逸时督促之。

教导在家弟子，应先教以不放逸法。不放逸者，供养父母、师长、和尚、耆旧、有德，供给兄弟、妻子、亲友、眷属，尽好伦理责任；布施欲远行之人及远道而来者、出家修道者；尊重、关怀、供给下属；教以正确处理婚姻问题、至心如法工作求财、正确理财等世间之事，然后教以佛教经典。

当弟子起烦恼时，应随时教诫，教以种种对治方法。

应关怀弟子，"瞻养病苦不生厌心"，"设有其苦能为救解"。

应根据弟子的根器随机施教，钝根者令生信心，中根者能令纯淑，利根者能令解脱。

应以包容宽恕之心忍耐弟子的诽谤、埋怨等。

受教者可分为易调难出、难调易出、易调易出、难调难出四种人，对这四种人的调教方法有：呵责（批评）、软语、呵责加软语、施调（奖励、惠以所需）、咒调（以咒力加持）、请高明者调教。

须抓住人容易接受佛法教育的时机：一是其欢喜时，二是其痛苦时。

有两种使人容易受教的技巧：一是善知世事，二是为之服务。

弟子胜过自己时不嫉妒，为之介绍严师益友。

当代教育强调人应终身学习，佛教，其实便是一个完备的终身学习、终身教育体系。所谓修行，就是一种全面的学习和受教育，弘扬佛法，说法度人，即是一种终身教育。大乘《华严经》提倡超越时空的"常随佛学"，将学习深入到意识流微观层次，"于念念中，我皆随学"，"念念相续，无有间断"，在无限时空中周而复始螺旋上升。同经《入法界品》中所讲善财童子五十三参的故事，提供了终身学习、终身教育的榜样，其学习模式有四大特点：学习的金刚种子愿心、广博的学习内容（五明及八万四千法门）、言传身教的师徒传承方式、身临其境的学习（参学）、大教室与大善知识。同经《净行品》倡导一种基于行为矫正的学习化生活，该品141个句子，把日常生活归纳为141种普通行为，一一巧妙地转化为学习与教学行为。

星云《人间佛教的戒定慧》强调终身学习，活到老，学到老，学习最重要的是学习奉献，学习利人，学习尊重异己，学习共生和谐。更须进行全人教育，教育人自觉、明理、自我突破，明白自己何去何从。佛法，便是一种完备的全人教育体系。

三、智力提高及潜能开发

现代心理学所谓智力，指观察、认识世界，利用经验和知识解决各种问题的能力。智力是在后天的社会环境下，在学习过程中发展提高的。人的智力潜能十分巨大，可以通过各种方法提高智力，开发潜能。当代脑科学研究表明，人的大脑是世界上最复杂、效率最高的信息处理系统，大脑包容的智力能量就像核能量一样大，可容纳5亿册书的知识，相当于美国国会图书馆藏书的50倍，而一般人开发使用的不超过5％。行"脑力核聚变"，开发出被封闭起来的内部力量，是当代脑科学研究的重大课题。

以如实知见的智慧自净其心而获得"大觉"为宗旨的佛教，是一个极其重视智力开发的信仰体系。佛陀被奉为智力最高、潜能圆满开发到全知的典范，大乘唯识学将佛陀圆满开发的智慧归纳为妙观察智、平等性智、大圆镜智、成所作智四智，密教更加上法界体性智为五智，认为每个众生皆本来具有这五种智慧。全部佛法，其实可以看做一个开发智力潜能的最佳系统。

按八正道及大乘菩萨道，佛教开发智力潜能，首重正见指导下的人格全面发展。一个人只有树立正信正见，有正确的人生观和为众生服务乃至与一切众生同趋无上菩提的远大理想，进行精进的意志锻炼，才能有开发潜能的方向和动力。现代心理学也强调，仅仅是知识的灌输，不一定能促使智力发展。天才是由超过中等水平的智力、高度的责任感和创造力三类品质所构成的。毅力和热情，高度的自我坚持力及情绪稳定性，对独立和自治的强烈需要，对冲动的高度控制，超越的能力，喜欢抽象思考且求知欲强，竭尽全力探索未知领域，被认为是有成就的科学家所具备的心理特征。这些心理特征，与佛教所崇尚的具有高度的善法欲、精进、自治其心的能力、善于思考等菩萨的心理特征多相一致。而高度的责任感及科学家心理特质，须有崇高的理想和道德情操为源泉，最好有某种信仰作精神支柱。

佛教有许多训练智力、开发潜能的技术，其中最重要者为禅定，如《大智度论》卷五说有"闻持陀罗尼"，是一种训练超人记忆力的禅定：

得是陀罗尼者，一切语言诸法，耳所闻者，皆不忘失。

同论卷二十八说，得闻持陀罗尼的方法有二方便（技巧）：

1. "一心忆念，令念增长"。先想象与所要记忆的东西相似者，如记忆人脑的功能可先想象电脑的功能。初学此记忆法，由三闻能记，经锻炼可以达到一经入耳便牢记不忘。一心忆念，谓专心记忆，这种专心须经过禅定的训练，达到极其专注。经载：佛弟子周利槃陀伽在擦皮靴时系心于拭擦的布，忆念禅定，乃忽然入定。

2. "入禅定中，得不忘解脱"，由此"一切语言说法，乃至一句一字，皆能不忘"。这是因禅定而增强了记忆力、理解力。这种禅定久习纯熟，便会得闻持陀罗尼，"常随人行，如影随形"，任何时候都不会失掉。又说由持神咒，也可以得闻持陀罗尼。

禅定有养脑健脑之效，在定心状态下学习，可以事半功倍，提高记忆力和理解力。即一般略修禅定，加强专注和平静心理的能力，对学习也大有裨益。快速学习法专家罗扎诺夫认为，学习得来的知识大多数储藏于潜意识中，利用潜意识可以进行高效学习，最适宜潜意识活动者为大脑中的α波，此波状态能促进灵感，加快资料收集，增强记忆力。佛教各种禅定的锻炼，皆可达此状态。学生在考试时略作禅定调心的功夫，让心情平静，注意力集中，排除慌张、焦虑，可以治疗"考试恐惧症"，考出好成绩。

罗扎诺夫发明的"高效记忆音乐"，在一类节奏与α波相似，有鸟鸣、流水声等的舒缓音乐伴奏下，引发极利于学习的"放松性警觉状态"——α波高效记忆状态，平静β波震颤，有利于帮助放松，激活右脑接收新信息，帮助人将学习得来的新信息存入长期记忆库——潜意识中。佛教淡远幽静的音乐，能够使人心灵平静、安恬，浑然忘我，处于产生智慧的极佳状态，从而起到提高智力、开发潜能的作用。

当代心理学家以想象力的锻炼——佛教所谓观想，为提高智力的一大技术，认为它可以调节人体的各种反应，使思维摆脱定式，提高创造力，将大脑左右二半球联系起来，刺激大脑各部位参与整体活动。密教观想满月的"月轮观"，特有增强脑力的作用。无上瑜伽观想智慧之基础"白菩提"从本尊处降入或从自身脐下升进脑中，更有通过增添、改善脑中智慧物质，以开发超人智力的功用。

在大乘佛法看来，一即一切，一切即一，一微尘中包含整个法界，人脑、人心当然更包含全宇宙之一切，可谓心理全息论。依此义建立的"一乘圆教"华严宗、天台宗等，确信通过如实观心，便可以获得佛陀遍知一切的全智。这种说法，为人类开发智力潜能提供了辉煌的远景。

第六节　佛教心理学与文艺创作

佛教心理学与文艺创作从来关系密切，被不少文学家、艺术家所运用，有不少属于文艺心理学的内容。

一、把握人心、表现性灵

文学艺术，是人用某种符号进行创造性思维以表现自我的精神活动，归根结底属于"人学"，其所表现和能表现的都是人心，对人心的如实认识，是文艺创作成功的决定性因素。文艺心理学说，文艺创作是形象思维、抽象思维、情感活动即佛教所谓受、想、寻、伺等心理过程的结合，是心的造作和自我表现。专门研究自心的佛教心理学，对心、心所的分析，尤其是大乘唯识学对深层心识及心理活动运作进程的解析，对文学艺术家如实把握人心及文艺创作本身的心理活动特征，有重大启发价值。

表现人心深处的律动亦即"性灵"，引起他人心灵的共鸣共振，是文艺创作的极致。比如，明代袁宏道称赞其弟袁小修之诗"大都独抒性灵，不拘格套，非从自己胸臆流出，不肯下笔"。清代诗界有"性灵派"。欲探性灵之奥，以专究人心尤其是人性灵的佛法最称擅长，南北朝何尚之《答宋文帝赞扬佛教事》中曰：

必求性灵真奥，岂得不以佛经为指南邪！

要认识人心，按佛法，应从如实观察、内省己心做起，推己及他。一个诗人只有深察自心并善于用诗句表达，才能拨动读者的心弦；一个小说家、戏剧家只有深察自心，才能善观他心，塑造出感人的人物形象。袁宏道借用禅宗之意，谓"善学者师心不师道"——师从心而非师从创作方法技巧。

中国古代许多文人的创作，深受佛教心理学的浸润，如僧支道林开魏晋山水诗之先河，东晋著名诗人谢灵运的名句"池塘生春草，园柳变鸣禽"，被作为融性灵于自然风光描写的典范，唐释皎然《诗式》说谢灵运诗"览而察之，但见性情，不睹文字"，乃"诗道之极也"。谢灵运早岁能文，"及通内典，心地更精，故所作诗，发皆造极，得非空王之道助邪？"认为谢灵运的诗得以臻于极品，从小有文学天才是一个原因，后来研读佛典，究明心地，得到佛法的帮助，是更重要的原因。如果他能将诗道用于学佛，"则彻空王之奥"，通达佛法的奥妙。《苕溪渔隐丛话》卷五引《潜溪诗眼》云：

> 故学者先以识为主，禅家所谓正法眼，直须具此眼目，方可入道。

谓学诗者应该首先具有禅宗所谓"正法眼"，亦即对心性的正见。明《憨山老人梦游集》卷三《示陈生资甫》云：

> 文者心之章也。学者不达心体，强以陈言逗凑，是可为文乎？须向自己胸中流出，方始盖天盖地。

强调只有通达心体，从知见心中自然流出的"心之章"，才能称为盖天盖地的好文章。

二、空灵的艺术境界

佛教提供了"空灵"的独特艺术境界，给艺术园地里增添了具有特殊韵味的奇葩。

佛法的浸润，使中国文学艺术超越了世俗的死板写实、儒家的阳刚健拔、道家的自然虚无，增添了空灵、平淡，带有浓厚佛教禅味的艺术境界。严羽《沧浪诗话·诗辩》中说："诗之极致有一，曰入神。"所谓入神，指妙悟性灵，表现出一种不可言喻、超出象外、无踪迹可觅的空灵意境，这种意境在盛唐诗人那里表现得最为突出：

> 盛唐诸人惟在兴趣，羚羊挂角，无迹可求，故其妙处透彻玲珑，不可凑泊，如空中之音，相中之色，水中之月，镜中之象，言有尽而意无穷。

盛唐诗人之所以如此，在于受禅宗的影响，故曰"论诗如论禅"。汉魏晋与盛唐之诗，如佛法所谓第一义。清王士祯《香祖笔记》中评论说：

> 唐人五言绝句，往往入禅，有得意忘言之妙。与净名默然、达摩得髓，同一关捩。

又说"王裴辋川绝句，字字入禅"，入禅，谓得意忘言，将人带入空灵、安恬自在的境界。清黄子云《野鸿诗的》云：

> 诗有禅理，不可道破，个中消息，学者当自领悟。一经笔舌，不触则背。诗可注而不可解者，以此也。

佛法的影响，还使诗歌园地中出现一类表现闲适自在禅悟心境的诗作，这种诗作的作者一般都有禅悟的体验，北宋惠洪《冷斋夜话》卷三中比较说：苏（轼）门四学士中，黄庭坚"学道休歇，故其诗闲暇"，而未得禅悟的秦观钟于情，故其诗酸楚，缺乏超脱之气。王士祯《香祖笔记》云：

> 舍筏登岸，禅家以为悟境，诗家以为化境，诗禅一致，等无差别。

艺术家出身的弘一法师题郑翘松居士《卧云楼诗存》偈云：

> 一言一字，莫非实相，周遍法界，光明无量。似镜现像，若风画空。如斯妙喻，乃契诗宗。

霍韬晦《禅的解放》中说：禅之入诗，使诗歌在玄言、山水、田园之外，推向理趣的新境界。"禅可以成就艺术，艺术亦可以成就禅。禅本身就有艺术意味，艺术本身也有禅味。"[①]

佛教也影响了绘画、书法、音乐等艺术领域。在绘画方面，佛法特别是禅，使中国画增添了表现空灵意境的"神品"。苏轼《凤翔八观》之《王维吴道子画》一诗评论说：

[①] 霍韬晦：《现代佛学》，中国社会科学出版社2003年版，第80页。

> 吴生虽妙绝，犹以画工论；摩诘得之于象外，有如仙翮谢笼樊。

著名画家吴道子之画虽然绝妙，但只是画工之作；深受佛法浸润的"诗佛"王维的画，得之于象外，犹如不受牢笼束缚、自由自在的仙鹤。清人陈继儒《偃曝余谈》中说：山水画至唐始变，盖有李思训、王维两宗。"李派板细无士气，王派虚和萧散，此又惠能之禅，非神秀所及也。"将有佛气、虚和萧散的王维山水画，比喻为活泼灵动的六祖惠能之南宗禅，而未受佛法影响的李思训之画，则如死板细腻的神秀一系北宗禅。

佛法的影响，还使山水画中多了一种具有平淡天真禅味的作品，米芾《画史》评论董源画之平淡天真，得之于禅：

> 董源平淡天真多。唐无此品，在毕宏上。近世神品，格高无与比也。

颇能表现作者个性和性灵的书法艺术，也如绘画，禅的体验使书法中出现自然洒脱的风格。多年体味禅的大书法家苏东坡在《评草书》中讲他的书法经验说：

> 书初无意于佳乃佳耳……吾书虽不甚佳，然自出新意，不践古人，是一快也。

现代弘一大师的书法，超逸脱俗，自成一格，被誉为"不食人间烟火"，他的书法，成功于出家修行之后，与出家前书法之严谨古板大有不同。他曾教书法爱好者说："如果佛法学得好，字也可以写得好。"又自述心得说：

> 我觉得最上乘的字，或最上乘的艺术，在于从学佛法中得来；要从佛法中研究出来，才能达到最上乘的地步。

三、培养最佳创作心态

佛教的治心悟心之道，可以提高创作者的精神境界，开发智慧，培养有道德、有情操、真诚、直率、坦白的人格，是培养优秀的创造性文学艺术家及具有高峰体验者的绝佳体系。

中国古代的文学艺术家，多受佛法尤其是禅定、禅宗之禅的影响，追求心灵的澄静和对心性的了悟，以提供最佳创作心态。唐代李白、杜甫、白居易等大诗人，都学禅，李白诗描写禅定的体验云："宴坐寂不动，大千入毫发。"杜甫自谓："身许双峰寺，门求七祖禅。"白居易诗自言："近岁将心地，回向南宗禅。"都以禅宗弟子自居。虔信佛教、称摩诘居士的王维，常打坐参禅，诗中有浓厚的禅味，他因此被称为"诗佛"。唐释皎然《诗式》说：

> 有时意静神王，佳句纵横，若不可遏，宛如神助。

谓在心思宁静、精神专一，犹如禅定境界时，灵感不期而至，自然佳句泉源，有如神助。苏轼《送参寥师》诗云：

> 欲令诗语妙，无厌空且静。静故了群动，空故纳万境。

说由禅定达到的空静之心境，是作好诗的诀窍，心寂故能明察秋毫，心空故能包纳一切。清刘熙载《艺概》中说苏轼的文才泉源，乃由禅悟所致：

> 东坡诗善于空诸所有，又善于无中生有，机括实自禅悟中来，以辩才三昧而为韵言，固宜其舌底澜翻如是。

宋代著名词人周济说："初学词求空，空则灵气往来。"今人研究结果有曰：进入无我状态，在灵感诱发物刺激下，产生思维短路，即是灵感的到来。是则佛教的无我观、真如三昧，可以作为获得灵感的方法。

宋代叶梦得《石林诗话》卷中评谢灵运的名句"池塘生春草"说：

> 正在无所用意，猝然与景相遇，借以成章，不假绳削，故非常情所能到。诗家妙处，当须以此为根本。而思苦言难者，往往不悟。

现代非理性潮流兴起，强调在散漫不经意的无意识状态下，才能创造出具有复杂秩序的感人作品。散漫不经意的无意识状态，与叶梦得所言"无所用意"相近，当于佛教所谓心境相触时初一刹那的五识现量心。苏轼《腊日游孤山访惠勤惠思二僧》诗谓"作诗火急追亡逋，清景一失后难摹"，强调抓住一刹那闪现的灵感。

创作诗词需要心静，作画亦如此。宗炳《画山水序》强调"贤者澄怀味象"，意谓画家应以澄静的心，去观察体味山水之美。郭熙《画意》说：

> 人须养得胸中宽快，意思悦适，如所谓易直子谅，油然之心生，则人之笑

啼情状，物之尖斜偃侧，自然布列于心中，不觉见之于笔下。

画家注意心灵修养，保持放松轻快相当于佛教所谓"舍"的心境，人物、景物的情状自然会浮现于心中，形之于笔下。北宋大画家米友仁说：

> 画之老境，于世海中一毛发事泊然无着染。每静室僧跌，忘怀万虑，与碧虚寥廓同其流。

韩拙《山水纯全集》谓作画时的走笔，实乃"心运"，先要使心虚静，"索之于未状之前，得之于仪则之后，默契造化，与道同机，握管而潜万象，挥毫而扫千里"。现代画家黄宾虹说：

> 纵游山水间，既要有天马腾空之劲，也要有老僧补衲之沉静。

黑格尔说过，最杰出的艺术才能是属于形象思维的想象。创作小说、戏剧、绘画等，都需要很强的想象力。佛教禅定的各种观想法，是专门锻炼想象力的高级技术。对最需要形象记忆的绘画而言，经常修观想一类禅定，观想人物、风景、山水等，最能提高形象记忆尤其是瞬间形象记忆的能力。而经常进行形象记忆、形象思维的画家等，一般都容易修成观想一类的禅定。

四、启发创作方法

中国历代文人，从佛学中获得不少创作方法。东晋大诗人谢灵运主张学佛宜顿悟，为诗文亦贵顿悟，其《与诸道人辩宗论》谓"阶级教愚之谈，一悟得意之论"。禅宗盛行以来，以禅喻诗、诗有禅趣、禅语入诗，蔚成文苑风气。南宋严羽自称"参禅精子"，谓"以禅为诗，莫此亲切"，其《沧浪诗话·诗辩》以禅喻诗，谓作诗亦贵顿悟：

> 大抵禅道惟在妙悟，诗道亦在妙悟。

比较说，孟浩然学力比韩愈差得多，而其诗独出韩愈之上，只在孟有妙悟而已。悟有深浅、有分限，有透彻之悟，有只得一知半解之悟。汉魏本身即是最上乘第一义，无须借助妙悟。从东晋谢灵运至盛唐诸公，皆多透彻之悟。明胡应麟《诗薮》就此评论说：

> 严氏以禅喻诗，旨哉！禅则一悟之后，万法皆空，棒喝怒呵，无非至理；诗则一悟之后，万象冥会，呻吟咳唾，动触天真。禅必深造而后能悟，诗虽悟后仍须深造。

说严羽以参禅比喻学诗，很是恰当，其《沧浪诗话·诗辩》主张学诗以识为主，入门须正，立意须高，应如禅宗"直截根源""顿门""向上一路""单刀直入"，"推原汉魏以来，而截然谓当以盛唐为法"，犹如参禅，先试取汉魏之诗而熟参之，次取晋宋之诗而熟参之，次取南北朝之诗而熟参之，次取沈、宋、王、杨、卢、骆、陈拾遗之诗而熟参之，次取开元、天宝诸家之诗而熟参之，次独取李、杜二公之诗而熟参之，又取大历十才子之诗而熟参之，又取元和之诗而熟参之，又尽取晚唐诸家之诗而熟参之。段玉裁《诗人玉屑》卷一载《龚圣任学诗》，以三首七言绝句比喻学诗有如参禅：

> 学诗浑似学参禅，悟了方知岁是年。点铁成金犹是妄，高山流水自依然。
>
> 学诗浑似学参禅，语可安排意莫传。会意即超声律界，不须炼石补青天。
>
> 学诗浑似学参禅，几许搜肠觅句联。欲识少陵奇绝处，初无言句与人传。

意谓学诗犹如参禅，贵在一朝顿悟，不假造作思惟，从胸中自然流出；贵在会意，用语言传达那不可言说的"意"；贵在超越语言，不可以理性苦思冥索。同书卷十五引范元实《潜溪诗眼》云：

> 识文章者，当如禅家有悟门。夫法门百千差别，要须自一转语悟入。如古人文章，直须先悟得一处，乃可通其他妙处。

举柳宗元《晨诣超师院读禅经》"真源了无取，妄迹世所逐，遗言冀可冥，缮性何由熟"四句，以为先悟得一意的典范。陆游《赠王伯长主簿》也说：

> 学诗大略似参禅，且下工夫二十年。

元好问《答俊书记学诗》七绝比喻："诗为禅客添花锦，禅是诗家切玉刀。"清方恒泰《橡坪诗话》谓："其实就诗谈禅禅入妙，即禅论诗诗可通也。"

《沧浪诗话·诗辩》还取参禅方法于作诗，强调"造句须圆"，"须参活句"，以顿悟为当行、为本色。认为：

> 夫诗有别材，非关书也；诗有别趣，非关理也。然非多读书、多穷理，则

不能极其至。所谓不涉理路、不落言筌者，上也。

不涉理路（理性思维）、不落言筌，乃参禅的诀窍、禅悟的特征。将这一原则运用于作诗，以盛唐诸大家做得最成功，"近代诸公乃作奇特解会，遂以文字为诗，以才学为诗，以议论为诗。夫岂不工？终非古人之诗也。盖于一唱三叹之音，有所歉焉"。南宋吕本中也说：

> 学诗当识活法，所谓活法者，规矩备具，而能出于规矩之外；变化不测，而亦不背于规矩也。

如谢玄晖有言曰"好诗圆美流转如弹丸"，此乃真正活法。禅师常以"活泼泼地"形容心性，比喻参禅如"水上葫芦，捺着便转"。明紫柏禅师《跋苏长公大悲阁记》说作诗文亦应如此灵活而忌死板：

> 如书不尽言，言不尽意，盖意活而言死故也。故曰：承言者丧，滞句者迷。予读东坡大悲阁记，乃知东坡得活而用死，则死者皆活矣。

认为苏东坡能得活而用死，得力于他的参禅功夫和禅悟。他的《和子由论书》有云："诗不求工字不奇，天真烂漫是吾师。"强调好诗出于天真烂漫、无染无拘束的心地。

不仅作诗，绘画、音乐等艺术，也可通禅，都能从佛法中获得创作方法上的启迪。明袁宏道说"善画者师物不师人"，主张绘画以全身心倾注于所表现的对象为要。《梦溪笔谈·补笔谈》论当时著名琴家僧人海大师之工艺"不在于声，其意韵萧然，得于声外"，其声外功夫，当指参禅了悟心性。李贽谓"声音之道可与通禅"，其《焚书·征途与共后语》中曰：

> 所谓音在于是，偶触而即得者，不可以学人为也。

认为美妙的音乐作品，犹如参禅而悟，乃得之于偶然而来的创作灵感，非学人为的音律、创作方法等所能臻至。偶来的创作灵感，实非偶然无因，亦应如参禅者，乃长期参修，一朝瓜熟蒂落而得。

第七节　讲经说法与宣传心理学

讲经说法，是佛教弘传的主要方式，长期以来，佛教在这方面积累有大量经验，最宜应用于宣传心理学。

一、应机说法

应机说法或"观机逗教"，意谓须根据听众的需要、爱好和接受能力说与合宜的法，是佛教说法度人、弘扬教化的基本原则，与儒家"随机施教"之旨趣略同。《杂阿含经》中说，佛陀犹如善于准确诊断而对症下药的大医师，善于根据众生的不同根机，说相应之法。《楞伽经》卷一偈云：

彼彼诸病人，良医随处方。如来为众生，随心应量说。

若"所说非所应，于彼为非说"——如果所说的法与听众的根机不相应，听法者就难以接受，会认为所说并非真理，这种说法可以说是错误的，即便所说是正法、真理，也可能导致负面效果。如经中说佛陀大弟子舍利弗，便因不具足应机说法的智慧而"颠倒说法"：教给应修不净观者数息法，教给应修数息法者不净观，结果二人精勤修习多日，也无所得，后来经佛陀纠正，很快就证得道果。《楞伽经》卷三说，对佛法的通达有说、宗二种通：

说通者，谓随众生心之所应，为说种种众具契经。

说通，《大乘入楞伽经》卷四译作"言说法相"，谓"以巧方便随众生心"，令其进入佛法的殿堂，即针对众生的"机"，说以相应（合宜）的法。机，有根机（基础）、时机、欲性（需要、爱好、兴趣）等方面。时机，佛经中多称"时节因缘"。《大般涅槃经》卷二十八佛言：

欲见佛性，应当观察时节形色。

任何事情的成功都需要时机，禅宗尤其强调开悟须待时节因缘到来。

佛陀是善知一切众生之机而应机说法的典范,《法华经》卷一《方便品》偈称赞佛陀之应机说法云:

众生心所念,种种所行道,若干诸欲性,先世善恶业,

佛悉知是已,以诸缘譬喻,言辞方便力,令一切欢喜。

《月灯三昧经》卷五偈谓"说时勿仓卒,当简器非器,观其机器已,不请亦为说"——说法之前应先观察、辨别听法者是什么根器,能否接受此法,如果是能接受佛法的根器,即便对方没有请教,也应主动为其宣传佛法。如果是年长资深者请问,应先礼貌地说:"在您面前,我岂敢随便说!"《优婆塞戒经·自利利他品》中说,说法须顺应众生的接受能力,从浅入深:

菩萨若欲为众生说法界深义,先当为说世间之法,然后乃说甚深法界。何以故?为易化故。菩萨摩诃萨应护一切众生之心,若不护者,则不能调一切众生。

护心,指像大人教育孩童一样注意保护众生的心,不令其因难以接受所说之法而惊怖、困惑、疑虑乃至受到伤害。如果不能顺应众生的接受能力保护其心,便难以成功地说法教化众生。

在社会生活中,人们往往接受社会文化信息的浸润、暗示,形成先入为主、从众心理、模仿心理、偏见心理等属于我法二执的心理倾向,讲经说法及宣传中,要善于破除这些心理,佛教经论中便常破除这类执着。

《大智度论》等将佛陀应机说法的技巧归纳为"四悉檀"——悉檀(梵文 siddahānta),古释为"宗",即对法或对教辨明宗要;有时也解作"成",即所说义理无有乖反;有时也解作"理",即诸法的理趣。天台宗智者法师《法华经玄义》卷一解释四悉檀为"佛以四法遍施众生"。四悉檀为:

1. 世界悉檀。运用世间常见的事物为比喻,说明佛法的道理,如以车子为各种零件的组合说明五蕴乃因缘和合,无我。

2. 各各为人悉檀。观察听众的心而为之说法,如对不信因果报应者说"杂报业故,杂生世间得杂触杂受"以破其断见;对执有灵魂、神我者说"无人得触,无人得受",以破其常见。

3. 对治悉檀。针对听众的执着而说，犹如应病与药。如说不净观对治贪欲，于嗔恚病中则不名为善，非对治法。

4. 第一义悉檀。说第一义（法性真如）"过一切语言道，心行处灭，遍无所依，不示诸法，诸法实相无初无中无后，不尽不坏"。

四悉檀的主要意义，在于应机说法，如智顗《摩诃止观》卷三说"佛知众生种种性、欲，以四悉檀而成熟之"，故有多种不同的说法。或次（按次第）说，或不次说；或具说，或不具说；或杂说，或不杂说。又说佛说法有随乐欲、随便宜、随对治、随第一义"四随"，其义同四悉檀。

二、说法者应具的条件及说法讲演的技巧

关于说法者应具的心理素质等条件，经论中有多处开示。如《优婆塞戒经·自利利他品》中说，能自利利他的说法者应具有八种智：一为法智，知晓佛法。二为义智，通达义理。三为时智，识时务，知时机。四为知足智，知晓何时恰到好处。五为自他智，有自知、知他之明。六为众智，知晓听众的心理。七为根智，分辨听法者的根器。八为上下智，分辨听众的高低上下。又谓说法者要身口如一，说到做到：

先自除恶，后教人除，若不自除，能教他除，无有是处。

若自己不依法而行，则不能教化众生。《瑜伽师地论》卷八十一说，说法法师须具有善于法义、能广宣说、具足无畏、言词善巧、善方便说、无有厌倦、具足忍力等十相。

对说法讲演的技术和要点，经论中论述甚多。如《优婆塞戒经·自利利他品》中说，说法时必须注意的十六事：

1. 时说。适时而说。

2. 至心说。极其专心、用心地讲说。

3. 次第说。条理分明，循序渐进。

4. 和合说。圆融而不争论，说法的目的不是辩论获胜。

5. 随义说。遵照佛法的真理说。

6. 喜乐说。以愉快的心情讲说。

7. 随意说。随顺对方的意愿而说。

8. 不轻众说。尊重听众，不轻视，须知听众中或许有比自己高明的人。

9. 不呵众说。不斥责、骂詈听众。

10. 如法说。符合佛法，符合道理规则。

11. 自他利说。从自他两利的目的出发而说。

12. 不散乱说。说法时围绕中心而不走题。

13. 合义说。所说符合道理，具真实性，有逻辑性。

14. 真正说。所说正确无误。

15. 说已不生骄慢。不因讲得好而骄傲自大。

16. 说已不求世报。不图名利报酬。为利、为报酬、为争强斗胜显示自己、为世俗的回报而说法，称为不清净说。

不净说者，名曰垢秽，名为卖法，亦名污辱，亦名错谬，亦名失意。

《瑜伽师地论》卷二十五谓善说正法者应怀有慈悯心、利益心、哀愍心，不求利养、恭敬、赞颂，不自高举，不陵蔑他，说法时：

言论应时而发，殷重、渐次、相续、俱有，令其欣庆，令其爱乐，令其欢喜，令其勇悍。

殷重，谓态度诚恳庄重；渐次，谓有条理次第；相续，谓观点前后一致；俱有，谓同时具备诸条件。

《瑜伽师地论》卷十五、《显扬圣教论》卷十一谓"论庄严"（圆满的说法、著论）略有五项：

1. "善自他宗"。熟悉自家、对方和其他有关的论点。

2. "言具圆满"。善于表达，用语不鄙陋（非大众难懂的方言）、通俗晓畅，声音雄朗，所言前后一致，具不杂乱、不粗犷、决定、显了等九相，让人容易接受。

3. "无畏"。在大众面前心无怯弱畏惧，平心静气。

4. "敦肃"。态度严肃大方。

5. "应供"。随顺听众的需要、爱好而说，态度友好，"言辞柔软，如对善友"。立论之先，应观察得失，观察时节及听众，观察善巧及不善巧而决定所用的方法。

《瑜伽师地论》卷八十一说，说法法师应说八种言：

1. "可喜乐言"，使人喜欢听的话，具有论据、有譬喻、语言圆满、文句华美、言辞显了五相；

2. "善开发言"，能深入浅出；

3. "善释难言"，善于解释疑问诘难；

4. "善分析言"，条分缕析，脉络分明；

5. "善顺入言"，善于引经据典；

6. "引余证言"，广引旁证；

7. "胜辩才言"，有殊胜的辩才，足以说服他人；

8. "随宗趣言"，不违背自家的主张，不违背佛法。

同论卷九十七说，说法者应说五种语：一应时语，如时（别人注意时、安静时、语毕时等）；二应理语，符合四种道理；三应量语，没有多余的题外话、废话；四寂静语，态度口气平和镇定；五正直语，不诡诈、不虚构、不谄曲。同论卷七十一说，说法者于五时应当默然不语：一是听众中有人故意捣乱喧闹时；二是有人提出"你不用说了，我不想听"时；三是有人故意找岔子时；四是论敌来提出论战时（先默然听其所言）；五是施主来供养邀请时。

《显扬圣教论》卷十一谓说法、立论、辩论者应从三个方面观察决定言论的可否：

1. 观察得失。观察此言出后，会不会自损损他、生现在及未来的罪过、使身心忧苦？

2. 观察众会。观察听众的根器及反应。

3. 观察善不善。观察自己的言论是否正确圆满。

《大乘阿毗达磨杂集论》卷八说，说法立论应避免六种过失：执着邪宗

（不正确的论点）、矫乱语（语言混乱）、语言不应时、言语退曲、出言粗恶、失心恚怒。言过（说法的过错）略有九种：杂乱、粗犷、不辩了、无限量、非义相应、不应时、不决定、不显了、不相续。

《百丈丛林清规证义记》卷八强调讲经须会佛祖意，莫只依文解义。讲经法师称"座主"，有规约九条：具大慈悲，诲人不倦，说法平等，无有高下，不择怨亲，不计供养；着清净衣，内外俱净；澄心寂照，观诸法空；坐宜端正庄重，不可斜身踞坐，言笑粗野；不得置正义不讲，多说枝叶，若发挥奥旨，引喻的确，虽世谛语言，不相违背；提要钩元，畅明其义，解释清楚；不得于所见不真之处穿凿附会，或强经就我，若遇此等处，当直言不知，不强其为知；不得因引喻事迹，纵谈淫邪等事，以法为戏，有尼女在会，更宜慎；不得惮烦偷安，敷衍了事。又有讲堂规约12条，详明讲经的规则、礼仪。

今人李炳南居士所著《实用讲演术要略》，依据佛教说法的原则和现代讲演术，对讲演的各个要点作了明晰地指陈。初步讲演，想到"睽睽众目，集中我身，一语有失，立招哄堂，欲说不能，欲止不得"的窘迫，难免紧张。然若能依法勤习，自然熟能生巧。讲演的内容，与挥毫撰文相同，旨在发表主张、宣传事理，希望唤起同情，故主题必须明确，而结构须起承转合，曲折跌宕。开端不可遽将主旨泄尽，先作姿态诱掖，如将雨云起、将晴风来；承接转入正题，可正说反说，宜留有余地；转折可反诘，陈说利害；合结应如百川入海，语重决然，意尚劝请，或有雨中撼电声势，或有弦外余音。层次应分明，文中分段，段中分层，部位分明，全体浑然，脉络连贯。引经据典，当恪守原义；举事设喻，以指点眼前情景为妙。加入故事、诗歌，可避免枯燥，然忌离题。辞令得体，全靠事先思考周密，忌有一事举同类二例、宾强主弱前张后弛、事理层次逻辑混杂不清、前后不连贯、文不符题、比喻故事牵强、典籍义理不确等。

讲演仪式，应先向主席来宾听众致礼（设佛像者先礼佛），仪态和蔼庄重，环视听众，态度自然，使人人皆存讲演者注意我、与我沟通之感。讲前稍静立数秒钟，待听众秩序安定后，再慢慢开讲。表情、手势，应配合得当，出之自然。讲毕仍环视听众一周，作礼而退。姿势忌登台后未语先笑、声色俱厉、呆若木鸡、两目仰视、俯看讲稿、偏视一方、手足无措等。言语声调的缓急高低，应配合内容表达的需要，开始宜缓，关节处宜高声。忌语无伦次、半吞半吐、言语重复、停滞不连续、时时咳嗽、声音太小、夹杂污秽伤众揭短之语及古文、外语等。

讲演须当机，事先应观察听众根机而有的放矢，入场后先观听众，对其基本情况心中有数。若听众中程度高者居多，宜说理为主，多发议论，讲时目光分射于能理解的听众，然后设比喻、讲故事，以应付程度较低者。若听众中程度低者居多，应以叙事为主，多说事喻，少发议论。所讲内容应视听众动态及时变化，必要时缩短，听众打瞌睡、不耐烦、不认真听时应提前结束。纵内容契机，也应恰到好处，不宜拖延预定时间。

当代宣传心理学说：宣传应通过支持正当兴趣、有意义的工作，以利益、竞赛、专家指导、新奇、功名等为刺激媒介诱引公众；激发公众积极参加组织活动、关心组织发展前途、显示自己才干、与组织共同获得利益的需要，激发时须给公众以信任感、公平感、安全感；要善于利用暗示，暗示起作用的条件，使信息的含义被暗示者了解，并与其心理内容兼容。佛教"先以欲钩牵，后令入佛智"，便是一种诱引；给以获得"现法安乐"乃至涅槃、解脱的保证，便是一种激发；佛陀、法师以慈悲、智慧、超凡脱俗的人格魅力，给听众以信任感、公平感、安全感；说法中利用布置庄严的环境渲染气氛，说法前通过唱诵佛教歌曲偈颂以唤起虔诚恭敬的感情，便是一种暗示。

第八节 罪犯改造及"事业法"

佛教心理学还可以广泛运用于罪犯改造，并成就消灾、除难、增益福德、协调人际关系等世俗事业。佛教界在这些应用上，积累有大量经验。

一、佛教与罪犯改造

对罪犯的教育改造,是社会教育的一大课题。犯罪心理学是社会心理学的重要分支,主要研究各种犯罪心理产生的原因及其发展变化的规律。一般说错误的信念、世界观是犯罪心理结构的核心,是从事犯罪活动的主导,与佛教说邪见为一切恶之本略同。用佛教的语言说,犯罪者我、法二执特别重,智慧薄弱,特别放逸,缺乏正见与以正戒约束自己的能力。

佛教对罪犯教育改造极为重视,佛教因果报应和对由心起惑、由惑起业的解析,及戒律的持犯,实际上可以看做一个预防犯罪的教育体系。监狱说法,是佛教界从事的一项重要的弘法工作。监狱说法,一般主要是向罪犯讲解因果业报之理,帮助他们认识过错,教以忏悔法,令其放下心理包袱,下决心重新做人。

犯罪,一般皆属于佛教所说毁犯五戒——杀生(杀人)、偷盗(包括抢劫、贪污、受贿、侵权等)、邪淫(强暴、诱奸等)、妄语(诈骗)、饮酒(吸毒贩毒),出于贪、嗔、嫉妒等烦恼的炽盛。佛经中对犯戒作恶的心理根源和由惑起业的过程有极其详明的解析。若就犯罪心理进行分析,让罪犯明白心如何起惑造业的过程和结果,帮助其内省犯罪的根源,明白作恶犯罪对自己和他人的害处,明白心性本来无染,则教育效果应更佳。《中阿含经》卷五十三《痴慧地经》中,佛陀说愚痴人身、口、意三业作恶,"于现法中身心则受三种忧苦",对正受恶报的罪犯来说,颇有说服力。佛陀特别强调惭、愧二种善心所法防非止恶的作用。启发罪犯的惭愧心,唤起其被物欲泯灭的良知,是教育改造的关键。教罪犯从事禅定修持,有利于他们冷静反省,平息躁动不安的心。有关研究证明,静修有助于减少犯人的焦虑、攻击性和重犯率。

二、"事业法"、法事及其他

佛教密教，有息灾、增益、怀爱、诛杀四大"事业法"，或加钩招为五法，乃通过密法修持及祈祷，达到各种世俗事业成功的密法。息灾，谓息灭旱涝雹霜、瘟疫疾病、战乱兵戈等天灾人祸；增益，谓增加财富、寿命、官禄、知识、名誉等；怀爱，亦作"敬爱"，谓获得他人的尊敬、爱戴、爱慕；诛杀，亦作"降伏"，谓降伏乃至诛杀仇敌怨家；钩招，谓役使鬼神或钩招吸引所需要的人。四大事业法作成功，称"四小悉地"，即四种小的密法成就。为他人、国家作法时，称"檀法"。檀，乃布施之义。

此类密法，一般是依照特定的仪轨，修持某一本尊法，持诵本尊的真言密咒，祈祷成满所愿。密教经典中说事业法者极多，如汉传佛教界持诵颇多的《准提陀罗尼经》中说，若如法持诵准提咒，意中所求，随愿皆得："欲令人敬爱欢喜者，真言句中称彼人名，即得欢喜顺伏"；如法诵108遍，可以使女人得到其丈夫的敬重；行路乘船时持诵，可免劫贼禽兽风暴等难；持诵该咒还有除瘟疫、破敌军、获财宝等效用。颂及咒云：

稽首皈依苏悉帝，头面顶礼七俱胝，

我今称赞大准提，惟愿慈悲垂加护。

南无萨哆喃　三藐三菩陀　俱胝喃　怛姪他　唵　折隶主隶　准提　娑婆诃

又如《金刚光焰止风雨陀罗尼经》说止四方暴雨、恶风、冰雹及求降雨之真言持诵法。《转法轮菩萨摧灭怨敌法》说摧灭敌军及国家内贼之真言及持诵法。《佛说雨宝陀罗尼经》说"雨宝真言"，称如法持诵，可以获得财富、解除病患。《佛说一切如来金刚寿命陀罗尼经》说一切诸佛金刚寿命真言及一切执金刚菩萨延命真言，谓若读诵此经，每日受持乃至一遍，"终不堕三恶道，定增寿命。若人每日为一切众生转赞此经，终无夭死短命之怖"。《金刚寿命陀罗尼念诵法》谓受持金刚寿命真言，可延寿，咒意为愿得到金刚一样坚固的寿命，咒云：

唵　嚩日啰喻晒　娑嚩贺

各种事业法的修法，大略是先以规定的供品供养本尊，多行"火供"，梵语名"护摩（homa）"，亦译"烧施法"，即将供品置炉内烧掉，称"外护摩"，同时观想护摩火烧掉内心烦恼，自心成为净菩提心，称"内护摩"。《大日经》偈云：

烧除妄分别，成净菩提心，此名内护摩，为诸菩萨说。

然后三密相应，持诵本尊密咒：身依本尊姿势坐，手结本尊手印，为身密相应；口持本尊真言，为语密相应；意观本尊形相及菩提心，为意密相应。持诵毕，观想从本尊或观为本尊的自身心间放相应的色光，一般息灾放白色光，增益放金色光，怀爱放红色光，诛杀放青蓝色光，照所愿求的对象。观音、准提、文殊、金刚萨埵等许多本尊法修持有素，皆可以修事业法。如《大乐金刚萨埵修行成就仪轨》述依金刚萨埵法修怀爱的方法为：观想自己面前一梵文"阿"字，变为清净满月，于月轮中间观想梵文"斛（hu）"字，想此字变为金刚爱菩萨，其身红色，放红光，两手持箭。观想分明，诵"弱吽万斛"四字咒，加持自己心、额、喉、头顶四处。次诵金刚爱菩萨真言：

唵　嚩日啰　啰诚　阿地琵陀　娑嘌哼斛

观想自己变为金刚爱菩萨，所欲怀爱的对象在面前约一肘远处，其身下有梵文"斛"字，变为莲花，想自己从莲花孔中进入彼身，与彼合为一体，诵真言：

唵　嚩日啰　啰诚啰诚野（称彼人名）斛

诵14遍，边诵边观想，然后跏趺坐，观想面前有一梵文"啰（la）"字，变为金刚钩菩萨，两手持钩，从口进入自己身中，与自己合一。再想心中出一梵文"弱"字，入彼人心中，变成钩，如金刚女，想头如一股之杵，左手曲成钩，与彼合为一体。

又《大幻化网导引法》述修金刚萨埵作怀爱法为：持咒时，想从观想为金刚萨埵的自己心间，放红玉色光，照所怀爱对象，想所放光如铁钩，钩其心或密处。修诛杀法时，观想从自己心中放青蓝色光，犹如打铁时所溅出之火星，想光照欲降伏者，令其如鸡毛见火，燃烧无余。须有能实际超度彼之法力，始可修持此法。即便能实际超度，若自己功力或福德不及对方，诛杀力会反弹于自身，无异于自杀。

修事业法时，对坛场、供品、法衣、修法时间、修法时面对的方向、修法时的心情，皆有严格的要求。一般说修息灾法时着白色法衣，用白色供品，面向东方，怀慈悲心；修增益法时着黄色法衣，用黄色供品，面向南方，怀慈悲喜舍心；修怀爱法时着红色法衣，用红色供品，面向西方，怀欢喜心；修诛杀法时着青色法衣，用青色供品，怀愤怒心。修各种事业法时应有的心情，如《大日经》偈所言：

大慈大悲心，是谓息灾法；彼兼具于喜，是为增益法；忿怒从胎藏，而造众事业。

事业法从表面看来是一种宗教性的祈祷活动，似乎是通过念咒，乞求佛菩萨及神灵满足愿求，通常都把修法能灵验归结于佛菩萨、神明显灵。实际上，从心理学角度来看，事业法是一种依靠凝聚的意念达到特定目的的"心理祈祷法"，其所利用的，是修法者的念力、愿力、定力。密法一般说，只有修本尊法成就，达到所观想的境界自如显现、可以肉眼看见的地步，亦即具有超常的定力，修四种事业法才可以灵验。修事业法时所观想的本尊、持诵的真言，实际上都可以看做集中念力、调动自心潜能的信息符号，通过持诵凝聚念力，再通过观想放光照所施法对象或代表彼的某种信息符号，即是将强大的念力施加于彼，犹如瑜伽师、气功师之"发功"。

依超心理学的观点和有关实验，若念力强大到足够的程度，便可能产生实际的作用。心脏病学家R.伯德在双盲情况下进行祈祷治病的对照组研究，结果证明被祈祷组用药量、输氧率、死亡率等都要比无祈祷组少得多，"祈祷的人离病人远或近，以什么方式祈祷，都无关紧要。重要的似乎只有祈祷者集中注意力和反复祈祷这个事实，不管祈祷者为谁祈祷和在哪里祈祷"①。佛教徒的做法事，也是一种祈祷，应该也有治病等作用，笔者调查到广东云门寺僧众做法事治好一位精神病患者的实例。土著美洲人可通过伤害画在地上的人形而对真人起实际的伤害作用，与佛教密教的降伏法颇为类同。

佛教显教寺院中所举行的各种以祈祷满足世俗愿求如求消灾、延寿、风调雨顺、世界和平等为目的的法会，一般是僧众通过集体诵经、念咒、祈祷、祝愿、供养，以期达到目的，是一种集体的"心理祈祷"，与修密法事业法相同。若修法者虔诚精进，集体凝聚的念力，当较个人修法的力量更大。当然，若将做法事当作一种商业活动，唯利养是求或夹杂有获得利养的心念，则会大大削弱念力，实际难以达到目的，至多只能产生精神安慰的作用。

按佛陀教法，世俗事业的成功，应该按正确的途径、遵循世俗事业成功的规律去努力，不应单纯依靠佛菩萨神明等他力及禅修成就的念力。即便了生死出世间的事业，按佛陀遗教，也应该主要依靠自己的智慧，"以自为灯"。密教事业法及显教的各种以满足世俗愿求为旨的法事，大多是在佛教流传过程中，为适应人们的世俗需求而行的"方便"。虽然不尽是迷信，从心理学看来亦非无成功的可能，但毕竟非佛法的主旨。若人将升官发财、求知识、求长寿、求治病、求佳偶等世俗愿求成功的希望寄托于密教事业法及请僧人做法事，寄托于佛菩萨神明的护佑，而不按世俗事业成功的条件和规律去做人为的努力，则会陷入迷信的泥潭，很可能会事与愿违，当不得灵验时，难免会动摇对佛菩萨的信仰。

佛教心理学还可以有许多世俗应用：如对心识结构和由惑起业过程的分析，可以帮助法官、审判官把握嫌疑犯的心理，更好地进行攻心战；禅定平静心理之道，可以帮助运动员在比赛场上调节心态，排除紧张，集中力量，可以帮助军人在战场上灵活机智，不畏牺牲；对贪等烦恼及其害处的破析，及禅定

---

① [美] 欧文·拉兹洛：《微漪之塘：宇宙进化的新图景》，钱兆华译，社会科学文献出版社2001年版，第113页。

的修炼，可以提醒官员、财会人员清廉不贪，培养出处事不乱的定力；经常观想自己形貌全同相貌圆满的本尊，可以"心理美容"；等等。在这些方面，海外已有实施应用并证明效果良好的报告。

第九节　佛法对科学心理学及现代文明的启迪

佛教心理学年久资深，内涵丰富，除了在佛教修行和心理治疗、世俗应用上具有实用价值外，它最值得重视的用途，应该说在于对科学心理学乃至整个人类科学和人类现代文明所提供的智慧启迪。

一、佛法对构建"大心理学"的启迪

作为 20 世纪人文社会科学中成果最大的学科，科学心理学成绩辉煌，越来越兴旺。未来学家预测：心理学很可能成为 21 世纪的前沿带头学科之一，在整个社会生活中的作用将越来越大。

然而，科学心理学毕竟是一门比较年轻的学科，对人心的把握尚为粗浅，存在着不少缺陷。长期以来，心理学崇尚科学主义、生物主义、个体主义、客观主义、实验主义，试图以自然科学的法则解释极其复杂的心理现象，用研究物质现象的方法研究心理、心灵，用简化和病态的人性观，将人性的尊严与价值矮化，使自己变成无头脑、无心灵的学科，因而出现了人本主义、认知心理学、超个人心理学的变革。各种心理学体系，从不同的角度、用不同的方法探究本是一体的人心，其对人心、人性的理解和诠释，多带有片面性，总是遭到批评。如实验心理学不能完全解决现实生活中的心理问题，对研究范畴与方法抱闭锁心态，与社会文化主流疏离；精神分析学仅着眼于人心的病态，关注本能的满足，弗洛伊德的泛性欲主义显然有牵强之处；行为心理学把人看做一头较大的白鼠，可以说是兽性层面的研究，认知心理学把人心看做一台较复杂的

带病毒计算机，却忽视了人的情感、性灵和宗教经验；人本主义心理学又只着眼于人心善良的一方面。各家心理治疗，多治标不治本，往往治标亦不能令人满意，一般说只有40%的有效率。

总之，整个心理学界，可谓四分五裂，百家争鸣，各说各的理，各卖各的药。迄今为止，还没有哪一个心理学学派能成为公认的最合理范式，没有哪一个理论能贯彻人的整个心理学界，没有一条规律够得上物理学意义的规律，许多概念转借自其他学科。因此，心理学被认为是一门尚未成熟的科学。对仅仅用科学方法研究心理学，甚至心理学是否算得上科学、是否必须是科学，都有人提出过质疑。近几十年出现的"后现代心理学"，即以对实用主义、实证主义为原则的科学心理学的反叛和消解为特征，认为科学主义心理学抹煞了心理学的社会历史制约性与文化科学的内涵，陷入困境。美国哥伦比亚大学心理学教授洛佩·杜鲁门说：

现代心理学的发展已走到了尽头，只得踟蹰不前、犹疑逡巡。

注重从文化、历史、社会环境等入手考察心理现象，以整体论、系统观克服原子论、还原主义方法的局限，注重对创造性、共存意识等高级心理现象的研究，与宗教研究双向互动，对宗教中的意识转换、生死体验、宇宙觉知、人类协同等问题给予密切关注，主张在更广阔的视野中评价宗教，使宗教经验可以从传统心理学的排斥中解脱，获得与现代文明对话的基础。

后现代心理学表现出整合的趋势，已有一些人在构建"大心理学"。这种大心理学，应该是自然科学心理学与人文科学心理学的统一，主观方法（内省自陈、整体分析、现象学方法）与客观方法（实验观察）的统一，静态研究与动态研究、纵向研究与横向研究、定量分析与定性分析的统一。人的心理是多层次、多序列、多水平的、动态的复杂活动过程，大心理学的建立，应坚持心理学的人学性质，用辩证的思维，对各种方法进行整合。整合，不仅仅意味着综合已有的成果，而应有富于前瞻性的理论突破，这需要一种俯瞰全部心理学乃至整个人类文明、窥破人心秘奥的大智慧，亦即佛法所谓"总持智"。

自称心理学第四势力的超个人心理学（transpersonal psychology），便颇有整合西方科学心理学与以宗教为主的"世界精神传统智慧"的气魄，试图将二者结合起来，加以创造性的综合，提出一种整合人的身、心、魂、灵的人性理论，和相应的生物—心理—社会—精神连续一体的医学模型，认为在一切文明的源头活水——心灵上寻求整合，方为科际整合的关键，主张用各种方法研究人类的终极关怀、意识的转变与扩展、宗教经验与现象、个人与宇宙的关联、心灵的自我超越等从来属宗教所解决的问题。它继承了许多古老文化传统特别是佛教等东方宗教哲学观的遗产，将世界看成一个有机的整体，将人放到一个更大的与宇宙合一的背景中去考察，认为宇宙人生的真理要靠直觉的领悟才能获得，获得领悟的途径主要是由静修得到智慧，达到精神自由。禅定，被该派心理学家作为其两大研究方法之一。

在构建整合的大心理学方面，佛教心理学已起了很大的启迪作用。多数对佛教心理学有所研究的西方心理学家都认为，西方心理学需要东方的佛教等传统心理学。荣格在《〈西藏度亡经〉的心理学阐释》一文中指出：若想直追心灵本源，需要一种与现代自然科学完全不同的思考方式，深入到实相中有（心灵）领域之究竟性主题。美国加州大学精神病学家瓦尔斯说，佛教心理学对西方心理学是一种威胁，因为佛教心理学以否定的方式解说自我，而西方心理学一直以"自我巩固""自我认同"为心理健康的堡垒；西方心理学倾向于治疗病态心理，而佛教心理学提供路标和工具。超个人心理学思想家肯·威尔伯以善于吸收东方传统智慧并长期致力于禅修实践著称，其理论体系中整合有佛教的禅修、无我、无明、法身等诸多核心观念。

随着全球经济文化一体化，东西方文化深入交融，佛教的影响将会继续扩大，佛法、佛教心理学对于创建整合科学心理学与传统宗教哲学智慧的大心理学，必将进一步提供启迪：佛法多层次、多功能、动态缘起的心识观，以缘起、不二等如实知见的哲学观为指导的对心识的研究，可以克服心理学的弊端和困境，帮助建立以心灵为中心、心性为内核的大心理学。佛法的心身不二、心色不二论，可以纠正科学心理学偏重身、脑，将心理还原为物理、生物现象的生物主义、还原主义偏弊；佛法的心境不二论可以纠正科学心理学的环境决定论及否定主观经验研究的客观主义偏弊；佛法依正不二论可以纠正忽视群体与环境的个体主义偏弊。佛教的各种治理自心的技术，可以用作心理治疗、心理卫生之道。佛教净化自心的理想人格——阿罗汉、菩萨、佛陀，为人类提供了理想人生的楷模。早在20世纪30年代，中国高僧太虚就对西方各派心理学做过研究评论，他在《真现实论》一书中指出：

> 此诸各派与行为派，皆不无一长，而各有偏执。取其众长，去其偏执，更进而为佛陀心理学之研究，庶其有渐明心理真相之可能。

佛法对科学心理学的最大启迪价值，大概还在于它的出世间性：佛法抓住人存在的根本矛盾——生死，紧扣人生痛苦根源——烦恼无明而研究心理活动，力揭烦恼的害处，开示人心的无限潜能，直窥心性并由此助人解除痛苦、超越生死。这种出世间性，表现了人类心灵深处的究竟需求，对心理学当有永恒的启示意义。

另一方面，科学心理学对佛教心理学也多有启迪、促进意义，其科学的研究方法，可以补救古代佛教心理学的不科学性或前科学性、潜科学性，促进佛法的现代化和佛教的现代转型；其对自我意识、人格、个人成长等世俗心理的深入研究及治疗心理疾病的多种方法，可以补传统佛教心理学在世俗应用层面上的缺陷。

二、佛法对科学的启迪

人类学家贝尔（Danil Bell）预言：后现代社会将出现"神圣的复归"。这种"神圣的复归"，自然少不了对东方古老佛教的关注，首先表现在科学研究方面。

从16世纪以来对物质世界作分门别类的割裂的研究，经过几百年的蓬勃发展，重新分出许多交叉学科、边缘学科，整体科学的创建已被推上前沿，科学处于又一次革命的阵痛之中。从割裂的研究到相关性、整体性的研究，从片面注重物质到越来越注重心理、心灵、性灵，量子物理学、量子生物学、量子宇宙学、量子脑和意识研究等跨学科的研究，把在微观尺度上获得的知识应用到观察现象的所有范围，用于研究宇宙、生命、心灵所有领域中的相干性。不同学科都在探索一种更完整的理论——"统一论"，企图把范围广泛的发现都整合进一个高度统一的、简单的理论框架中，从对逻各斯的定量和分析理性转换到对整体的多方面的和整合的理解。

前沿科学家们的哲学观，从线性的实在论、唯物论，趋向心、物、灵一体的整体论乃至重视心灵、性灵的唯心论，呈现出与大乘佛教的心色不二论及真常唯心论同趋一轨之势。揭开心灵秘奥，开发心灵潜能，受到越来越多的科学家的重视。如吉布塞提出"四维完整意识"；韦尔斯和拉塞尔提出"全球脑"；威尔伯意识进化的六个层次中最高为"终极意识"，被看做每一进化层次的本质、源泉、本性，此所谓终极意识，源出于佛教的如来藏、真如。物理学家W.蒂洛认为，充分利用心灵的潜能，不只是关在堡垒里透过五个狭缝看世界，我们就能"打开房顶见天空"。布雷斯·巴斯卡《沉思录》中说：

> 自我的尊严必须内觅，不能外求。就算拥有整个世界，对我来说，也等于什么都没有。如果我外求，那么，这个宇宙就包围我，把我当成原子，一口吞噬掉；如果我内觅，那我就能经由智慧的途径，了解整个世界。①

与佛教由了知自心便能了知一切的说法颇相符契。而通过内觅开发智慧，乃佛教的专长。早在1924年，中国佛教领袖太虚在《人生观的科学》一文中就指出：东方佛教等宗教传统的"瑜伽方法"加入于现时狭义的科学方法，始为广义的科学方法。佛教的禅定、观无我等技术，吸引了一批西方科学家，特别是心理学家。禅定、观无我的实践，必然开发出超意识和超越性智慧——实相般若。K.辛格在为拉兹洛畅销全球的著作《微漪之塘：宇宙进化的新图景》所作序中预言：

> 人类进化的下一步将不再是外部形体的进化，而是内部意识的进化。通过生理—心理实践把人和宇宙意识联系在一起的印度瑜伽概念为这种创造性过渡

---

① 转引自卡尔·沙根：《宇宙》，苏义秾译，台北好时年出版社1983年版，第18页。

提供了一种方法论。①

印度瑜伽，也应包括佛教禅学，它比起印度教瑜伽学更显精深博大。佛学心色不二及真常唯心的思想，在建立物理世界和生命世界、人类心灵之间的一致性上，当能提供智慧启迪，填补当前科学世界图景的最大漏洞。一个真正完整、如实的宇宙图景，应包括精神和对灵魂及其他超验实体的直觉等形而上的因素。拉兹洛认为，无论是现在还是在可预见的未来，这都是科学研究所达不到的领域。言下之意，是还须用佛教等宗教传统的修证方法去研究、参究而"证知"。

三、佛法对现代文明的启迪

现代人对宗教的"神圣的复归"，还表现在对现代生活方式乃至整个西方科技文明的反省上。

自16世纪以来，人类文明逐渐以西方文化为领航，全球文化日益西方化，工具理性、实证主义、科学技术主义风靡，促使全人类走向工业化时代、电子时代、光子时代、信息时代。科学技术的飞速发展，物质财富的大大丰富，在使人们的生活不断方便、丰富的同时，也使人生活得越来越紧张、忙碌、缺乏稳定感和安全感，迷失了自我和生存的意义，压抑已成为人类基因遗传的爱心、怜悯心、慷慨心、友情、信任感等社会情感，带来世界大战、恐怖主义、环境污染、道德沦丧、价值失范、精神心理疾病泛滥等诸多弊端，并酝酿着会令全人类毁于一旦的危险，引起思想精英们对整个西方文明的反省。

犹如佛陀将人生种种痛苦归因于人心，西方思想家也将现代文明的种种弊病归结于人心。荣格在《印度能教导我们什么》中说，西方从原始时代开始就遭到文化入侵，扭曲了西方人的精神，近几个世纪以来虽然从非理性与本能冲

---

① [美]欧文·拉兹洛：《微漪之塘：宇宙进化的新图景》，钱兆华译，社会科学文献出版社2001年版，序言二第1页。

动的沉重负荷中得到解脱，越来越理性，讲规矩、重组织，但丧失了人的整体性，分裂成意识人与无意识人：

我们爬上科技事业的山峦越高，我们越可能误用发明，越可能趋向危险邪恶。

当我们的心灵高升，征服长空之际，我们的另外一个人格，也就是被压抑在下的蛮性个体却已直堕入地狱。

马斯洛指出，现代人面临旧的价值体系陷于困境而新的价值体系尚未产生的断裂时代，价值的沦丧是这个时代的根本疾患。肯·威尔伯认为，万物之间的统一原是一切众生的本性及生存基础，可是人类习惯于人为地划定各种界限，使现代人生活在无止境的冲突中，生活在与自然、与他人、与真实自我越来越疏远的过程之中，因而矛盾、冲突、焦虑。现代人既渴望回归自然，又喜欢新鲜刺激，这复杂感情背后是一种平行的张力，是入世与出世的双重需要。

对只崇拜科技而忽视情感生命及学术历史文化的隐忧，导致20世纪60年代以来存在主义哲学的流行和复归宗教的思潮。20世纪80年代以后，随着对过度物质化、工业化的反省，进入后现代思潮及维护生态的绿色运动，复归宗教的潮流再度兴起。一些思想家甚至提出经济的"零度增长""倒开发""次开发"。超个人心理学提供了一种崇尚宁静、和谐，追求超越和神圣的宗教圣徒式的精神生活样式，以抗衡那种喧嚣、浮躁、物质利益至上的现代生活。

现代社会人心的种种弊病，说明片面发展科技、发达物质生活的文明道路，确实存在问题，须从根本方向上拨乱反正。正如荣格所说，西方文明所走的这条路"确实不是人类走向文明唯一可以走的路，而且也绝不是一条理想的坦途"。

这条道路，与佛法解决人根本问题的途径相反。在佛法看来，人类文明创造的目的，未必在于征服自然、增益财富，而在于使人幸福快乐，乃至解决其存在的悖论，满足其超越生死、达到永恒安乐之涅槃的终极需求；达到这一目的的手段，未必要穷究物质、发达科技，而在于穷究、治理、净化决定一切的主枢者——自心，征服异化的烦恼无明，开发自心的智慧潜能。这应该是比研究各门自然科学、开发自然资源更为重要的课题，是最有价值和效益的高科技，尤其是明心见性，更是简而灵的最高技术。对个人而言，确立正信，如实知见自心，应该当作安身立命之本的大事。佛法的精华——主要提供这一技术的佛教心理学，应当受到科学界、社会和每一个个体的重视。研究佛教心理学，普及佛教心理学的知识，对于每一个现代人的心理健康，对于社会安乐、世界和平，当有重大意义。这是笔者多年呕心沥血撰写本书所持的心愿。

主要参考资料

一、佛学类著作

1. 《经集》，郭良鋆译，中国社会科学出版社，1990
2. 《长老偈·长老尼偈》，邓殿臣译，中国社会科学出版社，1997
3. 方广锠主编《藏外佛教文献》第五辑，宗教文化出版社，1998
4. 《南传弥兰陀王问经》，巴宙译，中国社会科学出版社，1997
5. 菩提比丘编《阿毗达磨概要精解》，寻法比丘译，香港佛教文化事业有限公司，1999
6. 觉音《清净道论》，叶均译，中国佛教文化研究所印行，1988
7. 那烂陀长老《觉悟之路》，学愚译，山东人民出版社，1996
8. 阿姜查《静止的流水》，法园编译群编译，圆光出版社，1998
9. 帕奥禅师《如实知见》，弟子合译，香港佛教文化事业有限公司，1999
10. 陈燕珠编述《大念住经要义》，宗教文化出版社，2002
11. 郭良鋆《佛陀和原始佛教思想》，中国社会科学出版社，1997
12. 达摩难陀《如何无忧无惧过生活》，林淑丹、廖舜茹译，四川省宗教文化经济交流服务中心，1998
13. 李志夫《中印佛学比较研究》，中国社会科学出版社，2001
14. 释印顺《唯识学探源》，正闻学社，1945
15. 梅光羲《相宗纲要正续合编》，上海佛学书局，1994
16. 朱芾煌《法相词典》，上海佛学书局，1995
17. 熊十力《佛家名相通释》，中国大百科全书出版社，1985
18. 印顺《摄大乘论讲记》，闽南佛学院印，2000
19. 冈野守也《唯识の心理学》，青土社，2005
20. 冈野守也《大乘佛教の深层心理学》，青土社，2011
21. 林国良《成唯识论直解》，复旦大学出版社，2000

22. 杨维中《中国唯识宗通史》，凤凰出版社，2008

23. 周贵华《唯心与了别根本唯识思想研究》，中国社会科学出版社，2004

24. 周贵华《唯识、心性与如来藏》，宗教文化出版社，2006

25. 杨维中《如来藏经典与中国佛教》，江苏人民出版社，2012

26. 霍韬晦《绝对与圆融》，东大图书公司，1986

27. 如石《现代大乘起信论》，南林出版社，2001

28. 萧平实《真实如来藏》，正智出版社，2000

29. 谈锡永《细说如来藏》，浙江大学出版社，2010

30. 南怀瑾《禅海蠡测》，中国世界语出版社，1994

31. 萧平实《禅：悟前与悟后》，正智出版社，1999

32. 元音老人《略论明心见性》，河北佛协《禅》编辑部，1992

33. 萧平实《念佛三昧修学次第》，正智出版社，1995

34. 陈健民口述《佛教禅定》，康地保罗笔录，无忧子译，宗教文化出版社，1997

35. 秋重义治《禅の心理学》，法政大学出版局，1986

36. 铃木大拙《禅与念佛的心理基础》，岩波书店，1968.

37. 一行禅师《活得安详》，明洁、明尧译，中国国际广播出版社，2011.

38. 郑石岩《禅：心的效能训练》，广西师范大学出版社，2004

39. 释依昱《观心·开心》，佛光文化事业公司，2000

40. 释依昱《知心·明心》，佛光文化事业公司，2000

41. 洪启嵩《以禅疗心》，中国社会出版社，2004

42. 宗喀巴《胜集密教王五次第教授善显炬论》（第3版），法尊译，方广文化出版公司，2014

43. 敦珠讲述《大幻化网导引法》，刘锐之译，香港金刚乘出版社，1985

44. 莲花生《大圆满直指教授》，无畏金刚译，《内明》280期，1995

45. 俞中元、鲁郑勇《大乘要道密集评注》，陕西摄影出版社，1994

46. 刘俊哲、罗布江村编《藏传佛教哲学思想资料辑要》，民族出版社，2007
47. 周拉《莲花戒名著〈修习次第论〉研究》，宗教文化出版社，2010
48. 雪漠《大手印实修心髓瑜珈心性学科颂》，甘肃民族出版社，2008
49. 东杜法王仁波切《西藏医心术》，郑振煌译，新疆人民出版社，1999
50. 杨化群《藏传因明学》，西藏人民出版社，1990
51. 刘立千《刘立千藏学著译文集》，民族出版社，2000
52. 谈锡永《生与死的禅法》，华夏出版社，2008
53. 土丹却准法师《开阔心·清净心》，迦陵译经组译，新加坡光明山普觉禅寺，2001
54. 慈怡主编《佛光大辞典》，书目文献出版社，1990
55. 郑石岩《精神体操：走出困境，迎向希望》，远流出版公司，2001
56. 郑石岩《过好每一天：拒绝烦恼，拥抱生活》，远流出版公司，2001
57. 郑石岩《换个想法更好：把握变动调适，开拓成功人生》，远流出版公司，2001
58. 郑石岩《寻找着力点：生活之妙，功在奏效》，远流出版公司，2010
59. 冯学成《灵心锁钥：佛教心理世界》，四川人民出版社，1995
60. 王米渠编著《佛教精神医学》，鹭江出版社，1998
61. 黄国胜《佛教与心理治疗》，宗教文化出版社，2002
62. 傅伟勋《死亡的尊严与生命的尊严：从临终精神医学到现代生死学》，正中书局，1993
63. 南洋主编《禅式管理》，西藏人民出版社，1997
64. 林光明编著《咒语漫谈》，身心灵整体健康夏令营印行，1998
65. 梁乃崇《探究真心·找回真我》，圆觉文教基金会，2000
66. 游乾桂《用佛疗心》，中国友谊出版公司，1999
67. 张源侠《空镜救心：中国禅与现代心理诊疗》，中国戏剧出版社，2005

68. 惟海《五蕴心理学：佛家自我觉醒自我超越的学说》，宗教文化出版社，2006

69. 胡传虎《大乘企业管理禅》，中国商业出版社，2005

70. 阿勋《开启的世界：幸福从未离开你》，中信出版社，2010

71. 丹尼尔·寇曼、罗伯·索曼编《心智科学》，靳文颖译，众生文化出版社，1995

72. 露易丝·海《生命的重建》，中信出版社，2010

73. 杰克·康菲尔德《心灵幽径：冥想的自我疗法》，曾丽文译，台湾幼狮文化事业公司，1995

74. 杰克·康菲尔德《狂喜之后》，周和君译，昆仑大学出版社，2008

75. 卡巴金《此刻是一枝花：日常生活中的正念禅修》，润秋译，文汇出版社，2008

76. 井上圆了《佛教心理学》，东洋大学创立一〇〇周年纪念论文集编纂委员会，1991

77. 佐佐木现顺《佛教心理学の研究》（第3段），法藏馆，1990

78. 恩田彰《佛教心理学与创造性》，恒星社厚生阁，2001

二、心理学及其他著作

1. 荣格《东洋冥想的心理学：从易经到禅》，杨儒宾译，社会科学文献出版社，2000

2. 弗洛姆、铃木大拙、马蒂诺《禅宗与精神分析》，王雷泉、冯川译，贵州人民出版社，1998

3. 拉·莫阿卡宁《荣格心理学与西藏佛教》，江亦丽、罗照辉译，商务印书馆，1996

4. 吉列安·巴特勒、佛留达·麦克马纳斯《当代学术入门：心理学》，韩邦凯译，辽宁教育出版社、牛津大学出版社，2000

5. 阿瑟·S·雷伯《心理学词典》，李伯黍等译，上海译文出版社，1996

6. 林传鼎等主编《心理学词典》，江西科学技术出版社，1991

7. 车文博主编《当代西方心理学新词典》，吉林人民出版社，2001

8. 张春兴《现代心理学：现代人研究自身问题的科学》，上海人民出版社，1994

9. 黄珉珉主编《现代心理学全书》，中国社会出版社，1991

10. 霭理士《性心理学》，潘光旦译注，生活·读书·新知三联书店，1987

11. 艾弗·格拉顿·吉尼斯《心灵学：现代西方超心理学》，张燕云译，辽宁人民出版社，1988

12. 里米·乔温《超心理学》，储昭华等译，武汉大学出版社，1990

13. 马赫《感觉的分析》，洪谦等译，商务印书馆，1975

14. 詹姆士《宗教经验之种种：人性之研究》，唐钺译，商务印书馆，2002

15. 威廉·冯特《人类与动物心理学论稿》，李维、沈烈敏译，浙江教育出版社，1997

16. 阿德勒《理解人性》，陈太胜、陈文颖译，国际文化出版公司，2000

17. 弗洛伊德《弗洛伊德文集》，王嘉陵等编译，东方出版社，1997

18. 《罗洛·梅文集》，冯川等译，中国言实出版社，1996

19. 荣格《荣格文集》，冯川译，改革出版社，1997

20. 弗洛姆《弗洛姆文集》，冯川等译，改革出版社，1997

21. 弗洛姆《精神分析与宗教》，贾辉军译，中国对外翻译出版公司，1995

22. A.H.马斯洛《存在心理学探索》，李文湉译，云南人民出版社，1987

23. S.方迪《微精神分析学》，尚衡译，生活·读书·新知三联书店，1993

24. 诺曼·N·霍兰德《后现代精神分析》，潘国庆译，上海文艺出版社，1995

25. 保罗·马丁《病态：压力、心理、行为和疾病》，白卫涛、应诞文译，世界知识出版社，2001

26. 简·卢文格《自我的发展》，韦子木译，浙江教育出版社，1998

27. R. D. 莱恩《分裂的自我》，林和生、候东民译，贵州人民出版社，1994

28. 玛丽·乔·梅多、理查德·德·卡霍《宗教心理学：个人生活中的宗教》，四川人民出版社，1990

29. 池见酉次郎《自我分析：从心身医学的角度看人的形成》，公克、晨华译，工人出版社，1988

30. 桥爪大三郎《性爱论》，马黎明译，百花文艺出版社，2000

31. 艾森卓《性别与欲望：不受诅咒的潘多拉》，杨广学译，中国社会科学出版社，2003

32. 赫尔曼·罗夏《心理诊断法》，袁军译，浙江教育出版社，1997

33. N.佩塞施基安《积极心理治疗：一种新方法的理论与实践》，白锡堃译，社会科学文献出版社，1998

34. 以利亚德《不死与自由：瑜伽实践的西方阐释》，张祥龙主编，武锡申译，中国致公出版社，2001

35. Andre Lefedvre《超个人心理学——心理学的新范畴》，若水译，桂冠心理学丛书，1999

36. 洛文塔尔《宗教心理学简论》，罗跃军译，北京大学出版社，2002

37. 朱莉娅·贝里曼等《发展心理学与你》，陈萍等译，北京大学出版社，2000

38. 珀文《人格科学》，周榕等译，华东师范大学出版社，2001

39. 丹尼尔·高曼主编《情绪疗愈》，李孟浩译，立绪文化事业有限公司，1998

40. 威尔伯《性、生态、灵性》，李明等译，中国人民大学出版社，2009

41. 布雷登《无量之网：一个让你看见奇迹、超越极限、心想事成的神秘境地》，胡尧译，华夏出版社，2011

42. 麦克塔格特《念力的秘密：释放你的内在力量》，梁永安译，华夏出

版社，2012

43. 洛伊德、琼森《治疗密码》，韩亮译，中信出版社，2012
44. 郑晓边编著《心理变态与健康》，安徽人民出版社，2001
45. 易法健等编著《心理医生》，重庆大学出版社，1996
46. 叶羽晴川编著《心理教室》，四川大学出版社，1997
47. 柏桦、王立宇编著《心灵革命》，中国文联出版公司，1997
48. 王晓萍等编著《心理潜能》，中国城市出版社，1997
49. 钱铭怡编著《心理咨询与心理治疗》，北京大学出版社，2010
50. 沈政、林庶芝编著《生理心理学》，北京大学出版社，1993
51. 刘芳编著《情绪管理学》，中国物资出版社，1999
52. 张运生等主编《医学心理学》，河南大学出版社，1998
53. 郭力家编著《感觉画廊》，中国文联出版公司，1997
54. 王甦、汪安圣《认知心理学》，北京大学出版社，1992
55. 丁润生等《现代思维科学》，重庆出版社，1992
56. 周晓虹《现代社会心理学：多维视野中的社会行为研究》，上海人民出版社，1997
57. 牟宗三《心体与性体》，上海古籍出版社，1999
58. 刘文英《梦的迷信与梦的探索》，中国社会科学出版社，1989
59. 吴邦惠主编《人体科学导论》，四川大学出版社，1998
60. 郭为藩《自我心理学》，台北师大书苑，1996
61. 郭永玉《精神的追寻：超个人心理学及其治疗理论研究》，华中师范大学出版社，2002
62. 李伯黍等主编《教育心理学》，华东师范大学出版社，2000
63. 俞文钊《管理心理学》，东方出版中心，2002
64. 高玉祥《健全人格及其塑造》，北京师范大学出版社，1997
65. 吴岩《领导心理学》，中央编译出版社，2002
66. 张云《公关心理学》，复旦大学出版社，2003

67. 索拉索编《21世纪的心理科学与脑科学》，朱滢等译，北京大学出版社，2002

68. 汤笑《死亡心理探秘》，中国城市出版社，2003

69. 廖阅鹏《每天用一点神奇催眠术》，江苏文艺出版社，2010

三、相关文章

1. 望云《精神的试析》（《法音》1981.3）

2. 望云《感情·欲望·意志》（《法音》1982.2）

3. 迈克尔·阿盖尔著，世瑾译《宗教的七种心理根源》（《世界宗教文化》1982年第1期）

4. 法尊、幻音《法称因明学中"心明"差别略说》（《法音》1986.5）

5. 濮阳朴《佛学与心理学》（《法音》1988.5）

6. 本源《试论阿赖耶识》（《法音》1988.2、3）

7. 唐仲容《佛教的心理学》（《法音》1990.3、4、5）

8. 单培根《从动物看生死根本我执》（《内明》264期）

9. 释如石《发心对身心之利益》（《中华佛教学报》第10期）

10. 宋智明《漫谈从生死解脱到返归人生》（《浙江佛教》1997.1）

11. 方立天《从地论、摄论师的心识本原之辩到天台、华严心本说的阐发》（《人海灯》1998.4）

12. 金克木《说"有分识"》（《梵佛探》，江西教育出版社，1999）

13. 林国良《唯识学认知理论的现代心理学解析》（《玄奘研究：第二届铜川玄奘国际学术研讨会文集》，陕西师范大学出版社，1999）

14. 郑石岩《唯识法门与心理健康》（《普门学报》2001.2）

15. 林倩《自性心理初探》（《法音》2001.8）

16. 释衍空《佛学、心理学与个人成长》（《法音》2001.12）

17. 陶贵堂《高峰体验与涅槃大乐》（《人海灯》2001.3）

18. 金峰《现代人心病与佛法》（《人海灯》2001.3）

19. 汤正权《现代心理学与禅》（《禅》2001.3）

20. 夏金华《禅病及其对治》(《觉群学术论文集》第一辑，商务印书馆，2001)

21. 石朝颖《禅学与哲学的心灵疗养》(《普门学报》，2001.3)

22. 杨维中《本净、本寂与本觉》(《戒幢佛学》第一卷，岳麓书社，2002)

23. 王仲尧《当前国际上的禅学研究与禅学教育》(《戒幢佛学》第一卷，岳麓书社，2002)

24. 恩慧《人间佛教在心理治疗与心理辅导上的应用》(《普门学报》第9期，2002.5)

25. 陈起《佛教修持与心理转化》(《浙江佛教》2002.1)

26. 林欣《上座部佛教止观禅法》(《法音》2002.3)

27. 郭正典《临终的医学、法学与佛学》(《佛学与科学》，北京佛教文化研究所，2002)

28. 蔡宏《佛教般若思想与强迫症的治疗》(《洛阳佛教》1999.2)

29. 周贵华《从"心性本净"到"心性本觉"》(《法音》2002.9)

30. 陈国开《止与观——兼谈精神分析对学佛实际的帮助》(《浙江佛教》2001.4)

31. 觉培《自我与无我——从西方心理学的困境谈佛教心理治疗》(《普门学报》2002.12)

32. 赖贤宗《空性智慧——佛教意义治疗学与佛教诠释学的治疗学》(《普门学报》2003.1)

33. 蓝三印《婚姻管理》(《十方》第10卷第5期)

34. Stephen Levin 著，周勋男译《谁的身体？谁在生病？》(《十方》第10卷第5期)

35. 周勋男编译《确立温暖和信任的游戏》(《十方》第13卷第10、11期)

36. 周勋男编译《突破障碍的游戏》(《十方》第13卷第12期，第14卷第1期)

37. 周勋男《焦虑与心理防卫》(《十方》第7卷第11期)

38. 郑晓江《佛教与临终关怀》(《人海灯》2000.1)

39. Jean Houston Robert E. Masters 著，徐进夫译《宗教经验实验诱导法》(《十方》第7卷第5、6期)

40. 王守益《无我与有我的比较探究、厘清、圆通与整合》(《佛学与科学》2003.1)

41. 王守益《由一些光学现象阐明心外无法》(《第一届佛学与科学研讨会论文集》，台北圆觉文教基金会，1991)

42. 陈家成《EQ与佛法》(《佛学与科学》2002.2)

43. 陈国镇《论法尘和资讯波的存在认知》(《佛学与科学》2000.1)

44. 杨新宇《真实的认识》(《佛学与科学》2000.1)

45. 王立文《从网路概念看精神宇宙的结构》(《佛学与科学》2001.1)

46. 陈昌祈《种子与波函数》(《佛学与科学》2001.1)

47. 楼宇伟《介绍威尔伯归纳科学与佛学的整合思维与其学说的启示》(《第五届佛学与科学研讨会论文集》)

48. 杨新宇《量子力学与唯了别学》(《第五届佛学与科学研讨会论文集》)

49. 钟秋玉《禅修、自我超越与自我成长》(《第三届佛学与科学研讨会论文集》)

50. 一行著，林钟文译《转化与治疗》(《十方》1993.4)

51. 卫克夫人著，陈明德译《神识出游的经历》(《香港佛教》315—321期)

52. 施春华《佛教密宗的曼荼罗：分析心理学的资讯原型的象征》(《禅学研究》第5辑，江苏古籍出版社，2002)

53. 施春华《东方传统与西方心理学的整合》(《心理学探新论丛》，南京师范大学出版社，2000)

54. 林方《评西方人本主义心理学》(《中国社会科学》1985.2)

55. 谢小庆《现代心理学研究成果的认识论意义》（《中国社会科学》1985.1）

56. 李炳南《实用讲演术要略》（乐至报国寺印行）

57. 东杜仁波切编著，许锡恩译《宁玛派密乘次第略述》（《内明》273 期）

58. 张化蒙《阿陀那识的思想根源及其演变》（《闽南佛学》第 1 辑，2002）

59. 杰克·安格尔著，李孟浩译《心理治疗和禅修的治疗目标：自我呈现的发展阶段》（肯恩·威尔伯等著《意识的转化》1—27 页，东方出版中心，2015 年 2 月）

60. 蔡海榕、黄丽、杨廷忠《佛教文化化解当代中年知识分子心理压力情况的调查与分析》（《浙江佛教》，2005.1）

61. 周贵华《印度佛教如来藏学之结构特征》（《法音》，2004.10）

62. 迟延萍《试论现代心理学与东方佛教的融合》（《陕西师范大学继续教育学报》，2000.1）

63. 张淑美《失落与悲伤的面对与超克》（《生死学研究通讯》第三期）

64. 马健《从禅式管理到企业禅》（《禅》，2005.2）

65. 刘兴华等《心智觉知认知疗法：从禅修到心理治疗的发展》（《中国临床心理学杂志》，2008.3）